中国人力资源和社会保障
年　鉴
（工作卷）

CHINA HUMAN RESOURCES AND SOCIAL SECURITY YEARBOOK

2022

中国劳动社会保障出版社
中国人事出版社

图书在版编目(CIP)数据

中国人力资源和社会保障年鉴．2022．文献卷、工作卷/人力资源和社会保障部组织编写．-- 北京：中国劳动社会保障出版社：中国人事出版社，2022

ISBN 978-7-5167-5756-7

Ⅰ．①中…　Ⅱ．①人…　Ⅲ．①人力资源管理-中国-2022-年鉴②社会保障-中国-2022-年鉴　Ⅳ．①F249．21-54②D632．1-54

中国版本图书馆 CIP 数据核字(2022)第 247509 号

中国劳动社会保障出版社
中　国　人　事　出　版　社　**出版发行**

(北京市惠新东街 1 号　邮政编码：100029)

*

北京市白帆印务有限公司印刷装订　　新华书店经销

880 毫米×1230 毫米　16 开本　75．5 印张　5 彩插页　1829 千字

2022 年 12 月第 1 版　　2022 年 12 月第 1 次印刷

定价：498．00 元

营销中心电话：400-606-6496

出版社网址：http://www.class.com.cn

《中国人力资源和社会保障年鉴》
编辑委员会成员

《中国人力资源和社会保障年鉴》编辑部成员

编 辑 说 明

一、《中国人力资源和社会保障年鉴（2022）》是关于人力资源和社会保障工作的专业性史料工具书。本年鉴收录了2021年度我国人力资源社会保障工作重要文献、资料和数据，记录了2021年度我国人力资源社会保障事业发展概况，客观反映了人力资源社会保障工作改革发展成就、经验以及今后需要继续研究解决的问题。本年鉴是对党政机关领导干部和各部门工作人员、人力资源社会保障系统工作者、企业领导和人力资源管理者，以及人力资源社会保障科研理论工作者有价值的参考用书和工具书。

二、本年鉴分文献卷、工作卷两卷。文献卷包括人力资源和社会保障重要文献、工作大事记。工作卷包括人力资源和社会保障工作概览、全国人力资源和社会保障工作、地方人力资源和社会保障工作、人力资源和社会保障统计资料。

三、本年鉴中，全国人力资源和社会保障工作分为27个部分：促进就业，人力资源流动管理，职业能力建设，专业技术人员管理，事业单位人事管理，城镇职工养老保险，失业保险，工伤保险，城乡居民基本养老保险，社会保险经办管理，中央国家机关事业单位养老保险经办管理，社会保险基金监管，劳动关系，劳动人事争议调解仲裁，事业单位工资福利，农民工工作、促进家政服务业提质扩容和乡村振兴，人力资源和社会保障法治建设，劳动保障监察，国家表彰奖励，规划财务，信息化建设，科学研究，干部教育培训与评比表彰和行风窗口建设，行风建设，新闻宣传政务信息报刊与出版，国际及与港澳台地区交流合作，社团活动；地方人力资源和社会保障工作 47 篇。

《中国人力资源和社会保障年鉴（2022）》的编辑出版是在全国人力资源社会保障系统的共同努力下完成的。在此，向所有参加编辑出版工作的领导和同志表示衷心的感谢。

《中国人力资源和社会保障年鉴》编辑部

2022 年 12 月

目　录

工作卷

人力资源和社会保障工作概览

全国人力资源和社会保障工作

地方人力资源和社会保障工作

人力资源和社会保障统计资料

人力资源和社会保障
工作概览

2021 年人力资源和社会保障工作情况

2021 年，面对复杂严峻的国内外形势，在以习近平同志为核心的党中央坚强领导下，全国人力资源社会保障系统坚持以习近平新时代中国特色社会主义思想为指导，全面贯彻党的十九大和十九届历次全会精神，认真落实党中央、国务院决策部署，统筹新冠肺炎疫情防控，做好人力资源社会保障工作，圆满完成全年目标任务，实现了“十四五”良好开局。

一、就业局势保持总体稳定

（一）就业目标任务全面完成。

坚决扛起稳就业保就业政治责任，夯实政策举措，统筹协调落实，确保了就业局势总体稳定、稳中向好。全年城镇新增就业 1 269 万人，超额完成目标，城镇调查失业率回落至疫情前水平。

（二）稳就业保就业政策措施有力有效。

制定出台《“十四五”就业促进规划》（国发〔2021〕14 号）、《“十四五”职业技能培训规划》（人社部发〔2021〕102 号）。深入实施就业优先政策，印发《关于延续实施部分减负稳岗扩就业政策措施的通知》（人社部发〔2021〕29 号），打出减负稳岗扩就业的政策组合拳，调整优化稳岗返还、以工代训、就业补贴等政策，支持市场主体稳就业岗位。全年支出就业补助资金近 1 000 亿元，减免失业和工伤保险费超过 1 500 亿元，发放失业保险稳岗返还 200 多亿元，向新发生的 426 万参保失业人员发放失业补助金。服务大局稳岗留工，联合相关部门开展“迎新春送温暖、稳岗留工”专项行动，8 700 多万农民工留在就业地过年，比上年增加近 4 000 万人，为稳定企业生产经营、稳定和扩大就业作出了积极贡献。

（三）重点群体就业保持平稳。

坚持把高校毕业生就业作为重中之重，实施就业服务攻坚行动，对未就业毕业生和失业青年开展“一对一”帮扶，印发《关于支持港澳青年在粤港澳大湾区就业创业的实施意见》（人社部发〔2021〕75 号），积极拓展毕业生就业渠道，公共部门招录、国企招聘扩大规模，积极鼓励基层就业、自主创业，加大灵活就业政策支持力度，年底高校毕业生就业去向落实率好于上年。加强农村劳动力外出务工、就地就近就业和返乡创业等工作，首次出台《关于劳务品牌建设的指导意见》（人社部发〔2021〕66 号），宣传推介百家劳务品牌，带动就业效应明显。开展农民工返岗复工“点对点”服务保障工作，通过组织专车、专列、包机运输服务，累计运送 162 万农民工返岗复工。全力做好退役军人、长江流域退捕渔民、就业困难人员等群体就业工作。

（四）人社帮扶工作接续推进。

保持现有帮扶政策、资金支持、帮扶力量总体不变，强化脱贫劳动力就业促进和技能提升。会同有关部门出台《关于切实加强就业帮扶巩固拓展脱贫攻坚成果助力乡村振兴的指导意见》（人社部发〔2021〕26 号）、《国家乡村振兴重点帮扶地区职业技能提升工程实施方案》（人社部发〔2021〕45 号）、《关于巩固拓展社会保险扶贫成果助力全面实施乡村振兴战略的通知》（人社部发〔2021〕64 号）、

《关于加强国家乡村振兴重点帮扶县人力资源社会保障帮扶工作的意见》（人社部发〔2021〕94号）等政策文件，多措并举、持续发力，巩固拓展人社脱贫攻坚成果与全面推进乡村振兴工作平稳衔接。脱贫劳动力外出务工规模达到3 145万人。全年为2 354万困难人员代缴城乡居民基本养老保险费，5 427万困难人员参加基本养老保险。

（五）就业服务和培训质量不断提升。

实施提升就业服务质量工程，优化就业创业公共服务，加强劳动力市场、人才市场和零工市场建设。贯彻实施《网络招聘服务管理规定》（人力资源社会保障部令第44号），印发《流动人员人事档案管理服务规定》（人社部发〔2021〕112号），出台《关于推进新时代人力资源服务业高质量发展的意见》（人社部发〔2021〕89号），首次举办全国人力资源服务业发展大会，开展第三届全国创业就业服务展示交流、民营企业招聘月、百日千万网络招聘、金秋招聘月、残疾人就业帮扶等系列活动。认定第五批全国创业孵化示范基地。实施第四轮高校毕业生“三支一扶”计划，选派3.8万名高校毕业生到基层从事“三支一扶”服务。深入实施职业技能提升行动，印发《关于拓宽职业技能培训资金使用范围提升使用效能的通知》（人社部发〔2021〕69号），专账资金效能进一步提高，三年行动圆满收官，开展补贴性培训8 300多万人次。

二、社会保障体系更加完善

（一）社保制度改革深入推进。

学习贯彻习近平总书记在中央政治局第二十八次集体学习时的重要讲话精神，全力推进完善覆盖全民的社会保障体系建设。企业职工基本养老保险省级统筹实地验收，基金中央调剂力度继续加大，调剂规模9 327亿元，有力均衡省际之间基金负担。灵活就业人员参加养老保险政策更加完善。城乡居民养老保险个人账户记账利率进一步规范。机关事业单位养老保险制度平稳运行。积极推进新就业形态就业人员职业伤害保障相关工作，印发《关于推进基层快递网点优先参加工伤保险工作的通知》（人社厅发〔2021〕101号）。积极推进失业保险基金省级统筹，完善跨省转移接续办法。

（二）社保覆盖范围和待遇水平稳步提高。

持续推进参保扩面工作，退休人员基本养老金调整顺利完成，各项社保待遇按时足额发放。截至年末，基本养老、失业、工伤保险参保人数分别为10.28亿人、2.30亿人、2.83亿人；三项社会保险基金收入6.82万亿元，支出6.27万亿元，累计结余6.80万亿元。

（三）基金投资运营和监管工作稳步开展。

健全完善扩大企业年金覆盖面的政策措施。推进基金市场化投资运营，年末基本养老保险基金投资运营规模1.46万亿元，企业年金投资运营规模2.61万亿元，职业年金基金投资运营规模1.79万亿元，收益水平逐步提升。强化基金风险防控，健全政策、经办、信息、监督“四位一体”的运行机制，开展社会保险基金管理问题专项整治行动，基金管理监督不断加强。

三、人才人事制度机制不断完善

（一）专业技术人才队伍建设取得新进展。

坚持破立并举，深入推进政策制度改革创新。27个系列职称制度改革全面完成，政府特殊津贴制度和博士后制度优化完善，印发《留学人员创业园建设和服务规范》。制定国家重大战略紧缺人才目录。深入实施博士后创新人才支持、中国留学人员回国创业启动支持等项目计划，举办第一届全国博士后创新创业大赛。实施专家服务基层行动。会同有关部门印发《专业技术人才知识更新工程实施方案》（人社部发〔2021〕73号），上线运行全国职称评审信息查询平台，推行专业技术人员职业资格电子证书。在县以下基层继续开展职称“定向评价、定向使用”，部分职业资格考试单独划线。新疆、西藏少数民族专业技术人才特殊培养工作深入开展。

（二）技能人才发展取得新成效。

启动实施“技能中国行动”，大力推行技能等级认定制度，开展特级技师评聘试点，全面推行职业培训券，加强高技能人才与专业技术人才职业发展贯通。印发《关于全面推行中国特色企业新型学徒制　加强技能人才培养的指导意见》（人社部发〔2021〕39号）。公布《国家职业资格目录（2021年版）》，发布18个新职业信息、59个国家职业标准。组织开展全国行业职业技能竞赛，举办第一届乡村振兴职业技能大赛。技工教育加快发展，发布《技工教育“十四五”规划》（人社部发〔2021〕86号），印发《关于深化技工院校改革　大力发展技工教育的意见》（人社部发〔2021〕30号）。出台《关于职业院校毕业生参加事业单位公开招聘有关问题的通知》（人社部发〔2021〕82号），职业院校毕业生报考事业单位等政策实现突破。

（三）事业单位人事管理、工资收入分配和表彰奖励工作稳步推进。

推行县以下事业单位管理岗位职员等级晋升制度，组织开展哲学社会科学领域专业技术一级岗位设置试点，印发《国家综合性消防救援队伍消防员招录办法》（人社部发〔2021〕58号）。出台《关于深化公立医院薪酬制度改革的指导意见》（人社部发〔2021〕52号）、《关于事业单位科研人员职务科技成果转化现金奖励纳入绩效工资管理有关问题的通知》（人社部发〔2021〕14号）。落实义务教育教师工资待遇。有序推进疫情防控期间一线医务人员工资福利保障工作。制定及时性奖励表彰、创建示范工作等管理办法，圆满完成建党100周年庆祝活动和脱贫攻坚表彰等相关工作，持续推进省部级表彰奖励工作，评选表彰第十五届高技能人才和第六届杰出专业技术人才，明确中华技能大奖获得者享受省部级表彰待遇。

四、劳动关系保持总体和谐稳定

（一）根治欠薪工作持续加强。

以落实《保障农民工工资支付条例》（国务院令第724号）为主线，坚持标本兼治，出台《拖欠农民工工资失信联合惩戒对象名单管理暂行办法》（人力资源社会保障部令第45号），会同有关部门印发《工程建设领域农民工工资保证金规定》（人社部发〔2021〕65号）、《工程建设领域农民工工资专用账户管理暂行办法》（人社部发〔2021〕53号）。实施夏季和冬季专项行动，强化欠薪信用惩戒和行刑衔接，开展省级政府保障农民工工资支付工作考核，开展全国农民工工作督察，拖欠问题得到有效遏制。全年共查处各类劳动保障违法案件10.6万件，为85.3万名劳动者追发工资等待遇79.9亿元。

（二）劳动关系协商协调工作扎实开展。

积极推行集体协商，指导企业依法妥善处理劳动关系。推动平台经济规范健康发展，印发实施《关于维护新就业形态劳动者劳动保障权益的指导意见》（人社部发〔2021〕56号）。发布《电子劳动合同订立指引》（人社厅发〔2021〕54号），规范企业和劳动者订立电子劳动合同。劳动关系“和谐同行”能力提升三年行动计划全面实施，深化构建和谐劳动关系综合配套改革试点取得积极成效。

（三）企业工资宏观调控和国企工资分配等工作有序推进。

修订企业薪酬统计调查制度，开展企业薪酬调查和信息发布工作，国家层面发布不同职业、不同岗位等级从业人员工资价位信息。公布技能人才薪酬分配指引。继续推进中央企业负责人薪酬制度和国有企业工资决定机制改革。稳慎合理调整最低工资标准。

（四）劳动人事争议调解仲裁和劳动保障监察工作稳步推进。

坚持预防为主、调解优先，加强仲裁办案指导，优化调解仲裁与诉讼衔接机制，推广使用“互联网+调解”服务平台，全面推行“双随机、一公开”监管机制。全年全国各级劳动人事争议调解组织和仲裁机构共办理劳动人事争议案件263.1万件，全年办结争议案件252.0万件，调解成功率73.3%，仲裁结案率

97.0%。加强重点领域监察执法，畅通线上线下维权渠道，加强风险处置，实施清理整顿人力资源市场秩序专项执法行动，开展劳务中介、工时休息休假等专项排查整治。

五、人社系统行风建设取得新成效

（一）便民服务持续优化。

聚焦群众办事的堵点痛点难点，持之以恒抓行风建设。印发《关于深入实施“人社服务快办行动”的通知》（人社部发〔2021〕23号），推进全国人社服务相关事项打包办、提速办、简便办、跨省办，针对性开展适老服务。广泛推行告知承诺制、“好差评”等制度，“看得懂算得清”政策宣传深入展开，便民化水平得到新提高。

（二）人社信息化标准化深入推进。

修订人社标准体系，开展人社领域基本公共服务标准化试点，推进公共服务清单化、规范化。信息化便民服务创新提升行动深入实施，全国人社政务服务平台开通75项全国性服务和300余项地方特色服务，累计访问量16.5亿人次。国家社会保险公共服务平台提供53项全国性社保服务，累计访问量超过29.5亿人次。全国12333电话服务全年来电总量约1.5亿次，综合接通率为84.2%。以社保卡为载体建立居民服务“一卡通”工作取得新进展，全国社保卡持卡人数为13.5亿人，领用电子社保卡人数达5亿人，电子社保卡开通62项全国服务和1 000余项各省市属地服务，全年累计提供线上服务112.5亿人次。

（三）经办服务能力持续提高。

有序开展人社业务技能练兵比武，组织开展“永远跟党走　为民办实事——人社服务标兵万里行”活动，形成比学赶超氛围。全面开展“厅局长走流程”和“干部调研暗访”，部本级和195个地市人社窗口服务视频实时接入部监测指挥平台，问题发现和整改提升机制更加健全完善，窗口队伍服务能力和水平进一步提升。

全国人力资源和社会保障工作

促进就业

一、就业目标全面完成

2021年全国城镇新增就业1 269万人，城镇失业人员再就业545万人，就业困难人员就业183万人，年末城镇登记失业率为3.96%，全年城镇调查失业率平均值为5.1%，完成年初确定目标（城镇新增就业人员1 100万人以上，城镇失业人员再就业500万人，就业困难人员就业130万人，年末城镇登记失业率控制在5%左右，城镇调查失业率控制在5.5%左右）。截至年底，全国建档立卡贫困劳动力务工总数3 145万人，超过上年规模。

二、深入实施就业优先政策

（一）落实完善政策稳就业。

报请国务院同意后，会同发改、教育、财政等部门延续实施8项减负稳岗扩就业政策，强化常规政策落实，并召开吹风会加强宣传。持续开展就业补贴政策“看得懂算得清”专题宣传。会同财政部下拨567亿就业补助资金，全年累计支出就业补助资金近1 000亿元。印发就业补助资金管理办法补充通知、加强政策落实和风险防控通知，防范资金使用风险。

（二）凝聚各方合力促就业。

年初，召开就业工作领导小组全体会议，印发2021年度工作要点，更好凝聚各方就业优先共识。全年共印发13期就业工作领导小组简报，及时反映各部门各地区稳就业保就业经验做法，凝聚稳就业保就业合力，特别是探索集中推广特色做法。10月，配合国办督查室开展第八次国务院大督查就业专项督查相关工作，深入查找困难问题和短板不足，指导做好整改，及时推广地方稳就业保民生典型经验做法。主动向专家借力，通过各方推荐、日常联系、论文遴选等方式，组建了由63名专家组成的专家库。充分借鉴国外经验，召开“实施以人为本的就业优先政策促进经济复苏与可持续发展研讨会”，部有关领导同志和国际劳工组织总干事出席并致辞。

三、全力推进高校毕业生就业工作

（一）加强工作部署推进。

6月，国务院召开全国普通高等学校毕业生就业创业工作电视电话会议，李克强总理作出重要批示。孙春兰、胡春华副总理出席会议并讲话，对做好2021年高校毕业生就业创业工作进行了全面部署。8月，召开高校毕业生就业工作电视电话会议，深入贯彻党中央、国务院决策部署，落实党史学习教育要求，部署推进下一阶段高校毕业生就业工作。12月，联合教育部召开2022届全国普通高校毕业生就业创业工作网络视频会议，深入学习贯彻党的十九届六中全会精神，对做好2022年工作进行部署。

（二）促进市场化社会化就业。

3月，印发《关于做好2021年全国高校毕业生就业创业工作的通知》（人社部函〔2021〕27号），要求各地以实施高校毕业生就业创业促进计划为统领，以品质就业服务为支撑，精准施策，多方发力，促进高校毕业生就业创业。9月，联合财政部、国家税务总局、国务院港澳事务办公室印发《关于支持港澳青年在粤港澳大湾区就业创业的实施意见》（人社部发〔2021〕75号），拓宽港澳青年就业渠道，支持创新创业。11月，会同国务院国资委、教育部开展第十一届中央企业面向西藏青海新疆高校毕业生专场招聘活动，为少数民族毕业生提供更多就业机会。

（三）提供不断线就业服务。

6月，印发《关于进一步做好离校未就业高校毕业生信息衔接有关工作的通知》（人社厅发〔2021〕47号），会同教育部门做好未就业毕业生信息衔接，全面落实实名管理服务。6月，向2021届高校毕业生发出公开信，发布政策服务指引。加强高校毕业生就业服务平台建设，开放2022届未就业高校毕业生求职登记小程序登记通道，畅通未就业毕业生求助渠道。9月，启动高校毕业生就业服务行动，聚焦未就业毕业生求职关切和期盼，全力开展服务攻坚集中促进就业创业。继续推进三年百万青年见习计划，帮助未就业毕业生和失业青年增强工作经验，提升就业竞争力。持续实施青年就业启航计划，对长期失业青年开展实践引导、分类指导和跟踪帮扶，促进尽快融入就业市场。

四、做好脱贫人口就业帮扶

（一）明确目标强力部署。

按照务工规模保持稳定的总要求，及时明确2021年脱贫人口务工规模不低于2020年底水平，中西部省份脱贫人口务工数量和东部地区吸纳脱贫人口务工数量不少于2020年。围绕目标任务强力推进，密集开会部署，实施月调度、季通报，并将目标任务完成情况纳入巩固脱贫成果后评估，推动各地力度不减、责任不松、标准不降，确保过渡期起好步、开好局。

（二）延续政策稳中有新。

5月，会同国家发展改革委、财政部、农业农村部、国家乡村振兴局等部门印发《关于切实加强就业帮扶巩固拓展脱贫攻坚成果助力乡村振兴的指导意见》（人社部发〔2021〕26号），总体延续就业帮扶政策，对稳定外出务工规模、支持就地就近就业、健全就业帮扶长效机制作出制度性安排。12月，会同国家开发银行印发《关于开展开发性金融支持劳务协作有关事项的通知》（人社部发〔2021〕103号），设立劳务协作贷款，充分发挥开发性金融作用，融资支持劳务协作成效良好的企业，稳定和扩大就业岗位。

（三）拓宽渠道增量提质。

指导东部省份与中西部省份与时俱进巩固、调整、完善劳务协作机制，强化有组织劳务输出，以劳务协作稳跨省务工规模。夯实帮扶车间吸纳、返乡创业带动、居家灵活就业、公益性岗位安置等就业渠道，丰富拓展劳务品牌带动脱贫人口就业新路径，不断拓展就业容量，提升就业质量。

（四）优化服务保持热度。

加强面向脱贫人口的就业创业服务，加密招聘会等集中服务活动频次，广泛运用线上线下服务方式，促进人岗精准对接。将脱贫人口作为“10+N”公共就业服务重点对象，优化服务方式，充实服务内容，保持市场热度。在稳岗留工专项行动中优先送温暖、送政策、送岗位、送服务。脱贫人口就地过年比例达68%，比农民工整体水平高17个百分点；春节后开展“点对点”输出服务，累计输送脱贫人口29万人，占“点对点”输出农民工总量的22.4%。

（五）聚焦重点加大倾斜。

以国家乡村振兴重点帮扶县和易地扶贫搬迁大型安置区脱贫人口为重点，在政策、资金、项目、服务等方面给予全方位支持。6月至12月，实施易地扶贫搬迁安置区就业协作帮扶专项活动，依托东西劳务协作机制，推动广东、浙江、江苏等地结对帮扶万人以上大型安置区，“点对点”开展公共就业服务业务培训，定向投送岗位信息，援建产业项目、就业帮扶车间。截至年底，160个国家乡村振兴重点帮扶县和易地扶贫搬迁脱贫人口务工人数同比增加33.8万人和25.7万人。

五、大力促进群体就业和推进公平就业

（一）巩固长江禁捕退捕渔民转产安置成果。

会同有关部门印发实施长江流域重点水域退捕渔民安置保障工作推进行动的通知。开展实地调研，及时调度安置保障工作进展，印发6期简报通报情况。建立与禁捕专班、信访局工作协作机制，稳妥处理退捕渔民来访问题，化解矛盾隐患。

（二）加强残疾人就业顶层设计。

与中国残联等有关部门制定并报请国务院印发《“十四五”残疾人保障和发展规划》（国发〔2021〕10号）、《“十四五”就业促进规划》（国发〔2021〕14号），研究实施“促进残疾人就业三年行动计划”，进一步明确新时期残疾人相关工作目标任务和具体举措。在人力资源和社会保障事业发展“十四五”规划中明确帮扶残疾人就业创业、加强残疾人职业技能培训等内容。会同中国残联等部门制定印发《“十四五”残疾人职业技能提升计划》。支持中国残联印发“十四五”残疾人康复服务实施方案。

（三）持续做好新疆劳动力到内地务工服务工作。

依托人社对口支援机制，促成对口援疆省份与新疆签署劳务协作协议，促进各民族交往交流交融，服务新疆长治久安。支持国家民委研究各族群众互嵌式发展计划。

（四）做好退役军人及随军家属就业工作。

与中央军委政治工作部、退役军人事务部共同研究做好军人随军家属就业安置工作政策措施。支持国家移民管理局印发《关于做好边境地区移民管理机构民警随调随迁家属就业帮扶工作的通知》。配合退役军人事务部研究制定加强新时代褒扬工作、促进退役军人投身乡村振兴、加强退役军人保密教育管理等政策措施。

（五）做好外国人来华工作管理。

指导海南自由贸易港推进外国人工作许可特别管理措施（负面清单），便利海南自由贸易港引进急需的外国人才。指导北京探索开展事业单位聘用外籍人员试点，简化优化办理程序，便利引进外籍人才。

六、深入推进创业带动就业和多渠道灵活就业

（一）完成全国创业孵化示范基地复评和推荐工作。

按照既定工作方案，经自主申报、省级初审、第三方机构评审核查、社会公示，完成全国创业孵化示范基地评审工作，印发《关于公布全国创业孵化示范基地复评和认定结果的通知》（人社部发〔2021〕40号）。确定120家全国创业孵化示范基地通过复评，新认定第五批全国创业孵化示范基地62家，覆盖了全国32个省份。

（二）举办第三届全国创业就业服务展示交流活动。

10月14日至16日，人力资源社会保障部与吉林省人民政府在长春市共同举办第三届全国创业就业服务展示交流活动。主题展示展区总面积1.8万平方米，分为城市创业、劳务品牌两个展区。城市创业展区集中展示各地优选出的92个城市完善扶持政策、提升服务培训的创新举措和工作成效。劳务品牌展区全面呈现各地培育劳务品牌、助力劳动力转移就业和乡村振兴的146个先进典型。专项交流活动包括城市创业、劳务品牌、就业创业政策、创业孵化示范基地4项交流研讨，创业项目、劳务品牌2项资源对接洽谈，以及“筑梦创业”大讲堂活动。此外，吉林省还配套举办了“双创喜乐汇”创业直播带货活动。活动期间，20多个优秀创业项目与创业投资机构签订意向投资合作协议50项，金额达5.9亿元。劳务品牌达成签约意向61项，金额达1.5亿元，用工总规模达8.5万人。

七、加强完善公共就业服务

（一）实施提升就业服务质量工程。

会同国家发展改革委、民政部、财政部印发了《关于实施提升就业服务质量工程的通知》（人社部发〔2021〕80号），提出提升就业失业管理服务覆盖面等五项重点任务和强化公共就业服务机构建设等六项保障措施，持续巩固提升覆盖全民、贯穿全程、辐射全域、便捷高效的全方位公共就业服务。截至年底，区（县）以上均建有公共就业服务机构，95%以上街道、乡镇建有劳动保障服务平台，90%以上社区、行政村配备有劳动保障人员。2021年，各级公共就业和人才服务机构共办理登记招聘5 000万人次、登记求职3 000多万人次，提供职业指导近1 700万人次、职业介绍2 000万人次、创业服务500万人次。

（二）推进公共就业服务信息化工作。

积极推进就业服务信息化建设和应用工作，指导各地利用“互联网+”、大数据、云服务技术，联网发布就业创业政策信息和公共就业服务机构招聘、见习、培训等服务信息。全面推进信息数据向上集中，打造线上线下一体的多渠道服务平台，进一步增强公共就业服务供给能力。持续加强中国公共招聘网建设工作，2021年，中国公共招聘网日均发布招聘岗位信息23万条。

（三）扎实做好失业登记工作。

印发《关于实施提升就业服务质量工程的通知》（人社部发〔2021〕80号），明确切实承担辖区内劳动者就业失业管理服务职能，凡年满16周岁（含）至依法享受基本养老保险待遇、有劳动能力、有就业要求、处于失业状态的城乡劳动者（含港澳台劳动者），均可在常住地（或户籍地或参保地或就业地）进行失业登记。公共就业服务机构在10个工作日内办结失业登记。

（四）实施重点企业用工常态化服务。

为做好“六稳”工作，落实“六保”任务，不断加强企业用工服务，不断完善重点企业用工常态化服务机制，着力为重点企业提供用工服务和指导。将疫情防控相关企业，保产业链供应链稳定的相关企业，带动就业能力强的相关企业及当地确定的其他重点企业纳入用工保障范围，设立人社服务专员，组织跨区域招聘，开展省内外劳务协作，搭建用工余缺调剂平台，帮助重点企业阶段性解决用工短缺。从2020年7月至2022年3月底，累计帮助41 833家重点企业解决用工需求333.56万人。

（五）培育建设劳务品牌。

为贯彻落实党中央、国务院决策部署，联合国家发展改革委等20个部门印发《关于劳务品牌建设的指导意见》（人社部发〔2021〕66号），提出“十四五”期间打造一批叫得响的劳务品牌的目标任务，明确劳务品牌发现培育、发展提升、壮大升级的支持举措。召开劳务品牌交流研讨会，全面部署推进劳务品牌建设工作。举办劳务品牌现场展示交流活动，集中展示146个劳务品牌的特色风采，出版《百家劳务品牌名录》，开展“我最喜爱的劳务品牌”网络投票，组织推荐评选就业带动、行业引领、地方特色、创新发展四个类别劳务品牌，制作劳务品牌8集专题片，多形式、多渠道宣传推广劳务品牌。

（六）开展公共就业服务专项活动。

针对各类劳动者和用人单位不同时段就业需求，根据《关于开展2021年全国公共就业服务专项活动的通知》（人社部函〔2020〕125号），统筹推进常态化疫情防控与线上线下招聘等就业服务活动，为劳动者求职就业和用人单位用工招聘搭建人力资源供需平台，促进市场对接匹配。1月，会同中国残联举办就业援助月专项服务活动，以“就业帮扶、真情相助”为主题，集中帮助符合条件的就业困难人员、残疾失业人员以及脱贫人口、长江禁捕渔民等重点就业帮扶对象。1月21日至3月31日，会同工业和信息化部、民政部、交通运输部、国务院扶贫办、全国总工会、全国妇联组织开展“迎新春送温暖、稳岗留工”专项行动，通过“送温暖留心”“强政策留岗”“稳生产留工”“优服务留人”的“四留”举措，鼓励务工人员就地过年，全国留在务工地的农民工 8 748 万人，比上年增加近 4 000 万人；春节后，接续开展春风行动，引导农民工有序外出务工，全国外出农民工快速恢复至上年水平，实现了就地过年有关怀、开工复工有保障、节后务工有支持。4 月 15 日至 5 月 15 日，会同教育部、退役军人事务部、全国总工会、全国妇联、全国工商联组织开展了以“‘职’在民企，‘就’有未来”为主题的民营企业招聘月活动，并在中国公共招聘网设立“2021 年全国民营企业招聘月”网络主会场，共组织 35 万家企业参加活动，提供岗位信息 770 余万条。5 月，全国助残日活动期间，会同中国残联在全国范围内组织开展主题为“就业帮扶，同心圆梦”残疾人就业帮扶活动，坚持“四个加强”，集中开展面向残疾人的情况摸查、政策宣传、就业服务和就业援助等专项活动，帮扶有意愿和有条件的残疾人特别是脱贫残疾人就业创业。5 月至 8 月，会同有关方面实施“百日千万网络招聘专项行动”，聚焦重点领域、重点地区、重点群体，集中开展以线上为主的特色专场招聘、职业指导、职业技能培训等服务，共举办线上线下招聘会 3.5 万场次，发布岗位需求 3 020 万人次，求职劳动者达 1 458 万人次。10 月 18 日至 11 月 17 日，会同民政部、退役军人事务部、全国总工会、全国工商联组织开展了以“‘就’在金秋，‘职’面未来”为主题的金秋招聘月活动，组织 25.4 万家企业参加此次活动，举办招聘活动 12 634 次，提供岗位信息 605.7 万条。

八、做好就业形势监测和分析

（一）做好就业统计监测工作。

继续做好城镇新增就业、失业人员再就业、困难人员就业、城镇登记失业人员、城镇登记失业率数据统计汇总工作，定期进行数据分析，形成就业数据分析报告。创新开展移动通信大数据监测，做好 20 省 2 000 个行政村农村劳动力转移就业监测工作，分析农村劳动力外出、返乡人数变化情况。持续做好重点企业用工常态化监测，了解经济形势变化对企业用工影响情况。加强网络招聘市场大数据监测，跟踪市场供求变化。

（二）定期开展就业形势分析研判。

依托部内及相关部门组织开展的多个项目，运用统计、调查、监测以及实地调研、课题研究等多种手段，从就业失业总体状况、劳动力市场运行、企业用工、重点群体就业等多个维度，分析研判就业形势。

人力资源流动管理

2021 年，人力资源流动管理工作坚持以习近平新时代中国特色社会主义思想为指导，全面贯彻落实党的十九大和十九届历次全会精神，以促进市场化社会化就业、促进人才顺畅有序流动为主线，围绕中心、服务大局，开拓创新、积极作为，各项工作取得新成效。

一、人力资源市场秩序进一步规范

以开展劳务中介专项整治为重点，加强人力资源市场管理法规建设，规范人力资源市场活动，维护人力资源市场良好秩序。

（一）扎实有效开展劳务中介专项整治。

围绕进一步规范人力资源服务活动和用人单位招用工行为，针对各类劳务中介乱象，在全国范围内进行为期 10 个月的专项整治，查处各类案件 3 100 件，指导督促企业依法规范用工近 10 万次，有力震慑了违法违规行为，净化了人力资源市场。

（二）推进人力资源市场法规建设。

各地人力资源市场立法加快推进，安徽、广东等 5 个省份出台省级人力资源市场条例，北京制定促进人力资源市场发展办法，部分省份将人力资源市场条例列入省人大立法计划，以人力资源市场条例为统领、配套规章和地方性法规为支撑的市场法规体系不断完善。

（三）深化人力资源市场“放管服”改革。

落实国务院深化“证照分离”改革要求，在全国自贸区试点基础上，推行人力资源服务许可告知承诺制，简化许可流程，优化营商环境，进一步激发市场活力。下放国务院所属部门人力资源服务机构管理权限到北京市人社局，实现国务院所属部门人力资源服务机构属地化管理。

（四）加强人力资源市场管理。

印发《人力资源社会保障部办公厅关于做好〈网络招聘服务管理规定〉贯彻实施工作的通知》（人社厅函〔2021〕18 号），指导各地做好贯彻实施，进一步规范网络招聘服务活动。开展清理整顿人力资源市场秩序专项执法行动，依法查处人力资源市场违法违规行为，维护人力资源市场良好秩序。

（五）夯实人力资源市场管理基础。

建设全国人力资源市场管理信息系统，推动实现人力资源服务许可备案全流程网上办理，提升市场管理工作信息化水平。推进行业标准化建设，加强标准宣贯和实施推广，发挥标准的引领作用。发挥人力资源服务行业协会自我管理、自我规范作用，促进行业自律。举办全国人力资源市场建设与管理培训班，加强全国人力资源流动管理工作队伍建设。

二、人力资源服务业发展取得新成效

以举办全国性人力资源服务业发展大会为重点，助推人力资源服务业高质量发展。2021 年，人力资源服务业保持健康快速发展。全国共有各类人力资源服务机构 5.9 万家，从业人员 103.2 万人，营业收入 2.5 万亿元，为 3 亿人次劳动者提供就业、择业和流动服务，为 5 099 万家次用人单位提供了用工等专业支持，有力促进就业稳定和扩大。

（一）举办第一届全国人力资源服务业发展大会。

贯彻党中央、国务院关于发展人力资源服务业决策部署，7月28日至29日，人力资源社会保障部和重庆市人民政府联合举办第一届全国人力资源服务业发展大会。李克强总理作出重要批示，胡春华副总理发表视频讲话。大会取得丰硕成果，1 001家人力资源服务机构和用人单位参加大会，洽谈成功合作项目150个，签约金额166亿元，158个创新产品进行现场路演和宣介，线上线下关注量达10.27亿人次。大会创新打造了市场化就业服务的重要品牌，开启了人力资源服务业高质量发展的新篇章，具有重要里程碑意义。

（二）制定促进行业高质量发展的政策措施。

人力资源服务业列入国务院《“十四五”就业促进规划》，在就业工作中的地位进一步凸显。会同国家发展改革委、财政部、商务部、市场监管总局印发《关于推进新时代人力资源服务业高质量发展的意见》（人社部发〔2021〕89号），对“十四五”时期人力资源服务业发展作出系统部署，首次提出以促进就业为根本，以提高人力资源配置效率为导向，加快构建中国特色人力资源服务产业体系。

（二）组织开展一系列市场化就业服务活动。

先后开展“国聘行动”“全国人力资源市场高校毕业生就业服务周”等活动，为高校毕业生等重点群体提供优质就业服务。广大公共服务机构和市场化服务机构积极参与，创新运用直播带岗、智能匹配、远程面试、云招聘等新技术、新方式，显著提高了就业效率。积极引导推动国有企业扩大招聘高校毕业生规模，6 000余家国有企业通过“国聘行动”等专项发布50多万个就业岗位。实施西部和东北地区人力资源市场建设援助计划，重点支持8个西部和东北省份开展助力乡村振兴、东西部劳务协作、高校毕业生等重点群体就业服务等活动。完善人力资源市场监测分析机制，组织开展市场供求信息监测，准确、及时反映人力资源市场形势和行业态势。

（四）培育壮大市场化就业服务力量。

9月，与北京市人民政府共同举办中国国际服贸会人力资源服务主题活动。会同商务部启动建设国家人力资源服务出口基地，努力打造中国服务品牌。新建中国海南、贵阳人力资源服务产业园和中国三亚旅游人才市场、中国重庆数字经济人才市场。截至年底，国家级产业园达到24家，已有入园企业4 120家，营业收入4 063亿元，提供了1 471万个就业岗位，引进28万各地急需紧缺人才，成为人力资源服务业创新要素聚集高地和示范区。

三、引导和鼓励高校毕业生到基层工作扎实推进

以启动实施第四轮“三支一扶”计划为重点，进一步引导鼓励高校毕业生到基层工作，为助推乡村振兴提供了有力的基层人才支撑。

（一）启动第四轮“三支一扶”计划。

紧紧围绕中央巩固脱贫攻坚成果与乡村振兴战略有效衔接重大战略部署，会同中组部、教育部等十部门启动第四轮“三支一扶”计划，印发《关于实施第四轮高校毕业生“三支一扶”计划的通知》（人社部发〔2021〕32号），突出基层急需紧缺导向，突出乡村振兴帮扶重点，明确第四轮“三支一扶”计划的指导思想、目标任务和主要政策措施。

（二）全面落实2021年目标任务。

围绕全面实施乡村振兴战略对人才的需求，招募计划向乡村振兴重点帮扶县倾斜，向脱贫地区、艰苦边远地区和少数民族地区倾斜，为国家乡村振兴重点帮扶县招募“三支一扶”人员3 714名，全年新招募人员3.8万名。实施“三支一扶”人员能力提升专项计划，组织开展岗前、在岗培训等，完成8 000人次专项培训。

（三）2021“最美基层高校毕业生”遴选工作圆满完成。

会同中宣部遴选确定了20名扎根基层、

担当奉献的高校毕业生先进典型。各地创新开展省级“最美基层高校毕业生”遴选，扎根基层成长成才的典型选树工作逐步深入，积极营造鼓励高校毕业生到基层工作的良好氛围。

（四）基层项目统筹工作不断深化。

召开全国“三支一扶”工作领导小组暨统筹实施基层服务项目工作协调小组会议，健全统筹实施机制，加强部门间沟通协调，协同推进教师特岗计划、西部计划等基层服务项目，形成齐抓共管工作格局，凝聚引导鼓励高校毕业生到基层工作的合力。

四、人才流动公共服务水平持续提升

以构建全国一体化的流动人员人事档案管理服务体系为重点，健全完善人才流动公共服务体系，不断提升人才流动公共服务水平。截至年底，全国人社部门所属流动人员人事档案管理服务机构近 3 600 家，保管流动人员人事档案 9 584 万份，全年依托档案提供档案查阅、开具相关证明、政审考察等服务 3 131 万人次。

（一）完善流动人员人事档案管理服务政策。

落实中央档案管理新精神，会同中组部等五部门出台了《流动人员人事档案管理服务规定》（人社部发〔2021〕112 号），进一步完善了与干部人事档案相衔接、符合流动人员特点的政策体系。配合中组部明确与干部人事档案转递衔接的政策口径与清单，研究完善取消报到证后高校毕业生档案转递规范、退役军人人事档案移交规范。

（二）加快推进流动人员人事档案信息化建设。

落实国务院“跨省通办”要求，加快推进流动人员人事档案信息化建设，积极推广建设省级集中系统，建成全国跨地区服务平台，动态更新 3 548 家档案管理服务机构信息，为构建“一点存档、多点服务”的信息化格局奠定扎实基础。更新发布地方人社部门所属的 3 548 家流动人员人事档案管理服务机构信息，推动档案转递服务更加便民。

（三）创新开展区域人才交流合作。

探索建立与国家重大发展战略相适应的人才需求预测发布机制，围绕国家重大发展战略，采取部省联动方式，推进雄安新区、粤港澳大湾区、海南自由贸易港、成渝地区双城经济圈等急需紧缺人才目录编制发布工作，引导人才合理流动和有效配置。

职业能力建设

一、三年职业技能提升行动圆满收官

2019年《政府工作报告》提出，实施职业技能提升行动，从失业保险基金结余中拿出1 000亿元，用于职工技能提升和转岗转业培训。同年5月，国办印发《职业技能提升行动方案（2019—2021年）》（国办发〔2019〕24号），要求三年开展各类补贴性职业技能培训5 000万人次以上，到2021年底技能劳动者占就业人员总量的比例达到25%以上，高技能人才占技能劳动者的比例达到30%以上。三年来，各级人社部门坚决贯彻落实党中央、国务院决策部署，创新政策举措，上下协同，部门联动，举全系统之力全力推进实施职业技能提升行动。

2019—2021年，全国开展补贴性职业技能培训8 358.5万人次（不含以工代训3 685.1万人）；使用资金1 091.8亿元，其中职业技能提升行动专账资金支出878.1亿元。截至2021年底，全国技能人才总量超2亿人，占就业人员总量的比例超过26%。高技能人才超6 000万人，占技能人才总量的比例达到30%。职业技能提升行动在提升劳动者职业技能水平，有效支撑稳就业保就业，助力稳定经济基本盘和助推新旧动能转换，服务技能脱贫、乡村振兴和促进共同富裕等方面，发挥了重要作用。

二、全面推进新时代技能人才工作

一是经国务院同意，印发《“十四五”职业技能培训规划》（人社部发〔2021〕102号），制定出台《技工教育“十四五”规划》（人社部发〔2021〕86号），为“十四五”职业能力建设工作搭建政策体系，明确目标任务和工作举措。二是启动实施“技能中国行动”，以培养高技能人才、能工巧匠、大国工匠为先导，带动技能人才队伍梯次发展。与天津、河南、新疆和新疆生产建设兵团等签署共建技能省市协议，并在支持地方人社事业高质量发展的一揽子协议中，对共建技能省市作出专门部署，推动技能人才改革先行先试。三是开展提升全民数字技能课题研究，印发提升全民数字技能工作方案。四是开展第十五届高技能人才表彰工作，表彰30名中华技能大奖获得者和293名全国技术能手，胡春华副总理与获奖代表座谈并讲话。制定并落实中华技能大奖获得者享受省部级表彰奖励获得者待遇政策。高技能人才队伍建设政策框架体系逐步健全完善。

三、大力推进技工教育高质量发展

一是加强党组织领导，部署技工院校落实党组织领导的校长负责制。二是创新政策举措，会同国家发展改革委、财政部印发《关于深化技工院校改革　大力发展技工教育的意见》（人社部发〔2021〕30号），为技工教育发展提供政策支撑。三是推行工学一体化技能人才培养模式，在全国技工院校部署“百千万”目标任务。组建首批技工教育和职业培训教学指导委员会，制定技工院校教材管理工作实施细则。开展技工院校校长研修和师资能力提升，1.2万余名教师参加相关活动。四是扎实开展招生和培训工作，技工教育规模和质量同步提升。五是优化技工院校学生支持保障，组织开展第二届全国技工院校学生创业创新大赛，参赛规模比上届扩展一倍。协调将具备条件的技工院校毕业生纳入优先征兵范围。做好学生资助、奖学金评审和“技能雏鹰”奖（助）学金评定发放工作。2021 年，全国技工院校实现招生 167.2 万人，开展职业培训 600.7 万人次，均创历史新高。在校生规模达到 426.7 万人，实现六年连续增长。毕业生就业率稳定在 97%以上。

四、开展职业技能提升行动质量年活动

一是面向企业职工和高校毕业生、农民工、退捕渔民、残疾人等重点群体，组织实施专项技能培训和创业培训计划。开展人工智能、集成电路、装备制造等领域高技能人才培训，加强对高危行业的安全生产培训，开展快递人员等新就业形态培训，做好家政服务、养老护理等康养技能培训，建设 5 家国家级（康养）高技能人才培训基地。二是把援企稳岗作为提高培训针对性的重要举措，抓好以工代训扩就业稳就业工作，将以工代训政策实施期限延至 2021 年 12 月。2021 年，以工代训政策累计支持企业职工 1 501.8 万人，惠及企业 74.9 万家，帮扶中小企业和受疫情影响重点行业纾困解难，助力“六稳”“六保”。三是创新中国特色技能人才培养模式，印发《关于全面推行中国特色企业新型学徒制 加强技能人才培养的指导意见》（人社部发〔2021〕39 号），按照政府引导、企业为主、院校参与的原则，在企业全面推进中国特色企业新型学徒制，进一步发挥各类企业培养主体作用，加大企业技能人才培养。2021 年，培养企业新型学徒 67.3 万人次。

五、健全完善技能人才评价体系

一是大力推行职业技能等级认定。推动各类企业自主开展技能人才评价，持续征集遴选社会培训评价组织，加大技工院校职业技能等级认定工作力度。截至年底，全国有 12 000 多家企业、3 400 多家社会培训评价组织完成备案，2021 年有 620 多万人取得职业技能等级证书。二是动态调整职业资格目录，向社会公布《国家职业资格目录（2021 年版）》。三是启动特级技师评聘试点工作，畅通技能人才纵向晋升发展通道。四是印发《职业技能等级评价机构备案事项办理指南（试行）》和《技能人才评价违纪违规行为处理工作指引（试行）》，构建从“入口”到“出口”的全链条监管服务体系。五是夯实技能人才评价基础。发布第 4 批 18 个新职业信息，颁布 59 个国家职业标准，有序开展新职业评价，强化政策待遇落实。启动国家职业分类大典修订工作。开发“国家职业技能标准查询系统”，在“职培云”等公众号提供免费查询服务。

六、推进各级各类职业技能竞赛活动蓬勃开展

一是精心筹备第 46 届世界技能大赛。调整优化总体筹办方案，启动“中华绝技”展演征集，有序推进世界技能博物馆建设。公布第 46 届世赛中国集训队、中国集训基地和项目专家组长等名单。筹备召开第 46 届世赛工作领导小组第三次全体会议、第 46 届世赛参赛集训工作动员会、世界技能大会特别会等相关工作会议。举办世赛会旗南极展示、冠名长征二号丁火箭和“外交官走进世赛”等主题推广活动。二是做好全国技能大赛工作衔接。通报表扬第一届全国技能大赛获奖选手和突出贡献单位，指导各地开展获奖选手表彰奖励。举办多场技能成才技能报国先进事迹报告会。组建第二届全国技能大赛组委会，召开第一次全体会议，正式启动筹办工作。三是有序推进行业赛和专项赛筹办。公布 2021 年全国行业职业技能竞赛计划，全年组织开展一类职业技能大赛 6 项、二类职业技能竞赛 47 项、专项赛 2 项。会同相关部门行业举办养老护理、智能制造、工业设计等赛事。

七、实施技能帮扶促进乡村振兴

一是实施国家乡村振兴重点帮扶地区职业技能提升工程。健全常态化帮扶机制，加大对口协作力度，增强职业技能教育和培训资源供给，重点实施“六个一批”、举办“一项大赛”，加强重点帮扶地区高技能人才和乡村工匠培养。二是做好技能援疆援藏工作。持续做好南疆四地州技工院校对口帮扶工作，协调技工教育专家指导乌鲁木齐技师学院建设。会同西藏召开部区共建西藏技师学院第二次联席会，推进西藏技师学院建设，继续开展技工教育人才援藏工作，协调对口援藏省市分三批组织30余名技工院校教师赴西藏技师学院支教。三是实施定点帮扶。支持定点帮扶县技工院校建设，扩大招生办学规模，加强劳动者技能培训。协调农艺专家为定点帮扶村种植户讲授水果等经济作物种植管理技术，现场提供技术指导和咨询。

专业技术人员管理

2021 年，专业技术人员管理工作认真贯彻落实习近平总书记关于新时代人才工作的新理念新战略新举措和中央人才工作会议精神，坚持党管人才原则，深入实施新时代人才强国战略，聚焦“三新一高”，深化人才发展体制机制改革，加强高层次人才队伍建设，强化服务保障，推动各项人才工作创新发展。

一、深入学习贯彻中央人才工作会议精神

一是中央人才工作会议后，部党组立即召开专题会议，传达学习习近平总书记重要讲话精神，研究部署学习贯彻工作，向中央人才工作领导小组报送部党组学习贯彻中央人才工作会议精神情况。二是 10 月 28 日，组织召开人社系统学习贯彻中央人才工作会议精神电视电话会议，对学习贯彻工作进行再动员再部署，强调要紧紧围绕建设世界重要人才中心和创新高地的战略目标，切实增强做好人社部门人才工作的责任感、使命感，精心谋划好当前和今后一个时期人社部门人才工作。三是印发《关于深入学习贯彻习近平总书记在中央人才工作会议上重要讲话精神的通知》，要求全国人社系统充分认识学习贯彻习近平总书记在中央人才工作会议上重要讲话精神的重大意义，进一步提高政治站位，认真履行人社部门人才工作职能职责，推动新时代人社部门人才工作高质量发展。四是对标对表会议精神和中央分工方案，制定印发《贯彻落实中央人才工作会议精神重点任务实施方案》，对涉及部里的 30 项任务，逐项研究提出具体贯彻落实措施，进一步明确责任单位和时间进度安排，确保涉及部里的各项重点任务扎实推进。五是参与研究起草《关于加强和改进新时代人才工作的意见》，配合中组部开展“十四五”人才规划编制、工程硕博士培养改革等专项工作。六是组织部属媒体深入宣传报道中央人才工作会议精神，着力做好重点人才工作的新闻发布工作，加强对各地人社部门学习贯彻工作有效做法和典型案例的宣传，营造有利于人才工作的舆论氛围。

二、高层次人才选拔培养扎实推进

李克强总理主持召开政府特殊津贴制度高层次高技能人才座谈会，强调持续营造尊重科学、尊重知识、尊重人才的社会氛围，激励创新创造，推动经济发展和社会进步，韩正、胡春华等领导同志参加。会同中组部、中宣部、科技部联合开展第六届全国杰出专业技术人才表彰工作，公开表彰 93 名“全国杰出专业技术人才”和 97 个“全国专业技术人才先进集体”，中共中央政治局委员、国务院副总理胡春华同志出席表彰会并讲话。举办“数字技术创新发展”专家创新大讲堂和 3 期高级专家国情研修班。深入实施专家服务基层行动，组织开展 60 个专家服务基层示范团项目，新建 15 家国家级专家服务基地，为巩固拓展脱贫攻坚成果同乡村振兴有效衔接提供人才智力支撑。编印《汇聚天下英才　助力乡村振兴——2021 年专家助力乡村振兴工作纪实》，广泛宣传专家服务基层先进事迹。开展专家春节慰问等联系服务活动。

三、深化职称制度改革总体完成

一是职称制度改革任务总体完成。印发播音主持、新闻、出版、卫生等 8 个系列职称制度改革的指导意见。截至年底，会同行业主管部门制定出台了 27 个职称系列改革指导意见，印发实施 9 个综合性配套政策，初步形成了新时代职称政策框架体系。加强职称评审信息化建设，上线运行全国职称评审信息查询平台，基本实现了职称信息跨地区在线核验。二是职业资格改革稳步推进。经国务院批准同意，公布《国家职业资格目录（2021 年版）》，目录包含 72 项职业资格，其中专业技术人员 59 项，技能人员 13 项。加强职业资格考试管理工作，印发《专业技术人员职业资格考试考务工作规程》（人社厅发〔2021〕18 号）。深入推进职业资格考试证明事项告知承诺制，持续推进职业资格电子证书工作。

四、留学人员回国工作不断加强

会同 20 家相关部门召开 2021 年留学人员回国服务工作部际联席会议，印发《吸引优秀留学人员回国创新创业 2021—2022 年重点工作》。实施中国留学人员回国创业启动支持计划和高层次留学人才回国资助项目，遴选资助了 122 名高层次留学回国创新创业人才。实施海外赤子为国服务行动计划，支持各地各部门开展了 47 项留学人员服务活动。制定出台《留学人员创业园建设和服务规范》行业标准，并开展系列宣贯工作。分别与江苏省、浙江省、山东省、海南省人民政府共建张家港留学人员创业园、湖州留学人员创业园、潍坊留学人员创业园和海口留学人员创业园。组织开展冬季海南休假活动，部有关领导同志看望休假专家并与专家座谈。指导和支持广州海交会、大连海创周、南京留交会等人才项目对接交流活动。

五、博士后工作创新发展

一是成功举办第一届全国博士后创新创业大赛，大赛以“博采科技精华　创新引领未来”为主题，共吸引 5 000 多个团队、2.4 万人报名参赛，经过层层选拔，共有 47 个代表团 1 400 多个团队项目进入总决赛，决出金银铜奖 273 个，总奖金超 1 200 万元。总决赛期间，同步开展了博士后工作成果展示、全国博士后人才交流与科研成果转化对接等活动。《人民日报》和中央电视台“新闻联播”“朝闻天下”“新闻 30 分”等进行了报道宣传。二是印发《人力资源社会保障部　全国博士管委会关于进一步加强企业博士后科研工作站建设的通知》（人社部发〔2021〕88 号）。三是全年共招收新进站博士后 30 932 人，出站 19 006 人。四是博士后创新人才支持计划资助 400 人，博士后国际交流计划支持引进项目 463 人、派出项目 100 人、学术交流项目 74 人，中德博士后交流项目资助 34 人，香江学者计划资助 52 人，澳门青年学者计划资助 25 人。五是全年共举办 22 期博士后学术交流活动，涉及理学、工学、农学、医学、管理学、哲学社会科学等领域的 30 多个一级学科，来自全国 600 多家博士后设站单位的 3 000 余名博士后研究人员参加了活动，370 余名知名专家应邀到会交流。

六、专业技术人员继续教育深入开展

一是实施专业技术人才知识更新工程。制定印发新一轮专业技术人才知识更新工程实施方案、数字技术工程师培育项目实施办法等文件，启动实施新一轮知识更新工程；开展 300 期国家级高级研修项目，培训高层次专业技术人才 2 万人次；依托国家级继续教育基地开展能力提升培训和数字技术工程师培育。颁布智能制造、大数据、集成电路、人工智能等 10 个专业技术类国家职业标准，组织开发全国专业技术人员新职业培训教程。依托“金保”工程二期，开发全国继续教育管理系统。二是部署开展新疆、西藏和四川、云南、甘肃、青海四省涉藏州县特培工作，印发第六批新疆特培工作实施方案、开展四省涉藏州县特培

工作的通知，为新疆培养400名、西藏培养120名少数民族专业技术骨干，组织4批赴疆赴藏专家服务团活动。三是完善继续教育政策体系，会同国家新闻出版署研究制定《新闻专业技术人员继续教育暂行规定》，指导各地各部门落实好《专业技术人员继续教育规定》（人力资源社会保障部令第25号）。四是做好全国新职业技术技能大赛专业技术类项目有关工作，组建专业技术类参赛项目专家组、裁判组，会同组委会技术组研究制定竞赛技术规则，协调专家组编制各比赛项目的技术文件等。

七、人才综合协调工作统筹推进

一是举办全国专业技术人才工作骨干培训班，加大对专技人才工作骨干的培训力度，提高人才工作者队伍的政治素质和业务水平。二是围绕实施创新驱动发展战略、全国科创中心建设、制造强国建设、交通强国建设和新材料、集成电路等国家重大战略和新兴产业发展，研究完善专门人才支持政策，做好国家重大战略人才支撑工作。

事业单位人事管理

2021年，事业单位人事管理工作以习近平新时代中国特色社会主义思想为指导，贯彻落实党的十九大和十九届历次全会精神，以加强制度建设和队伍建设、推进国家治理体系和治理能力现代化为主线，以深化“放管服”改革、激发事业单位活力和调动事业单位工作人员积极性主动性创造性为重点，进一步深化事业单位人事制度改革，推进事业单位人事管理法规体系建设，规范人事管理。落实中央部署，全面推行县以下事业单位管理岗位职员等级晋升制度，继续开展事业单位哲学社会科学领域专业技术一级岗位设置试点。落实贯彻党中央、国务院“六稳”“六保”工作要求，扎实做好事业单位公开招聘高校毕业生和职业院校毕业生工作。拓展“人社服务快办行动”广度深度，推进落实事业单位人事管理“一件事”改革试点。

一、落实党中央、国务院决策部署，进一步深化事业单位人事制度改革

一是全面推行县以下事业单位管理岗位职员等级晋升制度。为解决基层事业单位管理人员职业发展空间小、晋升通道单一、待遇偏低的问题，在充分总结前期试点经验的基础上，会同中组部共同研究起草了《关于县以下事业单位建立管理岗位职员等级晋升制度的意见》(以下简称《意见》)。2月19日，中央全面深化改革委员会第十八次会议审议通过《意见》，5月21日，中共中央办公厅、国务院办公厅正式印发文件，明确自2022年1月1日起全面实施县以下事业单位管理岗位职员等级晋升制度。二是开展事业单位哲学社会科学领域专业技术一级岗位设置试点工作。会同中组部、中宣部等部门，在部分高校和科研院所开展试点工作。

二、落实贯彻党中央、国务院“六稳”“六保”工作要求，扎实做好事业单位公开招聘高校毕业生和职业院校毕业生工作

一是4月25日，为贯彻落实党中央、国务院“稳就业”“保就业”和全面实施乡村振兴战略的决策部署，促进高校毕业生就业，充实基层教师队伍，加强教师队伍建设，推动教育高质量发展，会同教育部印发《人力资源社会保障部办公厅　教育部办公厅关于做好2021年中小学幼儿园教师公开招聘工作的通知》(人社厅发〔2021〕27号)，统筹高校毕业生就业和教师招聘工作。二是10月22日，为深入贯彻习近平总书记在中央人才工作会议上的重要讲话精神和对职业教育、技能人才工作的重要指示精神，落实党中央、国务院关于积极推动职业院校毕业生在参加事业单位招聘等方面与普通高校毕业生享受同等待遇的要求，促进职业教育事业发展和技能人才队伍建设，印发《人力资源社会保障部关于职业院校毕业生参加事业单位公开招聘有关问题的通知》(人社部发〔2021〕82号)，着力破除社会上存在的唯名校、唯学历的用人导向，切实维护、保障职业院校(含技工院校)毕业生参加事业单位公开招聘的合法权益和平等竞争机会。

三、推进事业单位人事管理法规体系建设

一是完善事业单位工作人员考核制度。会同中组部研究修订《事业单位工作人员考核规定》，树立重实干重实绩的用人导向。二是完善事业单位人事管理监督制度。为贯彻习近平新时代中国特色社会主义思想，坚持和加强党对事业单位的全面领导，进一步推动事业单位落实党中央关于事业单位人事管理工作重大决策部署和事业单位人事管理法律、法规、政策，规范事业单位人事管理行为，会同中组部研究拟订《事业单位人事管理监督规定》（以下简称《监督规定》），对《监督规定》的适用、原则，监督方法、方式，监督处理和纪律等内容作出规定。7月，《监督规定》征求全国组织、人事部门及中央部门和单位的意见，研究吸收各单位意见建议。三是研究修订事业单位工作人员处分暂行规定。贯彻落实《中华人民共和国公职人员政务处分法》，研究修订《事业单位工作人员处分暂行规定》（以下简称《处分规定》）。8月，《处分规定》征求全国组织、人事部门及中央部门和单位的意见，研究吸收各单位意见建议。

四、推进落实事业单位人事管理“一件事”改革试点

为贯彻落实党中央、国务院决策部署，深入推进“放管服”改革，拓展“人社服务快办行动”广度深度，进一步清事项、减材料、压时限，为事业单位及其工作人员提供更快更优的经办服务，印发《人力资源社会保障部办公厅关于落实“人社服务快办行动”推进事业单位人事管理“一件事”服务的通知》（人社厅发〔2021〕15号），聚焦事业单位工作人员职业生涯全周期管理，围绕事业单位工作人员“进管出”重点环节，将公开招聘、人员调入、人员调出、岗位变动、解除聘用合同、开除、退休等7项业务所涉及的工资、社会保险、社会保障卡等人社领域后续相关服务事项，整合成“一件事”，实施联动办理。2021年，在黑龙江、江苏、江西、山东、河南、广东、贵州、陕西等8个省份开展“一件事”服务全流程试点探索，其他省份结合实际推进。5月19日，在浙江金华组织召开部署现场会，在8个省份启动开展“一件事”改革试点。截至年底，试点工作已取得阶段性成果。

五、其他重点工作

一是完善消防员招录政策。为进一步完善国家综合性消防救援队伍消防员招录政策，提高招录工作质量，促进队伍的长远建设和发展，会同应急管理部修订印发《人力资源社会保障部　应急管理部关于印发〈国家综合性消防救援队伍消防员招录办法〉的通知》（人社部发〔2021〕58号）。二是推进事业单位人事管理领域脱贫攻坚成果同乡村振兴有效衔接。以160个乡村振兴重点帮扶县为重点，指导乡村振兴重点帮扶地区落实好“三放宽、一允许”“定向评价、定向使用”等人事倾斜性政策，进一步解决好基层事业单位“招人难、留人难”问题。

城镇职工养老保险

一、企业职工基本养老保险全国统筹制度部署启动

（一）全国统筹制度部署启动。

12 月 16 日，召开企业职工基本养老保险全国统筹实施工作电视电话会议，中共中央政治局常委、国务院副总理韩正出席并讲话，中共中央政治局委员、国务院副总理胡春华主持。会议认真学习贯彻习近平总书记有关重要讲话精神，贯彻落实中央经济工作会议精神，对企业职工基本养老保险全国统筹实施工作进行动员和部署。

（二）基金中央调剂制度平稳运行。

2021 年企业职工基本养老保险基金中央调剂比例提高到 4.5%，调剂基金总规模 9 327 亿元，跨省调剂 2 152 亿元，有力支持了中西部地区和东北老工业基地等相关省份养老金发放。

二、持续推进机关事业单位养老保险制度改革

（一）开展机关事业单位养老保险中期评估。

会同财政部开展机关事业单位养老保险制度改革中期评估工作，完成对全国所有省、自治区、直辖市（含新疆生产建设兵团）以及中央国家机关事业单位养老保险管理中心的评估。

（二）推动解决重点难点问题。

报国务院同意，推动解决部分单位参加养老保险、中央单位缴费基数、中央单位属地基金缺口资金来源等重点难点问题。

三、提高退休人员基本养老金水平

按照党中央、国务院部署，统一安排、同步调整企业和机关事业单位退休人员基本养老金，调整比例为 2020 年退休人员月人均基本养老金的 4.5%，1.27 亿退休人员受益。

四、广泛征求渐进式延迟法定退休年龄改革意见

人力资源社会保障部及各省、自治区、直辖市先后组织召开多场征求意见座谈会，广泛征求各部门、各地区、各方面意见建议。

五、规范统一全国企业职工基本养老保险遗属待遇

2 月，会同财政部印发《企业职工基本养老保险遗属待遇暂行办法》（人社部发〔2021〕18 号），规范统一全国遗属待遇政策。

六、做好补充养老保险工作

（一）有序推进企业年金发展。

指导地方研究探索扩大企业年金覆盖面的举措，鼓励各类具备条件的用人单位建立企业年金。截至 2021 年底，全国建立企业年金的用人单位 11.75 万户，参加职工 2 875.24 万人，积累基金 2.64 万亿，同比增长 11.9%、5.8%和 17.3%。

（二）规范发展第三支柱养老保险。

12 月 17 日，中央全面深化改革委员会第二十三次会议审议通过了《关于推动个人养

老金发展的意见》。习近平总书记在主持会议时强调，要推动发展适合中国国情、政府政策支持、个人自愿参加、市场化运营的个人养老金，与基本养老保险、企业（职业）年金相衔接，实现养老保险补充功能。会议强调，发展多层次、多支柱养老保险体系，是积极应对人口老龄化、实现养老保险制度可持续发展的重要举措。要完善制度设计，合理划分国家、单位和个人的养老责任，为个人积累养老金提供制度保障。要严格监督管理，完善配套政策，抓紧明确实施办法、财税政策、金融产品规则等，让老百姓看得明白、搞得懂、好操作，让参与各方有章可循、制度运行可监测可检验。

失业保险

2021年，失业保险工作以习近平新时代中国特色社会主义思想为指导，全面贯彻落实党的十九大和十九届历次全会精神，在部党组的坚强领导下，统筹抓好扩围保障、稳岗扩岗、降费提技、经办服务、风险防控等工作，各项工作再上新台阶，为“六稳”“六保”特别是稳就业保民生做出了积极贡献。

一、减负稳岗扩就业并举，制度总体运行平稳

2021年，失业保险延续实施一系列减负稳岗扩就业举措，企业稳岗扩岗成效明显，参保人数再创新高。截至年末，全国有22 958万人参加失业保险，比上年末增加1 268万人。失业保险基金运行平稳可持续，全年失业保险基金收入1 460亿元，同比增长53.4%。基金支出1 500亿元，同比减少28.7%，其中用于保障失业人员基本生活支出1 028.5亿元，同比增长36.5%；用于职业培训、技能提升补贴支出32.2亿元，同比增长7.3%；用于其他各项预防失业促进就业支出439.3亿元，同比下降66.7%。基金当期赤字40亿元，累计结余降至3 313亿元，备付期限2.2年，具备一定抵御风险能力。

二、扩围保障积极有力，保障人数达历史峰值

落实《政府工作报告》“继续实施失业保险保障扩围政策”要求，在落细落实常规失业保险待遇的基础上，延续实施保障扩围政策一年，在春节、七一、国庆等重大时间节点前夕作专门指导调度，确保扩围不断档、申领不扎堆。保障范围、支出金额都达到制度建立以来最大值，牢牢兜住失业人员基本生活底线。全年共有1 724万名参保失业人员领到不同项目的失业保险待遇，其中，向608万人发放不同期限的失业保险金，同比增加93万人；向1 039万人发放失业补助金（上年结转613万人，当年新增426万人），向71万失业农民工发放一次性生活补助，向6万失业农民工发放临时生活补助。同时，保障水平稳步提高，月人均失业保险金水平1 585元，比上年增长5.2%；月人均代缴基本医疗保险费422元，比上年增长11%。

三、稳岗扩岗成效明显，助力市场主体“青山常在”

落实《政府工作报告》“扩大失业保险返还等阶段性稳岗政策惠及范围”要求，调整优化普惠性稳岗返还政策。一是扩大受益范围，由企业扩大到个体工商户、社会团体等六类市场主体。二是倾斜支持中小微企业，将中小微企业返还比例由50%提高至60%，大型企业调整至30%。三是延续降低政策门槛。继续将裁员率标准放宽至上年度全国城镇调查失业率控制目标，30人以下企业进一步放宽至不高于参保职工人数的20%。四是加大宣传力度。会同全国工商联开展“失业保险惠企政策进民企”宣传季活动，推动各地实行“免申即享”经办新模式，通过数据比对向符合条件的企业精准发放。全年共向407万户企业发放稳岗返还231亿元，惠及职工9 234万

人，户均 23 人，中小微企业受益明显，政策红利精准释放。

四、降费提技持续加力，促进就业扎实有效

落实《政府工作报告》“延续降低失业保险费率”要求，延续实施 1%的费率至 2022 年 4 月 30 日。全年减收 1 321 亿元，切实降低用工成本，助力企业发展，增加就业机会。继续放宽技能提升补贴申领条件 1 年，减少中间环节，凭职业资格证书或职业技能等级证书即可领取补贴，资金直达参保职工。全年共有 187 万人次领取技能提升补贴 28 亿元，人均次领取 1 560 元，领取人次同比增长 5.2%，有力增强职工就业稳定性。

五、急难愁盼有效解决，经办服务再上新台阶

一是印发《关于畅通失业保险关系跨省转移接续的通知》（人社厅发〔2021〕85 号），明确转移原则、发放标准和转移流程，上线运行全国失业保险转移接续系统，初步实现“跨省通办”。二是开展“畅通领、安全办”落实情况“回头看”，失业保险待遇申领零材料、零跑腿，审核时间缩短一半，部分地方做到即时审核，打通政策落地“最后一公里”。三是深入推动网上申领，全年共有近 2 600 万人次通过国家社会保险公共服务平台全国统一入口申领失业保险待遇。四是大力推广“免申即享”“免跑即领”“免证即办”经办新模式，基本实现线上线下全覆盖。

六、风险防控常抓不懈，坚决守护基金安全

落实习近平总书记关于要以零容忍态度严厉打击欺诈骗保、套保和挪用贪占各类社会保障资金的违法行为，守护好人民群众的每一分“养老钱”“保命钱”的要求，下大力气抓好风险防控。一是防范基金运行风险。部署基金超范围支出和内控风险专项排查，查找制度漏洞和管理缺失，强化源头整治。各地加快推进基金省级统筹，推行省级统筹省份由 6 个增至 16 个，基金抗风险能力进一步加强。二是防范错发冒领风险。建立常态化跨省信息比对核查机制，定期下发疑似违规数据，督促地方复核，防止“跑冒滴漏”。三是防范规模性失业风险。进一步完善失业动态监测工作，每月动态监测全国 6.5 万户企业、2 934 万个监测岗位变化情况，突出重点省份、重点行业规模性失业风险监控，提高风险预警和防控能力。

工伤保险

2021年，工伤保险工作坚持以习近平新时代中国特色社会主义思想为指导，深入学习党的十九大和十九届历次全会精神，落实党中央、国务院决策部署，全力推进重要改革任务，积极发挥制度保障功能，着力夯实工作基础，各项工作取得积极进展。

一、推进职业伤害保障试点工作

近年来，平台经济等新业态蓬勃发展，以平台就业为代表的新就业形态日趋活跃。积极落实党中央、国务院决策部署，深入了解新就业形态就业人员保障需求，创新保障政策，优化保障模式，推进新就业形态就业人员职业伤害保障试点，探索解决这部分就业群体职业伤害保障不平衡不充分问题。

二、推进公务员纳入工伤保险统筹管理

贯彻落实《中华人民共和国公务员法》要求，做好配套法规建设，经报国务院同意，会同有关部门针对公务员工伤保险制定印发相关管理办法，将公务员和参公单位工作人员全面纳入工伤保险制度保障。

三、推进基层快递网点快递员优先参加工伤保险工作

贯彻习近平总书记关于维护好快递员合法权益的指示精神，落实《关于做好快递员群体合法权益保障工作的意见》要求，会同国家邮政局印发《关于推进基层快递网点优先参加工伤保险工作的通知》（人社厅发〔2021〕101号），明确基层快递网点快递员参加工伤保险政策，全面推进基层快递网点快递员优先参加工伤保险。

四、做好工伤保险降费工作

贯彻落实党中央、国务院关于阶段性降低社会保险费率决策部署，将工伤保险阶段性降费政策延续实施1年至2022年4月30日，为“六稳”“六保”大局做出贡献。

五、推进工伤预防

落实《工伤预防五年行动计划（2021—2025年）》（人社部发〔2020〕90号），会同应急管理部印发《关于实施危险化学品企业工伤预防能力提升培训工程的通知》（人社部函〔2021〕168号），积极部署实施危险化学品企业工伤预防能力提升培训工程。

六、做好尘肺病患者保障工作

贯彻落实国务院第46次常务会议精神，指导各地持续推进尘肺病重点行业扩面和预防等专项行动，稳步提升尘肺病工伤职工待遇保障能力和水平。

七、着力夯实工作基础

指导地方进一步巩固完善省级统筹，提升制度效能和管理水平，为“十四五”时期全

面实现基金统收统支夯实基础。印发《关于进一步加强工伤医疗管理服务工作有关问题的通知》（人社部函〔2021〕170 号），以工伤医疗信息系统建设为重点，对进一步加强工伤医疗、工伤康复和辅助器具配置目录执行管理服务和信息系统建设提出工作要求。开展工伤康复工作专题调研，为制定完善“十四五”工伤康复政策奠定基础。

城乡居民基本养老保险

一、城乡居民基本养老保险稳中求进取得新进展

为认真贯彻落实习近平总书记在中央政治局第二十八次集体学习和十九届中央纪委五次全会上的重要讲话及指示批示精神，在全国开展社会保险基金管理问题专项整治，重点在城乡居民养老保险领域全面摸排基金管理风险，及时堵塞漏洞，深入推进问题整改，取得了阶段性成效。7月，《财政部　人力资源社会保障部关于城乡居民基本养老保险中央财政补助资金管理有关问题的补充通知》印发，要求健全城乡居民基本养老保险中央财政补助资金结算申报工作机制，完善本地区申报材料，并全面实施预算绩效管理，提高财政资源配置效率和使用效益。8月，会同财政部印发文件，明确了个人账户记账利率要坚持账实匹配原则，统一了计算办法，进一步完善了城乡居民基本养老保险制度，保障参保人权益，增强参保缴费的激励约束作用，促进基金保值增值。

各地认真贯彻落实《人力资源社会保障部　财政部关于建立城乡居民基本养老保险待遇确定和基础养老金正常调整机制的指导意见》（人社部发〔2018〕21号）精神，北京、上海、内蒙古、吉林、江苏、浙江、安徽、江西、山东、湖北、广西、海南、西藏、陕西、甘肃、宁夏、新疆等17个省份和新疆生产建设兵团提高了城乡居民基本养老保险省级基础养老金标准，提标幅度为每人每月5元至100元。河南等22个省份和新疆生产建设兵团制定了丧葬补助费政策和标准。云南、重庆、宁夏将最低缴费档次提高至200元，至此，所有省份都提高了最低缴费档次，增强了制度筹资能力。

截至年底，全国城乡居民基本养老保险参保人数54 797万人，比上年底净增554万人，其中60周岁以上实际领取待遇人数16 213万人。2021年，年人均缴费约536元，月人均养老金约179元。

二、困难群体基本养老保险应保尽保成果持续巩固

8月，会同民政部等五部门印发《关于巩固拓展社会保险扶贫成果助力全面实施乡村振兴战略的通知》（人社部发〔2021〕64号），调整完善城乡居民基本养老保险帮扶政策，为参加城乡居民基本养老保险的低保对象、特困人员、返贫致贫人口、重度残疾人等缴费困难群体代缴部分或全部最低缴费档次养老保险费。在提高最低缴费档次时，对上述困难群体和其他已脱贫人口可保留现行最低缴费档次。“十四五”时期，中央确定的城乡居民基础养老金不计入低保家庭、特困人员收入。

2021年，全国共为2 354万困难人员代缴城乡居民基本养老保险费26.8亿元。5 427万困难人员参加基本养老保险，参保率超过99%，进一步巩固了应保尽保成果。

三、被征地农民社会保障工作持续推进

积极配合国务院有关部门做好《中华人民共和国土地管理法实施条例》的修订工作，并同步研究拟定被征地农民参加基本养老保险

补贴新政策。指导重庆、广东、江苏研究出台新的被征地农民参加基本养老保险补贴政策，全国已有 7 个省（区、市）按照最新土地管理法要求改革完善原有政策。认真做好被征地农民社会保障调度工作。截至年底，全国 6 500 多万符合条件的被征地农民参加基本养老保险。

四、长江退捕渔民参加基本养老保险工作继续稳步推进

积极引导退捕渔民按时缴费、长期缴费、有条件的按高标准缴费，及时足额支付养老保险待遇。将退捕渔民基本养老保险缴费补贴政策落到实处，鼓励有条件的地区可结合实际适时加大补贴力度。持续跟踪退捕渔民基本养老保险参保缴费情况，做好相关服务和政策落实。对退捕渔民中属于低保对象、特困人员、返贫致贫人员、重度残疾人等缴费困难群体的，按规定为其代缴城乡居民基本养老保险费。截至年底，已经实现长江重点水域符合条件的 17.2 万名退捕渔民全部参保，为 11.3 万名符合条件退捕渔民落实了基本养老保险缴费补贴，持续巩固符合条件的长江退捕渔民基本养老保险应保尽保，为长江退捕渔民老年基本生活提供了制度保障。

社会保险经办管理

2021年是党和国家历史上具有里程碑意义的一年，中国共产党迎来百年华诞，如期打赢脱贫攻坚战，全面建成小康社会、实现第一个百年奋斗目标，开启全面建设社会主义现代化国家、向第二个百年奋斗目标进军新征程。一年来，面对复杂严峻的国内外形势和诸多风险挑战，各级人力资源社会保障部门共同努力，统筹做好新冠肺炎疫情防控和社保经办工作，攻坚克难、砥砺前行，各项工作取得积极进展。

一、各项指标任务全面完成

（一）各险种参保扩面计划超额完成。

加强国家全民参保库建设，截至年底，全民参保库已获得人员基础数据13.9亿人。指导各地充分利用参保登记成果，针对未参保人员开展分类宣传和精准施策，推进建筑业按项目参保，重点做好退捕渔民、灵活就业人员、新业态从业人员和职业性尘肺病等群体参保扩面工作。加快推进灵活就业人员参保登记跨省通办。截至年底，基本养老保险参保人数达到10.3亿人，失业保险参保人数2.3亿人，工伤保险参保人数2.8亿人，同比增加3 007万人、1 268万人、1 523万人，各险种均超额完成年度参保扩面计划。

（二）各项社保待遇按时足额发放。

健全养老金保发放月调度机制，及时做好中央调剂金资金缴拨，全年调剂总规模9 327亿元，净缴拨资金2 152亿元，有力支持困难省份确保养老金按时足额发放。连续第17次调整企业退休人员养老金，第6次同步调整机关事业单位退休人员养老金，调整后的养老金于7月1日前全部发放，惠及退休人员1.27亿人。失业保险和工伤保险待遇稳步提高。延续实施普惠性稳岗返还和扩围政策。2021年，共向407万户企业发放失业保险稳岗返还资金231亿元。加强职业性尘肺病医疗救助保障。

（三）基金运行总体平稳。

各地社保费“减免缓”政策平稳退出，工伤、失业保险降费率政策继续延续，征缴收入逐步实现恢复性增长。基本养老、失业、工伤保险基金总收入6.82万亿元，总支出6.27万亿元，当期结余5 518亿元，累计结余6.87万亿元，基金运行总体平稳。基金运行管理不断加强，认真做好年度基金预决算工作，落实加强基金中央调剂力度各项要求，持续开展基金运行监测分析，防范化解运行风险。

二、重点改革任务稳步推进

（一）养老保险全国统筹实施工作加快推进。

指导各地扎实推进省级统收统支，对7个省份开展现场验收。进一步提高基金中央调剂比例，平衡地区间基金收支结构性矛盾。扎实推进全国统筹经办管理体系建设，研究制定全国统筹调剂资金管理办法，统一业务流程和业务规则，开展历史数据整理评审工作，联合印发15个相关文件，推动各地信息系统建设有序开展。加强中央级经办能力建设，探索构建与全国统筹相适应的经办管理服务体系。

（二）职业伤害保障试点准备工作有序开展。

参与制定职业伤害保障办法（试行），研究起草职业伤害保障业务经办和征收管理规程，统一和规范经办流程。指导试点省份和平台企业做好经办落地准备工作，加快信息系统改造和对接工作。

（三）职业年金经办管理逐步规范。

印发进一步规范职业年金经办管理行为有关问题的通知，指导各省级经办机构切实履行好代理人职责。印发职业年金计划受托人绩效考评指引，首次对职业年金计划受托人绩效考评进行全面规范，引导各代理人有序开展受托人绩效考评，推动职业年金规范运营。研究起草职业年金代理人风险控制指引和全国职业年金投资策略委员会组建方案，不断推进职业年金经办管理规范化建设。

三、社保经办风险防控全面加强

（一）社保基金管理专项整治工作纵深推进。

赴湖南、贵州等5省份调研专项整治工作开展情况。负责9个省份工作调度和调研检查，确保专项整治工作落到实处。比对核查六类疑点数据，反馈违规信息，追回涉案金额。对湖南、陕西、贵州、重庆相关案件进行深入剖析。制作案例警示教育片第一集，组织全系统集中开展警示教育活动。

（二）审计问题切实整改。

按照审计署要求，梳理2020年度全国基本养老保险基金审计反映问题，并以稽核通知书形式要求各地对跨省重复领取养老金疑点信息进行核实。印发关于进一步做好审计问题整改督导工作的通知，督促相关省份做好审计问题整改工作并形成整改情况报告。

（三）数据稽核取得成效。

完善稽核考核系统，增加跨省重复领取异地协查模块和疑点数据核查结果上级确认功能。印发社会保险数据稽核规则库1.0版，将“大额领待、多人一账户”等26条内容纳入稽核规则。聚焦高风险业务，依托稽核系统向地方下发八类待核查的疑点数据，下发《稽核通知书》，压实地方疑点数据核实的责任。制定全国统筹业务信息系统风险防控规则。加强社保经办要情管理，常态化梳理重大要情，起草14期《社会保险要情报告》。建立风险提示制度，下发风险提示函。

四、行风建设专项行动持续推进

（一）人社服务快办行动深入实施。

印发人社服务快办行动通知，做好272个部联络点的对接工作，推进“快办行动”扩容扩面、提标提质。优化更新2021版目录清单，编制办事指南推进“简便办”。组织部分省份“社银合作”视频会议，梳理委托银行、基层平台经办服务事项和各环节工作要求，印发推进“就近办”工作通知。形成地市级以上社保经办机构负责人培训方案，持续推进社保经办队伍能力素质提升。

（二）适老化服务不断优化。

拟定社保经办领域老年人高频服务事项清单，印发社保经办领域适老化服务工作的通知，指导各地通过设置绿色通道、“加急”“快办”窗口及等候专区等举措完善线下服务，为老年人提供更加贴心暖心服务。在全国敬老月开展“关爱老年人 社保有温度”宣传活动，聚焦老年人关心的领取待遇资格认证，在部官网“看得懂算得清”栏目发布宣传解读漫画，累计阅读量近2 000万次。

（三）统一平台建设不断完善。

国家社会保险公共服务平台聚焦“跨省通办”和“看得懂算得清”，持续完善服务功能，印发关于利用国家社会保险公共服务平台推进社会保险公共服务“一网通办”工作的通知。截至年底，平台9类33项全国性统一服务，累计访问量突破26亿人次。

（四）关系转移接续转型升级。

研究建立全国统筹模式下的企业职工养老保险关系转移资金定期清算机制和军人退役养老保险关系转移中央直接经办机制。督导调度各省企业职工养老保险关系转移超期业务清理进展情况。组织各地积极开展军人退役养老保险关系转移清理落实工作，全国平均清理率达到90%。研究制定机关事业单位养老保险关系转移、城乡居民养老保险关系转移、城乡养老保险制度衔接等业务的网上申请流程。

（五）社保标准化规范化建设持续巩固。

组织标准制修订工作，组织启动城乡居民基本养老保险、失业保险2项国家标准和《社会保险经办内部控制规范》1项行业标准制定工作。发布《社会保险服务综合柜员制实施指南》《社会保险业务档案元数据规范》《工伤保险经办服务规范》3项行业标准。启动第三届标委会委员换届工作。

五、社保经办数字化转型取得新进展

印发关于推进社保经办管理服务数字化转型的指导意见，谋划了“十四五”时期深入推进数字化转型的目标任务，数字化转型的工作机制进一步完善。

（一）数据治理深入推动。

调整联网数据指标，加固联网数据作用，推进监测指挥平台联网监测数据分析服务项目。启动统计数据和联网数据重要指标比对工作，跟踪重点省份联网数据质量的整改进度，提升联网数据质量。

（二）数据共享机制不断完善。

签订《国家市场监督管理总局　人力资源和社会保障部数据共享合作备忘录》。开发完成与国家移民管理局数据共享接口平台。审核有关部委66份和地方单位的218个数据共享接口申请。配合其他部委完成5 342万人权益记录查询申请和29次全量查询工作。配合国家市场监督管理总局开展市场活跃度分析。协助财政部开展注册会计师挂名执业行为整治工作。

（三）数据应用不断加强。

稳妥做好社保业务档案管理工作，推进电子档案管理和应用。利用大数据比对等“静默”方式开展认证，约2亿退休人员足不出户即可完成认证。启动境外居住人员资格认证结果数据核实反馈工作。完善养老保险精算报告制度，利用第七次全国人口普查人口数据分析研究人口结构变化对社保运行的影响，开展企业养老保险基金可持续性分析。

六、宣传、国际合作工作亮点纷呈

加强宣传引领，为建党百年营造良好氛围，将《中国劳动保险条例》等珍贵文物提供给中国共产党历史展览馆永久收藏。在央视《新闻联播》上宣传报道社保有关工作。在“看得懂算得清”栏目上推出转移接续、资格认证等系列宣传12期，累计传播量突破3 000万人次。在全系统组织开展“党旗下的社保人”宣传活动，出版专刊宣传百名人物事迹，举办网上宣讲会。组织京津冀经办机构开展“永远跟党走　奋进新征程”宣讲活动，制作短视频和宣传折页开展港澳居民参保专项宣传，服务京津冀协同发展和粤港澳大湾区建设。推进双边社会保障协定工作，设计制作14集社保协定动漫宣传片。平稳推进与欧盟、国际劳工组织共同合作实施的“提升中国社保经办服务能力，实现全民社会保障”项目。基本完成“非标准就业人员社会保障问题”课题研究，同步开展“中国社保经办管理服务数字化转型”课题研究。

中央国家机关事业单位养老保险经办管理

2021年是中国共产党百年华诞，也是全面打赢脱贫攻坚战、全面建成小康社会、实现第一个百年奋斗目标、开启实施“十四五”规划、踏上全面建设社会主义现代化国家新征程的特殊之年。中央国家机关事业单位养老保险经办管理工作坚持以习近平新时代中国特色社会主义思想为指引，在人力资源社会保障部党组正确领导下，在部内外有关单位的支持和配合下，开拓进取，真抓实干，推进经办管理工作实现新突破，取得新进展。

一、积极推进应保尽保，提供优质经办服务

截至12月底，在中央国家机关事业单位养老保险管理中心（以下简称央保中心）参保的中央单位共1 850家，参保人员63.6万人（在职37.0万人，退休26.6万人）。配合有关部门积极推动超编单位参保问题解决。协调解决在京国家实验室（昌平国家实验室、怀柔国家实验室、中关村国家实验室）等单位完成参保登记。开展中央单位参保资格专项核查工作。完成2021年缴费工资申报工作。积极推行证明事项告知承诺制。强化服务意识，规范前台经办流程及参保单位业务操作标准，2021年业务经办大厅共接待3 432人次。加强智能客服建设，与部信息中心、中国工商银行会商完成智能咨询服务平台招标采购工作。加强对参保单位业务指导，确保业务规范、安全、高效办理。配合部事业单位人事服务中心举办两期业务培训班，较好满足了参保单位对于央保经办面训的迫切需求。

二、全面确保应发尽发，保障养老待遇按时足额发放

全面落实保发放、稳待遇的工作要求，2021年12月当期发放单位1 653家，退休人员25.9万人，发放资金22.5亿元，确保退休人员按时足额领取养老金。稳慎推进退休中人按新老办法对比计发，参与2020年退休中人修正因子测算研究，逐步建立常态化退休人员待遇预发和核准机制。研究解决待遇重核、个人账户一次性支付等新办法计发后续问题。截至12月，按照新办法计发退休中人累计达6.1万人，约占全部退休中人数的94%。持续做好退休人员基本养老金调整，连续第六年组织实施在京中央单位退休人员基本养老金调整工作，惠及2020年12月底前退休人员25.5万人。扎实推进养老保险配套政策落地，严格落实公务员实行职务职级并行、违纪违法退休人员待遇重核、海外引进人才退休待遇计发等政策。

三、扎实开展养老保险关系转移接续，规范个人账户档案管理

开展参加北京市企业养老保险的中央单位养老保险关系衔接试点工作，实现试点单位央保当期征缴及发放。推进符合条件单位参保登记，新增73家参保单位。实现基本养老保险关系转移接续“跨省通办”，全年办理及审核业务12 569笔。与27个省市企业保险、10个省市机关保险通过部平台办理业务。精简办理材料，解决手工录入问题。核查中央单位在编

人员参加北京市企业养老保险业务845笔。试点办理关系转出业务。规范个人账户和业务档案管理，完成2021年度基本养老保险个人账户利率维护及调待冲减个人账户工作。完善在职人员记账计息规则，明确一次性支付业务规则。提供个人权益查询服务，开展2020年度纸质权益单寄递工作。整理归档业务档案141卷1.1万件3.1万页，印发《央保中心业务电子档案管理暂行办法》，制定《关于开展档案专题调查研究的实施方案》。推进特殊单位和特殊人员管理，扩大非政府借调国际职员参保范围，参与审核档案40余份，新增18人，发放待遇890万元；参与解决外交部国际职员档案遗留问题，落实政府借调国际职员养老保险政策，建立人员统计台账并实时更新。推进病退工作，制定《中央单位职工病退管理暂行办法》。

四、强化基金收支管理，初步完成中央单位准备期基本养老保险基金结算

截至12月底，基本养老保险基金总收入822亿元（含准备期结算收入），总支出814亿元（含准备期结算支出），累计结余103亿元；职业年金总收入116亿元，支出4亿元，累计结余548亿元。推进准备期结算工作。梳理各试点单位准备期结算工作进展情况，配合开展准备期数据审核和复核；与财政部开展联合办公，核对确认一级预算单位及下属单位准备期预算数据；按照并账结算工作方案全面实施中央单位准备期基本养老保险基金结算落地工作。完善基金财务管理各类制度，严格遵守财务和会计制度等相关规定，落实收支两条线管理制度，做好会计核算等基础管理。按时编制基金报表与分析报告和基金预决算，报送社会保险基金月报、季报、年报。编制2022年社会保险基金预算草案。规范职业年金会计核算。全年共登记、打印记账凭证2.7万份，收集、整理银行回单4.98万份，装订整理会计记账凭证280余本，开具电子票据5.5万份，完成财务业务对账4.98万笔，发送征缴批扣指令300余次，发起原渠道退款1 100余笔，发出待遇发放、多缴退回、转移到账回退等指令近500次，完成转移收入对账3 000余笔。

五、统筹做好职业年金工作，稳步推进委托投资运营

全年投资收益29.1亿元，收益率6.2%。自2019年2月末启动职业年金投资运营以来，累计投资收益77.4亿元，累计收益率25.8%，年化收益率8.4%。按月完成中央单位职业年金归集资金划转、估值信息传输及计算和投资成交汇总。推进职业年金转移接续，按时规范发放职业年金待遇。不断完善各项职业年金基金管理办法，完善受托人绩效评估和计划资金分配办法，制定职业年金经办管理业务操作规范和投资监督业务操作规范，实现职业年金经办管理制度化、规范化。依法依规履行监督职责。规范开展日常监督，确保中央单位职业年金投资依法合规运营。开展职业年金债权资产信用风险排查。修改完善中央单位职业年金投资监督系统，提高事前监督能力。推动各计划定期审计，妥善处理年金机构资格延续后续事宜。

六、推进工伤保险经办筹备，开展工伤保险参保预登记

研究完善中央本级工伤保险相关配套政策。完善中央本级工伤保险实施细则，草拟中央本级工伤保险经办规程，研究起草劳动能力鉴定委员会成立文件和筹建流程建议。初步研究确定信息系统建设实施目标和步骤。开展多轮摸查测算，做好数据支撑。测算中央本级工伤保险基金收支情况，对中央单位在北京市参加工伤保险情况通过数据分析和电话沟通进行摸查；配合部工伤保险司测算中央机关、参公机关（单位）缴费基金规模；调研中央机关参公单位人员身份构成情况，为进一步明确参保范围做准备；研究准备开展工伤保险参保预登记，提前核对相关信息，为正式参保登记打好基础。积极做好对外沟通协调。及时掌握政策出台进度，沟通参保范围、缴费基数及有关指标口径、认定鉴定等事宜，不断完善经办规则；与财政部、国家卫健委和医疗机构等相关单位以及部内相关部门就解决项目经费、基金开户、筹建中央本级劳动能力鉴定委员会、业务信息系统建设、联网结算等事宜进行座谈协商，争取支持推进工作。

七、扎实做好稽核风控，实施社保基金安全专项整治行动

积极配合审计部门开展两轮审计，针对审计发现问题建立台账，认真加以整改。继续加强稽核风控规章制度建设，制定《基本养老保险关系终止确认书》，研究草拟《稽核风控问题转办流程》。开展2020年度待遇资格认证工作，实现全覆盖。推进欠费清缴，全年共追回欠费本金7.84亿元。开展重复领取清查核查，逐一建档核查相关情况，涉及金额4 200余万元。开展死亡冒领核查和服刑人员领取待遇核查，召开参保单位工作视频会，做好相关政策解释。扎实做好风控工作，全面排查梳理业务风险点，完善系统建设，夯实风险防控基础。落实社保基金安全专项整治，开展社保基金安全“警示教育月”活动。召开专题形势分析会，不断强化风险管理。梳理风控数据管理和应用方案，开展数据筛查和数据分析，全年累计筛查数据3.24亿条（项）。重点做好法务工作。结合湖南衡阳案等案件，梳理相关法务案例，召开法务案例剖析研讨会，开展法务警示教育。

八、加强信息系统建设，推进“不见面服务”系统建设完善

央保“不见面服务”系统1月8日正式上线，全年访问量150万次，业务办理量5万余笔，线上办理安全、便捷，受到参保单位广泛好评。持续优化“不见面服务”系统，全年新增系统开发需求101项，上线需求84项。抓好系统开发建账立制，发布需求开发管理流程，定期公布需求台账。不断优化开发和测试环境，搭建央保全量数据测试库。不断强化信息系统管理，统筹协调开发资源。加强网络与信息安全管理，建立突发事件应急响应机制。保障数据和信息系统安全，组织测试公司做好央保系统的代码审计和渗透测试。协调做好系统间（财务系统、职业年金投资监督系统、工伤经办系统、机器人系统等）对接，做好各类信息系统的政府采购及运维管理，统筹推进数据体系建设。确定中央经办主要业务数据报告项目、指标解释、取数及运算规则，建立数据报告定期发布机制。开展数据体系建设情况调研，交流学习数据管理和数据分析等方面经验。与外部门开展数据共享和比对。做好统计数据报送，定期上报联网监测数据。

九、做好精细化管理，建立高效内部运转机制

实施疫情防控常态化管理。严格按照《大厅防疫管理规定》，做好日常体温测量、消毒清洁、来访人员口罩佩戴、健康码查验等方面监督管理工作，加强对来访人员的调度统计。及时转发疫情防控通知、信息，答复疫情防控问题，排查风险隐患，每日零报告。制定印发联防联控方案、应急处置预案、疫情防控提示。做好预算财务工作。编制各类预算和决算，与部规划财务司沟通追加预算。做好财务报销和政府采购工作。做好内部运转工作。及时运转文件，按时梳理报送工作小结、统计重要工作安排表，做好工作信息报送工作。

十、巩固深化行风管理机制，全面提升行风建设水平

着眼参保对象需求和急难愁盼问题，研究提出13项“我为群众办实事”事项，其中“建设中央经办智能客服系统”“推进异地事项跨省通办”2项列入部清单。结合“厅局长走流程”专项活动，走访6个省（区、市）的经办机构和参保单位，汇总问题和需求30余项，有针对性地制定解决措施，切实将超编单位参保、准备期清算、参加北京市企业养老保险衔接等改革重点问题推进解决。结合中期评估、扶贫调研、出差培训等机会开展“青年干部调研暗访”，赴上海、湖北、江苏等11个省（区、市），对省、市、区（县）三级22个窗口机构进行暗访调研48人次，收集问题建议5条，发现亮点做法52条。

十一、用心做好定点帮扶工作，积极助推乡村振兴

央保中心领导带队，邀请2名帮扶村干部赴湖北省恩施州土家族苗族自治州开展茶叶产业扶贫工作交流，有针对性地帮助定点扶贫村拓展扶贫项目。建立沟通机制，进一步了解帮扶需求，建立定点帮扶村工作台账，提供有针对性帮扶。建立联学联建微信群，央保中心党务工作者与长冲村党员线上交流学习，组织共建活动，促进互帮互建。保持消费扶贫力度，组织从定点帮扶村定向采购8.1万元农产品作为职工节日福利。

社会保险基金监管

2021 年，人力资源社会保障系统坚决贯彻落实习近平总书记在中央政治局第二十八次集体学习时的重要讲话精神和关于社保基金安全的重要批示精神，践行“两个维护”，胸怀“国之大者”，履行“一岗双责”，在全系统大力开展社保基金管理问题专项整治工作，统筹推进基金监管各项工作。

一、开展专项整治，以零容忍态度打击侵害基金行为

自 5 月起，按照风险排查和问题梳理、部级督导和调研检查、问题整改和警示教育、健全机制和完善系统四个阶段，组织全系统开展社保基金管理问题专项整治工作。通过全方位部署推动、大范围数据筛查、多层次监督检查、强有力严查严处，取得阶段性成效。

一是周密组织部署。4 月 20 日，组织召开人社领域重大风险防范化解工作会议，结合湖南衡南案，分析基金管理问题隐患，研究防控思路。5 月 14 日，召开全国人社系统 2021 年党风廉政建设工作会，动员部署社保基金管理问题专项整治行动。成立社保基金管理问题专项整治领导小组，组建工作专班，印发工作方案，先后召开全国专项整治工作调度会、检查部署视频会、调研督导培训会，分阶段推动工作开展。组建 12 个督导组，对各省专项整治工作实行分省包干、专人对接、双周调度。

二是全面排查风险。以城乡居民基本养老保险为重点，部署各地对高风险业务、高风险环节、高风险岗位进行全面自查。开展城乡居民基本养老保险长期暂停待遇人员专项清理，根据暂停原因做好分类妥善处理。组织对社保卡发放及未见面激活银行账户进行专项排查，全面清理回收村镇等基层组织尚未发放到位的社保卡。组建 12 个检查组，对全国所有省份和央保中心风险排查情况进行调研检查，指出问题，提出整改要求。

三是开展数据核查。首次组织各地上报城乡居民基本养老保险生产库数据，聚焦同一银行账户发放多人待遇、一次性领取大额待遇、非工作时间集中处理高风险业务、多次补发待遇、服刑人员违规领取养老金等内部作案和外部“冒领多领”问题线索，筛查疑点信息并下发核查。聚焦企业职工养老保险提前退休政策落实、审批管理等事项，筛查疑点数据，开展提前退休专项核查。开展工伤保险重复领取待遇数据核查，下发重复领取工伤保险伤残津贴与养老保险基本养老金等 6 类疑点数据，指导地方核查，切实遏制重复领取问题。

四是加强警示教育。在全系统组织开展“社保基金管理警示教育月”活动，召开全国人社系统社保基金管理问题警示教育动员部署会，拍摄警示教育宣传片，编印《社会保险基金管理职务犯罪案件警示录》，针对基金案件暴露出的典型问题 3 次下发风险提示函，对 7 起重大案件、10 起审计发现的典型案件进行通报。

二、注重源头治理，构建维护社保基金安全长效机制

一是加强监督制度建设。修订《社会保险基金行政监督办法》，完善社会保险基金监

督职责、对象和内容，明确监督责任，细化基金监督实施的基本要求，规定侵害基金行为法律责任。起草《社会保险基金监督举报奖励办法》，明确举报奖励主体、范围、资金来源，规范举报奖励程序，鼓励社会公众举报社保基金管理领域违法违规问题，加强社会监督制度建设。

二是完善基金监管系统。进一步修改完善“金保二期”社保基金监管系统，选取浙江、山东、湖北、海南4省进行试点，并根据试点情况优化完善预警提示、疑点筛查、要情报告、举报管理、信息统计等功能。会同部信息中心做好基金监管系统终验工作。

三是严肃要情报告纪律。严格落实社保基金要情报告制度，深入分析要情反映的问题，加大力度督办地方查处要情，定期调度年度要情报告情况。对3起隐瞒拖延报告社保基金重大要情问题进行通报。

四是指导加强队伍建设。指导地方加强机构和队伍建设，举办培训班，为参加部省两级培训、符合条件的人员发放基金监督检查证，严格持证上岗。坚持作风和能力一体建设，打造全系统“信念过硬、政治过硬、责任过硬、能力过硬、作风过硬”的队伍。

三、加强投资监管，稳扎稳打推动养老基金保值增值

一是加强规划指导。将各省城乡居民基本养老保险基金新增结余委托任务纳入“十四五”人社事业发展规划和2021年人社事业发展计划，并按季度调度落实。

二是扩大投资规模。会同财政部发文部署全年工作，召开委托省份联席会议推动落实。会同财政部发文明确做实个人账户中央财政补助资金合同到期后的处置意见，鼓励相关省份继续委托投资。截至年底，养老基金委托资金权益1.46万亿元，年度投资收益额631.81亿元，投资收益率4.88%。累计投资收益超2 619.77亿元，年均投资收益率6.49%。

三是做好日常监管。核准养老基金受托运营报告和全国社保基金年度财务报告，支持养老基金和全国社保基金增加存款银行。建成养老保障基金投资运营监管系统。会同财政部等向国务院联合上报《划转国有资本充实社保基金总结报告》。

四、促进规范合规，借机借力借势强化年金基金监管

一是推动职业年金规范起步。配合审计署开展首次职业年金基金投资运营专项审计，落实习近平总书记重要批示精神，开展职业年金规范专项行动，抓好审计整改落实工作。组织年金基金管理机构开展职业年金基金投资运营合规风险自查和审计问题专项排查，加强风险防范。加大指导督促力度，全国31个省（区、市）、新疆生产建设兵团和中央单位全部启动职业年金基金市场化投资运营。

二是完成资格延续评审工作。组织开展首次全行业企业年金基金管理机构资格延续评审工作。更新充实年金专家库，调整完善4类资格评审指标，开展主体间评价，征求金融主管部门关于近三年相关机构被处罚情况意见，对6家机构的10个资格进行现场检查，首次采用电子化方式组织专家评审。发布公告，不予延续1个企业年金基金法人受托机构资格，暂停2家企业年金基金投资管理机构开展新业务。注重评审结果运用，约谈12家年金基金管理机构的13个资格。

三是促进市场规范稳健发展。加强风险防范预警，指导妥善处置信用风险事件。规范市场机构行为，对部分机构分类采取监管措施，促进合规运营。积极争取行业利好政策，协调解决部分年金基金管理机构因关联关系参与公开募股（IPO）打新受限问题。开展创新企业年金集合计划管理模式研究，畅通为海南自由贸易港高层次高技能人才建立企业年金的机制。截至年底，企业年金和职业年金覆盖人数超过7 200万人，基金积累规模近4.5万亿元。

四是深化“放管服”改革。提高合同备

案透明度，按月公示办理情况。部本级全年完成备案新增或变更年金计划 68 个，养老金产品 64 只，并在年金基金放开港股通投资后，组织完成 12 只港股养老金产品审核。以规范化、标准化、信息化为着力点，推进年金基金监管子系统建设。组织部分地方和年金基金管理机构完成两次系统联测及初试，推动实现年金基金管理合同备案事项“一网通办”、年金基金日常监管事项“一网通管”，以及年金基金监管信息有条件“一网通享”。

劳动关系

一、全面实施劳动关系“和谐同行”能力提升三年行动计划

推进和谐劳动关系“百千万计划”，实施重点企业用工指导和企业薪酬调查指引计划，加强劳动关系协调员队伍建设，举办全国劳动关系协调员示范培训班，指导地方选树培育金牌劳动关系协调员、金牌协调劳动关系社会组织，发挥典型示范作用，有力推动劳动关系治理能力提升。

二、继续推进深化构建和谐劳动关系综合配套改革试点

指导天津滨海新区、江苏苏州工业园区、福建福州市等8个地区深入推进改革试点，召开2次深化构建和谐劳动关系综合配套改革试点工作调度会，组织开展改革试点总结评估。截至年底，改革试点任务全面完成，在完善和创新党委领导、政府负责的劳动关系工作体制、劳动关系风险监测预警和矛盾化解机制、构建和谐劳动关系基层党建引领和社会协同机制以及劳动关系公共服务等方面形成一批可复制、可推广的经验，并在全国推广，有力带动全国构建和谐劳动关系工作创新发展。

三、加强劳动标准管理工作

指导深圳、广州推进特殊工时管理改革试点，不断探索适应新技术、新业态、新产业、新模式发展需要的特殊工时管理制度。各地继续做好特殊工时制度审批工作。截至年底，经各级人力资源社会保障部门审批且在有效期内实行特殊工时制度的企业7.8万户，涉及职工1 400余万人。

四、深入推进和谐劳动关系创建

召开国家协调劳动关系三方会议第二十六次会议，深入分析劳动关系形势，部署和谐劳动关系创建活动。继续开展“和谐同行”千户企业共同培育行动工作，指导企业依法规范用工，从源头上预防化解劳动关系矛盾纠纷。2021年培育行动范围扩大至全国31个省份及新疆生产建设兵团，截至年底，全国共培育达标企业3 612户。

五、积极维护新就业形态劳动者权益

经国务院同意，7月，会同国家发展改革委等部门印发《关于维护新就业形态劳动者劳动保障权益的指导意见》（人社部发〔2021〕56号，以下简称《意见》），创新了新就业形态劳动者权益保障制度机制，合理界定了平台企业劳动保护责任，加强了新就业形态劳动者权益保障，对规范企业用工、补齐制度短板、优化劳动保障公共服务、加大协同监管力度等提出了明确要求。文件印发后，部署了专项行动，相关部门制定了专项配套政策，绝大多数地区出台了本地实施办法。各地区和有关部门加强政策宣传解读，组织开展专项行动，加大对平台企业用工指导力度，督促平台企业依法规范用工，推动《意见》得到较好贯彻落实。

六、持续推行劳动合同和集体合同制度

各地以新注册企业、用工规模较大的企业

为重点，加强对企业的用工指导服务，推动落实劳动合同制度，帮助企业提高用工管理水平。印发《电子劳动合同订立指引》（人社厅发〔2021〕54号），指导用人单位和劳动者规范订立电子劳动合同，推广电子劳动合同应用。国家协调劳动关系三方继续部署实施“稳就业促发展构和谐”行动计划，引导企业与劳动者通过协商解决劳动用工问题，应对疫情稳定劳动关系。牵头组织编写了集体协商三方教材和工作手册，夯实集体协商工作基础。

七、继续加强企业工资宏观调控

指导各地稳妥调整最低工资标准。2021年，全国21个省份调整了最低工资标准，月最低工资标准平均调增幅度为10.9%，年均增幅为3.44%。截至年底，全国月最低工资标准最高的是上海的2 590元，小时最低工资标准最高的是北京的25.3元。

指导各地做好企业工资指导线测算和发布工作，2021年，22个省份发布了企业工资指导线，基准线在7%左右。

企业薪酬调查持续开展，覆盖全国31个省（区、市）18个行业门类，约8万户企业。组织修订《企业薪酬统计调查制度》。截至年底，全国已有30个省（区、市）建立了企业薪酬调查和信息发布制度。在国家层面继续公开发布企业从业人员工资价位信息（2020年），25个省份通过不同方式发布了本级调查信息。

印发《技能人才薪酬分配指引》（人社厅发〔2021〕7号），引导企业建立健全符合技能人才特点的工资分配制度。印发《关于做好严寒天气下劳动者权益维护有关工作的通知》（人社部发〔2021〕5号），指导企业通过与劳动者协商合理安排工作时间等方式，切实保障严寒天气下劳动者权益。

八、持续推动国有企业工资分配制度改革落实

按要求向党中央、国务院报送了2019年中央企业负责人薪酬分配情况和中央企业工资总额预算执行情况的报告。制定印发中央企业负责人2021年度基本年薪基数、2021年中央企业工资指导线和调控线等，指导各地各部门做好国有企业负责人薪酬审核和工资总额预算管理工作。选取40户中央企业开展了2021年国有企业工资内外收入监督检查工作。

劳动人事争议调解仲裁

2021年，劳动人事争议调解仲裁工作在部党组坚强领导下，以习近平新时代中国特色社会主义思想为指导，全面贯彻落实党的十九大和十九届历次全会精神，深入贯彻习近平法治思想，坚持和发展新时代“枫桥经验”，以提升争议处理效能为主线，进一步提高调解仲裁公共服务水平，依法公正及时办理争议案件，各项工作取得积极进展。

一、加强风险防控

一是及时有效办理争议案件。全年全国各级劳动人事争议调解仲裁机构共办理争议案件263.1万件，同比增长18.6%，其中10人以上集体劳动人事争议案件1.7万件；涉及劳动者285.8万人，同比增长16.0%；调解成功率73.3%，仲裁结案率97.0%，仲裁终结率71.1%（其中，终局裁决率40.1%）。二是开展监测预警和分析研判。开展办案大省案件处理情况月调度、全国季调度工作，围绕稳就业、稳劳动关系重点工作，及时分析研判争议案件发展趋势，排查风险隐患，完善应对预案，做好重大时点风险防控工作。召开加强劳动人事争议调解仲裁统计工作视频会，对加强统计工作提出要求。

二、稳步推进重点工作

一是谋划“十四五”时期工作。研究制定“十四五”时期劳动人事争议调解仲裁工作规划，召开全国调解仲裁工作座谈会，明确“十四五”时期工作主要目标和重点任务。二是加强预防调解工作。会同有关部门，以历次预防调解示范工作为基础，总结各类基层劳动人事争议预防调解经验做法，印发第一批特色做法，指导各地学习借鉴；参与劳动关系“和谐同行”能力提升行动，开展第一批工作突出基层调解组织的培育选树工作；开展“法治人社志愿青春——千名青年仲裁员联系万家企业志愿者活动”，指导各地组织1 500多名青年仲裁员为1.4万多家企业（90%以上是非公有制小微企业）提供人社领域法律政策宣传咨询、加强劳动用工指导、建立争议预防调解工作机制等有针对性的志愿服务。三是推进调解仲裁制度机制创新工作。在部分地区开展健全劳动人事争议调解与人民调解、行政调解和司法调解联动体系，创新调解仲裁与劳动保障监察联动机制，加强电子劳动合同争议处理等试点，指导海南省自贸区、深圳市先行示范区等试点地区开展争议处理体制改革课题研究，指导北京市开展仲裁结案类文书电子送达试点。四是起草重要文件。起草加强劳动人事争议仲裁办案指导工作规范稿，会同最高人民法院完善加强劳动人事争议仲裁与诉讼有关问题意见稿。

三、指导做好重点领域争议处理工作

一是参与根治欠薪工作。下发专项通知，召开视频会，指导各地采取超常规措施，高效办理涉及农民工争议案件67.9万件，涉及农民工89.7万人，其中拖欠农民工工资争议案件37.3万件。二是加强涉超时加班劳动争议办案指导。会同最高人民法院联合发布10个超时加班劳动争议处理典型案例，明确法律政策适用标准，提示企业违法行为风险，引导劳动者维权预期。三是加强新就业形态劳动争议处理工作。在部分试点地区建立 109 家新就业形态争议调解组织，参加对平台企业行政指导会，对平台企业加强劳动争议预防调解工作提出建议；召开专题办案指导视频会，指导各地仲裁机构坚持“事实优先”原则认定劳动关系，裁决诱导劳动者注册个体工商户的平台企业败诉。四是稳慎处理涉“双减”劳动争议案件。及时监测重点地区争议处理情况，指导有关地区制定工作预案，加强部门联动，妥善处理涉“双减”争议案件。五是加大集体劳动人事争议案件处理指导力度。指导有关地区人社部门按照“属地管辖、依法依规、调解为主、裁审一致”的原则稳妥处理重大集体争议案件；梳理总结党的十九大以来部分地区处理重大集体争议经验做法，探索工作规律，印发各地学习借鉴。

四、夯实工作基础

一是加强队伍建设。印发完善制度机制加强调解仲裁队伍建设通知，强化仲裁监督，加强行风建设，强化纪律约束，提升队伍建设水平；制定调解员、仲裁员能力提升平台建设工作方案，将平台建设纳入部政务信息服务平台；开展远程培训，培训全国各地调解员、仲裁员 6 038 名；举办长三角地区骨干调解员和西部地区骨干仲裁员两期培训班，培训 270 人，专门为部定点帮扶的山西省天镇县和安徽省金寨县提供培训名额；组织编写劳动人事争议调解工作实务和劳动人事争议仲裁典型案例选编培训教材。二是推进标准化、信息化建设。协调全国劳动管理与保护标准化技术委员会发布“劳动人事争议仲裁术语”国家标准，界定劳动人事争议仲裁基本概念、机构、人员、场所、程序、文书及评价术语；推广使用“互联网+调解”服务平台，全年依托平台调解争议案件 2.78 万件；与最高人民法院联合印发关于建立劳动人事争议“总对总”在线诉调对接机制的通知，建立健全劳动人事争议调解与诉讼实质化衔接机制，推动构建互联网时代劳动人事争议在线多元化解新格局，降低劳动者维权成本，提高劳动人事争议调解效能。三是做好宣传工作。全年在《中国劳动保障报》刊发调解仲裁专版 24 期，发布中国劳动人事争议调解仲裁微信公众号 102 期，宣传法规政策、地方经验、典型案例和先进人物等。

事业单位工资福利

2021年，事业单位工资福利工作深入贯彻落实习近平新时代中国特色社会主义思想，认真领会党的十九大和十九届历次全会精神，围绕贯彻党中央、国务院决策部署和部党组确定的重点工作安排，扎实推进各项工作，取得明显成效。

一、加大力度保障相关群体工资待遇

一是研究义务教育教师平均工资收入水平不低于当地公务员比较口径问题，将义务教育教师工资项目单独统计，为做好相关工作提供数据支撑。二是按照中央关于“双减”工作部署要求，研究提出课后服务人员待遇保障有关政策措施，配合做好“双减”工作。三是指导乡村医疗卫生机构落实工资政策，提高乡村医疗卫生机构人员工资待遇。四是继续落实抗击疫情工资激励保障政策措施，为常态化疫情防控提供坚强保障。

二、多措并举落实人才激励保障政策

一是大力推进高校、科研院所薪酬制度改革试点。部领导高度重视，亲自带队与高校科研院所领导“一对一”交流。落实中央要求，在深入调研和专项课题研究基础上，研究拟订高校、科研院所薪酬制度改革试点指导意见稿。《国务院办公厅关于改革完善中央财政科研经费管理的若干意见》（国办发〔2021〕32号）明确中央高校、科研院所绩效工资水平调整的原则。二是会同财政部、科技部印发《关于事业单位科研人员职务科技成果转化现金奖励纳入绩效工资管理有关问题的通知》（人社部发〔2021〕14号），推动科技成果加快转化为现实生产力。三是聚焦解决“卡脖子”突出问题，在若干中央事业单位先行落实高层次人才绩效工资总量单列政策。

三、积极推动完善消防员工资福利有关政策

一是会同有关部门印发国家综合性消防救援队伍人员退休条件的政策文件。二是会同应急管理部研究制定国家综合性消防救援队伍休假探亲政策。三是对应急管理部消防救援局、森林消防局消防员工资套改情况进行了审核。四是协助有关部门推动消防救援队伍的相关配套政策研究出台。

四、进一步完善事业单位岗位绩效工资制度政策

一是会同相关部门印发文件，明确县以下事业单位管理岗位职员等级晋升制度有关工资问题。二是会同有关部门印发《关于深化公立医院薪酬制度改革的指导意见》（人社部发〔2021〕52号），召开电视电话会议进行动员部署，指导各地全面推进公立医院薪酬制度改革。研究央属公立医院薪酬制度改革具体实施办法。三是委托人科院开展相关课题研究，提出意见建议，深化对改革完善事业单位工资制度的研究。

五、扎扎实实确保其他工作顺利开展

一是配合中组部、财政部印发文件，提高了西藏特殊津贴标准。二是做好事业单位工作人员基本工资调整有关工作，分析数据，细化方案。三是做好常态化院士退休工作。

农民工工作、促进家政服务业提质扩容和乡村振兴

一、农民工工作

（一）农民工就业形势保持总体稳定。

坚持实施就业优先政策，积极应对新冠肺炎疫情、经济下行压力加大等影响，农民工就业保持总体稳定，收入持续提高。2021 年，全国外出务工农村劳动力达到 1.7 亿人，比上年增加 213 万人，增长 1.3%。月均收入 4 432 元，比上年同期增长 8.8%。启动劳务品牌创建，开展“迎新春送温暖、稳岗留工”、农民工返岗复工“点对点”服务保障等专项行动，引导 8 700 多万农民工就地过节，累计“点对点”运送农民工 162 万人。脱贫人口就业帮扶力度不减，截至年底，脱贫人口务工总量达到 3 145 万人，培训农民工 1 182.1 万人次。

（二）农民工劳动权益保障不断加强。

农民工参保规模不断扩大，除个别超大城市外，各省市均已放开灵活就业人员参加职工基本养老保险的户籍限制。出台基本医疗保险关系转移接续暂行办法，医保关系转移接续更加便捷。制定维护新就业形态劳动者劳动保障权益的指导意见，选取试点地区建立平台企业劳动争议调解组织，网约配送员、网约车驾驶员等农民工集中的新就业形态劳动者权益保护取得积极进展。

（三）农民工平等享受城镇公共服务水平持续提高。

户籍制度改革不断深化，落户门槛进一步降低。进一步做好进城务工人员随迁子女就学工作，90.9%的进城务工人员随迁子女在公办义务教育学校就读（含政府购买民办学校学位）。住房保障力度进一步加大，以解决农民工等新市民群体住房困难为重点，扩大保障性租赁住房供给，启动灵活就业人员参加住房公积金制度试点。

（四）农民工思想政治引领不断强化。

加强农民工党员日常教育管理和关怀帮扶，注重发展优秀农民工入党，开展新业态、新就业群体党建工作试点。扩大青年农民工团组织覆盖，推进农民工集中地园区、非公企业团组织建设。全国总工会本级安排 1.26 亿元农民工工作相关经费，重点用于新就业形态劳动者建会入会、求学圆梦行动、家政服务培训等工作，推动货运、快递、网约车、外卖配送等 4 个重点行业 12 个头部企业实现建会突破，17 个省级地方工会配备农民工兼职副主席。

（五）农民工统筹协调工作有力有效。

国务院农民工工作领导小组办公室会同有关成员单位，对 31 个省（区、市）及新疆生产建设兵团开展农民工工作督察，总结成效、查找问题，推动重点工作落实。启动全国农民工综合信息系统建设，加强基础信息摸排。建立重点数据部门定期通报制度，推动部门间、省部间信息共享。开展县域农民工市民化等重大问题研究，研究起草“十四五”时期农民工工作政策文件。

二、促进家政服务业提质扩容

2021 年，围绕贯彻落实《国务院办公厅

关于促进家政服务业提质扩容的意见》（国办发〔2019〕30号），立足人社职责职能，积极推进家政服务提质扩容各项工作，推动扩大家政服务领域就业，提升家政服务人员职业技能，保障家政服务人员合法权益，支持家政服务企业发展，不断提高家政服务质量，改善广大家庭生活品质。

（一）开展家政服务劳务对接助力乡村振兴行动。

与国家乡村振兴局、全国妇联联合印发《关于开展家政服务劳务对接助力乡村振兴行动的通知》（人社厅发〔2021〕46号），以脱贫人口、防止返贫监测对象和欠发达地区农村劳动力为重点，组织72个中心城市与欠发达地区开展家政服务劳务对接，引导和鼓励农村劳动力到家政服务领域就业，促进农村劳动力就业增收，进一步推动家政服务业提质扩容，巩固拓展家政服务劳务对接成果，助力全面推进乡村振兴。

（二）支持农村劳动力在家政服务行业就业创业。

一是支持农村劳动力特别是脱贫人口从事家政服务业，对符合条件的吸纳脱贫人口就业的家政企业，按规定落实社保补贴等政策。二是培育家政劳务品牌。会同国家发展改革委、财政部等20个部门联合印发《关于劳务品牌建设的指导意见》（人社部发〔2021〕66号），提出瞄准家政服务、养老服务等急需紧缺现代服务业打造高品质服务型劳务品牌。三是落实创业担保贷款政策，扶持劳动者返乡入乡创办家政服务业。对首次登记创办小微企业或从事个体经营，且正常经营满1年的返乡创业农民工等人员，给予一次性创业补贴。四是支持家政服务业企业吸纳就业，对符合条件的家政服务业企业吸纳就业并组织开展培训的，培训合格后按规定落实职业培训补贴政策。

（三）加强家政服务人才培训培养。

深入组织实施职业技能提升行动，落实职业技能培训补贴政策，加强家政服务人才培训培养。一是组织实施康养职业技能培训计划，大规模开展健康管理、养老护理、家政服务、婴幼儿照护等康养服务从业人员职业技能培训，全面提升康养服务人员职业技能水平。二是加大培训补贴政策落实力度。积极支持和引导农村转移劳动力、城镇登记失业人员、贫困劳动力等人群参加家政服务业职业技能培训，将符合条件的培训对象纳入职业培训补贴范围，并支持有条件的地方，适当提高培训补贴标准。三是开展家政服务类职业技能竞赛。9月，举办了全国乡村振兴职业技能大赛，大赛设置了养老护理员等11个比赛项目。12月，举办了全国养老护理职业技能大赛。四是加强家政服务相关专业建设。在《全国技工院校专业目录》中设置了家政服务、护理、老年服务与管理、健康服务与管理、康复保健、健康与社会照护等专业。五是鼓励支持社会培训和评价机构开展家政服务领域职业技能评价工作。

（四）规范家政行业用工，加强企业薪酬指导。

一是研究家政行业用工问题，保障家政服务人员劳动保障权益，推动员工制家政企业相关支持政策的落实落地。二是印发《技能人才薪酬分配指引》（人社厅发〔2021〕7号），引导企业建立多层级的技能人才职业发展通道，完善体现技能价值激励导向的工资分配制度。三是将发布居民服务人员工资价位信息作为2021年企业薪酬调查和信息发布工作重要内容，指导各地发布包括家政服务人员在内的工资价位信息，为家政企业和从业人员提供参考。

（五）加强家政服务人员权益保障。

一是加强家政服务人员养老保险权益保障。已构建起城镇职工和城乡居民基本养老保险两大基本养老保险制度平台，基本实现养老保险制度全覆盖。家政服务人员与用人单位签订劳动合同建立劳动关系的，应依法参加城镇职工基本养老保险；未建立劳动关系的家政服务人员，可以根据自身情况，自愿选择参加城镇职工基本养老保险或城乡居民基本养老保险。二是加强监察执法。指导各地人社部门加大对家政服务企业的劳动保障监察执法力度，以工资、社会保险等家政服务从业人员最关心最迫切最直接的权益为重点，强化维权保障工作，特别是将员工制家政服务企业从业人员纳入“全国根治欠薪线索反映平台”受理范围，为家政服务从业人员提供方便快捷的执法维权服务。

（六）配合牵头部门开展家政服务业提质扩容相关工作。

配合相关部门起草印发了《家政兴农行动计划（2021—2025年）》《深化促进家政服务业提质扩容“领跑者”行动三年实施方案（2021—2023年）》《关于推动生活性服务业补短板上水平提高人民生活品质的若干意见》，提出人社领域家政服务提质扩容的政策措施和工作任务，共同推动家政服务业提质扩容。在全国36个城市组织开展了2020年度家庭服务业调查，形成调查报告。

三、乡村振兴

2021年，在部党组和部推进乡村振兴工作领导小组的统一领导下，乡村振兴办及各帮扶专项组紧紧围绕“‘一个不变、两个强化’，统筹推进各项工作”总体思路，以推进国家乡村振兴重点帮扶县人社帮扶工作为重点，扎实有力开展人社领域各项帮扶工作，不断巩固拓展人社脱贫攻坚成果、助力推进乡村振兴，取得积极进展。

（一）加强统筹协调，迅速有序完成工作重心转移。

全国脱贫攻坚总结表彰大会后，在部党组的高度重视和正确领导下，及时报请调整完善部推进乡村振兴工作领导体制和工作机制，建立部党组成员包省指导制度；筹备召开动员部署电视电话会，明确了“‘一个不变、两个强化’，统筹推进各项工作”总体思路；研究拟订贯彻落实习近平总书记重要讲话精神和中央文件精神的分工方案，细化任务、压实责任；制定出台相关文件，调整优化帮扶政策；强化工作调度督导，推动政策措施落地落实；加强政策和成效宣传推广，营造良好工作氛围。经过努力，体制机制和帮扶工作实现平稳过渡、有效衔接，如期完成党中央、国务院交给的各项任务。

（二）强化就业促进，多措并举稳定脱贫人口务工规模。

优化政策措施，强化政策供给，会同国家发展改革委等部门印发《关于切实加强就业帮扶巩固拓展脱贫攻坚成果助力乡村振兴的指导意见》（人社部发〔2021〕26号），保留延续原有就业扶贫政策，健全农村低收入人口就业帮扶长效机制，为脱贫人口就业提供坚实政策制度保障。加强工作部署，召开脱贫人口稳岗就业电视电话会、现场会、重点帮扶县视频调度会，明确全国脱贫人口务工规模不低于上年。推动东西部协作各省份全部完成劳务协作协议签订。2021年百日千万网络招聘等专项行动，将脱贫人口作为重点服务对象。建立健全脱贫人口务工情况月调度、季通报机制，会同国家发展改革委、国家乡村振兴局联合开展专题调研，及时跟踪各地工作进展，督促各地完成目标任务，2021年顺利实现脱贫人口就业规模不低于上年目标。

（三）强化技能提升，启动实施国家乡村振兴重点帮扶地区职业技能提升工程。

会同国家乡村振兴局印发《国家乡村振兴重点帮扶地区职业技能提升工程实施方案》（人社部发〔2021〕45号），以国家乡村振兴重点帮扶县和西藏、新疆为重点，综合考虑大型特大型易地搬迁安置区技能培训需求，明确实施“六个一批”。着力发挥职业技能竞赛示范引领作用，举办全国乡村振兴职业技能大赛。深入实施职业技能提升行动，大力开展农村转移就业劳动力职业技能培训和创业培训。开展“迎新春　稳岗留工送培训”“以工代训”等专项活动，面向广大留岗劳动者开展职业技能培训服务。

（四）统筹推进各项工作，加强社保、人才人事、定点帮扶。

持续巩固基本养老保险应保尽保成果，会同民政部等部门印发《关于巩固拓展社会保险扶贫成果助力全面实施乡村振兴战略的通知》（人社部发〔2021〕64号），继续为低保对象、特困人员、返贫致贫人口和重度残疾人等缴费困难群体代缴部分或全部最低缴费档次城乡居民基本养老保险费。加大人才人事帮扶力度，持续开展职称评聘“定向评价、定向使用”，开展部分职业资格考试单独划定合格标准工作，会同中组部等九部门实施第四轮高校毕业生“三支一扶”计划，选派高校毕业生到基层从事支教、支农、支医和帮扶乡村振兴等服务。接续开展定点帮扶，推动人社技能培训基地作用发挥、“天镇保姆”品牌提质升级、天镇技工学校和金寨技师学院建设、“金寨-昆山”战略合作等一批重点帮扶项目取得新进展。

（五）守好底线任务，加强国家乡村振兴重点帮扶县人社帮扶工作。

配合农业农村部等11部门联合印发《关于支持国家乡村振兴重点帮扶县的实施意见》。会同国家乡村振兴局率先出台《关于加强国家乡村振兴重点帮扶县人力资源社会保障帮扶工作的意见》（人社部发〔2021〕94号），进一步强化人社帮扶政策措施，在资金分配、载体建设、品牌培育、人才引智交流、平台搭建等方面予以倾斜支持。召开推进国家乡村振兴重点帮扶县人力资源社会保障帮扶工作电视电话会，举办重点帮扶县人社局长培训班，开展重点帮扶县工作情况调度。

人力资源和社会保障法治建设

2021 年，人力资源社会保障系统坚持以习近平新时代中国特色社会主义思想为指导，深入学习贯彻习近平法治思想，全面贯彻党的十九大和十九届历次全会、中央全面依法治国工作会议精神，认真落实党中央、国务院关于法治政府建设的决策部署，法治人社建设取得了新成效。

一、深入学习贯彻习近平法治思想，做好法治人社建设工作谋划

组织部属各单位深入学习贯彻习近平法治思想，认真落实《法治中国建设规划（2020—2025 年）》《法治社会建设实施纲要（2020—2025 年）》《法治政府建设实施纲要（2021—2025 年）》，研究制定印发《人力资源和社会保障法治建设实施方案（2021—2025 年）》（人社部发〔2021〕96 号），对五年法治人社建设重点工作进行了部署。

二、围绕中心工作推进立法

一是配合司法部完成《社会保险经办条例（草案）》审查修改工作。二是按照全国人大社会建设委员会的要求，做好基本劳动标准法的研究起草工作。三是出台《拖欠农民工工资失信联合惩戒对象名单管理暂行办法》（人力资源社会保障部令第 45 号）、《人力资源社会保障部关于废止〈社会保险费申报缴纳管理规定〉的决定》（人力资源社会保障令第 46 号），研究起草了《社会保险基金行政监督办法（草案）》。四是做好与行政处罚法不一致的部门规章修改工作。

三、加强行政执法监督

一是落实国务院办公厅关于加强行政规范性文件制定和监督管理工作的要求，不断完善部本级行政规范性文件法核制度和标准，全年共法核文件 74 件次，办理规范性文件附带审查等 10 余件。二是稳妥处理行政争议。部本级共处理行政复议申请 213 件，办理行政应诉案件 139 件，办理国务院裁决案件 2 件。努力搭建好法律服务平台，通过选聘部法律顾问，为部机关提供法律咨询、合同审核近 30 件次。

四、推进行政审批制度改革

一是出台《人力资源社会保障部在全国范围内推行“证照分离”改革全覆盖实施方案》《人力资源社会保障部在自由贸易试验区进一步加大“证照分离”改革力度试点实施方案》（人社部发〔2021〕43 号），进一步明确、细化相关涉企经营许可事项具体改革措施和事中事后监管措施。二是配合做好中央层面设定的行政许可事项清单编制工作。三是配合做好市场准入负面清单修订以及海南自由贸易港、自由贸易试验区跨境服务贸易负面清单等研究制定工作。四是配合全国人大、司法部完成审批制度改革涉及法律法规的修改授权、暂时调整实施、修改废止等工作。

五、深入开展法治宣传教育

一是研究制定《全国人力资源社会保障系统法治宣传教育第八个五年规划（2021—2025 年）》（人社部发〔2021〕97 号），对

“八五”时期人社普法工作进行了全面部署。二是按照全国普法办要求，组织开展了“七五”普法先进集体和先进个人评选。三是会同全国总工会、司法部、全国普法办组织开展“尊法守法·携手筑梦”职工法律知识竞赛活动。线上知识竞赛共计221万职工参加，闯关答题1 635.3万人次，12月上旬还组织各地开展了线上决赛。四是组织开展“宪法宣传周”等主题普法活动。

六、其他工作有序推进

一是起草2020年度贯彻落实《法治政府建设实施纲要（2015—2020年）》情况的报告，经部党组会讨论通过后上报党中央、国务院。二是制定《2021年人力资源和社会保障法治工作要点》。三是研究起草了《关于在全国人力资源和社会保障系统开展法治人社示范创建活动的意见》和示范创建评估指标体系。四是做好《拟保留的规章、规范性文件设定的证明事项目录》的审核工作和《法律、行政法规和国务院决定设定的人社领域证明事项清单》的修改完善工作。五是办理人大议案、建议和政协提案30余件。六是研究起草了《人力资源社会保障部行政执法人员资格管理办法》。七是配合做好慈善法、公证法、中医药法、消防法等6部法律执法检查工作。

劳动保障监察

2021 年，全国各级劳动保障监察机构坚决贯彻习近平总书记重要指示批示精神，落实中央各项决策部署，坚持稳中求进工作总基调，在持续深化根治欠薪、着力解决劳动保障领域突出违法问题，切实维护劳动者合法权益方面取得积极成效。全年共立案查处各类劳动保障违法案件 10.6 万件，其中，查处工资类违法案件 6.3 万件，为 45 万名农民工追发工资等待遇 56.5 亿元；查处工时和休息休假类违法案件 3 812 件；查处劳动合同类违法案件 5 643 件；查处社会保险类违法案件 1.7 万件。针对新冠肺炎疫情对劳动关系领域的影响，指导各地做好风险隐患排查化解，兼顾劳动者权益维护和促进企业规范发展，灵活用好各类政策工具，维护劳动关系领域和谐稳定。

一、不断完善根治欠薪制度体系

为推动《保障农民工工资支付条例》（国务院令第 724 号，以下简称《条例》）落实落地，配套出台《工程建设领域农民工工资专用账户管理暂行办法》（人社部发〔2021〕53 号）、《工程建设领域农民工工资保证金规定》（人社部发〔2021〕65 号），细化制度要求，推进制度衔接，形成规范工程建设领域工资支付的管理闭环。印发《拖欠农民工工资失信联合惩戒对象名单管理暂行办法》（人力资源社会保障部令第 45 号），突出审慎认定、过罚相当、问题导向、自新修复原则，确保欠薪失信惩戒管理在法治化轨道运行。会同有关部门积极推动《条例》各项制度“全覆盖”，用好“查金融账户和房屋、车辆登记情况”“防止专用账户资金、工资保证金被查封、冻结或者划拨”等政策手段，充分发挥依法治理欠薪的作用。

二、开展省级政府治欠工作考核

根据《保障农民工工资支付工作考核办法》（国办发〔2017〕96 号），会同有关部门和单位对各省（区、市）政府及新疆生产建设兵团 2020 年度保障农民工工资支付工作进行考核。考核结果由国务院根治拖欠农民工工资工作领导小组办公室向各省级政府通报，抄送中组部，对考核排名靠后地区进行实地督导，督促加强问题整改。考核进一步向市、县（区）两级深化，对制度落实不到位、欠薪问题比较集中的市、县（区）政府主要负责同志进行约谈，传导压力，压实属地责任。

三、扎实推进根治欠薪专项行动

国务院根治拖欠农民工工资工作领导小组办公室印发《关于开展根治欠薪冬季专项行动的通知》（人社部明电〔2021〕12 号），在 2021 年 11 月至 2022 年春节前，以工程建设领域和其他欠薪易多发行业企业为重点，对欠薪问题实施集中专项整治。各地加大欠薪线索分类核实处置力度，切实畅通举报投诉渠道，全面排查《条例》制度落实情况，有效化解欠薪风险隐患，用好用足行政、刑事、信用等惩戒手段，对恶意欠薪行为形成强大震慑，有效保障岁末年初农民工合法权益。

四、依法依规惩戒恶意欠薪行为

2021 年，人力资源社会保障部公布两批次重大欠薪违法行为，涉及20家企业；发布三批次拖欠农民工工资“黑名单”信息65条。各地公布重大欠薪违法行为2 056件，将779个主体纳入拖欠农民工工资“黑名单”并联合相关部门依法实施联合惩戒；向公安机关移送涉嫌拒不支付劳动报酬犯罪案件3 441件，公安机关立案2 614件。

五、强化重点领域劳动权益保障

4月至5月，会同公安部、国家市场监管总局组织开展清理整顿人力资源市场秩序专项行动，各地共出动执法人员15.2万人次，检查单位11.9万户次，查处违法案件2 814件，严厉打击无证劳务派遣、招聘欺诈等违法行为，有效规范人力资源市场秩序，切实保障劳动者就业权益。联合有关部门、单位，开展维护女职工、残疾人等群体劳动权益专项行动，集中整治突出问题。持续完善“全国根治欠薪线索反映平台”功能，便利劳动者反映欠薪问题，切实打通维权“最先一公里”。加大重大案件线索转办、督办力度，确保问题依法妥善解决。

六、稳慎把握监察执法力度效果

结合新冠肺炎疫情防控和当前经济形势，进一步健全劳动关系风险监测预警，完善突发群体性事件应急处置机制，加强劳动关系矛盾风险隐患排查。对受疫情等因素影响经营困难的市场主体，在执法中把握好时机、程度，重在解决权益保障问题，慎用处罚惩戒手段；对一时难以支付欠薪的，积极发挥协调劳动关系三方作用，通过开展集体协商稳妥采取延期支付等措施，引导企业与劳动者共渡难关。

七、积极推动宣传和信息化建设

印发《关于开展〈保障农民工工资支付条例〉集中宣传活动的通知》（人社厅函〔2021〕49号），在全国范围开展为期1个月的集中宣传活动。制播《“根治欠薪”在行动》系列专题片在央视12套社会与法频道“一线”栏目播出。积极推进各地农民工工资支付监控平台建设，加快监察大数据平台和智慧监察系统开发，切实提高监察执法效能。

国家表彰奖励

2021年，在人力资源社会保障部党组坚强领导下，在党和国家功勋荣誉表彰工作委员会办公室具体指导下，国家表彰奖励办公室以习近平新时代中国特色社会主义思想为指导，全面贯彻党的十九大和十九届历次全会精神，坚持“围绕中心、服务大局”，圆满完成组织全国先进模范出席庆祝中国共产党成立100周年系列活动，扎实开展全国脱贫攻坚等国家级表彰，完善表彰奖励制度建设，依规做好部级表彰审批管理，加强表彰奖励获得者管理和待遇落实，严厉打击违规评选评比表彰活动，较好地完成各项工作任务。

一、圆满完成组织全国先进模范代表出席庆祝中国共产党成立100周年系列活动

按照中央决策部署，部牵头组织37类1 800名全国先进模范代表出席庆祝大会、“伟大征程”文艺演出、党史展览、“七一勋章”颁授仪式等庆祝中国共产党成立100周年的系列活动，涉及中组部、中宣部、中央文明办、中央统战部等26家归口单位。部党组高度重视，部领导多次作出批示，国家表彰奖励办公室结合此次任务的新特点和新要求，特别是在疫情防控和安全保障方面，逐项梳理工作任务，逐条细化每个环节，研究制定人员推荐甄别、审核汇总和组织接待等方案，对人选推荐、信息采集、背景审查、健康评估、疫情防控、服务保障等作出详细安排，明确标准和时限；督促指导各地各有关部门结合自身实际，制定具体落实方案，进一步明确任务、明确责任、明确要求。系列活动平稳有序、高质高效，受到各地各相关部门和先进模范的高度评价。根据中央部署要求，积极配合中组部开展“七一勋章”和全国“两优一先”评选颁授工作。

二、扎实推进国家级和省部级表彰奖励各项工作

（一）扎实开展全国脱贫攻坚总结表彰工作。

经过全党全社会不懈努力，2021年如期实现脱贫攻坚目标任务，创造我国减贫史上的伟大奇迹，困扰中华民族千百年的绝对贫困问题得到历史性解决。为总结成绩、表彰先进，党中央决定，在打赢脱贫攻坚战后，开展脱贫攻坚总结表彰。人力资源社会保障部和国家乡村振兴局（原国务院扶贫办）承担具体工作。最终以党中央、国务院名义授予10名个人、10个集体“全国脱贫攻坚楷模”荣誉称号，表彰1 981名“全国脱贫攻坚先进个人”和1 501个“全国脱贫攻坚先进集体”。2月25日，党中央在北京隆重召开全国脱贫攻坚总结表彰大会，习近平总书记在大会上发表重要讲话，引发国内外热烈反响。

（二）持续做好省部级表彰奖励工作。

按照“坚持标准、从严掌握”原则，集中批复中组部等15家单位部级表彰奖励计划。会同中央政法委、中央网信办等17个中央单位开展部级表彰，严格履行评选程序，认真落实“两审三公示”制度，共评选先进个人2 377名、先进集体1 544个。经报中央批准，同意30个省份开展省级脱贫攻坚总结表彰，

表彰先进个人2.4万余名、先进集体1.6万余个。

（三）加强对各地表彰奖励部门工作的指导。

在日常工作中，主动加强与各地和中央部门负责表彰奖励工作同志的沟通交流，及时给予指导，确保工作有序推进。3月，会同党和国家功勋荣誉表彰工作委员会办公室秘书组在贵州遵义干部学院举办功勋荣誉表彰奖励工作业务培训班，来自31个省（区、市）及新疆生产建设兵团和副省级市的110名同志参加。培训班围绕党和国家功勋荣誉表彰制度体系、国家表彰奖励工作基本情况、国家表彰奖励制度、加强创建示范活动管理和评比达标表彰工作日常管理等内容进行专题授课，取得较好成效。

（四）开展省部级以上表彰奖励获得者休假疗养活动。

5月、9月和12月在陕西、宁夏、海南举办省部级以上表彰奖励获得者休假疗养活动，邀请北京、河北、上海等19个省（区、市）的部分省部级以上表彰奖励获得者参加，包括“共和国勋章”和“国家荣誉称号”获得者、全国脱贫攻坚先进个人、全国抗击新冠肺炎疫情先进个人、全国优秀人民警察、全国模范教师等先进模范。休假疗养活动，不仅让更多长期在基层一线和条件艰苦地区工作的先进模范代表得到放松身心的机会，更让先进模范直接感受到党和国家的关心关爱，激励他们以更加饱满的热情、更加充沛的精力投入今后的工作中，带动周围的同志共同进步，为实现中华民族伟大复兴的中国梦作出新的更大贡献。

（五）强化对表彰奖励获得者事迹的宣传。

在开展评选表彰工作的同时，为更好发挥表彰奖励获得者精神引领、典型示范作用，在重要节点，会同中央有关部门运用新媒体和传统媒体，围绕抗疫精神、脱贫攻坚精神等，广泛宣传先进模范人物的典型事迹，取得良好反响，在全社会积极营造了见贤思齐、崇尚英雄、争做先锋的良好氛围。

三、认真做好评比达标表彰系列工作

（一）严格履行评比达标表彰项目审批职责。

坚持“严格审批、总量控制、合理设置、注重实效”的原则，从严审核各类评比达标表彰项目。分3批次，严格审核各地各部门申报的226个评比达标表彰项目和部分省份、部门申报的24个创建示范项目，经党中央、国务院批准，共批复设立、调整、撤销或临时开展229项，同时对表彰名额、周期和奖金发放等问题严格把关，确保获批项目体现时代性、引领性，确保表彰工作严肃性、权威性。切实做好统筹协调和政策指导工作，与有关省份和部门座谈60余次，了解各领域评比达标表彰活动开展情况，围绕中心工作提供有力支持。为上海、贵州等地增设表彰项目，解决项目数量过少的问题。加强对各地各部门评比达标表彰工作实施年度计划管理和方案审核备案。持续督促有关省份和部门提升表彰活动的政策执行力和社会公信力。

（二）不断完善表彰和创建示范工作制度体系建设。

在深入调查研究、广泛征求意见基础上，会同民政部完成《社会组织评比达标表彰活动管理办法》修订工作，报党和国家功勋荣誉表彰工作委员会办公室审定。研究制定《创建示范活动管理办法（试行）》并报中央批准立项。会同中宣部研究起草《新闻媒体评奖管理办法》。

（三）从严从紧做好清理创建示范活动工作。

全面梳理省部级创建示范项目和《全国评比达标表彰项目目录》中的创建示范活动，对各地各部门申报的2 378个项目，取消80%以上，其中对涉及城市类的822个创建示范项目取消达79%，向社会公布《全国创建示范活动项目目录》，圆满完成中央部署的创建示范活动清理整合工作。贯彻落实中央关于整治形式主义为基层减负的决策部署，多次组织开展专题调研和座谈会，认真听取各方意见建议，指导各地区各部门贯彻落实中央为基层减负精神；优化涉及城市创建示范活动的测评方法和指标，切实为基层减负，相关工作获得中央领导高度肯定。扎实开展省部级创建示范活动方案和省级以下创建示范活动清理情况备案工作。

（四）加强评比达标表彰工作日常管理。

认真贯彻落实党中央清理整治违规评选评奖工作机制要求，制定公布关于评选评奖的负面清单，通过中央电视台“新闻联播”予以全文播报，各主流媒体跟进报道，产生了积极广泛的社会影响。加强网上巡查监看，主动开展社会组织违规评选评奖清理整治，同时充分发挥举报平台和12333热线作用，共发现受理32项违规评选评奖活动信息，并协同有关部门认真核查，整肃违规评选评奖不正之风。将违规评选评奖活动纳入中央预算执行审计和中央部门党政主要领导干部经济责任审计，发现问题纳入审计报告并督促整改。规范商标使用权限，摸底以注册带“奖”字商标开展违规评选评奖的有关情况，会同国家知识产权局商标局制定违规评选评奖活动具体处置措施，修订商标注册申请审查标准，出台指导意见。

规划财务

2021年，规划财务工作坚持以习近平新时代中国特色社会主义思想为指导，深入贯彻党的十九大和十九届历次全会精神，坚决落实党中央、国务院和部党组决策部署，完整准确全面贯彻新发展理念，围绕中心、服务大局，攻坚克难、稳中求进，积极发挥规划引领、决策支撑和服务保障作用，规划财务各项工作取得明显成效。

一、规划计划工作

（一）编制实施“十四五”规划。

认真贯彻落实习近平总书记关于“十四五”规划编制工作重要指示精神，编制印发《人力资源和社会保障事业发展“十四五”规划》（人社部发〔2021〕47号），制定规划目标任务分解方案。组织召开规划实施动员部署视频会，深入开展宣传解读，组织撰写解读文章。编印规划单行本和辅导读本，举办人力资源社会保障系统规划业务线上培训班。统筹编制印发《“十四五”就业促进规划》（国发〔2021〕14号）、《“十四五”职业技能培训规划》（人社部发〔2021〕102号）、《技工教育“十四五”规划》（人社部发〔2021〕86号）。指导人力资源社会保障系统规划编制实施工作。2021年，人力资源和社会保障“十四五”规划实施进展顺利，开局良好。配合国家发展改革委等部门开展国民经济和社会发展“十四五”规划纲要及国家新型城镇化规划、扩大内需战略规划纲要、公共服务规划等多个规划编制实施工作。

（二）落实国家重大区域发展战略。

一是召开部分开放地区人力资源社会保障政策改革创新座谈会。会议聚焦党中央重大战略部署，谋划人力资源社会保障政策创新，助推开放地区乃至全国人力资源社会保障事业高水平开放、高质量发展。二是召开人力资源社会保障部与广东省人民政府共同推进粤港澳大湾区建设部省战略合作联席会议。组织制定并印发人力资源社会保障系统支持横琴、前海两个合作区建设政策任务清单，推动《横琴粤澳深度合作区建设总体方案》《全面深化前海深港现代服务业合作区改革开放方案》在人力资源社会保障领域落实落地。三是召开人力资源社会保障系统对口援藏工作座谈会。会议深入学习贯彻习近平总书记在中央第七次西藏工作座谈会和在西藏考察时的重要讲话精神，总结交流人力资源社会保障系统援藏工作情况，部署“十四五”时期人力资源社会保障系统援藏工作，组织援受方签署对口支援协议。四是召开人力资源社会保障系统对口援疆工作座谈会。会议深入学习贯彻习近平总书记在第三次中央新疆工作座谈会和中央民族工作会议上的重要讲话精神，贯彻落实第八次全国对口支援新疆工作会议部署，总结交流人力资源社会保障系统援疆工作情况，部署“十四五”时期人力资源社会保障援疆工作，组织援受方签署对口支援协议。五是组织制定支持河南汛情灾后恢复发展有关政策措施。六是配合有关部门制定“十四五”时期京津冀协同发展、粤港澳大湾区建设、长三角一体化、长江经济带发展、东北振兴、西部大开发等多个区域发展规划及实施方案，组织推进落实人力资源社会保障领域相关任务。

（三）积极推动部省战略合作。

学习贯彻习近平总书记在各地考察时的重要讲话精神，推进落实国家重大区域发展战略和区域协调发展规划中涉及人力资源社会保障部门任务部署。2021 年，人力资源社会保障部与辽宁、浙江、福建、湖北、广西、重庆、四川、贵州、青海、宁夏 10 个省（区、市）人民政府签署战略合作协议，共同推进人力资源社会保障事业高质量发展。

（四）编制实施 2021 年人力资源和社会保障事业发展计划。

加强年度计划与“十四五”规划的有机衔接，编制下达 2021 年人力资源和社会保障事业发展计划。强化责任落实，加强监测分析，定期通报计划执行情况。经各方共同努力，全面完成全年计划目标任务。组织编制 2022 年人力资源和社会保障事业发展计划草案。

二、统计工作

（一）深入学习习近平总书记重要讲话指示批示精神。

各级人力资源社会保障部门对习近平总书记关于统计工作重要讲话指示批示精神和党中央、国务院关于统计改革发展决策部署进行再学习、再深化、再推动，全系统重视和加强统计工作的氛围更加浓厚，依法统计观念进一步增强。

（二）扎实开展统计督察整改。

部党组高度重视国家统计局第 8 统计督察组反馈的督察意见，召开党组会审议统计督察整改工作方案和整改任务清单，提出整改措施，明确责任分工和完成时限，召开视频会议动员部署统计督察整改工作。各级人力资源社会保障部门加强组织领导，扎实推进整改工作，统计工作得到全面加强。

（三）健全人力资源社会保障统计规章制度。

修订《人力资源和社会保障部统计工作管理办法》，制定《人力资源和社会保障统计数据质量控制流程规范（2021）》，进一步完善统计工作体制机制。各级人力资源社会保障部门建立健全防范和惩治统计造假、弄虚作假责任制度，“谁主管、谁负责，谁统计、谁负责，一级抓一级，层层抓落实”的责任体系更加健全。

（四）规范统计调查项目管理。

修订《人力资源和社会保障统计调查制度》，进一步健全指标体系，完善统计方法，加强顶层设计。组织开展人力资源和社会保障政策满意度调查、人力资源和社会保障基本情况统计调查（社区直报），为国家宏观调控、科学决策及“六稳”“六保”任务落实提供了有力统计支撑。各级人力资源社会保障部门严格按照规定审批或备案统计调查项目，确保统计调查依法依规开展。

（五）加强统计分析监测。

各级人力资源社会保障部门围绕人力资源和社会保障领域的重点、难点、热点问题开展统计分析，为宏观调控、科学决策提供了重要参考。加强统计数据管理，编印统计资料，推进共享发布，为社会各界提供优质统计服务。

三、信息化标准化工作

（一）加快金保工程二期建设。

金保工程二期建设成效不断显现。完成内部业务协同、外部数据交换平台建设，建立跨地区、跨部门、跨层级数据共享通道。公共服务平台及信息服务渠道上线运行，支撑构建全国一体化人力资源社会保障在线政务服务体系。完成社保经办、公共服务、基金监管、联网监测、财务报表、登记核查、转移退管等一系列社保领域应用系统开发，显著提升了社会保险数字化水平。职称评审、人员调配、国际组织人才管理、技工院校学籍管理等应用系统平稳运行，有效支撑了人事人才信息化管理。监测指挥平台运行稳定，支持召开上百次视频会议，为疫情期间各项工作部署提供有力支持。完成人力资源社会保障部数据中心机房装修改造、同城和异地灾备中心及综合运维管理平台建设，扩充更新了一批基础软硬件设备，数据中心、灾备中心承载能力显著提升。

（二）推进人力资源社会保障标准化工作。

为健全基本公共服务体系，与国家发展改革委等部门共同印发《国家基本公共服务标准（2021年版）》。在7个省市启动人力资源和社会保障领域基本公共服务标准化试点。修订完善人力资源和社会保障标准体系，印发《人力资源和社会保障标准体系（2020年）》。推动标准制修订工作，印发《2021年度标准制修订计划》，发布5项人力资源和社会保障行业标准。加强对部属标准化技术委员会的指导。

（三）加强科技项目管理。

编制2021年度部科技项目申报指南，组织开展2021年度部科技项目申报工作，下达2021年度部科技项目计划。完成2019年和2020年度共46个科技项目验收评审工作。加强科技成果共享应用，编制2019年度科技项目成果摘要汇编，在部官网发布成果信息。印发部2021年度委托研究项目计划。

四、预算管理工作

（一）科学编制预算。

坚决落实中央关于过“紧日子”要求，大力压减一般性支出，从严控制“三公”经费。坚持有保有压，优化支出结构，加强资金统筹，保障重大任务、重要改革和重点工作任务的落实，促进人力资源和社会保障事业高质量发展。主动公开年度预决算，接受社会监督。组织编制养老、失业、工伤保险基金预决算。

（二）加强预算执行管理。

硬化预算执行约束，强化预算执行主体责任，统筹调度当年预算和结转资金的使用。对重大项目执行情况重点监控，及时掌握预算执行进度，加强执行动态分析。

（三）全面实施预算绩效管理。

开展预算项目支出绩效自评和重点项目绩效评价工作，落实绩效管理主体责任，加强绩效监控分析，推动绩效管理提质增效。

信息化建设

2021年，人力资源社会保障信息化建设工作以习近平新时代中国特色社会主义思想为指导，围绕中心工作，充分发挥信息化服务、保障、引领作用，全力推进人社网络安全和信息化建设，全面落实人社信息化便民服务创新提升行动，加强数据共享和开发利用，促进人社服务“跨省通办”“一网通办”，积极推进社保卡在人社及其他民生领域应用，人社政务服务能力大幅提升。

一、推进重大项目实施

全力推进人社信息化便民服务创新提升行动，聚焦解决当前企业群众办事堵点痛点和监管能力不足的问题，在全国范围内推动人社系统“全数据共享、全服务上网、全业务用卡”，全面提升人社信息化便民服务水平。加快金保工程二期建设，推动就业管理、社会保险管理、人才人事管理、劳动就业跨地区管理等信息系统建设，实现对人社主体业务的全覆盖。参与中央网信办组织的国家区块链创新应用试点行动，作为行业主管部门组织开展“区块链+人社”创新应用试点，完成“区块链+人社”创新应用试点12家单位遴选工作，探索区块链在人社领域应用。开展与国际劳工组织、欧盟国际合作项目“中国社会保险的数字化转型”研究。

二、保障重点改革任务

一是以“大管控”为建设原则，按照全国标准统一、数据实时同步、部省两级联动、风险有效管控的总体要求，建成了全国统一的企业职工养老保险全国统筹信息系统，年底前已完成6省业务信息系统和全部省份基金财务系统接入上线，计划2022年6月底前完成全部省份业务信息系统全部接入，为养老保险全国统筹制度实施提供支撑和保障。二是组织建设全国集中的个人养老金信息管理平台，推进与金融机构（15家商业银行）、行业监管机构（中证登平台、中银保信平台）、国税总局对接工作，推动全国平台上线，为个人养老金制度实施奠定技术基础。三是适应新就业形态就业人员职业伤害保障试点需要，组织建设全国集中的职业伤害保障信息平台，开展与试点平台企业和试点省份省级业务系统对接。四是推进人力资源领域相关统一软件开发，就业系统进入推广阶段，劳动关系系统启动试点运行，人事人才系统中的职称评审、人员调配、技工院校、国际组织人才等子系统已上线运行。五是拓展“就业在线”平台服务渠道，开通App服务，助力“百日千万”、三地联合招聘等专项活动，截至12月底，累计发布超过1 639万岗位信息，访问量超过9 196万。

三、大力拓展社保卡和电子社保卡发行应用

截至12月底，全国持卡人数13.52亿人，覆盖95.7%人口，第三代社保卡累计发卡1.38亿。推进电子社保卡签发及应用，电子社保卡领用人数达5亿人，已开通459个渠道，62项全国服务和1 000余项属地服务，全年累计访问量超112.51亿人次。遵循“一卡多用、全国通用”的原则，按照出生、就业、

失业、流动、退休等为主线，推进全业务进卡、线上线下用卡、全生命周期用卡，不断拓展居民服务“一卡通”功能，提供更加方便快捷的服务。一是通过“出生一件事”服务，实现了新生儿社保卡申领与出生证明、儿童预防接种、户口登记、医保参保登记等一链办理。二是依托电子社保卡提供“就业在线”一站式招聘求职服务，求职者可以实时查询并申请全国范围内职介机构发布的招聘岗位。各地推进就业创业证与社保卡“证卡合一”，实现持社保卡申请创业担保贷款，享受人才服务“一卡通办”。三是全国所有地市已开通电子社保卡职业培训券功能，符合条件的劳动者可以领用职业培训券，选择并享受相关的职业技能实名培训服务，2021 年度累计发券 1 873. 4 万张、用券 496. 21 万张。四是电子社保卡提供全国范围内的失业登记和失业保险待遇申领服务，各地人社部门的待遇审核实现联网“快办”，待遇发放到本人社保卡银行账户，实现全程不见面服务和精准及时发放。五是群众可以通过电子社保卡查询本人在各地参保形成的社保权益记录单，也可申请办理企业职工养老保险关系转移业务，实现“全程网办”。六是群众可以通过电子社保卡“刷脸”方式进行社保待遇资格认证。同时，通过开展交通出行、生存状态、服刑等跨部门数据比对，利用大数据实现“无感认证”，确保及时领取养老金。除上述六方面外，社保卡在就医购药、惠民惠农、智慧城市等方面不断拓展服务。实体社保卡全面支持各地就医购药，电子社保卡就医购药正在积极推进。31 个省（区、市）的部分地市已通过社保卡发放惠民惠农财政补贴资金。25 个省份的部分地市实现社保卡乘坐城市公共交通。30 个省份的部分地市实现凭社保卡借阅图书，进入博物馆和公园景区等。

四、积极推进人社服务“跨省通办”“一网通办”

一是完善全国人社政务服务平台、国家社会保险公共服务平台应用，落实“跨省通办”“一网通办”任务。两个平台共提供 75 项全国性服务，累计访问量超过 44 亿人次。根据《国务院办公厅关于加快推进政务服务“跨省通办”的指导意见》（国办发〔2020〕35 号）有关部署，人力资源社会保障部牵头落实 33 项全国“跨省通办”事项，截至 2021 年底已完成 30 项，其中 2021 年新开通 14 个事项，包括社保卡服务（申领、启用、补换、临时挂失、制卡进度查询），流动人员人事档案接收、转递等。推进人社服务“好差评”数据归集应用与系统建设，完成与国家平台的数据汇聚。二是加快适老化、无障碍改造升级。截至年底，人社服务“适老化”改造初步完成，各地统筹线上线下经办服务全流程，围绕老年人高频事项和服务场景，全面提升服务质效。建成部级社保待遇资格认证系统，面向各地提供远程待遇资格认证等查询下载服务。电子社保卡推出“亲情服务”“工作人员服务”模块，累计使用人数超过 3 300 万人。电子社保卡上线“长辈版”，月均使用人数 92 万。三是发挥 12333 热线便民服务作用。2021 年全国 12333 共接听群众来电约 1. 5 亿次，日均接听群众来电约 40 余万次，综合接通率保持在 80%以上。部级 12333 短信平台发送服务短信 2 200 多万条。12333 在电话服务的基础上，拓展短信、微信、网站、移动应用、智能咨询等多渠道、多元化、智能化公共服务。落实国家优化政务服务热线任务，指导各地 12333 做好与 12345 政务服务热线归并优化和服务衔接，确保平稳过渡。

五、加强政务数据共享和应用

一是制定并实施相关人社业务信息行业数据标准、联网数据采集标准、养老保险全国统筹数据中台标准、数据质量检查标准、数据库及信息系统安全管理办法、数据安全管理办法等，支持行业数据治理标准化工作。建设完成数据管理平台，统一管理部级数据资源，开展数据治理工作。二是通过外部数据共享交换平台、业务协同平台、联网监测系统等全国性数据交换共享平台，支撑人力资源社会保障部跨部门、跨层级、跨地方数据共享工作。已有100多个部门调用人力资源社会保障部共享接口服务，人力资源社会保障部也充分利用国家平台上各部委的接口，申请相关服务，供业务调用。通过打通人社等部门数据，浙江等地实现了“出生一件事”，新生儿出生后即可联办出生证明、户口登记、医保参保登记、社保卡申领、接种证办理等服务。截至年底，向各地提供58项跨层级跨部门的数据共享查询和比对核验服务，累计调用32.7亿次。三是支持社保基金风险防控工作。自5月起，人力资源社会保障部集中开展了社会保险基金管理风险排查，通过对要情特点研究，开展大数据分析，筛查疑似问题数据，结合与公安部、司法部等数据比对结果，筛查疑似死亡人员及虚假待遇人员，有力支持了基金监管及风险防控工作。

六、进一步夯实电子政务基础设施

遵照国家有关标准，借鉴行业标准、地方标准，制定了人力资源社会保障信息化相关的标准，主要包括系统建设管理规范、系统运维管理规范和信息结构通则，DNS域名规划、IP规划、容灾系统建设和运维等基础设施标准，电子认证体系规范、电子印章体系规范等信息安全标准，人力资源社会保障一卡通应用、平台接入标准等相关的业务流程规范、业务指标体系等。完成部本级公众服务网网络系统建设、安全系统建设和部级电子认证系统的升级改造工作，基本完成部本级同城及异地灾备机房网络系统及存储系统建设，提升基础支撑能力和应急保障能力。拓展与其他政府部门、金融机构的专线互联，支持信息共享。对部级统一建设的系统开展等级保护测评和密码测评，全面提高系统自身的安全防护能力。参加公安部、中央网信办组织的各项网络安全专项检查和保护工作，提高了全行业安全防护和应急响应处理能力。配合《数据安全法》《个人信息保护法》的颁布实施，开展了人社行业数据安全隐患排查工作。

七、加强队伍建设，增强工作合力

推动建立适应省级集中、全国一体化的信息化工作机制和管理模式，做好人员队伍、场地设施等方面的支撑保障工作。不断加强全系统网信人才培养，结合金保工程二期等项目开展培训和知识提升，增强技术应用和业务创新能力。

科学研究

一、人事科学研究

2021年，中国人事科学研究院（以下简称人科院）以习近平新时代中国特色社会主义思想为指导，全面贯彻落实党中央和部党组的决策部署，深入学习、贯彻党的十九届五中、六中全会精神，围绕中心、服务大局，各项工作取得较好成绩。

（一）深化政策研究。

一是部级课题研究。2021年，人科院共立项11个部级课题，分别为外国人来华工作岗位目录研究、企业用工灵活化现状及问题研究、基层劳动保障监察执法体制改革问题研究、事业单位人事管理政策助力乡村振兴研究、评比达标表彰活动监督检查和惩戒问责长效机制研究、充分发挥人力资源服务机构市场化引才作用研究、专业技术类新职业从业人员培训与水平评价问题研究、乡村振兴战略实施中的人力资源开发、我国专业技术人才流动状况与对策研究、国际职员选拔和输送研究、法定机构人事管理模式研究等。另承担1项部重大政策研究课题“完善构建新发展格局的人社政策”的研究任务。

二是司局课题研究。2021年，人科院承担了部人力资源流动管理司、专业技术人员管理司、工资福利司、农村社会保险司、国际合作司等司局委托的8项课题研究工作，研究内容包括改革完善体现岗位绩效和分级分类管理的事业单位薪酬制度、专业技术人才发展、适应绿色低碳发展的就业与人力资源开发、2021年海南自由贸易港急需紧缺人才目录、西藏自治区专业技术人才工作、人才分类工作、加快推进我国博士后事业发展研究等。

三是中央单位委托课题研究。受中组部、国家发改委、退役军人事务部、公安部、中国科学院、中国海关、中国文联等中央单位委托开展课题研究，内容涉及科研事业单位改革发展重点问题、中国纤维质量检测中心公开招聘与人员管理办法、公安部机关服务中心薪酬制度改革方案、中国海关科学技术研究中心绩效工资与考核制度设计、新时代中国文艺人才发展、公务员和企业相当人员工资调查比较制度、版权专业人员培养开发框架体系、基层公共就业创业服务平台建设现状及易地扶贫搬迁大型安置区人力资源和就业状况、“十四五”退役军人服务和保障规划实施机制、构建灵活就业人员数据监测体系等。

四是地方单位委托课题研究。受北京、广东、江苏、内蒙古、海南等省（区、市）组织和人社部门委托开展课题研究，内容主要涉及地方“十四五”人才发展规划、人才政策创新、人力资源产业园建设、事业单位人事管理制度和绩效工资制度、人力资源服务业发展规划、职业资格制度建设等，为地方人才及人社工作的推进提供了智力支持。

五是合作课题研究。2021年，共有28家单位与人科院合作开展课题研究工作，主要涉及技能人才需求状况与评价培养机制、智能制造产业与智能制造科技人才队伍建设融合发展、人力资源生态构建、人才公共服务队伍数字化能力建设、共享用工发展、技能人才收入增长、科技人才评价、创新构建和谐劳动关系、高质量人才服务体系、促进就业高质量发展、IT产业人才服务能力提升、职业资格领域“放管服”改革、人力资源服务经营模式等。

（二）做好调研专报、专题报告及其他材料报送。

一是《调研专报》。2021年，人科院累计征集《调研专报》稿60篇，共上报37篇，内容涉及人才引进、人才分类统计、事业单位改革、收入分配、就业创业、灵活用工、人力资源市场、劳动保障监察、失业保险制度、退休制度改革等，其中10余篇获部领导肯定性批示，多篇被部办公厅选为报中办、国办的材料，报送中央领导同志参阅。

二是专题报告。承担多项人力资源社会保障部、中组部临时交办的专题研究任务，并以专题报告的形式报送研究成果。研究内容包括劳动法规对公职人员适用性研究、新时代人才强国战略的内涵与定性定量研究、新中国成立以来退休政策法规、新时代中国特色公务员制度现代化问题、推进企业博士后工作发展报告、我国人才队伍建设的实践与发展趋势、国家“人才城”评价指标体系研究、人力资源专业职称制度基本框架与评审组织研究等，较好地体现了科研工作服务大局的功能作用。

三是就业形势快报。每月不定期向就业司提供2~3条国际就业形势分析快报，累计推送信息30余条，为中心工作贡献了力量。

（三）夯实基础研究。

一是基础性研究课题。本着加强基础性、前瞻性研究的精神，2021年，人科院共设立院级课题17项，内容涉及公职人员管理、芯片产业人才问题、基础研究人才发展趋势、国外公立医院人事薪酬制度、科技工作者激励与保障机制、人才资源与绿色低碳发展协同机制、人才流动与社会结构变迁、干部选拔制度、事业单位人事管理与工资制度、新经济形态下职业演进与新型劳动关系构建、干部教育百年历程与基本经验、绩效管理基础理论与制度、劳动权益维护百年历程与基本经验、人力资源市场需求规模和结构、中外公务员制度比较等，力图产出一些有一定价值的基础性研究成果。

二是学术文库出版。出版《干部选拔任用制度发展历程与改革研究》《海外人才引进政策新动向分析》《人力资源开发法制建设研究》《当代中国的退休制度》《社会力量动员机制探索》《中国人才政策环境比较分析（省域篇）》《国内各市人才政策分析报告》《当代中国人事制度》等多部学术著作。

三是基础文献研究。系统梳理了建党百年来干部人事制度、人才队伍建设的历史脉络，对基础文献、基础理论、基本制度、基础数据等进行归纳、提炼和总结，形成了《人才工作基础文献选编》《人事制度基础文献选编》等文献集。人科院还与国家图书馆合作，共同推进“人事制度研究论文索引”编纂工作。

（四）办好学术期刊与年度报告。

一是《中国人事科学》月刊。2021年，《中国人事科学》编辑部收到来稿700余篇，刊载文章114篇，按月出版发行，并完成在知网等7个数据库平台的电子化出版。每期对外赠阅、发行5 000余册。同时，全年更新期刊微信公众号文章百余篇，关注量提升了50%。随着期刊质量不断提升，社会效益逐渐显现。2021年，《中国人事科学》被国家哲学社会科学文献中心评为“哲学社会科学类最受欢迎期刊”，入选2021年《中国学术期刊影响因子年报》统计源刊，多家数据库平台的作者、读者群给予了刊物高度认可。

二是《国际行政科学评论》季刊（中文版）。出版86卷第3~4辑，开展87卷第1~3辑的翻译和审校工作。2021年，人科院共37名同志参与翻译工作，累计翻译100余万字，翻译队伍得到了充分锻炼。

三是系列蓝皮书。在连续出版《中国人力资源发展报告》《中国人力资源市场分析报告》《中国事业单位发展报告》《中国企业人力资源发展报告》等年度报告（蓝皮书）的基础上，推出了《中国培训事业发展报告》

《全球基础研究人才指数报告》。人科院编撰的系列蓝皮书得到相关领域实践与理论工作者的广泛关注，大大提升了学术影响力。

四是学术报告集和获奖论文集。连续第七年编撰出版《中国人事科学研究报告》，汇集了人科院2020年课题研究成果约50项，分上下两册，共100余万字。连续第六年编撰出版《全国人才与人事研究主题征文获奖作品集》，共收录2020年78篇获奖论文，分上下两册，共100余万字。

（五）开展国内国际学术交流。

一是参与部举办的大型交流活动。2021年，人科院按照部里统一安排，参与第一届全国人力资源服务业发展大会工作，与有关单位共同承办“一带一路”人力资源服务合作发展峰会；在人力资源社会保障部与吉林省人民政府共同举办的第三届全国创业就业服务展示交流活动期间，与长春市人民政府、中国一汽集团联合举办“创业引领城市经济高质量发展”主题交流活动。

二是举办系列学术研讨会。举办“第三届事业单位创新发展研讨峰会”。与宁波市人民政府共同举办“第七届中国（宁波）人力资源服务创新创业大赛”。与重庆市委组织部及人力资源和社会保障局共同举办“第三届西部大开发中的人才发展峰会”。与人民网、中国劳动学会共同举办“2021劳动就业与职业发展促进行动”。与中国社科院财经战略研究院、社科院大学商学院共同举办“首届新时代人力资源管理创新与发展学术研讨会”。

举办多场小型学术研讨会，主题包括人社基本公共服务标准化建设、公共危机应对与人力资源动员机制、海南自由贸易港高层次人才分类标准、事业单位绩效工资总量管理制度、人才引领雄安新区高质量发展、后疫情时代高校毕业生就业等。

三是开展主题征文活动。2021年，征文活动得到地方人社部门和科研合作网单位的积极响应和大力支持，共收到论文466篇，征文数量创历史新高。经专家评议和论文查重，最终评选出一、二、三等奖论文分别为15篇、24篇和43篇，优秀组织单位11家。

四是推进学术合作机构建设。与海南大学、海南省人力资源社会保障厅、劳科院四方签署共建“民生保障与人事政策创新研究院”合作协议。与无锡市委人才办协商共建“中国人事科学研究院长三角研究基地”。

五是国际学术交流。与西南交通大学共同举办国际行政科学专家委员会第十次会议暨“以人民为中心的治理理论”研讨会。与华东政法大学联合举办“数字时代人力资源开发与治理效能提升”国际研讨会。与欧洲公共行政组织合作召开“危机时代公共机构的韧性与敏捷性”亚欧公共行政联合专场会。

二、劳动和社会保障科学研究

2021年，中国劳动和社会保障科学研究院（以下简称劳科院）紧紧围绕人力资源社会保障中心工作开展科研，推进国家高端智库建设，形成一批高质量研究成果，为党和国家积极建言献策，为部有关决策提供有力支撑。全院共承担各类课题项目170项，其中，国家级课题4项、部级课题15项、司局委托课题18项、基本科研业务经费项目47项、地方政府和企事业以及国际机构委托课题86项。全年以专报形式向部领导报送22项成果；向中办、国办报送9篇报告，3篇报告被采用，其中2篇同时被中办、国办采用；64多项成果获得部级以上领导肯定批示。

（一）国家高端智库申建取得重大进展。

建设中国特色新型智库是中央立足党和国家事业全局作出的重要部署，习近平总书记多次对智库建设作出批示。部党组高度重视智库建设工作。劳科院将国家高端智库申报工作作为2021年重点工作全力推进。部主要领导高度重视并向中宣部推荐。在部领导的关心和指导下，在部办公厅、人事司的大力支持和帮助下，9月向中宣部全国社科办提交了《中国劳动和社会保障科学研究院创建国家高端智库申请报告》。10月，中宣部全国社科办调研组专程来部进行实地考察调研。部有关领导会见并与调研组进行了座谈交流。在劳科院召开的高端智库建设调研汇报会上，部人事司和劳科院分别对人社部高端智库创建情况做了汇报。全国社科办调研组听取汇报后，对劳科院创建国家高端智库表示积极支持，分别从未来发展定位、重点研究领域、可持续发展、提高国际影响力、完善治理结构、推动体制机制创新等方面提出了指导意见，希望通过创建高端智库促进产出更好研究成果，为党中央科学决策发挥更重要作用，使更多人受惠。

（二）完成领导交办任务和相关重大研究。

按照有关领导重要指示精神，开展关于加强零工劳动力市场研究，形成的初步成果及时报送并被中办采用；开展县域就业农民工市民化问题专题研究，完成两个专题报告。受中央有关部委委托，开展“我国当前就业新情况新问题和对策研究”“基本公共服务均等化研究”等专题研究；完成“基本养老保险全国统筹实施基础问题调查研究”“构建共同富裕量化指标体系研究”“垄断行业收入分配管理存在的问题及对策建议”等任务。

开展社会热点和重点问题研究并及时报送研究成果，关于低工资群体工资收入问题研究的报告、2020年民营企业劳动关系状况监测数据分析报告和部分地方监测数据分析报告等成果被采用。针对制造业企业缺工情况开展了快速调查，形成的调查报告获领导批示。“老年人力资源开发与利用研究报告”及时送中央领导参阅，得到积极反馈。

按照有关部领导要求对数字经济对就业的影响开展专题研究，成果已上报并获批示。围绕劳动保障重大问题，牵头开展“人社政策促进共同富裕研究”“‘技能中国行动’方案研究”“‘十四五’职业技能培训规划研究”“中国养老保险制度改革重点问题与对策研究”，配合部劳动关系司开展基本劳动标准立法相关研究，为国家相关政策出台提供支持。

围绕服务海南自贸港建设国家战略和海南地方人社工作发展需求，开展海南自贸港就业创业政策与中长期发展规划、社会保障政策和中长期发展规划、社保经办中长期发展规划、劳动关系政策及其中长期规划研究，开展“海南自贸港劳动用工条例”起草相关研究工作。

（三）开展就业创业政策研究。

开展“我国新就业形态的发展趋势、影响与协同治理研究”和“人工智能发展对我国制造业就业的影响研究”2项国家社科基金项目。与部职业能力司联合承担“‘十四五’职业技能培训发展趋势与对策研究”重大政策研究课题。

承担促进灵活就业健康发展及其对策、适合新就业形态的就业服务工作模式、基于大数据的新就业形态服务创新、技能人才开发体系和技能人才评价体系、我国青年就业的新形势与政策建议、适应高质量发展的人力资源市场监管、国家职业技能标准开发技术研究等部级课题。

承担2021年就业季度形势分析、技工教育规划、高技能人才队伍建设终期评估、技能人才岗位等级评价、全国农民工动态监测等司局委托课题。

开展中小企业招聘高校毕业生的困难与对策、我国青年与女性就业状况指标分析、劳务品牌发展、共享用工相关问题、经营性人力资源服务机构规范发展、职业分析技术规程、县域人力资源服务产业园调查等自主选题研究项目。

受中宣部干部局委托开展“宣传思想文化领域人才资源统计和专题研究”。受团中央委托开展“‘十四五’时期我国青年就业结构与趋势研究”。受国家市场监管总局委托开展“个体户就业相关问题研究”。

（四）开展社会保障政策研究。

开展国家社科基金重大项目子课题“基本医疗保险筹资与待遇联动机制研究”。

承担养老金制度结构调整问题、降费率及减免缓政策对社保基金长远影响的评估、全国统筹后基本养老保险基金投资委托模式创新、实施乡村振兴战略中城乡居民养老保险制度建设问题、养老保险全国统筹考核奖惩办法、区块链技术在机关事业单位养老保险转移接续中的应用、涉及人体劳动能力及损害的多项鉴定标准对比分析等部级课题。

承担养老保险基金全国统筹管理模式、人口老龄化背景下的中日韩养老保障及管理服务、推进失业保险基金省级统筹跟踪、被征地农民社会保障资金管理方式有关问题研究等司局委托课题。

开展机关事业单位养老保险改革评估、养老保险基金省级统收统支实施效果分析、我国工伤预防发展研究、被征地农民社会保障补贴机制研究、多层次医保体系视角下商业健康保险、我国长期护理保险筹资机制等自主选题研究项目。

受国家医疗保障局委托开展“《关于优化医保领域便民服务的意见》实施效果评估研究”。

（五）开展劳动法治与劳动关系政策研究。

围绕基本劳动标准法起草工作，开展国内外劳动标准制度比较研究，起草基本劳动标准法（专家建议稿）。

围绕新就业形态劳动者权益保障，开展部级重点课题“平台网约劳动者权益保障政策风险评估”研究，参与《关于维护新就业形态劳动者劳动保障权益的指导意见》起草，分析出台后面临的主要风险并提出对策建议；开展典型新业态行业用工示范文本和新业态用工相关争议案例等相关研究。围绕中欧投资贸易协定、全面与进步跨太平洋伙伴关系协定（CPTPP），开展部级重点课题“中欧投资协定中分歧评议机制对我国劳动保障监察维权机制的作用和影响”研究和部国际合作司委托的“中欧投资协定中的劳工条款研究”，分析有关挑战并提出应对建议。围绕禁止强迫劳动、涉疆问题开展相关研究工作。围绕根治欠薪问题，开展部劳动保障监察局委托的“《保障农民工工资支付条例》法律适用问题研究”“社会治理视阈下拖欠农民工工资治理体系研究”。

开展“一带一路”框架下中方员工的劳动权益保护及法律适用、深化构建和谐劳动关系综合配套改革试点评估、数字经济时代制造业劳动关系嬗变及应对研究、构建和谐劳动关系视角下劳动者休息休假权利保障研究——以互联网企业为例、完善劳动人事争议调解仲裁体制机制研究、劳动人事争议处理中有关劳动基准法律适用的现状、问题及对策研究等课题研究工作。完成“消除贫困和促进公平就业：以艾滋病为例”专题调研报告。

受全国工商联委托开展“2021 年民营企业劳动关系状况监测”，完成 2020 年民营企业劳动关系状况监测数据分析报告和部分地方监测数据分析报告，情况信息简报经全国工商联上报，被中办采纳。

（六）开展工资收入分配政策研究。

完成“工资支付保障机制研究”国家社科基金课题。开展建立高校、科研机构薪酬调查和信息发布制度研究、新就业形态从业人员劳动报酬相关问题研究等部级课题研究。承担关于建立健全技能人才薪酬分配制度的意见、2020 年企业薪酬调查数据分析与信息发布研究、行业技能人才薪酬指引编制研究等司局委托课题。开展工资指导线制度修订若干问题、工资集体合同审查及信息利用、我国保持制造业人工成本竞争优势、行业工资收入差距的合理性评价与分析、基本工资标准立法、薪酬政策对科技人才激励效用、国外薪酬调查体系建设及发展应用趋势等自主选题研究。

受中宣部委托开展直属事业单位绩效工资管理专题调研。受中宣部文化体制改革和发展办公室委托开展“国有企业人才激励机制课题研究”。

（七）开展综合性问题研究。

继续围绕疫情对人社工作影响开展研究，完成新冠肺炎疫情对人社领域影响与对策研究、应对重大疫情等情形下劳动关系法律政策研究等重大课题。《疫情防控与农民工复工百企调查》获第四届“费孝通田野调查奖”一等奖。组织翻译《国际劳工组织发布〈新冠肺炎疫情和劳动世界：最新评估和分析（第七、八版）〉》，形成“疫情对美国就业的影响”等报告。

围绕人口与老龄化，参与部政研司牵头开展的“人口发展对就业和社会保障事业的影响分析研究”课题。

围绕乡村振兴战略，开展“技能扶贫实施情况及后续政策衔接研究”课题，形成“欠发达地区劳动力职业技能开发利用研究”报告，有关建议被《“十四五”就业促进规划》采纳。

在国际研究方面，开展二十国集团就业指标、国外就业优先政策内涵和机制、金砖国家青年就业、欧盟新就业形态问题与挑战、强迫劳动与国际劳工标准研究、香港地区人才政策及环境等国际和区域研究。开展美国新就业形态的发展与应对研究、中外新就业形态比较研究——基础概念和发展趋势等国际研究和对比研究。

开展亚合项目“人口老龄化背景下的中日韩养老保障及管理服务交流项目”研究。与英国大使馆合作开展“中英养老保障二三支柱税优政策比较研究”国际合作项目。承担国际劳工组织“亚洲负责任劳动项目（第三期）”。

（八）加强交流和成果推广。

成功组织召开全国劳动保障科研工作座谈会。7 月 31 日在北京成功组织召开了全国劳动和社会保障科研工作座谈会暨全国社会保障、工资收入、劳动大数据应用三个专题研讨会。这次会议得到了部党组高度重视，部主要领导发来书面致辞，充分肯定了全国人社科研工作者为推进人社事业发展作出的积极贡献，并对进一步做好科研工作提出了殷切期望和明确要求，要求科研人员“要提高政治站位，始终坚持以习近平新时代中国特色社会主义思想为指导，深入学习贯彻习近平总书记‘七一’重要讲话精神，扎实落实以人民为中心的发展思想，牢牢把握科研工作正确政治方向。要服务中心工作，紧紧围绕‘国之大者’，聚焦人社领域面临的重大理论和实践问题，扎实开展基础性、前瞻性、政策性研究”。

加大新闻宣传和政策解读工作力度。按照部办公厅和有关领导指示要求，完成向国办信息提供工作。全年协调完成院领导接受《人民日报》海外版、《经济日报》《工人日报》《瞭望》周刊等 11 次媒体采访及有关新闻宣传工作。院科研人员在中央电视台、《人民日报》《光明日报》、新华社、人民网、《中国劳动》杂志、《中国劳动保障报》等媒体，接受采访或就 2021 年《政府工作报告》就业相关内容、人社部和国家乡村振兴局联合印发的《国家乡村振兴重点帮扶地区职业技能提升工程实施方案》、技能人才薪酬分配等做政策解读。

注重成果转化。出版《中国就业发展报告》《中国人力资源服务产业园发展报告》《中国薪酬发展报告》3 部蓝皮书和《人力资源服务产业园建设》《国企高管薪酬管控》2 本专著。按计划出版 6 期《中国劳动》，编发 62 篇“劳动和社会保障政策研究（内刊）”。

（九）加强国际交流与合作。

组织线上线下国际交流活动 44 场 187 人次。主办“2021 中国劳动世界的未来国际研讨会”和“第 19 届东北亚劳动论坛”2 个品牌性国际会议和国际合作项目会议 4 次，举办国际学术讲座 4 场，承办部国际合作司会议 1 次，为院科研人员提供学术支撑会议 8 场。

做好《强迫劳动公约》（第 29 号）及其议定书国际研讨会、APEC 人力资源开发工作组劳动社保网络国际会议的筹备和参会相关工作，以及 G20 行为洞察网络工作组会议的参会相关工作。

经部领导批准，劳科院作为联系会员于年底成功加入国际社会保障协会（ISSA），为国际合作交流开辟了一条新的渠道。

干部教育培训与评比表彰和行风窗口建设

一、持续深化习近平新时代中国特色社会主义思想教育培训，在理论武装中凝心铸魂

习近平新时代中国特色社会主义思想是新时代中国共产党的思想旗帜，人力资源社会保障部始终把学习贯彻这一重要思想作为干部教育培训的重中之重。一是加强谋划。统筹制定年度培训计划，坚持把学习贯彻习近平新时代中国特色社会主义思想作为人社干部教育培训的首要任务，凡部内举办的培训班均要求跟进学习习近平总书记最新重要讲话指示批示精神，特别是关于人社工作的重要指示精神，全年计划举办培训班84期，对于重点班次优先保障。在服务部领导年度参训和制定司级干部调训、专题研修计划中，重点突出习近平新时代中国特色社会主义思想的学习培训，制定参训计划61期。二是持续深化。组织广大干部职工，读原著、学原文、悟原理，通过人社学与行“每日一练”“每日一答”，将理论学习融入日常。在部内举办人社讲坛，分专题就安全生产、政务处分法和统计等工作组织讲座，深入学习习近平总书记的重要指示批示精神，掌握核心要义，领悟真理光辉。三是做好转化。在培训中运用好攻坚克难案例，教育引导广大干部职工，将这一重要思想与人社工作的实际紧密结合起来，真正转化为干事创业、攻坚克难的不竭动力。

二、大力开展党史教育，在党史学习培训中锤炼党性

2021年是建党100周年，全党上下都在开展多种形式的教育培训活动。根据统一部署，将党史学习教育作为人社干部教育培训的重要内容，坚持集中学习和自主学习相结合，坚持规定动作和自选动作相结合，开展特色鲜明、形式多样的学习教育。一是组织全体干部普遍学。组织部属各单位处级以上干部全员参加中国干部网络学院“党史百年”网上专题班学习，部内700余名干部积极参与。人社系统干部在线学习平台开设24门党史专题教育课程，广大青年干部重点参加。二是突出青年干部重点学。到江西宁都举办部内青年干部培训班，组织部属各单位51名青年干部到中央苏区开展党史学习教育，实地学习重温苏区历史，感悟弘扬苏区精神，坚定做好本职工作的信念信心。三是融会贯通经常学。部内广大干部将党史学习贯穿全年统筹作出安排，与学习新中国史、改革开放史、社会主义发展史相贯通，与学习政治理论、业务知识相结合，将党史学习内容融入“人社学与行”平台“每日一练”专栏，每天坚持答题学习，从未间断，久久为功。

三、加强政策专业训练，在专题培训中提升能力

事成与行，业贵于专。落实“十四五”规划、完成好人社领域的各项目标任务，对干部的能力素质提出了新的更高的要求，必须加强专业训练，补齐能力短板，更好地承担起时代重任。一是面向本级开展轮训。围绕学习贯彻党的十九届五中全会精神开展处以上干部专题培训，引导广大干部深入理解把握全会提出

的重大战略判断、战略思想、战略举措，深入理解把握新发展阶段，全面贯彻新发展理念，加快构建新发展格局，更加精准有效地贯彻落实党中央各项决策部署。二是面向市县局长开展示范培训。组织170名全国市县人社局长开展示范培训，重点学习习近平总书记关于人社工作重要论述、人社“十四五”规划和2035年远景目标以及人社工作形势和重点任务，交流分享工作经验。三是面向西部地区对口支援培训。在江西九江培训基地举办西部五省区干部培训班，组织140名人社系统干部围绕社会保障领域政策制度开展专题培训，学习习近平总书记在中央政治局第二十八次集体学习时的重要讲话精神，抓好社保专题会议任务的贯彻落实。四是举办新入部人员培训。聚焦新入部人员岗位职责要求，围绕机关工作如文稿起草、会议组织、沟通协调、廉洁纪律等“基本功”和“关键事”，促进适应岗位要求，尽快转变角色。

四、推动暗访走深走实，在深入基层实践中练强本领

按照部党史学习教育工作部署和青年干部综合素质提升工程的要求，组织部属各单位开展青年干部调研暗访工作，将其作为“我为群众办实事”的一项重要内容，精心谋划，推动实施，取得了阶段性成效。一是谋划部署，明确要求。印发通知作出明确部署，要求青年干部结合出差、调研等机会，直接对基层人社服务窗口进行现场查访，聚焦群众反映较为集中的问题，体验办事流程，查找办事堵点。二是培训指导，细化流程。分两批召集部属各单位开会，对“青年干部调研暗访”工作进行动员培训，围绕怎么暗访、暗访什么进行了说明，统一思想、明确要求。会同部行风办编制和发放《调研暗访工作手册》“口袋书”，细化调研暗访的具体方式、调研地点、重点内容和工作流程，同时详细列举了人社服务高频事项和有关证明材料取消清单供参考查询，帮助青年干部事先准备、有的放矢。三是加强调度，督促推进。对各单位开展暗访情况多次进行督导调度，跟进掌握各单位调研情况，推动工作有条不紊持续开展。通过实地查看、体验办理、业务咨询和群众访谈，部属43个单位共有419名青年干部参与了调研暗访，覆盖504个窗口单位。

青年干部通过深入基层开展暗访调研：一是提高了政治站位，进一步强化了为民之心。真正体会到人社业务涉及人民群众切身利益，不管是退休待遇的认定，还是调解仲裁对劳动者权益的维护，都是实实在在的人的切身利益，必须以高度的责任心和使命感去做工作。二是提升了专业素质，进一步提高了服务能力。大家认识到，精通政策是做好群众工作的必要前提，要切实在弄通弄懂人社政策业务上下功夫，在宣传推广落实上要对群众讲得清、讲得准，不断提高服务能力水平，才能让群众听得懂、听得进，才能用政策的力量服务群众、用服务的力量贴近群众。三是锤炼了务实作风，进一步提升为群众办实事的质量。青年干部们通过调研暗访，切实了解了群众的关注、诉求，坚持问题导向，把群众办事的痛点、堵点、难点，变成今后工作的重点，进一步加强人社惠民利民便民政策的落地落实。

五、发挥典型示范引领，在表彰先进中促担当作为

一个典型就是一面旗帜。发挥先进典型的示范引领作用，统筹做好全年的系统表彰工作。一是编制2021年度表彰计划。全年共计划开展杰出专业技术人才、优质服务窗口、根治欠薪等三个表彰项目。同时，指导相关单位做好中华技能大奖和全国技术能手的表彰兑现工作，会同部劳动监察局共同研究申请根治欠薪评选项目，经国务院批复立项。二是实施系统优质服务表彰项目。为配合行风建设三年行动，向国务院申请提前开展优质服务窗口和优质服务先进个人评选表彰并增加表彰名额。起草表彰工作实施方案，科学设置评选条件，严审资格条件，严控级别层级，严把事迹材料，坚持向基层一线倾斜，经“两审三公示”程序，评选出优质服务窗口390个，优质服务先进个人200名。作为三年行风建设重要成果，通过表彰群众认可、成绩突出的先进对象促进系统干部更加担当作为，营造良好氛围。三是加强指导监督。按照要求对部内创建示范项目进行全面梳理自查，在充分发挥创建示范引领作用的同时，合理设置条件，优化指标体系，力戒评选工作中的形式主义问题。

行风建设

2021年，全国人社系统坚持以习近平新时代中国特色社会主义思想为指导，全面落实党的十九大和十九届历次全会精神，在行风建设三年专项行动取得积极成效的基础上，按照“攻坚、巩固、提升”的工作思路，推动行风建设工作取得新成效。从国家统计局第三方调查情况看，人社服务满意度再次提升，由2020年的80.02分提高到2021年的80.66分，连续两年保持在满意区间。

一、持续推进“清事项、减材料、压时限”

（一）深入实施“人社服务快办行动”。

印发《人力资源社会保障部关于深入实施“人社服务快办行动”的通知》（人社部发〔2021〕23号），在2020年确定的162个部联系点基础上，增加110个部联系点，部联系点数量（共272个）覆盖超7成地市。在2020年推行打包办、提速办、简便办基础上，拓展了跨省办、就近办、上门办、一卡办、免申即办，统筹推进“八个办”。通过“周联系、月调度”工作机制，进一步整合事项、优化流程、精简材料、压缩时限。截至年底，270个联系点实施“一件事”打包办，其中181个联系点实施10个“一件事”打包办；269个联系点实现20个高频服务事项提速办；一批事项实现“跨省通办”，发布首批“跨省通办”事项办事指南。印发《人力资源社会保障部办公厅关于借助银行、基层平台等力量推进人社服务“就近办”的意见》（人社厅发〔2021〕19号），引入银行、基层平台等力量推进人社服务“就近办”，指导各地做好经办服务“适老化”工作；普遍实现人社领域本地实体社保卡“一卡通”应用，积极拓展电子社保卡应用；177个联系点探索实施“免申即办”，推动实现“政策找企”“政策找人”。

（二）继续推进证明事项告知承诺制。

在2020年推行人社考试报名和社保经办领域证明事项告知承诺制试点的基础上，2020年12月，印发《部本级全面推行证明事项告知承诺制实施方案》（人社厅发〔2020〕110号），对部本级办理的24个事项的89件次证明材料实行告知承诺制，事项主要包括人力资源服务备案、职业技能等级认定试点机构（社会培训评价组织）认定、专业技术人员资格考试报名管理等，证明材料主要包括职业资格证明、专业人员技能水平证明、学历学位证明、调令、聘用合同等。通过推行告知承诺制，实现服务事项流程更简、办事更快、服务更优。

二、不断提升窗口单位服务水平

（一）持续开展练兵比武活动。

依托全国人社业务技能练兵比武在线学习平台开展“日日学、周周练、月月比”活动，66.7万人自主参加岗位练兵，基本实现窗口单位全员覆盖。9月24日，组织全国统一在线比试活动，1 562名选手参加，涌现出一批全国“人社知识通”“岗位练兵明星”。12月16日，在安徽合肥举办2021年度人社窗口单位业务技能练兵比武总决赛，31个省份和新疆生产建设兵团组队参赛，展示选手精神风貌，检验行风建设成效。

（二）开展人社政务服务“好差评”。

在2020年部署开展人社政务服务“好差评”工作，推进服务事项全覆盖、评价对象全覆盖、服务渠道全覆盖的基础上，在政务服务实体大厅、人社政务服务平台（含网络经办系统、服务热线、服务端等）设置评价模块或环节，归集服务评价数据，有针对性地强化差评核查整改。将窗口单位视频接入部监测指挥平台，实时在线了解窗口服务情况。

（三）持续强化常态化监督整改。

印发《2021年全面开展人社“厅局长走流程”工作实施方案》（人社厅函〔2021〕55号）。各级人社部门负责同志聚焦年度重点工作和人社高频服务事项，深入企业、深入群众、深入基层、深入一线“走流程”，摸情况、听需求、找问题、抓整改，切实解决了一批基层盼、群众急的问题。

三、持续加强行风文化建设

（一）开展政策待遇“看得懂算得清”宣传解读。

进一步加强和创新政策待遇“看得懂算得清”宣传解读力度和形式。聚焦百姓关心关注的热点政策，在以漫画、情景对话、图表等形式解读的基础上，创新推出街拍、微故事、“标兵讲政策”等系列政策解读微视频。截至年底，累计发布100期“看得懂算得清”，受到群众的广泛欢迎。优化国家社会保险公共服务平台，开展全国统一的社会保险权益记录查询、养老保险待遇测算服务。

（二）开展系列行风宣传活动。

在全系统组织开展人社服务标兵和练兵比武优秀选手“云宣讲”“永远跟党走　为民办实事——人社服务标兵万里行”宣讲活动，200多万人通过现场、网络直播等形式观看学习，相关新闻报道点击量近百万次，在全系统形成了“砥砺为民初心，献礼建党百年”的浓厚氛围。开展线上行风文化展示交流活动，以“人社服务为人民”为主题，全面展示三年行风建设取得的积极成效和特色亮点，汇聚强大的网络正能量。出版图书《永远在路上——人力资源社会保障系统行风建设实录》。持续开展“快办行动”、练兵比武、“人社服务标兵”专题宣传，在部属两报刊发行风建设原创稿件千余篇，《中国劳动保障报》刊发24期“行风建设”专版。

（三）建立行风建设长效机制。

12月16日，组织召开全国人社系统加强行风建设工作总结推进会，推动行风建设由阶段性行动向常态化长效化转变。会议强调要着力打造以12333为重点的行风建设格局，即牢牢把握“管行业必须管行风、打造群众满意的人社服务”这条主线，从政策制度供给“最先一公里”和服务落实“最后一公里”两头发力，完善厅局长走流程、青年干部调研暗访、我为群众办实事三项机制，用好人社服务快办行动、人社便民服务圈和社保卡“一卡通”三个抓手，强化干部职工能力作风、信息化建设和先进典型示范作用三大支撑。印发《人力资源社会保障部关于开展行风建设提升行动持续优化人社政务服务的意见》（人社部发〔2021〕107号），进一步发挥标准化、信息化、专业化的支撑引领作用，大力开展行风建设提升行动，不断推进职能转变、资源整合、能力提升、服务优化，持续打造群众满意的人社服务。

新闻宣传政务信息报刊与出版

一、宣传工作

2021年，人力资源社会保障宣传工作坚持以习近平新时代中国特色社会主义思想为指导，全面贯彻党的十九大和十九届历次全会精神，增强“四个意识”、坚定“四个自信”、做到“两个维护”，围绕开局“十四五”、开启新征程，突出庆祝中国共产党成立100周年主线，坚持正确政治方向和以人民为中心的工作导向，坚持稳中求进、守正创新，围绕一系列重大政策出台和重要会议活动的开展，主动做好统筹策划、正面宣传和工作创新，讲好人社故事，唱响人社好声音，为推动“十四五”人社事业开好局、起好步营造良好舆论氛围。

（一）突出主题主线，深入组织开展中国共产党成立100周年主题宣传，积极营造团结奋进、开创新局的浓厚氛围。

一是“奋斗百年路　启航新征程”大型主题采访宣传浓墨重彩。将党史宣传和人力资源社会保障工作成就宣传相结合，《人民日报》《经济日报》《光明日报》推出“奋斗百年路　启航新征程”人社特刊，部属媒体及部门户网站、部微信公众号在重要版面、重要时段、首页首屏统一开设“奋斗百年路　启航新征程”栏目，推出系列报道，全景展现中国共产党百年奋斗历程和人社事业进展成效。二是“追寻党的光辉足迹　讲传人社惠民故事”主题宣传掀起热潮。组织中央电视台和部属媒体深入瑞金、遵义、延安等在党史上具有标志意义的10个地方采访报道，制播10集专题片，生动呈现在党的领导下人社部门民生情怀、为群众办实事解难事的精彩瞬间和人社工作给人民带来的获得感幸福感，183家中央媒体平台及主流商业网站进行重点关注，地方媒体平台进行广泛转载。三是“我为群众办实事”宣传影响深入。围绕解决群众“急难愁盼”问题，组织媒体深入基层一线采访报道，部属“两报”和部门户网站等开设专栏专题，推出了人社惠民服务成效宣传报道300余篇，《人民日报》要闻版和《中国青年报》全媒体刊发推送专门报道，人社系统为群众办实事宣传2.57万篇（次），阅读量超过7 640万人次，充分展现部党史学习教育扎实作风和各项实招硬招的良好成效。

（二）围绕稳就业保就业重点，加强权威引导，重大政策宣传扎实有效。

一是借时借力，全国“两会”宣传主旋律高昂。及时组织中央及部属媒体对接，开展集体采访，针对人社热点问题集中发声。部主要领导带队出席的就业和社会保障有关情况新闻发布会，中央电视台、《人民日报》、新华社等695家媒体和相关网站对发布会内容进行报道或转载。全国“两会”期间人社领域相关信息传播38.7万篇（次），阅读量超过42.5亿人次。二是强化政治责任，“稳岗留工”和“返岗复工”宣传深入扎实。组织各地人社部门同步开展宣传，中央主要媒体及部门户网站、政务微信等主要媒体在重要版面、重要栏目共报道14万余篇（次），阅读量18亿人次。其中，中央电视台新闻联播、中国新闻、新闻直播间等栏目滚动播出报道数十篇，焦点访谈栏目播出专题节目4集，《人民日报》相关专栏先后刊发5篇地方暖心做法。三是发挥中央媒体定向定调作用，重点政策宣传及时权威。紧紧围绕《保障农民工工资支付条例》实施一周年、人社事业发展“十四五规划”、《关于劳务品牌建设的指导意见》（人社部发〔2021〕66号）、《关于维护新就业形态劳动者劳动保障权益的指导意见》（人社部发〔2021〕56号）等重点政策，部领导参加吹风会权威解读政策、回答记者提问，《人民日报》、新华社、中央广播电视总台重要栏目、重要版面做重点报道。四是以“人社日课”为载体，办好人社宣传实事。部微信公众号以日历+音频+政策问答等形式推送“人社日课”279篇，让群众“看得懂用得上”，阅读量超6 200万人次。

（三）紧跟重要时间节点，广泛组织动员，重大活动宣传形成声势。

一是第一届人力资源服务业发展大会宣传引发广泛关注。围绕“会、赛、展、论”四大版块，强化中央媒体引领，推动全媒体宣传，提升宣传热度。中央主要媒体集中时段、栏目、版面高频次推出一系列重点报道，各级各类媒体报道1.5万余篇，全网总浏览达到10.27亿人次，集中展示了人力资源服务行业促就业、惠民生和服务创新发展的良好形象。二是全国乡村振兴技能大赛宣传形成合力。统筹谋划“一赛两会三协议四活动”宣传，全媒体展示活动成效。其中，新华社全媒体平台连续推出多形式报道，中央电视台新闻联播、朝闻天下、新闻1+1栏目连续推出大赛相关报道，制作专题节目。各代表团积极配合，组织地方媒体共计268名记者到赛报道。各级各类报道10万余篇（条），全网总浏览量达到6亿人次。三是第三届全国创业就业展示交流活动突出特色。组织中央媒体深入挖掘报道活动亮点，突出劳务品牌特色。中央主流媒体及部属媒体通过消息、小视频、专题片、专栏等形式，集中展示交流活动盛况。组织中央主要媒体集中赴江苏等地开展劳动品牌采访报道，《人民日报》开设“劳务品牌促就业”专栏，持续推出系列报道。四是第一届博士后创新创业大赛宣传效果持续放大。聚焦大赛“科技”“创新”主题主线，突出旗舰引领和多方联动，深挖典型，大力宣传博士后科技成果和人才队伍建设成就，着重展示“一个主题、四个赛项、八个赛道”竞争风采。《人民日报》和《人民日报海外版》头版刊登我国博士后队伍建设成效，新华社和中央广播电视总台推出播放相关专访，中央电视台连续4天推出大版面组合式大赛系列报道。各级各类媒体报道2万余篇（条），大赛快手号点击量超过6 100万人次，全网总浏览量4.83亿人次。

（四）落实意识形态责任制，加强统筹管理。

召开全国人社宣传工作视频会议，印发年度人社宣传工作要点，坚持人社宣传舆论季报制度，及时贯彻落实党中央的决策部署和部党组的工作要求。坚持党管意识形态、党管宣传、党管媒体，认真落实采访报道、稿件审核和部属报刊出版物阅评工作制度，严肃宣传出版纪律。

二、新闻发布

新闻发布工作取得良好成效。坚持团结稳定鼓劲、正面宣传引导为主，积极围绕“十四五”开好局起好步、“我为群众办实事”等重大主题开展新闻发布，及时解读政策，全面准确发布数据，把成绩讲足讲透，积极回应关切，合理引导预期，2021年共举办新闻发布活动16场，取得较好宣传效果。

（一）重大新闻发布活动成效明显。

2月，张纪南部长，游均、李忠副部长出席国务院新闻办发布会，介绍就业和社会保障有关情况，回答记者关于养老保险第三支柱、职业技能提升行动、大学生就业、社保费减免、渐进式延迟法定退休年龄等问题。5月，李忠副部长出席国务院政策例行吹风会，介绍延续实施部分减负稳岗扩就业政策和进一步支持灵活就业措施有关情况，回答记者关于农民工外出务工、脱贫人口就业帮扶等问题。8

月，游钧副部长出席国务院政策例行吹风会，介绍维护新就业形态劳动者劳动保障权益的指导意见有关情况，回答记者关于合理确定企业与新就业形态劳动者之间的权利义务、新就业形态就业人员职业伤害保障等问题。李忠副部长出席国务院政策例行吹风会，介绍《“十四五”就业促进规划》有关情况，回答记者关于促进青年人就业、提升职业技能培训针对性有效性等问题。9月，李忠副部长出席国务院新闻办发布会，介绍《中国妇女发展纲要（2021—2030年）》《中国儿童发展纲要（2021—2030年）》有关内容，回答记者关于促进女性就业创业和保障妇女平等就业等问题。10月，李忠副部长出席人力资源社会保障部、海南省人民政府举行的2021年海南自由贸易港招才引智活动新闻发布会，介绍有关情况，回答记者关于支持人才在海南干事创业的举措等问题。11月，汤涛副部长就“让技能人才拥有更多获得感、自豪感”接受新华社专访，回答记者关于全国乡村振兴职业技能大赛、技能人才发展等问题。部领导出席重大新闻发布活动，突出宣传就业和社会保障事业发展成绩，主动回应热点，有效引导舆论，取得良好发布效果。媒体报道充分，引起强烈反响，展示了人力资源社会保障部门良好形象。

（二）专题新闻发布工作有力有效。

围绕稳岗就业、为民服务等主题组织专题新闻发布。1月，参加国务院联防联控机制新闻发布会，介绍开展“迎新春送温暖、稳岗留工”专项行动有关情况。4月，参加国务院政策例行吹风会，介绍服务“六稳”“六保”进一步做好“放管服”改革有关工作的意见相关举措。参加国务院新闻办发布会，介绍《国家基本公共服务标准（2021年版）》相关情况。6月，参加中宣部“人社服务为人民”中外记者见面会，分享为民服务的故事和感受。7月，参加国务院新闻办发布会，介绍“十三五”期间促进残疾人就业创业情况和“十四五”期间促进残疾人就业创业主要安排。部有关单位负责人权威解读政策，挖掘政策亮点，有针对性回应热点问题，有效引导舆论和稳定预期。

（三）例行新闻发布工作扎实推进。

1月、4月、7月、10月分别举行季度例行新闻发布会，把握正确政治方向和舆论导向，围绕提振信心、稳定预期，加强宏观经济数据发布和政策解读。同时，邀请部有关单位负责人参加发布会，就稳就业保民生、职业技能提升质量年行动、第一届全国人力资源服务业发展大会、2021年全国博士后创新创业大赛、开展“厅局长走流程”和“干部调研暗访”等重点工作和舆论关注的高校毕业生就业、社保费“减免缓”政策延续、最缺工的100个职业排行、“技能中国行动”实施方案、根治欠薪冬季专项行动等热点问题回答记者提问。发布会后，媒体对发布内容进行全方位、多角度挖掘，凝聚社会共识，为人力资源社会保障事业改革发展营造了良好舆论氛围。

三、政务信息

2021年，政务信息工作立足自身职能职责，充分发挥政务信息决策参考的作用，聚焦人社领域贯彻落实习近平总书记重要指示批示精神和党中央、国务院重大决策部署情况及重要工作进展，加强对新情况新趋势的收集、归纳、研判，不断提高政务信息服务水平，为党中央、国务院了解情况、科学决策、指导工作提供了重要信息支撑。全年共向党中央、国务院报送《人力资源社会保障部简报》28期，《人力资源社会保障要情快报》25期，专报信息稿件530篇。各地人力资源社会保障部门紧紧围绕中心工作，充分发挥政务信息服务决策、交流情况、指导工作的重要作用，及时向部里报送信息，部办公厅共采用310篇，编发《人力资源社会保障工作信息》49期。

（一）不断提高政治站位，自觉服务大局。

坚持将信息报送作为落实重大事项请示报告制度的重要方式和推进科学决策、推动工作落实的重要手段，注重从讲政治和服务战略全局的高度筛选信息选题，胸怀“国之大者”，及时反馈当前进展和新形势新情况。立足统筹疫情防控和经济社会发展，紧紧围绕习近平总书记重要指示批示和中央决策部署，对标中央经济工作会议、《政府工作报告》等明确的目标任务，依托业务司局和部属科研机构，对高校毕业生就业、零工市场建设、农民工返乡创业园建设、企业职工养老保险全国统筹、放开灵活就业人员就业地参保户籍限制、动态优化职业资格目录、职业技能提升行动、新就业形态劳动者权益保障、根治欠薪等中央关心、社会关切、群众关注的重点课题进行深入调研和分析研判，报送多篇深度信息，为领导同志决策提供了有效参考。

（二）持续强化信息调度，拓宽信息来源。

对照部年度工作要点，紧盯任务完成时限、重大会议等时间节点，精准选题、及时调度。充分发挥主观能动性，主动从文件简报、调研报告、重大活动中挖掘信息点，广泛搜集部属科研机构的研究成果以及国外劳动用工、社会保障等领域最新动向，同时推动督查与信息相贯通，用好各类督查成果，及时反馈人社领域重点工作的新进展和面临的新情况。加强信息培训工作，提高业务司局主动报送信息的意识。建立通报机制，及时通报信息报送及采用情况，反映信息工作状况，充分调动各单位报送信息、提高信息质量的积极性主动性。

（三）深入开展调研学习，提升信息质量。

每年初组织业务司局围绕重点工作设置调研题目，开展针对性专题调研，或利用到地方业务督导的机会开展调研，部办公厅深入参与相关调研，了解掌握人社领域政策落实和工作推进的实际情况，为报送高质量政务信息做好充足准备。加强信息工作人员的业务学习，夯实政务信息报送工作的业务基础。瞄准民生热点难点问题，在信息库中甄选典型素材，精心打磨、细心推敲，严把内容关和文字关，确保说明情况言简意赅，分析问题实事求是，对策建议具有针对性和可操作性，亮点突出，严谨缜密。同时，加强对系统的业务指导，精选专题编辑专刊，发挥督促检查引领作用，促进各地人社部门业务工作顺利开展。

四、部属报刊

（一）中国人事报刊社。

2021 年是党的百年华诞，是“十四五”规划和第二个百年奋斗目标开局之年，也是报刊宣传取得显著成效的一年。在部党组的正确领导下，坚持以习近平新时代中国特色社会主义思想为指导，紧紧围绕组织人社工作主线，加强选题策划，深化报道内容，打造精品力作，深入推进党建与业务融合，报刊质量不断提升，发行量再创新高，为组织人社事业发展提供了有力舆论支持。

《中国组织人事报》紧密围绕中心，高质量服务组织人社工作大局。

一是深入宣传习近平新时代中国特色社会主义思想。及时报道了习近平总书记在贵州、福建、广西等地考察时政活动，突出报道了习近平总书记在党史学习教育动员大会、庆祝中国共产党成立 100 周年大会、中央人才工作会议等会议上的重要讲话，重点报道了党的十九届六中全会，组织撰写本报评论和地方组织部长、人社厅局长署名文章，推动新思想深入人心。

二是重点宣传突出有力。2 项主题宣传浓墨重彩：党的百年华诞主题宣传，报纸连续 35 期推出“奋斗百年路　启航新征程”栏目，推出 2 组 14 个版面的特刊；党史学习教育主题宣传，开设“学党史　悟思想　办实事　开新局”等栏目，展现各地组织人社部门开展党史学习教育、“我为群众办实事”的生动实践。6 项典型宣传长流水不断线：采写基层党组织、新发展党员和新发展党员群体、优秀县委书记、全国“两优一先”、国企党建、卓越工程师等 170 多个先进典型，展现了基层党组织和党员干部围绕中心、服务大局的风采，展现了党的凝聚力、创造力和战斗力。5 项专题宣传有规模有声势：策划完成第一届全国人力资源服务业发展大会、行风总结推进会 2 个大会，首届乡村振兴职业技能大赛、第一届全国博士后创新创业大赛、练兵比武总决赛3个大赛宣传，线上线下同发力、事前事后全流程，打出报道“组合拳”，有效扩大了大会、大赛的知晓面和影响力。

三是精品力作接连不断。推出干部工作、人才工作、技能人才工作、职称制度改革、行风建设5篇重大述评，反映了组织路线的成就和经验，高扬了人民至上的旗帜。这些作品得到了部领导肯定，得到了广大组织人社干部和系统内外读者的认可，被主流媒体广泛转载。

四是媒体融合深入推进。对重大部署、重要会议，网微与报刊都进行统一策划、同频共振，加大原创力度、增强宣传效果。《中国组织人事报》微信公众号策划的“奋斗在脱贫一线的第一书记”入选全国新闻出版融合发展创新案例；换届图解入选中央网信办主办的“五个一百”网络精品征集评选展播活动；推出30余篇“党旗下我成长”系列图文、170余篇“咱村的小康故事”，得到广泛好评；《博士后到底是个什么后》等4篇原创作品得到部有关领导表扬。全年出版《中国组织人事报》243期，1564版，发行超过40万份。

《中国人才》突出重点，全力服务人才工作大局。

一是高举旗帜，及时全面准确宣传习近平总书记关于人才工作的重要论述。突出报道习近平总书记重要活动、重要讲话、重要批示、重要论述，坚持办好“深入学习贯彻习近平新时代中国特色社会主义思想”栏目，刊发专家学者、组织部门领导学习体会与思考文章，帮助广大人才工作者准确把握党中央精神。

二是抓好建党100周年宣传，记录历史伟业、展现百年风华。开设“奋斗百年路　启航新征程”栏目，系统总结建党百年来不同历史时期人才工作发展历程，讲述党关爱人才的生动故事，反映人才工作在党的领导下取得的历史性成就，展示广大人才众心向党、爱国奋斗的精神风貌。第7期推出“庆祝建党100周年特刊”，以整本篇幅宣传百年大党的人才成就；编辑《党管人才的辉煌成就》电子刊；联合6个城市共同拍摄制作《我的祖国——专家人才大联唱》，撰写幕后故事，视频和文章在各地产生强烈反响，全网播放量迅速达到数百万。

三是聚焦重点工作，不断增强人才宣传服务性针对性。着力做好中央人才工作会议宣传报道，会前连续刊发两期专题报道，会后及时报道会议情况，深入解读习近平总书记关于新时代人才工作的新理念新战略新举措。针对人才关注的热点难点问题，组织专家和人才工作者共同探讨，帮助大家厘清思路，为新时代人才工作强信心、聚民心、暖人心、筑同心。

四是讲好人才故事，生动传播地方经验，展现人才良好风貌。策划了《人才改革纵深行》系列报道，用鲜活的语言、生动的图片，展示北京、浙江、江苏、海南、贵州、陕西等地人才工作好做法好经验，受到中组部人才局和地方组织部门的好评。刊发了核潜艇事业奠基人黄旭华、载人飞船系统总设计师张柏楠等拼搏进取的先进事迹，宣传广大专家人才的爱国奋斗精神，展现了我国人才队伍的良好形象。

五是加快推进全媒体发展，进一步扩大传播效果。加强新媒体策划，实现刊网统筹、共同发力。不断提高“大国人才”微信公众号原创稿件比例，不少优质稿件阅读量实现了新的突破。

从2021年1月起，《中国人才》杂志内文版面从每期64页增加到每期88页。2021年出版《中国人才》12期，发行超过8万册。

（二）中国劳动保障报社。

2021年，在人力资源社会保障部党组的正确领导下，中国劳动保障报社紧紧围绕建党100周年和人力资源社会保障中心工作开展宣传，以党的政治建设为统领，以干部队伍建设为抓手，以提高报道质量为重点，各项工作都取得了较好成绩。

一是突出抓好重要时政新闻报道工作。重点报道习近平总书记出席的活动、作出的重要指示、发表的重要讲话和署名文章等。刊发习近平总书记在全国“两会”、建党100周年庆祝大会、脱贫攻坚总结表彰大会、十九届六中全会、人大工作会等会议上的重要讲话，报道习近平总书记对职业教育工作的重要指示，刊登习近平总书记重要文章《正确认识和把握中长期经济社会发展重大问题》《学好“四史”，永葆初心、永担使命》《扎实推动共同富裕》等。认真做好全国“两会”报道，《中国劳动保障报》推出“两会”特刊5期，用12个版面报道全国“两会”，刊发稿件56篇。报社网微全媒体协同发力，采用消息、通讯、评论、专访、音频、图表、视频等多种形式进行报道，推送稿件近700篇。《中国社会保障》杂志、《中国人力资源社会保障》杂志也都推出了全国“两会”专题报道。全国“两会”报道完成了预定任务，产生了较好的社会影响。《中国记协简报》第5期从及时“追踪舆论热点”方面对报社两会报道进行了总结，给予了肯定。

二是浓墨重彩报道中国共产党百年辉煌成就和党史学习教育。把建党100周年庆祝活动和成就报道作为报社2021年宣传工作的重中之重。制订《建党100周年报道方案》，开设“奋斗百年路　启航新征程”“奋斗百年路　启航新征程　学党史·悟思想·办实事·开新局”等7个栏目，集中报道建党百年巨大成就、党史学习教育和各地为民办实事情况，共刊发150余篇稿件。推出“七一”特刊，用10个专版，全彩印刷，从就业创业、社会保障、技能人才、劳动关系、人社系统行风建设、人社系统党建等多个方面报道建党百年来人社领域辉煌成就。

三是及时报道人社部重要新闻，做到及时报、不漏报。及时报道部领导重要活动、讲话和部党组各种重要会议。报道部领导在援藏工作座谈会、推进高校毕业生就业工作会等会议上的讲话。刊登部领导署名文章《就业优先政策》《开启社会保障事业高质量发展新征程》等。报道第十五届高技能人才表彰大会、《“十四五”就业促进规划》等消息。

四是深入开展“走转改”，讲好人社好故事。持续推进“走专改”活动，记者走进基层一线开展新闻报道。组织多个采访报道组，分赴大庆、兰考等26个精神谱系源头，学习访谈大庆精神、焦裕禄精神等，寻访中国共产党人初心印记，挖掘人社人继承革命传统、传承红色基因，将红色基因融入人社工作好故事，展现人社人奋发进取、心系人民的精神风貌。

五是深入报道人社重点工作。重点报道各地就业创业新举措和春风行动、百日千万网络招聘活动。突出报道我国人力资源服务业发展取得的重大成就。报道各地社保新政策探索实践、社保制度改革、社保扩围等。加强行风建设、先进典型事迹报道。策划“乡村振兴专题”报道乡村人才培养。深入报道各地职业技能提升新举措、技能大赛、技能人才队伍建设等工作。全面报道各地和谐劳动关系工作经验。

六是新闻评论工作不断加强。围绕重要会议、重要文件、重要工作、社会热点等撰写评论，解读中央和人社部党组最新精神，加强工作引导和舆论引导。围绕学习贯彻习近平总书记“七一”重要讲话和十九届六中全会精神，分别推出系列评论，引导人社干部加深对“七一”重要讲话和六中全会精神的理解和把握，推动系统上下兴起学习贯彻高潮。

七是新媒体宣传作用有效发挥。各新媒体平台原创栏目制作力度不断加大，影响力不断提升。“看得懂算得清”“人社日课”“人社小课堂”等栏目，利用图解、漫画、视频等形式推送人社政策，产生多篇“10万+”作品。

八是努力扩大报刊影响力，发行经营工作稳中有升。拓宽发行渠道。全面梳理分析2020年发行数据，在巩固原有订阅群体基础上，重点抓好县、社区等人社工作平台发行工作。广告和经营工作坚持开拓创新，多管齐下，加大项目合作创收力度，积极开发新产品，拓展经营渠道，经营效益保持稳定提升。

2021 年，《中国劳动保障报》发行量为 20 万份，《政策法规专刊》发行量为 2.8 万份，《中国人力资源社会保障》杂志发行量为 1.2 万份，《中国社会保障》杂志发行量为 11 万份。

九是扎实做好党建、行政工作。党建工作稳步推进，理论学习效果显著。举办党史学习教育培训班，组织学习习近平总书记“七一”重要讲话和十九届五中、六中全会等重要会议精神。报社党委成员先后讲党课，半数党员讲微党课和交流体会，开展谈心百余人次，报社班子成员以普通党员身份参加所在支部的组织生活会。开展主题党日和团支部活动，参观李大钊纪念馆、“没有共产党就没有新中国”纪念馆、党史纪念馆。参加庆祝建党 100 周年活动和“学党史、强信念、跟党走”主题演讲比赛。拟定实施乡村振兴帮扶措施。落实“为群众办实事”清单，完成审计相关问题整改工作和高校毕业生招聘等工作。

五、出版工作

中国人力资源和社会保障出版集团坚持深入学习贯彻落实党的十九大和十九届历次全会精神，认真落实全国人社宣传工作会议精神，努力践行文化出版企业的职责与使命；坚持以社会主义核心价值观为引领和以人民为中心的工作导向，把社会效益放在首位，实现社会效益与经济效益相统一；坚持围绕中心、服务大局，坚持民生为本、人才优先，坚持守正创新、融合发展，切实履行社会责任，不断强化品牌建设，稳步推进各项业务工作，事业发展迈上了新台阶。2021 年实现销售码洋 7.53 亿元，销售实洋 5.03 亿元，创下历史新高，在中央出版单位总体经济规模综合评价排名中继续保持领先地位。

（一）坚持党的领导，确保政治导向。

集团党委注重坚持党对出版工作的全面领导，形成落实党的领导纵到底、横到边、全覆盖的工作格局。强化党的理论武装，以建党百年为契机，深入开展一系列教育和实践活动，扎实推进党史学习教育，切实用习近平新时代中国特色社会主义思想武装头脑、指导实践、推动发展。充分发挥党委的政治核心和领导核心作用，认真履行党要管党、从严治党政治责任，持续推动落实“一岗双责”，把监督执纪贯穿于集团工作的各个环节。自觉坚持马克思主义新闻出版观，严格落实意识形态工作责任制，严格落实党对出版工作的绝对领导，严守政治纪律和政治规矩；切实把党的政治建设与集团经营管理同研究同部署，确保政治导向，健全把社会效益放在首位、社会效益和经济效益相统一的体制机制。

（二）助力乡村振兴，践行社会责任。

2021 年是巩固脱贫攻坚成果、实施乡村振兴的起步之年，集团结合自身实际，精准发力，强化定点帮扶、加大技能帮扶力度，以实际行动助力乡村振兴工作。结合定点帮扶地区的实际情况，开展联学联建和帮扶慰问活动，安排资金 90 多万元帮助山西天镇县平远头村建设养牛基地和购买粮食加工设备，帮扶产业发展，并从定点扶贫县采购农副产品近百万元。全面做好技能帮扶工作，依托“职业培训在线”“技工教育网”，完成了“迎新春稳岗留工送培训活动”“百日千万网络招聘专项行动”定点扶贫县相关免费活动，为新疆南疆地区、云南、甘肃、江西宁都等地举办 12 期免费线上培训班，培训学员 2 600 余人；积极开展线下师资能力提升活动，培训各类专业教师 1 000 余人，进一步提高技工院校教师综合管理水平；组织完成“技能雏鹰”奖学金和助学金评选工作，助力贫困地区技能人才培养。积极履行社会责任，做好图书捐赠工作，先后向西藏技师学院、新疆南疆 6 所技工院校捐赠 210 万元图书教材，向安徽金寨县人社书屋等捐赠就业创业、技能提升相关图书，助推重点帮扶地区乡村文化建设。

（三）实施精品战略，提升人社品牌。

以“专业特色”为着力点，大力实施精品战略，不断在提升文化和社会影响力方面下功夫。围绕弘扬伟大建党精神，编辑出版

《红色基因代代传》《中国共产党领导下的劳动关系百年历程》《中国技工教育发展历程》等重点图书；《中国收入分配与劳动力市场研究（全十二卷）》荣获第五届中国出版政府奖图书奖提名奖，《消防安全科普系列丛书（4册）》入选“全国优秀科普作品”；《奋斗在脱贫攻坚一线的第一书记》入选国家出版基金资助项目，并当年出版当年结项；3种出版物入选国家《出版业“十四五”时期发展规划》，9种出版物入选新闻出版署农家书屋重点出版物推荐目录。

聚焦劳动保障、人事人才、职业教育和职业培训领域，进一步拓展产品线，不断优化产品布局，做大做优做强传统出版。完成10种劳动与社会保障专业核心课程和主干课程本科教材的改版工作，开发人力资源管理、公共管理专业教材和安全生产培训教材。围绕资格考试产品，进一步拓展经济师考试产品线，出版教材教辅品种已达90个，初中高层级体系基本形成；出版消防师系列教辅22种、注册安全工程师考试教辅12种，完成第一批专技人员新职业标准、教材的开发工作。推进一体化课程改革，出版70种世赛成果转化教材；配合一体化课改设计一体化课程教材的编写模式，出版5个一体化专业国标课规；策划出版健康与社会照护和城市轨道交通新领域教材，弥补当前市场空白。紧跟新职业颁布步伐，相继开发直播销售员、互联网营销师、无人机驾驶员、健康照护师等一批新职业教材。

（四）深入探索数字出版，全面推进融合发展。

加快实施国有资本经营预算项目，充分发挥财政资金作用，助推数字化转型升级。紧密结合人力资源社会保障事业发展，着力开发政策服务、考试、教育、培训类数字产品，构建拳头产品体系，加大对重点平台项目的投入力度，加强和巩固中国职业培训在线、技工教育网的龙头地位。2021年，职业培训在线平台开发上线数字课程4 479个、时长4.6万分钟，比上一年增加1.4万分钟；注册学员266万人，注册机构57 037个，累计点击量8.9亿人次，累计学习时长超过5 800万小时。技工教育网平台新上线师资培训课程225门，共计455学时，建设开学第一课专区、四史教育专区和世赛成果转化专区，组织开发并运行融媒体系统。同时，开发了国家标准查询系统，实现用户对1 000余个职业标准的免费查阅，得到相关单位的一致好评。充分发挥内容资源和渠道等多方面优势，进一步探索媒体融合发展方向，加快优质数字内容生产，实现一书多态、一项内容全媒体呈现、一种资源贯穿开发的融合出版，提升用户阅读体验度。

（五）加强制度建设，优化内部管理。

严格落实意识形态工作责任制，严格落实出版管理制度，建立“阅评”制度，严把图书选题策划、组稿、编前审读、编辑加工、三审三校等环节质量关，采用印前抽检形式，对图书内容质量和编校质量进行检查，严格把握产品内容的政治导向，确保产品编校质量达到国家标准。组织开展多期业务培训班，举办首届编校大赛，以赛促学、以赛促练，进一步夯实编校人员业务基本功。同时，注重强化外在质量管理，不断完善招标、定点管理制度，保证原料及服务供应商质量。修订完善了包括业务管理、生产经营管理、财务管理、综合管理等方面的各项管理制度，并完善监督机制，使制度落到实处；分公司经营管理制度进一步完善，与集团自身产品相匹配的销售渠道进一步稳固；加强职工服务保障方面的工作，及时解决职工关注关心的问题，保障出版集团事业健康可持续发展。

国际及与港澳台地区交流合作

2021 年，国际及与港澳台地区交流合作工作以习近平新时代中国特色社会主义思想为指引，深入贯彻落实党中央、国务院决策部署，紧紧围绕服务国家总体外交和人力资源社会保障中心工作，深化多双边合作交流，拓展技术合作领域，主动服务国家港澳台工作大局，各项工作取得积极成效。

一、积极参与多边外交活动

面对复杂严峻的国际形势，积极做好出席第 109 届国际劳工大会工作，坚持底线思维，发扬斗争精神，深度参与国际劳工治理，会同香港特区政府做好标准实施委员会案例审议工作。努力克服新冠肺炎疫情影响，持续通过视频会议等形式开展人社领域多边外交。张纪南同志出席 2021 年世界技能大会开幕式并致辞、汤涛同志出席闭幕式并致辞。汤涛同志出席“数字时代人力资源开发与治理效能提升”国际研讨会并致辞。游钧同志出席二十国集团劳工和教育部长联合会、劳工就业部长会并发言。李忠同志出席金砖国家劳工就业部长会并发言。加紧就批准强迫劳动相关公约进行研究论证，认真起草工作方案。

二、扎实开展多边技术合作

张纪南同志与国际劳工组织总干事盖·莱德共同出席人力资源社会保障部与国际劳工组织第十一次合作谅解备忘录联委会视频会议，围绕“疫情后劳动世界的复苏”进行高级别对话；汤涛同志与盖·莱德视频签署《促进南南合作为重点的发展合作伙伴协议》修订文本。汤涛同志与柬埔寨劳动和技能培训部毕索潘副部长、老挝劳动和社会福利部彭萨沙副部长、国际劳工组织亚太局布恩帕拉副局长在线出席“一带一路”框架下南南合作技能开发网络启动会，正式成立“一带一路”框架下南南合作技能开发网络。李忠同志与国际劳工组织总干事盖·莱德共同出席“实施以人为本的就业优先政策促进经济复苏和可持续发展国际研讨会”，并发表题为“坚持以人为本　强化就业优先　在推动经济复苏中实现就业扩容提质”的主旨讲话。

三、持续推进双边交流合作

张纪南同志出席第六轮中德政府磋商并与德国联邦劳动和社会事务部部长胡贝图斯·海尔视频签署《中华人民共和国人力资源和社会保障部与德意志联邦共和国联邦劳动和社会事务部关于进一步加强合作的联合意向声明》。张纪南同志与俄罗斯联邦劳动和社会保护部部长安东·科佳科夫在线交流，续签《中华人民共和国人力资源和社会保障部与俄罗斯联邦劳动和社会保护部关于在劳动和社会保障领域开展合作的谅解备忘录》。汤涛同志在线出席中德职业培训研讨会、中瑞（士）第四次劳工对话并发言。游钧同志会见新加坡驻华大使吕德耀，共同签署《中华人民共和国人力资源和社会保障部与新加坡共和国教育部关于实施青年实习交流计划的谅解备忘录》。李忠同志与英国工作和养老金部副部长奥佩曼举行视频会谈。俞家栋同志出席中国和新加坡双边合作联委会第 17 次会议并发言。

与俄罗斯、法国、土耳其、德国、瑞士、意大利、新加坡、韩国等国对口部门和驻华使馆开展对话交流。围绕重大改革议题开展专题调研。持续推进青年国际实习交流计划。

四、主动服务港澳台工作大局

贯彻落实党中央对港澳台工作大政方针和决策部署，支持和鼓励港澳台居民到内地（大陆）事业单位就业，落实港澳台居民同等参加内地（大陆）社会保险、职业资格考试和职称评审、职业技能等级认定等政策，便利港澳台居民在内地（大陆）工作和生活。

社团活动

一、中国人才研究会

2021年，中国人才研究会以贯彻落实习近平总书记关于人才工作系列重要讲话精神和中央人才工作会议精神为重点，在学术研究、学术交流、对外宣传等方面积极开展工作，取得一定成绩。

（一）学术研究取得较好成果。

围绕当前我国人才工作重点、热点和难点问题，整合科研力量，完善与各分支机构及高等院校、科研院所合作机制，联合开展课题研究。起草《中国人才研究会2021年课题指南》，分发各省（区、市）人才研究会和中国人才研究会各分会、专业委员会及理事会员，并组织理事会员进行课题申报和评审立项工作。组织专家对申报的60多个课题进行审定，其中中国共产党人才思想研究，中国共产党人才理论的创新与发展研究，提升城市竞争力促进人才回流的政策研究，军事人力资源管理创新研究，人才群体性格特征与优化研究，医院管理人才队伍建设问题及对策研究，体育产业国际化背景下体育翻译人才培养路径研究，数字经济下电商直播人才培养体系建设研究，中国礼仪文化人才培养方略，文旅融合发展视域下复合型文化创意人才的培养研究，礼仪中国视域下大学生职业生涯礼仪教育的应用性研究，文旅融合发展视域下文化创意人才的培养研究，文旅融合视域下满族民俗文化创意人才的培养研究，经济欠发达地区专业技术人才队伍建设与发展研究，欠发达地区乡村人才流失现状、问题与对策研究，欠发达地区创新乡村人才集聚机制研究，乡村振兴的本土人才支撑研究，乡村振兴背景下农业农村人才队伍建设问题研究，乡村振兴战略视阈下的人才困境与破解之策，江苏推进产业强链中的人才生态建设研究，新时代实用型职业技能人才开发培养与使用模式研究，本科学历人才与职业技能人才开发培养的路径和对策研究，预算管理与薪酬绩效模型在企业人力资源管理中的实际应用研究，大学生创新创业力提升的实证研究，以人才统筹助推高校协调发展研究，推动老干部制度化安置、标准化保障、社会化服务研究，军事人才能岗匹配问题研究，中国老年人才开发与利用研究，新时代美丽晋城战略的人才支撑及其实施路径研究，体质弱势大学生心理健康问题及健康促进对策研究，生态环境视角下的科技人才创新激励政策研究，信息技术高速发展背景下培养使用现代化农业领域人才的探索与研究，吉林省激发和保护企业家精神对策研究，自贸港背景下绩效工资改革的审视与优化，吉林省招才引智对策研究，职业技能人才培养模式研究，社区人才队伍建设研究等39个课题批准立项。

经全国哲学社会科学工作办公室（以下简称社科办）组织推荐，并经中宣部批准，中国人才研究会被纳入重点联系范围的全国性社科学术社团名单。根据社科办有关通知要求，中国人才研究会向社科办申请的“经济欠发达地区专业人才队伍建设与发展”研究课题被批准立项后，制定了课题研究实施方案，收集了资料，进行了文献梳理，积极开展研究，预计2022年结题。

（二）学术研讨促进学术交流。

提升研究水平的途径是不断开展学术交流活动。2021年中国人才研究会与各专业委员会共同举办了四次学术交流活动：一是5月14日，中国人才研究会工资福利专业委员会“2021年年会暨新发展格局下的收入分配：宏观政策与微观机制研讨会”在上海大学举行。二是7月10日，中国人才研究会人才学专业委员会与华东师范大学共同举办了“建党百年党的人才思想和实践研讨会”。三是9月29日，中国人才研究会汽车人才专业委员会在安徽举办了“2021理事会年会暨中国汽车人才高峰论坛”。四是12月11日，中国人才研究会视听人才专业委员会在北京召开了“纪念钱学森诞辰110周年暨灵境（元宇宙）理论座谈会”。

中组部和有关部委，地方党政领导与行政管理机关，从事人事科学研究的科研机构、高等院校、医疗机构、行业组织、现代科技企业与人力资源服务企业，以及部分研究会会员和地方人才学会等多方面的专家学者与实际工作者分别参加了相关活动。线上线下参会代表围绕会议主题，积极发言，交流互动，相互启发，取得良好效果，得到大家好评。

四次活动，通过学术研讨、展示交流，对于全面落实中央人才工作会议精神，深化人才发展体制机制改革及分类推进人才评价机制改革，积极推动各项工作全面发展具有重要作用。在有些活动中，还设计安排了高端人才招聘、科技合作项目洽谈，直接为推动举办地创新转型发展提供了重要的人才保障和智力支持。

（三）组织建设保障健康发展。

搞好组织建设是一个单位事业发展的保证。2021年中国人才研究会在10月份经多方征求意见调整了理事人员，为召开第七次会员代表大会做好组织保障。

（四）对外宣传不断扩大影响。

人才研究成果的转化以及人才政策的有效落实，宣传工作是不可缺少的。2021年人才研究会充分利用网站，尤其是利用《中国人才研究》刊物加大对外宣传，与此同时，不断扩大分支机构的信息和研究成果的宣传。

二、中国继续工程教育协会

2021年，中国继续工程教育协会坚持以习近平新时代中国特色社会主义思想为指导，全面贯彻党的十九大和十九届历次全会精神，认真落实中央和国家机关行业协会商会党委的党建工作部署，立足协会章程，围绕专业技术人员继续教育重点工作，积极参与实施国家专业技术人才知识更新工程，着力开展专业技术人员网络培训，进一步深化国际交流与合作，稳步推进协会业务健康发展。

（一）认真落实协会党建工作部署。

一是5月18日收到中央和国家机关行业协会商会党委下发的《关于统一接收中国继续工程教育协会党组织关系的复函》，脱钩改革工作顺利完成。

二是按照中央和国家机关工委《关于印发〈中央和国家机关行业协会商会党史学习教育工作方案〉的通知》要求，结合协会实际，深入学习领会贯彻习近平总书记在党史学习教育动员大会、庆祝中国共产党成立100周年大会上的重要讲话精神，学习领会党史学习教育总结大会精神，积极开展“四史”学习，推进党史学习联学联建等活动，学习贯彻党的十九届六中全会精神，推动党史学习教育融入日常、抓在经常，形成长效机制、发挥长效作用。

三是积极推进党的组织建设工作，申请并成立了中国继续工程教育协会党支部，夯实支部党建工作基础，推进工作创新，积极创新党支部活动方式方法，立足协会特点开展活动。

（二）积极参与实施新一轮专业技术人才知识更新工程。

一是在人力资源社会保障部有关职能单位的指导和支持下，组织开展2021年知识更新工程高级研修项目选题征集、申报遴选、财务报销等具体实施工作。统筹疫情防控与高级研修项目组织实施，对接联系项目申报和承办单位，动态调度全年高研班实施进度。

二是协同中国生物发酵产业协会、安徽农业大学等多家单位，获批举办“生物制造与未来食品前沿技术”“中国地热资源高效开发利用关键技术”等7期国家级高研班，累计培训重点领域高层次专业技术人才500人次左右。

三是受人力资源社会保障部有关职能单位委托，开展新一轮专业技术人才知识更新工程实施方案的落实和支撑服务工作。除高级研修项目外，围绕工程重点领域，针对专业技术人才职业发展和工作需要，在专业技术人员能力提升项目上赴东三省和相关国家级基地开展专题调研，推动实施大规模、广覆盖、高质量的知识更新继续教育。完成知识更新工程公共服务平台全新改版，配合有关单位加强国家级基地建设的动态管理、推进培训项目和专家师资、教材课程和在线学习平台建设等工作。协同各地政府部门、社会组织、培养培训基地（机构）、用人单位和专业技术人才，推动建立多层次、多渠道、多类别、多形式的培养培训格局。

（三）持续推进专业技术人员网络培训。

一是推进国家级专业技术人员继续教育基地资源共享服务平台建设发展。以课程体系和重点领域培训项目建设为重点，完善平台板块和功能设计。

二是联合全国商业消防与安全协会、中国职工发展基金会和部分国家级继续教育基地，围绕智慧消防、智能建造、建筑信息模型等新职业和重点领域，开展急需紧缺和岗位专业技术人才在线培训，累计培训1万余人次。

三是组织交流实施脱钩改革后各地继续（工程）教育协会运作情况，推动各省级协会在新一轮专业技术人才知识更新工程中发挥更大的作用，促进省级协会间资源共享、协同合作。在上海组织召开部分省级继续（工程）教育协会座谈会，研究推进加强协会与地方省级协会的合作。

四是对接人力资源社会保障部有关职能单位，积极参与专业技术类新职业标准开发和培养培训规划工作，组织国内虚拟现实领域高校、科研院所及龙头企业的专家、学者编写开发虚拟现实工程技术人员国家职业技术技能标准并由人社部、工信部联合颁布，积极参与数字技术工程师培育项目培训机构和评价机构遴选，组织开发培训大纲和培训教程，为实施规范化培训、社会化评价，提升从业人员数字技术水平做好铺垫。

（四）稳步推进协会换届筹备工作。

脱钩完成后，按照民政部、中央和国家机关工委党建工作部对社团管理的有关要求，向各省（区、市）印发了《关于做好中国继续工程教育协会第七届会员代表大会准备工作的通知》。以通信形式召开协会六届五次理事会，审议通过《中国继续工程教育协会章程》（修订稿）、《中国继续工程教育协会第七届负责人候选人产生办法》（征求意见稿）、《中国继续工程教育协会第七届换届工作领导小组人员组成》（征求意见稿）、《中国继续工程教育协会第七届换届工作方案》（征求意见稿）等文件后向中央和国家机关工委进行了“一上”汇报。协会换届工作稳步推进。

（五）深化继续教育国际交流与合作。

在线参加国际继续工程教育协会创新主题网络研讨会、第17届世界继续工程教育大会，组织进行第18届世界继续工程教育大会论文摘要的征集工作。

三、中国人才交流协会

2021年，中国人才交流协会认真贯彻党的十九大、十九届历次全会和习近平总书记系列重要讲话精神，深入落实人才强国、就业优先和创新驱动战略，立足新发展阶段，贯彻新发展理念，构建新发展格局，以推动人力资源服务行业高质量发展为主线，践行“四个服务”宗旨，发挥好“四个作用”，团结带领广大会员，围绕会员和行业发展需求，积极开展各项服务工作，推动行业改革创新，加强行业交流合作，提升行业服务水平，取得了积极成效。

（一）围绕贯彻落实就业优先战略，积极参与高校毕业生就业创业服务工作。

认真贯彻落实就业优先战略，充分发挥社会组织作用，凝聚行业力量，推动做好就业创业服务工作。组织开展了第一届全国人力资源服务行业联合招聘活动，挖掘人力资源服务行业用人需求，促进人力资源服务企业和高校毕业生的供需有效对接。活动分为网络招聘、现场招聘、特色服务活动三大板块，其中，网络招聘依托“国聘行动”，发布全国各地人力资源服务机构的招聘需求；现场招聘活动，结合疫情防控要求，组织部分地区，特别是高校集中、就业压力较大、中西部边远地区城市的人力资源服务产业园等，举办人力资源服务行业现场招聘会；特色服务活动，积极发挥人力资源服务机构优势，组织就业创业指导、人才测评、职业生涯规划等方面的专家，开展进校园、进市场、进园区活动，推出职业指导直播课、职业生涯规划课和职业技能培训、劳动者合法权益保障等服务。本次活动是首次由国家级、省级、市级人力资源服务行业协会联动组织的行业招聘会，是贯彻落实李克强总理对第一届全国人力资源服务业发展大会重要批示精神的具体举措，是发挥人力资源服务机构吸纳就业能力，培育壮大人力资源服务机构力量，促进人力资源服务业高质量发展的重要举措。此外，还发动会员单位和人力资源服务机构积极参与了大中城市联合招聘高校毕业生专场、百千万网络招聘专项行动等活动，积极促进高校毕业生就业创业。

（二）围绕服务人才强国战略，切实加强人力资源服务行业人才队伍建设。

贯彻落实党的十九届五中全会高质量发展要求、中央人才工作会议精神，切实加强人力资源服务行业人才队伍建设，进一步提高人力资源服务水平，更好促进就业扩大和优化人力资源配置，以人力资源服务业的高质量发展助力人才强国战略的实施，组织开展了一系列培训服务活动。一是举办了2021人力资源服务业经营管理领军人才培训班。这个培训班是工信部审批发证，是《国家中长期人才发展规划纲要》中部署的企业经营管理人才素质提升工程的重要组成部分，已开展了10年，培养了14 000多名各行业的领军人才，培养出了100多个专精特新的“小巨人”企业，学员将纳入国家领军人才库和协会的专家人才库。举办人力资源服务经营管理领军人才培训班，丰富了国家中小企业领军人才培养国民经济门类的内容，是一个标志性事件，具有里程碑意义。二是在北京举办了“2021年全国人力资源服务业发展能力建设高级研修班”和“‘一带一路’背景下人力资源服务企业走出去战略高级研修班”。这两期高研班是国家专业技术人才知识更新工程的重要内容之一，由人社部审批发证，学员纳入国家专业技术人才知识更新工程人才库，同步也纳入协会的专家人才库，进一步加强了人力资源服务行业人才队伍建设。三是在上海举办了全国人力资源服务业高管研修班。来自全国12个省份41家企事业单位的53名中高层管理者参加培训，为人力资源服务机构搭建了高端的学习、交流平台，进一步提升了从业人员能力建设。四是在长春举办了流动人员人事档案信息化建设培训班。这是协会专门为会员单位中的公共就业和人才服务机构举办的一次培训服务活动，来自全国20个省（区、市）42家单位的70名学员参加培训，进一步推进流动人员人事档案信息化建设，有效提升了档案管理服务水平。五是在内蒙古通辽市举办了国家职业分类与职业标准培训班，提升了行业申报新职业、制定职业技能标准的能力，推动了行业职业标准化建设。六是加强行业技能人才队伍建设，在上海举办了首届薪税师职业技能竞赛，进一步推动职业技能培训和促进高技能人才培养。

（三）围绕疫情防控大局需要，有效发挥行业社会组织作用。

新冠肺炎疫情给人力资源服务行业和全社会造成了巨大影响，协会通过微信公众号、网站印发《倡议书》，发动会员单位在恢复自身发展的基础上，积极助力疫情防控，倡议得到了会员单位和全行业的积极响应。收集会员单位和人力资源服务行业发倡议、送福利、献爱心助力疫情防控的先进事迹，并通过协会微信公众号、网站和会刊进行广泛宣传，产生了积极的社会影响。会员单位积极主动参与到疫情防控中，补齐抗疫用工缺口助力复工复产，参与志愿服务，捐款捐物支持抗疫。中智集团在常态化疫情防控形势下，充分依托自身全产业链人力资源综合服务优势，推动超过130万人次实现就业择业和流动。国投人力公司积极参与到抗疫稳岗扩就业中，持续举办“国聘行动”，联合京津冀、海南自贸港、大湾区等20多个省市，举办重点区域、职业教育、创新创业等专场招聘会，2万多家用人单位发布招聘岗位超过240万个，举办直播宣讲近300场，收到简历800多万份。北京双高人力资本集团为助力企业解决疫情防控背景下的招聘难题，依托测评主业优势，打造“双高云招聘甄选平台”，为企事业单位提供了远程一站式人才招聘服务。北京科锐国际人力资源有限公司助力稳岗就业，支持2021年大中城市联合招聘高校毕业生专场活动，发布岗位5 000余个，为22所高校举办求职市场及规划分享，提供实习就业岗位近2万个，参与高校毕业生达12万人次。锐仕方达集团助力国内新冠肺炎疫苗龙头企业发展，为生物医药行业输送高端人才3 000余名，为推动我国生物医药行业高质量发展提供了坚强的人才支撑。湖北纳杰人力资源有限公司抽调人员组成支援小分队，参与武昌火车站防疫和执勤工作。青海青越集团创新产品服务、快速搭建线上招聘平台，助力企业用工保障。宁夏人力资源服务协会积极组织会员企业参与疫情防控工作，输送志愿者约1 800余人次，深入35个社区，助力一线防控点87个。

（四）围绕助力乡村振兴战略实施，主动担当社会责任。

积极响应党中央、国务院对实现巩固拓展脱贫攻坚成果同乡村振兴有效衔接的部署要求，广泛发动会员单位积极参与，深入挖掘资源，积极开展志愿帮扶、捐赠帮助、产业帮扶、医疗帮扶、消费帮扶等活动。同时，发挥人力资源服务机构在提高劳务组织化程度中的重要作用，抓实就业服务，搭建供需对接平台，在安徽金寨县继续开展“好工行动”，帮助金寨县解决企事业单位招工和劳务输出难题，促进金寨县经济发展和新农村建设。组织中国南方人才市场、武汉市人才服务中心、上海外服（集团）有限公司、苏州汇思阳光公益基金会、浙江海博人力资源开发服务有限公司5家会员单位共同参与实施，以金寨县人社局为中枢，在金寨县人社局建立信息统计系统，汇总本地企事业单位的招聘信息和外出务工人员求职信息，及时准确推送给5家人力资源服务机构，5家人力资源服务机构根据金寨县招聘和务工需求，及时帮助寻找到合适的人员和岗位，并将结果反馈给县人社局，实现供需信息精准对接。

（五）围绕会员单位实际需求，深入推进会员服务工作。

立足会员需求，精准服务，开展了“我为会员办实事”活动。推荐会员单位参评优质线上培训平台，为会员单位搭建更高平台，对接更优质资源，提升其业务水平和能力。按照《人力资源服务机构能力指数》国家标准要求，研发了人力资源服务机构能力指数线上测评系统，启动全国人力资源服务机构能力指数测评工作，人力资源服务机构可以通过协会网站注册自测等级及相关指数，协会对会员系统自测结果进行审核认定，对外发布等级榜单并颁发牌匾。落实党中央、国务院关于减税降费重大决策部署和民政部有关要求，开展了“我为企业减负担”专项行动，经过调查研究，考虑到高级人才寻访行业特殊性，特别是民营中小微企业的工作实际和其发展要求，按照“能免则免、能减则减”的原则，减免39家高级人才寻访专委会会员单位的会费共计16.3万元，进一步减轻企业的实际负担，增强企业获得感和幸福感。同时，协会帮助会员单位解决发展中的问题，提升了服务质量和满意度。

（六）围绕行业高质量发展新要求，努力打造人力资源服务品牌活动。

为促进人力资源服务行业高质量发展，协会与各地人社部门、行业协会以及人力资源服务机构，共同开展人力资源服务活动，搭建平台，打造品牌，加强行业交流与合作。承办了第一届全国人力资源服务业发展大会，负责对接会、宣讲会、路演、座谈会等板块内容，其中，在宣讲活动中组织42家人力资源服务机构围绕“谈产品、谈变革、谈发展”三个主题进行现场宣讲，介绍人力资源服务机构在经营战略、主营业务、运营模式、发展历程、项目优势、项目成效、企业文化等不同方面的探索和实践，展示人力资源服务业发展成果，加强了供需对接以及行业交流。承办了两届中国人力资源服务业博士后学术交流会，为博士后研究人员搭建了学术交流平台，取得了良好效果，在行业内产生积极反响。出版了《中国人力资源服务业发展报告（2019—2020）》，为各地人力资源服务业主管部门加强行业有效管理和引导行业科学发展提供借鉴和参考。在海南海口举办了第十届全国中小城市人才服务工作座谈会，以“运用市场化人力资源服务，助力中小城市高质量发展”为主题，搭建全国中小城市人才服务工作沟通、交流、合作平台。在唐山举办人力资源服务供需对接会，为人力资源服务机构和企业搭建了有效的供需对接平台，在人才招聘、员工培训、人才测评、外包和猎头等多个人力资源服务领域达成合作意向。在山东济南召开了人才集团发展建设研讨会，聚焦人才集团的发展建设，围绕人才集团的职能定位、组织构架、运行模式、政策支持等主题进行研讨，助力人才集团的高质量发展。在吉林长白山举办了第三届“振兴东北·人力资源服务业创新发展大会”，发动分支机构、会员单位共同为东北地区人力资源服务业创新发展搭平台、促对接、献智慧、破思路，贡献力量。

（七）围绕促进行业规范有序发展，着力推动人力资源服务标准化建设。

行业自律是协会的重要职责，标准化建设是协会加强行业自律的重要抓手。围绕人力资源服务行业发展需要，充分发挥标准化的基础性、规范性和引领性作用，协会积极推进标准化建设。积极参加国家标准的制修订工作，安排专人出任全国人力资源服务标准化技术委员会委员，参与国家标准的具体制修订工作。切实加强团体标准建设，制定发布了《人力资源服务标识》《人才测评师评价规范》两项团标，启动了《人才大数据——人才画像》《网络招聘运行规范》两项团标制定工作。同时，积极开展高级人才寻访行业三项团标、人才测评评价规范宣贯工作，推广使用人力资源服务标识，组织三次团标起草工作人员培训。

（八）围绕完善协会组织体系，加强分支机构建设。

克服脱钩转型、基础薄弱、疫情影响等不利因素，在完善组织体系、加强分支机构建设上，取得明显成效。一是构建分支机构框架。将省级行业协会联席会纳入协会，作为分支机构管理，形成了人力资源服务行业社会组织国家、省、市三级工作组织体系。成立了人才测评专委会，在测评专业人才培养、高端业态发展方面搭建了服务平台。成立了人力资源服务业数字化研究工作委员会，填补了协会专家团队建设和行业科学研究工作的空白。批准成立了人力资源培训专委会，完成协会分支机构对人力资源服务业态的全覆盖。二是完成分支机构换届工作。国家机关分会、航天分会、汽车分会按照协会的章程规定，克服疫情影响，分别以线上的方式，召开了会员代表大会，完成了换届工作，选举产生了新一届分支机构领导班子。三是壮大分支机构人员队伍。国家机关分会、产业园专委会、外包专委会三家分支机构的负责人安排了本单位的专人从事分支机构工作。同时，分支机构还在广泛发展会员，队伍在逐步壮大，为分支机构的发展奠定了良好的基础。四是丰富活动内容。国家机关分会在天津武清举办了主题党日和行业发展论坛。航天分会在海南文昌召开了国防军工企业人力资源管理创新大会的研讨会。高级人才寻访专委会在浙江杭州召开了会员代表大会，举办了高级人才寻访趋势大会。人力资源外包专委会召开了第二届一次理事会、会员代表大会及专委会工作推进会。人力资源服务产业园区专委会在湖北武汉举办了长江经济带人力资源服务产业园高峰论坛，承办第一届全国人力资源服务行业联合招聘活动的现场招聘会。人才测评服务专委会举办了人才测评师培训班。省级行业协会联席会在湖北武汉召开了第十八次会议，研究行业发展重点难点热点问题。五是完善分支机构管理制度机制。协会制定了《分支机构管理办法》，各分支机构也制定完善了相应的工作管理办法，分支机构管理的制度机制在逐步完善，形成了用制度管人、管事、管钱的良好运行机制。

（九）围绕协会创新发展新需要，加强协会内部建设。

为适应改革发展需要，协会切实加强内部建设，提升服务能力和水平。一是强化党建工作。把党的建设贯穿协会工作全过程，按照中央和国家机关工委的要求，协会党支部加强理论学习，学习中央人才工作会议、党的十九届六中全会精神，开展党史学习教育，组织全体党员干部参观中国共产党历史展览馆，到湖北恩施、北京通州城市副中心开展主题党日活动和红色教育，提升党建引领工作水平。二是建立民主决策机制。充分发挥副会长、副秘书长单位的职能作用，加强对协会的集体领导，建立了分支机构+省级行业协会的组织体系，目前设有10个分支机构，形成了国家级协会、省级协会、市级协会“上下联动”工作体系，打造了共建共治共享的工作机制新格局。三是强化队伍建设。协会秘书处由以兼职人员为主，转成全部是专职人员，积极参加民政部、中央和国家机关工委组织的各类培训，提升服务能力水平。四是加强制度建设。根据协会发展的实际需要和民政部有关规定要求，研究制定了《负责人产生办法》《监事会制度》《新闻发言人制度》等7项规章制度，进一步完善了制度体系。五是提升信息化服务水平。对协会网站进行了升级改版，完善了服务功能，将协会网站由单纯的宣传平台转变为综合的服务平台，申请了抖音号，加强微信公众号的日常运维，把会刊改成纸质版和电子会刊同步发行，已形成一刊、一网、两号及微信工作群的信息化服务平台。

四、中国博士后科学基金会

2021年，中国博士后科学基金会在人力资源社会保障部党组、全国博士后管委会的正确领导下，在各省（区、市）有关部门和博士后设站单位的共同努力下，认真贯彻习近平新时代中国特色社会主义思想和党的十九届五中、六中全会精神，落实习近平总书记关于人才工作的一系列重要论述，按照全国人力资源社会保障工作会议部署，认真总结中国博士后制度实施36年来的宝贵经验，紧紧围绕高层次专业技术人才队伍建设的需要，聚焦“高精尖缺”人才，主动适应新形势下博士后工作新需求，丰富服务内容，提高服务效能，助力乡村振兴，开展行风建设，推动博士后服务工作取得新成绩。

（一）中国博士后科学基金资助工作。

2021年，国家财政投入博士后科学基金9.29亿元，共开展面上资助两批次，特别资助两批次，开展“博士后创新人才支持计划”资助和博士后优秀学术专著出版资助各一批次，累计资助博士后研究人员9 586人，资助出版优秀学术专著29部。

年初，中国博士后科学基金会发布了《中国博士后科学基金资助指南（2021）》，明确2021年度博士后科学基金资助类型、申报条件、申报流程以及全年资助工作时间安排。完成第69批、第70批面上资助工作，申报面上资助的总人数44 165人，获资助7 960人，资助比例为18%，资助总额62 231万元。完成第3批特别资助（站前）和第14批特别资助（站中）工作。第3批特别资助（站前）申报人数1 679人，获资助397人，资助比例为23.6%；第14批特别资助（站中）申报人数4 004人，获资助800人，资助比例为20.0%，资助总额21 240万元。经“博士后文库”编委会初审、“博士后文库”专家评审会议复审、科学出版社选题论证，2021年度资助出版博士后优秀学术专著29部，资助总额232万元。

2021年“博士后创新人才支持计划”（以下简称“博新计划”）资助400人，资助总额25 200万元（其中，博士后日常经费资助16 000万元，博士后基金资助9 200万元）。为促进“博新计划”人员间的学术交流，使“博新计划”服务国家重大发展战略，为“博新计划”人员打造高水平创新创业平台，举办了第四届“博新计划”前沿论坛，近180名入选人员参加。举办2021年中国博士后创新发展（横琴）峰会，来自全国近百所高校、科研院所的知名专家、博士后管理人员、博士后及部分企业高管400余人参加。开展“博新计划”十大成果评选工作。

编印《2020年度中国博士后科学基金资助者选介》，总结和宣传博士后科学基金资助成效，展示获资助优秀博士后的风采。

（二）中国博士后科学基金会理事会工作。

按照民政部要求，完成博士后基金会2020年度年检工作。根据《中国博士后科学基金会章程》，召开了中国博士后科学基金会第六届理事会第九次、第十次会议。

（三）博士后日常管理和服务工作。

2021年，全国共进站博士后人员近3万人，出站博士后人员1.9万余人，在站博士后人数达到9.2万余人。其中，北京地区招收6 401人，占比21.3%，在所有省份中招收人数最多；理工类招收20 363人，在所有招收学科门类中占比66%；外籍博士后招收1 101人，与上一年度持平；留学回国（含港澳台）博士进站3 044人，比上一年度增长19%，其中博士毕业于发达国家的人员占比76%。

为积极应对疫情防控常态化，全国博士后进出站服务窗口严格落实疫情防控有关要求，丰富服务手段，提升服务质量，加强窗口行风建设。开通“中国博士后微服务”微信公众号，提供政策智能咨询、人才信息服务、即时新闻推送等服务项目，全年共推送各类信息180余条，智能回复信息1.2万余条，并为新疆、青海、黑龙江、吉林、辽宁等西部和东北地区省份设立专题，协助发布青年人才引进服务信息。

2021年，国家财政投入博士后日常经费11.698亿元，资助近6 000人开展博士后研究工作。

（四）博士后国（境）外交流工作。

积极开展博士后国（境）外交流项目，资助博士后人员来华或赴国（境）外开展研究工作，全年共资助经费2.27亿元。其中，博士后国际交流计划派出项目资助100人，引进项目资助463人，学术交流项目资助74人；“香江学者计划”资助52人，“澳门青年学者计划”资助25人，“中德博士后交流项目”资助34人。同时，组织开展各类学术交流活动配合博士后国（境）外交流项目的开展。

完成博士后国（境）外交流项目申报评审系统建设，实现了博士后国（境）外交流项目从个人申报、单位审核、材料分组、专家遴选、会议组织、专家投票、自动汇总及结果反馈等工作全流程信息化。博士后国（境）外交流项目成果库建设完成，实现项目获选人员科研成果收集工作常态化，项目成果追踪机制得到不断完善和加强。

（五）博士后学术、人才与科技服务。

在全国分专业领域开展了22场博士后学术交流活动。活动涉及理学、工学、农学、医学、管理学、哲学社会科学等领域的30多个一级学科，来自全国600余家博士后设站单位的3 000余名博士后研究人员参加了活动，近370名专家应邀到会交流。活动评选优秀论文270余篇。

与全国博士后管委会办公室共同印发《关于举办2021年博士后科技服务基层活动的通知》，全年组织9批次“中国博士后科技服务团”，深入中西部贫困地区等地开展科技服务，向山西天镇、江西赣州、湖北恩施、广东珠海、广西防城港、贵州黔南、云南曲靖、甘肃甘南、青海西宁等地共派出博士后研究人员及有关专家140余人次，对接项目近110个。在河南省、山东青岛、江苏泰州、广东佛山、广东江门等地，联合开展博士后人才引荐及创新创业系列活动。

编印《2020博士后人才科技服务掠影》《2020全国博士后学术交流活动巡礼》，展示博士后人员服务地方发展、助力脱贫攻坚、开展学术交流的身影。

（六）博士后联谊会活动。

指导北京博士后联谊会理事会换届及开展联谊会日常工作。举办“学党史忆初心”博士后党史学习大讲堂、中国博士后科学基金申请讲座等活动。

（七）其他工作。

会同有关部门，进一步提升博士后设站单位管理人员业务能力及水平，为博士后研究人员提供更为周到细致的服务。编辑出版《中国博士后工作年报（2020）》，编印《“香江学者计划”服务手册》《“澳门青年学者计划”服务手册》《“香江学者计划”资助者选介》。编辑出版6期《中国博士后》杂志，发布96期“中国博士后”微信公众号。

五、中国劳动学会

2021年，中国劳动学会积极组织理事会员单位认真学习习近平新时代中国特色社会主义思想，深入调查抗疫中劳动领域新问题，跟踪研究后疫情时代劳动就业新变化，开展快速调查形成广泛影响，提出有价值建议取得新的成果，围绕国家“十四五”规划开展劳动领域重点课题研究，针对新就业形态等热点问题开展学术交流活动，搭建政产学研平台，凝聚劳动科研多方力量，广泛吸纳优秀人才，建设国家劳动智库，努力在把握新发展阶段中有新探索、贯彻新发展理念中有新认识、构建新发展格局中有新作为。

（一）发挥科研作用，助力抗疫政策贯彻实施。

1—2月，为积极响应中央发出的就地过年倡导，及时贯彻人力资源社会保障部有关就地过年的通知要求，学会于春节前夕迅速启动外地农民工就地过年百企快速调查，通过6.2万份问卷调查和当面访谈，及时汇总反映外地农民工就地过年的新诉求，提出了企业做好职工就地过年相关准备的新建议。调查报告上报后第一时间得到国务院领导和人力资源社会保障部领导的批示。中央电视台新闻1+1栏目、人民网、新华社新华信用和新华财经、《中国劳动保障报》等多家主流媒体、权威媒体，以及腾讯新闻、今日头条、抖音等新媒体进行了快速专访和滚动报道，网络点击量达到1.72亿人次，登上热搜前三，在全社会产生强烈反响。

8月，面对制造业用工受到德尔塔变异毒株带来的新一波疫情影响，学会迅速联系817家企业开展了快速调查，分析企业缺工情况和人工成本升高原因，提出增加技术新鲜度，吸引新生代劳动者等建议。

针对进入牛羊肉和调料需求旺季，深入新发地市场调研蔬菜水果猪肉复市和农民工就业情况，报送“新发地牛羊肉和调料市场复市牵动多方需求”的调研情况，为“保就业、促复市”建言献策。

（二）围绕党与劳动发展主题，回顾总结党领导劳动发展的光辉历程。

为回顾总结党领导我国劳动发展的历史成就，积极探索新阶段党对劳动发展的新理论、新政策，深入研究新阶段劳动领域新变化、新趋势，结合全国“两会”对劳动工作的新要求，3月，学会联合有关单位围绕“党与劳动发展”的主题启动征文活动，着重从党在不同历史时期对劳动工作的领导，特别是进入新时代以来，党在劳动关系、就业社保、劳动报酬、技能提升、劳动者权益维护和防疫复工等多方面的成功实践、理论创新、鲜活经验、重大案例等；党和国家及地方制定劳动政策的背景与过程；企业等用人单位贯彻落实党和国家劳动政策新鲜经验与感人故事等方面，征集相关论文和典型案例，包括个人口述史。总共收到论文案例 600 余篇，篇数之多、质量之好、热情之高，充分体现了广大理事会员和作者对征文主题的热忱期盼和深刻理解。

10 月，在京召开“党与劳动发展”研讨暨主题年会。人力资源社会保障部有关领导出席会议并致辞，学会会长作工作报告并发表主题演讲，全国总工会、全国工商联领导应邀出席。会议回顾了在中国共产党领导下我国劳动事业走过的光辉历程，提出要深入研究党领导劳动事业发展史，探索和把握我国劳动事业发展变化的规律，发挥学会联系政府有关部门、企业、院校合作研究的平台优势，进一步研究劳动领域重大实践问题，为政策制定提供理论支撑。会议同步发布《“奇迹”的切片——2020 位农民工口述脱贫》一书。来自中国劳动学会、中国社会科学院、中国劳动和社会保障科学研究院、中国劳动关系学院、中国人民大学劳动人事学院、首都经济贸易大学劳动经济学院等单位的专家和中建集团、富士康、阿里巴巴等特大型企业代表，人民网、新华信用等主流媒体代表，围绕更加充分更高质量就业和新就业形态、构建和谐劳动关系、人力资源开发等作主题发言。会议还组织部分优秀工匠代表进行高技能人才发展座谈。

（三）开展网约劳动专题研究，助力新就业形态规范发展。

4 月，按照中央关于新就业形态规范发展的精神，开展新业态网约劳动用工系列调查和课题研究，先后到阿里巴巴、美团、滴滴出行、贝壳找房等吸纳新就业形态用工较多的平台企业进行实地调研和专题研讨。劳务经济与劳务派遣专业委员会在山西省吕梁市结合当地“十万护工进城市”的新业态网约家服劳动实践开展课题研讨，概括了新技术革命和经济高质量发展合力推动劳动就业领域出现的三大趋势性变化，分析了平台网约新型用工方式的优势与“短板”，提出了当前需要解决的职业伤害保险参保、劳动争议处理和劳动保障监察执法、社会保险、劳动管理创新和劳动标准等方面的突出问题。在此基础上进一步开展灵活就业人员用工和社会保险专项研究和讨论，针对放开在就业地参加社会保险的户籍限制、加快推进职业伤害保障试点、扩大工伤保险覆盖面、维护灵活就业人员合法权益等新举措提出积极参考建议，向人力资源社会保障部报送参阅。

（四）开展职业技能提升专题研究与活动。

5 月，按照“十四五”规划中提出的开展中国品牌创建行动和提升自主品牌影响力、竞争力要求，高技能人才委员会（筹）联合新华财经，在上海举办的国家品牌日活动期间，组织政产学研有关单位和著名技能大师、主流媒体等，就高技能人才在品牌强国中的作用举行圆桌论坛。学会在中国品牌论坛上提出的中国品牌建设需要一大批能工巧匠支撑发展的观点得到广泛认同。

6 月，学会开展了农民工收入与技能百企万人大型调查，参加国务院参事室社会调查中心组织的“新阶段人民群众新需求”大型调查活动，获得大量宝贵的一手资料。

7 月，以网络视频会议方式与上海外服（辽宁）人力资源服务有限公司、沈阳人力资源服务和社会保障学会开展“数字经济给人力资源带来的需求、挑战和对策”主题线上峰会活动，参加工业富联举办的“数字创新 跨界融通”高端峰会并发表视频演讲，5 000 人在线观看。

9 月，学会与人民网、人科院联合举办“2021 劳动就业与职业发展促进行动”启动活动。学会会长、副会长分别作“推动高质量就业让劳动者成为共同富裕最大受益群体”和“就业形势呈现多元化态势”的发言。人民网、人科院、中建集团、万达、链家北京公司、北京外企等单位负责人参加了圆桌论坛。

（五）发挥政产学研和媒体融合的平台优势，探索学会工作新方式。

搭建跨专业的智汇平台。为积极推进新就业形态深度研究，学会与美团、贝壳联合组成“新业态智汇”项目组，以创新方式与首都经济贸易大学、人力资源报社联合举办新业态劳动用工专题讨论会。

在落实人力资源社会保障部“稳岗技能提升培训行动计划”中，积极发挥与有关教育培训研究单位联系紧密的优势，组织30余所有影响力的技工技师院校，组成“职教智汇”课题项目组，探索网络时代新技能培训与新就业形态相结合的人力资源开发模式。先后到江苏信息职业技术学院与北京精雕集团合办的精雕学院、黄河交通学院职业技能提升项目等优秀典型开展新职业新技能创新性研究，在常态化疫情防控与复工复产中，进行了开拓学习新技能渠道、开发新职业岗位等先行探索。

积极承担国务院参事室、发改委、农业农村部、中国科协和劳科院等单位委托的重点课题，主要包括国务院参事室农民工技能与收入消费研究，发改委“十四五”时期促进农民工就业重大举措研究，农业农村部支持农民工返乡创业和农村中小企业发展对策研究，中国科协农民工技术技能人才职业资格与待遇问题研究、面向2035的老年科技工作者人力资源开发研究、制造业家政服务业复工快速调查、农民工收入与扶贫脱贫研究，劳科院农民工防疫复工情况典型调查等。报告成果向上报送、向外推介，扩大影响。其中，多项课题报告和研究建议得到国务院领导批示及相关部门重视，国务院参事室委托课题获“第四届费孝通田野调查一等奖”。

进一步加强与劳动研究相关单位合作。先后与全国工商联人力资源委员会、中国信息协会、中国通信工业协会网格化分会、中国中小企业协会、中国就业促进会等社团合作，参与或合作举办重要学术交流活动，建立成果交流机制，形成互促共进。参加发改委体制改革研究会“实现‘双碳’目标”闭门研讨。与重庆市人力资源和社会保障局、中山市人力资源和社会保障局、绍兴市人力资源和社会保障局以及上海市奉贤区等单位开展多项学术交流活动。

积极与主流媒体和新媒体开展深度合作已成为学会活动重要特色。与人民网联合开展扶贫栏目共建；推荐富士康、阿里巴巴等优秀会员单位作为外地农民工就地过年典型企业接受春节中央电视台新闻1+1节目采访录制，并在黄金时段播出；与新华社新华财经在上海市共同开展“工匠100”技能提升活动。参加腾讯研究院腾讯新闻举办的促进共同富裕闭门研讨。劳动融媒体委员会（筹）与新华社有关单位合作编辑“劳动新征程”专题片。

进一步加强理事会员单位的深度合作。学会冶金分会与首钢集团合作在首钢园召开“全国冶金企业人力资源信息交流研讨会”，全国30多家大型冶金企业围绕国企三项制度改革、市场化经营机制等议题进行了研讨。

六、中国社会保险学会

（一）课题研究。

一是抓好重点课题研究。启动2项重点课题：“城镇企业职工基本养老保险全国统筹推进路径研究”和“社会养老保险立法研究”。

“城镇企业职工基本养老保险全国统筹推进路径研究”于1月启动。研究目的是在正确认识全国统筹的本质含义基础上，结合对基本养老保险制度核心特质的理解，遵照基本养老保险制度的发展规律，合理划分并匹配央地政府的事权与支出责任，明确全国统筹的推进路径，保障和促进基本养老保险基金的收支平衡与制度的公平可持续。研究分为“基本养老保险全国统筹央地责任划分研究”和“基本养老保险全国统筹推进路径研究”两个阶段。受疫情影响，课题调研工作以线上为主，召开多次视频调研会，与部分地方人力资源社会保障部门、财政部门交流研讨，了解和掌握有关省份基本养老保险制度运行与基金收支情况、省级统筹中遇到的问题和解决方法以及对全国统筹的认识与考虑等。已完成第一阶段课题报告。

“社会养老保险立法研究”于5月启动。研究聚焦社会养老保险立法的意义、理论范畴、现状分析与国际比较等，目的是为社会养老保险立法奠定理论基础。多次召开研讨会，研究文献来源与搜集渠道，分析文献类型和可比口径；梳理和编译多份国外文献；召开线上视频调研会，与部分地方人力资源社会保障部门交流研讨，了解各地社会养老保险立法现状与工作情况，征询意见和建议。已完成《社会养老保险立法理论与实践研究》和《部分国家社会养老保险立法框架研究》两份课题分报告。

二是推进常规课题研究。开展5项常规课题研究，其中新启动2项，完成1项，继续推进2项。

“长江三角洲区域社会养老保险一体化研究”于5月启动。研究目的是服务长三角一体化建设国家战略布局，创新与完善长三角社会养老保险一体化制度建设，推动长三角地区养老一体化和基本公共服务便利共享，为政策制定提供理论支撑和科学化、规范化、可行性强的决策依据，并为全国其他区域一体化及全国制度和管理的统一提供参考借鉴。课题组分别到长三角沪苏浙皖四省（市）人力资源社会保障部门就养老保险一体化进行专题调研，了解长三角地区养老保险发展和一体化现状、存在问题、影响因素等，整理了调查资料和数据，完成了课题报告初稿。

“《中国社会保险管理服务发展报告（2020—2021）》研究”于6月启动。为进一步改进和完善《中国社会保险管理服务发展报告》的编撰工作，更好地服务社会保险一线，上半年组织开展了“《中国社会保险管理服务发展报告》评估”。通过问卷调查、调查座谈和访谈征询等方式，邀请部分专家学者就《中国社会保险管理服务发展报告》的目标定位、内容结构、编撰体例、社会影响等进行系统评估，形成《〈中国社会保险管理服务发展报告〉系列蓝皮书评价调查研究报告》。在此基础上，开展《中国社会保险管理服务发展报告（2020—2021）》研究和编撰工作。该报告是社会保险管理服务蓝皮书系列的第5部，承接前4部编撰思路和体例构架，收录报告期内的社会保险管理服务发展基本数据和各地探索改革创新主要经验，并增加“百年追求：中国共产党社会保险理念与实践探索”。课题组分赴多个省市社会保险机构进行调研，召开多次线上或线下研讨会，得到人力资源社会保障部社会保险业务司局和单位以及许多地方社会保险机构的支持。已完成《中国社会保险管理服务发展报告（2020—2021）》初稿。

完成“河北省社会保险基金安全评估指标及结果科学性论证研究”。该研究对河北省企业职工基本养老保险基金、机关事业单位养老保险基金、失业保险基金、工伤保险基金运行及社会保险经办机构的内部控制情况进行了科学性评估，并形成《2019年度河北省本级社会保险基金安全评估报告》。

继续推进“综合性公证养老服务研究”，在上海市浦东新区退休人员意定监护、第三支柱个人消费养老金平台建设和综合性公证养老服务平台建设等方面开展研究，积极推广综合性公证养老服务试点，为供需双方搭建交流与合作平台；继续推进“人社信用体系建设及社保数据社会化应用研究”，完成社会保险数据社会化应用体系模型建设，并经过专家评审。

（二）*学术活动*。

一是深入学习贯彻习近平总书记在中共中央政治局第二十八次集体学习时的重要讲话精神。2月26日，中共中央政治局就完善覆盖全民的社会保障体系进行第二十八次集体学习，习近平总书记发表重要讲话，深刻阐明社会保障的重大意义和作用，深刻阐明我国社会保障事业取得的历史性成就，深刻阐明推动我国社会保障事业高质量发展，可持续发展的思路方法和目标任务。中国社会保险学会胡晓义会长由人力资源社会保障部党组推荐，并经中央确定，参与了有关资料起草工作并在集体学习中进行讲解，提出工作建议。中国社会保险学会第一时间组织开展专题学习，深入学习和领会习近平总书记重要讲话精神，并在有关学术活动中就学习贯彻习近平总书记重要讲话精神进行交流和研讨。

二是举办庆祝中国共产党成立100周年主题征文活动。3月至6月，开展以“百年征程　百年荣光”为主题的庆祝中国共产党成立100周年征文活动。本活动是中国社会保险学会2021年度居于首位的重要政治和学术活动，是全体会员对党百年华诞的一次集体献礼。为确保征文活动有效有序开展，学会制定了实施方案，同时成立了以会长为组长、有关副会长为副组长的工作小组，并邀请人力资源社会保障部有丰富经验的同志参加。活动得到广大会员的热情支持，收效斐然，主要体现在：首先，参与度高，覆盖面广。各界各地各层面的会员都参与其中。其次，组织得力，动员广泛。广大会员单位精心组织、层层动员，更多的基层干部职工踊跃投稿。再次，稿件丰富，不拘一格。应征稿件体裁多样，题材广泛，视角多元。征文期内，共收到稿件452篇。经稿件审阅专家组的初审、复审，遴选出优秀稿件163篇，编纂成《百年征程　百年荣光——中国社会保险学会庆祝建党100周年征文选集》，并从中撷取部分稿件推荐给人力资源社会保障部有关媒体。向人力资源社会保障部及国家有关部门领导，人力资源社会保障部有关司局和单位、有关会员单位及优秀稿件作者赠阅了征文选集。

三是在高校开设“新中国社会保障史”课程。9月至11月，应邀在北京大学经济学院开设“新中国社会保障史”选修课，由胡晓义会长授课。这是中国社会保险学会首次在高校设立社会保障课程。讲授内容主要包括：新中国社会保障的创建与波折（1949—1976年）、改革开放早期的社会保障制度重构（1977—2002年）、新世纪社会保障走向全民形成体系（2003—2012年）、新时代的社会保障深化改革和创新发展（2013年至今）和关于新中国社会保障发展70年的历史体悟。每讲以社会保障发展的基本史实讲述为主线，同时讨论社会经济相关背景及国际比较。参加选修课的有北京大学经济学院的本科生、硕士生和博士生，以及社会保障相关专业的教师和访问学者。

四是编印《中国社会保险管理服务课题研究成果文集》。将历年来在社会保险管理服务领域的课题研究报告及有关图片和资料整理编纂成集，在客观真实记录课题研究活动、留存有价值的工作史料的同时，也为社会保险理论研究者和实际工作者提供了一部参考用书。

（三）境外交往。

学会一直同香港退休计划协会、澳门社会保障学会、台湾退休基金协会保持着学术交流与合作，已共同举办过11届养老保险研讨会。受疫情影响，“第十二届养老保险研讨会”推迟举办。为保持正常的学术交流，10月下旬，4家学会、协会以线上方式召开了“养老保险视频交流会”，分享了一年来各地养老保险新情况、新进展，并就各地关注的养老保险问题和课题研究情况进行了交流和讨论。

（四）组织建设。

筹备第四届会员代表大会，完成第四届中国社会保险学会会长、副会长、常务理事、理事和秘书长人选推荐，以及《中国社会保险学会章程》修改的准备工作。

（五）党建工作。

深入学习和领会党的十九届六中全会精神和《中共中央关于党的百年奋斗重大成就和历史经验的决议》，与人力资源社会保障部养老保险司党支部开展联建联学活动，结合工作交流学习体会。开展党史学习教育，组织党员和工作人员深入学习领会，切实增强政治自觉、思想自觉、行动自觉，进一步增强“四个意识”、坚定“四个自信”、做到“两个维护”。派员参加人力资源社会保障部庆祝建党100周年文艺汇演，组织党员参观党史及成就展，参加中国劳动和社会保障科学研究院第四党支部组织的日常学习、专题学习、组织生活会和相关培训活动。

（六）其他工作。

协助开展年金基金管理机构资格延续和企业年金、养老金产品文件修订等工作；承担企业年金、养老金产品报表统计及信息披露工作，按要求如期编制并发布《全国企业年金基金业务数据摘要》和《企业年金基金信息披露工作情况简报》；继续推进养老保障基金投资运营监管系统相关子系统功能优化及历史数据整理入库等工作。

七、中国职工教育和职业培训协会

2021年，面对新冠肺炎疫情防控常态化，中国职工教育和职业培训协会（以下简称职协）在会员单位的支持配合下，以传承建党百年的艰苦奋斗精神，克服种种困难，高质量完成了全年工作任务。

（一）按照中央文件部署，做好协会脱钩工作。

根据《中共中央办公厅　国务院办公厅关于印发〈行业协会商会与行政机关脱钩总体方案〉的通知》《关于全面推开行业协会商会与行政机关脱钩改革的实施意见》等文件精神，职协按照民政部、人力资源社会保障部有关要求，积极做好脱钩改革工作，顺利完成了脱钩任务。依据社团组织管理规定和职协章程，修订了原有的工作制度，调整、充实了工作机构，建立了由职业培训领域知名专家牵头的新项目团队，承接国家战略所需的高技能人才培养试点任务，已取得良好效果，呈现生机。

（二）夯实党建基础，促进支部建设。

根据《关于加强中央和国家机关行业协会商会党建工作的意见（试行）》要求，职协认真积极开展党建活动。七一前夕，职协领导班子认真组织全体人员学党史，开展“初心筑梦，礼赞百年”主题党日活动，用党的奋斗历程和伟大成就鼓舞斗志。组织学习习近平总书记在庆祝中国共产党成立100周年大会上的重要讲话，并撰写个人心得体会。

（三）积极组织会员活动，推进工作有序开展。

为加强组织机构建设，保证脱钩期间平稳过渡，根据工作需要，职协秘书处发文部署了会员单位重新登记注册和新会员吸纳工作，会员涵盖地方协会、技工院校、优秀企业和职业培训机构等众多领域。

一是组织开展优秀教科研成果征集活动。主要面向技工院校开展优秀教科研成果征集活动，得到了会员单位的积极响应，共征集了104个单位申报的573项优秀教科研成果，其中课堂教学改革案例151项、自制实习教学设备50项、课题173个、教师发明专利57项等。上述活动坚持“公开、公平、公正”和公益性原则，不收取任何费用。

二是开展技工教育数字化改革创新项目研究。10月，组织部分新业态的头部企业在山西太原召开了“数字经济产业人才培养及研发基地项目研讨会”。与凤凰卫视集团·威凤教育合作，开展“数智融教”专项科研活动，支持近百家会员单位参与“技工教育数字化改革创新专项课题研究”项目，围绕数字化创新发展、数字化课程建设与产业输出、数字化教学改革等领域进行数字化专业建设和技能人才培养模式研究。

三是组织专家持续推进制冷项目研究。受生态环境部委托，继续开展“制冷空调系统安装维修工、制冷工和中央空调系统运行操作员国家职业技能标准及技能鉴定标准政策研究”课题研究工作，撰写了《制冷空调系统安装维修工、制冷工、中央空调系统运行操作员国家职业技能鉴定标准（题库）中增加ODS淘汰相关环保要求和技能要求的政策建议》。

四是实施国家高技能人才培养战略项目。积极组织专家团队承接乡村振兴技能人才基地建设、现役军人双标融合（国家职业技能标准和军事训练标准）的课程开发、退役军人就业新技能培训、企业职工新技能提升等项目的技术支持工作。这些项目增添了职协工作的活力，有力地推动了《“十四五”职业技能培训规划》的落实。

五是为会员单位排忧解难办实事。自疫情发生以来，职协持续关注会员单位的动态，勇于担当，捐款捐物，为战胜疫情贡献力量。12月，陕西西安突遭疫情，几万名技校师生被封闭在校园，蔬菜食品短缺。职协秘书处得到信息后即刻组织支援，积极疏通货源、运输等相关渠道，分批次捐赠蔬菜食品，同时紧急从南方采购新鲜蔬菜，日夜兼程送往学校，深受会员单位赞誉。

（四）构建业务交流平台，加强宣传引导工作。

根据职协脱钩后组织架构变化及业务发展需要，积极开发职协信息服务平台，力争实现数据共享、互联互通。一是联合企业共建产教融合大数据平台，为会员单位提供精准的培训就业、产教融合信息。二是重新制作中国职协官方网站，优化版面设计和管理功能，加大职协工作宣传力度。三是加强《中国培训》编审队伍建设，顺利编辑出版2021年全年杂志；5月出版“纪念协会成立三十周年专刊”，总结职协三十年发展的成就以及职协发展对促进我国职工教育和技能人才培养的创新经验；8月出版“第十五届高技能人才表彰大会专刊”，宣传高技能人才的重要作用和突出贡献，在全社会营造崇尚技能、尊重技能人才的良好氛围，出刊后得到了读者和社会上的一致好评。

八、中国就业促进会

2021年是“十四五”规划开局之年，也是在经历新冠肺炎疫情后我国经济重回发展正轨的关键之年。在这一年中，中国就业促进会（以下简称就促会）以党的十九届历次全会精神为指引，在人力资源社会保障部、中央和国家机关工委的指导下，秉持“围绕中心、服务大局”的工作理念，主动适应新形势新变化，充分发挥参谋助手和桥梁纽带作用，广泛搭建交流平台，助力稳就业保就业，各项工作取得积极成果。

（一）聚焦就业重点难点，多角度开展理论研究。

一是组织开展更加充分更高质量就业研究。受人力资源社会保障部就业司委托，研究就业新目标的内涵和核心要义，探讨衡量更高质量和更充分就业的关键指标，以及实现这一目标面临的主要问题，提出实现更加充分更高质量就业的思路和对策措施，为行政部门提供参考。

二是组织开展季度就业形势专家分析会。受人力资源社会保障部就业司委托，组织专家分析研判形势和存在问题，提出稳就业保就业政策建议，并将研究成果及时整理报送部领导和有关业务司局，以及国务院有关部门，供决策参考。

三是组织完成就业难点分析和就业服务创新项目。受中国劳动和社会保障科学研究院（以下简称劳科院）委托，跟踪分析当前形势下稳就业保就业的难点，特别是政策实施中的堵点断点，对进一步做好就业工作建言献策。该研究成果在劳科院相关研究项目中被评为优秀项目。

四是开展企业促进青年就业研究。与金拱门公司合作，以麦当劳为例组织全员问卷调查和实地调研，分析企业吸引稳定和提升青年就业的主要因素，提出促进青年就业的对策措施。研究成果报送部门和地方参考，并印制中英文彩册。

五是开展抗击疫情复工复产课题研究。与湖北有关单位合作，开展“抗击疫情复工复产——中国就业确保稳定创新发展之路”研究，为推动就业工作提供参考借鉴，也为世界各国抗疫稳就业提供有价值的“中国方案”。

（二）围绕中心工作，提供专业技术服务。

一是组织全国创业孵化示范基地评审工作。受人力资源社会保障部就业司委托，作为第三方评估机构，组织完成前四批全国创业孵化示范基地复评和第五批新推荐基地认定评审工作，并提出推动创业孵化基地建设的相关建议。

二是组织开展劳务品牌推荐工作。受人力资源社会保障部就业司委托，组织专家研究确定推荐条件和基准，在地方上报、推荐评审基础上推选出100个典型品牌，并在第三届全国创业就业服务展示交流活动中展示交流，进一步推动劳务品牌建设。

三是组织“迎建党百年　谋就业新篇”回顾篇征文评审工作。受人力资源社会保障部就业司委托，组织专家评选推荐优秀作品，回顾就业领域历程，总结就业实践成果，向建党百年献礼。

四是继续做好央企招聘应届高校毕业生信息公开发布项目。受人力资源社会保障就业司委托，按时做好信息审核和发布工作，并对央企招聘2020届、2021届高校毕业生情况及央企招聘经验做法进行汇总，形成数据包和经验材料，提供行政部门参考。

五是组织开展国家职业技能标准修订工作。受人力资源社会保障部指导中心委托，结合新形势下对从业者的职业技能要求，组织专家开展职业指导师、劳动保障协理员两个职业技能标准修订工作。

六是深入基层开展调研，助推就业创业发展。赴深圳人社部门、企业和院校调研座谈，了解推动青年就业与提升就业质量创新做法，以及校企合作情况。赴海南人力资源服务产业园考察，探讨交流产业园建设和创业带动就业工作。

（三）做好史料总结，强化就业宣传引导。

一是出版发行就业工作成果图书。在完成专题研究项目工作基础上，及时汇总就业工作成果，组织编写《全方位推进更加充分更高质量就业》《全国创业孵化示范基地风采录》《优秀劳务品牌发展之路》，为推动工作提供参考。

二是编写中国就业改革发展相关史料。配合劳科院编辑整理《中国就业制度改革》，纪实就业改革发展历程，向党的二十大献礼。继续开展《聚焦中国就业》系列丛书编写工作，宣介中国就业改革发展成就，推广地方就业创新亮点。

三是继续推进就业宣传长效项目。组织开展年度中国就业十件大事和地方就业创新事件推荐评选活动，全面反映年度抗疫复工稳就业保就业工作成果和突出亮点。继续组织发行2022年版就业创业指南宣传品，助力乡村振兴和农村劳动者就业创业。

四是持续强化就业宣传与交流。充分发挥就促会微信公众号、《中国就业》杂志、《就业工作通讯》三位一体宣传平台作用，及时跟进报道稳就业保就业最新政策和成果经验。强化微信群交流机制，邀请专家为推荐文章撰写评语，加强微信群和研究中心平台宣传交流。

（四）广泛搭建平台，多渠道拓展合作空间。

一是聚力新平台共促就业创业发展。在人力资源社会保障部就业司指导下，举办全国创业孵化示范基地交流活动，组建全国创业孵化工作专项交流平台，并围绕助力就业创业、加强信息沟通、建立资源共享、开展业务合作、组织研究交流、倡导行业自律等发出倡议。

二是依托多平台组织开展研讨交流活动。利用与首都经济贸易大学共建的中国新就业形态研究中心，举办支持与规范发展新就业形态研讨会暨第四届年会，继续深化新就业形态研究。联合“一带一路”人力资源研究中心，举办灵活就业新形态、“一带一路”人力资源服务与发展等论坛活动。

三是推进就业创业专项服务工作。依托创业、公共就业服务和失业保险专委会，组织创业师资培训、创业孵化示范基地、劳务品牌、职业指导、失业保险等活动，提供就业创业技术服务。加强与地方、会员单位合作，共同组织开展就业创业活动。

四是探索长效就业工作项目。适应技能人员水平评价社会化认定改革要求，成立联合工作组，积极做好培训评价机构申报组织工作。筹建智库型就业创业研究院，以更好发挥就业领域专家资源优势，有力推动就业创业发展。

（五）加强组织建设，推进社团平稳转型。

一是顺利完成脱钩任务。按照有关部门要求，有序做好人员分离、资产清查、业务调整、外事和党务转移等脱钩相关工作，完成新办公地点的选址和搬迁工作。

二是认真执行会议制度。按时召开理事会，及时对办公地址更变、章程修订、人员调整、新会员吸纳等重大事项进行审议。坚持召开网络办公会、秘书处例会、专项工作研讨会等，加强重点工作研究和信息交流。

三是不断完善内部制度。组织编写和研究制定会内《宣传交流工作指导手册》，研究制定《档案管理办法》《疫情防控工作的通知》和《进一步严格做好疫情防控工作的通知》等，以制度保障就促会工作行稳致远。

四是不断强化会员服务。疫情期间通过线上方式加强与会员的联系，及时传达会议精神，及时传递工作信息。积极挖掘并推介会员单位在工作中的亮点做法和最新研究成果，鼓励支持地方就促会和会员单位加强组织建设和开展就业创业活动。

五是推进党建质量提升。及时完成脱钩后党组织关系转移和支部书记改选工作。结合建党百年，多形式组织开展党史学习教育和系列主题党日活动，推进党建与业务工作深度融合。

地方人力资源和社会保障工作

北 京 市

2021年，北京市人力资源社会保障系统以习近平新时代中国特色社会主义思想为指导，全面贯彻党的十九大和十九届历次全会及中央经济工作会议精神，深入贯彻党中央、国务院决策部署及市委、市政府要求，坚持稳中求进工作总基调，完整准确全面贯彻新发展理念，围绕落实首都城市战略定位、"五子"联动融入新发展格局、推进首都高质量发展，坚持党建引领，深入开展党史学习教育，突出稳就业保民生工作主线，着力促改革、惠民生、防风险、保稳定，圆满完成各项目标任务，实现了"十四五"良好开局。

一、坚持精准施策，牢牢守住就业基本盘

（一）就业容量持续扩大。

坚持经济发展就业导向，通过强化"管行业必须管就业，管属地必须管就业和管生产经营必须管就业"的"三管"责任、建立考核指标、实行月调度月评价制度，加强统筹联动，聚力支持就业。出台促进新就业形态健康发展的若干措施。启动创业带动就业三年行动计划，扩大创业担保贷款经办银行范围，2021年发放创业担保贷款7.6亿元，新增参保创业单位6.6万户，带动就业岗位33万个。2021年城镇新增就业26.9万人，城镇调查失业率、城镇登记失业率控制在年度预期目标之内。坚持"一抓三保五强化"推动实现更加充分更高质量就业的典型经验，获得国务院通报表扬。

（二）助企纾困稳岗成效明显。

延续实施失业保险费返还等援企稳岗政策。全面推行失业保险费返还"免申即享"服务模式，为46.5万家企业返还资金10.4亿元，政策受益面达到72.5%。失业保险费返还"免申即享"做法得到国务院督察组的肯定。

（三）重点群体就业质量得到提升。

在全国率先取消高校毕业生入职重复体检。建立大学生创业板孵化培育基地，组织线上线下各类就业服务活动461场，2.3万家用人单位累计提供就业岗位99万个。实施离校未就业困难家庭毕业生"一生一策"帮扶，本市生源高校毕业生就业率达到96.9%。统一城乡失业保险政策，出台促进本市农村劳动力就业参保若干措施，促进4万名农村劳动力转移就业。强化"一对一"服务援助，扩大公益性岗位安置，帮扶城乡就业困难人员实现就业19.7万人，零就业家庭动态清零。

（四）技能提升行动任务顺利完成。

实施以训兴业培训补贴政策，开展新职业新业态培训，推行校企联合培养、双主体协同育人模式，补贴资金13.8亿元，培训120.6万人次，2019年至2021年累计培训295.4万人次。

（五）全方位就业服务不断优化。

实施提升就业服务质量工程，建立就业服务指导员、就业服务专员和企业联络员队伍，完善"就业超市"平台，组织专项公共就业服务活动。发布施行《北京市促进人力资源市场发展办法》和《北京市人力资源服务产业园建设发展办法（试行）》，成功举办服贸会人力资源服务主题活动，增设中国北京人力

资源服务产业园朝阳园区。

二、坚持改革创新，社会保障体系持续健全

（一）社保制度改革稳步推进。

按照国家统一部署，扎实推进基本养老保险全国统筹等改革的前期准备工作，深化机关事业单位养老保险制度改革，健全职业年金管理，促进企业年金发展，进一步完善本市农民群体相关社保政策。全面实施城乡居民基本养老保险基金市级统筹管理，稳步开展城乡居民基本养老保险基金投资运营，印发工伤预防五年行动计划实施方案。截至2021年12月底，社保覆盖范围超过2 000万人。

（二）社保待遇水平稳步提高。

上调社保待遇标准，惠及400余万人。持续强化社保基金风险防控，开展社保基金管理问题专项整治和职业技能培训资金管理专项工作，确保基金安全稳定运行。

（三）社保服务智能化水平稳步提升。

推进基于第三代社保卡的民生卡“多卡合一”建设，制定管理办法和实施细则，梳理并完成涵盖就业创业、社会保险等人社领域共计64项社保卡应用的系统对接工作。劳动能力因病鉴定、退休人员社会化管理服务实现“全城通办”。

三、坚持破立并举，人才人事制度改革迈上新台阶

（一）人才培养机制持续完善。

实施专业技术人才知识更新工程，设立专业技术人员继续教育基地26家，增设61家博士后站，培养专业技术人才39万余人，助力产学研用协同创新，在全国博士后创新创业大赛上获4金5银5铜的成绩。推行企业新型学徒制、高精尖企业技能人才清单式培养模式，全市技能人才总量达370.1万人，高技能人才114.4万人。

（二）人才评价体系持续优化。

出台工艺美术、文物博物、档案等职称分系列改革办法，增设知识产权职称专业，推进市场化的技能人才评价机制改革，贯通高技能人才与专业技术人才职业发展通道。推行职称证书电子化，上线36万余本电子证书。

（三）人才流动机制持续畅通。

发布“两区”建设人力资源开发目录、“两区”境外人员职业资格考试目录及认可目录，加大人才服务保障力度。完善引进毕业生管理办法，将引进毕业生行政确认权下放至自贸试验区。完成2021年积分落户工作，6 045人取得落户资格。

（四）人才激励保障持续加强。

出台人员管理和安置配套政策，平稳推进全市事业单位改革中的人事改革工作。强化以增加知识价值为导向的科研人才薪酬激励机制，落实技能人才薪酬分配指引，平稳落实机关工资福利政策。圆满完成建党100周年庆祝活动的服务保障工作，配合相关单位完成全国脱贫攻坚表彰推荐工作并开展市级脱贫攻坚评比表彰工作。组织实施44项人事考试，服务考生75.9万人。

四、坚持标本兼治，劳动关系保持和谐稳定

（一）企业用工行为更加规范。

着力推进“两区”建设改革，在自贸区推出“1+3”政策组合，出台进一步增强自贸区企业用工灵活性的若干措施，创新劳务派遣、特殊工时管理机制，增强企业用工灵活性。大力推广电子劳动合同，全市建有签署平台24个，覆盖员工超过100万人。实施技能人才队伍薪酬激励办法，推行“新八级工”岗位绩效工资制。建立健全劳动关系风险监测预警制度，发布共享用工、经济性裁员指引等30个特色案例。完善最低工资标准调整机制，发布企业、行业工资指导线，推出市场薪酬大数据季报、年报。

（二）根治欠薪更加有效。

坚决落实接诉即办“每月一题”部署，制定解决拖欠工资问题工作方案、任务清单、责任清单和政策清单，将“工程款支付担保、工程款人工费分账管理、总包代发农民工工资、实名制管理、农民工工资专用账户”五项核心制度覆盖率量化分解，出台保障农民工工资支付管理办法、行政处罚裁量基准等文件，建立健全司法与行政对接机制，市区联动、部门协同，以超常规举措推动解决欠薪问题，在国务院督查考核中被评为“优秀”。

（三）劳动人事争议化解机制更加多元。

出台街乡调解补贴政策，推动仲裁派出庭建设试点和自贸试验区调解组织实体化建设，深化裁审衔接，发布十大典型案例，发挥仲裁建议书作用，2021年仲裁立案12.1万件，近80%在仲裁阶段彻底化解。

五、坚持问题导向，行风建设持续提质升级

（一）精准对接群众诉求，向前一步“走流程”。

以群众政策“懂不懂”、办事流程“通不通”、经办体验“好不好”为标尺，持续开展“局处长走流程”专项活动，完成16项“我为群众办实事”重点民生项目，选派8名青年干部深入一线“走流程”，推动“接诉即办”向“未诉先办”延伸，走出了一条强化行风建设、提升服务效能的新路子，解决了一批企业群众“急难愁盼”问题，北京电视台对此作了系列报道。

（二）聚焦“三减办”，群众办事更加方便快捷。

深入落实人社服务“快办行动”，将流程相似、材料相近、结果关联的服务事项整合为“服务场景”，重塑业务流程，实现审批流程、办理时限、申报材料“三减办”。北京市人社服务事项办理时限压减了70%，申报材料精简了76%。群众办事时限大大压缩，申报表格大大精简，在抓行风建设、提高群众办事效率方面取得明显成效。

（三）着眼服务对象需求，升级“互联网+人社服务”。

充分运用信息技术和数字手段，通过“网上办”“掌上办”等多种途径，为企业群众提供“一网式”服务，由“群众跑腿”变为“信息跑路”，全系统90.36%的政务服务事项实现“全程网办”，群众“跑腿”越来越少。推广使用电子印章，大幅度提升企业群众办事效率，实现不见面办理，落实疫情防控和减少人员聚集的要求。

（四）扎实开展练兵比武，着力提升队伍能力素质。

开展“练兵比武”活动，专门开发北京市人社系统练兵比武在线机考系统，在全国首创“互联网+比武”模式，广泛开展“日日学、周周练、月月比”活动，队伍素质和服务能力持续提升。在2021年度人社窗口单位业务技能练兵比武全国总决赛中，北京市代表队荣获团体优胜奖，西城区两位同志在“擂台比拼”环节荣获最佳挑战奖。

六、坚持固本强基，各项基础性工作保障有力

（一）政治功能进一步强化。

坚持把学习贯彻习近平新时代中国特色社会主义思想作为首要任务，深入学习贯彻党的十九届六中全会精神，坚持以政治建设为统领、以落实主体责任为牵引，切实推进全面从严治党向纵深发展，确保党中央决策部署及市委要求得到不折不扣落实。

（二）综合性工作效能进一步提升。

发布实施“十四五”时期人力资源和社会保障发展规划。开展人社信息化便民服务创新提升行动，推动实现“全数据共享、全服务上网、全业务用卡”，人社信息化支撑能力持续增强。持续推进政务运转、规划统计、法治建设、宣传和舆论引导、调研科研等工作。深入推动京津冀协同发展、对口支援和东西部劳务协作。从严从实从细做好信访维稳工作，确保全系统安全稳定。

北京市人力资源和社会保障局

天 津 市

2021年是中国共产党成立100周年，也是实现“十四五”发展目标的夯基之年。面对百年变局与世纪疫情交织叠加的复杂局面，天津市人力资源社会保障系统坚持以习近平新时代中国特色社会主义思想为指导，全面贯彻党的十九大和十九届历次全会精神，深入贯彻落实习近平总书记对天津工作“三个着力”重要要求和对人社工作一系列重要指示批示精神，在市委、市政府领导下，在人力资源社会保障部指导下，加强政治机关建设，把握民生定位，按照抓重点、攻难点、创亮点的工作思路，统筹推进疫情防控和人社事业发展，扎实做好“六稳”“六保”工作，拼搏实干、砥砺奋进，各项工作跃上新台阶，实现了“十四五”良好开局。

一、就业形势稳中向好

坚决扛起稳就业保就业的政治责任，深入实施就业优先政策，夯实“稳”的措施，促进“保”的效果，就业形势保持稳定、稳中向好。全市城镇新增就业37.62万人，完成年度计划的107.5%；城镇调查失业率低于5.5%的年度目标。

（一）稳岗政策落实有力。

开展稳岗留工专项行动，出台《支持企业外地员工春节期间留津稳定就业若干措施》，向2.2万家企业发放一次性稳定就业补贴8 200余万元。实施失业保险稳岗返还政策，向9.8万家企业返还失业保险费5.5亿元。

（二）创业带动彰显活力。

加大政策支持力度，组织5万人参加创业培训，发放创业担保贷款6.1亿元。创业孵化基地达30家，其中2家被认定为国家级创业孵化示范基地。举办天津市第二届“海河英才”创业大赛，大学生创业组、创新组和大众创业组、创新组共23个项目获奖，其中4个一等奖、8个二等奖和11个三等奖。

（三）就业帮扶持续发力。

出台“高校毕业生就业45条”，组织2.5万名高校毕业生等青年人参加就业见习，为1.9万余名困难毕业生发放求职创业补贴共5 700余万元，帮扶2.4万名未就业高校毕业生顺利实现就业。鼓励企业吸纳、支持多渠道灵活就业、托底安置公益岗和社区服务型岗位等方式，促进9.2万城镇失业人员再就业，帮扶3.5万就业困难人员实现就业，零就业家庭动态清零。

（四）就业服务升级加力。

建立常态化企业用工调度保障机制，为353家重点企业解决用工1.5万人。举办各类招聘1 564场，提供岗位127.6万个。6个社区被认定为国家级充分就业社区。失业监测发挥效力，聚焦重点行业、就业大户，形成覆盖全市1 004家企业、52万个岗位的失业动态监测网络，失业风险预警的主动性、有效性持续增强。

二、保障能力持续提升

坚持兜住兜牢民生底线，持续深化制度改革、提高待遇保障水平，大力推进社会保障事业高质量可持续发展。全市基本养老、工伤、失业参保人数分别为937.1万人、408.41万人、372.3 万人。

（一）全民参保计划稳步推进。

精准锁定 5.51 万本市户籍未参保人员及 1.09 万家纳税未参保重点企业，深入开展排查促保。以集体参保方式将 15.8 万名被征地农民纳入城乡居民基本养老保险保障范围，为 3.2 万名困难人员代缴城乡居民基本养老保险费。

（二）社会保障水平稳步提高。

企业和机关事业单位退休人员基本养老金月人均增幅 4.5%，惠及全市 234 万人；连续 15 年调整工伤保险长期待遇标准，惠及工伤职工及供养亲属万余人；失业保险金标准月人均提高 90 元。累计做实 11 万人记账管理职业年金账户，实现年金待遇直接发放。在全国首批完成全险种、全人群社保费征收体制改革。

（三）养老保险制度改革稳步实施。

落实企业养老保险全国统筹改革任务，将全市用人单位养老保险费率规范为 16%。简化企业退休手续，修订《特殊工种提前退休资格审核办法》。研究职业院校实习学生、超过法定退休年龄继续从业人员单独参加工伤保险政策，扩大工伤保险制度覆盖范围。出台企业职工基本养老保险遗属待遇政策，妥善处理新老政策衔接，完成系统接入上线前期工作。

（四）基金风险防控能力稳步提升。

完善基金监管制度建设，加强风险形势研判，落实风控核查机制，开展基金管理问题专项整治活动，不断提升监管水平。稳妥推进养老基金委托投资，促进基金保值增值，向社保基金理事会划拨委托资金 30 亿元，累计委托资金 60 亿元。

三、人才引育成果丰硕

聚焦“一基地三区”功能定位，坚持“引育用留”相结合，深入实施“海河英才”行动计划、“海河工匠”建设，着力打造“近悦远来”的人才环境。“海河英才”行动计划全年引进人才 7.4 万人，累计引才 42.3 万人，平均年龄 32 岁，战略性新兴产业从业人员占比超过 25%。开展技能培训 32.2 万人次，技能等级认定 11.6 万人。培训高层次和急需紧缺专业技术人才 1.2 万人，发放高级工以上证书 3.1 万人，技工院校招生 8 342 人。

（一）人才政策更加完善。

深入实施人才引领战略，打造“海河英才”行动计划升级版，吸引优秀人才来津创新创业。推进深化公立医院薪酬制度改革，建立符合医疗行业特点的收入分配制度。集聚效应更加凸显。全年引进留学人员 4 840 人，新设博士后培养平台 43 个，新进站博士后 600 人，获国家资助博士后 256 人。在全国先行先试组建新医科和生物医药博士后创新联合体，设 72 个博士后站，共有 160 名博导加入。

（二）发展平台更加广阔。

在全国率先完成全部 27 个系列职称改革，围绕 12 条重点产业链构建“一链一策”职称专业体系，年度评价产业链人才 1 万人。开展“科创企业评职称”专项行动，实行“一企一评”“一单举荐”，为云账户、深之蓝等 31 家拟上市企业提供职称评审支持保障。参加第一届全国博士后创新创业大赛，获得 6 金、10 银、13 铜，总奖牌和金牌数均位列全国第二。2 个项目入选“2021 年度博士后创新人才支持计划十大创新成果”，位列全国第二。昌和生物等 3 家企业入选“2021 年度最具成长潜力的留学人员创业企业”，位列全国第三。

（三）服务机制更加优化。

推进中国天津人力资源服务产业园建设，全市人力资源服务机构达 2 700 余家。累计认定市级人才公寓 1.7 万套、100 万平方米，解决 6 万余人安居问题。累计发放人才“绿卡” 5 万余张。通过居住证积分，为 1.9 万名技能人才办理落户。鼓励支持各单位简化程序、直接考核招聘人才，发布高层次和急需紧缺人才岗位 7 000 余个。

（四）技能培训更加高效。

推进职业技能提升行动，发挥企业培训主体作用，新认定企业培训中心 24 家，累计达 432 家。推动部市共建“技能天津”，积极筹备第二届全国技能大赛。营造技能成才良好氛围，举办“天津技能周”活动。组织第二届“海河工匠杯”技能大赛，设置 33 个赛事、200 个竞赛项目，带动 10 万人开展岗位练兵和技术比武。组织京津冀技能人才交流、高技能人才培养国际论坛、第二届“海河工匠”颁奖典礼暨第一届全国技能大赛表彰大会等专题活动 33 场。职业技能培训监管体系更为完善，发布《民办职业技能培训机构分级管理办法》等 5 项制度，构建以信用为基础的新型监管机制。

四、劳动关系和谐稳定

坚持系统治理、依法治理、源头治理和综合治理，积极预防化解劳动关系矛盾，提高劳动者权益保障水平，合力创建和谐劳动关系局面。

（一）根治欠薪力度持续增强。

组织根治欠薪专项行动，共享欠薪信息 7.7 万条。清理整顿人力资源市场，规范各类在建项目及用人单位劳动用工。查处劳动保障违法案件千余件，欠薪案件结案率达到 100%。

（二）矛盾化解成效持续巩固。

完善困难人员劳动人事争议调解仲裁法律援助制度，创新多元化解工作机制，成立 4 家“联合调解工作室”。审结劳动人事争议案件 3.2 万件，涉及劳动者 3.5 万人，结案率为 97.2%，为劳动者挽回经济损失 5.3 亿元。调解受理案件 1.59 万件，涉及劳动者 1.61 万人，调解成功率为 70.7%，为劳动者挽回经济损失 1.9 亿元。

（三）和谐创建工作持续深入。

完善劳动关系和谐企业创建办法，深入开展和谐创建活动。命名和谐企业 369 家，在全国率先组织开展劳动关系协调员技能竞赛。实施包容审慎监管，对 10 类轻微违法行为不予行政处罚。开展维护女职工权益专项执法行动，广泛宣传保障女职工合法权益的重要意义，普及相关法律法规。

（四）居民收入水平持续提高。

多措并举促进企业职工工资稳步增长，调整最低工资标准，由每月 2 050 元调整为每月 2 180 元，非全日制用工最低小时工资标准由 20.8 元调整为 22.6 元。发布企业工资指导线，基准线 7%、下线 3%，同时发布住宿和餐饮业等 7 个行业工资指导线，引导企业和职工开展集体协商，促进工资合理增长。

五、行风建设成效明显

坚持补短板、强弱项，健全行风治理体系，聚力提升人社公共服务效能，系统作风总体面貌持续向好。

（一）“放管服”改革取得新成效。

深入开展人社服务提升专项行动，制定整改措施 76 个，解决基层单位问题 222 个。整合“一制三化”政务服务事项 174 项，平均办结时限压缩在 4 个工作日以内，“一次办”事项 99%，“就近办”事项 35%，“零跑动”事项 63.8%，“马上办”事项 71%，平均跑动次数 0.36 次。不断创新窗口经办模式，设立完善“一窗通办”“跨省通办”“绿色通道”“办不成事”等特色服务窗口，推行信用承诺、证照分离、告知承诺、容缺受理、同事同标等审批方式。

（二）信息化建设迈出新步伐。

上线“互联网+人社”等 6 个项目，启动“智慧人社”项目建设。打造“津心办”人社应用旗舰店，新增养老金测算、社保卡挂失等 18 项应用，其中 4 个应用被评为“津心办”优秀案例。推进社保卡应用建设，制发第三代社保卡 336 万张，持卡人数达到 1 325 万人。养老保险待遇资格认证实现“免打扰”，“静默认证”比例达到 96%。

（三）“我为群众办实事”展现新作为。

建立健全“我为群众办实事”清单、群众诉求清单，解决清单事项 835 个、群众诉求 1 721 件。开展“我与群众心连心”活动，走访企业、群众 4 100 余次。窗口轮训 194 批次，轮训人员 894 人。开展宣讲 367 场，其中宣讲政策264个。慰问困难群众358人，帮扶企业570家，增设便民服务设施1 200余件。

（四）窗口经办服务水平得到新提升。

组织人社窗口单位业务技能练兵比武活动，在线平台注册学员8 359人，参与“日日学”活动10.5万人次，参与“周周练”活动12.1万人次，参与“月月比”活动3.7万人次，在2021年度人社窗口练兵比武全国总决赛中取得良好成绩。选树8名“天津人社服务标兵”，12个优质服务窗口和6名先进个人受到人力资源社会保障部表彰，人社政务服务群众好评率达99%。

六、基础工作扎实开展

深入落实京津冀协同发展战略，主动对接疏解首都资源，为来津企业提供人社服务。坚持脱贫攻坚成果同乡村振兴有效衔接，与甘肃、青海、新疆、西藏等结对地区签订劳务协作协议，全年促进结对地区农村劳动力转移就业8.7万人，其中脱贫人口7.4万人，超额完成目标任务。积极推动“法治人社”建设，推进人才流动、职业技能培训立法进程。完善以在津长期就业、居住、缴纳社保费为主要指标的积分体系。加强行政规范性文件管理，建立行政规范性文件清理长效机制。开展10个天津市级表彰项目，联合推荐全国脱贫攻坚46个先进集体和79名先进工作者。强化舆论引导，讲好人社故事，“天津人社”政务新媒体传播力、影响力持续增强。市人大、市政协建议提案全部办复。畅通群众诉求，12333来电总量430万次。信访处置能力不断提升，被评为天津市信访工作优秀等次。

天津市人力资源和社会保障局

河　北　省

2021年，河北省人力资源社会保障系统坚持以习近平新时代中国特色社会主义思想为指导，深入贯彻党的十九大和十九届历次全会精神，坚决贯彻落实习近平总书记重要指示批示精神，认真落实党中央、国务院和河北省委、省政府决策部署，深入开展党史学习教育和“四史”宣传教育，在全系统部署开展“稳就业、强保障、引才智、严管理、优服务”活动，抓重点、补短板、强弱项、防风险，推动全省人力资源社会保障事业取得新进展，各项指标全部提前超额完成年度目标。

一、就业局势保持总体稳定

2021年，全省城镇新增就业92.51万人，比2020年同期增加6.61万人，完成全年任务的107.6%。城镇下岗失业人员再就业28.49万人，比2020年同期增加2.59万人，完成全年任务的118.7%，其中就业困难人员实现再就业11.80万人，比2020年同期增加1.24万人，完成全年任务的118.0%。实现零就业家庭动态为零。新增农村劳动力转移就业56.81万人。全省城镇登记失业率为3.08%，控制在4.5%的目标以内。

（一）完善稳就业政策措施。

研究制定延续实施稳就业政策、全力推进保障充分就业工作方案、加强就业帮扶巩固拓展脱贫攻坚成果助力乡村振兴实施意见等政策文件，全年支出就业补助资金33.86亿元，重点支持就业困难群体就业创业。

（二）突出抓好重点群体就业。

落实促进高校毕业生就业创业措施，加强实名制动态管理，提供不断线指导服务，高校毕业生就业率95.68%。强化农民工就业服务，促进1 271.11万名农村劳动力外出务工、返乡创业和就地就近就业，比2020年增加33.72万名。

（三）扎实推进就业职业培训工程。

河北省委、省政府将“就业职业培训工程”列入全省20项民生工程和10件民生实事，以河北省委办公厅、省政府办公厅名义出台《关于促进职业院校和技工院校融合发展提升职业技能培训质量的实施意见》。2021年开展各类培训184.1万人次，其中补贴性培训111.8万人次，全省技工院校毕业生就业率99.28%，两项任务均提前完成全年目标。企业新型学徒工作进度在全国排第2名，职业技能提升行动专账资金支出进度在全国排第2名。

（四）继续实施失业保险稳岗返还和保障扩围。

2021年全年为6.51万家企业发放稳岗返还资金7.68亿元，为28.2万人发放失业补助金7.72亿元。

（五）深入开展大众创业活动。

优化升级创业孵化基地150家，评选河北创业大学10所。完成创业服务143.51万人次，发放创业担保贷款18.97亿元，直接扶持7 108人自主创业，带动（吸纳）1.93万人实现就业。

（六）持续优化就业服务。

完善就业信息网络化平台，继续开展春风行动、就业援助月、高校毕业生就业市场、百日千万网络招聘、民营企业招聘周等专项活动，组织线上线下招聘 3 510 场，发布岗位 178.48 万个。

二、社会保障体系建设取得重要进展

全面落实习近平总书记在中央政治局第二十八次集体学习时的重要讲话精神，着力抓改革、促扩面、提待遇、防风险，社会保障民生安全网、社会稳定器作用显著增强。

（一）持续深化社会保障制度改革。

出台落实习近平总书记关于健全完善社会保障体系重要讲话精神实施意见、社会保障体系补短板强弱项实施方案等政策文件。企业职工基本养老保险省级统筹通过国家考核验收，工伤保险基金实现省级统收统支，研究制定失业保险省级统筹方案。全年企业职工基本养老保险基金征缴收入突破 1 000 亿元，超额完成全年预算目标，实现当期收支平衡，有力保障待遇按时足额发放。集中开展机关事业单位养老保险制度改革攻坚行动。

（二）深入实施全民参保计划。

加强与税务部门协调联动，建立包联督导机制，依法依规精准扩面。截至 12 月底，全省城镇职工基本养老保险、失业保险、工伤保险参保人数分别达到 1 805.47 万人、747.36 万人、1 084.64 万人，城乡居民基本养老保险覆盖人数为 3 552.84 万人，均超额完成全年扩面任务。

（三）稳步提高社会保险待遇水平。

落实基本养老金正常调整机制，同步调整企业和机关事业单位退休人员基本养老金，月人均增加 132 元。全省城乡居民基本养老保险待遇月人均水平达到 130 元。进一步提高工伤职工伤残津贴、供养亲属抚恤金标准，工伤职工伤残津贴月人均增加 257 元，供养亲属抚恤金月人均增加 106 元。

（四）开展社保基金风险防控提质年活动。

从提升社保政策落实质量、经办工作质量、信息技术防控质量、基金监管工作质量四个方面，明确重点措施、细化具体措施，集中开展社保基金管理问题专项整治系列活动，确保基金安全。

三、人才人事工作迈出新步伐

全面贯彻习近平总书记关于新时代人才工作的新理念新战略新举措，持续深化人才发展体制机制改革，完善人才培养、评价、使用、激励、引进等制度，为经济社会发展提供人才智力支持。截至 12 月底，全省专业技术人才总量达到 326.5 万人，技能人才达到 1 046.6 万人，其中高技能人才 309.7 万人。

（一）加强技能人才队伍建设。

新建 7 个国家级、10 个省级高技能人才培训基地和技能大师工作室。全面推行职业技能等级认定制度，遴选第三方评价机构 105 家，认定技能人才自主评价企业 580 家。加快完善职业技能竞赛体系，开展省级一类竞赛 20 项、二类竞赛 17 项，在全国乡村振兴职业技能大赛上，河北省选手取得 1 金 2 银 3 铜的优异成绩。

（二）加强专业技术人才选拔培养力度。

深化职称分类制度改革，制定印发全部 27 个系列 67 个专业职称制度改革实施方案和评价标准，健全以同行评审为基础的业内评价机制，持续向用人单位放权、为人才松绑。深化高技能人才与专业技术人才发展贯通，贯通领域扩大为 8 个职称系列。组织开展河北省政府特殊津贴、优秀专家出国培训、高层次留学人才回国资助、海外赤子为国服务等人才项目，加快博士后事业创新发展，实施专业技术人才知识更新工程。

（三）加强高层次人才引进。

成功举办“中国河北高层次人才引进交流大会”高校行活动、第十一届“河北省沿海经济带高层次人才交流大会”等系列招才引智活动，广泛发动用人单位提供优质岗位，围绕重点项目开展对接洽谈，吸引海内外高层次人才来冀就业创业。

（四）积极推进事业单位人事薪酬制度改革。

印发关于做好事业单位工作人员转岗聘用

工作的通知，打通事业单位各类岗位之间人员流通渠道。组织河北省直事业单位2021年集中公开招聘。圆满完成各类专业技术人员资格考试和国家公务员考试任务，实现了疫情期间考试安全平稳，被人力资源社会保障部考试中心评为优秀等次。全力抓好疫情防控人员薪酬待遇落实、事业单位绩效工资总量核定、义务教育教师待遇保障、公立医院薪酬制度改革等工作，推动事业单位工资待遇实现新提升。

（五）扎实做好表彰奖励工作。

高标准完成国家和河北省脱贫攻坚总结表彰、庆祝建党100周年功勋荣誉表彰等重大任务，推荐的塞罕坝机械林场被授予“全国脱贫攻坚楷模”荣誉称号。积极向国家申请新增6个省级表彰项目，优化调整全省表彰项目，省级以下创新创建示范活动压减54%。人力资源社会保障部对河北省给予充分肯定，两次全国表彰奖励工作会议均推荐河北省作典型发言。

四、劳动关系保持总体和谐稳定

积极防范劳动关系领域矛盾风险，加强风险隐患排查，完善应急处置机制，坚决守住不发生区域性系统性风险的底线。

（一）突出做好根治欠薪工作。

深入宣传贯彻落实《保障农民工工资支付条例》，出台保障农民工工资支付办法、工程建设领域农民工工资专用账户管理暂行办法，开展集中整治拖欠农民工工资问题专项行动，以政府投资工程、国企项目欠薪问题为重点，依法惩处恶意拖欠农民工工资、侵害劳动者合法权益等违法行为，全省欠薪案件实现动态清零。

（二）积极构建和谐劳动关系。

开展“稳就业、促发展、构和谐”集体协商共同约定行动，健全完善劳动关系三方协调机制。制定《河北省疫情防控期间劳动关系处理指南》，对企业和职工普遍关心的劳动关系问题统一政策解释口径，及时回应社会关切。加强新就业形态劳动者劳动权益保障，八部门联合出台实施办法，河北省办法出台早、措施实，受到人力资源社会保障部批示肯定。加快推进河北省属国有企业负责人薪酬审核备案工作，改革薪酬审核备案办法，全部完成2019年和2020年河北省属国有企业负责人薪酬审核备案工作，发布2020年部分职业工资指导价位，开展最低工资标准抽样调查。持续加强各级仲裁院标准化、制度化、规范化建设，劳动人事争议调处效能不断提升。

（三）认真细致做好信访维稳工作。

建立厅级干部包联和各市包联两本化解台账，集中开展大督查大接访大调研等活动，国家信访局和河北省信访联席办公室交办的801件重复信访事项全部办结。2021年全年共受理调解仲裁案件3.95万件，比2020年增长26.7%，调解人数4.27万人，比2020年增长23.4%，结案率达到99%。

五、服务“三件大事”有力有效

（一）全力支持雄安新区人力资源社会保障改革创新。

积极跑办对接国家部委，争取国家政策支持，配合人力资源社会保障部研究制定支持北京非首都功能向雄安新区疏解的社会保障政策。继续加大对雄安新区就业创业和技能培训资金支持力度。争取国家重点人才项目支持，编制发布《2021年雄安新区急需紧缺人才目录》。成功举办第三届雄安新区人才智力交流大会。

（二）加强京津冀人力资源社会保障协同合作。

落实京津冀疫情联防联控工作机制，推动成立京津冀农民工返乡返岗服务保障协调小组，做好疫情期间在京津务工河北籍农民工返乡返岗服务保障工作。开展京津冀人力资源服务机构结对共建活动，三地13对人力资源机构签订结对共建合作协议。举办第九届“京津冀招才引智大会”、京冀2021年“春风行动”联合招聘会、京冀家庭服务对接交流会等系列活动。举办京津冀集体合同示范文本签约仪式和京津冀劳动关系协同工作座谈会，构建区域劳动关系协同发展新格局。

（三）持续做好冬奥会筹办相关工作。

加强与张家口、崇礼和河北省直有关部门的沟通对接，主动支持冬奥会张家口赛区筹备工作。深入实施冰雪产业技能人才培养储备计划，全省累计培训面向冰雪产业所需安保、礼仪、消防、餐饮等方面急需人员 3.16 万余人。联合河北省冬奥办、张家口市政府共同举办 2021 年河北省冬奥冰雪产业人才交流大会，共组织 406 家单位，提供 13 789 个就业岗位。

六、巩固拓展脱贫攻坚成果取得新成效

（一）加大就业帮扶力度。

印发关于切实加强就业帮扶巩固拓展脱贫攻坚成果助力乡村振兴的推进方案等文件，联合河北省乡村振兴局 4 次召开全省脱贫人口稳岗就业会议，建立务工就业按季通报制度。建立健全“一册两表六清单”，将就业帮扶实名制管理、脱贫劳动力求职招聘与全省脱贫攻坚综合信息系统融合链接，实现“三网合一”，对脱贫劳动力实现全覆盖、全实名和全过程管理服务，通过有组织劳务输出、帮扶车间吸纳、居家灵活就业、返乡创业带动、乡村公岗开发等“5+N 渠道”促进务工就业。2021 年全省脱贫劳动力务工 90.55 万人，完成目标任务 83.4 万人的 108.57%。

（二）精准开展技能培训。

实施农村劳动力就地就近转移培训工程，采取“岗位+技能+劳动力+就业”的培训模式，完成培训 2.1 万人，超额完成全年 2 万人的任务。开展脱贫劳动力就业技能培训，针对脱贫劳动力意愿和岗位需求，突出易地搬迁后续帮扶，依托当地特色产业、安置点用工项目、劳务输出项目开展针对性培训，累计培训脱贫劳动力 1.79 万人。

（三）全面落实社保帮扶政策。

加强与民政、乡村振兴等部门的协同联动，加强脱贫人口、低保、特困、重残、返贫致贫、易返贫致贫等六类人员托底帮扶，为 150.44 万人代缴社保费 1.5 亿元，为达到待遇领取年龄的 131.95 万人发放养老金 17.99 亿元，实现参保率、代缴率、发放率三个 100%。

（四）强化人事人才支持。

延续脱贫攻坚期间专家服务基层、职称单独评审和定向评价使用等政策，对乡村振兴重点帮扶县事业单位招聘、“三支一扶”志愿者招募给予政策倾斜。组织“专家服务基层助力脱贫攻坚”等系列活动，促进人才、智力、技术等要素向贫困地区流动。

七、公共服务效能实现新提升

（一）建设应用全省人力资源社会保障一体化公共服务平台。

坚持以数字化赋能人力资源社会保障管理服务，坚持“全国一流”标准，按照“开放性、便利性、公共性、智能性、安全性”原则，建设全省人力资源社会保障一体化公共服务平台。开通全省人力资源社会保障业务“一网通办”平台，河北省本级“一窗综办”服务大厅实现对外办公，具备监测决策功能的一体化指挥大厅投入使用，初步实现全部事项网上办、大厅服务一窗办，为科学决策、高效管理、快捷服务、防控风险提供了更为有力的信息化支撑。

（二）深入开展人力资源社会保障服务快办行动。

实现人力资源社会保障公共服务 10 个事项“打包办”“网上办”，120 个事项“提速办”，平均提速 50%以上，30 个事项“跨省通办”。在全国人力资源社会保障系统“快办行动”总结大会上作了典型发言。扎实开展厅局长走流程、政务服务“好差评”等工作，推广应用人力资源社会保障政务服务电子地图，采集有效服务点 9 976 个，为办事企业和群众提供清晰定位指引。

河北省人力资源和社会保障厅

山 西 省

2021 年，山西省人力资源社会保障系统坚持以习近平新时代中国特色社会主义思想为指导，深入学习贯彻习近平总书记视察山西重要讲话重要指示精神和关于人社工作的重要论述，认真落实党的十九届六中全会和省第十二次党代会精神，紧跟省委省政府决策部署，紧贴全省人民群众对美好生活的需求期盼，紧扣构建新发展格局的实践要求，把准方向、找准定位、精准发力，各项工作任务顺利完成，实现了“十四五”良好开局，为山西全方位推动高质量发展贡献了人社力量。

一、稳就业保就业取得新成效，全省就业形势保持总体稳定

坚持就业优先政策，全年城镇新增就业 50.57 万人，农村劳动力转移就业 52.18 万人，零就业家庭全部动态清零，城镇登记失业率和调查失业率均在年度控制目标以内，胡春华副总理在山西考察老工业基地就业工作时对山西省就业工作给予了充分肯定。持续稳定和扩大就业岗位供给，落实省委省政府市场主体倍增工程决策部署，编制人力资源服务业、教育培训业、新型就业领域市场主体倍增工作方案，制定人力资源服务支持民营经济发展政策举措。延续实施援企稳岗政策，发放失业保险稳岗返还 3.68 亿元，惠及 2.9 万户企业 215.7 万名职工。突出抓好重点群体就业，开展高校毕业生就业服务行动，2021 届高校毕业生总体就业率达 93.41%，高于上年度 2.38 个百分点；“点对点”帮助 3.15 万农民工返岗复工；对 2 051 个重点社区（村）24.52 万人开展充分就业帮扶行动。强化技能带动就业效应，构建“技能培训、政策支撑、劳务市场、信息管理”四大体系，全省组织职业技能提升培训 220.3 万人，新增考证持证 101.95 万人，电子培训券发放量、使用量稳居全国之首。建立三级联动、纵横贯通的省外劳务服务体系，设立省外出务工人员劳务服务总站 1 个、区域中心站 3 个、工作站 114 个，省外新输出就业 38.59 万人。提供高质量公共就业服务，组织约 12.49 万家次用人单位提供 286.56 万个（次）就业岗位。大力发展人力资源服务业，全省人力资源服务机构 1 106 家，从业人员 10 398 人，营业收入 136.82 亿元。加快建设零工市场、劳动力市场，健全就业服务体系，运城市盐湖区搭建零工市场助力务工人员灵活就业受到国务院第八次大督查通报表扬。

二、社会保险制度改革迈上新台阶，覆盖全民的社会保障体系进一步完善

认真落实省委省政府《深入学习贯彻习近平总书记重要讲话精神加快完善全省社会保障体系工作方案》，实施全民参保计划，基本养老保险覆盖率超过 95%，工伤保险、失业保险基本实现法定人群全覆盖。企业养老保险省级统筹全面规范实施运行，位居全国第一方阵；积极做好全国统筹衔接准备工作，是全国首批纳入国家统筹信息管理系统的省份之一。完善工伤保险省级统筹配套政策。启动全省失业保险省级统筹。机关事业单位养老保险制度改革全面落地，城乡居民补充养老保险制度全面实施，被征地农民养老保障政策体系不

断完善。下决心解决企业欠缴养老保险费、原试点事业单位退休人员欠发取暖费等问题。深入开展社保基金管理问题专项整治行动，在全国率先启动基金安全警示教育月活动。推动社会保险数据与税务数据共享，提升缴费便利度，受到国务院第八次大督查通报表扬。省市县三级养老、失业、工伤保险经办机构实行“三险统一”“三级统一”。全省社保卡加载交通一卡通和山西文旅年卡，居民服务“一卡通”服务模式初步形成。

三、人才人事工作得到新加强，各类人才创新创造活力进一步激发

加强人才队伍建设，实施专业技术人才知识更新工程，举办省级高级研修班 40 期，培训急需紧缺高层次人才近 3 200 人；技能人才新增 70.45 万人，高技能人才新增 31.5 万人。拓宽高技能人才和专业技术人才职业发展贯通领域。持续深化职称制度改革，制定《职称评审管理实施细则》，修订完善出版、工艺美术等系列（专业）评价标准，建立体现行业特色、专业特点的职称分类评价标准体系。全面落实省委深化省校合作部署，牵头建设大学生就业创业基地和技能服务人才培养基地，选树 110 个创新创业平台，确定 20 个首批省校合作劳务品牌。支持太原理工大学、山西大学、中北大学创建“双一流”高校，持续落实用人自主权。支持白求恩医院建设国家区域医疗中心，设立医学科学研究专业职称评审委员会，开展自主评审。落实加强事业单位重塑性改革人事管理 12 条，确保改革平稳推进。认真实施全省脱贫攻坚、防汛抢险救灾等表彰项目。

四、和谐劳动关系构建展现新作为，收入分配格局进一步优化

印发省政府 14 条根治欠薪举措和《山西省保障农民工工资支付办法》，持续推进根治欠薪冬季专项行动。在国务院保障农民工工资支付工作考核中排名 A 级，连续四年位列全国第一方阵。建立金融机构保函替代农民工工资保证金制度，为企业释放流动资金近 66 亿元。完成“七一前欠薪清零”任务，清理拖欠企业职工工资 37.43 亿元，涉及 204 户企业、30.5 万人。实行企业欠薪零报告制度，对新发生欠薪问题及时处理，全省未发生因欠薪引发的群体性上访、舆情炒作事件。制定“新就业形态劳动者维权十七条”，召开全省平台企业行政指导会进行政策解读，开展维护新就业形态劳动者劳动保障权益专项行动，切实维护劳动者合法权益。开展公立医院薪酬制度改革，强化知识价值为导向，落实公立医院分配自主权。完善绩效工资制度，建立并改革与事业单位分类、财政保障相匹配的绩效工资总量核定政策，明确将科研人员职务科技成果转化现金奖励纳入绩效工资管理办法。发布企业工资指导线，提高全省最低工资标准、三项社会保险待遇、乡镇工作补贴标准，切实增加城镇居民收入。全省城镇居民人均可支配收入 37 433 元，同比增长 7.6%。

五、人社帮扶推出新举措，巩固拓展脱贫攻坚成果同乡村振兴有效衔接进一步强化

进一步推进就业帮扶增收入、技能帮扶强素质、社保帮扶保生活、人才人事帮扶促发展，全面系统梳理“四个不摘”政策举措，调整优化 13 项人社帮扶政策。研究山西省全面推动乡村振兴加快农业农村现代化和巩固拓展脱贫攻坚成果有效衔接乡村振兴的政策措施，提出增强脱贫劳动力内生发展动力等 9 条衔接乡村振兴帮扶措施。对有劳动能力的脱贫不稳定户、易致贫户做到“应培尽培、愿培尽培”，全省脱贫劳动力务工就业 95.11 万人；对 28.7 万脱贫劳动力和重点监测对象开展技能培训；持续做好城乡居民基本养老保险保费代缴、城乡居民补充养老保险保费代缴工作；组织开展倾斜支持艰苦边远地区事业单位招聘和村医“乡招村用”政策招聘；广泛组织开展专家服务基层活动。强化灾后就业帮扶，制定开发临时性公益性岗位、开展就业服务专项帮扶等政策措施，全省通过公益性岗位和鼓励小微企业吸纳帮扶受灾脱贫劳动力和重点监测劳动力 3 994 人次，确保受灾地区脱贫劳动力就业增收，防止因灾返贫致贫。

六、深化“放管服”改革实现新突破，人社服务效能进一步提升

持之以恒抓好行风建设，人社政务服务群众好评率接近 100%。大力推进“证照分离”改革全覆盖，压缩行政审批时限，在前期已经压缩时限 51%的基础上，再次压缩 10%。编制证明事项告知承诺制工作规程，推动 47 项证明事项实行告知承诺制。推出人社审批“码”上办服务，将 12 项审批事项文本材料制作生成二维码，填表打印一次完成。深入推进人社服务快办行动，将省直事业单位人员流动 8 项人社服务事项整合成“一件事”，办理时限压缩率 50%，申请材料精简率 40%；实施职称证书电子化，实行全流程网上办理、网上签发，共办理 1.3 万张职称电子证书。免除养老金发放信息推送费用，每年为群众节省 2 亿元。开展“厅局长走流程”活动 1 206 次，整改问题 971 项。开展线上线下人社政务服务“好差评”工作，省人力资源社会保障厅在省政务大厅的审批窗口“非常满意”率达 100%，被评为红旗窗口。组织全省各级人社窗口单位 1.7 万名工作人员参加练兵比武活动，提升业务能力。推进“法治人社”建设，配合省人大常委会出台《山西省人大常委会关于促进技能山西建设的决定》，以省政府名义出台《山西省保障农民工工资支付办法》，人社法律制度体系进一步完善；进一步完善人社行政执法监督体系，做好行政复议工作，加大应诉工作力度，不断强化对行政行为的监督，人社行政行为更加规范。

山西省人力资源和社会保障厅

内蒙古自治区

2021年是建党100周年，是“十四五”的开局之年，也是开启全面建设社会主义现代化国家新征程的第一年，内蒙古自治区各级人力资源社会保障部门以习近平新时代中国特色社会主义思想为指导，全面贯彻党的十九大和十九届历次全会精神，坚持以人民为中心的发展思想，紧扣走以生态优先、绿色发展为导向的高质量发展新路子，坚定信心、奋力进取，就业创业、社会保障、人才人事、劳动关系等各项工作取得了积极进展，实现了“十四五”良好开局。

一、就业局势保持稳定

坚持把稳就业、保居民就业作为工作的重中之重来抓，全面强化就业优先政策，积极主动应对疫情影响，稳存量、扩增量，强化政策落实和服务落地，全年城镇新增就业22.4万人，完成国家下达计划的124.7%；城镇登记失业率3.84%，低于年度控制目标1.16个百分点，城镇调查失业率低于控制目标，全区就业局势总体稳定、稳中向好。

（一）就业工作推动有力有序。

印发自治区“十四五”就业促进规划，明确“十四五”时期促进就业的指导思想、主要目标和重点举措等。加快落地减负稳岗扩就业政策，放宽技能提升补贴申领条件，扩大以工代训政策实施范围，执行降低失业和工伤保险费率等阶段性稳就业政策，拨付失业保险稳岗返还资金8.8亿元，惠及131.9万人，为3.6万人次发放技能提升补贴5 782.5万元。

（二）重点群体就业工作扎实推进。

始终紧盯高校毕业生、农牧民工等重点群体就业，取消就业困难人员认定户籍限制，全年高校毕业生实现就业或落实就业去向14.0万人，完成年度计划的107.5%；农村牧区劳动力转移就业248.9万人，完成计划的103.7%；帮扶失业人员再就业11.4万人、就业困难人员就业7.6万人，分别完成计划的228.2%和189.6%，零就业家庭持续保持动态清零。

（三）职业技能培训持续加强。

全面启动“职业技能提升行动质量年”活动，大力推广职业培训券，全年开展补贴性培训86.5万人次，完成计划的298%，其中以工代训惠及企业3.2万余家，企业职工46.7万人；企业新型学徒制培训1.5万人，完成计划的168%；支出职业技能提升专账资金12.6亿元，完成计划的126%。

（四）公共就业创业服务更加健全。

深化“创业内蒙古”行动，创业培训2.9万人，发放创业担保贷款17.5亿元。加强集供需调查、培训对接、就业对接、跟踪服务为一体的“四位一体”公共就业服务云平台的推广应用，组织全区春季招聘会、秋季招聘会等各类招聘活动，累计提供岗位109.5万个。

二、社会保障网不断织密扎牢

积极构建覆盖全民、统筹城乡、公平统一、可持续的多层次社会保障体系，抓改革、促扩面、防风险、保发放，社保制度体系不断完善、待遇水平稳步提高。

（一）制度体系日臻完善。

持续完善企业职工养老保险自治区级统筹

制度，制定失业保险基金自治区级统筹制度的实施意见，完善工伤保险自治区级统筹。

（二）覆盖范围持续扩大。

深入实施全民参保计划，截至2021年底，全区参加基本养老保险、工伤保险、失业保险人数分别达到1 614.8万人、338.2万人和290.9万人，均超额完成国家下达的计划目标，分别比2020年底增加44.2万人、2.1万人和14.4万人。

（三）待遇水平稳步提高。

城镇退休人员养老金月人均增资4.5%，城乡居民基础养老金标准由每人每月133元提高至140元，分别惠及全区310多万名退休人员和260多万名城乡居民基本养老保险待遇领取人员。失业保险金、工伤职工伤残津贴等待遇稳步提高。

（四）服务效能明显提升。

会同税务部门全面拓宽网上缴费渠道，社保缴费实现“零跑腿”。职业年金投资运营工作成效显著，全区121家职业年金经办机构全部实现投资运营，2021年度投资收益率为6.9%。建立到龄退休人员养老金预发机制，解决了每年上半年新退休人员因平均工资公布滞后造成待遇核定不及时、领取养老金延迟的问题。社保基金管理问题专项整治扎实推进，对10类45种问题进行全面自查、互查和抽查。

三、人才人事制度改革纵深推进

坚持党管人才原则，积极打通人才培养、引进、评价、使用链条，为高质量发展提供有力人才支撑。

（一）专业技术人才队伍建设不断优化。

深化职称制度改革，突出品德、能力和业绩评价导向，修订出台13个系列（专业）职称评审条件，制定高技能人才与专业技术人才职业发展贯通办法。深入实施专业技术人才知识更新工程，荣获第六届全国杰出专业技术人才2人、先进集体2个，表彰自治区杰出人才奖10人、突出贡献专家99人。

（二）技能人才队伍规模不断壮大。

组织实施“百千万”高技能人才培养计划，表彰第六届技师高级技师突出贡献奖获得者，举办第二届全国技工院校学生创业创新大赛自治区选拔赛，参加全国乡村振兴职业技能大赛，扩大企业技能人才评价覆盖面，新认定职业技能等级认定评价机构147家，新增高技能人才3.6万人，完成年度目标的119.5%。

（三）高层次人才引进工作不断加强。

先后5次发布全区高层次急需紧缺人才需求目录，会同自治区党委组织部赴清华大学、北京大学开展“广纳英才·智汇草原”内蒙古人才政策推介暨专场招聘活动，全年为自治区本级引进高层次人才231名。经推荐评估，择优给予2020年度自治区本级事业单位引进的87名高层次人才1 600万元科研启动支持经费，对入选2020年度“草原英才”工程青年创新创业人才培养计划的第一层次青年人才给予225万元科研经费滚动支持。

（四）事业单位人事制度改革不断深化。

规范公开招聘工作，缩短公开招聘周期。修订出台自治区事业单位岗位设置管理实施意见，开展专业技术二级岗位人员申报聘用工作。完成2021年度义务教育教师与当地公务员平均工资收入水平的比对工作，全面开展教师待遇排查工作。深化公立医院薪酬制度改革，牵头起草了自治区深化公立医院薪酬制度改革实施方案（送审稿）。各项人事考试安全平稳举行，累计报考人数达54.7万人次。高标准完成表彰奖励和政府任免工作。

四、劳动关系保持总体和谐稳定

围绕化解劳动关系领域风险矛盾，完善风险监测和预警防控机制，加强劳动监察、劳动人事争议调解仲裁等工作，加大根治欠薪工作力度，有效维护企业和劳动者合法权益。

（一）劳动关系协调机制积极推进。

和谐劳动关系创建活动深入推进，完成2020年度盟市党政领导班子构建和谐劳动关系考核工作。支持和规范发展新就业形态，制定维护新就业形态劳动者劳动保障权益的实施意见。加强和谐劳动关系单位、工业园区认定、管理工作，全区已认定和谐劳动关系单位2 011家、工业园区23个。

（二）企业工资宏观调控不断加强。

调整全区最低工资标准，一类地区最低工资标准由1 760元调整到1 980元，二类地区由1 660元调整到1 910元，三类地区由1 560元调整到1 850元，取消四类地区。测算和公布2021年度工资指导线，发布2020年度劳动力市场工资价位。印发贯彻落实技能人才薪酬分配指引工作方案。持续推进国有企业工资决定机制改革和国有企业负责人薪酬制度改革。

（三）劳动保障监察明显强化。

开展了人力资源市场专项治理、劳务派遣职工权益专项执法行动和根治欠薪“百日攻坚”专项行动，共检查用人单位1.3万户，各级劳动监察机构立案查处欠薪案件201件，为8 471名农牧民追发工资1.8亿元。

（四）调解仲裁效能得到提升。

提升调解仲裁规范化、标准化、专业化、信息化建设水平，推进“互联网+调解仲裁”，全区各级调解仲裁机构共处理争议2.9万件，调解成功率64.3%，涉及劳动者3.1万人。

五、人社行风建设成效显著

凝聚“管行业必须管行风”共识，树牢“人人是窗口、处处有服务”理念，认真做好线上“一网通”、线下“一窗办”、服务“一卡通”工作，提升人社公共服务水平。

（一）线上“一网办”全面推行。

优化升级人社公共服务信息系统，上线运行全区人社网上办事大厅，面向全区企业和群众提供服务193项，网厅全年受理服务176万件，月均14.6万件。开通“内蒙古人社”手机App，提供养老待遇资格认证等高频服务事项69项，并全部接入“蒙速办”App。

（二）线下“一窗办”稳步推进。

在全区人社系统全面推行“前台综合受理、后台分类审批、综合窗口出件”的“综合柜员制”服务模式。深入实施“人社服务快办行动”，推出“单位新增一件事”“人员信息修改一件事”等8个社会保险“打包办”事项和“事业单位公开招聘”“高校毕业生一件事”4个人事人才“打包办”事项。

（三）社会保障卡应用范围逐步扩大。

在现场新发卡和补换卡已实现立等可取的基础上，实现批量制卡申领“一周到”，全区制发社会保障卡2 173.7万张。推动以社会保障卡为载体的惠民惠农补贴资金“一卡通”发放，开展社会保障卡在交通出行、旅游观光、文化体验、智慧城市等居民服务方面“一卡通”。

六、党史学习教育取得丰硕成果

按照学史明理、学史增信、学史崇德、学史力行的要求，把党史学习教育贯穿到人社工作各领域、全过程，抓实规定任务、创新自选动作，深入学习贯彻习近平总书记“七一”重要讲话和党的十九届六中全会精神，持续从百年党史中感悟思想伟力、汲取奋进力量，深刻领会“两个确立”的决定性意义，增强“四个意识”，坚定“四个自信”，做到“两个维护”。高标准完成“学党史、办实事”9件为民实事，各地人社部门开展的“我为群众办实事”实践活动也取得较好效果，达到了学党史、悟思想、办实事、开新局的目的，《听民声、解民忧、办实事——用心用情用力解决群众“急难愁盼”问题》办实事案例入选自治区党委党史学习教育领导小组创新案例。开展建党100周年系列庆祝活动，组织全体党员在革命烈士陵园集体宣誓以及知识竞赛、演讲比赛、“永远跟党走”大合唱等活动，为老党员颁发“光荣在党50年”纪念章，1人被评为自治区优秀共产党员。

内蒙古自治区人力资源和社会保障厅

辽 宁 省

2021 年，全省各级人力资源社会保障部门坚持以习近平新时代中国特色社会主义思想为指导，深入贯彻习近平总书记关于东北、辽宁振兴以及人社工作的重要讲话和指示批示精神，认真落实党中央国务院决策部署和省委省政府工作要求，强化党对人社工作的全面领导，履职尽责，苦干实干，拼搏进取，谋发展、促改革、优环境，惠民生、防风险、保稳定，圆满完成全年目标任务，各项工作取得积极成效，实现“十四五”良好开局。

一、就业创业工作

（一）主要目标完成情况。

大力实施就业优先战略和积极就业政策，坚持岗位开发、供需对接、援企稳岗、技能培训、创业扶持、就业援助、公共服务、失业防控多措并举，稳定市场主体，扩大就业规模，提高就业质量，保持全省就业形势总体稳定。全省城镇新增就业 48.42 万人，完成年度计划的 115.28%，各市均完成年度计划。全省城镇登记失业率 4.33%，低于年度控制目标 0.67 个百分点，各市城镇登记失业率均低于本地年度控制目标。

（二）失业保险稳岗返还情况。

继续放宽失业保险稳岗返还申领条件，裁员率按照不高于 6%、30 人（含）以下的参保单位裁员率不高于参保职工总数的 20% 掌握，加大“免申即享”力度，免申领直接拨付返还资金的覆盖范围由 10 人以下参保单位扩大到 200 人以下，全省共为 12.8 万户参保单位拨付返还资金 15.8 亿元，稳定岗位 336.3 万个，受益参保单位较上年增加 1.5 万户，增长 13.3%。

（三）高校毕业生就业创业情况。

全省开发 30 万个适合毕业生的岗位，落实 8.2 万个政策性岗位。实施“国家三年百万青年见习计划”，创新性地将毕业学年高校毕业生纳入就业见习政策范围，开发 1 万个院校类就业见习岗位。实施高校毕业生免费专业转换及技能提升培训，建成大学生智慧就业创业云平台，举办 2021 届高校毕业生全国网络联合招聘、“走进江苏、走进高校”招聘活动、“百校千企”人才对接计划、暑假返乡高校毕业生招聘、就业典型进校园宣传、“大学生留辽回辽来辽就业创业”主题宣传等活动，辽宁省推荐的基层代表吴书香荣获“全国最美基层高校毕业生”称号。2021 届全省 29.7 万高校毕业生实现就业 27.9 万人。

（四）重点群体就业援助情况。

办好“帮助 6 万名以上就业困难人员实现就业”省政府民生实事，省委党史学习教育领导小组办公室将其纳入“我为群众办实事、争作贡献促振兴”实践活动省级层面实施项目清单，全年累计帮扶 8.3 万名就业困难人员实现就业。全省登记失业人员实现再就业 50.8 万人，4 028 名脱贫劳动力享受就业援助政策，全省零就业家庭实现清零。为 1 148 家重点企业解决用工 2.4 万人，安排专列专车“点对点”运送农民工 2 097 人返岗，113.3 万农村劳动力转移就业。

（五）职业技能培训情况。

深入实施职业技能提升行动，优化培训补

贴政策，扩大政策惠及范围，面向企业职工、就业重点群体、脱贫人口大规模开展职业技能培训，落实稳岗扩岗以工代训培训补贴政策，全省职业技能培训 169.7 万人次，完成年度计划的 368.9%，各市均完成年度计划。职业技能提升行动专账资金使用 22 亿元，完成年度计划的 110%。开展企业新型学徒制培训 19 581 人，完成年度计划的 178%。全面推广职业培训券发放使用工作，全年共发券 39 万张，用券 9.7 万张，分别完成国家发券 23 万张、用券 2.3 万张的工作指标。

（六）就业失业监测情况。

严防就业失业风险，进一步优化“5500”户重点企业用工监测项目。实时监测 2021 届全省高校毕业生就业状况，建立防范裁员失业风险总体预案及应对大规模裁员、失业人员就业帮扶、重点地区专项援助、停工欠薪裁员失业群体性突发事件处置“1+4”预案体系。

（七）公共就业服务情况。

全省各级人力资源市场通过广泛收集岗位信息，聚焦重点群体，密集开展“迎新春送温暖、稳岗留工”“就业援助月”“民营企业招聘月”“金秋招聘月”等公共就业服务行动，举办各类型招聘活动 5 783 场，提供岗位 212 万个，登记求职 112 万人，为 42 万人提供职业介绍服务。实施就业创业服务行动，上线运行省级集中就业服务信息平台系统。积极推进《辽宁省就业创业证》电子证照上线应用，实现部、省、市三位一体数据共享联动。

二、社会保障工作

（一）企业职工和城乡居民基本养老保险情况。

全省企业养老保险参保人数 1 867.3 万人，较上年末净增 34.5 万人，完成年度计划的 101.1%。积极争取国家支持，全年下拨辽宁省中央财政补助 670.5 亿元、中央调剂金 654.5 亿元，合计 1 325 亿元。企业养老保险基金收入 2 652.7 亿元，确保了全省 764.1 万企业离退休人员养老金按时足额发放。企业养老保险省级统筹顺利通过国家验收。根据国家统一部署，全省 745.7 万名企业退休人员养老金月人均提高 127 元，月人均达到 2 849 元。全省城乡居民基本养老保险参保人数 1 040.9 万人，其中享受待遇 437.9 万人；基金当期收入 81.9 亿元，基金当期支出 77.7 亿元。

（二）机关事业单位养老保险情况。

全省机关事业单位养老保险参保人数 217.3 万人。基金收入 582.2 亿元，基金支出 588.4 亿元。职业年金建账人数 153.6 万人，累计投入运营资金 404.1 亿元。贯彻落实国家关于公务员实行职务与职级并行制度后养老保险政策、员额法官和检察官养老保险政策，将改革后退休的机关事业单位失独或终生未育无子女人员退休补贴政策纳入《辽宁省人口与计划生育条例》，积极稳妥解决外籍人员参加机关事业单位养老保险问题。启动 2021 年全省退休人员按新办法计发养老金工作。根据国家统一部署，全省 92 万名机关事业单位退休人员养老金月人均提高 159 元，月人均达到 4 732 元。

（三）失业保险情况。

全省失业保险参保 690.95 万人，完成年度计划的 101.2%，各市均完成年度计划。延续实施总费率为 1%的阶段性降低失业保险费率政策至 2022 年 8 月 31 日，全省累计减征失业保险费 12 亿元，全省失业保险基金总收入 42 亿元，总支出 83.9 亿元，为 72.96 万人发放失业补助金 13.9 亿元，继续执行疫情期间临时性提高失业保险金标准政策，全省月人均失业保险金达到 1 558 元。圆满完成失业保险省级统筹前期筹备工作，健全基金预算管理、收支运行体系，实现“一网一门一窗”通办。开通失业人员领取失业保险金期间医疗保险待遇不设等待期、不受历史欠费影响等绿色通道，兜底保障失业人员权益和基本生活。

（四）工伤保险情况。

全省工伤保险参保人数 807.9 万人（其中农民工 65.7 万人），完成年度计划的 100.2%，基金当期收入 44 亿元，基金当期支出 34.4 亿元。为 12.1 万名工伤职工及供养亲属按时足额支付各项工伤保险待遇，一级工伤人员伤残津贴、生活护理费和供养亲属抚恤金最低标准分别达到 2 722 元、2 129 元、1 247 元。完善工伤保险省级统筹，落实省级调剂金制度，上解资金 4 503 万元。创新开展工伤预防，实施工伤预防五年行动计划。指导各市平稳有序组织劳动能力鉴定工作，开辟工伤保障绿色通道。做好公务员工伤保障过渡性政策的平稳衔接，为各级党委、政府、人大、政协和各民主党派等部门提供优质高效的工伤保障服务。

（五）社会保险基金监管情况。

开展打击欺诈骗保专项行动，建立防范和打击欺诈骗保部门间工作协同机制，破解了通过法律手段追返基金无经费来源的难题。开展社保基金管理问题专项整治，确定 10 项排查任务，制定 8 个排查指引、21 张排查表、4 个排查手册，面向省市县开展 8 次培训，全系统开展“拉网式”核查，实现全省 184 个经办机构、327 个合作银行核查全覆盖，追回基金 327.22 万元。全年查处 6 起社保基金重大案件，涉案人员 14 人，分别被追究刑事责任、被公安机关立案调查和受到行政开除处分。

（六）社会保险经办服务情况。

全省社保卡持卡人数达到 3 860 万人，较上年末增加 36 万人，通过互联网提供各类社保卡服务 700 余万人次，利用社保卡发放养老保险待遇达到 60%。推动社保卡在政务服务、公共服务、金融服务等领域的应用，社保卡应用范围达到 95 项，居民服务“一卡通”格局初步建立。加快推动“金保工程二期”建设，7 大类 20 个分项项目建设全面完成。开展信息化便民服务创新提升行动，开通数据共享服务 130 项，59 项高频事项网上办理，提供网上服务 190 项。筑牢全省人社信息系统安全保障，在“辽宁护网 2021”“扫雷行动”“社保卡管理系统攻防演练”中取得优异成绩。公共服务平台建设加快推进，每月提供服务超过 200 万次，全年累计为群众提供各种申报、查询等服务 2 684 万次。

三、人才人事工作

（一）技能人才队伍建设情况。

实施进一步加强技能人才工作的若干措施，健全技能人才培养、使用、评价、激励机制。全年新增高技能人才 5.6 万人，完成年度计划的 111.3%。加强技能人才培养基地建设，评选省级职业技能培训示范基地 25 家，给予项目建设资金 7 500 万元，评选省级技能大师工作站 10 家，给予建设项目资金 100 万元。大力发展技工教育，全省新增 7 所技工院校，举办全省技工院校校长及骨干师资培训班，组织参加第二届全国技工院校学生创业创新大赛，取得二等奖的好成绩。举办省级各类竞赛 90 余项，组织新职业大赛、人工智能大赛、健康照护大赛的省级选拔赛，积极参加全国乡村振兴大赛、智能智造大赛，在第九届全国数控大赛四个项目比赛中，辽宁省代表队荣获两个二等奖、一个三等奖，对辽宁省 5 名进入国家集训队选手所在单位和承担国家集训任务的 4 家基地，共给予 100 万元补助资金。

（二）专业技术人员队伍建设情况。

全省实现新增专业技术人才 13.08 万人，完成年度计划的 144.4%。优化升级人事、职称、工资等政策供给，兑现人才集聚奖励政策资金 1.7 亿元。实施辽宁青年英才储备计划，新招收博士后研究人员 903 人，发放博士后生活补贴 9 100 余万元，评选辽宁省博士后创新实践基地 20 家，在第一届全国博士后创新创业大赛上，辽宁省选手获得 2 金 1 银 1 铜的好成绩。评选辽宁省“百千万人才工程”人选科技活动资助项目 125 个，资助经费 355 万元。实施“三支一扶”计划，招募 329 名高校毕业生到农村一线帮扶乡村振兴工作。实施专业技术人才知识更新工程，培训 36.9 万人，举办“基于人工智能的制造业高端智能化转型”“5G+工业互联网关键技术”2 个国家高级研修项目，培训 120 人。完成省委省政府 95 名“辽宁杰出科技工作者”、24 名“辽宁优秀企业家”表彰工作，及时兑现科技工作者每人 10 万元、总计 950 万元奖励。在第六届全国杰出专业技术人才先进个人和先进集体推荐申报评选工作中，辽宁省尚红院士和朱蓓薇院士、沈阳芯源微电子设备股份有限公司前道涂胶显影设备研发团队和沈阳农业大学设施园艺创新团队成功入选。

（三）人才评价机制改革情况。

分类推进专业技术人才评价机制改革，完善各系列和专业评价标准，省直部门、各市及相关用人单位组建 349 个高级评委会，支持重点项目科研攻关和抗疫一线医务和科研人员，开辟急需紧缺人才、民营企业、中小型科技企业职称评审“直通车”。推动职称评审向新兴产业拓展，开设安防工程专业和技术经纪专业，全年 1 184 名人才获评新设置的专业职称。实施进一步加强高技能人才与专业技术人才职业发展贯通的若干措施，重点培育一批在辽宁振兴中作出贡献的“工人教授”，以“大国工匠”洪家光为代表的 5 名优秀高技能人才获评正高级职称。推动职业技能人才评价机制改革，全省 58 户央企、95 户省内企业、37 所技工院校取得资质开展自主评价，155 家社会培训评价组织取得资质开展社会化评价，共发放职业技能等级证书 14 万本。

（四）人才引进情况。

建立重点产业领域人才需求调查发布机制，聚焦全省做好结构调整“三篇大文章”专项行动计划涵盖的 641 家企业 751 个项目，14 个市及沈抚示范区共上报 431 个项目 8 985 个人才需求岗位信息。打造“百校千企”人才对接计划升级版，到清华、北大等双一流高校开展人才招聘活动，吸纳优秀毕业生留辽来辽就业。支持用人单位采取现场考核、现场签约、现场聘用方式招聘引进高层次人才，针对解决“卡脖子”关键核心技术，开辟引才“绿色通道”。支持人力资源服务产业发展，出台《辽宁省省级人力资源服务产业园管理办法》。全省新招聘引进拥有博士学位或副高级以上职称的高层次人才 2 040 人。

（五）事业单位人事管理情况。

持续保障事业单位人事管理自主权，优化工作流程、提升服务质量，发布辽宁省事业单位人事管理和人才服务政策措施百问百答；为 70 家省直事业单位核准岗位设置优化调整方案，为 190 余家省直事业单位办理人员交流、岗位聘用 1.68 万人次，指导省属高校、公立医院、科研院所等事业单位招聘工作人员 2 981 人。配合省委组织部，建立全省县以下事业单位管理岗位职员等级晋升制度，在全省组织开展红色纪念馆公开招聘讲解员工作。专门开辟“绿色通道”，为省直卫生健康系统 42 名援鄂编外人员解决了事业编制，指导省监狱局完成事业单位管理人员岗位等级晋升工作，组织完成全省 374 名机关事业单位工勤技能人员参加高级技师考评工作。

（六）事业单位工资福利和表彰任免情况。

推动公立医院薪酬制度改革，提高特殊教育津贴标准，开展保障义务教育教师工资待遇专项督查，落实全省消防员工资待遇，完成 2021 年度全省事业单位工资统计年报工作。加强全省评比达标表彰项目管理，调整、设立项目 77 项，高质量完成省级抗击新冠肺炎疫情和脱贫攻坚评选表彰工作。辽宁省 20 名个人、19 个集体获得全国脱贫攻坚先进个人和先进集体称号，全年向国家相关部委推荐先进个人 106 名、先进集体 62 个。完成省政府部分领导人员行政职务任免 137 人次。

四、和谐劳动关系建设工作

（一）和谐劳动关系建设情况。

推进“和谐同行”劳动关系能力提升三年行动计划，评选认定 70 户企业为 AAA 级模范劳动关系和谐企业，9 个工业园区为省级模范劳动关系和谐工业园区。实施维护新就业形态劳动者劳动保障权益的若干措施，开展全省维护新就业形态劳动者劳动保障权益专项行动和“关爱外卖骑手”活动。加强劳动关系信息系统建设，全年全省劳动用工备案企业 27.1 万户，涉及职工 481.7 万人。推广使用电子劳动合同，全省经营劳务派遣单位 3 760 户，被派遣劳动者 26.8 万人，用工单位 10.03 万户，审批特殊工时制度并在有效期内的企业 3 749 户，涉及职工 78.4 万人。

（二）企业工资收入分配情况。

加强企业工资管理和宏观调控，调整全省最低工资标准，全省一、二、三、四类地区月最低工资标准分别提高到 1 910 元、1 710 元、1 580 元、1 420 元。发布企业工资指导线，分别为 4%、6%、8%，指导企业开展工资集体协商。组织开展企业薪酬调查，全省 18 个行业门类 8 922 户企业参与调查，发布了包括国有企业、金融企业、电商平台企业和外资企业在内的“1+4”劳动力市场工资指导价位。推进国有企业负责人薪酬制度改革，进一步健全企业工资增长机制。

（三）根治农民工欠薪情况。

坚持统筹协调、标本兼治、综合治理，依法规范工资支付行为。推动建设领域“一金三制”全覆盖，完善辽宁省欠薪预警信息系统建设，全省录入新开工建设项目 1 732 个。及时督办全国根治欠薪线索反映平台推送线索，欠薪线索查办率达到 98.4%。深入开展销案案件“回头看”行动，电话回访随机抽查满意率达 95% 以上。开展冬季专项行动，全年查处拖欠农民工工资案件 522 件，为 2.5 万名农民工追发工资待遇 7.16 亿元。强化联合惩戒，向社会公布欠薪严重违法企业 38 户，列入欠薪“黑名单”24 户，对欠薪违法行为形成有力震慑。

（四）劳动保障监察执法情况。

积极应对新冠肺炎疫情带来的新挑战，推行辽宁省人力资源社会保障涉企轻微违法行为不予处罚事项目录清单。加强劳动保障监察日常执法，检查用人单位 30 162 户，查处各类违法案件 7 268 件，结案率 100%。开展全省女职工产假等权益保护专项执法行动，对全省 2 932 户企业中 9.7 万名女职工权益保护情况进行了重点检查，查处案件 43 件，要求企业补签劳动合同 2 283 份，补缴社会保险费 11.9 万元。开展全省清理整顿人力资源市场秩序专项检查，检查用人单位等 1 619 户，查处案件 34 件，责令整改 34 件。

（五）仲裁信访情况。

实施劳动争议调解仲裁对接工作规则，推动多类型的调解组织建设，全省立案受理劳动争议案件 3.28 万件，涉及劳动者 3.76 万人，当期审结案件 3.26 万件，涉案金额 8.29 亿元。全省人社系统共接待群众来访 20 395 批次共 40 293 人次，来信 1 394 件次，办结 1 302 件次；网上信访 5 544 件次，办结 5 389 件次。国家交办的重复信访案全部化解。圆满完成建党 100 周年庆祝活动期间全省人社系统信访安全保障工作任务，确保了社会大局稳定。

五、行风建设工作

（一）优办快办行动情况。

全面优化提升“人社服务快办行动”。优化“打包办”，全省人社系统政务服务事项清单实现省市县三级十四统一，精减 125 项证明材料，27 项政务服务证明事项实行告知承诺，25 项高频事项办结时限压缩 50%，对 10 个群众眼里“一件事”打包办，2 200 余个人社服务窗口单位在高德地图精准定位，“证照分离”全覆盖改革在全系统顺利实施。全省 100%复制推广丹东市人力资源和社会保障局“办不成事反映窗口”经验做法。13 家窗口单位、6 名同志荣获全国人社系统优质服务窗口和优质服务先进个人称号。

（二）练兵比武情况。

开展 2021 年度全省人社系统窗口单位业务技能练兵比武活动，市内比试、全省笔试和组织线下比武。在练兵比武活动中，评选出 6 支优秀团队，50 名“人社知识通”，100 名“岗位练兵明星”，充分发挥了引领示范带动作用。辽宁省在业务技能练兵比武全国赛上取得优胜奖，3 名同志荣获全国“岗位练兵明星”称号。

（三）问题查改情况。

开展 2021 年全省人社系统“厅局长走流程”，全系统 1 509 人次参与“走流程”，发现问题和需求 678 个，提出整改措施 538 个。组织“百人监督团”开展明察暗访，同时，在全系统开展处（科）长“进大厅、进企业、进社区、进村镇、进讲堂”活动，梳理并整改行风突出问题 105 个。

辽宁省人力资源和社会保障厅

沈　阳　市

2021年，沈阳市人力资源社会保障系统坚持以习近平新时代中国特色社会主义思想为指导，全面贯彻落实党的十九大和十九届历次全会精神，深入贯彻落实习近平总书记关于东北、辽宁振兴发展的重要讲话和指示精神，着眼建设国家中心城市目标，统筹推进就业创业、社会保障、人才人事、劳动关系、行风建设等工作，坚持抓重点、攻难点、疏堵点、防漏点、燃亮点，以“最快的速度、最暖的温度和最努力的态度”，推动沈阳人力资源社会保障事业全面协调可持续发展，为沈阳新时代全面振兴、全方位振兴实现突破贡献力量。

一、就业“稳定器”筑得更牢

坚持就业优先战略，扎实做好稳就业、保就业工作，就业局势保持总体稳定，超额完成年度工作目标。2021年，完成城镇新增就业13.4万人，完成省年度工作目标的118%；城镇登记失业率控制在3.1%以内，低于省控制目标。

（一）加大就业政策支持。

制定实施《关于延续实施和优化完善减负稳岗扩就业政策措施的通知》《沈阳市推进实施“舒心就业”五年规划（2021—2025年）》，推进实施“舒心就业”工作，研究出台一系列实施细则，针对目标群体，编制就业政策清单，加大宣传解读，推动政策落实。建立就业工作目标责任制，压实各级政府就业工作主体责任。加强就业情况监测分析。

（二）促进高校毕业生就业。

2021年，沈阳市吸引就业创业高校毕业生12.5万人，其中应届高校毕业生4.9万人。深入落实引才宜居政策，为1.2万名高校毕业生发放购房补贴2.5亿元；为1.9万名高校毕业生和成熟实用人才发放就业创业租房补贴4 180万元；为805名高校毕业生发放就业创业生活补贴244万元；人才驿站累计接待求职毕业生入住4 039人（次）。扩大就业见习范围，提高见习补贴标准，优化补贴拨付流程，引导4 009名高校毕业生等青年到企业参加就业见习。向全国普通高校在校大学生发放“盛京新阳卡”，在吃、住、行等方面给予礼遇。实施“高校毕业生基层公共服务岗位计划”，招录1 376名高校毕业生到基层从事社保、农业、医疗、文化和科技等服务工作。组织举办“五送”进校园线上线下招聘会21场。

（三）抓好重点群体就业。

帮扶就业困难人员实现就业1.6万人，帮助156户零就业家庭实现就业，零就业家庭保持动态为零。开展“2021年就业援助月”等援助活动，通过走访排查、岗位推荐、政策扶持、兜底安置等方式帮扶就业困难人员就业。加强公益性岗位管理，发放公益性岗位补贴资金1.66亿元。为困难家庭高校毕业生提供精准就业帮扶，98名困难家庭高校毕业生实现就业。开展“春风行动”专项行动，促进农村劳动力转移就业，保障农村劳动力就近就地就业及外出务工，2021年，全市实现农村劳动力转移就业4.6万人。巩固脱贫人口稳岗就业，有就业意愿的3 929名脱贫劳动力全部实现就业。

（四）扶持创业带动就业。

深入落实各项创业扶持政策，进一步降低政策门槛，简化程序，优化补贴发放流程。2021年，扶持创业带头人2 990人，带动就业1.8万人；发放创业担保贷款16.1亿元，超过过去4年总额。发放创业孵化基地运营补贴经费418万元，创业带头人社保补贴155万元，创业标兵奖励资金15万元，营造浓厚的创业氛围。

（五）强化就业公共服务。

沈阳人力资源服务产业园获批成为辽宁省首家国家级人力资源产业园。上线运行“沈阳业市”舒心就业公共服务平台，依托“盛事通”App平台，推出“扫码求职”功能，为求职者提供简历提报、职位推荐、就业咨询等服务。全市公共人力资源服务机构组织各类招聘会729场，服务企业2.1万家次，提供就业岗位31万个，服务求职者24万人次。开展沈阳市人社干部“进企业、稳岗位、保用工”活动，推进就业人才服务专员试点，精准对接企业需求，提供政策咨询和用工服务。

二、社保“安全网”织得更密

将社会保险作为经济社会发展的“稳定器”，进一步深化社保制度改革，持续推进全民参保计划，努力实现从“制度全覆盖”到“法定人员”全覆盖。

（一）实施全民参保计划。

积极推动和引导未参保企业、中小微企业、新业态从业人员等重点群体参保。2021年，沈阳城镇职工基本养老保险、工伤保险、失业保险参保人数分别达到444万人（其中企业职工参保411.4万人，机关事业单位参保32.6万人）、211.2万人、155.2万人。

（二）及时调整社保待遇。

按照国家和辽宁省统一部署，完成企业和机关事业单位退休人员养老金调整工作，其中涉及企业退休人员132.6万人，人均增资134元，调整后月平均养老金达到3 040元。对失业保险金进行提标，新的失业保险金标准比原标准平均提高90元以上。调整工伤保险待遇，提高工伤职工伤残津贴、生活护理费和供养亲属抚恤金三项待遇水平。

（三）大力实施援企稳岗。

对符合条件的单位，按该单位及其职工上年度实际缴纳失业保险费总额的30%给予稳岗返还（中小微企业按60%），并将补贴范围扩大到非企业单位，通过大数据比对，对符合条件的单位实行“免申直返”。2021年，累计发放稳岗返还资金2.5亿元，惠及参保单位5万户，稳定就业岗位117万个。

（四）做好失业补助金发放。

继续为领取失业保险金期满仍未就业、不符合领取失业保险金条件的参保失业人员，发放失业补助金。加大信息比对力度，将参保人信息与就业、住房公积金等17个数据进行比对，确保失业补助金的发放质量。2021年，累计为28.3万名失业人员发放失业补助金4.26亿元。

（五）强化社保基金监管。

常态化开展警示教育活动和典型案例通报，开展养老、工伤、失业保险基金管理风险排查，及时纠正基金财务管理、稽核内控监督、信息化管理等方面存在的问题，实现各险种、各环节、各岗位的关键点、风险点全覆盖。

（六）优化社保经办服务。

依托沈阳政务服务网和工商银行“融e行”App开办灵活就业人员及企业退休人员社保网办项目。在沈阳市于洪区政务服务中心打造企业社保登记和申报缴费业务联办大厅，实现职工养老保险、工伤保险、失业保险参保登记和申报缴费业务“一厅办结”。推行机关事业单位养老保险业务网上经办，参保单位注册率达到100%，实现31个非特殊业务网上办理。

三、人才“强磁场”建得更快

树立正确人才导向，推动人才与产业发展深度融合，营造人才成长发展的良好环境，为沈阳建设国家中心城市提供坚实的人才保障。

（一）全面升级人才政策。

推出“人才新政3.0版”，坚持人才“全周期”服务理念，出台《沈阳市人才认定办法》等21项配套细则。借助辽宁电视台、沈阳电视台、《沈阳日报》等权威媒体，宣传解读“人才新政3.0版”及相关细则；举办“巨才燎沈”系列主题活动，邀请院士专家和企业家，共同盘点沈阳市人才队伍建设成效，围绕“创新沈阳”，探讨人才队伍建设发展战略。

（二）壮大专业技术人才队伍。

引入市场化评价方式，探索授权产业链“链主”企业自主认定人才，2021年沈阳市累计认定高层次人才3 071人。新增享受国务院政府特殊津贴专家10人，享受市政府特殊津贴专家25人；推进沈阳市博士后培养工程，支持沈阳市域内企事业单位开展博士后工作；实施中青年科技英才培养工程，对46名高层次人才及24家单位奖励资金8 160万元。

（三）深化人才链与产业链融合。

重点突出人才链与20条产业链的有机融合，以产业链重点企业需求为导向，编制发布2021年度《沈阳市急需紧缺人才需求目录》，围绕改造升级“老字号”、深度开发“原字号”、培育壮大“新字号”结构调整“三篇大文章”，绘制各产业链、各地区“人才地图”，为全市人才开发提供科学参考。

（四）加大技能人才培养。

完成职业技能培训58万余人次，使用资金6.6亿元。印发《沈阳市职业技能竞赛管理及奖励实施办法（试行）》，构建具有沈阳特色的职业技能竞赛体系。深入开展“以工代训”，为3万余家企业发放培训补贴3.3亿元。新增市级技能大师工作室5个、高技能人才培训基地建设项目3个，“盛京大工匠”10人。在辽宁省率先开展高技能人才职称评审和非公领域专业技术人员职称评审，63名一线技术工人获得相应专业和层级技术职称。成功举办沈阳市“匠心传继　莘绅向阳”职业技能竞赛。完善职业技能提升补贴政策，放宽补贴申领条件，2021年为2.6万名企业职工发放职业技能提升补贴8 352万元。

（五）加强事业单位管理。

开展沈阳史上最大规模事业编教师招聘，为全市公立学校招聘各学科教师3 116名。将事业单位定向招聘符合政府安排工作条件的退役士官的工作经验作为典型经验推广。

四、维权“防护层”做得更厚

坚持维护劳动者权益和促进企业发展同步推进，依法维护劳动关系双方权益，妥善化解矛盾纠纷，积极构建和谐的劳动关系。

（一）加强企业用工指导。

出台《沈阳市共享用工指导和服务工作指引》，搭建共享用工信息对接平台。推进电子劳动合同的开发应用，实施网上用工备案。调整最低工资标准，市内9区由1 810元调整为1 910元，辽中区、新民市、法库县、康平县由1 540元调整为1 640元。

（二）强化劳动监察执法。

2021年，全市劳动监察队伍检查用人单位17 477户，受理举报投诉案件1 656件，为1.3万名劳动者追发工资等待遇3.27亿元。全市累计受理农民工欠薪案件499件，为2.3万名农民工追偿工资等劳动报酬7.16亿元。向社会公布重大劳动保障违法案件32件，列入欠薪“黑名单”单位5户。

（三）加大仲裁调解力度。

推进“金牌调解组织”建设，建立“金牌调解组织”7家。在全市15个劳动人事争议仲裁机构设立法律援助站，降低劳动者维权成本。开展“百名仲裁员服务企业”活动，零距离化解企业矛盾纠纷。2021年，全市劳动仲裁机构调解成功率72.1%，仲裁结案率97.3%，仲裁终结率75.5%。

（四）做好信访维稳工作。

创新开展人社业务预警研判，通过12333、网上诉求平台收集、汇总各类苗头性问题，每月对相关问题编制形成预警研判报告。推动解决全市人社领域共性信访问题，针对档案丢失无法办理退休及企业职工补缴养老保险问题，研究化解路径。推进局级领导干部包案接访工作，2021年局级领导累计接访12次。

五、行风“压舱石”做得更硬

把党的建设放在首位，巩固深化“不忘初心、牢记使命”主题教育成果，持续开展“两学一做”。深化“放管服”改革，人社营商环境迈上新的台阶。

（一）党建工作特色鲜明。

组织开展庆祝建党100周年“七个一”系列活动，编制《沈阳市人力资源和社会保障局党建+人社业务融合典型经验文集》，组织《心里话儿向党说——市人社局庆祝建党100周年主题征文活动汇编》，印发《七一党建特刊》，开展全市事业单位“学党史 优环境 我为党旗增辉”“人人都是营商环境 个个都是开放形象”主题演讲活动。

（二）深入推进快办行动。

10个“一件事”实现“一套材料”“一站受理”“一次办结”。深化“一网通办”和“人社智办”，9个“一件事”上线运行。推进服务“四减”，平均材料数减至2.9个，平均跑动次数压至0.2次，平均办理环节数减至3.5个，平均办理时限压缩率77.4%。

（三）着力加强窗口建设。

统一经办大厅窗口工作人员着装，监督评价经办服务的规范性、标准性。通过双休日延时服务，推广“预约、上门、帮代办”服务，实行业务经办期预审分流。根据工作实际，科学设置“综合窗口”提供“帮代办”“跨省通办”等业务。打造“办不成事”反映窗口，建立“办不成事”反映窗口16个。沈阳市代表辽宁省参加“2021年度人社窗口单位业务技能练兵比武全国赛”，并荣获优胜奖。

（四）加大服务企业力度。

持续深化“万人进万企”活动，根据企业需求，匹配干部帮扶，派出69名干部帮扶80家企业，推进企业诉求高效解决。组织开展“一联三帮”惠企服务，印制惠企“政策包”，印发解读材料，强化政策“直送、直办、直达、快办”，确保企业深入了解各项政策，最大限度享受政策红利。

沈阳市人力资源和社会保障局

大连市

2021年，大连市人力资源社会保障系统在市委、市政府的坚强领导下，认真落实市委、市政府决策部署，扎实推进就业创业、社会保障、人才人事、劳动关系和行风建设等工作，各项工作取得了明显成效。

一、着力维护全市就业局势稳定

（一）就业工作组织领导不断加强。

召开全市就业工作会议暨就业工作领导小组会议，实施15项全方位公共就业服务承诺，开展22项稳就业重点活动。将各地区就业工作指标落实情况纳入市政府经济运行重点工作进行通报，形成政策协调和传导落实机制。全市城镇新增就业13.3万人，完成年度确保指标的116.8%；城镇登记失业率3.24%，低于年度控制指标0.56个百分点。

（二）就业优先政策持续完善。

出台一系列涵盖援企稳岗、技能培训、风险防控等多层次、多维度的就业政策。累计发放就业补助资金、职业技能提升专账资金、失业保险基金等用于援企稳岗保就业政策资金30.8亿元，惠及7万余户企业、58万人。

（三）重点群体就业保持稳定。

组织开展“人社干部包高校促就业”专项行动，有就业意愿的2021届离校未就业高校毕业生就业率达98.6%。面向外来务工人员组织举办各类专场招聘活动181场，开展就业困难人员就业援助月专项活动。城镇失业人员再就业15.16万人、就业困难人员就业1.63万人，分别完成省指标的172.3%、148.1%；帮扶零就业家庭360户，实现动态为零。

（四）支持创业带动就业。

强化“创政、创培、创孵、创服”创业服务工作机制，扶持创业带头人2 241人，完成全年指标的140.1%。22家市级平台在孵企业1 015户，带动就业0.4万人。

（五）抓好服务保障。

向1.68万户企业发放春节期间一次性稳定就业补贴7 000余万元，稳定岗位14.65万个。建立重点企业、重大项目用工保障常态化机制，为重大项目配备213名“服务秘书”，设立24小时“开复工援助热线”，组织200名人社干部开展“进千企解难题”活动。为2.33万户企业发放稳岗返还资金4.49亿元，稳定就业岗位45万人。短周期、多频次举办线上、线下招聘会231次。

二、不断完善社会保险制度体系

全市企业职工基本养老保险、机关事业单位基本养老保险、城乡居民基本养老保险参保人数分别为321.13万人、26.62万人、126.1万人；工伤保险参保219.8万人，失业保险参保171.67万人。

（一）养老保险政策全面落实。

连续第17年提高全市企业退休人员基本养老金水平，惠及120.61万名退休人员。延续实施降低采暖费费率政策至2022年5月，预计为参保单位减负6.2亿元。企业职工基本养老保险省级统筹工作稳步推进。扎实做好基金安全及内控管理，主动防范化解基金支付风险。

（二）工伤保险运行机制不断完善。

工伤认定管理逐步规范。制定工伤预防五年行动计划。工伤保险“预防、补偿、康复”三位一体制度体系进一步完善。

（三）切实发挥失业保险稳就业保民生作用。

累计为12.7万名失业职工发放失业保险金12.45亿元，为35.8万名失业职工发放失业补助金7.1亿元，兜底帮扶失业人员。

三、持续推进完善人才服务、人事管理和考核评比表彰工作

（一）专业技术人才队伍建设不断加强。

出台《鼓励引导人才向瓦房店市、庄河市、长海县流动的具体落实意见》等文件。对标全市发展战略，按分工落实“1+31”人才政策，全年为6 000余名各类人才发放项目补助（补贴）资金2亿元。引进博士以上学历或高级职称人员451人，超额完成省引进高层次人才425人的考核指标。全市新增专业技术人才4.75万人。

（二）技能人才队伍不断壮大。

出台《大连市开展新型职业技能提升工程工作方案》等文件。创新开展职业技能电子培训券试点工作，发放数量居全省首位。建设市级技能大师工作室10家、省级技能大师工作站1家。开展“大连工匠”选树。圆满完成第十二届大连市职业技能竞赛。全市开展职业技能培训40.9万人，完成省指标的454.4%，其中企业新型学徒制培训4 792人，完成省指标的239.6%；全年新增高技能人才10 264人，均居全省前列。

（三）事业单位管理不断规范。

组织招聘1 093名事业单位工作人员，为区市县补充385名教师，下放长海县教育和医疗卫生人员招聘权限。完善市直事业单位绩效工资管理办法，制定园区薪酬分配指导意见。

（四）考核评比表彰有序实施。

稳妥推进市直部门所属处级及以下事业单位实绩考核工作。加强评比达标表彰工作管理，圆满完成国家、省、市抗击新冠肺炎疫情表彰各项工作以及14项国家级、省级表彰推荐对象审核工作。组织实施宪法宣誓活动。

四、扎实推进根治欠薪，妥善处理劳动关系

（一）劳动关系治理能力不断提升。

开展劳动关系“和谐同行”能力提升三年行动，147家企业被评定为市AA模范劳动关系和谐企业。落实“企业片会”机制，开展“双合同月”活动、“集中要约”行动。率先在全省实行仲裁工作人员办案补助政策。建立劳动人事争议仲裁案件前置审核机制，打造“人民调解+法律援助+劳动仲裁”一站式服务模式。

（二）强化工资收入分配宏观调控。

调整大连市最低工资标准，月、小时最低工资标准平均增幅分别达到8.6%、7.9%。根据企业薪酬调查情况发布企业人工成本信息和人力资源市场383个职业（工种）工资指导价位。稳步推进市属34家国企工资决定机制及负责人薪酬制度改革工作。

（三）治欠保支提质增效。

全市累计化解欠薪案件343件，为4 588名农民工追回工资1.2亿元，新增案件动态清零。高标准完成国务院2020年度保障农民工工资支付考核工作，实地核查实现“零扣分”，得到国务院实地核查组高度肯定、省治欠办通报表扬。

五、锤炼过硬人社行风见真章出实效

坚决贯彻落实人力资源社会保障部、省人力资源社会保障厅关于加强系统行风建设工作部署和要求，深入开展行风建设三年专项行动，以行风建设推动人社事业高质量发展，以行风建设提升人社部门为民服务水平，取得可喜成效。

（一）强领导，建机制，着力推进行风建设落地见效。

统筹推进全市人社系统抓落实。制定加强人社系统规矩意识、作风建设、行风建设、网

格化管理方案，分解推进8个方面18项重点任务。成立工作专班，实行周调月报，跟踪督导任务落地落实，市区两级“局长走流程”391人次，推进问题整改和需求解决143个。实行副处级及以上领导每日巡查窗口制度，开展全市交叉明察暗访，聘请社会行风监督员评议。深入开展“营商环境就是我们自己”行动，设置27个“办不成事”反映窗口，及时完善政务服务平台信息，广泛宣传解读人社政策，努力让企业和群众政策清、办事明。

实施人社服务承诺公告新制度。在全局2个窗口单位、13个窗口部门（办事处）、182个窗口岗位推出服务承诺公告，实行窗口单位、部门负责人、工作人员三级签诺履诺，主动接受服务对象及社会监督评议，并建立服务窗口每日晨会提醒教育，以及网格长日常检查、管理领导带班检查、局行风办不定期巡察等制度。

打造政务服务容缺办理新机制。梳理推出189项“容缺受理”政务服务事项清单，提供预先受理审核服务，大幅压缩行政审批时限。在此基础上，创新推出65项“容缺办理”事项，通过办事群众企业做出“承诺”及数据比对、查询校验，即可对身份证、毕业证等84种申请材料实行“容缺”直接“办理”。

开展精准服务助企解困新行动。落实“六稳”“六保”任务，设置市区两级服务专员，开通人社官网诉求专栏、12333反映专线，为大中型企业提供预约服务，为重点企业和重点项目提供“不叫不扰” “随叫随到”“服务周到”精准服务。其中，瓦房店市人力资源和社会保障局组成专员队伍，为规模以上企业“一对一”送服务、“点对点”送政策、“手拉手”解难题；中山区人力资源和社会保障局将“一专多能”行家里手派驻到全区每一个街道，形成区、街道、社区三级就业服务体系，提供7×24小时“不打烊”就业服务。

（二）强培训，练队伍，着力增强惠企利民服务本领。

推进业务技能练兵比武“全覆盖”。制定方案、压茬推进，分层级组织开展练兵比武及“日日学、周周练、月月比”在线答题活动，连续3年获得省级赛事团体一等奖。2021年，大连市获省人社窗口单位业务技能练兵比武全省赛一等奖，51人获评全省“人社知识通”“岗位练兵明星”，27人晋级全国统一比试，1人获评全国“岗位练兵明星”。

专项行动打造惠企利民的人社铁军。锤炼讲政治、敢担当、肯实干的干部职工队伍，坚决树立“交账”意识，摒弃“绕道”文化，并建立年度重点工作台账，2021年分解细化推进举措198项，实行月调度、季通报。扎实开展“中梗阻”问题专项整治，集中开展“五查五看”，印发简报17期，查摆问题130余个。

（三）出实招，重实效，着力提供企业群众满意服务。

推进快办行动提质增效。充分发挥2个人力资源社会保障部“服务快办”联系点作用，编制“一件事”打包办办事指南，引领全市人社系统基本实现“打包办”“提速办”“跨省办”目标，并扩容“企业开办”“工伤保险”“人才服务”“就业失业服务”4项打包办服务。指导瓦房店市人力资源和社会保障局开发打包办受理系统，采取“三整合一下放”（整合机构、窗口、信息，下放权限至乡镇街道）做法，实现多点办、就近办、快速办；指导金普新区人力资源和社会保障局将20项高频事项向社区延伸，实现就近能办、多点可办、异地转办。

积极打造社银服务模式。市本级创新推出社保卡常规业务下沉至144个合作银行网点办理、全省率先实行社保卡“邮寄到家”、灵活就业人员参保业务全程“掌上办”、社保缴费证明线上自助打印等优质服务，推进参保群众办理社保卡业务网上办、少跑路、跑近路。瓦房店市人力资源和社会保障局创新打造“银行网点+人社服务”模式，在邮政储蓄银行网点设立“人社服务驿站”，12项人社业务授权驿站办理。

努力提供良好办事体验。构建人社政务服务电子地图，实现企业群众在网页端、手机端通过高德地图实时检索全市所有人社服务网点并提供精准导航服务。大连市就业服务中心创新推出抖音平台“直播带岗”服务，累计吸引粉丝7万人、线上观众约100万人次。旅顺口区人力资源和社会保障局在全国仲裁系统首创“微立案”程序，通过微信平台提供案前咨询、预约立案、接受信息等服务。普兰店市人力资源和社会保障局推广劳务派遣许可微信预审服务，实现一次性提交纸质材料、一次性审批发证。西岗区、甘井子区人力资源和社会保障局将灵活就业人员社保缴费等业务延伸至街道，更加方便群众办事。

六、基础性综合性工作不断加强

（一）党的思想政治建设不断加强。

组织党组中心组学习22次、交流研讨4次、专题分析研判意识形态工作2次，确保党中央及省市决策部署第一时间得到贯彻落实。严格落实民主生活会、组织生活会、“三会一课”等党内政治生活制度，基层党建工作进一步规范。

（二）党史学习教育扎实开展。

组织开展“我为群众办实事、争作贡献促振兴”实践活动，着力解决人民群众“痛、难、急、疑、便、容”的实际问题，打造良好的营商环境。

（三）党风廉政建设扎实推进。

深入落实党风廉政建设主体责任，严格落实“一岗双责”责任制。扎实开展“中梗阻”问题专项整治工作，集中开展“五查五看”活动，查摆问题130余个。加大执纪审查问责力度，运用“第一种形态”提醒谈话5人、批评教育7人、诫勉谈话4人。

（四）作风建设不断深化。

印发人社系统行风及作风建设工作方案，深入开展“营商环境就是我们自己”行动，建立“人社服务承诺公告”等长效工作机制。推动服务事项“打包办”“提速办”“跨省办”，全面落实“简便办”“就近办”“一卡办”“免申即办”等。

大连市人力资源和社会保障局

吉 林 省

2021年是党和国家历史上具有里程碑意义的一年。一年来，吉林省各级人力资源社会保障部门在党委政府领导下，坚决贯彻国家和省决策部署，聚焦稳就业、聚人才、强社保、促和谐，勠力同心，不懈奋斗，圆满完成年度各项目标任务，实现“十四五”良好开局。

一、全力以赴稳就业、保就业，就业形势保持总体稳定

2021年，全省人社系统认真落实“六稳”“六保”要求，坚持就业优先，全面落实减负稳岗扩就业政策，全省城镇新增就业27.07万人，城镇登记失业率3.26%，低于年计划1.24个百分点，城镇调查失业率控制在6%以内，超预期完成目标任务。

（一）稳岗留工及时有效。

坚持保主体就是保就业，开展“迎新春送温暖、稳岗留工”专项行动，保障了春节前后特殊时期企业用工和就业形势的基本稳定。继续实施失业保险、工伤保险降费率政策，为企业减负22.26亿元。全年发放稳岗返还资金1.7亿元，发放稳岗发展资金19.33亿元，为稳就业作出积极贡献，得到吉林省政府主要领导的高度肯定。

（二）创业促就业成效显著。

把鼓励创业放在更加突出位置，强化创业载体建设，44个创业孵化示范基地成功孵化企业2 429家，带动就业6.37万余人；返乡入乡创业基地达到160个，返乡创业人数达12.77万人。强化资金扶持，发放创业担保贷款27.5亿元，扶持创业近1.2万人，带动就业3.6万人。强化创业培训，培训创业讲师150名，开展创业培训5.1万人次。成功承办第三届全国创业就业服务展示交流活动，创业就业活力不断增强。

（三）重点群体帮扶收效明显。

坚持把高校毕业生就业作为重中之重，实施服务攻坚行动，离校未就业毕业生登记就业率达75.4%。多措并举促进农民务工增收，培育发展劳务经纪人8 951人，创建劳务品牌80余个，带动就业3.5万余人。全省农村劳动力转移就业318.6万人。加强就业帮扶，公益性岗位在岗7.45万人，城镇零就业家庭动态清零。

（四）就业服务水平稳步提升。

强化企业用工服务，组织开展系列招聘活动，参与企业1.7万余家，达成就业意向23万余人，有效促进人力资源供需匹配。建立重点企业用工常态化服务保障机制，为149家企业解决用工6 804人。实施职业技能提升行动，全年开展补贴性技能培训54.63万人次、农技工培训6.73万人次。强化企业用工监测，监测户数增至2 000户。就业信息系统应用实现全覆盖，就业服务信息化水平进一步提升。

（五）人力资源服务业环境持续向好。

出台吉林省人力资源开发促进产业发展“十四五”规划，吉林省人力资源市场条例进入立法调研阶段。成功举办第三届振兴东北·人力资源服务业暨长白山冰雪旅游人力资源发展大会。全省入统人力资源服务企业达86家，营收同比增加22.9%。

二、稳扎稳打谋改革、强保障，社保兜底功能更加牢靠

2021 年，全省人社系统深入学习贯彻习近平总书记关于完善覆盖全民的社会保障体系重要讲话精神，在持续落实“减免缓降返”企业纾困政策、应对疫情冲击的特殊情况下，扎实推进各项社保工作，圆满完成改革阶段性任务。

（一）制度体系更加完善。

企业职工基本养老保险省级统筹完成与全国统筹对接准备工作。失业保险、工伤保险基金统收统支省级统筹制度率先建立。吉林省成为全国唯一同步建立养老、失业、工伤基金统收统支省级统筹制度的省份。

（二）待遇水平稳步提高。

坚持一手抓扩面征收，一手抓待遇保障，各险种都实现当期收大于支，确保了待遇按时足额发放。顺利完成退休人员养老金、城乡居民基础养老金、失业保险金标准以及工伤保险待遇水平调整工作，增强了群众的获得感、幸福感和安全感。

（三）经办服务不断优化。

持续健全完善社会保险“扩面征缴管理、待遇支付管理、基金财务管理、风险防控管理、公共服务保障、组织机构保障、信息技术保障”经办管理服务“七大工作体系”，经办服务能力和水平不断提升。

（四）基金管理再上台阶。

以强化业务稽核和专项审计为抓手，推动“四位一体”防控机制落实，着力开展基金监管专项整治和基金运营工作，取得阶段性成果，民生保障安全网进一步织密扎牢。截至 2021 年末，企业职工基本养老保险、机关事业单位基本养老保险、城乡居民基本养老保险、失业保险、工伤保险基金结余分别为 312.66 亿元、55.87 亿元、99.54 亿元、78.35 亿元、35.41 亿元。

三、多措并举优政策、聚人才，活力效能不断释放

2021 年，全省人社系统聚焦引人才、激活力，以制定实施人才政策 2.0 版和 22 条乡村人才振兴政策措施为主线，统筹推进人才人事各项工作，得到吉林省委省政府充分肯定。

（一）政策效应集中显现。

全年全省 3 021 名高层次人才通过人才分级定级，8 422 人次享受人才政策，1 646 人享受“吉享卡”待遇。评选评审优秀乡村人才 100 名、高级职称 300 名、中初级职称 1 760 名。事业单位招聘引进人才 1.1 万余人。高校毕业生留省就业达 10.34 万人，是留吉最多、增幅最大的一年。全省人才外流问题得到有效缓解，100 家重点人才单位人才流动情况显示，过去三年，吉林省引进人才 15 605 人，流出人才 5 140 人，引进人才是流出人才的 3 倍，“孔雀东南飞”的态势正在扭转。

（二）职称改革稳步推进。

加大职称评审放权力度，68 家民营企业获得职称自主评审权，授权吉林大学、东北师范大学对所属学校、医院编外人员自主开展职称评审。开展专业技术一级岗评审试点，顺利完成二、三级岗评审，评审出一级岗 31 人、二级岗 164 人、三级岗 333 人。在全国率先出台新业态新职业人员职称评审办法。开展技能人才与专业技术人才评价双贯通试点，中车集团、一汽集团 60 名高技能人才获得专业技术职称。

（三）成才环境持续优化。

组织开展第十七批创新创业人才资助评审、第六届全国杰出专业技术人才和先进集体选拔、第八批拔尖创新人才选拔工作。参加全国博士后创新创业大赛，获得 1 金 1 银 1 铜 9 优胜及优秀组织奖的好成绩，奖牌总数位列东北三省一区第 1 名。评选“长白山技术技能领军人才”“长白山基层专业技术领军人才”各 10 名。授予 20 名一线教师“吉林技能名师”称号，支持企业、院校创建 10 个省级首

席技师工作室。组织召开参加第一届全国技能大赛总结大会。参加第一届全国乡村振兴职业技能大赛，奖牌总数位列东北三省一区第1名。启动《吉林省技术技能人才促进条例》立法工作，技能人才队伍建设将进入法治化轨道。

（四）服务水平不断提升。

着眼解决高层次人才配偶及子女就医问题，创新推出“吉健卡”，服务医院达到6家，享受“吉健卡”服务人员2 715人，为人才安心安业解除后顾之忧。组织开展专家疗养考察工作。各地普遍设立人才“综合服务窗口”，开通人才服务热线，人才服务效率和满意度进一步提升。推进公立医院薪酬制度改革，着力发挥绩效考核“指挥棒”作用，促进高质量发展任务落实。出台功勋荣誉表彰奖励获得者待遇实施细则等两个规范性文件，开展全省脱贫攻坚总结等27项表彰活动，为吉林振兴发展注入动力。

四、积极稳妥防风险、强治理，劳动关系保持和谐稳定

2021年，全省人社系统着眼构建和谐劳动关系，坚持不懈化风险、守底线、促和谐，付出巨大努力，为吉林省发展稳定大局贡献了力量。

（一）根治欠薪强力推进。

以实施《保障农民工工资支付条例》为主线，全力开展根治欠薪夏季和冬季专项行动，欠薪问题得到有效遏制。全年累计为4.2万名劳动者追讨工资5.8亿元，其中冬季专项行动为5 154名农民工追讨工资1.13亿元。

（二）劳动关系更加和谐。

制定出台维护新就业形态劳动者劳动保障权益实施办法。加强形势分析和监测预警，持续推进集体协商“百日要约”行动、“和谐同行”能力提升三年行动，防范化解规模性裁员风险和薪酬待遇纠纷。再次上调最低工资和高温补贴标准，建立低温补贴制度。

（三）调解仲裁效能持续提升。

加强调解仲裁规范化、标准化、专业化、信息化建设，全省立案受理劳动人事争议案件结案率达96.26%，劳动人事争议调解成功率达55.39%。狠抓信访专项治理，积极做好敏感时期信访维稳，得到人力资源社会保障部通报表扬。

五、接续奋斗固基础、促发展，乡村振兴帮扶扎实推进

2021年，全省人社系统发挥部门职能作用，坚持行业帮扶与驻村帮扶两手抓，助力乡村振兴各项工作有序开展。

（一）促进就业增收。

制定加强就业帮扶巩固拓展脱贫攻坚成果助力乡村振兴实施方案。创建就业帮扶载体171个，带动脱贫人口就业1 300余人。加强劳务对接，帮助11.29万名脱贫人口外出务工。利用公益性岗位安置脱贫人口4 500人。

（二）提升职业技能。

分类开展就业技能和农村实用技术培训5 600余人。实施家政服务业培训7.9万人次，输出家政服务员1 939人。

（三）兜牢保障底线。

为58.05万名符合条件的困难群体代缴城乡居民基本养老保险费，城乡居民基础养老金提升至113元。

（四）充实乡村人才。

放宽乡镇事业单位招聘条件，为艰苦边远地区招聘2 864人、招募“三支一扶”人员477人。乡镇工作补贴标准人均增长200元，提高了县乡事业单位中高级岗位设置比例。资助乡村人才培养基地20个，举办首届全省乡村振兴职业技能大赛，助力乡村人才振兴。

六、持之以恒抓作风、促行风，公共服务水平稳步提升

2021年，全省人社系统坚持管行业必管行风，行风与业务工作同谋划同部署同落实，人社系统行风建设持续向好，为民服务水平不

断提升。始终把加强党的建设摆在首位。以庆祝建党百年为主线，扎实开展党史学习教育、“我为群众办实事”和作风建设年活动，坚决拥护“两个确立”，坚决做到“两个维护”，着力打造政治机关、模范机关。始终把调查研究作为根本。聚焦全省振兴发展大局，科学编制全省人社事业“十四五”规划和相关专项规划。聚焦“两确保一率先”目标，深入开展大调研大谋划活动，形成一批高质量调研成果。始终把行风建设落在平常。全面开展“厅局长走流程”、练兵比武活动，深入实施“快办行动”，健全完善“好差评”制度。深入推进信息化便民服务创新提升行动，全数据共享、全业务用卡超序时进度，全服务上网基本实现。吉林省人力资源社会保障厅电子政务大厅正式投入运营。全面启动“想就业找人社、缺人才找人社”服务创新提升工程和开展高校毕业生就业创业服务专项行动。

吉林省人力资源和社会保障厅

长　春　市

2021年，长春市人力资源社会保障系统深入学习贯彻习近平新时代中国特色社会主义思想，在长春市委、市政府的坚强领导下，认真落实“六稳”“六保”任务要求，扎实开展党史学习教育，统筹疫情防控和业务工作，锚定目标砥砺前行，凝心聚力干事创业，以实际行动献礼建党百年，圆满完成目标任务，实现“十四五”良好开局。

一、就业形势稳中向好

全年城镇新增就业11.69万人，农村劳动力转移就业106.41万人，在全省占比分别达到43.2%和33.4%。坚持保市场主体就是保就业。开展“迎新春送温暖　稳岗留工”专项行动。延续减负稳岗扩就业政策，为9.88万家次企业减负5.26亿元。发放创业担保贷款7.08亿元，开展创业培训2万人，扶持创业2.1万人，带动就业5.6万人。坚持着力解决就业困难群体“急难愁盼”。成立农民工返乡创业“薪火联合会”，全年城镇失业人员再就业2.07万人，就业困难人员实现就业1.75万人。坚持就业技能提升与就业服务并举。开展补贴性职业技能培训29.4万人次，在全省占比53.8%。开展企业用工专项服务，组织招聘活动1 681场，提供就业岗位56万个。坚持塑造“创业长春、创新之都”城市形象，高质量承办第三届全国创业就业服务展示交流活动。摆渡创新工场新型众创空间典型经验得到国务院通报表扬。坚持努力实现人力资源供给增量提质。指导建立全市首家市级人力资源服务产业园。市属人力资源企业达到345家，同比增长28.7%，实现营收29亿元，同比增长38.5%。市域内人力资源企业总数突破800家。

二、社会保障巩固提升

社会保障覆盖范围持续扩大。社会保障卡发行量超过880万张，覆盖率达到98%。待遇水平稳步提高。连续17年调整企业退休人员月平均基本养老金标准，工伤保险待遇实现“五连增”，长春市区（含双阳）失业保险金标准由1 513元/月上调至1 692元/月。服务水平持续提升。特殊工种提前退休人员工龄折算工作全面启动，社会保障卡综合服务大厅增至56个，创新实施工伤案件提醒函等6项制度，采取视频、预约、现场和开辟绿色通道的“3+1”模式开展劳动能力鉴定。实施增加城乡居民收入“暖流计划”，惠及城乡居民301万人次，实现总增收41.76亿元，人均增收1 387元。

三、人才人事工作扎实推进

创新人才评价机制。研究制定《人才分类评价标准目录（试行）》，为长春打造创新人才高地提供指引。加快集聚青年人才。持续实施促进高校毕业生来（留）长创业就业服务工程，深入开展“暑期服务行动计划”“强师计划”“强医计划”“三支一扶”、直播带岗、大学生企业行和新职业项目制培训等活动，实现大学生留长10万人。强化人才政策激励。为1.05万人次发放国家级高层次人才奖励、高端人才年度奖励和安家补贴2.25亿元。建强两支人才队伍。优化医疗卫生事业单位专业技术岗位结构比例，首次开展乡村人才职称评审。克服多重困难，在吉林省率先完成信息化职称评审工作，通过评审 7 528 人。15 名长春选手参加全国乡村振兴职业技能大赛，参赛与获奖人数均占吉林省一半以上，高质量承办吉林省第一届乡村振兴职业技能大赛。长春市专业技术人才、高技能人才总量分别达到 65.2 万人和 21.5 万人。创新人才培养模式。首次举办长春市优秀企业家域外高级研修班。成立专班，探索订单式、专员式服务，市区联动开展“大调研、大对接、大服务”行动，积极服务企业人才需求。持续推进事业单位人事制度改革。首次启动事业单位记功奖励，重点向抗疫、扶贫等急难险重岗位一线人员倾斜。首次举办市直事业单位新入职工作人员岗前培训班。关爱防疫一线医务人员，组织开展异地健康休养考察，发放临时性工作补助 239.28 万元。发挥表彰奖励激励作用。完成国家、省各类表彰评选推荐工作 21 项，推荐先进集体 99 个、先进个人 191 名。

四、营商环境持续优化

采取挂图作战、定期调度、统筹推进等方式，狠抓企业和群众办事痛点、难点问题整改。成立长春市人力资源和社会保障局营商环境政务改革和“大数据”平台建设专班，加快推动政务服务标准化和大数据平台建设，一期项目开发设计工作全面完成，实现系统上线试运行。狠抓人社系统行风建设。深入实施“人社服务快办行动”，20 个高频事项全面提速，2 个行政许可事项实现承诺告知制，办事时限由 15 日变为即办即结。强化对支柱企业服务。为一汽集团、中车集团开展退休审批、工伤鉴定等上门服务。创新监管模式。率先推行包容审慎执法理念，劳动保障监察“四项制度”获吉林省推广。长春市 12333 来电咨询服务满意度位居吉林省全省第一，长春市劳动保障监察支队获评全国根治拖欠农民工工资工作先进集体，长春市劳动人事争议仲裁院被评为全国青少年维权岗、全国人社系统优质服务窗口。

五、劳动关系和谐稳定

落实“和谐同行”能力提升三年行动计划，防范和化解劳动关系领域矛盾风险。深入长春市行政区划内 18 个国民经济行业、3 008 家企业和 3.6 万名不同层次员工开展调研，编制发布《2021 年长春市企业薪酬调查分析报告》。调整长春市最低工资标准，主城区第一档次由 1 780 元/月提高至 1 880 元/月。扎实推进市管国有企业负责人薪酬基数确认工作。贯彻落实《保障农民工工资支付条例》，全面推行工资支付保障制度，发挥信息化平台对工资支付的监管作用，加大对拖欠农民工工资违法行为依法惩戒力度，为 6 161 名农民工追讨工资 1.83 亿元。连续四年在吉林省根治拖欠农民工工资工作评比中获得第一，被吉林省政府评为根治欠薪 A 级单位。加强调解仲裁效能建设，全年处理劳动人事争议案件 7 298 件，调解案件 4 524 件，结案率、调解率分别达到 91.7% 和 61.2%，连续五年双提升。扎实开展信访突出问题专项治理，积极做好敏感时期信访维稳，筑牢信访维稳防线，维护社会和谐稳定。

六、机关建设不断加强

聚焦“四个一流”目标，持续巩固党建工作成果，完善各项制度措施。严格落实意识形态及网络意识形态工作责任制，积极防范和化解风险隐患。坚持用习近平新时代中国特色社会主义思想武装头脑，扎实开展党史学习教育，机关赴长春市九台区三下江南纪念馆开展主题党日活动，创新开展“青年党员宣讲团”等特色活动。狠抓党风廉政建设，强化执纪监督，积极推进巡视巡察问题整改。统筹推进基层党组织标准化规范化建设，建立“长春市流动党员服务中心”，打造长春市最大的“流动党员之家”。积极发挥规划引领作用，制定实施《长春市人力资源和社会保障事业发展

“十四五”规划》和 2 个市级专项规划。积极衔接乡村振兴战略，配齐配强包保帮扶驻村干部，落实帮扶举措，巩固脱贫攻坚成果。严把选人用人政治关、廉洁关、能力关，加强年轻干部培养，组织年轻干部战略研究小组开展学习研讨活动 17 期。

长春市人力资源和社会保障局

黑龙江省

2021年，黑龙江省人力资源社会保障系统坚持以习近平新时代中国特色社会主义思想为指导，深入贯彻党的十九大和十九届历次全会精神，全面落实全国人社工作会议精神和黑龙江省委省政府决策部署，全面贯彻新发展理念，服务和融入构建新发展格局，统筹疫情防控和人社事业发展，坚决扛起稳就业、保民生政治责任，圆满完成各项目标任务，实现了“十四五”良好开局。

一、就业形势总体稳定

（一）稳就业工作机制更加完善。

充分发挥省市县三级稳就业工作专班作用，完善工作组织支撑、就业政策协同、公共就业服务、统计分析预测、失业动态监测和劳动关系调处“六大体系”，形成了上下联动、横向互动的工作格局，为稳就业、保就业提供了机制保障。全年全省累计实现城镇新增就业41.86万人，完成年计划的139.5%，同比增长11.7%。

（二）政策协同体系持续发力。

出台延续实施部分减负稳岗扩就业等政策措施，聚焦支持市场主体稳岗扩岗、促进重点群体就业创业等方面，延续稳岗返还、以工代训以及支持重点群体创业就业税收等阶段性政策，持续落实好社会保险补贴、创业补贴和公益性岗位补贴等长期政策，全方位做好减负稳岗扩就业支持。全年共阶段性减免失业保险费37.96亿元，发放稳岗返还5.36亿元，稳定岗位197.7万个。全年使用就业专项资金27.69亿元，发放企业社会保险补贴0.9亿元、灵活就业社会保险补贴4.22亿元。

（三）创业带动就业稳步推进。

出台创业担保贷款借款人资格审核办法等政策措施，扩大创业担保贷款政策扶持范围，将创业担保贷款扶持对象扩大到10类人群，全年全省累计发放创业担保贷款14.09亿元，支持重点群体创业带动就业。完善创业服务体系，扶持创业孵化基地110家，在孵企业2 828户，提供创业指导服务6.28万人次、创业培训4.2万人次。

（四）重点群体就业保持稳定。

通过支持中小微企业吸纳、扶持促进自主创业、设立就业缓冲地带、开展就业见习等措施，2021届离校未就业高校毕业生就业比例达98.44%。坚持劳务输出与就近就地就业并重，全省农民转移就业人数达605.9万人。调整优化脱贫人口就业帮扶政策措施，全省脱贫人口和边缘易致贫人口实现务工20.44万人，超额完成目标任务。实行就业困难人员实名制动态管理，及时将受疫情影响人员纳入就业援助范围，新开发公益性岗位1.3万余个，兜底保障就业困难群体。全年全省累计实现失业人员再就业26.71万人，完成年计划的157.1%，零就业家庭保持动态清零。

（五）职业技能提升行动深入实施。

深入实施职业技能提升行动，开展职业技能提升行动质量年活动。支持企业大规模开展岗位技能提升培训、企业新型学徒制培训、以工代训，助力企业“以训稳岗、以训扩岗”。持续推进青年职业技能培训计划、农民工稳就业职业技能培训计划等专项培训。全年开展补贴性培训78.23万人次，完成年计划的223%。

（六）公共就业服务水平进一步提升。

出台省级人力资源服务产业园管理办法，省级人力资源服务产业园——哈尔滨人力资源服务产业园挂牌成立。开展“春风行动”、大中城市联合招聘、民营企业招聘月等就业服务专项活动，疫情期间就业服务“不断线”，全年共举办线上线下专场招聘3 459场次，签订就业意向7.1万人。

二、社会保障工作扎实推进

（一）社会保险覆盖面不断扩大。

深入推进全民参保计划，通过全面宣传动员、持续完善经办服务、狠抓精准扩面等举措，推动参保覆盖面进一步扩大。截至2021年底，全省企业职工基本养老保险、机关事业单位基本养老保险、城乡居民基本养老保险、失业保险和工伤保险参保人数分别为1 258.1万人、188.6万人、890.5万人、329.5万人、444.4万人。

（二）兜底保障能力显著增强。

积极争取国家调剂金、补助金等支持，圆满完成保发放任务。平稳完成调整养老金待遇工作，621万名退休人员新增养老金全部发放到位，企业退休人员基本养老金实现“十七连增”，工伤保险待遇实现“十六连增”。推动全省各地建立城乡居民基本养老保险丧葬补助金制度，参保人员遗属保障能力不断增强。扩大失业保险范围，为40万名参保人员发放失业补助金8.2亿元。

（三）社会保障制度进一步完善。

全力推进企业职工基本养老保险全国统筹，实现企业职工基本养老保险缴费比例、缴费基数、计发基数、待遇项目、待遇调整政策“五统一”，完成人力资源社会保障部省级统筹考核验收。推动工伤保险省级统筹，印发《关于印发〈工伤认定和劳动能力鉴定工作流程〉的通知》，进一步规范工伤认定和劳动能力鉴定工作流程。完善工伤预防、补偿、康复“三位一体”制度，实施工伤预防五年行动计划，联合印发《黑龙江省工伤预防五年行动计划（2021—2025年）实施方案的通知》，推动工伤预防工作落地见效。健全完善城乡居民基本养老保险制度，推动落实待遇确定和基础养老金正常调整机制，积极推进各市（地）建立城乡居民基本养老保险丧葬补助金制度。

（四）社保基金管理更加规范。

深入开展社保基金管理专项整治行动，严肃查处违纪案件，有效防范化解基金风险。建立风险防控、协同监管、智慧监管、依法监管“四项机制”，完善社保基金监管体系。印发社保基金管理风险清单及防范措施，落实联席会议制度，建立人社、公安等6部门信息共享机制。开展养老保险基金管理问题专项整治，对3个省本级单位、9个市地45个县区进行专项检查，堵塞行政审核、待遇支付风险漏洞。养老金市场化投资初见成效，城乡居民基本养老保险结余基金投资57亿元，职业年金投资249.5亿元，收益约17.4亿元。

三、人才人事工作取得新进展

（一）平台聚才取得新成效。

通过推动领军人才梯队建设、实施博士后创新人才支持计划，培育一批领军人才和创新团队，造就一批青年人才，全年资助省级领军人才梯队21个、后备带头人73名，招收博士后682人，对446名博士后给予专项经费资助3 190万元，组织参加全国博士后创新创业大赛，3个项目获得银奖。畅通人才跨体制流动“绿色通道”，支持省属高校、科研院所从体制外引进博士和高级职称人才32名。打造高技能人才培养平台，建立4个高技能人才培训基地、20个技能大师工作室；以黑龙江省政府名义评选表彰20名“龙江大工匠”和100名“龙江技术能手”，选拔认定50名黑龙江省首席技师。加大高技能人才培养选拔力度，全省4人获“中华技能大奖”、12人获“全国技术能手”；在第九届全国数控技能大赛上获得1个一等奖、2个二等奖。

（二）技工教育实现创新发展。

全省66所公办技工院校整合为56所，中高职“贯通培养”试点院校扩大到8所，全省全年招生3.4万人，完成年计划的124.4%。创新组建现代服务业、装备制造业、现代农业、石墨及深加工业、医药康养业5个“政校企”技能人才培养联盟，50余所院校200余家企业加盟，为重点企业培养技能人才2.3万人，有效促进人才培养与企业需求的精准对接。

（三）事业单位人事制度改革不断深化。

调整优化黑龙江省属高校、科研院所专业技术岗位结构比例，进一步拓展专业技术人员职业发展空间。落实事业单位空缺岗位主要用于招聘高校毕业生政策，共招聘到岗9 539人。会同省直相关部门制定出台工程技术、自然科学、农业等7个系列职称改革实施方案，修订22个专业评审标准，破除“四唯”倾向，更加科学、客观、公正地评价专业技术人才。会同黑龙江省委组织部推动落实县以下事业单位管理岗位职员等级晋升制度，拓展基层事业单位工作人员职业发展空间。出台《深化公立医院薪酬制度改革的实施方案》，指导具备条件的单位实施绩效工资制度改革，充分体现“多劳多得、优绩优酬”。落实专业技术人员离岗创业政策，全省全年共有1 397人离岗创办企业，其中高校和科研院所365人，占比达26%。

（四）事业单位“一件事”改革初见成效。

黑龙江省作为试点省份，紧紧围绕工作人员“进、管、出”三个环节，将事业单位公开招聘、交流调动等13项业务整合成“一件事”，让“数据多跑路、人员少跑腿”。2021年底，“一件事”智能服务平台已完成上线试运行。

四、劳动关系总体和谐稳定

（一）和谐劳动关系构建工作取得新进展。

制发《关于维护新就业形态劳动者劳动保障权益的实施意见》，健全新就业形态用工保障机制。组织实施“和谐同行”三年行动计划，集中培育一批和谐企业典型，发挥示范引领作用，为推动企业高质量发展增添和谐因素。坚持日常动态监测与重大风险排查相结合，严格落实劳动关系情况报告制度、形势分析制度、风险监测预警制度，全省劳动关系和谐稳定，最大程度维护职工合法权益、守护企业发展。

（二）根治欠薪工作有序推进。

加强劳动保障监察执法，着力整治重点领域突出违法行为。全面加强根治欠薪工作，组织深入宣传和实施《保障农民工工资支付条例》，积极推动各项工资支付保障制度在建项目全覆盖。畅通举报投诉线上线下维权渠道，持续开展夏季、冬季根治欠薪和信访讨薪专项行动，加强行刑衔接打击恶意欠薪，为1.2万名农民工解决欠薪2.1亿元，新发生案件基本实现动态清零。在全国根治拖欠农民工工资工作表彰中，4名先进个人和4个先进集体受到表彰。

（三）调解仲裁工作取得新成效。

全省劳动人事争议案件处理工作平稳可控，未发生重大集体争议案件和极端个案。全省全年共审结各类劳动人事争议案件28 480件，仲裁结案率99.31%，位列全国第一；各级调解组织受案11 169件，调解成功率69.1%。深入推进调解组织建设，选树10家龙江金牌调解组织。

五、系统行风建设水平取得新提升

（一）着力推进“网上办”“就近办”。

疫情防控期间，持续推进“不见面、网上办，有咨询、请致电，非必要、不窗口”等“不见面”服务举措，采取技术对接、系统开发、改造升级等方式，不断拓展网上办事广度，推动省级173个事项实现“网上办”。推广“社银一体化”服务模式，在全省561家银行网点设置1 624台智慧柜员机，实现社保业务多点办、便捷办、就近办。

（二）大力推进服务事项“打包办”“提速办”。

推动关联事项“打包办”，已完成就业、失业、退休等10个以上企业、群众眼里的“一件事”打包办理。推进高频事项“提速办”，通过“提前审、网上审、简流程”提速，通过窗口人员由“专科”转为“全科”提效，通过“信息共享、告知承诺、内部查询”实现报送材料为“网上来、内部来”，有效压缩办结时限，大幅提高经办效率，25个高频事项实现“提速办”。

（三）持续推进常态化练兵比武。

围绕“练兵比武强技能、人社服务树新风”主题，以“日日学、周周练、月月比”为载体，构建省、市、县“人员全覆盖、层级全覆盖、业务全覆盖”的练兵比武格局，一线窗口经办人员参加业务培训率达100%。在2021年全国人社系统业务技能练兵比武赛中，黑龙江省代表队以团体第4名的成绩晋级总决赛，6名选手荣获全国“人社知识通”称号，在全国总决赛中取得第5名。

（四）促进信息化便民服务水平提效。

坚持“全数据共享、全服务上网、全业务用卡”的工作原则，推进人社业务与信息化技术深度融合，采用省级大集中模式建设全省统一的“金保工程”系统。深化社会保障卡“一卡通”应用，推动实现人社领域凭证用卡、缴费凭卡、待遇进卡、结算持卡、线上线下全面用卡。

黑龙江省人力资源和社会保障厅

哈尔滨市

2021年，面对复杂形势和繁重任务，哈尔滨市人力资源社会保障系统认真贯彻落实人力资源社会保障部、省人力资源社会保障厅以及市委、市政府决策部署，统筹疫情与人社工作，有效应对经济下行压力，负重前行、奋力拼搏、主动作为、真抓实干、凝心聚力、共克时艰，稳就业、保民生，聚焦为群众办实事，全面完成了各项目标任务。

一、顶压前行，主动作为，就业局势稳中向好

坚定实施就业优先战略，全方位落实稳企、稳岗、扩就业各项组合政策，扎实推进稳岗返还、就业补贴、创业贷款、以工代训等就业政策措施落地见效，先后发放稳岗补贴2.9亿元、创业担保贷款1.2亿元，减征5.1万户企业失业保险费3.3亿元，失业保险缴费比例由1.5%降到1%。开展以工代训9 633人次，全力保市场主体、保就业存量。着力提升就业公共服务均等化水平，大力开展“就业服务不打烊、招聘活动不停歇”的线上线下招聘活动，拓展升级“就业地图”的推广与应用，创新建立覆盖各区县（市）的“王科长就业服务热线”“抖音带岗直播”“农民工带头人微信群”等工作平台，牵头组织返乡农民工返岗工作5.7万人次，实现农民工就地就近就业3.8万人；组织区县（市）联动招聘会700余场，提供就业岗位16.3万个；安置离校未就业高校毕业生8 067人，就业率达到99.3%；零就业家庭始终保持动态为零。全市城镇新增就业99 626人，失业人员再就业47 718人，就业困难人员实现就业16 094人，分别完成目标的129.4%、113.6%、117.5%，城镇登记失业率3.45%，低于控制目标2.1个百分点，在多轮疫情冲击的影响下，保持了全市就业形势总体稳定、稳中向好。

全市公共职业介绍机构累计办理求职登记26.7万人次，针对重点群体组织线上线下大型专场招聘活动22场，参加企业5514家，提供岗位16.3万个，就业地图访问量达148.7万人次。

组织召开全市稳就业专班会议，开展就业创业质量提升专项行动，制定《哈尔滨市就业创业质量提升专项行动工作台账》《哈尔滨市就业联席会议制度2021年工作要点》《促进人力资源服务业发展有关政策措施的实施细则》，转发《黑龙江省人力资源和社会保障厅关于应对疫情风险进一步做好就业工作的通知》，联合市发改委、市教育局、市财政局、市征兵办等共同转发省人力资源社会保障厅、省发改委、省教育厅、省财政厅、省政府征兵办等5部门联合下发的《关于延续实施部分减负稳岗扩就业政策措施的通知》，稳定企业预期、稳住职工岗位。

有序开展创业带动就业。积极推进创业担保贷款工作，简化工作流程，采取“一站式”服务模式，疫情期间，将线下审批改为线上审批，同时加大一次性创业补贴等各项政策落实力度，认真开展创业项目征集补贴评审工作，至年末，全市发放创业担保贷款453笔1.2亿元，为23人发放一次性创业补贴6.9万元，为12个创业项目发放一次性创业项目征集补

贴3.6万元。组织开展对各区县（市）双创平台建设情况考核工作，开展第三届全国创业就业服务展示交流活动主题展示项目征集工作，2021年“双创”活动周，第十一届“中国青年创业奖”评选表彰推荐及省返乡创业典型推荐等创业服务工作，创业带动就业能力明显增强。

二、蹄疾步稳，深化改革，社保体系不断健全

强化兜底保障，深化社保改革，加强基金统收统支管理，确保107万名企业离退休人员养老金按时足额发放。加大困难群体兜底保障力度，发放失业补助金4.1亿元，惠及失业人员17万人。提速高质完成退休人员基本养老金待遇调整工作，年内两次提高市区被征地农民养老保险待遇标准，月养老金增加183.3元。建立社保基金风险研判防控体系，组织开展社保基金管理问题风险排查整治、社会保险疑点数据核查整改，追缴违规待遇1 800余万元。构建领取社保待遇资格网络认证服务新体系，90%以上退休人员通过人脸识别认证，高龄、重病等特殊群体实现上门认证。搭建“社银-社媒”便民平台，实现社保服务从线下向线上平台延伸、从上层平台向基层平台延伸、从社保机构向社会多维度延伸。推行退休预审制度，实现养老金“即退即领”。在全省率先创新应用劳动能力远程视频鉴定系统，为服务对象提供“不见面”的鉴定服务。“打造‘不打烊’社保云端服务平台”项目被评为全市改革创新奖。

2021年，全市养老保险、工伤保险、失业保险参保人数分别达558.7万人、150万人、102.2万人，其中领取待遇人数分别达230.2万人、0.5万人、4.6万人；基金总收入达675.2亿元，基金总支出达678亿元。各项社保待遇100%发放，全市企业、机关事业单位、城乡居民基本养老保险，工伤、失业保险待遇支出分别达353.4亿元、113.3亿元、13.1亿元、3.7亿元、6亿元。圆满完成基本养老金上调工作，企业养老保险人均月增加120元，实现“十七连增”；机关事业单位养老保险人均月增加154.8元，实现“七连增”；市本级被征地农民养老保险人均月增加183.3元，实现“十连增”。积极配合行政部门，按照机关事业单位养老保险改革政策口径，稳步开展新制度待遇计发办法工作，完成市本级2014—2015年退休人员待遇核批1 963人；按照全省职业年金工作部署，完成市本级职业年金退休记实1.1亿元，清缴准备期职业年金欠费0.4亿元，累计上解职业年金基金5.2亿元。扎实推进社保基金风险防控工作，及时承接国家和省、市下发的疑点信息，开展“五险”疑点数据核查、冒领追缴工作，其中城乡居民基本养老保险追缴冒领人员11 621人，追回养老金达1 000.4万元。组织市本级全体业务人员开展基金安全警示教育月活动，干部职工规矩意识树得更牢固。打造高效规范更有“温度”的经办窗口，优化办事不求人举措，提供“适老化”服务，荣获2021年度全国人社系统优质服务窗口、先进个人荣誉。在市本级窗口业务经办及咨询量日均1 500个的情况下，兼顾舆情、疫情实际，倡导非急需事项延后办、暂缓办，推行“递件即走、邮寄办理”，确保了防疫安全。9大网办渠道助力“不见面”服务，日均办理量超4 700笔，同比提升20%。其中，机关事业单位养老保险新制度业务全面实现网上经办，为转企衔接奠定基础；自主研发的“社保通”云平台，创新“受办分离”服务模式，充分利用政务大数据，实现“零要件、减要件”业务快办，荣获哈尔滨市2021年度改革创新奖。在全省率先借助银行等社会力量提供社保服务，实施“社银”合作，利用银行微信公众号、手机App开展受办，工行22个社保受理专区、358台智能终端机，哈行4个服务专区、200台社保一体机，为群众提供“帮办”服务。开展“人社服务快办行动”，跨省社保关系转移时限由45个工作日缩短为15个工作日；企业退休人员死亡丧葬抚恤金网上申报3个工作日内即可反馈结果；失业补助金填报由 29 步简化为 2 步；养老保险领取待遇资格刷脸认证全面推行。

三、优化环境，服务发展，人才活力有效激发

用足用好鼓励来哈就业创业落户等人才政策，为 9 360 名高层次人才发放补贴 1.1 亿元。出台《提高技术工人待遇具体措施》，哈尔滨市普惠性人才政策支持力度居全国前列，与一线城市薪酬差距进一步缩小。严格规范技能培训市场，着力提升技能培训质量，职业技能提升三年行动圆满收官，组织职业技能提升培训 22.1 万人次，技工院校招生 1.3 万人。成功举办第十二届大学生创业大赛，与黑龙江大学、哈尔滨职业技术学院签署合作协议，将“高校人才工作站”规模扩大到 10 所。加快推进哈尔滨人力资源服务产业园建设，出台《加快哈尔滨市人力资源服务业发展的实施意见》，填补了扶持人力资源服务产业的政策空白，年内核心园区组织各类活动 18 场次，20 家入驻企业实现营收 35 亿元。“蓬勃发展的哈尔滨人力资源服务产业园”在第一届全国人力资源服务业发展大会上参展，受到广泛关注；“惠民利企，建设人力资源服务产业园”项目荣获哈尔滨市改革创新奖提名奖。

多措并举，推进高层次人才服务工作。通过人才服务专员拓宽经办服务渠道，深入企业宣讲人才政策，打造优质人才服务环境。落实来哈就业创业等相关人才政策，为各类人才 8 834 人发放安家费、购房补贴、生活补贴等人才资金 1 亿元。丰富引进人才活动载体，通过线下和“人才导航”积极开展“百日千万专项行动”等 41 场人才引智活动，征集企业 2 029 家次，提供岗位 6 446 个，岗位需求 41 948 人，为人才来哈留哈就业发展提供更多的选择机会。

精准发力，抓好高校毕业生来哈就业创业。为积极面对严峻的就业形势，应对疫情影响，采取一系列措施丰富工作触角，延伸服务领域，推进各项高校毕业生就业创业服务工作稳步开展。搭建高校毕业生精准对接交流平台，举办 38 场“高校毕业生空中双选会”等线上线下校园招聘活动，参会企业 1 893 家，提供岗位 6 147 个，岗位需求 39 467 人。落实高校毕业生就业创业政策，实施“三支一扶”计划，招募志愿者 138 人。扩大就业见习规模，全年新增基地 129 个，组织就业见习 3 487 人。落实各项优惠政策，发放高校毕业生一次性创业补贴、小微企业社保补贴 9.2 万元。督导各区、县（市）开展毕业生实名登记和就业服务工作，共接收 2021 届哈市离校未就业高校毕业生 8 848 人，实现就业 8 060 人，完成省厅设定目标的 110.5%。

提质增效，构建公共人才服务新模式。“人才导航”搭载上线“人社云”，各项人才服务驶入“快车道”，在不断优化服务流程，强化业务培训的基础上，线下 9 项多窗业务“打包办”实现一窗受理，线上依托“人社云+人才服务”综合了人才政策查询、档案管理、求职登记、发布招聘以及人事人才补贴申请等 48 项公共服务事项，全部网办实现“不见面”，为各类人才和用人单位提供全方位、“一站式”人才服务查询、办理便捷平台。

优化配置，发挥人力资源服务产业园集聚优势。核心园建设初具规模，实现产值 35 亿元。出台产业园建设推进工作实施方案，指导分园建设，完善各项管理制度。开展惠企服务，建立培训基地、劳动调解中心，设立社保服务窗口，开通产业园官方网站和公众号，开展入驻企业入统工作，组织企业参加“原字号”等各类活动 15 场次，提供 1.5 万个用工岗位，组织讲座培训，近 500 人次参加。调研课题《哈尔滨人力资源服务产业园建设理论研究和实践探索》荣获 2020 年度市政府系统优秀调研成果一等奖。

四、锐意创新，规范管理，人事工作有序推进

持续深化事业单位人事和薪酬制度改革，

积极稳妥安置撤销全额事业单位涉改人员 279 名，完成市直 160 余家事业单位和教育、卫生系统 1 000 余家事业单位岗位设置及备案工作。协同有关部门建立专职消防员、社区工作者、公安辅警等编外行业人员薪酬体系，调整市直机关事业单位雇员和临时用工人员工资水平。出台《加强和规范全市机关事业单位编外聘用人员管理的指导意见》和《实施细则》，开拓性推出事业单位招聘一系列突破性举措。实施关爱“抗疫一线”行动，严密组织首届市长特别奖表彰和 12 项省级以上表彰推荐选拔工作。顺利完成 7 项涉及 10.9 万余名考生的大型人事考试考务工作，严格组考流程，严密组织实施，真正做到了万无一失。全年考务工作围绕“疫情防控”和“考务安全”两个重点环节，首次启用隔离考点，闭环运转，顺利完成省公务员考试笔试和卫生、二级建造师等全国专业技术人员资格考试以及“助力乡村振兴”大学生到村任职等 7 项考试任务。优化资格证书管理，建立发放制度规则，累计发放 38 类资格证书 15 471 本，其中网上邮寄发放占 98.3%。实行资格考试报名审核“告知承诺制”，完成 22 项资格考试报名核查工作，79 626 名考生核查通过。市人力资源服务中心在全省 2021 年度人事考试工作综合评比中获一等奖。

五、健全机制，系统治理，劳动关系和谐融洽

坚持保基本民生与保社会稳定协同发力，深入开展劳动关系“和谐同行”能力提升三年行动，动态掌握用工单位劳动合同签订、解除情况，及时排查、监测、研判劳动关系风险隐患，有效指导和排查化解哈轴集团资产重组、哈药集团三项制度改革过程中的疑难风险。高质量完成国家和省级企业薪酬调查任务，及时发布最低工资指导线，市区月最低工资标准由 1 680 元提高到 1 860 元。劳动社保领域信访突出问题整治工作成效明显，创新采取调解仲裁“4+N”协调联动机制，办理劳动争议案件 1.17 万件，办结率 99%，调解成功率 65.9%，省交办的全市 1 187 件信访事项全部化解。狠抓根治欠薪长效机制建设，开展根治欠薪冬季攻坚、夏季联查行动，各级人社部门持续完善劳动保障监察联动机制，清偿拖欠农民工工资 1.6 亿元。牵头组织接受全省保障农民工工资支付实地考核，取得优秀成绩，位居全省前列。

六、精准施策，优化服务，行风持续向好

聚焦优化营商环境，大力推行“不见面”服务、“办事不求人”举措和“人社服务快办行动”，10 个关联业务实现“打包办”、25 个高频业务实现“提速办”，人社政务服务好评率达到 99.7%。着眼提升信息化便民服务能力，依托“人社云”平台，归集各类数据 23 亿条，实现系统内 112 项数据共享，突破人社用工备案、企业参保登记、助保贷款办理等业务协同壁垒。推行全市流动人员档案“云端”存储、数字化管理，实现档案查询经办业务全城通办。开通领取失业补助金、企业退休人员丧葬抚恤金网上申报，稳岗补贴“免申即享”，继承权公证档案查询“群众不跑腿”，企业养老保险跨省转移自助查询等多项便民惠民服务，努力让“数据多跑路、群众少跑腿”，打造更加高效、更有温度的人社服务。市社会保险事业中心社会化管理处、香坊区就业服务中心人力资源科分别被评为全国人力资源社会保障系统优质服务窗口。“助推人才服务环境优化举措”被评为“创百优、争十佳”市本级营商环境优秀案例。

七、担当作为，强基固本，自身建设不断加强

按照国家和省、市部署，坚持吃透上情、把握下情，对标对表、多方纳谏，圆满完成人力资源社会保障事业发展“十四五”规划编制发布工作。贯穿全年开展党史学习教育，各级领导班子带头导学、领学、自学、辅导和交流，辅助开展党史知识竞赛、红色观影、征文留言、参观祭扫等系列活动。组织推进“我为群众办实事”实践活动，围绕11项惠民工程、45件实事，建立台账、公开承诺、挂账销号，年内全部落实完成。以政治生态考核、市委巡察反馈意见整改、专项资金审计为契机，坚持问题导向、目标导向，深入剖析原因、找准问题症结，细化工作任务、全面落实整改。大力开展“庆七一”“两优一先”评比表彰，在全系统上下有效形成“学典型、争先进、敢担当”的浓厚氛围。组织各级党员干部下沉社区参与一线疫情防控，抽调人员参加集中安置宾馆管理服务，广大干部职工在疫情大考中展现了人社担当和良好形象。社保卡制发、12333服务热线、政务公开、社会综合治理、督查督办、法治政府建设、宣传报道、驻村扶贫、行政应议（应诉）和经费（资产）管理等工作有力落实。

哈尔滨市人力资源和社会保障局

上 海 市

2021年，上海市人力资源社会保障工作坚持以习近平新时代中国特色社会主义思想为指导，深入贯彻落实习近平总书记考察上海重要讲话精神和在浦东开发开放30周年庆祝大会上的重要讲话精神，认真学习贯彻党的十九大、十九届历次全会精神和十一届上海市委历次全会要求，面对世纪疫情和百年变局交织的严峻形势，坚持稳中求进工作总基调，立足新发展阶段，贯彻新发展理念，服务构建新发展格局，发扬“比学赶超”精神，深入推进“抓班子、带队伍、促工作、上水平”专项行动，不折不扣落实人力资源社会保障部和上海市委、市政府的决策部署，各项工作取得新的重大进展，“十四五”发展实现良好开局。

一、勇挑责任重担，全力服务国家和上海市各项重大任务

（一）扎实推进“六稳”“六保”，筑牢民生之基再上新台阶。

立足疫情防控常态化形势，保持战略定力，坚持把保居民就业、保基本民生、保市场主体作为人社工作的重中之重，谋划制定上海市就业和社会保障“十四五”规划，全力以赴实施各项惠企惠民政策措施，稳妥做好养老金、失业保险金、工伤待遇、最低工资等民生保障待遇标准调整工作。2021年末上海市正规就业规模达1 084.5万人，创历史最高水平，全年新增就业岗位63.51万个，超预期完成目标任务。全市527.71万名退休养老人员、52.04万名城乡居民基本养老保险养老人员、6.22万名工伤待遇领取人员等各类群体的民生保障水平进一步提高，切实兜牢了民生底线，有力增进了民生福祉。

（二）积极应对疫情影响，统筹第46届世界技能大赛筹办取得新进展。

聚焦“富有新意、影响广泛”的办赛目标，按照人力资源社会保障部和上海市委、市政府的部署，统筹推进疫情防控和世赛筹办，梳理细化世赛筹办工作项目700余项，与世界技能组织召开视频会议420余次。成功组织世界技能大会特别会议，完善世界技能大会和世界技能博览会方案。有序推进世界技能博物馆筹建。精心策划世界技能组织会旗南极展示、冠名长征二号丁火箭、外交官走进世赛、“7·15”世界青年技能日等宣传推广活动，世赛品牌效应不断深入人心。

（三）全力深化改革创新，服务全市发展勇挑新重担。

深入贯彻中央人才工作会议和上海市人才工作会议精神，全面实施人才引领发展战略，积极研究提出上海加快建设高水平人才高地的人社支持举措，持续推动政策创新。全力支持浦东打造社会主义现代化建设引领区，支持浦东新区制定国际职业资格认可清单。聚焦推进上海市“五个新城”高质量发展、国家实验室保障和乡村振兴战略，研究出台了一系列针对性强、含金量高的人社政策措施，为上海全市发展大局积极贡献力量。

（四）全面凝聚系统合力，对接区域合作再现新作为。

积极落实中央和上海市委、市政府部署，

全面加强与对口支援地区的沟通对接，全方位谋划部署未来五年上海人社对口支援的目标任务，切实助力对口地区巩固拓展脱贫攻坚成果同乡村振兴有效衔接。围绕长三角一体化发展目标，推进长三角生态绿色一体化发展示范区人才职业资格互认落实落地，推动社保卡在示范区实现文化体验、交通出行等方面“一卡通”和“同城待遇”。

二、强化就业优先导向，多措并举实现更加充分更高质量就业

（一）不断完善政策制度，稳就业举措进一步强化。

积极适应新业态、就业新形态的发展，制定出台上海市支持多渠道灵活就业的政策措施，健全面向所有灵活就业人员的就业服务和政策支持体系。延续实施部分减负稳岗扩就业政策措施。修订完善就业创业见习政策和就业援助政策。研究制定进一步完善上海市公共就业服务体系的意见。积极开展促进就业地方性法规修订的立法调研，为上海市完善就业法制建设积极做好准备。

（二）聚焦重点稳住就业，就业创业形势稳中向好。

着力促进高校毕业生就业，落实就业政策，全年共帮助 12 054 名离校未就业高校毕业生实现就业创业。深入推进“人人乐业”专项行动，年末城乡登记失业人数 14.4 万人，控制在 18.5 万人的目标之内。全年共帮扶 7.82 万名就业困难人员实现就业，帮助 10 092 名长期失业青年实现就业创业。深入实施鼓励创业带动就业专项行动计划，创新创业氛围更加浓厚。全年发放创业担保贷款 16.03 亿元，新认定市级创业孵化示范基地 12 家；帮扶引领成功创业人数达 12 787 人，其中青年大学生 9 807 人，超额完成年度目标任务。

（三）开展大规模职业培训，技能提升行动深入推进。

全年补贴性职业技能培训 118.85 万人次，其中农民工补贴性职业培训 51.78 万人次；开展职业技能鉴定 13.55 万人次，鉴定发证 9.49 万本，企业新型学徒制培训 1.62 万人。持续推进企业技能人才自主评价，企业职业技能等级认定机构达 129 家。稳妥推进社会化职业技能等级认定，推出覆盖 80 个职业工种共 39 家社会评价机构参与的社会化职业技能等级认定标准。发挥竞赛激励作用，推进上海市职业技能竞赛体系建设。组织参加全国乡村振兴职业技能大赛。制定新型技师学院建设发展的支持政策，高技能人才培养持续推进。

（四）全面加强风险整治，资金安全底线持续守牢。

在全市范围集中开展就业培训资金和高技能人才培养基地风险排查，持续推动发现问题整改落实。全面建立完善“日常督导+常态化督查”的监督机制，严格资金使用标准，理顺工作制度流程。探索财政性就业资金监管行刑衔接处置机制。完善“人防+技防”的监管手段，推行补贴培训实名制、手机定位打卡考勤等技术应用，全面提升风险防控水平。

三、构筑人才竞争优势，加快推进高水平人才高地建设

（一）加大人才引进力度，人才集聚效应日益显著。

充分发挥梯度化引才政策体系的综合作用，优化人才服务，推进实施人力资源服务“伯乐”奖励计划。完善鼓励留学人员来沪工作和创业的规定，海外人才业务在 16 个区实现全覆盖。成功举办“留·在上海”留学人才及项目交流大会，发布上海海归 300 指数（2021）。

（二）创新体制机制改革，人才创新创造活力充分迸发。

深化职称制度改革，出台职称评审管理办法。优化民营企业专业技术人才职称评价和三大先导产业人才评价机制。深入实施专业技术人才知识更新工程，加强专业技术人才继续教育基地建设。加强高技能人才与专业技术人才职业发展贯通。深化上海市公立医院薪酬制度改革。扩大上海市事业单位高层次人才倾斜政策实施范围，试行动态调整绩效工资水平申报制，进一步激发高校、科研院所创新创业的活力。

（三）推进人才资助和评选表彰，政策激励效应进一步发挥。

做好2021年人才发展资金、“超级博士后”“浦江人才计划”等人才计划的评审资助工作。首次面向全球发布5 627个博士后岗位，举办首届上海市博士后创新创业大赛，组织参加全国博士后创新创业大赛和全国人力资源服务业大赛。持续开展高技能人才培养基地专项资助，做好第十五届国家高技能人才表彰、第十一届上海高技能人才评选表彰和2021年技能大师工作室、首席技师资助工作，2021年年末高技能人才占技能劳动者比重达35.34%。开展事业单位脱贫攻坚专项奖励和奥运会全运会专项奖励。规范各类评比达标表彰活动，全年共开展全国脱贫攻坚先进、市长质量奖等各级各类表彰项目66项，涉及个人约4 500名、集体约2 800个。科学组织人才评价考试79.56万人次，同比增长24.37%。

（四）突出创新引领，事业单位人事管理水平全面提升。

扎实做好上海市乡镇（街道）事业单位管理岗位职员等级晋升制度实施准备工作。配合上海市委组织部深入推进上海市事业单位人员管理“一件事”改革，实现事业单位人员“进”与“出”事项线上一次高效办成。圆满完成年度事业单位公开招聘。做好新疆籍和西藏籍高校毕业生等各类专项招聘。研究起草事业单位工作人员考核办法，推动事业单位管理制度更加健全。

四、增进民生福祉，社会保障和收入分配体系日益完善

（一）坚持人民至上，覆盖全民的社会保障体系不断健全。

持续推进机关事业单位养老保险制度改革。稳妥调整社保缴费基数。持续提高养老待遇水平，按期完成养老待遇补发。完善企业职工基本养老保险遗属待遇办法。全面推进征地落实社会保障助力国家和上海市重大工程项目建设，切实维护被征地人员权益。积极研究制定平台灵活就业人员职业伤害保障试点方案，出台工伤预防五年行动计划实施方案，修订上海市劳动能力鉴定管理办法。制定促进上海市企业年金发展的指导意见，持续扩大企业年金覆盖面，努力满足人民群众多样化多层次养老保障需求。持续推进全民参保，至2021年12月底，上海市城镇职工基本养老保险参保人数1 654.36万人，城乡居民基本养老保险参保人数74.73万人。

（二）强化风险防控，社保基金更加安全可持续发展。

密切加强社保基金预警监测，多维度评估监测基金平衡风险。组织开展社保基金管理问题专项整治行动，从政策、经办、信息、监督等风险防控角度出发，全面排查风险隐患、落实问题整改，认真开展社保基金警示教育活动，基金管理风险防控和治理能力进一步提升。做好社会保险欺诈案件查处和移送工作，完善行政执法与刑事司法有效衔接。落实社保基金要情报告制度，基金监督体系进一步建立健全。强化职业年金投资运营管理，推动社保基金实现保值增值。

（三）加强顶层设计，收入分配领域改革创新不断深入。

制定实施2021年事业单位绩效工资总量调整方案，调整社区工作者和政府聘用辅助人员薪酬水平。深入开展企业薪酬调查，编发《2021年上海人力资源市场工资价位和人工成本》。连续第5年发布上海市企业技能人才市场工资价位，引导企业合理确定技能人才工资水平。完善国有企业工资总额管理，组织开展国有企业工资内外收入监督检查，促进收入分配秩序更加科学规范。

五、聚焦源头治理，劳动关系保持总体和谐稳定

（一）加强欠薪根治，劳动者权益保护不断夯实。

深入贯彻落实《保障农民工工资支付条例》，推进全国欠薪线索反映平台案件处置。圆满完成2020年度国家考核任务，上海市欠薪治理成果充分展现，连续第4年获评A级并得到国务院领导小组通报表扬。组织开展对各区保障农民工工资支付工作考核。开展根治欠薪“冬季专项行动”、维护女职工劳动权益、清理整顿人力资源市场秩序专项行动等各项劳动监察保障工作。全力做好教育培训、房地产等重点行业劳动关系矛盾和舆情应对，全市劳动关系总体和谐稳定。

（二）坚持正向引领，和谐劳动关系创建持续加强。

完善新就业形态劳动者劳动权益保障机制建设，开展维护新就业形态劳动者劳动保障权益专项行动。加强源头治理，持续推进上海市劳动关系“和谐同行”能力提升三年行动计划。做好“上海市和谐劳动关系达标企业”申报表彰工作，全市达标企业总数超1万家。推动劳务派遣审批服务改革，在上海自贸区试验区及临港新片区内实行劳务派遣经营许可告知承诺试点，劳务派遣行业规范管理水平继续走在全国前列。

（三）加强协调指导，调解仲裁效能进一步提升。

依法稳妥处理劳动人事争议，维护当事人合法权益。推进仲裁机构建立案件监督管理制度，指导各级调解仲裁机构提升处置效能，促进“案结事了”。制定进一步加强劳动人事争议调解仲裁法律援助工作实施方案，保障符合条件的劳动者特别是贫困农民工及时获得法律援助服务。选树11家市级金牌调解组织。推动各区建立巡回仲裁庭工作机制，最大限度地把纠纷化解在基层一线。完善突发集体争议处置机制，积极协调跨区域集体争议案件管辖和风险防控指导。

六、深化改革创新，就业和社会保障公共服务效能显著提升

（一）全面加强信息化建设，人社数字化转型加速推进。

深入开展数字化转型研究，形成上海人社数字化转型行动方案，加快应用场景开发。推进“金保二期”建设，推进人社信息系统升级改造。持续推动稳就业“一件事”、退休“一件事”等功能上线和优化完善。全年通过“一网通办”平台办理人社业务总量达2 383.75万件，累计向8 566家次单位开展政策“精准推送”服务。完善“惠企点单办”平台功能，新增对84项区级就业惠企补贴政策的“菜单式呈现”“点单式选择”“一站式办理”。推进实现90项上海市人社领域社保卡“一卡通”应用。

（二）持续加强法治建设，管理服务效能全面提升。

始终把优化营商环境摆在突出位置，制定发布人社系统2021年优化营商环境12条举措。大力推进“证照分离”改革全覆盖试点工作加快落地。召开上海市人力资源和社会保障局2021年法治建设暨效能建设工作会议，建立健全工作领导小组机制。深入贯彻《民法典》，编制上海市行政机关和全国人社系统首个系统性工作指引。发布局重大行政决策程序实施办法。推进政务公开，首次编制2020年度上海市人力资源和社会保障事业发展统计公报，并面向社会公布全部140余项人社指标。优化12333热线便民服务，妥善化解历史遗留问题，信访形势总体平稳。

（三）扎实开展党史学习教育，全面从严治党不断深化。

扎实开展党史学习教育和上海人社系统庆祝建党100周年系列活动，进一步凝聚人社系统永远跟党走、奋进新征程的磅礴力量。深入贯彻人民城市重要理念，牢牢秉持“人社工作为人民”的价值导向，制定局党组“我为

群众办实事”方案，打造“局长走流程”的人社品牌。坚决抓住巡视整改的有利契机，以整改实效推动人社各项事业全面发展、全面提高。持续推进廉政风险防控机制建设，营造正风肃纪的良好政治生态。深入推进“抓班子、带队伍、促工作、上水平”专项行动，比学赶超、善作善成，切实推动党建引领、素质能力、管理协同、服务能级上水平。加强干部队伍建设，强化重实干重实绩的导向，严管与厚爱并举，切实打造高素质人社干部队伍。持续抓好政风行风建设，深入实施“人社服务快办行动”，大规模开展比武练兵，全面提升人社政务服务总体水平。

上海市人力资源和社会保障局

江 苏 省

2021年，江苏省人力资源社会保障系统坚持以习近平新时代中国特色社会主义思想为指引，在省委省政府的坚强领导下，在人力资源社会保障部的指导下，全面推进人社事业改革发展，圆满完成既定目标任务，实现了“十四五”良好开局。

一、综合施策，就业工作取得新成效

实施减负稳岗扩就业，减免失业、工伤保险费138亿元，支出就业补助、稳岗返还资金69.4亿元。举办“创响江苏”系列活动，发放创业担保贷款、创业补贴117亿元，支持39.7万人成功自主创业。开展职业技能提升行动质量年活动，发放培训补贴38.95亿元，培训548万人次。全省城镇新增就业140.2万人，同比增长5.6%，占全国近1/9。

（一）就业民生底线兜得更牢。

高质量完成“三年十万青年就业见习计划”，高校毕业生年末总体就业率达95.55%。完成退捕渔民安置保障工作，新开发公益性岗位安置就业困难人员5.4万人。表彰全省优秀农民工和农民工工作先进集体。吸纳97.5万名中西部脱贫人口在苏稳定就业。

（二）就业服务质量提得更优。

出台劳动力和人才社会性流动体制机制改革意见，启动提升就业服务质量工程，上线“江苏智慧就业云平台”，推进就业培训“云眸工程”试点，公共就业服务体系进一步健全。

二、蹄疾步稳，社保体系建设实现新突破

出台规范完善补缴企业职工基本养老保险费办法、被征地农民社会保障办法，全面实现企业职工养老保险基金省级统收统支统管。顺利通过机关事业单位养老保险制度改革中期评估，2020年度退休“中人”待遇总体实现应发尽发。深入实施超过法定退休年龄人员和实习生参加工伤保险办法，创新出台基层快递网点参加工伤保险办法。取消外省灵活就业人员参保户籍限制。

（一）社保惠民成效性显著增强。

退休人员养老金人均上调4.5%，城乡居民基本养老保险基础养老金省定最低标准提高到每人每月173元，失业保险金人均每月达到1 699元，为66.35万名困难人员代缴城乡居民基本养老保险费1.31亿元。

（二）基金运行可持续性显著增强。

强力推进社保基金管理问题专项整治，组织企业职工基本养老保险违规补缴专项核查。稳妥开展基本养老保险基金和职业年金投资运营，较好地实现基金保值增值。

三、靠前发力，人才人事工作开创新局面

创新制定网络安全和生物医药职称评价标准、高技能人才和专业技术人才职业发展贯通改革方案、基层事业单位专业技术人员“三定向”政策，出台国（境）外职业技能比照认定办法，修订高校岗位设置管理意见，建立技能人才评价技术资源快速响应机制，积极培育大型龙头企业等社会化技能评价主体，编制长三角一体化发展示范区技能人才协同评价实施方案，创新打造“G42+”重点民营企业人才人事综合改革试验区。全省专业技术人才、

高技能人才总量分别达947万人和470万人。

（一）人才发展载体持续建强。

推动紫金山、姑苏、太湖实验室博士后载体建设全覆盖。部省共建中国张家港留学人员创业园，在常州市武进区成立全国首家技能人才服务产业园，新建10家省级高技能人才专项公共实训基地、20家省级技能大师工作室，创建30家省级乡土人才示范工作室和10家传承示范基地，高级职称乡土人才总量达845人。

（二）人才活动品牌持续擦亮。

联动百所高校院所举办优秀高校毕业生和博士后人才需求信息线上发布会，开展“百名海外博士江苏行”“江苏省技工院校首届嘉年华”，举办全国数控职业技能大赛、中国江苏人才创新创业大赛。

（三）人才发展环境持续优化。

建设运行“江苏省人才服务云平台”。加快发展人力资源服务业，全省人力资源服务机构4 896家，年营业额1 853亿元。2名个人、2家单位获评全国杰出专业技术人才和先进集体。表彰49名江苏留学回国先进个人、10名江苏服务业专业人才特别贡献奖、20名江苏大工匠和200名江苏工匠。出台《江苏省人事考试考区管理办法》，高质量完成62项考试任务，总量达175万人、353万科次。认真做好表彰奖励、人才教育培训、“三支一扶”等工作。

四、标本兼治，和谐劳动关系迈上新台阶

全面落实“和谐同行”三年行动计划，打造国家级深化构建和谐劳动关系综合配套改革试点样板，累计建成省级和谐劳动关系综合试验区24家、示范园区106家、优秀劳动关系和谐企业200家，评定全省首批30家劳动人事争议金牌调解组织、100名金牌劳动关系协调员。

（一）职工权益有效保障。

扎实开展根治欠薪，组建根治欠薪青年党员先锋队，五级联动累计为5.3万名劳动者追发工资等待遇4.31亿元，在国家考核中连续四年获评A级。出台维护新就业形态劳动者劳动保障权益意见，发布电子劳动合同适用指引，充分发挥网上调解服务、联动举报投诉和监测调度指挥等平台作用，促进争议依法及时化解。

（二）工资调控有序完善。

全省一类地区月最低工资标准提高到2 280元，居全国第四位。出台事业单位高层次人才工资分配激励、企业技能人才薪酬分配指引、关心关爱一线医务人员等政策，稳妥落实职务科技成果转化现金奖励、“双减”教师待遇保障等政策。积极推动长三角一体化示范区共同发布薪酬调查信息，促进区域工资水平整体提升。

五、巩固拓展，人社公共服务得到新提升

创新编制“五级十二同”办事指南，实现全省人社业务无差别受理。实施“人社服务快办行动”，14个事项逐步实现“打包办”。大力推进“减证便民”，行政许可事项办理时限压缩50%以上，30个高频政务服务事项实现“跨省通办”。推进实施综合柜员制改革，“一门办、一窗办、一次办”基本实现。

（一）信息化支撑全面加强。

在全国率先建成全省五级人社机构、四大业务板块互联互通的一体化信息平台，人社全业务377个事项、116个查询服务实现“一网通办”。加快推进以社保卡为载体的居民服务“一卡通”，不断拓展交通、文旅等更多便民服务。充分发挥12333服务热线作用，全年服务2 700多万人次。

（二）行风建设扎实有效。

组织开展“厅局处长走流程”、政策“看得懂、算得清”、服务“好差评”等工作。开展业务技能练兵比武，在全国赛中获二等奖。

江苏省人力资源和社会保障厅

南 京 市

2021 年，面对复杂严峻的内外形势和新冠肺炎疫情的严重冲击，南京市人力资源社会保障系统以习近平新时代中国特色社会主义思想为指引，深入贯彻落实各级部署要求，全力做好“六稳”“六保”工作，致力惠民生、促发展、防风险、保稳定，高质量完成各项目标任务，“十四五”南京人社事业发展取得良好开局。

一、统筹兼顾重稳保，全力推动更高质量就业创业

围绕“六稳”“六保”坚决扛起责任担当，大力实施就业优先战略，全年城镇新增就业 34.52 万人，城镇登记失业率控制在省定标准以内。在智联招聘与北京大学社会调查研究中心、北京大学国家发展研究院等知名机构联合举行的 2021 中国年度最佳雇主评选中，南京荣列“2021 中国年度最佳促进就业城市”。

（一）多措并举助企减负稳岗。

实施阶段性降低失业保险、工伤保险费率政策助企减负 23.27 亿元，审核发放吸纳就业各类奖补 7.4 亿元，指导 2.3 万家企业对 76.3 万名职工开展“稳岗项目制培训”并予补贴。精准对接服务企业用工，充分运用“一群”“一网”“一会”开展线上线下招聘 1 787 场次，对缺工百人以上企业落实专员“一企一策”做好用工保障。

（二）扎实推进重点群体就业。

优化实施“紫金山英才宁聚计划”，成功举办首届大学生毕业季系列活动，新增就业参保大专以上人群 41 万人。开发基层公益性岗位 1 069 个，优先安置退捕渔民等群体，援助 2.7 万就业困难人员就业。出台《关于支持多渠道灵活就业的实施意见》，开拓性为推进新就业形态劳动者群体“三种法律关系”依法分类规范、劳动关系和谐健康发展提供方法路径。巩固对口劳务协作成果，帮促陕西商洛、青海西宁 1 825 人来苏就业。

（三）创业带动就业成效彰显。

加大资金、场地、投融资等全链条扶持，遴选 254 个优秀大创项目资助 5 260 万元，建成运行各类创业园 165 家，成功举办第九届“赢在南京”青创大赛、第三届青年创业潜力新星评比等，培育自主创业者 4.8 万人，带动就业 19.9 万人，青年大创实体累计达 7.5 万户。

（四）职业技能提升全面发力。

围绕主导产业和强链补链等加快新项目研发，补贴培训工种扩至 542 个。率先实施项目制培训试点，鼓励企业开展订单式、定向式培训。助力乡村振兴开展民宿从业人员、农村女性、退捕渔民等技能培训，全年补贴性职业技能培训 128.6 万人次，发放 7.8 亿元。持续关注加强就业失业动态监测预警，切实兜牢防失业底线。

二、深化改革强推进，大力健全更可持续社保体系

深入学习贯彻习近平总书记关于社会保障体系建设重要论述，按照国家、省统筹部署要求，不断优化政策服务，强化兜底保障功能，群众获得感幸福感安全感进一步提升。

（一）制度体系更趋健全。

完善落实养老、工伤保险省级统筹各项工作。机关事业单位“中人”待遇全面落实。聚焦村干部等重点群体扩大年金制度覆盖面，新增备案 50 家，累计 462 家。积极探索新就业形态劳动者参保缴费政策，致力完善“零工经济”群体社会保障。深化“三位一体”工伤保险体系建设，紧抓重点领域、环节开展工伤预防培训和康复管控，参培企业工伤发生率明显下降。

（二）扩面提标深入开展。

大力推进全民参保，落实建筑业农民工、超过法定退休年龄人员、实习生参加工伤保险工作，新开工建设项目工伤保险参保率达 100%。实施社保精准扶贫，3.1 万名困难人员享受政府代缴养老保险费，退捕渔民、被征地人员应保尽保。各类群体社保待遇稳步提高，企业退休人员月均养老金 3 282 元，列全省首位。

（三）服务效能持续提升。

完成市级社保、医保经办机构分设，拓展“互联网+社保”“一件事”改革服务，61 项高频业务均达最优办理时限，在全国同行中领先。多措并举加强社保基金监管，部门协同强化信息比对，基金预警分析和风险防控能力显著增强。率先实现企业退休人员社会化管理服务市级统筹，完成第七轮健康体检 47.6 万人。

三、精准施策增活力，聚力实现更富成效引才聚才

紧扣引领性国家创新型城市建设，实施更加积极开放、精准有效的人才政策服务，引才“强磁场”加速形成。

（一）体制机制改革更深化。

优化更新高层次人才举荐委员会，35 位专家获聘第二届举荐委员，探索赋予集成电路、生物医药等产业链头部企业和海外高层次人才单独举荐权等新措施。创新出台新文艺群体中级职称评审办法，支持 6 家企业自主开展职称评审。深入推进企业、行业、技工院校等自主开展技能等级认定评价，新增备案认定机构 180 家。实施县以下事业单位职员等级晋升制度等改革，创新公开招聘办法，激发事业单位及队伍活力。

（二）人才引培渠道更拓展。

高水平举办第十三届中国留学人员南京国际交流与合作大会，270 多个创新创业项目达成落户或合作意向，对接服务 2 000 余人入驻“海智湾”，新增留学回国人员 7 224 人居全省第一。选拔产生 40 名南京市有突出贡献中青年专家，专业技术人才总量达 169.3 万人。成立“南京人才驿站”校园服务部，精准搭建校企对接平台。推行企业新型学徒制，备案 123 家企业 4 652 名学员参训。

（三）育才载体平台更建强。

新增 29 家省博站、32 家市级“准博站”，新招收博士后 1 498 人。遴选建设企业专家工作室达区级 134 家、市级 61 家，聚才效应和成果转化能力进一步增强。新增 2 家省级、7 家市级技能大师工作室，建立运行市技工教育工作联席会议制度，全市新增高技能人才 12 257 人，总量达 50.4 万人。举办市第四届乡土人才传统技艺技能大赛，新增省级乡土人才大师工作室 6 家。

（四）人才发展生态更优化。

加强人才安居保障，累计为 22.8 万人发放租房补贴 22.5 亿元。加强人力资源市场建设，围绕产业链发布紧缺人才需求目录，引导人力资源流动市场化配置，开展清理整顿人力资源市场秩序专项行动。高标准做好表彰奖励、保障落实教师和一线医务人员有关待遇等工作，安全实施 23 项、30.6 万人次、61.4 万科次的人事考试。

四、标本兼治防风险，着力构建更加和谐劳动关系

紧扣劳动关系领域新形势新挑战，敢为人先，合力共治，促进权益维护和企业发展共赢。

（一）深化和谐共建。

实施劳动关系“和谐同行”能力提升三年行动计划，指导江北新区先行先试和谐劳动关系综合配套改革。深入推进工资集体协商制度，最低工资标准上调至2 280元/月。在全国城市中率先出台《关于规范新就业形态下餐饮网约配送员劳动用工的指导意见》，首家成立市级网约配送行业协会，规范促进“零工经济”健康有序发展。疫情期间及时发布工资支付、年休假使用等答复意见，有效回应社会关切。

（二）维权常态长效。

发挥治欠办牵头协调作用，实现齐抓共管，动态根治欠薪，深入宣传贯彻《保障农民工工资支付条例》，市、区、街（镇）三级联动实体运行“两办一班”（治欠办、清欠办、治理欠薪问题工作专班），持续开展春季清尾、夏季排查、秋季化解、冬季攻坚“四季”专项行动，为2.3万名劳动者追讨薪酬2.5亿元，连续四年获省对市保障农民工工资支付工作考核A级等次。

（三）调处多元共进。

加强仲裁案件全过程管理，充分发挥基层调解组织功能，创成1家全国、3家省级、11家市级金牌调解组织，10个区建成运行“五位一体”联合调处中心。全市各级劳动争议仲裁机构共接处案件5.4万件，结案率100%，调解成功率81%。

五、内外兼修厚基础，努力创树更优质效人社服务

统筹推进基础性综合性工作，推动信息化建设和规划实施。以群众、企业、人才等服务对象需求为视角，勇于自我革命、创新思路举措，聚焦“急难愁盼”减材料、提时限、简流程、优体验，不断创树南京人社“宁满意”服务品牌。

（一）紧扣“国之大者”力促互联互通。

积极融入长三角一体化、南京都市圈等重大战略实施，聚焦“共建、共享、一体化”深化拓展人社各领域合作，都市圈公共就业创业网上服务平台正式启动，实现区域内企业职工养老保险待遇领取资格认证“一网通办”和专业技术、职业资格证书等互认，劳动人事争议互通信息与协同处理机制、劳动保障监察委托协查制度进一步健全完善，跨区域基本公共服务更加便利共享、高质量一体化发展空间有效拓展。

（二）“致广大尽精微”倾力惠民利企。

推进“人社服务快办行动”，推行证明事项告知承诺制，多项业务实现跨省通办、一城通办、一站办理和“不见面”服务，就近办、提速办、“一件事”打包办等持续拓展推广。推进人社政策服务惠企直达，用人单位社保登记等10个事项上线“宁企通”综合服务平台。深度运用143个服务企业群，与数万家入群企业实时互动、精准对接提供服务。正式运行“南京人社”微信公众号，动态提供政策资讯和在线服务。

（三）“智慧升级”赋能事业发展。

成功切换上线江苏省人社一体化信息平台，完成“江苏智慧人社”App南京频道43个事项上线工作，省、市、区联动信息化水平进一步提升。创新拓展社保卡在人才服务、待遇发放、信息查询等各领域场景应用，迭代发行三代卡335万张，签发电子社保卡1 120万张。攻坚克难优化实现12333热线7×24小时全天候工作模式，综合咨询服务满意度达92.4%。

六、拓服创优抓行风，致力锻造更强本领人社队伍

坚持把学思践悟习近平新时代中国特色社会主义思想作为首要任务，有力推进全面从严治党，以提高站位、政治过硬增强使命担当、履职坚定。

（一）强化思想理论武装。

扎实开展党史学习教育，系统党员干部积极投身其中，注重学史明理、增信、崇德、力行，同步开展好“四史”教育，激发干部职

工队伍精气神、奋斗性；局党组会、办公会跟进学习习近平总书记重要讲话指示精神，引领队伍联系实际、贯通把握，切实以新思想领航定向、指导实践、推动工作。

（二）抓实抓好基层党建。

深入实施“我为群众办实事，南京人社在行动”实践活动和“两在两同”建新功行动，疫情防控中组建突击队下沉社区开展志愿服务，省市“共学共建”实事项目、市“助企十条”“暖心十条”涉人社事项全面落实，党建业务融合提质增效。认真抓好党建、意识形态、安全生产责任制等落实，完成机关党委、纪委换届，党建基层基础进一步夯实筑牢。

（三）纵深推进党风廉政。

严格落实党风廉政建设责任制，接受市委巡察整改落实情况实地督查并受到肯定和好评。深入开展“永葆为民初心　筑牢清廉人社”廉政教育系列活动，全面加强队伍党风党纪和勤廉建设，印发执行廉政风险点排查防控汇编第四版，有力查处违纪违法案件，举一反三推进标本兼治。

（四）锤炼提升队伍本领。

对照新时代新要求进一步加强队伍能力素质建设，持续开展“人社学思行”活动，激励岗位建功。做好干部选任和轮岗交流工作，更好优化结构、激发动力活力。持续改进作风、加强行风建设，南京市人力资源和社会保障局被评为2021年度全市机关作风建设先进单位，在全省人社系统业务技能练兵比武大赛中南京市及栖霞区荣获市、区县“双第一”，在全国大赛中栖霞、高淳2名选手荣膺“人社知识通”称号。

南京市人力资源和社会保障局

浙 江 省

2021年是党和国家历史上具有里程碑意义的一年，是中国共产党成立100周年，是“十四五”开局之年，是浙江高质量发展建设共同富裕示范区开局起步之年。浙江省人力资源社会保障系统深入学习贯彻习近平新时代中国特色社会主义思想和习近平总书记关于人社工作的重要指示批示精神，全面落实中央和人力资源社会保障部以及省委省政府重大决策部署，扎实开展党史学习教育，纵深推进全面从严治党，紧紧围绕高质量发展建设共同富裕示范区，以人社数字化改革为引领，统筹做好就业创业、社会保障、人才引育、劳动关系以及风险防范等工作，取得显著成效，实现了人社事业“十四五”良好开局，为全省经济社会发展大局贡献了力量。

一、深化认识，找准定位，加强人社领域推进高质量发展建设共同富裕示范区的顶层设计

深入学习领会习近平总书记关于共同富裕重要论述精神，全面落实省委十四届九次全会精神和《浙江高质量发展建设共同富裕示范区实施方案（2021—2025年）》，坚持人社事业在共同富裕示范区建设中发挥支撑和兜底作用的职责定位，积极争取，主动对接，做好人力资源社会保障部与省政府率先签订共同推进浙江高质量发展建设共同富裕示范区合作协议的服务工作，为浙江省争取国家部委支持推进共同富裕示范区建设带了头。同步出台《浙江省人社领域推进高质量发展建设共同富裕示范区实施方案（2021—2025年）》和重点任务清单、突破性抓手清单、重大改革清单“三张清单”，明确了目标路径，搭建了人社领域推进共同富裕示范区建设的“四梁八柱”，相关改革被央视“新闻联播”等媒体报道。

二、坚持系统重塑、塑造变革，推进人社数字化改革取得显著成效

认真学习贯彻习近平总书记关于全面深化改革和数字中国建设的重要指示精神，按照省委省政府建设数字浙江和推进数字化改革的决策部署，以及人力资源社会保障部信息化便民服务创新提升行动要求，全力谋划推进人社数字化改革。

（一）加强组织领导，抓好人社数字化改革顶层设计。

将人社数字化改革作为“一把手”工程，成立厅数字化改革领导小组，厅主要领导牵头组织谋划、部署、推动和督查。坚持整体智治和系统思维，加强人社数字化改革顶层设计，印发《浙江省人社数字化改革总体方案》，运用数字化技术、数字化思维、数字化认知对人社治理的体制机制、组织架构、方式流程、手段工具进行全方位系统性重塑，打造“整体智治、唯实唯先、高效协同、系统集成”的“数字人社”。抽调精干人员组成工作专班，进行实体化运作，建立例会制度，定期总结、分析、部署推进工作，确保各项改革落到实处。

（二）坚持重点突破，深入谋划多跨协同应用场景。

全省系统联动全面梳理人社核心业务，聚

焦企业群众关心的高权重、高频次需求和基层的痛点堵点问题，以重大需求清单、多跨场景清单、改革成效清单“三张清单”为关键抓手，谋划“小切口、大牵引”的多跨协同应用场景，确定试点应用场景51个，市县创新场景292个，构建人社数字化改革应用场景目录库。坚持重点突破，着力打造“浙里就业”重大应用，“社保基金安全在线”“安薪在线”等应用场景。强化多部门数据支撑，与公安、卫生健康、残联、法院、教育、建设等28个部门共享数据390亿条。

（三）突出示范引领，开展人社数字化改革“对标争先”行动。

建立省市人社数字化改革项目统筹机制和资金众筹机制，确定20个项目、36项任务“对标争先”试点市，由省厅业务处室和试点市局协同推进。采取“一地试点、全省应用”方式，制定项目推进表，建立表格化、清单化、项目化的管理机制，形成省、市、县三级协同推进试点项目的工作格局。

截至2021年底，已建成“浙里就业”重大综合应用，包括“社保基金安全在线”“安薪在线”“技能浙江”“重点群体就业帮扶在线”“新就业形态劳动权益保障在线”等16个应用场景，并在全省系统进行推广。其中，“安薪在线”应用获得浙江省改革突破奖银奖；“重点群体就业帮扶在线”被评为数字社会系统第二批最佳应用。人力资源社会保障部主要领导对浙江省人社数字化改革工作给予充分肯定。

三、突出重点，精准发力，全省就业局势稳中向好

坚持就业优先导向，全力稳定扩大就业，推动实现更加充分更高质量就业，全省就业局势保持总体稳定、稳中向好。全年城镇新增就业122.4万人，城镇调查失业率保持在较低水平。

（一）强化就业政策供给。

面对疫情冲击，浙江省人力资源社会保障厅会同省经信厅在全国率先出台鼓励留员工稳生产政策，2021年春节期间留岗率达到57%，有力保障了企业的用工需求。牵头出台支持多渠道灵活就业的实施意见、进一步加强东西部就业帮扶政策以及支持山区26县跨越式高质量发展的政策意见。出台减负稳岗扩就业政策，落实阶段性下调失业保险、工伤保险费率政策，全年为企业减负127.5亿元。修订《浙江省就业和失业登记管理办法》，进一步完善就业和失业登记管理，推进公共就业服务规范化建设。

（二）推动创业带动就业。

积极落实创业扶持政策，着力破解创业难点痛点，营造良好创业生态。2021年，全省共发放创业担保贷款38亿元，扶持创业6万人。加强创业培训，发挥创业导师传帮带作用。持续开展“奇思妙想浙江行”创业大赛，全年举办179场，共录播创业宣传节目17期，创新创业氛围更加浓厚。大力推进农民工返乡入乡合作创业，助力推进乡村振兴。

（三）加强重点群体就业帮扶。

加强对高校毕业生等重点群体的就业帮扶，针对群众和基层人员反映的政策不知晓、服务不便利、帮扶不精准、监管不到位等难题，建设“重点群体就业帮扶在线”应用场景，实现省、市、县、乡镇（街道）、村（社区）五级贯通和闭环管理，重塑形成新的就业帮扶模式。截至2021年底，全省乡镇（街道）和村（社区）基本全覆盖，帮扶重点群体就业50万人次，实现群众办事便捷高效，基层人员减压减负、监管实时有力。

（四）强化企业用工保障。

举全省人社系统之力，首次对全省302万家企业开展大起底、全覆盖的用工情况大调查，进一步摸清了全省就业底数。实施重点企业清单式管理，强化失业风险排查防控。深化东西部劳务协作，新建省外劳务工作站134个，开发上线东西部劳务协作信息平台，加大爱心岗位开发力度，2021年底有225万名省外脱贫人员在浙稳定就业，为全国稳就业保就业大局作出积极贡献。

四、强基固本，补齐短板，社会保障制度运行平稳

深入学习习近平总书记在中共中央政治局第二十八次集体学习时关于完善覆盖全民的社会保障体系的重要讲话精神，深刻领会社会保障“是治国安邦的大问题”，深化改革、健全制度、防范风险，推动社会保障制度高质量可持续发展。

（一）完善社保政策体系。

实施规范企业职工基本养老保险省级统筹制度，完成国家对浙江省级统筹制度执行情况的验收，出台企业职工基本养老保险工作考核办法，放开灵活就业人员参加企业职工基本养老保险户籍限制。认真梳理和规范浙江企业职工基本养老保险待遇支付项目，加强与人力资源社会保障部沟通对接，推进待遇项目与全国统筹平稳衔接。认真开展被征地农民参保政策“回头看”，针对政策执行过程中存在的问题，进一步统一政策口径，全力做好经办工作，确保政策执行不留后遗症。出台《关于实行城乡居民基本养老保险基金省级管理的通知》，推动形成个人账户基金省级归集、统筹安排委托投资运营的长效机制，促进城乡居民基本养老保险制度可持续发展。制定出台工伤预防五年行动计划实施方案。

（二）大力推进参保扩面。

针对企业职工基本养老保险基金支付能力不足的问题，强化精准扩面，2021 年全省企业职工基本养老保险净增参保缴费 149.1 万人，新办参保人员中 35 周岁及以下的人员占比 67%。截至 2021 年底，全省基本养老保险、工伤保险、失业保险参保人数分别为 4 423 万、2 742 万、1 794 万，分别比 2020 年底增加 68 万、196 万、107 万。

（三）稳步提高待遇水平。

按照国家统一部署，调整退休人员基本养老金，惠及全省 897 万离退休人员。调整城乡居民基本养老保险基础养老金最低标准，由每人每月 165 元提高至 180 元，2021 年底全省城乡居民基本养老保险人均待遇水平达到每月 350 元，比 2020 年底的人均待遇水平增加 64 元，增幅 22.4%。

（四）加强社保基金监管。

认真学习贯彻习近平总书记关于湖南衡南社保案的重要批示精神，按照人力资源社会保障部统一部署，扎实开展社保基金管理问题专项整治和基金安全“警示教育月”活动，强化数据关联应用和比对，逐条核实疑点信息，压实整改责任。建成“社保基金安全在线”，实现社保基金监管从“人防”向“技防”的转变。专项整治全省共查实问题 1 474 个，已整改 1 464 个，资金整改 5 260 万元，得到省政府主要领导批示肯定。出台《浙江省社会保险基金监督管理约谈暂行规定》《关于开展全省社会保险基金安全评估工作的实施意见》《关于加强职业年金基金监管工作的通知》等政策意见，实现社保基金第三方审计全覆盖，切实守牢基金安全底线。

五、破立并举，激发活力，人才引育量质齐升

认真学习贯彻习近平总书记在中央人才工作会议上的重要讲话精神和省委人才工作会议精神，全面贯彻人才强省、创新强省首位战略，强化改革创新，努力为共同富裕示范区建设提供人才智力支撑。

（一）深化人才发展体制机制改革。

稳步推进工程技术领域职称社会化评价改革，出台《浙江省高层次创新型人才职称“直通车”评审办法》，探索完善特殊优秀人才认定标准，进一步畅通高级职称直接申报渠道。持续推进事业单位工作人员职业生涯全周期管理“一件事”改革，人力资源社会保障部在浙江金华召开现场会推广浙江省改革经验。会同省委组织部做好推进县以下事业单位建立管理岗位职员等级晋升制度的各项准备。研究推进公立医院、高校、科研院所薪酬制度改革。落实“双减”部署要求，提高义务教

育阶段教师提供课后服务的报酬水平，并做好校外培训机构人员转岗再就业工作。

（二）加大人才引进力度。

2021年引进各类人才139万人，其中35岁以下的大专学历以上人才130万人，引进博士8 822人。调整浙江省博士后研究人员资助标准和范围，日常经费补助标准由每人每年8万元提高至每人每年15万元，引才补贴标准由一次性3万元提高至一次性20万元。实施万名博士集聚行动，新设省级博士后工作站270家，招收培养博士后研究人员2 967人，海康威视等5家设站单位获批博士后独立招收资格。大力实施人力资源服务业发展“三优三百”计划，遴选培育100家人力资源企业，推荐100强“扶优”榜单，有7家全球50强人力资源服务机构落户浙江，为企业有效搭建了市场化引才渠道。

（三）深入推进“技能浙江”建设。

以实施新时代浙江工匠培育工程为抓手，扎实推进“技能浙江”建设，大力开展职业技能提升行动，2021年培训260万人次，新增高技能人才32.6万人。出台《新时代浙江工匠遴选管理办法》，首次遴选“浙江大工匠”10名、“浙江杰出工匠”59名、“浙江工匠”600名、“浙江青年工匠”1 950名。研究制定《关于实施技工教育提质增量行动的意见》，全年新增技工院校16所，完成招生6.2万人，招生规模和在校生规模均创历史新高。深入实施企业新型学徒制，招收培养新型学徒4.3万人。完善技能人才评价制度，新增职业技能等级认定评价机构3 339家，67.3万名劳动者取得职业技能等级证书。

六、标本兼治，共建共享，劳动关系总体和谐稳定

针对疫情防控复杂形势、经济下行压力加大、房地产市场不景气以及“双控”“双减”政策对劳动关系的冲击和影响，坚持源头治理、综合施策，全力维护全省劳动关系和谐稳定。

（一）实施劳动关系“和谐同行”三年行动。

印发《浙江省劳动关系“和谐同行”三年行动计划实施方案》，指导地市开展企业劳动用工体检和劳动关系协调员培训，依法保障劳动者和企业双方的权益。加强协调劳动关系三方机制建设，努力推广电子劳动合同，归集273万份电子劳动合同数据，场景应用达40万次。牵头出台《浙江省维护新就业形态劳动者劳动保障权益实施办法》及配套文件，对新就业形态劳动者的劳动用工权责、薪酬待遇、休息休假、社会保障、劳动保护等进行了规范。建设新就业形态劳动权益保障在线，构建劳动权益实时监测和在线监管闭环体系，归集110万用工数据。

（二）调节企业收入分配。

支持企业通过提质增效拓展从业人员增收空间，进一步完善工资集体协商制度，研究制定了以“健全产业工人薪酬激励机制”为主要内容的集体协商要约行动文件。调整最低工资标准，平均增幅13.1%，最高档达到2 280元，直接促进低收入群体增收约110亿元，受到社会各界广泛好评。

（三）持续深化“浙江无欠薪”行动。

以省根治欠薪领导小组名义出台《关于以数字化改革为引领　持续擦亮“浙江无欠薪”品牌的实施意见》，建设“安薪在线”数字化治理应用，举办浙江省首届建设领域劳资专管员职业技能大赛。开展漠视侵害群众利益问题专项治理，集中治理重大工程建设项目劳动纠纷，组织开展“无欠薪”县（市、区）复核。浙江省在国务院保障农民工工资支付工作考核中获得“四连冠”。开展劳动关系综合治理，全年调处劳动纠纷案件16.5万件，化解率达到99.34%，调解成功率88%。全力打好护航建党百年大庆系统信访稳定攻坚战，维护了人社领域总体和谐稳定。

七、久久为功，持续用力，深化系统行风建设取得显著成效

认真贯彻落实人力资源社会保障部关于加强系统行风建设的部署要求，以“最多跑一次”改革和数字化改革为引领，系统化重塑变革人社服务，基本实现人的全生命周期人社服务优质共享，在企业群众中树立了好口碑。

（一）深入实施“人社服务快办行动”。

按照人力资源社会保障部“人社服务快办行动”部署，坚持自我加压、提高标准，持续拓展群众眼中“一件事”办理的广度和深度，牵头实施 16 个“一件事”。围绕事业单位工作人员“进、管、出”，全面实施事业单位工作人员职业生涯全周期“一件事”改革，实现全省业务同标、数据同源、办事同步。推进社保医保参保“一件事”改革，实现了群众企业办理社保医保参保关联事项“一次申请、一窗收件、一次录入、一体反馈”，人社服务的智能化、便捷化、人性化水平大幅提升。修订《全省人社系统依申请政务服务事项业务经办规范》，整合人力资源社会保障部和省政府办事指南要求，形成包含 38 个要素的经办规范，将证明事项清理、“证照分离”改革成果，通过经办规范固化，实现政务服务事项“提速办”。持续深化全省系统依申请政务服务事项 2.0 建设，85%依申请政务服务事项实现“全省通办”。

（二）深化“社银合作”。

牵头编制了全国首部“社银合作”相关省级地方标准——《银行办理社保经办业务服务指南》，于 2021 年 4 月 12 日开始实施。截至 2021 年底，全省建成“社银合作”网点 10 175 个，初步建成“15 分钟服务圈”，实现办事群众、人社部门、银行三方共赢。以“社银合作就近办”为重点，建设政务服务“好办易办”数字化改革应用场景，实现对合作网点、网点经办人员和服务事项的精准管理，确保人社延伸服务优质高效。编制完成了全省人社服务经办网点“电子地图”，确保企业群众办事“查得到”“找得着”“好办事”。

（三）持续开展窗口单位练兵比武。

认真制定 2021 年度全省人社系统窗口单位业务技能练兵比武活动工作方案，组织全省系统广大干部职工持续参与“日日学、周周练、月月比”线上练兵活动，坚持以比促练。以练促用，推动形成“学业务、强素质、练精兵、当能手”的热潮。积极参加全国线上比试，浙江省共产生全国“人社知识通”8 名，全国“岗位练兵明星”3 名。

八、探索创新，夯基垒台，全面加强基础性综合性工作

（一）推进社保卡居民服务“一卡通”建设成效显著。

认真贯彻落实习近平总书记关于要探索以社保卡为载体建立居民服务“一卡通”，在交通出行、旅游观光、文化体验等方面率先实现“同城待遇”的重要指示精神，浙江省人力资源社会保障厅会同省大数据局牵头成立省内和长三角社保卡居民服务“一卡通”专班全力推进。截至 2021 年底，在浙江省内，酒店住宿登记、驾驶证信息查询，以及教育、民政、人社等领域共 94 项政务事项可凭社保卡办理，39 项政府待遇补贴通过社保卡发放。在长三角地区，已有 1 050 个文旅场馆支持社保卡通用，浙江省和江苏、安徽加载“交通联合”功能的第三代社保卡还可通乘全国 300 余个城市的地铁公交。长三角居民服务“一卡通”项目被评为浙江省推进长三角一体化发展第一批“最佳实践”，并入选 2021 年省政府部门改革创新项目。

（二）高质量编制浙江省人社事业发展“十四五”规划。

成立以厅主要领导为组长的规划编制领导小组，高标准组织开展规划编制工作，于 2021 年 5 月在全国率先发布浙江省人社事业发展“十四五”规划。规划既充分衔接人力资源社会保障部规划，又着力体现浙江特色。坚持以数字化改革为牵引，坚持以系统观念为

指导，坚持发展和安全并重，坚持区域协调发展，既统筹人社全面业务，又突出各板块重大任务。规划总体架构为“6+10+19”，“6”是指就业、社保、人才、劳动关系、收入分配、公共服务六大板块；“10”是指10项重大任务，包括一项重大改革（人社数字化改革），两项人才培育工程（技能人才培育工程、专业技术人才培育工程），三套高质量发展组合拳（技工院校高质量发展组合拳、人力资源服务业高质量发展组合拳、助力“乡村振兴”组合拳），四项共同富裕专项行动（高质量就业专项行动、社会保障高质量可持续发展专项行动、和谐劳动关系专项行动、优化企业工资收入分配专项行动）。“19”是指19项主要指标。

（三）做好依法行政工作。

认真学习贯彻习近平法治思想，坚持依法行政、依法履职，完善重大行政决策程序，发布重大行政决策事项目录，推进人社普法宣传教育，组织对人社政策法规进行系统性和体系化汇编，形成《人社政策法规汇编》共5编28本、780余万字。深化全省人社系统法治建设，推进决策科学化民主化法治化。研究制定和修订《厅党组工作规则》《厅工作规则》，对领导班子依法民主科学决策进行规范。围绕人社政策全流程管理目标，建设“政策监管”数字应用，打造政策文件全量、精准查询和文件“立改废”线上管理及辅助监管评估的服务端、治理端功能，创新建立系统行政规范性文件执行情况监管和后评估制度，努力实现重要政策执行情况可量化、可展示、可评估的全流程闭环管理。

九、坚持党建统领，纵深推进全面从严治党

健全完善全面从严治党制度，着力形成“问题发现靠党建、问题发生查党建、问题解决看党建”的党建工作新格局。高标准开展党史学习教育，深入开展“我为群众办实事、我为企业解难题、我为基层减负担”专题实践活动。加强党支部标准化规范化建设，不断完善支部党建理念、机制、方法、手段，着力提升基层党组织的政治功能和组织力。强化干部队伍建设，认真贯彻落实新时代党的组织路线，建立健全管思想、管工作、管作风、管纪律的日常监督管理体系，营造风清气正的良好政治生态。持续推进“清廉人社”建设，抓好全省系统党风廉政建设。

浙江省人力资源和社会保障厅

杭　州　市

2021年，杭州市人力资源社会保障部门积极应对新冠肺炎疫情，全面落实“六稳”“六保”任务，聚焦争当浙江高质量发展建设共同富裕示范区城市范例，出台实施杭州市人社事业发展“十四五”规划，全力稳就业、保民生、促发展、防风险，统筹疫情防控和人社业务工作，发挥保障民生和服务发展功能，实现了“十四五”良好开局。

一、就业创业

（一）就业形势保持稳定。

杭州市城镇新增就业92.8万人，人社部门接收2021届高校毕业生14.2万余人，其中研究生学历毕业生2.2万人；城镇失业人员实现再就业近6万人，其中帮扶就业困难人员实现就业2.5万人；失业保险参保净增40万人；年末城镇登记失业率2.34%。

（二）实施稳就业保就业政策。

杭州市积极贯彻落实国家、省稳就业保就业有关要求，实施一系列助企纾困政策，有效应对新冠肺炎疫情，强化用工服务保障，助力企业复工复产。发挥失业保险稳就业作用，对不裁员或少裁员的参保企业落实失业保险稳岗返还政策，向4.4万家企业返还失业保险费3.9亿元，惠及职工148.8万人。10月，调整应届毕业生生活补贴政策并出台实施细则，生活补贴由一次性发放调整为分两笔发放，博士研究生补贴标准由5万元提高到10万元，全年共发放补贴16.3万人，补贴金额22.7亿元，发放大学生“青荷礼包”11万余人，补贴金额1 410.7万余元。实施高校毕业生求职创业补贴政策，全年发放补贴8 525人，补贴金额2 557.5万元。扩大大学生就业创业见习训练规模，新增见习基地103家，组织见习训练大学生8 672人，发放见习补贴3 271.3万元。

（三）引导创业带动就业。

3月，杭州市人力资源和社会保障局会同市财政局印发《杭向未来·大学生创业创新三年行动计划（2020—2022年）实施细则》，构建集大学生创业生活补贴、项目资助、场地补贴、担保贷款和融资支持等“一条龙”政策扶持体系。全年全市无偿资助大学生创业项目714个，资助金额6 120万元，毕业5年内的全日制大学生新创办企业8 812家，带动就业2.1万人。举办“潮玩　潮创　IN杭州”2021年杭州大学生创新创业日活动。举办第七届中国杭州大学生创业大赛总决赛，国内外439个团队、1 400余名大学生来杭参赛，首次开展“青春飞扬　杭向未来”大赛“创业服务季”活动，促成118个项目在杭州注册企业。选拔杭州大学生杰出创业人才培育计划培育对象20人，举办大学生“创业训练营”“创业实践营”，杭州大学生创业学院创新设立先进制造业和数字经济行业专题班，全年培训各类大学生创业者及创业工作者530余人次。全年发放创业担保贷款10.6亿元；举办2021杭州众创大会、2021“有梦想，一起跑”杭州创业马拉松等活动；认定市级大学生创业园2家、市级创业陪跑空间9家，认定首批市级创业孵化示范基地17家，杭州万轮科技园被人力资源社会保障部认定为第五批全国创业孵化示范基地。

二、社会保障

（一）社会保险参保情况。

截至2021年底，杭州市职工基本养老保险、工伤保险、失业保险参保人数分别达763.6万人、707.4万人、563.5万人，比上年末分别净增参保46.6万人、74.1万人、40.0万人，全市基本养老保险参保率99.4%，基本实现“人人享有社会保障”。

（二）社会保障体系日益完善。

2021年1月起，杭州市企业职工基本养老保险纳入省级统筹管理，按照“统一养老保险政策执行、统一基金收支管理、统一基金预算管理、统一责任分担机制、统一集中信息系统、统一经办管理服务、统一激励约束机制”等规定实施统筹管理。8月，杭州市人力资源和社会保障局、市财政局、市税务局联合出台《关于印发部分特定人员参加工伤保险办法（试行）的通知》，允许部分超龄人员、职业技术院校实习生、新业态从业人员单险种参加工伤保险，加强对部分从业人员的工伤权益保障，进一步扩大工伤保险覆盖面，分散各类用人单位工伤风险，自2021年10月8日起执行，试行期限2年。根据国家、省有关新就业形态劳动者劳动保障权益维护政策规定，2021年12月1日起，新就业形态灵活就业人员放开户籍限制，允许在灵活就业地参加企业职工基本养老保险。至年末，纳入杭州市实行社会化管理的企业退休人员达172万人，实现退休人员人事档案、资格认证和全市域就近体检3个信息化应用系统集成。

（三）社保待遇水平继续提高。

继续提高全市企业退休人员基本养老金，其中，杭州市区调整后企业职工基本养老保险退休人员人均养老金达3 135.6元/月。调整城乡居民基本养老保险基础养老金标准，2021年1月1日起，杭州市区基础养老金标准提高至每人每月310元，桐庐、淳安、建德3县（市）提高至每人每月275元。

（四）社保经办管理水平不断提升。

杭州市全面升级“社保易窗”智能服务平台，在全天候AI在线咨询服务基础上，启用AI智能自助收件功能，实现24小时在线接待受理，开发完成退休全事项智能预警、新办企业参保信息云上达、参保变动智能提醒、养老待遇支付智办提醒、关系转移接续全流程可视化、困难群众帮扶助手等六大功能应用场景，实现参保情况、退休审批前置事项、关系转移具体进度等主动提醒、全程可查，累计推送服务短信29万余条，服务群众31万余人次。深入实施“人社服务快办行动”，推进网办掌办服务，全年全市社保经办总业务量1 215.9万件，通过浙江政务服务网、“亲清在线”平台等线上办理1 034.9万件，网办率达85.1%。深化开展“社银合作”，全市共有707个“社银合作”银行网点经办社保业务高频事项。推动社保医保参保“一件事”改革。全年认定工伤3万人，组织劳动能力鉴定2万人次，其中，因病非因工劳动能力鉴定1 736人次。

（五）社保基金管理持续加强。

加强社保基金监督，开展社保基金管理问题专项整治、企业职工基本养老保险提前退休问题专项核查、全市社保经办机构工作人员及其亲属社保待遇核查、社保基金疑点数据核查等，促进改善经办管理风险防控。实施社保基金安全评估和第三方审计工作，加强社保基金风险警示教育。构建并启用社保基金风险控制“智治”平台，建立事前风险评估、事中业务控制和事后检查相结合的风险控制体系，并从九个维度作风险识别评测，对预警信息进行分级处置。

三、人才人事

（一）人才政策环境持续优化。

8月，杭州市委人才办、市人力资源和社会保障局、市发改委联合发布《杭州市人才发展“十四五”规划》，内容包括发展背景、总体要求、发展重点、以全球视野加强高素质人才队伍建设、以窗口意识推进高水平人才改革、以用户思维优化高质量人才服务及组织保障等7个部分。12月，杭州市人才管理服务中心联合市统计局、智联招聘编制发布《杭州市2021年重点产业紧缺人才需求目录》，以杭州市重点产业为着眼点，聚焦数字经济、高端装备制造、生命健康、金融服务、文化、旅游休闲等重点产业领域，调查发布紧缺专业人才岗位需求情况。开展高层次人才分类认定工作，新认定高层次人才22 592人，其中A类3人、B类101人、C类376人、D类1 816人、E类20 296人。举办“创新驱动·智享未来”2021杭州人力资源服务机构招才引智群英榜发布暨人力资源服务和产品创新创优路演，在全国率先发布“人力资源服务机构招才引智群英榜”。举办承办中国杭州国际人力资源峰会、第九届中国（浙江）人力资源服务博览会等品牌活动，至2021年末，全市共集聚各类人力资源服务机构1 059家，从业人员2.8万人，实现产值826.4亿元，服务用人单位233.9万家次，帮助实现就业和流动654.7万人次。

（二）海外引才质量提升。

2021年3—11月，杭州市举办“创客天下·杭向未来”2021杭州海外高层次人才创新创业大赛，分别设置留学人员项目和外国人项目两个专场，遴选引进世界各地创新创业人才项目，1 341个项目进入海选，其中外国（非华裔）人才项目410个，至年末10个项目在杭州签约落户。举办2021杭州国际人才交流与项目合作大会，26个国家和地区的100余名高层次人才代表参会，长三角地区和省内城市代表出席，累计签约项目182个、金额119.2亿元。杭州连续11年入选外籍人才眼中最具吸引力的中国城市。“创客天下·杭向未来”2021杭州市海外高层次人才创新创业大赛入选人力资源社会保障部2021年度海外赤子为国服务行动计划。杭州市入选“2021年中国留学人员回国创业启动支持计划”项目4个，其中重点类项目2个，优秀类项目2个。评审资助2021年度高层次留学回国人员在杭创新创业项目37个，资助金额783万元。

（三）人才培养培育加大力度。

实施“杭州万人计划”培养类人才引育工程，选拔中青年培养人选900名，以高层次青年人才为重点加快专业技术人才队伍建设。14人入选浙江省高层次人才特殊支持计划青年拔尖人才。结合杭州市重点发展产业领域选聘钱江特聘专家100名。实施博士后倍增计划，新设立省级博士后科研工作站53个，引进博士后研究人员608人，在首届全国博士后创新创业大赛上获金奖1项、银奖3项、铜奖2项。持续优化“名城工匠”培养生态，全年培养高技能人才3.97万人，开展职业技能培训19.7万人次。新建省级技能大师工作室4个、市级技能大师工作室25个，认定杭州市首席技师20人、杭州市技术能手78人。组织市级和区、县（市）级技能竞赛164场，带动岗位练兵超过11万人次。全年全市公共实训基地实训、鉴定22.9万人次天，其中高级工及以上实训5.8万人次天。

（四）事业单位人事管理和工资福利工作继续推进。

杭州市开展事业单位统一公开招聘，全年公开招聘事业单位工作人员9 568人。推广使用浙江省事业单位人事管理服务系统和事业单位“一件事”平台，全市通过系统办理公开招聘、交流调动、岗位聘任、政策性安置等事业单位人事管理业务32 169件，通过平台受理社保、公积金、编制等事业单位“一件事”业务40 751件。根据国家综合性消防救援队伍职业保障方案和省实施办法，完成消防员工资套改工作，确保消防体制改革平稳过渡。制定落实新冠肺炎疫情防治一线医务人员薪酬待遇操作口径，做好一次性绩效工资总量核增工作，落实将卫生防疫津贴发放范围扩大到一线医务人员政策。健全教师工资待遇保障，落实教育“双减”工作要求，把用于义务教育阶段教师课后服务补助的经费额度作为增量纳入绩效工资，指导完善教师工资收入分配政策。

四、劳动关系

（一）夯实和谐劳动关系建设。

杭州市协调劳动关系三方组织实施全市劳动关系“和谐同行”三年行动计划（2021—2023年），优化营商环境，进一步夯实构建和谐劳动关系工作基础，依法推进劳动关系治理体系和治理能力建设。深化特殊工时审批清单式改革，进一步优化特殊工时审批服务，强化事中事后监管，提高行政服务效率。组织开展劳务派遣经营情况报告年度核验、劳务派遣用工情况“双随机”检查，规范劳务派遣用工行为。

（二）完善企业工资收入分配。

2021年8月1日起，杭州市区最低月工资标准提高至2 280元，最低小时工资标准提高至22元；桐庐县、淳安县、建德市3个县（市）的最低月工资标准提高至2 070元，最低小时工资标准提高至20元，城乡工资收入差距逐步缩小。开展工资集体协商“集中要约行动”，以健全产业工人薪酬激励机制为主要内容，促进劳动者薪酬水平合理增长。加强国有企业薪酬分配调控，严格落实薪酬管理制度，推进国有企业收入分配制度改革各项工作。实施企业薪酬调查，对全市3 191家样本企业进行抽样调查，发布2021年杭州市人力资源市场部分职位工资价位，为各地企业开展工资集体协商、合理确定职工工资收入提供参考。

（三）加大劳动保障监察力度。

杭州市各级劳动保障监察机构监察检查用人单位13.2万余户（次），协调处置各类劳动保障违法案件6 015件，其中立案查处各类劳动保障违法案件445件，结案率100%。组织实施人力资源市场秩序清理整顿、重大工程建设领域劳动纠纷、护航建党百年“浙江安薪”、超时加班问题集中排查化解、新业态行业专项执法等专项治理行动6次，共检查各类用人单位7 200余户。深入开展“杭州无欠薪”专项治理行动，健全政府负责、部门主管、企业主抓、人社牵头“四个责任”体系，构建市、区县、镇街、网格、劳资专管员5级欠薪治理体系，全年为8 552名劳动者追发工资待遇6 450万余元，向公安机关移送涉嫌拒不支付劳动报酬犯罪案件50件，其中立案25件。

（四）推进基层劳动纠纷多元化解。

杭州市实施“一窗式”即接即办工作标准化和规范化制度，提升基层劳动纠纷化解率。全市办结劳动纠纷案件43 452件，其中基层调解办结数37 994件，占87.4%，调解成功率94.5%。全市受理劳动人事争议案件23 030件，结案22 316件。

五、行风建设

（一）开展行风查纠整治。

加强系统行风建设，开展行风问题警示教育和行风建设专项督查，以开展“局处长走流程”活动为抓手，以窗口工作人员服务态度、服务效率、服务能力为重点，督促落实首问责任制、一次性告知制、限时办结等服务制度，组织开展常态化业务技能练兵比武活动，提升窗口工作人员服务水平和效能。推行告知承诺制，实现“减证便民”。建设市本级政策法规数据库，开展行政规范性文件管理，实行重大决策目录化管理。强化行政执法监督，组织开展全市人社系统行政执法案卷评查，抽查局机关和区县（市）人力资源和社会保障局行政许可、行政处罚、行政确认案卷139个。聘任4名行政执法监督员对市人力资源和社会保障局开展行政执法监督活动。开展行政执法证件清理，做好行政执法主体确认，机关在编人员持证率达98%。

（二）推进数字化改革。

杭州市人社部门充分运用“数字之城”基础优势，系统推进就业创业无感智办、根治欠薪精密智控、社保卡一卡智用、社保基金风控智治等10项“数智”场景。杭州市试点的“浙里就业——重点群体就业帮扶在线”应用子场景入选浙江省数字社会“第二批最佳应用”，靶向解决重点群体就业难题，服务人次达40万以上，11.1万名重点群体实现就业与再就业；“网签电子劳动合同”平台汇聚电子劳动合同超270万份，走在全国同类型城市前列；“数智就业”应用场景，实现从“人找政策”到“政策找人”的突破，失业保险金申领、技能提升补贴申领等8个高频事项实现无感智办，获《全国优化营商环境简报》（第85期）刊发推广。推进“人社服务快办行动”，个体劳动者就业、社保关系转移等10个民生关键小事上线“浙里民生关键小事智能速办”专区，社保业务高频事项网办率达92.9%。

杭州市人力资源和社会保障局

宁 波 市

2021年，全市人力资源社会保障系统坚持以习近平新时代中国特色社会主义思想为指导，深入学习贯彻习近平总书记考察浙江、宁波重要讲话精神，严格贯彻国家、省人社工作部署以及市委、市政府做好浙江建设“重要窗口”模范生要求，坚决扛起锻造硬核力量的使命担当，扎实做好“六稳”“六保”工作，持续深化“4+人社”建设，为宁波加快建设现代化滨海大都市、高质量发展建设共同富裕先行市贡献人社力量。

一、就业创业

深入实施“甬上乐业”计划，加大企业用工保障和重点群体帮扶力度，提升公共就业服务和就业创业活动品质，推动实现更加充分更高质量就业。

2021年，全市城镇新增就业34.4万人，同比增长64.3%；城镇登记失业率2.3%，继续保持低位。2月，宁波市就业管理中心被党中央、国务院授予“全国脱贫攻坚先进集体”荣誉称号。5月，国务院总理李克强考察宁波人力资源大厦，给予宁波灵活就业工作高度肯定。10月，宁波首次以城市为展示单位亮相第三届全国创业就业服务展示交流活动，作为全国6个城市代表之一参与主题交流。

（一）加强援企稳岗，护航产业发展。

加大企业用工座谈和实地调研力度，在全省率先完成48万家企业全面用工调查，进行全方位、多层次就业分析研判，强化余缺调剂服务，提升用工服务保障水平。深化“十省百城千县”劳务协作，与全国18省（市）、103个市（州）以及近千个县（市、区）建立合作关系。扩大校企合作规模，组织本市企业“走出去”宣讲推介近100家次，将外省院校“请进来”精准对接10余次。春节期间，“宁波欢迎您”返岗专列6条线路惠及3 000余人，两项交通补贴政策惠及3.9万人，央视“新闻直播间”进行报道。

（二）关注重点群体，提升就业质量。

高校毕业生就业创业服务月等活动直接服务逾1.2万人次，离校未就业高校毕业生帮扶9 263人次，帮扶率100%。开展就业援助月、金秋招聘月等专项招聘360场，走访就业困难人员家庭7 727户，零就业家庭动态清零。失业保险待遇“畅通领”“安全办”，全年发放失业金9.1亿元、失业补助金1.1亿元。继续巩固拓展脱贫攻坚成果同乡村振兴有效衔接，5月签订《宁波-凉山劳务协作框架协议书》，有组织输送凉山籍务工人员来甬稳定就业2 347人，四川籍农村劳动力来甬稳定就业11.9万人，完成率236%，其中脱贫人口1.3万人，完成率268%。

（三）强化数字引领，夯实公共服务。

深化数字化改革，高质量完成就业系统省集中工作，持续推动就业登记提质扩面，全力推广数字就业重点群体帮扶应用，在全省第一个实现街道乡镇全覆盖全验收通过。持续升级“最多跑一次”改革，牵头4个“一件事”上线，做好“智配直享”改革工作，公共就业基层服务标准化试点90分高分通过国家验收。推进高质量就业社区（村）建设，39家社区（村）被新认定为省级高质量就业社区（村），江北区万丰社区和慈溪市东门社区获评“国家级充分就业社区”。

（四）浓厚创业氛围，擦亮城市名片。

完善“四有”创业服务品牌，“228号创客咖啡”运营成熟，创业沙龙举办41期、服务1 400余人次，创业集市举办7场、现场服务7 000余人次，2021—2022中国宁波青年大学生创业大赛面向全国征集创业项目314个，实现落地63个，新增创业实体16.32万家。组织“甬上乐业”2021宁波就业创业服务交流大会，发布“甬上乐业”“甬上工匠”新政，吸引13个省30个重点劳务输出地参会并挂牌设立劳务协作站。10月，受邀参加第三届全国创业就业服务展示交流活动，宁波作为全国6个城市代表之一参与主题交流（市长论坛），介绍宁波完善政策措施、优化创业环境举措，擦亮宁波创业金名片。

二、社会保障

贯彻落实企业职工基本养老保险省级统筹，进一步提升社保统筹层次，打破户籍藩篱提高参保覆盖面，实现城乡居民基础养老金全市统一，依托数字赋能提升经办服务品质。

（一）推进职工养老保险省级、全国统筹。

宁波市社保信息系统于2021年4月9日实现全省最平稳上线，做到政策执行、基金收支、预算管理、责任分担、信息管理、经办服务等“七统一”，为全国统筹奠定工作基础。年初完成规范被征地养老保障转基本养老保险整改善后工作，年度全面完成存量被征地农民参加基本养老保险工作。完成外来务工险并轨集中经办、城乡居民基本养老保险暂停领取待遇人员清理、省基数启用、原机关事业单位养老保险试点制度衔接，开展中断缴费人员数据处理、待遇项梳理规范等全国统筹基础性工作。

（二）扎实推进参保扩面，稳步提升待遇水平。

截至2021年底，全市户籍人员养老保险参保率达99.2%。全市企业职工基本养老保险、城乡居民基本养老保险、被征地人员养老保障、机关事业单位养老保险、工伤保险参保分别为511.2万人、101.4万人、30.3万人、29.3万人、443.2万人，企业职工基本养老保险9月净增人数同比增幅居全省第一，获省厅通报表扬。全年补助3.4万低保、残疾人等困难群体参加城乡居民基本养老保险共计1 011.9万元。允许非本市户籍灵活就业人员参加企业职工基本养老保险，允许新业态平台企业为提供劳务的新业态劳动者单险种参加工伤保险。2021年7月1日起，宁波市城乡居民基本养老保险基础养老金标准实现全市统一并提高到310元/月。完成全市138.6万退休人员养老保险待遇调整，发放金额12.3亿元。

（三）积极推进经办数字化改革。

实施参保、离职、工伤、过世“一件事”，退休“一件事”办结量居全省第一，社保高频事项网办率超90%。完成“咨询智服、政策智达、预约办、视频办”试点，落实社保经办“适老化”服务。完成市社会保险管理服务中心、市医疗保障管理服务中心人员转隶、系统拆分、窗口服务分离、经办流程重置、资产档案清理。市本级社保经办服务窗口10月起入驻市行政服务中心。在国家市场监督管理总局6月底发布的2020年全国公共服务质量检测情况通报中，宁波市社会保障公共服务满意度在110个被监测城市中居第二位。

（四）不断推进社保卡集成应用。

成立全市社保卡居民服务“一卡通”专班，协同推进社保卡在政务服务、交通出行、文化旅游、待遇发放、就医购药等领域的应用，全面开通131项社保卡在人社领域应用。在全国探索以社保卡“特约商户”模式推进社保卡的多领域应用，已累计吸引21.5万社保卡持卡人，消费金额超1 580.6万元。

三、人才人事

（一）加大人才引进力度。

2021年全年新引进大学生21.6万人，同比增长30.7%，其中本科生增长42%，硕博生分别增长10%，硕士生首次突破万人。新增高技能人才8.16万人，同比增长21.8%。入选省级培养工程青年拔尖人才15人，其中创业人才入选人数位居全省第一。

（二）持续开展创新创业大赛。

2021年12月3日，由人力资源社会保障部人力资源流动管理司指导，中国人事科学研究院和宁波市人民政府联合主办的2021中国（宁波）人力资源服务创新创业大赛总决赛成功举办。中国（宁波）人力资源服务创新创业大赛始于2015年，每年举办一次，已连续举办七届。

（三）推进技能人才培养。

积极推进宁波新时代工匠培育工程。2021年6月份拟定出台《关于高水平培育新时代宁波工匠队伍的意见》，积极推进宁波工匠遴选。2021年9月，圆满举办第一届宁波技能大赛暨2021年宁波市“乡村振兴”职业技能大赛。新建市级技能大师工作室15家，新增2个市级公共实训基地，公共实训基地实现全覆盖。截至2021年12月底，宁波市技能劳动者总量达到195.75万人，新增15.6万人；高技能人才数量63.3万人，新增8.2万人，高技能人才占技能劳动者比重达到32.3%。

（四）深化人事管理改革。

推进实施县以下事业单位建立管理岗位职员等级晋升制度，组建工作专班，梳理问题清单、风险清单及各类别人员数量清单三张报表，做好政策、口径与问题、困难的下达上传。做好事业单位人事管理数字化改革工作，结合本地业务实际，探索完成业务系统本地化功能改造，打造集业务办理、监督管理、数据分析于一体的事业单位人事工资大数据中台，实现“事业单位人事管理数字化改革”场景应用。

（五）加强行政队伍建设。

2021年，宁波市发布公告274家次，计划招聘7 375人，发布公示476家次，拟聘用公示5 747人，办理录用手续5 945人，审核办理1 589名工作人员交流调动。调整486家事业单位岗位设置方案，完成29 000余人次岗位变动认定。开展宁波市事业单位专业技术二级岗位审核认定工作，聘任了16名专家。

（六）做好招聘培训工作。

提高事业单位公开招聘科学化水平，会同市委组织部制定印发《关于进一步规范和改进事业单位公开招聘工作的通知》，对条件、程序、集中考试机制等提出了调整。连续第四年开展宁波市面向应届优秀高校毕业生选聘高层次紧缺人才活动，推出选聘计划287人，共有5 130名考生报名，人数稳定增长21%，引才效果和品牌影响进一步提升。

四、劳动关系

（一）扎实推进和谐劳动关系构建。

做好常态化疫情防控背景下全市劳动关系相关工作。紧盯留工稳岗这一关键环节，第一时间成立全市留甬过年农民工服务保障工作专班，同步指导各区县（市）成立工作专班，全方位做好农民工留甬过年服务保障工作。2021年1月15日转发《浙江省协调劳动关系三方四家会议办公室关于切实做好2021年春节期间劳动关系稳定工作的通知》，2月5日出台《宁波留甬返岗劳动用工“十提醒”》，并且多渠道宣传推广，有效保证了春节前后劳动关系和谐稳定。针对镇海突发疫情和可能出现的企业职工劳动关系问题，12月21日发布疫情期间劳动关系政策十问十答，利用各类媒介，及时做好宣传报道和舆论引导，指导镇海区人力资源和社会保障局做好镇海企业和职工劳动关系稳定工作。

妥善处置大型企业撤停并转过程中的劳动关系。先后妥善处置中华纸业关停、北仑三星重工停产腾退等多家企业裁员过程中的劳动关系问题，充分发挥市县联动作用，持续跟进、主动作为，全力消除影响社会安全稳定的风险隐患。在指导宁波中华纸业关停工作中，紧盯关停时间敏感性，先后十余次牵头召开工作协调会，重点针对落实劳动保障法律法规和劳动关系有关政策、关停过程中企业员工现实问题的释疑解惑、企业初步裁员方案相关条款的合法性审核、协商解除劳动合同、员工再就业和维护稳定相关工作提供了细致的政策服务和法律咨询，确保中华纸业全员协商解除劳动关系，三家外包企业妥善处理分流员工，实现关停工作整体平稳有序。

全面实施劳动关系“和谐同行”三年行动计划。联合市总工会、市工商联、市企联/企协于2021年7月出台《关于印发劳动关系“和谐同行”三年行动计划打造和谐劳动关系示范区实施方案的通知》，在2020年试行的基础上，进一步细化分解相关任务指标，指导各地扎实开展相关工作。全年累计为4 385家企业提供劳动用工体检，培训劳动关系协调员9 373人次（含2020年2 302人次），在宁海率先开展电子劳动合同试点工作，培育金牌劳动人事争议调解组织40家、劳动关系和谐企业（园区）40家、金牌劳动关系协调员100名，并于12月23日发布《关于公布第一批宁波市金牌劳动人事争议调解组织、劳动关系和谐企业（园区）、金牌劳动关系协调员名单的通知》。

（二）科学调整全市最低工资标准。

2021年9月10日发布《关于调整宁波市最低工资标准的通知》，明确自2021年8月1日起，宁波市行政区域内的最低月工资标准调整为2 280元、2 070元两档；非全日制工作的最低小时工资标准调整为22元、20元两档。

（三）持续做好企业工资指导价位发布工作。

2021年10月25日发布《宁波市2021年度人力资源市场部分职位工资价位及2020年度行业人工成本信息》，该报告是在本市经营正常、工资分配制度较完善的2 843家不同经济成分企业人工成本数据及371 869名全年正常上班职工工资报酬数据基础上，经过技术归类、汇总、审核、处理和分析后形成。

（四）稳步推进“宁波无欠薪”行动。

2021年，指导全市持续深化制造业企业、工程建设领域和企业欠薪失信行为专项治理，深化“宁波无欠薪”创建，2021年度保障农民工工资支付工作考核获得省A级（连续四年），根治欠薪工作取得阶段性成效。先后组织开展清理整顿人力资源市场秩序、漠视侵害群众利益问题和护航建党百年“安薪在甬”、工程建设领域专项治理行动、根治欠薪冬季专项行动等，全市未发生社会影响较大的群体性事件。主动检查用人单位14 751户，处理线上线下有效投诉7 023件，处理各类网络舆情624条，为2万名劳动者追回被拖欠工资2.61亿元。全年办结处罚案件330件，移送涉嫌拒不支付劳动报酬犯罪案件24件，列入欠薪“黑名单”企业10家，公布118家存在重大违法行为企业。

五、人社扶贫

认真落实对口支援整体联动、劳务协作、专家精准帮扶支援、技能人才培训协作、人力资源协作和劳动保障监察协作等六项工作机制。第一时间赴凉山州开展实地调研，签订《宁波-凉山劳务协作框架协议书》，支持凉山籍人员来甬就业创业，推动有组织劳务输入，深化“十省百城千县”劳务协作，打造4家“零工市场”，扩大劳务协作规模。2021年，有组织输送四川籍农村劳动力来甬稳定就业11.9万人，其中脱贫人口1.3万人；中西部22省脱贫人口在甬就业40万人，超过2020年底的35.2万人，累计帮助2 355名丽水籍劳动力在甬就业。建立跨区域就业信息发布机制，坚持每月2次向丽水发布宁波就业岗位信息，累计发送岗位信息10万条（次）。成功举办“绿谷精英·创新引领行动计划”项目路演会，全面深化两地校企合作。积极构建普惠职业技能培训政策，制定出台职业技能培训补贴目录和标准、实训基地管理办法等配套政策。针对对口地区有培训和就业意愿的劳动者，举办“高技能人才金蓝领培养工程”培训、创业导师培训等职业技能培训班，提升致富能力。全年赴对口地区开设电商创业培训班

6期、岗前技能培训班5期，累计培训2 694人，其中脱贫人口2 001人。依托“高洽会”等平台，吸引21家丽水、衢州企业线上参会；组织30家次企业参加丽水职业技术学院、丽水学院毕业生就业洽谈会暨“我选宁波、我才甬现”线上招聘会，推出需求1 030人，助力丽水高校学生高质量就业。开展山海协作人力资源供需对接活动，助推宁波、台州、丽水和舟山等重点生产型企业、人力资源服务机构、对口专业院校等达成35个合作意向。选派178名专业技术人才赴对口地区开展智力帮扶，助力科技、教育、医疗、农业等多领域技术提升。积极为协作地区劳动者劳动维权开辟绿色通道，在案件受理、处置等环节压缩办理流程，全年办理衢州籍、丽水籍劳动者劳动纠纷案件12起，为21人追回劳动报酬34.3万元。

六、行风建设

（一）推数改优服务。

实施人社业务“智配直享”改革，搭建“咨询智服”“待遇智享”“政策智达”“业务智办”4个应用场景，为20余万人次提供业务咨询、信息推送等服务。12项人社政策上线“甬易办”平台，累计发放补贴金额1.2亿元，惠及5 000余家次企业（个人）。人社业务“智配直享”改革入选2021年度浙江省数字社会“揭榜挂帅”项目。开展“局处科长走流程”活动和“人社服务快办行动”，市本级完成“走流程”事项39个，解决问题18个；区县（市）完成“走流程”事项82个，解决问题31个。

（二）提效能强行风。

开展清廉人社进窗口活动，落实局领导窗口“坐堂”制度，实施政务服务“好差评”。开展“日日学、周周练、月月比”和窗口练兵比武活动，组队参加浙江省2021年度人社系统业务技能练兵比武竞赛，获团体二等奖和优秀组织奖，10人获浙江省“人社知识通”称号，2人获全国“人社知识通”称号，2人获全国“岗位练兵明星”称号。推进“一窗受理、集成服务”改革，完成人社窗口调整，9个“一窗受理”窗口通办109项人社政务服务事项。宁波市行政服务中心人社窗口获评“全国人社系统优质服务窗口”称号和宁波市“巾帼文明岗”。

宁波市人力资源和社会保障局

安 徽 省

2021年，安徽省各级人力资源社会保障部门坚持以习近平新时代中国特色社会主义思想为指导，认真贯彻党的十九大和十九届历次全会精神，全面落实习近平总书记对安徽的系列重要讲话指示批示精神，认真落实省委、省政府和人力资源社会保障部的决策部署，牢牢把握稳中求进的工作总基调，坚持民生为本、人才优先工作主线，加强政治机关建设，把党史学习教育贯穿始终，凝心聚力为群众办实事，锚定稳就业、保民生、强人才、治欠薪、防风险、促稳定等各项既定奋斗目标，圆满完成年度各项任务，实现“十四五”良好开局。

一、精准实施“稳”“保”政策，全省就业形势好于预期

大力实施就业优先政策，制定支持多渠道灵活就业的实施意见、“创业江淮”行动计划(2021—2025年)，出台延续实施部分减负稳岗扩就业措施。全省城镇新增就业70.9万人，完成目标任务的112.54%；城镇调查失业率5.2%，控制在5.5%的目标任务以内。全省13个社区被人力资源社会保障部认定为国家级充分就业社区。

多措并举促进重点群体就业创业，离校未就业高校毕业生就业帮扶率达99.63%。有就业意愿的退捕渔民转产就业率、参保率动态实现100%。统筹推进巩固拓展脱贫攻坚成果与乡村振兴有效衔接，引导促进186.96万名脱贫人口务工就业。

联合沪苏浙成立长三角区域公共创业服务联盟。建立“54321”马兰花创业培训新模式，培训劳动者12万余人次，同比增长33%。发放创业担保贷款82.4亿元，带动就业9.7万人。全年兑现省市级电子创业券3 000余万元，惠及创客9万余人、企业近2万家。制定创业安徽建设意见，营造浓厚创业氛围。

评选“返乡创业之星”45个、“优秀返乡创业项目”20个，组织开展“就业援助月”“春风行动”等公共就业服务专项活动。常态化推进“2+N”招聘活动，全省共发布线上招聘会13.5万场，举办线下主题招聘会1.16万场，累计提供岗位563万个，达成就业意向33.7万人，签订劳动合同8.9万人。

推动出台《安徽省人力资源市场条例》，建成4个人力资源服务产业园和安徽皖南旅游人才市场。围绕十大新兴产业，编制发布急需紧缺人才需求目录。

全省城镇居民可支配收入43 009元，居全国第14位；增速9%，居全国第6位、长三角第2位，高于全国平均水平0.8个百分点。

二、奋力推进改革攻坚，保障改善民生积极有为

深入实施全民参保计划，全省城镇职工基本养老保险、城乡居民基本养老保险、失业保险、工伤保险参保人数分别达到1 384.18万人、3 457.6万人、616.56万人、718.05万人，均超额完成年度任务。

持续推进机关事业单位养老保险制度改革，统一企业和机关事业单位退休人员养老金调整办法和标准，完善养老金待遇计发办法。全面推进企业养老保险省级统筹，有效对接全

国统筹，全年拨付备用金 1 055.3 亿元。完成渐进式延迟退休 26 场共 500 人次参与的征求意见。为全省 369 万名退休人员增加基本养老金，平均增幅为 4.5%。

制定工伤预防项目实施管理暂行办法，启动实施工伤预防五年行动计划（2021—2025年）。全年减征工伤保险费 15.58 亿元，降费额居全国第 4 位。下拨工伤保险省级调剂金 4.65 亿元。伤残津贴、供养亲属抚恤金人均分别增加 147 元、63 元。开展企业补充工伤保险试点。全省受理劳动能力鉴定申请 3.08 万件，省级鉴定完成率达 94.9%。

出台进一步规范失业保险省级统筹制度实施方案，失业保险金平均标准上调 8.7%。延续实施失业保险阶段性扩围政策，累计向 15.64 万名失业人员发放失业保险金 11.72 亿元。通过“免申即享”“免报直发”模式，为 21.58 万户企业拨付专项奖补资金 4.6 亿元，向 14.95 万户企业返还失业保险费 6.2 亿元。

确定“十四五”期间连续 5 年提高城乡居民基本养老保险省级基础养老金，且每年提标额度不低于 5 元。为全省 133.6 万名特殊困难人员代缴城乡居民基本养老保险费 2.85 亿元。

开展社保基金管理风险排查和专项整治，印发社保数据稽核规则，开展社保基金安全“警示教育月”活动，规范社保基金委托投资和职业年金基金管理运营，职业年金投资收益率居全国前列。

三、大力弘扬工匠精神，技工大省建设卓有成效

实施职业技能提升质量年行动，扩大专账资金使用范围，延长援企稳岗以工代训政策期限。全省新增技能人才 37.7 万人，其中高技能人才 19.6 万人，分别完成年度任务的 150.8%、130.7%。2021 年底全省技能人才总量的达 612 万人，其中高技能人才 183.6 万人，高技能人才占技能人才总量的比例为 30%。全年累计开展补贴性培训 111.3 万人次，完成年度任务的 158.9%。启动“皖厨培育工程”，发布首批项目名录，推出培训项目（工种）88 个。

加强技工院校建设，新设高级技工学校 4 所、普通技工学校 6 所。2021 年技工院校招生 10.2 万人，实现“六连增”，在校生突破 21 万人，跻身全国第 5 位。遴选备案各类等级认定机构 588 家，机构总量居全国第 5 位，全年评价服务 49.5 万人次。在全国较早启动企业特级技师评聘试点，首批认定 24 人。新认定省级高技能人才培训基地 6 个、省级技能大师工作室 40 个、省级新兴产业赛训基地 6 个，遴选带徒名师 432 名。

开展第十三届全省高技能人才评选表彰工作，表彰 30 名“江淮杰出工匠”、100 名安徽省技能大奖获得者；40 名国赛优胜选手获“全国技术能手”，221 名省赛优胜选手获“安徽省技术能手”。举办行业竞赛 38 项，全国乡村振兴大赛荣获 1 银 2 铜 9 个优胜奖，全国智能制造大赛荣获 2 个一等奖、4 个二等奖、7 个三等奖、2 个优胜奖，实现一等奖“零的突破”。

四、着力加强才智支撑，服务发展作用更加彰显

深入实施“江淮英才”计划，配合制定加快实施人才优先发展战略引领新阶段高质量发展的若干意见、支持国家实验室人才十八条举措、加快推进乡村人才振兴的实施意见。全年新增专业技术人才 16.4 万人，其中高层次人才 2.5 万人。2021 年底全省专业技术人才达 451.4 万人，其中高层次人才 47.5 万人。

深化职称制度改革，指导修订评审标准条件 4 项，向安徽建造师、水利水电行业协会下放评审权限。完成第三届突出贡献人才奖表彰工作。选拔第八批安徽省学术和技术带头人及第十三批后备人选各 120 人，成功推荐 2 位专家、2 个先进集体荣获第六届全国杰出专业技术人才表彰，招收博士后 937 名。新增 4 家省级留学人员创业园，评选资助留学回国人员创

新创业扶持计划项目38个。开展首届博士后及系列创新创业大赛。选派196名高层次专家开展16期服务乡村振兴活动，帮助解决技术难题695项。

修订出台事业单位专业技术二级岗位管理实施办法，开展第六批专业技术二级岗位评审工作，产生130名二级岗位人选。加快县以下管理岗位职员等级晋升制度改革落地，各市县已制定实施方案。全省规范招聘事业单位工作人员近3万人，其中招聘高校毕业生1.3万人，为艰苦边远地区招聘工作人员7 895人，“三支一扶”招募1 007人。安全实施人事考试79项，服务考生112.7万人次，考试规模增长20%。

深化高校院所绩效工资制度改革，建立部分公益二类和自收自支事业单位绩效工资正常增长机制，探索公立医院薪酬制度改革。

组织做好勋章获得者待遇口述史采集工作，依法依规开展表彰奖励活动，持续清理规范创建示范项目，保留456项，减少1 203项，减少了72.5%。

五、切实维护合法权益，劳动关系保持和谐稳定

深入开展根治欠薪冬季专项行动，全省共向公安机关移送涉嫌拒不支付劳动报酬犯罪案件236件，公布重大劳动保障违法典型案件95件、拖欠农民工工资“黑名单”68条。畅通维权渠道，办结全国根治欠薪平台案件线索2.12万件，办结率90.1%。检查各类用人单位2.29万户，查处工资类案件1 192件，为2.46万名劳动者追发工资等待遇2.86亿元，未发生因欠薪引发的重大群体性事件和极端事件。

建成全省调解仲裁信息系统，开展培树金牌调解组织、劳动人事争议仲裁“建标准院、着标准装、开标准庭、办标准案、写标准文书”活动，推进仲裁案件“快立、快审、快调、快裁、快送”。全年处理劳动人事争议案件5.1万件，涉及劳动者5.5万人，涉案金额17.2亿元。全省仲裁结案率、调解成功率为98.6%、76.4%，分别超人力资源社会保障部指标8.6和16.4个百分点。

调整最低工资标准，修订《安徽省最低工资规定》，实现省属企业负责人薪酬监督检查全覆盖。发布安徽省2021年企业工资指导线。全省集体协商“春季要约”集体合同签订企业达1.9万户。实施劳动关系“和谐同行”能力提升三年行动、千户非公企业培育行动，落实新业态就业者劳动权益保护政策，推广网约送餐行业集体协商工作经验。试点开展电子劳动合同管理应用，加强劳动关系风险预警。

举办乡村振兴职业技能大赛暨第三届农民工职业技能竞赛。全年培训家政技能人才15.7万人次，跨区域劳务对接4.2万人。表彰优秀农民工120名、农民工工作先进集体50个、农民工工作先进个人30名。

六、持续加强自身建设，人社系统行风不断优化

深入开展党史学习教育，组织实施“四进一促”稳就业、提高退休人员社保待遇等“12件实事”，开展“人社服务快办行动”“厅局长走流程”“走基层·接地气”等活动。举办人社系统技能练兵比武全省赛，承办全国人社系统练兵比武总决赛和行风建设工作总结推进会，安徽省代表队荣获总决赛第1名。

完成中央巡视反馈问题整改销号，开展新一轮深化“三个以案”警示教育。认领国家行政审批和公共服务事项169项，全部实现进大厅办理，网上可办率达94.5%。人社权责事项清单由26项减至22项，行政权力中介服务事项清单归零。

法治人社建设卓有成效，安徽省人力资源社会保障厅被评为“全省法治政府建设示范部门”。制定出台“十四五”人社事业发展规划，安徽省在人力资源社会保障部规划部署视频会上作交流发言。协调推进长三角一体化发展、皖北“四化同步”建设等任务落实。

“安徽人社”微信公众号获评 2021 年度省政务服务新媒体“创新力”榜单前 10 强，安徽省人力资源社会保障厅被评为《中国组织人事报》《中国劳动保障报》新闻宣传工作“做得好的单位”。

加快推进“省集中”系统建设，企业职工基本养老保险、城乡居民基本养老保险、智慧就业、专业技术人员服务平台等系统上线运行、升级完善，统一公共服务平台应用水平不断提升。全省社保卡持卡人数达 6 066.9 万人，居民服务“一卡通”应用涵盖全省 95 项人社服务事项、21 类 101 项惠农补贴，实现 21 项应用事项长三角区域“一卡通”，在交通出行、旅游观光、文化体验等领域拓展应用范围，受到人力资源社会保障部肯定。全省 12333 咨询热线共受理来电 525.5 万个，同比增长 16%，综合接通率达 89%。

安徽省人力资源和社会保障厅

福 建 省

2021年，福建省各级人力资源社会保障部门深入学习贯彻习近平总书记重要讲话重要指示批示精神，落实党中央决策部署，按照省委、省政府工作要求，大力加强政治机关建设，把党史学习教育贯穿始终，统筹疫情防控和人社工作，全面强化就业优先政策，着力健全多层次社会保障体系，千方百计培养引进人才，优化工资收入分配结构，切实维护劳动者合法权益，圆满完成年度目标任务，实现“十四五”良好开局。

一、就业创业

全省城镇新增就业52.01万人，失业人员再就业24.69万人，就业困难人员实现就业3.29万人。城镇登记失业率3.33%，控制在5.0%目标以内。新增就业等主要就业指标均已实现实名管理。

（一）稳就业促创业。

出台《关于做好当前扩岗留工稳就业工作十四条措施的通知》《关于延续实施部分减负稳岗扩就业政策措施的通知》《关于进一步促进高校毕业生自主创业八条措施的通知》等政策，拓展实施33个政策工具。建立重点企业用工服务保障机制，开展返岗复工“点对点”服务，精准运送5 700多名农民工返闽返岗。支持企业以工代训，发放补贴6.4亿元。落实创业担保贷款政策，加快创业孵化示范基地建设，安排创业支持资金5 000万元。

（二）高校毕业生就业创业。

加强毕业生就业公共服务，实名登记2021届离校未就业高校毕业生55 936人，实现就业53 913人；组织举办现场招聘会161场、网络招聘会241场，累计发布岗位62万余个。强化困难毕业生就业援助，共为6.36万名2021届、2022届困难毕业生发放求职创业补贴1.27亿元；开展就业“红娘”帮扶行动，帮助1 248名困难毕业生实现就业；实施青年就业见习计划，组织7 314人参加见习，其中高校毕业生5 694人。支持毕业生创业创新，遴选110个毕业生创业优秀项目，给予资助500万元。

（三）职业技能培训。

落实《福建省职业技能提升行动实施方案（2019—2021年）》，全年累计开展各类补贴性职业技能培训103.58万人。全国职业培训券现场观摩会在龙岩市召开。在全省推广运用职业培训券，所有培训项目均应用职业培训券。全年累计发券117.48万张，激活40.14万张，使用27.53万张，发券和用券完成计划比例均列全国第三。支持各地建设12家省级工业（产业）园区职业技能提升中心。

二、社会保障

（一）企业职工基本养老保险。

截至2021年底，全省企业职工基本养老保险参保1 180.24万人，其中在职1 011.11万人，退休169.13万人。企业职工基本养老保险基金收入896.64亿元（含中央调剂金），基金支出903.21亿元（含中央调剂金）。连续23年为企业退休人员增加养老金，共有161.32万名企业退休人员受益，月人均增加养老金136元。2021年9月1日起实施《企业职工基本养老保险遗属待遇暂行办法》。进一步完善企业职工基本养老保险省级统筹制度，对接全国统筹，执行基金中央调剂制度。

（二）机关事业单位养老保险。

截至2021年底，全省机关事业单位养老保险参保149.72万人，其中在职99.23万人，退休50.49万人。机关事业单位养老保险基金收入335.90亿元，基金支出332.33亿元；职业年金累计结余423.22亿元。连续6年与企业退休人员同办法、同幅、同步调整养老金，49.47万名机关事业单位退休人员受益。机关事业单位养老保险制度改革持续深化，“中人”待遇重算工作基本完成；职业年金投资运营监管工作规范开展、稳步推进，累计投入市场化运营367.91亿元。

（三）城乡居民基本养老保险。

截至2021年底，全省城乡居民基本养老保险参保1 597.43万人，同比增加9.27万人，增长0.58%，参保率99.26%。城乡居民基本养老保险基金收入132.94亿元，基金支出102.34亿元；基金当期结余30.6亿元，累计结余261.59亿元；上解委托投资基金累计82.23亿元。继续落实困难群体基本养老保险帮扶政策，全省困难群体参加基本养老保险74.28万人，共完成困难人员城乡居民基本养老保险保费代缴38.90万人、7 892.25万元，完成困难群体基本养老保险应保尽保任务。

（四）失业保险。

截至2021年底，全省失业保险参保716.7万人，完成全年694万人任务的103.27%；共为14.22万名失业人员发放失业保险金10.62亿元，为28.66万名失业人员发放失业补助金10.5亿元。全面落实失业保险稳岗返还政策，全年共发放失业保险稳岗返还资金10.59亿元，惠及企业18.47万家。其中，困难企业稳岗返还1.33万家，返还金额7.42亿元；普惠性稳岗返还17.14万家，补贴金额3.17亿元。

（五）工伤保险。

截至2021年底，全省工伤保险参保984.39万人，同比增加47.54万人，增长5.07%。持续推进建筑业按项目参加工伤保险工作，推动公路、水利、水运、电力和机场等建设工程领域参保扩面。统一调整、适当提高全省参保工伤职工伤残津贴、生活护理费、供养亲属抚恤金定期待遇。全省阶段性降低工伤保险费率政策延续至2022年4月30日。

（六）社会保险基金监督。

持续推进社保基金管理风险防控和监督检查，印发《福建省社会保险基金管理问题专项整治工作实施方案》，全面开展社保基金管理问题专项整治工作。社保基金投资运营和监管稳步开展，率先启动城乡居民基本养老保险基金第二轮委托投资工作，完成第一批划转资金32.23亿元。

三、人才人事

（一）高层次人才选拔与培养。

遴选产生第六届全国杰出专业技术人才2人、先进集体2个，选拔第二批“雏鹰计划”青年拔尖人才50人，选拔福建省百千万人才工程人选两批次共110人。资助福建省百千万人才工程专项访学研修、出版专著论著52人254.4万元；资助高层次人才和优秀青年人才访学研修142人613.9万元。开展各类博士后项目资助，共资助209人2 428万元；开展各类博士后资助项目，国家级财政共资助147人1 932万元，省级财政共资助131人1 184万元。组织参加第一届全国博士后创新创业大赛总决赛，获1金2银1铜及10个优胜奖及优秀组织奖。举办福建省高级专家国情省情研修班1期，共67人参加。

（二）人才智力引进。

组织开展高层次和紧缺急需人才线上线下招聘活动，征集推介企事业单位人才需求8 000个，吸引1.06万人参与对接。推进实施《福建省2021—2022年度紧缺急需人才引进指导目录》，共认定省直部门及山区地市紧缺急需人才585人。全省新增省级高层次人才（含引进人才及现有人才）3 038人，工科青年人才支持对象5 816人。实施“智惠八闽”专家服务乡村振兴专项行动，开展“师带徒”医疗帮扶、“海归英才八闽行”、福建人才服务“赶集日”等活动，组织专家对接基层开展多种形式服务与帮扶。制定实施海外优秀青年人才来闽学术交流计划，建设运营中英文网站“赴闽网”和微信小程序“海归八闽”；5位留学人员创业项目入选“中国留学人员回国创业启动支持计划”。遴选新增省级专家服务基地12家，清流台湾农民创业园入选国家级专家服务基地。

（三）专业技术人才队伍建设。

截至2021年底，全省专业技术人才达291万人，其中高级专业技术人才达29万人。出台《福建省职称评审管理暂行办法》。开展第一届福建省正高级经济师职称评审，评出正高级经济师7名；开展特殊人才职称认定（评审）工作，52名特殊人才经职称认定（评审）取得高级职称。拓宽高技能人才与专业技术人才职业贯通发展范围至农业、工艺美术、文物博物、技校教师等系列。新增直接采认台湾地区社会工作师资格，全省可直接采认的台湾地区专业技术职业资格已达10项。推动专业技术人才继续教育工作，下达国家级、省级专业技术人员知识更新工程高级研修班计划7个、40个，其中省级示范班10个；公布省级专业技术人员继续教育基地39家。

（四）技能人才队伍建设。

全省职业技能鉴定及技能等级认定取证12.53万人，其中国家职业资格三级（高级工）以上取证3.04万人（高级工25 803人、技师3 676人、高级技师889人）；专项职业能力考核取证15.27万人次。全省新增35家企业、56家职业院校（技工院校）、22家社会培训评价组织为职业技能等级认定试点单位。继续推动直接采认台湾地区职业技能资格，459名台湾同胞取得相应国家职业技能资格。实施高技能人才振兴计划，全省新增建设省级技能大师工作室60个，5名技能人才获评“全国技术能手”，57名竞赛优秀选手获评“福建省技术能手”。全省技工院校招生人数51 050人，开展学徒制培训人数14 360人；107名学生荣获国家奖学金、5名学生获“技能雏鹰”奖学金。开展全省机关事业单位工勤人员岗位考核工作，1 766人获得资格证书，其中获高级工以上资格813人。

修订印发《福建省职业技能竞赛管理办法》。2021年，全省共组织举办省级竞赛26个场次（45个项目）。举办首届综合性省级职业技能大赛，大赛共设10个项目，全省12支代表队、388名选手参赛；大赛期间同时开展“迎世赛点亮技能之光”“技能中国行——走进福建”等活动。承办第二届全国技工院校学生创业创新大赛，是首次在福建举办的全国性技工院校大赛，福建省获一等奖2项、二等奖2项、三等奖1项，并获优秀组织奖。会同教育厅等八部门举办福建省职业院校技能大赛，全省技工院校共参加了中职组43个赛项，共获一等奖5项、二等奖25项、三等奖47项，前三等奖占比达48.4%。

（五）人才服务。

组织专家休假活动3期、高技能人才休假1期。推动全省各地创建各具特色的“人才驿站”累计318家，在上海建成福建（上海）“海纳百川”人才驿站。支持人力资源服务产业园发展建设，新开设3家人力资源服务产业园。组织参加第一届全国人力资源服务业发展大会，项目签约金额达58.3亿元，福建省人力资源社会保障厅获得最佳组织奖。

（六）事业单位人事制度改革。

持续开展事业单位招聘工作，省直、中直事业单位共招聘2 478人；组织开展面向西藏籍高校毕业生公开招聘工作。开展全省事业单位脱贫攻坚专项奖励工作，共嘉奖人员1 000名、集体100个，记功人员100名、集体20个，记大功人员15名、集体3个。部署县以下事业单位建立管理岗位职员等级晋升工作，指导各地制定实施方案。

（七）事业单位工资分配。

调整完善省属事业单位绩效工资总量核定

政策，出台《福建省深化公立医院薪酬制度改革实施方案》，制定常态化疫情防控期间医疗卫生机构发放临时性工作补助政策，贯彻实施职务科技成果转化现金奖励政策。

四、劳动关系

（一）和谐劳动关系创建。

深入实施“和谐同行”三年行动计划，对 100 家企业进行培育，95 家企业达到省级《劳动关系和谐企业评价规范》标准要求；指导服务新企业 3 936 家、重点企业 1 891 家。在全省开展集体协商“要约行动月”活动，共向 11.03 万家企业发出要约，应约企业 10.07 万家，应约率达 91.3%，惠及职工 403.39 万人。福州市全面完成部级构建和谐劳动关系综合配套改革试点工作，思明区、湖里区、晋江市、石狮市等四个和谐劳动关系综合试验区（市）被认定为首批“福建省和谐劳动关系示范区”。在全国率先出台《贯彻落实人力资源社会保障部等八部门关于维护新就业形态劳动者劳动保障权益指导意见的十五条措施》，部署开展维护新业态劳动者劳动保障权益专项行动，推广三明市快递员权益维护做法。印发和宣传电子劳动合同订立指引，加强对房地产和教培等重点行业的裁员指导。

（二）劳动人事争议调解仲裁。

全国首创仲裁文书送达新模式，建设推广“福建智慧调解仲裁”信息系统，打造现代化劳动人事争议调解仲裁服务新体系。实施“护薪”行动，对重大欠薪案件挂牌督办。实施金牌劳动人事争议调解仲裁组织打造行动，联合司法部门在仲裁院普遍设立法律援助工作站，联合省总工会等部门推进“园区枫桥”机制建设，联合检察部门建立裁检衔接工作机制。全省调解仲裁机构共处理劳动人事争议案件 5.21 万件，涉及劳动者 6.84 万人，涉案金额 14.73 亿元；仲裁当期结案率 95.23%，调解组织调解成功率 67.3%，仲裁终结率 76.52%。

（三）劳动保障监察。

落实《保障农民工工资支付条例》及各项工资支付保障制度，建设推广福建省劳动监测预警大数据平台，深化“无欠薪项目部”创建活动和根治欠薪三项考核机制，开展迎建党百年“护薪”行动、“大数据+根治欠薪”专项行动、拖欠农民工工资问题“点题整治”等特色行动，建立讨薪纠纷警情、欠薪网络舆情、根治欠薪与清理欠款、欠薪案件执行等四项联动处置机制，打造根治欠薪“1234”特色工程。全省各级劳动保障监察机构共检查用人单位 17 601 户，督促补签劳动合同 6 595 人，协调处理案件 18 737 件，办结案件 804 件，为 7 096 名劳动者追发工资等待遇 6 719.98 万元。在国务院对省级政府保障农民工工资支付工作考核中取得了全国第三名的优异成绩。

（四）劳动能力鉴定。

全省完成劳动能力鉴定 25 999 人，其中因工伤残鉴定 25 041 人，因病或非因工鉴定 958 人；省级再次鉴定完成 952 人，改变市级等级 226 人，改变率 23.74%。完成省级劳动能力鉴定专家库更新，入库专家达 456 名。出台实施《福建省劳动能力鉴定标准化操作指南（试行）》。

（五）工资收入分配。

深入实施城镇职工、农民、困难群体、高端人才“四大群体”增收计划。会同省国资委在三钢集团开展一线技术工人增收改革试点。全省居民人均可支配收入 40 659 元，同比增长 9.3%，两年平均增长 6.8%。深入推进国有企业负责人薪酬制度改革和工资决定机制改革，开展国有企业工资内外收入情况检查。对全省 8 399 家企业、88 万多名职工开展薪酬数据调查工作，发布省级薪酬调查数据。发布全省企业工资指导线基准线为 7.5%，下线为 3%；省属国有企业工资指导线基准线为 7.5%，调控水平为 26.1 万元，调控目标为 4%。持续推动部级企业人工成本监测试点。印发《福建省落实技能人才薪酬分配指引工作方案》，指导26家企业运用《技能人才薪酬分配指引》。组织开展全省最低工资标准评估，公布调整全省最低工资标准（2022年4月1日起执行）。联合省委组织部、省财政厅、省总工会印发《关于明确女职工卫生费标准的通知》。

五、巩固人社脱贫攻坚成果推进乡村振兴

帮扶脱贫人口就业，全省劳动年龄段内有劳动能力脱贫劳动力实现转移就业15.79万人，组织培训6.93万人，公益性岗位安置1.4万人。拓展省际劳务协作范围，累计签订省际劳务协议121份，其中省级9份，覆盖中西部12省。新建“省际劳务协作对接服务平台”，精准定位在闽就业（含闽宁协作）的12.3万名已参保脱贫人口，发放跨省就业补助资金6 990万元，实现跨省就业资金奖补主动发放。建立挂钩帮扶机制，帮扶顺昌县乡村振兴工作。福建省人力资源社会保障厅乡村振兴工作得到国务院农民工办和福建省委乡村振兴办的充分肯定，并在人力资源社会保障部工作会上作典型经验发言。

六、行风建设

印发《深入实施“人社服务快办行动”工作方案》《信息化便民服务创新提升行动工作方案》，实施全省人社系统10个“一件事”打包办、20个高频事项提速办、30个异地事项跨省办，完成全省“人社政务服务电子地图”信息采集，省人力资源社会保障厅快办行动得到人力资源社会保障部主要领导的批示肯定。公开“人社厅权责清单”124项，建立“人社系统审批服务事项标准化目录”，实现306项经办项目“五级十五同”。推进人社政务服务“好差评”工作，落实《人社政务服务“好差评”差评核查整改工作流程》。深入开展人社系统窗口单位业务技能练兵比武活动，举办全省在线比试及全国赛福州赛区在线比试，组队参加全国总决赛获得三等奖。在全省人社系统部署开展“厅局长走流程”活动。

七、基础性综合性工作

《福建省“十四五”人力资源和社会保障事业发展专项规划》以省政府名义印发各地实施。2021年12月29日，人力资源社会保障部张纪南部长来闽与福建省赵龙省长签署《人力资源和社会保障部　福建省共同推进福建人力资源和社会保障事业高质量发展战略合作协议》。加强规范性文件管理，审核备案规范性文件9件，开展规范性文件专项清理工作，提请废止省政府办公文件1件，宣布厅规范性文件废止5件、失效6件、继续有效23件。强化行政复议监督，办理行政复议案件19件。制定《福建省人力资源和社会保障系统法治宣传教育第八个五年规划（2021—2025年）》。

福建省人力资源和社会保障厅

厦　门　市

2021年，厦门市人力资源社会保障系统坚持以习近平新时代中国特色社会主义思想为指导，深入学习贯彻习近平总书记在庆祝中国共产党成立100周年大会上的重要讲话精神、在福建考察时的重要讲话精神以及致厦门经济特区建设40周年贺信重要精神，持续巩固拓展常态化疫情防控和经济社会发展成果，深改革、兜底线，稳就业、育人才，增收入、促和谐，各项工作实现新提升。

一、坚持就业优先，立体施策稳就业保用工

扎实开展企业用工服务，积极推进多渠道灵活就业和创业，优化精准就业帮扶，稳定并扩大就业容量。全市登记用工企业22.01万家，登记在职职工267.96万人；城镇新增就业33.07万人，失业人员再就业11.07万人，就业困难对象就业1.4万人，登记失业人数9.23万人，城镇登记失业率为3.4%，在年度控制目标5%以内。

（一）强化稳定和扩大就业。

加强企业用工服务，扩大用工监测范围，提高用工监测频次。率先发出倡议书鼓励员工留厦过年，出台扩岗留工稳就业工作十五条措施，实施稳岗返还政策，增强企业稳定用工积极性。全年已发放困难性稳岗返还和普惠性稳岗返还2.76亿元，发放春节期间一次性稳就业奖补2.28亿元。

（二）兑现促进就业创业政策。

研究出台加强创业支持带动就业促进工作相关政策，鼓励吸纳就业，落实创业优惠政策。落实各类特殊就业群体社保补贴补差、公益性岗位工资性补贴、企业自主招工招才奖励、台湾人才就业补助等多项优惠政策，全年发放资金6.12亿元。认定创业孵化示范基地15家，发放各类创业扶持资金、创业担保贷款贴息及银行奖励金4 112.49万元。

（三）促进重点群体就业。

开展“131”（1次职业指导、3次就业推荐、1次培训推荐）、“92580”（就业我帮您）精准就业帮扶，全面推进“充分就业社区”创建，同安区同新社区、海沧区未来海岸社区被评为第五批国家级充分就业社区。继续做好扩大失业保险保障范围有关工作，落实失业人员失业保险金、代缴医疗保险费、一次性和临时生活补助金、失业补助金、临时价格补贴共8.03亿元。认真做好年度离校未就业毕业生就业工作，离校未就业毕业生就业率达96.35%；有序推进职业见习工作，受理发放见习生活补助和求职创业补贴1 979.26万元。

二、坚持民生为本，统筹抓好疫情防控和保障民生

积极助力企业纾困减负，主动应对疫情影响出台帮扶补助政策，持续推进全民参保工作，着力保民生促稳定。截至2021年12月末，养老保险、失业保险、工伤保险参保人数分别为356.63万人、270.33万人、273.22万人，全年全市实施阶段性降低社会保险费率，三项社会保险降费率降低成本62.34亿元。

（一）主动应对疫情影响，助力稳就业保民生。

积极落实助力企业纾困减负相关政策要

求，针对疫情影响出台支持企业稳岗招工、减免企业负担、实施疫情生活补助金等政策，为4.16万人发放疫情生活补助金2 078.25万元。疫情影响期间下调失业保险单位缴费率，联合制定印发发放一次性稳岗补助与招工奖励实施细则并完成系统平台搭建工作。

（二）稳妥做好政策调整衔接，推进全民参保登记。

牵头拟定并平稳实施厦门企业职工基本养老保险纳入福建省级统筹过渡衔接方案，开展工伤、失业保险纳入福建省级统筹相关工作，稳步提高养老保险待遇，积极推进被征地人员养老保险政策调整，完成“惠民政策进社区”120场、工伤保险政策和事故预防等讲座102场。

（三）切实加强监督管理，全力确保社保基金安全。

制定出台社保基金监督举报工作管理办法、社会监督员管理办法等文件，扎实组织企业职工养老保险一次性补缴情况核查、深化社保基金管理问题专项整治和“回头看”等专项检查行动，开展养老保险基金管理风险排查、工伤保险和失业保险基金管理风险排查等专项整治工作，有力保证社保基金安全。

三、坚持引育结合，多措并举加强人力资源工作

紧扣厦门重点产业和重点领域发展需求，深入实施新时代人才强市战略，深化人才体制机制改革，强化招才引智工作合力，为厦门高质量发展超越提供人才支撑。全年共接收毕业生70 529人，引进柔性人才9 615人、留学人员1 821人，调入市外在职人才3 584人，发放各类人才生活补贴（补助）、住房补贴等共3.41亿元。

（一）创新招才引智举措。

坚持自主引才与城市推介相结合，线上线下同步发力，共赴全国31个城市举办引才推介会以及招聘活动，在本地举办“留厦来·更精彩”系列引才活动和“毕业生专场交流会”，积极搭建“校园云招聘”平台和“直播推岗”引才平台，首创推出直播带岗配套培训。启动“i海归”留·厦全球引才计划，协办“春晖杯”“海交会”“海创赛”等国家级招才汇智平台，首次策划举办厦门金砖创新基地人才赛道暨留学人才创新创业大赛，举办“9·8”留学人员精品项目路演对接洽谈会和“留·在厦门”招聘会等活动，打造区域留学人才高地。举办“第十六届台湾人才闽西南（厦门）对接会”，完成台湾地区特聘专家（专才）申报评审和考核工作，积极落实台湾地区特聘专家（专才）生活补贴、实习见习补贴等政策。

（二）持续深化人才体制机制改革。

进一步优化人才政策体系，积极推进落实“留厦六条”引才政策，优化“双百计划”高层次创新人才申报认定条件，认定高层次及骨干人才共896人。持续深化职称制度改革，扩大2020年新增专业的评审范围，优化提升工业设计和轨道交通两个行业职称改革试点，协同做好一级教师及以下职称改革试点工作，新增工程系列两个职称评审专业，完成11万条数据的职称证书信息化采集。有序做好专家服务及博士后工作，推荐4人入选第二批省“雏鹰计划”青年拔尖人才。

（三）推进人力资源服务产业园建设。

出台市级人力资源服务产业园管理暂行办法，首期评定“火炬园”“海沧园”为市级人力资源服务产业园，补齐人力资源服务产品链条短板。

四、坚持技能夯基，积极推进技能提升行动

出台一系列技能培训政策，大规模开展职业技能培训，积极建设厦门金砖新工业能力提升培训基地，出台办法指导支持技工院校规范发展。全年开展各类职业培训28.09万人次，发放补贴4.94亿元，发放提升企业职工职业技能补贴2.77万人共计4 271.12万元。

（一）加强技能人才培养力度。

出台重点企业“一企一策”和企业新型

学徒制、以工代训、“马兰花”创业培训等系列政策，进一步提高培训补贴标准，面向各类劳动者开展职业技能培训。推进技能人才评价选拔工作，开展职业技能鉴定、等级认定和专项职业能力考核 2.47 万人次。认真筹办各类职业技能竞赛活动，组织 25 个项目参加首届全国技能大赛，8 个项目入围国家集训队。积极推进技能大师工作室建设，认定 20 家市级工作室，推荐 12 家单位参评省级工作室。

（二）筹划建设厦门金砖新工业能力提升培训基地。

依托厦门技师学院现有办学资源，建设金砖新工业能力提升培训基地和未来技术技能与人文交流人才国际训练基地，进一步完善基地建设方案，配合落实促进金砖创新基地建设措施并制定实施细则。承办完成“2021‘一带一路’暨金砖国家技能发展与技术创新大赛”（厦门赛区）增材制造等三个赛项，完成针对金砖和“金砖+”国家的 4 个培训项目课程体系和 3 个专业留学生课程体系建设。

（三）规范加强技工院校管理。

深入调研梳理厦门技工院校现状及存在问题，研究出台《厦门市技工院校管理办法》，支持技工院校规范发展。贯彻教育部和福建省政府《关于支持厦门职业教育高质量发展助力两岸融合的意见》精神，完成厦门技师学院纳入高等学校序列的申报工作。

五、坚持主动创稳，有效促进劳动关系和谐稳定

积极构建和谐劳动关系，扎实开展根治欠薪专项行动，加强矛盾纠纷调处，全市劳动关系保持总体和谐稳定。全年全市劳动保障监察机构共处理工资纠纷案件补发工资 715 人 574 万多元，实现涉案人数及金额指标与 2020 年同期相比较大幅度下降。

（一）积极构建和谐劳动关系。

深入推进和谐劳动关系创建活动，培育评定年度市级劳动关系和谐商业楼宇 1 家、社区 6 个、企业 109 家，思明区、湖里区被福建省人力资源社会保障厅认定为“福建省和谐劳动关系示范区”。加强劳动关系风险防控，出台疫情防控劳动关系政策指引等文件，积极做好防范化解重点行业企业规模性裁员及“双减”劳动用工风险工作。完成企业薪酬调查工作，测算并发布 2021 年企业工资指导线，组织开展技能人才薪酬分配指引培训，稳妥实施国有企业负责人薪酬制度改革和工资决定机制改革，开展以“稳岗留工、稳增促产、共享发展”为主题的集体协商“要约行动月”活动。

（二）综合施策纠治欠薪难题。

深入开展《保障农民工工资支付条例》宣传贯彻活动，培育并评定 102 个“无欠薪项目部”，推动在建工程项目完善和落实保障工资支付各项制度，推动全市工程建设领域工资保证金归口办理。扎实开展根治欠薪“冬季专项行动”和迎建党百年“护薪”“大数据+根治欠薪”等专项行动，深入开展劳务中介专项整治行动，认真组织企业劳动用工情况和人力资源市场“双随机”检查，主动检查用人单位 912 户次。评出 901 家 A 级“守信红名单”和 23 家 C 级“严重失信黑名单”并推送至市信用平台，实施守信激励和失信惩戒。在省根治欠薪工作考核中，厦门市连续四年获得福建省考核 A 级第一名。2021 年 10 月，厦门市劳动保障监察支队被人力资源社会保障部授予“全国根治拖欠农民工工资工作先进集体”。

（三）稳妥做好争议纠纷调处。

加强争议源头治理，指导各区劳动争议调解仲裁部门加大争议预防力度，积极引导当事人申请案前调解，提高案前调解覆盖率和调成率。常态化加强与法院、法律援助、工会等部门的沟通协作，与厦门市中级人民法院就完善裁审衔接机制开展调研，合力促进劳动关系和谐发展。全年全市共处理劳动人事争议 13 569 件，调解成功率 69.44%、结案率 94.95%。

六、坚持服务大局，认真落实劳务协作和乡村振兴工作

进一步深化闽宁、厦临劳务协作，积极出台奖补优惠政策，积极落实乡村人才振兴工作，助力乡村振兴大局。

（一）继续做好东西部劳务协作。

继续保持对临夏州的帮扶力度不减，落实闽宁协作两省区交流座谈会精神，重点做好闽宁劳务协作，分批次向临夏地区和宁夏推送企业招聘信息，两地共计 14 887 名务工人员来厦就业，其中脱贫人口 6 415 人。

（二）落实乡村人才振兴工作。

出台实施乡村人才振兴工作方案，支持开展农村重点群体就业创业培训，支持农村基层单位引进急需紧缺专业人才，指导农业系列职改办开展中初级职称申报评审，组织 5 013 人次专家服务基层，开展普法、义诊、技能培训、企业培训、科技下乡、名师送教等活动，精心举办新疆吉木萨尔县专业技术骨干人才培训班。配合做好 2021 年度援疆、援宁、重庆万州支教等人才的选派工作，选派教育、医疗卫生、企业经营管理等领域 124 名专业技术人才。

七、坚持优化完善，加强事业单位服务管理

持续推进“县管校聘”管理改革，探索建设人事考试面试基地，积极落实工资福利及表彰工作，提高事业单位人事服务管理水平。

（一）认真做好事业单位人事管理。

在全市全面推进“县管校聘”管理改革，优化区域教师资源配置，提升全市教育教学整体水平。全面梳理事业单位机构编制、岗位设置、人员聘用情况，推动厦门镇（街）事业单位建立管理岗位职员等级晋升制度。出台关于事业单位公开招聘面试评委队伍建设、人员流动办理流程等工作文件，进一步完善和规范事业单位人事管理。

（二）积极做好人事招录工作。

探索建设人事考试面试基地，初步搭建系统化、标准化、信息化人事考试工作管理体系，有效缓解机关事业单位各类招聘面试场所分散有限的现状。承接做好国家公务员、福建省公务员笔试厦门考区考务工作，牵头做好事业单位联合招聘和补充编内工作人员等 21 项近 40 万人次考务工作。

（三）认真做好工资福利和表彰工作。

采取适当提高工资项目标准和建立岗位等级工资晋升机制等措施，对厦门市直机关事业单位非在编雇用人员的年收入额度经费重新进行核定。积极推进事业单位薪酬制度改革试点，批复 12 家事业单位开展工资收入分配改革试点。充分发挥年度考核作用，会同完成全市 5 万多名事业单位工作人员及机关（含参公单位）工勤人员年度考核工作。梳理印发贯彻落实《国家功勋荣誉表彰条例》及其相关管理规定的文件，指导做好市级、区级表彰项目的落实，联合推荐参评省级工作部门以上表彰 24 项共 55 个集体 106 名个人。

八、坚持深化改革，积极提高基本公共服务质量

结合开展党史学习教育和“再学习、再调研、再落实”活动，认真办好 16 个“我为群众办实事”项目，推进落实“放管服”改革任务，高质量编制厦门“十四五”人社事业发展专项规划和人社系统“八五”普法规划，切实提升人社服务质效。

（一）提升为民服务效能。

进一步优化审批流程，推进 186 个行政审批和公共服务事项提速办，“即办件”达到 122 项，其中行政许可事项“即办件”达到 31 项（总共 43 项）；21 个高频事项在法定时限的基础上实现提速 75%；新增全程网办事项 58 项，全程网办数增至 157 项。持续推动高频政务服务事项“跨省通办”，实现“跨省通办”事项共 30 项；58 个高频事项实现“掌上办”，27 个事项部署“E 政务”实现“自助办”；应届高校毕业生及外来人员落户审核实现“秒批秒办”。推动社保卡“省内通办”，

协调完成闽西南五地市异地停用社保卡并拓展至全省，为孤寡老人、残疾人等群体提供三代卡换发卡上门服务，构建退休人员递延认证机制，得到群众普遍欢迎。开发全国会计专业技术资格考试厦门考后审核系统，开启福建省会计专业考试资格后审先河。

（二）扎实推进系统行风建设。

首次开展“局处长走流程”，形成的问题清单、需求清单和解决措施清单38个，其中立即整改及已完成整改30个，列入工作计划、目前持续推动解决中8个。《解难点、破盲点，实现经济民生“三赢”》作为典型案例被福建省人力资源社会保障厅采用。厦门人社系统行风建设获得上级机关认可，湖里区人力资源和社会保障局综合服务窗口和厦门市社会保险中心一级主任科员张颖分别获评全国优质服务窗口和优质服务先进个人。

（三）积极推进依法行政。

编制完成厦门“十四五”人社事业发展专项规划和人社系统“八五”普法规划，配合做好特区企业职工基本养老保险条例等5部法规实施情况的调研，代拟或制发规范性文件6份。积极推行包容审慎监管执法，规范自由裁量权基准，加大重点领域执法力度，提高监管执法水平。

（四）助力优化营商环境。

认真贯彻国务院深化“放管服”改革相关会议精神，积极做好营商环境建设对标对表、提升任务清单等工作，在2020年度营商环境评价中，厦门市劳动力市场监管和包容普惠创新——人才流动便利度指标进入全国标杆城市行列，厦门市劳动力市场服务与监管指标综合排名福建省第一。

（五）开展窗口单位业务技能练兵比武。

在全省赛和全国笔试选拔赛中，厦门成绩突出，获得了三个“第一”和三个“最”：市级团体一等奖、区县级团体一等奖、个人成绩第一名；成绩历年最好、全省“人社知识通”人数最多、全省参加全国笔试选拔赛人数最多。

厦门市人力资源和社会保障局

江　西　省

2021年，江西省各级人力资源社会保障部门坚持以习近平新时代中国特色社会主义思想为指导，在省委、省政府的坚强领导和人力资源社会保障部的精心指导下，聚焦“作示范、勇争先”目标要求，攻坚克难、担当实干，圆满完成各项工作任务，实现了“十四五”良好开局。

一、就业形势稳中向好

（一）全面完成就业目标任务。

2021年，全省实现城镇新增就业48.02万人，完成年计划的126.4%；城镇失业人员再就业15.16万人，完成年计划的116.6%；就业困难人员就业4.85万人，完成年计划的161.7%；新增转移农村劳动力60.39万人，完成年计划的116.1%，其中省内转移41.95万人，完成年计划的113.4%。全年平均城镇调查失业率5.27%，与全国平均水平基本持平。

（二）持续实施减负稳岗扩就业政策。

全面贯彻落实党中央、国务院关于做好部分减负稳岗扩就业政策延续实施工作决策部署，以省政府名义印发《关于延续实施部分减负稳岗扩就业政策措施的通知》，持续实施减负稳岗扩就业的政策措施，扶持市场主体稳定就业岗位，全年人社部门直接兑现各类就业扶持资金超过240亿元，其中发放创业担保贷款179亿元、减免失业和工伤保险费24亿元、支出就业补助资金约20亿元、发放失业保险金和失业补助金12亿元、拨付职业技能培训专账资金4.5亿元、发放失业保险稳岗返还2.3亿元。推进失业保险金“畅通领、安全办”工作，全年共为4.73万名失业人员发放失业保险金3.58亿元，共为19.51万人发放失业补助金8.31亿元。全省累计开展政府补贴性培训86.49万人次，完成年度目标任务的133.06%；使用专账资金培训54.61万人次，使用职业技能提升行动专账资金4.49亿元，完成年度目标任务的213.81%；为2.62万名参保职工落实技能提升补贴4 076.05万元，企业职工岗位技能提升培训31.04万人次。

（三）重点群体就业保持稳定。

持续开展公共就业服务活动，分类帮扶，精准施策，全力抓好重点群体就业工作。精准服务促进高校毕业生就业，2021届高校毕业生毕业去向落实率为88.36%，同比增长8.85%，留赣率达57.65%，同比提升2.32个百分点。统筹做好农民工、脱贫劳动力、退捕渔民、退役军人等群体的就业工作，帮扶135.3万脱贫劳动力务工就业，退捕渔民转产就业5.19万人，零就业家庭保持动态清零。截至2021年底，全省公益性岗位共安置20.08万人，其中城镇公益性岗位安置4.16万名就业困难人员，乡村公益性岗位安置15.92万名农村脱贫劳动力。2021年招募“三支一扶”人员2 073人，超额完成人力资源社会保障部下达计划和省政府民生工程任务，继续保持全国前列。

（四）创业带动就业活力迸发。

加强创业载体建设，积极推进全省创业孵化基地建设工作，2021年全省共建立创业孵化基地274个，较2020年净增25个，入驻实体净增 1 373 家，带动就业人数净增 22 417 人。2021 年，全省共发放创业担保贷款 179.18 亿元，完成全年民生工程任务的 162.89%；通过创业担保贷款直接扶持个人创业 8.37 万人次，带动就业 36.75 万人次。创业担保贷款累计发放量在全国率先突破 1 500 亿元，到年底达到 1 580 亿元；累计扶持个人创业 136 万人次，带动就业 533 万人次，还款率为 99.95%。2021 年，全省共开展创业培训 20.88 万人次，完成全年民生工程任务的 174.03%，比上年同期增长 25.37%。2021 年，全省共举办 27 期创业培训师资班，培训创业培训讲师 779 名，比上年同期增长 59.96%。开展第三届“江西省青年创业风云人物”评选、“马兰花”全国创业培训讲师大赛江西省赛，激活社会创新创业氛围。“景漂工匠”“南康木匠”等 6 个劳务品牌参加全国劳务品牌展示交流活动并获奖。

（五）人力资源服务业加快发展。

《江西省人力资源市场条例》于 2021 年 3 月 26 日经江西省人大常委会审议通过，自 2021 年 6 月 30 日起正式施行。推进人力资源服务产业园和孵化基地建设，新设立省级人力资源服务产业园 1 个、省级人力资源服务孵化基地 1 个。截至 2021 年底，全省共有产业园 14 个，其中国家级 1 个、省级 8 个、市级 2 个、县（区）级 3 个，省级人力资源服务孵化基地 2 个。各级产业园共入驻机构 1 126 家，累计服务各类人员突破 2 000 万人次。在 4 个设区市开展人力资源服务供需对接系列活动。组织人力资源服务机构、用人单位、职业培训机构共计 130 余人参加第一届全国人力资源服务业发展大会，江西选手获得全国人力资源服务业大赛优胜奖，江西省获得最佳组织奖。出台《江西省省级人力资源服务行业领军企业和领军人才评定管理暂行办法》《江西省人力资源管理专业人员高级职称申报条件（试行）》并启动相关评定评审工作。成功举办 3 期人力资源服务高级研修班。编制 8 个省内重点产业急需紧缺人才目录，提高人才引育和服务工作针对性。截至 2021 年底，全省人力资源服务机构数达到 2 356 家，从业人员 2.7 万人，全年营业收入突破 570 亿元。

（六）持续开展公共就业服务活动。

会同相关部门开展“春风行动”“民营企业招聘月”“百日千万网络招聘专项行动”“就业援助月”“大中城市联合招聘高校毕业生春季、秋季专场”等活动。其中，“春风行动”活动期间，全省共组织招聘会 2 177 场（线上 982 场，线下 1 195 场），发布岗位信息 93 万条，服务 315 万人次，发放宣传资料 416 万份。“民营企业招聘月”活动期间，全省共开展线上线下招聘活动 368 场，动员组织 7 153 家企业参加，其中民营企业 6 348 家，累计提供就业岗位 23.15 万个，有效缓解企业用工难题。在全省统一组织开展“百日千万网络招聘专项行动”，共举办线上招聘活动 461 场，提供岗位 42.3 万个；线下招聘活动 364 场，提供岗位 19 万余个。各地人社部门与当地高校合作，分行业、分专业为 2021 届高校毕业生举办各类招聘活动 1.01 万场，提供岗位 21.41 万个。推动全省流动人员人事档案转接“跨省通办”，推动省级集中系统与省本级、市、县（区）三级 118 家档案管理服务机构对接，导入流动人员人事档案基础数据 40.6 万份。2021 年，省本级全年共办理档案接收 1.73 万件次，档案转递和查阅服务 1 万余件次，集中签发江西省高校 2021 届毕业生就业报到证 30.21 万份，办理报到证改派、遗失补办、代理派出等业务 1.71 万件次。

二、社会保障体系不断健全

（一）政策制度日益完善。

贯彻落实习近平总书记在中央政治局第二十八次集体学习时的重要讲话精神，扎实推进社会保障改革，社会保障体系建设取得新进展。落实企业职工基本养老保险全国统筹制度，第 1 个上线对接全国统筹信息系统。进一步完善机关事业单位养老保险和职业年金相关政策，规范无雇工的个体工商户和灵活就业人员参保缴费政策，出台企业职工基本养老保险基金缺口分担办法和绩效考核办法。完善社会保险扶贫与乡村振兴战略接续政策。实施工伤预防五年行动计划，开展新业态从业人员职业伤害保障试点和补充工伤保险试点工作。出台失业保险省级统筹实施方案。

（二）参保扩面稳步推进。

全面实施全民参保计划，参保扩面取得积极成效。截至2021年底，全省基本养老保险、失业保险、工伤保险参保人数分别达3 322万人、308万人、564万人，较2020年底分别增长2.3%、5.4%、1%，全省基本养老保险参保率达95.19%，退捕渔民参保率100%，工伤保险建筑业新开工项目参保率100%。职业年金参保单位3.3万家，参保人员131万人。全省符合条件的困难群体全部参加城乡居民基本养老保险，全年为201.37万名困难群体代缴保费20 137万元，为94.33万名困难群体发放养老金。全年为3.7万名被征地农民办理新参保手续，为12.8万名已参保被征地农民落实政府缴费补贴。扩大“助保贷款”政策保障范围，累计办理助保贷款1.8万人次，发放贷款6.7亿元，财政贴息3 173万元。各险种均超额完成2021年省政府民生工程目标任务，其中城镇职工参保增长率全国排名第4，企业职工参保增长率全国排名第3。

（三）待遇水平不断提高。

连续第17年调整企业退休人员基本养老金，连续第6年同步调整企业和机关事业单位退休人员基本养老金。全省城乡居民基础养老金最低标准由110元提至115元，各地在此基础上再自主提高10～40元。2021年全省城乡居民基本养老保险月人均待遇水平达到153元，较2020年提高30元，增幅达24%。2021年因工死亡职工一次性工亡补助金标准提高到87.7万元，同比增长3.5%。伤残津贴一至四级伤残人员每人每月分别增加144元、136元、128元、120元。因工死亡职工亲属已领取供养亲属抚恤金的，其配偶每人每月增加64元，其他亲属每人每月增加48元。

（四）基金运行保持平稳。

2021年，全省三项保险基金收入突破1 500亿元，其中企业养老保险基金征缴收入首次突破700亿元，同比增长56.1%。积极推动社保基金和职业年金投资运营，城乡居民基本养老保险委托投资基金达138亿元，职业年金累计投资收益超过49亿元，收益率居全国第一方阵。深入开展社保基金管理问题专项整治，持续打击欺诈骗保行为，追缴基金9 922万元。

（五）经办服务持续优化。

2021年实现养老保险待遇领取资格“静默认证”29.1万人，占应认证人数的90.7%，经验做法被中国政府网报道，并被评为全省政务数据共享应用“最佳实践案例”，被列为人力资源社会保障部行风建设典型案例。工伤保险医疗费联网即时结算实现设区市本级全覆盖，参保企业和工伤职工“零垫资”“零材料”“零跑腿”。经办窗口提供全年365天“不打烊”延时服务。建设智慧社保系统，实现88项高频事项网上办理，利用江西人社App开通36项高频社保事项。实现省内社保关系转移只转关系不转基金，即时办结，跨省转移接续网上办理，2021年办理跨省转移接续审核率位居全国第2。

三、人才人事工作稳步推进

（一）引培结合推动专业技术人才队伍建设。

截至2021年底，全省专业技术人才总量306万人。扎实开展高层次和急需紧缺人才引进工作，全年引进各类高层次和急需紧缺人才21 701人，其中博士以上高层次人才1 116人，引进赣籍人才7 083人。开展全国杰出专业技术人才推荐工作，南昌航空大学罗胜联教授、江西农业大学贺浩华教授被授予“全国杰出专业技术人才”称号，赣南师范大学国家脐橙工程技术研究中心、江西中医药大学中药制剂创新团队被授予“全国专业技术人才先进集体”称号。启动江西省高层次高技能领军人才培养工程，印发《江西省高层次高技能领军人才培养工程实施方案》，设立专项培养资金，建立项目资助和高级研修相结合、国内培养和国际交流合作相衔接的开放式培养体系。实施高级专业技术人才研修项目，2021年组织举办2期国家级专业技术人才高级研修班和30期省级高级研修班，共有2 000多名相关专业领域的专业技术人才参加研修学习。持续开展“才聚江西·智荟赣鄱”高层次和急需紧缺人才引进系列活动，充分发挥各类用人主体和专业服务机构作用，组织各类重点企事业单位赴西北、中南、东北、西南、华南等片区“双一流”高校，举办江西专场人才政策推介会和引进对接活动。截至2021年底，全省累计招收博士后研究人员1 638人，2021年新招收博士后208人；全省累计完成博士后科研项目2 000余项，博士后科研项目累计转化经济效益25亿元。

（二）大力培养发展技能人才。

截至2021年底，全省共有技能人才511.17万人，其中高级工以上技能人才155.2万人、中华技能大奖获得者6人、全国技术能手143人；享受国务院政府特殊津贴52人、享受省政府特殊津贴46人、赣鄱工匠36人、江西省能工巧匠160人、江西省技术能手3 014人。全省共有1 350家民办职业培训机构，建有国家级高技能人才培训基地30家、国家级技能大师工作室40家、省级高技能人才培训基地82家、省级技能大师工作室183家、世赛基地22家、省级竞赛基地17家。承办全国陶瓷行业技能竞赛、全国美容美发行业技能竞赛，组队参加全国乡村振兴职业技能大赛，斩获3金1银2铜和10个优胜奖。统筹举办2021年江西省“振兴杯”职业技能大赛，涵盖49个项目，涉及竞赛职业（工种）244个。支持省民政厅、省文旅厅、省机关事务管理局、省广播电视台等17家省直单位开展职业技能竞赛，涉及职业（工种）50个。全年参加省级职业技能竞赛决赛人数3万余人，带动岗位练兵30余万人。截至2021年底，全省共有职业技能等级认定机构136家，其中企业44家、技工院校63家、社会培训评价组织29家；备案专项职业能力考核考点56个。

（三）加速推动技工教育提质发展。

持续壮大技工教育办学规模。2021年，新设立高级技工学校1所、普通技工学校24所，全省技工院校达117所，招生人数创历史新高，2021年招生9.15万人，同比增长24.8%，招生人数居全国第6位，在校生达21.1万人，同比增长20.6%，居全国第7位。提高技工院校办学水平。开展全省技工院校考评，建立技工院校年度考核制度，考核结果作为学校升格、资金项目分配、政策支持的依据，全省共14所技工院校考评结果为优秀等次；举办首次全省技工院校主要负责人高级研修班，提升校领导办学治校能力；举办首届全省技工院校学生创业创新大赛，参加全国技工院校学生创业创新大赛，一等奖数量、获奖总成绩位列全国第1。增强技工教育服务产业发展能力。规范技工院校专业设置管理，举办“技工教育专业链与产业链对接研究”高级研修班，提升专业与产业契合度，全省技工院校共开设与江西省“2+6+N”重点产业密切相关的专业点900个，涵盖电子、有色、汽车、计算机、电子商务、制造、中医药等，共有在校生14万余人，占比66%，与1 857家企业签订校企合作协议。强化师资队伍建设。2021年开展全省技工院校思政、资助、一体化师资等培训班，参训教师2 000余人，认定1 173名教师具备技工院校教师上岗资格；出台江西省技工教育研究课题管理办法，2021年技工教育研究课题立项35个。优化技工教育发展环境。将实施技工教育强基工程列入省政府“十四五”规划和省财政“十四五”规划，将技工院校招生纳入各级政府2021年民生实事工程；明确“十四五”期间将技工院校生均拨款提高至8 000元/生，2021年提高至6 000元/生；将民办技工院校纳入省民办教育发展资金支持范围，将技工教育发展纳入职业教育改革成效明显市县考评表彰范围。稳步推进学生资助工作。2021 年全省技工院校申报国家助学金、免学费补助 34.98 万人次，较上年增加 5.76 万人次，同比增长 19.7%，申报金额 3.54 亿元，较上年增加 5 930.17 万元，同比增长 20.1%；开展 2021 年“技能雏鹰”奖（助）学金、国家中职院校学生奖学金评定推荐工作，4 人获得“技能雏鹰”奖学金、3 人获得“技能雏鹰”助学金、165 人获得国家中职院校学生奖学金。做好对口援疆工作。向阿克陶县技工学校捐赠 100 万元资金和 30 万元教学物资，选派 5 名教师支教，将 2 300 万元援疆项目纳入江西省“十四五”对口支援新疆克州阿克陶县经济社会发展规划。

（四）平稳有序开展人事考试和职业技能评价。

全年共组织实施公务员招录、省直事业单位招聘、中小学教师招聘、卫生专业技术人员招聘和“三支一扶”、专业技术资格等各类人事考试 60 余项，参考人数 79.24 万人，总计 155.52 万科次。全年开展职业资格评价、技能等级认定 9.95 万人次，专项能力考核 0.97 万人次，新增高级工以上高技能人才 2.2 万人，新增技师、高级技师 0.26 万人，特级技师 13 人。

（五）破立并举持续深化职称制度改革。

坚持“破四唯”与“立新标”并举，加强政策顶层设计，持续深化“放管服”改革，不断健全完善以品德、能力、质量、贡献为导向的人才评价体系。推进高等院校和体育、审计、播音主持、出版、艺术、自然科学研究、档案等 8 个系列职称制度改革，设立中小学教师和卫生、农业、林业、水利、会计等系列基层类别，实行“定向评价、定向使用”，完成农业、林业工程、水利工程、药学类（非医疗机构）、会计、统计、律师等 7 个系列或专业职称申报条件修订。聚焦地方重点特色产业，指导九江、景德镇、萍乡、鹰潭、吉安立足服务特色产业，分别自主开展纺织服装、陶瓷工程、工业陶瓷、物联网、电子信息等产业高级职称评审工作。以支持高技能人才参加工程系列职称评审为工作重点，将贯通领域扩大为工程、农业、工艺美术、文物博物、实验技术、艺术、体育和技工院校教师等 8 个职称系列。出台《江西省有突出贡献人才高级职称评审办法》，优化职称评审“绿色通道”。印发《关于进一步做好全省高层次人才医疗保健服务工作的通知》，优化高层次人才医疗保健政策。指导 179 个高评会开展年度职称评审工作，会同有关部门组织实施专业技术资格考试 34 项，全省新增取得中高级专业技术资格人员 19.93 万人。

（六）“放管服”并重深化事业单位人事制度改革。

配合做好江西省事业单位改革中涉改单位的人员划转、岗位调整等工作，确保改革的顺利实施；做好县以下事业单位建立管理岗位职员等级晋升制度有关准备工作，完成正式实施前的各项部署。印发《关于调整江西省事业单位专业技术岗位设置结构比例及最高等级控制标准的通知》，对岗位结构比例进行普调；制定江西省贯彻落实《事业单位工作人员培训规定》的实施意见，对培训工作提出具体举措；出台《关于进一步明确我省事业单位“双创”政策适用人员范围的通知》，进一步规范事业单位工作人员离岗创业工作。稳定事业单位公开招聘规模，2021 年全省总计发布事业单位公开招聘岗位 4 万个，其中专项面对高校毕业生岗位 1.9 万个，实现岗位总数和专项招聘高校毕业生岗位数“双稳定”。在全省事业单位开展脱贫攻坚记大功奖励工作，给予 19 个集体和 45 名个人记大功奖励。推进事业单位人事管理“一件事”快办，完成与社保卡管理系统、江西人社一体化综合信息系统的对接，可实现招聘、调入、调出、解聘、开除和社保卡服务联动办理。

（七）持续做好表彰奖励工作。

发挥功勋荣誉表彰的精神引领、典型示范作用。与省乡村振兴局共同做好全国、全省脱贫攻坚总结表彰工作，江西省瑞金市叶坪乡荣获“全国脱贫攻坚楷模”荣誉称号，39 个集体被评为全国脱贫攻坚先进集体，54 人被评为全国脱贫攻坚先进个人；396 个集体被评为全省脱贫攻坚先进集体，841 人被评为全省脱贫攻坚先进个人。开展评比达标表彰项目设立调整工作，全年共办理新设调整表彰项目 120 项。经党中央、国务院和省委、省政府批准，全年共新设调整表彰项目 118 项，其中省级新增项目 1 项、临时项目 3 项、省级工作部门临时项目 1 项，市级新增项目 18 项、临时项目 12 项，县级新增项目 67 项、临时项目 13 项；调整省级项目 2 项、省级工作部门项目 1 项。组织 57 名省部级以上先进工作者进行休假疗养。

（八）规范事业单位绩效工资政策。

完善职业院校收益分配办法，落实以知识价值为导向的分配激励机制，一批事业单位 104 名高层次人才实行年薪制，14 所职业院校单列绩效工资总量。深入推进公立医院薪酬制度改革，调整事业单位工作人员基本工资标准。科学优化绩效工资政策，印发《2021 年省直事业单位绩效工资总量申报核定有关事项的通知》，优化绩效工资总量构成，实行分类管理，突出事业单位公益属性，完成 351 家省直事业单位绩效工资总量审核工作。主动落实国家事业单位科研人员职务科技成果转化现金奖励纳入绩效工资管理政策，省水科院、省农科院 2 家备案现金奖励。赋予高校、科研院所更大工资分配自主权，允许事业单位对符合条件的高层次人才实行年薪制等多种分配形式，支持南昌大学等 9 家事业单位 104 名高层次人才实行年薪制。进一步落实职业教育改革有关政策，对江西应用技术职业学院等 14 所职业院校因开展校企合作等工作追加单位绩效工资总量。保障义务教育教师工资待遇，落实义务教育教师平均工资水平不低于当地公务员平均水平的保障机制，联合省教育厅对设区市政府履行教育职责督导评价开展实地核查，掌握地市教师工资待遇情况，确保义务教育教师工资待遇落到实处；继续落实艰苦边远地区农村中小学教师特殊津贴政策。

（九）深化企业工资收入分配改革。

委托省内高校科研团队开展江西省最低工资标准政策执行情况评估，经人力资源社会保障部批准，报请省政府调整最低工资标准，从 2021 年 4 月 1 日起执行，平均增长幅度 9.72%。发布省属国有企业负责人薪酬基本年薪计算基数和 2021 年企业工资指导线，明确年度企业工资增长基准线为 8%，增长下线为 3%，企业工资增长不设上线。顺利完成企业薪酬调查工作，共调查全省 10 921 户企业 70 余万职工薪酬数据，向社会公开发布全省各类职业（工种）、各等级专业技术人员和技能人员的工资价位，以及初次就业大学生工资价位。

四、劳动关系和谐稳定

（一）劳动关系协调工作不断加强。

顺利开展第二届江西省模范劳动关系和谐单位评选表彰工作，以省政府名义表彰江西省模范劳动关系和谐企业 30 家、江西省模范劳动关系和谐工业园区 12 个、江西省模范劳动关系和谐乡镇（街道）18 个。圆满完成景德镇市深化构建和谐劳动关系综合配套改革试点工作，基本形成以党建引领劳动关系构建，融合社区服务、行业特色的和谐劳动关系高质量发展格局。顺利推进劳动关系“和谐同行”能力提升三年行动计划，选树江西省第一批金牌协调劳动关系社会组织 11 家、金牌劳动关系协调员 102 名、金牌劳动人事争议调解组织 31 家，年度新增 41 户培育企业。出台《关于维护新就业形态劳动者劳动保障权益的实施意见》，开展维护新就业形态劳动者劳动保障权益专项行动，积极维护新就业形态劳动者劳动保障权益。

（二）扎实推进劳动人事争议调解仲裁工作。

加强调解仲裁工作规范化、标准化、专业化、信息化建设，及时高效处理各类劳动人事争议。2021 年全省劳动人事争议调解仲裁机构共依法受理劳动人事争议案件 46 830 件，同比增长 85.3%；结案 47 016 件（含上期结存案件 592 件），仲裁结案率为 98.8%，调解成功率为 84.9%，仲裁终结率为 76.2%；调处 10 人以上集体案件 191 件，涉农民工案件 9 796 件。

（三）劳动保障监察执法力度进一步加大。

认真落实《保障农民工工资支付条例》，着力做好保障农民工工资支付工作。将保障农民工工资支付工作纳入各级政府考核评价指标体系，对各设区市政府 2020 年度保障农民工工资支付工作进行考核并予以通报。印发《2021 年打击非法用工等违法犯罪及治理拖欠农民工工资工作考核评价实施细则》和《江西省根治拖欠农民工工资工作追责问责暂行办法》，进一步压实根治欠薪工作主体责任。组织开展根治欠薪冬季专项行动、清理整顿人力资源市场秩序专项检查和“迎建党百年·护民工权益”等专项执法检查活动。2021 年，全省劳动保障监察机构共检查用人单位 2.19 万户，涉及劳动者 93.18 万人，依法为 8.38 万名劳动者追回工资待遇 12.56 亿元。江西省人力资源社会保障厅劳动保障监察局在人力资源社会保障部、国家市场监管总局清理整顿人力资源市场秩序专项行动中获得通报表扬。江西省人力资源社会保障厅劳动保障监察局、省公安厅基层基础指导处和宜春市住建局等 5 个单位被国务院根治欠薪领导小组授予全国根治欠薪工作先进集体荣誉称号。

五、系统行风建设持续优化

（一）政务服务更加便民。

推进涉企经营许可“证照分离”改革，全面落实证明事项告知承诺制，进一步减材料、优流程。深入实施“人社服务快办行动”，推出 10 个“一件事”打包办、100 个事项省内通办、30 个事项跨省通办。全面下放业务受理权限，实现基层办、就近办，全年基层平台办件 90 万件，同比增长 1.9 倍。

（二）信息化建设加快推进。

开展信息化便民服务创新提升行动，改版升级江西人社网上办事大厅，开通江西政务服务网“人社专区”，进一步丰富线上办事渠道。全面推进信息系统“适老化”改造，开通“老年服务专席”，解决老年人运用智能技术困难。社保卡“一卡通”建设加速推进，累计制发社保卡 4 751 万张，签发电子社保卡 2 218 万张，实现了面向全国持卡人提供申领、启用、临时挂失、补换、制卡进度查询等五项线上服务“跨省通办”。省人大常委会将《江西省社会保障卡一卡通条例》列入 2021 年重点调研项目。11 个设区市本级 38 家定点医疗机构实现工伤保险医疗费联网即时结算，90%的退休人员养老待遇资格实现“静默认证”。12333 电话咨询量达 784 万人次，综合接通率超 90%。

（三）系统行风明显改善。

扎实开展练兵比武活动和“人社服务标兵万里行”主题宣讲活动，带动全员学政策、钻业务、强技能、优服务，获评 12 个全国人社系统优质服务窗口和 6 名优质服务先进个人。开展“厅局长走流程”活动，推动解决一批办事堵点问题。推出“人社政务服务电子地图”，全面推行政务服务“好差评”，政务服务好评率不断提升。积极开展“我为群众办实事”实践活动，37 项重点民生实事项目圆满完成。

江西省人力资源和社会保障厅

山 东 省

2021年，山东省人力资源社会保障系统以开展党史学习教育为契机，凝心聚力为群众办实事，统筹疫情防控和业务工作，全力做好稳就业、惠民生、促改革、防风险、保稳定各项工作，圆满完成各项目标任务，人社事业发展实现“十四五”良好开局。

一、就业创业

2021年，山东省致力就业优先，坚决守牢稳就业基本盘，坚持稳存量、扩增量、保质量、防变量，大力实施就业优先政策，确保就业形势总体稳定、稳中向好。截至2021年底，实现城镇新增就业124.2万人，城镇调查失业率回落至疫情前水平。

（一）就业服务。

2021年，山东省实施全方位公共就业服务，实现城镇新增就业124.2万人，高校毕业生就业去向落实率居全国前列，全省脱贫人口就业规模保持在40万人以上，零就业家庭保持动态清零。完善就业服务制度，进一步优化就业失业登记、劳动用工备案一体化登记服务，推出第二轮高校毕业生就业服务八项便利措施，健全完善就业服务长效化机制建设。轮动组织开展“春风行动”、民营企业招聘月、金秋招聘月、就业援助月、稳岗留工“十送十留”、“就选山东”高校毕业生集中招聘、农民工返岗务工服务月、企业用工服务保障、离校未就业高校毕业生“360”专项行动等活动。健全就业服务平台，积极打造“就好办”公共就业服务品牌，推进省级、市级智慧就业服务大厅建设，组织开展第五批国家级充分就业社区评估认定。

（二）创业服务。

2021年，山东省以开展“创业齐鲁·乐业山东”行动为抓手，强化就业优先政策落实，发挥创业带动就业“倍增效应”，力促经济社会高质量发展。全省共发放创业担保贷款10.97万笔225.66亿元，发放总量和增量连续两年保持全国第一。推荐1个创业项目参加2021年“全国双创活动周”，参加第三届全国创业就业服务展示交流活动，荣获“城市创业精品展示项目”荣誉，组织开展第三届山东省“十大返乡创业农民工”评选活动。持续推进20家省级创业创新示范综合体培育建设，2021年山东省2家创业孵化基地入选第五批全国创业孵化示范基地。

（三）职业技能培训。

2021年，山东省继续深入实施职业技能提升行动（2019—2021年），创新性开展职业技能提升行动质量年活动。继续加强政策供给，全省共开展各类补贴性职业技能培训324.8万人次。调整企业稳岗扩岗专项支持计划“以工代训”政策，统筹职业技能提升行动专账资金支撑能力，在延长2020年政策受理期至2021年3月底的同时，出台接续政策，将“以工代训”政策重点放在促进企业吸纳就业上。2021年全省审核通过“以工代训”补贴资金20.1亿元，惠及企业5.2万家，涉及职工145.6万人。开展职业技能培训“一市一品牌”“一县一项目”建设，鼓励各市根据就业需求、产业发展和当地特色，开发培训项目，丰富培训目录，培育和打造特色职业技能培训品牌。全面推广职业培训券，2021 年重点面向企业职工培训、新型学徒制培训、金蓝领培训和项目制培训实行定向发券，为劳动者提供便捷高效的职业培训服务，全年共发券 60.3 万张，使用 7.8 万张，超额完成目标任务。

（四）技能人才评价管理服务。

2021 年，山东省正式启动社会培训评价组织职业技能等级认定试点工作，全省社会培训评价组织共面向社会提供 45 226 人次的技能水平评价服务。全面加快推进企业技能人才自主评价，公布三批企业技能人才自主评价单位名单，截至 2021 年底，全省共备案自主评价企业 2 936 家，自主评价技能人才 36 万余人。鼓励符合条件的技工院校申报社会培训评价组织，面向社会提供技能水平评价服务。遴选 122 家技工院校开展面向本校学生技师及以下的职业技能等级认定，截至 2021 年底，共有 50 165 名学生参加认定。推进专项职业能力考核工作，组织开发并向人力资源社会保障部报送 174 个专项职业能力考核规范，全省 35 万人次取得专项职业能力证书。

（五）就业人才服务信息化建设。

2021 年，山东省强化就业人才服务信息化建设，提升智慧就业能力，强化就业人才便民服务，优化全省集中统一的就业人才服务信息系统，上线公共就业人才服务智慧平台，实现 120 余项网上服务功能和 14 个就业、失业登记等高频事项“全省通办”或“跨省通办”，推进“掌上办”和“全程网办”智慧服务模式，全年通过省级集中信息系统提供各类服务 831.32 万次，有力支撑就业、创业和人才服务，圆满完成数字山东攻坚任务。建立山东省公共就业人才服务监测展示平台，进行实时数据动态监测，针对“淘汰落后动能”、义务教育“双减”等情况，面向重点企业、教培机构，开展多频次、多维度监测，防范规模性失业风险。

二、社会保障

（一）基本养老保险。

2021 年，山东省参保缴费稳步增长。截至年底，全省企业、机关事业单位、城乡居民养老保险参保人数分别达 2 823.1 万人、403.6 万人、4 614.1 万人，分别比上年增加 167.8 万人、12.7 万人、23.7 万人。全省企业养老保险基金收入 2 417.9 亿元，同比增长 50.7%；支出 2 550.8 亿元，同比增长 7.6%；当期收支缺口 132.9 亿元，累计结余 1 251.6 亿元。企业职工基本养老保险制度体系不断完善，取消企业职工基本养老保险省内转移接续，规范参保人员缴费指数计算办法，放宽企业职工基本养老保险参保缴费限制。深化机关事业单位养老保险制度改革，加快推进中央驻鲁和省直驻济以外单位参保缴费，基本实现全覆盖。提高养老保险待遇水平，统筹安排调整各类群体养老保险待遇。巩固拓展城乡居民基本养老保险脱贫攻坚成果同乡村振兴有效衔接，实现“持续帮扶”“动态清零”。稳步有序做好企业养老保险基金投资运营工作，收回到期委托运营基金 777.4 亿元，5 年平均收益率达 42% 以上。新增城乡居民基本养老保险委托投资运营资金 200 亿元，总规模达 300 亿元。

（二）失业保险。

截至 2021 年底，山东省失业保险参保人数 1 542.7 万人，比上年底增加 76.6 万人，增长 5.2%。全省失业保险基金收入 104.3 亿元，其中征缴收入 93.8 亿元，支出 102.4 亿元，期末累计结余 178.4 亿元。落实失业保险金标准与最低工资标准挂钩联动机制，2021 年为 40.6 万人发放失业保险金 44.7 亿元，代缴医疗保险费 7.8 亿元，为 100.05 万名失业人员发放失业补助金 13.31 亿元。全省发放稳岗返还资金 8.1 亿元，惠及 15.6 万家企业，稳定就业岗位 535 万个。发放技能提升补贴 7.8 亿元。为 15 个市拨付失业保险省级调剂金 4.9 亿元。开展失业保险基金自查自纠、基金管理内控风险排查，规范失业保险基金支出。建立就业失业监测预警体系，完善就业失业监测预警信息系统，修订规模失业风险防控应急预案，加强对就业领域重大风险的监测预警防控，防范化解规模性失业风险。

（三）工伤保险。

2021年，山东省延续实施阶段性降低工伤保险费率政策，明确阶段性降低工伤保险费率政策延续实施1年至2022年4月30日。符合条件的9个市全部降低了工伤保险费率。2021年，全省工伤保险平均费率为0.49%。统一规范一级至四级工伤职工退休后伤残津贴与职工基本养老保险待遇衔接政策，将基本养老保险待遇低于伤残津贴的差额部分计入基本养老金调整基数，增加额由工伤保险基金承担。自2021年1月1日起，调整一级至四级工伤职工伤残津贴、生活护理费和工亡职工供养亲属抚恤金标准，连续17年提高工伤保险定期待遇水平。继续以按工程建设项目参保为重点，推进工伤保险职业人群全覆盖。全省新开工建设项目10 017个，在建项目13 086个，全部按项目参加了工伤保险。深入推进尘肺病重点行业工伤保险三年专项扩面行动，依法依规督促企业参加工伤保险。截至2021年底，全省工伤保险参保人数达1 921.9万人。启动实施工伤预防五年行动计划，深入开展工伤保险基金管理风险排查，有效消除风险隐患，保障基金安全。积极配合做好重特大安全生产事故善后处置工作，依法尽快作出工伤认定，及时拨付工伤保险待遇。

（四）社会保险制度改革。

落实企业养老保险基金省级统收统支政策，推进中央驻鲁机关事业单位养老保险制度改革。新增27家中央单位参保，共计205家单位在省本级启动养老保险改革，涉及14.24万人，其中在职人员9.07万人，退休人员5.17万人。开展中央驻鲁单位准备期清算工作，优化清算流程，对养老保险整体支大于收的单位，先行退还收支差额部分，减轻参保单位筹资压力，完成131家单位准备期养老保险清算，涉及11.22万人。全省职业年金基金规模达1 156.14亿元，其中累计收益额169.29亿元，当年收益额58.37亿元，累计收益率25.33%，当年收益率5.79%，平均年化收益率7.87%。修订完善《职业年金经办规程》，全年共归集划拨职业年金缴费244亿元。制定印发《职业年金计划信息报告办法》，建立职业年金计划管理定期调度机制，完善职业年金计划监督体系，形成“周跟踪、月分析、年总结”的管理机制。修改完善《受托人绩效考核办法》，制定印发新增投资组合办法，优化投资管理人结构，提升基金抗风险和收益能力。开展企业养老保险全国统筹信息系统建设，印发《关于加快推进企业养老保险全国统筹信息系统建设先行先试有关工作的通知》，组织开展并顺利完成6轮代码集对应，积极推进数据整理，提高数据质量，稳步开展事项梳理，制定全省统一的企业养老保险经办流程，积极对接联调测试，为企业养老保险全国统筹信息系统部省对接打下坚实基础。建立实施工伤医疗定点机构全省互认制度，首次在全省推行各市定点医疗机构互认制度，方便工伤职工异地就医。

（五）社会保险基金管理和风险防控。

加强和规范社会保险基金管理，确保基金安全、完整和保值增值。严格落实基金财务会计制度、基金收支存管理规定和经办流程等。加强基金预决算管理，按时保质完成各类基金预算草案编制、会审工作，紧跟社保政策形势变化，及时调整省本级基金收支预算，严格执行经人大批准的各项收支预算，确保预算落实到位。2021年，全省社会保险基金总收入4 217.8亿元，比上年同期增加1 132.9亿元，增长36.7%；总支出4 094.8亿元，比上年同期增加331.9亿元，增长8.8%；当期结余123亿元；累计结余3 160亿元，比上年底增加123亿元，增长4.1%。省本级收入486亿元，支出592.7亿元，当期结余-106.6亿元，累计结余936.5亿元。加强社会保险基金风险防控，推进社保经办风险防控数字化转型，收集整理527条风险防控规则印发全省，作为全省各级社保经办机构开展经办风控工作的重要参考。制定《山东省社会保险经办内部控制管理办法》，进一步加强社会保险经办机构内部管理与监督，规范社会保险经办管理服务工作。开展养老保险待遇领取人员疑点数据核查、城乡居民基本养老保险重点问题核查等专项整治系列活动，对疑点数据和重点问题逐一核查并形成核查报告和核查档案，配合审计部门狠抓问题整改，圆满完成社会保险风险排查省级抽查和部级调研检查工作。

三、人才人事

（一）人力资源市场与人力资源服务业。

2021年，全省人力资源服务业营业收入超过1 200亿元，增速连续三年超过30%。各类人力资源服务机构全年共为用人单位提供人力资源服务149万家次，帮助实现就业、择业和流动798万人次；举办现场招聘会2.2万场次，提供招聘岗位数828万个，吸引求职者460万人次，发布网络招聘岗位信息1 518万条，求职信息1 153万条；举办各类培训班1.9万场次，培训人员84万人次，猎头服务推荐选聘人才6.5万人。在全省深入开展流动人员人事档案信息化便民服务创新提升行动打造“一点通”服务品牌活动，实现流动人员人事档案接收、转出等高频服务事项的“跨省通办”。截至2021年底，全省各级流动人员人事档案管理服务机构存管档案930余万份，服务代理单位13余万家，全年累计提供人才基本公共服务300余万人次。编制《山东省“十四五”人力资源服务业发展规划》，出台《山东省省级人力资源服务产业园管理办法》，配套建立全国首个省级产业园综合评估体系。加快推进全省产业园建设，济南人力资源服务产业园获批国家级产业园，自贸区烟台片区产业园增设为中国烟台人力资源服务产业园分园。在全国率先建立以省、市、县三级人力资源社会保障部门为主管理、地方政府共同参与的国家级产业园建设发展协调机制。持续开展清理整顿人力资源市场秩序、劳务中介整治、涉渔中介机构治理等行动，加大劳动者合法权益维护保障力度，被人力资源社会保障部评为2021年全国清理整顿人力资源市场秩序专项行动取得突出成绩单位。

（二）人才开发。

2021年，山东省深入实施“人才兴鲁”战略，扎实推进人事人才制度改革攻坚，不断优化人才发展生态，参与编制全省“十四五”人才发展规划，与省委组织部、省农业农村厅共同承担乡村人才振兴牵头责任，试点推进“乡村振兴合伙人”“首席专家”等项目。聚焦新旧动能转换等重大战略以及人工智能、5G网络等新兴产业，征集全省岗位信息，通过“选择山东”“人才山东”和“海洽会”智慧云平台等媒介广泛对外发布，帮助用人单位精准引进海内外高层次人才。深入实施“千名博士进企业”行动，2021年征集358家企业岗位需求570个，博士挂职服务意向252个，成功对接选派179人。2021年新增驻鲁两院院士5人，全国杰出专业技术人才2人，全国专业技术人才先进集体2个。遴选泰山学者攀登计划专家26人，泰山产业领军人才工程技能领军人才12人。截至2021年底，全省驻鲁两院院士和海外学术机构院士达到111人，全国杰出专业技术人才7人，全国专业技术人才先进集体5个，国家“百千万人才工程”人选203人，国务院政府特殊津贴专家3 510人，省有突出贡献的中青年专家1 536人。全省新增3家博士后科研工作站获批独立招收博士后研究人员资格，可独立招收博士后人员的博士后科研工作站达到15家。全面推行博士后创新实践基地备案制，新设立省博士后创新实践基地87个，累计设立省博士后创新实践基地366个，其中46个基地已成为博士后科研工作站。截至2021年底，全省共建立博士后科研流动站153个，博士后科研工作站351个。组织实施“万名博士、十万硕士、百万大学生创业齐鲁计划”，2021年全省共吸引集聚青年人才84万余人。“山东-名校人才直通车”品牌影响力进一步提升。省级举办11场“山东-名校人才直通车”活动，省市联动举办210场活动，收取简历4.8万余份。创新举办“百校千企”网上人才对接活动，搭建线上双向对接平台，向全国130多所知名高校同步推送山东省2 000多家用人单位、8.4万多个岗位的需求信息，邀请名校师生参加“山东城市行”活动。

（三）专业技术人员管理。

2021年，山东省积极深化职称制度改革，加强继续教育和职业资格管理。出台《山东省职称评审管理服务实施办法》，规范职称申报、审核、评审等全链条管理流程，全面提升职称评审工作质量和水平。出台《关于进一步做好高技能人才和专业技术人才职业发展贯通工作的通知》，将贯通领域扩大到共8个职称系列。出台《山东省高校教师职称自主评聘管理办法》，确保高校人才自主评聘规范有序。动态调整职称评价标准条件，先后出台13个专业职称评价标准，完善相应系列的层级设置。聚焦重大发展战略，加大新职业职称设置力度，完成6个特色专业职称评价标准制定工作，为“专精特新”人才制定专属评价标准。在全省组织开展非公组织和自由职业者“职称申报评审导航”专项行动，鼓励民营企业人才参与职称评审。优化职称申报评审系统，开展职称历史数据归集工作，职称证书信息网上查验已基本实现全覆盖。组织实施国家级、省级高级研修项目74项，共培训各类专业技术人才、管理人才4 320人。选派70余名专业技术人才、管理人才参加省外举办的国家级高级研修项目培训。2021年，山东省5所国家级继续教育基地共培训各类专业技术人员近30万人次，认定第二批省级专业技术人员继续教育基地39家。建设“省专业技术人员继续教育公共服务平台”，为专业技术人员提供高效便捷的继续教育服务。

（四）事业单位人事管理。

2021年，山东省以激发事业单位活力和调动事业单位工作人员积极性、主动性、创造性为重点，扎实推动事业单位人事制度改革举措落实落地。深入落实“人才兴鲁”战略，强化人才政策供给，落实用人单位自主权，着力构筑新时代事业单位人才聚集高地。加大高层次人才引进力度，落实“自主组织、事后备案”工作机制，优化高层次人才和青年优秀人才引进流程和提高办理效率，为全省事业单位引进高层次、青年优秀人才搭建特殊通道。全省事业单位引进人才5.25万人，其中博士2 073人、硕士11 789人，Top200、自然指数前100及“双一流”高校毕业生7 102人。下放二级岗位人选评聘权，提升评聘工作的科学性、公平性和精准度。开展人社领域人事人才政策“畅通行”活动，实现用人单位政策全覆盖。推进县以下事业单位管理岗位职员等级晋升制度改革，指导各市提前做好人员摸底、资金测算、预算安排等工作，明确改革要求和政策口径，为2022年改革正式启动实施打下坚实基础。推进事业单位人事管理“一件事”服务试点，围绕事业单位工作人员“进管出”重点环节，将公开招聘，人员调入、调出等七项业务涉及的工资社保服务事项整合成“一件事”，实施方便快捷联动办理，不断提升事业单位人事管理服务质效。做好深化省级事业单位改革人员转隶安置工作，健全完善组织、编办、人社三家联审机制，提高转隶安置工作效率。省级事业单位涉改的60家主管部门、252家事业单位，共12 231人，全部完成人员转隶安置。

四、劳动关系

2021年，全省劳动关系工作以“和谐同行”能力提升三年行动计划为抓手，加强劳动关系治理体系和治理能力建设，优化企业工资收入分配，防范化解劳动关系领域矛盾风险，全省劳动关系保持总体和谐稳定。

（一）构建和谐劳动关系。

省协调劳动关系三方委员会成员单位联合印发《山东省劳动关系和谐企业山东省劳动关系和谐工业园区评价管理办法》。省人力资源社会保障厅、省委宣传部、省发改委等 16 部门联合印发《关于建立劳动关系和谐企业联合激励机制的通知》，充分调动企业参与创建和谐劳动关系的积极性。在全省组织开展 2021 年和谐劳动关系评价活动，推进劳动关系“和谐同行”能力提升行动。全省协调劳动关系社会组织达 1 800 多家，全省劳动关系协调员达 2.3 万人，服务新企业用工 2 万多家，对 2 500 多家重点企业开展用工指导服务。深化构建和谐劳动关系综合配套改革试点，指导济宁市对试点工作进行系统总结评估，在全省推广实施优秀传统文化融入劳动关系治理、创设基层服务站、完善“和为贵”多元预防调解机制等先进经验。6 月份在济宁成功举办全国和谐劳动关系试点集中调研。

（二）维护劳动者合法权益。

省人力资源社会保障厅、省财政厅等 4 部门印发《关于发布企业职工防暑降温费标准的通知》，调整后的标准分别为高温和户外作业人员 300 元、其他人员 180 元，较原标准分别增加 100 元、40 元。制定出台《山东省人力资源和社会保障厅等八部门关于维护新就业形态劳动者劳动保障权益的实施意见》，组织开展新就业形态劳动者权益保障专项行动，深入开展用工指导服务，切实维护新就业形态劳动者权益。在全省有序推行电子劳动合同，部分市已实现企业签订电子劳动合同与人社部门劳动用工备案业务实时对接、数据共享、一键办理。试点以来，全省签订电子劳动合同超过 72 万份。指导有关产能调整的市落实属地责任和企业主体责任，切实保障企业改革改制过程中的职工权益。

（三）优化企业工资收入分配。

省政府发布 2021 年企业工资指导线，企业职工货币工资增长基准线为 7%，引导企业建立职工工资正常增长机制，优化内部分配。省政府公布全省最低工资标准，调整后的月最低工资标准为 2 100 元、1 900 元、1 700 元，小时最低工资标准为 21 元、19 元、17 元，平均增幅 9.8%，从 2021 年 10 月 1 日起执行。对全省 11 664 户企业、186 万职工薪酬情况进行调查分析，发布 75 个职业和不同岗位等级人力资源市场工资价位，引导企业进行市场对标，按照职工工作岗位和技能水平，根据企业经济效益情况，合理确定职工工资水平。开展企业薪酬调查数据发掘应用工作，科学编制全省 2021 年企业薪酬调查数据分析报告。深化国有企业薪酬制度改革，加强宏观指导，认定发布省管企业负责人基本年薪基数，印发加强国企薪酬管理通知，推动落实技能人才薪酬分配指引，开展技能人才薪酬分配指引培训。推进企业工资支付立法，牵头组织立法专题调研，深入各类企业和单位实地调研，多次修订完善《山东省企业工资支付条例（草案）》。

（四）劳动人事争议调解仲裁管理。

2021 年，山东省以持续提升劳动人事争议处理效能为主线，强化矛盾纠纷源头治理，推进预防协商机制建设。全省各级调解仲裁机构当期共受理争议案件 14.76 万件，涉及劳动者 15.67 万人，涉案金额 29.92 亿元，劳动人事争议调解成功率和仲裁结案率分别达 73.02%、98.39%。切实发挥企业劳动争议调解委员会作用，推动企业完善协商规则、建立内部申诉和协商回应制度。健全监测预警机制，进一步做好争议案件统计分析和发展趋势研究，关注重点地区和行业，建立重点案件监测和周报告制度。开展全省调解仲裁业务领域安全隐患大排查大整治，推进风险隐患整改长效机制建设。加强争议隐患协同治理，完善信息共享、协调联动机制。强化基层“互联网+调解”平台应用，推动全省县（市、区）、乡镇（街道）调解组织加大线上处理劳动人事争议案件力度，实现调解申请“马上办、网上办、就近办”，全年线上共受理争议案件 4 634 件。打造“金牌劳动人事争议调解组织”，培育调解品牌工作室，打造特色调解文化，全省培育调解品牌工作室 178 个。深化仲裁要素式办案方式改革，要素式办案试点范围、适用要素式办案方式争议类型进一步扩大。优化拖欠农民工工资争议速裁工作机制，全省拖欠农民工工资争议速裁庭共审结案件6 278件，涉及农民工7 447人，涉案金额8 476.98万元。

（五）劳动保障监察。

将保障农民工工资支付相关工作纳入全省高质量发展绩效考核，制定《根治拖欠农民工工资工作2021年工作要点》《保障农民工工资支付工作监督检查办法（试行）》《保障农民工工资支付工作约谈办法（试行）》。推进农民工工资支付监管平台应用，不断提升信息化监管效能，推动多部门协同监管，平台累计录入项目20 467个，实名制人数410.5万人，累计代发金额1 041.9亿元。开展根治欠薪制度全覆盖专项行动和根治欠薪冬季专项行动。冬季专项行动期间，全省共执法检查用人单位34 155户，涉及职工266.94万人，化解欠薪案件2 878件，追讨工资及赔偿金2.1亿元。加强对到省反映欠薪案件线索的督办，共督办案件299件，为1 975名农民工追讨劳动报酬5 055.8万元。推动监管向基层延伸，在全省推行工程建设项目街镇“工长制”，形成“乡呼县应”、多级联动的工作机制。开展清理整顿人力资源市场秩序专项行动，全省共出动执法人员6 630人次，查处各类违法行为75件，责令改正13件，责令退赔劳动者中介服务费、押金或其他费用14万元。会同省卫健委、省医保局、省总工会开展维护女职工权益执法行动。持续加大失信联合惩戒力度，共向社会公布12件重大劳动保障违法行为，将35个企业和自然人列入拖欠农民工工资“黑名单”，实施联合惩戒，移送60件涉嫌拒不支付劳动报酬犯罪案件，公安机关立案51件。健全省级投诉举报联动平台工作机制，畅通举报投诉渠道，全年共处理群众来电4 396人次、来信187封，接待群众来访3 246人次，跨地区协查169件，督办常规案件301件、“问政山东”线索501件。2021年，山东省人力资源社会保障厅劳动监察处被山东省委、山东省人民政府授予“平安山东建设先进集体”称号，山东省5家单位和5名个人被授予全国根治拖欠农民工工资工作先进集体和先进个人称号。

五、行风建设

（一）扎实推进行风建设工作。

研究制定2021年全省人社系统行风建设工作方案，印发《关于印发2021年全省人社系统行风建设暨“一次办好”改革工作方案的通知》。统筹做好疫情防控和人社政务服务工作，印发《关于统筹做好疫情防控和人社政务服务工作的通知》，指导各市人社部门、各级人社政务服务大厅做好疫情防控期间政务服务工作。持续加强全省人社服务窗口制度建设，进一步规范推进分类综合柜员制、首问负责制、“好差评”等工作制度。组织开展全省人社系统窗口单位“窗口腐败”问题专项整治行动，集中整治“吃拿卡要”等损害办事群众利益问题。贯彻落实《关于进一步优化人社公共服务切实解决老年人运用智能技术困难实施方案的通知》的有关要求，进一步提升服务老年人工作质效，并要求各地人社部门窗口单位在收费工作中不得拒收现金。

（二）广泛开展行风建设活动。

开展2021年度人社窗口单位业务技能练兵比武活动，营造“学政策、钻业务、强技能、优服务”的浓厚氛围。7月，省人力资源社会保障厅在济南组织举办全省人社系统窗口单位业务技能练兵比武全省赛。9月，山东省参加全国练兵比武统一在线比试，并以优异成绩晋级全国总决赛。12月，在2021年度全国人社系统窗口单位业务技能练兵比武全国总决赛中，山东省代表队获得团体三等奖，山东省5位选手获得全国“人社知识通”称号，另有3位选手获得全国“岗位练兵明星”称号。创新开展“人社干部走流程”工作，印发《“人社干部走流程”工作实施方案》，在全省创新开展“人社干部走流程”工作，聚焦政策制度供给和政策服务落地两个方面，各级人社干部以办事单位群众和经办工作人员两种身份，采取“亲身办”“陪同办”等形式，对线上、线下各种人社业务开展全流程“复盘”“体检”，加大督导力度，实行按月调度总结，切实提升人社服务质效。5 月，省政府新闻办召开“人社干部走流程”新闻发布会，对“走流程”工作进行宣传推广。2021 年，各级“走流程”共计 18 722 人次。组织开展明察暗访，对济南、青岛、潍坊、烟台、济宁、泰安等市的人社政务服务场所行风建设情况进行明察暗访，对发现的问题进行督办。印发《关于对人社政务服务窗口行风建设明察暗访发现的共性问题进行全面自查整改的通知》，督促全省各市举一反三、整改提升。

（三）高质量完成行风建设目标任务。

加快推进全省人社服务“就近办”工作，分别制定人社服务与银行和基层平台合作“就近办”的《事项参考清单》，指导各市依托银行和基层平台形成“一干多支”的服务架构，满足企业群众就近办理人社业务的需求。会同有关部门汇总梳理省、市、县三级人社相关业务窗口视频监控资源，依托省统一视频监控共享平台汇聚共享至部监测指挥平台。山东省在全国率先汇聚 489 个摄像头信息与人力资源社会保障部实时共享，在线率达到 100%。开展“人社政务服务电子地图”信息采集工作，基本实现省、市、县、街道（乡镇）、社区（村）级服务网点全覆盖，为企业群众办事提供清晰指引。

山东省人力资源和社会保障厅

济　南　市

2021年，济南市人力资源社会保障部门坚持以习近平新时代中国特色社会主义思想为指引，认真贯彻党的十九大和十九届历次全会精神，扎实落实人力资源社会保障部、山东省人力资源社会保障厅部署，紧紧围绕市委、市政府有关要求，坚持以人民为中心，深入推进党史学习教育，牢记初心使命、主动担当作为，全市就业形势稳中向好，社会保障网更密更牢，人才活力进一步释放，劳动关系和谐稳定，迈准迈稳“十四五”开局第一步，用使命担当交出一份温暖人心的民生答卷。

一、就业创业

（一）聚焦重点群体就业。

全年实现城镇新增就业17.8万人，全市就业形势持续稳定。深入开展“选择济南　共赢未来”驻济高校毕业生就业双选会等专项招聘活动，为8 556名高校毕业生落实5项补贴2 853.2万元。举办2021优秀大学生就业创业“泉城行”训练营，完成134名高校毕业生“三支一扶”招考培训工作，新招募人员在全省率先顺利上岗。加大就业困难人员援助力度，就业困难人员实现就业0.72万人，失业人员再就业5.6万人，两次上调灵活就业困难人员社保补贴标准，发放补贴2.34亿元，开发农村公益性岗位800余个，发放岗位补贴505.9万元，零就业家庭继续实现动态清零。大力开展农民工“稳岗留工”“十送十留”“春风行动”专项服务行动和“情系农民工”系列活动，举办习近平总书记视察农民工中心八周年座谈会。

（二）鼓励创业带动就业。

丰富创业载体，全年认定34家创业孵化基地，在孵企业2 951家，带动就业21 400人；在建立创业指导平台的基础上认定4家综合性创业指导工作室，填补省内高端创业指导的空白，为3 413名创业者提供SIYB（改善你的企业）咨询服务；济南市大学生创业孵化中心被评为国家级创业孵化示范基地。落实小微企业、个体工商户一次性创业补贴3.3亿元，发放创业担保贷款9.3亿元，扶持市场主体2万余家。紧贴黄河流域生态保护和高质量发展等重大战略、强省会建设各项目标任务，牵头承办“共享经济圈　共赢新未来”省会经济圈主题创业活动，携手省会经济圈7市全方位展示创业成果，实施直播带岗云端求职，打造“智汇省会经济圈”就业品牌，创业“朋友圈”不断扩大。

（三）扎实做好职业培训。

创新搭建职业培训监督管理平台，建立培训补贴标准动态评估调整机制，开展失业保险资金使用情况自查内审，培训质量和资金安全做到“双保证”“双提升”。优化培训服务，大力推行线上线下培训模式。在线上，济南市级A类线上平台数量达到14家，全年开展培训29.8万人次；在线下，开展“职业技能提升行动进企业”专项服务活动，为1 000家企业对口服务，动态掌握企业“以工代训”情况，增强培训实效。济南市职业培训补贴发放和新吸纳就业“以工代训”补贴发放位居全省第一。全年开展补贴性培训38.8万人次，“以工代训”54.2万人，创业培训8.6万人次，发放培训补贴9.7亿元。

（四）保障重点企业用工。

持续开展企业用工保障服务专项行动，配备企业用工服务专员459人，累计解决企业缺工3.5万人；组织实施“112”现场招聘等8项行动，举办线上线下招聘会537场，为求职者和企业精准搭台，1.7万家企业提供岗位近41.9万个，达成就业意向15.5万人次。延续实施减负稳岗扩就业政策，为4.4万家企业、80.4万名职工返还资金1.4亿元，缓解企业用工保障压力。强化失业人员待遇保障，全年共为38万人次发放失业保险金6.5亿元，为21.4万人次发放失业补助金3亿元。

（五）打造就业服务品牌。

不断优化营商环境，全方位建设“智慧就业”全天候服务大厅，积极推进“智慧就业”信息化，43项业务实现全程网办，9项业务实现自助办，10项业务实现掌上办，3项补贴实现市级社银直连发放。精简优化服务流程，推进服务事项打包办、提速办，助推就业服务换挡提速，持续打造“就办好”公共就业服务品牌，已有40项业务受理时限提速为“即时受理”，参保、就业、用工备案完成统一登记并与公共就业服务省集中系统对接，成功实现三口合一。

（六）推进东西劳务协作。

稳步推进脱贫攻坚成果同乡村振兴有效衔接，主动与甘肃临夏、重庆武隆、临沂开展对接协作帮扶，多举措完成协作区域脱贫劳动力培训输出任务。先后20余次赴甘肃临夏州对接劳务协作，促成阳光大姐、蓝翔技校与临夏州有关单位的务实合作，挂牌成立临夏州阳光大姐职业技能培训学校，300余名临夏学生免费进入蓝翔技校学习。

二、社会保险

（一）推进全民参保登记。

按照“兜底线、织密网、建机制”的要求，努力构建覆盖全民、城乡统筹、权责清晰、保障适度、可持续的多层次社会保障体系。积极开展全民参保登记工作，重点做好农民工、被征地农民、新业态从业人员、灵活就业人员等群体的保险保障工作。开展“政策找人”专项行动，全年落实政策到人119.2万人，职工基本养老保险、工伤保险、城乡居民基本养老保险、失业保险参保人数分别达到472.7万人、293.5万人、308.4万人、226.9万人，社保覆盖面持续扩大。

（二）推进社保待遇调整。

为符合条件的人员调整基本养老金，沿用定额调整、挂钩调整和适当倾斜“三结合”的办法，实现了企业和机关事业单位挂钩调整因素和挂钩调整标准“双统一”，惠及全市72.6万名退休人员，并于2021年6月底发放到位。第10次提高城乡居民基本养老保险基础养老金标准，每人每月由147元提高到160元。失业金标准实现15连涨，工伤待遇实现17连涨。阶段性降低失业、工伤保险费率，累计为20.4万户企业减负10亿元。

（三）推进社保数智平台建设。

推进社保服务延伸下沉，即时制卡合作银行网点达513家，累计发放实体卡837万张，签发电子社保卡527万张。拓展社保卡应用范围，实现持卡乘坐公交车、持卡借阅图书、残疾人持卡游园等功能。扎实推进社保基础数据整理工作，劳动能力鉴定职能平稳过渡移交，工伤劳动能力鉴定实现全程网办，打造“便民鉴定、智慧鉴定”工作品牌。开通“省会经济圈社保个人网上服务”专区，推进省会经济圈社会保险待遇资格“静默认证”平台建设，社保服务更加方便快捷。2021年12月18日，央视“新闻联播”对济南市社会保险“静默认证”经验做法进行了专题报道。

（四）扎实推进社保基金监管。

坚持“政策、经办、信息、监督”四位一体，构建全市社保基金监管体系。组织开展风险排查、专项核查和全面检查，深入实施养老保险风险核查等6项行动，抓好社保基金管理问题专项整治，形成齐抓共管态势，切实维护社保基金安全。

三、人才工作

（一）精准落实人才政策。

为 1. 9 万名高层次人才发放生活和租房补贴 2. 28 亿元，提供金卡服务 2 246 人次。为 38 家设站单位发放资助金 1 224 万元。济南市申报的 11 个项目获得山东省博士后创新项目资助，获奖率达到 91. 7%。创新建成全国首个全域化、一体化、智慧化人才数据中心，《“数聚才智”的济南探索》荣获全国人才工作创新案例最佳案例奖。

（二）大力开展招才引智。

开展“才聚泉城”名校行引才活动，签约来济硕士及以上学历人才 3 430 人，引进海外留学人才 1 085 人。柔性引进国家级人才 2 人、省泰山学者 1 人。支持事业单位采取“一次公布、全年有效、随时报名、定期考试”方式，柔性引进博士研究生 32 人、高级职称人员 44 人。全市人才总量达到 247. 8 万，“近悦远来”的人才生态加速形成。

（三）持续加强人才培育。

全市专业技术人才总量突破 50 万人，31 名创新人才和 1 个创新团队入选“5150”引才倍增计划，30 名人才入选“泉城学者”工程。高技能人才总量达到 40. 2 万人，2 名技能人才被授予“中华技能大奖”和“全国技术能手”称号，中国重汽、济南阳光大姐 2 家单位被评为齐鲁技能大师特色工作站。

（四）加快推进产业发展。

成功推荐 3 名量子产业链人才获批“5150”人才，引进外资 2 106 万美元，人力资源服务业全年营业收入 328 亿元，行业规模和发展速度均领跑全省。高标准推进人力资源服务产业园建设，构建“一园多区、错位发展、体系配套”运营模式，济南人力资源服务产业园获批国家级产业园。组织人力资源服务从业人员培训班 108 个，培训人员 5 106 人次。

四、人事管理

（一）探索灵活分配制度。

聚焦事业单位收入分配制度改革重点领域，创新事业单位收入分配方式。“双减”政策出台后，为推动中小学减负赋能，全年为 8 820 名教职工核增课后延时服务绩效工资 4 600 万元。落实国家和省市关心关爱疫情防控一线医务人员精神，为 318 名疾控中心医务人员核增绩效工资 646 万元。核增后的绩效工资均由各单位根据考核情况进行自主分配。进一步激发事业单位高层次人才创新活力，对科技成果转化团队及作出突出贡献的高层次人才所在单位实行绩效工资倾斜，对临时聘用或柔性引进的高层次人才实行项目工资分配制度，实现一流人才、一流待遇。

（二）规范评比达标表彰。

将评比达标表彰职能并入由市纪委监委、市委办公厅、市委组织部、市人力资源和社会保障局等 15 个部门组成的市功勋荣誉表彰工作领导小组。健全表彰工作体系，起草市功勋荣誉表彰工作领导小组工作规则、细则、要点等，发布评选评奖活动负面清单。严格审核评比达标表彰项目，推荐表彰先进集体 344 个、先进个人 643 名。

（三）深化职称制度改革。

实行省会经济圈职称证书互认互通，淄博、泰安、聊城、德州、滨州、东营等 6 市专业技术人员，按照山东省职称标准条件评审通过，取得各市颁发职称证书，现已调入济南工作的，在济申报职称时，不需再办理外地职称确认手续，与济南市颁发的职称证书享有同等效力。实行高技能人才与工程技术人才贯通评价，符合条件的高技能人才可申报评审工程技术职称。出台《关于分类推进人才评价机制改革的实施方案》，创新人才评价机制，激发人才创新创业创造活力。首次开展专业技术二级岗位评聘，涉及高层次人才 22 人。在工程技术、教育、卫生、农业等领域建立基层职称制度，向 4 个区县下放中级职称评审权。优化事业单位岗位设置管理，对全市252家市属事业单位进行岗位设置核准备案。

（四）创新事业单位进人方式。

组织济南职业学院、山东省实验中学等事业单位赴清华大学、北京大学、四川大学、北京师范大学等知名高校现场宣讲济南市引才政策，现场报名、现场组织面试考核、现场签约。在济南市中心医院试点采用“团队招聘”方式引进人才，成功引进骨科团队1个、儿科团队1个。对于符合政策的博士研究生和专业技术高级人员，支持用人单位采取“一次公布、全年有效、随时报名、定期考试”的方式开展柔性引进工作。支持各级疾控中心等医疗卫生系统引进紧缺专业人才，发布招聘计划2 600余个，实际招聘2 000余人。支持区县基层事业单位补充招聘人员，公布招聘计划7 591个，完成聘用5 771人。

（五）安全组织人事考试。

安全顺利组织2020年度山东省级机关、2021年度中央机关公务员录用考试，中直、省直、市直机关遴选公务员笔试，省、市事业单位招聘考试，各类技术资格考试的笔试以及省人事考试中心安排的其他各类笔试任务，共计30余项，涉及考生39.4万人次。

五、劳动关系

（一）规范劳动用工管理。

实施劳动关系“和谐同行”能力提升行动，评选市级劳动关系和谐企业57家、和谐园区1家，对928家劳务派遣单位开展诚信等级评价。济南市电子劳动合同平台上线运行，注册使用企业300家。开展企业薪酬调查，涉及企业1 600家、职工24.6万人。

（二）实施“济南无欠薪”工程。

创新推行农民工“工长制”，设立农民工“工长”170名，向9.5万名农民工发送维权公益短信170余万条。加大劳动保障监察执法力度，立案检查609件，协调解决566件，办理欠薪线索8 800余条。评选工程建设领域企业劳动保障诚信A级企业319家、B级企业45家、C级企业9家。

（三）依法处理劳动人事争议。

推广要素式办案模式，全面优化办案程序，全市仲裁机构立案1.5万件，结案率99%以上，调解成功率77.4%，为劳动者挽回经济损失4.1亿元。全市实现农民工工资争议速裁庭设立全覆盖，各区县建立专人专班，落实“一把手”挂牌督办制度，充分发挥速裁庭制度优势，对符合立案条件的拖欠农民工工资争议案件，做到有案必立，全年受理农民工争议案件492起，为农民工挽回经济损失1 269万元。

六、公共服务

（一）深入推进“放管服”改革。

实施“快办行动”和“双全双百”工程，取消各类材料74个，130项业务提升为即办件，29项高频业务事项实现全省通办、跨省通办。12个区县（功能区）实现“分类综合柜员制”，窗口数量减少126个，窗口服务人员减少159人。人社系统营商环境持续优化，劳动力市场监管、人才流动便利度指标均获国家标杆城市荣誉。

（二）扎实推进数字化改革。

积极推行“数据共享、线上核验”，72项部门数据资源实现融通共享。大力推进人社业务“一网通办”“掌上办”“自助办”，全年线上业务办理量达到2 000万笔以上，极大减少服务对象的跑腿次数。

（三）系统推进行风建设。

组织开展练兵比武，在全省荣获二等奖。开展“人社干部走流程”1 522人次，解决问题642个。拨付基层平台建设资金1 635万元，助力窗口服务效能提档升级。历城人社服务大厅获评国家级优质服务窗口，莱芜区石红同志获评全国优质服务个人，6家单位和8名同志获评全省优质服务窗口和优质服务个人。

七、乡村人才振兴

（一）扩大乡村人才增量。

积极引导各类人才向乡村流动，不断壮大乡村人才队伍。推进基层人才队伍建设，首次实现全覆盖，为全市161个街镇增加事业编制2 400名。进人计划向农村中小学教学一线和基层农业技术人才、农村医学领域倾斜，下达计划868个。实施高校毕业生“三支一扶”计划，增加招募数量，降低学历门槛，组织招募高校毕业生到基层从事支教、支农、支医和帮扶乡村振兴工作。定向培训公费农科生48人，向乡村学校安置公费师范生126人，落实定向培养计划240人。

（二）强化乡村人才培育。

聚焦乡村发展需求，加强培育培训，让更多的“土专家”“田秀才”脱颖而出。聚焦提升就业创业技能，坚持线上线下同步发力，免费提供农村转移劳动力培训4.36万人次。开展线上理论培训，组织线下实践培训，累计培训乡村医生5 663人，全面提升乡村医生的全科理念、执业能力和慢病管理能力。推动乡村教师培养培训系统化、精准化，健全乡村教师培训体系，先后举办3期乡村骨干教师线上培训班，培训乡村教师900余人。

（三）发挥人才服务优势。

发挥省会人才资源优势，下沉专家服务，支持乡村发展。组织实施“济南市乡村振兴专家服务行动”，组建63人专家团队，共完成农业专业技术培训指导343场，直接受益群众8 900余人。发挥2家省级和23家市级乡村振兴继续教育基地作用，培训乡村振兴人才6.9万人次，并完成2个国家级研修班项目。累计设立市级乡村振兴专家服务基地23家，并给予每家资助基金20万元，支持开展“专家服务基层行”活动。

（四）深化人才政策激励。

落实“定向评价、定向使用”的基层职称制度，将基层农业技术职务高级职称评审纳入年度常规评审，对基层申报材料单独归类、审核，专项评审，在评审通过率上予以适当倾斜。研究制定《济南市新型职业农民技术职称评定办法（试点）》，将农民职称资格评审级别扩大到副高级。联合邮储银行、兴业银行、济南农商银行等单位推出“乡村好青年贷”，发放贷款5 000余万元，为种子期、初创期产业项目解决发展难题。举办“乡村振兴”创业主题活动15场，莱芜黄金姜、小睿智洗等4个创业项目获得金融机构注资。9名乡村人才被评为“山东省乡村好青年”，2人入围“全国乡村振兴青年先锋”。

济南市人力资源和社会保障局

青 岛 市

2021年是中国共产党建党百年的大庆之年，是“十四五”规划的破题开局之年。青岛市人力资源社会保障工作坚持以习近平新时代中国特色社会主义思想为指导，深入贯彻落实习近平总书记对山东、对青岛工作的重要指示要求，全面落实党中央和省、市决策部署，抓住“民生为本、人才优先”工作主线，系统推进就业创业、社会保障、人事人才、劳动关系、行风建设等各项工作，着力稳就业、惠民生、促改革、防风险、保稳定，扎实推进人社事业高质量发展，全市“十四五”人社事业发展实现良好开局。

一、就业创业形势稳中有进

主动适应形势变化，在经济下行压力加大的情况下，始终把稳就业保就业作为重大政治责任、重大民生工程和重大底线任务抓紧抓实。实现全年新增城镇就业38.13万人，城镇登记失业率2.74%，控制在4%目标以内。

（一）加强就业政策供给。

聚焦拓宽就业渠道、培育就业增长动能，出台支持多渠道灵活就业实施意见，支持个体经营、非全日制以及新就业形态等灵活就业。聚焦促进劳动力和人才合理畅通有序流动，印发促进劳动力要素市场化配置的通知，激发流动活力、拓宽流动空间。聚焦提高灵活就业人员安全保障水平，出台灵活就业商业综合保险补贴政策，鼓励新业态平台为灵活就业从业人员购买商业保险。聚焦构建风险防控长效机制，实施就业创业政策落实和业务经办风险防控办法，将业务经办和补贴发放纳入风险防控范围，推动就业创业领域风险防控管理制度化、规范化。聚焦全市失业保险基金收不抵支、滚存结余大幅下降问题，出台统一城乡失业保险政策，实现农民合同制工人与城镇职工同等缴纳失业保险费、同等享受失业保险待遇。聚焦推动新时期就业高质量发展，编制《青岛市“十四五”促进就业专项规划》。全面落实减税降费措施，为2.54万户企业发放社保补贴和岗位补贴4.23亿元。

（二）突出重点群体就业。

实施大学生留青聚青行动，实施新一轮住房补贴、安家费政策，为5.3万名大学生发放住房补贴3.47亿元，为3 882名大学生发放一次性安家费3.8亿元；开展高校毕业生专场招聘季活动，2 544家用人单位提供就业岗位8.7万个；搭建青年实习实训公共服务平台，累计建成实习实训基地1 001个，组织1.75万名大学生见习实习，发放就业见习补贴336万元。发挥就业援助平台作用，畅通失业、就业困难等人员求职渠道，分级分类帮扶53 473名困难人员实现就业，零就业家庭保持动态清零。开展农民工招聘大集活动，举办专场招聘120场，发布岗位10.9万个；实施返乡入乡创业带头人培育计划，农民工返乡创业做法得到国务院农民工工作督察组肯定。搭建供需对接、技能培训于一体的灵活就业服务平台，构建全方位的灵活就业公共服务和权益保障机制，全年新增登记灵活就业1.97万人，享受灵活就业补贴政策8.96万人，同比增长18.2%。加强东西部劳务协作，与定西、陇南建立劳务合作联盟，开通东西部劳务协作专列，帮助定西输转534名劳动者来青务工，劳务协作经验做法在全国脱贫人口稳岗就业工作会议上进行推广。

（三）强化创业带动就业。

扎实推进创业城市建设，打造产业链、资金链、人才链、技术链“四链合一”加优质高效政务服务环境的“4+1”创业发展生态，建设青岛创业总部实体平台，创新“留学生科创岛”等创业服务模式，协同推进“工赋青岛”行动计划，举办中国（青岛）国际菁英创业创新大赛，全市每万人拥有市场主体达到1 920户，创业密度居副省级城市第三位，相关工作在第三届全国创业就业服务展示交流活动期间作经验介绍。强化创业扶持，全面落实一次性创业补贴、岗位开发补贴、创业担保贷款贴息等政策，全年政策性扶持创业5.67万人，发放创业扶持资金14.73亿元，创业担保贷款规模达到12.63亿元。全市市级以上创业孵化基地（园区）累计达到18家，其中国家级创业孵化示范基地2家（青岛海尔创业孵化基地、青岛市大学生创业孵化中心）、省级示范基地（园区）12家。

（四）加快职业技能提升。

制定技能人才和产业融合发展实施方案，健全以需求为导向的技能人才培养模式。深入实施金蓝领、企业新型学徒制等技能培训，落实留青外来务工人员岗位技能培训补贴政策，全年开展各类补贴性技能培训29.9万人次，发放补贴资金4.45亿元。加快推进企业技能人才自主评价，50家企业开展自主评价7 200余人次。组织第16届职业技能大赛，举办跨境电商、海尔创客等专项比赛，带动6万余名产业工人岗位练兵。推进技工教育与职业教育融合发展，经批复设立中德智能制造技师学院，青岛市技师学院获批山东省职业技能等级认定社会培训评价组织试点单位。加大行业拔尖人才选树培养力度，选推3名高技能人才荣获全国五一劳动奖章、1名荣获中华技能大奖。

二、社会保障体系不断完善

围绕织密网兜底线、补短板强弱项，扎实推进社保各项工作。2021年全市养老、失业、工伤保险参保人数分别达782.88万人、271.34万人、314.96万人。社保卡持卡达到906万人，电子社保卡累计签发600.78万张。

（一）全力提升社保覆盖面。

深入推进全民参保计划，积极开展“政策找人”“一体化”扩面专项行动，实施企业登记与社保开户“一链式”办理，全市养老、失业、工伤保险参保人数较2020年末分别增加22.48万人、8.72万人、12.64万人。完善建筑业按项目参加工伤保险机制，787个新开工建设项目全部纳入工伤保险范围。上调企业和机关事业单位退休人员待遇，总体调整水平为4.5%，惠及全市112.9万名退休人员。提高1~4级工伤职工三项定期待遇，伤残津贴每月最高增加183元。为全市104.1万名企业离退休人员、104.27万名城乡居民基本养老保险待遇领取人员分别按时足额发放养老待遇321.1亿元、31.57亿元。

（二）持续深化社保制度改革。

出台《青岛市非劳动关系特定从业人员工伤保障办法》，将家政服务人员、见习实习学生、村（居）“两委”工作人员等三类人员纳入工伤保障范围，10万余人受益。建立企业职工基本养老保险基金缺口责任分担机制，修订工伤保险基金先行支付实施细则，延续实施阶段性降低失业保险、工伤保险费率政策，全年减免费用11.88亿元。创新企业年金发展模式，建立全市企业年金发展联盟，举办首届企业年金发展论坛，2 153家企业建立企业年金计划，惠及职工12.39万人，资金规模达到50亿元。积极发展第三支柱养老保险，加快个人养老金制度建设，支持金融机构开展养老理财产品试点。开发青岛市人社基金资金监管系统，强化社保基金的科技管控、系统监控、内外双控，保障基金安全运行。

（三）推进人社服务数字化转型。

持续优化社保待遇领取资格大数据认证体系，出台认证服务标准，无感认证率达到94.6%。根据人力资源社会保障部部署，开展大数据辅助工伤认定和劳动能力鉴定项目试点，在全国首创工伤保险智能化服务平台，为国家该领域工作提供“青岛模式”，先后被《大众日报》《工人日报》《中国劳动保障报》和新华网等多家媒体报道。创建“社银智能便民”服务平台，将30多项群众办理频率较高的社保业务拓展到银行智能终端办理。持续推进社保卡跨领域应用，在全国首创以电子社保卡为载体的“无偿献血荣誉卡”“时间银行志愿服务平台”，社保卡“一卡通”工作情况在《中国社会保障》杂志刊发。

三、人才人事工作成效显著

强化人才培养、激励、引进、使用和服务，大力锻造推进全市高质量发展的人才引擎。全年引进集聚各类人才26.1万人，全市人才总量突破251万人，连续10年入选“外籍人才眼中最具吸引力的中国城市”，营商环境人才流动便利度指标全省评价第一，构建人才引育留用机制被《人民日报》点赞。

（一）着力开展品牌引才活动。

开展“青岛市引才百日攻坚行动”暨“开学第一课”推介活动，直播吸引64万人在线观看。举办中国·山东（青岛）博士后创新创业成果大赛，参加第一届全国博士后创新创业大赛，搭建起青岛企业与全国优秀博士后青年人才合作“快车道”。新设省级博士后创新实践基地14家、市级博士后创新实践基地30家，3名博士后获选年度全国“博新计划”，首次发布青岛市博士后工作白皮书。实施“万名海归精英聚青”行动，组织首届山东半岛蓝色经济区国际青年人才招聘推介，开展“一带一路”国家在华留学生走近青岛系列活动，促成3 000余人次留学人员与企业对接。聚焦一流产业集群，征集发布人才岗位8.9万余个，赴北京、上海、大连、成都等城市举办“招才引智名校行”活动25场。深入推进胶东经济圈公共就业与人才服务联盟建设。

（二）着力促进产才融合发展。

建立重点项目和重点单位服务对接机制，对100个市级重点项目和263个重点招才引智单位跟进提供政策咨询、人才招聘等服务。在全省率先推进工业互联网工程技术人才职称评审工作，951人取得工业互联网工程技术职称。出台推动技能人才与产业融合发展实施方案，强化创新型、应用型、技能型人才培养。创新实施千名专家“进重点企业、进企业研发机构、进见习实习基地”行动，为高层次人才与企业搭建对接合作桥梁，发布需求清单348项，促成合作或达成意向40项。成功举办首届中国（青岛）RCEP人力资源服务产业发展峰会。

（三）着力创新人才优惠政策。

修订出台新一轮顶尖人才认定奖励政策，优化柔性引进和创新型顶尖人才奖励认定流程。启动“金种子”人才培养计划，实施中介奖励和企业猎聘补贴政策，鼓励社会力量引才。落实人才创业创新支持政策，为全市博士后设站（基地）单位以及博士后研究人员发放各类资助1.7亿元。健全事业单位高层次人才收入分配激励机制，推进落实山东省三级疾控中心改革试点，严格落实义务教育教师平均工资水平不低于当地公务员平均工资水平政策，为义务教育教师核增绩效工资3.75亿元。制定事业单位公开招聘工作规程，完善多元化多层次公开招聘体系，组织开展2021年度事业单位专业技术二、三级岗位聘用工作，制定事业单位人事管理事中事后监管意见。精准助力乡村振兴，出台乡村人才振兴重点攻坚任务“12条”，年度扶持返乡创业4 310人，实现巩固拓展脱贫攻坚成果同乡村振兴有效衔接。

（四）着力优化人才发展环境。

加快推进“一站式”人才服务体系建设，发布82项“一站式”人才服务清单，建成“人才服务一件事”联办平台，开展市场化无感化服务试点工作，探索“一式四化”（一站式、市场化、无感化、定制化、生态化）服务模式。出台《青岛市高端人才定制化发放“服务绿卡”实施细则》，给予海尔、海信等14家企事业单位自主荐才权，完善“俊采管家”系统，畅通高层次人才服务绿色通道，全年办理高层次人才绿卡155张、山东惠才卡49张。开发并上线运行“留学人才港”系统，提高留学人员来青落地便利度。

四、劳动关系保持和谐稳定

2021年，全市劳动人事争议仲裁机构共受理各类劳动人事争议21 697件，为劳动者追回经济损失3.03亿元；劳动保障监察机构主动检查用人单位6 178家，立案查处各类违法案件7 748件，案件按期结案率达到100%，为12 016名劳动者追回工资9 626.02万元。青岛市劳动力市场监管指标在国家营商环境评价中成绩突出，获评“标杆城市”。

（一）推进和谐劳动关系构建。

修订完善构建和谐劳动关系政策，出台特殊工时审批管理、加强未成年工特殊保护、规范用人单位裁员等系列政策文件，维护劳动者合法权益。建立劳动关系风险监测预警机制，加强对劳动关系领域风险预判和处置。推进企业和谐劳动关系培育，召开胶东经济圈和谐劳动关系推进会主题论坛。开展电子劳动合同试点，在全省率先打造“海企通”电子劳动合同免费签署平台，首创电子集体合同，助力企业降本增效。全年订立电子劳动合同22万份，其中通过“海企通”平台签订6.5万余份，签订电子集体合同25份。

（二）推动劳动仲裁提速增效。

深化“互联网+预防”系统建设，完善劳动争议风险大数据监测预警机制。发布“十三五”时期劳动争议调解仲裁工作白皮书。新组建镇街基层调解组织、家庭服务业、星级酒店、海尔工业互联网生态圈等4家劳动争议预防调解联盟。持续健全“市—区（市）—街道（镇）—社区（村）”四级联动的劳动人事争议预防调解体系，80%的重点社区（村）建立联动调解工作站。培育打造30家“青岛市金牌劳动人事争议调解组织”，建设2家市区一体化仲裁派出庭。开发“智慧仲裁”信息系统，可满足全市12家劳动人事争议仲裁机构同时在线开庭30场次。

（三）加大劳动维权治理力度。

常态化开展“我爱青岛·我被欠薪·我要说话”劳动保障维权主题活动，畅通维权渠道。完善拖欠农民工工资维权绿色通道和农民工工资重大集体争议案件挂牌督办机制，强力开展根治农民工欠薪专项行动，推广应用农民工工资支付监管平台，监管全市工程建设项目2 667个，为245.6万人次农民工代发工资158.6亿元。完成对全市68 184户企业劳动保障守法诚信等级评价工作，向社会公布7起重大劳动保障违法行为，强化劳动违法失信惩戒机制。

五、系统行风建设持续深化

牢固树立以人民为中心的发展思想，围绕打造有温度的人社服务品牌，深入推进系统行风建设，进一步优化服务内容，简化服务流程，大力提升人社服务质量和效能。

（一）深入开展党史学习教育。

坚持强化理论武装，聚焦“学党史、悟思想、办实事、开新局”，采取“第一议题”、主题党日、专题研讨等形式，深入学习习近平新时代中国特色社会主义思想和党的十九届六中全会精神，跟进学习习近平总书记一系列重要讲话精神，弘扬伟大建党精神，坚定拥护“两个确立”，做到“两个维护”。以“我为群众办实事”为载体，组织开展以“进企业、进村居、进困难家庭”“送政策、送服务、送温暖”为主要内容的“三进三送”活动，实施就业援助精准帮扶等“七大行动”，不断增强人民群众获得感满意度。

（二）优化再造服务流程。

深入开展“人社干部走流程”活动，及时排查解决问题327项。大力开展“人社服务快办行动”，实现 112 项事项即时办结，全程网办、“零跑腿”事项达到 94%以上。高效推进企业人员退休“一件事”一次办理，推出事业单位工资业务“预约制”办理新模式，优化对老年人等特殊群体的便民服务。动态调整部门权责清单，向山东自贸区青岛片区、上合示范区、青岛高新区赋权下放事项 89 项。开展市场配置促进能力提升行动，提高人社干部以市场化思维统筹谋划工作的思维习惯和行动自觉。

（三）有力推进基础性工作。

组建成立市公共就业和人才服务中心、市人力资源发展研究与促进中心两个事业单位，整合优化职能，提高服务质效。深入开展“树新风、当先锋，做人民群众满意的人社工作者”活动，举办全市人社系统窗口单位练兵比武活动，完善“好差评”服务评价标准体系。打造人社政策“云课堂”宣讲品牌，全年组织宣讲 19 期，在线培训 83.65 万人次。加强 12333 民生服务热线建设，全面提升热线服务能力，全年接听受理群众来电 284 万个，以实际行动赢得服务对象肯定。创新开展政务新媒体提质增效行动，拓展人社惠民利企政策宣传普及覆盖面，“青岛人社”微信公众号关注人数达到 76.1 万人，获评全市年度最具影响力政务新媒体。

青岛市人力资源和社会保障局

河　南　省

2021年，河南省人力资源社会保障系统以习近平新时代中国特色社会主义思想为引领，在省委省政府的坚强领导下，在人力资源社会保障部的有力指导下，坚持稳中求进工作总基调，全面贯彻新发展理念，全力推进人力资源社会保障事业高质量发展，各项工作取得显著成绩。

一、稳住就业基本盘，就业形势总体保持稳定

在经济恢复缓慢、疫情汛情双重冲击的情况下，稳住了就业基本盘。

（一）就业政策体系持续完善。

落实就业优先政策，出台支持多渠道灵活就业、促进劳动力和人才社会性流动等具体措施。积极参与“万人助万企”活动，扩大稳岗返还惠及范围，为企业返还失业保险金6.9亿元。全年实现城镇新增就业125.39万人，完成年度目标任务的114%；城镇登记失业率3.4%，调查失业率控制在5.5%以内。

（二）重点群体就业稳中有进。

组织实施“3215”计划，促进65.9万名高校毕业生就业，总体就业率93.3%，高于2020年同期水平。“三支一扶”工作得到国务院领导同志批示表扬，被人力资源社会保障部推广。扎实开展“春风行动”，推进“豫见·广东”“豫见·福建”等省际劳务对接活动，新增农村劳动力转移就业47.63万人，完成年度目标任务的119.1%。加强困难群体帮扶，农村脱贫人口就业236.4万人，安置公益性岗位5.19万人，确保零就业家庭动态清零。脱贫攻坚工作受到党中央、国务院表彰。

（三）创业带动就业实现“倍增效应”。

全年新增发放创业担保贷款118.3亿元，远超年初80亿元的目标任务。扶持7.09万人自主创业，带动和吸纳就业24.97万人。深入实施“凤归中原”返乡创业工程，举办返乡创业大赛，评选省级返乡创业示范县（园区、项目），新增返乡创业20.23万人，完成年度目标任务的134.9%，带动就业76.33万人。

（四）公共就业服务不断优化。

实施离校未就业高校毕业生实名制就业管理，健全精准化帮扶体系。组织线上线下各类招聘会1 709场，提供各类岗位224万个，应聘人数207万人。持续升级全省“互联网+就业创业”信息系统，网上办结率达99%以上。参加第一届全国人力资源服务业发展大会，集中展示河南省人力资源服务业发展成果。

二、完善社会保险制度，保障能力持续提升

在基金收入压力加大、支出持续增长的情况下，社会保险保持平稳运行。

（一）社会保险覆盖范围持续扩大。

全省基本养老保险、失业保险、工伤保险参保人数为7 695.53万人、1 004.94万人、1 045.44万人，均超额完成年度目标任务，失业保险新增参保人数全国排名第二。

（二）社会保险统筹层次和待遇水平持续提升。

企业职工基本养老保险完全实现省级统筹，顺利通过国家考核验收。失业保险和工伤保险基本实现省级统筹。提高企业职工养老保

险退休人员基本养老金，总体增幅4.5%，惠及524万名退休人员。全省2020年底前退休“中人”核算率89.66%，位居全国前列。建立城乡居民基本养老保险丧葬补助制度，补贴标准位居中部六省第一。失业保险金标准分类分别提高到每月1 600元、1 440元、1 280元。提高工伤保险伤残津贴、护理费、供养亲属抚恤金标准。

（三）社会保险基金管理持续规范。

在全省组织开展社保基金管理问题专项整治活动，先后三次召开工作推进会，深入开展以案促改警示教育，排查确认问题涉及8 488人、金额2 387.5万元，已整改到位7 798人，追回1 843.5万元。社会保险基金累计结余2 010亿元，企业养老保险基金、城乡居民基本养老保险基金和职业年金委托投资收益率均超过6%，实现了保值增值。

（四）社保卡居民服务“一卡通”持续推进。

累计发放社保卡超过1.09亿张，联合卫健、医保、交通、文旅等部门，实现社保卡在就医购药、公共交通和文化旅游领域的推广应用。

三、加强人才队伍建设，人才活力加快释放

在人才流动加速、竞争日益加剧的情况下，人才队伍建设持续加强。

（一）“人人持证、技能河南”建设深入推进。

省委省政府高度重视“技能河南”建设，召开全省高规格动员部署会，省委经济工作会议把“技能河南”列为“十个河南”之首。2020年全省开展各类职业技能培训399.27万人次，其中，补贴性培训232.98万人次。

（二）人才人事制度改革全面深化。

进一步贯通技能人才与专业技术人才职业发展通道，开辟企业家高级职称申报评审“直通车”，符合条件可直接申评正高、副高级职称，申报范围从原来的经济系列扩大到研究和工程系列。完善全省职称初定政策，建立职称评审结果抽查机制，3.6万人通过高级职称评审。创新开展人事管理制度综合评估和“一件事”改革，促进管理效能和服务“双提升”。

（三）专业技术人才队伍迅速壮大。

评选中原基础研究领军人才10名、省职业教育教学专家80名，引进省特聘研究员20名，认定高层次人才1 139名。组织开展国家和省级专家服务基层活动，签订长期合作项目20项。招收博士后突破1 000人，引进博士2 000余人，在第一届全国博士后创新创业大赛上获得2金、3银、1铜、8项优胜奖，金牌总数、获奖总数居全国第一方阵。新增留学回国人员3 618人。完成各类人事考试40项，服务考生113.78万人。

（四）招才引智持续提质增效。

积极探索省部合作、多方参与、全省统一、省市联动的招才引智新模式，成功举办第四届中国·河南招才引智创新发展大会，邀约290名顶尖人才建言献策，累计延揽各类人才5.7万人，其中硕博学位及副高级职称以上高端人才2.93万人，签约重大人才合作项目403个。中央和省内外480多家媒体进行了专题报道，在全国产生广泛影响。

四、强化劳动者权益维护，劳动关系保持和谐稳定

在外部环境复杂多变、内部压力叠加的情况下，劳动关系实现和谐稳定。

（一）促进劳动关系和谐同行。

上调全省最低工资标准，分类分别提高到每月2 000元、1 800元、1 600元。深化企业工资收入分配制度改革，指导督促各国有企业和主管部门完成工资总额预算管理情况备案工作。

（二）根治农民工欠薪成效明显。

认真落实企业劳动保障守法诚信等级评价、重大违法行为社会公布、欠薪“黑名单”等制度，畅通举报投诉渠道，严厉打击恶意欠薪。全面推广应用“河南省农民工工资支付

监管系统”，监管建设项目 1.1 万个、农民工 202 万人。开展根治欠薪专项行动，全年为 6.54 万名农民工追讨劳动报酬 6.27 亿元。全省人社系统 4 个先进单位、5 名先进个人受到国务院根治拖欠农民工工资工作领导小组表彰。

（三）调解仲裁工作效能提升。

开展“千名青年仲裁员服务万家企业”活动，全面推行专兼职仲裁员联系调解组织和重点企业制度。积极打造第一批“百家金牌劳动人事争议调解组织”，首次开展仲裁业务规范化评价工作。全省调处各类劳动人事争议案件 5 万余件，劳动人事争议仲裁案件当期结案率 98%。

五、加强自身建设，人社服务不断优化

在群众诉求多元、需求日益提高的情况下，人社服务不断优化。

（一）流程再造实现“简”。

以实行“告知承诺制”为抓手，简化流程材料，当事人“一纸承诺”现场即办。3 项涉企经营许可“证照分离”，9 项证明事项免“证”即办，21 项人社高频事项全省“一证即办”，企业群众办事更加方便简捷。

（二）创新手段实现“通”。

致力打造渠道畅通、服务智能、便民高效的人社服务，在全国率先实现全部 530 项社保业务全省通办，18 个事项跨省通办，220 项社保业务在各社银合作网点“一体通办”；227 个事项不见面审批，96 个事项接入省政府豫事办 App“一网通办”。社会保险“全省通办”被人力资源社会保障部列为“全国人社系统行风建设三年行动”优秀成果。

（三）业务办理实现“快”。

建成全省统一的人社政务服务平台，实现省、市、县人社业务“三级十同、即时办理”。人社领域 86 个关联事项打包合并成“企业招用员工”“职工退休”等 10 个“一件事”，25 个高频事项全部提速 50%以上，行政许可办理时限压缩 95%。

（四）群众服务实现“优”。

持续提升窗口人员服务能力，集中常态化开展人社系统练兵比武，晋级全国总决赛并获得优异成绩。深入开展“厅（处、局）长走流程”和干部暗访调研行动，2 000 余名人社干部深入群众、深入基层全过程体验办事流程，发现并解决 300 余项堵点难点痛点问题，群众获得感、满意度不断提高。

河南省人力资源和社会保障厅

湖　北　省

2021年，湖北省人力资源社会保障系统以习近平新时代中国特色社会主义思想为指导，认真贯彻党中央、国务院决策部署，聚焦推动高质量发展、聚力保障改善民生，团结一心、克难奋进，圆满完成各项目标任务，实现“十四五”良好开局，为湖北“开局漂亮、全年精彩”作出了人社贡献。

一、就业创业工作稳步推进

城镇新增就业93.8万人，完成年度目标的133%，创历史最好水平，年末全省城镇登记失业率为2.99%。

（一）强化就业优先政策。

出台《湖北省“十四五”就业促进规划》《关于深化实施部分减负稳岗扩就业政策措施的通知》《关于实施“才聚荆楚”工程促进高校毕业生就业创业若干措施》《关于深入实施“我兴楚乡·创在湖北”返乡创业行动计划》等系列政策文件，形成新一轮适应湖北经济社会发展的“1+1+N”就业优先政策体系。

（二）促进重点群体就业。

开展“筑梦湖北·就业启航”高校毕业生就业创业服务月活动和高校毕业生就业创业服务行动，实名登记8.2万名2021届离校未就业高校毕业生，14.63万人次接受公共就业服务，帮助5.7万人实现就业。向6.6万名符合条件的2021届高校毕业生发放一次性求职创业补贴8 439万元。组织开展“就业援助月”“民营企业招聘月”“残疾人就业帮扶日”“金秋招聘月”等专项活动，主动开展援助服务，充分发挥公益性岗位兜底安置作用，确保零就业家庭动态清零。开展“迎春送暖、稳岗留工、返岗就业”主题春风行动暨稳岗留工专项行动，全省举办线上线下招聘会1 837场，组织2.5万家企业提供200余万个岗位，帮助20余万人实现就业。开展省际省内四级劳务协作，促进农村劳动力有组织输出。开展劳务协作活动562场（次），有组织向省外输出9.3万人、省内输出5.5万人。全省“三支一扶”计划连续两年招募规模达2 000人，居全国第一位。招募计划倾斜乡村振兴重点帮扶县，优惠政策倾斜脱贫户家庭。

（三）推进创业带就业。

连续十年实施大学生创业扶持项目，累计投入2.5亿元，扶持7 202个项目，创造岗位3万余个。举办“才聚荆楚·创业湖北”大学生创业大赛。深入实施“我兴楚乡·创在湖北”返乡创业行动，认定第三批返乡创业示范县10个、示范园19个、示范项目90个，新增返乡创业5.3万人，带动就业14.4万人。提高小微企业贷款最高额度至500万元，推广创业担保贷款“1300”电子化审批，全年发放创业担保贷款126.8亿元，带动就业13.2万人。新认定24家省级大学生创业孵化示范基地，累计投入1.4亿元，扶持企业5 876家。

（四）落实降费率促就业。

落实阶段性降低失业保险费率政策，推行失业保险稳岗返还“免申即享”，向5.4万家（次）企业返还5.8亿元，稳定岗位217.6万个（次）。

（五）打造品牌促就业。

加强地方劳务品牌建设和宣传，“蕲春艾

灸师”“监利面点师”获“我最关注的劳务品牌”全国票选第一、二名，持续擦亮劳务品牌促进就业、返乡创业、招商引资、地方产业和城市发展“五张名片”。打造“零工驿站”品牌，全省建成“零工驿站”175 家，日均登记求职近 7 300 人（次），日均提供就业信息 2.53 万余条，实现县市区全覆盖。湖北省大力拓展灵活就业渠道，创新打造“零工驿站”的做法受到国务院领导批示肯定。

（六）推动人力资源服务业发展。

《湖北省人力资源市场条例》正式施行。全国人力资源市场高校毕业生就业服务周活动暨首届长江经济带人力资源服务产业创新发展高峰对话会于 2021 年 11 月在武汉举行，15 省 37 个城市参加。全省共设立各类人力资源服务机构 3 141 家，从业人员 4.4 万人，服务用人单位 50.5 万家次，帮助实现就业、择业和流动 914 万人次。已建成和在建省市级人力资源服务产业园 9 家，入驻企业 345 家，年营收近 200 亿元。武汉、长沙、合肥、南昌四地国家级园区签署战略合作协议，发挥联动效应，塑造创新驱动发展新优势。

二、社会保障制度改革持续深化

养老保险参保总人数 4 447.5 万人，其中城镇职工 1 834.6 万人（企业职工基本养老保险 1 609 万人，机关事业单位基本养老保险 225.6 万人），完成年度计划的 104.8%；城乡居民 2 612.9 万人。工伤保险参保总人数 828.3 万人，完成年度计划的 110.7%。

（一）完善社会保障体系。

机关事业单位养老保险改革在全国首家通过中期评估。联合省民政厅、省财政厅、国家税务总局湖北省税务局、省乡村振兴局、省残疾人联合会印发《关于巩固拓展社会保险扶贫成果助力全面实施乡村振兴战略的通知》，明确要求对缴费困难群体，由县级人民政府为其代缴部分或全部最低缴费档次养老保险费。明确“三支一扶”高校毕业生养老保险有关问题。在全国率先出台《实施执法勤务和警务技术职级序列改革后养老保险有关问题的通知》，打通执法勤务和警务技术职级序列改革“最后一公里”。

（二）提升企业职工基本养老保险统筹层次。

2021 年 1 月 1 日实施企业职工基本养老保险基金省级统收统支，7 月顺利通过国家省级统筹考核验收。基金总收入 1 889 亿元，总支出 1 794 亿元，总体运行平稳。建成省集中企业职工社会保险信息系统，在湖北政务网发布公共服务事项 158 项，企业群众办社保线上进一网、线下进一窗，业务高效协同，风险全程管控，改革取得明显成效。统一基金财务会计科目，改造信息系统，做好接入全国统筹基金“一本账”准备。

（三）提高保障水平。

企业职工基本养老保险顺利完成统收统支后首次待遇调整，退休人员待遇 17 连调；机关事业单位基本养老保险同步 6 连调，并完成 2020 年退休人员新办法计发工作。城乡居民基本养老保险基础养老金标准增加 7 元，提高至每人每月 115 元；四类困难群体已参保 218.2 万人，共为 108.5 万名困难群体代缴城乡居民基本养老保险费 1.4 亿元；符合条件的退捕渔民 31 692 人实现应保尽保。

（四）增强工伤保障。

先后印发《湖北省劳动能力鉴定管理办法》等配套政策 10 余项，实现工伤保险政策全省范围内基本统一。印发《湖北省工伤预防五年行动计划（2021—2025 年）实施方案》，建立由人社、财政、应急等 8 部门组成的工伤预防联席会议制度，启动全省工伤预防大数据分析，确定黄石、荆门为全国工伤预防重点联系城市。继续实施阶段性降低工伤保险费率，共为企业减免工伤保险费 12.3 亿元。健全农民工、灵活就业人员、新业态就业人员参加社会保险制度，指导武汉市在全国率先实现快递业从业人员工伤保险全覆盖，黄石市开展非全日制从业人员工伤保险试点。

（五）优化失业保险业务办理。

积极推进“申领失业保险金”一事联办，印发《关于在全省复制推广“申领失业保险金”一事联办工作的通知》，实现申领环节减少证明材料、跑腿次数、办结时间。服务供给增加线上办事服务渠道、线下办事服务力量、服务网络。风险防控强化事前提醒、事中拦截、事后监控。为14.9万人发放失业保险金12.8亿元，为14.7万人缴纳医疗保险费3.4亿元。

（六）推动社保卡“一卡通”应用。

社保卡持卡人数达到6 146万人，签发电子社保卡3 947万张，第三代社保卡持卡人数超过423万人。积极推动“一卡通”应用，宜昌、襄阳、黄冈基本实现人社领域应用全覆盖，其他地区完成开通应用项目90%以上。建立全省社保卡异地办理服务平台，实现全省社保卡线上线下“异地通办”。优化服务流程，压缩制发卡周期，推进即时制卡服务。实现社保卡窗口服务标准化，社保卡服务网点不断向基层延伸。

（七）防控基金管理风险。

组织开展全省社保基金管理风险排查，集中开展“警示教育月”活动。完善社保基金管理风险防控机制，定期召开省级联席会议，印发省级风险防控重点任务清单，按季对重点任务完成情况进行调度，督办落实。严厉打击社保基金违法行为，出台社保欺诈案件行政处罚裁量指导标准，规范执法行为。

三、人才人事工作成效显著

（一）高层次人才队伍更壮大。

健全完善分层分类专家选拔管理制度，出台《关于进一步加强和改进专家选拔管理工作的意见》，首次设立“湖北省特级专家”制度。选拔产生2021年度10名省特级专家、50名省突出贡献专家和100名省政府特殊津贴专家。2名个人、2个集体获得第六届全国杰出专业技术人才和先进集体称号。遴选资助50个博士后创新实践岗位、200个博士后创新研究岗位、10名博士后卓越人才，组织实施中国博士后国际交流引进计划湖北专项。开展“博聚楚天”线上线下引才活动，审核备案新进站博士后1 099人，在站博士后4 000余人，累计培养11 497人。组织参加第一届全国博士后创新创业大赛总决赛，获得1个金奖、9个银奖、5个铜奖、37个优胜奖。

（二）人事制度改革更深化。

制定湖北省制度实施方案和有关问题答复意见，积极做好县以下事业单位管理岗位职员等级制度实施准备。会同省委组织部印发《关于创新县乡事业单位人事管理促进乡村振兴的若干措施》，加强县乡事业单位干部人才队伍建设，引导人才向基层流动。加大事业单位公开招聘工作力度，促进高校毕业生就业，全省招聘岗位计划超过3.6万个。

（三）职称制度改革更深入。

出台《关于推动符合条件的企业承接职称评审权的通知》，为符合条件的高新技术企业自主评价人才放权松绑。积极服务乡村人才振兴战略和湖北省区域人才一体化发展战略，在“宜荆荆恩”区域开展新型职业农民职称评审。出台《湖北省职称评审委员会管理暂行办法》，为加强全省各级各类职称评审委员会管理提供依据。制定《湖北省高、中级职称评审委员会目录》《湖北省职称评审专业目录》，向社会公布全省高、中级职称评审委员会和评审专业，明确界定职称管理工作对象和边界。

（四）技能人才培养更实效。

出台《关于实施创业培训“马兰花计划”的通知》，提高创业培训补贴标准。组织开展康养类技能人才“湖北护工”专项培训，强化重点群体就业技能培训。累计完成各类培训128万人次，培训新型学徒20 580人，分别完成年度目标任务的197.4%、157.6%。设立第46届世赛中国集训基地14个。积极参加全国乡村振兴职业技能大赛，获得3银、3铜和9个优胜奖。举办第一届全省技工院校学生职业技能大赛、第三届全省技工院校教师职业能力大赛和第二届全省技工院校学生创业创新大赛。投入财政资金470万元，重点扶持品牌专业和精品课程等项目，推动技工院校内涵式发展。共备案技能等级认定机构425家，累计核发技能等级证书18万本。

（五）事业单位工资收入分配更完善。

会同省财政厅出台政策口径，指导各地完成全省消防员首次工资套改，明确入轨后工资政策执行及管理体制。推进公立医院薪酬制度改革，落实“两个允许”要求，29家试点医院继续按试点方案落实医务人员薪酬待遇；非试点公立医院落实放宽绩效总量调控的倾斜政策。全面总结全省试点工作情况，会同相关部门研究拟定湖北省深化公立医院薪酬制度改革实施意见。落实省委省政府关于全省公共卫生体系建设“补短板”改革要求，在武汉、襄阳、宜昌三地和省疾控中心开展疾控机构、院前急救单位和基层卫生机构“一类保障、二类管理”试点，改革完善现行薪酬激励政策，对符合申报条件的试点单位按政策核增绩效工资总额。

（六）人才服务更优化。

报请省委省政府出台《湖北省“楚才卡”实施办法（试行）》，指导26个部门和单位出台18个实施细则，为高层次人才提供23项服务，2022年1月1日正式实施。承办中国博士后科技服务团恩施行，举办省博士后科技服务团黄冈行活动，开展全省博士后科研平台交流对接活动。选派509名院士专家深入企业开展服务，举办2021“智慧之光”湖北专家创新创业成果转化对接活动，引导专家为湖北省高质量发展服务。

（七）人事管理服务更高效。

做好全国脱贫攻坚总结表彰评选推荐工作，湖北省81名个人和60个集体被授予全国脱贫攻坚先进个人、先进集体称号；做好全省脱贫攻坚总结表彰工作。提请省委常委会审议出台《湖北省功勋荣誉表彰奖励获得者待遇实施细则（试行）》，为落实功勋荣誉表彰奖励获得者待遇提供保障。印发《关于进一步做好清理规范省级以下创建示范工作的通知》，组织各地、各部门认真开展创建示范活动清理工作。组织各项人事考试。

四、劳动关系总体和谐稳定

（一）实施“和谐同行”行动计划。

深入实施劳动关系“和谐同行”能力提升三年行动计划，成功组织开展湖北省劳动关系和谐企业、工业园区和先进个人评选表彰活动，授予60家企业“湖北省劳动关系和谐企业”称号，授予9个工业园区（经济开发区、高新技术园区等）“湖北省劳动关系和谐工业园区”称号，授予80名同志“湖北省构建和谐劳动关系先进个人”称号，积极营造“企业关爱职工、职工热爱企业”的和谐文化氛围。

（二）调整最低工资标准。

印发《关于调整全省最低工资标准的通知》，将湖北省全日制就业劳动者月最低工资标准调整为2 010元、1 800元、1 650元、1 520元；非全日制就业劳动者小时最低工资标准调整为19.5元、18元、16.5元、15元。新标准自2021年9月1日起执行。

（三）发布全省企业工资指导线。

拟定2021年全省企业工资指导线基准线、上线、下线，2021年11月4日印发《关于发布湖北省2021年企业工资指导线的通知》。

（四）治理侵害劳动者权益问题。

保障农民工工资支付工作全国考核等级为A级，位列全国第一方阵。省根治欠薪信息监管系统正式上线启用，探索建立“数据支撑、快速反应、风险预警、信用评价、合规检查”5R监管新模式，实现劳动监察业务一网通办、工资支付监控一网覆盖、应急调度预警一网协同、诚信等级评价一网生成。指导开展“优化营商环境农民工工资信息化监管机制先行试点”，6个试点单位全部通过省营商办验收。组织开展根治欠薪冬季专项行动，共检查用人单位17 884家，立案查处欠薪案件843件，通过非立案方式解决2 965件，为63 552名农民工追发工资待遇 7.6 亿元。联合省公安厅、省市场监管局开展清理整顿人力资源市场秩序专项执法行动，联合工会组织开展超时加班问题集中排查化解工作，联合省卫健委、省医保局、省总工会开展女职工产假等权益专项执法行动。加强劳动保障领域信用体系建设，严格依法依规开展守法诚信等级评价、重大劳动保障违法行为社会公布、拖欠农民工工资“黑名单”管理工作，评定 16.5 万户用人单位诚信等级。开展城市圈（群）劳动保障监察一体化合作，研究确定将 10 项具体事项列入合作备忘录。

（五）加强调解仲裁法律援助工作。

会同省司法厅、省财政厅出台《关于转发〈人力资源社会保障部　司法部　财政部关于进一步加强劳动人事争议调解仲裁法律援助工作的意见〉的通知》，推动符合条件的地方建立法律援助中心驻人力资源和社会保障局工作站，明确、规范调解仲裁法律援助范围、程序及组织保障，确保对符合条件的劳动者“应援尽援”。

（六）抓好“为农民工办实事”活动。

做好农民工服务保障，为农民工办实事 61 件，解决一批农民工就业创业、技能提升、子女上学、权益维护等“急难愁盼”问题。湖北省 35 名优秀农民工和 4 个先进集体被授予全国优秀农民工和农民工工作先进集体称号。

五、行风建设更加扎实

深入实施“人社服务快办行动”和“高效办成一件事”改革。13 个“一件事”基本实现“打包办”，3 个事项全省实现“免申办”。全省共有 122 个市县至少实现 20 个以上高频事项提速办，各级人社部门即办件数量均超过 100 个，省级人社部门即办件比例达到 44.5%，省级 89 个高频证照类材料实现“免提交”；采集全省 7 017 个人社服务机构（窗口）信息，构建精准人社政务服务电子地图。常态化开展窗口单位技能练兵比武，全省在线学习答题“日日学”355 356 人次、“周周练”522 732 人次、“月月比”113 524 人次，选手刘丽获全国总决赛最佳挑战奖。印发工作方案，在全省人社系统全面开展“厅（局）处长走流程”活动，全省 889 人次参与走流程，发现问题 707 个、需求 438 个，建立问题清单、需求清单和解决措施清单，699 条整改措施即行即改。在年中和年底，两次组织对全省人社窗口单位行风建设情况进行明察暗访，对发现的问题全系统通报，部署开展专项整改和“回头看”，确保问题一一核实、件件整改。2021 年全省人社政务服务好评率达到 99.98%。

六、基础性综合性工作

印发《湖北省人力资源和社会保障事业发展“十四五”规划》。2021 年 11 月 16 日，人力资源社会保障部与湖北省人民政府签署《共同推动湖北省人力资源和社会保障事业高质量发展合作协议》。开展“五进五促”政策宣讲活动，打通政策宣传落实“最后一公里”。

湖北省人力资源和社会保障厅

武　汉　市

2021年，武汉市人力资源社会保障系统深入贯彻落实习近平总书记关于保障和改善民生的系列重要讲话、指示批示精神，紧紧围绕武汉市“加快打造‘五个中心’、建设现代化武汉”战略目标，聚焦稳就业、保民生、防风险、促发展，圆满完成各项目标任务，为经济社会高质量发展做出人社贡献。市人力资源和社会保障局连续第3年被武汉市委、市政府评为综合考评立功单位。

一、就业创业稳中有进

始终把“稳就业”“保居民就业”作为重大政治任务和头等大事，坚持就业优先导向，强化就业优先政策，深入推进高校毕业生在汉就业创业，统筹帮扶重点群体就业，不断提升公共就业服务能力和水平，全年实现城镇新增就业29.98万人，为近年来最高，城镇登记失业率控制在2.92%，继续处于较低水平，就业形势总体稳定、好于预期。

（一）就业优先政策有效落实。

深化实施部分减负稳岗扩就业政策措施，加大对多渠道灵活就业政策的扶持力度，梳理集成现行就业政策，配套出台系列实施细则和操作办法，全年共稳定和促进就业20万人。加大与社保政策联动，坚持同向发力、同步推进，阶段性降低社保费率政策惠及参保单位18.9万户，减负32亿元。市政府印发就业促进“十四五”规划，明确武汉市“十四五”时期促进就业的指导思想、基本原则、主要目标、重点任务和重点措施，推动未来5年就业高质量发展。

（二）“学子留汉”工程成效明显。

将大学生留汉就业创业作为重中之重，全力推进“学子留汉”工程。提高大学生创业项目扶持资金额度和创业意识培训补贴标准，新实施灵活就业应届高校毕业生意外伤害保险补助、创业场地租金补贴、“三大行业”创业补贴等政策；精心组织开展“就在武汉、创赢未来”系列校园招聘活动28场，3 477家单位提供就业岗位15.5万个，131个项目通过首届“英雄杯”武汉大学生创新创业大赛获得创业扶持资金，特等奖奖金创全国同类大赛最高；在武汉大学、华中科技大学等8所高校建立“学子留汉”工程工作站，推进武汉市属国有企业就业见习和实习实训基地全覆盖，组织大学生实习实训20.6万人。武汉市2021年新增高校毕业生在汉就业创业34.5万人。

（三）重点群体就业扎实兜牢。

强化服务平台建设，全市共建成36家“零工驿站”，为灵活就业人员提供24小时全天候、不打烊的线上求职招聘服务。强化就业援助和精准帮扶，开展“春风行动”“就业送真情、服务暖民心”等主题系列就业招聘活动391场，提供就业岗位75万个次，促进3.08万名就业困难人员实现就业，推动农村劳动力外出务工1.5万人。做好离校未就业高校毕业生就业服务，对2021届离校未就业高校毕业生全面摸排并实名登记，提供政策咨询、职业指导、职业介绍等一对一跟踪服务，帮助8 811人落实就业。

（四）服务企业用工精准高效。

依托“湖北公共招聘网·武汉”网站，

搭建企业与劳动者人岗对接平台，举办线上线下招聘活动721场，提供就业岗位103.3万个次，为企业输送约13.5万名劳动力，招聘场次数和为企业输送劳动力人数均创历史新高。建立常态化对接机制，对100家用工大户、重点人力资源服务机构、100强企业、2 800家重点用工企业、国有大型企业，定期开展用工帮扶。制订实施美的集团武汉公司、武汉昱升光电股份有限公司、武汉生物制品研究所有限责任公司等重点企业用工服务保障工作方案，帮助解决用工需求5 000余人。

（五）人力资源服务企业加速集聚。

举办全国人力资源市场高校毕业生就业服务周活动暨首届长江经济带人力资源服务产业创新发展高峰对话会。赴北京、上海、广州等地开展武汉市人力资源服务业招商引资推介活动，26家知名人力资源服务企业现场签约中国武汉人力资源服务产业园区。武汉人力资源服务产业园光谷园区、车谷园区挂牌运营，新建成1家市级产业园，18家国内知名人力资源服务企业签约入驻各园区。发挥骨干人力资源服务企业示范引领作用，确定12家企业为市人才引进重点服务机构。

二、社会保障织密兜牢

全面深化全民参保登记，推进社保省级统筹，着力提升社保统筹层次和待遇水平，突出中小微企业、新业态就业人员参保，持续兜稳筑牢社会保障底线。

（一）社保制度改革持续推进。

提请武汉市政府出台《关于进一步完善城乡居民基本养老保险制度的实施意见》。出台乡镇综合配套改革人员、市直经营类事业单位参加养老保险衔接工作办法，完善村干部养老保障政策。推进企业职工养老保险省级统筹，分析、核查、对接、清理本地社会保险信息系统数据，完成上线湖北省社保信息系统各项准备工作。组织开展系统测试和数据比对，推进工伤保险、失业保险上线省集中信息系统。

（二）社保覆盖面持续扩大。

对社保参保扩面实施目标管理，加强部门联动，持续做好企业裁员预警跟踪，引导企业依法参保缴费、职工自觉维护参保权益。推进工程建设行业参加工伤保险，全市建设项目参保率达到98.7%；推进快递网点从业人员参加工伤保险，基本实现全覆盖。健全网络监督工作机制，开展社保基金收支管理、运行监测常态化监管，逐一核查筛查疑点数据，逐项排查养老保险117项管理风险，全年督导核查线索1.03万条，社保基金抗风险能力进一步提升。全年社会保险（养老、失业、工伤）扩面新增45.1万人次，综合覆盖率达99.3%。

（三）社保待遇水平持续提升。

武汉市企业退休职工基本养老金、城乡居民基础养老金月人均分别调增5.2%、3%，城乡居民基础养老金水平位列全国副省级城市第四。帮助低保对象等缴费困难群体代缴城乡居民基本养老保险费。推动落实乡村医生生活补助和养老保险补贴政策。落实被征地农民2021年度市级财政配套资金2.5亿元。工伤人员待遇、失业人员保障平稳有序落实。

三、人才服务发展持续增效

深化人才人事发展体制机制改革，深入推进人才培养、引进、使用机制改革创新，充分激发各类人才创新创业创造活力，不断扩大人才“蓄水池”。

（一）畅通引才通道，提升人才聚集效应。

适应用人单位多层次多样化需求，出台事业单位公开招聘、专项招聘和特殊人才引进等3个办法，为事业单位补充各类各层次人才夯实制度基础。2021年组织武汉市事业单位开展各类招聘26批112场次，发布招聘岗位5 129个，招聘计划同比增加40%，聘用人员中硕士以上学历近40%，引进博士100余人、副高级职称以上人才近200人，规模和质量实现双提升。

（二）围绕产业需求，人才培养做实做强。

瞄准高精尖缺，紧密结合武汉市“965产

业”集群发展，优化实施“千企万人”计划。着眼产学研用，依托武汉高校、科研院所，支持重点企事业单位设立博士后科研工作平台，完善全链条资助和全周期培养体系。开通事业单位优先聘用、直评高级职称、市级人才项目专项支持等绿色通道，六成博士后留汉创新创业。锚定制造强市，深入实施“武汉工匠”培育计划，梯次培育工匠型技能人才，组织评选“武汉工匠”、市技能大师 70 名。推进职业技能提升行动，投入培训资金 2.8 亿元，支持 6 000 余家企业开展技能提升培训近 45 万人次。

（三）打破评价束缚，人才使用更加开放。

在全市设立 15 个非公人才职称受理点，为重点企业 335 名专业技术人员提供“一企一评、一事一议”专场评审，66 人获得高级职称（其中 11 名高层次人才“零职称”直评正高）。建立职称评审正向激励机制，260 名乡村教师、57 名农村基层卫生人员通过乡村人才定向评审获得高级职称。下放管理权限，开展公益二类事业单位人事制度改革试点，指导试点单位自主开展岗位聘用，探索建立特殊人才考核聘任办法，打通高技能人才直聘高级岗位通道，激发专技人员干事创业活力。

四、劳动关系保持总体平稳

创建和谐企业，夯实基层基础，持续治理欠薪，建立健全劳动关系风险监测预警、应急处置机制，劳动关系总体和谐稳定。

（一）着力构建和谐劳动关系。

实施劳动关系“和谐同行”能力提升三年行动计划，选树推荐一批省、市金牌劳动关系协调员和协调劳动关系社会组织，重点服务 1 314 户新注册企业、270 户重点企业劳动用工。积极推进集体协商，加强和谐企业创建，7 家企业被评为湖北省劳动关系和谐企业，20 家企业被评为市级模范和谐企业，86 家企业被评为市级和谐企业。

（二）完善调解仲裁工作机制。

持续开展武汉市百名仲裁员服务千企活动，服务企业 1 387 家。指导基层劳动人事争议调解组织建设，启动金牌调解组织培育打造三年行动计划，建成 19 个区级调解中心、193 个街乡/社区调解组织、613 个行业区域/用人单位调解组织。健全劳动人事争议处理动态监测和预警机制，指导 15 家仲裁机构跟进处理集体争议案件。会商人民法院强化案件衔接协作，提升督办仲裁办案系统和在线调解平台案件受理质效。统一建站标准，市、区 13 家劳动人事争议调解仲裁法律援助工作站挂牌运行。武汉市办结劳动人事争议仲裁案件 2.5 万件，全年劳动人事争议调解成功率达到 71.1%，仲裁结案率达到 96.7%，均创历史新高。

（三）大力推进根治欠薪。

加快推进建设领域实名制管理、工资专用账户、总包代发工资、工资保证金、维权信息公示等五项制度，开展进工地、进企业、进园区日常走访活动，及时排查欠薪隐患，指导企业规范用工。保持根治欠薪高压态势，2021 年收办工资类投诉举报 4 059 件，其中立案查处 1 572 件、协调处理 2 487 件，举报投诉案件法定期限内结案率 100%。印发《贯彻〈保障农民工工资支付条例〉实施意见》，实施工作通报、约谈、整改、执法风险预警管理等制度，建立较为完备的保障农民工工资支付制度体系。2021 年，通过监管平台为 53.5 万人次农民工代发工资 33.3 亿元，为农民工追发工资 2.5 亿元。

（四）深化收入分配制度改革。

改革分配办法，在高层次人才聚集的高校、科研院所、公立医院等公益二类事业单位开展薪酬制度改革试点，凸显知识价值导向引领作用。稳慎调整最低工资标准，武汉市中心城区最低工资标准由 1 750 元/月调整到 2 010 元/月，新城区最低工资标准由 1 500 元/月调整到 1 800 元/月。研究确定 2020 年度武汉市市属国有企业负责人基本年薪基数，进一步完善国有企业收入分配管理规定。完成薪酬调查样本企业数据采集、汇总分析及信息发布工作。

五、人社自身建设明显加强

以组织开展建党百年庆祝活动为契机，持续优化营商环境，加速数字赋能，持续提升系统行风建设，不断营造人社服务新气象，着力打造群众满意的人社服务。

（一）坚持党建引领。

把政治建设摆在首位，统筹推进党史学习教育，树牢“四个意识”，坚定“四个自信”，坚持“两个确立”，做到“两个维护”，为推动人社事业高质量发展提供坚强政治保证。完善“思想引领、学习在先”机制，深入开展“我为群众办实事”实践活动，党员领导干部建立“我为群众办实事”清单154项。统筹安排市人力资源和社会保障局700余名党员下沉服务汉阳区对口社区，督促755名在职党员到居住地社区报到服务，基层党组织战斗堡垒作用进一步凸显。开展“书香人社”学习型机关建设，成为武汉市十佳“书香机关”。

（二）坚持优化作风。

以“敬业、专业、立业”主题活动为抓手，对标23度人社服务标准，开展业务技能练兵比武，组织队伍参加湖北省人社系统业务技能练兵比武获得二等奖，参加武汉市公务员技能大赛获得团体二等奖、个人十佳，参加市直机关庆祝建党百年歌咏比赛获得二等奖，干部队伍素质、精气神进一步提振。完善政务服务“好差评”工作机制，抓好“双评议”等群众投诉督办，创新作风巡查机制，推行交叉巡查全覆盖，坚决防止“四风”问题反弹回潮。强化监督执纪问责，加强对疫情防控、基金管理、职称评审、人事考试、政策落实等重点工作的全程监督。积极选树一批先进典型，发挥榜样引领作用。

（三）坚持服务至上。

率先在湖北省建立人社政务服务流程诊断工作机制，诊断完成76个事项，工作经验获人民网推介。提出并落实人社领域优化营商环境工作举措20项。推进“高效办成一件事”改革，完成政务服务事项流程再造129项，12个事项实现“一事联办”，18个事项实现“跨省通办”，30个事项实现“全省通办”，群众办事便捷度不断提高。实施信息化便民服务创新提升行动，武汉市社保卡持卡人数达到1 070.2万人，电子社保卡申领覆盖率超过30%，社保卡“一卡通”应用达到100项。切实履行推进法治建设责任，全面贯彻落实行政执法“三项制度”，全过程监督执法行为。持续开展“人社惠民政策进万家”活动，优化12333人工热线服务，发挥人社窗口联系服务群众作用。

（四）坚持区域协同。

围绕武汉城市圈“民生同保”目标，与武汉城市圈内其他8个城市签订人社同城化协议，开展人社领域5个方面、16个项目的合作，武汉城市圈内的鄂州市第三代社保卡成功加载“武汉通”功能。搭建平台，组织与周边10个县市建立劳务对接机制，推进区域内农村劳动力转移，及时缓解企业用工难题。举办武汉城市圈劳动保障监察合作第一次协商会议，推动跨区域劳动保障监察合作。

武汉市人力资源和社会保障局

湖　南　省

2021 年是党和国家历史上具有里程碑意义的一年。湖南省人力资源社会保障系统坚持以习近平新时代中国特色社会主义思想为指导，全面贯彻落实党的十九大和十九届历次全会精神，在党中央、国务院和人力资源社会保障部、省委省政府正确领导下，积极履职、扎实工作、服务大局，统筹疫情防控和民生保障工作，圆满完成了人社各项目标任务，实现了“十四五”良好开局。

一、党的建设

（一）牢固树立政治意识。

旗帜鲜明讲政治，以党的政治建设为统领，立足人社机关首先是政治机关、第一属性是政治属性的基本定位，积极探索党建与业务深度融合发展的新方法新路径，深入开展“五型双一流”机关建设，把机关党建工作作为引领人社事业高质量发展的引擎。2021 年，评选“五型双一流”机关建设先进单位 7 个，学习型机关 5 个；选树服务标兵、服务品牌各 10 个，学习标兵 10 名，服务标兵 50 名。厅党组书记抓基层党建工作成效得到省委高度认可，被评为“好”等次；在全省机关党的工作会议上，以《跟着总书记学思维，以“五型双一流”机关建设打造模范机关》为题作交流发言。

（二）层层压实政治责任。

开展“跟着总书记学思维”专题研讨，将习近平总书记的科学思维运用于人社工作的方方面面。深入开展我为群众办实事“五个一服务”，向社会发布各类政策长图、政策宣讲小视频、热点问题解答近 60 期，网络点击量超 500 万次。围绕破解人社工作“急难险重”问题，创新推动形成一批调研成果、改革成果，着力解决好群众的操心事、烦心事、揪心事，得到社会各界的一致点赞和好评。

（三）营造良好政治生态。

认真贯彻中央八项规定精神及其实施细则和省委约法三章，坚持挺纪在前，加强党纪党规教育和警示教育。扎实开展党史学习教育，利用红色资源，开展延安和井冈山党史学习培训，组织青年干部讲述红色故事，颁发“光荣在党 50 年”纪念章，举办人社系统庆祝建党 100 周年文艺汇演，外请专家宣讲许光达“让衔”、喻杰“一生的长征”，实地感悟、沉浸体验的党史教育形式受到广泛认可。深化与主流媒体合作，讲好人社故事，强化正面舆论引导。开通新湖南客户端“湖南人社”频道，刊发全省人社系统新闻信息 2 500 多篇，频道累计点击量 6 500 余万次。

二、就业创业

（一）主要指标持续稳中向好。

坚持就业优先，围绕“扩、稳、提、实”四个字做好就业文章，全力稳住经济运行的底盘。城镇新增就业 75.3 万人，完成年度任务的 107.6%；全年城镇调查失业率平均值为 5.3%，为中部地区最低最好。就业工作连续两年荣获国务院真抓实干激励表扬。

（二）“扩”：扩大就业岗位。

建立加强就业帮扶巩固拓展脱贫攻坚成果等长效机制，持续做大就业“蛋糕”。共争取中央和省级投入就业资金32.25亿元，稳定和扩大就业岗位。

（三）“稳”：稳定重点群体就业。

发放留岗礼包4 200余万元，惠及员工7.5万人；春节后“点对点、一站式”返岗输送助294.1万名农民工复工。实施高校毕业生品质就业、农民工转移就业、脱贫人口稳岗就业、退捕渔民安置就业、困难人员托底就业五大行动，确保重点群体就业稳定，零就业家庭动态清零。

（四）“提”：提升就业创业服务水平。

加大稳岗留工、惠企惠民“五进五送”和高校毕业生就业服务力度，实施“创响三湘”行动计划，新增2个国家级、23个省级创业孵化示范基地，全省新发放创业担保贷款37.09亿元，扶持创业15 272人，带动就业101 946人。

（五）“实”：做实基层平台基础。

将1 462个社区（村）纳入充分就业社区（村）重点建设对象，加强对884家重点企业、143家产业园区用工保障，进一步夯实就业基层基础。

三、社会保障

（一）参保扩面有序推进。

把社保体系建设放在更加突出的位置，进一步兜底线、织密网、建机制。截至2021年底，全省基本养老保险、工伤保险、失业保险参保人数分别达到5 286.4万人、853.3万人、687.4万人，社保体系覆盖范围进一步扩大。

（二）社保基金平稳运作。

积极争取中央财政支持约500亿元，基本养老保险基金、工伤保险基金、失业保险基金可支撑能力比较稳定。职业年金投资收益良好，全省149个统筹区均启动了职业年金待遇发放。

（三）社保改革持续推进。

企业职工基本养老保险省级统筹达到人力资源社会保障部提出的“七个统一”要求，为实施全国统筹夯实了湖南基础。积极开展被征地农民社会保障试点，探索总结出“前补改为后缴”的措施，取得明显成效。持续完善工伤保险省级统筹政策体系，组织实施“工伤预防万人培训行动”等五大行动计划。

（四）基金监管不断完善。

全面贯彻落实习近平总书记关于社会保障重要讲话重要指示批示精神，举全系统之力，动员各级干部和银行职工40余万人，在全省范围内深入开展社保基金管理专项整治及养老保险待遇核查“回头看”工作，取得了阶段性的治理成效和制度成果。以省委、省政府两办名义出台《关于切实加强社会保险基金监管工作的意见》，省直相关部门相继出台数据共享比对、社保卡管理、内控管理、警示教育、社保经办责任划分等配套办法，社保基金监管“1+N”制度体系逐步完善，从体制机制上解决了“为谁管”“谁来管”“怎样管”“如何管好”的问题，打造了基金监管的“湖南特色”。

四、人才人事

（一）深化人才评价改革。

以创新价值、能力贡献为导向，完善专业技术人才评价体系，高级职称评委会由34个增至209个，全国首创开展网络文学专业职称评审；以科学化、社会化、多元化为目标，健全完善技能人才评价体系，成立11个技能人才评价专家委员会，确定87个职业能力考核项目，备案327个职业技能等级认定评价机构。

（二）建强人才培养平台。

大力实施人才振兴“六大工程”“两大品牌”。积极筹办湖南省第一届职业技能大赛，大规模开展终身培训、以工代训、新型学徒制培训，完成补贴性职业技能培训156.2万人次，完成目标任务的192.8%。全面加强劳务品牌建设，“电力湘军”“湖南铸造工匠”等5个劳务品牌获评全国“我最关注的劳务品牌”。实施技工教育提质工程，全年共完成技工院校招生5.8万人，完成目标任务的118%。

全面抓好技术技能提升工作，在全国乡村振兴职业技能大赛、第9届全国数控技能大赛中，均取得历史最佳成绩。加大“三支一扶”高校毕业生招募力度，额度由每年400名提升到600名，并向乡村振兴等岗位倾斜。遵循“选得优、派得出、配得强、用得好”的原则，选派出49名专业技术人才赴西藏山南市开展对口援助工作。

（三）引才入湘创新创业。

围绕“三高四新”战略定位和使命任务，狠抓市场监管，净化人力资源市场生态环境。开展北京、深圳引才活动，举办中国轨道交通和装备制造产业人才峰会，擦亮“智汇潇湘”活动金字招牌。依托产业建设项目和特色优势产业引进110名关键人才，全年新增博士后科研站点17个，进站博士后673人。在首届全国博士后创新创业大赛中，全省取得1金2银3铜和优秀组织奖的优异成绩。举办“湖南省留学人员创业启动支持计划项目”大赛，1家企业获评“中国最具成长潜力的留学人员创业企业”。

（四）服务高层次人才。

落实优化省领导联系服务专家制度。承办“国家级高层次人才服务行”入三湘、“海外赤子为国服务慈利行”等活动。推荐2名专家获评“全国杰出专业技术人才”，推荐2家单位获评“全国专业技术人才先进集体”。“湘才乡连”专家服务乡村振兴工作获批2个国家级专家服务示范团。

五、劳动关系

（一）加强协调构建和谐。

完善省构建和谐劳动关系联席会议制度，政府、企业、职工三方协调机制更加顺畅。深入推进“和谐同行”三年行动计划，当年重点培育34家和谐企业，为5131家新注册企业提供用工指导服务，培训1.2万名劳动关系协调员。推动完成新就业形态劳动者权益维护“十项重点任务”，发布湖南省《劳动关系和谐企业评价规范》和《劳动关系和谐工业园区评价规范》地方标准。指导并推介雨花区人力资源和社会保障局劳动争议调处“一站式”服务试点。

（二）防范化解风险隐患。

制定出台《湖南省劳动关系风险监测预警机制实施办法》，通过劳动关系风险动态监测点建立劳动关系预警网络，及时分析研判劳动关系领域的重点难点问题和重大风险隐患，积极应对新冠肺炎疫情、教培行业“双减”、限电限产等的冲击，妥善处理塔吊司机聚集、捷信金融“裁员”争议等问题。规范人社领域信访突出问题办理程序，明确领导领办包案化解制度，信访积案办理责任、办理程序等，有效化解人社领域风险隐患。

（三）调控企业工资分配。

以“稳就业促发展构和谐”为主线提质扩面工资集体协商。推动建立健全技能人才薪酬分配体系，着力提高技能人才工资待遇。深化国有企业工资决定机制和负责人薪酬改革。2020年度全省城镇非私营单位在岗职工年平均工资达82 356元，城镇私营单位从业人员年平均工资达51 157元。开展国有企业工资收入分配专项审计，进一步规范国有企业工资分配秩序。

（四）持续抓好根治欠薪。

率先将根治欠薪工作纳入省政府真抓实干督查激励，率先开展农民工满意度测评。省政府办公厅印发《关于建立健全保障农民工工资支付长效机制的意见》，建成全省统一的农民工工资支付监控预警平台，开展“督案件、解薪结”专项行动。各级劳动保障监察机构全年查处工资类违法案件1 136件，为1.73万名劳动者追回工资待遇2.18亿元，国家欠薪反映平台上线索数量少，约为总线索量的2.5%，线索办结率稳定在98%以上。

（五）高效组织调解仲裁。

加强仲裁“规范化、标准化、专业化、信息化”建设。出台《湖南省劳动人事争议仲裁委员会仲裁员和书记员管理规定（试行)》。推动多元化纠纷化解体系建设，打造40家省级“金牌调解组织”。开展首届最美仲裁员评选活动，推介基层优秀调解仲裁工作者，提升工作质效。全年受理案件51 987件，涉及劳动者60 395人，仲裁结案率91.5%，调解成功率74.7%，仲裁终结率73.1%，分别高出目标任务1.5、14.7、3.1个百分点。

（六）贴心服务农民工。

擦亮“湘融湘爱”服务品牌，出台维护农民工权益“十六条”措施，加快形成“政府保基本、社会作补充”的农民工服务保障工作体系。全面实施农民工权益关爱、市民化融合、心系农民工宣传、服务保障等系列活动，编印《农民工重点服务事项办理指引》和《农民工服务保障政策法规知识50问》。推进农民工市民化融合样板建设，首批确定37个街道、社区、园区为全省农民工权益监测点。举办2021年“三湘邮情杯”家政服务技能大赛，推进家政服务劳务对接行动助力乡村振兴。

（七）做好民生实事和表彰奖励、绩效考核工作。

投资428.72亿元，全面完成10件新办和10件续办重点民生实事，开展民意调查，群众总体满意度达95.24%。“新湖南贡献奖”成功获批并完成首届评选。推荐67个集体、90名个人获评全国脱贫攻坚先进集体或个人。做好中央和国家机关评比达标表彰项目推选，共推荐先进集体52个、先进工作者及劳动模范89名。开展省级及省级工作部门表彰项目19项，共表彰先进集体1 952个、先进个人3 397名。组织开展对全省124个省直单位的绩效考核工作，确保2021年度省直单位绩效考核考少考精考重点。顺利完成省直绩效考核职能移交、人员转隶工作（根据省委决定，从2022年起绩效考核职能划转至省委组织部）。

六、行风建设

（一）政务服务更加高效。

大力实施“人社服务快办行动”，推行“一件事一次办”，推进政务事项“三化”、政务服务“好差评”、行政效能“红黄牌”，实行人社政务服务“一网通办”。持续开展“清、减、压”工作，梳理“打包办”事项清单10件、“提速办”事项清单24件、“跨省办”事项清单30件。开展政务数据资源目录编制工作，完成政务数据资源编制共计2 572项，其中实现有条件数据共享700项，无条件数据共享1 867项，无系统5项。全面开展“厅局长走流程”活动，明确45项重点政策措施清单，累计开展“走流程”194人次。

（二）法治建设更加深入。

深入学习宣传贯彻习近平法治思想，全面落实第一责任人职责，实施年度述法制度。严格落实规范性文件管理制度，出台规范性文件24个。充分发挥法律顾问作用。依法办理行政复议案件58件，行政诉讼案件98件。加强法治宣传，聚焦民生重点、维权难点、社会热点深度普法，荣获全省“谁执法谁普法”先进单位。启动人社数字法治建设。

（三）信息手段更加便民。

深入实施人社信息化便民服务创新提升行动，以“金保工程”二期建设项目为契机，紧盯“五全”目标，加快推动实现全数据共享、全业务协同、全服务上网、全业务用卡、全层级覆盖，推动人社系统治理体系和治理能力现代化。持续深化“互联网+人社”应用，推动服务事项“自助办”“掌上办”“指尖办”，率先实现13项社保参保证明自助打印，“智慧人社”注册用户数破2 000万，年均开展待遇领取非现场认证近1 033万人次。社保卡实现群众自主选择银行、制发卡立等可取、数据实时同步。

湖南省人力资源和社会保障厅

广　东　省

2021年，广东省人力资源社会保障系统高举习近平新时代中国特色社会主义思想伟大旗帜，深入贯彻党的十九大和十九届历次全会精神，深入贯彻习近平总书记对广东系列重要讲话和重要指示批示精神，全面落实全国人社工作会议、省委十二届十五次全会和省“两会”精神，坚持稳中求进工作总基调，统筹推进疫情防控和事业高质量发展，各项工作取得新进展、新突破、新成效，实现“十四五”良好开局。

一、服务大局

（一）建立广东省人社事业发展“十四五”“1+1+7”规划体系。

以省政府名义出台《广东省人力资源和社会保障事业发展“十四五”规划》，以三项工程领导小组办公室名义出台《广东省“粤菜师傅”“广东技工”“南粤家政”三项工程高质量发展“十四五”规划》，以省政府名义出台《广东省促进就业“十四五”规划》，经省政府同意出台《广东省职业技能培训“十四五”规划》，同时以省人力资源社会保障厅名义印发有关专项“十四五”规划。

（二）服务“双区”建设和两个合作区建设。

建立部省市三级联动和粤港澳三地常态化交流机制，部省深化人力资源社会保障合作推进粤港澳大湾区建设战略合作协议和补充协议已有74个政策创新点落实落地。人力资源社会保障部和广东省政府召开战略合作联席会议，研究通过支持两个合作区建设的37项政策措施清单。推进湾区“就业通”“人才通”“社保通”“治理通”，印发《关于推动港澳青年创新创业基地高质量发展的意见》，粤港澳大湾区（广东）创新创业孵化基地正式开园，“1+12+N”港澳青年创新创业孵化平台载体布局基本建成。大湾区（内地）事业单位公开招聘港澳居民累计报考超1 000人次。推进粤港澳职业资格认可，指导前海、横琴出台专业人才跨境便利执业规定，推动职业技能“一试三证”互认。落实进一步完善广东省港澳台居民养老保险措施意见，健全社保“跨境办”服务体系，港澳居民在粤参加养老、失业、工伤保险27.92万人次。珠海（横琴）和广州（琶洲）速调快裁服务站建成并投入使用。聘任港澳籍仲裁员试点经验逐步扩大至广州、深圳、珠海，并试点聘任港澳籍仲裁员30名、港澳调解员14名。设立大湾区劳动争议（广州）创新研究院，在深圳开展调解前置、扩大终局裁决范围等改革试点，为全国提供实践样本。成立横琴粤澳深度合作区劳动人事争议仲裁委员会，提供跨境及在线调解仲裁服务。试点建立互设派出庭、互聘仲裁员、互联网跨区域庭审“三互”开放式区域仲裁合作机制。

（三）服务乡村振兴。

以促进增收致富为目标，打造乡村振兴工作品牌，持续巩固脱贫攻坚成果。健全防止返贫动态监测和帮扶机制，吸纳外省脱贫人口在粤务工规模达412.9万人。出台三项工程推进乡村振兴、金融助力“3+2”工程服务乡村振兴工作方案。全国首创乡村工匠专业人才职称评价。“三支一扶”招募大学生 2 730 名。实施农村电商“百园万站”工程，培训电商人才 6.25 万人，扶持建设一批电商产业园和基层示范站。扎实开展东西部协作和对口支援，助力林芝市技工学校、喀什技师学院实现跨越式发展。

二、就业创业

（一）完善就业优先政策。

广东省城镇新增就业 140.33 万人，完成年度任务的 127.6%。制定实施 3.0 版“促进就业九条”。完善就业优先政策配套举措，出台《广东省就业创业补贴申请办理指导清单（2021 年修订版）》，实现就业补贴政策的“瘦身”（减材料、简程序，取消实施效果不好的政策）、“提标”（对实施效果好的适当提高标准）、“增效”（增加群众热切期盼的补贴项目）。持续开展“送政策、送资金、送服务”活动，2021 年发放就业补助资金 44 亿元。改革就业失业登记制度，强化就业帮扶举措，对各地级以上市人民政府开展就业目标责任制考核。

（二）抓好重点群体就业。

强化十大行动促进高校毕业生就业创业，开发政策性岗位超 24.5 万个，全省 2021 届高校毕业生就业率超 97%，困难毕业生 100%实现就业。全省就业困难人员实现就业 11.51 万人，失业人员再就业 51.75 万人，零就业家庭实现动态清零。

（三）推动“粤菜师傅”“广东技工”“南粤家政”三项工程带动就业创业。

高质量开展“粤菜师傅”培训，在全省扶持建设 6 个“粤菜师傅”培养示范基地，带动 44.91 万人就业创业。加快推进“粤菜师傅”工程市场化发展，加强“粤菜师傅”品牌保护和文化推广。打造“广东技工”援疆精品工程，喀什技师学院成为南疆最大的技师学院，林芝市技工学校成为西藏 7 地市第一所技工院校。加强教材开发，构建“广东技工”工程教材体系，开展“粤菜师傅”工程配套 2 个专业的技能人才培养标准及一体化课程规范研发。建设“南粤家政”综合服务示范基地等载体 42 个，认定 21 个省级家政服务培训示范基地。推出“南粤家政贷”等金融产品，中国银行率先为重点企业（含技能人才）提供授信支持近 6.96 亿元。“南粤家政”工程带动就业创业 66.50 万人次。在推进三项工程工作过程中推广使用职业培训券，三项工程全年培训 389.2 万人次，从“惠及面越来越广”到“实效性越来越好”。

（四）拓展创业就业新空间。

率先打破灵活就业人员参加企业养老保险户籍限制，创新灵活就业人员参加失业保险和单项参加工伤保险制度。举办 2021 年广东“众创杯”创业创新大赛。创业担保贷款额度提升至个人 50 万元和企业 500 万元，全年发放贷款 73.69 亿元。

（五）全方位强化公共就业服务。

深化改革，人力资源市场化配置落地见效。广东省人民政府出台《广东省劳动力要素市场化配置改革行动方案》，广东省人大颁布《广东省人力资源市场条例》。开展人力资源服务业发展状况普查，支持中国广州、中国深圳国家级人力资源服务产业园发展，评选出汕头、佛山、梅州、江门、清远等 5 家省级人力资源服务产业园，全省运营人力资源服务产业园 16 家。办好“三支一扶”志愿服务项目，人才到基层工作呈现新景象，全国率先招募西藏、新疆和港澳高校毕业生参加“三支一扶”志愿服务。2021 年归集发布招聘岗位信息 26.5 万条，涉及 211.9 万个招聘岗位。开展重点企业常态化用工保障服务，全省 1 100 多名就业服务专员帮助解决重点企业用工 15.9 万余人次。开展职业指导下基层活动。开展南粤春暖“稳岗留工”等系列活动，将 1 900 余万名外省农民工稳在广东。

三、社会保障

（一）稳步提升民生保障水平。

2021 年广东省养老、失业、工伤保险参保1.56亿人次（职工养老、城乡居民养老、失业、工伤保险参保人数分别达5 079万人、2 680万人、3 725万人、4 069万人），基金累计结余1.52万亿元。年度调整退休人员养老金全部发放到位，企业职工基本养老金人均增长5%。积极推进养老基金委托投资运营工作，2021年继续扩大委托投资养老基金1 100亿元，养老基金委托投资规模居全国首位。

（二）建立更加完善的养老保险制度体系。

继续推进机关事业单位养老保险制度改革，进一步规范广东省企业养老保险省级统筹制度。完善企业养老金计发办法，广东省过渡性养老金计发办法由账户法改为全国统一的系数法。2021年各项企业减负政策措施共帮助全省企业减负约752亿元。出台广东省灵活就业人员参加企业职工基本养老保险办法，推动粤澳养老保险规则衔接，推进养老保险二三支柱发展。持续推动职业年金实账积累，职业年金基金投资规模达1 829.1亿元，居全国首位。印发《广东省推进城乡居民基本养老保险基金省级管理工作方案》。巩固城乡居民基本养老保险全覆盖成果，落实城乡居民基本养老保险实施办法等规定，全省为困难群体代缴149.2万人，代缴金额2.6亿元，基本实现应保尽保。完善征地社保政策。

（三）推进工伤保险高质量发展。

推行灵活就业特定人员单项工伤保险新办法，参保缴费人数93.18万人，其中新业态从业人员5.82万人。出台省级统筹工伤保险行业基准费率文件，延续一年工伤保险阶段降费政策实施时间至2022年4月底，减轻参保单位缴费成本约33亿元。持续强化预防、补偿、康复“三位一体”保障功能。提高工伤保险待遇标准，一次性工亡补助金从84.72万元提高至87.67万元；出台2021年度调整工伤保险长期待遇标准方案，伤残津贴、生活护理费、供养亲属抚恤金平均提高分别约8.5%、9.6%、8.5%，人均分别约4 803元、4 140元、1 915元，均位居全国前列。

（四）扩大失业保险参保覆盖面。

推进失业保险基金省级统筹，出台全国首个试点新业态从业人员参加失业保险办法，为国家完善失业保险制度提供广东经验。大力保障失业人员基本生活，发放失业保险金及代缴医疗保险67.53亿元79.80万人，其中为69.03万名失业人员按月发放失业金54.22亿元、缴纳医疗保险费8.44亿元，为10.76万名外省户籍失业人员发放一次性失业金4.71亿元。大力开展稳岗返还政策，共向140.07万户企业返还18.08亿元。疫情防控期间还阶段性实施失业补助金政策。延续实施阶段性降低费率和浮动费率政策，2021年约减轻企业失业保险缴费110亿元。放宽失业保险技能提升补贴申领条件为参加失业保险1年以上的企业在职职工。

（五）提升社会保险领域公共服务水平。

建成全省统一的社保公共服务平台，全省87项服务事项全流程网办率98.9%，27项社保服务进驻“粤省事”“粤商通”。建设和推动省集中式社保系统全省上线应用，支撑全省社保跨业务、跨地区、跨层级的数据共享和业务协同。15个事项实现“跨省通办”，43个事项实现“省内通办”。坚持传统服务方式与智能化服务融合发展，推动30项适老化任务落地。开展社保卡居民服务“一卡通”改革试点，加强应用拓展和推广，实现电子社保卡与“粤省事码”融合发展，截至2021年12月底，全省持卡人数超1.167亿人，电子社保卡持卡人数5 205万人，实体卡、电子卡数均居全国第一。

（六）加强社会保险基金监督。

在全国首创开展以“清数据、除隐患、堵漏洞、筑屏障”为目标的社会保险基金风险防控“清数”和“筑墙”行动，整改数据3 065.3万条。建立与公检法司、民政、卫健、政数、税务等9部门常态化部门间信息共享机制，上线全省社保经办风险防控系统。全面推进基金监督常态化、规范化、专业化。出台社保基金上级直查制度，落实各级人社部门履行监管职责，实行要情全流程管理制度。扎实开展社保基金管理问题专项整治，全面开展基金管理风险排查与基金违规行为清查，共发现问题风险 567 个，积极推进整改，追回基金 3 552.6 万元。组织开展工伤保险重复领取待遇疑点核查、提前退休疑点核查，追回基金 55.3 万元。组织开展知青及提供法律文书办理养老保险一次性补缴业务内控检查。持续推进常态化开展非现场监督，追回基金 1 232.06 万元。

四、人才人事

（一）扩大增强技能人才培养体系。

2021 年，广东省专业技术人才总量 858 万人，其中高层次人才 86 万人，享受政府特殊津贴专家 5 111 人，百千万人才工程国家级人选 169 人。技能人才总量 1 762 万人，其中高技能人才 593 万人。现有博士后科研流动站 177 家，博士后科研工作站（分站）566 家，博士后创新实践基地 398 家，博士工作站 860 家，当年新增博士后约 4 400 人，在站博士后约 11 000 人，各项指标均居全国前列。

（二）加强高技能人才培养。

持续实施职业技能提升行动。开展各类补贴性职业技能培训 326.5 万人次（不含以工代训），支出职业技能提升行动专账资金 70.9 亿元。全面推行企业新型学徒制培训，备案开展企业新型学徒制培训 6.8 万人。分类施策，全面推广使用职业培训券，形成具有广东特色的职业培训券工作模式。持续开展企业职工适岗职业技能培训。推动新业态职业技能培训走深走实，在阿里巴巴本地生活、京东和顺丰等企业试点开展三项工程培训、技能提升培训和职业技能等级认定。夯实培训基础，大力开展“互联网+”职业技能培训。基本建成全国最大的现代技工教育体系，全省技工院校共 148 所，其中技师学院 40 所，实现技师学院 21 个地市全覆盖；2021 年全省技工院校招生 21.9 万人，在校生达 62.9 万人，应届毕业生 15.5 万人，毕业生就业率保持在 98%以上，稳居全国首位。出台《关于推动“广东技工”工程高质量发展的意见》《广东省推动技工教育高质量发展若干政策措施》，技工教育政策创新取得历史性突破。扶持建设 50 个省级重点专业和 10 个省级特色专业。技工教育“强师工程”开展师资培训 4 082 人次。技工教育助力乡村振兴开创崭新局面，全省技工院校共有 41.1 万名农村、县镇户籍学生和涉农专业学生免学费接受教育。加强课程建设指导，制定广东省技工院校省级精品课程标准。完善职业技能等级制度，全省共有 1 101 家企业、230 家院校和 153 家社会培训评价组织备案开展职业技能等级认定，2021 年新增职业资格证书或职业技能等级证书 62.9 万人次，新增高级工以上职业资格证书或职业技能等级证书 17.7 万人次，新增技师以上职业资格证书或职业技能等级证书 1.56 万人次。分两批开发共完成 99 个职业工种的试题资源，基本上解决了技工院校无证可考的问题，毕业生达到应评尽评。通过公开征集遴选出第一批社会培训评价机构。大力开展职业技能等级认定，构建的行业、企业、院校广泛参与、共商共建共评共治的职业技能等级制度，受到人力资源社会保障部认可。创新职业院校职业技能等级认定模式。分别成立广东省“粤菜师傅”“广东技工”“南粤家政”三项工程人才培养与评价联盟，高质量推进三项工程人才培养评价工作。

（三）深化人才发展体制机制改革。

全面完成 27 个职称系列改革，完善人才管理机制。修订事业单位公开招聘人员办法，制定事业单位工作人员调配暂行办法，深入推进事业单位改革试点人员调配安置。制定中小学、高校、科研机构、公立医院薪酬制度改革实施方案，完善省直事业单位绩效考核办法，完成 77 个主管部门 840 个事业单位考核工作。优化提升 2 家国家级和 5 家省级人力资源服务产业园功能，累计建成人才驿站 290 个。人才优粤卡持卡 3 621 张。成功举办第一届全国博士后创新创业大赛。2021 年 4 月，广东高层次人才服务工作在全国高层次人才服务窗口工作现场会上被人力资源社会保障部作为“广东样板”在全国推广。

（四）推进事业单位人事管理体制机制改革。

贯彻落实《关于深化事业单位改革试点工作的指导意见》，制定实施《广东省深化事业单位改革试点人员调配安置办法》，稳慎推进省直事业单位涉改人员安置。贯彻落实《关于县以下事业单位建立管理岗位职员等级晋升制度的意见》，开展全省县以下事业单位管理岗位及人员情况摸排，做好制度实施前的准备工作。会同省委组织部继续组织开展2021年全省事业单位集中公开招聘高校应届毕业生工作，明确各级各类事业单位自主招聘岗位主要用于招聘高校应届毕业生。2021年共发布69 961个招聘应届高校毕业生的事业单位编制内岗位，占发布招聘岗位总量的86.04%。贯彻落实人力资源社会保障部部署要求，提供50个岗位专项招聘西藏籍少数民族高校毕业生，确保援藏工作力度不减。持续助力疫情防控，明确疫情防控一线医务人员待遇保障关爱激励等措施。组织开展抗疫一线医务防疫人员入编和晋升工作，累计办结4 897名抗疫一线医务防疫人员考察入编，为1 559名受国家、省和地级以上市表彰的抗击新冠肺炎疫情先进个人晋升专业技术岗位等级。创新建立常态化招聘机制，明确各级各类医疗卫生事业单位可采取面试、直接业务考察方式面向一线医务防疫人员组织招聘。组织开展首次省直事业单位工作人员岗前公共科目培训，突出政治训练和政治历练，分期分批培训3 400名省直事业单位新聘用工作人员。落实“人社服务快办行动”通知要求，着手开发广东省事业单位岗位管理“一键式”云系统和广东省事业单位公开招聘集成化平台，强化信息支撑，推进业务联动，优化服务标准。

（五）做好人事考试工作。

组织考试52项，服务考生285.34万人次。聚焦精准选人，持续推进分级分类考试。创新技术手段，有效防范化解考试风险。完善人事考试指挥监控管理平台。在全国率先使用人脸识别身份验证，率先实现远程在线阅卷模式。强化宗旨意识，优化提升考试服务水平，在全国率先实现大规模公务员考试机考模式。在全国率先全面推广电子证书。

五、劳动关系

（一）多措并举巩固劳动关系。

开展劳动关系“和谐同行”能力提升三年行动，部署打造“三大金牌”、实施“四大计划”。启动实施全省劳动关系协调员“百千万”培育工程，开展构建和谐劳动关系宣传月全省巡讲活动，参与人数超30万人。推进“和谐同行”千户企业培育共同行动，全省选树培育示范企业43家。实施和谐创建示范工程，在深圳盐田区深入开展部级深化构建和谐劳动关系综合配套改革试点。优化升级广州花都区等5个省级和谐劳动关系示范区，选取广州市海珠区等创建新一轮和谐劳动关系综合试验区。创新推进电子劳动合同应用试点、制订电子劳动合同争议处理规则和管理办法、电子劳动合同签署平台、小微企业劳动关系在线服务平台建设等工作。在广州、深圳开展特殊工时管理制度改革试点，探索适应新技术、新业态、新产业、新模式发展需要的特殊工时管理制度。开展维护新就业形态劳动者劳动保障权益10项专项行动。深圳市率先在货拉拉、美团、顺丰、京东、韵达等重点平台企业和智美汇志5G数字产业园等平台企业园区设立劳动争议调解组织，广州荔湾区正在打造全国首个实体化综合性新业态劳动者权益监测服务保障中心。

（二）推动企业工资收入分配改革。

调整提高两个工资标准，调整提高高温津贴标准，由原来的150元/月提高至300元/月，实现日标准、月标准、年总额“三个翻番”，惠及一线职工超过600万人；调整提高最低工资标准，在全国首次以省政府名义将新就业形态劳动者纳入最低工资制度保障范围。深化国有企业工资分配制度改革，建立国有企业薪酬调查信息系统，全国首创开展省属国有企业薪酬调查；审核认定2020年度省属国有企业负责人基本年薪基数、绩效年薪系数，推进国有企业工资决定机制改革和省属企业负责人薪酬制度改革，探索构建市场化薪酬分配机制。健全薪酬调查制度、人工成本监测制度和薪酬分配指引制度，贯彻落实人力资源社会保障部《技能人才薪酬分配指引》，选取珠江三角洲8市开展试点。

（三）规范劳务派遣用工。

开展劳务派遣全省大检查专项行动，实施劳务派遣许可告知承诺制。紧盯重点个案坚决防范化解重大风险隐患，坚决落实重要敏感节点特别防护期各项维稳工作措施，完善应急处突预案加强应急值守，确保劳动纠纷平稳可控。

（四）创新劳动人事争议处理方式。

2021年共受理劳动人事争议案件54.87万件，涉及劳动者82.45万人，调解成功率78.51%，仲裁结案率达到96.83%。全年立案受理50人以上重大集体劳动人事争议案件152件，涉及劳动者15 391人，同比分别下降35.04%、46.40%。建立特案专报、重案月报、普案季报、定期通报制度，对重大集体争议、农民工工资争议、涉疫情及新业态争议案件实行重点监测。推动在重点平台企业、快递物流行业、工业产业园区设立劳动争议调解组织，不断提高用人单位自主化解争议能力。因地制宜打造劳动争议处理“三方联调”“四级联动”“五位一体”等各具特色的调解工作模式。在深圳出台专业性劳动争议调解工作地方标准。打造专业化调解员队伍，通过线上调解用最短时间最大限度维护劳动关系双方合法权益。依托“粤省事”平台，通过政府购买服务，吸引专业社会力量，面向全省提供7×24小时在线调解服务。开展“护薪清案”专项行动，开辟仲裁“绿色通道”。加强裁审衔接，统一法律适用标准。

（五）加强欠薪治理和劳动保障监察日常监管。

全年查处劳动保障违法案件8 876件，同比上升2.74%，处置突发事件7件，同比下降95.86%，为11.52万名劳动者追回工资待遇12.23亿元。完善根治拖欠农民工工资领导小组工作机制，重点建立健全“四项机制”（健全党委领导政府部门联动机制，建立政府根治欠薪逐级考核机制，建立领导小组成员单位“包市”督导机制，健全根治欠薪责任追究机制）。推动工程建设领域农民工用工实名制管理、工资支付专户管理、工资保证金等制度落地见效，在建工程项目中三项制度覆盖率超过99%。建立劳动用工守法诚信档案、拖欠农民工工资“黑名单”等制度，持续高压查处欠薪违法行为。开展劳动关系领域涉稳问题专项治理，建立健全重点案件事项交办制度。加强根治欠薪线索反映平台问题线索核查处置力度，全年办结国家根治欠薪线索反应平台问题线索10.67万条，劳动保障监察协调处理纠纷6.61万件。

（六）加强接待处理群众信访工作。

全省人社系统接待处理群众信访354 270批次4 248 486人次，妥善处理集体访2 334批次28 108人次；省本级接待处理群众信访1 541批次7 098人次，妥善处理集体访52批次892人次。深入开展治理重复信访、化解信访积案专项行动，从源头化解矛盾。加强网上信访工作，健全机制、优化流程、提高质效，有力发挥信访主渠道作用。

六、基础性综合性工作

擘画人社事业发展蓝图。高质量谋划广东人社“十四五”发展，编制人社事业、三项工程和就业、社保、技工教育、技能培训、人才、人力资源服务业、劳动关系“1+1+7”规划。开展农民工工资支付、就业目标责任制、养老保险和工伤保险省级统筹考核。推进人社信息“智慧治理”。全面建成省集中式一体化系统，人社服务进驻省政务服务网239项、“粤省事”165项、“粤商通”17项。开展首席数据官制度试点，完成数据同城异地、异城异地“双备份”。开展社保卡居民服务“一卡通”改革试点。推动基建项目“立柱架梁”。大湾区（广东）创新创业孵化基地投入使用，离退休人员活动中心基本建成，人社事业发展陈列室顺利揭幕，6个厅属技校新校区和省工伤康复中心二期等重点项目建设进展顺利。推进人力资源社会保障行政复议和行政应诉。审结行政复议案件111件，纠正下级行政机关决定案件8件，约占结案总数的7.21%，协调结案24件，约占结案总数的21.62%；处理行政应诉案件74件，胜诉率为94.59%。与此同时，政务公开、政策研究、信息宣传、财务管理、对外交流、保密档案、工伤康复、后勤保障等工作都取得新进展。

七、行风建设

严格落实“两个维护”十项制度机制，落实政治要件81项，坚决守好人社领域意识形态主阵地。实施新一轮加强党的基层组织建设三年行动计划，深化党支部标准化规范化建设、基层党组织“头雁”工程、党员先锋工程，基层党组织战斗堡垒作用进一步激发。狠抓党风廉政建设，坚决纠治形式主义、官僚主义，厅属单位政治巡察实现全覆盖，机关政治生态进一步净化。坚决打好行风建设“一号工程”收官战，累计压减办理环节36.8%，精简办事材料55.6%，压缩办理时限50%以上，2021年度练兵比武全国总决赛获第二名，人社服务持续优质便捷高效，群众满意度持续提高。召开广东省人社系统行风建设暨推进“人社服务快办行动”电视电话会议，总结三年来全省人社系统行风建设工作成效，进行再部署。制定《关于印发〈2021年开展全省人社系统“厅局长走流程”工作实施方案〉的通知》，各级人社部门领导干部实地体验业务流程环节，查找问题188项。组织开展2次对21个地级市的明察暗访，全覆盖四个层级和人社所有业务类别，322个问题全部整改。开展全国人社系统优质服务窗口和优质服务先进个人评选表彰工作，全省共评选“优质服务窗口”14个、“优质服务先进个人”7名。

广东省人力资源和社会保障厅

广　州　市

2021年，广州市人力资源社会保障系统坚持以习近平新时代中国特色社会主义思想为指导，深入贯彻习近平总书记对广东重要讲话和重要指示批示精神，在广州市委、市政府的坚强领导下，在人力资源社会保障部、广东省人力资源社会保障厅的正确指导下，坚持以党建为引领，统筹疫情防控和经济社会发展，以深入实施民心工程为抓手，凝心聚力为群众办实事，各项工作实现了“十四五”开门红、全年红，为广州实现老城市新活力、“四个出新出彩”作出了人社努力、贡献了人社力量。

一、劳动就业

（一）就业。

2021年，广州市坚持就业优先战略，扎实做好稳就业工作。全市城镇新增就业33.55万人，帮助18.14万名城镇登记失业人员实现再就业，帮扶6.65万名就业困难人员再就业，城镇登记失业率为2.22%。出台“进一步稳定和扩大就业”3.0版政策，阶段性降低失业保险、工伤保险费率，为企业减负。印发疫情期间做好就业服务工作等政策措施，加强对企业用工指导服务。共发放就业补助资金20.69亿元，惠及107.98万人次。完善创业担保贷款机制，将经办银行范围扩大至10家，1—12月发放创业担保贷款911笔共19亿元。全市共有创业孵化基地129家，累计带动就业17.4万人。推进“粤菜师傅”“广东技工”“南粤家政”三项工程羊城行动。培训、认定“粤菜师傅”4.9万人次，入选广东省粤菜名品名店名厨53个。“广东技工”与广州制造共同成长，发放培训补贴185.8万人次；开展企业新型学徒制培训近万人；在广东省第二届职业技能大赛中，共获37金13银11铜13优胜奖。推广“南粤家政”服务品牌，羊城家政基层服务站覆盖全市176个街镇和125个社区，培训家政人员9.6万人次，带动就业19.26万人，累计服务30万人次。搭建线上服务平台提供24小时就业服务，推出“摇一摇，附近职位随心找”线上招聘服务。全年跟踪联系重点企业106家，解决用工3.1万人。组织“零距离”就业招聘会335场，提供岗位12.55万个。全市零就业家庭实现动态清零。出台支持灵活就业政策文件，成立广州市灵活就业与新业态就业服务联盟，设立全国首个灵活就业与新业态就业法律援助工作站。全年举办专场招聘会194场次，累计发布用工岗位13.4万个。

（二）劳动关系。

2021年，广州市在劳动关系方面实现“5个全国首创”：建设新业态劳动者权益监测保障服务中心，打造和谐劳动关系展馆，专题发布疫情劳动争议调解案件，出台皮革皮具劳动定额指导标准，开展产业链薪酬调查。“3项全省率先”：建设区级新业态劳动人事争议调解中心，制定多部门联合激励劳动关系和谐企业意见，建立技能人才薪酬激励机制。“1项全国试点”：探索适应新技术、新业态、新产业、新模式发展需要的特殊工时管理制度。“1项全国标杆”：在全国营商环境评价中，广州市人力资源和社会保障局牵头的劳动力市场监管指标评为全国标杆之一。“1项全省最佳”；在广东省营商环境评价工作中，劳动力市场监管指标得分全省最佳。

2021 年，广州构建和谐劳动关系，印发关于加强工作创新推进和谐劳动关系建设工作方案，部署 20 项创新工作，推行“一区一创新”。开展和谐创建示范工作，出台劳动关系和谐单位正向激励措施，引导和鼓励用人单位参与劳动关系和谐单位创建。公布 2020 年度广州市劳动关系和谐单位 3 123 家，广州市劳动关系和谐社区（村）、街（镇）、园区 195 个。启动省市共建粤港澳大湾区和谐劳动关系多元治理海珠试验区工作。上线“广州市电子劳动合同公共服务平台”，在全市试点应用推广。做好疫情期间劳动关系稳定工作，发布涉疫情劳动关系政策指引，印发《广州市涉疫情劳动人事争议调解“十大案例”》，引导用人单位与劳动者掌握疫情防控期间劳动用工政策。建设全市劳动仲裁案件数据预警监测平台，对重点热点行业每日进行案件数据汇总分析。全市劳动争议调解仲裁立案 13.77 万件，其中全市三方联调中心调处案件 1.3 万件。全市仲裁结案率 97.39%，调解成功率 80.87%，仲裁终结率 80.45%。互联网远程劳动仲裁庭审线上调处争议案件 9247 件。

（三）劳动工资。

2021 年，广州加强企业工资指导工作，健全工资决定和正常增长机制。开展企业薪酬调查，完善企业人工成本监测分析制度，支撑政府决策，建立与广州经济发展相适应的最低工资标准调整机制。2021 年 11 月，经市政府同意，广州市人力资源和社会保障局发布《关于调整我市最低工资标准的通知》，从 2021 年 12 月 1 日起对广州市最低工资进行调整：广州市全日制就业劳动者最低工资标准由 2 100 元/月调整为 2 300 元/月，非全日制就业劳动者小时最低工资标准由 20.3 元/小时调整为 22.2 元/小时。出台《关于开展集体协商健全技能人才薪酬激励机制的指导意见》，这是广东省首个技能人才薪酬激励文件。继续发布具有本地特色的“粤菜师傅”“广东技工”“南粤家政”三项工程羊城行动工资价位，首次与广州市家庭服务联合会合作开展“南粤家政”薪酬水平调查工作，发布《广州市 2021 年人力资源市场工资价位及 2020 年企业人工成本信息》，首次发布保姆、月嫂、育婴员等相关岗位不同用工形式、工作特点以及学历的工资价位数据。

（四）劳动保障监察。

2021 年，广州市扎实开展劳动保障监察工作，排查化解劳动关系风险隐患，打击欠薪违法违规行为，推进根治欠薪冬季专项行动，根治欠薪总体态势向好。强化保障农民工工资支付工作考核，启动全行业工人工资支付监控预警平台建设，开展《保障农民工工资支付条例》学习宣传。截至年底，全市劳动保障监察机构为 3.52 万名劳动者追回工资 3.41 亿元。

（五）人力资源服务。

2021 年，广州市共有人力资源服务机构 2 034 家，民营机构 1 908 家；人力资源服务机构全年营业收入 1 374 亿元。在全国 22 个国家级产业园中率先出台综合性管理服务办法《中国广州人力资源服务产业园管理服务办法》，中国广州人力资源服务产业园 7 个园区均已开园运营，产业园建筑面积 10.63 万平方米，入驻机构 101 家，营业收入 352.23 亿元，服务 394.16 万人次，帮助实现就业和流动 42.16 万人。组织遴选 6 名选手参加第一届全国人力资源服务大赛广东省选拔赛，获奖总人数和一等奖人数都居全省第一，其中 4 名选手入选省集训队，最终有 2 名选手入选省代表队参加全国大赛，其中 1 名选手以大赛第二名的成绩荣获二等奖，在全国 6 名“最佳风采选手”中位列第一。

2021 年，全市公共人力资源服务机构共举办线上线下招聘会 1 149 场次（线上 887 场，线下 262 场），参会企业 3.88 万家次，提供招聘岗位 99.99 万个，进场求职者 71.95 万人次，初步达成就业意向 11.51 万人次。线上采集发布空缺岗位 98.52 万个、采集有效求职者信息 10.54 万人次。

2021 年，广州市 566 家抽样监测人力资源服务机构进场登记供需总量为 871.11 万人次，同比增长 31.19%。其中，登记求职 427.05 万人次，同比增长 37.13%，登记需求 444.06 万人次，同比增长 25.94%，供需总量稳中上扬；岗位空缺与求职人数比率为 1.04，同比下降 0.09。

（六）职业技能培训和竞赛。

2021 年，广州市实施职业技能提升行动，全年共完成各类补贴性职业技能培训 185.8 万人次，资助劳动力技能提升培训 10.34 万人次。

2021 年，广州市 10 家单位承担了 17 个项目（含 9 个国家牵头基地、8 个其他基地）的第 46 届世界技能大赛中国集训基地任务，基地数和牵头基地数再创新高，分别占全省的 44.7%和 56.3%，占全国的 4.9%和 14.3%。参与广东省第二届职业技能大赛办赛参赛工作，承办大赛广州赛区 60 个集中比赛项目。大赛中，广州市选手共获 37 金 13 银 11 铜 13 优胜，金牌数、奖牌数居全省首位。举办广东省第一届“南粤家政”技能大赛广州市选拔赛，参加广东省总决赛获 2 金 4 银 2 铜 3 优胜，并获得优秀组织奖，金牌数、奖牌数、总分均位列全省第一。举办全国乡村振兴职业技能大赛广州市选拔赛，参加广东省大赛获 9 金 2 银 3 铜 4 优胜，参加全国大赛获 1 铜 4 优胜，获奖人数全省第一。参加全国新职业技术技能大赛广东省选拔赛，获 6 金 5 银 9 铜，获奖人数全省第一。参加第四届粤港澳大湾区“粤菜师傅”技能大赛，获 3 金 2 银 1 铜 2 优胜，8 名参赛选手全部获奖。参加第十一届穗港澳蓉青年技能竞赛，获 5 金。举办广州市第八届产业人员职业技能竞赛，19 名选手分获“羊城工匠杯”金、银、铜奖。

二、社会保障

（一）养老保险。

2021 年，广州市以新业态等灵活就业人员为重点，精准扩大参保覆盖面，全市基本养老保险参保人数突破 1 000 万人，企业退休人员人均养老金提高至 3 834 元/月。落实企业职工基本养老保险省级统筹制度，在省级统筹考核中，获全省第一，被省政府通报表扬。修订实施广州市城乡居民基本养老保险办法，健全缴费激励机制、创设提档缴费、提高困难群体免缴标准，全年财政投入超 22 亿元。放开灵活就业人员在穗参加企业职工养老保险户籍限制，参加企业职工养老保险的灵活就业人员达 33.87 万人，其中非本市户籍 2.52 万人。截至年底，广州市参加基本养老保险人数 1 003.9 万人（含领取养老金人数 186.44 万人），其中，企业职工基本养老保险参保人数 824.95 万人（含领取养老金人数 115.31 万人），城乡居民基本养老保险参保人数 139.57 万人（含领取养老金人数 58.48 万人）。

（二）工伤保险。

2021 年，广州市提高工伤残疾退休人员的退休待遇，人均伤残津贴为 5 939 元/月，工亡一次性补助金标准 87.668 万元（不含供养亲属抚恤金）。实施阶段性下调工伤保险费率政策为企业减负 18.76 亿元。推进开展新业态从业人员职业伤害保障试点工作，发动特定人员参加工伤保险，2021 年 4 月起实施《关于单位从业的超过法定退休年龄劳动者等特定人员参加工伤保险的办法（试行）》。截至年底，广州市特定人员参加工伤保险人数为 21.06 万人。探索工伤预防项目绩效的评估标准体系，推进广州市工伤预防五年行动。健全“早期介入”和“先康复后评残”的工伤康复机制，规范工伤康复费用支出。截至年底，广州市工伤保险参保人数 729.23 万人。

（三）失业保险。

2021 年，广州市对不裁员、少裁员、符合条件的用人单位继续实施普惠性失业保险稳岗返还政策，其中大型企业按企业及其职工上年度实际缴纳失业保险费的 30%返还，中小微企业按 60%返还，社会团体、基金会、社会服务机构、律师事务所、会计师事务所和以单位形式参保的个体经济组织参照实施。全年全市累计发放失业保险稳岗返还 3.34 亿元，惠及 29.21 万家企业。继续实施失业补助金政策，全年累计发放失业补助金 30.81 万人，发放金额 10.18 亿元。研究落实《广东省灵活就业人员参加失业保险办法（试行）》及制定相关工作方案，完善失业保险保障体系。继续执行失业保险降费率和浮动费率政策，为企业减负 63.86 亿元。从 12 月起，失业保险金标准调整为 2 070 元/月。截至年底，广州市失业保险参保缴费人数 715.71 万人。

（四）退休人员社会化管理。

截至 2021 年 12 月，广州市有 113.93 万名企业退休人员纳入社区管理。全年发放新中国成立前参加工作退休老工人的困难生活补贴 165.2 万元。春节、中秋节期间，发放节日慰问金约 200 万人次，金额约 8 251 万元；探访慰问十类人员约 11.7 万人。

三、人才人事

2021 年，广州市建设人才集聚新高地，推动人才发展体制机制改革，优化人才发展环境，集聚创新创业人才。优化提升产业领军人才“1+4”政策，深入实施高层次人才认定、服务保障、培养资助方案，落实粤港澳大湾区个人所得税优惠政策财政补贴政策。截至年底，共有在穗院士 119 人（含柔性引进），其中全职工作院士 58 人。“钟南山呼吸疾病防控团队”入选全国杰出专业技术人才先进集体。市属“百千万人才工程”国家级人选 12 人，享受国务院政府特殊津贴人员 416 人。认定高层次人才 1 310 人，其中杰出专家 128 人、优秀专家 510 人、青年后备人才 672 人，累计发放人才绿卡 10 968 张。全市专业技术人才总量 200 万人，其中高级专业技术资格 24 万人；技能人才总量 353 万人，其中高技能人才 123.8 万人。

（一）人才引进。

2021 年，广州市市、区人力资源社会保障部门共办理市属单位引进在职人才入户 7.3 万人。出台《关于促进劳动力和人才社会性流动体制机制改革的贯彻落实意见》，提出 15 条措施。推进《广州市差别化入户市外迁入管理办法》的制定，在全国率先探索建立差别化入户政策。出台《关于取消引进人才入户批复的通知》和《关于优化营商环境进一步下放我市重点扶持企业引进特殊需要人才入户审核事权的通知》，进一步优化流程和推动事权下放。

（二）事业单位人事管理。

2021 年，印发《广州市深化事业单位改革试点有关优化重组事业单位的人事工作的指导意见》，制定《深化市级事业单位改革试点优化重组事业单位人事管理工作指引》（一）、（二），指导 80 家改革单位完成人员分流安置工作。全国首创开展定向联合培养职业教育硕士试点工作，依托西南大学、华南师范大学、广州大学开展定向培养“双师型”高素质职业教育硕士师资试点，2021 年招生 27 人。指导清华附中湾区学校、执信中学开展自主招聘试点工作，共签约 139 人，其中博士研究生占比 9.4%，硕士研究生占比 89.2%。年初，首次开展在公务员选调生招录中同步招聘事业单位人员工作，参与事业单位 105 个，提供岗位 162 个，聘用 157 人。组织 5 场次“优才计划”校园招聘，签约 189 人。联合市委组织部等 6 部门印发实施《关于事业单位集聚优秀人才助力乡村振兴的意见》，进一步拓展乡村和基层服务人员职业发展空间，为事业单位集聚优秀人才扎根基层建功立业提供支持。

（三）专业技术人才管理。

2021 年，广州市继续推进职称评审“放管服”工作，指导生物岛实验室、广药集团、金发科技股份有限公司、市妇女儿童医疗中心和市第一人民医院等单位制定职称自主评审方案，筹建职称评委会，开展主体人才系列职称自主评审；向黄埔区、南沙区下放基层卫生高级职称评审权。会同市农业农村局、市住建局、市文化广电旅游局制定印发《广州市农业农村专业技术人才职称评价工作方案》，组建广州市乡村工匠经营管理专业人才、生产应用专业人才、民间建筑专业人才、民间艺术专业人才、烹饪专业人才高级职称评委会，176人通过市评委会评审获得乡村工匠职称。印发《关于推进粤港澳大湾区职称评价和职业资格认可的工作方案》，指导南沙制定出台《广州市南沙区建筑和交通工程专业港澳人才职称评价管理办法》，搭建启用国内首个职称和职业资格业务一站式综合服务平台——“粤港澳大湾区职称和职业资格业务一站式服务平台”。

2021年获广东省人力资源社会保障厅批准设立广东省博士博士后创新（中新广州知识城）示范中心，新设立博士后工作站（分站）1个、省级博士后创新实践基地3个、市级博士后创新实践基地23个。组织赴重庆、武汉开展“广聚英才·博爱羊城”——2021年广州“菁英计划”暨青年创新人才招聘宣讲会。全年新进站博士后人员397人，同比增长64.7%，在站博士后1145人，同比增长36.5%。博士后获国家级科学基金项目130项，获省级科学基金项目30项，参与国（境）外交流项目19项，发表收录论文508篇，专利授权332项；博士后获市级以上荣誉奖项68项，科研成果效益4.34亿元。在2021年广东省“众创杯”博士博士后创新赛中，广州荣获金奖2项、银奖2项、铜奖3项、优胜奖2项，金牌数、奖牌数均居全省各市榜首。在第一届全国博士后创新创业大赛中，广州地区斩获6金8银14铜，金牌数、奖牌数分别占全省的60%和59.6%，其中市属单位获2金5银5铜11个优胜奖，金银牌总数居全省首位，奖牌总数占全省的25.5%。

（四）高校毕业生接收和就业管理。

2021届广州生源高校毕业生46 576人，就业率95%；离校未就业困难高校毕业生51人，有就业意愿的困难高校毕业生实现100%就业。举办“阳光就业”等高校毕业生专场招聘活动，做到天天有招聘、周周有宣讲。截至年底，举办各类“阳光就业”高校毕业生线上线下招聘活动1 079场，参加单位5.7万家次，累计提供就业岗位近146万个。举办第十届“赢在广州”暨粤港澳大湾区大学生创业大赛及“赢在广州”十周年系列活动，包括“赢在广州”十周年创业代表人物评选活动、大湾区青年创新创业主题论坛、“沉浸式”创新创业开放日体验活动、线上+线下初创企业专场招聘活动、创新创业训练营研学交流活动等，联动粤港澳大湾区近150所高校、广州市42所就业创业e站和130个创业孵化基地、广州市青年就业创业协会专家导师库，以及阿里巴巴、微信总部等知名互联网大厂，共同开展大湾区青年创新创业活动。开展“直播带岗”特色招聘、就业创业政策线上培训，为高校毕业生提供“云端”就业指导，重点服务2022届高校毕业生和往届未就业毕业生。2021年广东省招募并派遣到广州市“三支一扶”大学生66人，服务期满且考核合格的“三支一扶”大学生89人。

（五）随军家属就业安置。

2021年，广州市共安置随军家属350人，其中选择就业安置的269名随军家属分别安置到全市81个单位。组织年度随军家属就业安置见面会，500多名军人和随军家属参加了见面会，市直和各区共265家用人单位提供了1 053个就业岗位，供需比例超过1∶3。举办两场随军家属就业创业指导培训班，92名随军家属参加就业创新政策和技能提升培训。

（六）技工教育。

2021年，广州市有技工院校27所，其中，技师学院7所、高级技工学校3所，全日制在校生11.05万人，高级工及以上占比为65.6%，毕业生就业率保持98%以上，7所技师学院高技能人才培养比例93%，全年毕业2.84万人，就业率均超过98%，年社会职业培训12.62万人次。建有世界技能大赛中国研究中心1个、课程研究中心1个、技工院校师资培训基地1个、高水平技师学院3所、国家级大师工作室9个、国家级高技能人才培训基地8个、第46届世界技能大赛中国集训基地

17个，新增省、市重点专业和特色专业43个，开设双制班、订单班、冠名班237个，学生8 193名；169名学生获得国家奖学金。

全面加强党对技工教育的领导，出台《关于进一步加强和规范党委领导下的院长负责制》，局属技师学院均设置党委书记、专职副书记、纪委书记。推进民办技工学校党组织建设，开展广州市民办技工院校行业党委庆祝建党100周年“红色匠心”先锋行动系列实践活动。积极推动行业党的组织和工作“两个覆盖”，全面提升民办技工院校党建水平。

优化广州技工院校布局，向广东省教育厅申请将广州市技师学院、广州市工贸技师学院、广州市轻工技师学院、广州市机电技师学院、广州市公用事业技师学院、广州市交通技师学院六所技师学院纳入高等学校序列。市政府将广州工程技术职业学院和从化技校、从化职校、外语职校等4所学校划归市人力资源和社会保障局管理。

参加全国技工院校教师职业能力竞赛获2个一等奖、4个二等奖、1个三等奖，参加学生双创大赛获2个一等奖、4个二等奖、2个三等奖。在省第二届职业技能大赛中，市属技工院校承担43个项目的技术支持和赛务保障，2 000多名教职员工、500多名学生志愿者参与服务保障；参赛选手共获得30金11银8铜10优胜奖。9名同志被评为“南粤优秀教师”等；两位教师经国务院批准为2020年享受政府特殊津贴人员。落实与香港机电工程署签署的《深化机电人才发展合作备忘录》，为香港机电工程署开设线上培训班5个，培训技能人才90人次。

四、助力乡村振兴

2021年，广州市根据党中央、国务院关于巩固拓展脱贫攻坚成果同乡村振兴有效衔接的战略部署，推进东西部劳务协作工作。全年帮助贵州省毕节市、黔南州、安顺市农村劳动力实现就业117 237人（转移广东就业47 160人）。脱贫人口实现就业77 022人（转移广东就业17 206人）。春节前后组织毕节市、黔南州、安顺市专车专列19批次，帮助1 717名务工人员节前错峰返乡及节后返穗返岗。累计向毕节市、黔南州、安顺市三地公共就业服务机构筛选并推送管理规范、技能文化门槛较低、待遇较好的就业岗位超过13.6万个；根据当地脱贫人口求职需求，组织线上线下招聘会80场，共组织1 022家优质企业提供约8.6万个岗位。与协作地区组织开展就业技能培训353场次15 499人次（脱贫人口12 072人次）。新建8个“山海心连之家”服务站，全市22个“山海心连之家”服务站共摸查建立贵州籍务工人员台账8 781人。继续组织师资技能培训项目，为毕节市、黔南州开办5期师资培训班，培训两地师资共227人；开办为期三周的“穗黔山海心连”系列帮扶——职业技能竞赛集训营，为毕节市、黔南州、安顺市选派的11个竞赛项目的30名参训人员提供全方位的针对性集训。组织医疗卫生、农业、教育、旅游和乡村振兴等行业领域共20名专家赴毕节市开展为期4天的智力帮扶活动，助力乡村振兴。

五、行风建设

2021年，广州市坚持以群众满意为标准，将行风建设作为“一号工程”抓实抓细抓常，推进行风建设工作常态化、长效化。推进“我为群众办实事”实践活动，印发“局领导走流程、体民情”行动方案，由局领导在全市人社系统范围内以群众的身份，线上、线下全程体验人社业务办事流程，及时发现和解决群众办事中存在的问题和困难。印发《关于进一步优化人社公共服务切实解决老年人等特殊群体运用智能技术困难的实施方案》，聚焦人社领域涉及老年人等特殊群体高频服务事项，逐项完善服务政策，改进服务措施，优化服务方式。推进人社服务“一件事打包办”，推出退休、失业、人才引进入户、大学生就业等“一件事”主题，推进流程再造，实现人社业务打包办理。推进减材料、压时限，提升人社服务效率，实现更多事项“提速办、马上办”。以全国人社窗口单位业务技能练兵比武学习平台为载体，开展“学政策、钻业务、提技能、强服务”的业务技能学习活动。在2021年全国人社业务练兵比武初赛中，广州市2名选手荣获全国“人社知识通”称号，1名选手获全国“岗位练兵明星”称号；2名选手入选广东省代表队参加全国总决赛，最终获全国第二名。开展人社窗口明察暗访工作，提升人社窗口服务水平。

广州市人力资源和社会保障局

深　圳　市

2021年是党和国家历史上具有里程碑意义的一年，也是深圳市人力资源社会保障系统继往开来、守正创新，砥砺奋进、担当作为的一年。全系统坚持以习近平新时代中国特色社会主义思想为指导，全面贯彻党的十九大和十九届历次全会精神，深入贯彻习近平总书记对广东、深圳系列重要讲话和重要指示批示精神，紧密围绕深圳市委、市政府中心工作，苦干实干、攻坚克难，稳就业保民生、防风险兜底线、聚人才筑高地、谋改革促发展、抓队伍强作风，以新气象新担当新作为推动深圳人社事业高质量发展，为建党100周年交上优异答卷。

一、坚持把“党建引领”作为统揽全局的中心工作，新时代党的建设全面进步全面过硬

（一）党建工作高质量推进。

坚持抓好理论学习，组织“第一议题”学习35次、党组中心组理论学习11次。落实新一轮加强党的基层组织建设三年行动，大力推进支部“标准+质量+示范”建设。全面推行党风廉政建设工作月报制度和提醒谈话、警诫谈话季报制度，开展纪律教育学习月活动，持之以恒正风肃纪。

（二）党史学习教育高标准开展。

深入开展党史学习教育专题研讨班、专题党课、专题组织生活会、专题民主生活会，举办“党的百年光辉历程”宣讲报告会。领办的3项深圳市“我为群众办实事”实践活动重点民生项目全部顺利完成。印发党史学习教育简报、学习手册，组织党员干部实地参观见学190余次，开设“党史天天读”“百天看百年”“初心故事荟”等线上学习专区。举办党史知识竞赛、演讲比赛等系列活动，荣获深圳市直机关工委系统“唱支赞歌给党听”拉歌比赛一等奖。

（三）队伍建设高水平推进。

创新实施深圳市人力资源和社会保障局“党建+业务”综合考评，强化结果应用，以考促评、以评促优氛围浓厚，队伍精神面貌焕然一新，获得市委组织部门、市绩效管理部门高度评价。优化直属事业单位机构设置、人员配置，着力提升工作效能。深入开展“知事识人　序事辨才”专题调研，激励干部担当作为。

二、坚持把粤港澳大湾区、深圳先行示范区“双区”建设等重大战略机遇作为总牵引、总要求，深圳人社改革创新举措加快落地落实

（一）深圳综合改革试点任务全面完成。

制定试点实施方案，积极稳慎探索特殊工时管理制度改革。印发《深圳市推进高度便利化的境外专业人才执业制度实施方案》，发布《深圳市境外职业资格便利执业认可清单》，税务、建筑、规划领域实现免试跨境执业，超400名境外专业人才来深就业执业，率先实现跨境执业从制度到实践的突破。企业博士后工作站分站事权率先落地，成为深圳市公共服务体制领域首个综合改革试点落地事项。研究制定健全公共就业服务和终身职业技能培训两个工作方案，有力促进民生改善、支撑经

济发展。

（二）港澳青年来深发展更加便利。

推出港澳青年同享的创业扶持政策，全年共向475名港澳人员发放创业扶持补贴589.3万元，向73名港澳居民发放贷款1 813万元。出台《关于推动港澳青年创新创业基地高质量发展实施意见》，以前海梦工场为龙头，布局“1+10+N”创新创业基地，2021年孵化港澳项目532个，带动港澳居民就业924人。前海梦工场、南山智园、福田岗厦和罗湖尚创峰等4家基地被广东省政府和香港特区政府授予首批“粤港青年创新创业基地”。推进“港澳台青年实习计划”“大湾区青年就业计划”，689名香港大学生来深就业，首批“带编”港籍教师上岗，各类创新资源要素向深圳加速集聚。

（三）社保体系规则衔接、机制对接有效推进。

在深就业居住的港澳台居民被纳入社会保障制度覆盖范围，港澳台人员在深圳市参加养老保险达4.3万人。联合中银香港、深圳中行启动社银合作，创新实施“湾区社保服务通”，让香港居民在“家门口”畅享深圳社保服务，相关经验以封面文章形式刊登在《中国社会保障》年度报告中。

三、坚持把一流人社服务作为推动人社事业发展的重要支撑，为人社工作跑出加速度提供坚实保障

（一）“数字人社”“数据挖掘”重点工程有序推进。

制定实施“数字人社”建设行动方案，建立首席数据官制度，承办2021全球开放数据应用创新大赛“就业与人才”赛题，探索推进电子社保卡、医保电子凭证、电子健康码“三码融合”。推进“数据挖掘”工程，制定数字驾驶舱建设方案，完成一期“1+5+1”页面设计和数据对接。

（二）人社政务服务更加便民利民。

197个依申请事项全部实现全流程网办，其中“不见面审批”177个、“马上办”88个。聚焦“一次办成一件事”畅通内外循环，推出14项“一件事”打包办。在华为技术有限公司、富士康科技集团、深圳大学城等设立7个人才服务站。社保业务服务网点增至2 449个，“同城通办、智慧社保”经办模式先行示范。

（三）人社政务服务改革加快落地。

启动5个政务服务“主动兑现”试点事项。在深圳市光明区人才工作站率先打造“5G视频办”模式，创新“跨省通办”新路径。继续推动“秒批”服务提质扩面，45项业务实现“秒批”，惠及1 000余万名申请人。深入推动“信用审批”提质增效，推出11项试点业务，将以往“守门式”事前审批转化为主动、动态过程监管。

四、坚持把就业作为最大的民生工程、民心工程，就业形势稳中向好、稳主体保岗位成效显著

（一）全市就业局势保持总体稳定。

全市就业人口规模达1 249.3万人（以失业保险参保人数为统计口径），城镇新增就业18.8万人，超额完成2021年目标任务，城镇登记失业率2.24%，零就业家庭动态归零。稳就业保就业专项工作报告最高票通过深圳市人大常委会满意度测评。在广东省就业工作目标责任制考核中荣获“优秀”等次。

（二）就业优先政策全面落实。

深入贯彻落实广东省3.0版促进就业政策，对吸纳脱贫劳动力企业累计发放吸纳就业补贴7 700万元，涉及1.5万人；为33.6万人发放失业补助金13.8亿元，做好失业人员兜底保障。完善就业扶持政策体系，出台就业创业补贴办理清单，延续实施失业保险稳岗返还和扩围政策，减少企业失业保险费15.9亿元，发放2021年稳岗资金5.1亿元，累计发放失业补助金26.2亿元，惠及65.8万人，有效兜牢民生底线。

（三）重点群体就业保持稳定。

着力扩大在深圳市异地务工人员就业规模，举办线上线下招聘活动超900场，提供岗位66万个。推进农民工高质量就业，将职业技能培训补贴政策覆盖农民工群体，符合条件的可享受职业技能培训补贴，惠及农民工约50万人次。落实广东省高校毕业生就业创业十大行动方案，对3 941名离校未就业高校毕业生实现100%跟踪服务，累计完成9.7万名高校毕业生实名登记。制定加强就业帮扶助力乡村振兴工作方案，与广西壮族自治区百色市等四市签订就业帮扶框架协议，大力推进公共服务均等化，对在深圳失业的脱贫人口由公共就业服务机构按就业困难人员提供“一对一”精准服务，让异地务工人员在深圳端稳就业“饭碗”。

（四）创业带动就业效应持续强化。

修订深圳市就业创业政策，扩大政策覆盖范围，发放创业担保贷款27.5亿元，贷款范围及条件为广东省最优、金额最大。

五、坚持把社会保障民生安全网兜紧兜牢，社会保障事业呈现高质量可持续发展新局面

（一）社会保障事业高质量可持续发展。

深圳市养老保险、失业保险、工伤保险三险总参保3 872.7万人次，同比增长3.7%，其中基本养老保险、失业保险、工伤保险分别参保1 338.9万人、1 249.3万人、1 284.5万人，同比分别增长5.5%、2.2%、3.4%。深圳市三险基金历年滚存结余5 976.1亿元。深圳市社保卡持卡2 261万人、电子社保卡签发2 640万人，社保事业高质量可持续发展迈上新征程。

（二）社保体系不断完善。

坚决落实社保全国、全省统筹要求。完成《深圳经济特区社会养老保险条例》修订工作。落实灵活就业人员参加基本养老保险政策，将非深户灵活就业人员纳入深圳市基本养老保险范围，全市灵活就业人员缴费45.4万人。稳步提升劳动能力鉴定工作效能，推动新业态从业人员等8类特定人员参加工伤保险，16.1万人参保，居广东省前列。

（三）社保待遇水平稳步提升。

推进企业年金扩面和机关事业单位编外人员参加年金工作。实现户籍贫困人口社保应保尽保、代缴应缴尽缴、待遇应享尽享三个100%。养老金实现17年连涨，企业退休人员人均基本养老金达4 072元/月。

六、坚持把体制机制创新作为人才人事工作的主线，高水平人才高地建设迈上新台阶

（一）高水平人才高地建设迈上新台阶。

新增认定国内外高层次人才4 278人，引进落户各类人才25.6万人。深圳市在站博士后5 137人，在首届全国博士后创新创业大赛中获3金2银8铜，金牌数、奖牌数居广东省第一。鹏城实验室获评全国专业技术人才先进集体，深圳市2名专业技术人才分获南粤突出贡献奖、南粤创新奖。

（二）人才政策体系重构优化。

配合制定出台新的人才政策及配套文件，进一步破除人才评价“四唯”现象，强化用人主体作用和市场激励导向。完善境外高端紧缺人才引育政策，优化产业发展与创新人才奖励政策，建立与人才市场价值、经济贡献挂钩的市场化激励机制。优化人才引进政策，积极推动创新链、产业链、教育链、人才链“四链”协同。

（三）人才人事管理综合改革全面深化。

有序推进校长职级制，完善教师职称评聘制度，推动教师队伍优质均衡发展。深化职称制度改革，率先在锂电池、人工智能等新兴领域开展职称评审，新增鹏城实验室、深圳湾实验室开展职称自主评审，首次为在深圳工作的港籍医生直接认定颁发正高级职称证书。

（四）“近悦远来”人才环境加快构建。

建立完善“鹏城优才卡”服务体系，人才一体化综合服务平台实现业务“一网通办”、数据统一管理、服务精准推送。采用

"线上+线下"形式，创新举办第二十三届人才高交会、中国深圳创新创业大赛第五届国际赛。在疫情反复的形势下，圆满完成全年75.4万人次的人才人事考试工作，规模创历史新高。全市"一园四区、多点支撑"的人力资源服务产业园体系更为完善。

七、坚持把激发技能人才创新创造活力作为高质量发展的重要支撑，深圳技能人才建设高水平推动

（一）技能人才建设高水平推动。

重点推进"粤菜师傅""广东技工""南粤家政"三项工程，启动首届深圳工匠活动周，全市技能人才总量达398.6万人，高技能人才占35.9%。

（二）终身职业技能培训制度持续完善。

建立"粤菜师傅"多渠道培养体系，筹建国际烹饪学院，培训1.5万人次，带动就业创业2.7万人次。建成10个"南粤家政"示范基地、76个"南粤家政"基层服务站，实现全市74个街道全覆盖。开展企业新型学徒、适岗、以工代训等培训274万人次，发放补贴24亿元，居全国前列。

（三）特色技工教育体系建设深入推进。

深圳市技工院校与华为技术有限公司等300多家龙头企业深化产教融合，毕业生就业率保持在98%以上。深圳技师学院高分通过广东省高水平技师学院建设中期评估，深圳鹏城技师学院正式升格挂牌。

（四）职业技能竞赛体系不断健全。

5个项目获评第46届世界技能大赛中国集训基地，3人获评专家组长，10个项目进入第二轮国家集训考核。成功承办首届全国工业设计技能大赛。参加广东省第二届技能大赛获9金11银6铜。

（五）技能人才评价制度改革取得突破。

依托91家机构开展自主评价，核发职业技能等级证书7万本，居广东省前列。首创华为ICT认证与职业技能等级认定"一试双证"模式并在全国推广。

（六）高技能人才队伍不断壮大。

1人荣获中华技能大奖，55人荣获全国技术能手，118人荣获广东省技术能手。评选10名"鹏城工匠"，组织"技能菁英"研修深造。

八、坚持把和谐劳动关系创建作为社会和谐稳定的重要基础，劳动关系治理体系和治理能力现代化取得突出进展

（一）劳动关系保持和谐稳定。

坚持底线思维，树立风险意识，及时化解重大劳动纠纷，30人以上劳动纠纷同比下降52.8%，劳动人事争议仲裁结案率达96.5%，在2020年度广东省保障农民工工资支付考核中获评A级，1名同志被国务院根治拖欠农民工工资工作领导小组授予"全国根治拖欠农民工工资工作先进个人"荣誉。

（二）劳动关系领域改革不断创新。

发布劳动争议调解工作规范、企业和谐劳动关系构建指引2个地方标准。推动盐田区开展部级深化构建和谐劳动关系综合配套改革试点走在全国前列，为新时代构建和谐劳动关系提供示范和样板。

（三）企业工资宏观调控稳步开展。

自2022年1月1日起，稳慎提高最低工资标准至2 360元/月。重点开展企业薪酬调查、企业人工成本监测等各项工作，引导企业合理确定工资水平和劳动者有序流动。

（四）重点领域劳动纠纷稳妥处置。

积极化解重点房地产企业、教培机构劳动纠纷，成立工作专班、完善工作机制、压实各方责任，下好先手棋，确保劳动关系总体和谐，维护社会大局稳定。

（五）治理欠薪制度优势有效发挥。

针对用人单位开展劳动执法检查1.5万家次，核查处置全国根治欠薪线索近3万条，运用欠薪保障基金为2 487名员工垫付欠薪3 109.2万元，有效预防化解劳动纠纷。

九、坚持把行风建设作为人社系统“一号工程”来抓，持之以恒打好行风建设“攻坚战”

（一）以优良党风抓政风促行风成效显著。

印发《2021年深圳市深入推进人社系统行风建设工作方案》，将行风建设工作融入全面从严治党的部署要求，作为整治群众身边不正之风的重要抓手，建章立制，规范管理，确保建立长效机制。开展深圳市人社系统“局长走流程”和练兵比武“日日学、周周练、月月比”活动，荣获广东省人社系统窗口单位业务技能练兵比武二等奖，10人获全国、全省人社技能练兵比武荣誉称号。

（二）群众办事堵点痛点难点问题高效化解。

结合党史学习教育，确定100项“我为群众办实事”实践活动，找准“小切口”，做实“大文章”，推动人社经办服务流程、作风全方位转变，提升办事企业和群众获得感、满意度。全面梳理排查群众办理人社业务相关问题123个，专门制定工作方案和整改台账，全面精简办事材料，优化办事流程，确保群众反映问题快速受理、高效处置、及时解决。

（三）服务渠道和服务方式更畅通更便捷。

建立由第三方专业机构开展的窗口工作作风和服务质量暗访、监测机制，畅通“好差评”渠道，确保窗口同标准受理、后台并联办理、办事结果及时反馈、服务质量有效监督。稳步拓宽人社业务就近服务渠道，在全市599台市政务服务一体机上对接社保查询、办理和打印等55项功能；依托基层服务平台延伸社保服务，实现社保业务进驻52个区、街道行政服务大厅；推进“社银合作”，将社保自助终端软件功能接入银行自助设备，进一步扩大社保自助服务覆盖面。

深圳市人力资源和社会保障局

广西壮族自治区

2021年，广西壮族自治区人力资源社会保障系统深入贯彻落实习近平总书记视察广西“4·27”重要讲话精神和对广西工作的系列重要指示要求，贯彻落实党的十九大、十九届历次全会和自治区第十二次党代会精神，按照人力资源社会保障部和自治区党委、自治区人民政府的部署要求，聚焦就业重点、突出社会保障、推进人才制度改革、疏通劳动关系堵点、助力乡村振兴、狠抓行风建设，全力应对疫情冲击，圆满完成全年各项任务目标，为促进广西经济社会发展、维护社会稳定做出了积极贡献。

一、就业局势保持总体稳定

始终把稳就业工作摆在第一位，落实就业优先战略和积极就业政策，加强就业帮扶，促进高校毕业生、退役军人、农民工和城镇困难人员等重点群体就业。阶段性降低失业保险、工伤保险费率，实施失业保险稳岗返还，减轻单位用工负担，全年减征两项社保费36.55亿元，发放稳岗返还资金3.86亿元，有效促进就业岗位稳定。实施职业技能提升质量年活动，开展各类补贴性职业技能培训65.51万人次。创建“八桂家政”“八桂建工”“八桂米粉师傅”等八桂系列劳务品牌，促进劳动者提升职业技能和实现更高质量就业。成功举办第一届广西技能大赛，培养造就“广西工匠”“能工巧匠”。成功举办第二届广西农民工创业大赛。2021年广西全区累计实现城镇新增就业40.70万人、失业人员再就业15.52万人、就业困难人员就业6.62万人，分别完成目标任务的135.68%、193.98%、330.97%。2021年12月末，全区城镇登记失业率2.49%，低于目标控制数2.01个百分点，全区就业局势保持总体稳定。

二、社会保障网越织越密

认真学习贯彻习近平总书记关于完善覆盖全民社会保障体系的重要讲话精神，将基本养老保险工作纳入设区市政府绩效考核，落实企业职工基本养老保险激励约束机制，压实地方政府责任。深入实施全民参保计划，加大宣传发动力度，推动应保未保人员100%建档立卡，基本养老保险参保率进一步提升。2021年广西全区参加城镇职工基本养老保险、失业保险、工伤保险人数分别达985.25万人、475.04万人、551.31万人，分别完成目标任务的106.51%、110.99%、114.14%。社会保险制度改革扎实有序推进，企业职工基本养老保险省级统筹顺利通过国家考核验收，建立失业保险自治区级统筹制度，社会保险待遇按时足额发放。开展社保基金管理问题专项整治，社保基金总体安全平稳运行。社保基金保值增值成效显著，截至2021年12月31日，广西2016年、2017年委托投资的400亿元基本养老保险基金累计记账收益136.11亿元；截至2021年底，广西委托投资资金总量为501.98亿元，其中企业职工基本养老保险基金295亿元，城乡居民基本养老保险基金206.98亿元。健全完善社会保障体系助企惠民工作，获得自治区党委办公厅、自治区人民政府办公厅通报表扬。

三、人才发展环境持续优化

为营造人才发展良好环境，调动人才干事创业积极性，开展人才人事工作大调研，研究制定加强事业单位人才人事工作“1+8”政策文件，解决用人单位及人才急难愁盼问题77个。创新人才引育工作，实施联合培养博士后项目、“揭榜挂帅”项目引才活动，举办首届广西人才活动周和第六届海内外高端人才创新创业成果展等，组织参加首届全国博士后创新创业大赛总决赛，获银奖2个、优胜奖3个。深化人才人事制度改革，修订12个职称评审条件，畅通高技能人才和专业技术人才职业发展通道，调整优化生态环境、农业农村、中小学幼儿园等行业事业单位岗位设置结构比例指导标准，扩大科研单位自主设岗试点范围，推进县以下事业单位建立管理岗位职员等级晋升制度，按时出台广西公立医院薪酬制度改革实施意见，率先解决机关事业单位因公牺牲工作人员抚恤金不平衡问题。推进《广西壮族自治区人力资源市场条例》立法工作。开展“技能广西行动”，支持技工教育发展，加强技能人才队伍建设，培育高素质技能人才。截至2021年底，广西专业技术人才总量达到253.5万人，其中高级职称30.8万人（正高1.91万人，副高28.92万人）；广西技能人才总量达到754.78万人，其中高技能人才171.8万人；国家重大人才工程专家89人，教育部“长江学者”特聘教授29人，国家“杰出青年科学基金”获得者11人，中国科学院“百人计划”人选32名，国家“百千万”人才工程人选50名，享受国务院政府特殊津贴1 634人。在全区人才工作考核评价中，评价得分排名第一。

四、和谐劳动关系持续巩固

做好劳动关系领域风险防控工作，2021年广西全区没有发生因规模性裁员引发的群体性事件。严格落实“三个严禁”“一金七制度”等源头治理措施，扎实做好根治欠薪工作，在全国保障农民工工资支付工作考核中，广西连续两年获得A等等次，自治区人民政府受到通报表扬。推进劳动人事争议多元调解工作，在广西全区成立多元调解中心67家，其中桂林市多元调解中心工作得到全国人大领导同志的肯定性批示。推动出台广西劳动人事争议调解仲裁条例，在全国首创将预防劳动人事争议内容纳入地方性法规。调整广西高温津补贴，高温津贴由原来的按月计发调整为可按月计发或按天计发，计发标准为每月每人250元至300元或每人每天11.5元至13.8元。印发《广西壮族自治区人力资源和社会保障厅关于发布2021年企业工资指导线的通知》，正式发布将7.5%设定为基准线，10%为上线。2021年，广西办结劳动保障监察举报投诉案件151件，其中工资类案件141件；工资类案件中拖欠农民工工资举报投诉案78件，劳动保障监察举报投诉案件结案率100%。2021年，广西全区处理劳动人事争议案件6.34万件，仲裁结案率、调解成功率分别达98.44%、74.85%，同比分别提高1.09个百分点、3.14个百分点。在全区推广人力资源社会保障部劳动合同示范文本的同时，推广和鼓励企业使用电子劳动合同，截至2021年底，广西电子劳动合同集中平台集中接进6万份农民工电子劳动合同。实施劳动关系“和谐同行”能力提升三年行动计划，联合自治区总工会、企联、工商联开展企业培育共同行动。2021年共验收42家3A级和谐劳动关系企业。会同三方四家推进集体协商提质增效，组织集体协商现场观摩活动，举办广西首届企业集体协商竞赛。

五、人社助力乡村振兴成效明显

积极发挥人社职能，巩固拓展人社扶贫成果，助力乡村振兴，涉及人社部门的25项考评指标任务全部超额完成。广西脱贫人口务工总数达276万人，是2020年的103%。开发乡村公益性岗位安置脱贫人口4.06万人，是2020年的168.5%。做好搬迁劳动力后续就业帮扶，开展脱贫人口职业技能培训8.24万人次，有劳动能力且有就业意愿的16.03万搬迁户已全部实现一户至少一人就业，就业人数达35.43万人。为164.61万名特殊困难群众代缴城乡居民基本养老保险费1.52亿元。完善1.42万个村级平台自助终端设备，打通人社便民服务“最后一公里”。招募“三支一扶”高校毕业生1 237人，继续在人才招聘、职称评审、岗位聘用、工资福利等方面实施基层人才人事支持政策。选派13名干部到马山县助力乡村振兴工作，驻马山县工作队荣获全区2018—2020年度先进工作队称号。

六、系统行风建设行稳致远

将人社系统行风建设作为厅党组和市、县人社部门“一把手”工程抓牢抓实，坚决破除畏难情绪关、机制束缚关、信息共享关，做到统一服务目标、服务大厅、服务模式、服务流程、服务平台“五个统一”，推动“人社服务快办行动”提质增效，纳入“人社政务服务电子地图”的网点数位居全国人社系统第一，人社政务服务“好评率”达99.99%，一体化政务服务能力在自治区一类单位每月排名中稳居第一。广西先后2次在全国人社系统会议上就行风建设工作作经验交流发言。

七、广西“数智人社”系统建设全面启动

为全面提升工作效率和方便群众办事，按照《广西政务信息化建设发展“十四五”规划》和自治区部署要求，对广西全区人社信息化系统重新进行顶层设计，全面启动广西“数智人社”信息系统建设，计划将各业务系统统筹整合到一个系统中，争取在信息即时共享、业务高效协同的基础上，实现“上下贯通、内部融通、外部联通”和“一网通办、一窗办理、一次即办”目标。

八、人社事业发展基础性保障更加扎实有力

编制印发《广西人力资源和社会保障事业发展“十四五”规划》《广西促进就业“十四五”规划》等，推动自治区人民政府与人力资源社会保障部签署共同推进人力资源社会保障事业高质量发展战略合作协议，与广东省人力资源社会保障厅签署粤桂劳务协作框架协议。出台规范就业、社保、技能培训等工作的一系列制度规定，编制全厅《内部控制规范手册》，人社管理更加科学规范。

广西壮族自治区人力资源和社会保障厅

海 南 省

2021 年，海南省人力资源社会保障部门深入学习贯彻习近平新时代中国特色社会主义思想，坚决贯彻落实党中央、国务院和省委、省政府决策部署，认真贯彻落实全国人力资源社会保障工作会议精神和人力资源社会保障工作要点，坚持以人民为中心，把党史学习教育贯穿始终，凝心聚力为群众办实事，圆满完成年度工作任务，实现“十四五”良好开局。

一、全力稳定扩大就业，夯实民生根基

全省各级人社部门坚决落实“六稳”“六保”要求，把稳就业、保就业作为第一位的工作和重大政治责任，高效调度、精准施策、强化服务，实现就业局势总体稳定并好于预期。全省城镇新增就业 17.74 万人，失业人员再就业 3.59 万人，外出务工农民工 145 万人，就业困难人员再就业 1.25 万人，高校毕业生初次毕业去向落实率达 90.81%，均超额完成年度目标任务；全省城镇调查失业率为 4.7%，控制在预期目标范围内。

（一）积极完善就业创业政策体系。

编制完成《海南省“十四五”促进就业规划》，修订印发《海南省就业补助资金管理办法》，制定出台《延续实施部分减负稳岗扩就业政策措施的通知》《切实加强就业帮扶巩固拓展脱贫攻坚成果助力乡村振兴工作实施方案》等政策，持续支持企业减负稳岗扩岗，夯实稳就业基础。

（二）保障重点群体、困难群体就业。

突出做好重点群体就业工作，支持高校毕业生留琼来琼就业创业，通过“三支一扶”计划招募 400 名高校毕业生到乡村基层服务，累计认定就业见习基地 770 家，吸纳就业见习 10 707 人。持续贯彻落实鼓励农民工到重点项目重点企业务工的 8 条措施，将 324 个重点项目重点企业纳入农民工务工奖补范围，组织各市县做好农民工返岗复工“点对点”服务保障工作和重点项目重点企业用工调度，按月监测农民工外出务工状态，与四川和贵州两省签订家政服务劳务对接协议，加速推进“一县一品”特色劳务品牌建设，培育农村劳务带头（经纪）人队伍，不断提升农村劳动力转移输出组织化程度和就业质量。统筹抓好困难群体就业，落实就业困难人员就业创业补贴政策，规范公益性岗位开发管理，鼓励企业吸纳就业和灵活就业，开展就业援助月活动，其间，共对 5 897 户重点就业帮扶对象家庭进行走访慰问，帮扶 448 名就业困难人员实现就业、5 854 人享受政策；为 165 个吸纳就业困难人员就业的用人单位落实扶持政策。全年全省支出就业补助资金 8.3 亿元，累计发放就业困难人员社保补贴 1.91 亿元。

（三）深入实施大众创业万众创新。

组织实施 2021 年海南自贸港创业大赛，全省共有 4 767 个创业项目报名参赛，在成都、长沙、广州三地举办省外赛，招揽国内优秀创业创新项目与人才到海南落地发展。新增认定 6 家海南（公共）创业孵化基地，新增创业合作单位 33 家，发布首批公共创业服务清单，开展创业公开课、创业典型、党员创业者等宣传活动。推动创业担保贷款工作，精简申办审核流程，全省发放创业担保贷款 2.19

亿元，带动 6 726 人就业。

（四）完善公共就业服务。

畅通全省农村劳动力获取就业岗位信息渠道，全省 200 多个乡镇 2 900 个行政村向当地农村劳动力发布岗位信息 45 407 次，行政村信息推送覆盖率达 100%。打造“公益招聘天天有”系列活动，统筹全省公益招聘，为高校毕业生、农村劳动力、就业困难群体等求职者和各类用人单位提供线上线下招聘服务。全年累计开展省重点项目企业、高校对接自贸港重点园区、海口综合保税区春季招才、失业人员再就业、残疾人就业帮扶等线上线下公益招聘会 637 场，参会用人单位 2.66 万家，提供岗位 64.09 万个，为用人单位和求职者搭建供需平台。结合乡村振兴、自贸港招才引智，先后开展就业援助月、“春风行动”、民营企业招聘月、金秋招聘月、就业帮扶周等专项活动。

（五）大力发展人力资源服务业。

经人力资源社会保障部同意，挂牌建设中国海南人力资源服务产业园（海口分园、三亚分园）和中国三亚旅游人才市场。先后引进北京外企、北京诚通、国投人力、BOSS 直聘、福建麦斯特等国际国内知名人力资源服务机构在海南设立分支机构。在全省推行人力资源服务许可事项告知承诺制，精简办事程序，提高审批效率。组建代表团参加人力资源社会保障部在重庆举办的以“新时代、新动能、新发展”为主题的第一届全国人力资源服务业发展大会，获得优秀组织奖。

二、稳步推进社保体制改革，织密兜底保障

（一）深入实施全民参保计划。

印发《关于外省户籍人员以灵活就业人员身份参加本省基本养老保险有关问题的通知》，支持具有外省户籍、未在用人单位参加基本养老保险的非全日制从业人员以及其他灵活就业人员，凭居住证（有效期内）参加海南基本养老保险。优化灵活就业人员缴费政策，明确海南灵活就业人员缴费周期由按季缴费放宽到按年缴费，增加缴费灵活性。落实《海南省尘肺病重点行业工伤保险扩面专项行动计划》，印发《关于做好尘肺病重点行业企业劳动合同签订率、工伤保险参保率偏低问题整改工作的通知》，督导市县做好问题整改。组织实施全民参保计划质量提升年活动。截至 2021 年底，海南省参加基本养老保险 658.24 万人、工伤保险 184.89 万人、失业保险 205.98 万人，分别同比增长 4.46%、8.72%、5.81%。

（二）深化社保体制改革。

出台《关于企业职工基本养老保险费补缴有关问题的通知》，规范补缴条件，严格经办审核，加强监督管理。规范企业职工基本养老保险省级统筹制度，会同海南省财政厅等四部门印发《关于完善我省企业职工基本养老保险省级统筹制度的补充通知》。修订《海南省劳动能力鉴定管理办法》，在全国率先实现劳动能力鉴定业务全省通办和鉴定结论全省互认通用，全面取消劳动能力鉴定收费，进一步精减申报材料、优化流程。印发《海南省劳动能力鉴定委员会关于实施〈海南省劳动能力鉴定管理办法（修订）〉有关问题的通知》《海南省人力资源和社会保障厅　海南省财政厅关于调整和明确劳动能力鉴定费用支付标准的通知》《海南省人力资源和社会保障厅　海南省社会保险服务中心关于进一步加强我省工伤保险辅助器具配置管理工作的通知》等配套政策措施，进一步完善劳动能力鉴定政策。

（三）加大社保惠企惠民力度。

印发《海南省人力资源和社会保障厅　海南省财政厅关于延续实施失业保险稳岗扩围政策的通知》《海南省人力资源和社会保障厅关于做好失业保险稳岗扩围经办工作的通知》，继续实施普惠性失业保险稳岗返还、扩大失业保险保障范围、放宽技能提升补贴申领条件，支持参保单位稳定就业岗位，保障失业人员基本生活，支持企业在职职工提升职业技能。全年海南省发放失业保险稳岗返还资金约 1.35 亿元，惠及 4 586 户参保单位、20.49 万

名职工；累计为 54 380 名失业人员发放失业补助金约 2.79 亿元。延续实施阶段性降低工伤保险、失业保险费率政策至 2022 年 4 月 30 日，2021 年全省共减收用人单位工伤保险费 3.70 亿元、失业保险费 4.75 亿元。完成机关、企事业单位退休人员养老金调整工作，月人均增加 138 元；完成新中国成立前老工人 2021 年度生活补贴增发工作；提高城乡居民基础养老金标准，月人均增加 6 元。为低保对象、特困人员、返贫致贫人口、脱贫不稳定人口、边缘易致贫人口、突发严重困难户等困难群体，代缴全部或部分最低缴费档次保费，减轻困难群体的缴费负担。

（四）加强社保基金监督管理。

印发《海南省社会保险基金管理风险排查实施方案》《海南省城乡居民养老保险暂停领取待遇人员专项清零工作实施方案》，开展社保基金管理问题专项整治，深入排查风险隐患，坚决堵塞管理漏洞，切实维护基金安全。完成市县自查、市县间交叉检查、省级实地检查三个环节，覆盖全省所有市县。会同海南省司法厅和海南省社会保险服务中心签署《海南省监狱在押罪犯信息共享协议》，通过信息联动共享和联动监管，加大对重复领取、虚报冒领等行为的打击力度。会同海南省社会保险服务中心，协调公安部门，组织开展打击欺诈骗保专项行动，打击震慑各类社会保险欺诈案件，全年共向海南省公安厅移交 7 起骗取社保待遇犯罪线索。2021 年城乡居民基本养老保险基金和职业年金基金分别委托投资 84.68 亿元、99.67 亿元，促进基金保值增值。

三、抓培养重服务，稳步推进人事人才工作

（一）改革完善事业单位人事制度。

印发《海南省事业单位公开招聘工作人员笔试工作规则（试行）》《海南省事业单位公开招聘工作人员面试工作规则（试行）》，从命题、试题管理、组织实施、笔试阅卷、面试形式与程序、工作纪律等方面对笔试、面试工作进行细化和规范，完善事业单位公开招聘笔试、面试工作制度。印发《关于调整我省卫生、药品事业单位专业技术岗位结构比例指导标准的通知》《关于调整我省党校系统专业技术岗位结构比例指导标准的通知》《关于调整科学研究、农业技术等事业单位专业技术岗位结构比例指导标准的通知》等，调整专业技术岗位结构比例，拓展专业技术人员岗位晋升空间。出台《海南省事业单位特设岗位管理办法》，建立健全常设岗位为主、特设岗位为辅的岗位设置管理制度。配合海南省卫健委制定印发《海南省省级公立医院院领导年薪制实施方案（试行）的通知》，深化以建立院长年薪制为主要特征的省级公立医院薪酬制度改革试点工作。印发《关于考察招聘急需紧缺医疗卫生专业技术人才的补充通知》，明确对 27 个医疗卫生专业的硕士研究生、7 个专业的本科毕业生可以采取考核、直接考察的方式进行招聘。2021 年指导省直属事业单位（除海南大学）、省部门所属事业单位通过公开招聘和调动引进各类人才 853 人。

（二）加强技能人才培育。

延续实施“以工代训”政策，支持市县围绕重点工程建设、产业发展以及就业市场需要开发专项职业能力考核项目、新业态新职业培训项目，探索开展“订单式、定岗式、定向式”培训，会同海南省通信管理、住建、水务等部门联合实施通信、建筑工程产业工人专项职业培训计划，最高按每人 10 000 元的标准给予补贴。将符合条件的个体工商户用工、民办非企业用工及灵活就业人员纳入职业技能提升行动补贴范围，将培训期间生活费补贴，以及技工院校实训设备以奖代补、高技能人才培训基地建设等高技能人才培养补助资金调整为专账资金支出，全年专账资金累计支出 2.8 亿元。支持符合条件的企业、技工院校和行业协会（学会）自主实施技能人才评价，批准 25 家企业、7 家技工院校、7 家行业协会、65 家第三方社会培训评价机构经备案后开展职业技能等级认定。支持职业（技工）院校承担社会化培训，培训职业（工种）与

所开设专业相对应的，直接纳入海南省职业培训机构目录进行管理，全省技工院校开展各类社会化培训3.18万人次。坚持学制教育与职业培训并重，全省11所技工院校招生11 589人，毕业6 580人，其中高级工以上2 367人，占2021年全省新增高技能人才总数的38%。推动技能人才培养平台建设，2021年海南省新设立国家级高技能人才培训基地2个、国家级技能大师工作室4个。出台《海南省职业技能竞赛管理暂行办法》，规范开展职业技能竞赛。选拔22名优秀选手参加全国乡村振兴职业技能大赛，获得5枚铜牌和9个优胜奖，海南省获得“突出贡献单位”奖。举办第一届自贸港职业技能大赛，2 031人取得职业资格证书（技能等级证书），其中810人取得高级工（三级）以上技能等级证书。全年开展补贴性职业技能培训27.43万人次，3.6万人取得职业资格证书（技能等级证书），其中取得高级工以上职业资格证书（技能等级证书）的高技能人才6 170人。

四、稳固和谐劳动关系基础，维护劳动者权益

（一）完善机制体制建设。

出台《海南省维护新就业形态劳动者劳动保障权益实施办法》，协调相关单位开展专项行动。稳慎调整全省最低工资标准，海南省一、二、三地区月最低工资标准较2018年分别上调160元，达到1 830元、1 730元、1 680元。制定《海南省劳动人事争议仲裁办案监督规定（试行）》，发布劳动人事争议指导案例（第一批），指导全省各市县调解仲裁机构依法处理争议案件。印发《海南省电子劳动合同工作指引》，搭建电子劳动合同平台。出台《海南省劳动争议调解办案补助管理办法》，调动调解员工作积极性。组织开展2021年度企业薪酬调查信息发布和数据分析工作，发布2021年企业工资指导线，增长基线为8.1%，上线为10.7%，下线为3%，为企业调节工资水平和引导劳动者合理预期提供参照依据。组织选树金牌劳动人事争议调解组织10家，培育“和谐同行”企业33家，评选表彰第五批海南省模范劳动关系和谐企业与工业园区，发挥先进引领作用。印发《海南省贯彻落实〈保障农民工工资支付条例〉的实施意见》及相关10项配套性文件，落实工资保证金制度，完善工资保证金差异化缴存办法，推行以银行保函方式缴纳工资保证金，健全农民工工资专用账户管理制度。建设海南智慧劳动监察平台和海南省工资支付监管平台，依托大数据分析、网格化管理，推动根治欠薪由“接诉即办”向“未诉先办”延伸。

（二）强化执法检查和仲裁调解。

印发《海南省清理整顿人力资源市场秩序专项执法行动实施方案的通知》，联合海南省市场监督管理局、公安厅在全省开展清理整顿人力资源市场秩序专项执法行动。组织开展全省劳务派遣用工情况专项检查，共检查101家劳务派遣单位，评定为优良等次的31家、合格的70家，对检查发现的问题责令限期整改。开展“零欠薪市县”和“零欠薪项目”三年行动，加强欠薪源头治理。定期组织开展守法诚信等级评价，加大重大案件社会公布力度，加强拖欠农民工工资“黑名单”管理和失信联合惩戒，全年向社会公布3批5起重大劳动保障违法行为案件，并将符合条件的3家企业列入欠薪“黑名单”。全省劳动保障监察机构检查用人单位9 196户，查处欠薪案件3 513件（其中立案查处157件，协调等非立案方式查处3 356件），为22 556名农民工追回工资等待遇4.49亿元，未发生群体性突发事件。全省仲裁机构共立案受理劳动人事争议案件8 513件，同比增长20.41%，调解成功率为60.84%，仲裁结案率为91.71%。

五、开展专项行动，加强行风建设

（一）组织开展窗口单位业务技能练兵比武活动。

开展“日日学、周周练、月月比”线上

练兵，累计上线学习约 4.2 万人次，产生省级“人社知识通”6 名，全国“岗位练兵明星”3 名。2021 年海南省参加全国人社窗口单位业务技能练兵比武全国总决赛，获得组织奖。

（二）深入推进“人社服务快办行动”。

通过关联事项“打包办”、高频事项“提速办”、所有事项“简便办”，进一步优化服务流程，省级层面完成 10 个“一件事”打包办理、25 个高频事项提速办理。12 个就业失业高频事项实现全省通办，率先实现跨统筹区域通办失业保险业务，其中符合条件企业失业保险稳岗返还“免申即享”，普惠性稳岗返还实现“零佐证材料、零跑腿”。全面推开人社政务服务“好差评”工作，全省人社服务办件总量 28 万余件，好评率 99.93%以上，差评整改率 100%。

六、坚持为民服务保障意识，切实提升服务质量

（一）深入推进“放管服”改革。

取消“省本级定点职业培训机构的资格认定”“出具事业单位引进人才的落户证明”事项，进一步缩减省级权力清单。将省级人社部门实施的“企业实行不定时工时工作制和综合计算工时工作制审批”“中央驻琼机关、省直机关（含参照公务员管理事业单位）的工伤认定”事项按属地化原则下放到属地人社部门办理。将“设立普通技工学校、高级技工学校审批”等省级管理权限事项下放实施，赋予重点园区更大自主发展权。继续推动简化审批工作，完成全省“人力资源服务许可”告知承诺制和“设立民办普通、高级技工学校审批”“设立民办技师学院审批”优化审批服务改革。完成“海南省社会保障卡信息管理系统”“海南省人力资源和社会保障网上业务大厅（省级）”与省级一体化平台的对接工作，实现全省人社系统行政服务事项办件、单点登录、好差评与省一体化政务服务平台对接。完成“人力资源服务许可审批”“社会保障卡申领、补领、换领、换发、挂失与解挂、启用、信息变更、注销”“特殊工时制度审批”“特殊工种人员提前退休审批”等 11 个事项精益化梳理工作。

（二）推行社会保障卡一卡通。

大力推行社会保障卡发放，2021 年全省社会保障卡新增发放 36 万张，持卡人数达 970 万人，覆盖全省常住人口 1 008.12 万的 96.2%。规范社会保障卡一卡通工作，以海南省政府办公厅名义印发《海南省社会保障卡一卡通管理办法》，配套出台《海南省社会保障卡一卡通服务规程》。全面开通社会保障卡网上申领服务，累计网上受理 3.05 万笔。加快即时制卡服务网点建设，在各市县布放 438 个即时制卡网点，实现“立等可取”“就近办理”“全省通办”。积极推进电子社保卡发放应用，开通 31 个签发渠道，签发量达 598 万张，实现 72 项服务应用。推进社会保障卡一卡通服务管理事项目录清单落地，实现 395 项一卡通事项“一卡通办”。整合财政惠民一卡通、医保 IC 卡、住房公积金卡、公交卡、旅游年卡、读者证等 12 种卡证应用功能，统筹推进社会保障、政务服务、智慧城市等领域的线上线下一卡通，在全国首创酒店住宿、户籍办理、旅游年卡、免税品提取等应用模式。全省 35 个景区、17 个图书馆实现持社会保障卡入园入馆，拉动旅游 19.48 万人次，持卡图书借阅 74 万人次；207 家医院实现通过社会保障卡办理就医挂号结算等就医服务；19 个市县 754 家酒店上线社会保障卡住宿登记应用。

（三）推动行业信息化建设。

推进信息化便民服务创新提升行动，扩展形成共 153 项全省人社数据共享服务目录，梳理形成共 156 项人社服务全省“一网通办”应用目录。建成“智慧就业”全口径动态信息监测系统，实现省、市、县（区）、乡镇四级就业信息实时共享，精准掌控各地区、各重点群体、各园区的就业规模和就业状况。推进全省工程建设领域工资支付信息化监管，建设海南智慧劳动监察平台和海南省工资支付监管平台。建成海南省社会保险费信息共享平台人社端国标系统，实现全省职工社保和城乡居民养老登记、核定、缴费数据省级集中交换，截至 2021 年 12 月 31 日，全省共计完成参保登记类业务 55 万余笔，缴费类业务 1 321 万余笔。

海南省人力资源和社会保障厅

重　庆　市

一、就业创业

2021年，重庆市出台“十四五”就业、农民工、职业技能培训、鲁渝劳务协作4个专项规划，对就业工作进行系统谋划，推动就业与经济结构调整、产业转型升级紧密结合。全年城镇新增就业75.1万人，完成目标任务60万人的125.2%，较2020年增长14.5%，与2019年基本持平；调查失业率5.2%，低于5.5%的控制目标，在西部12个省区市排名第四。

（一）坚持减负稳岗，用工需求不断走强。

落实“纾困17条”等政策措施，全年为小微企业、困难企业降费54.3亿元，落实各类就业补助资金17.7亿元，稳定就业岗位近500万个。发放创业担保贷款54亿元，累计建成市级创业孵化基地（园区）175家，新孵化企业超过2 000家。积极支持重点产业发展，全年为智能终端产业企业招工49.4万人。开展“职业技能提升行动质量年”活动，开发52个新职业培训考核标准，培训65万人次，技工院校专业与重点产业匹配度达83%，技能劳动者占就业人口比例达27.6%，高技能人才占技能劳动者比例达30.4%。

（二）坚持精准施策，重点群体保障有力。

高校毕业生就业好于预期，22.5万名重庆户籍应届高校毕业生年底就业率达到96.5%，较2019年、2020年分别提高2个和3个百分点。重庆市816.2万农民工实现就业，其中市内占比64.5%，农民工就业总体稳定。全年帮扶城镇困难人员就业12.5万人，完成目标任务的156.6%。重庆市脱贫人口就业达到77.8万人，超上年规模1.6万人。

（三）坚持资源整合，服务效能不断提高。

“市内+市外”联动服务，在广东、四川等主要外出务工省市设立25个驻外劳务办事机构，输出290万名农民工在外省市就业；在15个省市设立101个送工保障基地，组织17万市外劳动者来渝就业。推动“一区”带“两群”发展，“一区”为“两群”提供就业岗位5.6万个，联合培训5 944人次。“公共+市场”协同发力，发挥重庆市2 800余家经营性人力资源服务机构、覆盖城乡的公共就业服务平台和1.4万名劳务经纪人的作用，建成包含2 100万条信息的人力资源数据库，充分运用大数据、智能化技术手段，探索建立就业、创业、培训、人力资本四大联盟，推动人力资源与岗位信息有效对接。“线上+线下”统筹推进，建成“智能就业”平台，30项就业公共服务实现“全渝通办”“一网通办”。搭建直播招聘平台，举办线上线下招聘会3万余场次，发布就业岗位超过510万个，累计帮助就业近30万人。

二、社会保障

（一）以规划谋篇引领发展方向。

编制重庆市社会保险事业发展“十四五”规划，提出3个专栏计划，6项重点任务，召开新闻通气会。开展470余场社会保险“三进三送”现场活动，线上点击量超2 000万人次。启动建设8个社会保险公共服务市级标准化基地。

（二）以政策先行夯实发展基础。

调整征地安置人员养老保险政策，完善机关事业单位养老保险政策。参与养老保险全国统筹系统建设数据项目清理等工作，做好企业职工基本养老保险全国统筹准备。稳步推进机关事业单位退休“中人”待遇复算，完成复算7.1万人。调整工伤保险定期待遇政策，推进工伤认定辅助调查试点，制定工伤预防五年行动计划实施方案。顺利完成城镇企业职工、机关事业单位和城乡居民养老待遇调整工作，惠及766万名领取养老待遇人员。

（三）以改革创新激活发展动能。

以“一窗综办、全渝通办、优先网办”为目标，打造社保经办服务新模式，2021年9月底重庆市社会保险信息系统3.0正式上线，实现12个事项“即时办”，15个事项“快速办”，72个事项“网上办”，32个事项全渝通办。12月初系统企业端正式上线，受理端延伸到参保企业，实现13个高频事项便利办理。出台维护新就业形态劳动者劳动保障权益21条具体措施，扎实推动维护新就业形态劳动者权益10项专项行动，作为全国首批试点的七个省市之一，抓好平台灵活就业人员职业伤害保障制度试点准备工作。

（四）以重点突破带动发展全局。

实施全民参保计划，推动社会保险扩面提质。截至2021年末，重庆市城乡居民养老、工伤保险参保人数达到2 494万人、766万人，分别比上年底增加124万人、36万人，城乡居民基本养老保险参保率稳定在95%以上，城镇职工与城乡居民基本养老保险参保结构比例由51：49转变为54：46。做实险种联动扩面，通过险种间数据比对，分解任务，促进应参尽参，新增16.6万人参加养老保险，新增2.4万人参加工伤保险。有序推动巩固社保脱贫攻坚成果与乡村振兴有效衔接，低保、特困、重度残疾等困难群体基本养老保险实现应保尽保。

（五）以从严监管保障发展安全。

开展基金安全专项整治，强化稽核管理，专项稽核100家参保单位，追缴社保费欠费531.9万元。开展“死亡冒领、工亡职工供养亲属违规领取待遇”等专项核查，核查疑点数据15.3万条，追回基金2 555.8万元。截至2021年末，重庆市社保基金总收入1 895亿元、总支出1 553亿元，分别完成全年预算的119.4%、103.1%，基金累计余额1 568亿元，较上年末增加342亿元，养老金可支付月数同比提升1.9个月，分批划转300亿元养老保险基金委托投资运营，实现收益22.4亿元，基金收支总体平衡。壮大第二支柱，职业年金实现全覆盖，职业年金累计划转投资405亿元，实现投资收益50亿元。企业年金备案企业达到1 289户，参保职工25.6万人。

（六）以优化服务提升发展温度。

深化川渝社保合作，持续推进川渝两地养老、失业保险关系无障碍转移，养老、工伤保险待遇资格就近互认互办，在全国率先实现企业职工基本养老保险关系转移接续资金定期结算，进一步压缩办理时限30%以上。扎实开展“我为群众办实事”实践活动，通过预约服务、上门服务等方式提前一年预审职工档案，实现了退休审批业务当日办，直接压缩办理时间95%。深化人社“证照分离”改革，清理取消证明材料195项，落实“告知承诺制”，降低市场准入门槛。开通“重庆人社”App亲情服务号和“长辈服务专区”。

三、人才人事

（一）大力引进优秀人才。

出台“塔尖”“塔基”人才政策，修改完善《重庆英才集聚工程实施办法》《重庆市高层次人才分类标准》。深入开展“百万英才兴重庆”系列引才活动，开展引智引才服务活动233场。成功举办2021重庆英才大会，大会首次由人力资源社会保障部与重庆市委、市政府共同主办，引进紧缺急需人才3 319名、项目407个，分别比上届增长82%、52%。持续开展“重庆英才·职等您来”公共就业人才网络直播招聘活动，累计招人招才15万人。

实施《重庆英才“渝快办”实施方案》，推进服务标准化、规范化建设。建立重庆市流动人才实名制数据库，开展急需紧缺人才流动统计工作。

（二）推进专业技术人才培育。

1名个人和2个集体获得全国杰出专业技术人才和先进集体称号，30名专家的成果荣获2020年度国家科学技术奖。选拔2021年度重庆英才·优秀科学家24人、名家名师综合领域人选10人。遴选支持22个首席专家工作室、8个青年专家工作室。2021年，重庆市新招收博士后1 017人，博士后入选中国博士后科学基金、国家自然科学基金资助项目470个，同比增长57%。出台《加快推进乡村人才振兴的重点措施》，通过创新人才培育、引进、使用、管理等方面的26条措施，加快促进乡村人才队伍建设。举办2021年全国专业技术工作骨干培训班，启动新职业师资培训、全国新职业和数字技术技能大赛选拔、数字技术工程师培育项目首批培训机构和评价机构遴选等工作。高质量开展公需科目、岗前培训、高级研修项目，培养培训专业技术人才62万余人。

（三）强化技能人才培养。

启动实施“巴渝工匠2025”行动计划，获人力资源社会保障部批准建立“智能+技能”数字技能人才培养试验区，创新建立1个高技能人才国际合作先导区、2个“巴蜀工匠”协同培养融合区、4个“巴渝工匠”创新发展聚集区。新建国家级高技能人才培训基地3个、市级高技能人才培训基地8个；新建国家级技能大师工作室5个、市级首席技能大师工作室15个、市级技能大师工作室5个；获批建立世界技能大赛国家集训基地23个，总量位居全国第五。举办第七届中国·重庆职业技能大赛暨“巴渝工匠”杯新职业技能大赛，参加全国乡村振兴职业技能大赛，重庆代表团取得3枚金牌、6枚银牌、2枚铜牌、6个优胜奖，金牌榜、奖牌榜双双位列全国第二。

（四）完善人才评价体系。

出台《重庆市职称评审管理办法》及政策解读，加快研究制定《境外人才专业技术类职业资格考试目录》，33项职业资格可纳入境外人才专业技术类职业资格考试目录。组织开展技能人才评价41.34万人次。新增取得高级工及以上技能等级（职业资格）3.5万人次、技师高级技师5 930人次。扎实推进专业技术人才与高技能人才职业发展贯通工作，2 000余名专业技术人才取得技能等级证书，打通了技术技能人才成长“立交桥”，重庆经验被人力资源社会保障部全国推广。制定《关于县以下事业单位管理岗位职员等级晋升有关问题的答复》，指导41个区县制定岗位设置方案，扎实推进职员制度改革。推进公开招聘公共科目笔试改革。深化公立医院薪酬制度改革，联合财政、卫生健康部门印发《关于进一步做好公立医院薪酬制度改革试点工作的通知》。

四、劳动关系

（一）劳动保障监察执法强力开展。

重庆市2021年主动监察用人单位、在建项目、人力资源服务机构、培训学校、鉴定评价机构305户。开展根治欠薪、女职工权益保护、清理整顿人力资源市场秩序等专项执法行动，依法保障劳动者合法权益。全年共接到举报投诉线索15 826条，主动检查用人单位1.69万户次，涉及劳动者62.67万人。书面审查用人单位1.05万户次，涉及劳动者39.21万人。加大劳动保障监察执法力度，为5 433名劳动者追发工资等待遇5 761.84万元。

（二）持续构建和谐劳动关系。

重庆市扎实推进“和谐同行”三年行动计划，累计培育“和谐同行”企业120户、新成立企业8 000余户。选拔金牌劳动关系协调员100名，举办川渝金牌协调员培训交流大会，联合打造“川渝金牌协调”品牌。组建全国首支劳动关系专家队伍，推动社会协同治理。开展完善和创新劳动关系公共服务、劳动关系信息化建设、技能人才薪酬指引、行业或园区工资集体协商、特殊工时审批等5项改革试点。出台《关于维护新就业形态劳动者劳动保障权益的指导意见》，启动重庆市维护新就业形态劳动者劳动保障权益专项行动，对美团、饿了么等龙头平台企业逐户召开行政指导会，督促平台企业落实用工责任。

（三）职业技能培训监管不断强化。

重庆市依托电子社保卡，发放20余万张电子培训券，试点职业培训缴费和结算服务，推动培训供需良性对接。扎实开展职业技能培训专项整治、职业技能鉴定自查自纠、提升行动三方审计、民办职业培训学校全覆盖交叉评估，召开四次片区工作会，组建百名质量督导员队伍，提升人才结构质量、培训过程质量、鉴定评价质量，严格落实“凡补必进、不进不补”和远程监控、过程留痕等系列监管措施，确保培训资金安全，推动重庆职业技能培训高质量发展。全年开展补贴性职业技能培训64.4万人次，投入培训补贴9.2亿元。

五、行风建设

（一）责任体系不断健全。

重庆市实行一把手负总责和分级负责相结合，把行风建设纳入党风廉政建设目标责任，纳入干部职工奖惩评价体系。将行风建设和业务工作统一研究部署、统一组织实施、统一督促检查，切实做到两手抓、两促进、两不误。结合实际开展行业性、系统性警示教育200余场次，重庆人社系统“人人都是窗口、处处都是窗口”的服务理念不断深化。在履行监督责任方面，驻局纪检监察组与局机关党办相向而行，形成监督合力，三年来共处理问题线索75件，运用“四种形态”提醒诫勉86人、轻处分11人、开除党籍2人。

（二）“快办行动”成效显著。

实现打包服务全面提质，明确10个打包“一件事”，逐一梳理每个“一件事”所涉事项，确保应进必进、打包办理。累计打包办理事项超过168万件次，办事材料平均精简率达60%以上，清理取消证明材料195项，办理时限在法定时限的基础上压缩66%。全力推进“智慧人社”建设，打通人社各业务信息系统信息壁垒，为快办服务提速提供支撑。全面推行证明事项告知承诺制，实现20个高频事项在规定时限基础上提速50%以上。全力推进“一网通办”，通过“重庆人社”App、“渝快办”、门户网站、微信小程序、微信公众号等平台，推动平台间数据互联，实现193项公共服务及高频服务事项全部上线，市县两级审批和公共服务事项“网上办”分别达到83.7%、76.4%，三年累计为群众提供网办服务超过1 500万件次。开通老年人、残疾人等特殊群体“绿色通道”，提供“一站式”或全程代办服务超过120万人次。深化“人社政务服务电子地图”应用，实现人社服务“就近可办”，聚焦企业群众关切的高频事项推行“免申即办”。针对交通不便、留守老人较多的地区，累计提供上门办等便民服务约5.12万人次，切实提高企业群众获得感、幸福感和满意度。

（三）服务质量持续提升。

持续强化窗口单位经办能力建设，常态化开展窗口单位业务技能练兵比武活动，截至2021年12月底，重庆市在线学习平台上线人数超过15 000人，上线率达到95%。强化以赛促练、以练促用，积极组织参加区域赛、全国赛，2021年重庆市参加全国练兵比武活动首次进入前十。坚持常态化开展调研暗访，及时发现服务中存在的具体问题，对症下药抓好整改。深入开展“我为群众办实事”实践活动，重庆市各级人社干部结合出差、调研、会议等机会开展“走流程”1 200余人次，发现整改问题1 260个。组织开展“大走访大调研大落实”专项行动，围绕人民群众反映集中的信访问题、关心关注的人社服务、大力推进的重点工作，重庆市300余名机关干部职工深入到基层一线中去探情况、收建议、解难题，累计形成调研材料12篇，收集建议262条，发现整改问题272个。持续开展人社窗口单位服务满意度调查，落实线上线下人社政务服务“好差评”制度，实现评价、反馈、整改、监督全流程衔接，在服务场所设置评价器760台，张贴评价二维码1 000余张，用服务对象评价机制倒逼服务质量提升。2021年，重庆市人社政务服务好评率达到99.93%，超出年初计划目标4.93个百分点。

重庆市人力资源和社会保障局

四 川 省

2021年，在省委、省政府坚强领导下，全省人力资源社会保障系统坚持以习近平新时代中国特色社会主义思想为指导，认真贯彻落实中央、省决策部署，统筹推进疫情防控和人社事业发展，取得明显成效。

一、坚持稳字当头，千方百计稳就业保就业

坚持把稳就业保就业作为第一位工作，打出一系列政策组合拳，就业局势保持总体稳定。全省城镇新增就业105.12万人，完成全年目标任务的123.67%；城镇登记失业率3.6%，低于年度调控目标。

（一）强化落实就业优先政策。

印发四川省“十四五”就业促进专项规划。延续实施部分减负稳岗扩就业政策，综合实施社保降费、稳岗返还、技能提升补贴等扶持政策，全省累计减征失业保险费68.46亿元，发放稳岗返还资金20.38亿元，惠及职工153.01万人，新增创业担保贷款39.05亿元，扶持自主创业1.72万人，带动（吸纳）就业6.3万人。

（二）推动就业帮扶与乡村振兴有效衔接。

突出抓好以凉山州为重点的易地扶贫搬迁集中安置点后续治理就业增收工作，出台促进凉山州易地扶贫搬迁集中安置点就业增收十条措施，印发《关于加强就业帮扶巩固拓展脱贫攻坚成果推进乡村振兴的实施意见》，持续做好脱贫人口、农村低收入人口就业帮扶。全省226.03万名脱贫劳动力实现务工就业，动态实现“有劳动力的搬迁家庭至少1人就业”。

（三）统筹抓好重点群体就业。

始终把高校毕业生就业摆在突出位置，全面落实促进高校毕业生就业十条措施，深入实施大学生就业创业促进计划、基层成长计划和就业见习计划，组织开展“智汇天府”、百日千万网络招聘等系列招聘活动，2021届离校未就业高校毕业生7.44万人，同比减少4.48万人。抓好1.65万名建档立卡退捕渔民跟踪服务，实现转产就业和养老保障“双百”目标。加强对就业困难人员的就业帮扶，帮助8.68万名就业困难人员就业、32.24万名失业人员再就业，零就业家庭动态清零。

（四）大力开展技能培训。

大力实施职业技能提升行动，全面提升城乡劳动者职业技能水平和就业创业能力，在住建、经信、应急、商务等10个重点领域实施专项提升行动的基础上，新拓展文旅、民政等4个领域，开展政府补贴类培训227万人次，支出专账资金23亿元，分别完成省政府民生实事目标任务的324.3%、287.5%。

（五）加快发展人力资源服务业。

实施人力资源服务提升工程，新建自贡、广元、遂宁、宜宾等人力资源服务产业园，构建成德眉资和川南、川东北人力资源协调发展“一核两翼”产业格局。全省人力资源服务企业实现营业收入超1 900亿元，增速连续三年超过30%。

二、坚持用心用情，扎实做好农民工服务保障工作

深入推进农民工服务保障战略性工程，切

实提高服务保障工作制度化、常态化、精准化水平，农民工经济总量突破 1.3 万亿元。四川省政府作为唯一地方政府在 2020 年全国农民工工作表彰大会上作经验交流发言。

（一）多措并举稳定农民工就业。

创新开展“春风行动”，持续深化与广东、浙江等省份的劳务协作，常态化开展“点对点、一站式”交通直达运输服务，全省农民工转移就业突破 2 680 万人，其中，省内转移 1 540.3 万人，省外转移 1 141.7 万人；实现劳务收入 6 462 亿元。

（二）大力引导农民工返乡创业。

实施返乡下乡创业服务能力提升行动，举办四川省首届农民工服务周活动暨第二届西部农民工返乡创业大赛、“雁归天府　共创未来”项目推介签约和创业专家服务巡诊活动，全省累计返乡创业农民工 95.1 万人，实现创业产值 6 779 亿元。

（三）着力开发培养农民工人才。

坚持线上线下、省内省外多轨运行，全省开展劳务品牌和返乡创业培训 22.5 万人次。大力选拔优秀农民工进入村“两委”班子，择优选拔农民工村党组织书记 8 183 名，农民工村干部 5.26 万名。

（四）有序推进“川字号”劳务品牌建设工作

选树“岳池输变电工”等 20 个首批“川字号”特色劳务品牌，推荐“川筑劳务”“彩灯工匠”等 5 个优秀劳务品牌参加第三届全国就业创业展示交流活动劳务品牌展，获得“行业引领”“就业带动”等 6 个奖项。

（五）不断提升服务保障水平

以省委省政府名义召开全省农民工工作电视电话会议，加强四川农民工信息化服务平台建设，持续开展农民工服务保障“五件实事”和“十送”系列活动。全省累计走访慰问农民工及留守家人 408.5 万人，办理各类证照 58 万件，提供旅途暖心服务 136.9 万人次。

三、坚持兜牢底线，持续深化社保制度改革

坚持兜底线、织密网、建机制，稳步推进社保制度改革。2021 年底，全省参加养老、失业、工伤保险人数分别达到 6 360 万、1 129 万、1 472 万，目标完成率分别为 109.6%、104.5%、112.7%。社会保障卡累计持卡人数达 9 125 万人。

（一）稳慎推进社保制度改革。

制定《企业职工基本养老保险省级统筹工作考核暂行办法》，将省级统筹工作落实情况纳入省政府对市（州）政府政务目标考核。扎实做好渐进式延迟退休年龄改革意见征集工作。启动平台灵活就业人员职业伤害保障试点工作，出台《〈四川省工伤保险条例〉实施办法》《超龄等从业人员参加工伤保险暂行办法》。

（二）切实保障社保待遇水平。

分批有序推进 30.5 万名 2014—2021 年退休“中人”待遇兑现，兑现年度和进度均居全国前列。完成 2021 年养老金待遇调整工作，共为 949.65 万名退休人员调整基本养老金，人均增加养老金 118.44 元，失业保险、工伤保险待遇稳步提升。

（三）加强基金管理和运营。

新增 230 亿元基本养老保险基金委托全国社保基金理事会开展投资运营。在全国率先出台《职业年金计划监督管理暂行办法》，全省职业年金投资规模 985.8 亿元，累计实现收益 124.3 亿元，收益水平处于全国第一梯队。

四、坚持激发活力，稳步推进人才人事工作

紧扣高质量发展主线，持续深化人才发展体制机制改革，不断释放人才创新创造活力，积极为推进创新驱动引领高质量发展提供人才支撑。全省专业技术人才总量达 383 万人，其中高级职称 51.8 万人；技能人才总量达 1 056 万人，其中高技能人才 226 万人。

（一）做好专业技术人才服务工作。

修订完善省学术和技术带头人及后备人选评定管理办法，在全国率先出台旅游工程职称申报评审标准条件，出台高技能人才与专业技术人才职业贯通发展方案、乡村人才振兴五年

行动实施方案，完成第十三批省学术和技术带头人及后备人选选拔，开展第六届全国杰出专业技术人才表彰推荐和2021年“天府学者”特聘专家选聘工作。

（二）促进技能人才加快发展。

大力发展技工教育，全省技工院校达99所，首次将技工院校招生纳入全省高中阶段教育统一招生平台，累计招生6.72万人，完成人力资源社会保障部招生目标的116.9%。积极推进职业体系建设，加速推进职业技能等级认定工作，现有职业技能等级认定备案机构285家，组织等级认定31.7万人，有23.8万人取得证书。全力备战第46届世界技能大赛，2名高技能人才荣膺“中华技能大奖”，9人获评“全国技术能手”。

（三）加强事业单位人事改革。

扎实推进县以下事业单位管理岗位职员等级晋升制度工作，围绕全省乡镇行政区划和村级建制调整“两项改革”后半篇文章、地勘行业改革、疾控体制改革、涉农科研院所改革、机关事业单位培训疗养机构改革等重大改革任务，主动研究事业单位人员安置等政策，服务工作大局。

（四）深化收入分配制度改革。

深入贯彻落实以增加知识价值为导向的收入分配政策，组织开展省属高校绩效工资政策试点、省属公立医院薪酬制度改革。推动提高省直事业单位绩效工资水平，将2020年度专项绩效水平人均增加1万元。

五、坚持维护权益，全面构建和谐劳动关系

坚持共建共治共享，及时跟进研究和应对新经济新业态发展变化带来的新型劳动关系变化，及时防范和化解劳动纠纷。

（一）扎实开展根治欠薪专项行动。

深入贯彻落实《保障农民工工资支付条例》，组织开展工程建设领域“零欠薪”行动、拖欠农民工工资“清零”百日行动、根治欠薪“利剑”行动、清理整顿人力资源市场秩序等专项行动，全年主动监察用人单位4.87万户，572件欠薪案件全部办结，为1.59万名劳动者追发工资1.94亿元，欠薪案件同比下降15.9%。保障农民工工资支付工作在国务院考核中从B级15位上升为A级9位，受到国务院通报表扬。

（二）加强新就业形态劳动者权益保障。

印发《关于维护新就业形态劳动者劳动保障权益的实施意见》，建立健全部门协作沟通机制和系统协调联动机制，切实维护新就业形态劳动者劳动保障权益。

（三）积极开展和谐劳动关系“春风行动”。

深入实施劳动关系“和谐同行”能力提升三年行动，开展超时加班集中执法检查，推动劳企共同体保障机制建设，系统推动劳动关系矛盾纠纷多元化解，推进实现劳动纠纷不出“厂区、园区、社区”。

（四）劳动人事争议仲裁效能不断提升。

共立案受理劳动人事争议6.62万件，涉及劳动者6.93万人，涉案金额20.36亿元，仲裁结案率为95.2%。

六、坚持政治引领，统筹推进“温暖人社”建设

以党史学习教育为主线，强化政治机关意识，优化服务供给，打造“温暖人社”。

（一）扎实开展党史学习教育。

坚持“我为群众办实事”，聚焦群众最关心、最直接、最现实的利益问题，制定就业社保领域民生实事工作方案，梳理厅级领导干部办实事项目21条，推出利民惠民便民服务措施55条，扎实开展就业培训社保基金“两项治理”，切实将活动成效转化为服务群众实效。

（二）深化川渝人社合作。

推动实现全国首个国家部委与两地政府签署支持双城经济圈建设的三方合作协议，全年签订各级各类川渝人社合作协议31项，总量突破100项。顺利完成87项川渝合作年度任务，大力推进川渝人社公共服务“十件实事”，推动两批次38项“川渝通办”事项上

线运行，累计办理“川渝通办”事项8.3万件次。

（三）深入实施“三大行动”。

聚焦“一网通办”前提下的“最多跑一次”改革目标，实施通办服务、智慧服务、优质服务行动，实现人社服务95%以上“最多跑一次”，85%以上全程网办。深入推进社保卡惠农惠民资金发放“一卡通、一卡统”，全国首创试点通过社保卡支付农业保险赔款。组织“学党史强技能”练兵比武，开展“领导干部走流程”活动，不断提升群众满意度。

四川省人力资源和社会保障厅

成　都　市

2021年，成都市人力资源社会保障部门坚持以习近平新时代中国特色社会主义思想为指导，坚决贯彻落实党中央国务院和省委省政府、市委市政府系列决策部署，围绕“高质量发展攻坚年”主题和建设践行新发展理念的公园城市示范区总目标，统筹推进疫情防控和人社事业发展，重点工作扎实推进，各项目标任务圆满完成，实现了“十四五”良好开局。

一、就业创业

（一）全力促进重点群体就业创业。

深入实施高校毕业生就业促进21条措施，开展“四进四送”活动，全年吸纳8.03万名高校毕业生来蓉就业创业。创新实施“头雁”培育、区域劳务合作等12个专项行动，引导返乡创业就业1.13万人。积极开展“一县一品”“一县多品”特色劳务品牌建设，发布69个特色劳务品牌，建成全国首个阿里电商培训认证示范基地。成都新电商人、温江花工参加全国劳务品牌主题展示活动，分别获评创新发展类、地方特色类劳务品牌；浣花女、金堂焊工、邛州竹编入选“川字号”特色劳务品牌。落实就业困难人员“3+1”服务制度，帮扶1.51万名就业困难人员实现就业。开展凉山州易地扶贫搬迁集中安置点就业增收行动，组织技能大师工作室、居家灵活就业等10个项目与当地社区签约。“十区”帮“十县”助力彝区就业增收项目获四川省优秀公共就业创业服务成果一等奖。“专班+结对”巩固就业脱贫成果、迭代升级就业创业管理系统等4项创新举措获评“2021年中国地方就业创新事件”。

（二）持续加大职业技能培训力度。

深入实施职业技能提升三年行动计划，开设中小企业职工线上培训、企业职工岗前培训、就业困难人员以工代训等11个职业技能培训项目，完成培训115.61万人次，发放补贴13.32亿元。依托成都职业培训网络学院，形成覆盖全省的“互联网+职业技能培训”平台，开发上线电子信息、装备制造、现代物流业等战略性新兴产业课件资源，吸引70.1万名用户注册、6 689家企业入驻，实现技能培训全域覆盖、全网共享、全时可用。召开技能成都标识发布推广暨高技能人才建设授牌表彰大会，现场发布“技能成都”形象标识，向获评2020年国家和省、市级高技能人才建设项目的80家单位授牌，获评数量历年之最。

（三）精准助力企业稳岗扩岗。

延续实施部分减负稳岗扩就业政策，发放稳岗返还补贴14.8亿元，稳定岗位48.97万个；加强对民营企业、中小微企业和重点群体的资金支持，加大对职业技能人才培训的资金投入，支出就业专项资金6.51亿元、失业保险基金51.34亿元、职业技能提升行动专账资金13.32亿元。实施助力高质量发展用工保障专项行动，构建“356”用工服务保障机制，累计帮助192家重点企业新招募41.37万人；举办“春风行动”、民营企业招聘月、新经济新媒体专场招聘会等招聘活动2 264场，为4.38万家用人单位提供免费招聘服务；持续保障新签约落地重大项目用工需求，帮助新签约落地项目实现招聘 5 325 人；推进共享用工余缺调剂，促成企业合作 103 家。

二、社会保障

（一）持续推进全民参保计划。

运用全民参保数据比对分析结果实施精准扩面，积极推进工程建设项目参加工伤保险和尘肺病重点行业工伤保险专项扩面，2021 年底全市尘肺病重点行业工伤保险参保率达 93.63%。稳步推进被征地农民“即征即保、分类施保、应保尽保”，持续推动社保扶贫与乡村振兴有效衔接，成都市基本养老、工伤、失业保险参保规模达到 2 931.49 万人次，同比增长 13.76%，“三险”基金累计结存达到 2 045.76 亿元，同比增长 25.13%，企业职工基本养老保险抚养比由 2020 年末的 3.54：1 提高到 4.59：1。

（二）稳步提高社保待遇水平。

统筹推进机关企事业单位退休人员、城乡居民基本养老保险参保缴费领取待遇人员养老金调整兑现工作，分别同比增长 4.44%、10.12%；稳妥推进全市机关事业单位 3.62 万名 2021 年前退休“中人”养老待遇结算兑现和 2 935 名工伤人员及供养亲属工伤定期待遇调整兑现工作；依法依规推进 2 102 名企业职工提前退休审批工作。不断完善社保待遇领取资格核查认证方式，全市关联认证 199.88 万人次，上门认证 3.38 万人，自助认证 12.66 万人。

（三）大力帮扶企业纾困解难。

严格落实企业社保费阶段性“降率调基”和生产经营困难企业缓缴社保费政策，全市企业减少社保缴费 322.32 亿元、困难企业缓缴社保费 7 897.82 万元。企业缴纳基本养老保险费、失业保险费和工伤保险费以全省城镇全部单位就业人员上年度平均工资核定缴费基数上下限。基本养老保险费企业缴费比例按 16%执行，继续阶段性降低失业保险、工伤保险费率。深入推进企业社保业务“网上经办”，协调落实“三免服务”，全市 10 人以上参保企业“网上经办”开通率达到 95.05%，同比增长 20.32%。

（四）着力提升社保现代治理效能。

深化成都市社会保险现代治理体系建设，完善“告知承诺”“容缺受理”机制，实施“一网通办”能力提升百日攻坚行动，推进社保业务“全省通办”“川渝通办”“跨省通办”，69 个服务事项可在四川省政务服务一体化平台办理，承诺提速率达到 81.45%。深入推进“快办行动”，缩短经办流程，一次性伤残补助金和工亡补助金拨付时间由 12 个工作日缩短到 5 个工作日。全面推进“一件事一次办”，严格落实政务服务线上线下“好差评”，有序推进全省社保信息系统共建版建设，发布实施第 4 项社保经办地方标准。

三、人才人事

（一）创新完善人才工作体制机制。

创新人才信息发布制度，编制发布《成都市人才开发指引（2021）》（《成都人才白皮书》）和《2020 年成都市人才资源状况报告》（《成都人才蓝皮书》），引导人才按需流动、高效匹配。建立首批 16 个产业功能区人才服务工作站和 27 个企业人才工作站，打造人才招引服务矩阵。健全人才评价激励机制，构建特殊人才职称评价“绿色通道”，在头部跨国企业开展虚拟现实、电子技术、人工智能等专业“一评两证”试点，实现职称评价与企业人才评价开放融通；出台境外专业人才执业管理、优秀海外高校毕业生创新创业激励等政策，向 97 家企业的 215 位人才兑现安家补贴和引才奖励 1 634 万元。

（二）加快发展人力资源服务业。

出台《促进成都市人力资源服务业发展三年行动方案（2021—2023）》，发布人力资源服务产品清单、需求清单，引导优质服务产品向主导产业重点企业聚集。推进人力资源服务产业园布局建成体系，中国成都国家级人力资源服务产业园新增入驻企业 36 家，达 231 家，实现营收约 200 亿元。开展人力资源服务产业链（细分领域）研究分析，大力引进国内外知名企业，截至2021年底，成都市人力资源服务机构总数1 400余家，实现营收超500亿元；全年全市人力资源服务规模以上企业共127家、营收237.26亿元，同比分别增长29.6%、27.4%。

（三）持续深化事业单位人事制度改革。

完善岗位动态调整机制，做好县以下事业单位管理岗位职员等级晋升制度实施工作，出台《成都市人力资源和社会保障局关于进一步规范和优化事业单位岗位管理工作的通知》。创新员额教师人力资源管理，出台《成都市员额教师管理办法（试行）》。进一步规范事业单位招聘行为，保障选人用人质量，出台《成都市事业单位公开招聘工作人员办法》。强化荣誉表彰激励，完善表彰奖励政策规定和管理措施，规范实施表彰活动，加大获奖者宣传力度。

（四）健全完善事业单位收入分配制度。

落实事业单位高层次人才工资分配激励机制，探索建立高校、科研院所等事业单位绩效评价制度，鼓励科研人员按规定创新创业并取得合法报酬。完成市属275个事业单位2021年度绩效工资总额核定，实现市本级事业单位绩效工资总额连续6年动态调整，2021年度事业单位绩效工资总额平均水平较2020年增幅达2.78%。深化公立医院薪酬制度改革，连续4年核增公立医院改革性绩效工资，成都市公立医院绩效工资人均水平在2015年的基础上增幅达60%以上。依法保障义务教育教师工资待遇，市属义务教育学校教师平均工资水平已实现不低于当地公务员平均工资水平。

四、劳动关系

（一）不断创新源头治理模式。

坚持“试点+普创”思路，在全市开展1个国家级、3个省级构建和谐劳动关系综合配套改革试点区建设，引领带动其他19个区（市）县创建和谐劳动关系，率先在全国建立构建和谐劳动关系“宣传月、五级联动争创模范单位、公共服务标准体系”等模式，形成构建和谐劳动关系“1319”标准化长效推动模式，强化协商协调，规范用工行为，有效预防和减少劳动纠纷的发生。截至2021年底，共有5 078家市级以上模范和谐单位，成都市企业劳动合同和集体合同签订率分别达96%、97%，216项劳动关系公共服务为全市300余万家用人单位和1 000余万名劳动者提供服务。

（二）创新构建多元治理机制。

坚持和发展新时代“枫桥经验”，持续完善涵盖监察执法、“互联网+”调解仲裁、人民调解、法律援助、工会法律服务、仲裁审查等劳动纠纷“一站式”多元化解联动处置机制，形成全市劳动纠纷分、调、裁、审、执“闭环式”处理模式，实现劳动纠纷“一站式”化解在前端，推动快速妥善化解劳动关系领域风险隐患。发挥数字赋能决策监管机制，推动解决纠纷工作从“处理”转变为“治理”，从“调解”转变为“预防”。机制运行以来，成都市各联处中心累计接待群众15万余人次，受理劳动纠纷案件5.7万余件，前端化解调解成功率达63%，落实工资及补偿等超3.3亿元。成都市人力资源和社会保障局被评为2021年平安中国建设先进集体。

（三）牢固树立依法治理理念。

依托劳动监察和劳动仲裁“两只手”，加强监察、仲裁能力建设，创新执法、办案机制，充分发挥劳动监察执法“挺在前”和劳动仲裁准司法“兜底线”专业优势，坚持柔性执法与刚性约束、守信正向激励与失信联合惩戒、系统治理与根治欠薪专项治理相结合，提升依法治理效能。2021年，有效处置劳动监察举报投诉线索案件13余万件，处理率动态保持在95%以上，受理仲裁案件43 438件，仲裁结案率达93%，为16.42万名劳动者追发工资等待遇10.81亿元（含工程款）。成都市劳动保障监察总队被评为全国根治拖欠农民工工资工作先进集体、全国清理整顿人力资源市场秩序专项行动突出成绩单位，荣获共青团中央、人力资源社会保障部授予的“青少年维权岗”称号。

五、行风建设

（一）深入开展技能练兵比武活动。

建立健全人员全覆盖、业务全囊括、线上线下有机结合的练兵机制，依托在线学习平台，持续开展“日日学、周周练、月月比”线上比拼活动，引导各单位主动开展“争分夺秒”“实战演练”“群雄逐鹿”等实战演练活动，形成市本级、区（市）县人社部门、街道（乡镇）、社区（村）4级干部职工全员参与，系统外机关事业单位、企业职工和各界群众踊跃答题的局面。成功举办2021年度成都市人社系统窗口单位业务技能练兵比武选拔赛，成都市选派的邛崃市代表队勇夺四川省人社系统窗口单位练兵比武总决赛冠军；由成都市选手组成的四川省代表队在全国总决赛中斩获二等奖。

（二）进一步加强重点行业领域精准监督。

严格执纪监督，全年共开展明察暗访5次、工作秩序督导检查22次，反馈并整改问题16个。扎实开展就业培训、社保基金管理、人力资源市场秩序、下放基层事权事项“四大专项整治”，查摆整改问题440个，新建和完善制度67项。以“线上+线下”结合方式主动接受监督，成都市共开设就业培训领域突出问题系统治理举报平台24个，收集群众诉求反映的问题51条，建立问题台账44项，形成全市就业培训领域政策问答清单60条。

（三）纵深推进行风建设。

启动实施成都市人社系统“领导干部走流程”工作，制定印发《2021年成都市人社系统领导干部走流程工作实施方案》，聚焦人社高频业务、重点业务、单位群众投诉集中的业务，形成82项“走流程”清单事项。以现场查看、录音录像、走访问询、查阅资料、核对办事记录等方式，深入区（市）县开展行风建设调研督导30余次，完成“网络理政”回复109件，组织“政风行风面对面”值守，广泛听取群众对人社工作的意见和建议。

六、公共服务

（一）持续深化成渝“双核”人社合作。

成渝两地就业、社保、人才、劳动关系公共服务“四大体系”加快建立，实现就业公共服务“跨省通办”、职称互认、人才跨区域流动、养老保险关系无障碍转移和社会保障卡服务“川渝通办”，联合发布岗位需求9.4万个，办理养老保险关系转移、待遇资格认证等业务4.2万笔，人事档案转接业务134万笔，成都市新都区与重庆市九龙坡区开展国家级构建和谐劳动关系综合配套改革试点合作。

（二）加速推进成德眉资人社事业同城化发展。

成德眉资四地开放融合的人力资源市场、优势互补的人才集聚高地加速形成，实现职业技能培训平台共享、劳动监察跨区办案协作互认，联合发布岗位需求56.2万个，办理人事档案同城转接业务10.1万笔。就业社保公共服务拓展延伸，实现社保欺诈异地协查、工伤认定互认，办理养老保险关系转移、待遇资格认证等业务21万笔。首次将德眉资三市重点领域、项目和企业纳入急需紧缺人才清单，社保公共服务同城化发展成果入选“2020年度成德眉资同城化发展最亮眼五张名片”；首创“社保卡天然就是读者证”在“2021年成德眉资同城便捷生活十大行动”中率先实现文化体验“同城待遇”。

（三）深入推进“放管服”改革。

深入实施“温暖人社”三年行动计划，实施“通办服务、智慧服务、优质服务”三大行动，全力提升人社公共服务软实力，创新人社服务理念，转变系统行风，方便企业群众办事创业。开展政务服务“一网通办”“一窗受理”行动，200项人社服务事项纳入省一体化政务服务平台，就业创业、社会保险、社会保障卡等领域9类47项涉企涉人的高频热点服务应用接入“天府通办”成都分站点（“蓉易办”平台），成都市公共就业服务满意度在全国 110 个监测城市中位列第五。

（四）创新打造公共服务供给模式。

成都职业培训网络学院构建企业分院、德眉资分院等同城化公共培训体系，形成“线上培训—岗位推荐—就业跟踪—培训评估”的一体化就业服务闭环。打造“电话线+新媒体+智能化”咨询服务矩阵，形成“两微一终端”咨询经办服务体系，电话咨询接通率保持在 85%以上。人社自助服务一体机优化上线交管业务，创新打造“人社+”跨界公共服务供给模式。人社智慧治理中心应用平台正式投入运营，在全国率先发布人社智慧治理体系三个数据资源地方标准，社保金融惠民服务项目入选国家 7 部委金融科技赋能乡村振兴示范工程。

成都市人力资源和社会保障局

贵　州　省

2021 年 2 月，习近平总书记到贵州视察，对贵州提出了“闯新路、开新局、抢新机、出新绩”的要求，对就业和农民工工资清欠工作作出重要指示。贵州省人力资源社会保障系统坚持以习近平新时代中国特色社会主义思想为指导，深入贯彻习近平总书记视察贵州重要讲话精神，认真落实党中央、国务院和省委、省政府以及全国人力资源社会保障工作会议部署，围绕“四新”主攻“四化”，做好“六稳”“六保”工作，锐意进取、扎实工作，圆满完成各项任务，为贵州经济社会高质量发展贡献了人社力量。

一、积极推进就业创业

习近平总书记视察贵州时强调，要落实就业优先战略和积极的就业政策，在确保贫困劳动力就业的同时，突出做好高校毕业生、退役军人、农民工等重点群体就业工作。贵州省人社系统始终把稳定和扩大就业作为工作主线，持续筑牢“稳”的基础、守住“保”的底线，实现城镇新增就业 64.75 万人，完成全年目标计划，就业局势总体稳定。城镇调查失业率为 5.4%，控制在目标范围内。

（一）围绕外出务工促进就业。

发挥东西部协作优势，全省通过专列、专车、包机等方式“点对点”支持农民工外出务工。签订稳岗协议，把农民工稳在当地，稳住收入。截至 2021 年底，全省农村劳动力在省外务工 588.38 万人。

（二）围绕重点群体促进就业。

实施高校毕业生就业创业促进计划，2021 年全省共有 21.96 万名高校毕业生，初次毕业去向落实率达 82.71%。充分发挥城乡公益性岗位就业托底作用，促进就业困难人员就业。推动退捕渔民转产就业，有就业意愿的 2 123 人全部实现就业。

（三）围绕产业发展促进就业。

聚焦“四新”“四化”，围绕特色产业、工业园区、重点企业等促进就业，截至 2021 年底，为恒力（贵州）纺织智能科技有限公司、富林电子科技有限公司等重点企业招工 9.3 万人。鼓励创新创业，全省新增发放创业担保贷款 24.85 亿元，新增扶持创业 1.48 万人，带动就业 4.68 万人。

（四）围绕劳务就业大数据平台建设促进就业。

依托平台开展全口径劳动力就业监测，截至 2021 年底，省劳务就业大数据平台已掌握 2 806.19 万条劳动力就业信息，占总劳动力 2 971.6 万人的 94.43%。

二、积极开展技能培训

落实人力资源社会保障部“技能中国行动”部署，统筹开展职业技能提升行动和技能提升质量年活动，大规模多层次高质量开展职业技能培训 140.87 万人次，超额完成全年目标计划。

（一）部署开展技能提升行动和农民全员培训三年计划。

印发《关于高质量推进 2021 年度农民全员培训和职业技能提升行动的指导意见》等，完善政策措施，提升资金使用效率，大规模开展培训。

（二）不断加强技工教育。

2021年，全省技工院校共有49所正常招生，共招生3.95万人，截至年底，全省技工院校共有9.3万人。印发《推进职业教育与技工教育深度融合发展的实施方案》《关于全面推进职业院校技能等级认定工作的通知》等，建立完善机制，推进“双认证”“双证书”，推进职业院校与技工院校融合发展。

（三）持续深化东西部协作培训。

加强与对口帮扶的广东省的沟通对接，印发《粤黔协作实施“粤菜师傅”“广东技工”“南粤家政”等项目工作方案》等，加强“校校合作”“校企合作”等，协作实施“南粤家政”“粤菜师傅”“广东技工”三大工程，不断深化技能协作，提升劳动力外出就业能力。截至2021年底，累计开展培训400余期，培训1.8万余人。

（四）做好技能竞赛工作。

组队参加首届全国乡村振兴职业技能大赛，获得1银1铜4优胜奖。积极筹备第一届全省职业技能大赛，市州相关赛事已经结束，大赛将根据疫情情况择期举办。

三、积极做好社会保障工作

深入学习贯彻习近平总书记关于完善覆盖全民的社会保障体系重要讲话精神，深入推进社会保障制度改革，不断健全覆盖全民、统筹城乡、公平统一、可持续的多层次社会保障体系。截至2021年底，全省城镇职工基本养老保险参保756.05万人，失业保险参保320.92万人，工伤保险参保529.93万人，城乡居民基本养老保险参保1 928.60万人，全面完成全年目标计划。

（一）推进社会保障全面深化改革。

深入学习贯彻习近平总书记在中央政治局第二十八次集体学习时的重要讲话精神，加强社保政策研究，稳步推进社会保障改革。在2020年企业职工基本养老保险省级统筹通过国家验收考核的基础上，2021年，按照国家要求，积极做好全国统筹相关工作，推进企业职工基本养老保险省级统筹与全国统筹有效衔接。出台《贵州省失业保险基金省级统筹实施意见》，在全省范围内建立失业保险“五统一”制度体系，为失业保险各项待遇按时足额发放提供政策遵循和制度保障。召开多场征求意见会，按照中央部署稳妥推进渐进式延迟法定退休年龄改革。

（二）落实社会保险援企稳岗和待遇调整政策。

持续实施阶段性降低社会保险费率政策，继续实施普惠性失业保险稳岗返还政策，企业职工基本养老保险和失业保险为企业减负97.43亿元，为6.04万户企业发放失业保险稳岗返还资金2.56亿元。调整增加企业和机关事业单位退休人员基本养老金，惠及全省160余万名退休人员。

（三）强化社保基金监管。

在省纪委监委指导下，对全省社保基金，特别是城乡居民基本养老保险基金管理和使用等情况进行专项检查。以开展社保基金管理问题专项整治和“警示教育月”活动为抓手，建立数据核查会商机制，推动数据融通互认，完善基金监管防控体系，抓实风险防控工作，提升社保基金管理精细化水平。

（四）推进社保经办数字化转型。

围绕“系统全省通用、数据全省集中、标准全省统一”目标，建成运行涵盖基本养老、工伤、失业三大险种的全省统一的社会保险信息系统。以信息化赋能民生服务，90%以上的事项实现全省通办，108个事项实现全程网办，贵州省“跨省通办”经验做法得到国务院办公厅通报表扬。

四、积极做好人才人事工作

深入学习习近平总书记在中央人才工作会议上的重要讲话精神，贯彻中央和省委人才工作会议精神，多措并举吸引、培养和选拔人才，用心用情用力服务人才，努力为全省高质量发展提供人才支撑。

（一）完善政策体系。

开展专项调研，拟定《关于推动新时代贵州人才工作高质量发展的意见》，出台《贵州省重点人才五年倍增行动计划》《贵州省产业重点人才“蓄水池”管理办法》等文件，不断优化完善人才政策体系。

（二）精准引育人才。

举办第九届线上线下贵州人才博览会、开展“省校招聘”引才等活动，签约落地急需紧缺人才近3 000人。推进职称制度改革和分类评价工作，加强职称评审信息化建设，推动高技能人才与专业技术人才职业发展贯通，抓实人才培育。成功申建中国贵阳国家级人力资源服务产业园。组队参加首届全国博士后创新创业大赛等。

（三）优化人才服务。

启用贵州人才服务热线“96567”，建成“贵州省人才之家”，颁发贵州“优才卡”223张，开展“人才日”活动，欧阳自远院士等4人获得首届“贵州杰出人才奖”，人才服务水平进一步提升。

（四）做好人事相关工作。

开展事业单位人事管理“一件事”打包办全国改革试点，通过统一标准、搭建平台、业务联办等方式，推动改革试点取得积极成效。指导各县（市、区）制定实施方案，统筹推动县以下事业单位管理岗位职员等级晋升相关工作。完善省直事业单位绩效工资总量管理，开展事业单位机构改革人员划转工作等。圆满完成全省抗击新冠肺炎疫情表彰工作和全省脱贫攻坚总结表彰工作。

五、积极做好根治欠薪工作

坚决贯彻落实习近平总书记视察贵州时对做好农民工工资清欠工作作出的重要指示，多措并举推动根治欠薪工作取得实效。

（一）完善制度体系。

围绕贯彻落实《保障农民工工资支付条例》，制定出台《贵州省贯彻落实〈保障农民工工资支付条例〉实施意见》《贵州省工程建设领域农民工工资专用账户管理暂行办法》《贵州省保障农民工工资支付工作考核办法》等，采取现场解答疑问、发放宣传资料等多种形式加强宣传，督促用人单位依法、足额、按期支付农民工工资，引导农民工依法维权。

（二）开展专项行动。

部署开展根治欠薪专项行动，印发《2021年根治欠薪专项行动方案》，明确四个时间节点推进专项行动，累计清欠项目9 000多个，涉及农民工30余万人。部署开展“根治欠薪冬季专项行动”，切实保障农民工按时足额拿到“辛苦钱”，过个“幸福年”。

（三）加强监测监管。

搭建“贵州省劳动用工大数据综合服务平台”，对6项欠薪预警指标进行监测，对工程造价400万元以上和400万元以下在建项目分别进行在线监管和台账式监管，实现“项目全入库、人员全覆盖、工资支付全监管”。采取将欠薪舆情和线索分类转办地方和行业（项目）主管部门的“双交办”模式，压实各地党委政府、各行业主管部门责任，构建根治欠薪工作格局，实现舆情线索闭环处置，提升根治欠薪工作质效，获得人力资源社会保障部肯定并在全国推广。

（四）狠抓综合治理。

设立农民工维权岗、打造一批金牌劳动关系调解员等，联动法律援助、调解仲裁和劳动监察，深入推进“护薪行动”。全覆盖运行“互联网+调解”服务，引导农民工在线申请服务，实现劳动维权“零跑腿”，全年在线申请调解案件2 000余件，群众满意度不断提升，被省委网信委评为“庆祝建党100周年，走好网上群众路线”工作先进典型。

六、不断提升服务效能

实施行风建设三年行动，突出重点、破解难点、打造亮点，系统行风明显改善，人社政策满意度和行风分项满意度不断提升。

（一）深入开展“厅局长走流程”。

建立“厅局长走流程”制度，形成常态

化机制，各级领导干部到一线“走流程”746次，发现问题线索416条，收集意见建议198条，及时组织问题整改，人社服务水平不断提升。

（二）全面推进“放管服”改革。

推进人社服务快办，率先实施10个一件事“打包办”，23个高频事项办理时限总体压缩54.4%，40%的事项实现及时办理，135个事项实现“全省通办”，30个事项实现“跨省通办”，群众满意度在99%以上。

（三）狠抓服务能力提升。

推进基层人社优质服务窗口试点，建立窗口服务标准化体系。深入开展业务技能练兵比武、人社服务标兵宣讲、行风作风大家谈、调研暗访等活动，全省人社服务环境全面升级。启动第三代社保卡发放，推动“社保卡一卡通+贵人服务”建设，打造贵州特色政务、民生服务。

七、统筹推进战略性、基础性、综合性工作

（一）省人民政府与人力资源社会保障部签署合作协议。

人力资源社会保障部张纪南部长于2021年12月5日至6日到贵州调研，并与省政府签署《共同推进贵州省人力资源和社会保障事业高质量发展合作协议》，从政策、项目、资金等方面给予贵州更多支持。

（二）编制发布一批人社“十四五”专项规划。

完成“十四五”贵州省促进城乡就业创业、农村人力资源开发、社会保障、人才发展四个专项规划编制发布，对“十四五”人社重点工作进行部署。

（三）积极落实省委、省政府重大部署。

按照省委、省政府部署要求，加强工作调度，完善政策措施，落实“全力主攻‘四化’”“强省会”“支持毕节试验区建设”等重大部署。

八、扎实有力推进党的建设

贵州省人社系统坚持以党的政治建设为统领，把政治标准和政治要求贯穿工作各方面全过程，牢牢把握正确政治方向。扎实开展党史学习教育和“牢记殷切嘱托、忠诚干净担当、喜迎建党百年”专题教育，开展“我为群众办实事”实践活动。全面落实党建主体责任、从严治党主体责任和意识形态工作主体责任。从严管理干部，制定关于从严教育和管理年轻干部的意见。扎实推进党支部标准化规范化建设，党的建设科学化水平明显提升。持续推进党风廉政建设和反腐败斗争，着力营造风清气正的良好政治生态。

贵州省人力资源和社会保障厅

云 南 省

一、就业创业

（一）就业保障。

拟定本年度全省《就业工作要点》《农民工工作要点》，并印发各成员单位组织实施。联合省财政、自然资源等6个部门，制定出台《乡村公益性岗位管理办法》，规范用好乡村公益性岗位，助力推进乡村振兴。出台《关于进一步做好稳定和扩大就业工作的通知》等10余份政策文件，保持政策稳定性、连续性。积极争取中央就业补助资金29.63亿元，增幅17.23%，对27个脱贫重点帮扶县每县倾斜投入400万元，对25个边境县给予“二次疫情影响地区”补助1 000万元，助力稳就业、保岗位。

全年城镇新增就业53.31万人，完成计划数的106.63%，同比增长8.04%。帮助城镇失业人员再就业15.89万人，完成计划数的144.50%，同比增长7.73%。帮助就业困难人员就业12.37万人，完成计划数的123.66%，同比增长9.68%。

（二）重点兜底工作。

全面抓实“云岭大学生就业护航行动”，2021届离校未就业毕业生实现就业6万余人，就业率87.90%，同比提高1.3%。大力实施农村劳动力转移就业“百日行动”“稳岗促增收行动”和“收入增百计划”，农村劳动力转移就业1 558.19万人，比2020年增加42.67万人，省外转移就业386.4万人，比2020年增加39.62万人；外出务工农村劳动力月均收入4 082元，同比增长7.0%；打造“剑川木雕工匠”等劳务品牌70多个，带动就业29.56万人。紧盯就业困难群体加强帮扶，全省城镇公益性岗位安置就业困难人员3.73万人，帮助1 570户零就业家庭实现就业，做到动态清零。

（三）创业扶持工作。

开展“创业担保贷款服务月”活动，通过“贷免扶补”扶持创业8.5万人，发放贷款153.65亿元。扎实推进“马兰花计划”，组织全省129个县区开展SIYB创业培训和网络创业培训7.09万人次，推荐昆明、曲靖、大理3个城市的就业创业主体展示项目参加2021年10月在长春市举办的第三届全国创业就业服务展示交流活动，均获评“城市创业优秀展示项目”。普洱市思茅区青年（大学生）创业园被认定为第五批“全国创业孵化服务示范基地”。

（四）职业技能培训。

面向市场需求，充实完善818项职业技能培训补贴目录，将21个新职业（工种）纳入补贴范围。健全完善“云南省职业技能网络培训平台”，精选1 718家培训机构上线入驻，支持职业院校、技工院校参与培训，实施报账制培训补贴模式，推广使用职业培训券31.73万张，提升服务水平。调整下达州市培训调剂资金5.6亿元，延续以工代训政策，落实资金直补企业措施，实施“三个定向”提标，强化激励引导。开展职业培训专项检查，抓实4个方面、11个问题整改，强化全链条监管。2021年，全省累计投入资金13.55亿元，开展培训107.04万人次。

（五）巩固脱贫攻坚成果推动乡村振兴工作。

在就业帮扶上，出台 12 条就业帮扶措施，积极争取沪滇劳务协作帮扶资金 2.68 亿元，进一步加大政策资金支持力度。规范 2 260 个就业帮扶车间建设，开发 18.45 万个“人社公岗”，兜底帮助 4.13 万名脱贫人口就业。围绕“四有”抓实易地扶贫搬迁点就业帮扶，对 800 人以上集中安置区的“就业服务站”，每个给予最高不超过 10 万元的补贴，助力易地扶贫搬迁劳动力转移就业 61.01 万人，同比增加 4.17 万人。建立完善“一平台、三机制”找工作、找培训服务事项，累计办理申请 2.34 万件。截至 12 月底，全省累计转移脱贫劳动力 322.44 万人，同比增加 4.25 万人。在社保帮扶上，落实“三个 100%”要求。全省 548.28 万名符合条件人员 100%参保；104.22 万名 60 周岁以上脱贫老年人 100%按时足额领取养老待遇；地方政府为 265.33 万名脱贫人口、低保对象、特困人员 100%代缴基本养老保险费 2.71 亿元。在技能帮扶上，以“六个统筹”整合培训资源，加大培训资金投入，调整培训补助办法，采取“送技上门”“入乡办班”“互联网+职业培训”等形式，增强培训的针对性、实用性。截至 12 月底，全省培训在岗农民工 12.15 万人次，培训农村转移劳动力 27.62 万人次，培训脱贫人口 32.76 万人次。在人才帮扶上，以助推乡村振兴为重点加大“三支一扶”岗位征集力度，招募 695 名高校毕业生充实到乡镇一线。组织 9 批次人才服务团深入 10 多个县乡开展医疗、教育、产业规划、农村种植养殖等智力帮扶活动，举办各类讲座培训 30 余场，提出专家咨询建议 100 余条，服务群众共 4 000 余人。发布全省基层服务需求岗位 4 763 个，14 名专业技术人员签订到基层服务协议，为当地乡村振兴提供智力支持。

二、社会保障

（一）社保参保扩面。

全省紧扣社会保险“扩面”“统筹”“提待”“降费”“兜底”，夯实工作基础、提升保障质量，全省社会保险制度运行总体平稳。其中，基本养老保险参保人数 3 199.66 万人，工伤保险参保人数 541.91 万人，失业保险参保人数 329.80 万人。基本养老保险基金收入 1 232.47 亿元，待遇支出 991.57 亿元，领取待遇人员约 735 万人，期末滚存结余近 2 109.63 亿元。失业保险基金收入 25.48 亿元，支出 28.02 亿元，基金累计结余 94.45 亿元（含省级调剂金 30.23 亿元），发放失业保险金 15.34 万人，人均失业保险金水平为 1 356 元/月。

（二）社保待遇调整。

连续第 17 年调整企业退休人员基本养老金，企业退休人员、城乡居民月平均养老金分别提高到 3 158 元、140 元；连续第 16 年调整提高工伤保险长期待遇，失业保险金标准提高至最低工资标准的 90%。

（三）阶段性减免企业社会保险费。

认真执行阶段性降低失业保险费率政策，累计为参保单位和个人减轻失业保险 20.91 亿元缴费负担。

（四）稳岗返还。

继续加大失业保险稳岗返还政策支持力度，通过放宽中小微企业裁员率和政策享受范围，提高稳岗返还标准，改进经办模式，实现参保单位找政策为政策找参保单位，采取“免申即享”等措施稳定就业岗位。全年审核发放稳岗返还资金 3.48 亿元，涉及企业 5.23 万户，惠及职工 157.84 万人。

（五）社保制度改革。

完成国家企业职工基本养老保险省级统筹制度实地考核验收，全面放开灵活就业人员在就业地参保户籍限制，顺利接轨养老保险全国统筹。推进机关事业单位养老保险制度改革，完成国家改革中期评估工作，规范职业年金待遇发放，推动中央驻滇机关事业单位缴费资金清算，全力推进2018—2020年退休“中人”养老金待遇计发和清算工作。积极做好渐进式延迟法定退休年龄改革征求意见工作。完成1999年以来300.79万被征地农民身份认定工作，认定率达100%，基本养老保险参保率达90.75%。

（六）社保基金监管运营。

基金投资运营稳健，基本养老保险基金委托投资累计记账收益114.68亿元（其中已到期委托资金收益额35.98亿元，仍在委托期内资金累计记账收益额预计78.70亿元），自委托运营以来，年均投资收益率达6.49%。职业年金基金自2020年6月启动市场化投资运营以来，截至2021年底，投资收益42.28亿元，累计收益率12.79%。

三、人才人事

（一）人事制度改革。

修订完善各系列（专业）职称评价标准条件，会同行业主管部门起草43个专业职称评价标准条件。下放正高级工程师职称评审权限至22个省级行业主管部门、4家大型企业。贯通农业、技工院校教师等8个系列高技能人才和专业技术人才职业发展通道。印发《云南省职称申报评审管理实施办法（试行）》，规范职称申报评审行为。研究起草《云南省专家基层科研工作站建设管理实施办法》，围绕乡村人才振兴，抓好专家服务工作。出台《支持自贸试验区建立与国际接轨全球人才招聘制度和吸引外国高技术人才管理制度的若干意见》，提出14条支持自贸试验区人才发展的举措，促进人才向自贸试验区聚集，人才发展环境进一步优化。出台《云南省省级人力资源服务产业园创建和评估暂行办法》，对产业园的申报条件、认定程序、管理职责以及评估考核等进行规范和明确。扩大人事管理自主权，进一步落实事业单位人事管理自主权，在18家省属高等院校、科研院所和公立医院开展扩大用人自主权的试点，向试点单位下放人员招聘、岗位管理等人事管理权限。支持云南大学、昆明理工大学“双一流”建设，在人才引进、岗位聘用等方面给予政策倾斜。参与制定云南省深化国有文艺院团改革的实施意见，指导各地开展从优秀村（社区）干部中定向招聘乡镇（街道）事业单位工作人员工作。推进县以下事业单位建立管理岗位职员等级晋升制度，完善体现岗位绩效和分级分类管理的事业单位薪酬制度。

（二）人事管理创新。

首次搭建“云南省求职服务平台”，整合全省469万个岗位，打造就业“旗舰店”。在502个脱贫行政村建立监测点，把工作触角延伸到最末端。启动实施“技能云南”行动，创新技能人才培养“四个载体”，健全评价激励“四个机制”。着力打破梗阻，实现工伤就医“全省通办”，失业保险稳岗返还“免申即享”，失业保险参保职工技能提升“免证即办”。在全国率先建成覆盖省本级和16个州市的“园区人才服务工作站”，探索高层次人才“一人一策”的引进路子，解决招人难的问题。开展根治欠薪集中联合接访活动，首次召开全系统行政执法工作会议，大力推进公正文明执法，强化行政执法监督。进一步健全人社网宣队伍，建立网宣资源库，舆情应对处置能力得到增强。加快全省人社数字化转型，全省统一的工作机制进一步确立，人社服务一体化迈出实质性步伐。

（三）人才队伍建设。

全省新增取得高级工以上职业资格证书或职业技能等级证书139 754人次，新增取得技师、高级技师职业资格证书或职业技能等级证书13 414人次；新增留学回国人员298人，新增引进省外高层次人才1 330人；新增设省级博士后科研工作站10个，新招收博士后204人；遴选资助博士后科研项目58项，遴选奖励博士后科研成果16项。组织参加全国博士后创新创业大赛，共遴选推荐24个项目参加全国总决赛；组织开展8场“广聚贤才·共创滇峰”高层次人才网络直播引进活动、2场“云南人才周”直播引才下基层等活动。充分发挥柔性引才机制和柔性引进高层次人才基地作用，开展省内专家服务基层（高层次人才精准助力乡村振兴）、创业导师及海外赤子为国服务、省外专家高层次人才沪滇合作、第21批赴滇博士服务团等6场次柔性引才引智活动，柔性汇聚全国52名专家的智慧，为云南省发展提供智力支持。全省专业技术人才总量达190.4万人，技能人才总量达428万人。完成曲靖技师学院、临沧技师学院两所技师学院报批工作，全省技工院校招生66 531人。开展补贴性职业技能培训107.04万人次，开展新型学徒制培训27 796人，农民工参加职业培训12.15万人。加强高层次专家人才培养选拔，1名专家和2个团队分别获“全国杰出专业技术人才”“专业技术人才先进集体”称号，99名专家获省政府特殊津贴。新招募695名“三支一扶”人员充实到基层一线，推动人社脱贫攻坚与乡村振兴有效衔接。组织专业技术人才知识更新高级研修班12期，共632人参加研修培训。

（四）“青年人才”专项工作。

专项实施以来，共有546名青年博士入选“青年人才”专项（柔性引进人才11名），对145个青年人才领衔项目给予经费资助，共给予26 550万元一次性工作生活补贴和10 581万元项目经费支持，为吸引高层次青年人才来滇创新创业发挥了积极作用。组织31名高层次青年专家赴云南省自贸试验区和乡村地区开展专题讲座、技术指导、项目合作等人才智力服务活动。

（五）人才服务工作。

办理9家单位29个高层次人才绿色通道服务证和高层次人才医疗就诊证。配合省人才工作领导小组办公室探索高层次人才服务A卡、B卡分层分类服务制度，联合13家高层次人才绿色通道服务部门共同协商推进高层次人才绿色通道各服务事项、服务内容的落实落地工作。率先在全国建成覆盖本省16个州市的“园区人才服务工作站”，实现人才政策直通园区、人才服务直达园区、人才活动走进园区。开展云南省引进高层人才享受政府购房补贴和工作经费申报评审工作，共给予35名引进高层次人才享受政府购房补贴和工作经费资助，其中二等11名、三等24名（包含国企2名和民企1名），共发放购房补贴和工作经费957万元（其中2名国企人员经费由企业自筹，不包含在内）。深化公立医院薪酬制度改革，按照国家和云南省政策规定，落实参加疫情防控工作一线医务人员薪酬待遇，落实事业单位科研人员职务科技成果转化现金奖励政策。

四、劳动关系

聚焦新就业形态劳动者权益保障问题，出台《关于维护新就业形态劳动者劳动保障权益的实施意见》，填补制度空白。向社会公开发布“云南省2020年人力资源市场工资价位及行业人工成本信息”，在昆明、曲靖、玉溪、红河等地创新推广“电子劳动合同”，规范企业劳动合同签订。深入开展劳动关系“和谐同行”三年行动计划，评选表彰劳动关系和谐企业34户、园区6个，营造和谐氛围。2021年，劳动保障监察举报投诉案件结案率100%，拖欠农民工工资举报投诉案件结案率100%，办理劳动人事争议案件1 543件，结案率97%，劳动人事争议调解成功率75.03%。

五、行风建设

持续深化行风建设，提升服务水平，全省12个窗口单位、6名个人受到人力资源社会保障部表彰，省厅连续3年在民营企业对政府职能部门评议中名列前茅，在2020年云南省政府开展的政务服务能力调查评估中位列省直部门第一。2021年，协调争取基本建设投资1.5亿元，推进全省乡镇基层就业和社会保障公共服务设施补短板项目建设，平台覆盖率达80%。强化人社业务平台系统集成，接轨“一部手机办事通”，全省8 850个服务网点上线高德地图，全面推广云南人社网上服务大厅，累计上线89个人社服务事项，办理业务1 469.9万件。持续深化“放管服”改革，全面开展“人社服务快办行动”，实现人社政务服务事项承诺办结时限在2020年基础上再压缩近30%，92%的政务服务事项实现“最多跑一次”，84%的申报材料实现免提交纸质材料，省本级的依申请政务服务事项96%实现网上可办，54%实现全程网办。修订完善人社公共服务项目实施标准23项、办事指南240项，21个事项实现“跨省通办”、136个事项实现“省内通办”。

六、表彰奖励

组织全国脱贫攻坚先进个人和先进集体评选推荐工作，云南省共113名个人和85个集体受到党中央、国务院表彰，其中，张桂梅被授予“全国脱贫攻坚楷模”荣誉称号。配合省委组织部推荐上报3名“七一勋章”提名人选、12名全国优秀共产党员推荐人选、9名全国优秀党务工作者推荐人选、18个全国先进基层党组织推荐对象，张桂梅获“七一勋章”。推荐2名国家级表彰奖励获得者参加北京2022年冬奥会和冬残奥会火炬传递。组织开展全省脱贫攻坚总结表彰活动，共表彰1 495名“云南省脱贫攻坚先进个人”和794个“云南省脱贫攻坚先进集体”。会同省委政法委、省文化旅游厅、省妇联等15家省级部门，评选推荐59个集体、103名个人作为国家部委表彰对象人选；督促指导省级部门开展评比达标表彰活动21项，评选出先进集体951个、先进个人1 760名。清理规范省级以下创建示范活动，保留99项、取消121项、合并631项，清理精简率87.4%。组织2020年以来省政府任命的80名国家工作人员进行宪法宣誓，提请云南省人民政府任免行政工作人员362名。

云南省人力资源和社会保障厅

西藏自治区

2021 年，西藏自治区人力资源社会保障系统坚持以习近平新时代中国特色社会主义思想为指导，全面贯彻落实习近平总书记关于西藏工作的重要论述和新时代党的治藏方略，在西藏自治区党委、政府的坚强领导下，在人力资源社会保障部的精心指导下，立足人社职能、担当民生重任，稳就业、强保障、聚人才、战欠薪、助扶贫、优服务，人社事业发展取得显著成效和突破性进展。全区高校毕业生就业率居全国首位，农牧民转移就业收入增幅全国领先，城镇职工基本养老保险参保率居全国首位，养老保险待遇水平全国领先，职称制度改革走在全国前列，劳动监察举报投诉案件结案率和劳动人事争议仲裁结案率均位居全国前列。荣获“全国根治拖欠农民工工资工作先进集体”“全国脱贫攻坚先进集体”称号。人社扶贫和乡村振兴在全区连续 6 年考核评优，政府绩效目标考核连续 4 年位居全区前十。在 2021 年人力资源社会保障部通报的 21 项主要指标中，西藏自治区有 7 项位居全国前列，全区人社系统 10 个基层一线服务窗口和 5 名工作人员荣获全国优质服务窗口和先进个人表彰。

一、牢牢守住就业民生底线

坚持把稳定和扩大就业作为头等民生大事来抓，大力实施就业优先战略和更加积极的就业政策，持续创造就业岗位、改善就业环境、提高就业质量、拓宽就业渠道，努力推进更加充分更高质量就业。高校毕业生市场就业格局基本形成，覆盖城乡的公共就业服务体系不断完善，职业技能培训促进就业作用不断凸显，困难群体保障就业底线稳固兜牢，就业培训助力乡村振兴，创业带动就业的局面逐步形成，全区就业形势保持持续稳定。2021 年，全区应届高校毕业生就业率达 99.03%、区外就业 2 400 余人，农牧民转移就业 69.3 万人、实现劳务收入 58.1 亿元，均创历史新高。城镇新增就业 5.21 万人，动态消除 4 010 户城镇零就业家庭，全区就业基本盘更加稳固。12 万劳动力参加补贴性职业技能提升培训，发放失业保险金、失业补助金和技能提升补贴 2 264 万元，向 231 家企业发放稳岗返还资金 1 432 万元，稳定就业岗位近 4 万个，确保在应对新冠肺炎疫情冲击下全区未出现大规模失业风险。全年举办各类技能培训班 2 192 期，培训 12.2 万人。深入实施“创百店扶千生”暨“百企一帮一”行动，224 名高校毕业生、中职生成功创业，带动就业 1 200 余人。西藏大学梦立方大学生创业孵化基地、拉萨市第三极众创空间被认定为国家级创业孵化示范基地。

二、社会保障全覆盖

深入实施全民参保计划，推动实现法定人员全覆盖。机关事业单位养老保险制度平稳运行，退休人员养老金按时足额发放，个人养老金制度落地实施，退休人员和城乡居民基本养老金水平不断提高。延续普惠性失业保险稳岗返还、技能提升补贴申领条件放宽、阶段性降低工伤失业保险费率政策，多措并举助企纾困。加强工伤预防和工伤康复，参保单位和工伤职工权益得到全面维护。社会保险经办体系日趋完善，社保经办数字化转型加快推进。加强基金管理风险防控能力建设，健全政策、经办、信息、监督“四位一体”防控体系，强化人防、制防、技防和群防“四防”协同。2021 年，全区 306.4 万人次参加社会保险（不含医疗保险和生育保险），城乡居民基本养老金连续 8 年提标，企业职工基本养老金连续 17 年提标；向较早参加工作退休工人发放特殊生活补助费共计 522 万元，惠及 2 100 多名退休工人。企业职工基本养老保险在全国率先实现省级统筹。全区累计制发社保卡 326 万张，成为全国唯一的第三代社保卡全区批量发放、一步到位试点地区，实现惠民资金、政策补贴、待遇领取等多领域“一卡通”发放，社保卡在全国率先实现区域户籍人口基本全覆盖。开展社保基金管理问题和社保数据专项整治，核查疑点信息 9 万余条，追回基金 726.2 万元；整改治理问题数据 33.2 万条，补发各项资金 1 284.3 万元，追回重复领取养老保险待遇资金 233.4 万元。

三、深入实施人才强区战略

坚持把人才作为第一资源，不断深化人才评价和人事制度改革，创新人才引进政策，大力实施各类人才工程项目，积极做好少数民族专业技术人才特殊培养工作，优化实施政府特殊津贴制度，全区各类高精尖人才、行业领军人才数量大幅增加，人才队伍素质和结构明显改善。大力发展技工教育，推行工学一体化技能人才培养模式。西藏和平解放 70 周年大庆期间，中共中央政治局常委、全国政协主席汪洋率领中央代表团亲临西藏技师学院视察指导，人力资源社会保障部和区党委、政府主要领导为西藏技师学院揭牌，并签署第二次部区共建西藏技师学院备忘录。县以下事业单位管理岗位职员等级晋升制度推进实施，事业单位公开招聘、岗位设置考核、奖惩监督制度不断完善，事业单位科研人员创新创业鼓励支持力度不断加大。深化公立医院薪酬制度改革，保障义务教育教师工资待遇，推动落实职务科技成果转化工资政策。2021 年，先后出台 17 项职称制度改革配套政策，全区职称制度改革走在全国前列，改革红利惠及全区 10 余万名专业技术人员。获批自治区政府特殊津贴专家 15 名，通过“西藏特培”和知识更新工程培养专业技术人员 1 992 人。公开招聘高校毕业生 4 352 人，非援藏省市专项招聘、定向招聘、派遣农村订单定向免费医学生 232 人，区直事业单位公开遴选 45 人。完成 4 940 家事业单位岗位设置，核准岗位 9.9 万个，事业单位人事制度改革扎实推进。

四、努力构建和谐劳动关系

深入实施劳动关系“和谐同行”能力提升三年行动计划，积极落实新业态劳动者权益保障政策，指导企业依法规范用工，推进集体协商工作有序开展。健全技能人才薪酬分配制度，持续推进国有企业负责人薪酬制度改革，完善国有企业工资内外收入监督检查制度。全面落实《保障农民工工资支付条例》，组织实施保障农民工工资支付专项考核、失信联合惩戒对象名单管理及重大劳动保障违法行为社会公布等工作。开展工资支付、人力资源市场等领域突出违法问题专项整治。创新调解仲裁制度机制，加强仲裁办案指导规范化。完善“互联网+调解仲裁”服务平台，积极推进数字仲裁庭、智能仲裁院建设。2021 年，首次发布西藏自治区企业工资指导线，首次开展特殊工时工作制审批。通过银行代发农民工工资 100.5 万人次，代发工资 116 亿元，连续 6 年实现农民工工资“零越级上访”“零群体性事件”“零恶性讨薪事件”，农民工“辛苦钱”切实得到有效保障。打造“亲民仲裁”品牌，依法高效处理劳动人事争议案件 1 247 件，用实实在在的行动暖人心、聚民心。

五、聚力助推乡村振兴

圆满完成脱贫攻坚历史任务，连续 5 年在脱贫攻坚考核中名列前茅，被授予“全国脱贫攻坚先进集体”称号。人社扶贫与乡村振兴实现有效衔接，积极落实脱贫人口就业帮扶政策，稳定脱贫劳动力务工规模，加强脱贫人口外出务工服务保障和区内外劳务协作。对高寒边境县、易地搬迁大型安置区给予倾斜支持。实施乡村振兴重点帮扶地区职业技能提升工程，积极引导脱贫家庭子女参与技工教育，不断提升就业能力，实现技能增收。大力推进劳务品牌建设。持续巩固困难群体基本养老保险全覆盖成果，保障低收入人口相关待遇。深入实施专家服务基层行动，在人员招聘、职称评审、人才选拔培养等方面向基层倾斜。2021年，全区20.58万脱贫人口、边缘易致贫返贫人口外出务工，实现稳定就业、稳定增收。28万社保缴费困难群体享受政府代缴政策，人社服务乡村振兴大局的能力和作用不断增强。

六、持续加强系统行风建设

坚持“管行业必须管行风”的理念，在全系统深入推进行风建设。实施“人社信息化便民服务创新提升行动”，人社主要业务信息系统全部迁移至全区政务云，政务服务事项网上可办率达到100%。实施“人社服务快办行动”，人社领域6个方面的高频事项，实现“打包办”“提速办”，办结时限平均缩短50%以上。实施“人社服务提质行动”，梳理19项35类经办事项，排除20个经办堵点问题。人社政务服务“好差评”工作实现服务事项、评价对象、服务渠道全覆盖，“我为群众办实事”实践活动取得实效，“厅局长走流程”活动实现人社业务咨询、受理、办理、反馈和查询“全链条”贯通，人社“一网通办”事项办结率达100%。

七、统筹推进基础性综合性工作

始终把深入学习贯彻习近平新时代中国特色社会主义思想作为重大政治任务，作为厅系统理论学习的首要内容。2021年，厅党组理论学习中心组共召开学习会13次、专题学习会4次，示范带动厅各党组织开展专题学习85场次，确保习近平总书记重要指示批示精神和党中央、区党委决策部署在人社领域不折不扣贯彻执行。不断丰富学习形式和载体，举办“人社大讲堂”8期，青年理论中心组学习4次，面向退休老干部开展“送教上门”活动。集中开展党史学习教育、党的十九届六中全会精神和自治区第十次党代会精神等学习研讨，编印《党史学习教育“口袋书”》等辅导资料1 000余册。配合开展自治区党委对人力资源社会保障厅的巡视工作，中央第十巡视组和区党委第八巡视组反馈的专项整改任务全部按时整改落实到位。查找梳理人社领域廉政风险点181个，制定应对措施286条。深入开展党员信仰宗教排查、“吃公函”自查自纠、选人用人问题自查自纠等工作，以刀刃向内的勇气不断净化自身，确保人社领域风清气正。

制定实施《西藏自治区“十四五”时期人力资源和社会保障事业发展规划》。为进一步提高西藏人社公共服务能力，持续加强西藏人社基础设施建设，“十四五”时期，申请实施那曲市、阿里地区和部分重点县（吉隆县、波密县、比如县、札达县）公共职业技能实训基地项目，总投资1.8亿元，项目计划已纳入“十四五”时期支持西藏经济和社会发展项目总体方案。成功组织召开全国人社系统援藏工作座谈会，与17个援藏省市签订对口支援协议，明确援藏项目84个，初步落实援助资金2.71亿元。完成金保二期项目立项和养老保险全国统筹信息化建设前期相关工作。建成覆盖区市县三级的视频会议系统。12333咨询服务实现新提升，年接听电话达20万余次、外呼12万次。

西藏自治区人力资源和社会保障厅

陕 西 省

2021年，在省委、省政府的坚强领导下，陕西省人力资源社会保障系统坚持以习近平新时代中国特色社会主义思想为指导，深入学习贯彻党的十九大和十九届历次全会精神，贯通落实习近平总书记三次来陕考察重要讲话重要指示精神，认真落实省委十三届九次、十次全会部署，坚持稳字当头、稳中求进，完整、准确、全面贯彻新发展理念，聚焦“六稳”工作和“六保”任务，系统推进稳就业、增收入、保权益、促发展工作，全面完成省委省政府下达的3项重点任务、5项职能任务、3项专项任务及5项共性任务。

一、就业促进

（一）稳就业保居民就业。

把稳就业、保居民就业作为首要政治责任，切实发挥省、市、县三级稳就业工作专班作用，会同各成员单位合力推进43项减负稳岗扩就业政策落地落细，实现就业局势总体稳定、好于预期。2021年，全省城镇新增就业44.56万人，完成省《政府工作报告》确定的40万人目标任务的111.4%；城镇登记失业率3.46%，低于4.5%的控制目标。精准施策，重点群体实现多渠道就业和兜底保障。深入实施高校毕业生就业服务行动，开展线上线下招聘活动833场，服务高校毕业生等求职者137万人次。推动落实高校毕业生实名登记与跟踪服务工作，登记2021届离校未就业高校毕业生7.83万人，通过帮扶，已实现就业和参加就业见习6.77万人，占有就业意愿毕业生的96.26%。稳步推进农民工就业，引导有序外出务工，农村劳动力转移就业总量704.3万人，同比增加20.6万人。聚焦受灾脱贫劳动力等重点群体，实施灾区就业帮扶5条措施，提供精准帮扶，确保“温暖过冬”。

（二）创业带动就业。

建立促进创业带动就业、多渠道灵活就业机制，落实完善创业担保贷款、一次性创业补贴等扶持政策。创业带动就业效应持续释放。加大创业担保贷款政策扶持力度，支持重点群体创业就业，上线运行“陕西省创业担保贷款信息系统”，实现贷款申请、受理、审核、放贷等全流程网上办理。全省新增发放创业担保贷款47.04亿元，直接扶持1.9万人创业，带动6.64万人就业，完成目标任务的104.5%。新认定国家级创业孵化示范基地2个，全省示范基地总数7个。就业援助兜底保障作用有效发挥。加强兜底保障，帮助15.72万名失业人员就业，完成目标任务的131%；5.39万困难人员实现就业，完成目标任务的134.7%；对零就业家庭指定专人开展“一对一”帮扶，采取集中帮扶和日常帮扶相结合的方式，提供职业指导、职业介绍、公益性岗位安置等就业服务，实现零就业家庭动态清零。

（三）“实名制”动态就业服务系统。

用好“实名制”动态就业服务系统，不断提升公共就业服务质量和水平。线上线下公共就业服务效能不断提升。发挥1 137个县镇标准化就业创业中心作用，为返乡农民工、退役军人、残疾人等提供就业创业、技能培训、劳动维权等“一站式”服务。持续做精做细动态精准就业服务系统，实现与公安、市场监管、信用办、教育等部门数据共享，与司法援助平台、省政府“秦务员”App应用对接；发挥平台作用，提供“问政策、找工作、要培训、保权益”等服务，注册个人用户955.2万人、市场主体7.43万户，实现就业创业18.43万人；该系统被中国就业促进会评为2021年中国就业地方就业创新事件。

（四）稳岗留工等专项行动。

实施“迎新春送温暖、稳岗留工”等专项行动，开展人力资源服务行业促就业行动。开展劳动者职业技能提升行动，培训农民工等就业重点群体和企业职工50万人次。组织专场招聘活动（含线上）1 383场次，为104.9万人提供公共就业创业服务，为21万人提供劳动维权和法律援助。帮扶294.17万名农民工返岗复工，其中“点对点”运送3.7万人。参加全国人力资源服务业发展大会，集中展示陕西人力资源服务业发展成效，荣获博士后学术交流会征文唯一一个一等奖，中国西安人力资源服务产业园入选全国特色服务出口基地。协调落实职业介绍补贴政策，激励人力资源服务促进就业，组织全省人力资源服务机构通过线上线下举办招聘活动。全省各级各类人力资源服务机构举办招聘会3 924场次，提供用工需求447.9万个，实现就业25.9万人。实施职业技能提升质量年行动，大力推广订单、定岗、定向培训模式，共培训105.7万人次，完成目标任务的211.4%，其中培训农民工29.6万人次。打造劳务品牌40余个，“西岐名吃”“紫阳修脚师”等5个劳务品牌在第三届全国创业就业服务展示交流活动中荣获“地方特色劳务品牌”等7项荣誉。

（五）人力资源市场秩序清理整顿。

联合市场监管部门开展劳务中介专项整治行动，共出动执法人员1 930余人次，检查中介机构730余家、用人单位1 840余家。会同省公安厅、省市场监管局开展清理整顿人力资源市场秩序专项执法行动，查处违反就业管理相关规定的行政违法案件34件，责令改正11件，查处未经备案从事其他经营性人力资源服务业务1起，查处非法职业介绍活动3起。开展人力资源服务诚信主题创建活动，选树省级人力资源诚信示范机构11家、人力资源服务业领军人才10名。组织全省14家知名企业参加首届全国人力资源服务业发展大会，签约项目2 000多万元，荣获优秀组织奖。

二、社会保障

（一）社保覆盖面扩大。

社保覆盖面不断扩大。聚焦重点人群和企业，开展全民参保计划扩面专项行动。与税务、医保、统计等部门加强沟通联系，强化数据比对应用，指导各市开展全民参保登记库人员调查登记，进一步摸清参保缴费底数。全省基本养老保险、失业保险、工伤保险参保人数达到3 029.27万人、468.9万人、629.6万人，基本做到应保尽保，民生保障安全网作用有效发挥。

（二）社保待遇提高。

社保待遇水平稳步提高。企业退休人员基本养老金实现17连调，月人均养老金3 118元，连续20年做到“不拖一天、不漏一人、不欠一分”。失业保险金标准同步增加135元，月均1 665元。工伤保险1～4级月人均伤残津贴4 626元。提高城乡居民基础养老金水平，月人均待遇154元。全省基本养老保险、失业保险、工伤保险基金收入分别为1 687.9亿元、30.89亿元、22.79亿元，总支出分别为1 602.45亿元、30.07亿元、18.97亿元，累计结余分别为1 132.85亿元、51.88亿元、39.06亿元，社保基金总体安全平稳。

（三）养老保险。

进一步巩固省级统筹成果，在首批通过国家企业职工基本养老保险省级统筹制度考核验收的基础上，完善“省负总责、统收统支、经办垂管”制度，提前做好全国统筹实施相关准备工作，落实市县政府责任分担机制，严格基金收支管理，开展基金运行分析。积极推进企业职工养老保险全国统筹信息化平台建设。完成人力资源社会保障部、财政部对陕西省机关事业单位养老保险制度实地评估工作。进一步规范企业年金方案备案工作，指导符合条件的用人单位建立企业年金。积极推行“互联网+经办”服务，企业职工养老保险“网上服务平台”单位开通率、应用率均在95%以上，陕西养老保险 App 注册 1 541 万人。社保卡“一卡通”实现 95 项人社领域应用，是全国 9 个开通全部实体卡和电子卡业务的省份之一。企业职工养老保险信息系统全面接入国家社保公共服务平台，跨省转移接续实现全程网办，全年共办理跨省转移接续 15.36 万人次，转移基金 51.72 亿元，转移办结率、转移申请审核时限位居全国前列。

（四）失业保险和工伤保险。

加快实现失业和工伤保险省级统筹。继续实施中小微企业不高于 60%、大型企业不高于 30%的普惠性稳岗返还政策，延续阶段性降低失业保险、工伤保险费率政策，扩大失业保险保障范围，实施工伤预防五年行动计划，适时推进新业态从业人员职业伤害保障工作。贯彻落实 2021 年政府工作报告提出的“逐步实现失业、工伤保险省级统筹”的要求，按照“统筹规划、先期启动、分步实施”的原则，起草失业保险基金省级统筹指导意见、工伤保险省级统筹管理办法和实施方案征求意见稿，确保陕西省失业、工伤保险省级统筹工作平稳推进。延续实施“六个继续，两个支持”政策，降低失业、工伤保险费率，减少企业成本 35.93 亿元。继续实施失业保险普惠性稳岗返还及扩围等政策，发放稳岗返还资金 17.84 亿元，惠及企业 2.42 万家、职工 166.86 万人；对不符合领取失业保险待遇条件的参保失业人员发放失业补助金和农民工临时生活补助，共为 13.28 万人发放失业补助金 8.04 亿元，为 5 694 人发放农民工临时生活补助 572.89 万元。制定实施《陕西省工伤预防五年行动方案（2021—2025）》，确定工伤预防重点领域、重点群体，提高职业人群安全生产意识。在西安开展灵活用工平台企业参加工伤保险试点，保障新业态从业人员劳动权益。

（五）社保基金监管。

平稳安全运行社保基金，健全风险防控机制。按照人力资源社会保障部统一安排，围绕 10 方面 45 项风险点，开展社保基金管理问题专项整治及整治群众身边腐败和作风问题专项工作，追缴多领冒领及服刑人员违规领取社保基金 505 人 383.77 万元；追缴失业保险、工伤保险重复领取、多领社保待遇 226 人 160.81 万元。委托全国社保理事会投资运营的 304.67 亿元养老保险基金累计增值 83.11 亿元。

三、人才人事

（一）专业技术人才。

持续推进主体系列职称制度改革。先后出台了中小学教师、工程技术人员、自然科学研究人员、哲学社会科学研究人员、审计、播音主持等 16 个系列的改革实施意见，进一步建立健全符合陕西省各领域专业技术人才职业特点的职称评价制度。通过新一轮职称制度改革将各个系列层级设置到正高级，惠及超过 100 万名专业技术人才。专业技术人才服务更加精准。实施高层次人才工程项目，开展第六届全国杰出专业技术人才选拔推荐工作，陕西省 2 名个人和 2 个集体获国家表彰。引进博士后青年科技人才 1 005 名来陕创新创业，资助资金 2 226.63 万元。支持“秦创原”科研、科创、科企深度融合发展，在工程系列中增设技术转移转化专业，创新引入技术交易额、转化后产品创造的营业收入、签订技术转移委托服务合同数量等市场化评价指标。支持秦创原创新驱动平台建设，陕西微软创新中心孵化基地获评国家级创业孵化示范基地，秦创原创新驱动平台项目首次亮相第三届全国创业就业服务展示交流活动，荣获“城市创业精品展示项目”奖。

（二）技能人才。

技能人才队伍不断优化。健全完善技能人才培养、使用、评价、激励各项工作体制机制，全省 2021 年底技能人才达 518.8 万人，占就业人口的 25.1%，高技能人才 155.7 万人，占技能人才的 30.01%，完成既定目标任务。贯通高技能人才与专业技术人才职业发展通道，拓展至农业等 10 多个领域，打破专业技术职称评审与职业技能评价界限，解决人才职业发展中出现的“独木桥”“天花板”问题。建立技能等级评价新体系，实行省市分类、分级备案，机构备案范围覆盖各类职业院校，由民政、卫健部门负责行业工种评价机构备案，共备案评价机构 353 家。实施高技能人才振兴计划，2021 年建设高技能人才培养基地 40 个，技能大师工作室 40 个，补助资金 8 400 万元。推进以赛促训，组织各类行业职业竞赛 110 项以上，深入实施“三秦工匠”计划，评选“三秦工匠”、首席技师、技术能手共 1 339 人，组织 40 名首席技师和世赛冠军彭晨晞担任 60 多所技校客座教师，奖励第一届全国技能大赛 33 名获奖选手和集训单位 1 184 万元。探索建立技术能手职业技能等级、专业技术职称认定的“绿色通道”，惠及省级技术能手 500 余人，大力营造技能成才良好氛围。先后荣获第一届全国技能大赛优秀组织奖，第九届全国数控技能大赛 9 个二等奖。

（三）事业单位人事管理。

稳步推进事业单位人事制度改革。完善事业单位公开招聘政策，2021 年全省事业单位公开招聘 2.5 万名工作人员，较 2020 年增加 5%。积极稳慎推进县以下事业单位管理岗位职员等级晋升工作，全省 11.65 万名基层事业单位管理人员将逐步拓宽职业发展空间，人均年增资 3 948 元。

（四）事业单位自主招聘。

进一步扩大高校、科研院所等事业单位用人自主权，提升包容普惠创新人才流动便利度。高校、科研院所等事业单位引进高层次和紧缺特殊专业人才，可简化招聘程序，采取面试、考察的方式公开招聘。为省属高校、科研院校自主招聘的 2 102 名工作人员办理了招聘手续。创新人才服务方式。全面提升对各类人才的服务质量，启动实施“智慧人才”三期全渠道智能咨询服务系统建设项目，开通陕西人才手机 App 和微信小程序，实现档案、党员、社保等 8 大类 37 项业务 24 小时“不打烊”指尖办理，全年手机端服务群众 1 万余人次。完成陕西公共招聘网同动态精准就业服务系统的对接与数据贯通，线上招聘公共服务平台全年共采集、编辑、审核、发布 7 712 家单位招聘信息，提供就业岗位 36.5 万余个。建成高层次人才线上服务平台，为陕西省 5 类高层次人才提供户籍办理、配偶就业、子女入学等 11 类 24 项业务申报，以及政策宣传、风采展示、信息登记等服务。

（五）表彰奖励。

评比达标表彰激励作用逐步显现。认真落实国家“实行计划和限额管理”总要求，全年共开展表彰活动 33 项，其中省级 13 项、省级工作部门 20 项，共表彰全省脱贫攻坚、节能减排、优化提升营商环境等领域先进个人 2 627 名、先进集体 1 117 个；评选优秀作品 281 件、成果奖 350 项。按照党中央庆祝建党 100 周年活动有关要求，推荐 7 名模范代表参加建党 100 周年有关庆祝活动。全面清理规范创建示范活动，438 个申报的创建示范项目最终确定保留 131 项，创建示范工作逐步规范，有效发挥评比达标表彰的正向激励和示范引导作用。

四、劳动关系

（一）劳动关系协调机制。

劳动关系日趋和谐稳定。结合疫情常态化防控和第十四届全国运动会，开展以“稳岗促产、共享发展”为主题的集体协商“要约行动”，保障职工合法权益、助力企业稳岗促产。召开陕西省协调劳动关系三方委员会会议，发挥协调机制作用。全省新增集体协商建制企业 780 户，签订集体合同 5 652 份，覆盖企业 1.29 万家、职工 68.8 万人。组织实施 2021 年“和谐同行”企业培育共同行动，扎实开展“服务万户新企用工计划”，帮助企业提升用工管理水平。

（二）工资分配。

强化政策引导促增收。企业方面，调整全省最低工资标准，月均增加150元，一类区每月达1 950元。加强对企业的工资指导，发布陕西省2021年度企业工资指导线，基准线为7.5%、最低线为3.5%。事业单位方面，将事业单位科研人员职务科技成果转化现金奖励纳入事业单位绩效工资管理，落实以增加知识价值为导向的收入分配政策，全面推进公立医院薪酬制度改革。实施技能人才薪酬分配指引，推动建立体现技能价值导向的工资分配制度。

（三）劳动人事争议调解仲裁。

健全劳动人事争议多元处理机制，打造并评选12家省级金牌劳动人事争议调解组织和8名金牌劳动人事争议调解员。全省劳动人事争议调解组织仲裁机构共受理案件52 854件，结案49 948件，调解成功率66.5%，仲裁结案率98.6%。

（四）劳动保障守法诚信体系。

劳动保障守法诚信体系初步建立。加强对各类劳动用工责任主体进行全过程信用监管，完善失信约束机制，强化社会舆论监督，加强对重大劳动保障违法行为的惩戒力度，促进用人单位遵守法律法规和规章，履行守法诚信义务，维护劳动者合法权益。开展企业劳动保障守法诚信等级评价工作，4.5万家企业被评为A级，13万家企业被评为B级，201家企业被评为C级。2021年全省人社部门依法向社会公布重大劳动保障违法行为53件，列入拖欠农民工工资"黑名单"单位21个。

（五）农民工权益维护。

有力维护农民工权益。深入贯彻实施《保障农民工工资支付条例》，坚持根治欠薪依法源头治理、过程管控和应急处置"三管齐下"，扎实开展根治欠薪夏季、冬季专项行动和欠薪隐患排查化解行动，重点排查化解政府、国企项目欠薪隐患。推广并完善农民工资支付监控预警平台，健全保障农民工工资支付监测预警制度和应急处置机制，会同省住建厅加大对房地产建设领域欠薪问题整治力度，全年检查用人单位20 337户，办结欠薪案件1 297件，为8 794名农民工追发工资等待遇1.01亿元。欠薪案件立案数、涉及人数和金额实现"三下降"，4个集体和4名个人被表彰为全国根治拖欠农民工工资工作先进集体和先进个人。

五、脱贫攻坚

巩固拓展脱贫攻坚成果，推动就业扶贫工作与乡村振兴有效衔接。巩固衔接脱贫攻坚政策，健全完善就业帮扶机制，全力稳定脱贫人口务工规模，2021年脱贫人口外出务工216.43万人，超过2020年底水平6.2万人。通过"春风行动"等就业服务专项活动，有组织促进21.3万脱贫劳动力返岗或外出就业。培育、发展劳务（技能）品牌，带动脱贫人口务工5.5万人。全省易地搬迁脱贫人口外出务工37.34万人，2万人安置区搬迁劳动力实现就业9 261人，实现劳动力有就业意愿户至少一人就业的目标。为低保对象、特困人员、返贫致贫人口等缴费困难群体60.08万人代缴养老保险费4 438万元。在陕西召开的全国脱贫人口稳岗就业工作现场会上，国家乡村振兴局、人力资源社会保障部对陕西省脱贫人口就业帮扶工作和"实名制"动态就业服务系统予以充分肯定。安康市、宝鸡市渭滨区和商洛市丹凤县社保扶贫工作被人力资源社会保障部评选为优秀案例，并制成专题片在全国党员干部现代远程教育平台播放。陕西省人力资源社会保障厅就业扶贫工作领导小组办公室、陕西省人力资源社会保障厅驻丹凤县武关镇阳阴村扶贫工作队被陕西省委、省政府授予"陕西省脱贫攻坚先进集体"称号。

六、党风廉政

（一）政治机关建设。

坚持用习近平新时代中国特色社会主义思想武装头脑，深入学习贯彻党的十九大和十九届历次全会精神，贯通落实习近平总书记

"七一"重要讲话、来陕考察重要讲话重要指示精神，深化党史学习教育，坚定捍卫"两个确立"，增强"四个意识"，坚定"四个自信"，坚决做到"两个维护"，打造适应现代化建设需要的干部队伍。组织党员干部开展"永远跟党走"系列主题党日活动，厅领导以党领导社会保障事业百年奋斗史为主题带头讲党课，获省直机关二等奖。

（二）基层党组织建设。

提升基层党组织政治功能和组织力，构建坚强有力的战斗堡垒。树牢抓好党建是最大政绩的理念。聚焦"提高机关党的建设质量"使命任务，完善和落实机关党建责任制，厅党组认真落实《党和国家机关基层组织工作条例》，并聚焦4方面13项内容，审议党建有关议题18项，扎实开展模范机关创建活动。扎实开展"五星级党支部"创建活动和党员积分制管理工作，全力提升党支部规范化、标准化水平。狠抓"三会一课"、组织生活会等制度落实，组织召开党史学习教育专题组织生活会。分别在西北大学、中国人民大学举办十九届五中全会、两会精神暨党史学习教育培训班和全省人社系统综合素质能力提升培训班，198名处级领导和优秀业务骨干参加，选派45名处级以上领导干部参加省委组织部和省委党校调训，帮助干部开阔视野、提升能力。聚焦强化"勤快严实精细廉"作风，在全省人社系统开展"两查两提升"活动，以作风建设新成效凝聚起风清气正的政治生态和干事创业的强大合力。推行人社服务"好差评""快办行动"，12个集体、7名个人被评为全国人社系统优质服务窗口和先进个人，陕西省人力资源社会保障厅荣获全国人社系统比武练兵团体优胜奖。

（三）党风廉政建设。

深入推进党风廉政建设，营造风清气正的政治生态。严格落实《党委（党组）落实全面从严治党主体责任规定》，细化落实党组履行党风廉政建设责任工作细则，扎实落实领导干部党支部工作联系点制度，有效贯通、一体落实主体责任和监督责任。8次将党风廉政建设列入厅党组会议题，组织开展重点任务调研、年终述职评议，加强党员干部和技工院校学生思想政治教育，做到党风廉政建设与业务工作同谋划、同部署、同推进、同考核。在省委直属机关工委指导支持下，陕西省社会保障局党委增设1名正处职专职副书记和1名正处职纪委书记，设立陕西省人才交流服务中心纪委，配齐配强纪检干部，织密扎牢监督网络。强化监督制约，全面梳理排查就业资金使用、社保基金管理、人事考试安全等领域廉政风险点138个，制定落实防控措施179条，做到监督全覆盖无死角。组织开展社保基金安全"警示教育月"活动，以案促改、完善制度，建立机制、强化约束。严肃执纪问责，将监督执纪"四种形态"贯穿于专项整治和专项检查全过程，全力支持驻厅纪检监察组履行监督责任。

（四）意识形态工作。

加强理论武装培根铸魂，守正创新抓好意识形态工作。厅党组认真履行意识形态领导责任制，用好"互联网+党建"宣传阵地，强化"一网双微"自媒体政治属性，第一时间宣传习近平总书记重要讲话重要指示批示。加强舆情监测，全面梳理疫情防控期间社会关注热点，动态更新舆情监测风险清单，提高研判精准度。开展"学党史听党话感党恩跟党走"微党课视频评比，不断增强学习教育的吸引力和感染力；组织110余名党员干部赴马栏开展主题党日活动，举办先进模范事迹报告会；扎实开展"我为群众办实事"实践活动，完成省领导联系包抓的"持续稳定扩大就业""增加城乡居民收入"2项重点民生项目以及厅里确定的6项办实事项目，先后在省委党史学习教育现场交流会及首场新闻发布会上介绍情况，陕西电视台、《陕西日报》先后3次宣传报道。积极创建省级精神文明单位，对照9方面14项创建指标任务，合力推进创建工作，网络测评成绩103.5分。推动社会主义核心价值观"进机关"，开展"三八"妇女节参观赵梦桃纪念馆和义务植树活动，参加“颂歌献给党、奋进新征程”歌咏比赛获二等奖，省直机关体育达标赛获团体二等奖。

（五）法治建设。

推动法治建设提质提效。深入学习贯彻习近平法治思想，严格落实党政主要负责人履行推进法治建设第一责任人职责实施办法，扎实推进陕西省委全面依法治省年度重点工作任务落地落实，全年研究法治工作 3 次，法治专题学习 6 次。加强法规制度建设，全面正确履行职能。学习并严格落实《重大行政决策程序暂行条例》，严格落实合法性审查、集体讨论决定制度。完善法律顾问制度，建立公职律师制度，有效提升行政决策水平。以规范性文件管理为重点，持续推进全省人社部门依法行政。全力配合人大政协做好法治监督。积极组织落实行政机关负责人出庭应诉制度，2 名厅领导出庭应诉。完善人社政策法规数据库，精心组织开展窗口单位全员练兵比武活动，陕西省参与率、平均成绩均位居全国前列。组织做好行政复议体制改革期间行政复议案件办理，全年受理行政复议案件 42 件，出庭行政应诉 39 次，胜诉率 93%。加大人社普法力度，被陕西省委普法工作领导小组表彰为“七五”普法“依法治理创建活动先进单位”。利用网站、微信公众号加强人社普法力度，使人社法律政策更容易为群众掌握、更好地为群众服务，被评为全省行政复议、行政规范性文件制定先进单位。

陕西省人力资源和社会保障厅

西　安　市

2021年是西安人社事业发展中极不平凡、极不容易的一年。面对要事难事叠加的复杂局面和风险挑战交织的严峻考验，西安市人力资源社会保障部门在西安市委市政府的坚强领导下，坚定捍卫“两个确立”、坚决做到“两个维护”，以习近平新时代中国特色社会主义思想为指导，认真贯彻党的十九大和十九届历次全会精神，深入学习贯彻习近平总书记来陕考察重要讲话重要指示精神，完整、准确、全面贯彻新发展理念，统筹疫情防控和人社工作，贯通落实“五项要求”“五个扎实”，全力做好“六稳”“六保”工作，重大政策密集出台，重点工作成效显著，重要指标均居全省前列，实现了“十四五”良好开局。

一、就业形势总体稳定

坚决扛起稳就业保就业重大政治责任，全面强化稳就业政策举措，全力促进更充分更高质量就业，确保就业局势总体稳定。2021年西安市城镇新增就业15.98万人，同比增长4.36%；城镇登记失业率3.6%。

（一）强化政策支持。

一是完善政策体系保就业。扎实落实稳就业工作23条举措、促进大学生就业创业20条意见等政策，出台《关于支持多渠道灵活就业的实施意见》《关于延续实施部分减负稳岗扩就业政策措施的通知》等一系列政策措施，进一步助企稳岗减负、培育发展新动能。二是加强组织领导稳就业。积极发挥市稳就业工作专班和市就业工作领导小组作用，印发市就业工作领导小组2021年工作要点，召开西安市稳就业工作专班会，进一步明确任务、压实责任、强化督导，确保稳就业深入推进。三是凝聚多方力量促就业。充分发挥西安市发改委、西安市财政局、西安市工信局等成员单位协同作用，坚持以项目带动就业，实现经济与社会效益双提升，特别是三星二期、隆基电池、陕汽扩能、比亚迪电子等西安市重大项目的投产投资，累计提供就业岗位10多万个，促就业效果显著。

（二）优化精准服务。

一是搭平台。不间断开展线上线下招聘活动，搭建就业供需桥梁。2021年先后组织开展“百日千万网络招聘专项活动”“民营企业招聘周”“助力转型发展、促进充分就业2021西安市冬季大型网络招聘会”“百年筑梦、万企同聘2021西安招聘就业季活动”等多频次、分行业、分岗位专场招聘活动。全年组织招聘406场，提供各类就业岗位超过131万个。二是扩供给。进一步健全企业用工常态化服务机制，通过网上招聘、跨区域招聘、挖掘本地潜力等方式，解决企业用工需求，新增就业见习基地425家，发布见习岗位2.06万个；及时为比亚迪、中兴、陕汽、吉利等重点企业招工3.2万人；帮助48.9万名农民工有序返岗复工。三是优服务。不断优化创新就业服务活动，联合西安发布、华商传媒等媒体平台走进重点企业、重点园区、重点高校开展就业服务，开展“直播带岗”“空中宣讲”等就业服务活动32场，联合伯乐圈推出“帮你找工作”服务，加大岗位信息、远程招聘、网上面试等服务供给，不断强化人岗匹配和精准服务。依托“秦云就业”小程序，为单位和个人提供160余项线上就业创业服务功能。

（三）紧盯创业引领。

持续完善创业扶持政策体系、创业融资支持体系、创业培训体系和创业服务体系，充分发挥创业带动就业作用，以政策助力创业，以创业带动就业，引导就业重点群体主动投身创新创业活动，营造“创新驱动创业、创业带动就业”的良好社会氛围。2021年创建孵化基地10家、信用乡村4家，现有市级创业孵化示范基地（返乡创业示范园区）75家，总面积388万平方米，在孵企业4 400余户，组建200余人的创业导师团队开展创业培训和创业指导。2021年发放创业担保贷款7.4亿元，以创业带动就业超过6.5万人。

（四）狠抓技能培训。

一是大力开展职业技能提升行动。突出就业导向，开展技能培训、创业就业培训、技校学生就业技能培训、中小微企业以工代训等8个项目培训，全年培训劳动者42.56万人次。二是扶持“一县一策”“一县一品”主题培训。蓝田厨师等劳务品牌列入全国典型劳务品牌宣传推广，成为西安市闪亮的“就业名片”。

二、人才人事成绩显著

深入实施人才强市战略，深化人才发展体制机制改革，努力实现高层次人才和高技能人才“双轮驱动”、培养人才和引进人才“两翼共振”。

（一）人才总量稳步增长。

积极拓宽招才引智途径，坚持“内留外引”，打造高端人才西安行、海归人才招聘节等人才服务品牌，首次发布西安人力资源蓝皮书——《西安市人力资源（人才与就业）发展报告》，发布《2021年度西安市重点产业急需紧缺岗位人才需求目录》。全面贯彻《西安市吸引集聚硕博研究生若干措施（试行）》，新增专业技术人才4.44万人，硕博人才“储备池”入池1 134人。服务重点行业重点产业，新设10家博士后创新基地。

（二）职业能力建设有力推进。

加强技能人才队伍建设，发放技能等级证书3.41万个。大抓技能等级自主评价，全市备案机构达到112家。评选高技能人才培训基地5个、技能大师工作室5个、首席技师10人。积极推进养老服务创新试点，新增认定1个养老护理高技能人才培训基地、5个养老服务产教融合基地、10个养老服务技能人才培训基地、35个养老服务就业见习基地。组织开展高技能人才大赛和养老护理职业技能竞赛。

（三）人力资源市场充满活力。

加强人力资源服务机构建设，从严规范网络招聘服务。全市人力资源服务机构总量突破2 500家，营业额突破400亿元，举办各类招聘会1 132场次，发布岗位信息54.51万条，提供用工需求246.8万个，帮助21.95万人达成就业意向。

（四）人事工作统筹推进。

聚焦教育强市，超额超前完成中小学、幼儿园教师年度招聘计划，招聘8 019人；围绕健康西安建设，及时招聘医疗卫生人才1 340人。推动落实事业单位科研人员职务科技成果转化现金奖励纳入绩效工资管理的收入分配激励政策。印发《关于进一步规范全市评比达标表彰工作的通知》，全市表彰奖励活动更加规范有序。

三、社会保障扎实有力

按照“兜底线、织密网、建机制”的要求和“权责清晰、保障适度、应保尽保”的原则，持续推进实施全民参保计划，稳步提高社保待遇水平。

（一）全民参保有力推进。

全市基本养老、失业、工伤三项社会保险参保人数分别达到814.12万人、259.76万人、299.27万人，较2020年底分别增加45.14万人、19.01万人、19.08万人。

（二）社保水平稳步提高。

企业城镇职工基本养老金、城乡居民基础养老金标准、失业保险金标准及 1～4 级工伤职工伤残津贴待遇水平分别达到 3 211 元、183 元、1 755 元、3 678.5 元，分别较上年提高 3.92%、4.27%、8.33%、2.57%。

（三）社保减负助企惠民。

持续发挥社会保险助企惠民作用，失业、工伤保险降费合计 21.48 亿元，发放失业保险金、补助金 9.51 亿元，拨付稳岗返还资金 11.41 亿元。全市失业动态监测的 500 家企业，未发现规模性裁员风险。扎实开展社保基金管理风险排查、社保领域群众身边腐败和作风问题专项整治以及欺诈骗保问题排查整治工作，守护好人民群众的每一分“养老钱”“保命钱”。

四、劳动关系和谐稳定

坚持源头治理、综合施策，着力打造政府、工会、企业共同参与、共建共享的和谐劳动关系。圆满完成国务院督察组对全市农民工工作的督察考核并受到肯定。

（一）突出抓好根治欠薪。

全面落实在建工程项目保障农民工工资支付“八项制度”，在全省率先成立“解决拖欠农民工工资一站式服务中心”，创新“诉前调解+司法确认”模式，有效降低农民工维权成本。为 4.91 万名劳动者协调兑付工资 4.36 亿元，将 25 个欠薪失信企业、9 名自然人列入“黑名单”，向社会公布 3 批次 13 起欠薪典型案例，全年未发生因讨薪引发的 50 人以上群体性事件或极端事件。

（二）强化劳动关系协调。

积极发挥三方机制作用，推进基层调解组织建设，全力维护劳动关系和谐稳定。加大劳动人事争议仲裁效能建设，全市共处理劳动人事争议案件 2.7 万件，仲裁结案率 98.72%，调解成功率 65.60%。

（三）深化收入分配制度改革。

建立健全市场化工资决定和正常增长机制，将最低工资标准提高至 1 950 元/月，对高温津贴标准进行明确及规范，及时确定全市企业工资指导线，为企业工资集体协商提供依据。

五、公共服务提质增效

以优化营商环境为牵引，以优质服务推进高效能治理。

（一）持续优化营商环境。

组织开展百日攻坚行动，西安市人力资源和社会保障局承担的劳动力市场监管指标被评为全国标杆、进步较快指标，代表西安市在 2021 年 5 月全国营商环境现场会上作交流发言。劳动力市场建设改革成果被评为陕西省人社系统改革创新成果一等奖，加强人力资源服务机构管理案例入选国家发改委《优化营商环境百问百答》。

（二）扎实做好社保卡“一卡通”建设。

全面推进社保卡在人社领域应用，社保卡制发卡 1 105 万张。公共服务平台和 12333 热线全年服务群众超过 3 200 万人次。

（三）深化行政审批制度改革。

西安人社政务服务电子地图 138 个网点上线市政务服务网，发布政务服务事项 242 项，行政许可事项承诺时限压缩比达 72%。人社业务全面接入“好差评”系统，38.13 万条评价好评率达到 99.8%。扎实推进“一件事一次办”集成改革，机关事业单位“退休一件事、入职一件事”在全市率先上线运行，累计办理人员退休及入职 466 人次。

（四）加强人社法治建设。

建立社保欠费案件投诉受理流转机制，畅通劳动者举报投诉渠道，有力维护劳动者合法权益。制定《行政规范性文件合法性审核工作规程》《公职律师管理细则》等制度文件，编制年度《人社法治建设工作要点》和《普法依法治理工作要点》，不断提升法治工作规范化水平。

六、乡村振兴成果丰硕

严格落实“四个不摘”要求，扎实推进

巩固拓展脱贫攻坚成果同乡村振兴有效衔接。着力抓好脱贫攻坚过渡期就业帮扶援助相关工作，筑牢民生“底线”，助力乡村振兴。

（一）切实做好后评估工作。

突出重点、精心谋划，联合五部门印发《关于切实做好脱贫攻坚过渡期就业帮扶工作的通知》，统筹推进工作落实，全面提升工作成效。

（二）进一步畅通特色就业渠道。

2021 年，西安市共认定社区工厂 19 家、就业帮扶基地 31 个，吸纳脱贫劳动力近 400 人，开发就地就近就业公益性岗位 5 820 个。全市脱贫劳动力外出务工 11.84 万人，完成省人力资源社会保障厅下达任务的 102.05%；通过苏陕协作渠道帮扶农村劳动力实现就业 1 057 人，其中脱贫劳动力实现就业 389 人；全市 57 840 户脱贫劳动力至少一人就业创业，实现“一户一人就业”目标。

（三）巩固脱贫人口基本养老保障全覆盖成果。

继续实施政府代缴社保费政策，全市共为 49 717 名符合条件的困难群众代缴基本养老保险费 421 万元。

2021 年，西安市人力资源社会保障部门高度重视加强自身建设，扎实开展党史学习教育，深入开展“我为群众办实事”实践活动，持续推进党风廉政建设和反腐败工作，大力整治形式主义、官僚主义，保持为民、务实、担当、清廉的良好形象。

西安市人力资源和社会保障局

甘 肃 省

2021年是党和国家发展史上具有里程碑意义的一年，也是甘肃省人力资源社会保障系统砥砺奋进、开拓创新的一年。在人力资源社会保障部和省委、省政府的坚强领导和精心指导下，甘肃人社重点工作成绩好于预期，重点改革顺利推进落实，就业创业、就业帮扶、承办的为民实事、职称制度改革、联系服务技能大师工作室、服务疫情防控举措等做法被甘肃省委、省政府予以肯定，一些做法被推荐上报中央深化改革工作领导小组和国务院办公厅。甘肃省人力资源社会保障厅6次在全国会议上介绍经验，4次在全省会议上交流发言，全省人社工作实现了“十四五”良好开局。

一、就业创业

2021年，全省实现城镇新增就业33.25万人，完成年度目标任务的118.75%；城镇调查失业率5.6%，保持在合理区间。全省共输转城乡富余劳动力528万人（脱贫劳动力199.1万人），超额完成年度目标任务，创劳务收入1 416.6亿元，同比增长7.5%。应届高校毕业生就业率达到93.2%。

（一）优化完善减负稳岗扩就业政策。

始终将稳就业保就业作为重大政治任务，坚持就业优先政策和经济发展就业导向，推动建立“大就业”工作格局，统筹谋划、突出重点、系统发力，出台延续实施和调整优化部分减负稳岗扩就业及服务全省疫情防控工作十条措施等针对性强的政策，持续为各类市场主体减负，稳定和扩大就业岗位。共为1.56万户企业发放稳岗返还资金1.9亿元，惠及企业职工92.5万人。

（二）重点群体就业不断推进。

全面提前完成“1万名未就业普通高校毕业生到基层就业”民生实事项目和7 500名各类基层服务项目招募工作。组织9 727名失业青年参加就业见习，向6.3万名2021届省内普通高校困难家庭应届毕业生审核发放求职创业补贴0.63亿元，精心组织退役军人暨现役军人家属网络招聘、秋季退役军人暨现役军人家属就业专场招聘会等活动。全省共帮助13.97万名失业人员和4.92万名就业困难人员就业。推进失业保险扩围，强化失业人员生活保障，发放失业金1.13亿元，惠及1.57万人。

（三）创新方式推动技能培训提质增效。

着力健全“大培训”工作机制，扎实开展职业技能提升行动，积极推进“技能甘肃”建设。大规模开展职业技能培训，扩大培训对象范围，依托电子社保卡发放职业培训券，推动兰州等地开展新职业线上培训试点，不断增强培训针对性、实用性。全省开展各类职业技能培训101.04万人次（含以工代训29.1万人次），支出培训补贴资金11.35亿元。充分发挥东西部劳务协作作用，在技能人才培训、劳务输转、技工院校合作交流等方面，加大与江苏、山东、天津等地的合作，协调山东蓝翔技师学院等近10所技工院校、培训机构与甘肃省相关机构签订合作协议，天津公共实训中心与培黎职业学院签署合作框架协议；每年从天津市“工匠涵养班”仅有的30个名额中，专门拿出4个名额用于培养甘肃省高技能人才，

4名甘肃“准工匠”人才赴天津开展为期一年的培训；开展“爱心理发员”三年赋能行动，累计培训“爱心理发员”2万人次、创业培训3 000人次以上。

（四）创业带动就业成效显著。

全面推进“百千万”创业引领工程，围绕开展“六大活动、十项比赛”，组织开展各领域创业达人选拔赛。全省新增发放创业担保贷款74.4亿元，其中为5.33万名个人发放贷款63.86亿元，为579户小微企业发放贷款10.54亿元。吸纳带动就业9.94万人。

（五）公共就业服务不断优化。

举办“百日千万”网络招聘专项行动271场，共发布用工岗位50万个，达成用人意向8万人。开展民营企业招聘月活动，共举办招聘活动257次，提供就业岗位9.5万个，签订意向性就业协议2万份。优化12333人社服务热线功能，累计提供咨询服务120万人次。

（六）就业帮扶成果持续巩固。

与16个劳务输入大省建立对接机制，与山东、天津等东西协作省份签署“一对一”合作协议，创建“鲁甘人力”“津甘技工”东西部协作品牌，通过专列、专车等方式“点对点”输送12万人。输转脱贫劳动力199.1万人，超额完成国家下达的目标任务。加强乡村公益性岗位动态管理，开展“爱心理发员”三年赋能行动。建立培训就业一体化机制，培训脱贫劳动力11.6万人次，促进高质量就业。组织“兰州拉面师”“临夏砖雕工”“陇原妹”等9个劳务品牌参展第三届全国创业就业服务展示交流活动，不断提升甘肃省劳务品牌影响力和竞争力。在天水市和临夏州东乡县召开全省扶贫车间转型发展暨就业帮扶工作现场推进会议，全省已有2 259个扶贫车间转型为乡村就业工厂或帮扶车间，累计吸纳就业8.8万人。

二、城镇居民收入

2021年，甘肃城镇居民人均可支配收入36 187元，较上年增加2 365元，同比增长7.0%。

（一）工资性收入稳步增长。

2021年，城镇居民人均工资性收入24 463元，同比增长6.8%，占可支配收入的67.6%，比重最大。主要得益于坚持以扩大就业规模、完善就业体系、提升就业质量为主要内容的“抓培训、促就业、保增收”工作思路符合实际，为工资性收入增长奠定坚实基础；持续上调最低工资标准、建立健全企业工资增长机制、严格落实机关事业单位工资上调政策带动全社会整体工资水平提高。

（二）经营净收入较快增长。

2021年，城镇居民人均经营净收入2 700元，同比增长8.5%，增速最快，占可支配收入的7.5%。经营净收入增加的主要原因是2020年以来，省委、省政府统筹疫情防控和经济社会发展，深化“放管服”改革，出台一系列优化营商环境的政策措施，进一步放宽创业主体准入条件，加大对创业、创新的扶持力度，落实各项税费优惠政策，鼓励支持个体工商户、小微企业、私营企业及其他非公有制企业高质量发展，促进居民增收；借助融入“一带一路”建设的有利契机，加大旅游宣传力度，持续提升关注度，吸引旅游人口，拉动住宿餐饮业等第三产业并扩大特色农牧产品出口，带动经营净收入增加。

（三）财产净收入持续增长。

2021年，城镇居民人均财产净收入2 831元，同比增长7.7%，占可支配收入的7.8%。财产净收入增长的主要原因在于，一方面是居民理财观念日益增强，投资渠道、理财形式不断多元化，居民通过债券、基金、保险、股票等金融产品投资获得利息、股息和分红；另一方面全省持续加强体制机制改革，充分利用各类资源、资产和资金，比如通过房屋出租、场地租赁等增加居民财产净收入。

（四）转移净收入平稳增长。

2021年，城镇居民人均转移净收入6 193元，同比增长6.7%，占可支配收入的17.1%。转移性收入增长的主要原因在于全省各地进一步加大民生领域投入力度，养老、医保、低保等各项补贴政策相继提高标准，社会保障的广度和深度持续扩大，特别是完成2021年退休人员基本养老金的调整，涉及全省160万名退休人员，标准提高5%，对城镇居民收入产生积极影响；全省住房公积金缴存、使用、管理和业务服务体系建设的持续加强，以及加强困难群体基本生活保障和做好社会救济、临时救助等政策因素加持，促进转移性收入增长。

三、社会保障

（一）社会保险覆盖面不断扩大。

2021年，全省企业职工基本养老保险参保人数375.47万人，其中在职参保人数241.86万人，离退休（职）人数133.61万人；机关事业单位基本养老保险参保人数126.96万人，其中在职参保人数92.05万人，离退休（职）人数34.91万人；城乡居民基本养老保险参保人数1 387.89万人，领取待遇人数319.34万人；工伤保险参保人数278.54万人；失业保险参保人数196.08万人。

（二）社保基金管理进一步规范。

认真贯彻落实习近平总书记关于完善覆盖全民的社会保障体系重要讲话精神，实现企业职工基本养老保险省级统筹，完善和推进失业保险省级统筹，扎实开展工伤保险省级统筹。认真贯彻习近平总书记关于湖南省衡南县社保问题的重要批示精神，以“12排查、12整治”为内容扎实开展社保基金管理问题专项整治，一些突出问题得到有效解决，全省社会保险基金总收入818.08亿元，基金总支出802.79亿元，基金累计结余757.05亿元，社保基金管理规范化程度明显提升，社保基金安全平稳运行。

（三）社保待遇水平不断提升。

“提高城乡居民省级基础养老金最低标准”为民实事项目与全省企业和机关事业单位退休职工基本养老金待遇调整2项养老金发放工作全面完成，城乡居民基本养老保险基础养老金达到每人每月113元，企业退休人员月人均养老金提高到2 986元，机关事业单位退休人员月人均养老金提高到5 236元。全省工伤人员伤残津贴月人均水平达到3 159元、生活护理费人均达到2 658元、供养亲属抚恤金达到人均1 466元，失业保险金发放平均标准达到每人每月1 390.5元。

四、人才人事

（一）加快发展技能人才。

鼓励用人单位建立首席技师、特级技师制度；实施高技能拔尖领军人才培养计划，9名高技能人才入选领军人才、2名高技能人才入选拔尖领军人才。健全技能人才评价体系，支持企业申请备案后对本企业在岗职工、劳务派遣人员技能进行评价，完成9家省属企业、21家中央企业在甘单位备案工作。首创建立厅机关处级以上党员干部联系服务全省35个国家级、81个省级技能大师工作室机制，党史学习教育中央第九指导组现场督导时给予充分肯定。发挥竞赛引领作用，举办培黎杯“互联网+”新职业创新创业大赛等300多项省内各类职业技能大赛；组织参加全国乡村振兴职业技能大赛，甘肃省代表团选手获得2枚铜牌及4个优胜奖，实现奖牌零的突破。

（二）努力提高人才引进服务水平。

着眼推动人才强省战略实施，出台《关于加强人才引进和培育支持营商环境建设的若干措施》；推荐全国杰出专业技术人才先进个人2名、先进集体2个，受到国家表彰；确定省领军人才补充调整人员163人。加强全省青年人才队伍建设，分期分批选拔500名左右陇原青年英才，以3年为周期予以个性化培养扶持。全面落实事业单位用人自主权，为省属事业单位的1.77万名工作人员办理岗位聘用结果备案手续。全省事业单位计划招聘1.93万人，完成招聘结果备案1.11万人，其中引进高层次和急需紧缺人才5 215人，比上年度增长44.9%，为102名高层次和急需紧缺人才设置特设岗位，兑现相应待遇。

（三）深化事业单位人事改革。

在全国率先出台《关于高技能人才与专业技术人才职业发展贯通的实施办法》，首个出台县以下基层高级职称单独分组、单独评审政策，被中宣部、中组部宣传报道。制定出台16个宏观政策，配套62个评价条件标准，全省人才集中的职称系列（专业）评价条件标准全部出齐。首次组建少数民族语言文字翻译专业高级职称评审委员会，打破甘肃省相关专业常年依赖外省评审的局面；全省共有1 364名“快递小哥”获得职称，打通“大国工匠”高级职称晋升通道。甘肃省新一轮职称制度改革成效被人民网、《光明日报》《工人日报》宣传报道，省委改革办、省委组织部专题刊发；2021年9月，人力资源社会保障部在兰州召开全国深化职称制度改革工作总结会，甘肃省在会议上交流介绍经验。开展基层高级职称“双定向”评审，3.5万名基层人才获得高级职称。加强科技工作人才支撑，首次对符合条件的进站博士后落实每人每年15万元的津贴。积极推进中央在甘高校科研院所提高科技人员待遇试点工作，报请省政府向中央报送试点建议方案。主动深入45家省直部门、高校、科研院所、企事业单位及20多家民营企业上门服务、座谈交流，面对面解读政策、听取意见、化解难题。

五、劳动关系

（一）根治欠薪取得积极成效。

以实施《保障农民工工资支付条例》为主线，以工程建设领域为重点，优化“陇明公”省级工资支付管理公共服务平台，全面加强督导检查，加大执法惩戒力度，根治欠薪取得积极成效。2020年度国务院根治拖欠农民工工资专项考核等级为B级，全国排名从23位晋升为21位，西北五省（区）排名第一，甘肃省劳动保障维权中心被国务院根治拖欠农民工工资工作领导小组授予“全国根治拖欠农民工工资工作先进集体”称号。2021年，共检查用人单位18 190户，受理农民工欠薪案件412件，结案率100%，共为4 921名农民工追回工资6 222.5万元。

（二）和谐劳动关系更加巩固。

在全国较早出台维护新就业形态劳动者劳动保障权益的实施意见，印发省属国有企业负责人薪酬管理办法。印发《关于调整全省最低工资标准的通知》，全省一至四类地区月最低工资较原来标准每档分别增加200元。依法调解仲裁劳动人事争议，做好裁审衔接工作，全省劳动人事争议仲裁结案率名列全国第五，受到人力资源社会保障部通报表扬。

六、行风建设

（一）狠抓作风转变。

在各级窗口单位大力开展“快办行动”“练兵比武”“厅局长走流程”活动，内强素质，外树形象，全方位、各层级深入推进改革，合力攻坚克难，全省人社系统真正实现从“权力部门”到“民生部门”、“审批部门”到“服务部门”、“厅内循环”到“系统共抓”、“坐等上门”到“直达服务”、“被动接访”到“主动化解”、“能过则过”到“精益求精”的六个转变。

（二）高质量推进信息化建设。

升级改造人社网上办事大厅，有序推进“一网通办”，实现“统一用户登录、统一事项名称、统一办件反馈”，125项政务服务事项开通网办服务，其中30项高频事项实现“跨省通办”，16项行政许可事项进驻省政府政务服务大厅集中办理。全省社保卡持卡人数2 680万人，实现全省常住人口全覆盖；签发电子社保卡1 230万张。甘肃人社微信大厅累计服务620.3万人次，12333人社服务热线提供咨询112.4万人次。

（三）高水平提升人社服务质效。

上门主动服务高校、企业和科研院所，使人社领域一大批历史积案和遗留顽疾得到有效化解。积极推进证明事项告知承诺制、“证照分离”改革、“好差评”“就近办”等工作，企业群众办事便捷化和满意度不断提升。组织全省人社系统练兵比武活动，通过“日日学”“周周练”“月月比”，切实提升窗口单位业务素质。

七、全面从严治党

（一）始终坚持旗帜鲜明讲政治。

突出人社部门政治属性，把加强党的政治建设摆在首位，严守党的政治纪律和政治规矩，坚决维护习近平总书记党中央的核心、全党的核心地位，坚决维护党中央权威和集中统一领导，一以贯之地把习近平总书记对甘肃重要讲话和指示精神作为全部工作的统揽和主线，坚决贯彻执行中央和省委、省政府各项决策部署，坚定不移沿着正确政治方向前进。

（二）严格落实主体责任。

2021年先后召开2次全面从严治党专题党组会，通盘研究谋划全面从严治党年度重点工作任务，在全厅党的工作会议暨党风廉政建设工作会议上进行全面动员部署。党组书记以身作则，对全面从严治党工作逢会必讲，从严从实要求，持续传导责任压力；先后多次深入支部开展党建工作调研，听取支部工作汇报，当面指出存在问题，限期进行整改。厅班子成员认真履行“一岗双责”，带头严格执行党内各项制度规定，加强对分管处室、单位的督促指导，定期召开工作推进会，分析研判分管领域全面从严治党责任落实情况，及时发现和解决存在的问题和短板，扎实推动全面从严治党工作走深走实。

（三）全力推动党支部建设提质增效。

以“党支部建设标准化提质增效日常考评体系”为基础，对各党支部组织设置、党建与业务相融合、党员教育管理、组织生活、工作机制、阵地建设等6个方面实行指标化日常管理，以考促评、以评促建。创新开展“一创建一提升”专项行动，在由厅班子成员、厅级干部将组织关系所在党支部创建为“标杆党支部”的同时，根据上年度党建工作考核结果，每人帮建一个后进党支部，推动后进党支部发现差距、补齐短板、破解难题，从而实现全厅机关党建工作水平整体提升。

（四）严格规范选人用人。

健全规范干部选拔任用工作程序，确保选任工作严肃规范、科学有序。大力培养选拔年轻干部，根据岗位需求，充分利用公开遴选、公开招聘等渠道，提升干部队伍年轻化水平。结合选拔任用工作，完善日常发现、持续培养、适时使用机制，加大年轻干部选任力度，进一步优化处级领导干部年龄结构。加强轮岗交流，促进干部多岗位历练，选派干部赴帮扶村挂职锻炼，提升能力素质。不断激励干部担当作为，修订完善《甘肃省人力资源和社会保障厅关于进一步激励干部新时代新担当新作为的实施意见》，为激励广大干部担当作为、干事创业提供坚实保障。

（五）认真履行党风廉政建设责任制。

厅党组带头遵守廉洁自律各项规定，督促党支部书记认真履行全面从严治党责任，督促全体党员干部严守政治纪律和政治规矩，把纪律和规矩牢牢刻印在心上，做到令行禁止，永葆清廉本色。持续开展党纪党规警示教育，引导党员干部牢固树立“底线”意识和“红线”意识。落实省纪委监委派驻厅纪检监察组全程参加厅党组会、厅务会制度，主动接受省纪委监委派驻厅纪检监察组对厅党组研究决策“三重一大”事项进行监督。

甘肃省人力资源和社会保障厅

青　海　省

2021年，青海省人力资源社会保障系统以习近平新时代中国特色社会主义思想为指导，深入贯彻党的十九大和十九届历次全会精神，认真落实习近平总书记考察青海重要讲话精神，全面对标党中央、国务院和省委、省政府决策部署，自觉践行以人民为中心的发展思想，聚焦主责主业，以推动高质量发展为主题，以满足人民日益增长的美好生活需要为根本目的，突出稳就业保就业工作主线，整体推进社会保障制度改革、深化人才体制机制建设、和谐劳动关系构建等工作，全省人社事业改革创新取得新进展，为民服务实现新提升，为全省经济社会平稳健康发展提供了支撑。全年实现全省城镇新增就业6.3万人，农牧区劳动力转移就业110.5万人次，培训各类城乡劳动力11.23万人次，高校毕业生登记就业率89.8%，城镇登记失业率1.8%，脱贫人口就业规模达到20.8万人，4.5万名登记失业人员实现再就业；全省基本养老、失业、工伤保险参保人数分别达到431.58万人、55万人、95.93万人，分别调整提高退休人员基本养老金、工伤人员伤残津贴、供养亲属抚恤金标准，按时足额发放各项社会保险待遇309.8亿元；制定印发23个系列职称制度改革实施方案和32个评价标准，引进各类高层次人才165人，招聘事业单位工作人员3 689人；立案及协调处理欠薪案件3 970件，为2.8万名农民工追发工资3亿元，全省劳动保障监察举报投诉案件结案率、拖欠农民工工资举报投诉结案率均达到100%；处理劳动人事争议案件2 649件，为2 962名劳动者挽回经济损失1.2亿元，劳动人事争议仲裁结案率97.3%。

一、坚持精准施策，就业目标任务圆满完成

（一）便捷开展就业失业实名登记。

加大线上办理就业失业实名登记业务的推广应用，大力推进告知承诺制，持续加大与其他部门数据协同共享，取消低保证、残疾证、毕业证和社保缴费凭证等9项证明材料，就业失业实名登记实现居民身份证件一证办理“零证明”。建立健全就业失业实名登记申请、办理进度查询、办理结果反馈、失业人员跟踪帮扶的一条龙服务机制，压缩经办时间，实现线下即时办结，线上3个工作日办结，变“被动审批”为“主动服务”，全年办理就业失业登记约25万件，其中实名登记离校未就业高校毕业生18 377人。启用电子版《就业创业证》，全面替代纸质证书，让劳动者随时随地查询办理。

（二）精心组织公共就业服务活动。

深化“放管服”改革，加强行风建设，推行就业服务“打包办”，按照“月月有招聘活动，时时有就业服务”的要求，实施“12+N”公共就业服务专项行动，将“送政策、送岗位、送补贴、送培训”稳就业“四送”活动始终贯穿其中，线上线下相结合，以优质高效服务助推稳就业保就业。全年累计举办专场招聘活动349场，组织近5 000余家企业入场招聘，提供招聘岗位18.36万个，微信公众号发布招聘信息202期；优化简化公共就业创业服务事项24项，业务查询办理总量50.2万件。

（三）保障重点群体就业。

加强高校毕业生实名制动态管理和服务保障，新设立高校毕业生就业见习基地 39 家，组织 909 名失业青年和未就业高校毕业生参加就业见习，为有就业创业意愿并积极求职创业的 5 354 名省属普通高等学校困难应届毕业生发放一次性求职创业补贴 535.4 万元，为 24 名自主创业高校毕业生提供自主创业担保贷款 275 万元，招募“三支一扶”计划等基层服务项目高校毕业生 2 448 名，举办各类招聘和送政策“四进”（进校园、进企业、进社区、进社保服务大厅）高校毕业生政策宣讲活动 490 余场，全年高校毕业生就业率 89.8%，实现就业创业 16 502 人，超过目标任务 4.8 个百分点。扎实做好脱贫人口转移就业工作，深入推进东西部劳务协作，积极开展稳岗就业活动和“点对点、一站式”服务，累计组织 13.08 万名农民工按期返岗复工，组织 8.65 万人赴海西采摘枸杞，全年脱贫人口务工就业 20.8 万人，完成目标任务的 104%。加强失业人员帮扶，强化就业困难人员援助，加强主动联系、跟踪服务，每月至少提供 1 次职业介绍或职业指导等公共就业服务，全省城镇失业人员实现再就业 4.5 万人，就业困难人员实现就业 0.75 万人，零就业家庭实现动态清零。

（四）继续实施普惠性失业保险稳岗返还政策。

首次将社会团体、基金会、社会服务机构、律师事务所、会计师事务所、以单位形式参保的个体经济组织纳入普惠性稳岗返还政策享受范围，进一步扩大政策覆盖面。年内累计向 9 525 户企业发放稳岗返还资金 7 965 万元，惠及职工 33.53 万人，受益企业户数较 2020 年增加 3 707 户，同比增长 63%，实现符合条件的参保企业应享尽享。

二、坚持对标需求，技能培训为稳就业发挥积极作用

（一）加强重点群体培训。

面向农村转移就业劳动者、“两后生”等青年、下岗失业人员、退役军人、未就业高校毕业生、就业困难人员等群体，精准开展“菜单式”培训和定岗定向培训。实施乡村振兴重点帮扶地区职业技能提升工程，持续加大易返贫致贫人口的职业技能培训。加大实施创业培训“马兰花计划”，依托技能大师工作室等开展多种形式的创业创新活动，持续实施各类专项行动计划，全面提升各类劳动者就业创业能力。

（二）强化企业岗位培训。

充分发挥企业培训主体作用，支持企业广泛开展职工岗位技能提升培训，突出高技能人才培训以及产业紧缺人才培训、安全技能提升培训、转岗转业培训、储备性技能培训、技术技能融合性培训等。依托企业开展定向、定岗、订单式和项目制培训，促进企业用工需求和职业技能培训有效衔接。推动线上线下培训融合，加强线上培训规范管理。

（三）继续放宽技能提升补贴申领条件。

将技能提升补贴申领条件放宽至企业在职职工参加失业保险 1 年及以上。年内累计发放技能提升补贴 502.5 万元，惠及职工 3 143 人次。持续推行技能提升补贴政策“免申即领”，通过内部数据比对，直接将技能提升补贴资金打入符合条件职工的社会保障卡中，使职工足不出户即可享受政策红利。

（四）加强基础能力建设。

强化职业培训教材质量和师资队伍等各项基础能力建设，加大师资培训和教师企业实践。按照“凡补必进，不进不补”的原则，全面实施实名制信息系统管理。严格落实补贴性职业技能培训实施目录清单管理要求，动态公布和实时更新培训项目目录、培训评价机构目录，方便劳动者按需选择，提升培训规范化管理水平。

（五）强化培训过程监管。

加强培训事前、事中、事后监管，严格培训班管理，严格落实培训前备案、培训中抽查、培训后考核等相关要求。组织开展加强职业技能培训资金管理专项工作，压实专账资金

管理使用责任，发挥专账资金效能，严格执行培训补贴标准，加快专账资金审核、拨付进度，加大培训补贴资金直补企业力度，加强经办服务，强化培训资金监管，保障资金安全和效益。

三、坚持攻坚克难，社会保障水平稳步提升

（一）积极实施全民参保计划。

根据习近平总书记关于完善覆盖全民的社会保障体系重要讲话精神，为进一步扩大全省社会保险参保覆盖面，实现社会保险法定人员全覆盖，积极推动重点群体、重点行业企业以及新业态从业人员参加企业职工基本养老保险和工伤保险，推动中央驻青机关事业单位属地参保，强力推进事业单位参加失业保险，提前超额完成年度参保扩面目标任务。截至2021年底，全省企业职工养老保险参保135.29万人，完成年度目标任务的106.5%；城乡居民基本养老保险参保262.63万人，完成年度目标任务的100.07%；失业保险参保55万人，完成年度目标任务的111.1%；工伤保险参保95.93万人，完成年度目标任务的109.6%。

（二）健全完善社会保险政策。

放开灵活就业人员参保户籍限制政策，外省户籍人员在青海省灵活就业或省内户籍人员在省内非户籍地灵活就业的，取消参加城镇企业职工基本养老保险的户籍限制，参保人持居住证可在灵活就业地社保经办机构办理参保缴费，吸引更多人才来青创业就业。规范城乡居民基本养老保险个人账户记账利率，使用更加科学、精准的个人记账利率办法，个人账户记账利率由2020年的1.75%增加到5.35%。出台企业职工基本养老保险省级统筹责任分担办法，明确各级政府责任和相关部门职责，确定各地当年基金缺口由各级政府按比例分担，明确对超额完成全年缴费收入目标的地区给予奖励，明确违规行为的处罚措施。

（三）提高参保人员待遇水平。

分别调整提高退休人员基本养老金，工伤人员伤残津贴、供养亲属抚恤金标准，月人均增加196元、233元、106元，年内共发放基本养老保险待遇303.9亿元、失业保险待遇2.38亿元、工伤保险待遇3.52亿元。

（四）延长社会保险优惠政策实施期限。

失业保险保障扩围政策实施期限由2020年12月31日延长至2021年12月31日，年内累计向2.5万名失业人员发放失业保险金、失业补助金1.5亿元，向246名失业农民工发放各类生活补助132万元。阶段性降低失业、工伤保险费率期限由2021年4月30日延长至2022年4月30日，年内共减轻参保企业失业、工伤保险缴费负担7.92亿元。

（五）深入推进社保经办改革。

加快推进机关事业单位养老保险改革，为35 917名改革后退休人员核定待遇，支付1 438人一次性待遇3 784万元。稳慎开展职业年金基金投资运营，累计投资规模达到166.32亿元，累计实现投资收益15.56亿元，收益率达到16.33%；完成18.94亿元城乡居民基本养老保险基金委托投资运营。进一步规范企业职工基本养老保险经办流程和个人账户管理，企业职工基本养老保险全国统筹前期准备工作有序推进。加强和规范工伤保险医疗、康复、辅助器具服务协议机构服务费用管理、监督和考核工作，并实现工伤电子处方远程联网监控。

（六）全面规范社保基金财务管理。

印发《关于社会保险基金财务管理风险提示函》《关于严格落实社会保险基金财务与会计制度的通知》《社会保险基金财务管理与统计数据指导工作方案》，全面梳理基金管理风险点，规范基金财务和经办权限管理，认真排查各类风险隐患，加强基金财务和统计数据分析，确保基金平稳运行。内控管理进一步强化，社保基金风险防控工作不断加强。对海北州基金财务进行专项检查，对黄南州、果洛州、玉树州职业年金对账情况进行实地核查，选派财务人员赴黄南州、果洛州开展财务管理、会计核算培训。加强统计管理，提取业务库2020年5个险种的参保人数、享受待遇人

数、企业欠费等15项指标数据，分县区与统计年报决算数据进行逐项比对，整改各险种数据587万条。

（七）全面加强社保基金风险防控。

开展社保基金管理问题专项整治，及时召开会议对专项整治工作作出部署，制定印发《工作方案》《任务清单》，成立领导小组和工作专班，梳理出10方面47项排查任务，采取大数据比对方式筛查疑点数据，抽调业务骨干组成联动检查组，对全省各级经办机构分别开展风险排查、交叉检查、疑点数据核查和“回头看”，并拓宽检查范围，做到风险点全覆盖。针对检查发现的问题，制定整改清单，落实整改责任。专项整治期间，开展警示教育月活动，制定双周调度、月调度、旬通报制度，先后印发《工作情况通报》10期。进一步健全完善社保基金监管长效机制，会同法院、公安、民政、卫健等部门建立信息共享机制、联席会议制度。严厉打击欺诈冒领社保基金行为，专项整治开展以来移交纪检监察部门4人，移交司法机关15人，处理社保基金案件352件。

四、坚持改革创新，人才人事创新活力有效激发

（一）强化党管人才政治责任。

始终坚持党对人才工作的全面领导，牢牢把握党管人才原则，青海省人力资源社会保障厅党组以习近平总书记关于人才工作的重要论述和指示精神为指引，专题学习贯彻中央和省委人才工作会议精神，深刻认识和坚决贯彻新时代人才工作新理念新战略新举措，深入分析新形势新任务新挑战，在积极推动人才强省战略上把方向、谋思路、想办法、定政策，与时俱进推动人才工作改革创新。围绕年度工作任务，定期召开党组会，专题研究人才工作，形成主要领导亲自部署、分管领导牵头落实、职能处室积极作为的工作合力，层层压实责任，以钉钉子精神抓好各项工作任务落实。

（二）深化人才人事制度改革。

深化职称制度改革。按照国家部署，制定印发高校、审计、出版等23个系列职称制度改革实施方案和32个评价标准。职称改革坚持“破四唯”和“立新标”，从重数量向重质量转变。职称评审坚持以德为先，德才兼备；对做出突出贡献但不具备学历要求的人才，可以通过专家举荐进行评价；取得重大技术突破、解决重大技术难题的特殊人才可通过绿色通道破格晋升职称；不将论文作为前置条件，项目报告、教学成果、标准规范、创作作品等均可作为代表性成果；获奖级别和数量不再是职称评审的门槛，鼓励深耕业务、潜心研究。向市州、各类企事业单位设立的39个职称评审委员下放教育、卫生、工程、哲社、自然科学等领域中高级职称评审权。为确保下放的权限接得住、用得好，着力加强事前事中事后监管，全面推行“双公示”“双随机”“四强化”“六公开”和诚信承诺与失信惩戒制度，促进放权松绑与有效监管科学统一。建成青海省职称评审系统，全省各级各类专业技术人员职称申报、审核、评审、证书发放等事项实现全流程一网通办。全面畅通民营企业专业技术人员职称评审渠道，2021年4 000余名非公经济专业技术人员取得职称，其中1人通过举荐制破格取得正高级职称。推进职称与职业技能等级制度衔接，支持达到条件的高技能人才参加职业资格考试，将技能人才职称评审贯通领域拓展至12个系列，66名高技能人才取得职称。

深化人事制度改革。研究制定《青海省关于县以下事业单位建立管理岗位职员等级晋升制度的实施意见》，将县以下事业单位管理岗位职员等级与岗位等级适当分离，形成基层管理人员“双线”晋升通道。开展高校职称评聘制度改革试点，对省内3所高校职称评聘情况进行专题调研，指导青海民族大学结合实际制定深化教师职称评聘制度改革试点方案报经省政府批准，从改进人才评价方式、分类精准设置岗位结构比例、建立岗位竞争机制等方

面优化职称评聘管理，畅通优秀人才职称晋升通道，有效激发单位内部活力。

（三）推动人才队伍建设。

广泛开展人才引进工作。一方面，结合实际需求，组织开展2021年“校园引才”工作，通过采取设置特设岗位、高端人才“一事一议”“人才+项目”支持服务等办法，无障碍引进重点领域杰出、领军人才和急需紧缺人才。2021年，全省事业单位共引进各类高层次人才165人，其中博士76人、硕士46人、本科43人。认真举办第二届“智汇三江源、助力新青海”人才项目洽谈会暨“高层次引进人才专场签约仪式”，组织5批共10家单位与引进的46名高层次人才现场签约。另一方面，做好全省事业单位人员招聘工作，稳步推进分类招聘改革，落实定向招聘、技工院校公开招聘、加快医学教育创新发展中“两个同等对待”等政策，建立完善符合不同层次、类型人才特点的招聘方式，通过统一招聘、自主招聘、考核招聘等多种形式，进一步提升事业单位招聘科学性和人岗相适度，2021年全省计划招聘事业单位工作人员3 200人，实际招聘事业单位工作人员3 689人，全面完成省政府确定的招聘任务。

大力培育高层次专业技术人才。开展第六届全国杰出专业技术人才和先进集体选拔工作，青海省1名个人和1个集体受到国家表彰，新增40名优秀专业技术人才。组织开展第一届全国博士后创新创业大赛参赛工作，装备制造、节能环保、新材料领域的4名青年博士后入围“创新赛”决赛，食品工程领域的1项需求项目成功列入“揭榜领题赛”榜单，实现产业技术创新与博士后制度优势功能的新衔接。深入实施专业技术人员知识更新工程，全年培训专业技术人员6.3万余人次。立足人才自主培育，将全省重点领域急需紧缺人才培养与人力资源社会保障部和外省实施的国家级高级研修项目有机衔接，依托外部优势资源，首次开展急需紧缺人才专项培训，生态环境、大数据、人工智能等领域46人参加研修。

加强技能人才队伍建设。坚持将大力开展高技能人才培训作为职业技能提升行动的首要任务，加强急需紧缺职业（工种）培训，大力开展中国特色的企业新型学徒制培训，加快开展新职业培训。依托职业院校资源，强化校企合作，开展高质量培训，为企业提供全方位技能人才培养培训“一站式”服务。认真执行职业技能标准，适当延长培训时长，增加培训天数，进一步适应岗位需求，提升培训层次和质量。深入贯彻落实习近平总书记对技能人才工作的重要指示和致首届全国技能大赛贺信精神，充分发挥职业技能竞赛在促进技能人才培养和推动职业技能培训方面的重要作用，组织青海省代表队参加全国乡村振兴职业技能大赛，21名参赛选手获得餐厅服务员、美发师、育婴员3个职工组项目优胜奖，青海代表团获得优秀组织单位奖。举办2021年青海省职业技能大赛，34支代表队、764名参赛选手参赛，比赛共决出金牌、银牌、铜牌类奖项各39个，共117名选手获奖，以赛促学、以赛促训、以赛促建，营造全省尊重技能人才、重视技能人才工作的良好氛围，助力形成“劳动光荣、知识崇高、人才宝贵、创造伟大”的时代风尚。

（四）强化人才人事服务保障。

围绕讲好人才故事，拍摄“青海学者”风采展示视频，通过电视展播广泛宣传他们扎根青海、勇于担当、攻坚克难、创新突破、甘于奉献的先进事迹，积极营造“四个尊重”的良好氛围。形成厅级领导干部专家联系服务长效机制，厅级领导干部定期与结对专家开展谈心交流、听取意见建议，把对专家的关心关爱落实落细，为两届“青海学者”入选者、引进高层次人才等发放科研经费、津贴补贴2 300万元，为专家人才深耕业务、潜心研究、多出成果提供坚强有力的基础保障。围绕社会关切实际问题，加强人才政策宣传引导，在厅门户网站设置“职称政策”“人才人事”专栏，主动公开78个人才政策文件，举办14个线上、线下能力提升培训班，开展4次送政策上门活动，编发48期人社工作信息，同时利用传统媒体和新媒体平台，多元、广泛宣传和解读人才人事改革政策，不断提升服务水平。

（五）规范开展评比达标表彰工作。

报请以省委办公厅、省政府办公厅名义印发《功勋荣誉表彰奖励获得者待遇实施细则》和《生活困难表彰奖励获得者帮扶实施细则》，构建形成符合青海省省情的评比达标表彰制度体系。开展表彰奖励获得者确认登记，为符合领取条件人员发放荣誉津贴495万元。按照“总量控制、合理设置、注重实效”的原则，公布年度表彰活动计划，对省以下表彰项目和创建示范活动进行清理。

五、坚持标本兼治，劳动关系保持和谐稳定

（一）全力做好治欠保支工作。

建立根治欠薪工作调度机制，定期召开工作调度电视电话会议，动态掌握各地、各部门工作进展；双月调度各市州欠薪案件、制度落实、陈欠台账办理进展，督促各地将各项工作落实落细。厅主要负责同志亲自带队，抽调精干力量成立三个督导组，分赴各市州开展根治欠薪实地检查和业务指导。会同住建、交通、水利等部门开展根治欠薪冬季专项行动，聚焦关键行业，特别是工程建设领域政府、国企投资项目，突出治理重点，开展精准摸排，严查制度落实，稳妥化解各类欠薪隐患，专项行动期间共检查各类用人单位2 284户，立案及协调处理欠薪案件1 516件，为8 592名劳动者追发工资9 813.3万元。针对校外培训机构、劳务中介、女职工用工集中企业等行业领域加大日常执法力度进行精准摸排，加强欠薪预警监测，妥善化解欠薪隐患34起。及时会同省乡村振兴局印发通知，对全省扶贫项目拖欠农民工工资情况进行全面排查，共计排查扶贫项目6 805个，未发现拖欠农民工工资问题。年内，全省共立案及协调处理欠薪案件3 970件，为2.8万名农民工追发工资3亿元，拖欠农民工工资举报投诉案件结案率100%。通过厅门户网站、新闻媒体曝光等方式，全省累计向社会公布欠薪典型案件33件，列入“黑名单”管理单位21个，并推送至信用中国（青海）平台实行联合惩戒。结合劳动用工年检，对用人单位开展诚信等级评定，实行分类动态监管，全省参评企业1 350家，评定A级企业430家、B级企业908家、C级企业12家，并按规定约谈C级企业，督促其限期整改。

（二）努力构建和谐稳定劳动用工关系。

会同省应急管理厅、省教育厅分别印发《青海省规范煤矿劳动用工实施方案》《关于做好防范化解校外培训机构治理中劳动用工风险的紧急通知》，积极参与省卫健委《青海省人口与计划生育条例》修正工作，认真解答涉及职工产假、生育假、看护假、育儿假等政策咨询。深入开展劳动关系“和谐同行”能力提升行动，充分发挥“三方四家”作用，共同研究制定相关实施方案和企业培育计划，积极开展劳动关系协调员队伍建设和企业培育行动，全省30户培育企业开展验收评估，80%以上企业达到和谐企业标准。经省政府同意，会同省交通运输厅等八部门联合印发《关于维护新就业形态劳动者劳动保障权益的若干措施》，并在全省范围内开展维护新就业形态劳动者劳动保障权益专项行动，多举措维护新就业形态劳动者权益。

（三）持续加强企业工资宏观调控。

积极推进国有企业工资决定机制改革，测算发布2021年度企业工资指导线及国有企业工资总额调控水平和调控幅度，并印发2021年度国有企业工资分配市场对表数据及相关参考数据，指导全省各类国有企业做好工资总额管理工作。持续深化国有企业负责人薪酬制度改革，测算核定省属国有企业负责人2020年度基本年薪基数，报经省薪酬改革领导小组会议专题研究同意后，印发各相关部门执行，并督促各企业主管部门严格按规定做好审核兑现工作。组织完成全省2 803户企业（部级调查样本企业1 271户、省级1 532户）薪酬调查工作，并分析发布2021年65个不同职业和

14个岗位等级人力资源市场工资价位信息。

（四）有效开展劳动人事争议调解仲裁工作。

全省各级劳动人事争议调解仲裁机构强化职能职责、规范办案程序、提升服务效能，开展调解仲裁案件评查，打造全国百家金牌调解组织，推进劳动人事争议法律援助站（窗口）建设，积极参与西部仲裁院联盟活动，防范化解劳动关系风险，依法及时稳慎处理争议纠纷。年内，共处理劳动人事争议2 649件，共为2 962名劳动者挽回经济损失约1.2亿元，劳动人事争议调解成功率达到65.6%、仲裁结案率97.3%，有效发挥调解的基础性作用和仲裁准司法制度优势。

六、坚持为民务实，“我为群众办实事”实践活动持续走深走实

（一）高层次部署，精细化推进。

印发《厅系统“我为群众办实事”实践活动重点项目清单》《关于切实推进“我为群众办实事”实践活动的通知》等文件，明确工作任务、责任单位、完成时限，倒排工期、挂图作战，推动重点任务落细落实。开展2次专项督查，印发4期通报，层层压责任、抓进度、促落实。

（二）畅通诉求渠道，摸清社情民意。

创新开展“人社干部走流程”工作，厅党组成员带头，通过“亲身办”“陪同办”等形式，对人社业务申请、受理、审核、办结进行“线上+线下”全流程体验，查找梳理100多项群众需求，着力解决人社服务中的痛点、堵点、难点问题。畅通群众诉求收集渠道，安排专人收集、转办、督办群众在“厅长信箱”、12345政务服务平台、12333电话咨询服务热线和网络舆情反映的各类问题，全方位、多角度收集社情民意，找准查实基层和群众的操心事、烦心事、揪心事，及时建立完善群众诉求清单，第一时间解决。

（三）践行初心使命，抓实承诺践诺。

印发《关于进一步开展“为民办事在一线、化解民忧零距离”党支部承诺践诺和“我的岗位我负责、我在岗位请放心”岗位建功立业活动的通知》，明确支部承诺践诺的4项措施，广泛开展结对帮扶、专题调研等，各党支部以“我为群众办实事”为主题开展党日活动64次，公开承诺事项34件，践行承诺34项，解决实际问题190余个。提出党员承诺践诺的4项重点，要求全体党员主动佩戴党徽亮身份、厘清职责作表率，积极主动参与学雷锋志愿服务活动，全体党员参加志愿服务300余次，为身边群众办实事好事550余次。

（四）突出重点难点，开展专项整治。

把解决养老保险发放中的问题作为办实事、解难题的重点，在全省开展社保基金管理风险排查专项行动，印发《青海省社会保险基金管理风险排查工作方案》等6个文件，3次召开专项推进会议，实行“周调度、月调度、旬通报”制度，推动工作落实。抽调54名业务骨干，组成9个联动检查组，对26个经办机构开展交叉检查，并组建4个核查组分赴各地核查。全面完成47 043条疑点数据和37项风险点的风险排查工作任务，对排查出的20 861条问题数据逐一进行整改。

（五）制定“三个清单”，推动活动落实落细。

围绕“四个一批”重点任务，制定20项“我为群众办实事”实践活动重点项目，全部纳入省委“办实事”清单，并建立为民办事、责任落实、群众诉求“三个清单”，由厅领导领衔办理、处室局分工负责、党史学教办月调度通报，以上率下压责任、传压力、抓推动。年内，1 400余件群众诉求办结（答复）率100%。

七、坚持分项推进，巩固拓展脱贫攻坚成果同乡村振兴有效衔接

（一）强化政策保障。

贯彻习近平总书记“四个不摘”重大要求，对标对表人力资源社会保障部“一个不变、两个强化”重点内容，研究制定《巩固

拓展人社脱贫攻坚成果同乡村振兴有效衔接行动方案》和定点帮扶实施方案，明确15项重点任务47条具体举措。成立厅推进乡村振兴工作领导小组，确保工作责任落实、持续推进。研究制定《全省人力资源和社会保障事业发展“十四五”规划》和《青海省“十四五”就业促进规划》时，专设“巩固拓展脱贫攻坚成果同乡村振兴有效衔接”版块，并在“人社公共服务项目建设”专栏中重点阐述“实施乡（镇）就业和社会保障服务站能力提升项目”“实施县（市、区）级创业孵化基地建设项目”“实施县（市、区）级公共职业技能实训基地建设项目”规划内容，为“十四五”期间推进乡村振兴工作奠定基础。会同省发改委等4部门联合印发《关于切实加强就业帮扶巩固拓展脱贫攻坚成果助力乡村振兴的实施意见》，聚焦就业帮扶重点，延续脱贫攻坚政策措施，细化具体举措，全面实施脱贫人口就业帮扶。报请省政府印发《2021年全省职业技能提升行动工作方案》，会同省乡村振兴局印发《关于实施乡村振兴重点帮扶地区职业技能提升工程的通知》，全面开展重点帮扶地区职业技能提升工程，统筹做好脱贫劳动力技能培训，提出工作要求，形成工作合力。会同省乡村振兴局等6部门印发《关于巩固拓展社会保险扶贫成果助力全面推进乡村振兴战略的实施意见》，制定21条具体措施，切实做好社保扶贫同乡村振兴有效衔接。联合省财政厅印发《关于做好延续实施失业保险稳岗扩围政策的通知》，持续实施普惠性稳岗返还政策、失业保险保障扩围政策和放宽技能提升补贴申领条件等政策措施。

（二）推进就业帮扶，促进农牧民稳定增收。

制定印发《推进政策落实推动服务落地就业“双推”工程实施方案》《2021年青海省公共就业服务专项活动的实施方案》，广泛开展各类公共就业服务专项活动，并将活动延伸至大中型易地扶贫搬迁安置区，持续为脱贫劳动力搭建就业服务桥梁。会同省公安厅、交通厅等7部门印发《关于做好农民工返岗复工“点对点”服务保障工作的通知》，为全省外出务工农民工提供信息对接、行前服务、返岗运输、疫情防控等全方位“点对点、一站式”服务。积极组织省级劳务品牌评选认定活动，评选认定省级优秀劳务品牌25个，特别是“化隆牛肉拉面”“海西枸杞采摘”等一批具有青海省地方民族特色的优秀劳务品牌，年均带动农牧区劳动力转移就业40万人次以上，为促进全省经济社会发展，带动农牧区劳动力转移就业发挥了重要作用。印发《关于加强劳务对接服务全力保障海西枸杞采摘用工需求的通知》，组织动员省内外劳动力赴海西采摘枸杞，有效解决了缺工问题。持续落实《易地扶贫搬迁后续扶持若干政策措施》，深入企业收集适合易地搬迁劳动力就业的岗位信息，并将岗位信息送到搬迁群众家中，引导促进搬迁群众外出务工就业增收。在大中型易地扶贫搬迁安置区设立公共就业服务站或窗口，“零距离”开展职业介绍和劳务对接等公共就业服务。

（三）强化技能提升，促进农牧民高质量就业。

全面了解企业用工需求和人力资源供给缺口，开发市场需求量大、岗位匹配度高的技能培训项目，促进脱贫劳动力技能与就业衔接。年内，全省各级人社部门组织脱贫劳动力职业技能培训1.14万人次。积极打造适应藏区发展，满足少数民族贫困劳动力个性化、差异化培训需求的精品培训项目，加大拉面、青绣、唐卡等特色产业和民间工艺相关工种培训力度，并向所有具备资质的职业培训机构开放。优化培训方式方法，坚持服务下沉，采取集中培训、弹性培训、上门培训等方式，进乡镇、进村组、进家庭“一对一”精准培训，让脱贫劳动力看得懂、学得会、用得上，帮助其提高技能，实现就业。组织开展脱贫劳动力转移就业意愿和培训需求调查，准确掌握就业意愿和培训需求，建立完善相关档案，会同省乡村振兴局实施乡村振兴重点帮扶地区职业技能提升工程，持续做好易地扶贫搬迁后续扶持工作。严格落实脱贫劳动力职业技能培训补贴、生活费补贴和企业以工代训等政策，对符合补贴条件的及时给予补贴，加大帮扶力度。

（四）加强兜底保障，分享社保政策红利。

按照国家部署，结合省情实际，为参加城乡居民基本养老保险的低保对象、特困人员、致贫返贫人口、重度残疾人等缴费困难群体代缴养老保险费，基本实现城乡居民基本养老保险适龄参保人员应保尽保。全年为符合代缴条件的20.72万名低保、特困及重度残疾人员代缴城乡居民基本养老保险费2 857.32万元。积极推进农民工参加失业保险，农民合同制工人参加失业保险个人不缴费，连续工作满一年，劳动合同期满未续订或者提前解除劳动合同的，由失业保险经办机构根据其工作时间，发放一次性生活补助。将建设项目参加工伤保险作为重点工作，纳入考核指标，确保各类工程建设项目中流动就业农民工依法享有工伤保险保障，筑牢因工伤残致贫返贫防线。印发《青海省工伤预防五年行动计划实施方案（2021—2025年）》，制定与全省经济发展相适应的工伤保险待遇调整方案，保障工伤职工和供养亲属的基本生活。

（五）强化人才智力支撑，打造高质量基层人才队伍。

会同省委组织部印发《关于2021年从优秀村“两委”主要负责人中考核聘用乡镇（街道）事业单位工作人员的通知》，从全省优秀村（社区）“两委”主要负责人中考核聘用乡镇（街道）事业单位工作人员15名，不断激发村级干部工作活力。适当放宽县乡基层事业单位招聘年龄、学历、专业等条件，对新招聘到艰苦边远地区和基层一线的事业单位人员可以约定不超过5年的服务期限，新招募的“三支一扶”服务人员向帮扶任务较重的地区适当倾斜，不断为基层“拴心留人”。将巩固脱贫攻坚成果同推进乡村振兴战略与专家基层服务紧密衔接，依托专家服务行和海外赤子、博士后科技服务团等人才智力帮扶活动，组织43名专家学者赴省内非公企业、重点帮扶县，在枸杞病虫害防治、青绣创意产品研发、地理信息技术与应用服务、种草复绿、藏药炮制工艺和眼科疾病诊疗等特色产业技术难题、群众生产生活需求方面开展技术“帮、教、带”，带动技术、管理、信息等生产要素向基层一线集聚和转化，解决各类难题45项，直接服务群众430余人。常态化实施基层职称“定向评价、定向使用”工作，在卫生、农牧、林草、水利、乡村教师等领域2 255人取得基层“双定向”职称。完善驻村专业技术人员职称评审政策，驻村满2年以上的第一书记、工作队员，且有一个年度考核优秀的，可提前1年申报高一层级职称，驻村期间工作年限视同专业技术工作年限，服务“三农”等实际工作业绩作为职称申报评审的重要依据。适当提高基层事业单位专业技术中高级结构比例，县乡所属事业单位专业技术高级、中级、初级总体结构控制比例由10∶40∶50调整为15∶45∶40。进一步深化事业单位收入分配制度改革，稳步提高基层干部待遇，鼓励和引导人才扎根基层、服务基层。

（六）积极开展定点帮扶，提振帮扶村致富信心。

研究制定《巩固拓展脱贫攻坚成果同乡村振兴有效衔接定点帮扶实施方案》和定点帮扶重点任务工作举措台账，确保定点帮扶工作扎实推进。选派10名优秀干部赴5个定点帮扶村担任第一书记、工作队员，调整完善《党组织结对帮扶贫困村名单》《党员干部结对帮扶贫困户名单》，严格落实单位党组织结对共建帮村、党员干部结对认亲帮扶户的“双帮”工作机制，实行驻村工作队年承诺、季报告制度，确保定点帮扶工作力量不减、扎实推进。通过主题党日活动、人社政策宣讲、结对帮扶慰问等多种形式，厅系统各党组织积极开展结对帮扶工作，宣讲就业创业、社会保障、劳动维权等群众关心关注的人社热点政策，积极解决结对帮扶户的烦心事、揪心事、难心事。

八、坚持便民便企，信息化建设取得新成效

（一）打通省内外数据共享通道。

打破不同机构间原有的业务布局，实现数据实时调取、实时比对，用户信息只需登记一次，再次办理业务时无需提供相同资料或数据，由系统自动筛选和确认，切实提高办事效率。全年累计调用部端接口 963 万次；通过青海省政务数据交换平台共享住建厅农民工实名人员考勤信息、公安户籍信息、企业（个体）法人信息等数据共计 1 832 万条；对外共享青海人社基础数据资源共计 69 246 万条，调用 1 053.1 万次。为群众提供“信息一点登记、业务协同办理、数据全域共享”的人社信息化服务。

（二）提升人社服务“网上办”效能。

大力推进网上办、移动办服务渠道，建成线上和线下相融合的多渠道公共服务平台，多方位打通人社业务办理渠道，人社高频服务事项实现网上受理、智能分办、网上反馈、网上查询，真正做到减环节、减材料、减时限，网上业务办理量占比达 90%，业务办理效率提升 50% 以上。遵循简洁、易用、稳定、智能的原则，对青海省人力资源社会保障厅门户网站进行适老化无障碍改造，并对“青海人社通”手机 App 和青海省人社政务服务一体化平台中老年人使用的高频事项开放专属版面，实现语音播报、添加亲情服务，让老年人或其代办人更加方便、快捷地办理人社业务。

（三）推动居民服务社保卡“一卡通”。

坚持推进更多民生领域用卡，大力推动社保卡在政务服务、金融服务、智慧城市等领域的线上线下“一卡通”应用，拓展电子社保卡签发渠道，开通 199 个签发渠道，累计签发电子社保卡 496 万张，覆盖全省常住人口的 83%，签发量位居全国第一。实现实体社保卡与电子社保卡同步申领，开通 91 项人社领域社保卡应用及交通出行、文化体验等 43 项居民服务“一卡通”应用，全省 73% 的惠民惠农补贴资金通过社保卡发放，让群众用卡更便捷。针对未成年人和高龄、异地居住、残疾等无法自主在线上办理社保卡业务的特殊群体，在“青海人社通”手机 App 上线成年人代办、未成年人代办功能，形成多层次、多渠道、多形式的用卡支撑环境，让群众办理社保卡更便利。

九、坚持系统谋划，“十四五”发展思路更加明晰

扎实落实国家《人力资源和社会保障事业发展“十四五”规划》《“十四五”就业促进规划》和《青海省国民经济和社会发展第十四个五年规划和二〇三五年远景目标纲要》等上位规划要求，按照前期研究、形成基本思路、拟定规划框架、形成草案、审议印发 5 个阶段开展规划编制工作，力求以更高的站位、更广的视野全面科学谋划“十四五”工作。规划编制过程中，广泛听取意见、深入基层调研、开展专家论证，并邀请中国人事科学研究院进行评估。2021 年 8 月和 11 月，《青海省人力资源和社会保障事业发展“十四五”规划》和《青海省“十四五”就业促进规划》印发执行，“十四五”规划编制工作按期完成。

青海省人力资源和社会保障厅

宁夏回族自治区

2021年，宁夏人力资源社会保障系统坚持以习近平新时代中国特色社会主义思想为指导，深入学习贯彻党的十九大及十九届历次全会精神和习近平总书记视察宁夏重要讲话精神，全面落实宁夏党委政府和人力资源社会保障部工作部署，扎实推进党史学习教育，强化就业优先政策实施，健全完善社会保障体系，努力构建和谐劳动关系，深化人才人事改革，持续推进系统行风建设，实现“十四五”良好开局。

一、就业创业

坚持把稳就业保就业作为重要的政治责任，继续打好减负、稳岗、扩就业组合拳，确保就业形势总体稳定。

（一）就业政策供给。

编制完成宁夏就业促进“十四五”规划，推动出台支持多渠道灵活就业“13条”、加强就业帮扶巩固脱贫攻坚成果助力乡村振兴“11条”等政策，修订完善创业担保贷款管理办法。城镇新增就业8.15万人，城镇调查失业率全年均值为5.3%，基本回落至疫情前水平。坚持将保市场主体、纾困中小企业作为稳就业的重要基础，延续实施部分减负稳岗扩就业措施，支持企业特别是中小微企业渡过难关、稳定就业。为1.34万户企业发放稳岗返还资金1.68亿元，惠及职工36.16万人；共向12.66万人发放失业补助金及临时生活补助5.49亿元。

（二）重点群体就业。

大力实施企业稳岗扩岗专项支持计划、高校毕业生就业创业促进计划、失业保险扩围计划和就业援助帮扶，宁夏农村劳动力转移就业81.27万人，离校未就业高校毕业生就业率达到95.78%，开发购买公益性岗位8 819个，零就业家庭实现动态清零。

（三）创业带动就业。

全面落实创业担保贷款政策，积极搭建集政策扶持、创业指导、创业培训为一体的开放式综合服务平台，开展创业孵化提升行动，鼓励各类劳动者返乡入乡创业兴业。新认定国家级创业孵化示范基地2家、自治区级创业孵化示范基地6家，发放创业担保贷款15.46亿元，开展创业培训1.52万人，培育创业实体1.59万个，创造新岗位3.42万个，创业带动就业6.35万人。

（四）职业技能培训。

深入实施职业技能提升行动，拓宽以工代训范围，加大培训补贴资金直补企业工作力度，开展稳岗留工送培训专项活动和“三进三送”暨“政策会诊”服务活动，促进企业稳岗位、扩就业。大力发展技工教育，支持技工院校加强优质特色专业建设和职业培训基础工作。开展补贴性职业技能培训16.81万人次，支持1 175家企业、2.97万名企业职工开展以工代训，完成企业新型学徒制培训3 355人次、“两后生”培训643人。在全国率先全域推行民办职业培训学校“告知承诺制”审批改革，向全国推广经验做法。开展职业技能竞赛活动，组团参加全国乡村振兴职业技能大赛获得1枚铜牌和4个优胜奖，实现在国家一类职业技能大赛中奖牌零的突破。

（五）就业公共服务。

扎实开展就业援助月、“春风行动”、稳岗留工、就业帮扶直通车、直播带岗等公共就业服务活动，探索实施“互联网+就业”公共就业服务，推行“免申即享”失业保险稳岗返还经办服务。举办线上线下招聘会 554 场，提供岗位 38 万余个。

二、社会保障

推进制度的可持续发展，充分发挥社保工作的托底保障作用，助力宁夏经济社会发展。

（一）社会保险政策。

持续推进养老、失业、工伤保险制度改革，加快健全完善多层次社保体系。出台《工伤预防五年行动计划（2021—2025 年）实施方案》和中小微企业优先参加工伤保险政策，研究制定企业职工基本养老保险省级统筹考核奖惩办法，失业、工伤保险省级统筹意见及经办规程，规范基本养老保险待遇和代发资金集中统一发放。做好企业职工基本养老保险全国统筹，实施机关事业单位养老保险制度改革中期考核评估，完善参保人员遗属待遇标准，积极构建多层次养老保险体系。

（二）推进扩面提待。

巩固拓展全民参保计划实施成果，基本养老（含企业、机关事业单位、城乡居民）、失业、工伤保险参保人数分别达到 482.85 万人、109.07 万人、143.79 万人，超额完成年度目标任务。将城乡居民基本养老保险最低缴费档次由 100 元调整为 200 元，第 8 次调增基础养老金最低标准，为 47.48 万名城乡居民每人每月调增基础养老金 5 元，调整后人均养老金达到 229 元。连续 17 次调整企业退休人员、6 次调整机关事业单位退休人员养老金水平，增幅达 4.5%，68.57 万名退休职工受益。

（三）社保基金监管。

开展社保基金管理问题专项整治，核查疑点数据 127 万余条，集中整改冒领、重复领取待遇等 10 多项突出问题。排查出 2019 年至 2020 年基金要情 363 件，追回 752.24 万元。城乡居民基本养老保险基金新增结余投资率达 80.8%。全面加强社保基金风险防控，建立社保基金管理风险清单和防范措施，进一步筑牢防控底线。持续加大稽核监控力度，建立与司法、卫健等部门信息比对机制。核查少缴社保费 626.02 万元，全部追回；比对出欺诈冒领 813 人，冒领金额 1 410.64 万元，追回 1 021.32 万元。

（四）社保经办服务。

落实社保经办利企便民 31 条措施，92%的社保业务实现网上办理，13 项社保业务高频办理事项下沉基层实行全区通办。累计发放社保卡 714.66 万张，签发电子社保卡 494.13 万张，联合 18 个部门协力推进社保卡在人社、医疗卫生、文化旅游、交通出行、金融惠民、涉农惠农、残疾人服务等领域应用。工伤保险医疗费全区同城化即时结算工作不断优化，区内跨市县医疗费审核支付和资金清算顺畅，协议管理覆盖 80 家医疗机构、11 家康复机构和 13 家辅助器具配置机构。采取“四早”措施提前 12 天完成养老金调整待遇发放工作，“四秒同步、八办并举”社保经办服务效能建设走在全国前列。

三、人才工作

聚焦重大战略、重点产业、重大行动，全方位做好人才培养引进使用工作，助推新时代人才强区战略深入实施。

（一）人才引育工程。

选拔享受自治区政府特贴 39 人、青年拔尖人才 89 名，新增高技能人才 6 811 人，精准预引进优秀在读博士 7 名。评选留学回国人员创业资助团队项目 8 个、个人项目 18 个。宁夏 1 人获第六批全国杰出专业技术人才、1 个集体获全国专业技术人才先进集体荣誉，培养的院士后备人才马玉山当选中国工程院院士，姚敏团队获全国科技进步一等奖。取得高级工以上职业资格证书（职业技能等级证书）6 811 人，完成高技能人才新增 5 000 人任务的 136%；取得技师、高级技师职业资格证书

（职业技能等级证书）979 人，完成 700 人任务的 139%。

（二）人才评价体系。

科学修订宁夏高层次人才分类认定目录，认定第二批高层次人才人选 597 名。深化职称制度改革，总结 30 年职称改革经验，制定出台《宁夏职称评审管理办法和操作规程》，分层分类修订出台 15 个职称系列（专业）评审标准条件，全面完成各系列（专业）职称制度改革任务。开展基层职称“定向评价、定向使用”，启动高素质农民职称评审试点工作，对突出贡献人才和引进高层次人才职称评审实行“绿色通道”，212 名突出贡献人才和全职引进高层次人才直接获评高级职称，贯通高技能人才与专业技术人才职业发展通道，25 名高技能人才通过评审取得中高级职称。深化技能人员职业资格制度改革，形成职业资格评价、职业技能等级认定、专项职业能力考核等全方位技能人才评价服务体系。

（三）人才载体建设。

加强人才小高地、博士后科研流动站（工作站）考核评估和动态管理，对 2018 年遴选的 20 个自治区人才小高地、2017 年选拔的青年拔尖人才进行中期评估；加强院士后备人才、博士后科研工作（流动）站的动态管理。新建自治区人才小高地 10 个、专家服务基地 7 个，取消 9 个专家服务基地和 13 个院士工作站资格。创建国家级、自治区级高技能人才培训基地、技能大师工作室等技能人才载体 21 个，遴选技工院校急需特色专业 2 个。

四、人事薪酬

坚持将规范管理作为目标要求，持续推进人事薪酬改革，不断加强事业单位规范化管理。

（一）事业单位人事制度改革。

跟进国家政策，推进实施县以下事业单位职员等级晋升制度，建立事业单位岗位等级与职员等级并行的晋升通道。推进人才密集型事业单位“全员竞聘”、公立医院人员总量“一体化管理”、基层行业“县域统筹”等人事制度改革。健全完善事业单位人事管理政策体系，出台事业单位工作人员创新创业升级版政策、特设岗位管理办法、培训实施细则。推行事业单位公开招聘条件“放宽”、形式“放活”、主体“放权”等改革举措，宁夏各级各类事业单位公开招聘 6 946 人。组织开展事业单位二级岗位评聘、脱贫攻坚领域专项奖励、人事档案专项审核工作。打破业务壁垒，推进实施事业单位人事服务“一件事”改革。

（二）工资收入分配制度改革。

健全完善事业单位岗位绩效工资制度，推行以知识价值为导向的分配政策，落实高层次人才工资分配激励机制。建立义务教育学校教师平均工资与公务员平均工资联动增长机制，单独核增中小学校校长津贴、班主任津贴绩效工资总量，解决因发放校长津贴和班主任津贴挤占其他教师绩效工资总量的问题。完善国有企业负责人薪酬制度和工资决定机制改革配套政策体系，规范工资总额信息披露办法。调整最低工资标准，平均增幅 17. 89%。发布企业工资指导线，合理确定企业职工平均工资，引导企业进一步提高职工工资水平。

（三）表彰奖励管理。

深入贯彻中央为基层减负精神，进一步清理规范自治区级以下评比达标表彰活动，受理表彰计划 289 项，批复 56 个，压减率达 80. 6%。取消、中止 10 余个部门拟开展或变相开展的评比达标表彰和创建示范活动计划。

（四）人事考试管理。

出台巡考人员和重点人事考试考点学校管理办法，建立人事考试安全风险预警提示制度，强化考务信息安全防护能力建设，组织完成 45 项人事考试，服务考生 33. 6 万人次。

五、劳动关系

以促进和谐稳定为主线，紧扣平安宁夏建设和基层治理能力水平提升，准确把握各方利益平衡点，进一步提升劳动关系治理效能。

（一）制度机制。

发挥协调劳动关系三方机制作用，通过会商研判、预警监测、风险排查、协同联动、跟踪问效和考核奖惩，推动劳动关系共商共建共治共享。推进劳动关系一体化、标准化、信息化建设，拓宽公共服务渠道，提升公共服务水平。实施劳动关系“能力提升”三年行动和“百千万计划”，整合劳动关系社会资源，发动企业和社会组织力量，组建劳动关系协调员、集体协商指导员、协调劳动关系社会组织、劳动人事争议调解组织4支社会力量，全区登记劳动关系协调员3 727人，建立基层调解组织247个，备案调解员630人，助力用人单位提升用工管理水平，建立更加规范和谐的劳动关系。

（二）劳动用工管理。

开展规范小微企业、新业态企业、劳务派遣用工监管专项行动和煤矿井下劳务派遣工清理划转专项行动，出台《维护新就业形态劳动者劳动保障权益实施办法（试行）》，小微企业用工管理进一步规范，新就业形态劳动者权益维护有了法制保障，完成煤矿井下劳务派遣工的清理划转工作。

（三）根治欠薪。

全面贯彻《保障农民工工资支付条例》，相继出台农民工工资专用账户、工资保证金等配套政策。全面推广根治欠薪线索反映平台，畅通投诉举报渠道，对重点工程实施常态化监控，对恶意欠薪违法行为实施联合惩戒。集中开展根治欠薪夏季、冬季专项行动，清理整顿人力资源市场秩序、维护女职工产假等权益专项执法检查和根治欠薪“五个一百”“十个一”活动，保持根治欠薪“高压”态势。全年立案查处工资类违法案件163件，为3 857名劳动者追回工资4 131.1万元。

（四）劳动人事争议处理。

加强调解、仲裁与诉讼衔接机制建设，畅通农民工等困难群体劳动争议处理“绿色通道”。推进劳动人事争议金牌调解组织建设，推荐国家级金牌组织2家。推进调解仲裁法律援助、仲裁案卷专项评查，开展青年仲裁员志愿服务活动。推广使用“互联网+调解”服务平台，提升案件处理智能化水平和服务能力，受理劳动人事争议案件1.46万件，结案1.42万件，调解成功率、仲裁结案率分别达到66.4%、94%。

（五）人社信访化解。

着力完善人社信访工作制度机制，共协调处理群众来信来访4 710件次13 515人次。完成庆祝建党100周年期间人社信访安全保障工作。开展集中治理重复信访、化解信访积案专项工作，完善“三线联动”窗口接访服务。围绕重点领域、重点群体、重点问题进行全面排查，采取分类处置、领导包案、动态清零等方式，69项涉及时间长、情况复杂、诉求多样的重大疑难信访事项得到妥善化解，“办信三率”即及时受理率、按期答复率、群众满意率稳居宁夏前列。

六、乡村振兴

全面贯彻中央乡村振兴决策部署，深入落实“百万移民致富提升行动”，持续巩固人社扶贫成果。出台加强就业帮扶实施百万移民致富提升行动巩固脱贫攻坚成果助力乡村振兴的实施意见，实施农村劳动力转移就业促进行动、困难人员就业援助行动、“铁杆庄稼保”等措施，宁夏脱贫人口和边缘易致贫人口就业26.86万人。深化闽宁等省际协作，开展闽宁劳务对接37次，组织闽宁专场招聘会44场次，宁夏农村劳动力赴闽就业5 037人。出台巩固拓展社会保险扶贫成果同乡村振兴有效衔接意见，为参加城乡居民基本养老保险的低保、特困、重度残疾、易致贫返贫三类监测对象等困难群体实施政府部分代缴和全部代缴保费政策。落实百万移民致富提升行动重点县重点村（社区）包抓工作，支持帮扶村（社区）改善基础设施、发展致富产业。

七、城镇居民收入提升行动

认真落实宁夏党委政府部署要求，坚持把

城镇居民收入提升行动作为巩固脱贫攻坚成果、推进共同富裕的重要抓手，千方百计拓宽增收渠道。建立目标推进机制，制定年度工作要点及分工方案，明确任务书、确定路线图、定好时间表，纳入各级效能目标管理考核统筹推进。发挥牵头作用，建立成员单位会议、信息通报、工作调度、增收因素会商、督查考核五项机制，强力推动各项措施落实。2021 年，全区城镇居民人均可支配收入增长 7.2%。

八、行风建设

坚持行风建设与业务工作有机融合，持续深化整治形式主义官僚主义突出问题为基层减负。开展以干部提气增劲、服务提速增效、工作提质增色为内容的“三提三增”活动。加强窗口单位作风建设和经办队伍建设，不定期开展明察暗访，对发现的问题督促整改。深入开展人社窗口单位业务技能练兵比武活动，银川市人力资源和社会保障局代表宁夏参赛获得省级区域赛三等奖，并获得组织奖。推进“放管服”改革，开展“厅局长走流程”，深入实施“人社服务快办行动”，301 项政务服务事项中 95%的事项实现不见面办理，137 项实现“即来即办”，32 项实现“零材料”办理。民办职业培训学校“证照分离”审批改革在全国推广，“人社快办服务一体化建设”被评为宁夏法治政府建设示范项目。健全“互联网+监管”“双随机、一公开”执法监管体系，推行行政执法“三项制度”，对 87 项行政许可、行政处罚事项重新修订自由裁量幅度，45 项违法行为实行“首违不罚”“首违轻罚”的包容免罚机制，切实做到监管不缺位、权力不滥用、执法必依法。按照“数字政府”建设、“信息化便民服务创新提升行动”及宁夏人社信息化“121”建设发展规划要求，高标准开发建成“数据共享、纵向一体、横向协同、标准统一”的宁夏人社一体化与公共服务两大系统，已上线就业创业、劳动关系、人才人事、社会保险、农民工工资支付预警等板块，4.7 万家单位通过公共服务系统不见面办理人社业务，累计办理各项业务 73.7 万件。

宁夏回族自治区人力资源和社会保障厅

新疆维吾尔自治区

2021年，新疆维吾尔自治区人力资源社会保障系统以习近平新时代中国特色社会主义思想为指导，坚决贯彻落实党的十九大和十九届历次全会精神，贯彻中央经济工作会议和全国人社工作会议精神，紧紧围绕社会稳定和长治久安总目标，全力做好“六稳”工作、落实“六保”任务，全区就业局势保持总体稳定，社会保障体系建设稳步推进，人才人事工作取得新进展，和谐劳动关系进一步巩固，公共服务能力明显提升，各项工作取得显著成效，实现新疆人社工作“十四五”良好开局。

一、坚持就业优先，实施扩大就业惠民工程

坚持把促进就业作为首要任务，实施就业优先战略和更加积极的就业政策，保持全区就业形势总体稳定。全年全区城镇新增就业47.74万人，完成全年目标任务的103.78%，城镇失业率控制在4.5%以内。

（一）强化就业优先政策。

健全更加完备的就业创业政策体系，提请印发《自治区关于推进就业高质量发展指导意见》《关于巩固拓展就业扶贫成果助力乡村振兴的实施意见》等文件，形成全区新一轮更加积极的促进就业政策。全区累计为74.38万人发放社会保险补贴和职业技能培训、就业见习等各类就业创业补贴39.61亿元。

（二）助企纾困稳岗就业。

加大对受疫情影响行业和企业的支持力度，延续实施阶段性降低失业保险、工伤保险费率，为企业减负23.47亿元；延续实施失业稳岗返还政策，支持市场主体稳岗位、稳就业，为企业减负3.3亿元。

（三）抓好重点群体就业。

着力促进农村劳动力就近就地转移就业，持续巩固跨区域转移就业规模，农村劳动力实现转移就业317.4万人次，完成年度目标任务的115.4%。组织实施高校毕业生就业创业促进计划、就业见习计划、“三支一扶”计划，全区属高校2021年毕业生11.06万人，去向落实率不低于去年同期水平。招募2 183名高校毕业生到基层支农、支教、支医和帮扶乡村振兴，为3.55万名2022届困难毕业生发放3 551万元一次性求职创业补贴，帮扶就业。常态化实施就业困难人员“一对一”专项帮扶，落实零就业家庭24小时动态清零机制，帮扶困难人员就业4.48万人。

（四）推动创业带动就业。

在落实创业担保贷款及贴息、一次性创业补贴等创业扶持政策基础上，创新开展自治区级创业孵化基地认定和复评工作，对2015—2018年认定的20家自治区级创业孵化基地进行复评，新认定第七批自治区级创业孵化示范基地5个，落实创业服务引导性资金1 500万元。实施系列创业服务专项行动，全年新增创业9万人，带动就业14万人。上线运行就业创业综合服务平台，举办线上线下招聘活动2 100余场次，提供岗位46.5万余个。

（五）强化职业技能培训。

实施职业技能提升行动，以城乡劳动力为重点，开展“技能+国语+基本劳动素质”组合式培训。组织实施企业新型学徒制培训、工业通信业职业技能提升行动、建筑领域技术工

种3年20万人培训就业行动、旅游业职业培训。全年开展各类职业技能培训221.4万人，完成全年目标任务的201.3%。加强技能人才队伍建设，全年新增备案评价机构179家，新增技能人才15.5万人，其中高技能人才4.5万人。成功举办第一届全国乡村振兴职业技能大赛，新疆代表团取得金牌第一、奖牌第一。

二、坚持兜牢民生底线，实施社保扩面工程

全面参保计划有序推进，基本养老、失业、工伤三项社会保险参保人数2 019.77万人次，困难群体参加基本养老保险实现应保尽保。

（一）统筹推进社保制度改革。

坚持把高质量发展贯穿社保改革始终，不断提高社保统筹层次，持续优化完善社保制度。完善自治区企业职工基本养老保险省级统筹制度，顺利推进国家统筹在自治区实施，企业职工基本养老保险信息系统接入全国统筹系统。机关事业单位基本养老保险制度改革全面落实落地，实现机关事业单位和企业基本养老保险制度并轨。完善并落实城乡居民基本养老保险和被征地农民社会保障政策。完善工伤保险省级统筹，实现工伤保险基金自治区级统收统支，组织实施工伤预防五年行动计划。落实扩大失业保险保障范围政策，探索推进新业态就业人员职业伤害保障。

（二）有序推进社保扩面工作。

推动实施“社保扩面”惠民工程，健全县（市）、乡（镇、街道）、村（社区）全民参保责任和工作体系。积极做好农民工、灵活就业人员、新业态从业人员以及城镇私营和中小微企业参保工作，支持引导以个人身份参保的灵活就业人员长期稳定参保。全区基本养老、失业、工伤三项社会保险参保人数2 019.78万人次，较上年增加55.77万人次。困难群体参加基本养老保险实现应保尽保。

（三）扎实做好社保待遇调整工作。

为落实第三次中央新疆工作座谈会精神，统筹提高新疆各类群体待遇，经人力资源社会保障部、财政部批准，将2021年退休人员基本养老金提高比例调整为4.8%，高于国家水平0.3个百分点。城乡居民基本养老保险基础养老金最低标准由每人每月145元提高至150元。调整自治区失业保险金标准，人均增加206元，达到1 314元。提高工伤（亡）职工工伤保险待遇，月人均增加伤残津贴218元、生活护理费274元、供养亲属抚恤金116元。

（四）加强社保基金监管。

在全区范围内开展社保基金管理问题专项整治，多措并举确保基金安全。运用新疆人社12333微信公众号等平台，宣传属于欺诈骗保违法违规的具体行为，公示全区各级监督举报电话。组织全区196名社保基金监督人员对基金监管系统的操作使用进行线上培训，开展全区社保基金管理警示教育月活动，编印与社保基金监督相关的法律法规依据。全区社保基金管理风险意识、法纪意识和责任意识进一步提升。

三、激发市场活力，加强人才队伍建设

深化人才发展体制机制改革，加强人才队伍建设，激发人才创新创造活力。

（一）实施重点人才培养计划。

选拔400名专业技术人才开展天山英才计划第三期培养，选拔400名学员开展2021年度新疆少数民族科技骨干特殊培养。实施2个国家级专业技术人才知识更新工程高级研修项目、2个国家级专家服务基层示范团项目、2个特培专家服务团活动。持续做好自治区引进高层次人才“天池计划”组织实施工作。开展自治区博士后经费择优资助，选拔15个优秀博士后工作站、35名优秀博士后给予经费支持。

（二）持续深化职称制度改革。

进一步健全自治区职称工作体系，保障全区126个评审机构有效运转。打通专业技术人才和技能人才职业发展通道，涉及工程、农业等8个专业领域，649名技能人才取得相应职称资格。打通职称服务“最后一公里”，全区

已有23万余人在线下载打印职称电子证书。开通证书寄递服务通道，为2万名取得国家职业资格证书人员提供寄递服务。

（三）加大人才引进使用力度。

完善事业单位公开招聘和岗位设置管理制度，加大人才向基层事业单位招聘引进力度，全区事业单位招聘人员4.28万人。积极应对疫情影响，创新引才模式，采取政府购买服务方式，委托专业化人力资源服务企业，首次开展线上引才招聘活动。共组织1 158家单位，提供招聘岗位2 833个，需求6 864人，吸引各类高校毕业生3.8万人次报名，取得良好效果。

（四）不断激发人才创新活力。

研究县以下事业单位管理岗位职员等级晋升工作实施方案，调整事业单位人员基本工资和绩效工资标准，实施事业单位绩效奖金改革。落实高层次人才工资收入激励和职务科技成果转化现金奖励政策。

四、坚持标本兼治，构建和谐劳动关系

创新和完善构建和谐劳动关系体制机制，维护劳动者权益，促进企业健康发展。

（一）健全企业工资分配机制。

调整自治区2021年最低工资标准，调整后的最低工资标准较原标准均增80元。确定基准线为5%、上线为6.5%、下线为1.5%的自治区2021年企业工资指导线。审批14个地州市劳动力市场工资指导价位，明确2020年、2021年区属国有企业负责人基本年薪基数分别为9.09万元、9.68万元。

（二）加强劳动人事争议仲裁工作。

指导各地在乡镇街道、各类企业的调解组织打造金牌劳动人事争议调解组织，自治区打造10家调解组织为第一批金牌劳动人事争议调解组织，并向人力资源社会保障部推荐2家。组织实行重大劳动人事争议事项24小时报告制度，全年全区各级调解仲裁机构共受理劳动人事争议案件20 077件，仲裁结案率为97.2%，调解成功率为60.1%。

（三）提高劳动保障监察执法效能。

全面做好根治欠薪工作，组织全区开展根治欠薪冬季专项行动，全区排查受理和全国根治欠薪线索反映平台推送的2021年欠薪案件线索1.5万件，全部办结。依法打击扰乱人力资源市场秩序、欠薪欠保、违反劳动用工管理规定等违法行为。全区各级劳动保障监察机构主动监察用人单位2.97万户，立案查处各类举报投诉案件2 369件，责令用人单位补签劳动合同3.99万人，为4.62万名劳动者追发工资等待遇5.48亿元，督促缴纳社会保险费606.71万元，向社会公布重大欠薪案件54件。

（四）做好人社领域信访工作。

开展集中治理重复信访、化解信访积案专项工作，加强对各地信访化解工作的指导。中央交办新疆人社系统第一批积案120件（含厅本级2件），自治区交办人社系统第一批积案77件，均已化解。自治区人社系统集中治理重复信访、化解信访积案专项工作经验，被人力资源社会保障部和国家信访局采用。

五、坚持为民服务，深入推进行风建设

坚持以人民满意为标准，持续开展全区人社系统行风建设，不断推进职能转变、资源整合、能力提升、服务优化。

（一）着力推进“人社服务快办行动”。

有效整合企业和群众关联事项的办事需求，打造套餐式集成服务。实现“打包办”事项12项，即办事项77项，111项事项“最多跑一趟”；扩大高频事项“提速办”，提速办事项51项；优化事项办理“简便办”，减少自治区级人社审核事项427项；延伸人社服务“就近办”，人社服务覆盖7 231个服务网点。

（二）深入开展“厅局长走流程”。

把开展人社系统“厅局长走流程”作为“我为群众办实事”的具体举措，督促党员干部带头深入联系点和基层单位、深入生产一线、深入服务对象、深入结亲户，广泛听取意

见、走访群众、开展调研，认真查堵点、摸需求、解难题、促整改，打通政策制定“最先一公里”到经办落实“最后一公里”，推动人社惠民政策和服务更快更好地惠及企业群众。

（三）常态化开展练兵比武。

将练兵比武活动作为进一步改进窗口单位作风，增强人社干部能力，提升人社工作水平的抓手。依托全国人社窗口业务技能练兵比武在线学习平台，在全区持续开展“日日学、周周练、月月比”线上练兵。将练兵活动与“访惠聚”驻村工作、“民族团结一家亲”活动相结合，组织党员干部下沉基层，延伸触角、提升能力，宣讲政策、破解难题。

（四）提升人社 12333 电话咨询服务水平。

开展全区人社系统咨询员培训，覆盖全区人社系统咨询员。全区 12333 咨询呼入总量累计 175.9 万次，处理在线咨询、建议意见、业务转办 1 652 件。完成与 12345 政务服务便民热线平台的数据、知识库和工单转办对接，同时完成与人力资源社会保障部平台的数据和知识库对接。12345 共转办工单 193 件，群众满意率 100%。

（五）提高公共服务能力。

扎实推进“放管服”改革，自治区级仅保留 3 项行政许可事项，6 项涉企经营许可事项全部纳入清单管理，全年发布政务服务事项清单 15 类。全面推行证明事项告知承诺制，减少各类证明材料 108 件次。推进社保卡居民服务“一卡通”，全疆持卡人数达到 2 088.1 万人，申领电子社保卡人口覆盖率达到 40.99%。完成新疆人社公共服务平台（一期）建设、新疆智慧人社 App 和微信小程序的升级改造，2021 年使用新疆智慧人社 App 的认证人数达到 215.92 万人次。

新疆维吾尔自治区人力资源和社会保障厅

新疆生产建设兵团

一、就业创业

2021年，印发推进就业高质量发展的指导意见、延续实施部分减负稳岗扩就业政策措施的通知等系列政策文件，持续强化政策落实和服务保障，确保兵团就业局势总体稳定。累计实现城镇新增就业8.4万人，完成年度计划任务的104.8%；城镇登记失业率为2.57%，低于5%的控制目标。发挥就业补助资金作用，落实吸纳就业补贴、见习补贴、社保补贴等政策，支出就业补助资金（含师市配套资金）10.2亿元。

优化创业担保贷款申请审批流程，为570家小微企业、个体工商户、劳动者发放创业担保贷款1.3亿元。智新创业孵化基地（第七师胡杨河市）和新疆西电兴兵创业孵化基地（第十二师）获评全国创业孵化示范基地称号，实现国家级创业孵化示范基地零的突破。融安区创业孵化基地（第一师阿拉尔市）、兵团特色果蔬工程研究中心（第八师石河子市）2个兵团级创业孵化示范基地挂牌。

对接需求推动职业培训提质增效，累计开展各类职业技能培训14.1万人次，完成年度计划任务的117.1%；拨付技能提升专账资金13 876.0万元。开展技能培训7.4万人次，高技能人才以上培训1.0万人次，开展以工代训4 079人次，开展新型学徒制培训2 789人次。截至2021年底，兵团技能人才总量达56.3万人，占就业人员总量的38.7%。

2021年1月21日至3月31日，会同工业和信息化局、民政局、交通运输局等7部门在兵团辖区范围内开展以“迎新春送温暖、稳岗留工”为主题的专项行动，同步部署开展2021年“春风行动”。专项行动期间，累计监测514家稳岗留工企业，职工11.7万人，其中留工4.5万人（疆外2.5万人，疆内2.0万人）。发放政策宣传资料40 278份，提供公共就业创业服务20 073人次，劳动维权和法律援助2 538人次，组织参加职业技能培训27 787人，为农民工新开发岗位1 988个，鼓励企业为外地留工人员发放留岗红包801.8万元。实现就地就近就业2 804人，疆内其他地区转移就业340人，出疆转移就业715人。

协调相关部门延续保留、调整优化、拓展延伸政策措施，动态监测脱贫劳动力及边缘易致贫人口就业失业情况，帮扶0.48万名脱贫劳动力稳岗就业。围绕乡村振兴和连队人居环境整治，有序开发连队保洁、公厕维护等公益性岗位，兜底安置175名脱贫劳动力就业。2021年6月，就业促进和职业能力建设处被评为兵团脱贫攻坚先进集体。

组织开展不间断线上线下招聘活动，先后启动就业援助月、“春风行动”、兵团大中城市联合招聘高校毕业生春季专场招聘、民营企业招聘月、百日千万网络招聘、金秋招聘月等专项活动，为企业和高校毕业生等群体搭建供需平台。累计开展招聘会578场（其中网络招聘会410场），达成就业意向23 704人次。

实名制跟踪落实兵团8所高校13 905名毕业生就业信息，落实12 916名毕业生就业去向，落实率92.9%。加强对兵团辖区内高校毕业生的实名制跟踪和管理，全面开展

“1311 就业服务”（提供政策宣介 1 次、职业指导 3 次、职业介绍 1 次、培训推介 1 次 4 项基本就业服务）10 531 人次。在全兵团辖区内开展高校毕业生实名登记 12 485 人，跟踪落实 11 886 人就业去向，落实率 95.2%。兵团青年就业见习单位 190 家，在岗就业见习人员 1 022 人，累计拨付资金 1 334.2 万元。

二、社会保障

推进养老、工伤、失业保险兵团级统筹工作，2021 年，共上解师市三项保险基金累计结余 14.1 亿元，实现基金统收统支，增强基金统筹共济和抗风险能力。兵团建立职业年金制度，实现职业年金征缴、投资运营、支付的全流程闭环。2021 年，职业年金委托投资 47.0 亿元，累计收益 5.5 亿元，实现保值增值。

截至 2021 年底，兵团基本养老保险参保总人数达到 209.4 万人，其中企业职工基本养老保险 168.6 万人，机关事业单位基本养老保险 19.8 万人，城乡居民基本养老保险 21.0 万人；失业保险参保人数 73.3 万人，工伤保险参保人数 87.2 万人。

2021 年，企业退休人员基本养老金实现“17 连涨”，第 6 次同步调整机关事业单位退休人员基本养老金，共惠及退休人员 72.4 万人，月人均增加养老金 193 元。自 2021 年 1 月 1 日起，将兵团城乡居民基础养老金最低标准从 145 元提高至 150 元，惠及城乡居民 2.4 万人。

延续实施阶段性降低失业、工伤保险费率政策。2021 年共计减轻参保单位社会保险缴费负担 9.6 亿元，其中失业保险费 8.0 亿元，工伤保险费 1.6 亿元。按照《关于调整 2020 年兵团工伤（亡）职工工伤保险待遇的通知》，对工伤职工伤残津贴、生活护理费及供养亲属抚恤金 3 项工伤保险定期待遇进行调整，涉及工伤职工及供养亲属 3 497 人次，调整后，伤残津贴平均每人每月增加 198 元，生活护理费平均每人每月增加 251 元，供养亲属抚恤金平均每人每月增加 116 元。延续实施失业保险稳岗返还、保障扩围和技能提升补贴政策。2021 年共为 6 900 家企业发放稳岗返还 3 389 万元；发放失业保险金 5.7 万人次，发放金额 5 895 万元；发放失业补助金 7.3 万人次，发放金额 6 792 万元；发放临时价格补贴 3.5 万人次，发放金额 65 万元；为 4.6 万名参保职工发放技能提升补贴 6 111 万元。提高失业保险金标准。从 2021 年 4 月 1 日起统一上调失业保险金，每人每月在现行基础上每档上调 206 元，平均增幅 18.6%。

2021 年底，兵团困难人员应参加基本养老保险 2.8 万人，已参保 2.8 万人，参保率 100%，其中财政代缴城乡居民基本养老保险费 1.9 万人，代缴金额 193 万元，代缴率 100%。

按照党中央关于深化“放管服”改革决策部署和人力资源社会保障部开展“快办行动”实行“减证便民”要求，编制《新疆生产建设兵团社会保险业务工作指导手册》，梳理形成兵团统一的社会保险业务经办流程 84 项，整合业务流程 21 项，减少经办环节 47 个，减少材料 83 项，压缩办结时限 481 个工作日，确定免申即办业务 8 项，全面规范提升社会保险业务经办水平和能力。

印发《关于印发〈兵团社会保险基金管理风险排查工作方案〉的通知》，成立领导小组，召开电视电话动员会，成立 5 个检查组，于 2021 年 5 月 31 日至 6 月底赴 14 个师级经办机构、兵团社保中心以及 35 个基层社保所，对养老保险待遇支付管理的 10 个方面 45 个项目集中开展实地检查。按照国家部署要求，8 月完成兵团城乡居民基本养老保险重点问题核查工作，共核查 625 人，其中 616 人无风险，9 人待遇发放存在操作错误、管理不规范等问题。截至 2021 年 9 月底，多发 15 314.1 元已全部追回。9 月 14 日至 16 日，人力资源社会保障部调研检查组对兵团社保基金管理问题专项整治工作开展情况进行调研检查。针对调研组反馈的 13 条问题，逐条提出整改措施，明确责任人和责任时间。针对风险排查工作发现的问题，督促整改，同时按照社会保险基金问题专项整治领导小组要求，按时报送专项整治双周调度工作情况。

印发《关于进一步做好疑点数据核查工作的通知》，对2020年10月下发的270条疑点数据，跟踪核查处理情况，对账销号。开展失业补助金违规领取金额追回工作，追回率达96%，在全国排名第一。开展工伤保险非现场监督检查，对部分参保单位工伤保险行业风险类别存在的问题进行数据比对清查；对人力资源社会保障部下发的29条工伤疑点数据逐一核查。印发《2021兵团企业职工基本养老保险提前退休问题专项核查工作方案》，对2020年提前退休审批工作进行全面核查。将243.3万条缴纳社会保险费及领取待遇人员信息与兵团监狱管理局在押服刑人员信息进行第二批数据比对，形成1 486条疑点数据，将疑点数据下发至各师市人力资源和社会保障局，开展在押服刑人员疑点数据核查工作。

2021年12月2日至31日，兵团人社系统开展社会保险基金安全“警示教育月”活动。活动期间，召开警示教育大会20余场，编制《警示教育案例手册》3 000本，印发“警示教育月”活动简报8期，制定《兵团社会保险基金风险防控业务工作指导手册》，举办全兵团社会保险基金风险防控专题讲座1场，召开专题形势分析会2场，14个师市和兵团社保中心开展风险隐患自查工作，兵团人力资源和社会保障局抽查7个师市工作开展情况，抽查率达到50%，确保“警示教育月”活动走深走实，取得实效。

印发《新疆生产建设兵团关于移交基本养老保险基金委托资金的通知》和《关于做好兵团2020年城乡居民养老保险基金投资收益会计核算的通知》，2021年，兵团将城乡居民基本养老保险基金共计6.5亿元委托全国社保基金理事会投资，2021年投资运营资金记账收益额0.3亿元。

2021年，兵团对各师市因工鉴定为1～10级和因病鉴定为完全丧失劳动能力程度共计1 709人鉴定档案进行抽查，共抽查983人档案资料，抽查率57.5%。建立劳动能力鉴定月调度和月抽查制度，组织编印《兵团劳动能力鉴定工作指导手册》800余份。制定印发《兵团劳动能力鉴定档案管理办法（试行)》，督促各师市落实文件要求。召开工作交流研讨会，就各师市鉴定工作中存在的典型问题进行演示讲解，确保鉴定工作质效不断提升。联合兵团卫健委举办兵团劳动能力鉴定医学专家业务培训班，提升鉴定医学专家技术水平。依托网络会议平台，采用“线上直播+回放”的形式，组织开展兵团劳动能力鉴定业务（网上）培训。

三、人才人事

2021年12月制定印发《高技能人才支持计划》，依托定点就业培训机构、企业、院校等开展高技能人才培训1.0万人次，较2020年增加0.1万人次。开展高技能人才表彰活动，评选出10名兵团技术能手、20名兵团优秀高技能人才。

2021年，兵团持续深化职称制度改革，以创新价值、能力、贡献为导向，健全完善各系列（专业）职称评审条件，8 004名专业技术人员通过评审取得高一级职称。兵团专业技术人员总量达到11.15万人，高级职称专业技术人员总量达到1.9万人。

兵团组织21名选手和11名裁判员参加全国乡村振兴职业技能大赛11个比赛项目和执裁工作，第三师图木舒克市、第八师石河子市等6个师市的企业73种产品参加展示交流活动，14个师市选派30名工作人员现场观摩。兵团首次实现参加国家级技能大赛项目全覆盖，共获得2枚铜牌、6个优胜奖，并荣获优秀组织单位。兵团选派6名选手参加全国行业职业技能竞赛——第四届全国智能制造应用技术技能大赛，兵团兴新职业技术学院朱国良和苑国伟获大赛物联网安装调试员（智能制造数字技术应用）职工组赛项二等奖，石河子工程职业技术学院张政玮和吕志辉获大赛仪器仪表制造工（仪器仪表与智能传感应用技术）学生组赛项三等奖。

兵团职业技能培训 13.9 万人次，其中高技能培训 10 182 人次，占总比 7.3%，新型学徒制培训 7 698 人，创业培训 12 830 人，拨付培训专账资金 1.4 亿元。大力推广职业培训券，兵团实际发券量 82 669 人次，完成全年发券任务（50 000 人次）的 165.3%，实际用券量 27 140 人次，完成全年用券任务（5 000 人次）的 542.8%，发券完成比例全国排名第 10，用券完成比例全国排名第 3。

组织开展第六届全国杰出专业技术人才表彰兵团人选的推荐选拔工作。塔里木大学万素梅同志荣获“第六届全国杰出专业技术人才”称号，新疆农垦科学院省部共建绵羊遗传改良与健康养殖国家重点实验室荣获“全国专业技术人才先进集体”称号。

实施 2 项国家级专家服务基层项目、1 项人力资源社会保障部专家服务团服务项目，组织 39 名专家，在第一师阿拉尔市、阿克苏地区、喀什地区，第三师图木舒克市开展服务活动，培训兵团和自治区中高级专业技术人才 270 人，培养基层专业技术人员 1 100 余人。为 252 名政府特殊津贴专家按时足额发放 131 万元津贴。

组织实施 4 个国家级和兵团级高级研修项目，投入经费 55 万元，培训兵团和自治区专业技术人才 347 人。向自治区推荐 18 名专业技术人员参加少数民族科技骨干特殊培养项目。其中，推荐参加疆外中长期培养项目 11 人，推荐参加疆内中长期培养项目 8 人。

完成 2021 年度兵团博士后资助经费的申报工作，拨付兵团新建博士后工作站和新入站博士后个人资助经费 205 万元。

印发《关于进一步扩大事业单位用人自主权的通知》，深化事业单位人事管理“放管服”改革，落实事业单位用人自主权，扩大事业单位在岗位设置、人员招聘、职称评聘等方面的自主权，激发事业单位用人活力。向事业单位充分授权，在做好疫情防控工作的基础上，灵活运用网络招聘、现场招聘、校园招聘等方式，招聘事业单位工作人员 9 271 人。兵团事业单位工作人员总量达到 8.2 万人。

四、劳动关系

全面实施劳动关系“和谐同行”能力提升三年行动计划，联合三方成员单位制定印发了系列配套文件，开展三年行动计划落实情况专题调研，推动三年行动计划落实。组织“和谐同行”企业培育共同行动，组建培育团队对 32 家培育企业进行“点对点”的和谐劳动关系培育，推动培育企业和谐劳动关系创建。先后组织参加人力资源社会保障部企业培育共同行动培训和劳动关系协调员示范培训，组织兵团劳动关系及调解仲裁业务线上培训，兵师劳动关系三方工作人员、企业人力资源部门负责人共 414 人次参加培训。加强劳动关系协调员队伍建设，开展金牌劳动关系协调员、金牌协调劳动关系社会组织、金牌劳动人事争议调解组织选树活动，推动政府、工会、企业三方共同参与和谐劳动关系创建。

印发《转发〈人力资源社会保障部办公厅关于进一步完善制度机制加强劳动人事争议调解仲裁队伍建设的通知〉的通知》等文件。开展“法治人社　志愿青春”仲裁员志愿者联系企业活动，组织 19 名仲裁员志愿者主动联系服务 183 家企业，帮助企业加强调解组织建设，提高依法用工水平。组织 198 名调解员仲裁员参加人力资源社会保障部劳动人事争议调解仲裁远程培训，培训合格率达 100%，服务能力和争议处理能力得到加强。加大“互联网+调解”服务平台推广使用力度，组织企业、团场（乡镇、街道）和园区在平台建立 221 个基层调解组织，录入 539 名调解员，通过平台共处理 218 件调解申请。在各级调解仲裁机构的共同努力下，共受理劳动人事争议 4 628 件，仲裁结案率达 97.8%、调解成功率达 65.9%。

2021 年，兵团劳动人事争议仲裁院共受理劳动人事争议案件244件。其中，裁决40件，裁决结案率100%，调解185件，调解成功率97%，不予受理19件，涉及人数258人，涉及金额431.3万元，接访咨询1 212人次。案件诉求主要以经济补偿金、赔偿金、劳动报酬、社会保险费，确认劳动关系等为主。开展“对标先进践初心，履职尽责担使命”为主题的跟班学习活动，推动兵团劳动人事争议仲裁工作规范化、标准化、专业化和信息化建设。不断提高劳动人事争议处理质效，充分发挥调解仲裁制度优势，为用人单位和劳动者提供优质服务。通过送法上门、交流研讨、宣传咨询、庭审观摩、向用人单位发放劳动人事争议调解建议书、“流动仲裁庭”等多种形式，宣传调解仲裁法律法规，将矛盾化解在基层。引导用人单位依法规范用工，引导劳动者强化劳动合同意识，理性维权，营造相互支持、共同维护和谐的良好氛围，预防劳动人事争议群体性事件的发生。

五、行风建设

在人力资源社会保障部组织开展的全国人力资源社会保障系统优质服务窗口和优质服务先进个人评选表彰中，兵团社会保险事业管理中心、第八师石河子市劳动人事争议仲裁院、第十师北屯市社会保险事业管理局综合柜员窗口、第十三师新星市劳动保障监察支队、第三师图木舒克市社会保险事业管理局、第四师可克达拉市七十二团社会保险基金管理所等6个集体，被授予“全国人力资源社会保障系统优质服务窗口”称号，贾东山（兵团人力资源和社会保障局办公室副主任）、张婉春（第五师双河市社会保险事业管理局基金管理部部长）、侯彩艳（第六师五家渠市劳动保险监察支队一级科员）、周学铭（第九师公共就业和人才服务局就业服务科负责人）、李开妍（第十二师工伤与劳动能力鉴定办公室主任）等5名同志，被授予“全国人力资源社会保障系统优质服务先进个人”称号。

深入组织开展人社系统窗口单位业务技能练兵比武活动，积极营造学政策、钻业务、强技能、优服务的良好氛围。9月，组队参加全国统一在线比试，团体成绩排名全国第16名。12月，组队参加2021年度人社窗口单位业务技能练兵比武全国总决赛，兵团代表队荣获“团体优胜奖”，弓哲琪、邱尹雪、王蕊等3名同志荣获全国“岗位练兵明星”称号。

六、基础性综合性工作

2021年，兵团12333电话咨询服务热线人工接听量为51 512人次，来电总量比2020年度（全年33 404人次）显著增加。有力拓宽“不见面”服务，成为兵团人社部门联系群众的桥梁纽带、服务群众的重要窗口。

系统总结“十三五”以来对口援疆工作成效，梳理“十四五”人社系统援疆项目、政策、资金需求，提出《兵团人社事业对口援疆工作建议》。配合人力资源社会保障部出台《人力资源和社会保障部关于落实第三次中央新疆工作座谈会精神促进新疆人力资源和社会保障事业发展的意见》。与自治区人力资源社会保障厅共同承办人社系统对口支援新疆暨支持南疆四地州技工院校建设工作座谈会，签订援疆省市对口援助协议，达成45个就业扶持、人才培训等方面合作项目，形成人社援疆工作合力。

完成2020年兵团人力资源和社会保障局部门决算报送和2022年部门预算“一上”工作，批复下达2021年局属各单位财务预算，安排部署预算公开工作。审核申报人力资源和社会保障局2021年部门预算资金1.76亿元的用款计划。组织清理2020年部门资金结余结转资金，开展各预算单位2021年预算执行情况中期评估工作，推动预算规范高效执行。做好审核上报8个预算单位资产月报、单位政府采购信息季报计划、固定资产报废等工作。组织本部门年度预算资金调剂工作，追加未列入年初部门预算的项目资金，有力支撑业务开展。

积极与兵团发改委沟通协调，争取中央预

算内投资计划支持，做好建设项目的申报、调度等工作，配合完成兵团“十四五”时期重大项目储备库，申报2022年兵团中央预算内投资项目，调度兴新职业技术学院南迁项目、兵团基层就业和社会保障服务设施、兵团公共实训基地、第十四师公共实训基地项目建设。召开2次局重大项目办会议，研究《变更兵团工伤保险省级统筹项目预算》等6个项目，督促建设单位抓好项目管理，按时完成项目建设。

新疆生产建设兵团人力资源和社会保障局

工作卷

人力资源和社会保障统计资料

（一）综　　合

表 1-1　　国内生产总值增长及构成

年份	国内生产总值	第一产业	第二产业	第三产业
一、绝对数（亿元）				
2000	100 280	14 717	45 665	39 898
2001	110 863	15 503	49 661	45 700
2002	121 717	16 190	54 106	51 422
2003	137 422	16 970	62 697	57 754
2004	161 840	20 904	74 287	66 649
2005	187 319	21 807	88 084	77 428
2006	219 439	23 317	104 362	91 760
2007	270 092	27 674	126 631	115 788
2008	319 245	32 464	149 953	136 828
2009	348 518	33 584	160 169	154 765
2010	412 119	38 431	191 627	182 062
2011	487 940	44 781	227 035	216 124
2012	538 580	49 085	244 639	244 856
2013	592 963	53 028	261 952	277 984
2014	643 563	55 626	277 283	310 654
2015	688 858	57 775	281 339	349 745
2016	746 395	60 139	295 428	390 828
2017	832 036	62 100	331 580	438 356
2018	919 281	64 745	364 835	489 701
2019	986 515	70 474	380 671	535 371
2020	1 013 567	78 031	383 562	551 974
2021	1 143 670	83 086	450 905	609 680
二、比上年增长（%）				
2000	8.5	2.3	9.5	9.8
2001	8.3	2.6	8.5	10.3
2002	9.1	2.7	9.9	10.5
2003	10.0	2.4	12.7	9.5
2004	10.1	6.1	11.1	10.1
2005	11.4	5.1	12.1	12.4
2006	12.7	4.8	13.5	14.1
2007	14.2	3.5	15.1	16.1
2008	9.7	5.2	9.8	10.5
2009	9.4	4.0	10.3	9.6

续表

年份	国内生产总值	第一产业	第二产业	第三产业
2010	10.6	4.3	12.7	9.7
2011	9.6	4.2	10.7	9.5
2012	7.9	4.5	8.4	8.0
2013	7.8	3.8	8.0	8.3
2014	7.4	4.1	7.2	8.3
2015	7.0	3.9	5.9	8.8
2016	6.8	3.3	6.0	8.1
2017	6.9	4.0	5.9	8.3
2018	6.7	3.5	5.8	8.0
2019	6.0	3.1	4.9	7.2
2020	2.2	3.1	2.5	1.9
2021	8.1	7.1	8.2	8.2
三、构成（%）				
2000	100.0	14.7	45.5	39.8
2001	100.0	14.0	44.8	41.2
2002	100.0	13.3	44.5	42.2
2003	100.0	12.3	45.6	42.0
2004	100.0	12.9	45.9	41.2
2005	100.0	11.6	47.0	41.3
2006	100.0	10.6	47.6	41.8
2007	100.0	10.2	46.9	42.9
2008	100.0	10.2	47.0	42.9
2009	100.0	9.6	46.0	44.4
2010	100.0	9.3	46.5	44.2
2011	100.0	9.2	46.5	44.3
2012	100.0	9.1	45.4	45.5
2013	100.0	8.9	44.2	46.9
2014	100.0	8.6	43.1	48.3
2015	100.0	8.4	40.8	50.8
2016	100.0	8.1	39.6	52.4
2017	100.0	7.5	39.9	52.7
2018	100.0	7.0	39.7	53.3
2019	100.0	7.1	38.6	54.3
2020	100.0	7.7	37.8	54.5
2021	100.0	7.3	39.4	53.3

注：按第四次经济普查数据，对 2007 年及以后的数据进行了修订。

表 1-2　　全国分城乡就业人员年末人数及构成　　单位：万人

年份	就业人数			构成（%）		
	合计	城镇	乡村	合计	城镇	乡村
1998	70 637	21 616	49 021	100	30. 6	69. 4
1999	71 394	22 412	48 982	100	31. 4	68. 6
2000	72 085	23 151	48 934	100	32. 1	67. 9
2001	72 797	24 123	48 674	100	33. 1	66. 9
2002	73 280	25 159	48 121	100	34. 3	65. 7
2003	73 736	26 230	47 506	100	35. 6	64. 4
2004	74 264	27 293	46 971	100	36. 8	63. 2
2005	74 647	28 389	46 258	100	38. 0	62. 0
2006	74 978	29 630	45 348	100	39. 5	60. 5
2007	75 321	30 953	44 368	100	41. 1	58. 9
2008	75 564	32 103	43 461	100	42. 5	57. 5
2009	75 828	33 322	42 506	100	43. 9	56. 1
2010	76 105	34 687	41 418	100	45. 6	54. 4
2011	76 196	36 003	40 193	100	47. 3	52. 7
2012	76 254	37 287	38 967	100	48. 9	51. 1
2013	76 301	38 527	37 774	100	50. 5	49. 5
2014	76 349	39 703	36 646	100	52. 0	48. 0
2015	76 320	40 916	35 404	100	53. 6	46. 4
2016	76 245	42 051	34 194	100	55. 2	44. 8
2017	76 058	43 208	32 850	100	56. 8	43. 2
2018	75 782	44 292	31 490	100	58. 4	41. 6
2019	75 447	45 249	30 198	100	60. 0	40. 0
2020	75 064	46 271	28 793	100	61. 6	38. 4
2021	74 652	46 773	27 879	100	62. 7	37. 3

注：1990 年及以后的数据根据劳动力调查、人口普查推算，2011—2019 年数据是根据第七次人口普查的修订数（下表同）。

表 1-3　　全国分产业就业人员年末人数及构成　　单位：万人

年份	就业人数				构成（%）			
	合计	第一产业	第二产业	第三产业	合计	第一产业	第二产业	第三产业
1998	70 637	35 177	16 600	18 860	100	49.8	23.5	26.7
1999	71 394	35 768	16 421	19 205	100	50.1	23.0	26.9
2000	72 085	36 043	16 219	19 823	100	50.0	22.5	27.5
2001	72 797	36 399	16 234	20 165	100	50.0	22.3	27.7
2002	73 280	36 640	15 682	20 958	100	50.0	21.4	28.6
2003	73 736	36 204	15 927	21 605	100	49.1	21.6	29.3
2004	74 264	34 830	16 709	22 725	100	46.9	22.5	30.6
2005	74 647	33 442	17 766	23 439	100	44.8	23.8	31.4
2006	74 978	31 941	18 894	24 143	100	42.6	25.2	32.2
2007	75 321	30 731	20 186	24 404	100	40.8	26.8	32.4
2008	75 564	29 923	20 553	25 087	100	39.6	27.2	33.2
2009	75 828	28 890	21 080	25 857	100	38.1	27.8	34.1
2010	76 105	27 931	21 842	26 332	100	36.7	28.7	34.6
2011	76 196	26 472	22 539	27 185	100	34.7	29.6	35.7
2012	76 254	25 535	23 226	27 493	100	33.5	30.4	36.1
2013	76 301	23 838	23 142	29 321	100	31.3	30.3	38.4
2014	76 349	22 372	23 057	30 920	100	29.3	30.2	40.5
2015	76 320	21 418	22 644	32 258	100	28.0	29.7	42.3
2016	76 245	20 908	22 295	33 042	100	27.4	29.3	43.3
2017	76 058	20 295	21 762	34 001	100	26.7	28.6	44.7
2018	75 782	19 515	21 356	34 911	100	25.7	28.2	46.1
2019	75 447	18 652	21 234	35 561	100	24.7	28.2	47.1
2020	75 064	17 715	21 543	35 806	100	23.6	28.7	47.7
2021	74 652	17 072	21 712	35 868	100	22.9	29.1	48.0

表 1-4　　分登记注册类型城镇单位就业人员构成　　单位：万人

年份	合计	国有单位	集体单位	股份合作单位
1998	21 616	9 058	1 963	136
1999	22 412	8 572	1 712	144
2000	23 151	8 102	1 499	155
2001	24 123	7 640	1 291	153
2002	25 159	7 163	1 122	161
2003	26 230	6 876	1 000	173
2004	27 293	6 710	897	192
2005	28 389	6 488	810	188
2006	29 630	6 430	764	178
2007	30 953	6 424	718	170
2008	32 103	6 447	662	164
2009	33 322	6 420	618	160
2010	34 687	6 516	597	156
2011	35 914	6 704	603	149
2012	37 102	6 839	590	149
2013	38 240	6 365	566	108
2014	39 310	6 312	537	103
2015	40 410	6 208	481	92
2016	41 428	6 170	453	86
2017	42 462	6 064	406	77
2018	43 419	5 740	347	66
2019	44 247	5 473	296	60
2020	46 271	5 563	271	69
2021	46 773	5 633	262	62

续表

年份	联营单位	有限责任公司	股份有限公司	港澳台商投资单位
1998	48	484	410	294
1999	46	603	420	306
2000	42	687	457	310
2001	45	841	483	326
2002	45	1 083	538	367
2003	44	1 261	592	409
2004	44	1 436	625	470
2005	45	1 750	699	557
2006	45	1 920	741	611
2007	43	2 075	788	680
2008	43	2 194	840	679
2009	37	2 433	956	721
2010	36	2 613	1 024	770
2011	37	3 269	1 183	932
2012	39	3 787	1 243	969
2013	25	6 069	1 721	1 397
2014	22	6 315	1 751	1 393
2015	20	6 389	1 798	1 344
2016	18	6 381	1 824	1 305
2017	13	6 367	1 846	1 290
2018	12	6 570	1 875	1 153
2019	12	6 608	1 879	1 157
2020	25	6 542	1 837	1 159
2021	22	6 526	1 789	1 175

续表

年份	外商投资单位	私营个体及其他		
		私营企业	个体	其他
1998	293	973	2 259	5 689
1999	306	1 053	2 414	6 817
2000	332	1 268	2 136	8 134
2001	345	1 527	2 131	9 299
2002	391	1 999	2 269	9 907
2003	454	2 545	2 377	10 338
2004	563	2 994	2 521	10 680
2005	688	3 458	2 778	10 749
2006	796	3 954	3 012	10 950
2007	903	4 581	3 310	11 038
2008	943	5 124	3 609	11 177
2009	978	5 544	4 245	10 960
2010	1 053	6 071	4 467	11 097
2011	1 217	6 912	5 227	9 362
2012	1 246	7 557	5 643	8 666
2013	1 566	8 242	6 142	5 747
2014	1 562	9 857	7 009	4 167
2015	1 446	11 180	7 800	3 368
2016	1 361	12 083	8 627	2 830
2017	1 291	13 327	9 348	2 143
2018	1 212	13 952	10 440	1 754
2019	1 203	14 567	11 692	827
2020	1 216	29 232		
2021	1 220	29 758		

注：自 2020 年起国家市场监督管理总局不再单独统计私营个体就业人员数据。

表 1-5　　分登记注册类型城镇单位就业人员年末人数　　单位：万人

年份	合计		国有单位	
		在岗职工		在岗职工
1998	12 696	12 337	9 058	8 809
1999	12 130	11 773	8 572	8 336
2000	11 612	11 259	8 102	7 878
2001	11 166	10 792	7 640	7 409
2002	10 985	10 558	7 163	6 924
2003	10 970	10 492	6 876	6 621
2004	11 099	10 576	6 710	6 438
2005	11 404	10 850	6 488	6 232
2006	11 713	11 160	6 430	6 170
2007	12 024	11 427	6 424	6 148
2008	12 193	11 515	6 447	6 126
2009	12 573	11 824	6 420	6 078
2010	13 052	12 251	6 516	6 145
2011	14 413	13 681	6 704	6 362
2012	15 236	14 403	6 839	6 467
2013	18 108	17 057	6 365	6 012
2014	18 278	17 212	6 312	5 956
2015	18 062	16 977	6 208	5 856
2016	17 888	16 768	6 170	5 811
2017	17 644	16 508	6 064	5 708
2018	17 258	16 070	5 740	5 389
2019	17 162	15 938	5 473	5 146
2020	17 039	15 887	5 563	5 282
2021	17 015	15 970	5 633	5 359

续表

年份	城镇集体单位		其他单位	
		在岗职工		在岗职工
1998	1 963	1 900	1 675	1 628
1999	1 712	1 652	1 846	1 785
2000	1 499	1 447	2 011	1 935
2001	1 291	1 241	2 235	2 142
2002	1 122	1 071	2 700	2 563
2003	1 000	951	3 094	2 920
2004	897	851	3 492	3 287
2005	810	769	4 106	3 849
2006	764	726	4 519	4 264
2007	718	684	4 882	4 595
2008	662	623	5 084	4 766
2009	618	578	5 535	5 168
2010	597	558	5 938	5 548
2011	603	562	7 106	6 757
2012	590	549	7 808	7 387
2013	566	522	11 177	10 523
2014	537	494	11 429	10 762
2015	481	444	11 373	10 677
2016	453	418	11 265	10 539
2017	406	374	11 174	10 426
2018	347	318	11 171	10 363
2019	296	270	11 393	10 522
2020	271	250	11 205	10 355
2021	262	242	11 120	10 368

注：本表2010年及以后在岗职工人数包含单位使用的劳务派遣人员数。

表 1-6　　分行业城镇单位在岗职工年末人数（1995—2002 年）　　单位：万人

年份	合计	农、林、牧、渔业	采掘业	制造业	电力、煤气及水的生产和供应业	建筑业	地质勘查业、水利管理业	交通运输、仓储及邮电通信业	批发和零售贸易、餐饮业	金融、保险业	房地产业	社会服务业	卫生、体育和社会福利业	教育、文化艺术和广播电影电视业	科学研究和综合技术服务业	国家机关、政党机关和社会团体	其他
1995	14 908	660	914	5 439	257	1 053	134	824	1 828	273	77	449	438	1 291	178	1 027	66
1996	14 845	617	886	5 293	272	1 035	128	830	1 807	288	82	458	451	1 345	176	1 075	103
1997	14 668	612	851	5 083	282	1 004	128	824	1 774	298	84	480	464	1 403	179	1 080	125
1998	12 337	546	702	3 769	281	846	115	701	1 256	301	89	451	469	1 451	168	1 084	108
1999	11 773	519	650	3 496	283	778	110	682	1 110	300	90	453	473	1 480	165	1 088	96
2000	11 259	494	581	3 240	282	744	109	659	977	294	93	457	476	1 500	164	1 091	99
2001	10 792	458	544	3 010	284	733	104	629	840	292	97	463	481	1 512	154	1 088	104
2002	10 558	430	537	2 907	285	756	96	613	733	287	107	483	480	1 517	151	1 056	120

表 1-7　　分行业城镇单位在岗职工年末人数（2003—2011 年）　　单位：万人

年份	合计	农、林、牧、渔业	采矿业	制造业	电力、燃气及水的生产和供应业	建筑业	交通运输、仓储和邮政业	信息传输、计算机服务和软件业	批发和零售业	住宿和餐饮业
2003	10 492	460	481	2 899	292	774	610	104	592	159
2004	10 576	438	491	2 960	294	778	598	111	551	163
2005	10 850	414	498	3 096	294	854	579	117	508	167
2006	11 161	402	518	3 250	296	910	579	125	486	170
2007	11 427	386	524	3 358	298	962	584	137	479	172
2008	11 515	362	526	3 329	297	971	583	144	487	178
2009	11 824	328	539	3 380	297	1 050	589	158	493	185
2010	12 251	328	546	3 519	299	1 133	582	168	506	191
2011	13 681	311	600	4 022	324	1 519	642	208	622	228

年份	金融业	房地产业	租赁和商务服务业	科学研究、技术服务和地质勘查业	水利、环境和公共设施管理业	居民服务和其他服务业	教育	卫生、社会保障和社会福利业	文化、体育和娱乐业	公共管理和社会组织
2003	286	108	168	206	164	47	1 402	472	122	1 146
2004	287	120	176	208	165	47	1 425	477	118	1 170
2005	295	133	199	213	170	47	1 445	491	117	1 213
2006	300	140	215	220	176	50	1 466	506	117	1 235
2007	311	151	223	228	181	51	1 484	522	119	1 260
2008	326	157	247	240	179	50	1 491	536	119	1 292
2009	347	175	263	255	184	55	1 502	564	122	1 337
2010	370	195	281	273	193	56	1 527	595	124	1 365
2011	417	233	273	282	203	57	1 563	644	128	1 406

表 1-8　　分行业城镇单位在岗职工年末人数（2012—2021 年）　　单位：万人

年份	合计	农、林、牧、渔业	采矿业	制造业	电力、热力、燃气及水生产和供应业	建筑业	批发和零售业	交通运输、仓储和邮政业	住宿和餐饮业	信息传输、软件和信息技术服务业
2012	14 403	291	618	4 192	334	1 739	683	648	246	218
2013	17 057	256	622	5 166	389	2 513	854	816	282	319
2014	17 212	252	583	5 152	389	2 518	850	830	268	327
2015	16 977	240	534	4 980	382	2 416	843	823	256	340
2016	16 768	230	477	4 805	377	2 354	834	819	250	355
2017	16 508	219	443	4 553	367	2 284	805	812	240	385
2018	16 070	159	404	4 104	358	2 338	783	792	234	412
2019	15 938	118	359	3 765	363	1 952	794	791	228	437
2020	15 887	77	344	3 743	371	1 875	759	792	223	473
2021	15 970	79	338	3 773	373	1 732	771	782	228	505

年份	金融业	房地产业	租赁和商务服务业	科学研究和技术服务业	水利、环境和公共设施管理业	居民服务、修理和其他服务业	教育	卫生和社会工作	文化、体育和娱乐业	公共管理、社会保障和社会组织
2012	441	258	278	313	213	59	131	1 594	1 467	681
2013	447	352	399	368	226	69	138	1 623	1 491	727
2014	467	379	426	386	232	72	137	1 657	1 518	765
2015	478	394	450	389	233	70	140	1 665	1 550	794
2016	498	407	463	398	229	71	142	1 657	1 584	819
2017	501	419	495	400	230	73	143	1 656	1 632	850
2018	494	441	492	391	224	72	1 658	865	137	1 713
2019	539	486	618	414	212	81	1 822	955	142	1 864
2020	526	502	601	413	218	78	1 874	1 002	142	1 874
2021	541	507	640	433	224	81	1 887	1 044	144	1 888

表 1–9　分登记注册类型城镇单位在岗职工平均工资及增长情况　单位：元

年份	平均工资				比上年增长（%）
	合计	国有单位	城镇集体单位	其他单位	
1998	7 479	7 668	5 331	8 972	15.6
1999	8 346	8 543	5 774	9 829	11.6
2000	9 371	9 552	6 262	10 984	12.3
2001	10 870	11 178	6 867	12 140	16.0
2002	12 422	12 869	7 667	13 212	14.3
2003	14 040	14 577	8 678	14 574	13.0
2004	16 024	16 729	9 814	16 259	14.1
2005	18 364	19 313	11 283	18 244	14.6
2006	21 001	22 112	13 014	20 755	14.4
2007	24 932	26 620	15 595	24 058	18.7
2008	29 229	31 005	18 338	28 387	17.2
2009	32 736	35 053	20 958	31 319	12.0
2010	37 147	39 471	24 430	35 843	13.5
2011	42 452	44 695	29 261	41 449	14.3
2012	47 593	49 750	34 431	46 682	12.1
2013	52 388	54 225	39 669	51 972	10.1
2014	57 361	58 992	43 631	57 092	9.5
2015	63 241	67 415	47 638	61 611	10.3
2016	68 993	74 990	51 708	66 371	9.1
2017	76 121	84 043	56 762	72 459	10.3
2018	84 744	92 988	62 501	81 139	11.3
2019	93 383	102 709	64 499	89 570	10.2
2020	100 512	111 587	70 439	95 568	7.6
2021	110 221	119 139	76 440	106 401	9.7

表 1-10　　城镇非私营单位在岗职工平均工资　　单位：元

年份	合计	企业				政府					
						事业	机关	事业	机关	事业	机关
		小计	国有	集体	其他	小计		国有		集体	
1998	7 479	7 405	7 644	5 264	8 970	7 620	7 740	7 689	7 746	6 206	6 675
1999	8 346	8 168	8 350	5 670	9 828	8 665	8 925	8 748	8 930	6 970	7 827
2000	9 371	9 189	9 324	6 144	10 985	9 634	10 020	9 749	10 025	7 388	8 718
2001	10 870	10 453	10 619	6 667	12 136	11 491	12 125	11 640	12 136	8 518	8 960
2002	12 422	11 873	12 109	7 426	13 206	13 246	14 005	13 438	14 020	9 399	9 302
2003	14 040	13 578	14 028	8 401	14 575	14 564	15 736	14 770	15 757	10 448	9 742
2004	16 024	15 559	16 336	9 513	16 255	16 489	17 869	16 690	17 887	11 773	12 101
2005	18 364	17 853	19 069	10 909	18 242	18 720	20 828	18 926	20 840	13 602	15 365
2006	21 001	20 555	22 246	12 547	20 756	21 259	23 360	21 466	23 370	15 887	17 897
2007	24 932	24 046	26 284	14 882	24 053	25 805	28 763	26 029	28 773	19 828	21 803
2008	29 229	28 359	30 780	17 616	28 388	29 758	33 869	30 004	33 878	22 682	25 298
2009	32 736	31 622	34 778	20 041	31 362	34 053	37 397	34 276	37 410	26 900	30 394
2010	37 147	36 256	39 938	23 338	35 891	38 411	40 512	38 626	40 561	31 260	31 338
2011	42 452	42 020	46 288	28 115	41 550	43 254	44 303	43 522	44 388	36 378	39 612
2012	47 593	47 284	51 698	33 274	46 780	48 426	48 513	48 683	48 608	41 400	39 608
2013	52 388	52 270	56 962	38 322	52 032	53 291	51 894	53 463	51 905	47 439	41 020
2014	57 361	57 359	62 236	42 036	57 164	58 125	55 939	58 304	55 962	52 246	41 702
2015	63 241	61 904	67 303	45 857	61 655	67 828	65 829	68 197	65 853	56 629	49 879
2016	68 993	66 580	71 533	49 100	66 437	76 216	75 124	76 655	75 172	63 818	52 920
2017	76 121	72 703	78 275	53 267	72 525	85 450	85 304	86 016	85 358	70 894	59 609
2018	84 744	81 065	85 237	57 188	81 209	94 688	94 259	95 019	94 329	81 606	67 804
2019	93 383	89 505	91 670	53 667	90 032	105 845	101 554	106 148	101 608	98 185	84 178
2020	100 512	95 840	102 066	56 481	96 060	113 196		113 227		106 620	
2021	110 221	106 770	113 388	61 283	106 984	120 174		120 267		112 768	

续表

年份	政府		民间非营利组织				其他			
	事业	机关								
	其他		小计	国有	集体	其他	小计	国有	集体	其他
1998	10 858									
1999	10 913									
2000	10 560									
2001	14 628									
2002	15 568									
2003	15 147									
2004	17 335									
2005	18 621									
2006	20 668									
2007	25 048									
2008	28 205									
2009	31 924	26 434	29 529	49 985	24 868	26 439	24 249	38 003	16 991	21 532
2010	36 661	26 214	33 750	54 207	27 953	30 867	26 264	37 897	18 222	24 708
2011	37 218	30 197	37 015	57 700	29 235	34 741	30 663	42 019	24 550	28 505
2012	43 097	29 971	42 887	67 214	39 755	40 635	35 421	46 635	29 206	33 225
2013	51 914	47 424	46 849	67 401	43 004	44 792	44 167	58 328	35 120	38 828
2014	56 344	42 494	49 530	69 474	45 816	47 834	53 341	72 950	39 144	43 661
2015	60 720	50 654	53 477	60 775	53 823	52 414	58 923	64 220	43 570	57 340
2016	66 278	48 145	57 995	66 405	60 678	56 662	63 333	76 424	52 067	56 227
2017	69 895	53 159	71 802	101 446	59 121	70 038	69 569	86 467	52 717	59 385
2018	92 998	68 532	70 270	105 366	67 247	66 193	75 671	98 450	57 901	62 833
2019	102 744	94 519	58 917	77 024	58 231	57 647	86 761	117 646	50 805	65 863
2020	119 182		60 713	71 729	56 553	59 419	98 790	120 520	61 427	78 993
2021	122 882		67 700	76 278	62 206	66 845	112 280	149 704	71 502	81 761

注：从 2009 年起新增列民间非营利组织和其他两个分类，以前年度民间非营利组织和其他单位按照登记注册情况并入了机关、事业和企业单位。自 2020 年起，机关和事业合并为政府。

表 1-11　　分行业城镇单位在岗职工平均工资（1995—2002 年）　　单位：元

年份	合计	农、林、牧、渔业	采掘业	制造业	电力、煤气及水的生产和供应业	建筑业	地质勘查业、水利管理业	交通运输、仓储及邮电通信业
1995	5 500	3 522	5 757	5 169	7 843	5 785	5 962	6 948
1996	6 210	4 050	6 482	5 642	8 816	6 249	6 581	7 870
1997	6 470	4 311	6 833	5 933	9 649	6 655	7 160	8 600
1998	7 479	4 528	7 242	7 064	10 478	7 456	7 951	9 808
1999	8 346	4 832	7 521	7 794	11 513	7 982	8 821	10 991
2000	9 371	5 184	8 340	8 750	12 830	8 735	9 622	12 319
2001	10 870	5 741	9 586	9 774	14 590	9 484	10 957	14 167
2002	12 422	6 398	11 017	11 001	16 440	10 279	12 303	16 044

年份	批发和零售贸易、餐饮业	金融、保险业	房地产业	社会服务业	卫生、体育和社会福利业	教育、文化艺术和广播电影电视业	科学研究和综合技术服务业	国家机关、政党机关和社会团体	其他
1995	4 248	7 376	7 330	5 982	5 860	5 435	6 846	5 526	6 295
1996	4 661	8 406	8 337	6 778	6 790	6 144	8 048	6 340	7 184
1997	4 845	9 734	9 190	7 553	7 599	6 759	9 049	6 981	6 838
1998	5 865	10 633	10 302	8 333	8 493	7 474	10 241	7 773	8 481
1999	6 417	12 046	11 505	9 263	9 664	8 510	11 601	8 978	10 068
2000	7 190	13 478	12 616	10 339	10 930	9 482	13 620	10 043	11 098
2001	8 192	16 277	14 096	11 869	12 933	11 452	16 437	12 142	12 590
2002	9 398	19 135	15 501	13 499	14 795	13 290	19 113	13 975	14 215

注：本表和表 1-12、表 1-13 为城镇非私营单位在岗职工平均工资。

表 1-12　　分行业城镇单位在岗职工平均工资（2003—2011 年）　　单位：元

年份	合计	农、林、牧、渔业	采矿业	制造业	电力、燃气及水的生产和供应业	建筑业	交通运输、仓储和邮政业	信息传输、计算机服务和软件业	批发和零售业	住宿和餐饮业
2003	14 040	6 969	13 682	12 496	18 752	11 478	15 973	32 244	10 939	11 083
2004	16 024	7 611	16 874	14 033	21 805	12 770	18 381	34 988	12 923	12 535
2005	18 364	8 309	20 626	15 757	25 073	14 338	21 352	40 558	15 241	13 857
2006	21 001	9 430	24 335	17 966	28 765	16 406	24 623	44 763	17 736	15 206
2007	24 932	11 086	28 377	20 884	33 809	18 758	28 434	49 225	20 888	17 041
2008	29 229	12 958	34 405	24 192	39 204	21 527	32 796	56 642	25 538	19 481
2009	32 736	14 911	38 224	26 599	42 668	24 625	36 224	59 919	29 031	21 193
2010	37 147	17 345	44 496	30 700	48 323	28 127	41 536	66 598	33 520	23 812
2011	42 452	20 393	52 569	36 494	53 723	32 657	47 646	70 619	40 295	27 847

年份	金融业	房地产业	租赁和商务服务业	科学研究、技术服务和地质勘查业	水利、环境和公共设施管理业	居民服务和其他服务业	教育	卫生、社会保障和社会福利业	文化、体育和娱乐业	公共管理和社会组织
2003	22 457	17 182	16 501	20 636	12 095	12 900	14 399	16 352	17 268	15 533
2004	26 982	18 712	18 131	23 593	13 336	14 152	16 277	18 617	20 730	17 609
2005	32 228	20 581	20 992	27 434	14 753	16 642	18 470	21 048	22 885	20 505
2006	39 280	22 578	23 648	31 909	16 140	18 935	21 134	23 898	26 126	22 883
2007	49 435	26 425	26 965	38 879	19 064	21 550	26 162	28 258	30 662	28 171
2008	61 841	30 327	31 735	46 003	22 182	23 801	30 185	32 714	34 494	32 955
2009	70 265	32 591	34 318	50 866	24 551	25 704	35 042	36 380	38 319	36 268
2010	80 772	36 392	38 502	57 316	27 229	28 665	39 624	41 132	42 245	39 329
2011	91 364	43 345	45 900	65 238	30 750	33 713	43 907	47 258	48 711	43 214

表 1-13　　分行业城镇单位在岗职工平均工资（2012—2021 年）　　单位：元

年份	合计	农、林、牧、渔业	采矿业	制造业	电力、热力、燃气及水生产和供应业	建筑业	批发和零售业	交通运输、仓储和邮政业	住宿和餐饮业	信息传输、软件业和信息技术服务业
2012	47 593	23 419	57 471	41 483	59 215	37 284	46 165	53 923	31 898	80 402
2013	52 388	26 557	60 787	46 290	68 552	42 839	50 264	58 869	34 990	91 404
2014	57 361	29 058	62 172	51 225	74 893	46 661	55 870	64 376	38 232	101 434
2015	63 241	32 971	59 920	55 192	80 528	49 767	60 449	69 772	41 773	112 935
2016	68 993	34 746	61 229	59 346	85 260	52 805	65 381	74 638	44 306	123 447
2017	76 121	38 139	70 300	64 402	91 749	56 384	71 640	81 332	47 456	134 278
2018	84 744	38 392	82 371	72 081	101 869	61 498	81 204	89 568	51 751	149 440
2019	93 383	40 877	92 300	78 114	109 480	66 794	89 649	98 131	54 664	164 621
2020	100 512	50 900	97 875	82 784	118 341	71 390	96 862	101 684	53 057	180 062
2021	110 221	56 226	109 745	92 510	127 054	77 518	108 160	110 861	58 873	204 789

年份	金融业	房地产业	租赁和商务服务业	科学研究和技术服务业	水利、环境和公共设施管理业	居民服务、修理和其他服务业	教育	卫生和社会工作	文化、体育和娱乐业	公共管理、社会保障和社会组织
2012	100 690	47 327	52 315	70 441	34 584	35 586	48 566	53 753	54 414	47 471
2013	112 330	51 887	62 260	77 921	38 595	38 888	52 882	59 371	60 486	50 723
2014	122 049	56 543	66 421	83 671	42 001	42 266	57 709	64 804	65 646	54 745
2015	132 788	61 381	71 410	90 786	47 046	45 524	68 090	73 444	74 301	64 431
2016	140 421	66 736	76 123	98 153	51 950	48 206	76 242	82 031	81 187	73 403
2017	150 426	70 608	80 925	109 595	56 698	51 464	85 472	91 838	88 974	83 321
2018	162 897	76 841	85 682	125 740	61 212	56 781	94 819	100 583	99 635	91 363
2019	176 083	81 750	88 830	135 604	66 340	61 435	100 343	111 564	108 542	98 500
2020	189 694	85 413	94 241	141 935	68 425	61 816	109 209	118 104	112 909	108 053
2021	210 205	92 857	103 769	154 201	70 632	66 270	114 223	129 661	119 498	115 069

表 1-14　　分地区城镇单位就业人员在岗职工平均工资

（2021 年）

单位：元

地区	合计	企业	政府	民间非营利组织	其他
全国	**110 221**	**106 770**	**120 174**	**67 700**	**112 280**
北京	201 504	199 426	217 009	108 074	320 744
天津	128 171	120 700	159 194	69 983	97 023
河北	85 611	87 690	83 257	55 859	47 854
山西	84 938	88 533	79 888	43 921	45 013
内蒙古	93 266	98 204	87 899	61 020	55 262
辽宁	88 474	85 573	95 720	45 208	79 030
吉林	86 658	89 349	83 914	52 779	71 793
黑龙江	85 157	85 169	85 708	54 800	92 775
上海	196 053	195 171	234 082	87 990	142 414
江苏	117 868	105 743	168 346	77 407	169 981
浙江	125 351	111 372	179 838	85 337	136 970
安徽	97 445	87 529	122 586	63 030	67 790
福建	101 516	92 305	130 933	62 332	85 546
江西	86 116	76 379	104 911	59 568	72 830
山东	98 094	90 591	116 721	59 773	87 356
河南	76 261	72 785	83 416	49 047	84 586
湖北	100 190	93 167	117 291	57 549	84 190
湖南	88 874	84 490	97 634	51 069	64 274
广东	120 299	110 485	168 424	72 986	113 868
广西	91 369	86 282	99 403	46 532	79 281
海南	101 090	100 120	106 616	59 210	89 453
重庆	106 966	95 927	132 855	96 915	79 716
四川	100 469	92 967	117 053	63 759	116 493
贵州	99 324	96 138	103 385	66 757	64 867
云南	104 286	93 451	115 949	72 829	116 446
西藏	145 461	117 503	169 301	147 620	63 479
陕西	94 435	98 816	88 625	55 594	77 182
甘肃	88 289	82 398	95 807	48 122	119 428
青海	112 397	103 843	122 263	55 806	20 043
宁夏	109 437	106 046	114 828	57 637	
新疆	96 749	99 996	94 314	50 379	94 935

注：本表为城镇非私营单位在岗职工平均工资。

表 1-15　居民消费价格指数和商品零售价格指数

（以上年为 100）

年份	全国居民消费价格指数	城市	商品零售价格指数	城市
1998	99.2	99.4	97.4	97.4
1999	98.6	98.7	97.0	97.0
2000	100.4	100.8	98.5	98.5
2001	100.7	100.7	99.2	98.9
2002	99.2	99.0	98.7	98.5
2003	101.2	100.9	99.9	99.6
2004	103.9	103.3	102.8	102.1
2005	101.8	101.6	100.8	100.5
2006	101.5	101.5	101.0	100.9
2007	104.8	104.5	103.8	103.3
2008	105.9	105.6	105.9	105.5
2009	99.3	99.1	98.8	98.7
2010	103.3	103.2	103.1	102.8
2011	105.4	105.3	104.9	104.7
2012	102.6	102.7	102.0	101.9
2013	102.6	102.6	101.4	101.3
2014	102.0	102.1	101.0	101.0
2015	101.4	101.5	100.1	100.0
2016	102.0	102.1	100.7	100.7
2017	101.6	101.7	101.1	101.1
2018	102.1	102.1	101.9	101.9
2019	102.9	102.8	102.0	101.9
2020	102.5	102.3	101.4	101.3
2021	100.9	101.0	101.6	101.7

表 1-16　　城乡居民收入及增长情况　　单位：元

年份	城镇居民人均可支配收入	农村居民人均纯收入	扣除物价因素比上年实际增长（%）	
			城镇居民人均可支配收入	农村居民人均纯收入
1998	5 425		5.8	
1999	5 854		9.3	
2000	6 280		6.4	
2001	6 860		8.2	
2002	7 703		13.4	
2003	8 472		9.0	
2004	9 422		7.7	
2005	10 493		9.6	
2006	11 760		10.4	
2007	13 786		12.2	
2008	15 781		8.4	
2009	17 175		9.8	
2010	19 109		7.8	
2011	21 810		8.4	
2012	24 565		9.6	
2013	26 467	9 430	7.0	
2014	28 844	10 489	6.8	9.2
2015	31 195	11 422	6.6	7.5
2016	33 616	12 363	5.6	6.2
2017	36 396	13 432	6.5	7.3
2018	39 251	14 617	5.6	6.6
2019	42 359	16 021	5.0	6.2
2020	43 834	17 131	1.2	3.8
2021	47 412	18 931	7.1	9.7

注：从 2013 年起，国家统计局开展了城乡一体化住户收支与生活状况调查，2013 年及以后年份的数据来源于此调查，与 2013 年前的分城镇和农村住户调查的调查范围、调查方法、指标口径有所不同。

（二）就业与失业

表 2-1 **分地区城镇非私营单位就业人员年末人数**

（2021 年）

单位：万人

地区	合计	企业	政府	民间非营利组织	其他
全国	**17 014.5**	**11 844.7**	**4 942.5**	**218.2**	**9.0**
北京	759.5	621.5	128.8	9.0	0.3
天津	256.4	201.3	52.2	3.0	0.01
河北	566.0	329.8	232.1	4.0	0.1
山西	442.9	287.5	148.4	6.9	0.1
内蒙古	267.7	144.1	122.0	1.6	0.02
辽宁	458.0	300.9	151.7	5.3	0.1
吉林	254.7	151.6	99.3	3.7	0.2
黑龙江	311.2	184.4	124.4	2.4	0.1
上海	683.1	583.7	75.7	23.5	0.1
江苏	1 314.0	1 042.8	257.5	13.0	0.7
浙江	1 034.6	804.7	213.5	15.6	0.8
安徽	563.2	398.7	157.4	6.8	0.3
福建	579.0	433.7	140.2	5.0	0.1
江西	448.0	295.6	149.0	3.2	0.2
山东	1 108.3	765.2	327.5	15.1	0.4
河南	915.4	598.9	309.8	6.2	0.4
湖北	643.6	435.7	197.9	9.9	0.2
湖南	606.0	375.6	219.5	10.6	0.3
广东	2 110.9	1 699.5	376.4	32.4	2.6
广西	410.3	227.7	176.0	6.6	0.1
海南	113.7	73.0	37.3	3.3	0.04
重庆	358.1	254.8	101.9	1.4	0.1
四川	871.5	584.4	276.8	9.7	0.6
贵州	336.7	177.6	157.3	1.8	0.02
云南	358.1	178.3	176.0	3.7	0.1
西藏	44.5	19.8	24.5	0.1	0.2
陕西	476.0	308.2	157.7	9.4	0.6
甘肃	261.3	142.1	116.7	2.3	0.2
青海	67.1	34.7	32.1	0.3	0.01
宁夏	70.7	39.8	30.4	0.5	
新疆	324.2	149.2	172.5	2.3	0.2

表 2-2　　分地区城镇非私营单位在岗职工年末人数

（2021 年）

单位：万人

地区	合计	企业	政府	民间非营利组织	其他
全国	**15 969.8**	**11 047.6**	**4 707.3**	**206.3**	**8.7**
北京	708.4	578.0	122.6	7.6	0.3
天津	239.0	186.1	50.2	2.7	0.01
河北	530.3	303.3	223.1	3.8	0.1
山西	420.0	270.4	142.9	6.6	0.1
内蒙古	254.9	135.8	117.6	1.5	0.02
辽宁	434.2	283.8	145.3	5.1	0.1
吉林	236.4	137.8	95.1	3.3	0.2
黑龙江	285.5	167.2	116.1	2.2	0.05
上海	640.8	546.6	73.2	20.9	0.1
江苏	1 241.2	984.5	243.7	12.4	0.7
浙江	983.3	763.6	204.1	14.8	0.8
安徽	517.7	360.5	150.5	6.5	0.3
福建	537.2	400.7	131.5	4.8	0.1
江西	411.2	266.6	141.4	3.1	0.2
山东	1 039.1	707.6	316.6	14.5	0.4
河南	875.0	568.2	300.4	6.0	0.4
湖北	601.2	404.4	187.2	9.4	0.2
湖南	559.4	338.3	210.6	10.3	0.2
广东	2 027.0	1 627.8	365.1	31.6	2.5
广西	384.4	209.4	168.7	6.3	0.1
海南	106.3	67.7	35.4	3.2	0.03
重庆	329.9	230.7	97.8	1.3	0.1
四川	809.4	537.0	262.7	9.2	0.6
贵州	307.6	164.9	141.0	1.7	0.02
云南	327.3	163.5	160.3	3.4	0.1
西藏	42.0	18.9	22.8	0.1	0.16
陕西	444.0	284.3	150.0	9.1	0.6
甘肃	238.2	126.3	109.5	2.2	0.2
青海	64.5	33.7	30.5	0.3	0.01
宁夏	66.7	38.0	28.2	0.4	
新疆	307.6	142.1	163.2	2.0	0.2

表 2-3　历年全国城镇登记失业人数及登记失业率

年份	城镇登记失业人数（万人）	城镇登记失业率（%）
1997	577	3. 1
1998	571	3. 1
1999	575	3. 1
2000	595	3. 1
2001	681	3. 6
2002	770	4. 0
2003	800	4. 3
2004	827	4. 2
2005	839	4. 2
2006	847	4. 1
2007	830	4. 0
2008	886	4. 2
2009	921	4. 3
2010	908	4. 1
2011	922	4. 1
2012	917	4. 1
2013	926	4. 1
2014	952	4. 1
2015	966	4. 1
2016	982	4. 0
2017	972	3. 9
2018	974	3. 8
2019	945	3. 6
2020	1 160	4. 2
2021	1 040	4. 0

表 2-4　分地区城镇登记失业人数及登记失业率

（2021 年）

地区	城镇登记失业人数（万人）	城镇登记失业率（%）
北京	37.2	3.2
天津	27.5	3.7
河北	40.2	3.1
山西	20.0	2.3
内蒙古	30.5	3.8
辽宁	47.7	4.3
吉林	19.1	3.3
黑龙江	28.5	3.2
上海	66.9	2.7
江苏	49.1	2.5
浙江	45.3	2.6
安徽	25.4	2.5
福建	38.0	3.3
江西	29.9	2.8
山东	62.4	2.9
河南	65.3	3.4
湖北	51.3	3.0
湖南	27.7	2.3
广东	82.5	2.5
广西	22.7	2.5
海南	10.1	3.1
重庆	18.9	2.9
四川	66.4	3.6
贵州	32.0	4.5
云南	30.0	3.8
西藏	1.8	2.6
陕西	27.7	3.5
甘肃	13.1	3.4
青海	2.8	1.8
宁夏	7.0	4.1
新疆	8.9	2.0
新疆兵团	3.9	2.6

表 2-5　　分地区城镇登记失业基本情况

（2021 年）

单位：万人

地区	上年末结转登记失业人数	本年新登记的失业人数	女性	就业转失业人数	本年失业人员就业人数
北京	29.0	49.7	20.7	38.2	25.5
天津	27.0	11.9	5.1	5.1	11.9
河北	38.5	40.8	17.3	14.3	35.7
山西	27.7	17.9	6.8	5.1	18.5
内蒙古	30.0	26.4	13.4	9.8	19.2
辽宁	50.7	66.9	30.2	39.7	52.4
吉林	20.6	17.8	9.3	10.8	13.2
黑龙江	31.0	24.5	10.1	8.2	23.9
上海	15.7	15.4	6.7	14.7	10.9
江苏	77.6	166.2	85.3	157.3	88.3
浙江	42.1	51.3	24.3	33.1	36.4
安徽	30.0	24.6	11.5	5.8	24.5
福建	35.7	27.6	13.8	24.2	21.3
江西	29.9	13.6	7.4	4.0	8.0
山东	46.7	84.4	38.1	42.4	72.7
河南	62.2	31.8	17.0	16.3	20.3
湖北	55.3	53.8	29.0	15.2	45.3
湖南	31.4	37.8	21.5	7.4	33.4
广东	73.9	133.7	54.4	29.1	112.4
广西	22.9	22.4	12.5	7.5	15.6
海南	7.9	7.0	3.0	4.4	2.6
重庆	29.6	44.8	24.7	14.2	21.6
四川	54.4	35.8	18.2	12.9	28.5
贵州	19.5	29.0	12.6	6.6	15.9
云南	31.9	61.4	27.5	18.4	63.5
西藏	2.1	0.8	0.3	0.0	2.8
陕西	24.5	20.7	7.8	1.8	14.0
甘肃	12.1	28.6	14.0	16.6	16.3
青海	3.1	5.6	3.0	2.7	3.9
宁夏	5.6	9.5	4.9	4.4	7.2
新疆	15.3	31.7	15.3	9.3	21.5
新疆兵团	4.0	2.9	1.5	0.5	2.9

续表

地区	本年末登记失业人数	女性	长期失业者	城镇登记失业率（%）
北京	37.2	12.3	14.3	3.2
天津	27.5	12.4	23.6	3.7
河北	40.2	17.9	1.5	3.1
山西	20.0	8.3	0.4	2.3
内蒙古	30.5	16.6	6.8	3.8
辽宁	47.7	22.7	36.7	4.3
吉林	19.1	9.6	14.8	3.3
黑龙江	28.5	13.1	1.5	3.2
上海	66.9	5.8	8.7	2.7
江苏	49.1	22.0	24.8	2.5
浙江	45.3	23.3	17.2	2.6
安徽	25.4	6.8	1.3	2.5
福建	38.0	16.5	14.0	3.3
江西	29.9	15.3	1.6	2.8
山东	62.4	20.9	10.1	2.9
河南	65.3	32.1	52.6	3.4
湖北	51.3	26.9	40.6	3.0
湖南	27.7	14.9	0.6	2.3
广东	82.5	25.3	4.7	2.5
广西	22.7	12.3	2.4	2.5
海南	10.1	4.4	7.7	3.1
重庆	18.9	10.0	8.4	2.9
四川	66.4	25.3	20.2	3.6
贵州	32.0	15.5	2.1	4.5
云南	30.0	13.2	2.2	3.8
西藏	1.8	0.3	0.01	2.6
陕西	27.7	12.8	2.4	3.5
甘肃	13.1	6.7	9.8	3.4
青海	2.8	1.5	1.9	1.8
宁夏	7.0	3.8	0.04	4.1
新疆	8.9	4.4	7.1	2.0
新疆兵团	3.9	2.8	0.01	2.6

（三）技工教育、职业培训与技能鉴定

表 3-1　　历年技工院校综合情况

年份	技工院校个数（个）	招生人数（万人）	在校学生人数（万人）	毕业生人数（万人）	在职教职工人数（万人）
一、绝对数					
1998	4 362	59.5	181.3	69.5	29.0
1999	4 098	51.5	156.1	66.2	26.9
2000	3 792	50.4	140.1	64.6	24.0
2001	3 470	55.1	134.7	47.7	22.0
2002	3 075	73.3	153.0	45.4	20.3
2003	2 970	91.6	193.1	45.3	20.2
2004	2 884	109.7	234.4	53.5	20.4
2005	2 855	118.4	275.3	69.0	20.4
2006	2 880	134.8	320.8	86.4	21.5
2007	2 995	158.5	367.1	99.7	24.0
2008	3 075	161.4	397.5	109.0	24.7
2009	3 064	156.4	414.3	115.2	25.8
2010	2 998	158.6	421.0	121.3	26.5
2011	2 914	163.5	429.4	118.9	26.5
2012	2 892	156.8	422.8	120.2	26.7
2013	2 882	133.5	386.6	116.9	26.9
2014	2 818	124.4	339.0	106.8	26.5
2015	2 545	121.4	321.5	94.6	26.0
2016	2 526	127.2	323.2	93.1	26.5
2017	2 490	130.9	338.2	90.5	26.9
2018	2 379	128.5	341.6	90.3	26.7
2019	2 392	143.0	360.3	98.4	27.2
2020	2 423	160.1	395.5	101.4	27.9
2021	2 492	167.2	426.7	108.7	29.8
二、比上年增长（%）					
1998	-0.8	-19.0	-6.1	-0.7	-6.5
1999	-6.1	-13.3	-13.9	-4.6	-7.1
2000	-7.5	-2.3	-10.2	-2.5	-11.0
2001	-8.5	9.4	-3.8	-26.1	-8.3
2002	-11.4	33.0	13.6	-4.9	-7.4
2003	-3.4	24.9	26.2	-0.2	-0.7
2004	-2.9	19.8	21.4	18.1	1.0

续表

年份	技工院校个数（个）	招生人数（万人）	在校学生人数（万人）	毕业生人数（万人）	在职教职工人数（万人）
2005	-1.0	7.9	17.4	29.0	0.0
2006	0.9	13.9	16.5	25.2	5.4
2007	4.0	17.6	14.4	15.4	11.6
2008	2.7	1.8	8.3	9.3	2.9
2009	-0.4	-3.1	4.2	5.7	4.6
2010	-2.2	1.4	1.6	5.4	2.6
2011	-2.8	3.1	2.0	-2.0	0.0
2012	-0.8	-4.1	-1.5	1.1	0.8
2013	-0.3	-14.8	-8.6	-2.8	0.9
2014	-2.2	-6.8	-12.3	-8.6	-1.6
2015	-9.7	-2.4	-5.2	-11.4	-1.8
2016	-0.7	4.7	0.5	-1.6	1.8
2017	-1.4	2.9	4.7	-2.8	1.3
2018	-3.9	8.4	6.1	8.1	1.2
2019	0.5	11.2	5.5	9.0	1.9
2020	1.3	12.0	9.8	3.0	2.8
2021	2.8	4.5	7.9	7.2	6.8

年份	文化技术理论课教师（万人）	生产实习指导教师（万人）	兼职教师人数（万人）	培训社会人员人次数（万人次）	培训社会人员结业人数（万人）
一、绝对数					
1998	11.0	3.8	2.7	165.1	
1999	11.2	3.8	2.9	149.1	144.6
2000	10.5	3.5	2.7	158.5	156.7
2001	10.0	3.4	2.6	151.7	163.9
2002	9.5	3.2	2.6	208.6	196.9
2003	9.6	3.4	3.0	226.9	223.7
2004	9.6	3.8	2.9	265.6	257.5
2005	9.7	3.8	3.2	273.3	270.1
2006	10.4	4.2	3.6	337.7	330.2
2007	11.2	5.0	3.8	380.7	369.8
2008	12.2	5.4	4.1	400.0	389.8
2009	12.5	6.0	4.3	484.1	382.9
2010	12.7	6.3	4.4	468.4	371.3
2011	12.9	6.3	4.3	527.5	416.1

续表

年份	文化技术理论课教师（万人）	生产实习指导教师（万人）	兼职教师人数（万人）	培训社会人员人次数（万人次）	培训社会人员结业人数（万人）
2012	13.0	6.6	4.3	551.3	441.6
2013	13.4	6.5	4.1	525.3	397.1
2014	13.2	6.2	4.2	508.5	372.3
2015	13.2	6.0	4.1	476.6	378.9
2016	13.7	6.0	4.3	451.6	349.9
2017	14.0	5.9	4.4	456.4	326.1
2018	14.2	5.6	4.4	420.6	301.6
2019	14.4	5.7	4.4	432.3	308.8
2020	15.3	5.6	4.5	485.8	345.8
2021	16.6	5.7	5.1	600.7	467.9
二、比上年增长（%）					
1998	-4.6	-4.0	0.8	20.0	
1999	1.9	-0.1	9.5	-9.7	16.5
2000	-6.9	-6.7	-6.3	6.3	8.4
2001	-4.9	-3.7	-4.1	-4.3	4.6
2002	-5.0	-6.8	-2.4	37.6	20.2
2003	1.5	7.3	17.4	37.6	20.2
2004	0.0	11.8	-3.3	17.1	15.1
2005	1.0	0.0	10.3	2.9	4.9
2006	7.2	10.5	12.5	23.6	22.3
2007	7.7	19.0	5.6	12.7	12.0
2008	8.9	8.0	7.9	5.1	5.4
2009	2.8	11.6	5.2	21.0	-1.8
2010	1.2	4.3	1.0	-3.2	-3.0
2011	1.8	-0.4	-1.7	12.6	12.1
2012	0.3	6.1	0.6	4.5	6.1
2013	3.4	-2.1	-5.7	-4.7	-10.1
2014	-1.3	-4.3	2.8	-3.2	-6.2
2015	-0.3	-4.2	-2.5	-6.3	1.8
2016	3.5	0.3	5.7	-5.2	-7.6
2017	2.6	-1.9	2.6	1.1	-6.8
2018	1.2	-4.1	-0.6	-7.9	-7.5
2019	1.3	1.5	-0.02	2.8	2.4
2020	6.6	-2.6	2.91	12.4	12.0
2021	8.7	3.2	12.1	23.7	35.3

表 3-2　　分地区技工院校综合情况

（2021 年）

单位：人

地区	技工院校个数（个）	在职教职工人数	女性	文化技术理论课教师			
					高级讲师	讲师	助理讲师
全国	**2 492**	**298 255**	**147 557**	**166 398**	**39 714**	**54 508**	**39 354**
北京	26	3 085	1 569	1 336	399	408	294
天津	21	2 428	1 244	1 236	415	502	228
河北	205	14 975	8 200	8 750	2 501	3 330	1 628
山西	74	8 879	4 837	4 675	1 117	1 537	979
内蒙古	69	7 265	4 079	4 444	1 320	1 269	811
辽宁	109	8 288	4 098	4 313	1 058	1 330	536
吉林	64	3 834	2 227	2 029	499	613	507
黑龙江	106	7 898	3 986	4 610	1 549	1 566	995
上海							
江苏	107	19 569	9 866	11 327	3 253	3 861	2 283
浙江	99	14 680	7 325	9 441	2 833	3 102	2 140
安徽	83	11 114	5 136	6 706	1 952	2 022	1 644
福建	65	5 663	2 895	2 780	694	591	645
江西	113	14 033	6 814	8 075	1 543	2 417	2 027
山东	194	32 647	15 642	20 972	5 122	7 678	4 838
河南	95	12 767	6 120	6 985	1 454	2 275	2 648
湖北	101	9 492	4 559	5 699	1 539	1 996	1 494
湖南	146	11 343	5 430	5 937	1 130	1 633	1 445
广东	148	32 677	15 956	17 011	3 222	6 009	4 450
广西	42	6 900	3 345	3 619	598	1 316	971
海南	11	1 610	718	1 038	271	355	195
重庆	50	5 237	2 486	2 590	542	745	731
四川	99	13 249	6 675	7 759	1 649	2 364	1 774
贵州	56	7 151	3 454	4 025	728	1 040	1 041
云南	33	5 844	2 692	3 566	1 194	1 236	894
西藏	6	217	77	75	25	30	14
陕西	143	12 582	5 902	5 067	1 015	1 591	1 363
甘肃	40	3 216	1 410	1 826	405	716	479
青海	14	956	464	505	158	185	106
宁夏	24	2 369	1 261	1 436	429	440	331
新疆	149	18 287	9 090	8 566	1 100	2 351	1 863

续表

地区	生产实习指导教师	高级实习指导教师	一级实习指导教师	二级实习指导教师	三级实习指导教师	技师、高级技师	一体化教师	兼职教师人数
全国	**57 360**	**7 136**	**10 274**	**7 586**	**4 752**	**17 348**	**89 946**	**50 625**
北京	536	83	95	82	8	138	866	261
天津	399	111	155	78	11	22	718	215
河北	2 935	407	535	407	172	917	4 379	2 118
山西	1 793	197	302	212	169	596	2 436	1 431
内蒙古	1 075	153	144	110	136	341	2 451	1 013
辽宁	1 318	203	193	154	99	341	1 550	1 448
吉林	695	79	58	42	48	217	1 341	988
黑龙江	1 113	121	129	119	126	415	2 074	1 682
上海								
江苏	4 112	561	747	493	116	1 601	7 079	2 958
浙江	2 506	315	476	419	171	813	5 365	1 784
安徽	2 155	234	319	276	259	725	3 794	2 139
福建	1 290	176	249	210	109	153	1 592	1 097
江西	2 566	299	406	374	331	776	3 904	2 152
山东	5 312	881	1 014	627	396	1 490	11 621	3 645
河南	2 982	484	688	558	203	880	4 362	2 359
湖北	2 124	386	416	293	191	592	2 461	1 325
湖南	2 068	290	396	229	98	703	3 459	1 809
广东	7 855	625	1 523	1 107	550	2 344	12 068	3 293
广西	1 850	185	423	248	58	555	1 180	511
海南	311	39	59	52	10	117	534	174
重庆	885	116	152	108	143	242	1 654	1 191
四川	2 383	258	379	276	332	735	2 934	2 287
贵州	1 665	149	210	170	299	591	2 053	1 392
云南	939	166	245	227	46	126	1 747	1 623
西藏	9	1	4	0	3	0	10	31
陕西	2 900	269	554	481	377	808	2 056	2 427
甘肃	744	78	48	81	87	183	856	800
青海	209	33	61	23	3	56	293	233
宁夏	424	64	29	31	38	162	942	472
新疆	2 207	173	265	99	163	709	4 167	7 767

续表

地区	招生人数	高级班学生	农业户口学生	在校学生人数	女生	高级班学生	毕业生人数	获得中级工/四级	获得高级工/三级
全国	**1 672 485**	**432 519**	**1 314 529**	**4 267 239**	**1 410 832**	**1 214 624**	**1 087 036**	**205 757**	**7 719**
北京	10 132	1 791	6 160	26 145	7 907	4 150	8 217	1 826	436
天津	8 342	2 621	6 273	21 472	5 043	3 887	6 528	1 544	0
河北	74 149	5 344	65 586	169 332	50 851	11 725	42 009	4 119	176
山西	34 059	3 405	25 692	96 142	30 444	21 478	27 868	5 442	72
内蒙古	10 208	355	7 365	20 036	5 501	3 631	4 891	864	41
辽宁	26 668	1 380	18 050	70 379	22 728	6 446	19 709	1 868	35
吉林	30 693	11 077	21 565	62 645	19 203	16 586	28 174	830	23
黑龙江	33 338	6 182	18 327	109 662	40 642	22 616	22 801	1 128	0
上海									
江苏	105 811	34 359	58 622	268 421	94 311	72 276	70 712	22 495	36
浙江	61 582	21 622	40 752	179 407	53 435	75 760	34 325	13 098	365
安徽	101 229	27 216	87 996	214 135	84 365	66 482	44 864	3 186	54
福建	51 050	5 499	35 528	119 364	44 540	14 479	24 554	5 315	142
江西	93 809	14 839	80 466	208 351	82 876	31 689	45 301	1 235	0
山东	169 851	30 628	144 043	442 034	156 769	86 964	104 221	24 597	1 865
河南	118 435	49 454	100 087	307 749	94 515	114 679	115 304	28 170	576
湖北	45 371	2 373	35 615	105 355	37 860	10 041	27 154	1 612	0
湖南	57 701	14 286	52 182	150 052	41 765	48 423	46 685	1 736	0
广东	219 396	93 744	173 799	628 794	204 526	290 977	154 507	16 849	117
广西	55 036	15 165	49 944	139 758	41 141	32 376	32 248	5 203	0
海南	13 541	2 886	9 646	31 837	8 445	8 928	6 580	1 569	196
重庆	45 349	12 057	28 716	120 560	36 097	35 522	25 860	9 475	1 797
四川	70 109	9 343	55 507	165 389	61 473	26 455	42 077	5 079	295
贵州	40 487	1 106	36 657	91 941	31 456	2 227	20 053	447	141
云南	66 531	32 510	49 744	170 405	48 890	97 294	37 816	21 724	1 246
西藏	3 843	1 746	3 511	6 188	2 815	2 480	0	0	0
陕西	63 971	22 631	52 317	186 250	56 375	81 400	55 723	21 050	35
甘肃	15 939	849	13 097	38 579	11 056	3 293	12 494	9	0
青海	1 130	49	435	1 903	378	148	540	0	0
宁夏	5 547	554	3 156	14 064	5 627	1 697	2 682	1 477	0
新疆	39 178	7 448	33 691	100 890	29 798	20 515	23 139	3 810	71

表 3-3 **分地区技工院校培训情况**

（2021 年）

单位：人

地区	招生院校数（个）	培训社会人员数（人次）	按培训对象分组				就业人数	高级班学生
			失业人员	劳动预备制人员	在职职工	农村劳动者		
全国	**1 945**	**6 006 845**	**240 472**	**213 905**	**3 176 720**	**1 323 587**	**1 057 082**	**329 989**
北京	16	168 425	1 225	605	155 076	3 181	8 166	1 821
天津	18	15 620			9 662		6 461	1 563
河北	108	153 657	13 448	1 959	80 189	42 903	41 683	5 775
山西	59	193 743	1 919	841	149 876	25 265	27 474	6 586
内蒙古	42	72 932	3 363	332	36 758	11 764	4 742	269
辽宁	66	75 448	1 180	1 676	41 508	2 197	19 462	2 731
吉林	55	88 574	6 540	404	56 563	11 168	23 823	7 430
黑龙江	88	175 602	14 138	1 921	41 388	54 150	22 481	4 749
上海								
江苏	96	432 941	20 979	31 086	336 176	20 770	70 082	23 760
浙江	80	484 473	24 646	14 546	324 948	35 177	34 085	13 123
安徽	81	275 409	16 451	10 637	184 262	45 081	44 024	4 886
福建	39	125 005	7 604	2 583	70 968	25 136	24 201	5 861
江西	101	220 287	3 759	5 441	55 234	4 252	44 419	6 771
山东	173	539 354	8 240	23 087	322 984	51 523	100 500	35 851
河南	88	273 718	3 854	8 505	146 699	68 737	111 652	36 803
湖北	90	134 919	9 523	4 116	73 619	27 125	24 043	4 641
湖南	77	137 895	4 496	7 200	85 806	21 208	45 762	11 644
广东	138	265 063	12 174	11 254	171 838	32 034	152 141	67 508
广西	39	108 701	1 940	9 324	56 686	21 554	31 503	7 585
海南	10	22 958	1 168	1 093	15 265	1 330	6 503	1 976
重庆	50	210 001	5 919	3 828	136 066	21 759	25 614	9 475
四川	74	131 554	7 049	5 331	72 037	20 794	41 289	9 456
贵州	48	106 086	1 968	4 492	32 976	35 718	18 515	1 078
云南	33	314 555	20 459	38 496	88 319	73 825	36 788	23 889
西藏	6	4 454	159	50	798	3 119		
陕西	125	235 891	1 805	3 026	157 480	48 458	53 669	28 021
甘肃	38	52 370	1 040	477	34 065	12 912	12 062	989
青海	8	35 795	922	3 464	4 599	7 050	540	0
宁夏	13	13 129	223		6 334	2 006	2 648	703
新疆	86	938 286	44 281	18 131	228 541	593 391	22 750	5 045

续表

地区	培训社会人员结业人数	按获取证书分组			
		初级职业资格	中级职业资格	高级职业资格	技师和高级技师资格
全国	**4 678 573**	**969 917**	**638 726**	**259 668**	**76 042**
北京	123 318	10 476	11 727	8 513	1 596
天津	15 278	4 217	5 297	4 073	487
河北	79 770	29 413	12 473	1 974	1 940
山西	193 323	11 448	15 613	17 807	2 245
内蒙古	57 156	13 421	3 137	2 993	716
辽宁	40 506	5 447	3 736	1 547	
吉林	71 733	6 280	22 138	5 295	1 541
黑龙江	91 256		230	215	
上海					
江苏	277 396	55 651	69 504	36 168	5 358
浙江	456 268	80 553	72 687	34 500	7 497
安徽	260 104	47 569	53 063	10 393	1 699
福建	56 889	13 354	10 966	2 084	328
江西	154 774	8 646	19 956	11 698	3 127
山东	249 117	34 759	14 354	14 971	11 415
河南	199 017	35 744	21 333	12 921	2 474
湖北	98 785	11 093	34 464	5 496	498
湖南	135 096	34 719	13 092	4 614	908
广东	188 384	12 660	14 703	5 082	222
广西	86 052	17 224	25 804	5 192	2 880
海南	19 891	5 139	662	181	92
重庆	191 901	68 807	70 513	11 278	3 565
四川	109 306	15 537	30 088	8 042	1 591
贵州	63 746	10 320	9 513	501	422
云南	277 383	108 404	48 580	40 734	21 743
西藏	4 292	3 085	165	113	
陕西	221 759	66 641	28 314	7 116	987
甘肃	36 443	6 764	5 869	403	172
青海	35 125	1 756	1 356	330	188
宁夏	12 969	2 898	7 846	686	924
新疆	871 536	247 892	11 543	4 748	1 427

表 3-4　　分地区就业训练中心综合情况

（2021 年）　　单位：人

地区	就业训练中心个数（个）	在职教职工总人数	教师	兼职教师人数	培训人次数（人次）	取得证书人数	就业人数
全国	**940**	**16 514**	**6 840**	**7 569**	**1 437 838**	**1 047 449**	**685 731**
北京	5	104	33	46	3 561	2 305	491
天津							
河北	63	1 592	966	486	60 603	17 179	11 745
山西	38	826	99	429	69 403	65 278	20 349
内蒙古	9	71	18	46	1 949	1 863	889
辽宁	15	521	269	188	39 485	12 601	8 549
吉林	6	124	47	62	937	817	266
黑龙江	20	353	193	41	14 045	13 030	10 307
上海							
江苏	65	844	272	406	115 884	60 495	42 268
浙江	10	938	184	635	59 715	54 601	18 839
安徽	23	378	200	129	37 014	30 952	19 359
福建	2	4					
江西	76	857	228	497	59 869	54 543	29 797
山东	15	430	276	148	34 116	15 288	19 378
河南	160	2 384	1 000	1 199	228 101	190 997	122 222
湖北	97	1 695	624	1 071	351 685	276 260	197 883
湖南	59	742	228	389	61 408	59 438	37 147
广东	42	740	254	354	138 079	87 174	85 952
广西	12	599	339	140	15 505	13 258	1 977
海南							
重庆	9	101	30	61	4 253	4 119	1 751
四川	58	311	74	369	15 774	14 627	6 403
贵州							
云南							
西藏							
陕西	115	1 672	837	455	95 055	44 304	29 825
甘肃	27	335	158	177	10 159	9 980	8 267
青海							
宁夏	2	74	43	2	1 700	1 130	1 620
新疆	12	819	468	239	19 538	17 210	10 447

表 3-5　　分地区民办职业培训机构综合情况

（2021 年）

单位：人

地区	职业培训机构个数（个）	在职教职工人数	教师	兼职教师人数	培训人次数（人次）	取得证书人次数（人次）	就业人数
全国	**29 832**	**473 260**	**222 515**	**192 385**	**20 595 421**	**15 836 713**	**9 526 185**
北京	396	5 322	2 199	2 025	260 327	176 317	92 872
天津	671	8 763	3 066	4 971	208 035	179 123	15 778
河北	1 432	18 887	9 860	7 684	655 106	369 911	167 847
山西	778	13 324	6 003	4 984	704 911	948 698	177 258
内蒙古	682	10 772	4 886	5 218	346 495	264 823	219 228
辽宁	1 053	10 598	4 805	5 048	315 507	222 820	90 801
吉林	870	12 318	5 272	6 443	491 193	379 829	75 992
黑龙江	811	8 975	4 457	3 561	364 760	251 133	194 993
上海	531	47 113	20 324	2 820	1 220 664	622 774	1 206 918
江苏	1 657	21 184	8 586	10 796	1 070 526	815 486	427 785
浙江	1 346	17 351	7 094	8 514	1 267 810	924 598	413 201
安徽	1 357	18 767	7 881	8 692	605 727	546 819	397 881
福建	569	7 045	2 875	3 527	345 169	262 704	144 503
江西	1 350	15 223	7 747	6 461	687 368	610 269	390 874
山东	2 490	26 930	13 303	11 153	1 116 113	841 048	486 808
河南	1 951	33 930	18 082	12 904	1 559 059	1 328 847	713 757
湖北	1 110	17 398	8 724	6 201	746 481	556 685	297 112
湖南	1 127	16 542	7 056	7 876	756 195	666 384	362 049
广东	1 535	21 071	9 544	8 165	1 415 803	700 937	681 801
广西	771	10 974	5 662	4 951	476 195	346 605	271 200
海南	261	1 450	306	1 144	274 380	146 897	26 343
重庆	725	16 597	9 412	7 185	1 178 619	1 065 861	718 152
四川	1 507	21 348	10 648	9 919	993 286	716 994	458 962
贵州	509	9 753	4 693	4 175	360 648	301 661	206 362
云南	991	28 405	14 070	13 263	1 304 207	1 088 748	401 441
西藏	182	3 214	1 882	1 054	138 045	102 636	51 696
陕西	898	10 747	4 897	4 730	414 106	303 388	139 755
甘肃	983	16 335	8 815	7 520	590 343	545 900	280 029
青海	241	3 674	1 894	1 578	119 260	94 747	61 898
宁夏	414	7 324	4 198	2 752	251 265	185 591	159 191
新疆	634	11 926	4 274	7 071	357 818	268 480	193 698

表 3-6　分地区职业资格评价情况

（2021 年）

地区	考核鉴定机构数（个）	考评人员（质量督导员）人数（人）		
		考评人员	内部质量督导员	外部质量督导员
全国	**5 329**	**42 288**	**5 600**	**4 230**
北京	24	250	546	
天津	130	1 114		323
河北	96	72	206	
山西	11	378		29
内蒙古	598	789	111	
辽宁	239	3 171		
吉林	42	215		207
黑龙江	36	521	104	65
上海	53	308		167
江苏	37	304		201
浙江	125	551		
安徽	114	1 618		
福建	107	2 900		91
江西	423	411		
山东	75	719	127	
河南	304	5 150	75	
湖北	220	1 336	336	118
湖南	331	2 151	40	
广东	112	344		1 014
广西	108	1 325	142	20
海南	131	1 366	148	
重庆	118	108		865
四川	547	6 848		1 082
贵州	52	248		
云南	636	1 428	1 016	
西藏	8	286	68	36
陕西	194	1 277	319	
甘肃	218	2 314		
青海	83	126		
宁夏	48	241	9	12
新疆	98	4 342	2 353	
新疆兵团	11	77		

续表

地区	参加考核鉴定人次数（人次）	初级工	中级工	高级工
全国	**2 071 557**	**732 702**	**1 020 283**	**250 176**
北京	7 215	1 262	3 103	446
天津	11 473	2 323	7 502	760
河北	80 616	35 205	29 483	15 687
山西	54 071	27 863	22 489	2 423
内蒙古	45 054	8 822	33 390	2 555
辽宁	60 749	28 749	22 010	6 239
吉林	16 708	3 760	9 827	2 109
黑龙江	11 839	3 368	7 780	447
上海	48 411	20 264	12 043	11 722
江苏	155 721	47 455	80 251	25 006
浙江	139 497	28 086	44 273	58 335
安徽	91 143	26 802	49 600	12 482
福建	78 346	18 233	46 693	9 768
江西	27 087	506	21 228	4 597
山东	277 468	57 852	172 170	31 811
河南	108 480	39 839	46 766	18 423
湖北	2 171	553	1 173	438
湖南	78 360	37 057	38 684	1 198
广东	195 943	68 468	109 224	13 759
广西	62 552	42 394	15 751	2 807
海南	16 269	9 588	5 695	758
重庆	63 834	26 306	34 212	2 723
四川	235 952	65 781	153 066	11 747
贵州	20 004	10 074	6 428	2 905
云南	75 147	55 311	13 464	5 841
西藏	6 772	6 063	673	36
陕西	7 108	2 116	2 086	2 149
甘肃	41 316	27 881	12 539	896
青海	4 599	4 226	368	4
宁夏	35 639	16 597	16 659	1 914
新疆	8 896	7 289	1 154	182
新疆兵团	3 117	2 609	499	9

续表

地区			获证人次数（人次）	
	技师	高级技师		初级工
全国	**50 413**	**17 983**	**1 786 868**	**638 551**
北京	2 081	323	5 734	942
天津	618	270	10 102	1 955
河北	229	12	74 667	32 253
山西	1 089	207	47 972	25 030
内蒙古	194	93	41 600	8 000
辽宁	2 248	1 503	51 906	24 690
吉林	805	207	14 667	2 909
黑龙江	196	48	10 900	3 084
上海	2 930	1 452	31 112	13 684
江苏	2 737	272	138 821	42 436
浙江	7 237	1 566	111 288	20 254
安徽	1 700	559	79 696	23 245
福建	2 952	700	66 847	15 629
江西	633	123	25 189	475
山东	10 095	5 540	257 226	52 887
河南	2 835	617	100 815	37 440
湖北	6	1	2 034	510
湖南	1 035	386	69 757	33 629
广东	3 296	1 196	130 488	48 388
广西	1 297	303	51 974	35 812
海南	142	86	14 550	9 198
重庆	420	173	59 320	24 638
四川	3 714	1 644	207 543	60 389
贵州	349	248	18 424	9 513
云南	434	97	70 910	52 610
西藏			5 596	5 016
陕西	635	122	5 100	1 535
甘肃			37 235	24 817
青海	1		4 014	3 685
宁夏	375	94	30 784	15 260
新疆	130	141	7 810	6 289
新疆兵团			2 787	2 349

续表

地区	中级工	高级工	技师	高级技师
全国	**883 746**	**213 476**	**37 993**	**13 102**
北京	2 539	357	1 668	228
天津	6 647	724	564	212
河北	27 644	14 574	185	11
山西	19 676	2 085	1 000	181
内蒙古	31 179	2 166	172	83
辽宁	18 790	5 279	1 897	1 250
吉林	8 775	2 030	759	194
黑龙江	7 267	353	153	43
上海	8 372	6 761	1 501	794
江苏	71 867	22 096	2 191	231
浙江	34 916	49 564	5 679	875
安徽	43 178	11 246	1 555	472
福建	41 716	7 149	1 865	488
江西	19 590	4 431	601	92
山东	162 738	28 950	8 082	4 569
河南	42 461	17 530	2 772	612
湖北	1 105	412	6	1
湖南	33 947	909	900	372
广东	70 237	9 520	1 700	643
广西	12 485	2 364	1 058	255
海南	4 528	666	104	54
重庆	31 735	2 450	343	154
四川	135 229	9 507	1 745	673
贵州	5 580	2 815	302	214
云南	12 546	5 250	412	92
西藏	554	26		
陕西	1 351	1 719	405	90
甘肃	11 565	853	0	0
青海	327	1	1	0
宁夏	13 669	1 525	248	82
新疆	1 104	155	125	137
新疆兵团	429	9	0	0

（四）劳动关系与监察

表 4-1　　历年劳动人事争议仲裁案件处理情况　　单位：件

项目	1998 年	1999 年	2000 年	2001 年	2002 年	2003 年
上期未结案件数	3 475	3 840	6 374	8 739	12 472	16 276
案件受理情况						
当期案件受理数	93 649	120 191	135 206	154 621	184 116	226 391
集体劳动争议案件数	6 767	9 043	8 247	9 847	11 024	10 823
劳动者申诉案件数	84 829	114 152	120 043	146 781	172 253	215 512
劳动者当事人数（人）	358 531	473 957	422 617	467 150	608 396	801 042
集体劳动争议劳动者当事人数	251 268	319 445	259 445	286 680	374 956	514 573
争议原因						
劳动报酬				45 172	59 144	76 774
社会保险				31 158	56 558	76 181
变更劳动合同	2 840	3 469	3 829	4 254	3 765	5 494
解除劳动合同	13 069	18 108	21 149	29 038	30 940	40 017
终止劳动合同	4 752	8 031	10 816	10 298	12 908	12 043
其他	9 515	8 626	12 549			
案件处理情况						
结案数	92 288	121 289	130 688	150 279	178 744	223 503
处理方式						
仲裁调解	31 483	39 550	41 877	42 933	50 925	67 765
仲裁裁决	25 389	34 712	54 142	77 250	77 340	95 774
其他方式	35 155	47 027	34 669	35 096	50 479	59 954
处理结果						
用人单位胜诉	11 937	15 674	13 699	31 544	27 017	34 272
劳动者胜诉	48 650	63 030	70 544	71 739	84 432	109 556
双方部分胜诉及其他	27 365	37 459	37 247	46 996	67 295	79 475
案外调解案件数				63 939	77 342	58 451

续表

项目	2004 年	2005 年	2006 年	2007 年	2008 年	2009 年
上期未结案件数	17 117	17 829	22 165	25 424	33 084	83 709
案件受理情况						
当期案件受理数	260 471	313 773	317 162	350 182	693 465	684 379
集体劳动争议案件数	19 241	16 217	13 977	12 784	21 880	13 779
劳动者申诉案件数	249 335	293 710	301 233	325 590	650 077	627 530
劳动者当事人数（人）	764 981	744 195	679 312	653 472	1 214 328	1 016 922
集体劳动争议劳动者当事人数	477 992	409 819	348 714	271 777	502 713	299 601
争议原因						
劳动报酬	85 132	103 183	103 887	108 953	225 061	247 330
社会保险	88 119	97 519	100 342	97 731		
变更劳动合同	4 465	7 567	3 456	4 695		
解除劳动合同	42 881	54 858	55 502	67 565	139 702	43 876
终止劳动合同	14 140	14 015	12 366	12 696		
案件处理情况						
结案数	258 678	306 027	310 780	340 030	622 719	689 714
处理方式						
仲裁调解	83 400	104 308	104 435	119 436	221 284	251 463
仲裁裁决	110 708	131 745	141 465	149 013	274 543	290 971
其他方式	64 550	69 974	64 880	71 581	126 892	147 280
处理结果						
用人单位胜诉	35 679	39 401	39 251	49 211	80 462	95 470
劳动者胜诉	123 268	145 352	146 028	156 955	276 793	255 119
双方部分胜诉及其他	94 041	121 274	125 501	133 864	265 464	339 125
案外调解案件数	70 840	93 561	130 321	151 902	237 283	185 598

续表

项目	2010年	2011年	2012年	2013年	2014年	2015年
上期未结案件数	77 926	42 308	36 151	34 478	31 796	39 580
案件受理情况						
当期案件受理数	600 865	589 244	641 202	665 760	715 163	813 859
集体劳动争议案件数	9 314	6 592	7 252	6 783	8 041	10 466
劳动者申诉案件数	558 853	568 768	620 849	641 932	690 418	784 229
劳动者当事人数（人）	815 121	779 490	882 487	888 430	997 807	1 159 687
集体劳动争议劳动者当事人数	211 755	174 785	231 894	218 521	267 165	341 588
争议原因						
劳动报酬	209 968	200 550	225 981	223 351	258 716	321 179
社会保险		149 944	159 649	165 665	160 961	158 002
变更劳动合同						
解除劳动合同	31 915	118 684	129 108	147 977	155 870	182 396
终止劳动合同						
案件处理情况						
结案数	634 041	592 823	643 292	669 062	711 044	812 461
处理方式						
仲裁调解	250 131	278 873	302 552	311 806	321 598	362 814
仲裁裁决	266 506	244 942	268 530	283 341	313 175	368 409
其他方式	117 404	69 008	72 210	73 915	76 271	81 238
处理结果						
用人单位胜诉	85 028	74 189	79 187	82 519	82 541	90 785
劳动者胜诉	229 448	195 680	213 453	217 551	250 284	287 544
双方部分胜诉及其他	319 565	322 954	350 652	368 992	378 219	434 132
案外调解案件数	163 997	194 338	212 937	215 595	227 447	258 114

续表

项目	2016 年	2017 年	2018 年	2019 年	2020 年	2021 年
上期未结案件数	37 977	38 545	35 506	48 661	49 723	43 525
案件受理情况						
当期案件受理数	828 410	785 323	894 053	1 069 638	1 094 788	1 252 045
集体劳动争议案件数	9 745	7 513	8 699	9 235	8 321	7 446
劳动者申诉案件数	801 190	762 572	869 421	1 021 334	1 041 567	1 199 847
劳动者当事人数（人）	1 112 408	979 016	1 110 175	1 274 124	1 283 491	1 404 754
集体劳动争议劳动者当事人数	289 924	203 963	234 943	220 174	200 824	159 898
争议原因						
劳动报酬	345 685	331 463	380 751	446 572	462 729	524 473
社会保险	145 671	135 211	144 533	149 966	136 496	164 102
变更劳动合同						
解除劳动合同	188 642	169 456	195 063	259 550	280 058	293 924
终止劳动合同						
案件处理情况						
结案数	827 717	790 448	884 223	1 068 413	1 100 681	1 256 162
处理方式						
仲裁调解	389 109	390 278	458 353	552 584	599 797	703 373
仲裁裁决	366 742	336 073	357 666	430 309	430 863	471 819
其他方式	71 866	64 097	68 204	85 520	70 021	80 970
处理结果						
用人单位胜诉	92 405	89 928	93 823	112 747	112 053	127 910
劳动者胜诉	285 824	259 898	276 642	314 097	310 819	341 245
双方部分胜诉及其他	369 429	440 622	513 758	641 569	677 809	787 007
案外调解案件数	240 101	208 491	214 288	242 479	255 328	320 621

注：从 2011 年起，将解除和终止劳动合同两项合并统计，解除劳动合同数为解除、终止劳动合同数之和。

表 4-2　分地区劳动人事争议仲裁案件处理情况

（2021 年）

单位：件

地区	上期未结案件数	案件受理情况				
		当期案件受理数	集体劳动争议案件	劳动者申诉案件	劳动者当事人数（人）	集体劳动争议劳动者当事人数
全国	**43 525**	**1 252 045**	**7 446**	**1 199 847**	**1 404 754**	**159 898**
北京	3 364	121 084	653	119 322	121 084	13 004
天津	2 819	30 110	87	29 804	31 696	1 752
河北	2 464	26 740	73	24 081	29 280	1 328
山西	123	11 693	35	10 638	13 995	1 354
内蒙古	366	20 650	50	19 545	21 689	1 149
辽宁	1 125	32 571	204	29 989	37 559	4 560
吉林	304	8 418	17	7 047	11 189	402
黑龙江	563	28 116	30	28 029	29 050	771
上海	4 065	58 570	197	57 743	64 539	3 730
江苏	2 163	97 194	752	95 159	108 120	17 748
浙江	2 612	76 440	364	75 957	86 701	7 353
安徽	425	36 194	99	32 212	39 524	1 995
福建	2 180	33 370	437	32 157	44 449	9 517
江西	592	18 769	35	14 377	19 889	627
山东	1 557	102 958	112	102 496	110 824	2 910
河南	677	31 141	168	27 282	33 846	2 423
湖北	3 086	38 881	129	37 654	41 057	3 680
湖南	607	30 855	84	30 069	34 959	2 093
广东	6 209	195 810	3 025	191 595	257 471	63 763
广西	664	27 806	103	26 267	28 759	1 824
海南	563	8 525	44	8 104	8 535	619
重庆	2 229	33 890	44	33 774	35 142	779
四川	2 554	66 152	258	62 623	69 271	5 469
贵州	339	27 030	35	26 090	28 151	964
云南	197	19 181	113	18 433	19 604	2 913
西藏	4	734	17	727	1 094	309
陕西	464	35 447	53	28 088	36 461	1 618
甘肃	67	7 769	14	7 122	8 934	995
青海	19	1 912	13	1 893	2 531	216
宁夏	749	7 886	55	6 775	9 359	815
新疆	315	13 761	132	12 578	17 292	2 977
新疆兵团	60	2 388	14	2 217	2 700	241

续表

地区	案件受理情况			
	按争议类型分			
	劳动报酬	社会保险待遇	其中：工伤保险	解除、终止劳动合同
全国	**524 473**	**164 102**	**132 559**	**293 924**
北京	64 653	2 847	1 380	26 759
天津	16 096	1 126	1 054	4 546
河北	8 010	4 857	2 825	5 356
山西	4 380	2 593	2 304	2 081
内蒙古	9 795	2 983	1 590	4 378
辽宁	17 282	3 170	2 574	5 232
吉林	3 489	783	627	1 540
黑龙江	15 757	4 226	2 903	360
上海	21 938	3 172	2 903	22 236
江苏	42 819	16 538	15 859	24 390
浙江	29 396	18 360	15 723	13 428
安徽	14 523	8 711	7 313	7 106
福建	14 222	5 857	5 533	6 021
江西	5 496	3 926	3 560	5 041
山东	45 584	8 585	7 804	26 615
河南	13 067	4 545	2 346	5 737
湖北	12 764	4 630	3 519	12 949
湖南	8 315	7 778	6 124	7 958
广东	76 190	18 688	17 764	64 655
广西	14 056	1 708	1 286	4 712
海南	2 708	193	114	1 361
重庆	13 446	6 637	6 118	5 410
四川	26 305	8 237	7 117	15 006
贵州	10 611	7 262	5 984	3 639
云南	6 613	3 758	2 491	2 776
西藏	331	75	69	196
陕西	13 016	8 075	2 114	9 025
甘肃	3 160	1 069	733	1 039
青海	745	380	344	620
宁夏	2 679	1 636	999	1 899
新疆	5 832	1 449	1 245	1 709
新疆兵团	1 195	248	240	144

续表

地区	案件处理情况							案外调解案件数
	结案数	处理方式			处理结果			
		仲裁调解	仲裁裁决	其他方式	用人单位胜诉	劳动者胜诉	双方部分胜诉及其他	
全国	**1 256 162**	**703 373**	**471 819**	**80 970**	**127 910**	**341 245**	**787 007**	**320 621**
北京	119 998	66 456	46 197	7 345	19 103	16 387	84 508	18 552
天津	32 002	19 315	12 687	0	3 444	4 975	23 583	1 340
河北	28 909	17 722	10 191	996	3 483	13 961	11 465	6 974
山西	11 705	7 258	4 222	225	1 019	7 074	3 612	4 761
内蒙古	20 391	10 920	8 430	1 041	1 817	7 607	10 967	3 874
辽宁	32 647	17 381	14 491	775	3 899	14 871	13 877	9 880
吉林	8 396	3 365	4 159	872	665	3 769	3 962	5 338
黑龙江	28 480	16 419	11 484	577	2 973	6 753	18 754	3 691
上海	58 797	31 938	24 288	2 571	12 690	5 654	40 453	12 202
江苏	96 842	54 795	25 696	16 351	8 028	26 016	62 798	41 682
浙江	74 649	43 137	13 958	17 554	3 815	17 504	53 330	652
安徽	36 093	25 033	10 268	792	2 653	15 035	18 405	6 215
福建	33 832	20 413	11 515	1 904	2 692	7 795	23 345	6 784
江西	19 132	12 241	5 913	978	2 228	7 248	9 656	7 050
山东	102 836	64 149	36 439	2 248	8 830	26 654	67 352	19 961
河南	31 168	18 073	11 446	1 649	2 218	13 055	15 895	10 669
湖北	40 726	22 960	17 171	595	2 747	10 874	27 105	10 608
湖南	30 597	18 829	10 823	945	1 238	19 687	9 672	16 615
广东	195 615	97 010	89 350	9 255	18 368	35 625	141 622	59 911
广西	28 023	12 181	15 303	539	3 085	8 400	16 538	13 237
海南	8 359	2 444	5 065	850	1 116	2 953	4 290	2 010
重庆	35 617	22 077	9 362	4 178	2 864	3 886	28 867	4 438
四川	65 376	36 588	24 782	4 006	6 864	23 268	35 244	22 291
贵州	27 016	15 576	10 895	545	3 039	8 195	15 782	6 582
云南	18 977	10 586	7 394	997	1 758	6 325	10 894	8 082
西藏	729	347	322	60	56	265	408	515
陕西	35 425	19 430	14 816	1 179	3 713	11 833	19 879	9 596
甘肃	7 755	4 588	3 001	166	896	3 610	3 249	1 762
青海	1 878	1 166	606	106	150	678	1 050	99
宁夏	8 118	3 585	3 493	1 040	801	3 410	3 907	1 830
新疆	13 680	6 389	6 804	487	1 490	6 738	5 452	2 159
新疆兵团	2 394	1 002	1 248	144	168	1 140	1 086	1 261

表 4-3　　劳动保障监察情况

(2021 年)

监察案件情况（件）	2021 年	监察执法效果情况	2021 年
结案数	105 871	**主动监察**	
案件分类		检查单位数（万户）	116.3
内部劳动保障规章制度	831	涉及劳动者人数（万人）	4 298.9
订立和解除劳动合同	5 643	投诉结案数（件）	98 178
女职工特殊劳动保护	39	举报结案数（件）	17 538
未成年工特殊劳动保护	166	审查用人单位报送的书面材料涉及用人单位数（万户）	107.1
工作时间和休息休假	3 812	补签劳动合同（万人）	45.4
支付工资和最低工资标准	62 584	**追发劳动者工资等待遇**	
参加社会保险和缴纳社会保险费	16 859	涉及劳动者人数（万人）	85.3
职业介绍	113	金额（亿元）	79.9
职业技能培训和职业技能考核	37	**督促缴纳社会保险费**	
其他	18 011	单位数（万户）	1.4
案件处理情况		金额（万元）	45 612.0
责令限期改正	46 868	督促办理社会保险登记单位数（户）	3 993
行政处理决定	4 390	取缔非法职业中介机构（户）	1 298
行政处罚决定	5 587	清退风险抵押金金额（万元）	270.5
警告	798	审查用人单位规章数（万件）	25.4
罚款	5 383	纠正用人单位违法规章数（万件）	1.5
其他行政处罚	88	向社会公布重大违法行为数（件）	2 633

（五）社 会 保 障

表 5-1　　历年全国社会保险基金收支及累计结余　　单位：亿元

年份	合计	基本养老保险	失业保险	工伤保险	基本医疗保险	生育保险
基金收入						
1995	1 006. 0	950. 1	35. 3	8. 1	9. 7	2. 9
2000	2 644. 9	2 278. 5	160. 4	24. 8	170. 0	11. 2
2001	3 101. 9	2 489. 0	187. 3	28. 3	383. 6	13. 7
2002	4 048. 7	3 171. 5	215. 6	32. 0	607. 8	21. 8
2003	4 882. 9	3 680. 0	249. 5	37. 6	890. 0	25. 8
2004	5 780. 3	4 258. 4	290. 8	58. 3	1 140. 5	32. 1
2005	6 975. 2	5 093. 3	340. 3	92. 5	1 405. 3	43. 8
2006	8 643. 2	6 309. 8	402. 4	121. 8	1 747. 1	62. 1
2007	10 812. 3	7 834. 2	471. 7	165. 6	2 257. 2	83. 6
2008	13 696. 1	9 740. 2	585. 1	216. 7	3 040. 4	113. 7
2009	16 115. 6	11 490. 8	580. 4	240. 1	3 671. 9	132. 4
2010	19 276. 1	13 872. 9	649. 8	284. 9	4 308. 9	159. 6
2011	25 153. 3	18 004. 8	923. 1	466. 4	5 539. 2	219. 8
2012	30 738. 8	21 830. 2	1 138. 9	526. 7	6 938. 7	304. 2
2013	35 252. 9	24 732. 6	1 288. 9	614. 8	8 248. 3	368. 4
2014	39 827. 7	27 619. 9	1 379. 8	694. 8	9 687. 2	446. 1
2015	46 012. 1	32 195. 5	1 367. 8	754. 2	11 192. 9	501. 7
2016	53 562. 7	37 990. 8	1 228. 9	736. 9	13 084. 3	521. 9
2017	67 154. 2	46 613. 8	1 112. 6	853. 8	17 931. 6	642. 5
2018	79 254. 7	55 005. 3	1 171. 1	913. 0	21 384. 2	781. 1
2019	83 550. 4	57 025. 9	1 284. 2	819. 4	24 420. 9	
2020	75 512. 5	49 228. 6	951. 5	486. 3	24 846. 1	
2021	96 936. 8	65 793. 3	1 459. 6	951. 9	28 732. 0	
基金支出						
1995	877. 1	847. 6	18. 9	1. 8	7. 3	1. 6
2000	2 385. 6	2 115. 5	123. 4	13. 8	124. 5	8. 3
2001	2 748. 0	2 321. 3	156. 6	16. 5	244. 1	9. 6
2002	3 471. 5	2 842. 9	186. 6	19. 9	409. 4	12. 8
2003	4 016. 4	3 122. 1	199. 8	27. 1	653. 9	13. 5
2004	4 627. 4	3 502. 1	211. 3	33. 3	862. 2	18. 8
2005	5 400. 8	4 040. 3	206. 9	47. 5	1 078. 7	27. 4
2006	6 477. 4	4 896. 7	198. 0	68. 5	1 276. 7	37. 5
2007	7 887. 9	5 964. 9	217. 7	87. 9	1 561. 8	55. 6
2008	9 925. 1	7 389. 6	253. 5	126. 9	2 083. 6	71. 5
2009	12 302. 6	8 894. 4	366. 8	155. 7	2 797. 4	88. 3
2010	15 018. 9	10 755. 3	423. 3	192. 4	3 538. 1	109. 9

续表

年份	合计	基本养老保险	失业保险	工伤保险	基本医疗保险	生育保险
2011	18 652.9	13 363.2	432.8	286.4	4 431.4	139.2
2012	23 331.3	16 711.5	450.6	406.3	5 543.6	219.3
2013	27 916.3	19 818.7	531.6	482.1	6 801.0	282.8
2014	33 002.7	23 325.8	614.7	560.5	8 133.6	368.1
2015	38 988.1	27 929.4	736.4	598.7	9 312.1	411.5
2016	46 888.4	34 004.3	976.1	610.3	10 767.1	530.6
2017	57 145.0	40 423.8	893.8	662.3	14 421.7	743.5
2018	67 792.5	47 550.4	915.3	742.0	17 822.5	762.4
2019	75 346.6	52 342.3	1 333.2	816.9	20 854.2	
2020	78 611.8	54 656.5	2 103.0	820.3	21 032.1	
2021	86 734.9	60 196.5	1 500.0	990.2	24 048.2	
累计结余						
1995	516.8	429.8	68.4	12.7	3.1	2.7
2000	1 327.5	947.1	195.9	57.9	109.8	16.8
2001	1 622.8	1 054.1	226.2	68.9	253.0	20.6
2002	2 423.4	1 608.0	253.8	81.1	450.7	29.7
2003	3 313.8	2 206.5	303.5	91.2	670.6	42.0
2004	4 493.4	2 975.0	385.8	118.6	957.9	55.9
2005	6 073.7	4 041.0	519.0	163.5	1 278.1	72.1
2006	8 255.9	5 488.9	724.8	192.9	1 752.4	96.9
2007	11 236.6	7 391.4	979.1	262.6	2 476.9	126.6
2008	15 225.6	9 931.0	1 310.1	384.6	3 431.7	168.2
2009	19 006.5	12 526.1	1 523.6	468.8	4 275.9	212.1
2010	23 407.5	15 787.8	1 749.8	561.4	5 047.1	261.4
2011	30 233.1	20 727.8	2 240.2	742.6	6 180.0	342.5
2012	38 106.6	26 243.5	2 929.0	861.9	7 644.5	427.6
2013	45 588.1	31 274.8	3 685.9	996.2	9 116.5	514.7
2014	52 462.3	35 644.5	4 451.5	1 128.8	10 644.8	592.7
2015	59 532.5	39 937.1	5 083.0	1 285.3	12 542.8	684.4
2016	66 349.7	43 965.2	5 333.3	1 410.9	14 964.3	675.9
2017	77 311.6	50 202.2	5 552.4	1 606.9	19 385.6	564.5
2018	89 775.1	58 151.6	5 817.0	1 784.9	23 439.9	581.7
2019	96 977.8	62 872.6	4 625.4	1 783.2	27 696.7	
2020	94 378.7	58 075.2	3 354.1	1 449.3	31 500.0	
2021	104 872.1	63 970.0	3 312.5	1 411.2	36 178.3	

注：

1. 从 2008 年起，工伤保险基金累计结余中含储备金。
2. 从 2010 年起，基本养老保险基金中含城乡居民社会养老保险基金。
3. 从 2019 年起，基本医疗保险基金中含生育保险基金。

表 5-2　　历年全国基本养老保险基金收支及累计结余　　单位：亿元

指标	1995 年	2000 年	2001 年	2002 年	2003 年	2004 年	2005 年	2006 年
一、基金收入	950.1	2 278.1	2 489.0	3 171.5	3 680.0	4 258.4	5 093.3	6 309.7
（一）城镇职工	950.1	2 278.1	2 489.0	3 171.5	3 680.0	4 258.4	5 093.3	6 309.7
1. 企业	950.1	2 088.3	2 235.1	2 783.6	3 209.4	3 728.5	4 491.7	5 632.5
2. 事业、机关		189.8	253.0	387.8	470.6	529.9	601.6	677.2
（二）城乡居民								
二、基金支出	847.6	2 115.5	2 321.3	2 842.9	3 122.1	3 502.1	4 040.3	4 896.7
（一）城镇职工	847.6	2 115.5	2 321.3	2 842.9	3 122.1	3 502.1	4 040.3	4 896.7
1. 企业	847.6	1 970.0	2 116.5	2 502.8	2 716.2	3 031.2	3 495.3	4 287.3
2. 事业、机关		145.4	204.4	340.1	405.9	470.9	545.0	609.4
（二）城乡居民								
三、累计结余	429.8	947.1	1 054.1	1 608.0	2 206.5	2 975.0	4 041.0	5 488.9
（一）城镇职工	429.8	947.1	1 054.1	1 608.0	2 206.5	2 975.0	4 041.0	5 488.9
1. 企业	429.8	761.0	818.6	1 243.5	1 764.8	2 499.3	3 506.7	4 869.1
2. 事业、机关		186.1	233.2	364.5	441.7	475.7	534.3	619.8
（二）城乡居民								

指标	2007 年	2008 年	2009 年	2010 年	2011 年	2012 年	2013 年	2014 年
一、基金收入	7 834.2	9 740.2	11 490.8	13 872.9	18 004.8	21 830.2	24 732.6	27 619.9
（一）城镇职工	7 834.2	9 740.2	11 490.8	13 419.5	16 894.7	20 001.0	22 680.4	25 309.7
1. 企业	7 010.6	8 800.1	10 420.6	12 218.4	15 484.8	18 363.0	20 848.7	23 305.4
2. 事业、机关	823.6	940.1	1 070.3	1 201.1	1 409.9	1 638.0	1 831.7	2 004.2
（二）城乡居民				453.4	1 110.1	1 829.2	2 052.3	2 310.2
二、基金支出	5 964.9	7 389.6	8 894.4	10 755.3	13 363.2	16 711.5	19 818.7	23 325.8
（一）城镇职工	5 964.9	7 389.6	8 894.4	10 554.9	12 764.9	15 561.8	18 470.4	21 754.7
1. 企业	5 153.6	6 507.6	7 886.6	9 409.9	11 425.7	14 008.5	16 741.5	19 847.2
2. 事业、机关	811.3	882.0	1 007.8	1 145.0	1 339.3	1 553.3	1 729.0	1 907.4
（二）城乡居民				200.4	598.3	1 149.7	1 348.3	1 571.2

续表

指标	2007年	2008年	2009年	2010年	2011年	2012年	2013年	2014年
三、累计结余	7 391.4	9 931.0	12 526.1	15 787.8	20 727.8	26 243.5	31 274.8	35 644.5
（一）城镇职工	7 391.4	9 931.0	12 526.1	15 365.3	19 496.6	23 941.3	28 269.2	31 800.0
1. 企业	6 758.2	9 241.0	11 774.3	14 547.2	18 608.1	22 968.0	27 192.3	30 626.3
2. 事业、机关	633.2	690.0	751.8	818.1	888.5	973.3	1 076.9	1 173.7
（二）城乡居民				422.5	1 231.2	2 302.2	3 005.7	3 844.6

指标	2015年	2016年	2017年	2018年	2019年	2020年	2021年
一、基金收入	32 195.5	37 990.8	46 613.8	55 005.3	57 025.9	49 228.6	65 793.3
（一）城镇职工	29 340.9	35 057.5	43 309.6	51 167.6	52 918.8	44 375.7	60 454.7
1. 企业	26 613.2	28 692.6	32 929.8	37 392.1	38 101.9	30 180.4	44 487.3
2. 事业、机关	2 727.7	6 364.9	10 379.7	13 775.5	14 816.9	14 195.3	15 967.4
（二）城乡居民	2 854.6	2 933.3	3 304.2	3 837.7	4 107.0	4 852.9	5 338.6
二、基金支出	27 929.4	34 004.3	40 423.8	47 550.4	52 342.3	54 656.5	60 196.5
（一）城镇职工	25 812.7	31 853.8	38 051.5	44 644.9	49 228.0	51 301.4	56 481.5
1. 企业	23 140.9	25 865.1	28 541.1	31 500.6	34 655.3	37 612.3	40 683.3
2. 事业、机关	2 671.8	5 988.7	9 510.4	13 144.3	14 572.8	13 689.1	15 798.2
（二）城乡居民	2 116.7	2 150.5	2 372.2	2 905.5	3 114.3	3 355.1	3 715.0
三、累计结余	39 937.1	43 965.2	50 202.2	58 151.6	62 872.6	58 075.2	63 970.0
（一）城镇职工	35 344.8	38 580.0	43 884.6	50 901.3	54 623.3	48 316.6	52 573.6
1. 企业	34 115.2	36 970.3	41 385.2	47 761.2	51 221.2	44 401.7	48 475.2
2. 事业、机关	1 229.6	1 609.8	2 499.3	3 140.0	3 402.2	3 914.9	4 098.3
（二）城乡居民	4 592.3	5 385.2	6 317.6	7 250.3	8 249.2	9 758.6	11 396.4

注：从2010年起，基本养老保险中含城乡居民社会养老保险。

表 5-3　　历年全国参加城镇职工基本养老保险职工及离退休人数　　单位：万人

年份	职工		离退休人员	
	合计	企业	合计	企业
1990	5 200.7	5 200.7	965.3	965.3
1991	5 653.7	5 653.7	1 086.6	1 086.6
1992	7 774.7	7 774.7	1 681.5	1 681.5
1993	8 008.2	8 008.2	1 839.4	1 839.4
1994	8 494.1	8 494.1	2 079.4	2 079.4
1995	8 737.8	8 737.8	2 241.2	2 241.2
1996	8 758.4	8 758.4	2 358.3	2 358.3
1997	8 670.9	8 670.9	2 533.0	2 533.0
1998	8 475.8	8 475.8	2 727.3	2 727.3
1999	9 501.8	8 859.2	2 983.6	2 863.8
2000	10 447.5	9 469.9	3 169.9	3 016.5
2001	10 801.9	9 733.0	3 380.6	3 171.3
2002	11 128.8	9 929.4	3 607.8	3 349.2
2003	11 646.5	10 324.5	3 860.2	3 556.9
2004	12 250.3	10 903.9	4 102.6	3 775.0
2005	13 120.4	11 710.6	4 367.5	4 005.2
2006	14 130.9	12 618.0	4 635.4	4 238.6
2007	15 183.2	13 690.6	4 953.7	4 544.0
2008	16 587.5	15 083.4	5 303.6	4 868.0
2009	17 743.0	16 219.0	5 806.9	5 348.0
2010	19 402.3	17 822.7	6 305.0	5 811.6
2011	21 565.0	19 970.0	6 826.2	6 314.0
2012	22 981.1	21 360.9	7 445.7	6 910.9
2013	24 177.3	22 564.7	8 041.0	7 484.8
2014	25 531.0	23 932.3	8 593.4	8 013.6
2015	26 219.2	24 586.8	9 141.9	8 536.5
2016	27 826.3	25 239.6	10 103.4	9 023.9
2017	29 267.6	25 856.3	11 025.7	9 460.4
2018	30 104.0	26 502.6	11 797.7	9 980.5
2019	31 177.5	27 508.7	12 310.4	10 396.3
2020	32 858.7	29 123.6	12 762.3	10 784.2
2021	34 917.1	31 101.5	13 157.0	11 126.5

表 5-4　历年全国基本养老保险待遇水平　　单位：元/月

年份	平均离退休费							
	全部离退休人员				统筹范围内离退休人员			
	合计	企业	机关	事业	合计	企业	机关	事业
1998	495	455	656	624	413	413		
1999	548	495	746	723	503	494	721	725
2000	595	526	835	827	559	544	947	871
2001	643	548	1 018	944	576	556	940	894
2002	734	636	1 147	1 068	648	618	1 077	1 031
2003	784	663	1 277	1 173	674	640	1 124	1 091
2004	810	673	1 378	1 243	705	667	1 223	1 154
2005	889	734	1 534	1 369	758	716	1 257	1 208
2006					873	832	1 364	1 290
2007					1 002	947	1 711	1 576
2008					1 168	1 121	1 822	1 663
2009					1 294	1 246	1 959	1 816
2010					1 426	1 380	2 055	1 929
2011					1 574	1 528	2 241	2 105
2012					1 750	1 700	2 352	2 380
2013					1 917	1 869	2 587	2 544
2014					2 105	2 061	2 668	2 695
2015					2 318	2 251	3 251	3 240
2016					2 519	2 373	3 858	3 921
2017					2 719	2 500	4 204	
2018					2 936	2 607	4 796	
2019					3 115	2 729	5 198	
2020					3 248	2 858	5 370	
2021					3 396	2 995	5 577	

续表

年份	平均退休费							
	全部退休人员				统筹范围内退休人员			
	合计	企业	机关	事业	合计	企业	机关	事业
1998	528	442	606	603				
1999	606	481	707	702				
2000	655	512	788	805				
2001	689	531	964	921				
2002	706	615	1 095	1 014	627	599	1 022	1 009
2003	757	644	1 221	1 151	654	621	1 069	1 069
2004	782	653	1 328	1 220	683	646	1 162	1 129
2005	861	714	1 469	1 346	737	698	1 196	1 180
2006					853	815	1 294	1 262
2007					977	925	1 639	1 543
2008					1 145	1 100	1 740	1 628
2009					1 270	1 225	1 876	1 778
2010					1 405	1 362	1 982	1 895
2011					1 555	1 511	2 167	2 073
2012					1 733	1 686	2 271	2 347
2013					1 902	1 856	2 514	2 514
2014					2 091	2 050	2 592	2 665
2015					2 304	2 240	3 193	3 210
2016					2 508	2 362	3 846	3 911
2017					2 710	2 490	4 199	
2018					2 928	2 597	4 794	
2019					3 106	2 719	5 196	
2020					3 241	2 850	5 368	
2021					3 390	2 987	5 576	

注：2016 年各地启动机关事业单位养老保险制度，参保人群扩大，按政策规定参保人员范围重新界定，与往年略有不同。自 2017 年起，本表反映执行机关事业单位养老保险制度数据。

表 5-5　历年分地区城镇职工基本养老保险参保人数　单位：万人

地区	2001 年		2002 年		2003 年		2004 年		2005 年	
	合计	离退休人员	合计	离退休人员	合计	离退休人员	合计	离退休人员	合计	离退休人员
全国	**14 182.5**	**3 380.6**	**14 736.6**	**3 607.8**	**15 506.7**	**3 860.2**	**16 352.9**	**4 102.6**	**17 487.9**	**4 367.5**
中央国家机关										
北京	425.9	124.3	436.2	133.2	448.5	141.5	459.7	148.6	520.0	155.2
天津	281.4	85.2	296.0	91.4	283.3	97.6	298.1	102.9	308.3	107.7
河北	641.4	145.3	643.5	154.0	665.5	163.6	683.4	172.0	707.9	184.2
山西	365.6	81.8	361.8	85.4	364.4	88.1	376.7	93.3	383.4	98.2
内蒙古	290.6	65.3	292.9	70.8	300.9	72.6	318.8	82.0	338.9	86.1
辽宁	1 022.7	288.9	1 039.2	302.2	1 070.4	315.5	1 101.0	333.8	1 193.6	360.8
吉林	389.1	99.6	397.7	104.9	427.0	115.5	439.0	123.1	455.9	131.0
黑龙江	692.5	178.5	689.8	187.4	714.3	196.0	738.1	207.3	768.9	223.2
上海	683.5	239.9	699.8	246.9	715.6	254.6	770.9	265.3	830.0	290.7
江苏	888.1	212.7	1 063.5	252.9	1 135.2	271.4	1 214.1	288.8	1 345.6	307.9
浙江	610.4	125.1	701.1	132.6	801.2	144.2	888.0	152.4	962.3	160.9
安徽	432.7	98.5	432.3	102.8	456.6	113.6	463.9	118.8	471.7	124.8
福建	242.0	58.4	285.1	61.6	364.2	79.4	377.5	83.7	409.6	88.9
江西	328.8	78.2	339.8	82.6	355.9	93.4	371.8	99.9	387.4	105.5
山东	1 022.6	191.3	1 043.0	205.3	1 135.9	219.3	1 218.7	232.2	1 302.4	248.6
河南	736.6	141.9	757.8	161.5	751.1	171.0	781.1	181.1	814.0	194.2
湖北	612.1	137.7	628.8	147.2	732.4	177.9	780.5	195.4	804.0	206.4
湖南	603.4	148.0	616.5	157.7	636.2	167.5	691.7	185.4	718.6	195.2
广东	1 370.3	187.0	1 405.4	193.5	1 482.2	203.8	1 588.8	220.4	1 796.1	231.2
广西	248.9	58.7	257.2	63.5	264.8	66.3	279.3	70.2	288.6	73.3
海南	108.2	30.5	111.2	31.9	116.7	33.6	120.0	35.2	120.9	36.5
重庆	270.3	82.3	280.3	87.8	280.0	92.4	283.9	96.8	290.2	100.5
四川	578.9	169.4	589.2	178.1	605.5	187.5	668.0	202.7	793.4	230.7
贵州	159.0	42.4	168.9	44.9	168.0	48.0	174.9	50.0	183.7	51.7
云南	243.1	69.6	252.1	74.1	257.3	77.8	255.3	79.4	258.7	81.9
西藏	7.1	2.6	7.0	2.6	7.3	2.8	7.6	3.0	7.7	3.1

续表

地区	2001年		2002年		2003年		2004年		2005年	
	合计	离退休人员	合计	离退休人员	合计	离退休人员	合计	离退休人员	合计	离退休人员
陕西	345.4	83.4	352.0	90.8	362.4	97.4	369.3	102.5	376.1	107.8
甘肃	188.4	45.3	188.0	48.1	192.0	51.2	194.5	53.5	197.3	55.1
青海	51.9	14.9	54.2	15.0	56.4	15.9	58.5	16.5	60.0	16.9
宁夏	57.9	13.2	59.0	13.7	60.7	14.3	62.5	15.2	67.5	16.1
新疆	258.4	77.6	262.1	79.6	269.3	83.0	294.8	87.3	302.1	89.0
中国人民银行	19.8	3.1	19.8	3.3	19.8	3.4	17.1	3.5	17.1	3.7
中国农业发展银行	5.4	0.2	5.5	0.3	5.6	0.4	5.8	0.4	5.7	0.5

地区	2006年		2007年		2008年		2009年		2010年	
	合计	离退休人员	合计	离退休人员	合计	离退休人员	合计	离退休人员	合计	离退休人员
全国	**18 766.3**	**4 635.4**	**20 136.9**	**4 953.7**	**21 891.1**	**5 303.6**	**23 549.9**	**5 806.9**	**25 707.3**	**6 305.0**
中央国家机关										
北京	603.6	160.9	671.0	171.2	757.2	180.1	826.7	188.2	981.3	195.5
天津	328.2	112.7	344.8	119.2	376.5	129.3	401.5	136.5	431.5	143.6
河北	747.5	196.0	795.6	210.2	862.5	222.7	919.5	238.0	988.4	259.5
山西	486.9	112.7	506.7	120.2	539.4	128.0	563.8	136.6	591.0	147.3
内蒙古	356.6	91.1	370.9	96.6	389.5	102.9	410.8	112.8	430.7	119.2
辽宁	1 248.8	383.0	1 299.7	408.1	1 406.2	429.9	1 457.4	449.4	1 496.9	472.7
吉林	480.2	138.9	501.7	147.8	525.3	155.4	554.3	171.1	599.5	206.6
黑龙江	801.0	236.5	826.8	253.0	857.8	276.0	920.3	333.7	952.2	363.0
上海	891.7	314.4	932.4	340.5	967.7	357.8	1 001.1	376.0	1 049.5	392.2

续表

地区	2006年		2007年		2008年		2009年		2010年	
	合计	离退休人员	合计	离退休人员	合计	离退休人员	合计	离退休人员	合计	离退休人员
江苏	1 469.8	328.1	1 602.3	353.3	1 751.6	378.6	1 883.1	415.4	2 033.0	449.1
浙江	1 052.6	170.9	1 167.1	182.3	1 386.9	194.8	1 527.4	209.6	1 702.2	223.6
安徽	495.2	133.8	530.3	144.8	578.4	158.1	628.2	169.5	669.5	177.5
福建	456.1	93.6	512.8	98.1	557.2	102.6	585.9	108.1	635.5	113.5
江西	415.0	111.6	475.0	118.5	550.3	128.5	581.9	135.9	607.6	145.5
山东	1 368.0	261.7	1 457.1	282.2	1 565.9	305.0	1 661.0	326.0	1 773.0	345.1
河南	863.8	208.2	912.9	224.7	972.0	239.1	1 019.1	254.5	1 079.3	270.3
湖北	850.8	220.5	886.8	235.3	932.3	252.0	982.0	273.6	1 039.8	301.6
湖南	751.6	209.9	784.0	227.3	829.1	235.3	879.1	246.1	938.9	265.4
广东	1 972.3	243.5	2 226.8	257.2	2 444.3	273.0	2 716.4	294.2	3 215.2	339.6
广西	302.7	77.1	325.5	82.2	368.1	95.0	411.3	118.0	449.3	138.1
海南	132.0	38.0	141.7	39.7	156.2	42.0	168.1	43.2	180.8	45.4
重庆	317.3	107.9	344.8	112.7	406.1	130.7	492.8	176.5	584.4	192.5
四川	842.7	244.9	917.4	269.4	1 017.9	306.7	1 176.2	393.5	1 300.9	439.0
贵州	193.2	54.1	205.9	56.5	215.9	59.3	235.6	63.5	257.3	67.0
云南	267.4	83.8	279.4	87.6	293.7	89.3	306.5	90.2	317.4	92.3
西藏	7.6	3.1	8.1	3.0	8.5	3.1	9.2	3.1	9.9	3.2
陕西	391.5	111.4	408.1	117.4	433.4	124.4	458.8	131.0	550.4	150.3
甘肃	201.2	57.7	208.4	60.6	221.0	64.0	230.9	67.5	242.5	71.3
青海	62.5	17.4	65.2	18.0	68.3	18.6	71.3	19.3	74.4	20.0
宁夏	72.3	16.7	77.0	17.7	82.6	18.8	89.4	20.0	107.8	30.5
新疆	313.3	90.9	327.7	93.7	346.3	97.6	356.9	100.6	393.8	119.2
中国人民银行	17.2	3.9	17.3	4.1	17.5	4.2	17.5	4.4	17.7	4.6
中国农业发展银行	5.6	0.5	5.6	0.6	5.6	0.7	5.6	0.7	5.7	0.8

续表

地区	2011年		2012年		2013年		2014年		2015年	
	合计	离退休人员	合计	离退休人员	合计	离退休人员	合计	离退休人员	合计	离退休人员
全国	**28 391.3**	**6 826.2**	**30 426.8**	**7 445.7**	**32 218.4**	**8 041.0**	**34 124.4**	**8 593.4**	**35 361.2**	**9 141.9**
中央国家机关										
北京	1 089.4	201.2	1 206.4	210.7	1 311.3	220.0	1 392.6	228.9	1 424.2	236.7
天津	458.7	148.8	490.3	156.9	520.7	168.4	545.4	175.3	565.2	180.9
河北	1 059.8	285.3	1 125.6	312.3	1 194.7	335.1	1 262.0	353.6	1 320.5	368.5
山西	623.8	158.9	648.7	168.9	672.4	180.5	692.0	190.9	714.3	201.4
内蒙古	452.4	136.6	471.9	153.0	496.5	172.7	524.9	192.7	579.0	208.1
辽宁	1 556.6	486.5	1 609.2	510.4	1 729.5	557.8	1 769.2	601.9	1 780.2	640.5
吉林	617.5	221.1	632.2	234.6	655.2	248.4	676.7	261.1	693.6	273.7
黑龙江	981.0	380.0	1 013.0	401.6	1 062.1	422.2	1 090.1	443.4	1 118.0	471.1
上海	1 382.7	406.5	1 416.9	423.8	1 429.9	437.5	1 457.4	452.4	1 493.8	465.4
江苏	2 223.9	483.1	2 427.5	547.0	2 582.1	594.3	2 691.9	637.6	2 779.9	681.1
浙江	1 919.2	253.4	2 183.3	347.8	2 375.4	398.9	2 548.0	468.8	2 504.3	570.3
安徽	729.3	191.5	783.8	205.4	811.3	219.1	829.2	232.3	857.5	246.7
福建	695.1	118.2	756.5	125.5	812.8	133.2	848.3	140.2	883.7	147.1
江西	653.0	168.7	707.4	189.1	754.2	207.0	783.9	221.1	823.1	235.2
山东	1 907.1	373.1	2 063.2	416.3	2 259.6	459.2	2 370.2	511.5	2 477.5	554.4
河南	1 168.4	287.9	1 270.6	306.0	1 350.0	325.6	1 431.6	342.3	1 508.7	359.8
湖北	1 113.4	341.7	1 171.4	367.3	1 219.4	395.9	1 266.2	419.2	1 315.5	440.6
湖南	988.2	277.9	1 048.0	300.4	1 091.7	329.5	1 118.9	349.0	1 160.1	369.0
广东	3 800.7	372.6	4 034.1	390.2	4 183.0	421.3	4 809.5	445.9	5 086.5	473.3
广西	483.8	151.5	512.7	163.6	538.4	172.6	557.6	180.3	576.6	186.9
海南	199.9	47.8	214.2	52.5	231.5	57.1	242.3	59.9	249.8	62.0
重庆	647.6	220.1	716.9	247.0	773.1	275.4	825.5	293.3	849.3	304.9
四川	1 494.2	495.4	1 615.4	541.7	1 720.3	596.2	1 839.7	648.1	1 939.0	688.9
贵州	282.1	71.3	309.4	77.7	337.3	82.6	361.5	87.1	392.1	94.8
云南	342.8	104.2	364.5	110.7	384.3	115.7	397.9	118.7	412.9	121.8

续表

地区	2011年		2012年		2013年		2014年		2015年	
	合计	离退休人员	合计	离退休人员	合计	离退休人员	合计	离退休人员	合计	离退休人员
西藏	11.2	3.2	13.3	3.5	14.0	3.5	15.2	3.7	16.2	3.8
陕西	588.6	155.5	643.5	177.1	685.0	191.9	716.5	200.3	751.7	207.5
甘肃	263.0	85.1	277.4	93.7	288.4	99.9	298.8	105.0	306.2	109.2
青海	81.5	25.2	86.0	26.2	90.3	27.6	94.6	28.8	100.1	30.1
宁夏	121.4	36.4	131.2	39.9	143.8	41.9	151.4	44.2	157.5	46.4
新疆	431.5	131.9	458.8	139.0	476.3	143.8	490.8	149.1	499.4	154.8
中国人民银行	17.8	4.8	17.9	5.0	18.0	5.2	18.0	5.5	18.1	5.8
中国农业发展银行	5.8	1.0	5.9	1.0	6.0	1.1	6.5	1.3	6.7	1.4

地区	2016年		2017年		2018年	
	合计	离退休人员	合计	离退休人员	合计	离退休人员
全国	**37 929.7**	**10 103.4**	**40 293.3**	**11 025.7**	**41 901.6**	**11 797.7**
中央国家机关					55.6	24.4
北京	1 546.6	275.4	1 604.5	283.1	1 685.8	293.5
天津	639.0	208.6	655.0	213.8	683.2	221.0
河北	1 403.1	391.3	1 535.8	433.8	1 586.1	455.4
山西	760.2	216.6	798.7	243.0	837.6	262.2
内蒙古	655.0	236.5	694.3	257.1	733.5	284.6
辽宁	1 800.3	679.7	1 949.8	754.4	1 994.8	789.6
吉林	706.8	286.7	814.5	332.2	862.4	356.6
黑龙江	1 144.1	488.5	1 206.1	523.9	1 308.5	576.7
上海	1 527.1	476.3	1 548.2	489.2	1 573.4	502.0
江苏	2 861.5	724.2	3 034.5	796.1	3 225.6	871.2

续表

地区	2016年		2017年		2018年	
	合计	离退休人员	合计	离退休人员	合计	离退休人员
浙江	2 506.9	663.9	2 712.4	747.5	2 883.4	806.8
安徽	892.2	257.9	1 077.0	322.9	1 141.7	342.9
福建	979.8	174.0	1 022.1	182.0	1 074.3	190.6
江西	957.3	284.6	1 005.2	307.7	1 052.8	333.1
山东	2 576.4	607.4	2 660.9	638.8	2 762.7	677.1
河南	1 848.4	450.3	1 897.6	460.0	2 006.5	486.4
湖北	1 355.0	458.0	1 546.6	526.1	1 601.6	554.1
湖南	1 186.7	362.9	1 279.3	422.7	1 402.4	454.5
广东	5 392.4	524.6	5 287.1	569.0	4 919.7	636.6
广西	751.9	240.7	777.8	251.9	825.9	260.3
海南	224.9	66.5	240.9	68.9	258.0	70.5
重庆	952.2	346.3	989.2	360.8	1 051.2	388.7
四川	2 157.6	777.8	2 335.1	816.0	2 543.7	881.6
贵州	423.6	99.6	588.2	141.3	639.8	149.7
云南	581.8	168.0	591.5	171.3	616.2	176.0
西藏	21.1	6.0	42.9	9.2	46.2	9.6
陕西	790.8	213.6	953.3	246.4	992.0	258.2
甘肃	315.0	114.1	429.8	141.6	454.7	155.4
青海	132.3	41.4	138.3	42.8	145.1	44.7
宁夏	189.3	57.8	205.2	60.2	216.1	63.6
新疆	625.0	196.5	646.4	204.3	695.3	211.0
中国人民银行	18.2	6.1	18.2	6.1	18.6	6.8
中国农业发展银行	6.9	1.6	6.9	1.6	7.4	2.1

续表

地区	2019年		2020年		2021年	
	合计	离退休人员	合计	离退休人员	合计	离退休人员
全国	**43 487.9**	**12 310.4**	**45 621.1**	**12 762.3**	**48 074.0**	**13 157.0**
中央国家机关	59.2	26.1	61.7	25.5	64.3	25.9
北京	1 748.2	302.6	1 777.8	311.4	1 826.8	319.0
天津	695.6	226.3	730.8	234.4	765.1	237.9
河北	1 654.5	466.7	1 737.9	480.1	1 805.5	491.7
山西	871.5	273.6	932.9	278.2	1 002.3	291.8
内蒙古	763.4	298.8	785.9	311.3	823.1	320.0
辽宁	2 026.2	816.0	2 049.0	839.7	2 084.6	857.0
吉林	882.1	375.9	898.2	385.8	922.0	395.4
黑龙江	1 364.9	599.8	1 411.4	621.0	1 446.6	634.8
上海	1 589.6	511.9	1 616.7	521.8	1 654.4	528.4
江苏	3 417.4	918.1	3 557.9	964.5	3 609.3	1 001.8
浙江	3 031.7	856.9	3 211.1	897.2	3 367.5	911.9
安徽	1 217.0	356.7	1 283.5	369.1	1 384.2	381.0
福建	1 137.3	199.1	1 200.6	209.0	1 330.0	219.6
江西	1 096.9	348.4	1 167.4	360.7	1 246.9	371.4
山东	2 868.0	711.2	3 046.3	754.1	3 226.7	789.0
河南	2 133.8	505.6	2 248.5	524.4	2 377.2	536.0
湖北	1 684.8	584.3	1 744.7	596.8	1 834.7	617.1
湖南	1 557.8	486.0	1 724.8	502.7	1 849.5	521.8
广东	4 633.4	671.2	4 873.1	711.1	5 079.5	752.4
广西	869.5	268.4	919.5	274.6	985.3	281.1
海南	281.0	72.7	305.3	74.3	329.0	76.1
重庆	1 127.7	406.6	1 203.4	421.9	1 354.2	442.7
四川	2 700.3	915.7	2 830.1	947.5	3 178.5	977.1
贵州	677.5	155.8	714.0	160.5	755.8	164.9

续表

地区	2019 年		2020 年		2021 年	
	合计	离退休人员	合计	离退休人员	合计	离退休人员
云南	649.9	181.5	701.3	185.6	739.3	188.8
西藏	48.2	10.0	52.6	10.4	59.5	10.9
陕西	1 080.7	264.1	1 157.6	272.9	1 229.4	282.6
甘肃	469.4	159.6	484.5	164.7	502.5	168.5
青海	152.8	46.7	158.2	48.5	169.0	50.0
宁夏	226.6	66.0	240.1	68.6	252.1	70.4
新疆	744.2	219.0	767.1	224.3	791.5	229.9
中国人民银行	19.0	7.1	19.2	7.4	19.4	7.6
中国农业发展银行	7.6	2.3	8.1	2.4	8.3	2.6

表 5-6　分地区城镇职工基本养老保险情况

(2021 年)

单位：万人，亿元

地区	参保职工年末人数	企业	参保离退休人员年末人数	基金收支情况		
				基金收入	基金支出	累计结余
全国	**34 917.1**	**31 101.5**	**13 157.0**	**60 454.7**	**56 481.5**	**52 573.6**
中央国家机关	38.5		25.9	822.2	814.4	103.2
北京	1 507.7	1 444.0	319.0	3 265.9	2 074.8	6 517.4
天津	527.2	481.0	237.9	1 159.9	1 196.0	326.6
河北	1 313.8	1 097.3	491.7	2 076.3	2 142.2	623.6
山西	710.5	596.0	291.8	1 429.2	1 400.5	1 595.5
内蒙古	503.1	410.1	320.0	1 195.2	1 379.8	336.3
辽宁	1 227.6	1 103.2	857.0	2 593.9	3 329.5	143.5
吉林	526.6	444.3	395.4	1 316.8	1 510.3	369.6
黑龙江	811.8	705.5	634.8	1 824.5	2 456.8	-372.3
上海	1 126.0	1 058.6	528.4	3 379.5	3 222.0	1 225.0
江苏	2 607.5	2 419.9	1 001.8	4 391.1	4 006.6	4 414.4
浙江	2 455.6	2 298.2	911.9	3 488.7	3 737.2	2 128.3
安徽	1 003.2	879.6	381.0	1 731.6	1 469.6	2 129.5
福建	1 110.3	1 011.1	219.6	1 065.1	927.2	707.2
江西	875.5	760.9	371.4	1 334.2	1 276.4	842.5
山东	2 437.7	2 168.8	789.0	3 454.3	3 483.2	1 385.6
河南	1 841.2	1 571.8	536.0	2 136.7	2 114.9	1 131.3
湖北	1 217.5	1 081.0	617.1	2 441.9	2 441.8	1 104.3
湖南	1 327.7	1 141.4	521.8	1 859.6	1 874.2	1 864.4
广东	4 327.1	4 093.3	752.4	6 112.5	3 483.9	14 110.1
广西	704.2	579.3	281.1	1 278.0	1 195.5	718.3
海南	252.9	228.3	76.1	387.9	317.7	318.6
重庆	911.5	836.9	442.7	1 737.8	1 440.1	1 335.2
四川	2 201.5	2 000.8	977.1	3 596.7	3 346.2	3 717.2
贵州	591.0	481.6	164.9	864.4	711.6	1 031.2
云南	550.5	421.7	188.8	1 076.5	891.9	1 555.7
西藏	48.6	26.7	10.9	159.7	127.6	217.2
陕西	946.8	812.2	282.6	1 604.6	1 509.1	851.2
甘肃	334.0	242.0	168.5	694.1	733.4	378.1
青海	119.0	98.1	50.0	272.4	291.1	26.4
宁夏	181.7	160.8	70.4	302.3	314.2	230.8
新疆	561.6	447.2	229.9	1 336.5	1 185.4	1 493.7
中国人民银行	11.8		7.6	42.1	57.3	-17.8
中国农业发展银行	5.7		2.6	21.7	18.8	30.8
中央调剂金账户				0.9		0.9

表 5-7　　历年全国养老金社会化发放人数　　单位：万人

年份	社会化发放人数	纳入社区管理的企业退休人员人数	纳入社区管理的企业退休人员比例（%）
2005	4 001.0	2 655.2	68.3
2006	4 232.0	2 832.8	68.8
2007	4 535.8	3 136.0	71.2
2008	4 829.1	3 461.0	73.2
2009	5 303.3	3 879.0	75.2
2010	5 805.8	4 344.0	76.2
2011	5 367.0	4 725.0	77.3
2012	6 865.5	5 328.0	78.3
2013	7 201.0	5 620.0	79.1
2014	8 093.2	6 038.0	80.2
2015	8 383.9	6 597.0	81.1
2016	8 620.5	7 086.0	82.0
2017	9 142.9	7 589.0	83.0
2018	9 693.2	8 045.3	83.0
2019	10 759.4	7 992.1	76.9
2020	11 325.9	8 240.1	76.5
2021	11 964.6	8 515.0	76.6

注：社会化发放人数是指企业、企业化管理的事业单位及其他参保人员中的离退休人员。2019 年对该指标的释义进行了修改，指由社会保险经办机构委托社会服务机构发放、直接发放基本养老金的离退休（职）人数。

表 5-8　　分地区养老金社会化发放人数

（2021 年）

单位：万人

地区	社会化发放人数
全国	**11 964.6**
北京	319.0
天津	237.9
河北	366.3
山西	224.7
内蒙古	320.0
辽宁	857.0
吉林	342.1
黑龙江	632.0
上海	474.5
江苏	908.8
浙江	841.6
安徽	363.4
福建	167.5
江西	371.4
山东	654.3
河南	390.5
湖北	528.0
湖南	427.3
广东	668.3
广西	281.1
海南	76.1
重庆	442.7
四川	966.4
贵州	164.9
云南	188.8
西藏	14.3
陕西	217.0
甘肃	168.5
青海	50.0
宁夏	70.4
新疆	155.6
新疆兵团	74.3

表 5-9　　历年分地区基本医疗保险参保人数　　单位：万人

地区	2001 年		2002 年		2003 年		2004 年		2005 年	
	合计	退休人员	合计	退休人员	合计	退休人员	合计	退休人员	合计	退休人员
全国	**7 285.9**	**1 815.2**	**9 401.2**	**2 475.4**	**10 901.7**	**2 926.8**	**12 403.6**	**3 359.2**	**13 782.9**	**3 761.2**
北京	240.7	89.4	321.1	113.2	436.1	134.7	483.9	141.7	574.8	155.1
天津	139.6	46.8	250.2	103.8	254.7	108.5	263.0	104.8	299.1	118.3
河北	282.5	61.5	330.4	73.0	383.2	84.7	472.5	108.9	562.1	139.6
山西	157.3	34.4	216.7	49.5	245.5	51.3	295.5	63.9	324.9	73.0
内蒙古	196.9	45.5	221.7	54.2	252.3	66.1	274.2	78.1	292.0	86.0
辽宁	313.6	90.4	619.0	188.7	697.7	217.2	783.7	247.3	864.2	280.0
吉林	124.2	27.8	176.9	39.8	230.8	55.3	270.0	67.5	283.0	73.9
黑龙江	308.3	89.2	392.8	108.2	435.2	122.1	544.1	151.7	602.9	170.4
上海	680.5	238.9	694.8	245.9	709.6	250.6	714.1	260.9	728.6	275.9
江苏	456.0	113.5	690.9	183.2	815.0	227.6	976.7	261.6	1 124.1	303.0
浙江	352.7	100.0	423.4	117.0	510.3	139.5	569.2	150.3	639.6	163.1
安徽	232.8	53.6	273.4	65.6	318.2	79.8	362.2	97.7	387.1	112.7
福建	171.0	38.3	230.0	54.7	247.8	61.8	285.9	69.5	333.0	77.2
江西	71.6	12.2	106.6	22.7	188.2	45.7	250.4	65.8	276.7	75.0
山东	490.2	86.0	625.6	119.5	691.1	138.0	771.9	153.5	861.5	176.7
河南	460.3	94.8	537.4	115.2	567.9	126.9	590.0	136.8	641.5	154.1
湖北	255.4	54.5	338.1	80.6	416.6	110.1	466.8	132.5	502.0	147.2
湖南	351.6	83.7	398.1	108.3	423.5	116.1	477.0	133.9	503.4	146.6
广东	544.8	84.4	717.7	118.8	877.0	146.4	1 034.2	168.9	1 235.3	180.3
广西	150.1	33.4	201.8	54.1	235.0	66.1	272.2	77.8	285.9	82.3
海南	40.9	8.5	52.6	11.5	63.1	15.4	78.6	22.3	87.2	24.5
重庆	36.8	9.7	58.7	18.0	121.8	41.7	206.3	76.2	237.7	91.9
四川	437.6	128.3	480.6	150.1	531.2	173.8	587.6	196.5	647.0	220.2
贵州	31.1	6.9	94.6	26.6	134.1	38.2	152.6	44.0	180.5	51.5
云南	185.7	45.6	238.4	65.0	281.5	81.4	302.3	89.6	320.7	95.5
西藏					6.0	1.8	7.1	2.8	15.2	4.8
陕西	231.4	49.4	261.8	65.1	301.0	77.4	325.6	86.8	348.8	101.3
甘肃	109.9	23.6	124.1	26.0	146.0	32.8	165.8	40.6	176.6	46.2
青海	38.3	12.6	51.1	16.3	56.4	17.8	60.2	19.5	62.0	20.4
宁夏	17.2	4.0	36.8	10.1	48.1	12.7	55.6	14.6	64.5	17.2
新疆	177.0	48.1	235.7	70.6	276.7	85.3	304.4	93.2	321.1	97.5

续表

地区	2006年		2007年		2008年		2009年		2010年	
	合计	退休人员	合计	退休人员	合计	退休人员	合计	退休人员	合计	退休人员
全国	**15 731.9**	**4 151.5**	**22 311.4**	**4 600.0**	**31 821.7**	**5 007.9**	**40 147.0**	**5 526.9**	**43 262.9**	**5 943.5**
北京	679.5	163.9	929.4	172.9	1 017.1	182.4	1 083.9	191.8	1 207.3	215.1
天津	344.2	126.0	403.8	133.2	484.5	141.8	605.3	150.6	960.9	157.5
河北	615.9	158.6	746.3	183.9	1 083.1	199.5	1 421.1	219.7	1 518.1	238.0
山西	353.8	82.2	460.6	98.3	593.9	108.8	879.0	128.5	923.5	140.0
内蒙古	316.2	93.1	451.6	103.8	612.5	108.6	805.3	117.8	886.4	124.7
辽宁	959.3	307.4	1 200.2	346.5	1 507.5	386.5	1 895.6	444.5	2 056.2	464.1
吉林	376.3	101.2	767.2	118.2	937.4	131.8	1 242.8	147.4	1 333.8	179.9
黑龙江	708.2	192.9	826.7	202.3	1 056.3	216.0	1 544.3	256.5	1 560.8	278.4
上海	1 023.3	291.0	1 096.8	306.4	1 355.2	320.9	1 583.8	372.5	1 665.2	388.8
江苏	1 274.3	338.5	2 136.6	365.4	2 837.6	390.3	3 031.0	418.6	3 249.4	443.2
浙江	730.6	172.9	946.2	185.5	1 322.6	198.3	1 784.4	211.8	1 963.8	226.8
安徽	441.2	124.7	953.3	137.1	1 323.8	148.1	1 435.8	160.4	1 529.3	169.3
福建	370.1	85.2	477.4	91.0	796.5	101.4	1 137.2	114.7	1 200.6	120.7
江西	313.3	86.5	784.7	121.6	1 207.1	149.4	1 300.4	151.6	1 326.4	166.5
山东	996.1	199.9	1 292.3	227.8	1 847.0	256.2	2 540.2	287.8	2 770.6	316.7
河南	704.1	173.3	897.7	197.4	1 549.4	220.8	1 970.1	243.7	2 043.7	258.7
湖北	565.3	166.6	870.5	196.3	1 435.7	210.9	1 811.7	236.2	1 860.0	239.8
湖南	560.5	162.4	724.5	181.9	1 321.6	206.5	1 831.9	225.6	1 894.5	236.9
广东	1 421.1	197.9	2 281.6	218.0	3 551.8	240.3	4 568.5	259.4	5 043.2	314.5
广西	302.0	88.7	361.4	99.2	568.2	103.8	850.0	110.6	935.2	123.0
海南	91.0	25.6	155.3	29.9	249.7	34.0	283.8	41.5	323.3	43.2
重庆	257.5	97.4	327.5	104.7	550.6	115.1	769.5	120.8	830.8	125.6
四川	734.5	247.8	1 020.0	270.6	1 413.8	296.7	1 912.7	317.3	2 063.1	348.3
贵州	199.2	57.8	293.8	66.1	404.3	73.0	567.0	85.1	602.5	88.2
云南	331.5	98.8	400.3	101.8	618.2	103.6	762.5	118.3	820.5	121.4
西藏	16.5	5.0	19.2	5.8	32.4	5.3	36.0	6.4	38.6	6.6
陕西	377.1	111.4	459.3	123.2	717.3	132.8	890.0	145.2	947.2	151.2
甘肃	195.8	51.7	449.5	61.6	522.2	68.8	557.4	77.7	588.8	85.9
青海	64.5	22.0	95.8	23.0	93.6	24.5	104.8	24.6	140.3	25.2
宁夏	73.1	19.9	114.0	21.4	158.7	22.7	186.0	23.8	188.3	26.4
新疆	335.8	101.2	367.9	105.1	652.1	109.0	755.0	114.7	790.5	119.0

续表

地区	2011年		2012年		2013年		2014年		2015年	
	合计	退休人员	合计	退休人员	合计	退休人员	合计	退休人员	合计	退休人员
全国	**47 343.2**	**6 278.6**	**53 641.3**	**6 624.2**	**57 072.6**	**6 941.8**	**59 746.9**	**7 254.8**	**66 581.6**	**7 531.2**
北京	1 347.8	232.8	1 431.6	239.1	1 514.9	249.8	1 604.3	260.1	1 656.6	269.5
天津	972.8	162.5	981.3	168.9	1 001.5	177.3	1 023.6	183.6	1 054.1	190.4
河北	1 562.2	248.2	1 644.4	261.5	1 674.5	275.6	1 697.5	286.3	1 663.7	300.3
山西	1 005.1	150.8	1 055.9	157.2	1 086.3	166.9	1 101.2	175.5	1 113.8	179.4
内蒙古	907.3	124.3	967.7	132.4	986.2	134.5	998.1	138.6	1 008.1	141.4
辽宁	2 120.1	494.1	2 251.9	524.8	2 333.3	546.9	2 387.2	576.7	2 396.2	597.7
吉林	1 350.6	188.2	1 370.0	194.0	1 378.6	197.5	1 380.0	197.5	1 380.6	199.7
黑龙江	1 578.0	293.6	1 580.3	309.6	1 580.4	311.6	1 586.4	324.3	1 594.8	330.1
上海	1 591.8	404.1	1 638.6	421.5	1 650.5	438.4	1 678.5	453.2	1 719.2	465.8
江苏	3 500.5	470.9	3 608.8	508.9	3 427.6	543.6	3 797.5	577.0	4 014.3	610.8
浙江	2 244.1	243.3	2 806.8	277.1	4 121.1	299.5	4 847.6	324.1	4 964.1	353.7
安徽	1 612.9	181.9	1 660.0	191.5	1 660.8	203.3	1 756.4	211.9	1 737.6	221.1
福建	1 217.2	126.2	1 262.9	130.2	1 283.8	136.4	1 293.0	143.0	1 301.2	146.8
江西	1 329.7	170.9	1 438.6	180.4	1 476.6	189.8	1 494.2	197.7	1 530.4	201.3
山东	2 947.8	337.5	3 101.2	365.6	3 647.9	391.7	3 988.0	411.4	9 235.8	439.9
河南	2 122.3	272.2	2 222.2	293.2	2 297.2	313.4	2 340.0	327.2	2 344.9	336.6
湖北	1 932.5	254.6	1 960.3	264.7	1 960.6	280.7	1 968.0	286.9	1 972.1	296.3
湖南	1 941.2	242.9	2 341.9	248.8	2 316.2	257.5	2 300.7	261.8	2 662.3	267.1
广东	6 767.1	340.5	8 421.8	362.8	9 179.8	383.8	9 804.2	420.9	10 136.0	439.7
广西	981.3	128.8	1 011.5	133.6	1 031.0	137.8	1 067.3	143.8	1 077.6	148.8
海南	352.4	45.3	378.5	47.5	406.5	50.6	386.8	53.7	389.8	55.6
重庆	1 324.8	133.1	3 219.1	147.9	3 234.8	158.9	3 256.8	167.0	3 266.3	174.0
四川	2 248.4	366.0	2 383.8	381.8	2 486.0	394.5	2 576.5	407.5	2 650.7	418.8
贵州	629.0	93.3	648.3	96.3	672.1	98.1	687.1	99.9	955.5	105.2
云南	865.8	126.6	882.4	129.5	1 118.8	133.3	1 135.9	138.6	1 140.8	140.7
西藏	43.7	6.6	50.1	7.1	54.8	7.2	58.9	7.8	61.8	8.1
陕西	1 090.4	172.8	1 118.8	175.8	1 244.3	181.7	1 246.2	184.4	1 247.3	187.4
甘肃	590.8	88.2	616.5	87.7	622.8	90.2	630.6	96.2	635.0	99.8
青海	151.6	25.9	172.3	26.7	181.3	27.6	190.4	29.1	195.2	30.4
宁夏	188.8	27.1	561.8	28.5	565.5	29.5	578.6	31.0	584.8	32.2
新疆	825.2	125.2	851.9	129.6	877.1	134.3	885.1	138.2	891.0	142.6

续表

地区	2016年		2017年		2018年	
	合计	退休人员	合计	退休人员	合计	退休人员
全国	**74 391.6**	**7 811.6**	**117 681.4**	**8 034.3**	**134 458.6**	**8 373.3**
北京	1 708.8	277.8	1 771.4	286.2	2 018.1	296.9
天津	1 066.8	195.4	1 088.5	201.0	1 116.7	207.5
河北	6 672.1	306.2	6 883.1	312.4	6 914.3	324.7
山西	1 121.2	185.4	3 215.3	189.2	3 266.9	207.2
内蒙古	1 019.8	146.1	2 161.5	148.4	2 164.4	153.6
辽宁	2 376.0	612.9	2 277.5	608.4	3 968.8	622.8
吉林	1 380.9	204.8	1 380.9	207.6	2 607.3	209.9
黑龙江	1 599.9	354.0	2 892.6	350.6	2 908.6	358.2
上海	1 806.7	477.0	1 839.8	489.7	1 866.1	502.7
江苏	3 984.4	641.2	7 619.1	679.8	7 721.7	723.1
浙江	4 993.3	383.2	5 251.6	414.5	5 368.7	446.4
安徽	1 621.5	231.1	2 108.1	237.7	6 105.1	247.3
福建	1 297.9	150.2	3 768.6	155.1	3 804.7	161.0
江西	1 807.0	202.8	4 762.4	191.8	4 797.5	197.3
山东	9 188.8	465.6	9 295.7	486.3	9 437.1	512.0
河南	2 360.7	344.6	10 410.7	344.4	10 435.7	361.3
湖北	1 981.8	300.5	5 622.2	316.2	5 586.2	321.9
湖南	2 646.1	272.5	6 906.3	285.4	6 838.0	292.6
广东	10 150.2	460.6	10 365.1	479.1	10 615.8	505.3
广西	1 096.4	155.0	5 173.3	160.2	5 136.7	167.5
海南	387.2	57.1	419.5	60.4	915.4	62.9
重庆	3 259.3	179.5	3 248.5	184.9	3 265.3	192.4
四川	5 056.8	439.4	7 714.8	458.4	8 637.1	481.4
贵州	973.6	108.3	1 001.3	111.5	4 233.6	115.7
云南	1 163.6	144.5	4 463.8	147.3	4 520.9	150.3
西藏	65.4	8.6	69.9	9.1	342.7	9.8
陕西	1 248.0	188.5	1 251.0	190.5	3 885.9	197.6
甘肃	643.3	106.0	2 512.2	108.0	2 546.7	110.8
青海	196.7	31.8	549.0	32.8	555.3	34.2
宁夏	594.0	33.0	618.2	34.6	626.2	36.3
新疆	923.2	148.0	1 039.6	152.7	2 250.9	162.7

续表

地区	2019年		2020年		2021年	
	合计	退休人员	合计	退休人员	合计	退休人员
全国	**135 407.4**	**8 700.4**	**136 131.1**	**9 026.3**	**136 296.7**	**9 324.4**
北京	2 082.7	306.1	2 139.9	315.0	1 886.9	320.5
天津	1 137.0	212.1	1 164.1	217.9	1 175.0	222.1
河北	6 937.7	337.3	6 938.8	348.3	7 091.0	366.0
山西	3 266.4	219.7	3 245.1	228.1	3 246.0	234.1
内蒙古	2 178.4	170.5	2 183.9	184.3	2 192.2	184.2
辽宁	3 894.7	641.0	3 867.5	651.1	3 808.3	668.6
吉林	2 548.1	192.3	2 461.9	200.3	2 290.3	204.2
黑龙江	2 837.1	377.1	2 827.0	391.8	2 821.1	400.6
上海	1 889.1	512.4	1 943.2	522.3	1 978.5	528.7
江苏	7 848.8	764.5	7 967.7	805.6	8 063.8	842.0
浙江	5 461.5	476.5	5 556.5	507.3	5 654.5	547.8
安徽	6 731.5	255.3	6 704.6	267.3	6 661.9	279.2
福建	3 788.1	162.6	3 840.5	171.1	3 872.1	175.6
江西	4 782.4	207.0	4 780.0	213.1	4 689.1	215.2
山东	9 569.6	549.5	9 697.8	588.0	9 732.4	624.5
河南	10 289.8	375.1	10 349.5	389.2	10 339.2	402.1
湖北	5 562.6	331.4	5 583.0	339.2	5 619.7	358.0
湖南	6 716.1	299.0	6 731.8	308.2	6 748.7	312.3
广东	10 783.5	525.6	10 991.4	547.7	11 271.9	581.3
广西	5 207.2	176.0	5 217.2	177.6	5 249.3	183.4
海南	920.6	64.7	934.0	66.5	938.8	66.2
重庆	3 272.1	200.3	3 266.7	205.8	3 261.7	209.5
四川	8 616.9	498.7	8 591.7	511.7	8 586.2	510.4
贵州	4 186.7	119.7	4 194.4	123.2	4 214.5	122.1
云南	4 533.4	154.6	4 581.3	157.7	4 521.9	161.8
西藏	347.1	11.2	342.8	11.1	346.0	11.3
陕西	3 960.8	204.4	3 899.7	209.6	3 891.6	217.0
甘肃	2 572.9	114.1	2 590.4	119.9	2 587.2	119.2
青海	557.9	35.7	563.3	37.2	567.0	38.1
宁夏	633.7	38.0	658.8	39.5	663.4	40.5
新疆	2 293.1	168.1	2 316.8	170.7	2 326.4	177.7

表 5-10　分地区职工基本医疗保险参保人数

（2021 年）

单位：万人

地区	年末参保人数		
		职工	退休人员
全国	**35 430.9**	**26 106.5**	**9 324.4**
北京	1 486.0	1 165.5	320.5
天津	637.6	415.5	222.1
河北	1 212.0	846.0	366.0
山西	731.1	497.0	234.1
内蒙古	564.7	380.5	184.2
辽宁	1 571.0	902.4	668.6
吉林	537.5	333.3	204.2
黑龙江	884.9	484.3	400.6
上海	1 613.4	1 084.7	528.7
江苏	3 246.0	2 403.9	842.0
浙江	2 736.0	2 188.2	547.8
安徽	1 010.8	731.6	279.2
福建	933.0	757.4	175.6
江西	610.1	394.9	215.2
山东	2 435.6	1 811.1	624.5
河南	1 351.8	949.7	402.1
湖北	1 196.1	838.1	358.0
湖南	1 025.2	712.9	312.3
广东	4 757.1	4 175.8	581.3
广西	714.8	531.4	183.4
海南	245.8	179.6	66.2
重庆	795.9	586.3	209.5
四川	1 945.8	1 435.4	510.4
贵州	479.4	357.3	122.1
云南	569.2	407.4	161.8
西藏	55.1	43.7	11.3
陕西	783.8	566.8	217.0
甘肃	372.3	253.2	119.2
青海	114.8	76.7	38.1
宁夏	159.6	119.1	40.5
新疆	654.1	476.5	177.7

表 5-11　　分地区基本医疗保险参保人数

（2021 年）

单位：万人

地区	合计	职工	城乡居民
全国	**136 296.7**	**35 430.9**	**100 865.9**
北京	1 886.9	1 486.0	400.8
天津	1 175.0	637.6	537.4
河北	7 091.0	1 212.0	5 879.0
山西	3 246.0	731.1	2 515.0
内蒙古	2 192.2	564.7	1 627.5
辽宁	3 808.3	1 571.0	2 237.3
吉林	2 290.3	537.5	1 752.8
黑龙江	2 821.1	884.9	1 936.2
上海	1 978.5	1 613.4	365.0
江苏	8 063.8	3 246.0	4 817.8
浙江	5 654.5	2 736.0	2 918.5
安徽	6 661.9	1 010.8	5 651.0
福建	3 872.1	933.0	2 939.0
江西	4 689.1	610.1	4 079.0
山东	9 732.4	2 435.6	7 296.7
河南	10 339.2	1 351.8	8 987.4
湖北	5 619.7	1 196.1	4 423.6
湖南	6 748.7	1 025.2	5 723.5
广东	11 271.9	4 757.1	6 514.8
广西	5 249.3	714.8	4 534.5
海南	938.8	245.8	693.0
重庆	3 261.7	795.9	2 465.9
四川	8 586.2	1 945.8	6 640.4
贵州	4 214.5	479.4	3 735.0
云南	4 521.9	569.2	3 952.6
西藏	346.0	55.1	291.0
陕西	3 891.6	783.8	3 107.8
甘肃	2 587.2	372.3	2 214.8
青海	567.0	114.8	452.1
宁夏	663.4	159.6	503.8
新疆	2 326.4	654.1	1 672.3

表 5-12　　分地区基本医疗保险基金收支情况

（2021 年）

单位：亿元

地区	基金收入			基金支出			累计结余		
	合计	职工	居民	合计	职工	居民	合计	职工	居民
全国	**28 732.0**	**19 007.5**	**9 724.5**	**24 048.2**	**14 751.8**	**9 296.4**	**36 178.3**	**29 461.8**	**6 716.6**
北京	1 786.1	1 672.4	113.6	1 465.6	1 358.8	106.8	1 674.2	1 613.1	61.1
天津	440.0	386.6	53.3	385.4	324.1	61.3	467.7	374.3	93.5
河北	1 130.6	608.0	522.5	931.4	462.1	469.3	1 385.0	1 068.1	316.9
山西	566.0	322.5	243.5	460.3	244.2	216.0	671.8	508.7	163.1
内蒙古	432.5	279.9	152.6	342.6	209.2	133.3	596.5	479.4	117.1
辽宁	810.4	608.8	201.6	698.8	499.1	199.7	881.3	679.5	201.8
吉林	367.4	226.2	141.2	306.8	175.9	130.9	542.5	413.7	128.8
黑龙江	551.3	379.9	171.5	477.4	308.0	169.4	782.1	589.8	192.3
上海	1 829.1	1 730.5	98.6	1 133.3	1 038.0	95.2	3 903.4	3 876.0	27.3
江苏	2 176.2	1 614.6	561.6	1 854.0	1 315.1	538.9	2 625.7	2 348.9	276.9
浙江	2 032.6	1 549.5	483.1	1 632.5	1 174.6	457.8	2 860.2	2 599.3	260.9
安徽	906.7	417.8	488.9	817.8	328.1	489.7	867.5	632.3	235.2
福建	715.4	447.9	267.5	618.7	357.8	260.9	963.6	854.0	109.6
江西	672.1	268.9	403.3	616.8	225.6	391.2	730.9	432.5	298.5
山东	1 921.5	1 223.6	697.9	1 827.6	1 118.0	709.6	1 759.2	1 335.4	423.9
河南	1 399.0	614.7	784.2	1 275.1	493.4	781.7	1 200.3	880.2	320.1
湖北	1 001.9	598.0	403.9	861.6	469.0	392.6	1 042.8	754.3	288.4
湖南	956.0	453.2	502.8	806.2	347.9	458.3	1 060.5	767.4	293.1
广东	2 573.2	1 890.5	682.6	2 199.3	1 572.9	626.4	4 042.1	3 313.3	728.9
广西	731.0	321.4	409.6	677.3	257.9	419.4	913.9	513.4	400.5
海南	197.2	123.6	73.6	141.4	86.0	55.4	277.8	215.3	62.5
重庆	605.5	401.6	203.9	504.7	290.7	214.0	615.7	445.3	170.4
四川	1 554.6	962.0	592.6	1 247.3	674.3	573.1	2 250.4	1 749.4	501.1
贵州	588.0	261.4	326.6	489.0	187.4	301.6	647.2	379.6	267.6
云南	760.4	388.4	372.0	640.3	298.9	341.3	853.8	613.8	240.0
西藏	87.5	63.6	23.9	40.9	25.7	15.2	194.2	174.8	19.4
陕西	695.6	415.0	280.6	629.8	351.0	278.7	770.7	605.5	165.1
甘肃	402.7	201.6	201.1	318.8	145.9	172.9	376.4	258.5	117.9
青海	139.1	94.9	44.2	110.1	66.9	43.2	215.2	168.7	46.5
宁夏	127.8	78.2	49.7	101.5	54.8	46.7	178.3	140.7	37.5
新疆	574.5	402.3	172.2	435.8	290.3	145.5	827.2	676.5	150.7

注：基本医疗保险基金收支结余中含生育保险基金。

表 5-13　历年分地区失业保险参保人数　单位：万人

地区	2001年		2002年		2003年		2004年		2005年	
	年末参保人数	年末领取失业保险金人数	年末参保人数	年末领取失业保险金人数	年末参保人数	年末领取失业保险金人数	年末参保人数	年末领取失业保险金人数	年末参保人数	年末领取失业保险金人数
全国	**10 355**	**312**	**10 182**	**440**	**10 373**	**415**	**10 584**	**419**	**10 648**	**362**
北京	287.2	5.5	299.6	4.8	306.6	5.2	308.2	3.8	357.5	3.5
天津	214.3	10.8	196.3	12.4	193.5	9.4	195.1	5.1	197.5	3.8
河北	513.2	7.3	488.6	7.2	484.2	8.3	479.0	11.0	461.2	13.3
山西	286.0	5.9	278.9	4.5	284.1	5.7	286.5	5.4	288.5	4.8
内蒙古	217.7	5.4	219.7	7.1	221.6	5.7	222.3	5.8	222.2	4.9
辽宁	656.7	20.3	591.2	82.2	622.2	67.0	616.2	81.7	607.7	46.5
吉林	283.8	13.2	284.0	15.6	292.9	16.2	282.2	12.2	199.4	7.5
黑龙江	532.6	12.5	466.0	19.6	479.0	12.6	475.8	9.7	459.6	10.3
上海	430.7	13.1	436.0	14.4	441.1	14.0	487.8	15.9	466.1	17.8
江苏	766.5	39.5	735.6	49.7	761.6	48.9	797.1	43.6	838.3	30.2
浙江	391.1	33.0	390.0	27.5	396.8	17.4	428.4	11.3	444.7	7.2
安徽	375.2	11.5	378.8	17.5	380.8	23.4	371.1	26.4	360.3	24.3
福建	239.6	9.6	249.5	11.1	266.4	10.0	266.4	9.5	266.6	8.6
江西	235.9	2.1	226.7	3.9	215.5	5.9	226.6	7.2	230.7	6.0
山东	700.2	20.5	701.2	30.1	719.1	30.1	747.5	30.6	771.1	32.2
河南	676.1	10.0	670.4	16.8	680.0	18.7	681.6	22.3	681.9	29.2
湖北	420.8	26.1	416.1	25.1	390.1	18.7	391.3	17.0	391.5	14.8
湖南	352.0	4.4	326.6	7.9	347.5	10.5	380.5	9.8	382.7	11.3
广东	819.5	21.2	890.2	26.2	954.1	25.9	1 005.8	23.4	1 099.1	20.4
广西	217.7	5.0	215.5	7.6	219.1	8.9	226.4	9.8	219.9	9.4
海南	56.1	0.7	60.2	1.7	57.7	1.8	57.9	2.1	56.7	2.0
重庆	210.0	7.7	205.3	9.1	199.5	8.1	193.4	9.2	188.2	6.4
四川	412.2	11.9	402.9	14.0	400.0	12.6	398.6	12.6	380.5	15.6
贵州	136.4	1.2	132.2	1.6	128.0	1.3	129.9	1.2	129.3	1.3
云南	190.7	3.6	183.2	4.6	183.0	6.6	173.2	10.5	180.3	9.1
西藏	6.3		7.1		7.1		6.7		6.7	
陕西	304.9	3.5	315.7	7.3	323.3	8.2	325.5	7.2	326.7	8.6
甘肃	162.7	1.1	161.0	2.7	162.1	3.8	161.0	4.3	160.0	5.4
青海	35.7	1.4	32.2	1.0	33.2	1.3	33.1	1.2	33.2	1.1
宁夏	34.7	0.7	35.7	0.8	36.3	1.0	36.4	1.2	37.2	1.2
新疆	188.2	3.9	185.2	5.7	186.5	7.4	192.4	7.7	202.4	5.6

续表

地区	2006年		2007年		2008年		2009年		2010年	
	年末参保人数	年末领取失业保险金人数	年末参保人数	年末领取失业保险金人数	年末参保人数	年末领取失业保险金人数	年末参保人数	年末领取失业保险金人数	年末参保人数	年末领取失业保险金人数
全国	**11 187**	**327**	**11 645**	**286**	**12 400**	**261**	**12 715**	**235**	**13 376**	**209**
北京	482.2	3.1	535.3	3.0	614.3	2.6	675.7	1.8	774.2	1.6
天津	216.7	3.6	221.5	3.3	232.5	3.2	239.2	3.1	246.1	3.5
河北	470.8	13.4	473.3	11.6	481.7	9.8	484.4	10.4	493.4	9.0
山西	296.0	5.2	299.0	6.0	312.2	7.3	293.3	6.1	305.7	4.6
内蒙古	223.5	5.0	223.7	4.7	225.5	3.1	229.7	2.5	230.9	2.1
辽宁	614.1	25.9	622.1	19.6	622.7	15.7	625.3	13.4	626.9	11.4
吉林	224.4	10.2	228.7	13.9	233.7	16.5	241.4	14.3	245.1	7.8
黑龙江	457.5	17.8	464.1	15.3	467.6	10.3	471.3	9.3	472.9	8.8
上海	476.4	18.5	491.5	14.9	511.8	14.0	523.5	14.6	556.2	11.6
江苏	901.1	22.7	968.5	21.2	1 052.2	21.5	1 079.1	19.7	1 153.8	19.7
浙江	504.4	6.5	584.7	6.3	731.1	6.3	784.5	5.5	875.0	5.8
安徽	362.6	17.9	364.5	14.1	373.1	12.8	377.8	10.5	384.0	7.8
福建	293.1	6.8	318.2	5.7	338.7	4.6	348.1	3.6	374.2	3.2
江西	241.0	4.9	251.5	5.3	266.3	3.4	275.5	3.4	265.3	8.2
山东	789.7	30.3	814.9	27.8	864.1	24.9	899.5	23.0	931.2	20.7
河南	682.8	28.0	682.9	21.6	683.4	18.4	690.2	16.7	696.7	14.7
湖北	395.5	12.0	405.7	8.9	422.9	7.4	440.3	7.0	469.7	6.4
湖南	386.3	10.2	389.0	8.6	390.1	8.3	392.0	8.3	399.5	6.9
广东	1 208.2	16.7	1 295.5	14.3	1 471.9	13.7	1 470.7	12.8	1 627.3	10.6
广西	222.3	8.1	223.8	7.2	234.6	8.0	237.0	7.6	238.4	6.2
海南	59.1	2.3	66.2	2.5	84.7	3.3	97.5	2.8	112.5	1.6
重庆	193.0	4.8	196.7	4.1	210.1	4.4	215.9	4.7	237.4	3.7
四川	400.0	16.3	418.2	11.3	436.9	12.2	463.5	10.0	464.7	9.1
贵州	131.1	1.5	134.5	1.4	141.4	1.3	144.6	1.1	152.5	1.2
云南	183.0	6.4	185.8	4.3	191.9	3.7	198.7	3.5	209.6	3.2
西藏	7.5		7.2	0.0	7.8	0.0	8.8	0.0	9.3	0.0
陕西	326.5	14.1	327.2	13.6	329.3	9.1	331.0	9.3	331.6	7.5
甘肃	160.5	7.5	161.8	7.1	162.6	5.6	164.1	3.7	164.2	2.4
青海	34.0	1.0	34.7	2.1	35.4	2.3	36.0	1.0	36.6	0.4
宁夏	38.3	1.2	40.1	1.5	44.4	1.4	44.9	1.1	47.6	1.0
新疆	205.4	4.8	213.6	4.7	224.8	6.1	231.8	4.9	242.9	8.3

续表

地区	2011年		2012年		2013年		2014年		2015年	
	年末参保人数	年末领取失业保险金人数	年末参保人数	年末领取失业保险金人数	年末参保人数	年末领取失业保险金人数	年末参保人数	年末领取失业保险金人数	年末参保人数	年末领取失业保险金人数
全国	**14 317**	**197**	**15 225**	**204**	**16 417**	**197**	**17 043**	**207**	**17 326**	**227**
北京	881.0	2.0	1 006.7	2.3	1 025.1	2.4	1 057.1	3.0	1 082.3	3.4
天津	258.8	2.8	268.7	2.0	278.7	2.0	287.6	2.6	295.3	7.1
河北	498.7	8.4	501.7	7.9	505.0	7.1	508.7	7.1	511.0	8.0
山西	309.4	4.3	391.0	3.8	400.7	3.1	407.7	3.0	411.3	3.1
内蒙古	232.5	2.5	232.8	2.5	233.4	2.3	236.3	2.4	242.1	2.9
辽宁	632.3	9.7	660.7	7.4	663.2	7.6	664.3	8.5	665.3	9.7
吉林	247.2	5.1	251.5	4.6	258.8	6.0	258.7	2.2	261.2	2.2
黑龙江	474.5	7.1	476.2	7.7	477.4	7.1	478.4	4.8	312.8	3.7
上海	604.2	11.2	617.4	10.9	625.7	9.9	634.1	9.8	641.8	9.5
江苏	1 238.2	29.9	1 332.2	32.7	1 389.3	29.9	1 442.7	32.1	1 490.9	34.2
浙江	980.6	7.4	1 065.6	7.0	1 144.3	7.8	1 210.3	8.2	1 260.2	9.0
安徽	397.7	6.7	402.2	6.1	409.0	6.1	422.0	6.5	436.6	7.7
福建	430.9	3.6	459.1	4.6	496.7	4.2	524.1	4.5	546.3	5.0
江西	263.5	5.4	272.2	3.3	271.1	1.5	271.8	1.3	281.5	1.4
山东	964.9	19.8	1 009.8	19.1	1 089.6	17.8	1 154.3	19.9	1 203.8	21.6
河南	701.2	13.3	724.2	11.4	741.3	10.5	773.3	10.2	783.3	8.3
湖北	498.2	5.1	508.6	4.8	511.3	5.2	519.0	5.6	528.4	6.0
湖南	415.6	7.0	449.9	6.0	461.7	6.1	509.5	6.9	521.2	6.7
广东	1 875.4	10.5	2 008.7	9.8	2 702.2	8.8	2 840.2	10.9	2 930.1	13.9
广西	240.8	5.2	243.4	5.5	253.4	5.6	259.0	6.1	273.2	6.2
海南	126.0	1.8	139.5	1.8	150.8	2.1	157.5	2.0	164.8	2.0
重庆	268.6	2.9	323.5	2.8	389.7	3.4	439.1	2.8	439.5	3.5
四川	536.8	8.1	585.5	24.5	613.5	24.1	635.8	29.8	661.0	33.2
贵州	160.5	1.1	173.5	1.0	185.2	1.3	191.9	1.5	205.3	1.7
云南	216.8	3.3	224.7	3.8	232.5	4.5	236.9	5.3	243.3	5.9
西藏	9.6	0.0	10.6		11.0	0.002	12.5	0.004	11.4	0.01
陕西	332.2	4.5	339.1	3.5	339.7	3.2	344.3	2.9	347.7	3.0
甘肃	163.8	1.5	163.6	1.2	163.1	1.0	162.4	1.0	162.8	1.0
青海	37.3	0.6	37.9	0.7	38.5	0.5	39.3	0.4	40.1	0.4
宁夏	60.0	1.2	70.5	1.1	71.3	1.1	73.5	1.3	76.6	1.3
新疆	260.2	5.0	273.7	4.2	283.9	4.8	290.2	4.7	294.9	4.9

续表

地区	2016年		2017年		2018年	
	年末参保人数	年末领取失业保险金人数	年末参保人数	年末领取失业保险金人数	年末参保人数	年末领取失业保险金人数
全国	**18 089**	**230**	**18 784**	**220**	**19 643**	**223**
北京	1 115.0	3.7	1 170.9	3.9	1 240.7	3.8
天津	302.5	7.4	311.3	8.4	323.4	6.9
河北	515.9	7.9	529.7	7.2	546.0	6.8
山西	415.2	3.0	420.6	3.0	431.1	2.9
内蒙古	241.1	3.0	247.1	2.5	255.5	2.5
辽宁	665.4	10.7	679.9	10.5	679.6	11.2
吉林	262.0	2.7	263.7	2.8	269.5	2.4
黑龙江	313.2	3.9	315.1	4.1	318.0	3.5
上海	947.3	10.5	961.8	11.1	977.2	10.8
江苏	1 538.1	34.0	1 583.0	32.1	1 671.3	30.4
浙江	1 317.0	9.0	1 380.9	8.9	1 478.4	13.0
安徽	448.5	8.8	472.4	8.1	505.5	7.5
福建	575.5	5.2	612.3	4.9	570.3	5.0
江西	282.6	1.6	286.3	1.7	288.0	1.7
山东	1 222.9	22.0	1 268.3	20.1	1 318.5	18.7
河南	788.1	7.6	805.6	7.5	819.9	7.2
湖北	541.9	6.9	561.3	6.4	590.8	6.1
湖南	537.5	7.0	563.7	6.8	584.2	5.9
广东	3 020.1	15.4	3 163.7	14.6	3 361.7	16.2
广西	283.7	5.9	302.1	5.4	323.5	5.5
海南	170.2	2.2	168.1	2.2	173.4	2.3
重庆	447.1	4.2	466.3	3.9	489.8	3.4
四川	702.0	29.8	776.7	27.4	875.1	33.2
贵州	218.1	2.4	235.7	2.2	257.3	2.3
云南	251.2	5.6	259.8	5.1	273.1	4.9
西藏	15.19	0.003	15.2	0.002	17.7	0.004
陕西	352.2	2.8	356.5	2.9	372.4	2.9
甘肃	164.3	1.1	165.4	0.9	168.3	1.0
青海	40.8	0.4	41.5	0.3	42.3	0.3
宁夏	95.6	1.3	88.5	1.2	92.0	1.2
新疆	298.7	4.5	310.8	4.0	328.8	3.4

续表

地区	2019年		2020年		2021年	
	年末参保人数	年末领取失业保险金人数	年末参保人数	年末领取失业保险金人数	年末参保人数	年末领取失业保险金人数
全国	**20 543**	**228**	**21 689**	**270**	**22 958**	**259**
北京	1 294.8	4.0	1 318.4	9.6	1 359.0	8.4
天津	335.5	6.6	349.1	6.6	372.3	7.7
河北	554.1	6.7	691.5	6.8	747.4	7.0
山西	443.9	3.1	469.4	3.2	504.5	3.7
内蒙古	267.4	2.3	276.5	2.7	290.9	2.9
辽宁	668.2	12.6	677.0	18.4	690.9	19.2
吉林	273.6	2.5	270.7	2.4	278.0	2.6
黑龙江	324.0	3.3	326.1	3.5	329.5	3.7
上海	984.9	10.6	987.6	31.5	1 021.3	16.6
江苏	1 794.2	30.6	1 887.0	33.2	1 967.0	29.2
浙江	1 561.7	13.6	1 687.8	16.9	1 793.5	20.0
安徽	518.8	7.2	564.2	7.5	616.6	7.4
福建	610.6	5.9	664.4	6.3	716.7	6.0
江西	289.7	1.6	291.9	1.8	308.0	2.4
山东	1 366.0	17.7	1 466.1	19.3	1 542.7	23.2
河南	837.3	6.8	885.9	9.4	1 004.9	9.4
湖北	619.5	6.2	651.3	7.5	698.7	7.1
湖南	606.6	6.3	640.9	7.8	687.4	6.3
广东	3 498.8	17.5	3 603.4	26.4	3 725.1	25.8
广西	363.0	5.5	410.6	6.7	475.0	6.8
海南	178.6	2.6	194.6	3.1	205.6	2.9
重庆	515.0	5.6	548.5	6.4	598.3	7.6
四川	953.5	32.7	1 045.7	11.8	1 128.9	12.6
贵州	276.1	2.7	297.9	4.2	320.9	3.7
云南	289.2	5.1	307.4	6.6	329.8	6.4
西藏	25.3	0.006	26.7	0.1	29.6	0.1
陕西	426.4	3.2	439.9	3.9	468.7	3.9
甘肃	173.0	0.8	187.4	0.8	196.1	0.8
青海	43.8	0.3	46.5	0.4	55.0	0.4
宁夏	97.4	1.6	102.7	1.5	108.5	1.6
新疆	352.1	3.1	372.4	3.9	387.2	3.5

表 5-14　　分地区失业保险基金收支情况

（2021 年）

单位：亿元

地区	基金收入	基金支出	累计结余
全国	**1 459.6**	**1 500.0**	**3 312.5**
北京	122.8	150.6	113.9
天津	28.8	33.8	43.6
河北	44.4	35.1	141.3
山西	35.7	25.6	162.4
内蒙古	23.5	19.9	117.5
辽宁	42.0	84.0	118.1
吉林	24.5	29.8	77.8
黑龙江	23.6	22.7	109.2
上海	144.4	121.4	51.3
江苏	136.0	137.2	248.3
浙江	108.8	76.0	199.7
安徽	40.4	26.5	87.6
福建	30.8	45.1	84.5
江西	18.1	20.5	66.2
山东	104.3	102.4	178.4
河南	46.7	64.6	81.2
湖北	46.4	70.5	107.5
湖南	33.8	28.4	113.5
广东	116.1	150.3	438.8
广西	31.9	28.0	92.9
海南	10.0	11.6	21.0
重庆	28.1	18.9	42.0
四川	76.7	71.8	179.0
贵州	22.5	24.5	61.9
云南	25.5	28.0	94.5
西藏	4.2	0.9	25.3
陕西	30.9	30.1	51.9
甘肃	15.2	11.3	73.4
青海	9.7	2.4	24.8
宁夏	7.0	11.4	23.1
新疆	26.9	17.0	82.1

表 5-15　历年分地区工伤保险基本情况　单位：万人

地区	2001 年		2002 年		2003 年		2004 年		2005 年	
	参保人数	享受待遇人数	参保人数	享受待遇人数	参保人数	享受待遇人数	参保人数	享受待遇人数	参保人数	享受待遇人数
全国	**4 345**	**19**	**4 406**	**27**	**4 575**	**33**	**6 845**	**52**	**8 478**	**65**
北京	204.7	0.1	221.1	0.7	242.9	1.2	258.9	2.5	303.9	3.0
天津							147.2	0.1	162.9	0.9
河北	163.1	0.8	146.7	0.4	145.7	0.4	273.9	0.9	361.4	1.3
山西	71.8	0.0	46.3	0.1	48.4	0.0	104.0	0.1	151.4	0.5
内蒙古	26.7	0.5	23.8	0.2	31.8	0.3	85.0	0.5	110.2	0.7
辽宁	390.6	5.0	390.5	6.0	345.8	7.3	404.2	8.2	474.6	9.1
吉林	30.7	1.1	36.6	1.5	37.1	1.2	114.3	3.1	136.7	2.2
黑龙江	104.4	0.1	119.0	0.9	130.9	1.1	202.7	4.3	257.5	3.8
上海							488.3	0.1	523.7	0.5
江苏	473.9	0.7	480.0	1.3	503.0	1.7	577.2	2.7	680.2	3.7
浙江	219.7	0.6	226.0	1.0	287.7	1.4	360.4	2.7	453.1	4.8
安徽	73.4	0.2	69.8	0.3	68.0	0.4	102.0	0.5	148.2	1.7
福建	159.0	0.2	170.7	0.3	172.3	0.6	205.4	0.8	239.1	1.3
江西	137.8	0.2	129.3	0.2	129.7	0.3	134.7	0.4	153.6	0.8
山东	285.5	0.6	277.7	1.1	281.8	1.5	476.7	4.7	578.7	5.7
河南	196.0	0.5	218.8	0.7	210.6	0.5	324.7	1.1	404.0	1.5
湖北	182.3	1.3	183.2	1.7	189.2	1.4	187.2	1.8	230.3	1.1
湖南					8.6	0.0	203.3	0.3	228.2	0.7
广东	990.1	5.2	1 049.9	8.0	1 120.0	9.7	1 215.1	11.3	1 605.1	12.9
广西	124.1	0.1	117.3	0.2	120.3	0.3	133.5	0.7	144.4	0.8
海南	69.5	0.0	68.9	0.1	68.2	0.1	64.5	0.1	68.9	0.1
重庆	25.0	0.1	29.7	0.1	26.5	0.2	122.6	0.4	154.1	1.2
四川	179.3	0.5	167.4	0.6	161.4	1.2	195.6	1.6	270.5	2.0
贵州	1.7	0.0	1.3	0.0	1.3	0.0	1.2	0.0	65.8	0.1
云南	97.3	0.6	89.0	0.9	84.1	1.2	150.9	1.1	166.9	1.2
西藏									1.9	
陕西	24.5	0.1	25.6	0.0	35.1	0.1	115.1	0.7	149.2	1.8
甘肃	9.5	0.0	8.7	0.0	8.0	0.0	42.0	0.1	70.1	0.4
青海	7.1	0.0	6.6	0.0	6.6	0.0	15.7	0.1	20.5	0.3
宁夏	11.4	0.0	16.0	0.0	15.2	0.1	19.1	0.3	23.5	0.3
新疆	86.3	0.1	86.0	0.1	94.6	0.5	119.5	0.7	139.1	0.9

续表

地区	2006年		2007年		2008年		2009年		2010年	
	参保人数	享受待遇人数	参保人数	享受待遇人数	参保人数	享受待遇人数	参保人数	享受待遇人数	参保人数	享受待遇人数
全国	**10 268**	**78**	**12 173**	**96**	**13 787**	**118**	**14 896**	**130**	**16 161**	**147**
北京	465.3	1.5	609.2	1.6	666.5	1.8	747.1	4.1	823.8	4.4
天津	209.7	1.7	257.2	2.3	274.9	2.7	292.2	3.1	304.5	4.1
河北	402.4	2.4	481.3	6.0	520.8	5.3	559.3	6.0	594.4	7.5
山西	201.4	3.3	229.1	3.9	261.0	4.6	280.7	4.3	292.4	4.9
内蒙古	131.6	0.8	163.6	1.3	185.4	1.4	199.1	1.6	207.5	1.8
辽宁	510.0	8.5	572.3	9.1	659.6	8.5	695.8	9.0	730.0	10.0
吉林	174.7	3.0	206.8	2.6	234.9	4.1	272.2	3.0	300.5	3.7
黑龙江	303.0	3.9	351.7	4.9	390.9	4.5	401.8	5.6	415.1	6.2
上海	817.7	0.7	884.4	0.9	950.4	1.2	934.0	1.3	961.0	1.7
江苏	812.7	5.6	921.0	6.6	1 056.6	8.4	1 118.1	9.3	1 205.5	9.8
浙江	603.9	7.4	1 002.9	11.2	1 261.8	16.9	1 331.1	18.0	1 475.1	20.2
安徽	200.2	2.0	248.7	2.2	292.9	2.9	320.6	3.9	351.1	4.4
福建	261.0	1.5	294.8	1.9	346.1	2.2	379.3	2.3	417.7	2.4
江西	207.9	1.5	251.3	1.7	313.6	2.0	340.2	1.9	371.7	2.7
山东	647.3	5.8	745.0	7.0	865.0	8.8	1 064.6	9.2	1 211.2	10.2
河南	421.0	1.7	448.3	2.6	500.2	3.1	521.0	3.2	551.7	3.0
湖北	275.5	1.5	327.5	2.0	360.9	2.4	410.7	2.7	444.0	3.1
湖南	280.1	2.0	342.4	2.6	403.5	3.9	472.1	5.3	516.0	7.4
广东	1 868.2	13.5	2 113.9	13.8	2 302.3	15.2	2 435.5	15.0	2 657.8	14.7
广西	161.1	0.8	182.4	0.9	204.9	1.1	221.7	1.2	235.7	1.4
海南	71.5	0.2	78.4	0.2	86.1	0.2	90.1	0.3	95.8	0.3
重庆	165.4	1.8	181.1	1.6	208.2	4.2	226.5	4.7	266.0	5.6
四川	304.9	2.3	397.3	3.2	464.6	4.6	515.8	6.1	583.8	6.0
贵州	90.5	0.6	110.5	0.9	129.0	1.1	143.3	1.4	162.2	1.9
云南	173.8	1.1	188.5	1.6	202.5	2.3	215.1	2.4	227.4	4.6
西藏	2.3	0.0	3.7	0.0	5.9	0.0	8.3		8.8	0.0
陕西	210.3	0.7	232.0	1.0	247.6	1.4	264.9	1.4	278.6	1.6
甘肃	86.3	0.3	98.2	0.4	108.9	0.8	119.7	0.8	130.1	1.1
青海	23.1	0.4	25.3	0.4	29.9	0.5	40.1	0.5	43.2	0.5
宁夏	24.2	0.3	30.5	0.1	37.5	0.2	42.4	0.2	48.9	0.3
新疆	161.3	1.2	194.1	1.4	214.5	1.6	232.3	1.9	249.3	2.0

续表

地区	2011年		2012年		2013年		2014年		2015年	
	参保人数	享受待遇人数	参保人数	享受待遇人数	参保人数	享受待遇人数	参保人数	享受待遇人数	参保人数	享受待遇人数
全国	**17 696**	**163**	**19 010**	**191**	**19 917**	**195**	**20 639**	**198**	**21 432**	**202**
北京	862.4	4.7	897.2	4.8	920.3	4.8	961.0	5.0	1 020.1	4.7
天津	320.4	3.8	330.1	3.4	335.1	3.3	345.2	3.3	385.6	3.4
河北	640.4	8.6	694.8	9.1	737.0	10.5	778.7	10.4	809.7	9.6
山西	337.6	5.5	529.6	8.4	550.0	9.7	563.1	11.1	573.1	10.1
内蒙古	225.3	3.2	248.9	2.5	277.4	2.2	289.9	2.3	297.1	2.4
辽宁	779.1	11.3	819.1	14.0	856.7	13.2	903.1	13.2	918.6	13.8
吉林	331.6	3.3	359.4	4.2	392.1	5.3	415.6	4.6	435.6	11.3
黑龙江	450.0	8.2	470.6	6.8	493.1	7.2	505.5	6.3	512.0	6.5
上海	939.5	2.5	898.9	6.1	904.1	6.6	920.5	6.9	932.9	7.0
江苏	1 327.0	10.7	1 420.7	12.3	1 487.3	13.6	1 540.1	14.3	1 594.1	14.7
浙江	1 610.8	22.2	1 731.7	23.8	1 826.1	22.6	1 899.4	22.6	1 930.1	20.4
安徽	422.0	5.6	457.9	8.8	473.2	8.1	508.3	8.3	528.9	8.3
福建	496.9	2.8	540.9	3.4	607.5	3.5	627.3	3.9	691.0	3.9
江西	387.9	3.0	410.9	5.5	431.5	4.5	461.2	4.7	500.6	4.6
山东	1 276.1	10.8	1 339.6	11.9	1 371.9	11.2	1 421.5	11.8	1 473.5	11.1
河南	655.5	3.5	720.6	4.8	773.1	4.6	805.7	4.6	856.7	5.0
湖北	481.0	4.5	522.6	4.0	556.9	5.7	576.7	4.9	640.1	4.9
湖南	635.5	7.0	693.8	7.8	731.2	8.3	747.9	8.7	778.0	9.3
广东	2 847.8	15.4	2 962.8	16.7	3 057.3	16.7	3 092.6	17.1	3 122.7	16.8
广西	272.5	1.5	312.4	1.8	325.6	1.9	338.2	1.8	360.5	1.9
海南	104.0	0.3	119.5	0.4	123.4	0.3	126.1	0.3	131.5	0.3
重庆	337.1	6.2	374.9	8.0	406.8	8.0	426.1	8.1	428.5	7.5
四川	650.8	6.5	689.4	8.0	690.1	8.3	709.7	8.6	753.2	7.9
贵州	194.0	2.2	238.2	2.7	260.4	2.3	275.4	2.3	290.2	2.8
云南	243.4	3.6	295.3	4.0	334.3	4.4	341.7	4.0	368.1	4.3
西藏	11.8	0.0	14.2	0.1	14.8	0.0	24.3	0.1	26.9	0.1
陕西	326.8	1.9	350.4	2.2	378.1	3.0	404.0	2.9	427.3	3.0
甘肃	150.2	1.4	158.5	1.8	167.7	1.8	175.1	2.2	182.6	2.3
青海	45.6	0.5	49.2	0.6	52.3	0.6	54.7	0.6	58.0	0.5
宁夏	58.3	0.3	63.9	0.4	72.7	0.5	82.2	0.5	80.8	0.6
新疆	274.6	2.0	294.1	2.4	309.5	2.5	318.2	2.8	324.4	2.9

续表

地区	2016年		2017年		2018年	
	参保人数	享受待遇人数	参保人数	享受待遇人数	参保人数	享受待遇人数
全国	**21 889**	**196**	**22 724**	**193**	**23 874**	**199**
北京	1 060.2	4.6	1 117.9	4.4	1 187.0	4.4
天津	388.1	3.4	395.3	3.6	398.5	3.7
河北	840.0	9.8	860.7	10.0	880.3	10.3
山西	576.0	11.4	582.6	6.3	596.6	6.8
内蒙古	303.2	2.7	307.8	2.4	325.5	2.4
辽宁	886.6	13.8	862.1	13.8	841.1	13.7
吉林	440.7	4.9	441.4	5.1	441.4	3.9
黑龙江	522.2	6.5	519.1	6.2	520.1	6.9
上海	943.5	6.5	958.1	6.4	972.9	6.5
江苏	1 633.9	15.1	1 690.2	14.3	1 777.5	14.8
浙江	1 880.7	18.7	1 977.2	19.4	2 087.8	21.6
安徽	544.6	8.7	565.5	10.5	603.5	11.3
福建	733.8	4.2	798.7	4.3	853.9	4.7
江西	502.1	4.5	517.1	5.1	534.6	5.2
山东	1 510.9	11.1	1 569.1	11.1	1 633.0	11.4
河南	877.0	4.8	900.9	5.4	926.3	5.6
湖北	651.1	7.9	656.6	6.5	675.6	5.3
湖南	773.3	11.1	782.8	11.9	793.8	13.2
广东	3 246.2	14.5	3 402.0	14.5	3 592.5	14.5
广西	374.1	1.8	388.8	1.6	412.6	1.7
海南	137.4	0.3	141.4	0.4	152.9	0.4
重庆	454.9	7.0	504.6	6.7	577.1	6.4
四川	799.1	7.6	876.0	7.6	1 012.6	8.2
贵州	305.0	2.5	332.5	2.4	355.8	2.4
云南	372.8	3.7	383.7	4.4	403.3	4.3
西藏	26.9	0.1	33.4	0.1	35.7	0.1
陕西	441.6	3.0	459.3	2.8	528.0	3.1
甘肃	188.4	2.5	198.6	1.9	219.4	2.0
青海	59.8	0.5	64.9	0.5	69.2	0.5
宁夏	83.5	0.5	90.3	0.5	93.3	0.6
新疆	331.9	2.4	345.1	2.5	372.4	2.4

续表

地区	2019年		2020年		2021年	
	参保人数	享受待遇人数	参保人数	享受待遇人数	参保人数	享受待遇人数
全国	**25 478**	**194**	**26 763**	**188**	**28 287**	**206**
北京	1 242.2	4.4	1 267.2	3.9	1 307.2	4.6
天津	400.2	4.0	405.6	3.8	408.4	4.1
河北	951.4	10.0	1 069.4	9.7	1 084.7	9.9
山西	624.2	7.4	629.5	7.6	640.1	8.2
内蒙古	338.2	2.4	336.0	3.3	338.2	2.5
辽宁	816.8	13.1	807.1	12.9	807.9	12.1
吉林	445.9	3.9	384.5	6.4	392.4	5.9
黑龙江	464.1	5.9	442.6	4.6	444.4	4.4
上海	1 084.1	6.4	1 082.2	5.7	1 097.3	6.2
江苏	2 016.3	15.1	2 130.8	14.7	2 340.6	16.4
浙江	2 257.4	22.2	2 546.1	17.2	2 741.6	19.3
安徽	639.1	7.0	683.9	6.8	718.0	7.4
福建	891.1	4.8	936.8	4.8	984.4	5.1
江西	539.4	4.2	558.0	4.7	563.5	5.1
山东	1 710.7	11.9	1 822.1	12.4	1 921.9	13.8
河南	966.2	4.6	1 000.0	4.7	1 045.4	6.9
湖北	717.3	5.0	745.8	4.5	828.3	5.4
湖南	807.6	13.4	820.5	12.3	853.8	15.3
广东	3 815.8	15.6	3 866.7	14.7	4 068.6	17.1
广西	442.2	1.8	485.6	2.0	551.3	2.2
海南	159.6	0.4	170.1	0.4	184.9	0.4
重庆	661.7	6.2	729.9	6.0	765.7	7.3
四川	1 177.1	8.6	1 320.1	7.9	1 472.1	8.9
贵州	408.5	2.6	463.8	3.4	529.9	4.2
云南	438.5	4.9	498.8	4.9	541.9	4.1
西藏	36.8	0.1	40.2	0.1	49.6	0.1
陕西	577.4	3.0	604.2	3.2	629.6	3.9
甘肃	244.1	1.5	264.6	1.5	278.7	1.6
青海	74.0	0.5	85.9	0.7	95.9	0.6
宁夏	119.6	0.6	132.6	0.6	143.8	0.6
新疆	410.2	2.6	432.8	2.1	456.1	2.3

注：新疆数据含新疆兵团。

表 5-16　分地区工伤保险基金收支情况

（2021 年）

单位：亿元

地区	基金收入	基金支出	累计结余	储备金结存
全国	**951.9**	**990.2**	**1 411.2**	**163.8**
北京	46.8	51.3	36.9	30.6
天津	15.3	14.1	12.7	0.8
河北	62.1	51.1	46.7	5.5
山西	45.2	50.1	36.3	2.0
内蒙古	11.6	15.1	37.6	
辽宁	44.3	34.4	52.7	9.9
吉林	12.9	12.2	35.9	0.7
黑龙江	32.2	28.9	32.0	
上海	42.8	44.2	42.4	11.1
江苏	88.2	88.4	121.0	2.9
浙江	75.3	81.4	71.0	13.1
安徽	24.7	29.4	32.7	
福建	27.8	28.9	48.0	
江西	19.1	19.3	52.9	4.7
山东	61.1	65.1	89.9	
河南	33.5	32.2	61.9	12.6
湖北	19.8	22.4	36.8	3.7
湖南	47.6	48.1	86.8	9.8
广东	51.1	92.4	190.8	21.4
广西	12.1	12.4	47.7	3.8
海南	3.7	2.6	19.3	2.4
重庆	28.0	25.2	7.4	
四川	45.3	45.3	72.9	4.2
贵州	22.1	20.2	14.2	5.4
云南	18.2	18.5	20.8	0.24
西藏	2.2	1.8	7.3	
陕西	22.5	19.0	38.9	8.0
甘肃	12.1	9.9	17.8	0.8
青海	2.8	3.5	9.7	5.8
宁夏	4.8	5.0	9.0	1.8
新疆	16.6	17.7	21.3	2.8

注：工伤保险累计结余中含储备金。

表 5-17　分地区工伤认定情况

（2021 年）

单位：人

地区	认定工伤人数	视同工伤人数	不予认定工伤人数	当期不予受理申请人数
全国	**1 285 604**	**13 267**	**25 770**	**8 245**
北京	24 455	546	404	77
天津	23 578	214	285	32
河北	50 829	695	1 206	149
山西	27 831	455	418	140
内蒙古	11 717	297	409	107
辽宁	31 257	558	621	140
吉林	9 884	270	99	35
黑龙江	11 773	381	132	113
上海	47 253	349	873	183
江苏	148 409	820	2 299	717
浙江	188 503	557	672	437
安徽	48 341	313	681	108
福建	43 894	306	566	201
江西	31 144	206	778	317
山东	82 205	1 104	1 223	287
河南	30 634	823	778	252
湖北	34 509	417	1 118	154
湖南	60 862	471	1 281	110
广东	154 857	1 465	5 131	1 187
广西	18 266	266	690	124
海南	3 299	111	181	31
重庆	42 978	201	902	2 269
四川	51 095	429	1 667	264
贵州	27 305	211	606	263
云南	20 417	376	721	120
西藏	993	59	40	8
陕西	24 651	400	460	158
甘肃	9 028	190	224	41
青海	2 886	75	127	9
宁夏	8 012	84	419	32
新疆	12 276	522	602	137

表 5-18　　分地区劳动能力鉴定情况

(2021 年)

单位：人

地区	申请鉴定人数						评定伤残等级人数				存在生活自理障碍人数
	小计	初次申请	再次申请	改变结论	复查申请	改变结论	小计	一至四级	五至六级	七至十级	
全国	**783 894**	**764 248**	**15 572**	**3 040**	**4 074**	**1 477**	**711 581**	**10 574**	**10 181**	**690 826**	**4 955**
北京	16 128	15 661	143	6	324	285	14 120	437	261	13 422	119
天津	12 066	11 730	255	70	81	23	11 075	108	153	10 814	92
河北	28 142	27 695	327	78	120	49	26 842	471	434	25 937	194
山西	21 073	20 596	322	173	155	83	19 581	813	605	18 163	257
内蒙古	8 310	7 928	217	52	165	39	7 639	290	239	7 110	125
辽宁	18 070	17 391	293	35	386	77	16 088	316	309	15 463	180
吉林	5 604	5 412	122	72	70	24	5 006	101	137	4 768	81
黑龙江	8 231	7 282	338	46	611	80	7 535	196	221	7 118	108
上海	38 159	37 429	627	103	103	48	34 630	138	185	34 307	87
江苏	95 725	94 948	554	16	223	51	89 201	584	848	87 769	396
浙江	118 956	117 225	1 681	448	50	13	108 386	461	945	106 980	283
安徽	31 129	29 867	1 097	210	165	50	28 819	970	424	27 425	201
福建	25 041	24 062	934	222	45	27	20 289	517	378	19 394	129
江西	16 658	15 987	565	158	106	49	15 347	269	242	14 836	167
山东	41 134	39 469	1 425	187	240	93	36 836	835	768	35 233	398
河南	13 873	13 368	423	130	82	58	12 925	272	327	12 326	157
湖北	17 163	16 234	851	308	78	29	15 358	231	256	14 871	135
湖南	33 388	32 656	570	146	162	51	31 061	464	337	30 260	369
广东	94 824	93 428	1 218	104	178	78	82 836	590	892	81 354	343
广西	7 597	7 401	182	51	14	7	6 952	117	152	6 683	84
海南	928	901	25	11	2		887	46	25	816	33
重庆	30 095	28 727	1 018	155	350	146	27 678	400	342	26 936	215
四川	39 025	37 745	1 142		138		34 930	981	585	33 364	325
贵州	19 544	19 290	238	60	16	7	18 689	179	230	18 280	98
云南	8 595	8 501	51	1	43	36	7 663	187	208	7 268	92
西藏	740	725	14	6	1	1	682	10	14	658	7
陕西	11 464	11 048	392	42	24	5	10 633	208	217	10 208	95
甘肃	4 294	4 186	60	21	48	27	4 076	124	175	3 777	52
青海	1 758	1 730	17	11	11	10	1 674	57	32	1 585	21
宁夏	5 363	5 165	140	23	58	15	4 783	74	79	4 630	35
新疆	9 257	8 924	323	93	10	4	7 967	102	126	7 739	60
新疆兵团	1 560	1 537	8	2	15	12	1 393	26	35	1 332	17

表 5-19　　历年分地区生育保险基本情况　　单位：万人，万人次

地区	2001年		2002年		2003年		2004年		2005年	
	参保人数	享受待遇人次	参保人数	享受待遇人次	参保人数	享受待遇人次	参保人数	享受待遇人次	参保人数	享受待遇人次
全国	**3 455**	**24**	**3 488**	**28**	**3 655**	**36**	**4 384**	**46**	**5 408**	**62**
北京									226.1	1.1
天津									157.4	0.6
河北	131.5	0.8	95.4	0.7	94.1	0.4	114.1	0.4	215.9	0.8
山西	108.0	0.3	84.3	0.3	84.3	0.2	93.2	0.2	95.6	0.3
内蒙古	27.9	0.3	23.4	0.1	40.3	0.2	66.7	0.4	105.8	1.5
辽宁	227.8	1.2	216.1	1.2	199.1	1.5	215.9	2.1	220.1	2.7
吉林	24.0	0.1	32.7	0.1	34.0	0.1	35.1	0.2	35.3	0.8
黑龙江	68.2	0.2	153.2	1.2	167.5	2.7	187.3	3.5	156.6	2.9
上海	443.7	0.1	452.9	3.7	461.1	4.1	505.6	4.9	539.3	5.8
江苏	483.5	4.6	486.1	4.1	504.1	7.2	552.7	9.2	630.9	11.2
浙江	187.6	1.7	193.7	1.9	215.0	2.1	239.8	3.0	284.9	3.7
安徽	23.4	0.1	23.6	0.2	23.9	0.2	37.6	0.2	53.5	0.5
福建	118.2	0.9	123.7	1.0	139.4	1.4	146.5	1.7	161.8	2.1
江西	120.2	0.8	109.4	0.7	108.7	0.6	107.6	0.5	117.8	0.8
山东	331.8	3.4	322.8	3.8	336.5	4.1	390.8	4.7	461.2	5.5
河南	196.4	1.1	205.9	1.1	199.2	1.1	201.2	1.5	228.4	1.5
湖北	182.1	1.1	182.7	0.8	182.1	0.6	179.9	0.6	175.9	0.6
湖南	3.7	0.01	3.4	0.05	3.3	0.04	212.9	0.5	250.2	3.2
广东	250.1	2.4	258.7	2.5	330.8	3.0	376.7	3.6	419.4	4.2
广西	113.5	1.2	106.8	1.1	111.1	1.2	134.8	1.6	141.4	1.9
海南	10.8	0.1	23.2	0.2	28.4	0.2	31.7	0.4	34.9	0.5
重庆	23.6	0.2	19.9	0.1	16.5	0.1	12.9	0.03		
四川	178.1	1.6	166.4	1.2	165.1	1.3	187.4	1.4	212.5	1.4
贵州	1.1	0.002	0.9	0.01	0.9	0.01	2.3	0.01	52.1	0.05
云南	96.1	1.2	86.9	1.0	82.8	1.4	142.3	2.3	156.1	2.5
西藏										
陕西	4.6	0.1	5.4	0.1	14.6	0.1	36.2	0.2	43.1	0.8
甘肃	5.0	0.03	5.1	0.04	6.8	0.04	31.0	0.1	40.0	0.3
青海	6.6	0.1	4.3	0.05	5.2	0.1	5.8	0.1	6.5	0.1
宁夏	8.7	0.1	15.0	0.2	15.1	0.2	18.4	0.2	21.6	0.2
新疆	78.9	1.0	86.4	1.0	85.7	2.0	117.4	2.5	164.1	4.7

续表

地区	2006年		2007年		2008年		2009年		2010年	
	参保人数	享受待遇人次	参保人数	享受待遇人次	参保人数	享受待遇人次	参保人数	享受待遇人次	参保人数	享受待遇人次
全国	**6 459**	**108**	**7 775**	**113**	**9 254**	**140**	**10 876**	**174**	**12 336**	**211**
北京	263.3	6.7	290.6	9.8	324.1	11.8	346.8	12.8	372.2	12.6
天津	180.1	7.7	194.0	3.9	196.5	4.7	204.6	4.8	212.0	5.6
河北	264.2	1.7	338.5	2.5	408.5	5.2	489.9	6.7	561.5	5.2
山西	98.1	0.4	104.4	0.3	148.3	0.7	185.8	0.9	211.6	1.7
内蒙古	122.1	2.1	139.1	1.7	154.6	1.6	182.9	2.0	233.9	2.2
辽宁	378.7	4.9	423.0	13.2	460.2	11.7	531.2	13.5	593.0	13.5
吉林	117.7	0.6	173.6	1.6	227.9	2.5	289.9	4.6	310.5	5.6
黑龙江	172.7	3.1	216.8	3.1	241.9	3.2	270.0	3.3	290.1	3.4
上海	555.1	16.8	592.0	7.3	609.9	7.1	625.1	6.5	657.3	7.7
江苏	711.5	12.8	794.1	14.5	907.2	19.5	962.5	23.3	1 086.4	24.4
浙江	382.7	6.9	505.0	6.1	690.0	8.1	750.7	10.4	863.7	12.4
安徽	78.6	1.0	175.6	1.9	231.0	3.5	303.6	4.6	346.9	5.0
福建	173.5	2.0	250.4	2.7	273.9	3.2	317.8	4.5	374.4	4.9
江西	123.2	1.1	137.8	0.8	156.6	0.6	163.0	0.7	170.0	1.0
山东	488.8	10.0	563.3	8.2	638.0	10.3	703.0	14.4	774.1	18.0
河南	238.4	2.0	279.1	2.2	313.4	2.8	379.8	4.0	412.9	5.3
湖北	194.5	0.8	224.6	1.1	278.0	2.9	357.1	6.5	381.8	11.0
湖南	308.5	5.2	369.3	5.6	431.5	6.2	502.4	9.0	527.1	12.1
广东	464.8	4.8	659.1	6.6	1 011.2	9.7	1 586.3	12.5	2 038.5	24.3
广西	145.2	1.9	163.5	2.3	176.5	3.0	199.0	3.2	218.5	3.6
海南	40.6	0.7	66.7	0.8	79.8	1.1	85.0	1.2	92.6	1.5
重庆	96.8	0.6	116.9	2.2	141.6	2.6	155.5	3.7	175.7	4.9
四川	274.1	1.9	323.3	3.6	373.0	4.4	426.4	5.8	484.2	5.9
贵州	72.1	0.7	89.1	1.2	135.9	1.8	152.5	1.9	164.3	2.3
云南	159.5	2.6	165.1	2.2	168.4	2.6	181.1	2.8	210.2	4.0
西藏			9.4	0.0	12.4	0.1	14.2	0.2	14.8	0.3
陕西	86.3	0.5	120.9	0.9	147.6	1.6	164.4	2.1	180.1	2.4
甘肃	47.0	0.4	53.3	0.7	59.1	0.6	71.2	0.7	82.0	1.0
青海	7.2	0.2	6.2	0.2	6.3	0.1	6.3	0.1	6.4	0.1
宁夏	18.1	0.4	19.2	0.4	25.1	0.4	30.7	0.5	39.8	0.6
新疆	195.6	7.5	211.6	5.6	225.4	6.4	236.8	6.6	249.4	8.4

续表

地区	2011年		2012年		2013年		2014年		2015年	
	参保人数	享受待遇人次	参保人数	享受待遇人次	参保人数	享受待遇人次	参保人数	享受待遇人次	参保人数	享受待遇人次
全国	**13 892**	**265**	**15 429**	**353**	**16 392**	**522**	**17 039**	**613**	**17 771**	**642**
北京	395.3	14.9	844.7	27.9	883.2	41.1	915.6	53.2	941.6	52.8
天津	234.6	6.6	242.7	8.0	249.1	24.8	260.7	22.2	269.7	19.4
河北	593.1	5.5	634.8	9.7	667.6	15.7	684.0	22.5	713.0	18.5
山西	253.7	2.1	407.6	3.1	445.6	5.2	454.2	7.4	456.5	8.0
内蒙古	263.3	4.8	274.8	4.3	285.0	6.5	293.7	8.0	302.6	7.8
辽宁	664.7	15.1	713.9	19.4	752.3	25.9	783.9	28.5	789.3	29.6
吉林	335.9	6.7	350.4	9.4	365.9	11.2	367.0	14.0	367.5	14.0
黑龙江	350.1	3.6	353.1	4.2	355.1	6.9	356.1	7.8	357.1	6.4
上海	703.1	8.8	711.5	11.7	713.9	22.0	717.5	24.0	735.4	22.9
江苏	1 199.2	44.2	1 276.2	55.5	1 355.6	78.7	1 374.6	93.6	1 471.7	95.3
浙江	979.8	14.9	1 084.8	19.4	1 173.2	39.9	1 248.9	46.1	1 285.2	51.0
安徽	400.1	6.3	430.1	9.0	458.5	10.6	482.8	13.6	499.3	15.9
福建	451.9	5.7	484.3	8.2	539.6	12.1	556.7	12.8	598.3	14.0
江西	200.1	0.8	204.2	2.0	217.8	2.5	241.1	3.3	251.3	4.7
山东	857.8	19.7	919.0	19.9	974.4	47.1	1 046.5	56.2	1 111.3	48.1
河南	460.7	6.3	520.3	12.0	569.6	13.6	590.2	15.7	609.5	16.5
湖北	420.9	13.6	452.9	18.8	465.3	18.5	480.6	19.9	500.2	22.3
湖南	538.8	15.3	546.0	14.8	536.0	14.8	537.6	17.0	544.0	20.5
广东	2 339.7	32.6	2 484.9	40.1	2 711.6	45.0	2 801.3	50.8	3 081.8	67.0
广西	243.8	3.9	254.7	5.1	270.2	7.7	280.2	8.6	307.9	9.6
海南	100.7	2.2	116.0	3.2	120.2	4.0	122.0	3.8	127.1	4.7
重庆	216.6	5.4	253.5	8.2	280.4	10.2	347.5	12.5	354.3	18.3
四川	601.7	6.8	654.4	12.5	689.1	18.0	730.4	21.7	670.3	24.8
贵州	198.1	2.6	221.6	3.1	238.7	4.4	248.8	6.4	263.6	7.5
云南	216.5	3.5	239.2	4.6	270.9	11.2	279.3	13.2	289.8	12.0
西藏	16.1	0.3	18.2	0.4	20.7	0.5	22.8	0.5	23.8	0.7
陕西	211.6	2.8	223.7	3.1	240.3	4.3	250.8	5.3	265.3	6.4
甘肃	110.1	1.7	129.5	2.5	135.1	3.2	143.7	3.9	154.1	3.5
青海	6.7	0.2	33.8	0.3	42.8	1.7	45.8	3.4	48.0	5.0
宁夏	59.3	1.0	66.4	1.9	68.4	3.7	71.3	4.9	73.7	2.6
新疆	268.1	7.0	281.6	10.3	296.1	11.1	303.0	12.7	307.9	12.4

续表

地区	2016年		2017年		2018年	
	参保人数	享受待遇人次	参保人数	享受待遇人次	参保人数	享受待遇人次
全国	**18 451**	**914**	**19 300**	**1 113**	**20 434**	**1 089**
北京	981.0	51.9	1 035.2	68.6	1 104.0	61.4
天津	285.0	28.1	296.9	27.4	330.4	25.0
河北	710.3	33.8	737.8	36.3	774.2	31.4
山西	458.5	8.9	464.2	14.2	481.9	14.2
内蒙古	305.3	8.5	307.6	11.5	319.5	11.0
辽宁	790.1	31.7	782.4	44.2	777.8	40.5
吉林	367.8	17.1	370.1	17.1	370.3	15.3
黑龙江	358.0	9.4	355.1	8.9	350.2	8.4
上海	956.1	28.2	972.0	36.4	984.9	32.2
江苏	1 510.3	170.3	1 582.0	167.1	1 694.5	166.8
浙江	1 294.4	62.1	1 393.0	77.2	1 477.3	72.3
安徽	517.6	21.8	554.1	23.5	586.3	25.8
福建	625.8	20.9	634.5	27.5	651.9	24.0
江西	258.9	7.8	279.3	13.5	290.1	10.9
山东	1 139.1	73.4	1 186.6	90.9	1 235.4	81.6
河南	646.8	24.5	692.7	30.5	755.4	29.3
湖北	511.9	30.2	522.1	35.2	540.0	36.1
湖南	542.9	27.4	561.9	34.0	571.8	31.2
广东	3 161.9	117.8	3 300.9	169.6	3 495.3	189.3
广西	319.6	13.0	338.6	20.4	366.2	19.1
海南	136.5	6.0	140.3	8.8	152.6	7.0
重庆	365.7	24.3	411.3	26.6	439.5	26.9
四川	713.1	31.8	776.3	34.3	878.2	34.1
贵州	286.3	10.8	304.0	20.5	325.9	23.5
云南	295.9	16.2	307.9	22.2	339.5	17.3
西藏	24.9	0.9	29.1	1.4	32.4	2.0
陕西	283.4	9.1	328.7	12.6	401.9	14.3
甘肃	162.7	6.8	175.3	7.7	202.9	13.5
青海	49.7	3.7	50.0	3.8	58.1	4.0
宁夏	76.5	4.4	81.7	6.2	88.1	5.7
新疆	315.0	13.0	328.4	14.6	357.5	14.4

续表

地区	2019年		2020年		2021年	
	参保人数	享受待遇人次	参保人数	享受待遇人次	参保人数	享受待遇人次
全国	**21 417**	**1 136**	**23 567**	**1 167**	**23 752**	**1 320**
北京	1 164.4	61.2	1 341.1	53.3	1 082.7	49.1
天津	341.3	24.5	353.5	22.0	366.1	18.1
河北	811.0	35.5	875.2	32.2	900.6	24.4
山西	489.6	15.7	476.7	16.1	379.1	12.8
内蒙古	320.6	11.0	334.8	11.8	345.4	9.6
辽宁	789.4	43.5	792.2	47.8	704.8	31.8
吉林	326.3	22.3	326.8	25.7	331.7	19.0
黑龙江	343.5	9.1	397.7	11.9	396.0	12.0
上海	989.6	32.4	1 008.8	28.0	1 084.7	29.3
江苏	1 868.8	143.5	1 987.1	127.4	2 094.9	101.9
浙江	1 561.1	71.6	2 066.8	137.9	1 810.9	152.1
安徽	622.3	27.9	652.9	41.2	700.9	40.2
福建	621.7	21.0	676.6	20.5	711.1	18.4
江西	303.3	12.6	372.2	12.5	380.4	12.4
山东	1 298.8	81.2	1 534.3	79.3	1 607.5	76.1
河南	765.3	31.6	872.1	25.2	889.4	29.6
湖北	577.7	38.5	645.9	35.9	710.1	36.9
湖南	600.4	32.0	633.8	30.5	652.8	29.1
广东	3 669.4	217.2	3 799.8	201.0	3 973.9	420.1
广西	405.9	18.8	477.2	16.6	523.5	17.4
海南	168.8	10.7	183.2	10.7	179.6	10.7
重庆	466.9	29.4	505.8	26.9	536.5	26.3
四川	954.9	36.8	1 129.1	35.4	1 201.7	33.2
贵州	349.6	28.1	383.7	33.6	341.7	36.0
云南	356.0	18.3	375.0	22.3	393.3	17.5
西藏	34.3	3.6	37.3	3.6	41.6	3.5
陕西	454.5	16.8	519.0	16.7	560.2	18.1
甘肃	221.8	14.2	234.0	14.5	250.7	9.9
青海	61.8	4.6	64.2	4.9	68.4	6.9
宁夏	94.7	7.1	105.4	6.6	111.5	5.3
新疆	383.6	15.9	405.6	14.7	420.0	12.6

表 5-20　分地区城乡居民基本养老保险情况
（2021 年）

地区	参保人数（万人）	实际领取待遇人数（万人）	基金收支情况（亿元）		
			基金收入	基金支出	累计结余
全国	**54 797.4**	**16 213.3**	**5 338.6**	**3 715.0**	**11 396.4**
北京	192.4	90.8	113.6	103.7	179.9
天津	172.0	82.8	76.7	50.0	323.1
河北	3 552.8	1 086.9	263.8	172.7	576.2
山西	1 637.9	420.9	121.7	72.7	318.8
内蒙古	791.7	249.3	88.9	64.1	148.9
辽宁	1 040.9	426.6	82.9	78.2	92.9
吉林	933.7	281.7	57.6	43.8	99.4
黑龙江	889.9	244.1	68.6	48.2	136.7
上海	74.4	52.0	92.4	90.2	91.5
江苏	2 355.6	1 093.4	503.6	398.4	893.4
浙江	1 055.5	535.6	342.6	242.7	354.4
安徽	3 457.6	913.8	294.8	157.2	726.2
福建	1 597.4	486.5	132.9	102.3	261.6
江西	2 074.3	508.4	146.4	100.7	351.1
山东	4 614.1	1 567.2	598.1	383.0	1 506.1
河南	5 306.3	1 431.7	320.7	222.0	739.8
湖北	2 612.9	803.4	229.9	149.3	525.8
湖南	3 435.1	850.3	235.2	152.8	493.4
广东	2 681.4	894.9	304.9	273.6	506.4
广西	2 671.8	588.8	146.2	103.7	276.5
海南	329.2	77.9	39.1	21.9	130.7
重庆	1 139.9	334.8	89.6	69.5	191.9
四川	3 181.1	1 099.5	384.1	231.0	785.5
贵州	1 928.6	462.0	97.7	64.4	187.3
云南	2 460.3	542.7	155.9	99.7	553.9
西藏	174.9	26.3	12.8	7.5	39.2

续表

地区	参保人数（万人）	实际领取待遇人数（万人）	基金收支情况（亿元）		
			基金收入	基金支出	累计结余
陕西	1 799.5	540.5	143.5	102.8	340.8
甘肃	1 387.9	315.7	103.7	55.2	297.9
青海	262.6	42.0	19.0	12.7	66.0
宁夏	230.7	42.5	20.3	12.1	51.2
新疆	754.8	120.5	51.4	28.7	149.8

2021 年 2 月 26 日，人力资源社会保障部党组书记、部长张纪南出席国新办就业和社会保障新闻发布会，介绍 2020 年就业和社会保障工作进展，并就整体就业工作、养老金保发放、人社扶贫等问题回答记者提问。

2021 年 3 月 29 日，人力资源社会保障部党组书记、部长张纪南在中科院深海研究所调研人才人事工作。

2021年5月22日，人力资源社会保障部党组书记、部长张纪南在山西省吕梁市调研劳务品牌和贫困劳动力就业。

2021年5月24日，人力资源社会保障部党组书记、部长张纪南在河南省郑州市调研技能人才培养和就业工作。

2021 年 6 月 11 日，人力资源社会保障部党组书记、部长张纪南在广西壮族自治区南宁市调研“智慧人社”创新实验室。

2021 年 9 月 2 日，人力资源社会保障部部长张纪南以视频方式出席人力资源社会保障部与俄罗斯联邦劳动和社会保护部合作谅解备忘录续签仪式。

2021 年 5 月 18 日，人力资源社会保障部党组成员、副部长汤涛出席全国职业能力建设工作电视电话会议。

2021 年 9 月 27 日，人力资源社会保障部党组成员、副部长汤涛在新疆维吾尔自治区乌鲁木齐市出席全国乡村振兴职业技能大赛并调研。

2021 年 2 月 8 日，人力资源社会保障部党组成员、副部长王少峰出席人力资源社会保障部 2020 年度总结表彰大会。

2021 年 4 月 29 日，人力资源社会保障部党组成员、副部长王少峰出席《保障农民工工资支付条例》宣传月启动仪式。

2021 年 9 月 23 日，人力资源社会保障部党组成员、副部长游钧出席基本养老保险基金投资管理工作座谈会暨委托投资省份联席会议。

2021 年 7 月 7 日，人力资源社会保障部党组成员、副部长游钧在甘肃省临夏回族自治州调研社会保险扶贫与乡村振兴衔接工作。

2021 年 4 月 16 日，中央纪委国家监委驻人力资源社会保障部纪检监察组组长、人力资源社会保障部党组成员张敏出席人力资源社会保障部全面从严治党提升党建质量工作推进会。

2021 年 7 月 26 日，人力资源社会保障部召开学习贯彻习近平总书记“七一”重要讲话精神交流研讨暨工作调度推进会。

2021 年 7 月 15 日，人力资源社会保障部党组成员、副部长李忠参加金砖国家劳工就业部长会。

2021 年 9 月 22 日至 24 日，人力资源社会保障部党组成员、副部长李忠在四川省凉山州调研就业帮扶等情况。

2021 年 1 月 18 日，人力资源社会保障部召开全国人力资源和社会保障工作会议。

2021 年 6 月 22 日，人力资源社会保障部举办第十五届高技能人才表彰大会。

2021 年 11 月 5 日，国务院根治拖欠农民工工资工作领导小组召开根治欠薪冬季专项行动动员部署电视电话会议。

2021 年 12 月 16 日，人力资源社会保障部在安徽省合肥市举办 2021 年度人社窗口单位业务技能练兵比武全国总决赛。

中国人力资源和社会保障
年　鉴
（文献卷）

CHINA HUMAN RESOURCES AND SOCIAL SECURITY YEARBOOK

2022

中国劳动社会保障出版社
中国人事出版社

图书在版编目(CIP)数据

中国人力资源和社会保障年鉴. 2022. 文献卷、工作卷/人力资源和社会保障部组织编写. -- 北京：中国劳动社会保障出版社：中国人事出版社，2022

ISBN 978-7-5167-5756-7

Ⅰ.①中… Ⅱ.①人… Ⅲ.①人力资源管理-中国-2022-年鉴②社会保障-中国-2022-年鉴 Ⅳ.①F249.21-54②D632.1-54

中国版本图书馆 CIP 数据核字(2022)第 247509 号

中国劳动社会保障出版社
中 国 人 事 出 版 社 出版发行

（北京市惠新东街 1 号 邮政编码：100029）

*

北京市白帆印务有限公司印刷装订 新华书店经销

880 毫米×1230 毫米 16 开本 75.5 印张 5 彩插页 1829 千字

2022 年 12 月第 1 版 2022 年 12 月第 1 次印刷

定价：498.00 元

营销中心电话：400-606-6496

出版社网址：http://www.class.com.cn

《中国人力资源和社会保障年鉴》
编辑委员会成员

《中国人力资源和社会保障年鉴》
编辑部成员

编 辑 说 明

一、《中国人力资源和社会保障年鉴（2022）》是关于人力资源和社会保障工作的专业性史料工具书。本年鉴收录了2021年度我国人力资源社会保障工作重要文献、资料和数据，记录了2021年度我国人力资源社会保障事业发展概况，客观反映了人力资源社会保障工作改革发展成就、经验以及今后需要继续研究解决的问题。本年鉴是对党政机关领导干部和各部门工作人员、人力资源社会保障系统工作者、企业领导和人力资源管理者，以及人力资源社会保障科研理论工作者有价值的参考用书和工具书。

二、本年鉴分文献卷、工作卷两卷。文献卷包括人力资源和社会保障重要文献、工作大事记。工作卷包括人力资源和社会保障工作概览、全国人力资源和社会保障工作、地方人力资源和社会保障工作、人力资源和社会保障统计资料。

三、本年鉴中，全国人力资源和社会保障工作分为27个部分：促进就业，人力资源流动管理，职业能力建设，专业技术人员管理，事业单位人事管理，城镇职工养老保险，失业保险，工伤保险，城乡居民基本养老保险，社会保险经办管理，中央国家机关事业单位养老保险经办管理，社会保险基金监管，劳动关系，劳动人事争议调解仲裁，事业单位工资福利，农民工工作、促进家政服务业提质扩容和乡村振兴，人力资源和社会保障法治建设，劳动保障监察，国家表彰奖励，规划财务，信息化建设，科学研究，干部教育培训与评比表彰和行风窗口建设，行风建设，新闻宣传政务信息报刊与出版，国际及与港澳台地区交流合作，社团活动；地方人力资源和社会保障工作47篇。

《中国人力资源和社会保障年鉴（2022）》的编辑出版是在全国人力资源社会保障系统的共同努力下完成的。在此，向所有参加编辑出版工作的领导和同志表示衷心的感谢。

《中国人力资源和社会保障年鉴》编辑部

2022年12月

目　录

文献卷

人力资源和社会保障重要文献

一、党和国家领导人关于人力资源和社会保障工作的活动和重要指示批示

二、中共中央、国务院文件

三、人力资源和社会保障部领导的讲话和文章

四、人力资源和社会保障部文件

五、联合发文

工作大事记

工作卷

人力资源和社会保障工作概览

全国人力资源和社会保障工作

地方人力资源和社会保障工作

人力资源和社会保障统计资料

文献卷

人力资源和社会保障重要文献

一、党和国家领导人关于人力资源和社会保障工作的活动和重要指示批示

习近平：把握新发展阶段，贯彻新发展理念，构建新发展格局（节选）

从根本宗旨把握新发展理念。古人说："天地之大，黎元为本。"人民是我们党执政的最深厚基础和最大底气。为人民谋幸福、为民族谋复兴，这既是我们党领导现代化建设的出发点和落脚点，也是新发展理念的"根"和"魂"。只有坚持以人民为中心的发展思想，坚持发展为了人民、发展依靠人民、发展成果由人民共享，才会有正确的发展观、现代化观。苏联是世界上第一个社会主义国家，取得过辉煌成就，但后来失败了、解体了，其中一个重要原因是苏联共产党脱离了人民，成为一个只维护自身利益的特权官僚集团。即使是实现了现代化的国家，如果执政党背离人民，也会损害现代化成果。

实现共同富裕不仅是经济问题，而且是关系党的执政基础的重大政治问题。我们决不能允许贫富差距越来越大、穷者愈穷富者愈富，决不能在富的人和穷的人之间出现一道不可逾越的鸿沟。当然，实现共同富裕，要统筹考虑需要和可能，按照经济社会发展规律循序渐进。同时，这项工作也不能等，要自觉主动解决地区差距、城乡差距、收入差距等问题，推动社会全面进步和人的全面发展，促进社会公平正义，让发展成果更多更公平惠及全体人民，不断增强人民群众获得感、幸福感、安全感，让人民群众真真切切感受到共同富裕不仅仅是一个口号，而是看得见、摸得着、真实可感的事实。

在社会领域，要防止大规模失业风险，加强公共卫生安全，有效化解各类群体性事件。要加强保障国家安全的制度性建设，借鉴其他国家经验，研究如何设置必要的"玻璃门"，在不同阶段加不同的锁，有效处理各类涉及国家安全的问题。

构建新发展格局的关键在于经济循环的畅通无阻，就像人们讲的要调理好统摄全身阴阳气血的任督二脉。经济活动需要各种生产要素的组合在生产、分配、流通、消费各环节有机衔接，从而实现循环流转。在正常情况下，如果经济循环顺畅，物质产品会增加，社会财富会积聚，人民福祉会增进，国家实力会增强，从而形成一个螺旋式上升的发展过程。如果经济循环过程中出现堵点、断点，循环就会受阻，在宏观上就会表现为增长速度下降、失业增加、风险积累、国际收支失衡等情况，在微观上就会表现为产能过剩、企业效益下降、居民收入下降等问题。在我国发展现阶段，畅通经济循环最主要的任务是供给侧有效畅通，有效供给能力强可以穿透循环堵点、消除瓶颈制约，可以创造就业和提供收入，从而形成需求能力。因此，我们必须坚持深化供给侧结构性改革这条主线，继续完成"三去一降一补"的重要任务，全面优化升级产业结构，提升创新能力、竞争力和综合实力，增强供给体系的韧性，形成更高效率和更高质量的投入产出关系，实现经济在高水平上的动态平衡。（习近平总书记2021年1月11日在省部级主要领导干部学习贯彻党的十九届五中全会精神专题研讨班上的讲话，《求是》杂志2021年第9期）

习近平在中共中央政治局第二十七次集体学习时强调　完整准确全面贯彻新发展理念　确保“十四五”时期我国发展开好局起好步（节选）

中共中央政治局1月28日下午就做好“十四五”时期我国发展开好局、起好步的重点工作进行第二十七次集体学习。中共中央总书记习近平在主持学习时强调，新发展理念是一个系统的理论体系，回答了关于发展的目的、动力、方式、路径等一系列理论和实践问题，阐明了我们党关于发展的政治立场、价值导向、发展模式、发展道路等重大政治问题。全党必须完整、准确、全面贯彻新发展理念，确保“十四五”时期我国发展开好局、起好步。

习近平指出，进入新发展阶段，完整、准确、全面贯彻新发展理念，必须更加注重共同富裕问题。党的十九届五中全会向着更远的目标谋划共同富裕，提出了“全体人民共同富裕取得更为明显的实质性进展”的目标。共同富裕本身就是社会主义现代化的一个重要目标。我们要始终把满足人民对美好生活的新期待作为发展的出发点和落脚点，在实现现代化过程中不断地、逐步地解决好这个问题。要自觉主动解决地区差距、城乡差距、收入差距等问题，坚持在发展中保障和改善民生，统筹做好就业、收入分配、教育、社保、医疗、住房、养老、扶幼等各方面工作，更加注重向农村、基层、欠发达地区倾斜，向困难群众倾斜，促进社会公平正义，让发展成果更多更公平惠及全体人民。促进全体人民共同富裕是一项长期任务，也是一项现实任务，必须摆在更加重要的位置，脚踏实地，久久为功，向着这个目标作出更加积极有为的努力。

习近平强调，完整、准确、全面贯彻新发展理念，既要以新发展理念指导引领全面深化改革，又要通过深化改革为完整、准确、全面贯彻新发展理念提供体制机制保障。党的十八届三中全会以来，我国主要领域改革主体框架基本确立，现在要把着力点放到围绕完整、准确、全面贯彻新发展理念，加强系统集成、精准施策上来。要在已有改革基础上，立足贯彻新发展理念、构建新发展格局，坚持问题导向，围绕增强创新能力、推动平衡发展、改善生态环境、提高开放水平、促进共享发展等重点领域和关键环节，继续把改革推向深入，更加精准地出台改革方案，更加全面地完善制度体系。（新华社北京2021年1月29日电）

习近平：在党史学习教育动员大会上的讲话

今年是中国共产党成立一百周年。在全党开展党史学习教育，是党中央立足党的百年历史新起点、统筹中华民族伟大复兴战略全局和世界百年未有之大变局、为动员全党全国满怀信心投身全面建设社会主义现代化国家而作出的重大决策。党中央已经印发了《关于在全党开展党史学习教育的通知》，对这项工作作出了部署，各级党委（党组）要认真贯彻落实。这里，我重点强调3个问题。

一、开展党史学习教育意义重大

党的历史是最生动、最有说服力的教科书。我们党历来重视党史学习教育，注重用党的奋斗历程和伟大成就鼓舞斗志、明确方向，用党的光荣传统和优良作风坚定信念、凝聚力量，用党的实践创造和历史经验启迪智慧、砥砺品格。毛泽东同志说："如果不把党的历史搞清楚，不把党在历史上所走的路搞清楚，便不能把事情办得更好。"邓小平同志说："每个党、每个国家都有自己的历史，只有采取客观的实事求是的态度来分析和总结，才有好处。"江泽民同志强调："要努力学习中国历史特别是中国近现代历史和党的历史，并通过这种学习努力掌握和发扬中华民族的优良传统和党的优良传统。"胡锦涛同志指出："要通过开展各种纪念教育活动，促进广大中青年干部进一步学习党的知识和党的历史，深入了解党的优良传统和作风，不断增强党的意识，更加坚定自觉地为党的事业而奋斗。"

党的十八大以来，党中央高度重视学习党的历史，我在不同场合也提出了要求，归纳起来，主要有这么几条。一是我们党已经发展成为一个走过百年光辉历程、在最大的社会主义国家执政70多年、拥有9 100多万党员的世界上最大的马克思主义执政党，中国共产党立志于中华民族千秋伟业，百年恰是风华正茂，要始终站在时代潮流最前列、站在攻坚克难最前沿、站在最广大人民之中，永远立于不败之地。二是历史是最好的老师，我们党的历史是中国近现代以来历史最为可歌可泣的篇章，历史在人民探索和奋斗中造就了中国共产党，我们党团结带领人民又造就了历史悠久的中华文明新的历史辉煌。一切向前走，都不能忘记走过的路，走得再远、走到再光辉的未来，也不能忘记走过的过去，不能忘记为什么出发。三是学习党的历史，是坚持和发展中国特色社会主义、把党和国家各项事业继续推向前进的必修课，这门功课不仅必修，而且必须修好。四是中国革命历史是最好的营养剂，重温这部伟大历史能够受到党的初心使命、性质宗旨、理想信念的生动教育，必须铭记光辉历史、传承红色基因。五是要学习党史、新中国史、改革开放史、社会主义发展史，广大党员要以学习党的历史为重点，做到知史爱党、知史爱国，在学习领悟中坚定理想信念，在奋发有为中践行初心使命。六是我们党的历史就是我们党与人民心心相印、与人民同甘共苦、与人民团结奋斗的历史，一定要一块过、一块干，始终保持同人民群众的血肉联系。七是全面宣传党的历史，充分发挥党的历史以史鉴今、资政育人的作用，是党和国家工作大局中一项十分重要的工作。八是回顾历史不是为了从成功中寻求慰藉，更不是为了躺在功劳簿上、为回避今天面临的困难和问题寻找借口，而是为了总结历史经验、把握历史规律，增强开拓前进的勇气和力量。九是要坚持用唯物史观来认识历史，坚持实事求是的思想路线，分清主流和支流，坚持真理，修正错误，发扬经验，吸取教训。这些都是我们党对党的历史的一贯立场和态度，体现了我们党对学习运用党的历史重要性和必要性的深刻认识。

今天，在庆祝我们党百年华诞的重大时刻，在“两个一百年”奋斗目标历史交汇的关键节点，在全党集中开展党史学习教育，正当其时，十分必要。我们党的一百年，是矢志践行初心使命的一百年，是筚路蓝缕奠基立业的一百年，是创造辉煌开辟未来的一百年。在百年接续奋斗中，党团结带领人民开辟了伟大道路，建立了伟大功业，铸就了伟大精神，积累了宝贵经验，创造了中华民族发展史、人类社会进步史上令人刮目相看的奇迹。回望过往的奋斗路，眺望前方的奋进路，我们必须把党的历史学习好、总结好，把党的成功经验传承好、发扬好。

第一，在全党开展党史学习教育，是牢记初心使命、推进中华民族伟大复兴历史伟业的必然要求。我们党从诞生那一天起，就同中国人民和中华民族的前途命运紧密联系在一起。鸦片战争以后，我国逐渐成为半殖民地半封建社会，处在列强入侵、战火频仍、山河破碎、生灵涂炭的悲惨境地，中国人民生活在水深火热之中。从那时起，实现民族复兴就成为了中华民族最伟大的梦想。为了改变被奴役、被欺凌的命运，无数仁人志士前赴后继，努力探寻救亡图存的出路。太平天国运动、洋务运动、戊戌变法、义和团运动、辛亥革命接连而起，但都以失败而告终，没有能够改变中国人民和中华民族的悲惨命运。十月革命一声炮响，给中国送来了马克思列宁主义。这犹如黑暗中的一道霞光，给正在苦苦探求救国救民道路的中国先进分子指明了方向，中国共产党应运而生。从登上中国政治舞台的那一刻起，我们党就坚持马克思主义立场观点方法，始终不渝为中国人民谋幸福、为中华民族谋复兴，从此，中国人民开始从精神上由被动转为主动，中华民族开始艰难地但不可逆转地走向伟大复兴。

一百年来，不管形势和任务如何变化，不管遇到什么样的惊涛骇浪，我们党都始终把握历史主动、锚定奋斗目标，沿着正确方向坚定前行。我们党团结带领人民用近30年时间完成了新民主主义革命，建立了新中国，中国人民从此站起来了；我们党团结带领人民在社会主义革命和建设的基础上用40多年时间进行改革开放，全面建成小康社会取得伟大历史性成就，脱贫攻坚战如期打赢，实现了第一个百年奋斗目标；下一步，到2035年，我们党要团结带领人民基本实现社会主义现代化，并在这个基础上再奋斗15年，到本世纪中叶全面建成社会主义现代化强国。

一代人有一代人的责任。中华民族伟大复兴曙光在前、前途光明。同时，我们必须清醒认识到，中华民族伟大复兴绝不是轻轻松松、敲锣打鼓就能实现的。我们面临着难得机遇，也面临着严峻挑战。在这个关键当口，容不得任何停留、迟疑、观望，必须不忘初心、牢记使命，一鼓作气、继续奋斗。

中国古人说：“度之往事，验之来事，参之平素，可则决之。”在全党开展党史学习教育，就是要教育引导全党以史为镜、以史明志，了解党团结带领人民为中华民族作出的伟大贡献和根本成就，认清当代中国所处的历史方位，增强历史自觉，把苦难辉煌的过去、日新月异的现在、光明宏大的未来贯通起来，在乱云飞渡中把牢正确方向，在风险挑战面前砥砺胆识，激发为实现中华民族伟大复兴而奋斗的信心和动力，风雨无阻，坚毅前行，开创属于我们这一代人的历史伟业。

第二，在全党开展党史学习教育，是坚定信仰信念、在新时代坚持和发展中国特色社会主义的必然要求。信仰信念任何时候都至关重要。对共产主义的信仰，对中国特色社会主义的信念，是共产党人的政治灵魂，是共产党人经受住任何考验的精神支柱。在新时代，坚定信仰信念，最重要的就是要坚定中国特色社会主义道路自信、理论自信、制度自信、文化自信。党的百年奋斗历程和伟大成就是我们增强“四个自信”最坚实的基础。

经过一百年的奋斗，我们党团结带领人民在一个有着几千年封建社会历史的国家实现了最广泛的人民民主，人民真正成为国家、社会和自己命运的主人；我们在一穷二白的基础上创造了经济社会快速发展奇迹，用几十年时间走完了发达国家几百年走过的工业化历程，跃升为世界第二大经济体，综合国力、科技实力、国防实力、文化影响力、国际影响力显著提升；我国人民生活由温饱不足到全面小康，整体上彻底摆脱了绝对贫困，成为世界上中等收入人口最多的国家；我国长期保持社会和谐稳定、人民安居乐业，成为国际社会公认的最有安全感的国家之一。这次抗击新冠肺炎疫情的伟大斗争，充分彰显了党的领导和我国社会主义制度的显著优势，极大增强了全党全国各族人民的信心信念。当今世界，要说哪个政党、哪个国家、哪个民族能够自信的话，那中国共产党、中华人民共和国、中华民族是最有理由自信的！

在全党开展党史学习教育，就是要教育引导全党深刻认识红色政权来之不易、新中国来之不易、中国特色社会主义来之不易，深刻认识中国共产党为什么能、马克思主义为什么行、中国特色社会主义为什么好，不断坚定“四个自信”，不断增强历史定力，增强做中国人的志气、骨气、底气。

第三，在全党开展党史学习教育，是推进党的自我革命、永葆党的生机活力的必然要求。勇于自我革命，是我们党最鲜明的品格，也是我们党最大的优势。百年风霜雪雨、百年大浪淘沙，我们党能够从最初的50多名党员发展到今天的9 100多万名党员，战胜一个又一个困难，取得一个又一个胜利，关键在于我们始终坚持党要管党、全面从严治党不放松，在推动社会革命的同时进行彻底的自我革命。

在全党开展集中性学习教育，是我们党推进自我革命的重要途径，也是一条重要经验。改革开放以来，我们通过开展整党、“三讲”教育、先进性教育活动、学习实践科学发展观活动等，有力推进了党的建设新的伟大工程。党的十八大以来，我们先后组织开展群众路线教育实践活动、“三严三实”专题教育、“两学一做”学习教育、“不忘初心、牢记使命”主题教育，党的创造力、凝聚力、战斗力显著提高，党的自我净化、自我完善、自我革新、自我提高能力不断增强。

当前，同向社会主义现代化强国进军的伟大社会革命相比，党的自身建设上还存在一些不匹配、不适应的地方，一些弱化党的先进性、损害党的纯洁性的问题具有很大的危险性和破坏性，特别是党风廉政上的一些问题具有反复性和顽固性，稍不注意就会反弹回潮、前功尽弃。在全党开展党史学习教育，就是要教育引导全党在开启新征程的关键时刻，继续发扬彻底的革命精神，坚持全面从严治党永远在路上，保持“赶考”的清醒，以新时代党的自我革命引领新的伟大社会革命。

二、开展党史学习教育要突出重点

党中央印发的《通知》，对这次学习教育工作提出了明确要求，总的来说就是要做到学史明理、学史增信、学史崇德、学史力行，教育引导全党同志学党史、悟思想、办实事、开新局。

第一，进一步感悟思想伟力，增强用党的创新理论武装全党的政治自觉。思想就是力量。一个民族要走在时代前列，就一刻不能没有理论思维，一刻不能没有思想指引。在近代中国最危急的时刻，中国共产党人找到了马克思列宁主义，并坚持把马克思列宁主义同中国实际相结合，用马克思主义真理的力量激活了中华民族历经几千年创造的伟大文明，使中华文明再次迸发出强大精神力量。实践证明，马克思主义是我们认识世界、把握规律、追求真理、改造世界的强大思想武器，是我们党和国家必须始终遵循的指导思想。

理论的生命力在于创新。马克思主义深刻改变了中国，中国也极大丰富了马克思主义。一百年来，我们党坚持解放思想和实事求是相统一、培元固本和守正创新相统一，不断开辟马克思主义新境界，产生了毛泽东思想、邓小平理论、“三个代表”重要思想、科学发展观，产生了新时代中国特色社会主义思想，为党和人民事业发展提供了科学理论指导。我们党的历史，就是一部不断推进马克思主义中国化的历史，就是一部不断推进理论创新、进行理论创造的历史。

要教育引导全党从党的非凡历程中领会马克思主义是如何深刻改变中国、改变世界的，感悟马克思主义的真理力量和实践力量，深化对中国化马克思主义既一脉相承又与时俱进的理论品质的认识，特别是要结合党的十八大以来党和国家事业取得历史性成就、发生历史性变革的进程，深刻学习领会新时代党的创新理论，坚持不懈用党的创新理论最新成果武装头脑、指导实践、推动工作。

第二，进一步把握历史发展规律和大势，始终掌握党和国家事业发展的历史主动。历史发展有其规律，但人在其中不是完全消极被动的。只要把握住历史发展规律和大势，抓住历史变革时机，顺势而为，奋发有为，我们就能够更好前进。马克思、恩格斯早在170多年前就科学揭示了社会主义必然代替资本主义的历史规律。这是人类社会发展不可逆转的总趋势，但需要经历一个很长的历史过程。在这个过程中，我们要立足现实，把握好每个阶段的历史大势，做好当下的事情。

在一百年的奋斗中，我们党始终以马克思主义基本原理分析把握历史大势，正确处理中国和世界的关系，善于抓住和用好各种历史机遇。我们党的诞生就是顺应世界发展大势的结果。十月革命的胜利，社会主义的兴起，就是当时的世界大势。我们党从这个世界大势中产生，走在了时代前列。抗日战争时期，我们党从世界反法西斯战争和中国人民抗日救亡强烈愿望的大势出发，促成了抗日民族统一战线，并最终团结带领人民赢得了抗日战争伟大胜利。中华人民共和国的成立和巩固，也是顺应时代大潮的产物。那时，社会主义发展壮大，亚非拉民族解放运动风起云涌，出现了“东风压倒西风”的气象，新中国就是沐浴着这个东风诞生并站住了脚的。作出改革开放的重大决策，也是基于我们党对时代潮流的深刻洞察。当时，世界经济科技快速发展，我国发展同国际先进水平的差距明显拉大，邓小平同志说：“我们要赶上时代，这是改革要达到的目的。”我们党对世界大势作出了科学判断，下决心实现党和国家工作中心的转移，一往无前拉开了改革开放的历史大幕。

“虽有智慧，不如乘势。”了解历史才能看得远，理解历史才能走得远。要教育引导全党胸怀中华民族伟大复兴战略全局和世界百年未有之大变局，树立大历史观，从历史长河、时代大潮、全球风云中分析演变机理、探究历史规律，提出因应的战略策略，增强工作的系统性、预见性、创造性。

第三，进一步深化对党的性质宗旨的认识，始终保持马克思主义政党的鲜明本色。我们党来自于人民，党的根基和血脉在人民。为人民而生，因人民而兴，始终同人民在一起，为人民利益而奋斗，是我们党立党兴党强党的根本出发点和落脚点。

我们党的百年历史，就是一部践行党的初心使命的历史，就是一部党与人民心连心、同呼吸、共命运的历史。大革命失败后，30多万牺牲的革命者中大部分是跟随我们党闹革命的人民群众；红军时期，人民群众就是党和人民军队的铜墙铁壁；抗日战争时期，我们党广泛发动群众，使日本侵略者陷入了人民战争的汪洋大海；淮海战役胜利是靠老百姓用小车推出来的，渡江战役胜利是靠老百姓用小船划出来的；社会主义革命和建设的成就是人民群众干出来的；改革开放的历史伟剧是亿万人民群众主演的。历史充分证明，江山就是人民，人民就是江山，人心向背关系党的生死存亡。赢得人民信任，得到人民支持，党就能够克服任何困难，就能够无往而不胜。反之，我们将一事无成，甚至走向衰败。

我们党的章程开宗明义明确，中国共产党是中国工人阶级的先锋队，同时是中国人民和中华民族的先锋队。党章也明确规定，党坚持全心全意为人民服务，在任何时候都把群众利益放在第一位，同群众同甘共苦，保持最密切的联系。这就要求我们必须坚持尊重社会发展规律和尊重人民历史主体地位的一致性、为崇高理想奋斗和为最广大人民谋利益的一致性、完成党的各项工作和实现人民利益的一致性，永不脱离群众，与群众有福同享、有难同当，有盐同咸、无盐同淡。要教育引导全党深刻认识党的性质宗旨，坚持一切为了人民、一切依靠人民，始终把人民放在心中最高位置、把人民对美好生活的向往作为奋斗目标，推动改革发展成果更多更公平惠及全体人民，推动共同富裕取得更为明显的实质性进展，把 14 亿中国人民凝聚成推动中华民族伟大复兴的磅礴力量。

第四，进一步总结党的历史经验，不断提高应对风险挑战的能力水平。我们党一步步走过来，很重要的一条就是不断总结经验、提高本领，不断提高应对风险、迎接挑战、化险为夷的能力水平。党的经验不是从天上掉下来的，也不是从书本上抄来的，而是我们党在历经艰辛、饱经风雨的长期摸索中积累下来的，饱含着成败和得失，凝结着鲜血和汗水，充满着智慧和勇毅。

当前，我国发展面临着前所未有的风险挑战，既有国内的也有国际的，既有政治、经济、文化、社会等领域的也有来自自然界的，既有传统的也有非传统的，“黑天鹅”、“灰犀牛”还会不期而至。要更好应对前进道路上各种可以预见和难以预见的风险挑战，我们必须从历史中获得启迪，从历史经验中提炼出克敌制胜的法宝。当年，毛泽东同志总结革命斗争经验，把统一战线、武装斗争、党的建设概括为克敌制胜的“三大法宝”，为我们党取得新民主主义革命胜利发挥了重要作用，至今依然发挥着重要作用。我在庆祝建党 95 周年、改革开放 40 周年、新中国成立 70 周年等重要场合，从不同角度对党的历史经验作了总结概括。我们要抓住建党一百年这个重要节点，从具有许多新的历史特点的伟大斗争出发，总结运用党在不同历史时期成功应对风险挑战的丰富经验，做好较长时间应对外部环境变化的思想准备和工作准备，不断增强斗争意识、丰富斗争经验、提升斗争本领，不断提高治国理政能力和水平，从最坏处着眼，做最充分的准备，朝好的方向努力，争取最好的结果。

堡垒最容易从内部被攻破。从某种意义上说，自从党成立以来，我们党面临的最大风险是内部变质、变色、变味，丧失马克思主义政党的政治本色，背离党的宗旨而失去最广大人民支持和拥护。党的百年历史，也是我们党不断保持党的先进性和纯洁性，不断防范被瓦解、被腐化的危险的历史。要教育引导全党通过总结历史经验教训，着眼于解决党的建设的现实问题，不断提高党的领导水平和执政水平、增强拒腐防变和抵御风险能力，确保我们党在世界形势深刻变化的历史进程中始终走在时代前列，在应对国内外各种风险挑战的历史进程中始终成为全国人民的主心骨，在坚持和发展中国特色社会主义的历史进程中始终成为坚强领导核心。

第五，进一步发扬革命精神，始终保持艰苦奋斗的昂扬精神。“人生天地间，长路有险夷。”世界上没有哪个党像我们这样，遭遇过如此多的艰难险阻，经历过如此多的生死考验，付出过如此多的惨烈牺牲。一百年来，在应对各种困难挑战中，我们党锤炼了不畏强敌、不惧风险、敢于斗争、勇于胜利的风骨和品质。这是我们党最鲜明的特质和特点。在一百年的非凡奋斗历程中，一代又一代中国共产党人顽强拼搏、不懈奋斗，涌现了一大批视死如归的革命烈士、一大批顽强奋斗的英雄人物、一大批忘我奉献的先进模范，形成了井冈山精神、长征精神、遵义会议精神、延安精神、西柏坡精神、红岩精神、抗美援朝精神、“两弹一星”精神、特区精神、抗洪精神、抗震救灾精神、抗疫精神等伟大精神，构筑起了中国共产党人的精神谱系。我们党之所以历经百年而风华正茂、饱经磨难而生生不息，就是凭着那么一股革命加拼命的强大精神。

这些宝贵精神财富跨越时空、历久弥新，集中体现了党的坚定信念、根本宗旨、优良作风，凝聚着中国共产党人艰苦奋斗、牺牲奉献、开拓进取的伟大品格，深深融入我们党、国家、民族、人民的血脉之中，为我们立党兴党强党提供了丰厚滋养。

同时，我们要清醒看到，我们党长期执政，党员干部中容易出现承平日久、精神懈怠的心态。有的觉得现在已经可以好好喘口气、歇歇脚，做做安稳官、太平官了；有的觉得“船到码头车到站”，不思进取、庸政懒政混日子；有的为个人打算多了，患得患失、不敢担当却贪图名利、享受；有的习惯当“传声筒”、“中转站”，遇到困难绕着走、碰到难题往上交，缺乏攻坚克难的锐气和斗志。我反复强调要发扬将革命进行到底的精神，强调要发扬老一辈革命家“宜将剩勇追穷寇，不可沽名学霸王”的革命精神，发扬共产党人“为有牺牲多壮志，敢教日月换新天”的奋斗精神，这是有很深考虑的。大家想一想，在我国这样一个 14 亿人口的国家实现社会主义现代化，这是多么伟大、多么不易！要教育引导全党大力发扬红色传统、传承红色基因，赓续共产党人精神血脉，始终保持革命者的大无畏奋斗精神，鼓起迈进新征程、奋进新时代的精气神。

第六，进一步增强党的团结和集中统一，确保全党步调一致向前进。旗帜鲜明讲政治、保证党的团结和集中统一是党的生命，也是我们党能成为百年大党、创造世纪伟业的关键所在。实践证明，只要全党团结成“一块坚硬的钢铁”，就能够把全国各族人民团结起来，形成万众一心、无坚不摧的磅礴力量，战胜一切强大敌人、一切艰难险阻。

保证全党服从中央，维护党中央权威和集中统一领导，是党的政治建设的首要任务，必须常抓不懈。在党的历史上，遵义会议是一次具有伟大转折意义的重要会议。这次会议在红军第五次反“围剿”失败和长征初期严重受挫的历史关头召开，确立了毛泽东同志在党中央和红军的领导地位，开始确立了以毛泽东同志为主要代表的马克思主义正确路线在党中央的领导地位，开始形成以毛泽东同志为核心的党的第一代中央领导集体，开启了我们党独立自主解决中国革命实际问题的新阶段，在最危急关头挽救了党、挽救了红军、挽救了中国革命。但是，遵义会议后，全党真正深刻认识到维护党中央权威和集中统一领导的重大意义并成为自觉行动还经历了一个过程。长征途中，在我们党最需要团结的时候，张国焘挟兵自重、另立中央，公然走上分裂党和红军的道路。抗战初期，王明在党内拉帮结派、我行我素，不听党中央指挥，再次从反面教育了全党。延安时期，为了解决党内存在的思想分歧、宗派主义等问题，我们党开展了大规模的整风运动，使全党达到了空前的团结和统一，为夺取抗战胜利和全国解放奠定了强大思想政治基础。

“壹引其纲，万目皆张。”党的十八大以来，我们全力推进党的政治建设，健全维护党中央权威和集中统一领导的各项制度，党的团结统一更加巩固。同时，我们也要看到，现在仍有一些党员、干部政治意识不强、政治敏锐性不高，不善于从政治上观察和处理问题，对“国之大者”不关心，对政治要求、政治规矩、政治纪律不上心，对各种问题的政治危害性不走心，对贯彻落实党中央的大政方针不用心，讲政治还没有从外部要求转化为内在主动。维护党中央权威和集中统一领导不能停留在口头上，而是要体现在行动上。要教育引导全党从党史中汲取正反两方面历史经验，坚定不移向党中央看齐，不断提高政治判断力、政治领悟力、政治执行力，切实增强“四个意识”、坚定“四个自信”、做到“两个维护”，自觉在思想上政治上行动上同党中央保持高度一致，确保全党上下拧成一股绳，心往一处想、劲往一处使。

三、在全党开展党史学习教育要务求实效

在全党开展党史学习教育，是党的政治生活中的一件大事。全党要高度重视，提高思想站位，立足实际、守正创新，高标准高质量完成学习教育各项任务。围绕搞好这次学习教育，我再强调几点。

一是要加强组织领导。各级党委（党组）要承担主体责任，主要领导同志要亲自抓、率先垂范，成立领导机构，切实把党中央部署和要求落到实处。党史学习教育领导小组要加强指导，省区市党委和行业系统主管部门党组（党委）要加强对所属地区、部门和单位的督导检查。全党深入学习党史，是增强党的意识、党员意识的重要途径。党员、干部不管处在哪个层次和岗位，都要全身心投入，静下心来，认真学习、深入思考，做到学有所思、学有所悟、学有所得。

二是要树立正确党史观。唯物史观是我们共产党人认识把握历史的根本方法。如果历史观错误，不仅达不到学习教育的目的，反倒会南辕北辙、走入误区。现在，一些错误倾向要引起警惕：有的夸大党史上的失误和曲折，肆意抹黑歪曲党的历史、攻击党的领导；有的将党史事件同现实问题刻意勾连、恶意炒作；有的不信正史信野史，将党史庸俗化、娱乐化，热衷传播八卦轶闻，对非法境外出版物津津乐道，等等。要坚持以我们党关于历史问题的两个决议和党中央有关精神为依据，准确把握党的历史发展的主题主线、主流本质，正确认识和科学评价党史上的重大事件、重要会议、重要人物。要实事求是看待党史上的一些重大问题，既不能因为成就而回避失误和曲折，也不能因为探索中的失误和曲折而否定成就。要旗帜鲜明反对历史虚无主义，加强思想引导和理论辨析，澄清对党史上一些重大历史问题的模糊认识和片面理解，更好正本清源、固本培元。

三是要切实为群众办实事解难题。要把学习党史同总结经验、观照现实、推动工作结合起来，把学习成效转化为工作动力和成效，防止学习和工作“两张皮”。这次党史学习教育要同解决实际问题结合起来，开展好“我为群众办实事”实践活动。要强化公仆意识和为民情怀，首先是立足本职岗位为人民服务，发挥好共产党员先锋模范作用，还要从最困难的群众入手、从最突出的问题抓起、从最现实的利益出发，切实解决基层的困难事、群众的烦心事。办实事不是简单帮钱帮物、搞花架子、堆几个盆景。既要立足眼前、解决群众“急难愁盼”的具体问题，又要着眼长远、完善解决民生问题的体制机制，增强人民群众获得感、幸福感、安全感。老区人民为党和人民事业作出了重大牺牲和贡献，我们要把老区建设好、把英烈后代照顾好，让他们过上更加幸福的生活。

四是要注重方式方法创新。党史学习教育有自身的特点和规律，要发扬马克思主义优良学风，坚持分类指导，明确学习要求、学习任务，推进内容、形式、方法的创新，不断增强针对性和实效性。要以县处级以上领导干部为重点，坚持集中学习和自主学习相结合，坚持规定动作和自选动作相结合，开展特色鲜明、形式多样的学习教育。要抓好专题学习、专题党课、专题民主生活会、专题培训，精心组织宣讲团开展专题宣讲，用好党的红色资源，让干部群众切身感受艰辛历程、巨大变化、辉煌成就。要在全社会广泛开展党史、新中国史、改革开放史、社会主义发展史宣传教育，普及党史知识，推动党史学习教育深入群众、深入基层、深入人心。要鼓励创作党史题材的文艺作品特别是影视作品，精心组织党史主题出版物的出版发行，发挥互联网在党史宣传中的重要作用。要抓好青少年学习教育，着力讲好党的故事、革命的故事、英雄的故事，厚植爱党、爱国、爱社会主义的情感，让红色基因、革命薪火代代传承。

要坚决克服形式主义、官僚主义，注意为基层减负。要防止为完成任务应付了事，出现“人在心不在”等现象，防止照本宣科，防止为了博眼球信口开河。要防止肤浅化和碎片化，学党史讲党史不能停留在讲故事、听故事层面，而要通过讲故事引导广大党员加深对党的历史理解和把握，加深对党的理论理解和认识。

当前，我国疫情防控形势依然复杂，经济社会发展任务繁重。要坚持统筹兼顾，把党史学习教育同党和国家中心工作紧密结合起来，同统筹疫情防控和经济社会发展紧密结合起来，同动员人民群众创造美好生活紧密结合起来，以昂扬姿态奋力开启全面建设社会主义现代化国家新征程，以优异成绩迎接建党一百周年！（2021 年 2 月 20 日，《求是》杂志 2021 年第 7 期）

习近平：在全国脱贫攻坚总结表彰大会上的讲话（节选）

党的十八大以来，党中央鲜明提出，全面建成小康社会最艰巨最繁重的任务在农村特别是在贫困地区，没有农村的小康特别是没有贫困地区的小康，就没有全面建成小康社会；强调贫穷不是社会主义，如果贫困地区长期贫困，面貌长期得不到改变，群众生活水平长期得不到明显提高，那就没有体现我国社会主义制度的优越性，那也不是社会主义，必须时不我待抓好脱贫攻坚工作。2012 年年底，党的十八大召开后不久，党中央就突出强调，“小康不小康，关键看老乡，关键在贫困的老乡能不能脱贫”，承诺“决不能落下一个贫困地区、一个贫困群众”，拉开了新时代脱贫攻坚的序幕。2013 年，党中央提出精准扶贫理念，创新扶贫工作机制。2015 年，党中央召开扶贫开发工作会议，提出实现脱贫攻坚目标的总体要求，实行扶持对象、项目安排、资金使用、措施到户、因村派人、脱贫成效“六个精准”，实行发展生产、易地搬迁、生态补偿、发展教育、社会保障兜底“五个一批”，发出打赢脱贫攻坚战的总攻令。2017 年，党的十九大把精准脱贫作为三大攻坚战之一进行全面部署，锚定全面建成小康社会目标，聚力攻克深度贫困堡垒，决战决胜脱贫攻坚。2020 年，为有力应对新冠肺炎疫情和特大洪涝灾情带来的影响，党中央要求全党全国以更大的决心、更强的力度，做好“加试题”、打好收官战，信心百倍向着脱贫攻坚的最后胜利进军。

坚持以人民为中心的发展思想，坚定不移走共同富裕道路。“治国之道，富民为始。”我们始终坚定人民立场，强调消除贫困、改善民生、实现共同富裕是社会主义的本质要求，是我们党坚持全心全意为人民服务根本宗旨的重要体现，是党和政府的重大责任。我们把群众满意度作为衡量脱贫成效的重要尺度，集中力量解决贫困群众基本民生需求。我们发挥政府投入的主体和主导作用，宁肯少上几个大项目，也优先保障脱贫攻坚资金投入。8 年来，中央、省、市县财政专项扶贫资金累计投入近 1.6 万亿元，其中中央财政累计投入 6 601 亿元。打响脱贫攻坚战以来，土地增减挂指标跨省域调剂和省域内流转资金 4 400 多亿元，扶贫小额信贷累计发放 7 100 多亿元，扶贫再贷款累计发放 6 688 亿元，金融精准扶贫贷款发放 9.2 万亿元，东部 9 省市共向扶贫协作地区投入财政援助和社会帮扶资金 1 005 亿多元，东部地区企业赴扶贫协作地区累计投资 1 万多亿元，等等。我们统筹整合使用财政涉农资金，强化扶贫资金监管，确保把钱用到刀刃上。真金白银的投入，为打赢脱贫攻坚战提供了强大资金保障。

“胜非其难也，持之者其难也。”我们要切实做好巩固拓展脱贫攻坚成果同乡村振兴有效衔接各项工作，让脱贫基础更加稳固、成效更可持续。对易返贫致贫人口要加强监测，做到早发现、早干预、早帮扶。对脱贫地区产业要长期培育和支持，促进内生可持续发展。对易地扶贫搬迁群众要搞好后续扶持，多渠道促进就业，强化社会管理，促进社会融入。对脱贫县要扶上马送一程，设立过渡期，保持主要帮扶政策总体稳定。要坚持和完善驻村第一书记和工作队、东西部协作、对口支援、社会帮扶等制度，并根据形势和任务变化进行完善。党中央决定，适时组织开展巩固脱贫成果后评估工作，压紧压实各级党委和政府巩固脱贫攻坚成果责任，坚决守住不发生规模性返贫的底线。

乡村振兴是实现中华民族伟大复兴的一项重大任务。要围绕立足新发展阶段、贯彻新发展理念、构建新发展格局带来的新形势、提出的新要求，坚持把解决好“三农”问题作为全党工作重中之重，坚持农业农村优先发展，走中国特色社会主义乡村振兴道路，持续缩小城乡区域发展差距，让低收入人口和欠发达地区共享发展成果，在现代化进程中不掉队、赶上来。全面实施乡村振兴战略的深度、广度、难度都不亚于脱贫攻坚，要完善政策体系、工作体系、制度体系，以更有力的举措、汇聚更强大的力量，加快农业农村现代化步伐，促进农业高质高效、乡村宜居宜业、农民富裕富足。

在全面建设社会主义现代化国家新征程中，我们必须把促进全体人民共同富裕摆在更加重要的位置，脚踏实地、久久为功，向着这个目标更加积极有为地进行努力，促进人的全面发展和社会全面进步，让广大人民群众获得感、幸福感、安全感更加充实、更有保障、更可持续。（新华社北京 2021 年 2 月 25 日电）

习近平：促进我国社会保障事业高质量发展、可持续发展

今天，中央政治局进行第二十八次集体学习，内容是完善覆盖全民的社会保障体系。安排这次学习，目的是面向“十四五”时期发展目标任务，分析我国社会保障体系建设的现状，研究存在的问题，明确完善的思路，促进我国社会保障事业高质量发展、可持续发展。

社会保障是保障和改善民生、维护社会公平、增进人民福祉的基本制度保障，是促进经济社会发展、实现广大人民群众共享改革发展成果的重要制度安排，发挥着民生保障安全网、收入分配调节器、经济运行减震器的作用，是治国安邦的大问题。

我们党历来高度重视民生改善和社会保障。早在1922年，党的二大宣言中就提出了设立工厂保险、保护失业工人等改良工人待遇的主张。瑞金时期颁布的《中华苏维埃共和国劳动法》设专章规定了社会保险问题。新中国成立伊始，政务院根据《中国人民政治协商会议共同纲领》中“逐步实行劳动保险制度”的要求，于1951年颁布《中华人民共和国劳动保险条例》。改革开放后，我们把社会保障作为改善人民生活的基础民生工程，稳步推进社会保障体系建设，取得了重大进展。

党的十八大以来，党中央把社会保障体系建设摆上更加突出的位置，推动我国社会保障体系建设进入快车道。中央政治局会议、中央政治局常委会会议、中央全面深化改革委员会会议等会议多次研究审议改革和完善基本养老保险制度总体方案、深化医疗保障制度改革意见等，对我国社会保障体系建设作出顶层设计，改革的系统性、整体性、协同性进一步增强。我们统一城乡居民基本养老保险制度，实现机关事业单位和企业养老保险制度并轨，建立企业职工基本养老保险基金中央调剂制度。我们整合城乡居民基本医疗保险制度，全面实施城乡居民大病保险，组建国家医疗保障局。我们推进全民参保计划，降低社会保险费率，划转部分国有资本充实社保基金。我们积极发展养老、托幼、助残等福利事业，人民群众不分城乡、地域、性别、职业，在面对年老、疾病、失业、工伤、残疾、贫困等风险时都有了相应制度保障。

目前，我国以社会保险为主体，包括社会救助、社会福利、社会优抚等制度在内，功能完备的社会保障体系基本建成，基本医疗保险覆盖13.6亿人，基本养老保险覆盖近10亿人，是世界上规模最大的社会保障体系。这为人民创造美好生活奠定了坚实基础，为打赢脱贫攻坚战提供了坚强支撑，为如期全面建成小康社会、实现第一个百年奋斗目标提供了有利条件。

在充分肯定成绩的同时，我们也要看到，随着我国社会主要矛盾发生变化和城镇化、人口老龄化、就业方式多样化加快发展，我国社会保障体系仍存在不足，主要是：制度整合没有完全到位，制度之间转移衔接不够通畅；部分农民工、灵活就业人员、新业态就业人员等人群没有纳入社会保障，存在“漏保”、“脱保”、“断保”的情况；政府主导并负责管理的基本保障“一枝独大”，而市场主体和社会

力量承担的补充保障发育不够；社会保障统筹层次有待提高，平衡地区收支矛盾压力较大；城乡、区域、群体之间待遇差异不尽合理；社会保障公共服务能力同人民群众的需求还存在一定差距；一些地方社保基金存在“穿底”风险。对这些不足，我们必须高度重视并切实加以解决。

党的十九届五中全会为我国未来5年乃至15年的发展擘画了蓝图，要求推动全体人民共同富裕取得更为明显的实质性进展。社会保障关乎人民最关心最直接最现实的利益问题，我们要加大再分配力度，强化互助共济功能，把更多人纳入社会保障体系，为广大人民群众提供更可靠更充分的保障，不断满足人民群众多层次多样化需求，完善覆盖全民、统筹城乡、公平统一、可持续的多层次社会保障体系，进一步织密社会保障安全网。

第一，建设中国特色社会保障体系。世界各国发展水平、社会条件、文化特征不同，社会保障制度必然多种多样。我们注重学习借鉴国外社会保障有益经验，但不是照抄照搬、简单复制，而是立足国情、积极探索、大胆创新，成功建设了具有鲜明中国特色的社会保障体系。我们坚持发挥中国共产党领导和我国社会主义制度的政治优势，集中力量办大事，推动社会保障事业行稳致远；坚持人民至上，坚持共同富裕，把增进民生福祉、促进社会公平作为发展社会保障事业的根本出发点和落脚点，使改革发展成果更多更公平惠及全体人民；坚持制度引领，围绕全覆盖、保基本、多层次、可持续等目标加强社会保障体系建设；坚持与时俱进，用改革的办法和创新的思维解决发展中的问题，坚决破除体制机制障碍，推动社会保障事业不断前进；坚持实事求是，既尽力而为又量力而行，把提高社会保障水平建立在经济和财力可持续增长的基础之上，不脱离实际、超越阶段。我们要坚持和发展这些成功经验，不断总结，不断前进。

第二，科学谋划“十四五”乃至更长时期社会保障事业。党的十九届五中全会明确了“十四五”时期我国社会保障事业发展的蓝图，要逐条逐项深入研究，纳入规划，抓好落实。要坚持系统观念，把握好新发展阶段、新发展理念、新发展格局提出的新要求，在统筹推进“五位一体”总体布局、协调推进“四个全面”战略布局中思考和谋划社会保障事业发展。要树立战略眼光，顺应人民对高品质生活的期待，适应人的全面发展和全体人民共同富裕的进程，不断推动幼有所育、学有所教、劳有所得、病有所医、老有所养、住有所居、弱有所扶取得新进展。要增强风险意识，研判未来5年、15年乃至30年我国人口老龄化、人均预期寿命提升、受教育年限增加、劳动力结构变化等发展趋势，分析社会保障可能面临的新情况新问题，提高工作预见性和主动性，未雨绸缪采取应对措施。要拓展国际视野，关注国外社会保障发展情况，汲取经验教训，既避免像一些拉美国家那样盲目进行“福利赶超”落入“中等收入陷阱”，又避免像一些北欧国家那样实行“泛福利化”导致社会活力不足。什么时候都不能忘记一个道理，经济发展和社会保障是水涨船高的关系，水浅行小舟，水深走大船，违背规律就会搁浅或翻船。

第三，深化社会保障制度改革。现在，我国社会保障制度改革已进入系统集成、协同高效的阶段。要准确把握社会保障各个方面之间、社会保障领域和其他相关领域之间改革的联系，提高统筹谋划和协调推进能力，确保各项改革形成整体合力。要强化问题导向，紧盯老百姓在社会保障方面反映强烈的烦心事、操心事、揪心事，紧盯制约社会保障体系建设的硬骨头，不断推进改革。要加快发展多层次、多支柱养老保险体系，健全基本养老、基本医疗保险筹资和待遇调整机制，扩大年金制度覆盖范围，规范发展第三支柱养老保险，积极发展商业医疗保险，更好满足人民群众多样化需求。要推动基本医疗保险、失业保险、工伤保险省级统筹，进一步明确中央与地方事权和支出责任。要把农村社会救助纳入乡村振兴战略统筹谋划，健全农村社会救助制度，完善日常性帮扶措施。要健全农民工、灵活就业人员、新业态就业人员参加社会保险制度，健全退役军人保障制度，健全老年人关爱服务体系，完善帮扶残疾人、孤儿等社会福利制度。

2018 年以来，我们实施了养老保险中央调剂金制度，仅去年一年，东部发达地区就拿出了 1 768 亿元，拨付给中西部和老工业基地省份，有力缓解了社保基金收支的区域结构性矛盾，确保了养老金按时足额发放。同时，区域不平衡的问题还没有从根本上解决，要加快实现基本养老保险全国统筹。这符合社会保险“大数法则”，也是构建新发展格局的要求。

随着人口老龄化加速发展特别是老年人慢性病患病率的提高，加上医疗技术发展，更多疾病从“无药可医”变为“可医可控”，医保支出面临着更大压力。要坚持不懈、协同推进“三医联动”，健全筹资和待遇调整机制，推进国家组织药品和耗材集中带量采购改革，深化医保支付方式改革，完善医药服务价格形成机制，提高医保基金使用效能。

近年来，许多人口老龄化程度较高的发达国家和新兴国家都推出了延迟法定退休年龄的改革计划，但实施起来并不太顺利。一些国家在这项改革上经历了波折。我们要合理把握改革方向、节奏、力度，加强舆论引导，最大程度凝聚全社会共识和合力，推动这项改革任务平稳落地。

第四，推进社会保障法治化。要从立法、执法、司法、守法各环节加强社会保障工作，在法治轨道上推动社会保障事业健康发展。要加强社会保障立法工作，加快制定或修订社会保险、社会救助、社会福利等方面的相关法律，依法落实各级政府和用人单位、个人、社会的社会保障权利、义务、责任。要依法健全社会保障基金监管体系，防范化解基金运行风险，维护基金安全。要以零容忍态度严厉打击欺诈骗保、套保或挪用贪占各类社会保障资金的违法行为，守护好人民群众的每一分“养老钱”、“保命钱”和每一笔“救助款”、“慈善款”。

第五，加强社会保障精细化管理。要完善从中央到省、市、县、乡镇（街道）的五级社会保障管理体系和服务网络，在提高管理精细化程度和服务水平上下更大功夫，提升社会保障治理效能。要适应人口大规模流动、就业快速变动的趋势，完善社会保险关系登记和转移接续的措施，健全社会救助、社会福利对象精准认定机制，实现应保尽保、应助尽助、应享尽享。要完善全国统一的社会保险公共服务平台，充分利用互联网、大数据、云计算等信息技术创新服务模式，深入推进社保经办数字化转型。同时，要坚持传统服务方式和智能化服务创新并行，针对老年人、残疾人等群体的特点，提供更加贴心暖心的社会保障服务。

第六，发挥好社会保障在应对疫情影响方面的积极作用。去年以来，面对突如其来的新冠肺炎疫情，社会保障为打赢疫情防控的人民战争、总体战、阻击战和实现决胜全面建成小康社会、决战脱贫攻坚目标任务作出了贡献。当前，全球疫情仍在扩散蔓延，我国“外防输入、内防反弹”任务仍然很重。要发挥好社会保障在助力疫情防控、稳定经济社会发展秩序中的作用。要根据形势好转变化，稳妥退出减免社保缴费等阶段性纾困政策，并同其他政策退出平稳衔接。要总结这次疫情防控的成功做法，完善我国社会保障针对突发重大风险的应急响应机制，既能抵御可以预见的生老病死等各种常规风险，又能应对难以预料的非常规风险。

最后，我强调一个问题，就是要坚持制度的统一性和规范性。我国社会保障体系建立之初，我们鼓励各地大胆创新、不断探索。现在，随着我国社会保障体系不断发展，社会保障体系建设要坚持国家顶层设计，做到全国一盘棋。要增强制度的刚性约束，加强对制度运行的管理监督。各地区务必树立大局意识，严肃落实制度改革要求，不得违规出台地方“小政策”。可以允许一定时期内存在区域间社会保障水平上的差异，但不能动摇统一制度的目标，不能自行其是、搞变通。各级党委和政府要深化对社会保障工作重要性的认识，把握规律，统筹协调，抓好党中央决策部署和各项改革方案的贯彻落实，在完善覆盖全民的社会保障体系上不断取得新成效。（习近平总书记2021年2月26日在十九届中央政治局第二十八次集体学习时的讲话，《求是》杂志2022年第8期）

习近平在中央党校（国家行政学院）中青年干部培训班开班式上发表重要讲话（节选）

2021年春季学期中央党校（国家行政学院）中青年干部培训班3月1日上午在中央党校开班。中共中央总书记、国家主席、中央军委主席习近平在开班式上发表重要讲话强调，不论过去、现在还是将来，党的光荣传统和优良作风都是激励我们不畏艰难、勇往直前的宝贵精神财富。年轻干部是党和国家事业接班人，必须立志做党的光荣传统和优良作风的忠实传人，不断增强意志力、坚忍力、自制力，在新时代全面建设社会主义现代化国家新征程中奋勇争先、建功立业，努力创造无愧于党、无愧于人民、无愧于时代的业绩！

习近平强调，我们党团结带领人民取得了革命、建设、改革的伟大成就，很重要的一条就是我们党在长期实践中培育并坚持了一整套光荣传统和优良作风。这些光荣传统和优良作风是我们党性质和宗旨的集中体现，是我们党区别于其他政党的显著标志。党要得到人民群众支持和拥护，就必须持之以恒发扬党的光荣传统和优良作风。

习近平指出，当今世界，百年未有之大变局正加速演进，我国正处在实现中华民族伟大复兴的关键时期，全面建成小康社会取得伟大历史性成就，脱贫攻坚战取得全面胜利，全面建设社会主义现代化国家新征程顺利开启，同时我们在前进道路上仍面临着许多难关和挑战。风险越大、挑战越多、任务越重，越要加强党的作风建设，以好的作风振奋精神、激发斗志、树立形象、赢得民心。

习近平强调，对党忠诚，是共产党人首要的政治品质。我们党一路走来，经历了无数艰险和磨难，但任何困难都没有压垮我们，任何敌人都没能打倒我们，靠的就是千千万万党员的忠诚。对党忠诚，必须一心一意、一以贯之，必须表里如一、知行合一，任何时候任何情况下都不改其心、不移其志、不毁其节。年轻干部要以先辈先烈为镜、以反面典型为戒，不断筑牢信仰之基、补足精神之钙、把稳思想之舵，以坚定的理想信念砥砺对党的赤诚忠心。要自觉加强政治历练，接受严格的党内政治生活淬炼，不断提高政治判断力、政治领悟力、政治执行力，使自己的政治能力同担任的工作职责相匹配。要立志为党分忧、为国尽责、为民奉献，勇于担苦、担难、担重、担险，以实际行动诠释对党的忠诚。

习近平指出，我们党的历史反复证明，什么时候理论联系实际坚持得好，党和人民事业就能够不断取得胜利；反之，党和人民事业就会受到损失，甚至出现严重曲折。理论联系实际，前提是学懂弄通理论、掌握思想真谛。年轻干部要刻苦钻研马克思主义基本原理特别是新时代党的创新理论成果，努力掌握蕴含其中的立场观点方法、道理学理哲理，做到知其言更知其义、知其然更知其所以然。要深入学习党的理论创新成果，前后贯通学、及时跟进学，运用党的科学理论优化思想方法，解决思想困惑，检视自身思想作风和精神状态，牢固树立正确的世界观、人生观、价值观和权力观、政绩观、事业观，使自己的思维方式和精神世界更好适应事业发展需要。要坚持实事求是、求真务实，从实际出发谋划事业和工作，使提出的点子、政策、方案符合实际情况、符合客观规律、符合科学精神，以创造性工作把党中央决策部署落到实处。要坚持真抓实干、狠抓落实，一切工作都要往实里做、做出实效，不好高骛远、不脱离实际，力戒形式主义、官僚主义。要把做老实人、说老实话、干老实事作为人生信条，这样才能真正立得稳、行得远。

习近平强调，人民是我们党的力量源泉，我们党根基在人民、血脉在人民，必须把人民放在心中最高位置，始终以百姓心为心。共产党的干部要坚持当“老百姓的官”，把自己也当成老百姓，不要做官当老爷，在这一点上，年轻干部从一开始就要想清楚，而且要终身牢记。年轻干部无论是立身处世还是从政干事，首先要解决好“我是谁、为了谁、依靠谁”的问题，不断追求“我将无我，不负人民”的精神境界。要拜人民为师，甘当小学生，特别要多交几个能说心里话的基层朋友，这样才有利于了解真实情况，才有利于把工作做好。要牢记我们党为人民谋幸福、为民族谋复兴的初心使命，始终坚守党全心全意为人民服务的根本宗旨，用心用情用力解决好群众“急难愁盼”问题，让群众有更多、更直接、更实在的获得感、幸福感、安全感。

习近平指出，我们共产党人开展自我批评，根本动力来自党性，来自对党和人民事业高度负责的精神。年轻干部要有“检身若不及”的自觉，经常对照党的理论、对照党章党规党纪、对照初心使命、对照党中央部署要求，主动查找、勇于改正自身的缺点和不足。要本着对党、对事业、对同志高度负责的精神大胆开展批评，帮助同志发现缺点、改正错误，团结同志一道前进。要涵养虚心接受批评的胸怀和气度，胸襟开阔、诚恳接受，有则改之、无则加勉。

习近平强调，敢于斗争是我们党的鲜明品格。我们党依靠斗争走到今天，也必然要依靠斗争赢得未来。开启全面建设社会主义现代化国家新征程，立足新发展阶段、贯彻新发展理念、构建新发展格局，面临的风险和考验一点也不会比过去少。年轻干部要自觉加强斗争历练，在斗争中学会斗争，在斗争中成长提高，努力成为敢于斗争、善于斗争的勇士。要坚定斗争意志，不屈不挠、一往无前，决不能碰到一点挫折就畏缩不前，一遇到困难就打退堂鼓。要善斗争、会斗争，提升见微知著的能力，透过现象看本质，准确识变、科学应变、主动求变，洞察先机、趋利避害。要加强战略谋划，把握大势大局，抓住主要矛盾和矛盾的主要方面，分清轻重缓急，科学排兵布阵，牢牢掌握斗争主动权。要增强底线思维，定期对风险因素进行全面排查。要善于经一事长一智，由此及彼、举一反三，练就斗争的真本领、真功夫。

习近平指出，年轻干部要接过艰苦奋斗的接力棒，以一往无前的奋斗姿态和永不懈怠的精神状态，勇挑重担、苦干实干，在新时代新征程中留下许党报国的奋斗足迹。节俭朴素，力戒奢靡，是我们党的传家宝。现在，我们生活条件好了，但艰苦奋斗的精神一点都不能少，必须坚持以俭修身、以俭兴业，坚持厉行节约、勤俭办一切事情。年轻干部要时刻警醒自己，培育积极健康的生活情趣，坚决抵制享乐主义、奢靡之风，永葆共产党人清正廉洁的政治本色。（新华社北京 2021 年 3 月 1 日电）

习近平对职业教育工作作出重要指示（节选）

中共中央总书记、国家主席、中央军委主席习近平近日对职业教育工作作出重要指示强调，在全面建设社会主义现代化国家新征程中，职业教育前途广阔、大有可为。要坚持党的领导，坚持正确办学方向，坚持立德树人，优化职业教育类型定位，深化产教融合、校企合作，深入推进育人方式、办学模式、管理体制、保障机制改革，稳步发展职业本科教育，建设一批高水平职业院校和专业，推动职普融通，增强职业教育适应性，加快构建现代职业教育体系，培养更多高素质技术技能人才、能工巧匠、大国工匠。各级党委和政府要加大制度创新、政策供给、投入力度，弘扬工匠精神，提高技术技能人才社会地位，为全面建设社会主义现代化国家、实现中华民族伟大复兴的中国梦提供有力人才和技能支撑。

中共中央政治局常委、国务院总理李克强作出批示指出，职业教育是培养技术技能人才、促进就业创业创新、推动中国制造和服务上水平的重要基础。近些年来，各地区各相关部门认真贯彻党中央、国务院决策部署，推动职业教育发展取得显著成绩。要坚持以习近平新时代中国特色社会主义思想为指导，着眼服务国家现代化建设、推动高质量发展，着力推进改革创新，借鉴先进经验，努力建设高水平、高层次的技术技能人才培养体系。要瞄准技术变革和产业优化升级的方向，推进产教融合、校企合作，吸引更多青年接受职业技能教育，促进教育链、人才链与产业链、创新链有效衔接。加强职业学校师资队伍和办学条件建设，优化完善教材和教学方式，探索中国特色学徒制，注重学生工匠精神和精益求精习惯的养成，努力培养数以亿计的高素质技术技能人才，为全面建设社会主义现代化国家提供坚实的支撑。

全国职业教育大会4月12日至13日在京召开，会上传达了习近平重要指示和李克强批示。中共中央政治局委员、国务院副总理孙春兰出席会议并讲话。她指出，要深入贯彻习近平总书记关于职业教育的重要指示，落实李克强总理批示要求，坚持立德树人，优化类型定位，加快构建现代职业教育体系。要一体化设计中职、高职、本科职业教育培养体系，深化“三教”改革，“岗课赛证”综合育人，提升教育质量。要健全多元办学格局，细化产教融合、校企合作政策，探索符合职业教育特点的评价办法。各地各部门要加大保障力度，提高技术技能人才待遇，畅通职业发展通道，增强职业教育认可度和吸引力。（新华社北京2021年4月13日电）

习近平在广西考察时强调 解放思想深化改革凝心聚力担当实干 建设新时代中国特色社会主义壮美广西（节选）

中共中央总书记、国家主席、中央军委主席习近平近日在广西考察时强调，要坚决贯彻党中央决策部署，完整、准确、全面贯彻新发展理念，坚持稳中求进工作总基调，解放思想、深化改革、凝心聚力、担当实干，统筹疫情防控和经济社会发展，统筹发展和安全，在推动边疆民族地区高质量发展上闯出新路子，在服务和融入新发展格局上展现新作为，在推动绿色发展上迈出新步伐，在巩固发展民族团结、社会稳定、边疆安宁上彰显新担当，建设新时代中国特色社会主义壮美广西。

4月25日至27日，习近平在广西壮族自治区党委书记鹿心社和自治区政府主席蓝天立陪同下，先后来到桂林、柳州、南宁等地，深入革命纪念馆、农村、企业、民族博物馆等，就贯彻党的十九届五中全会精神、开展党史学习教育、推动“十四五”开好局起好步等进行调研。

广西是我国少数民族人口最多的自治区。27日上午，习近平来到位于南宁市邕江之畔的广西民族博物馆，参观壮族文化展。博物馆外，三月三“歌圩节”壮族对歌等民族文化活动正在这里集中展示。习近平强调，广西是全国民族团结进步示范区，要继续发挥好示范带动作用。各民族共同团结进步、共同繁荣发展是中华民族的生命所在、力量所在、希望所在，在全面建设社会主义现代化国家的新征程上，一个民族都不能少，各族人民要心手相牵、团结奋进，共创中华民族的美好未来，共享民族复兴的伟大荣光。

当天上午，习近平听取了广西壮族自治区党委和政府工作汇报，对广西各项工作取得的成绩给予肯定，希望广西各族干部群众奋力谱写全面建设社会主义现代化国家的广西篇章，以优异成绩庆祝建党一百周年。

习近平指出，推动经济高质量发展，既要深刻认识贯彻新发展理念、构建新发展格局对推动地方高质量发展的原则要求，又要准确把握本地区在服务和融入新发展格局中的比较优势，走出一条符合本地实际的高质量发展之路。要推动传统产业高端化、智能化、绿色化，推动全产业链优化升级，积极培育新兴产业，加快数字产业化和产业数字化。要继续深化改革，坚持“两个毫不动摇”，优化营商环境。要加大创新支持力度，优化创新生态环境，推动各类创新要素向企业集聚，激发创新活力，推动科技成果转化。要主动对接长江经济带发展、粤港澳大湾区建设等国家重大战略，融入共建“一带一路”，高水平共建西部陆海新通道，大力发展向海经济，促进中国-东盟开放合作，办好自由贸易试验区，把独特区位优势更好转化为开放发展优势。

习近平强调，要弘扬伟大脱贫攻坚精神，加快推进乡村振兴，健全农村低收入人口常态化帮扶机制，继续支持脱贫地区特色产业发展，强化易地搬迁后续扶持。要立足广西林果蔬畜糖等特色资源，打造一批特色农业产业集群。要严格实行粮食安全党政同责，压实各级党委和政府保护耕地的责任，稳步提高粮食综合生产能力。要继续打好污染防治攻坚战，把碳达峰、碳中和纳入经济社会发展和生态文明建设整体布局，建立健全绿色低碳循环发展的经济体系，推动经济社会发展全面绿色转型。

习近平指出，要提高人民生活品质，落实就业优先战略和积极就业政策，做好高校毕业生、退役军人、农民工和城镇困难人员等重点群体就业工作。要完善多渠道灵活就业的社会保障制度，维护好卡车司机、快递小哥、外卖配送员等的合法权益。要全面贯彻党的教育方针，落实立德树人根本任务，加强对线上线下校外培训机构的规范管理。要深化疾病预防控制体系改革，强化基层公共卫生体系，创新医防协同机制，提升基层预防、治疗、护理、康复服务水平，毫不放松抓好常态化疫情防控。要严密防范各种风险挑战，有效遏制重特大安全生产事故，常态化开展扫黑除恶斗争。（新华社南宁 2021 年 4 月 27 日电）

习近平：在中国科学院第二十次院士大会、中国工程院第十五次院士大会、中国科协第十次全国代表大会上的讲话（节选）

党的十九大确立了到2035年跻身创新型国家前列的战略目标，党的十九届五中全会提出了坚持创新在我国现代化建设全局中的核心地位，把科技自立自强作为国家发展的战略支撑。立足新发展阶段、贯彻新发展理念、构建新发展格局、推动高质量发展，必须深入实施科教兴国战略、人才强国战略、创新驱动发展战略，完善国家创新体系，加快建设科技强国，实现高水平科技自立自强。

要重点抓好完善评价制度等基础改革，坚持质量、绩效、贡献为核心的评价导向，全面准确反映成果创新水平、转化应用绩效和对经济社会发展的实际贡献。在项目评价上，要建立健全符合科研活动规律的评价制度，完善自由探索型和任务导向型科技项目分类评价制度，建立非共识科技项目的评价机制。在人才评价上，要“破四唯”和“立新标”并举，加快建立以创新价值、能力、贡献为导向的科技人才评价体系。要支持科研事业单位探索试行更灵活的薪酬制度，稳定并强化从事基础性、前沿性、公益性研究的科研人员队伍，为其安心科研提供保障。

科技管理改革不能只做“加法”，要善于做“减法”。要拿出更大的勇气推动科技管理职能转变，按照抓战略、抓改革、抓规划、抓服务的定位，转变作风，提升能力，减少分钱、分物、定项目等直接干预，强化规划政策引导，给予科研单位更多自主权，赋予科学家更大技术路线决定权和经费使用权，让科研单位和科研人员从繁琐、不必要的体制机制束缚中解放出来！

创新不问出身，英雄不论出处。要改革重大科技项目立项和组织管理方式，实行“揭榜挂帅”、“赛马”等制度。要研究真问题，形成真榜、实榜。要真研究问题，让那些想干事、能干事、干成事的科技领军人才挂帅出征，推行技术总师负责制、经费包干制、信用承诺制，做到不论资历、不设门槛，让有真才实学的科技人员英雄有用武之地！

激发各类人才创新活力，建设全球人才高地。世界科技强国必须能够在全球范围内吸引人才、留住人才、用好人才。我国要实现高水平科技自立自强，归根结底要靠高水平创新人才。

培养创新型人才是国家、民族长远发展的大计。当今世界的竞争说到底是人才竞争、教育竞争。要更加重视人才自主培养，更加重视科学精神、创新能力、批判性思维的培养培育。要更加重视青年人才培养，努力造就一批具有世界影响力的顶尖科技人才，稳定支持一批创新团队，培养更多高素质技术技能人才、能工巧匠、大国工匠。我国教育是能够培养出大师来的，我们要有这个自信！要在全社会营造尊重劳动、尊重知识、尊重人才、尊重创造的环境，形成崇尚科学的风尚，让更多的青少年心怀科学梦想、树立创新志向。“栽下梧桐树，引来金凤凰。”要构筑集聚全球优秀人才的科研创新高地，完善高端人才、专业人才来华工作、科研、交流的政策。

科技创新离不开科技人员持久的时间投入。为了保证科研人员的时间，1961 年中央就曾提出“保证科技人员每周有 5 天时间搞科研工作”。保障时间就是保护创新能力！要建立让科研人员把主要精力放在科研上的保障机制，让科技人员把主要精力投入科技创新和研发活动。各类应景性、应酬性活动少一点科技人员参加，不会带来什么损失！决不能让科技人员把大量时间花在一些无谓的迎来送往活动上，花在不必要的评审评价活动上，花在形式主义、官僚主义的种种活动上！

各级党委和政府要充分尊重人才，对院士要政治上关怀、工作上支持、生活上关心，认真听取包括院士在内的广大科研人员意见，加强对科研活动的科学管理和服务保障，为科研人员创造良好创新环境。（2021 年 5 月 28 日，新华社北京 2021 年 5 月 28 日电）

习近平：用好红色资源　赓续红色血脉 努力创造无愧于历史和人民的新业绩

今天，中央政治局进行第三十一次集体学习，内容是用好红色资源、赓续红色血脉。这次集体学习是中央政治局带头开展党史学习教育的一项重要安排。

刚才，我们参观了北大红楼、丰泽园毛主席故居，这两个地方在党的历史上都具有标志性意义。北大红楼同建党紧密相关，北大是新文化运动的中心和五四运动的策源地，最早在我国传播马克思主义思想，也是我们党在北京早期革命活动的历史见证地，在建党过程中具有重要地位。丰泽园毛主席故居同建立新中国密切相关，从 1949 年 9 月 21 日开始，毛主席在这里工作和生活了 17 年，筹划了新中国建立和建设的一系列大政方略。这两个地方的历史，生动诠释了中国共产党是怎么来的、中华人民共和国是怎么来的，给我们上了一堂鲜活而又生动的党史课。

红色是中国共产党、中华人民共和国最鲜亮的底色，在我国 960 多万平方公里的广袤大地上红色资源星罗棋布，在我们党团结带领中国人民进行百年奋斗的伟大历程中红色血脉代代相传。每一个历史事件、每一位革命英雄、每一种革命精神、每一件革命文物，都代表着我们党走过的光辉历程、取得的重大成就，展现了我们党的梦想和追求、情怀和担当、牺牲和奉献，汇聚成我们党的红色血脉。红色血脉是中国共产党政治本色的集中体现，是新时代中国共产党人的精神力量源泉。

党的十八大闭幕后，中央政治局常委同志一起参观《复兴之路》展览，回顾近代以来中华民族上下求索的艰辛历程，我就强调要义不容辞承担起实现中华民族伟大复兴中国梦的历史使命。党的十九大闭幕后，中央政治局常委同志一起瞻仰上海中共一大会址和嘉兴南湖红船，向全党全国宣示了赓续红色血脉、走好新时代长征路的坚定决心。党的十八大以来，我到地方考察，都要瞻仰对我们党具有重大历史意义的革命圣地、红色旧址、革命历史纪念场所，主要的基本上都走到了。从党的一大会址到党的各个重要革命根据地，从土地革命、抗日战争、解放战争纪念地点到社会主义革命和建设、改革开放重要纪念场所等，每到一地，重温那一段段峥嵘岁月，回顾党一路走过的艰难历程，灵魂都受到一次震撼，精神都受到一次洗礼。每次都是怀着崇敬之心去，带着许多感悟回。在庆祝中国共产党成立 95 周年大会上，我强调：“一切向前走，都不能忘记走过的路；走得再远、走到再光辉的未来，也不能忘记走过的过去，不能忘记为什么出发。”

回望过往历程，眺望前方征途，我们必须始终赓续红色血脉，用党的奋斗历程和伟大成就鼓舞斗志、指引方向，用党的光荣传统和优良作风坚定信念、凝聚力量，用党的历史经验和实践创造启迪智慧、砥砺品格，继往开来，开拓前进。

当前，全党上下正在隆重庆祝建党百年、深入开展党史学习教育。各级党组织要充分用好红色资源，教育引导广大党员、干部赓续红色血脉，做到学史明理、学史增信、学史崇德、学史力行。关键是要把握好以下几点。

第一，教育引导全党始终坚持科学理论指导。我们刚才参观的北大红楼，留下了李大钊、陈独秀等党的创始人传播马克思主义的事迹。马克思主义在中国的广泛传播催生了中国共产党，马克思主义使我们党拥有了科学的世界观和方法论，拥有了认识世界、改造世界的强大思想武器。毛泽东同志讲过：“我们敢想、敢说、敢做、敢为的理论基础是马列主义。”正因为有了马克思主义的指引，我们党才能做到心明眼亮、意志坚定，在关键抉择面前不摇摆，在艰难困苦面前不畏缩，在危机重重面前不消沉，信心百倍走向胜利。

我们党的历史，是一部推进马克思主义中国化、不断丰富和发展马克思主义的历史，也是一部运用马克思主义理论认识和改造中国的历史。一百年来，我们党坚持把马克思主义基本原理同中国具体实际相结合，创立了毛泽东思想、邓小平理论，形成了“三个代表”重要思想、科学发展观，创立了新时代中国特色社会主义思想，指导党和人民事业不断开创新局。中国共产党为什么能，中国特色社会主义为什么好，从根本上说，是因为马克思主义行。我们要从党的百年奋斗史中感悟真理的力量，不断深化对共产党执政规律、社会主义建设规律、人类社会发展规律的认识，用马克思主义的真理光芒照耀我们的前行之路。

第二，教育引导全党始终坚持理想信念。我多次引用“革命理想高于天”来说明理想信念的重要性。我们党取名为“共产党”，就是认定了共产主义这个远大理想。回望百年党史，千千万万共产党人为了理想信念不惜抛头颅、洒鲜血。走向绞刑架的李大钊，发出了“共产主义在中国必然得到光辉的胜利”的坚贞誓言。面对敌人屠刀的夏明翰，写下“砍头不要紧，只要主义真。杀了夏明翰，还有后来人”的雄壮诗篇。面对敌人6天内9次劝降，瞿秋白作出了“人爱自己的历史，比鸟爱自己的翅膀更厉害，请勿撕破我的历史”的铿锵回答。邓小平同志说：“在我们最困难的时期，共产主义的理想是我们的精神支柱，多少人牺牲就是为了实现这个理想。”

今天，我们早已远离战火纷飞的险境，长期过着和平生活，最容易患上理想信念缺失的“软骨病”。共产主义是我们党的远大理想，为了实现这个远大理想，就必须坚定中国特色社会主义信念。全党同志要增强“四个意识”、坚定“四个自信”，在全面建设社会主义现代化国家新征程上披荆斩棘、奋力前行，不断夺取新时代中国特色社会主义新胜利。

第三，教育引导全党始终坚持初心使命。牢记和践行为中国人民谋幸福、为中华民族谋复兴的初心使命，是贯穿我们党百年奋斗史的一条红线。我们党能够在那么弱小的情况下发展壮大起来，能够在千难万险中一次次浴火重生，根本原因就在于我们党始终牢记初心使命，忠实践行全心全意为人民服务的根本宗旨，从而赢得了人民衷心拥护和支持。人民是我们党的生命之根、执政之基、力量之源。

我反复强调，江山就是人民，人民就是江山，打江山、守江山守的是人民的心，就是要告诫全党同志，对我们这样一个长期执政的党而言，没有比忘记初心使命、脱离群众更大的危险。只要我们始终同人民生死相依、休戚与共，人民就会铁心跟党走，党就能长盛不衰。全党同志要从党的百年奋斗史中不断体悟初心使命，贯彻好以人民为中心的发展思想，矢志不渝为实现中华民族伟大复兴而奋斗。

第四，教育引导全党始终坚持光荣革命传统。我们党的百年奋斗史表明，只有具有伟大精神的政党才能领导人民赢得伟大斗争、开创伟大事业。一代又一代中国共产党人不畏艰难险阻、直面风险挑战，顽强拼搏、不懈奋斗，展现出伟大的历史主动精神，构筑起中国共产党人的精神谱系，形成了党的光荣传统。党的伟大精神和光荣传统是我们的宝贵精神财富，是激励我们奋勇前进的强大精神动力。李大钊说过：“历史的道路，不全是坦平的，有时走到艰难险阻的境界，这是全靠雄健的精神才能够冲过去的。”

当今中国正处于实现中华民族伟大复兴的

关键时期，国家强盛、民族复兴需要物质文明的积累，更需要精神文明的升华。前进道路不可能是一片坦途，我们必然要面对各种重大挑战、重大风险、重大阻力、重大矛盾，决不能丢掉革命加拼命的精神，决不能丢掉谦虚谨慎、戒骄戒躁、艰苦奋斗、勤俭节约的传统，决不能丢掉不畏强敌、不惧风险、敢于斗争、敢于胜利的勇气。全党同志要用党在百年奋斗中形成的伟大精神滋养自己、激励自己，以昂扬的精神状态做好党和国家各项工作。

第五，教育引导全党始终坚持推进自我革命。我们党的百年奋斗史表明，伟大的马克思主义政党不是天生的，而是在长期社会实践中锻造而成的，是在不断自我革命中淬炼而成的。我们党的伟大不在于不犯错误，而在于从不讳疾忌医，敢于直面问题，勇于自我革命。我们党历经百年沧桑依然风华正茂，其奥秘就在于具有自我净化、自我完善、自我革新、自我提高的强大能力。实践证明，只要始终做到坚持真理、修正错误，我们党就能永葆先进性和纯洁性，永远立于不败之地。

我们党已经执政70多年，还要长期执政下去。自我革命精神是党的执政能力的强大支撑，什么时候都不能丢。党的十八大以来，我们以坚定决心和顽强意志开展全面从严治党这场伟大自我革命，取得了显著成效。同时，我们必须充分认识到，影响党的先进性、弱化党的纯洁性的因素依然存在，我们党面临的执政考验、改革开放考验、市场经济考验、外部环境考验是长期而复杂的，我们党面临的精神懈怠危险、能力不足危险、脱离群众危险、消极腐败危险是尖锐而严峻的。全党同志要增强忧患意识，以永远在路上的坚定执着将全面从严治党向纵深推进。全党同志要严于律己，不断提高政治判断力、政治领悟力、政治执行力，勇于正视自己存在的问题，及时纠正思想上和行动上的偏差，防止自身退化变异，始终做一名合格的共产党员，为把党建设得更加坚强有力作出应有的努力。

同志们！红色资源是我们党艰辛而辉煌奋斗历程的见证，是最宝贵的精神财富，一定要用心用情用力保护好、管理好、运用好。一是要加强科学保护。红色资源是不可再生、不可替代的珍贵资源，保护是首要任务。要本着对历史负责、对人民负责的态度，深入开展红色资源专项调查，加强红色遗址、革命文物保护工作，统筹好抢救性保护和预防性保护、本体保护和周边保护、单点保护和集群保护等。二是要开展系统研究。统筹研究力量，强化研究规划，积极开展革命史料的抢救、征集和研究工作，加强革命历史研究，深入挖掘红色资源背后的思想内涵，准确把握党的历史发展的主题主线、主流本质，旗帜鲜明反对和抵制历史虚无主义。三是要打造精品展陈。坚持政治性、思想性、艺术性相统一，把好导向、聚焦主题，用史实说话，着力打造高质量精品展陈，增强表现力、传播力、影响力，生动传播红色文化。四是要强化教育功能。围绕革命、建设、改革各个历史时期的重大事件、重大节点，研究确定一批重要标识地，讲好党的故事、革命的故事、英雄的故事，彰显时代特色，使之成为教育人、激励人、塑造人的大学校。要设计符合青少年认知特点的教育活动，建设富有特色的革命传统教育、爱国主义教育、青少年思想道德教育基地，引导他们从小在心里树立红色理想。

同志们！毛主席在党的七大预备会议上说：“我们中国《庄子》上有句话说：‘其作始也简，其将毕也必巨。’现在我们还没有‘毕’，已经很大。”今天，我们党更大了，党的队伍更大了，党的事业更大了，我们肩负的责任也更大了，人民对党的要求也更大了、更高了、更严了。我们要赓续红色血脉，把革命先烈流血牺牲打下的红色江山守护好、建设好，努力创造不负革命先辈期望、无愧于历史和人民的新业绩。（习近平总书记2021年6月25日在十九届中央政治局第三十一次集体学习时的讲话，《求是》杂志2021年第19期）

习近平：在庆祝中国共产党成立100周年大会上的讲话

同志们，朋友们：

今天，在中国共产党历史上，在中华民族历史上，都是一个十分重大而庄严的日子。我们在这里隆重集会，同全党全国各族人民一道，庆祝中国共产党成立一百周年，回顾中国共产党百年奋斗的光辉历程，展望中华民族伟大复兴的光明前景。

首先，我代表党中央，向全体中国共产党员致以节日的热烈祝贺！

在这里，我代表党和人民庄严宣告，经过全党全国各族人民持续奋斗，我们实现了第一个百年奋斗目标，在中华大地上全面建成了小康社会，历史性地解决了绝对贫困问题，正在意气风发向着全面建成社会主义现代化强国的第二个百年奋斗目标迈进。这是中华民族的伟大光荣！这是中国人民的伟大光荣！这是中国共产党的伟大光荣！

同志们、朋友们！

中华民族是世界上伟大的民族，有着5 000多年源远流长的文明历史，为人类文明进步作出了不可磨灭的贡献。1840年鸦片战争以后，中国逐步成为半殖民地半封建社会，国家蒙辱、人民蒙难、文明蒙尘，中华民族遭受了前所未有的劫难。从那时起，实现中华民族伟大复兴，就成为中国人民和中华民族最伟大的梦想。

为了拯救民族危亡，中国人民奋起反抗，仁人志士奔走呐喊，太平天国运动、戊戌变法、义和团运动、辛亥革命接连而起，各种救国方案轮番出台，但都以失败而告终。中国迫切需要新的思想引领救亡运动，迫切需要新的组织凝聚革命力量。

十月革命一声炮响，给中国送来了马克思列宁主义。在中国人民和中华民族的伟大觉醒中，在马克思列宁主义同中国工人运动的紧密结合中，中国共产党应运而生。中国产生了共产党，这是开天辟地的大事变，深刻改变了近代以后中华民族发展的方向和进程，深刻改变了中国人民和中华民族的前途和命运，深刻改变了世界发展的趋势和格局。

中国共产党一经诞生，就把为中国人民谋幸福、为中华民族谋复兴确立为自己的初心使命。一百年来，中国共产党团结带领中国人民进行的一切奋斗、一切牺牲、一切创造，归结起来就是一个主题：实现中华民族伟大复兴。

——为了实现中华民族伟大复兴，中国共产党团结带领中国人民，浴血奋战、百折不挠，创造了新民主主义革命的伟大成就。我们经过北伐战争、土地革命战争、抗日战争、解放战争，以武装的革命反对武装的反革命，推翻帝国主义、封建主义、官僚资本主义三座大山，建立了人民当家作主的中华人民共和国，实现了民族独立、人民解放。新民主主义革命的胜利，彻底结束了旧中国半殖民地半封建社会的历史，彻底结束了旧中国一盘散沙的局面，彻底废除了列强强加给中国的不平等条约和帝国主义在中国的一切特权，为实现中华民族伟大复兴创造了根本社会条件。中国共产党和中国人民以英勇顽强的奋斗向世界庄严宣告，中国人民站起来了，中华民族任人宰割、饱受欺凌的时代一去不复返了！

——为了实现中华民族伟大复兴，中国共产党团结带领中国人民，自力更生、发愤图强，创造了社会主义革命和建设的伟大成就。我们进行社会主义革命，消灭在中国延续几千年的封建剥削压迫制度，确立社会主义基本制度，推进社会主义建设，战胜帝国主义、霸权主义的颠覆破坏和武装挑衅，实现了中华民族有史以来最为广泛而深刻的社会变革，实现了一穷二白、人口众多的东方大国大步迈进社会主义社会的伟大飞跃，为实现中华民族伟大复兴奠定了根本政治前提和制度基础。中国共产党和中国人民以英勇顽强的奋斗向世界庄严宣告，中国人民不但善于破坏一个旧世界、也善于建设一个新世界，只有社会主义才能救中国，只有社会主义才能发展中国！

——为了实现中华民族伟大复兴，中国共产党团结带领中国人民，解放思想、锐意进取，创造了改革开放和社会主义现代化建设的伟大成就。我们实现新中国成立以来党的历史上具有深远意义的伟大转折，确立党在社会主义初级阶段的基本路线，坚定不移推进改革开放，战胜来自各方面的风险挑战，开创、坚持、捍卫、发展中国特色社会主义，实现了从高度集中的计划经济体制到充满活力的社会主义市场经济体制、从封闭半封闭到全方位开放的历史性转变，实现了从生产力相对落后的状况到经济总量跃居世界第二的历史性突破，实现了人民生活从温饱不足到总体小康、奔向全面小康的历史性跨越，为实现中华民族伟大复兴提供了充满新的活力的体制保证和快速发展的物质条件。中国共产党和中国人民以英勇顽强的奋斗向世界庄严宣告，改革开放是决定当代中国前途命运的关键一招，中国大踏步赶上了时代！

——为了实现中华民族伟大复兴，中国共产党团结带领中国人民，自信自强、守正创新，统揽伟大斗争、伟大工程、伟大事业、伟大梦想，创造了新时代中国特色社会主义的伟大成就。党的十八大以来，中国特色社会主义进入新时代，我们坚持和加强党的全面领导，统筹推进“五位一体”总体布局、协调推进“四个全面”战略布局，坚持和完善中国特色社会主义制度、推进国家治理体系和治理能力现代化，坚持依规治党、形成比较完善的党内法规体系，战胜一系列重大风险挑战，实现第一个百年奋斗目标，明确实现第二个百年奋斗目标的战略安排，党和国家事业取得历史性成就、发生历史性变革，为实现中华民族伟大复兴提供了更为完善的制度保证、更为坚实的物质基础、更为主动的精神力量。中国共产党和中国人民以英勇顽强的奋斗向世界庄严宣告，中华民族迎来了从站起来、富起来到强起来的伟大飞跃，实现中华民族伟大复兴进入了不可逆转的历史进程！

一百年来，中国共产党团结带领中国人民，以“为有牺牲多壮志，敢教日月换新天”的大无畏气概，书写了中华民族几千年历史上最恢宏的史诗。这一百年来开辟的伟大道路、创造的伟大事业、取得的伟大成就，必将载入中华民族发展史册、人类文明发展史册！

同志们、朋友们！

一百年前，中国共产党的先驱们创建了中国共产党，形成了坚持真理、坚守理想，践行初心、担当使命，不怕牺牲、英勇斗争，对党忠诚、不负人民的伟大建党精神，这是中国共产党的精神之源。

一百年来，中国共产党弘扬伟大建党精神，在长期奋斗中构建起中国共产党人的精神谱系，锤炼出鲜明的政治品格。历史川流不息，精神代代相传。我们要继续弘扬光荣传统、赓续红色血脉，永远把伟大建党精神继承下去、发扬光大！

同志们、朋友们！

一百年来，我们取得的一切成就，是中国共产党人、中国人民、中华民族团结奋斗的结果。以毛泽东同志、邓小平同志、江泽民同志、胡锦涛同志为主要代表的中国共产党人，为中华民族伟大复兴建立了彪炳史册的伟大功勋！我们向他们表示崇高的敬意！

此时此刻，我们深切怀念为中国革命、建设、改革，为中国共产党建立、巩固、发展作出重大贡献的毛泽东、周恩来、刘少奇、朱德、邓小平、陈云同志等老一辈革命家，深切怀念为建立、捍卫、建设新中国英勇牺牲的革命先烈，深切怀念为改革开放和社会主义现代化建设英勇献身的革命烈士，深切怀念近代以来为民族独立和人民解放顽强奋斗的所有仁人志士。他们为祖国和民族建立的丰功伟绩永载史册！他们的崇高精神永远铭记在人民心中！

人民是历史的创造者，是真正的英雄。我代表党中央，向全国广大工人、农民、知识分子，向各民主党派和无党派人士、各人民团体、各界爱国人士，向人民解放军指战员、武警部队官兵、公安干警和消防救援队伍指战员，向全体社会主义劳动者，向统一战线广大成员，致以崇高的敬意！向香港特别行政区同胞、澳门特别行政区同胞和台湾同胞以及广大侨胞，致以诚挚的问候！向一切同中国人民友好相处，关心和支持中国革命、建设、改革事业的各国人民和朋友，致以衷心的谢意！

同志们、朋友们！

初心易得，始终难守。以史为鉴，可以知兴替。我们要用历史映照现实、远观未来，从中国共产党的百年奋斗中看清楚过去我们为什么能够成功、弄明白未来我们怎样才能继续成功，从而在新的征程上更加坚定、更加自觉地牢记初心使命、开创美好未来。

——以史为鉴、开创未来，必须坚持中国共产党坚强领导。办好中国的事情，关键在党。中华民族近代以来180多年的历史、中国共产党成立以来100年的历史、中华人民共和国成立以来70多年的历史都充分证明，没有中国共产党，就没有新中国，就没有中华民族伟大复兴。历史和人民选择了中国共产党。中国共产党领导是中国特色社会主义最本质的特征，是中国特色社会主义制度的最大优势，是党和国家的根本所在、命脉所在，是全国各族人民的利益所系、命运所系。

新的征程上，我们必须坚持党的全面领导，不断完善党的领导，增强“四个意识”、坚定“四个自信”、做到“两个维护”，牢记“国之大者”，不断提高党科学执政、民主执政、依法执政水平，充分发挥党总揽全局、协调各方的领导核心作用！

——以史为鉴、开创未来，必须团结带领中国人民不断为美好生活而奋斗。江山就是人民、人民就是江山，打江山、守江山，守的是人民的心。中国共产党根基在人民、血脉在人民、力量在人民。中国共产党始终代表最广大人民根本利益，与人民休戚与共、生死相依，没有任何自己特殊的利益，从来不代表任何利益集团、任何权势团体、任何特权阶层的利益。任何想把中国共产党同中国人民分割开来、对立起来的企图，都是绝不会得逞的！9 500多万中国共产党人不答应！14亿多中国人民也不答应！

新的征程上，我们必须紧紧依靠人民创造历史，坚持全心全意为人民服务的根本宗旨，站稳人民立场，贯彻党的群众路线，尊重人民首创精神，践行以人民为中心的发展思想，发展全过程人民民主，维护社会公平正义，着力解决发展不平衡不充分问题和人民群众急难愁盼问题，推动人的全面发展、全体人民共同富裕取得更为明显的实质性进展！

——以史为鉴、开创未来，必须继续推进马克思主义中国化。马克思主义是我们立党立国的根本指导思想，是我们党的灵魂和旗帜。中国共产党坚持马克思主义基本原理，坚持实事求是，从中国实际出发，洞察时代大势，把握历史主动，进行艰辛探索，不断推进马克思主义中国化时代化，指导中国人民不断推进伟大社会革命。中国共产党为什么能，中国特色社会主义为什么好，归根到底是因为马克思主义行！

新的征程上，我们必须坚持马克思列宁主义、毛泽东思想、邓小平理论、“三个代表”重要思想、科学发展观，全面贯彻新时代中国特色社会主义思想，坚持把马克思主义基本原理同中国具体实际相结合、同中华优秀传统文化相结合，用马克思主义观察时代、把握时代、引领时代，继续发展当代中国马克思主义、21 世纪马克思主义！

——以史为鉴、开创未来，必须坚持和发展中国特色社会主义。走自己的路，是党的全部理论和实践立足点，更是党百年奋斗得出的历史结论。中国特色社会主义是党和人民历经千辛万苦、付出巨大代价取得的根本成就，是实现中华民族伟大复兴的正确道路。我们坚持和发展中国特色社会主义，推动物质文明、政治文明、精神文明、社会文明、生态文明协调发展，创造了中国式现代化新道路，创造了人类文明新形态。

新的征程上，我们必须坚持党的基本理论、基本路线、基本方略，统筹推进“五位一体”总体布局、协调推进“四个全面”战略布局，全面深化改革开放，立足新发展阶段，完整、准确、全面贯彻新发展理念，构建新发展格局，推动高质量发展，推进科技自立自强，保证人民当家作主，坚持依法治国，坚持社会主义核心价值体系，坚持在发展中保障和改善民生，坚持人与自然和谐共生，协同推进人民富裕、国家强盛、中国美丽。

中华民族拥有在 5 000 多年历史演进中形成的灿烂文明，中国共产党拥有百年奋斗实践和 70 多年执政兴国经验，我们积极学习借鉴人类文明的一切有益成果，欢迎一切有益的建议和善意的批评，但我们绝不接受“教师爷”般颐指气使的说教！中国共产党和中国人民将在自己选择的道路上昂首阔步走下去，把中国发展进步的命运牢牢掌握在自己手中！

——以史为鉴、开创未来，必须加快国防和军队现代化。强国必须强军，军强才能国安。坚持党指挥枪、建设自己的人民军队，是党在血与火的斗争中得出的颠扑不破的真理。人民军队为党和人民建立了不朽功勋，是保卫红色江山、维护民族尊严的坚强柱石，也是维护地区和世界和平的强大力量。

新的征程上，我们必须全面贯彻新时代党的强军思想，贯彻新时代军事战略方针，坚持党对人民军队的绝对领导，坚持走中国特色强军之路，全面推进政治建军、改革强军、科技强军、人才强军、依法治军，把人民军队建设成为世界一流军队，以更强大的能力、更可靠的手段捍卫国家主权、安全、发展利益！

——以史为鉴、开创未来，必须不断推动构建人类命运共同体。和平、和睦、和谐是中华民族 5 000 多年来一直追求和传承的理念，中华民族的血液中没有侵略他人、称王称霸的基因。中国共产党关注人类前途命运，同世界上一切进步力量携手前进，中国始终是世界和平的建设者、全球发展的贡献者、国际秩序的维护者！

新的征程上，我们必须高举和平、发展、合作、共赢旗帜，奉行独立自主的和平外交政策，坚持走和平发展道路，推动建设新型国际关系，推动构建人类命运共同体，推动共建“一带一路”高质量发展，以中国的新发展为世界提供新机遇。中国共产党将继续同一切爱好和平的国家和人民一道，弘扬和平、发展、公平、正义、民主、自由的全人类共同价值，坚持合作、不搞对抗，坚持开放、不搞封闭，坚持互利共赢、不搞零和博弈，反对霸权主义和强权政治，推动历史车轮向着光明的目标前进！

中国人民是崇尚正义、不畏强暴的人民，中华民族是具有强烈民族自豪感和自信心的民族。中国人民从来没有欺负、压迫、奴役过其他国家人民，过去没有，现在没有，将来也不会有。同时，中国人民也绝不允许任何外来势力欺负、压迫、奴役我们，谁妄想这样干，必将在 14 亿多中国人民用血肉筑成的钢铁长城面前碰得头破血流！

——以史为鉴、开创未来，必须进行具有许多新的历史特点的伟大斗争。敢于斗争、敢于胜利，是中国共产党不可战胜的强大精神力量。实现伟大梦想就要顽强拼搏、不懈奋斗。今天，我们比历史上任何时期都更接近、更有信心和能力实现中华民族伟大复兴的目标，同时必须准备付出更为艰巨、更为艰苦的努力。

新的征程上，我们必须增强忧患意识、始终居安思危，贯彻总体国家安全观，统筹发展和安全，统筹中华民族伟大复兴战略全局和世界百年未有之大变局，深刻认识我国社会主要矛盾变化带来的新特征新要求，深刻认识错综复杂的国际环境带来的新矛盾新挑战，敢于斗争，善于斗争，逢山开道、遇水架桥，勇于战胜一切风险挑战！

——以史为鉴、开创未来，必须加强中华儿女大团结。在百年奋斗历程中，中国共产党始终把统一战线摆在重要位置，不断巩固和发展最广泛的统一战线，团结一切可以团结的力量、调动一切可以调动的积极因素，最大限度凝聚起共同奋斗的力量。爱国统一战线是中国共产党团结海内外全体中华儿女实现中华民族伟大复兴的重要法宝。

新的征程上，我们必须坚持大团结大联合，坚持一致性和多样性统一，加强思想政治引领，广泛凝聚共识，广聚天下英才，努力寻求最大公约数、画出最大同心圆，形成海内外全体中华儿女心往一处想、劲往一处使的生动局面，汇聚起实现民族复兴的磅礴力量！

——以史为鉴、开创未来，必须不断推进党的建设新的伟大工程。勇于自我革命是中国共产党区别于其他政党的显著标志。我们党历经千锤百炼而朝气蓬勃，一个很重要的原因就是我们始终坚持党要管党、全面从严治党，不断应对好自身在各个历史时期面临的风险考验，确保我们党在世界形势深刻变化的历史进程中始终走在时代前列，在应对国内外各种风险挑战的历史进程中始终成为全国人民的主心骨！

新的征程上，我们要牢记打铁必须自身硬的道理，增强全面从严治党永远在路上的政治自觉，以党的政治建设为统领，继续推进新时代党的建设新的伟大工程，不断严密党的组织体系，着力建设德才兼备的高素质干部队伍，坚定不移推进党风廉政建设和反腐败斗争，坚决清除一切损害党的先进性和纯洁性的因素，清除一切侵蚀党的健康肌体的病毒，确保党不变质、不变色、不变味，确保党在新时代坚持和发展中国特色社会主义的历史进程中始终成为坚强领导核心！

同志们、朋友们！

我们要全面准确贯彻“一国两制”、“港人治港”、“澳人治澳”、高度自治的方针，落实中央对香港、澳门特别行政区全面管治权，落实特别行政区维护国家安全的法律制度和执行机制，维护国家主权、安全、发展利益，维护特别行政区社会大局稳定，保持香港、澳门长期繁荣稳定。

解决台湾问题、实现祖国完全统一，是中国共产党矢志不渝的历史任务，是全体中华儿女的共同愿望。要坚持一个中国原则和“九二共识”，推进祖国和平统一进程。包括两岸同胞在内的所有中华儿女，要和衷共济、团结向前，坚决粉碎任何“台独”图谋，共创民族复兴美好未来。任何人都不要低估中国人民捍卫国家主权和领土完整的坚强决心、坚定意志、强大能力！

同志们、朋友们！

未来属于青年，希望寄予青年。一百年前，一群新青年高举马克思主义思想火炬，在风雨如晦的中国苦苦探寻民族复兴的前途。一百年来，在中国共产党的旗帜下，一代代中国青年把青春奋斗融入党和人民事业，成为实现中华民族伟大复兴的先锋力量。新时代的中国青年要以实现中华民族伟大复兴为己任，增强做中国人的志气、骨气、底气，不负时代，不负韶华，不负党和人民的殷切期望！

同志们、朋友们！

一百年前，中国共产党成立时只有50多名党员，今天已经成为拥有9 500多万名党员、领导着14亿多人口大国、具有重大全球影响力的世界第一大执政党。

一百年前，中华民族呈现在世界面前的是一派衰败凋零的景象。今天，中华民族向世界展现的是一派欣欣向荣的气象，正以不可阻挡的步伐迈向伟大复兴。

过去一百年，中国共产党向人民、向历史

交出了一份优异的答卷。现在，中国共产党团结带领中国人民又踏上了实现第二个百年奋斗目标新的赶考之路。

全体中国共产党员！党中央号召你们，牢记初心使命，坚定理想信念，践行党的宗旨，永远保持同人民群众的血肉联系，始终同人民想在一起、干在一起，风雨同舟、同甘共苦，继续为实现人民对美好生活的向往不懈努力，努力为党和人民争取更大光荣！

同志们、朋友们！

中国共产党立志于中华民族千秋伟业，百年恰是风华正茂！回首过去，展望未来，有中国共产党的坚强领导，有全国各族人民的紧密团结，全面建成社会主义现代化强国的目标一定能够实现，中华民族伟大复兴的中国梦一定能够实现！

伟大、光荣、正确的中国共产党万岁！

伟大、光荣、英雄的中国人民万岁！（2021年7月1日，《求是》杂志2021年第14期）

习近平：扎实推动共同富裕

改革开放后，我们党深刻总结正反两方面历史经验，认识到贫穷不是社会主义，打破传统体制束缚，允许一部分人、一部分地区先富起来，推动解放和发展社会生产力。

党的十八大以来，党中央把握发展阶段新变化，把逐步实现全体人民共同富裕摆在更加重要的位置上，推动区域协调发展，采取有力措施保障和改善民生，打赢脱贫攻坚战，全面建成小康社会，为促进共同富裕创造了良好条件。现在，已经到了扎实推动共同富裕的历史阶段。

现在，我们正在向第二个百年奋斗目标迈进。适应我国社会主要矛盾的变化，更好满足人民日益增长的美好生活需要，必须把促进全体人民共同富裕作为为人民谋幸福的着力点，不断夯实党长期执政基础。高质量发展需要高素质劳动者，只有促进共同富裕，提高城乡居民收入，提升人力资本，才能提高全要素生产率，夯实高质量发展的动力基础。当前，全球收入不平等问题突出，一些国家贫富分化，中产阶层塌陷，导致社会撕裂、政治极化、民粹主义泛滥，教训十分深刻！我国必须坚决防止两极分化，促进共同富裕，实现社会和谐安定。

同时，必须清醒认识到，我国发展不平衡不充分问题仍然突出，城乡区域发展和收入分配差距较大。新一轮科技革命和产业变革有力推动了经济发展，也对就业和收入分配带来深刻影响，包括一些负面影响，需要有效应对和解决。

共同富裕是社会主义的本质要求，是中国式现代化的重要特征。我们说的共同富裕是全体人民共同富裕，是人民群众物质生活和精神生活都富裕，不是少数人的富裕，也不是整齐划一的平均主义。

要深入研究不同阶段的目标，分阶段促进共同富裕：到“十四五”末，全体人民共同富裕迈出坚实步伐，居民收入和实际消费水平差距逐步缩小。到2035年，全体人民共同富裕取得更为明显的实质性进展，基本公共服务实现均等化。到本世纪中叶，全体人民共同富裕基本实现，居民收入和实际消费水平差距缩小到合理区间。要抓紧制定促进共同富裕行动纲要，提出科学可行、符合国情的指标体系和考核评估办法。

促进共同富裕，要把握好以下原则。

——鼓励勤劳创新致富。幸福生活都是奋斗出来的，共同富裕要靠勤劳智慧来创造。要坚持在发展中保障和改善民生，把推动高质量发展放在首位，为人民提高受教育程度、增强发展能力创造更加普惠公平的条件，提升全社会人力资本和专业技能，提高就业创业能力，增强致富本领。要防止社会阶层固化，畅通向上流动通道，给更多人创造致富机会，形成人人参与的发展环境，避免“内卷”、“躺平”。

——坚持基本经济制度。要立足社会主义初级阶段，坚持“两个毫不动摇”。要坚持公有制为主体、多种所有制经济共同发展，大力发挥公有制经济在促进共同富裕中的重要作用，同时要促进非公有制经济健康发展、非公有制经济人士健康成长。要允许一部分人先富起来，同时要强调先富带后富、帮后富，重点鼓励辛勤劳动、合法经营、敢于创业的致富带头人。靠偏门致富不能提倡，违法违规的要依法处理。

——尽力而为量力而行。要建立科学的公共政策体系，把蛋糕分好，形成人人享有的合理分配格局。要以更大的力度、更实的举措让人民群众有更多获得感。同时，也要看到，我国发展水平离发达国家还有很大差距。要统筹需要和可能，把保障和改善民生建立在经济发展和财力可持续的基础之上，不要好高骛远，吊高胃口，作兑现不了的承诺。政府不能什么都包，重点是加强基础性、普惠性、兜底性民生保障建设。即使将来发展水平更高、财力更雄厚了，也不能提过高的目标，搞过头的保障，坚决防止落入"福利主义"养懒汉的陷阱。

——坚持循序渐进。共同富裕是一个长远目标，需要一个过程，不可能一蹴而就，对其长期性、艰巨性、复杂性要有充分估计，办好这件事，等不得，也急不得。一些发达国家工业化搞了几百年，但由于社会制度原因，到现在共同富裕问题仍未解决，贫富悬殊问题反而越来越严重。我们要有耐心，实打实地一件事一件事办好，提高实效。要抓好浙江共同富裕示范区建设，鼓励各地因地制宜探索有效路径，总结经验，逐步推开。

总的思路是，坚持以人民为中心的发展思想，在高质量发展中促进共同富裕，正确处理效率和公平的关系，构建初次分配、再分配、三次分配协调配套的基础性制度安排，加大税收、社保、转移支付等调节力度并提高精准性，扩大中等收入群体比重，增加低收入群体收入，合理调节高收入，取缔非法收入，形成中间大、两头小的橄榄型分配结构，促进社会公平正义，促进人的全面发展，使全体人民朝着共同富裕目标扎实迈进。

第一，提高发展的平衡性、协调性、包容性。要加快完善社会主义市场经济体制，推动发展更平衡、更协调、更包容。要增强区域发展的平衡性，实施区域重大战略和区域协调发展战略，健全转移支付制度，缩小区域人均财政支出差异，加大对欠发达地区的支持力度。要强化行业发展的协调性，加快垄断行业改革，推动金融、房地产同实体经济协调发展。要支持中小企业发展，构建大中小企业相互依存、相互促进的企业发展生态。

第二，着力扩大中等收入群体规模。要抓住重点、精准施策，推动更多低收入人群迈入中等收入行列。高校毕业生是有望进入中等收入群体的重要方面，要提高高等教育质量，做到学有专长、学有所用，帮助他们尽快适应社会发展需要。技术工人也是中等收入群体的重要组成部分，要加大技能人才培养力度，提高技术工人工资待遇，吸引更多高素质人才加入技术工人队伍。中小企业主和个体工商户是创业致富的重要群体，要改善营商环境，减轻税费负担，提供更多市场化的金融服务，帮助他们稳定经营、持续增收。进城农民工是中等收入群体的重要来源，要深化户籍制度改革，解决好农业转移人口随迁子女教育等问题，让他们安心进城，稳定就业。要适当提高公务员特别是基层一线公务员及国有企事业单位基层职工工资待遇。要增加城乡居民住房、农村土地、金融资产等各类财产性收入。

第三，促进基本公共服务均等化。低收入群体是促进共同富裕的重点帮扶保障人群。要加大普惠性人力资本投入，有效减轻困难家庭教育负担，提高低收入群众子女受教育水平。要完善养老和医疗保障体系，逐步缩小职工与居民、城市与农村的筹资和保障待遇差距，逐步提高城乡居民基本养老金水平。要完善兜底救助体系，加快缩小社会救助的城乡标准差异，逐步提高城乡最低生活保障水平，兜住基本生活底线。要完善住房供应和保障体系，坚持房子是用来住的、不是用来炒的定位，租购并举，因城施策，完善长租房政策，扩大保障性租赁住房供给，重点解决好新市民住房问题。

第四，加强对高收入的规范和调节。在依法保护合法收入的同时，要防止两极分化、消除分配不公。要合理调节过高收入，完善个人所得税制度，规范资本性所得管理。要积极稳妥推进房地产税立法和改革，做好试点工作。要加大消费环节税收调节力度，研究扩大消费税征收范围。要加强公益慈善事业规范管理，完善税收优惠政策，鼓励高收入人群和企业更多回报社会。要清理规范不合理收入，加大对垄断行业和国有企业的收入分配管理，整顿收入分配秩序，清理借改革之名变相增加高管收入等分配乱象。要坚决取缔非法收入，坚决遏制权钱交易，坚决打击内幕交易、操纵股市、财务造假、偷税漏税等获取非法收入行为。

经过多年探索，我们对解决贫困问题有了完整的办法，但在如何致富问题上还要探索积累经验。要保护产权和知识产权，保护合法致富。要坚决反对资本无序扩张，对敏感领域准入划出负面清单，加强反垄断监管。同时，也要调动企业家积极性，促进各类资本规范健康发展。

第五，促进人民精神生活共同富裕。促进共同富裕与促进人的全面发展是高度统一的。要强化社会主义核心价值观引领，加强爱国主义、集体主义、社会主义教育，发展公共文化事业，完善公共文化服务体系，不断满足人民群众多样化、多层次、多方面的精神文化需求。要加强促进共同富裕舆论引导，澄清各种模糊认识，防止急于求成和畏难情绪，为促进共同富裕提供良好舆论环境。

第六，促进农民农村共同富裕。促进共同富裕，最艰巨最繁重的任务仍然在农村。农村共同富裕工作要抓紧，但不宜像脱贫攻坚那样提出统一的量化指标。要巩固拓展脱贫攻坚成果，对易返贫致贫人口要加强监测、及早干预，对脱贫县要扶上马送一程，确保不发生规模性返贫和新的致贫。要全面推进乡村振兴，加快农业产业化，盘活农村资产，增加农民财产性收入，使更多农村居民勤劳致富。要加强农村基础设施和公共服务体系建设，改善农村人居环境。

我总的认为，像全面建成小康社会一样，全体人民共同富裕是一个总体概念，是对全社会而言的，不要分成城市一块、农村一块，或者东部、中部、西部地区各一块，各提各的指标，要从全局上来看。我们要实现 14 亿人共同富裕，必须脚踏实地、久久为功，不是所有人都同时富裕，也不是所有地区同时达到一个富裕水准，不同人群不仅实现富裕的程度有高有低，时间上也会有先有后，不同地区富裕程度还会存在一定差异，不可能齐头并进。这是一个在动态中向前发展的过程，要持续推动，不断取得成效。（习近平总书记 2021 年 8 月 17 日在中央财经委员会第十次会议上讲话的一部分，《求是》杂志 2021 年第 20 期）

习近平：努力成为可堪大用能担重任的栋梁之才

今年是我们党成立一百周年，全党正在开展党史学习教育，安排大家到中央党校学习，接受比较系统的党性教育和理论培训，很有必要。中青班每期开班式，我都来讲一讲，主要是同大家谈谈心，对大家提点要求。

第一，信念坚定、对党忠诚。党的十八大以来，我反复强调，党员、干部必须坚定理想信念。我之所以反复强调这个问题，是因为一段时间里，受各种错误思想和糊涂观念影响，有相当数量的党员、干部丢掉了共产党人的理想信念，只讲功利不讲理想、只讲私欲不讲信仰了。

中国共产党成立一百年来，始终是有崇高理想和坚定信念的党。这个理想信念，就是马克思主义信仰、共产主义远大理想、中国特色社会主义共同理想。理想信念是中国共产党人的精神支柱和政治灵魂，也是保持党的团结统一的思想基础。我一直强调，对我们党的理想信念，不要语焉不详，不要吞吞吐吐，而是要旗帜鲜明、理直气壮讲。共产党一旦丢了自己的理想信念，那就同其他政党没什么本质区别了，就会失去精神动力和精神纽带，就会成为乌合之众，难逃失败的命运。所以，我反复强调，理想信念是共产党人精神上的“钙”，共产党人如果没有理想信念，精神上就会“缺钙”，就会得“软骨病”，必然导致政治上变质、经济上贪婪、道德上堕落、生活上腐化。

对党员干部来讲，是有坚定理想信念，还是满脑子功利私欲，决定着一个人的思想境界和行为举止。党员干部有了坚定理想信念，才能经得住各种考验，走得稳、走得远；没有理想信念，或者理想信念不坚定，就经不起风吹浪打，关键时刻就会私心杂念丛生，甚至临阵脱逃。现实生活中，一些党员、干部精神空虚、意志消沉、心为物役，信奉金钱至上、名利至上、享乐至上，少数人更是把党和人民赋予的权力作为谋取私利的手段，堕入腐败深渊，说到底都是理想信念动摇所致。

我常说要修炼共产党人的“心学”，坚持学思用贯通、知信行统一，其中一个重要目的就是要求党员干部坚定理想信念、增强党性。形成坚定理想信念，既不是一蹴而就的，也不是一劳永逸的，也不是自己认为坚定就坚定的，而是要在斗争实践中不断砥砺、经受考验，而且这种考验是长期的，很多时候也是严酷的，是要终其一生的。无数革命先烈走上革命道路，首先是他们为了救国救民不断探寻真理，最终选择了马克思主义、共产主义。最近播放的电视连续剧《觉醒年代》，生动展示了我们党早期领导人，面对风雨如磐的斗争形势，面对各式各样的主义，最终坚定选择了马克思主义、共产主义，大家可能都看了。李大钊说：“人生的目的，在发展自己的生命，可是也有为发展生命必须牺牲生命的时候……高尚的生活，常在壮烈的牺牲中。”李大钊面对刽子手的屠刀，大义凛然，慷慨就义，以行动证明他的理想信念是无比坚定的。从党的百年历史看，千千万万党员经过血与火、生与死的考验走到了最后，无数党员为了理想信仰献出了宝贵生命，也有不少人在艰苦条件和残酷斗争中动摇甚至背叛了自己的理想信仰。参加党的一大的13人中，王尽美、李汉俊、邓恩铭、何叔衡、陈潭秋5人牺牲，有人脱党，也有陈公博、周佛海、张国焘3人变节叛党。大浪淘沙乃历史规律。正如鲁迅所说："因为终极目的的不同，在行进时，也时时有人退伍，有人落荒，有人颓唐，有人叛变，然而只要无碍于进行，则愈到后来，这队伍也就愈成为纯粹、精锐的队伍了。"年轻干部要牢记，坚定理想信念是终身课题，需要常修常炼，要信一辈子、守一辈子，三心二意、半途而废甚至背叛初衷肯定会出大问题。

理想信念坚定和对党忠诚是紧密联系的。理想信念坚定才能对党忠诚，对党忠诚是对理想信念坚定的最好诠释。小说《红岩》中刘思扬的原型刘国鋕，出生于四川一个富裕家庭，因叛徒出卖被捕入狱。特务劝他，只要交出组织、登报脱党，马上可以释放。面对劝诱，他斩钉截铁回答，我死了有党，等于没死；我如出卖组织，活着又有什么意义。陈毅同志把"革命重坚定"作为一生的座右铭。南昌起义时他没有赶上，后来冲破重重难关找到了起义队伍，到天心圩时队伍只剩下800人，他协助朱德同志收拢了部队，并对大家说："在胜利发展的情况下，做英雄是容易的；在失败退却的局面下，做英雄就困难得多了。只有经过失败的英雄，才是真正的英雄。我们要做失败时的英雄。"对党忠诚就是要这样，无论顺境逆境，都铁心跟党走、九死而不悔。

检验党员干部是不是对党忠诚，在革命年代就要看能不能为党和人民事业冲锋陷阵、舍生忘死，在和平时期也有明确的检验标准。比如，能不能坚持党的领导，坚决维护党中央权威和集中统一领导，自觉在思想上政治上行动上同党中央保持高度一致；能不能坚决贯彻执行党的理论和路线方针政策，不折不扣把党中央决策部署落到实处；能不能严守党的政治纪律和政治规矩，做政治上的明白人、老实人；能不能坚持党和人民事业高于一切，自觉执行组织决定，服从组织安排，等等，都是对党忠诚的直接检验。长期以来，我们党有一个光荣传统和优良作风，就是党叫干啥就干啥、党让去哪就去哪，哪里有事业哪里就是家，没有二话、毫无怨言。今天，我们依然要大力发扬这种光荣传统和优良作风。现在，有的干部只愿意待在"北上广"，不愿意到"新西兰"。这种态度就不能说是理想信念坚定、对党忠诚了。组织上安排年轻干部去艰苦边远地区工作，是信任更是培养，年轻干部应该以此为荣、争先恐后，而不是拈轻怕重、挑肥拣瘦、患得患失、讨价还价。在党组织安排的工作面前犹犹豫豫、想这想那，这样的干部是不能重用的！到了关键时候是要出问题的！艰难困苦、玉汝于成，刀要在石上磨、人要在事上练，不经风雨、不见世面是难以成大器的。

第二，注重实际、实事求是。坚持一切从实际出发，是我们想问题、作决策、办事情的出发点和落脚点。毛泽东同志早就指出："按照实际情况决定工作方针，这是一切共产党员所必须牢牢记住的最基本的工作方法。我们所犯的错误，研究其发生的原因，都是由于我们离开了当时当地的实际情况，主观地决定自己的工作方针。"毛泽东同志讲得很有针对性。党的十八大之后，我明确提出"严以修身、严以用权、严以律己，谋事要实、创业要实、做人要实"，并在全党开展了专题教育，其目的也在于此。党中央提了很多要求，都要持之以恒贯彻落实好。

坚持从实际出发，前提是深入实际、了解实际，只有这样才能做到实事求是。同样，只有有实事求是的态度才能重视深入实际、了解实际。要了解实际，就要掌握调查研究这个基本功。现在，各方面对调查研究是重视的，但还要下更大功夫，关键是把调查研究做深做实，避免浮在表面、流于形式。要眼睛向下、脚步向下，经常扑下身子、沉到一线，近的远的都要去，好的差的都要看，干部群众表扬和批评都要听，真正把情况摸实摸透。现在通信很发达，通过打打电话、发发微信、看看材料也能了解很多情况，但毕竟隔了一层，没有现场看、当面听、直接问和“七嘴八舌式”的讨论来得真实鲜活。过去常用的“蹲点调研”、“解剖麻雀”的调研方式依然是管用的。我们现在搞的各种试点，成功了再逐步推广，这就是“解剖麻雀”的方法。既要“身入”基层，更要“心到”基层，听真话、察真情，真研究问题、研究真问题，不能搞作秀式调研、盆景式调研、蜻蜓点水式调研，“无实事求是之意，有哗众取宠之心”是不行的！这就是严重的形式主义、官僚主义！要在深入分析思考上下功夫，去粗取精、去伪存真，由此及彼、由表及里，找到事物的本质和规律，找到解决问题的办法。要用好交换、比较、反复的方法，重视听取各方面意见包括少数人的意见、反对的意见，立体式地进行分析、三思而后行，防止自以为是、一得自矜。兼听则明、偏听则暗，能听到不同声音不是坏事，经过多次“否定之否定”的过程，进行的思考、作出的决策才能符合实际。

我提出精准扶贫战略，就是在深入调查研究的基础上提出来的。脱贫是贫困群众的殷切希望，也是老一辈革命家的长期愿望。如果不能做好脱贫工作，我们就对不起贫困地区的老百姓，也对不起老一辈革命家。党的十八大闭幕不久，我就到河北阜平县考察脱贫工作。党的十八大以来，我走遍 14 个集中连片特困地区，而且年年去、常常去，直接到贫困户看真贫、扶真贫，直接听取贫困地区干部群众意见，不断完善扶贫思路和扶贫举措，不断推进工作，带着感情去抓，带着践行宗旨的承诺去抓，最终在全党全国共同努力下打赢了脱贫攻坚战，贫困地区广大群众高兴了，老一辈革命家在九泉之下也会感到安慰。

坚持从实际出发、实事求是，不只是思想方法问题，也是党性强不强问题。从当前干部队伍实际看，坚持实事求是最需要解决的是党性问题。我父亲讲过，“我们党讲党性，我看实事求是就是最大的党性”。1943 年，延安开始审查干部运动，在当时国民党反动势力对革命根据地大肆进行渗透破坏的情况下，对干部队伍进行认真审查是完全必要的，但在实际工作中由于过分严重地估计了敌情，特别是具体负责这项工作的康生推行极左方式、大搞“逼供信”，使审干工作发生了严重偏差，造成了大批冤假错案。我父亲当时是绥德地委书记，了解到绥德师范学校出现了不少学生迫于体罚逼供压力“假坦白”的事，感到非常痛心。他经过深入调查研究，慎重提出要把思想认识问题和政治立场问题区分开来，避免审干工作中的“扩大化”错误，并向党中央和西北局如实反映了有关情况，建议党中央及时制止“逼供信”、纠正“左”倾错误。在当时情况下，这样做是冒着很大政治风险的，而我父亲甘冒这个风险，就是因为他认为对党忠诚就不要说假话。县委书记的好榜样谷文昌也是实事求是的典范。东山县是 1950 年 5 月解放的，国民党在败退台湾前从东山疯狂抓壮丁、充兵源，仅有 1 万多户人家的东山就被抓走了 4 700 多名青壮年，解放时这些壮丁家属被定为“敌伪家属”。时任东山县第一区工委书记的谷文昌则认为，壮丁们是被国民党绑走的，他们的家属是受害人，建议把“敌伪家属”改成“兵灾家属”，后来上级采纳了这个建议，并决定对这些家属政治上不歧视、经济上平等对待、生活困难给予救济，孤寡老人由乡村照顾。1953 年 7 月，国民党部队 1 万多人突袭东山，而我们守岛部队不过千人，兵力悬殊，但东山军民众志成城，最终取得了保卫战胜利。兵灾家属说：“国民党抓走我们的亲人，共产党把我们当成亲人养。哪怕做鬼，我也愿为共产党守岛！”得民心者，靠实事求是。

干部是不是实事求是可以从很多方面来看，最根本的要看是不是讲真话、讲实话，是不是干实事、求实效。那些见风使舵、处事圆滑的人，那些掩盖矛盾、粉饰太平的人，那些花拳绣腿、不干实事的人，那些好大喜功、急功近利的人，都不是真正的唯物主义者，都有私心杂念在作祟。年轻干部要坚持以党性立身做事，把说老实话、办老实事、做老实人作为党性修养和锻炼的重要内容，敢于坚持真理，善于独立思考，坚持求真务实。这对党和人民事业有益，对个人健康成长也有益。做人老实不是愚钝，做事踏实不会吃亏。对党不忠诚，做人不老实，就会生出取巧之心，就会去搞拉关系、走门路、权钱交易等投机钻营那一套，最终会聪明反被聪明误。

第三，勇于担当、善于作为。干事担事，是干部的职责所在，也是价值所在。党把干部放在各个岗位上是要大家担当干事，而不是做官享福。改革发展稳定工作那么多，要做好工作都要担当作为。如果不担当、不作为，没有执行力、战斗力，那是要打败仗的。

担当作为就要真抓实干、埋头苦干，决不能坐而论道、光说不练。我多次讲过两晋学士虚谈废务的故事，王衍就是其中一个代表人物，可谓舌辩滔滔、无人能及。西晋末年，羯族首领石勒起兵进犯洛阳，王衍作为太尉随军前去讨伐，结果兵败被俘。石勒问他西晋溃败的原因，他百般为自己开脱，说自己从年少时就不参与政事。石勒斥责他：你名盖四海，身居重任，少壮登朝，至于白首，怎么能说没参与朝廷政务，“破坏天下，正是君罪”。后来，王衍被石勒派人杀死，王衍临死前哀叹，如果自己平时不是追求虚浮、而是努力做事，也不至于到这个地步。现实中，此类夸夸其谈、不干实事的人也很多。比如，有的唱功好、做功差，工作落实在口号上，决心停留在嘴巴上；有的摆花架子、做表面文章，应景造势、敷衍应付；有的消极懈怠、得过且过，上面推一推才动一动，不推就不作为；更有的有令不行、有禁不止，甚至欺上瞒下、弄虚作假。今年以来，一些地方在疫情防控、抗击自然灾害、生态环境保护、安全生产等方面出现这样那样的问题，核查下来，其中一个重要原因就是一些干部作风不务实、工作不扎实、责任不落实。

担当和作为是一体的，不作为就是不担当，有作为就要有担当。做事总是有风险的，天底下哪有那么多四平八稳、顺风顺水的事。正因为有风险，才需要担当。如果工作都那么好干，谁上去都能干，那还要什么担当呢？事物往往就是这样，越怕事越容易出事，越想绕道走矛盾就越堵着道。相反，只有豁得出去、敢闯敢干，下定“明知山有虎，偏向虎山行”的决心，真刀真枪干，矛盾和困难才可能得到解决。我在福建工作时，针对福建是林业大省、广大林农却守着“金山银山”过穷日子的状况，为解决产权归属不清等体制机制问题，推动实施了林权制度改革。当时，这项改革是有风险的，主要是上世纪 80 年代有些地方出现了乱砍滥伐的情况，中央暂停了分山到户工作。20 多年过去了，还能不能分山到户，大家都拿不准。经过反复思考，我认为，林权改革关系老百姓切身利益，这个问题不解决，矛盾总有一天会爆发，还是越早解决越好，况且经济发展了、农民生活水平提高了，乱砍滥伐因素减少了，只要政策制定得好、方法对头，风险是可控的。决心下定后，我们抓住“山要怎么分”、“树要怎么砍”、“钱从哪里来”、“单家独户怎么办”这 4 个难题深入调研、反复论证，推出了有针对性的改革举措，形成了全国第一个省级林改文件。2008 年中央 10 号文件全面吸收了福建林改经验。做事要有魄力，为官要有担当。凡是有利于党和人民的事，我们就要事不避难、义不逃责，大胆地干、坚决地干，正所谓“苟利国家生死以，岂因祸福避趋之”。

干事业、抓改革，必然触动现有利益格局，动一些人的奶酪，以致引发一些争议。要干事，要改革，要解决矛盾，有些争议乃至责难是难免的，把石头扔进水里都会激起涟漪，更何况是想做成一番事业？因为怕争议而缩手缩脚，该干的也不干，这不是共产党人应有的态度。对来自各方面的争议，应该冷静对待、理性分析，如果认准了做的事是对的，实践也证明是对的，就不要打退堂鼓，哪怕背黑锅、遭骂名也义无反顾，同时要做好解疑释惑、凝聚共识的工作，最大程度争取理解和支持。如果别人的批评有合理之处，就要虚心接受、积极改进，使工作方案和政策措施更科学更完善。做事情，意志力、坚忍力、自制力很重要，胆略谋略很重要。很多事情坚持下来了、做成了，争议自然就烟消云散了。

第四，坚持原则、敢于斗争。坚持原则是共产党人的重要品格，是衡量一个干部是否称职的重要标准。现在，一些干部错误理解“和为贵”，一味讲“宽容”、讲“和气”，当老好人，对政治原则问题含含糊糊，对大是大非问题做“开明绅士”，对不良现象听之任之，还有的八面玲珑、左右逢源，说话办事看来头、看风向，随波漂，随风倒，这同党性原则是背道而驰的，必须坚决纠正。

对共产党人来说，“好好先生”并不是真正的好人。奉行好人主义的人，没有公心、只有私心，没有正气、只有俗气，以为“坚持原则是非多、碰到硬茬麻烦多、平平稳稳好处多、拉拉扯扯朋友多”。自古以来，人们就对这种人嗤之以鼻。孔子说：“乡愿，德之贼也。”就是说那些不分是非、不得罪乡里的“好好先生”，其实是破坏道德的人。孟子认为这种人“同乎流俗，合乎污世”。《红楼梦》里则以一句“又要自己便宜，又要不得罪了人”，把这种人刻画得入木三分。奉行好人主义，出发点就有问题，因为好的是自己，坏的是风气、是事业。大量事实表明，一些地方和单位正气不彰、邪气蔓延，工作局面长期打不开，矛盾问题积累一大堆，同好人主义的盛行有密不可分的关系。

我们党历来提倡团结，但团结是通过积极健康的思想斗争达成的，不是无原则的一团和气。共产党人讲党性、讲原则，就要讲斗争。在原则问题上决不能含糊、决不能退让，否则就是对党和人民不负责任，甚至是犯罪。

大是大非面前要讲原则，小事小节中也有讲原则的问题。中国是个人情社会，大家生活在社会上，都有亲戚、朋友、熟人、同事、上级、下属等，推进工作、解决问题时时都会面对原则和人情的选择。原则跟人情能够统一当然最好，但二者不能统一时我们要毫不犹豫坚持原则，决不能迁就人情。黄克诚同志担任中央纪委常务副书记时提出抓党风要“不怕撕破脸皮”。跟随他转战多年的老部下，在京西宾馆用公款宴请，他照样硬起手腕处理。当时的商业部部长到丰泽园饭庄请客吃饭而少付钱，他派人查实情况后，不但通报全党，还在《人民日报》上公开披露。党的干部都要有秉公办事、铁面无私的精神，讲原则不讲面子、讲党性不徇私情。

斗争无时不在、无处不有。当前，世界百年未有之大变局加速演进，中华民族伟大复兴进入关键时期，我们面临的风险挑战明显增多，总想过太平日子、不想斗争是不切实际的。共产党人任何时候都要有不信邪、不怕鬼、不当软骨头的风骨、气节、胆魄。

第五，严守规矩、不逾底线。这个问题，我是“婆婆嘴”反复讲，今天还是要敲敲木鱼、念念紧箍咒。我们党培养一名干部不容易，如果干部把不住自己，走上违纪违法的邪路，那就辜负了党的培养和信任了。我看到一些领导干部腐败堕落的材料，是感到很痛心的，恨铁不成钢啊！前段时间，我看了一个材料，反映一些年轻干部“前脚刚踏上仕途，后脚就走入歧途”，刚成为单位骨干或走上领导岗位就陷入贪腐，不是晚节不保，而是早节就没保住。大家要引以为戒，时刻绷紧纪律规矩这根弦。

讲规矩、守底线，首先要有敬畏心。心有所畏，方能言有所戒、行有所止。党的十八大以来，党中央对腐败现象坚持无禁区、全覆盖、零容忍，重拳出击、整治到底、震慑到位，但仍有一些干部我行我素、顶风违纪。他们不是不知道纪律规矩，而是根本没有敬畏之心。他们所犯的哪一项不是党纪国法所明令禁止的？所作所为的哪一件没有前车之鉴？古人讲：“畏则不敢肆而德以成，无畏则从其所欲而及于祸。”没有敬畏之心，就什么乱七八糟的事都干得出来。有的人干了那么多骇人听闻的事，一个重要原因就是不知敬畏！干部一定要知敬畏、存戒惧、守底线，敬畏党、敬畏人民、敬畏法纪，不能在“月黑风高无人见”的自欺欺人中乱了心智，不能在“你知我知天知地知”的花言巧语中迷了方向，不能在“富贵险中求”的侥幸心理中铤而走险，不能在“法不责众”的错误认识中恣意妄为。

严以修身，才能严以律己。一个干部只有把世界观、人生观、价值观的总开关拧紧了，把思想觉悟、精神境界提高了，才能从不敢腐到不想腐。明代理学家薛瑄认为清廉自守有三种境界：见理明而不妄取者，上也；尚名节而不苟取者，其次也；畏法律、保禄位而不敢取者，为下也。我们共产党人为的是大公、守的是大义、求的是大我，更要正心明道、怀德自重，始终把党和人民放在心中最高位置，做一个一心为公、一身正气、一尘不染的人。优秀地委书记杨善洲就是这样的楷模，一辈子为民造福，一辈子克己奉公。上世纪七八十年代，农村许多人家建起了土木结构的瓦房，但他家仍住在茅草房里，面对老屋漏雨，他跟家里人说：“我没有钱，你们要暂时克服困难，漏雨就买几个盆接一下。”1992 年，他在大亮山林场盖起了第一间砖瓦房，却让给了新来的技术员，自己仍住在油毛毡棚里。有一次他下村住在一户农家，这家人觉得伙食差，对不起他，偷偷退回两角饭钱，他硬是赶了一百里夜路还了回去。在一些人眼里，他就是个不讲究吃穿住行的“傻子”。他却说，“有人说我是自讨苦吃，其实你们不知道我有多快乐”，“如果说共产党人有职业病，这个病就是自讨苦吃”。这种艰苦奋斗、以苦为乐的精神永不过时，永远需要发扬。当共产党的干部，对个人的名誉、地位、利益要看得淡、放得下，不能搞“千里来当官，只为吃和穿”那一套，那是不会有什么出息的！

第六，勤学苦练、增强本领。“褚小者不可以怀大，绠短者不可以汲深。”我们处在前所未有的变革时代，干着前无古人的伟大事业，如果知识不够、眼界不宽、能力不强，就会耽误事。年轻干部精力充沛、思维活跃、接受能力强，正处在长本事、长才干的大好时期，一定要珍惜光阴、不负韶华，如饥似渴学习，一刻不停提高。

向书本学习，是丰富知识、增长才干的重要途径。毛泽东同志说：“饭可以一日不吃，觉可以一日不睡，书不可以一日不读。”他日理万机，但仍见缝插针读书，理发时也读，还幽默地对理发师说：“你办你的公，我办我的公，咱们互不干扰。”我们要发扬这种“挤”和“钻”的精神，多读书、读好书，从书本中汲取智慧和营养，不能自我感觉良好、不屑学习，不能借口工作太忙、放松学习，不能为了装点门面、应付学习。抓好学习，有一个学什么、怎么学的问题。一个人的精力有限，不可能什么都去学，干部要结合工作需要学习，做到干什么学什么、缺什么补什么。要学习马克思主义理论特别是新时代党的创新理论，学习党史、新中国史、改革开放史、社会主义发展史，学习经济、政治、法律、文化、社会、管理、生态、国际等各方面基础性知识，学习同做好本职工作相关的新知识新技能，不断完善履职尽责必备的知识体系。

实践出真知，实践长真才。党和国家事业涉及面很广，领导干部也不是总在一个岗位上工作，都要学过了、学好了再来干是不现实的。坚持在干中学、学中干是领导干部成长成才的必由之路。新中国成立之初组建海军，党中央决定肖劲光同志担任海军司令员。肖劲光同志从没接触过海军，自己还是个“旱鸭子”，但他边干边学，使我国海军从无到有、迅速壮大，出色完成了党中央交给的任务。许多从战争年代走来的老一辈革命家也都是在实践中成长为经济、科技、外交等领域的行家里手的。“学所以益才也，砺所以致刃也。”有同志经过一番实践历练后说了一句话，越干越会干、越干越能干、越干越想干。当然，同样是实践，是不是真正上心用心，是不是善于总结思考，收获大小、提高快慢是不一样的。如果忙忙碌碌，只是机械做事，陷入事务主义，是很难提高认识和工作水平的。

以上我强调的几点，都是年轻干部健康成

长要解决好的课题。大家生逢伟大时代，是党和国家事业发展的生力军，希望大家练好内功、提升修养、增强本领，不要走偏、不要落伍、不要掉队，努力成为可堪大用、能担重任的栋梁之才，为实现第二个百年奋斗目标而努力工作，不辜负党和人民期望和重托！［习近平总书记2021年9月1日在2021年秋季学期中央党校（国家行政学院）中青年干部培训班开班式上讲话的主要部分，《求是》杂志2022年第3期］

习近平：深入实施新时代人才强国战略加快建设世界重要人才中心和创新高地

今年是中国共产党成立一百周年。在百年奋斗历程中，我们党始终重视培养人才、团结人才、引领人才、成就人才，团结和支持各方面人才为党和人民事业建功立业。党的十八大以来，党中央作出人才是实现民族振兴、赢得国际竞争主动的战略资源的重大判断，作出全方位培养、引进、使用人才的重大部署，推动新时代人才工作取得历史性成就、发生历史性变革。

第一，党对人才工作的领导全面加强。我们坚持发展是第一要务、创新是第一动力、人才是第一资源，确立人才引领发展的战略地位，发挥重大人才工程牵引作用，深化人才发展体制机制改革，激发各类人才创新活力，各地区各部门抓人才工作的积极性和主动性前所未有，事业发展和政策创新为人才营造的条件前所未有，人才对我国发展的支撑作用前所未有，中华大地正在成为各类人才大有可为、大有作为的热土。

第二，人才队伍快速壮大。全国人才资源总量从2010年的1.2亿人增长到2019年的2.2亿人，其中专业技术人才从5 550.4万人增长到7 839.8万人。各类研发人员全时当量达到480万人年，居世界首位。

第三，人才效能持续增强。人才对经济社会发展的贡献逐年提升，服务创新驱动发展、决战脱贫攻坚、决胜全面建成小康社会、推动区域协调发展、抗击新冠肺炎疫情等国家重大战略和重大工作卓有成效。我国科技实力正在从量的积累迈向质的飞跃、从点的突破迈向系统能力提升。

第四，人才比较优势稳步增强。我国研发经费投入从2012年的1.03万亿元增长到2020年的2.44万亿元，居世界第二。世界知识产权组织等发布的全球创新指数显示，我国排名从2012年的第34位快速上升到2021年的第12位。

这些事实说明，我国已经拥有一支规模宏大、素质优良、结构不断优化、作用日益突出的人才队伍，我国人才工作站在一个新的历史起点上。

当前，我国进入了全面建设社会主义现代化国家、向第二个百年奋斗目标进军的新征程，我们比历史上任何时期都更加接近实现中华民族伟大复兴的宏伟目标，也比历史上任何时期都更加渴求人才。实现我们的奋斗目标，高水平科技自立自强是关键。综合国力竞争说到底是人才竞争。人才是衡量一个国家综合国力的重要指标。人才是自主创新的关键，顶尖人才具有不可替代性。国家发展靠人才，民族振兴靠人才。我们必须增强忧患意识，更加重视人才自主培养，加快建立人才资源竞争优势。

必须看到，我国人才工作同新形势新任务相比还有很多不适应的地方。人才队伍结构性矛盾突出，人才政策精准化程度不高，人才发展体制机制改革还存在“最后一公里”不畅通的问题，人才评价唯论文、唯职称、唯学历、唯奖项“四唯”等问题仍然比较突出，等等。这些问题，不少是长期存在的难点，需要继续下大气力加以解决。

党的十九届五中全会明确了到2035年我国进入创新型国家前列、建成人才强国的战略目标。做好新时代人才工作，必须坚持党管人才，坚持面向世界科技前沿、面向经济主战场、面向国家重大需求、面向人民生命健康，深入实施新时代人才强国战略，全方位培养、引进、用好人才，加快建设世界重要人才中心和创新高地，为2035年基本实现社会主义现代化提供人才支撑，为2050年全面建成社会主义现代化强国打好人才基础。

一、全面贯彻新时代人才工作新理念新战略新举措

党的十八大以来，党中央深刻回答了为什么建设人才强国、什么是人才强国、怎样建设人才强国的重大理论和实践问题，提出了一系列新理念新战略新举措。

一是坚持党对人才工作的全面领导。这是做好人才工作的根本保证。千秋基业，人才为本。党管人才就是党要领导实施人才强国战略、推进高水平科技自立自强，加强对人才工作的政治引领，全方位支持人才、帮助人才，千方百计造就人才、成就人才，以识才的慧眼、爱才的诚意、用才的胆识、容才的雅量、聚才的良方，着力把党内和党外、国内和国外各方面优秀人才集聚到党和人民的伟大奋斗中来，努力建设一支规模宏大、结构合理、素质优良的人才队伍。

二是坚持人才引领发展的战略地位。这是做好人才工作的重大战略。人才是创新的第一资源，人才资源是我国在激烈的国际竞争中的重要力量和显著优势。创新驱动本质上是人才驱动，立足新发展阶段、贯彻新发展理念、构建新发展格局、推动高质量发展，必须把人才资源开发放在最优先位置，大力建设战略人才力量，着力夯实创新发展人才基础。

三是坚持面向世界科技前沿、面向经济主战场、面向国家重大需求、面向人民生命健康。这是做好人才工作的目标方向。必须支持和鼓励广大科学家和科技工作者紧跟世界科技发展大势，对标一流水平，根据国家发展急迫需要和长远需求，敢于提出新理论、开辟新领域、探索新路径，多出战略性、关键性重大科技成果，不断攻克“卡脖子”关键核心技术，不断向科学技术广度和深度进军，把论文写在祖国大地上，把科技成果应用在实现社会主义现代化的伟大事业中。

四是坚持全方位培养用好人才。这是做好人才工作的重点任务。必须坚定人才培养自信，造就一流科技领军人才和创新团队，培养具有国际竞争力的青年科技人才后备军，用好用活人才，大胆使用青年人才，激发创新活力，放开视野选人才、不拘一格用人才。

五是坚持深化人才发展体制机制改革。这是做好人才工作的重要保障。必须破除人才培养、使用、评价、服务、支持、激励等方面的体制机制障碍，破除“四唯”现象，向用人主体授权，为人才松绑，把我国制度优势转化为人才优势、科技竞争优势，加快形成有利于人才成长的培养机制、有利于人尽其才的使用机制、有利于人才各展其能的激励机制、有利于人才脱颖而出的竞争机制，把人才从科研管理的各种形式主义、官僚主义的束缚中解放出来。

六是坚持聚天下英才而用之。这是做好人才工作的基本要求。中国发展需要世界人才的参与，中国发展也为世界人才提供机遇。必须实行更加积极、更加开放、更加有效的人才引进政策，用好全球创新资源，精准引进急需紧缺人才，形成具有吸引力和国际竞争力的人才制度体系，加快建设世界重要人才中心和创新高地。

七是坚持营造识才爱才敬才用才的环境。这是做好人才工作的社会条件。必须积极营造尊重人才、求贤若渴的社会环境，公正平等、竞争择优的制度环境，待遇适当、保障有力的生活环境，为人才心无旁骛钻研业务创造良好条件，在全社会营造鼓励大胆创新、勇于创新、包容创新的良好氛围。

八是坚持弘扬科学家精神。这是做好人才工作的精神引领和思想保证。必须弘扬胸怀祖国、服务人民的爱国精神，勇攀高峰、敢为人先的创新精神，追求真理、严谨治学的求实精神，淡泊名利、潜心研究的奉献精神，集智攻关、团结协作的协同精神，甘为人梯、奖掖后学的育人精神，教育引导各类人才矢志爱国奋斗、锐意开拓创新。

以上8条，是我们对我国人才事业发展规律性认识的深化，要始终坚持并不断丰富发展。

二、加快建设世界重要人才中心和创新高地

人类历史上，科技和人才总是向发展势头好、文明程度高、创新最活跃的地方集聚。16世纪以来，全球先后形成5个科学和人才中心。一是16世纪的意大利，文艺复兴运动促进了科学发展，产生了哥白尼、伽利略、达·芬奇、维萨里等一大批科学家，诞生了《天体运行论》、《人体结构》、天文望远镜等一大批科学名著和科学发明。二是17世纪的英国，培根经验主义理论和“知识就是力量”的理念加速了科学进步，产生了牛顿、波义耳等科学大师，开辟了力学、化学等多个学科，成为推动第一次工业革命的先导。三是18世纪的法国，启蒙运动营造了向往科学的社会氛围，产生了拉格朗日、拉普拉斯、拉瓦锡、安培等为代表的一大批卓越科学家，在分析力学、热力学、化学等学科领域作出重大建树。四是19世纪的德国，产生了爱因斯坦、普朗克、欧姆、高斯、黎曼、李比希、霍夫曼等一大批科学家，创立了相对论、量子力学、有机化学、细胞学说等重大科学理论。五是20世纪的美国，集聚了费米、冯·诺依曼等一大批顶尖科学家，产生了贝尔、爱迪生、肖克利等一大批顶尖发明家，美国获得了近70%的诺贝尔奖，产出占同期世界总数60%以上的科学成果，集聚了全球近50%的高被引科学家。

现在，世界新一轮科技革命和产业变革迅猛发展，我们既面临难得历史机遇，又面临严峻挑战。中华民族是勤劳智慧的民族，千百年来我国科技创新为人类文明作出了巨大贡献。近代以来，我国没有抓住工业革命的历史机遇，后又饱经战乱和列强欺凌，导致我国科技和人才长期落后。现在，我国正处于政治最稳定、经济最繁荣、创新最活跃的时期，党的坚强领导和我国社会主义制度的政治优势，基础研究和应用基础研究实现重大突破，面向国家重大需求的战略高技术研究取得重要成果，应用研究引领产业向中高端迈进，为我们加快建设世界重要人才中心和创新高地创造了有利条件。

加快建设世界重要人才中心和创新高地，必须把握战略主动，做好顶层设计和战略谋划。我们的目标是：到2025年，全社会研发经费投入大幅增长，科技创新主力军队伍建设取得重要进展，顶尖科学家集聚水平明显提高，人才自主培养能力不断增强，在关键核心技术领域拥有一大批战略科技人才、一流科技领军人才和创新团队；到2030年，适应高质量发展的人才制度体系基本形成，创新人才自主培养能力显著提升，对世界优秀人才的吸引力明显增强，在主要科技领域有一批领跑者，在新兴前沿交叉领域有一批开拓者；到2035年，形成我国在诸多领域人才竞争比较优势，国家战略科技力量和高水平人才队伍位居世界前列。

加快建设世界重要人才中心和创新高地，需要进行战略布局。综合考虑，可以在北京、上海、粤港澳大湾区建设高水平人才高地，一些高层次人才集中的中心城市也要着力建设吸引和集聚人才的平台，开展人才发展体制机制综合改革试点，集中国家优质资源重点支持建设一批国家实验室和新型研发机构，发起国际大科学计划，为人才提供国际一流的创新平台，加快形成战略支点和雁阵格局。

三、深化人才发展体制机制改革

党的十八大以来，我们在改革人才培养、

使用、评价、服务、支持、激励等机制方面下了很大功夫，取得了积极成效。同时，人才发展体制机制改革“破”得不够、“立”得也不够，既有中国特色又有国际竞争比较优势的人才发展体制机制还没真正建立。要坚持问题导向，着力解决多年困扰、反映强烈的突出问题。

第一，向用人主体授权。人才怎样用好，用人单位最有发言权。当务之急是要根据需要和实际向用人主体充分授权，真授、授到位。行政部门应该下放的权力都要下放，用人单位可以自己决定的事情都应该由用人单位决定，发挥用人主体在人才培养、引进、使用中的积极作用。用人主体要发挥主观能动性，增强服务意识和保障能力，建立有效的自我约束和外部监督机制，确保下放的权限接得住、用得好。用人单位要切实履行好主体责任，用不好授权、履责不到位的要问责。

第二，积极为人才松绑。长期以来，一些部门和单位习惯把人才管住，许多政策措施还是着眼于管，而在服务、支持、激励等方面措施不多、方法不灵。要遵循人才成长规律和科研规律，进一步破除“官本位”、行政化的传统思维，不能简单套用行政管理的办法对待科研工作，不能像管行政干部那样管科研人才。要完善人才管理制度，做到人才为本、信任人才、尊重人才、善待人才、包容人才。要赋予科学家更大技术路线决定权、更大经费支配权、更大资源调度权，放手让他们把才华和能量充分释放出来。同时，要建立健全责任制和“军令状”制度，确保科研项目取得成效。要深化科研经费管理改革，落实让经费为人的创造性活动服务的理念。要改革科研项目管理，优化整合人才计划，让人才静心做学问、搞研究，多出成果、出好成果。

第三，完善人才评价体系。我国人才发展体制机制一个突出问题是人才评价体系不合理，“四唯”现象仍然严重，人才“帽子”满天飞，滋长急功近利、浮躁浮夸等不良风气。要加快建立以创新价值、能力、贡献为导向的人才评价体系，基础前沿研究突出原创导向，社会公益性研究突出需求导向，应用技术开发和成果转化评价突出市场导向，形成并实施有利于科技人才潜心研究和创新的评价体系。要继续采取措施为“帽子热”降温，避免简单以学术头衔、人才称号确定薪酬待遇、配置学术资源的倾向。要面向国家战略需求推进院士制度改革，更好发挥广大院士在科研攻关、战略咨询、学科发展和人才培养中的作用。

四、加快建设国家战略人才力量

战略人才站在国际科技前沿、引领科技自主创新、承担国家战略科技任务，是支撑我国高水平科技自立自强的重要力量，要把建设战略人才力量作为重中之重来抓。

第一，大力培养使用战略科学家。“统军持势者，将也；制胜败敌者，众也。”战略科学家是科学帅才，是国家战略人才力量中的“关键少数”。当前，全球进入大科学时代，科学研究的复杂性、系统性、协同性显著增强，战略科学家的重要性日益凸显。

战略科学家从哪里来？归根到底要从科技创新主战场中涌现出来，从科技创新主力军中成长起来。要坚持实践标准，在国家重大科技任务担纲领衔者中发现具有深厚科学素养、长期奋战在科研第一线，视野开阔，前瞻性判断力、跨学科理解能力、大兵团作战组织领导能力强的科学家。要坚持长远眼光，有意识地发现和培养更多具有战略科学家潜质的高层次复合型人才，形成战略科学家成长梯队。党和国家要加强和完善对国家重大科研项目的领导和指导。

第二，打造大批一流科技领军人才和创新团队。要建立“卡脖子”关键核心技术攻关人才特殊调配机制，制定实施专项行动计划，跨部门、跨地区、跨行业、跨体制调集领军人才，组建攻坚团队。要发挥国家实验室、国家科研机构、高水平研究型大学、科技领军企业的国家队作用，加速集聚、重点支持一流科技领军人才和创新团队。要围绕国家重点领域、重点产业，组织产学研协同攻关，在重大科研任务中培养人才。要优化领军人才发现机制和项目团队遴选机制，探索新的项目组织方式，对领军人才实行人才梯队配套、科研条件配套、管理机制配套的特殊政策，加快“卡脖子”关键核心技术突破。

第三，造就规模宏大的青年科技人才队伍。青年人才是国家战略人才力量的源头活水。有研究表明，自然科学家发明创造的最佳年龄段是25岁到45岁。我国青年科技人才存在担纲机会少、成长通道窄、生活压力大等问题。青年人才把精力过多投入到职称评审、项目申报、“帽子”竞争上，在薪酬待遇、住房、子女入学等方面还存在不少实际困难。要把培育国家战略人才力量的政策重心放在青年科技人才上，给予青年人才更多的信任、更好的帮助、更有力的支持，支持青年人才挑大梁、当主角。各类人才培养引进支持计划要向青年人才倾斜，扩大支持规模，优化支持方式。要重视解决青年科技人才面临的实际困难，让青年科技人才安身、安心、安业。要完善优秀青年人才全链条培养制度，组织实施高校优秀毕业生接续培养计划，从高校、科研院所、企业遴选高水平导师，赋予高端人才培养任务。

第四，培养大批卓越工程师。制造业是我国的立国之本、强国之基。我国是世界上唯一拥有全部工业门类的国家，同时我国制造业总体上仍处于全球价值链的中低端，许多产业面临工程师数量不足、质量不高问题。要探索形成中国特色、世界水平的工程师培养体系，努力建设一支爱党报国、敬业奉献、具有突出技术创新能力、善于解决复杂工程问题的工程师队伍。

培养卓越工程师，必须调动好高校和企业两个积极性。高校要深化工程教育改革，加大理工科人才培养分量，探索实行高校和企业联合培养高素质复合型工科人才的有效机制。这要作为高校特别是“双一流”大学建设的重要任务。企业要把培养环节前移，同高校一起设计培养目标、制定培养方案、实施培养过程，实行校企“双导师制”，实现产学研深度融合，解决工程技术人才培养与生产实践脱节的突出问题。

五、全方位培养、引进、用好人才

“水积而鱼聚，木茂而鸟集。”我们要锚定2035年跻身创新型国家前列、建成人才强国的远景目标，下大气力全方位培养、引进、用好人才。

第一，走好人才自主培养之路。培养人才是国家和民族长远发展的大计，当今世界人才的竞争首先是人才培养的竞争。中国是一个大国，对人才数量、质量、结构的需求是全方位的，满足这样庞大的人才需求必须主要依靠自己培养，提高人才供给自主可控能力。我国拥有世界上规模最大的高等教育体系，有各项事业发展的广阔舞台，完全能够源源不断培养造就大批优秀人才，完全能够培养出大师。我们要有这样的决心、这样的自信！

人才培养首先要聚焦解决基础研究人才数量不足、质量不高问题。高校特别是“双一流”大学要发挥培养基础研究人才主力军作用，全方位谋划基础学科人才培养，突破常规，创新模式，更加重视科学精神、创新能力、批判性思维的培养教育。要建设一批基础学科培养基地，吸引最优秀的学生立志投身基础研究，加大重大原始创新人才培养力度。要建立交叉学科发展引导机制，培养高水平复合型人才。要制定实施基础研究人才专项，长期稳定支持一批在自然科学领域取得突出成绩且具有明显创新潜力的青年人才。

全面建设社会主义现代化强国，要培养造就大批哲学家、社会科学家、文学艺术家等各方面人才。近年来，我国哲学社会科学和文学艺术人才队伍不断壮大、素质不断提升、结构不断优化，但还存在不少问题。要培养造就一批善于思考和研究中国问题的人才，立足当代中国正在经历的社会变革和创新实践，发现新问题、提出新观点、构建新理论，推进马克思主义中国化、时代化，回答好中国共产党为什么能、马克思主义为什么行、中国特色社会主义为什么好的问题。要培养造就一批善于传播中华优秀文化的人才，发出中国声音、讲好中国故事，不断提高国际传播影响力、中华文化感召力、中国形象亲和力、中国话语说服力和国际舆论引导力。要研究编制哲学社会科学和文学艺术人才发展规划，为构建中国特色哲学社会科学、繁荣发展社会主义文艺提供坚实人才支撑。

第二，加大人才对外开放力度。强调人才自主培养，绝不意味着自我隔绝。要结合新形势加强人才国际交流，坚持全球视野、世界一流水平，千方百计引进那些能为我所用的顶尖人才，使更多全球智慧资源、创新要素为我所用。人才对外开放是双向的，不仅要引进来，还要走出去。要采取多种方式开辟人才走出去培养的新路子，使人才培养渠道多元化，储备更多人才。

第三，用好用活各类人才。对待急需紧缺的特殊人才，要有特殊政策，不要求全责备，不要论资排辈，不要都用一把尺子衡量，让有真才实学的人才英雄有用武之地。要建立以信任为基础的人才使用机制，允许失败、宽容失败，完善科学家本位的科研组织体系，完善科研任务“揭榜挂帅”、“赛马”制度，实行目标导向的“军令状”制度，鼓励科技领军人才挂帅出征。要为各类人才搭建干事创业的平台，构建充分体现知识、技术等创新要素价值的收益分配机制，让事业激励人才，让人才成就事业。

这里，我要特别强调的是，做好人才工作必须坚持正确政治方向，不断加强和改进知识分子工作，鼓励人才深怀爱国之心、砥砺报国之志，主动担负起时代赋予的使命责任。广大人才要继承和发扬老一辈科学家胸怀祖国、服务人民的优秀品质，心怀“国之大者”，为国分忧、为国解难、为国尽责。要优化人才表彰奖励制度，加大先进典型宣传力度，在全社会推动形成尊重人才的风尚。

各级党委（党组）要完善党委统一领导，组织部门牵头抓总，职能部门各司其职、密切配合，社会力量广泛参与的人才工作格局。各级党委组织部门要在党委领导下，统筹推进人才工作重大举措。各地区各部门要立足实际、突出重点，解决人才反映强烈的实际问题。要健全政府、社会、单位多元化人才投入机制，加大人才发展投入，提高人才投入效益。各级党委宣传部门，各级教育、科技、工信、安全、人社、文旅、国资、金融、外事等部门，要充分发挥职能作用，共同抓好人才工作各项任务落实。（习近平总书记 2021 年 9 月 27 日在中央人才工作会议上的讲话，《求是》杂志 2021 年第 24 期）

习近平对老龄工作作出重要指示强调
贯彻落实积极应对人口老龄化国家战略
让老年人共享改革发展成果安享幸福晚年
在重阳节来临之际向全国老年人致以节日祝福

在中国传统节日重阳节来临之际，中共中央总书记、国家主席、中央军委主席习近平对老龄工作作出重要指示，代表党中央祝全国老年人健康长寿、生活幸福。

习近平指出，各级党委和政府要高度重视并切实做好老龄工作，贯彻落实积极应对人口老龄化国家战略，把积极老龄观、健康老龄化理念融入经济社会发展全过程，加大制度创新、政策供给、财政投入力度，健全完善老龄工作体系，强化基层力量配备，加快健全社会保障体系、养老服务体系、健康支撑体系。

习近平强调，要大力弘扬孝亲敬老传统美德，落实好老年优待政策，维护好老年人合法权益，发挥好老年人积极作用，让老年人共享改革发展成果、安享幸福晚年。（新华社北京2021年10月13日电）

习近平：不断做强做优做大我国数字经济

近年来，互联网、大数据、云计算、人工智能、区块链等技术加速创新，日益融入经济社会发展各领域全过程，各国竞相制定数字经济发展战略、出台鼓励政策，数字经济发展速度之快、辐射范围之广、影响程度之深前所未有，正在成为重组全球要素资源、重塑全球经济结构、改变全球竞争格局的关键力量。

长期以来，我一直重视发展数字技术、数字经济。2000 年我在福建工作期间就提出建设“数字福建”，2003 年在浙江工作期间又提出建设“数字浙江”。党的十八大以来，我多次强调要发展数字经济。2016 年在十八届中央政治局第三十六次集体学习时强调要做大做强数字经济、拓展经济发展新空间；同年在二十国集团领导人杭州峰会上首次提出发展数字经济的倡议，得到各国领导人和企业家的普遍认同；2017 年在十九届中央政治局第二次集体学习时强调要加快建设数字中国，构建以数据为关键要素的数字经济，推动实体经济和数字经济融合发展；2018 年在中央经济工作会议上强调要加快 5G、人工智能、工业互联网等新型基础设施建设；2021 年在致世界互联网大会乌镇峰会的贺信中指出，要激发数字经济活力，增强数字政府效能，优化数字社会环境，构建数字合作格局，筑牢数字安全屏障，让数字文明造福各国人民。

党的十八大以来，党中央高度重视发展数字经济，将其上升为国家战略。党的十八届五中全会提出，实施网络强国战略和国家大数据战略，拓展网络经济空间，促进互联网和经济社会融合发展，支持基于互联网的各类创新。党的十九大提出，推动互联网、大数据、人工智能和实体经济深度融合，建设数字中国、智慧社会。党的十九届五中全会提出，发展数字经济，推进数字产业化和产业数字化，推动数字经济和实体经济深度融合，打造具有国际竞争力的数字产业集群。我们出台了《网络强国战略实施纲要》、《数字经济发展战略纲要》，从国家层面部署推动数字经济发展。这些年来，我国数字经济发展较快、成就显著。根据 2021 全球数字经济大会的数据，我国数字经济规模已经连续多年位居世界第二。特别是新冠肺炎疫情暴发以来，数字技术、数字经济在支持抗击新冠肺炎疫情、恢复生产生活方面发挥了重要作用。

同时，我们要看到，同世界数字经济大国、强国相比，我国数字经济大而不强、快而不优。还要看到，我国数字经济在快速发展中也出现了一些不健康、不规范的苗头和趋势，这些问题不仅影响数字经济健康发展，而且违反法律法规、对国家经济金融安全构成威胁，必须坚决纠正和治理。

综合判断，发展数字经济意义重大，是把握新一轮科技革命和产业变革新机遇的战略选择。一是数字经济健康发展，有利于推动构建新发展格局。构建新发展格局的重要任务是增强经济发展动能、畅通经济循环。数字技术、数字经济可以推动各类资源要素快捷流动、各类市场主体加速融合，帮助市场主体重构组织模式，实现跨界发展，打破时空限制，延伸产业链条，畅通国内外经济循环。二是数字经济健康发展，有利于推动建设现代化经济体系。

数据作为新型生产要素，对传统生产方式变革具有重大影响。数字经济具有高创新性、强渗透性、广覆盖性，不仅是新的经济增长点，而且是改造提升传统产业的支点，可以成为构建现代化经济体系的重要引擎。三是数字经济健康发展，有利于推动构筑国家竞争新优势。当今时代，数字技术、数字经济是世界科技革命和产业变革的先机，是新一轮国际竞争重点领域，我们一定要抓住先机、抢占未来发展制高点。

面向未来，我们要站在统筹中华民族伟大复兴战略全局和世界百年未有之大变局的高度，统筹国内国际两个大局、发展安全两件大事，充分发挥海量数据和丰富应用场景优势，促进数字技术和实体经济深度融合，赋能传统产业转型升级，催生新产业新业态新模式，不断做强做优做大我国数字经济。

第一，加强关键核心技术攻关。要牵住数字关键核心技术自主创新这个“牛鼻子”，发挥我国社会主义制度优势、新型举国体制优势、超大规模市场优势，提高数字技术基础研发能力，打好关键核心技术攻坚战，尽快实现高水平自立自强，把发展数字经济自主权牢牢掌握在自己手中。

第二，加快新型基础设施建设。要加强战略布局，加快建设以5G网络、全国一体化数据中心体系、国家产业互联网等为抓手的高速泛在、天地一体、云网融合、智能敏捷、绿色低碳、安全可控的智能化综合性数字信息基础设施，打通经济社会发展的信息“大动脉”。要全面推进产业化、规模化应用，培育具有国际影响力的大型软件企业，重点突破关键软件，推动软件产业做大做强，提升关键软件技术创新和供给能力。

第三，推动数字经济和实体经济融合发展。要把握数字化、网络化、智能化方向，推动制造业、服务业、农业等产业数字化，利用互联网新技术对传统产业进行全方位、全链条的改造，提高全要素生产率，发挥数字技术对经济发展的放大、叠加、倍增作用。要推动互联网、大数据、人工智能同产业深度融合，加快培育一批“专精特新”企业和制造业单项冠军企业。当然，要脚踏实地、因企制宜，不能为数字化而数字化。

第四，推进重点领域数字产业发展。要聚焦战略前沿和制高点领域，立足重大技术突破和重大发展需求，增强产业链关键环节竞争力，完善重点产业供应链体系，加速产品和服务迭代。要聚焦集成电路、新型显示、通信设备、智能硬件等重点领域，加快锻造长板、补齐短板，培育一批具有国际竞争力的大企业和具有产业链控制力的生态主导型企业，构建自主可控产业生态。要促进集群化发展，打造世界级数字产业集群。

第五，规范数字经济发展。推动数字经济健康发展，要坚持促进发展和监管规范两手抓、两手都要硬，在发展中规范、在规范中发展。要健全市场准入制度、公平竞争审查制度、公平竞争监管制度，建立全方位、多层次、立体化监管体系，实现事前事中事后全链条全领域监管，堵塞监管漏洞，提高监管效能。要纠正和规范发展过程中损害群众利益、妨碍公平竞争的行为和做法，防止平台垄断和资本无序扩张，依法查处垄断和不正当竞争行为。要保护平台从业人员和消费者合法权益。要加强税收监管和税务稽查。

第六，完善数字经济治理体系。要健全法律法规和政策制度，完善体制机制，提高我国数字经济治理体系和治理能力现代化水平。要完善主管部门、监管机构职责，分工合作、相互配合。要改进提高监管技术和手段，把监管和治理贯穿创新、生产、经营、投资全过程。要明确平台企业主体责任和义务，建设行业自律机制。要开展社会监督、媒体监督、公众监督，形成监督合力。要完善国家安全制度体系，重点加强数字经济安全风险预警、防控机制和能力建设，实现核心技术、重要产业、关键设施、战略资源、重大科技、头部企业等安全可控。要加强数字经济发展的理论研究。

第七，积极参与数字经济国际合作。要密

切观察、主动作为，主动参与国际组织数字经济议题谈判，开展双多边数字治理合作，维护和完善多边数字经济治理机制，及时提出中国方案，发出中国声音。

数字经济事关国家发展大局。我们要结合我国发展需要和可能，做好我国数字经济发展顶层设计和体制机制建设。要加强形势研判，抓住机遇，赢得主动。各级领导干部要提高数字经济思维能力和专业素质，增强发展数字经济本领，强化安全意识，推动数字经济更好服务和融入新发展格局。要提高全民全社会数字素养和技能，夯实我国数字经济发展社会基础。(习近平总书记 2021 年 10 月 18 日在十九届中央政治局第三十四次集体学习时讲话的主要部分，《求是》杂志 2022 年第 2 期)

习近平：以史为鉴、开创未来 埋头苦干、勇毅前行

这次全会听取了中央政治局工作报告，审议通过了《中共中央关于党的百年奋斗重大成就和历史经验的决议》，作出了关于召开党的第二十次全国代表大会的决议，圆满完成了各项议程。

这次全会是在我们党成立一百年之际，党领导人民实现第一个百年奋斗目标、向着实现第二个百年奋斗目标迈进的重大历史关头召开的。党中央决定召开一次全会，全面总结党的百年奋斗重大成就和历史经验，是郑重的战略性决策，体现了我们党重视和善于运用历史规律的高度政治自觉，体现了我们党牢记初心使命、继往开来的自信担当。全会通过的《决议》，回顾党走过的百年奋斗历程，总结党的百年奋斗重大成就和历史经验，着重阐释党的十八大以来党和国家事业取得的历史性成就、发生的历史性变革，对实现第二个百年奋斗目标提出明确要求，是一篇马克思主义的纲领性文献。这次全会《决议》同党作出的前两个历史决议一样，必将对推动全党统一思想、统一意志、统一行动，团结带领全国各族人民以史为鉴、开创未来，埋头苦干、勇毅前行，在新时代更好坚持和发展中国特色社会主义、实现中华民族伟大复兴产生重大而深远的影响。

下面，我代表中央政治局，就学习贯彻全会精神讲几点意见。

这次全会《决议》思想含量、知识含量十分丰富，政治性、理论性、战略性、指导性都很强。各级党委（党组）要把学习宣传贯彻全会精神作为当前和今后一个时期的重大政治任务，广泛深入开展宣传宣讲和研究阐释，用全会精神统一思想、凝聚共识、坚定信心、增强斗志。要以学习全会精神为重点巩固党史学习教育成果，引导广大党员、干部群众准确把握党的历史发展的主题主线、主流本质，进一步做到学史明理、学史增信、学史崇德、学史力行，达到学党史、悟思想、办实事、开新局的目的。

第一，深刻认识总结党的百年奋斗重大成就和历史经验的重大意义。注重总结历史经验是党的优良传统。关于这次全会为什么要以党的百年奋斗重大成就和历史经验为主题，《决议》概括为“三个需要”，即这是在建党百年历史条件下开启全面建设社会主义现代化国家新征程、在新时代坚持和发展中国特色社会主义的需要；是增强“四个意识”、坚定“四个自信”、做到“两个维护”，确保全党步调一致向前进的需要；是推进党的自我革命、提高全党斗争本领和应对风险挑战能力、永葆党的生机活力、团结带领全国各族人民为实现中华民族伟大复兴的中国梦而继续奋斗的需要。要教育引导全党深刻认识这次全会总结党的百年历史的重大意义，进一步弄清楚中国共产党为什么能、马克思主义为什么行、中国特色社会主义为什么好的历史逻辑、理论逻辑、实践逻辑。

第二，深刻认识党的百年奋斗的初心使命。一百年来，我们党团结带领人民进行的一切奋斗、一切牺牲、一切创造，都是在践行为中国人民谋幸福、为中华民族谋复兴的初心使

命。我们党之所以能够在近代以后各种政治力量反复较量中脱颖而出、赢得人民信任、取得重大成就，根本原因就在于党在坚持初心使命上矢志不渝、坚定如磐。我们党在不同历史时期有不同奋斗目标和工作任务，但这些目标和任务总体上都服从服务于为中国人民谋幸福、为中华民族谋复兴。今天，我们比历史上任何时期都更接近、更有信心和能力实现中华民族伟大复兴的目标。在新的起点上，全党必须保持战略定力、锚定战略目标，牢记“国之大者”，在实现中华民族伟大复兴的历史进程中跑好属于我们这代人的这一棒。

第三，深刻认识中国特色社会主义进入新时代的历史性成就和历史性变革。这对全党全国坚定信心、再接再厉，把党的理论和路线方针政策坚持好、贯彻好、发展好，更好续写发展新篇章，意义十分重大。党的十八大以来，我们党领导人民自信自强、守正创新，取得了一系列重大理论成果、实践成果、制度成果。这些重要成果，体现在《决议》概括的“十个明确”上，体现在《决议》作出的新时代党和国家事业 13 个方面重大成就的重要论述上，也体现在《决议》对中国共产党百年奋斗的历史意义、中国共产党百年奋斗的历史经验、新时代的中国共产党的阐述上。要贯通起来领会把握，不断提高政治判断力、政治领悟力、政治执行力，在新时代更好坚持和发展中国特色社会主义。

第四，深刻认识党的百年奋斗历史经验。《决议》概括的“十个坚持”的历史经验是相互贯通、相辅相成的整体，是百年来党领导人民艰辛探索、接续奋斗理论和实践的科学总结，必须倍加珍惜，毫不动摇坚持，与时俱进发展。要把这“十个坚持”同我在庆祝中国共产党成立一百周年大会上的讲话提出的“九个必须”等结合起来，一体学习理解、一体贯彻落实。要把党的历史经验作为正确判断形势、科学预见未来、把握历史主动的重要思想武器，更好观察时代、把握时代、引领时代。要把党的历史经验作为想问题、作决策、办事情的重要遵循，善于从历史经验中增强赢得主动、赢得优势、赢得未来的定力、魄力、能力。要把党的历史经验作为判断重大政治是非的重要依据，在方向性、原则性问题上自觉对标对表。要把党的历史经验作为加强党性修养的重要指引，善于运用贯穿其中的马克思主义立场、观点、方法，改造主观世界，坚定理想信念，不断提高广大党员、干部特别是领导干部的政治觉悟、思想境界、道德水平。

第五，深刻认识以史为鉴、开创未来的重要要求。“观今宜鉴古，无古不成今。”总结历史是为了使全党从历史进程中洞察历史发展规律和时代发展大势，提高认识水平和辨别能力，增强锚定既定奋斗目标、意气风发走向未来的勇气和力量，更加清醒、更加坚定地办好当前的事情。我们要坚持党的基本理论、基本路线、基本方略，坚定不移推进理论创新、实践创新、制度创新、文化创新以及其他各方面创新，以咬定青山不放松的执着奋力实现既定目标，以行百里者半九十的清醒不懈推进党和人民事业。要保持党同人民群众的血肉联系，站稳人民立场，着力解决发展不平衡不充分问题和人民群众急难愁盼问题，不断实现好、维护好、发展好最广大人民根本利益，坚定不移推进共同富裕。要增强忧患意识，保持越是艰险越向前的英雄气概，做到难不住、压不垮。要勇敢面对“四大考验”，坚决战胜“四种危险”，继续推进新时代党的建设新的伟大工程，毫不动摇把党建设得更加坚强有力。

同志们！

党的十八大以来，我多次就学习总结党史讲过意见，特别是在庆祝中国共产党成立九十五周年大会、庆祝中国共产党成立一百周年大会、党史学习教育动员大会等重要场合集中讲过，目的都是号召全党同志从党的奋斗历程中汲取智慧和力量。这里，我再强调几点。

第一，坚定历史自信，自觉坚守理想信念。我讲过，“当今世界，要说哪个政党、哪个国家、哪个民族能够自信的话，那中国共产党、中华人民共和国、中华民族是最有理由自信的”。这次全会《决议》充分显示了我们党高度的历史自信，向党内外、国内外展示了一个百年大党的清醒和成熟。《决议》既回顾了党百年恢宏壮丽的奋斗历程，又阐述了党为中国人民、中华民族、马克思主义、人类进步事业作出的卓越贡献。这份令人刮目相看的百年成绩单，是一代又一代中国共产党人用理想和信仰书写的，用鲜血和生命铸就的，用拼搏和奉献赢得的。每一位中国共产党人都有理由为此感到自豪。

一百年前，我们党刚刚诞生时，可能很少有人预想到能够成就今天这样的历史伟业。我们党领导人民，以百年奋斗深刻改变了近代以后中华民族发展的方向和进程，深刻改变了中国人民和中华民族的前途和命运，深刻改变了世界发展的趋势和格局，正所谓“其作始也简，其将毕也必巨”。放眼中华文明五千多年历史，没有哪一种政治力量能像中国共产党这样深刻地、历史性地推动中华民族发展进程。历史上我国多少次改朝换代，虽然也曾出现过一些所谓“盛世”，但广大劳动人民受剥削被压迫的地位始终没有改变。辛亥革命后，具有政党性质的政团多达300余个，各种政治主张“你方唱罢我登场”，各种政治力量反复较量，但中国依然是山河破碎、积贫积弱，列强依然在中国横行霸道，中国人民依然生活在苦难和屈辱之中。毛泽东同志指出：“一切别的东西都试过了，都失败了。”“国家的情况一天一天坏，环境迫使人们活不下去。怀疑产生了，增长了，发展了。”只有在中国共产党领导下，我们的国家才彻底改变积贫积弱的面貌、向着现代化目标迈进，我们的民族才彻底从沉沦中奋起、迎来伟大复兴的光明前景，我们的人民才彻底摆脱备受剥削被压迫的地位、真正掌握自己的命运。历史雄辩地说明，没有中国共产党就没有新中国，就没有中国人民的幸福生活，就没有中华民族的伟大复兴。历史和人民选择了中国共产党，中国共产党也没有辜负历史和人民的选择。

中国共产党的成就和贡献，不仅是历史性的，也是世界性的。今年“七一”前后，我们收到170多个国家的600多个政党和政治组织发来的1 500多封贺电贺信。7月份举办的中国共产党与世界政党领导人峰会，有160多个国家的500多个政党和政治组织的领导人、逾万名政党和各界代表参会。我们党领导人民不仅创造了世所罕见的经济快速发展和社会长期稳定两大奇迹，而且成功走出了中国式现代化道路，创造了人类文明新形态。这些前无古人的创举，破解了人类社会发展的诸多难题，摒弃了西方以资本为中心的现代化、两极分化的现代化、物质主义膨胀的现代化、对外扩张掠夺的现代化老路，拓展了发展中国家走向现代化的途径，为人类对更好社会制度的探索提供了中国方案。

中国共产党人的历史自信，既是对奋斗成就的自信，也是对奋斗精神的自信。“看似寻常最奇崛，成如容易却艰辛。”回望百年，我们党什么样的困难没有经历过，什么样的挑战没有遇到过？大革命失败，已经发展到6万多党员的党只剩下了1万多党员。王明“左”倾错误造成的失败，给革命根据地和白区革命力量造成极大损失，革命成果几乎毁于一旦。“文化大革命”十年内乱，使党、国家、人民遭到新中国成立以来最严重的挫折和损失。但是，我们党在人民支持下，依靠自己的力量战胜困难、修正错误、走向光明，可以说是几度绝处逢生、几度柳暗花明。正是在这样的千锤百炼中，我们党愈益强大和成熟起来。学习和总结党的历史，就要从中增强道路自信、理论自信、制度自信、文化自信，咬定青山不放松，风雨无阻向前进。

第二，坚持党的政治建设，始终保持党的团结统一。保证党的团结统一是党的生命，也是我们党能成为百年大党、创造世纪伟业的关键所在。一百年来，我们党始终重视党的政治建设，教育引导广大党员、干部增强政治意识、坚定政治方向、站稳政治立场，坚决贯彻执行党的政治路线，推动全党始终保持统一的思想、坚定的意志、协调的行动、强大的战斗力。

从党的历史看，我们党走过了从不够成熟到坚定成熟、从不够有力到坚强有力的成长历程。遵义会议前，我们党还不成熟，特别是没有形成一个成熟的党中央，没有形成全党的团结统一。这是党和人民事业在革命早期屡遭挫折甚至面临失败危险的重要原因。遵义会议开始确立以毛泽东同志为主要代表的马克思主义正确路线在党中央的领导地位，开始形成以毛泽东同志为核心的党的第一代中央领导集体，此后党才能不断从胜利走向胜利。历史和现实都证明，党的团结统一是党和人民前途和命运所系，是全国各族人民根本利益所在，任何时候任何情况下都不能含糊、不能动摇。

治理好我们这个世界上最大的政党和人口最多的国家，必须坚持党的集中统一领导，维护党中央权威，确保党始终总揽全局、协调各方。党的十八大以来，我们针对有一段时间落实党的领导弱化、虚化、淡化、边缘化问题，把加强党的集中统一领导作为全党共同的政治责任，不断完善党的领导制度体系，使全党思想上更加统一、政治上更加团结、行动上更加一致。这次全会《决议》特别强调了加强党的集中统一领导的重要性，就是要求全党坚定不移向党中央看齐，在党的旗帜下团结成“一块坚硬的钢铁”，步调一致向前进。

保持党的团结统一，要求全党必须做到对党忠诚。对党忠诚是共产党人必须具备的政治品格，是纯粹的、无条件的，不能打折扣、耍小聪明搞小动作。全党同志特别是领导干部要始终在政治立场、政治方向、政治原则、政治道路上同党中央保持高度一致，真正做到忠诚党和人民，忠诚党的理想信念，忠诚党的初心使命，忠诚党的组织，忠诚党的理论和路线方针政策，严守党的政治纪律和政治规矩，不断增强维护党中央集中统一领导的思想自觉、政治自觉、行动自觉。对党忠诚是具体的、实践的，不是空洞的口号，不能只停留在口头表态上，要体现在贯彻党中央决策部署的行动上，体现在履职尽责、做好本职工作的实效上，体现在日常言行上，自觉做到党中央提倡的坚决响应、党中央决定的坚决照办、党中央禁止的坚决不做，不讲条件、不搞变通，不掉队、不走偏，保证全党上下拧成一股绳，心往一处想、劲往一处使。

第三，坚定担当责任，不断增强进行伟大斗争的意志和本领。“志不强者智不达，言不信者行不果。”我们党在内忧外患中诞生、在历经磨难中成长、在攻坚克难中壮大，锤炼了不畏强敌、不惧风险、敢于斗争、敢于胜利的风骨和品质。为了肩负历史重任，为了党和人民事业，无论敌人如何强大、道路如何艰险、挑战如何严峻，党总是绝不畏惧、绝不退缩，不怕牺牲、百折不挠。

革命战争年代，党勇敢担负起争取民族独立、人民解放的历史任务，同国内外强敌进行艰苦卓绝的斗争。从高举反帝反封建旗帜、掀起大革命高潮，到在血腥屠杀中站起、开始武装斗争、开展土地革命；从为了民族大义、推动建立抗日民族统一战线共御外敌，到反对国民党反动派发动内战、打败国民党 800 万军队，党领导人民经过 28 年浴血奋斗，付出了最大牺牲。新中国成立后，面对党内和党外、国内和国际、人类社会和自然界的多种复杂严峻的考验挑战，我们党都以强烈担当和巨大勇气作出历史抉择、开展坚决斗争，领导人民迎难而上、坚决斗争、从容应对，不断取得胜利，使中华民族迎来了从站起来、富起来到强起来的伟大飞跃。

当年，面对世界上经济实力最雄厚、军事力量最强大的美帝国主义的武装威胁和挑衅，是否出兵入朝作战，毛泽东同志说，这是他一生中最难作出的决策之一。党中央和毛泽东同志以“打得一拳开，免得百拳来”的战略远见，以“不惜国内打烂了重新建设”的决心和气魄，作出抗美援朝、保家卫国的历史性决策，避免了侵略者陈兵国门的危局，捍卫了新中国安全。上个世纪 80 年代末 90 年代初，东欧剧变、苏共垮台、苏联解体，世界社会主义遭受严重曲折，我国也发生了 1989 年春夏之交的严重政治风波。我们党紧紧依靠人民，以坚定意志和历史担当，采取果断措施，打赢了这场关系党和国家生死存亡的斗争，并顶住了西方国家所谓“制裁”的压力，保证了中国特色社会主义正确航向和改革发展的正确方向。邓小平同志说：“只要中国社会主义不倒，社会主义在世界将始终站得住。”我也说过，如果中国共产党领导和我国社会主义制度也在那场多米诺骨牌式的变化中倒塌了，或者因为其他原因失败了，那社会主义实践就可能又要长期在黑暗中徘徊了，中华民族伟大复兴的进程也必然会被打断。

历史发展是连续性和阶段性的统一，一个时期有一个时期的历史使命和任务，一代人有一代人的历史担当和责任。党的十八大以来，我们清醒认识到，新时代坚持和发展中国特色社会主义是一场艰巨而伟大的社会革命，各种敌对势力绝不会让我们顺顺利利实现中华民族伟大复兴。基于此，我向全党反复强调，必须进行具有许多新的历史特点的伟大斗争，必须准备付出更为艰巨、更为艰苦的努力，必须高度重视和切实防范化解各种重大风险。这几年，我们掌握应对风险挑战的战略主动，对危及党的执政地位、国家政权稳定，危害国家核心利益，危害人民根本利益，有可能迟滞甚至打断中华民族复兴进程的重大风险挑战，果断出手、坚决斗争，解决了许多长期想解决而没有解决的难题，办成了许多过去想办而没有办成的大事。对这个历程，我们大家都有亲身经历，这次全会《决议》作了充分概括。

我们党依靠斗争创造历史，更要依靠斗争赢得未来。新的征程上，我们面临的风险考验只会越来越复杂，甚至会遇到难以想象的惊涛骇浪。我们面临的各种斗争不是短期的而是长期的，将伴随实现第二个百年奋斗目标全过程。在重大风险、强大对手面前，总想过太平日子、不想斗争是不切实际的，得“软骨病”、患“恐惧症”是无济于事的。“善战者，立于不败之地，而不失敌之败也。”唯有主动迎战、坚决斗争才有生路出路，才能赢得尊严、求得发展，逃避退缩、妥协退让只会招致失败和屈辱，只能是死路一条。我们必须把握新的伟大斗争的历史特点，发扬斗争精神，把握斗争方向，把握斗争主动权，坚定斗争意志，掌握斗争规律，增强斗争本领，有效应对重大挑战、抵御重大风险、克服重大阻力、解决重大矛盾，战胜前进道路上的一切艰难险阻，不断夺取新时代伟大斗争的新胜利。

第四，坚持自我革命，确保党不变质、不变色、不变味。我在庆祝中国共产党成立一百周年大会上讲到，中国共产党从来不代表任何利益集团、任何权势团体、任何特权阶层的利益。这次全会《决议》再次重申了这句话。这既是回击一些别有用心的人想把我们党同人民分割开来、对立起来的企图，也是提醒全党，在为谁执政、为谁用权、为谁谋利这个根本问题上头脑要特别清醒、立场要特别坚定。

我们党历史这么长、规模这么大、执政这么久，如何跳出治乱兴衰的历史周期率？毛泽东同志在延安的窑洞里给出了第一个答案，这就是“只有让人民来监督政府，政府才不敢松懈”。经过百年奋斗特别是党的十八大以来新的实践，我们党又给出了第二个答案，这就是自我革命。

勇于自我革命是我们党区别于其他政党的显著标志。毛泽东同志讲：“有无认真的自我批评，也是我们和其他政党互相区别的显著的标志之一。”正是因为具备这种独有的政治品格，我们党才能穿越百年风风雨雨，多次在危难之际重新奋起、失误之后拨乱反正，成为打不倒、压不垮的马克思主义政党。一个政党最难的就是历经沧桑而初心不改、饱经风霜而本色依旧。

“不私，而天下自公。”我们党没有任何自己特殊的利益，这是我们党敢于自我革命的勇气之源、底气所在。正因为无私，才能本着彻底的唯物主义精神经常检视自身、常思己过，才能摆脱一切利益集团、权势团体、特权阶层的围猎腐蚀，并向党内被这些集团、团体、阶层所裹挟的人开刀。

我们党之所以伟大，不在于不犯错误，而在于从不讳疾忌医，敢于直面问题，勇于自我革命。比如，在指导思想上坚持真理、修正错误，包括大革命失败后纠正陈独秀右倾机会主义错误，土地革命战争时期纠正“左”倾盲动错误和“左”倾冒险错误，延安时期彻底纠正王明“左”倾教条主义错误，党的十一届三中全会后彻底否定“文化大革命”，等等。比如，我们党勇于解决党内存在的思想不纯、政治不纯、组织不纯、作风不纯等突出问题，包括延安整风，建国初期的整风整党和“三反”运动，改革开放以后的全面整党和开展的一系列集中性教育活动，等等。再比如，我们党坚决惩治腐败，包括新中国建立初期处理刘青山、张子善等人的案件，改革开放后始终把党风廉政建设和反腐败斗争放在突出位置，提出不断增强拒腐防变能力、建立健全惩治和预防腐败体系，等等。

党的十八大以来，我们党以前所未有的勇气和定力全面从严治党，打了一套自我革命的“组合拳”，形成了一整套党自我净化、自我完善、自我革新、自我提高的制度规范体系。针对“七个有之”等严重影响党的形象和威信、严重损害党群干群关系的突出问题，我们坚持严的主基调，强化监督执纪问责，抓住“关键少数”，党在革命性锻造中更加坚强。特别是我们党以猛药去疴、重典治乱的决心，以刮骨疗毒、壮士断腕的勇气，坚定不移“打虎”、“拍蝇”、“猎狐”，清除了党、国家、军队内部存在的严重隐患。世界上那么多执政党，有几个敢像我们党这样大规模、大力度、坚持不懈反腐败？有些人吹捧西方多党轮流执政、“三权鼎立”那一套，不相信我们党能够刀刃向内、自剜腐肉。中国共产党勇于自我革命的实践给了他们响亮有力的回答。

我们党历经百年、成就辉煌，党内党外、国内国外赞扬声很多。越是这样越要发扬自我革命精神，千万不能在一片喝彩声中迷失自我。正所谓“不诱于誉，不恐于诽”。全党同志要永葆自我革命精神，增强全面从严治党永远在路上的政治自觉，决不能滋生已经严到位、严到底的情绪！从最近连续查处的大案要案看，党风廉政建设和反腐败斗争必须一刻也不放松抓、持之以恒抓！中央委员会的同志们、党的各级领导干部要保持头脑清醒，对全党的思想、组织、作风、廉洁等情况要有客观正确的认识和把握，以正视问题的勇气和刀刃向内的自觉推进党的自我革命。生了病就要及时医，该吃药就吃药，该开刀就开刀。不论什么问题，不论谁出问题，该出手时就出手，对腐败问题尤其要坚决查处，不断清除损害党的先进性和纯洁性的因素，不断清除侵蚀党的健康肌体的病毒。特别是对那些攫取国家和人民利益、侵蚀党的执政根基、动摇社会主义国家政权的人，对那些在党内搞政治团伙、小圈子、利益集团的人，要毫不手软、坚决查处！

总之，在建党百年之际，我们要居安思危，时刻警惕我们这个百年大党会不会变得老态龙钟、疾病缠身。对党的历史上走过的弯路、经历的曲折不能健忘失忆，对中外政治史上那些安于现状、死于安乐的深刻教训不能健忘失忆；对自身存在的问题不能反应迟钝，处理动作慢腾腾、软绵绵，最终人亡政息！要以伟大自我革命引领伟大社会革命，以伟大社会革命促进伟大自我革命，确保党在新时代坚持和发展中国特色社会主义的历史进程中始终成为坚强领导核心。

同志们！在建党百年之际召开的这次中央全会就要胜利闭幕了。全党要大力弘扬伟大建党精神，在实现第二个百年奋斗目标的伟大征程中努力创造更加辉煌的业绩，为党和人民争取更大光荣。（习近平总书记 2021 年 11 月 11 日在党的十九届六中全会第二次全体会议上的讲话，《求是》杂志 2022 年第 1 期）

习近平：关于《中共中央关于党的百年奋斗重大成就和历史经验的决议》的说明

受中央政治局委托，我就《中共中央关于党的百年奋斗重大成就和历史经验的决议》起草的有关情况向全会作说明。

一、关于党的十九届六中全会议题的考虑

我们党历来高度注重总结历史经验。早在延安时期，毛泽东同志就指出："如果不把党的历史搞清楚，不把党在历史上所走的路搞清楚，便不能把事情办得更好。"在争取抗日战争最后胜利的关头，1945年，党的六届七中全会通过了《关于若干历史问题的决议》，对建党以后特别是党的六届四中全会至遵义会议前这一段党的历史及其经验教训进行了总结，对若干重大历史问题作出了结论，使全党特别是党的高级干部对中国革命基本问题的认识达到了一致，增强了全党团结，为党的七大胜利召开创造了充分条件，有力促进了中国革命事业发展。

进入改革开放新时期，邓小平同志说："历史上成功的经验是宝贵财富，错误的经验、失败的经验也是宝贵财富。这样来制定方针政策，就能统一全党思想，达到新的团结。这样的基础是最可靠的。"1981年，党的十一届六中全会通过了《关于建国以来党的若干历史问题的决议》，回顾了新中国成立以前党的历史，总结了社会主义革命和建设的历史经验，对一些重大事件和重要人物作出了评价，特别是正确评价了毛泽东同志和毛泽东思想，分清了是非，纠正了"左"右两方面的错误观点，统一了全党思想，对推动党团结一致向前看、更好推进改革开放和社会主义现代化建设产生了重大影响。

现在，距离第一个历史决议制定已经过去了76年，距离第二个历史决议制定也过去了40年。40年来，党和国家事业大大向前发展了，党的理论和实践也大大向前发展了。站在新的历史起点上，回顾过去，展望未来，全面总结党的百年奋斗重大成就和历史经验特别是改革开放40多年来的重大成就和历史经验，既有客观需要，也具备主观条件。

党中央认为，在党成立一百周年的重要历史时刻，在党和人民胜利实现第一个百年奋斗目标、全面建成小康社会，正在向着全面建成社会主义现代化强国的第二个百年奋斗目标迈进的重大历史关头，全面总结党的百年奋斗重大成就和历史经验，对推动全党进一步统一思想、统一意志、统一行动，团结带领全国各族人民夺取新时代中国特色社会主义新的伟大胜利，具有重大现实意义和深远历史意义。

党中央认为，党的百年奋斗历程波澜壮阔，时间跨度长，涉及范围广，需要研究的问题多。总的是要按照总结历史、把握规律、坚定信心、走向未来的要求，把党走过的光辉历程总结好，把党团结带领人民取得的辉煌成就总结好，把党推进革命、建设、改革的宝贵经验总结好，把党的十八大以来党和国家事业砥砺奋进的理论和实践总结好。具体来说，就是要深入研究党领导人民进行革命、建设、改革的百年历程，全面总结党从胜利走向胜利的伟大历史进程、为国家和民族建立的伟大历史功

绩；深入研究党坚持把马克思主义基本原理同中国具体实际相结合、同中华优秀传统文化相结合，不断推进马克思主义中国化的百年历程，深化对新时代党的创新理论的理解和掌握；深入研究党不断维护党的团结、维护党中央权威和集中统一领导的百年历程，深刻领悟加强党的政治建设这个马克思主义政党的鲜明特征和政治优势；深入研究党为中国人民谋幸福、为中华民族谋复兴的百年历程，深刻认识党同人民生死相依、休戚与共的血肉联系，更好为人民谋幸福、依靠人民创造历史伟业；深入研究党加强自身建设、推进自我革命的百年历程，增强全面从严治党永远在路上的坚定和执着，确保党在新时代坚持和发展中国特色社会主义的历史进程中始终成为坚强领导核心；深入研究历史发展规律和大势，始终掌握新时代新征程党和国家事业发展的历史主动，增强锚定既定奋斗目标、意气风发走向未来的勇气和力量。

党中央认为，总结党的百年奋斗重大成就和历史经验，要坚持辩证唯物主义和历史唯物主义的方法论，用具体历史的、客观全面的、联系发展的观点来看待党的历史。要坚持正确党史观、树立大历史观，准确把握党的历史发展的主题主线、主流本质，正确对待党在前进道路上经历的失误和曲折，从成功中吸取经验，从失误中吸取教训，不断开辟走向胜利的道路。要旗帜鲜明反对历史虚无主义，加强思想引导和理论辨析，澄清对党史上一些重大历史问题的模糊认识和片面理解，更好正本清源。

对这次全会决议起草，党中央明确要求着重把握好以下几点。

第一，聚焦总结党的百年奋斗重大成就和历史经验。我们党已先后制定了两个历史决议。从建党到改革开放之初，党的历史上的重大是非问题，这两个历史决议基本都解决了，其基本论述和结论至今仍然适用。改革开放以来，尽管党的工作中也出现过一些问题，但总体上讲党和国家事业发展是顺利的，前进方向是正确的，取得的成就是举世瞩目的。基于此，这次全会决议要把着力点放在总结党的百年奋斗重大成就和历史经验上，以推动全党增长智慧、增进团结、增加信心、增强斗志。

第二，突出中国特色社会主义新时代这个重点。这次全会决议重点总结新时代党和国家事业取得的历史性成就、发生的历史性变革和积累的新鲜经验，主要考虑是，对党在新民主主义革命时期、社会主义革命和建设时期、党的十一届三中全会到党的十一届六中全会期间的历史，前两个历史决议已经作过系统总结；对改革开放和社会主义现代化建设新时期的成就和经验，党的十一届三中全会召开二十周年、三十周年时党中央都进行了认真总结，我在庆祝改革开放四十周年大会上发表讲话，也作了系统总结。因此，对党的十八大之前的历史时期，这次全会决议要在已有总结和结论的基础上进行概述。突出中国特色社会主义新时代这个重点，有利于引导全党进一步坚定信心，聚焦我们正在做的事情，以更加昂扬的姿态迈进新征程、建功新时代。

第三，对重大事件、重要会议、重要人物的评价注重同党中央已有结论相衔接。关于党的十八大之前党的历史上的重大事件、重要会议、重要人物，前两个历史决议、党的一系列重要文献都有过大量论述，都郑重作过结论。这次全会决议坚持这些基本论述和结论。党的十八大以来，我在庆祝中国共产党成立九十五周年大会、庆祝中国人民解放军建军九十周年大会、庆祝中华人民共和国成立七十周年大会特别是庆祝中国共产党成立一百周年大会等重要会议上，对党的历史都作过总结和论述，体现了党中央对党的百年奋斗的新认识。这次全会决议要体现这些新认识。

二、决议稿起草过程

今年3月，中央政治局决定，党的十九届六中全会重点研究全面总结党的百年奋斗重大成就和历史经验问题，成立文件起草组，由我担任组长，王沪宁、赵乐际同志担任副组长，党和国家有关领导同志及有关中央部门和地方负责同志参加，在中央政治局常委会领导下承担文件起草工作。

4月1日，党中央发出《关于对党的十九届六中全会重点研究全面总结党的重大成就和历史经验问题征求意见的通知》，在党内外一定范围征求意见。

从反馈意见看，各地区各部门各方面一致认为，党中央决定通过召开十九届六中全会，全面总结党的百年奋斗重大成就和历史经验，是郑重的历史性、战略性决策，充分体现党牢记初心使命、永葆生机活力的坚强意志和坚定决心，充分体现党深刻把握历史发展规律、始终掌握党和国家事业发展的历史主动和使命担当，充分体现党立足当下、着眼未来、注重总结和运用历史经验的高瞻远瞩和深谋远虑。一致赞成这次全会着重总结党的百年奋斗重大成就和历史经验，并就决议需要研究解决的重大问题提出了许多好的意见和建议。

各地区各部门各方面普遍认为，一百年来，党团结带领人民在革命、建设、改革各个历史时期持续奋斗，创造了彪炳中华民族发展史、世界社会主义发展史、人类社会发展史的奇迹，彻底扭转了近代以来中华民族的历史进程，生动谱写了世界社会主义历史发展的壮丽篇章，成功开辟了马克思主义新境界，为实现中华民族伟大复兴建立了不朽功业，为促进人类进步作出了重大贡献。在这一伟大征程中，党和人民积累了极其丰富的宝贵历史经验。这些都值得系统总结。各地区各部门各方面建议，这次全会在全面总结党的百年奋斗重大成就和历史经验的基础上，重点总结新时代党和国家事业取得的历史性成就、发生的历史性变革及新鲜经验。

按照党中央部署，文件起草组认真学习党的重要历史文献，充分吸纳各地区各部门各方面意见和建议，深入研究重大问题，认真开展决议稿起草工作。

9月6日，根据中央政治局会议决定，决议征求意见稿下发党内一定范围征求意见，包括征求党内部分老同志意见，还专门听取了各民主党派中央、全国工商联负责人和无党派人士代表意见。

从反馈意见情况看，各地区各部门各方面对决议征求意见稿给予充分肯定，一致赞成决议稿的框架结构和主要内容。一致认为，决议稿最鲜明的特点是实事求是、尊重历史，反映了党的百年奋斗的初心使命，符合历史事实；决议稿对重大事件、重要会议、重要人物的论述和评价，同党的历史文献既有论述和结论相衔接，体现了党的十八大以来党中央关于党的历史的新认识。决议稿总结概括的“中国共产党百年奋斗的历史意义”，全面、深刻、系统反映了党对中国、对人类作出的历史性贡献；总结概括的“中国共产党百年奋斗的历史经验”，贯通历史、现在、未来，具有重大的历史意义和现实指导意义。

各地区各部门各方面普遍认为，决议稿是新时代中国共产党人牢记初心使命、坚持和发展中国特色社会主义的政治宣言，是以史为鉴、开创未来、实现中华民族伟大复兴的行动指南，同党的前两个历史决议既一脉相承又与时俱进，必将激励全党在新时代新征程上争取更大荣光。

在征求意见过程中，各地区各部门各方面提出许多好的意见和建议。文件起草组逐条分析这些意见和建议，做到能吸收的尽量吸收。经反复研究推敲，对决议稿作出547处修改，充分反映了各地区各部门各方面意见和建议。

在决议稿起草过程中，中央政治局常委会召开3次会议、中央政治局召开2次会议进行审议，形成了提交这次全会审议的决议稿。

三、决议稿的基本框架和主要内容

决议稿除序言和结束语之外，共有7个部分。

第一部分“夺取新民主主义革命伟大胜利”。阐明这一时期党面临的主要任务是，反对帝国主义、封建主义、官僚资本主义，争取民族独立、人民解放，为实现中华民族伟大复兴创造根本社会条件。分析党产生的历史背景，总结党领导人民在建党之初和大革命时期、土地革命战争时期、抗日战争时期、解放战争时期进行革命斗争的历史进程和创造的伟大成就，以及创立毛泽东思想、实施和推进党的建设伟大工程的重大成就。强调成立中华人民共和国，实现民族独立、人民解放，实现了中国从几千年封建专制政治向人民民主的伟大飞跃；中国共产党和中国人民以英勇顽强的奋斗向世界庄严宣告，中国人民从此站起来了，中华民族任人宰割、饱受欺凌的时代一去不复返了，中国发展从此开启了新纪元。

第二部分“完成社会主义革命和推进社会主义建设”。阐明这一时期党面临的主要任务是，实现从新民主主义到社会主义的转变，进行社会主义革命，推进社会主义建设，为实现中华民族伟大复兴奠定根本政治前提和制度基础。总结新中国成立后党领导人民战胜一系列严峻挑战、巩固新生政权，成功完成社会主义改造、建立社会主义制度，开展全面的大规模的社会主义建设，打开对外工作新局面的历史进程和创造的伟大成就。总结党加强执政党建设所作的努力和积累的初步经验，在阐述这一时期党取得的独创性理论成果的基础上，对毛泽东思想进行科学评价。强调这一时期党领导人民创造的伟大成就，实现了一穷二白、人口众多的东方大国大步迈进社会主义社会的伟大飞跃；中国共产党和中国人民以英勇顽强的奋斗向世界庄严宣告，中国人民不但善于破坏一个旧世界、也善于建设一个新世界，只有社会主义才能救中国，只有社会主义才能发展中国。

第三部分“进行改革开放和社会主义现代化建设”。阐明这一时期党面临的主要任务是，继续探索中国建设社会主义的正确道路，解放和发展社会生产力，使人民摆脱贫困、尽快富裕起来，为实现中华民族伟大复兴提供充满新的活力的体制保证和快速发展的物质条件。强调党的十一届三中全会的历史意义，总结以邓小平同志为主要代表的中国共产党人、以江泽民同志为主要代表的中国共产党人、以胡锦涛同志为主要代表的中国共产党人作出的历史贡献，从党领导全面开展拨乱反正、形成中国特色社会主义理论体系、推进改革开放和社会主义现代化建设、从容应对关系我国改革发展稳定全局的一系列风险考验、推进祖国统一大业、维护世界和平与促进共同发展、开创和推进党的建设新的伟大工程等方面，展现新时期波澜壮阔的历史画卷和举世瞩目的伟大成就。强调这一时期党领导人民创造的伟大成就，推进了中华民族从站起来到富起来的伟大飞跃；中国共产党和中国人民以英勇顽强的奋斗向世界庄严宣告，改革开放是决定当代中国前途命运的关键一招，中国特色社会主义道路是指引中国发展繁荣的正确道路，中国大踏步赶上了时代。

第四部分“开创中国特色社会主义新时代”。阐明这一时期党面临的主要任务是，实现全面建成小康社会的第一个百年奋斗目标，开启全面建成社会主义现代化强国的第二个百年奋斗目标新征程，朝着实现中华民族伟大复兴的宏伟目标继续前进。阐述中国特色社会主义新时代这一我国发展新的历史方位，概括党的十八大以来党的理论创新成果，深入分析新时代党面临的形势、面对的风险挑战，从坚持党的全面领导、全面从严治党、经济建设、全面深化改革开放、政治建设、全面依法治国、文化建设、社会建设、生态文明建设、国防和军队建设、维护国家安全、坚持“一国两制”和推进祖国统一、外交工作等13个方面，分领域总结新时代党和国家事业取得的历史性成就、发生的历史性变革，重点总结九年来的原创性思想、变革性实践、突破性进展、标志性成果。强调这一时期党领导人民创造的伟大成就，为实现中华民族伟大复兴提供了更为完善的制度保证、更为坚实的物质基础、更为主动的精神力量；中国共产党和中国人民以英勇顽强的奋斗向世界庄严宣告，中华民族迎来了从站起来、富起来到强起来的伟大飞跃。

第五部分“中国共产党百年奋斗的历史

意义”。在全面回顾总结党的百年奋斗历程和重大成就基础上，以更宏阔的视角，总结党的百年奋斗的历史意义，即党的百年奋斗从根本上改变了中国人民的前途命运、开辟了实现中华民族伟大复兴的正确道路、展示了马克思主义的强大生命力、深刻影响了世界历史进程、锻造了走在时代前列的中国共产党，阐述党对中国人民、对中华民族、对马克思主义、对人类进步事业、对马克思主义政党建设所作的历史性贡献。这五条概括，既立足中华大地，又放眼人类未来，体现了中国共产党和中国人民、中华民族的关系，体现了中国共产党和马克思主义、世界社会主义、人类社会发展的关系，贯通了中国共产党百年奋斗的历史逻辑、理论逻辑、实践逻辑。

第六部分“中国共产党百年奋斗的历史经验”。概括了具有根本性和长远指导意义的十条历史经验，即坚持党的领导、坚持人民至上、坚持理论创新、坚持独立自主、坚持中国道路、坚持胸怀天下、坚持开拓创新、坚持敢于斗争、坚持统一战线、坚持自我革命。这十条历史经验是系统完整、相互贯通的有机整体，揭示了党和人民事业不断成功的根本保证，揭示了党始终立于不败之地的力量源泉，揭示了党始终掌握历史主动的根本原因，揭示了党永葆先进性和纯洁性、始终走在时代前列的根本途径。强调这十条历史经验是经过长期实践积累的宝贵经验，是党和人民共同创造的精神财富，必须倍加珍惜、长期坚持，并在新时代实践中不断丰富和发展。

第七部分“新时代的中国共产党”。围绕实现第二个百年奋斗目标，强调全党要以咬定青山不放松的执着奋力实现既定目标，以行百里者半九十的清醒不懈推进中华民族伟大复兴；强调必须坚持党的基本理论、基本路线、基本方略，立足新发展阶段、贯彻新发展理念、构建新发展格局、推动高质量发展，协同推进人民富裕、国家强盛、中国美丽；强调必须永远保持同人民群众的血肉联系，不断实现好、维护好、发展好最广大人民根本利益；强调必须铭记生于忧患、死于安乐，常怀远虑、居安思危，继续推进新时代党的建设新的伟大工程；强调必须抓好后继有人这个根本大计。号召全党全军全国各族人民勿忘昨天的苦难辉煌，无愧今天的使命担当，不负明天的伟大梦想，以史为鉴、开创未来，埋头苦干、勇毅前行，为实现第二个百年奋斗目标、实现中华民族伟大复兴的中国梦而不懈奋斗。

同志们！审议通过这个决议，是这次全会的主要任务。大家要贯彻落实党中央要求，贯通把握历史、现在、未来，深入思考、深入研讨，聚精会神、集思广益，提出建设性意见和建议，共同把这次全会开好、把决议稿修改好。（新华社北京 2021 年 11 月 16 日电）

习近平：坚持走中国特色社会主义法治道路 更好推进中国特色社会主义法治体系建设

今天，中央政治局进行第三十五次集体学习，内容是建设中国特色社会主义法治体系。安排这次学习，目的是总结中国特色社会主义法治体系建设成效，分析存在的问题和不足，坚持走中国特色社会主义法治道路，更好推进中国特色社会主义法治体系建设。

“法度者，正之至也。”我们党自成立之日起就高度重视法治建设。新民主主义革命时期，我们党制定了《中华苏维埃共和国宪法大纲》和大量法律法令，创造了“马锡五审判方式”，为建立新型法律制度积累了实践经验。社会主义革命和建设时期，我们党领导人民制定了宪法和国家机构组织法、选举法、婚姻法等一系列重要法律法规，建立起社会主义法制框架体系，确立了社会主义司法制度。改革开放和社会主义现代化建设时期，我们党提出“有法可依、有法必依、执法必严、违法必究”的方针，确立依法治国基本方略，把建设社会主义法治国家确定为社会主义现代化的重要目标，逐步形成以宪法为核心的中国特色社会主义法律体系。

党的十八大以来，党中央把全面依法治国纳入“四个全面”战略布局予以有力推进，对全面依法治国作出一系列重大决策部署，组建中央全面依法治国委员会，完善党领导立法、保证执法、支持司法、带头守法制度，基本形成全面依法治国总体格局。党的十八届四中全会明确提出全面推进依法治国的总目标是建设中国特色社会主义法治体系、建设社会主义法治国家。我们抓住法治体系建设这个总抓手，坚持党的领导、人民当家作主、依法治国有机统一，坚持依法治国、依法执政、依法行政共同推进，坚持法治国家、法治政府、法治社会一体建设，全面深化法治领域改革，统筹推进法律规范体系、法治实施体系、法治监督体系、法治保障体系和党内法规体系建设，推动中国特色社会主义法治体系建设取得历史性成就。

同时，我们也要看到，我国法治体系还存在一些短板和不足，主要是：法律规范体系不够完备，重点领域、新兴领域相关法律制度存在薄弱点和空白区；法治实施体系不够高效，执法司法职权运行机制不够科学；法治监督体系不够严密，各方面监督没有真正形成合力；法治保障体系不够有力，法治专门队伍建设有待加强；涉外法治短板比较明显，等等。这些问题，必须抓紧研究解决。

我多次强调，法治兴则民族兴，法治强则国家强。当前，我国正处在实现中华民族伟大复兴的关键时期，世界百年未有之大变局加速演进，改革发展稳定任务艰巨繁重，对外开放深入推进，需要更好发挥法治固根本、稳预期、利长远的作用。

从国内看，我们已经踏上了全面建设社会主义现代化国家、向第二个百年奋斗目标进军的新征程，立足新发展阶段，贯彻新发展理念，构建新发展格局，推动高质量发展，满足人民对民主、法治、公平、正义、安全、环境等方面日益增长的要求，提高人民生活品质，促进共同富裕，都对法治建设提出了新的更高要求。我们必须提高全面依法治国能力和水平，为全面建设社会主义现代化国家、实现第二个百年奋斗目标提供有力法治保障。

从国际看，世界进入动荡变革期，国际竞争越来越体现为制度、规则、法律之争。我们必须加强涉外法律法规体系建设，提升涉外执法司法效能，坚决维护国家主权、安全、发展利益。

建设中国特色社会主义法治体系，要顺应事业发展需要，坚持系统观念，全面加以推进。当前和今后一个时期，要着力抓好以下几方面工作。

第一，坚持法治体系建设正确方向。我讲过，全面推进依法治国这件大事能不能办好，最关键的是方向是不是正确、政治保证是不是坚强有力，具体讲就是要坚持党的领导，坚持中国特色社会主义制度，贯彻中国特色社会主义法治理论。中国特色社会主义法治体系是中国特色社会主义制度的重要组成部分，必须牢牢把握中国特色社会主义这个定性，坚定不移走中国特色社会主义法治道路，正确处理政治和法治、改革和法治、依法治国和以德治国、依法治国和依规治党的关系，在坚持党的全面领导、保证人民当家作主等重大问题上做到头脑特别清晰、立场特别坚定。要始终坚持以人民为中心，坚持法治为了人民、依靠人民、造福人民、保护人民，把体现人民利益、反映人民愿望、维护人民权益、增进人民福祉落实到法治体系建设全过程。我们要建设的中国特色社会主义法治体系，必须是扎根中国文化、立足中国国情、解决中国问题的法治体系，不能被西方错误思潮所误导。

第二，加快重点领域立法。古人讲："立善法于天下，则天下治；立善法于一国，则一国治。"要加强国家安全、科技创新、公共卫生、生物安全、生态文明、防范风险等重要领域立法，加快数字经济、互联网金融、人工智能、大数据、云计算等领域立法步伐，努力健全国家治理急需、满足人民日益增长的美好生活需要必备的法律制度。要发挥依规治党对党和国家事业发展的政治保障作用，形成国家法律和党内法规相辅相成的格局。要聚焦人民群众急盼，加强民生领域立法。对人民群众反映强烈的电信网络诈骗、新型毒品犯罪和"邪教式"追星、"饭圈"乱象、"阴阳合同"等娱乐圈突出问题，要从完善法律入手进行规制，补齐监管漏洞和短板，决不能放任不管。这些年来，资本无序扩张问题比较突出，一些平台经济、数字经济野蛮生长、缺乏监管，带来了很多问题。要加快推进反垄断法、反不正当竞争法等修订工作，加快完善相关法律制度。

毛泽东同志说过："搞宪法是搞科学。"要抓住立法质量这个关键，深入推进科学立法、民主立法、依法立法，统筹立改废释纂，提高立法效率，增强立法系统性、整体性、协同性。维护国家法治统一是严肃的政治问题，各级立法机构和工作部门要遵循立法程序、严守立法权限，切实避免越权立法、重复立法、盲目立法，有效防止部门利益和地方保护主义影响。

"天下之事，不难于立法，而难于法之必行。"推进法治体系建设，重点和难点在于通过严格执法、公正司法、全民守法，推进法律正确实施，把"纸上的法律"变为"行动中的法律"。要健全法律面前人人平等保障机制，维护国家法制统一、尊严、权威，一切违反宪法法律的行为都必须予以追究。各级党组织和领导干部都要旗帜鲜明支持司法机关依法独立行使职权，绝不容许利用职权干预司法、插手案件。

第三，深化法治领域改革。当前，法治领域存在的一些突出矛盾和问题，原因在于改革还没有完全到位。要围绕让人民群众在每一项法律制度、每一个执法决定、每一宗司法案件中都感受到公平正义这个目标，深化司法体制综合配套改革，加快建设公正高效权威的社会主义司法制度。要健全社会公平正义法治保障制度，完善公益诉讼制度，健全执法权、监察权、司法权运行机制，加强权力制约和监督。

要加快构建系统完备、规范高效的执法司法制约监督体系，加强对立法权、执法权、监察权、司法权的监督，健全纪检监察机关、公安机关、检察机关、审判机关、司法行政机关各司其职，侦查权、检察权、审判权、执行权相互制约的体制机制，确保执法司法各环节、全过程在有效制约监督下进行。要加强统筹谋划，完善法治人才培养体系，加快发展律师、公证、司法鉴定、仲裁、调解等法律服务队伍，着力建设一支忠于党、忠于国家、忠于人民、忠于法律的社会主义法治工作队伍。要深化执法司法人员管理体制改革，加强法治专门队伍管理教育和培养。要深化政法队伍教育整顿，继续依法打击执法司法领域腐败行为，推动扫黑除恶常态化。

需要强调的是，法治领域改革政治性、政策性强，必须把握原则、坚守底线，决不能把改革变成“对标”西方法治体系、“追捧”西方法治实践。

第四，运用法治手段开展国际斗争。党的十八大以来，我们统筹推进国内法治和涉外法治，运用法治方式维护国家和人民利益能力明显提升。要坚持统筹推进国内法治和涉外法治，按照急用先行原则，加强涉外领域立法，进一步完善反制裁、反干涉、反制“长臂管辖”法律法规，推动我国法域外适用的法律体系建设。要把拓展执法司法合作纳入双边多边关系建设的重要议题，延伸保护我国海外利益的安全链。要加强涉外法治人才建设。

第五，加强法治理论研究和宣传。我们总结中国特色社会主义法治实践规律，传承中华法律文化精华，汲取世界法治文明有益成果，形成了全面依法治国新理念新举措。我在中央全面依法治国工作会议上概括为“十一个坚持”。要加强对我国法治的原创性概念、判断、范畴、理论的研究，加强中国特色法学学科体系、学术体系、话语体系建设。要把新时代中国特色社会主义法治思想落实到各法学学科的教材编写和教学工作中，推动进教材、进课堂、进头脑，努力培养造就更多具有坚定理想信念、强烈家国情怀、扎实法学根底的法治人才。要加强对律师队伍的政治引领，教育引导广大律师自觉遵守拥护中国共产党领导、拥护我国社会主义法治等从业基本要求，努力做党和人民满意的好律师。要把推进全民守法作为基础工程，全面落实“谁执法谁普法”普法责任制。各级领导干部要带头尊法学法守法用法，引导广大群众自觉守法、遇事找法、解决问题靠法。要总结我国法治体系建设和法治实践的经验，阐发我国优秀传统法治文化，讲好中国法治故事，提升我国法治体系和法治理论的国际影响力和话语权。

各级党委（党组）要担负好主体责任，聚焦重大部署、重要任务、重点工作，加强组织领导，主动担当作为，力戒形式主义、官僚主义。中央依法治国办要发挥好职能作用，推动党中央法治建设决策部署落到实处。各条战线各个部门要齐抓共管、压实责任、形成合力，提高工作法治化水平。（习近平总书记2021年12月6日在十九届中央政治局第三十五次集体学习时的讲话，《求是》杂志2022年第4期）

习近平：正确认识和把握我国发展重大理论和实践问题（节选）

进入新发展阶段，我国发展内外环境发生深刻变化，面临许多新的重大问题，需要正确认识和把握。这里，我重点讲几个问题。

第一个问题：正确认识和把握实现共同富裕的战略目标和实践途径。“国之称富者，在乎丰民。”财富的创造和分配是各国都面对的重大问题。一些西方国家在社会财富不断增长的同时长期存在贫富悬殊、两极分化。有的拉美国家收入不算高，但分配差距很大。在我国社会主义制度下，既要不断解放和发展社会生产力，不断创造和积累社会财富，又要防止两极分化，切实推动人的全面发展、全体人民共同富裕取得更为明显的实质性进展。过去我们是低收入水平下的平均主义，改革开放后一部分地区、一部分人先富起来了，同时收入差距也逐步拉大，一些财富不当聚集给经济社会健康运行带来了风险挑战。

共同富裕是中国特色社会主义的本质要求。共同富裕路子应当怎么走？我们正在进行探索。实现共同富裕的目标，首先要通过全国人民共同奋斗把“蛋糕”做大做好，然后通过合理的制度安排正确处理增长和分配关系，把“蛋糕”切好分好。这是一个长期的历史过程，我们要创造条件、完善制度，稳步朝着这个目标迈进。

要在推动高质量发展中强化就业优先导向。就业是民生之本。要提高经济增长的就业带动力，不断促进就业量的扩大和质的提升。要支持中小微企业发展，发挥其就业主渠道作用。要吸取一些西方国家经济“脱实向虚”的教训，不断壮大实体经济，创造更多高质量就业岗位。要加大人力资本投入，提升教育质量，加强职业教育和技能培训，提高劳动者素质，更好适应高质量发展需要，切实防范规模性失业风险。

要发挥分配的功能和作用。要处理好效率和公平关系，构建初次分配、再分配、三次分配协调配套的基础性制度安排。要坚持按劳分配为主体，提高劳动报酬在初次分配中的比重，完善按要素分配政策。要发挥再分配的调节作用，加大税收、社保、转移支付等的调节力度，提高精准性。要发挥好第三次分配作用，引导、支持有意愿有能力的企业和社会群体积极参与公益慈善事业，但不能搞道德绑架式“逼捐”。

要完善公共服务政策制度体系。促进共同富裕，不能搞“福利主义”那一套。当年一些拉美国家搞民粹主义，高福利养了一批“懒人”和不劳而获者，结果国家财政不堪重负，落入“中等收入陷阱”，长期不能自拔。福利待遇上去了就下不来了，搞超出能力的“福利主义”是不可持续的，必然会带来严重的经济和政治问题！我们要坚持尽力而为、量力而行，重在提升公共服务水平，在教育、医疗、养老、住房等人民群众最关心的领域精准提供基本公共服务，兜住困难群众基本生活底线，不吊高胃口、不空头许诺。（习近平总书记 2021 年 12 月 8 日在中央经济工作会议上的讲话，《求是》杂志 2022 年第 10 期）

习近平主持召开中央全面深化改革委员会第二十三次会议强调 加快建设全国统一大市场提高政府监管效能 深入推进世界一流大学和一流学科建设（节选）

中共中央总书记、国家主席、中央军委主席、中央全面深化改革委员会主任习近平 12 月 17 日下午主持召开中央全面深化改革委员会第二十三次会议，审议通过了《关于加快建设全国统一大市场的意见》、《关于进一步提高政府监管效能推动高质量发展的指导意见》、《关于深入推进世界一流大学和一流学科建设的若干意见》、《关于加强科技伦理治理的指导意见》、《关于推动个人养老金发展的意见》。

习近平在主持会议时强调，发展社会主义市场经济是我们党的一个伟大创造，关键是处理好政府和市场的关系，使市场在资源配置中起决定性作用，更好发挥政府作用。构建新发展格局，迫切需要加快建设高效规范、公平竞争、充分开放的全国统一大市场，建立全国统一的市场制度规则，促进商品要素资源在更大范围内畅通流动。要加快转变政府职能，提高政府监管效能，推动有效市场和有为政府更好结合，依法保护企业合法权益和人民群众生命财产安全。要突出培养一流人才、服务国家战略需求、争创世界一流的导向，深化体制机制改革，统筹推进、分类建设一流大学和一流学科。科技伦理是科技活动必须遵守的价值准则，要坚持增进人类福祉、尊重生命权利、公平公正、合理控制风险、保持公开透明的原则，健全多方参与、协同共治的治理体制机制，塑造科技向善的文化理念和保障机制。要推动发展适合中国国情、政府政策支持、个人自愿参加、市场化运营的个人养老金，与基本养老保险、企业（职业）年金相衔接，实现养老保险补充功能。（新华社北京 2021 年 12 月 17 日电）

李克强在第十三届全国人民代表大会第四次会议上作政府工作报告（节选）

今年发展主要预期目标是：国内生产总值增长6%以上；城镇新增就业1 100万人以上，城镇调查失业率5.5%左右；居民消费价格涨幅3%左右；进出口量稳质升，国际收支基本平衡；居民收入稳步增长；生态环境质量进一步改善，单位国内生产总值能耗降低3%左右，主要污染物排放量继续下降；粮食产量保持在1.3万亿斤以上。

经济增速是综合性指标，今年预期目标设定为6%以上，考虑了经济运行恢复情况，有利于引导各方面集中精力推进改革创新、推动高质量发展。经济增速、就业、物价等预期目标，体现了保持经济运行在合理区间的要求，与今后目标平稳衔接，有利于实现可持续健康发展。

就业优先政策要继续强化、聚力增效。着力稳定现有岗位，对不裁员少裁员的企业，继续给予必要的财税、金融等政策支持。延续降低失业和工伤保险费率，扩大失业保险返还等阶段性稳岗政策惠及范围，延长以工代训政策实施期限。拓宽市场化就业渠道，促进创业带动就业。推动降低就业门槛，动态优化国家职业资格目录，降低或取消部分准入类职业资格考试工作年限要求。支持和规范发展新就业形态，加快推进职业伤害保障试点。继续对灵活就业人员给予社保补贴，推动放开在就业地参加社会保险的户籍限制。做好高校毕业生、退役军人、农民工等重点群体就业工作，完善残疾人、零就业家庭成员等困难人员就业帮扶政策，促进失业人员再就业。拓宽职业技能培训资金使用范围，开展大规模、多层次职业技能培训，完成职业技能提升和高职扩招三年行动目标，建设一批高技能人才培训基地。健全就业公共服务体系，实施提升就业服务质量工程。运用就业专项补助等资金，支持各类劳动力市场、人才市场、零工市场建设，广开就业门路，为有意愿有能力的人创造更多公平就业机会。

运用市场化机制激励企业创新。强化企业创新主体地位，鼓励领军企业组建创新联合体，拓展产学研用融合通道，健全科技成果产权激励机制，完善创业投资监管体制和发展政策，纵深推进大众创业万众创新。

做好巩固拓展脱贫攻坚成果同乡村振兴有效衔接。对脱贫县从脱贫之日起设立5年过渡期，保持主要帮扶政策总体稳定。健全防止返贫动态监测和帮扶机制，促进脱贫人口稳定就业，加大技能培训力度，发展壮大脱贫地区产业，做好易地搬迁后续扶持，分层分类加强对农村低收入人口常态化帮扶，确保不发生规模性返贫。

保障农民工工资及时足额支付。加快发展乡村产业，壮大县域经济，加强对返乡创业的支持，拓宽农民就业渠道。千方百计使亿万农民多增收、有奔头。

加强基本民生保障。提高退休人员基本养老金、优抚对象抚恤和生活补助标准。推进基本养老保险全国统筹，规范发展第三支柱养老保险。完善全国统一的社会保险公共服务平台。加强军人军属、退役军人和其他优抚对象优待工作，健全退役军人工作体系和保障制度。继续实施失业保险保障扩围政策。促进医养康养相结合，稳步推进长期护理保险制度试点。发展普惠型养老服务和互助性养老。（2021 年 3 月 5 日，新华社北京 2021 年 3 月 12 日电）

李克强总理出席记者会并回答中外记者提问（节选）

十三届全国人大四次会议11日下午在人民大会堂举行记者会，国务院总理李克强应大会发言人张业遂的邀请出席记者会，并回答中外记者提问。

就业对一个国家、对一个家庭可以说都是天大的事。去年在疫情肆虐的时候，很多街面上都见不到行人了，多数店铺都关了，当时我们最担心的就是出现大规模的失业。记得后来我到地方考察，看了不少店铺。在一个小店，店主跟我说，3个月没有营业了，因为政府减免税费，支持减免房租、水电费，稳岗补贴资金到位，我们没有裁员，挺过来了。我问员工的工资怎么办？他说当时只发生活费了。在场的20多位员工都说，店里管吃管住，不让我们下岗，还有什么说的。企业和员工都明白，只要保住了企业、稳住了岗位，一复工复市，生意就会旺起来。

去年我们在制定宏观政策的时候，因为不确定因素太多，没有制定经济增长的预期目标。但是反复权衡，还是制定了就业目标，也就是城镇新增就业900万人以上。因为就业是民生之本，是发展之基，也是财富创造的源头活水。当时我们也提出，要努力实现全年经济正增长，实际上是相信只要能够实现900万人以上的城镇新增就业，就有经济的正增长，因为有就业就有收入，就可以带动消费、拉动经济。

去年，在以习近平同志为核心的党中央坚强领导下，经过全国上下共同努力，我们的市场主体表现出坚强的韧性，广大人民共克时艰，最后实现了城镇新增就业1 186万人，全年经济增长2.3%，居民收入相应增长，都好于预期。

今年我们的就业压力仍然很大，城镇新增劳动力约1 400万人，其中高校毕业生909万人，创历史新高，还要保障退役军人就业，还要为两亿七八千万农民工提供打工的机会。所以今年我们在制定宏观政策的时候，依然坚持就业优先的政策，我们继续推动“六稳”、落实“六保”，还是把就业放在首位。去年出台的有关就业的政策举措，不仅没有调退，还有所增加，其他政策都要有利于就业。我们相信，通过经济稳定恢复增长，会带动更多的就业岗位，而更多的就业岗位会推动经济稳中向好。

今年我们确定新增城镇就业的目标是1 100万人以上，希望在实际执行中还可以更高一点。我们也很明确，就业还是要让市场来唱主角，也就是继续通过保市场主体来保就业。一方面推动稳岗增岗，另一方面拓展就业渠道。去年疫情中就业方式也有新变化，像我们这几年发展的新动能，包括网购、快递等逆势快速增长，也带动了就业和传统产业发展。我们一方面要继续鼓励增加相对稳定的就业岗位，也要广开灵活就业的渠道。现在中国的灵活就业正在兴起，已经涉及到两亿多人。有的一人打几份工，很辛苦，所以我们应该给他社保补贴，特别是要用机制性的办法来解决可能出现的职业伤害问题，给他们提供基本的权益保障。这也有利于灵活就业市场更加健康、稳定地向前发展。

中国有 14 亿人口，劳动力资源可以说是最丰富的资源，中国人民又能够吃苦耐劳，只要有就业门路就会多挣。“民生在勤，勤则不匮”。我相信中国人民会用自己勤劳的双手，来逐步迈向共同富裕。（新华社北京 2021 年 3 月 11 日电）

李克强主持召开政府特殊津贴制度高层次高技能人才座谈会

5月11日，中共中央政治局常委、国务院总理李克强主持召开政府特殊津贴制度高层次高技能人才座谈会。

中共中央政治局常委、国务院副总理韩正出席。

会上，张继平、卜宪群、吴晨、王翀、李培等享受政府特殊津贴高层次专业技术、高技能人才代表发了言，并就完善特贴制度、加强基础研究、加大对技能人才和青年人才支持、推动国际交流等提出建议。李克强与大家交流，对广大特贴人才创新求实，为促进经济社会发展、弘扬中华优秀文化等作出的贡献予以充分肯定，要求有关部门认真研究大家的建议。

李克强说，政府特殊津贴是党和国家尊重、关心、支持人才的重要制度安排，实施30年来取得显著成就。这一制度不重物质奖励而是强化荣誉激励，有力推动广大科研人员和高技能人才发挥才干、积极投身国家建设和发展。新形势下，要在以习近平同志为核心的党中央坚强领导下，按照党中央、国务院部署，进一步完善人才激励制度，汇聚各方智慧和力量，推动高质量发展，开启全面建设社会主义现代化国家新征程。

李克强说，推进社会主义现代化建设，必须依靠人才，依靠勤劳智慧的人民群众。中国这样一个有着14亿人口的大国实现现代化，是人类历史上没有过的，面临很多困难挑战。但发挥好我们丰富的人力人才资源优势，就能汇聚成现代化建设的强大力量。要尊重科学、坚持实事求是，尊重知识、博采众长，爱才惜才、不拘一格选拔和使用人才，推动形成人才辈出、拔尖人才脱颖而出的良好局面。人才培养要注重加强基本功训练，一步一步打牢基础，重视学习掌握基础知识和理论，研读和传承中华优秀传统文化经典，加大对坐冷板凳、“十年磨一剑”的基础研究和“长线”研究的支持。要在全社会弘扬科学精神、工匠精神、专业精神，造就更多精益求精、技艺精湛的技能人才。要完善和优化特贴制度，更好发挥导向作用，激励更多人争相成才、人尽其才。要推动国际交流合作，学习借鉴人类优秀文明成果，在互利共赢中提升创新创造能力。

李克强说，要营造各类人才施展才能的氛围。经济社会发展既要有良好的营商环境，也要有有利于人才成长和发挥作用的环境。要深化“放管服”改革，推进教育体制、科技体制等改革，破除各种不合理限制，使科研团队有更大自主权，使各类人才心无旁骛潜心研究、专心致志钻研技能，推动三百六十行行行出状元。创新“揭榜挂帅”等新型科研项目组织管理方式，对能干事、干成事的人才给平台、给荣誉、给激励。青年人才最具创新潜能。要支持更多优秀青年在重大科研任务中挑大梁，促进他们在科研黄金阶段多出成果。希望老一辈科学家和高技能人才奖掖后学、甘当人梯，为年轻人成才拓展空间。

胡春华、王勇、肖捷、何立峰参加座谈会。（新华社北京2021年5月11日电）

李克强对全国就业创业工作暨普通高等学校毕业生就业创业工作电视电话会议作出重要批示

全国就业创业工作暨普通高等学校毕业生就业创业工作电视电话会议6月3日在京召开。中共中央政治局常委、国务院总理李克强作出重要批示。批示指出：就业是民生之本，是社会财富创造的来源和社会大局稳定的重要支撑。今年稳定和扩大就业的任务艰巨繁重。各地区、各部门要坚持以习近平新时代中国特色社会主义思想为指导，认真贯彻党中央、国务院决策部署，坚持经济发展就业导向，强化就业优先政策，突出抓好高校毕业生、退役军人、农民工等重点群体就业工作。要落实落细减税降费、普惠金融、稳岗扩岗等政策，支持中小微企业、个体工商户等市场主体进一步纾困和增强发展活力，提供更多市场化就业创业机会。深化“放管服”改革，持续推进大众创业万众创新，支持和规范发展新就业形态，以创业带动就业。着力提升职业技能培训质量和就业服务水平，支持劳动力、人才、零工市场更好发展，保障灵活就业人员基本权益，支持脱贫人口稳定就业，做好就业困难人员帮扶工作，保障失业人员基本生活，努力完成全年就业目标任务，为促进经济社会持续健康发展作出新贡献！中共中央政治局委员、国务院副总理孙春兰，中共中央政治局委员、国务院副总理胡春华出席会议并讲话。

会议强调，要坚持经济发展就业导向，支持市场主体稳定发展、稳住岗位，积极创造新的就业岗位，大力支持创业创新，稳定和扩大就业容量。要充分发挥各类就业服务机构和组织作用，进一步强化公共服务机构的基础和兜底功能，支持市场化机构发挥专业优势，鼓励引导社会组织广泛参与就业服务，健全人力资源市场体系。要加强职业技能培训，保质保量完成职业技能提升行动任务，有效调动各类培训单位的积极性，推动建立职业技能培训的长效机制，缓解结构性就业矛盾。要扎实做好高校毕业生就业工作，做好离校前后的服务衔接，促进供需双方的信息对接，多渠道增加毕业生就业岗位。

会议指出，要把高校毕业生就业创业工作摆在突出位置，提升就业指导服务针对性，引导毕业生树立正确的就业观，到基层一线就业创业，帮助他们解决求职中遇到的困难问题，确保离校前校园招聘热度不减、离校后就业服务衔接。要发挥政策性岗位吸纳作用，优化调整教师、医务人员等岗位招录时间，实施好“三支一扶”、“特岗教师”、“西部计划”等基层就业项目。要拓宽市场化就业渠道，用好国家减负稳岗扩就业政策，鼓励企业吸纳就业，通过税费减免、创业贷款等政策支持毕业生创业，促进毕业生更加充分更高质量就业，以优异成绩庆祝建党100周年。（新华社北京2021年6月3日电）

李克强对第一届全国人力资源服务业发展大会作出重要批示

第一届全国人力资源服务业发展大会7月28日至29日在重庆举行。中共中央政治局常委、国务院总理李克强作出重要批示。批示指出：发展人力资源服务业对于促进社会化就业、更好发挥我国人力资源优势、服务经济社会发展具有重要意义。要坚持以习近平新时代中国特色社会主义思想为指导，认真贯彻党中央、国务院决策部署，以实施就业优先战略、人才强国战略和乡村振兴战略为引领，进一步提高人力资源服务水平。大力支持劳动力市场、人才市场、零工市场建设，更好促进就业扩大和优化人力资源配置，更大激发亿万劳动者和各类人才的创业创新活力，带动新动能成长，为提高我国经济综合竞争力、持续改善民生、促进高质量发展提供有力支撑。

中共中央政治局委员、国务院副总理胡春华发表视频致辞。他强调，要认真学习贯彻习近平总书记重要指示精神，落实李克强总理批示要求，扎扎实实做好人力资源服务业发展工作，为就业大局稳定和经济社会发展作出新的贡献。

胡春华指出，近年来我国人力资源服务业发展取得明显成效，有力促进了就业大局稳定，服务的内容和模式越来越丰富，行业规模不断扩大，政策体系逐步完善。立足新发展阶段，贯彻新发展理念，构建新发展格局，推动高质量发展，对人力资源服务业提出了更高要求，也提供了更加广阔的舞台。要紧紧围绕促进就业这个根本谋划人力资源服务业发展，把服务就业的规模和质量作为衡量行业发展成效的首要标准。要顺应就业形势变化，加快人力资源服务业改革创新，不断提升劳动者技能和素质，促进劳动力顺畅流动、优化配置，有效缓解结构性就业矛盾。要积极培育壮大人力资源服务力量，支持各类人力资源服务机构协调发展，提升人力资源服务水平。要着力构建高标准的人力资源市场体系，加快形成多层次、多元化的人力资源市场格局，加强市场信用体系建设。要切实加强对劳动者的社会保障，有效保护劳动者合法权益，持续提高就业质量。（新华社北京2021年7月29日电）

李克强出席全国大众创业万众创新活动周启动仪式强调推动双创不断迈上新台阶汇聚推动经济发展的澎湃力量

10月19日，中共中央政治局常委、国务院总理李克强在北京人民大会堂出席2021年全国大众创业万众创新活动周，发表重要讲话，并宣布活动周正式启动。

李克强说，双创活动周是创业创新者展示风采、碰撞创意、交流合作的大舞台。每次参加都能感受到扑面而来的创业热情和创新活力。

李克强指出，近年来，面对极为复杂严峻的国内外形势，在以习近平同志为核心的党中央坚强领导下，全国上下砥砺攻坚，经济发展成就显著。这来之不易，离不开亿万人民群众、上亿市场主体实干奋斗，双创也功不可没。大量市场主体立了起来、活跃起来，创新能力不断提升，新动能加快成长，对稳定就业和经济大局提供了强力支撑。更多人以双创出彩、靠奋斗创造财富。创业走向大众、创新来自万众，汇聚成推动经济发展的澎湃力量。

李克强说，双创很重要的是众，人民群众是现代化建设的根本力量。中国仍处于并将长期处于社会主义初级阶段，是世界上最大的发展中国家，发展是解决一切问题的基础和关键。面对当前经济增长放缓等挑战，促进经济持续稳定恢复，要坚持以习近平新时代中国特色社会主义思想为指导，落实党中央、国务院部署，按照立足新发展阶段、贯彻新发展理念、构建新发展格局、推动高质量发展的要求，继续做好“六保”工作，特别是注重保就业保民生保市场主体这前三保，不断深化改革开放，强化创新驱动，用市场化办法纵深推进双创。聚众智汇众力，让人民群众的勤劳智慧更充分发挥出来，促进经济平稳运行和持续健康发展。

李克强指出，我国已有近1.5亿市场主体，保就业保民生要靠市场主体。要推动双创不断迈上新台阶，催生更多市场主体，拓展经济发展空间。双创可以支撑就业，能为解决今年上千万高校和中职毕业生就业拓宽渠道。要深入推进“放管服”改革，打造市场化法治化国际化营商环境，加强事中事后监管，反对垄断和不正当竞争，维护公平公正市场秩序。聚焦创业创新需求加大扶持，落实好小微企业税收优惠、普惠金融等政策，对初创企业、小微企业给予“雪中送炭”支持。夯实基础研究根基，加大关键核心技术攻关，支撑双创提质升级。发展集技术孵化、融资投资等为一体的众创空间，依托“互联网+”推动融通创新，形成双创乘数效应，发展壮大新动能。广泛育才聚才，弘扬科学精神、专业精神、工匠精神，呵护创造激情，崇尚务实笃行，使千千万万想创业、敢创新、能创造的奋进者尽显身手，在奋斗中实现不凡创造。

李克强还通过视频巡视了上海交通大学科技成果转化、民营企业穆驰公司以创业带就业、大学生创办的无锡海斯凯尔公司新成果等展示，勉励他们在创业创新广阔舞台上继续取得满满收获。

何立峰主持启动仪式。河南省主要负责同志在双创周郑州主会场致辞。创业创新代表发了言。

肖捷、万钢参加活动。(新华社北京 2021 年 10 月 19 日电)

韩正在企业职工基本养老保险全国统筹实施工作电视电话会议上强调 突出重点任务 加强组织领导 扎实做好企业职工基本养老保险全国统筹

中共中央政治局常委、国务院副总理韩正16日在北京出席企业职工基本养老保险全国统筹实施工作电视电话会议并讲话。会议认真学习贯彻习近平总书记有关重要讲话精神，贯彻落实中央经济工作会议精神，对企业职工基本养老保险全国统筹实施工作进行动员和部署。

韩正指出，实施企业职工基本养老保险全国统筹制度，是党中央、国务院作出的重大决策部署。这项工作事关广大职工和千家万户的切身利益，事关社会大局稳定。各地区、各有关部门单位要进一步提高政治站位，切实增强责任感和使命感，把思想认识和行动统一到党中央、国务院决策部署上来，不折不扣落实好、执行好各项改革举措。

韩正强调，要突出重点任务，扎实做好企业职工基本养老保险全国统筹工作。要统一养老保险政策，做到"全国一盘棋"，更好保障劳动者与退休人员的养老保险权益。要加强全国统筹调剂资金管理，确保基金安全、调拨顺畅，增强养老保险制度的可持续性和公平性。要建立中央和地方养老保险支出责任分担机制，中央财政支持保持稳定性和连续性，逐步强化地方政府支出责任，确保基本养老金按时足额发放。要加强能力建设，提高政策制定、经办服务水平，加快建成全国统一的信息系统。要加强组织领导，建立健全工作协调机制，强化监督考核，确保企业职工基本养老保险全国统筹制度顺利实施。

中共中央政治局委员、国务院副总理胡春华主持会议。中央和国家机关有关部门单位负责同志在主会场参加会议，各省、自治区、直辖市人民政府和新疆生产建设兵团负责同志在分会场参加会议。人力资源社会保障部、财政部和辽宁省、广东省人民政府负责同志作了发言。（新华社北京2021年12月16日电）

孙春兰在考察高校毕业生就业促进周时强调 促进高校毕业生更加充分更高质量就业（节选）

中共中央政治局委员、国务院副总理孙春兰17日在中国农业大学考察2021届高校毕业生就业促进周时强调，要深入贯彻习近平总书记关于高校毕业生就业工作的重要指示，落实党中央、国务院决策部署，抢抓毕业生离校前的关键期，拓展就业渠道和岗位，推动校园招聘提质升级，有针对性地开展就业指导和服务，加强就业政策宣传和观念引导，促进毕业生更加充分更高质量就业，确保就业大局稳定，为庆祝建党100周年营造良好氛围。

2021届高校毕业生有909万人，国家继续实施去年的减负稳岗扩就业政策，目前毕业生就业去向落实率高于前两年同期水平。孙春兰指出，各地各有关部门要把做好高校毕业生就业工作摆在突出位置，在落实好已有政策的基础上，千方百计增加岗位需求，举办区域性、行业性、联盟性招聘活动，促进用人单位与毕业生精准匹配对接，帮助毕业生尽早落实就业岗位。要支持毕业生以创业带动就业，推动地方、金融机构和企业落实税费减免、创业贷款、补贴等优惠政策，减轻初创企业生存压力。各级教育部门和各高校要强化就业服务和指导，做好岗位推送、就业培训、重点群体帮扶等工作。要互认毕业生求职过程中的体检结果，避免重复体检。广大毕业生要树立正确的就业观，志存高远、脚踏实地，把个人的理想追求融入党和国家事业之中，合理规划职业生涯，到基层、到中西部、到祖国最需要的地方就业创业，依靠辛勤努力，创造精彩人生。（新华社北京2021年5月17日电）

胡春华强调　立足新发展阶段推动农民工工作取得更大成就

全国优秀农民工和农民工工作先进集体表彰大会6日在京召开。国务院副总理、国务院农民工工作领导小组组长胡春华出席大会并讲话。他强调，要认真贯彻落实习近平总书记重要指示精神，按照党中央、国务院决策部署，立足新发展阶段，推动农民工工作取得更大成就。

胡春华向受到表彰的优秀农民工和农民工工作先进集体表示祝贺。他指出，党的十八大以来，在以习近平同志为核心的党中央坚强领导下，我国农民工就业规模和质量稳步提升，劳动权益得到有效保障，农民工市民化取得积极进展。特别是刚刚过去的2020年，农民工工作经受住了新冠肺炎疫情的严峻冲击，为促进农民增收、打赢脱贫攻坚战作出了重要贡献。

胡春华强调，做好农民工工作对于稳定就业大局、增加农民收入、促进乡村振兴、推进新型城镇化，都具有十分重要的意义。各地、各有关部门要进一步加大工作力度，支持农民工就业创业，加强对农民工的职业技能培训，提高服务保障水平，引导全社会关心支持农民工工作。各级党委、政府要切实加强组织领导，谋划制定目标任务和务实举措。广大农民工要向先进榜样学习，奋发有为、担当奉献，更好服务于国家发展大局。

全国994位优秀农民工和100个农民工工作先进集体受到表彰。（新华社北京2021年1月6日电）

胡春华强调 切实做好农民工就业创业和保障工资支付工作

国务院农民工工作领导小组和根治拖欠农民工工资工作领导小组全体会议27日在京召开。国务院副总理、领导小组组长胡春华主持会议并讲话。他强调，要认真贯彻落实习近平总书记重要指示批示精神，毫不松懈抓好农民工就业创业和保障工资支付工作，切实加强权益维护和服务保障，更好服务于经济社会发展大局。

胡春华指出，农民工就业创业事关就业大局稳定、农民增收和脱贫攻坚成果巩固拓展。要突出重点，着力扩大县域内的农民工就业，加强对脱贫劳动力的稳岗帮扶，支持农民工多渠道灵活就业，有效提高农民工职业技能培训的质量。要根据形势变化创新工作思路，加快转变农民工服务保障和管理，推动县域内率先实现基本公共服务均等化，对县外省内的农民工实行全省统一服务管理，对跨省就业的农民工与当地农民工平等对待，更好满足农民工的服务保障需求。

胡春华强调，要坚持标本兼治，一以贯之抓好拖欠农民工工资问题，严厉打击恶意欠薪等违法行为，妥善处置疫情等导致的欠薪，加快健全源头治理机制。春节将至，要做好农民工稳岗返岗工作，实施好根治欠薪冬季专项行动，关心关爱困难农民工，确保广大农民工度过一个欢乐祥和的春节。（新华社北京2021年1月27日电）

胡春华强调 强化就业优先政策 实现更加充分更高质量就业

国务院就业工作领导小组全体会议23日在京召开。国务院副总理、领导小组组长胡春华主持会议并讲话。他强调，要认真贯彻落实习近平总书记重要指示批示精神，按照党中央、国务院决策部署，谋划和做好新发展阶段的就业工作，不断强化就业优先政策，努力实现更加充分更高质量就业。

胡春华指出，去年面对新冠肺炎疫情严重冲击，党中央、国务院把稳定和扩大就业放在更重要的位置，采取强有力的政策举措，推动圆满完成全年就业目标。做好今年就业工作具备不少有利条件，也面临诸多风险挑战。各成员单位要切实增强工作紧迫感，着力巩固和拓展稳就业成效，研究更多务实管用的举措，加强对企业稳岗和扩大新增就业的支持，想方设法继续减少疫情不利影响。要突出抓好重点群体就业工作，进一步拓宽高校毕业生就业渠道，确保脱贫劳动力实现稳岗就业，牢牢兜住城市困难群体的就业底线。

胡春华强调，做好就业工作是各级政府义不容辞的责任。各地区、各有关部门要加强组织领导、强化责任担当，全力做好稳就业相关工作，支持各类公共就业服务机构和市场化机构优化就业服务、更好对接企业和劳动者需求，切实提高职业技能培训质量，加快补齐灵活就业的权益保障短板，营造更加良好的就业环境。（新华社北京2021年2月23日电）

胡春华强调　加快建设知识型技能型创新型劳动者大军

高技能人才座谈会23日在京召开。中共中央政治局委员、国务院副总理胡春华出席会议并讲话。他强调，要认真学习贯彻习近平总书记重要指示精神，按照党中央、国务院决策部署，扎实做好高技能人才工作，加快建设知识型、技能型、创新型劳动者大军，为全面建设社会主义现代化国家提供有力人才支撑。

胡春华指出，近年来，我国技能人才工作取得积极成效，人才规模明显扩大，培养培训加快推进，职业技能竞赛蓬勃开展，评价激励政策更加完善。同时，技能人才尤其是高技能人才在总量、结构、培养、使用等方面，与实际需要相比仍存在一定差距。要把做好高技能人才工作与推动经济高质量发展更好结合起来，把提高劳动者技能与破解就业结构性矛盾更好结合起来，持续开展大规模职业技能培训，进一步完善社会化技能人才评价机制，着力破除制约技能人才发展的各种障碍，营造有利于技能人才成长发展的大环境，让技能人才创新有舞台、成才有支撑、奋斗有回报。

胡春华强调，技术工人队伍是支撑中国制造、中国创造的重要基础，高技能人才要把个人的命运和国家、民族的命运更好结合起来，继续发扬工匠精神，练就过硬专业技能，带头传承技能技艺，带动更多青年人走技能成才、技能报国之路。（新华社北京2021年6月23日电）

胡春华强调 聚焦新时代人才强国战略目标 不断开创专业技术人才工作新局面

第六届全国杰出专业技术人才表彰会28日在京召开。中共中央政治局委员、国务院副总理胡春华出席会议并讲话。他强调，要认真学习贯彻习近平总书记在中央人才工作会议上的重要讲话精神，聚焦新时代人才强国战略目标，不断开创专业技术人才工作新局面。

胡春华向受到表彰的全国杰出专业技术人才和先进集体表示祝贺。他指出，在以习近平同志为核心的党中央坚强领导下，近年来我国专业技术人才工作取得明显成效，人才队伍规模快速壮大，评价机制改革取得重要突破，服务体系进一步健全，人才作用日益突出，有力促进了经济社会发展。

胡春华强调，我国已进入全面建设社会主义现代化国家的新发展阶段，专业技术人才工作站在了新的历史起点上，要按照党中央、国务院决策部署，瞄准2035年建成人才强国的目标，加快完善适应高质量发展的人才制度体系，不断培养壮大高素质的专业技术人才队伍，持续深化人才评价和激励机制改革，引导鼓励更多专业技术人才投身创新创业，为各类人才施展才华营造良好环境。希望受到表彰的杰出专业技术人才带头弘扬爱国奋斗精神，勇于攀登创新高峰，主动当好年轻人的领路人，为经济社会发展作出新的更大贡献。（新华社北京2021年10月28日电）

二、中共中央、国务院文件

中共中央　国务院关于支持浙江高质量发展建设共同富裕示范区的意见（节选）

（2021年5月20日）

一、总体要求

（一）指导思想。以习近平新时代中国特色社会主义思想为指导，深入贯彻党的十九大和十九届二中、三中、四中、五中全会精神，全面贯彻落实习近平总书记关于浙江工作的重要指示批示精神，坚持稳中求进工作总基调，坚持以人民为中心的发展思想，立足新发展阶段、贯彻新发展理念、构建新发展格局，紧扣推动共同富裕和促进人的全面发展，坚持以满足人民日益增长的美好生活需要为根本目的，以改革创新为根本动力，以解决地区差距、城乡差距、收入差距问题为主攻方向，更加注重向农村、基层、相对欠发达地区倾斜，向困难群众倾斜，支持浙江创造性贯彻"八八战略"，在高质量发展中扎实推动共同富裕，着力在完善收入分配制度、统筹城乡区域发展、发展社会主义先进文化、促进人与自然和谐共生、创新社会治理等方面先行示范，构建推动共同富裕的体制机制，着力激发人民群众积极性、主动性、创造性，促进社会公平，增进民生福祉，不断增强人民群众的获得感、幸福感、安全感和认同感，为实现共同富裕提供浙江示范。

（二）工作原则

——坚持党的全面领导。坚定维护党中央权威和集中统一领导，充分发挥党总揽全局、协调各方的领导核心作用，坚持和完善中国特色社会主义制度，把党的政治优势和制度优势转化为推动共同富裕示范区建设、广泛凝聚各方共识的强大动力和坚强保障。

——坚持以人民为中心。坚持发展为了人民、发展依靠人民、发展成果由人民共享，始终把人民对美好生活的向往作为推动共同富裕的奋斗目标，瞄准人民群众所忧所急所盼，在更高水平上实现幼有所育、学有所教、劳有所得、病有所医、老有所养、住有所居、弱有所扶。

——坚持共建共享。弘扬勤劳致富精神，鼓励劳动者通过诚实劳动、辛勤劳动、创新创业实现增收致富，不断提高劳动生产率和全要素生产率。充分发挥市场在资源配置中的决定性作用，更好发挥政府作用，体现效率、促进公平，坚决防止两极分化，在发展中补齐民生短板，让发展成果更多更公平惠及人民群众。

——坚持改革创新。坚定不移推进改革，推动有利于共同富裕的体制机制不断取得新突破，着力破除制约高质量发展高品质生活的体制机制障碍，强化有利于调动全社会积极性的重大改革开放举措。坚持创新在现代化建设全局中的核心地位，深入实施创新驱动发展战略，率先在推动共同富裕方面实现理论创新、实践创新、制度创新、文化创新。

——坚持系统观念。立足当前、着眼长

远，统筹考虑需要和可能，按照经济社会发展规律循序渐进，脚踏实地、久久为功，不吊高胃口、不搞“过头事”，尽力而为、量力而行，注重防范化解重大风险，使示范区建设与经济发展阶段相适应、与现代化建设进程相协调，不断形成推动共同富裕的阶段性标志性成果。

（三）战略定位

——高质量发展高品质生活先行区。率先探索实现高质量发展的有效路径，促进城乡居民收入增长与经济增长更加协调，构建产业升级与消费升级协调共进、经济结构与社会结构优化互促的良性循环，更好满足人民群众品质化多样化的生活需求，富民惠民安民走在全国前列。

——城乡区域协调发展引领区。坚持城乡融合、陆海统筹、山海互济，形成主体功能明显、优势互补、高质量发展的国土空间开发保护新格局，健全城乡一体、区域协调发展体制机制，加快基本公共服务均等化，率先探索实现城乡区域协调发展的路径。

——收入分配制度改革试验区。坚持按劳分配为主体、多种分配方式并存，着重保护劳动所得，完善要素参与分配政策制度，在不断提高城乡居民收入水平的同时，缩小收入分配差距，率先在优化收入分配格局上取得积极进展。

——文明和谐美丽家园展示区。加强精神文明建设，推动生态文明建设先行示范，打造以社会主义核心价值观为引领、传承中华优秀文化、体现时代精神、具有江南特色的文化强省，实现国民素质和社会文明程度明显提高、团结互助友爱蔚然成风、经济社会发展全面绿色转型，成为人民精神生活丰富、社会文明进步、人与自然和谐共生的幸福美好家园。

（四）发展目标

到2025年，浙江省推动高质量发展建设共同富裕示范区取得明显实质性进展。经济发展质量效益明显提高，人均地区生产总值达到中等发达经济体水平，基本公共服务实现均等化；城乡区域发展差距、城乡居民收入和生活水平差距持续缩小，低收入群体增收能力和社会福利水平明显提升，以中等收入群体为主体的橄榄型社会结构基本形成，全省居民生活品质迈上新台阶；国民素质和社会文明程度达到新高度，美丽浙江建设取得新成效，治理能力明显提升，人民生活更加美好；推动共同富裕的体制机制和政策框架基本建立，形成一批可复制可推广的成功经验。

到2035年，浙江省高质量发展取得更大成就，基本实现共同富裕。人均地区生产总值和城乡居民收入争取达到发达经济体水平，城乡区域协调发展程度更高，收入和财富分配格局更加优化，法治浙江、平安浙江建设达到更高水平，治理体系和治理能力现代化水平明显提高，物质文明、政治文明、精神文明、社会文明、生态文明全面提升，共同富裕的制度体系更加完善。

三、深化收入分配制度改革，多渠道增加城乡居民收入

（九）推动实现更加充分更高质量就业。强化就业优先政策，坚持经济发展就业导向，扩大就业容量，提升就业质量，促进充分就业。支持和规范发展新就业形态，完善促进创业带动就业、多渠道灵活就业的保障制度。统筹各类职业技能培训资金，合理安排就业补助资金，健全统筹城乡的就业公共服务体系。鼓励返乡入乡创业。完善重点群体就业支持体系，帮扶困难人员就业。创造公平就业环境，率先消除户籍、地域、身份、性别等影响就业的制度障碍，深化构建和谐劳动关系，推动劳动者通过辛勤劳动提高生活品质。

（十）不断提高人民收入水平。优化政府、企业、居民之间分配格局，支持企业通过提质增效拓展从业人员增收空间，合理提高劳动报酬及其在初次分配中的比重。健全工资合理增长机制，完善企业薪酬调查和信息发布制度，合理调整最低工资标准，落实带薪休假制

度。完善创新要素参与分配机制，支持浙江加快探索知识、技术、管理、数据等要素价值的实现形式。拓宽城乡居民财产性收入渠道，探索通过土地、资本等要素使用权、收益权增加中低收入群体要素收入。丰富居民可投资金融产品，完善上市公司分红制度。鼓励企业开展员工持股计划。深入推进农村集体产权制度改革，巩固提升农村集体经济，探索股权流转、抵押和跨社参股等农村集体资产股份权能实现新形式。立足当地特色资源推动乡村产业发展壮大，完善利益联结机制，让农民更多分享产业增值收益。支持浙江率先建立集体经营性建设用地入市增值收益分配机制。

（十一）扩大中等收入群体。实施扩大中等收入群体行动计划，激发技能人才、科研人员、小微创业者、高素质农民等重点群体活力。加大人力资本投入力度，健全面向劳动者的终身职业技能培训制度，实施新时代浙江工匠培育工程，加快构建产教训融合、政企社协同、育选用贯通的技术技能人才培养培训体系，完善技能人才薪酬分配政策，拓宽技术工人上升通道。对有劳动能力的低收入群体，坚持开发式帮扶，提高内生发展能力，着力发展产业使其积极参与就业。拓展基层发展空间，保障不同群体发展机会公平，推动更多低收入群体迈入中等收入群体行列。规范招考选拔聘用制度，完善评价激励机制。完善党政机关、企事业单位和社会各方面人才顺畅流动的制度体系。实行更加开放的人才政策，激发人才创新活力。

（十二）完善再分配制度。支持浙江在调节收入分配上主动作为，加大省对市县转移支付等调节力度和精准性，合理调节过高收入。依法严厉惩治贪污腐败，继续遏制以权力、行政垄断等非市场因素获取收入，取缔非法收入。优化财政支出结构，加大保障和改善民生力度，建立健全改善城乡低收入群体等困难人员生活的政策体系和长效机制。

（十三）建立健全回报社会的激励机制。鼓励引导高收入群体和企业家向上向善、关爱社会，增强社会责任意识，积极参与和兴办社会公益事业。充分发挥第三次分配作用，发展慈善事业，完善有利于慈善组织持续健康发展的体制机制，畅通社会各方面参与慈善和社会救助的渠道。探索各类新型捐赠方式，鼓励设立慈善信托。加强对慈善组织和活动的监督管理，提高公信力和透明度。落实公益性捐赠税收优惠政策，完善慈善褒奖制度。

四、缩小城乡区域发展差距，实现公共服务优质共享

（十七）织密扎牢社会保障网。完善社会保障制度，加快实现法定人员全覆盖，建立统一的社保公共服务平台，实现社保事项便捷“一网通办”。健全多层次、多支柱养老保险体系，大力发展企业年金、职业年金、个人储蓄型养老保险和商业养老保险。规范执行全国统一的社保费率标准。推动基本医疗保险、失业保险、工伤保险省级统筹。健全重大疾病医疗保险制度。做好长期护理保险制度试点工作，积极发展商业医疗保险。健全灵活就业人员社保制度。健全统一的城乡低收入群体精准识别机制，完善分层分类、城乡统筹的社会救助体系，加强城乡居民社会保险与社会救助制度的衔接，按困难类型分类分档及时给予专项救助、临时救助，切实兜住因病、因灾致贫等困难群众基本生活底线。保障妇女儿童合法权益，完善帮扶残疾人、孤儿等社会福利制度。

八、保障措施

（二十六）强化政策保障和改革授权。中央和国家机关有关部门要结合自身职能，加强对浙江省的指导督促，根据本意见有针对性制定出台专项政策，优先将本领域改革试点、探索示范任务赋予浙江，并加强对改革试验、政策实施的监督检查。根据浙江高质量发展建设共同富裕示范区需要，在科技创新、数字化改革、分配制度改革、城乡区域协调发展、公共服务、生态产品价值实现等方面给予改革授权。涉及重要政策、重要规划、重大项目的，要依法依规办理并按程序报批。有关改革政策措施凡涉及调整现行法律或行政法规的，按法定程序经全国人大常委会或国务院统一授权后实施。

中共中央办公厅　国务院办公厅印发《关于做好人民群众就地过年服务保障工作的通知》（节选）

[新华社北京 2021 年 1 月 25 日电　近日，中共中央办公厅、国务院办公厅印发了《关于做好人民群众就地过年服务保障工作的通知》。]

五、保障就地过年群众工资休假等合法权益。开展“迎新春送温暖、稳岗留工”专项行动，引导企业合理安排生产、错峰放假或调休，以岗留工、以薪留工，鼓励企业发放“留岗红包”、“过年礼包”，引导吸纳农民工较多的企业不裁员、少裁员，鼓励各地结合实际对安排农民工就地过年的企业给予资金补贴。落实好农民工劳动报酬权益，加强农民工生活居住安全保障，保障困难农民工基本生活，对符合条件的农民工及时发放临时生活补助，对就地过年的农民工做好工资休假等权益保障。指导企业稳定就地过年群众的劳动关系，规范用工行为，不得违法终止或解除劳动合同。在春节期间安排职工工作的，用人单位要依法支付加班工资。充分发挥社会矛盾源头预防、排查预警、多元化解机制作用，努力化解和消除各种风险隐患，确保社会和谐稳定。

中共中央办公厅　国务院办公厅印发《建设高标准市场体系行动方案》（节选）

［新华社北京2021年1月31日电　近日，中共中央办公厅、国务院办公厅印发了《建设高标准市场体系行动方案》，并发出通知，要求各地区各部门结合实际认真贯彻落实。］

建设高标准市场体系是加快完善社会主义市场经济体制的重要内容，对加快构建以国内大循环为主体、国内国际双循环相互促进的新发展格局具有重要意义。为深入贯彻党中央、国务院决策部署，构建更加成熟、更加定型的高水平社会主义市场经济体制，进一步激发各类市场主体活力，现就建设高标准市场体系制定以下行动方案。

一、总体要求

以习近平新时代中国特色社会主义思想为指导，全面贯彻落实党的十九大和十九届二中、三中、四中、五中全会精神，坚定不移贯彻新发展理念，坚持稳中求进工作总基调，以推动高质量发展为主题，以深化供给侧结构性改革为主线，以改革创新为根本动力，以满足人民日益增长的美好生活需要为根本目的，充分发挥市场在资源配置中的决定性作用，更好发挥政府作用，牢牢把握扩大内需这个战略基点，坚持平等准入、公正监管、开放有序、诚信守法，畅通市场循环，疏通政策堵点，打通流通大动脉，推进市场提质增效，通过5年左右的努力，基本建成统一开放、竞争有序、制度完备、治理完善的高标准市场体系，为推动经济高质量发展、加快构建新发展格局、推进国家治理体系和治理能力现代化打下坚实基础。

三、推进要素资源高效配置

（五）推动劳动力要素有序流动

14. 推动户籍准入年限同城化累计互认。除超大、特大城市外，在具备条件的都市圈或城市群探索实行户籍准入年限同城化累计互认，试行以经常居住地登记户口制度，有序引导人口落户。完善全国统一的社会保险公共服务平台，推动社保转移接续。加快建设医疗保障信息系统，构建全国统一、多级互联的数据共享交换体系，促进跨地区、跨层级、跨部门业务协同办理。

15. 提升人力资源服务质量。加快发展人力资源服务业，简化优化人力资源服务许可流程，加强人力资源市场事中事后监管。依托具备较强服务能力和水平的专业化人才服务机构、行业协会学会等社会组织，组建社会化评审机构，对专业性强、社会通用范围广、标准化程度高的职称系列，开展社会化职称评审。

六、完善现代化市场监管机制

（十三）推进综合协同监管

40. 全面推行“双随机、一公开”监管。完善并严格执行抽查事项清单，建立健全行业监管部门与综合监管部门协调配合机制，推进部门联合“双随机、一公开”监管常态化。加强政府部门间涉企信息统一归集共享。完善“互联网+监管”，实现重要监管业务在线办理、信息及时上传、问题及时处置。

41. 健全对新业态的包容审慎监管制度。按照鼓励创新、平等保护原则，对新技术、新产业、新业态、新模式等实行包容审慎监管，分类实行相应的监管规则和标准，加强和规范事中事后监管，不得简单化予以禁止或者不予监管。

中共中央办公厅　国务院办公厅印发《关于推动现代职业教育高质量发展的意见》

［新华社北京2021年10月12日电　近日，中共中央办公厅、国务院办公厅印发了《关于推动现代职业教育高质量发展的意见》，并发出通知，要求各地区各部门结合实际认真贯彻落实。］

《关于推动现代职业教育高质量发展的意见》主要内容如下。

职业教育是国民教育体系和人力资源开发的重要组成部分，肩负着培养多样化人才、传承技术技能、促进就业创业的重要职责。在全面建设社会主义现代化国家新征程中，职业教育前途广阔、大有可为。为贯彻落实全国职业教育大会精神，推动现代职业教育高质量发展，现提出如下意见。

一、总体要求

（一）指导思想。以习近平新时代中国特色社会主义思想为指导，深入贯彻党的十九大和十九届二中、三中、四中、五中全会精神，坚持党的领导，坚持正确办学方向，坚持立德树人，优化类型定位，深入推进育人方式、办学模式、管理体制、保障机制改革，切实增强职业教育适应性，加快构建现代职业教育体系，建设技能型社会，弘扬工匠精神，培养更多高素质技术技能人才、能工巧匠、大国工匠，为全面建设社会主义现代化国家提供有力人才和技能支撑。

（二）工作要求。坚持立德树人、德技并修，推动思想政治教育与技术技能培养融合统一；坚持产教融合、校企合作，推动形成产教良性互动、校企优势互补的发展格局；坚持面向市场、促进就业，推动学校布局、专业设置、人才培养与市场需求相对接；坚持面向实践、强化能力，让更多青年凭借一技之长实现人生价值；坚持面向人人、因材施教，营造人人努力成才、人人皆可成才、人人尽展其才的良好环境。

（三）主要目标

到2025年，职业教育类型特色更加鲜明，现代职业教育体系基本建成，技能型社会建设全面推进。办学格局更加优化，办学条件大幅改善，职业本科教育招生规模不低于高等职业教育招生规模的10%，职业教育吸引力和培养质量显著提高。

到2035年，职业教育整体水平进入世界前列，技能型社会基本建成。技术技能人才社会地位大幅提升，职业教育供给与经济社会发展需求高度匹配，在全面建设社会主义现代化国家中的作用显著增强。

二、强化职业教育类型特色

（四）巩固职业教育类型定位。因地制宜、统筹推进职业教育与普通教育协调发展。加快建立“职教高考”制度，完善“文化素质+职业技能”考试招生办法，加强省级统筹，确保公平公正。加强职业教育理论研究，及时总结中国特色职业教育办学规律和制度模式。

（五）推进不同层次职业教育纵向贯通。

大力提升中等职业教育办学质量，优化布局结构，实施中等职业学校办学条件达标工程，采取合并、合作、托管、集团办学等措施，建设一批优秀中等职业学校和优质专业，注重为高等职业教育输送具有扎实技术技能基础和合格文化基础的生源。支持有条件的中等职业学校根据当地经济社会发展需要试办社区学院。推进高等职业教育提质培优，实施好“双高计划”，集中力量建设一批高水平高等职业学校和专业。稳步发展职业本科教育，高标准建设职业本科学校和专业，保持职业教育办学方向不变、培养模式不变、特色发展不变。一体化设计职业教育人才培养体系，推动各层次职业教育专业设置、培养目标、课程体系、培养方案衔接，支持在培养周期长、技能要求高的专业领域实施长学制培养。鼓励应用型本科学校开展职业本科教育。按照专业大致对口原则，指导应用型本科学校、职业本科学校吸引更多中高职毕业生报考。

（六）促进不同类型教育横向融通。加强各学段普通教育与职业教育渗透融通，在普通中小学实施职业启蒙教育，培养掌握技能的兴趣爱好和职业生涯规划的意识能力。探索发展以专项技能培养为主的特色综合高中。推动中等职业学校与普通高中、高等职业学校与应用型大学课程互选、学分互认。鼓励职业学校开展补贴性培训和市场化社会培训。制定国家资历框架，建设职业教育国家学分银行，实现各类学习成果的认证、积累和转换，加快构建服务全民终身学习的教育体系。

三、完善产教融合办学体制

（七）优化职业教育供给结构。围绕国家重大战略，紧密对接产业升级和技术变革趋势，优先发展先进制造、新能源、新材料、现代农业、现代信息技术、生物技术、人工智能等产业需要的一批新兴专业，加快建设学前、护理、康养、家政等一批人才紧缺的专业，改造升级钢铁冶金、化工医药、建筑工程、轻纺制造等一批传统专业，撤并淘汰供给过剩、就业率低、职业岗位消失的专业，鼓励学校开设更多紧缺的、符合市场需求的专业，形成紧密对接产业链、创新链的专业体系。优化区域资源配置，推进部省共建职业教育创新发展高地，持续深化职业教育东西部协作。启动实施技能型社会职业教育体系建设地方试点。支持办好面向农村的职业教育，强化校地合作、育训结合，加快培养乡村振兴人才，鼓励更多农民、返乡农民工接受职业教育。支持行业企业开展技术技能人才培养培训，推行终身职业技能培训制度和在岗继续教育制度。

（八）健全多元办学格局。构建政府统筹管理、行业企业积极举办、社会力量深度参与的多元办学格局。健全国有资产评估、产权流转、权益分配、干部人事管理等制度。鼓励上市公司、行业龙头企业举办职业教育，鼓励各类企业依法参与举办职业教育。鼓励职业学校与社会资本合作共建职业教育基础设施、实训基地，共建共享公共实训基地。

（九）协同推进产教深度融合。各级政府要统筹职业教育和人力资源开发的规模、结构和层次，将产教融合列入经济社会发展规划。以城市为节点、行业为支点、企业为重点，建设一批产教融合试点城市，打造一批引领产教融合的标杆行业，培育一批行业领先的产教融合型企业。积极培育市场导向、供需匹配、服务精准、运作规范的产教融合服务组织。分级分类编制发布产业结构动态调整报告、行业人才就业状况和需求预测报告。

四、创新校企合作办学机制

（十）丰富职业学校办学形态。职业学校要积极与优质企业开展双边多边技术协作，共建技术技能创新平台、专业化技术转移机构和大学科技园、科技企业孵化器、众创空间，服务地方中小微企业技术升级和产品研发。推动职业学校在企业设立实习实训基地、企业在职业学校建设培养培训基地。推动校企共建共管产业学院、企业学院，延伸职业学校办学空间。

（十一）拓展校企合作形式内容。职业学校要主动吸纳行业龙头企业深度参与职业教育专业规划、课程设置、教材开发、教学设计、教学实施，合作共建新专业、开发新课程、开展订单培养。鼓励行业龙头企业主导建立全国性、行业性职教集团，推进实体化运作。探索中国特色学徒制，大力培养技术技能人才。支持企业接收学生实习实训，引导企业按岗位总量的一定比例设立学徒岗位。严禁向学生违规收取实习实训费用。

（十二）优化校企合作政策环境。各地要把促进企业参与校企合作、培养技术技能人才作为产业发展规划、产业激励政策、乡村振兴规划制定的重要内容，对产教融合型企业给予“金融+财政+土地+信用”组合式激励，按规定落实相关税费政策。工业和信息化部门要把企业参与校企合作的情况，作为各类示范企业评选的重要参考。教育、人力资源社会保障部门要把校企合作成效作为评价职业学校办学质量的重要内容。国有资产监督管理机构要支持企业参与和举办职业教育。鼓励金融机构依法依规为校企合作提供相关信贷和融资支持。积极探索职业学校实习生参加工伤保险办法。加快发展职业学校学生实习实训责任保险和人身意外伤害保险，鼓励保险公司对现代学徒制、企业新型学徒制保险专门确定费率。职业学校通过校企合作、技术服务、社会培训、自办企业等所得收入，可按一定比例作为绩效工资来源。

五、深化教育教学改革

（十三）强化双师型教师队伍建设。加强师德师风建设，全面提升教师素养。完善职业教育教师资格认定制度，在国家教师资格考试中强化专业教学和实践要求。制定双师型教师标准，完善教师招聘、专业技术职务评聘和绩效考核标准。按照职业学校生师比例和结构要求配齐专业教师。加强职业技术师范学校建设。支持高水平学校和大中型企业共建双师型教师培养培训基地，落实教师定期到企业实践的规定，支持企业技术骨干到学校从教，推进固定岗与流动岗相结合、校企互聘兼职的教师队伍建设改革。继续实施职业院校教师素质提高计划。

（十四）创新教学模式与方法。提高思想政治理论课质量和实效，推进习近平新时代中国特色社会主义思想进教材、进课堂、进头脑。举办职业学校思想政治教育课程教师教学能力比赛。普遍开展项目教学、情境教学、模块化教学，推动现代信息技术与教育教学深度融合，提高课堂教学质量。全面实施弹性学习和学分制管理，支持学生积极参加社会实践、创新创业、竞赛活动。办好全国职业院校技能大赛。

（十五）改进教学内容与教材。完善“岗课赛证”综合育人机制，按照生产实际和岗位需求设计开发课程，开发模块化、系统化的实训课程体系，提升学生实践能力。深入实施职业技能等级证书制度，完善认证管理办法，加强事中事后监管。及时更新教学标准，将新技术、新工艺、新规范、典型生产案例及时纳入教学内容。把职业技能等级证书所体现的先进标准融入人才培养方案。强化教材建设国家事权，分层规划，完善职业教育教材的编写、审核、选用、使用、更新、评价监管机制。引导地方、行业和学校按规定建设地方特色教材、行业适用教材、校本专业教材。

（十六）完善质量保证体系。建立健全教师、课程、教材、教学、实习实训、信息化、安全等国家职业教育标准，鼓励地方结合实际出台更高要求的地方标准，支持行业组织、龙头企业参与制定标准。推进职业学校教学工作诊断与改进制度建设。完善职业教育督导评估办法，加强对地方政府履行职业教育职责督导，做好中等职业学校办学能力评估和高等职业学校适应社会需求能力评估。健全国家、省、学校质量年报制度，定期组织质量年报的审查抽查，提高编制水平，加大公开力度。强化评价结果运用，将其作为批复学校设置、核定招生计划、安排重大项目的重要参考。

六、打造中国特色职业教育品牌

（十七）提升中外合作办学水平。办好一批示范性中外合作办学机构和项目。加强与国际高水平职业教育机构和组织合作，开展学术研究、标准研制、人员交流。在“留学中国”项目、中国政府奖学金项目中设置职业教育类别。

（十八）拓展中外合作交流平台。全方位践行世界技能组织2025战略，加强与联合国教科文组织等国际和地区组织的合作。鼓励开放大学建设海外学习中心，推进职业教育涉外行业组织建设，实施职业学校教师教学创新团队、高技能领军人才和产业紧缺人才境外培训计划。积极承办国际职业教育大会，办好办实中国-东盟教育交流周，形成一批教育交流、技能交流和人文交流的品牌。

（十九）推动职业教育走出去。探索“中文+职业技能”的国际化发展模式。服务国际产能合作，推动职业学校跟随中国企业走出去。完善“鲁班工坊”建设标准，拓展办学内涵。提高职业教育在出国留学基金等项目中的占比。积极打造一批高水平国际化的职业学校，推出一批具有国际影响力的专业标准、课程标准、教学资源。各地要把职业教育纳入对外合作规划，作为友好城市（省州）建设的重要内容。

七、组织实施

（二十）加强组织领导。各级党委和政府要把推动现代职业教育高质量发展摆在更加突出的位置，更好支持和帮助职业教育发展。职业教育工作部门联席会议要充分发挥作用，教育行政部门要认真落实对职业教育工作统筹规划、综合协调、宏观管理职责。国家将职业教育工作纳入省级政府履行教育职责督导评价，各省将职业教育工作纳入地方经济社会发展考核。选优配强职业学校主要负责人，建设高素质专业化职业教育干部队伍。落实职业学校在内设机构、岗位设置、用人计划、教师招聘、职称评聘等方面的自主权。加强职业学校党建工作，落实意识形态工作责任制，开展新时代职业学校党组织示范创建和质量创优工作，把党的领导落实到办学治校、立德树人全过程。

（二十一）强化制度保障。加快修订职业教育法，地方结合实际制定修订有关地方性法规。健全政府投入为主、多渠道筹集职业教育经费的体制。优化支出结构，新增教育经费向职业教育倾斜。严禁以学费、社会服务收入冲抵生均拨款，探索建立基于专业大类的职业教育差异化生均拨款制度。

（二十二）优化发展环境。加强正面宣传，挖掘宣传基层和一线技术技能人才成长成才的典型事迹，弘扬劳动光荣、技能宝贵、创造伟大的时代风尚。打通职业学校毕业生在就业、落户、参加招聘、职称评审、晋升等方面的通道，与普通学校毕业生享受同等待遇。对在职业教育工作中取得成绩的单位和个人、在职业教育领域作出突出贡献的技术技能人才，按照国家有关规定予以表彰奖励。各地将符合条件的高水平技术技能人才纳入高层次人才计划，探索从优秀产业工人和农业农村人才中培养选拔干部机制，加大技术技能人才薪酬激励力度，提高技术技能人才社会地位。

国务院关于落实《政府工作报告》重点工作分工的意见

国发〔2021〕6号

各省、自治区、直辖市人民政府，国务院各部委、各直属机构：

为全面贯彻党的十九大和十九届二中、三中、四中、五中全会精神，深入落实中央经济工作会议精神和十三届全国人大四次会议通过的《政府工作报告》部署，做好今年政府工作，实现经济社会发展目标任务，现就《政府工作报告》确定的重点工作，提出分工意见如下：

一、落实2021年经济社会发展总体要求和主要预期目标

（一）总体要求。

1. 在以习近平同志为核心的党中央坚强领导下，以习近平新时代中国特色社会主义思想为指导，全面贯彻党的十九大和十九届二中、三中、四中、五中全会精神，坚持稳中求进工作总基调，立足新发展阶段，贯彻新发展理念，构建新发展格局，以推动高质量发展为主题，以深化供给侧结构性改革为主线，以改革创新为根本动力，以满足人民日益增长的美好生活需要为根本目的，坚持系统观念，巩固拓展疫情防控和经济社会发展成果，更好统筹发展和安全，扎实做好“六稳”工作、全面落实“六保”任务，科学精准实施宏观政策，努力保持经济运行在合理区间，坚持扩大内需战略，强化科技战略支撑，扩大高水平对外开放，保持社会和谐稳定，确保“十四五”开好局起好步，以优异成绩庆祝中国共产党成立100周年。（国务院各部门分别负责，年内持续推进）

（二）今年发展主要预期目标。

2. 坚定信心，攻坚克难，巩固恢复性增长基础，努力保持经济社会持续健康发展。国内生产总值增长6%以上；城镇新增就业1 100万人以上，城镇调查失业率5.5%左右；居民消费价格涨幅3%左右；进出口量稳质升，国际收支基本平衡；居民收入稳步增长；生态环境质量进一步改善，单位国内生产总值能耗降低3%左右，主要污染物排放量继续下降；粮食产量保持在1.3万亿斤以上。（国家发展改革委、财政部、人力资源社会保障部、生态环境部、农业农村部、商务部、人民银行、海关总署、国家外汇局等按职责分工负责，12月底前完成）

（三）更好统筹疫情防控和经济社会发展。

3. 坚持常态化防控和局部应急处置有机结合，继续毫不放松做好外防输入、内防反弹工作，抓好重点区域和关键环节防控，补上短板漏洞，严防出现聚集性疫情和散发病例传播扩散，有序推进疫苗研制和加快免费接种，提高科学精准防控能力和水平。（国务院各部门分别负责，年内持续推进）

二、保持宏观政策连续性稳定性可持续性，促进经济运行在合理区间

（四）在区间调控基础上加强定向调控、相机调控、精准调控。

4. 宏观政策要继续为市场主体纾困，保持必要支持力度，不急转弯，根据形势变化适时调整完善，进一步巩固经济基本盘。科学把握国内经济运行态势，深入分析新情况新问题，及时实施政策预调微调，稳定市场预期。（国家发展改革委、财政部、人力资源社会保障部、人民银行等按职责分工负责，年内持续推进）

（五）积极的财政政策要提质增效、更可持续。

5. 今年赤字率拟按3.2%左右安排、比去年有所下调，不再发行抗疫特别国债。财政支出总规模比去年增加，重点仍是加大对保就业保民生保市场主体的支持力度。中央本级支出继续安排负增长，进一步大幅压减非急需非刚性支出，对地方一般性转移支付增长7.8%、增幅明显高于去年，其中均衡性转移支付、县级基本财力保障机制奖补资金等增幅均超过10%。建立常态化财政资金直达机制并扩大范围，将2.8万亿元中央财政资金纳入直达机制、规模明显大于去年，为市县基层惠企利民提供更加及时有力的财力支持。各级政府都要节用为民、坚持过紧日子，确保基本民生支出只增不减，助力市场主体青山常在、生机盎然。（财政部牵头，国家发展改革委、人力资源社会保障部、人民银行等按职责分工负责，12月底前完成）

（六）优化和落实减税政策。

6. 市场主体恢复元气、增强活力，需要再帮一把。继续执行制度性减税政策，延长小规模纳税人增值税优惠等部分阶段性政策执行期限，实施新的结构性减税举措，对冲部分政策调整带来的影响。将小规模纳税人增值税起征点从月销售额10万元提高到15万元。对小微企业和个体工商户年应纳税所得额不到100万元的部分，在现行优惠政策基础上，再减半征收所得税。各地要把减税政策及时落实到位，确保市场主体应享尽享。（财政部、税务总局牵头，4月底前出台相关政策，年内持续推进）

（七）稳健的货币政策要灵活精准、合理适度。

7. 把服务实体经济放到更加突出的位置，处理好恢复经济与防范风险的关系。（人民银行、银保监会、证监会、国家发展改革委、财政部、国家外汇局等按职责分工负责，年内持续推进）货币供应量和社会融资规模增速与名义经济增速基本匹配，保持流动性合理充裕，保持宏观杠杆率基本稳定。（人民银行牵头，年内持续推进）保持人民币汇率在合理均衡水平上的基本稳定。（人民银行、国家外汇局牵头，年内持续推进）

8. 进一步解决中小微企业融资难题。延续普惠小微企业贷款延期还本付息政策，加大再贷款再贴现支持普惠金融力度。（人民银行、银保监会、财政部、国家发展改革委、工业和信息化部等按职责分工负责，3月底前出台相关政策，年内持续推进）延长小微企业融资担保降费奖补政策，完善贷款风险分担补偿机制。（财政部牵头，银保监会等按职责分工负责，6月底前出台相关政策，年内持续推进）加快信用信息共享步伐。（国家发展改革委、人民银行牵头，年内持续推进）完善金融机构考核、评价和尽职免责制度。引导银行扩大信用贷款、持续增加首贷户，推广随借随还贷款，使资金更多流向科技创新、绿色发展，更多流向小微企业、个体工商户、新型农业经营主体，对受疫情持续影响行业企业给予定向支持。（人民银行、银保监会、财政部等按职责分工负责，6月底前出台相关政策，年内持续推进）大型商业银行普惠小微企业贷款增长30%以上。（银保监会、人民银行牵头，12月底前完成）创新供应链金融服务模式。（人民银行牵头，工业和信息化部、商务部、国务院国资委、市场监管总局、银保监会、国家外汇局等按职责分工负责，年内持续推进）适当降低小微企业支付手续费。（人民银行牵头，9月底前出台相关政策，年内持续推进）优化存款利率监管，推动实际贷款利率进一步降低，继续引导金融系统向实体经济让利。今年务必做到小微企业融资更便利、综合融资成本稳中有降。（人民银行、银保监会牵头，年内持续推进）

（八）就业优先政策要继续强化、聚力增效。

9. 着力稳定现有岗位，对不裁员少裁员的企业，继续给予必要的财税、金融等政策支持。（人力资源社会保障部、财政部、税务总局、人民银行等按职责分工负责，年内持续推进）延续降低失业和工伤保险费率，扩大失业保险返还等阶段性稳岗政策惠及范围，延长以工代训政策实施期限。（人力资源社会保障部、财政部、税务总局牵头，4月底前出台相关政策，年内持续推进）拓宽市场化就业渠道，促进创业带动就业。（国家发展改革委、人力资源社会保障部牵头，年内持续推进）推动降低就业门槛，动态优化国家职业资格目录，降低或取消部分准入类职业资格考试工作年限要求。（人力资源社会保障部牵头，有关部门按职责分工负责，12月底前完成）支持和规范发展新就业形态，加快推进职业伤害保障试点。（人力资源社会保障部牵头，6月底前出台相关政策，年内持续推进）继续对灵活就业人员给予社保补贴。（人力资源社会保障部、财政部牵头，年内持续推进）推动放开在就业地参加社会保险的户籍限制。（人力资源社会保障部、国家医保局、财政部牵头，9月底前出台相关政策，年内持续推进）做好高校毕业生、退役军人、农民工等重点群体就业工作，完善残疾人、零就业家庭成员等困难人员就业帮扶政策，促进失业人员再就业。（人力资源社会保障部、国家发展改革委、教育部、财政部、农业农村部、退役军人部、中国残联等按职责分工负责，年内持续推进）

10. 拓宽职业技能培训资金使用范围，开展大规模、多层次职业技能培训，完成职业技能提升和高职扩招三年行动目标，建设一批高技能人才培训基地。（人力资源社会保障部、国家发展改革委、教育部、财政部等按职责分工负责，年内持续推进）健全就业公共服务体系，实施提升就业服务质量工程。运用就业专项补助等资金，支持各类劳动力市场、人才市场、零工市场建设，广开就业门路，为有意愿有能力的人创造更多公平就业机会。（人力资源社会保障部牵头，6月底前出台相关政策，年内持续推进）

三、深入推进重点领域改革，更大激发市场主体活力

（九）进一步转变政府职能。

11. 充分发挥市场在资源配置中的决定性作用，更好发挥政府作用，推动有效市场和有为政府更好结合。继续放宽市场准入，开展要素市场化配置综合改革试点，依法平等保护各类市场主体产权。（国家发展改革委牵头，年内持续推进）纵深推进“放管服”改革，加快营造市场化、法治化、国际化营商环境。将行政许可事项全部纳入清单管理。（国务院办公厅牵头，有关部门按职责分工负责，12月底前完成）深化“证照分离”改革，大力推进涉企审批减环节、减材料、减时限、减费用。（国务院办公厅、市场监管总局、司法部牵头，有关部门按职责分工负责，12月底前完成）完善市场主体退出机制，实行中小微企业简易注销制度。（市场监管总局牵头，税务总局等按职责分工负责，7月底前出台相关政策，年内持续推进）实施工业产品准入制度改革。（国务院办公厅、市场监管总局、司法部牵头，有关部门按职责分工负责，年内持续推进）推进汽车、电子电器等行业生产准入和流通管理全流程改革。（工业和信息化部、商务部、市场监管总局等按职责分工负责，12月底前完成）

12. 把有效监管作为简政放权的必要保障，全面落实监管责任，加强对取消或下放审

批事项的事中事后监管，完善分级分类监管政策，健全跨部门综合监管制度，提升监管能力，加大失信惩处力度，以公正监管促进优胜劣汰。（国务院办公厅、国家发展改革委、司法部、人民银行、市场监管总局牵头，有关部门按职责分工负责，适时出台相关政策，年内持续推进）大力推行“互联网+监管”。建立健全政务数据共享协调机制，实现更多政务服务事项网上办、掌上办、一次办。（国务院办公厅牵头，有关部门按职责分工负责，年内持续推进）加强数字政府建设。（国务院办公厅牵头，国家发展改革委、财政部、科技部等按职责分工负责，10 月底前出台相关政策，年内持续推进）推动电子证照扩大应用领域和全国互通互认。（国务院办公厅牵头，有关部门按职责分工负责，11 月底前出台相关政策，年内持续推进）企业和群众经常办理的事项，今年要基本实现“跨省通办”。（国务院办公厅牵头，公安部、民政部、司法部、人力资源社会保障部、自然资源部、住房城乡建设部、交通运输部、国家卫生健康委、市场监管总局、国家医保局、国家林草局、国家邮政局、中国残联等按职责分工负责，12 月底前完成当年任务）

（十）用改革办法推动降低企业生产经营成本。

13. 推进能源、交通、电信等基础性行业改革，提高服务效率，降低收费水平。（国家发展改革委、工业和信息化部、交通运输部、国家能源局、国家铁路局、中国民航局、国家邮政局、中国国家铁路集团有限公司等按职责分工负责，年内持续推进）允许所有制造业企业参与电力市场化交易，进一步清理用电不合理加价，继续推动降低一般工商业电价。（国家发展改革委、国家能源局、财政部、市场监管总局等按职责分工负责，12 月底前完成）中小企业宽带和专线平均资费再降 10%。（工业和信息化部牵头，12 月底前完成）全面推广高速公路差异化收费，坚决整治违规设置妨碍货车通行的道路限高限宽设施和检查卡点。（交通运输部、国家发展改革委、财政部、公安部、生态环境部、住房城乡建设部等按职责分工负责，12 月底前完成）取消港口建设费，将民航发展基金航空公司征收标准降低 20%。（财政部、交通运输部、中国民航局等按职责分工负责，6 月底前出台相关政策，年内持续推进）鼓励受疫情影响较大的地方对承租国有房屋的服务业小微企业和个体工商户减免租金。（住房城乡建设部、国家发展改革委、财政部、国务院国资委、市场监管总局等按职责分工负责，年内持续推进）

14. 推动各类中介机构公开服务条件、流程、时限和收费标准。（国家发展改革委、市场监管总局等按职责分工负责，年内持续推进）要严控非税收入不合理增长，严厉整治乱收费、乱罚款、乱摊派，不得扰民渔利，让市场主体安心经营、轻装前行。（财政部、市场监管总局、国家发展改革委、税务总局、民政部、工业和信息化部、公安部、应急部等按职责分工负责，年内持续推进）

（十一）促进多种所有制经济共同发展。

15. 坚持和完善社会主义基本经济制度。毫不动摇巩固和发展公有制经济，毫不动摇鼓励、支持、引导非公有制经济发展。各类市场主体都是国家现代化的建设者，要一视同仁、平等对待。（国家发展改革委、工业和信息化部、全国工商联等按职责分工负责，年内持续推进）深入实施国企改革三年行动，做强做优做大国有资本和国有企业。（国务院国资委牵头，年内持续推进）深化国有企业混合所有制改革。（国家发展改革委、国务院国资委牵头，年内持续推进）构建亲清政商关系，破除制约民营企业发展的各种壁垒。弘扬企业家精神。（国家发展改革委、工业和信息化部、国务院国资委、全国工商联等按职责分工负责，年内持续推进）健全防范和化解拖欠中小企业账款长效机制。（工业和信息化部、财政部、国务院国资委牵头，年内持续推进）国家支持平台企业创新发展、增强国际竞争力，同时要依法规范发展，健全数字规则。强化反垄断和防止资本无序扩张，坚决维护公平竞争市场环境。（国家发展改革委、科技部、工业和信息化部、财政部、商务部、人民银行、市场监管总局、全国工商联等按职责分工负责，9月底前出台相关政策，年内持续推进）

（十二）深化财税金融体制改革。

16. 强化预算约束和绩效管理，加大预算公开力度，精简享受税费优惠政策的办理流程和手续。落实中央与地方财政事权和支出责任划分改革方案。（财政部牵头，税务总局等按职责分工负责，年内持续推进）健全地方税体系。（财政部、税务总局牵头，年内持续推进）继续多渠道补充中小银行资本、强化公司治理。（银保监会、财政部、人民银行等按职责分工负责，6月底前出台相关政策，年内持续推进）深化农村信用社改革。（银保监会牵头，人民银行、财政部、农业农村部等按职责分工负责，年内持续推进）推进政策性银行分类分账改革。（财政部、人民银行、银保监会等按职责分工负责，12月底前出台相关政策）提升保险保障和服务功能。（银保监会牵头，年内持续推进）稳步推进注册制改革，完善常态化退市机制，加强债券市场建设，更好发挥多层次资本市场作用，拓展市场主体融资渠道。（证监会、人民银行、国家发展改革委等按职责分工负责，年内持续推进）强化金融控股公司和金融科技监管，确保金融创新在审慎监管的前提下进行。完善金融风险处置工作机制，压实各方责任，坚决守住不发生系统性风险的底线。（人民银行、银保监会、证监会、国家外汇局、国家发展改革委、财政部、国务院国资委等按职责分工负责，年内持续推进）

四、依靠创新推动实体经济高质量发展，培育壮大新动能

（十三）提升科技创新能力。

17. 强化国家战略科技力量，推进国家实验室建设，完善科技项目和创新基地布局。实施好关键核心技术攻关工程，深入谋划推进“科技创新2030—重大项目”，改革科技重大专项实施方式，推广“揭榜挂帅”等机制。（科技部、国家发展改革委牵头，财政部、工业和信息化部、教育部、人力资源社会保障部、国务院国资委、中科院、工程院、国家国防科工局、国家自然科学基金委等按职责分工负责，年内持续推进）支持有条件的地方建设国际和区域科技创新中心，增强国家自主创新示范区等带动作用。（国家发展改革委、科技部牵头，年内持续推进）发展疾病防治攻关等民生科技。（科技部、国家发展改革委、国家卫生健康委牵头，有关部门按职责分工负责，年内持续推进）促进科技开放合作。（科技部、外交部、国家发展改革委、中科院、工程院、国家自然科学基金委等按职责分工负责，年内持续推进）加强知识产权保护。（国家知识产权局牵头，年内持续推进）加强科研诚信建设，弘扬科学精神，营造良好创新生态。（科技部牵头，教育部、人力资源社会保障部、中科院、工程院、中国科协、国家自然科学基金委等按职责分工负责，年内持续推进）基础研究是科技创新的源头，要健全稳定支持机制，大幅增加投入，中央本级基础研究支出增长10.6%，落实扩大经费使用自主权政策，优化项目申报、评审、经费管理、人才评价和激励机制，努力消除科研人员不合理负担，使他们能够沉下心来致力科学探索，以“十年磨一剑”精神在关键核心领域实现重大突破。（财政部、科技部、教育部、人力资源社会保障部、国家国防科工局、中科院、工程院、国家自然科学基金委等按职责分工负责，年内持续推进）

（十四）运用市场化机制激励企业创新。

18. 促进科技创新与实体经济深度融合，更好发挥创新驱动发展作用。强化企业创新主体地位，鼓励领军企业组建创新联合体，拓展产学研用融合通道，健全科技成果产权激励机制，完善创业投资监管体制和发展政策。（国家发展改革委、科技部、财政部、工业和信息

化部、国务院国资委、人民银行、证监会、银保监会、全国工商联等按职责分工负责，年内持续推进）纵深推进大众创业万众创新。（国家发展改革委牵头，9月底前出台相关政策，年内持续推进）延续执行企业研发费用加计扣除75%政策，将制造业企业加计扣除比例提高到100%，用税收优惠机制激励企业加大研发投入，着力推动企业以创新引领发展。（财政部、税务总局、科技部牵头，4月底前出台相关政策，年内持续推进）

（十五）优化和稳定产业链供应链。

19. 继续完成“三去一降一补”重要任务。（国家发展改革委、工业和信息化部、财政部、住房城乡建设部、人民银行、国务院国资委等按职责分工负责，年内持续推进）对先进制造业企业按月全额退还增值税增量留抵税额。（财政部、税务总局牵头，6月底前出台相关政策，年内持续推进）提高制造业贷款比重，扩大制造业设备更新和技术改造投资。（国家发展改革委、工业和信息化部、财政部、人民银行、银保监会等按职责分工负责，年内持续推进）增强产业链供应链自主可控能力。（国家发展改革委、工业和信息化部、科技部、国务院国资委、国家国防科工局等按职责分工负责，年内持续推进）实施好产业基础再造工程，发挥大企业引领支撑和中小微企业协作配套作用。（工业和信息化部牵头，国家发展改革委、科技部、财政部、国务院国资委等按职责分工负责，9月底前出台相关政策，年内持续推进）发展工业互联网，促进产业链和创新链融合，搭建更多共性技术研发平台，提升中小微企业创新能力和专业化水平。（工业和信息化部牵头，科技部等按职责分工负责，7月底前出台相关政策，年内持续推进）加大5G网络和千兆光网建设力度，丰富应用场景。（工业和信息化部、国家发展改革委牵头，9月底前出台相关政策，年内持续推进）加强网络安全、数据安全和个人信息保护。（国家发展改革委、科技部、工业和信息化部、公安部、安全部、司法部、市场监管总局等按职责分工负责，年内持续推进）统筹新兴产业布局。（国家发展改革委牵头，年内持续推进）加强质量基础设施建设，深入实施质量提升行动，完善标准体系，促进产业链上下游标准有效衔接，弘扬工匠精神，以精工细作提升中国制造品质。（市场监管总局牵头，国家发展改革委、农业农村部、科技部、教育部、工业和信息化部、财政部、人力资源社会保障部、交通运输部、商务部、国务院国资委、国家国防科工局、国家知识产权局、全国总工会等按职责分工负责，年内持续推进）

五、坚持扩大内需这个战略基点，充分挖掘国内市场潜力

（十六）稳定和扩大消费。

20. 紧紧围绕改善民生拓展需求，促进消费与投资有效结合，实现供需更高水平动态平衡。（国家发展改革委牵头，年内持续推进）多渠道增加居民收入。（国家发展改革委、财政部、人力资源社会保障部等按职责分工负责，年内持续推进）健全城乡流通体系，加快电商、快递进农村，扩大县乡消费。（商务部、国家发展改革委、财政部、农业农村部、交通运输部、国家邮政局、供销合作总社等按职责分工负责，年内持续推进）稳定增加汽车、家电等大宗消费，取消对二手车交易不合理限制，增加停车场、充电桩、换电站等设施，加快建设动力电池回收利用体系。（国家发展改革委、工业和信息化部、财政部、生态环境部、住房城乡建设部、交通运输部、商务部、国家能源局等按职责分工负责，年内持续推进）发展健康、文化、旅游、体育等服务消费。鼓励企业创新产品和服务，便利新产品市场准入，推进内外贸产品同线同标同质。保障小店商铺等便民服务业有序运营。运用好“互联网+”，推进线上线下更广更深融合，发展新业态新模式，为消费者提供更多便捷舒心的服务和产品。引导平台企业合理降低商户服务费。（国家发展改革委、教育部、科技部、

工业和信息化部、民政部、财政部、住房城乡建设部、农业农村部、商务部、文化和旅游部、市场监管总局、体育总局、国家医保局、国家邮政局、国家中医药局、国家药监局等按职责分工负责，年内持续推进）稳步提高消费能力，改善消费环境，让居民能消费、愿消费，以促进民生改善和经济发展。（国家发展改革委、民政部、人力资源社会保障部、农业农村部、商务部、市场监管总局、国家医保局等按职责分工负责，年内持续推进）

（十七）扩大有效投资。

21. 今年拟安排地方政府专项债券 3.65 万亿元，优化债券资金使用，优先支持在建工程，合理扩大使用范围。中央预算内投资安排 6 100 亿元。（国家发展改革委、财政部等按职责分工负责，年内持续推进）继续支持促进区域协调发展的重大工程，推进“两新一重”建设，实施一批交通、能源、水利等重大工程项目，建设信息网络等新型基础设施，发展现代物流体系。政府投资更多向惠及面广的民生项目倾斜，新开工改造城镇老旧小区 5.3 万个，提升县城公共服务水平。（国家发展改革委、财政部、工业和信息化部、生态环境部、住房城乡建设部、交通运输部、水利部、农业农村部、民政部、商务部、国家卫生健康委、国家能源局、中国民航局、国家铁路局、国家邮政局、国家乡村振兴局、中国国家铁路集团有限公司等按职责分工负责，年内持续推进）简化投资审批程序，推进实施企业投资项目承诺制。深化工程建设项目审批制度改革。完善支持社会资本参与政策，进一步拆除妨碍民间投资的各种藩篱，在更多领域让社会资本进得来、能发展、有作为。（国家发展改革委、财政部、自然资源部、生态环境部、住房城乡建设部、水利部、人民银行、银保监会等按职责分工负责，年内持续推进）

六、全面实施乡村振兴战略，促进农业稳定发展和农民增收

（十八）做好巩固拓展脱贫攻坚成果同乡村振兴有效衔接。

22. 接续推进脱贫地区发展，对脱贫县从脱贫之日起设立 5 年过渡期，保持主要帮扶政策总体稳定。（国家乡村振兴局牵头，年内持续推进）健全防止返贫动态监测和帮扶机制，促进脱贫人口稳定就业，加大技能培训力度，发展壮大脱贫地区产业，做好易地搬迁后续扶持，分层分类加强对农村低收入人口常态化帮扶，确保不发生规模性返贫。（国家乡村振兴局、国家发展改革委、民政部、住房城乡建设部、人力资源社会保障部、农业农村部、商务部、文化和旅游部、供销合作总社、人民银行、银保监会等按职责分工负责，年内持续推进）在西部地区脱贫县中集中支持一批乡村振兴重点帮扶县。（国家乡村振兴局牵头，年内持续推进）坚持和完善东西部协作和对口支援机制，发挥中央单位和社会力量帮扶作用，继续支持脱贫地区增强内生发展能力。（国家乡村振兴局、国家发展改革委等按职责分工负责，5 月底前出台相关政策，年内持续推进）

（十九）提高粮食和重要农产品供给保障能力。

23. 加强种质资源保护利用和优良品种选育推广，开展农业关键核心技术攻关。（农业农村部、科技部牵头，国家林草局等按职责分工负责，9 月底前出台相关政策，年内持续推进）提高高标准农田建设标准和质量，完善灌溉设施，强化耕地保护，坚决遏制耕地“非农化”、防止“非粮化”。推进农业机械化、智能化。（农业农村部、自然资源部等按职责分工负责，年内持续推进）建设国家粮食安全产业带。（国家发展改革委、农业农村部牵头，年内持续推进）建设农业现代化示范区。（农业农村部牵头，国家发展改革委、财政部、市场监管总局、国家乡村振兴局等按职责分工负责，年内持续推进）稳定种粮农民补贴，适度提高稻谷、小麦最低收购价，扩大完全成本和收入保险试点范围。（国家发展改革委、财政部、农业农村部、银保监会等按

职责分工负责，12 月底前完成）抓好农业生产。稳定粮食播种面积，提高单产和品质。多措并举扩大油料生产。发展畜禽水产养殖，稳定和发展生猪生产。加强动植物疫病防控。（农业农村部牵头，海关总署、国家林草局等按职责分工负责，年内持续推进）保障农产品市场供应和价格基本稳定。（国家发展改革委、农业农村部、财政部、商务部、国家粮食和储备局等按职责分工负责，年内持续推进）开展粮食节约行动。保障好 14 亿人的粮食安全。（国家发展改革委、农业农村部、财政部、国家粮食和储备局、商务部等按职责分工负责，年内持续推进）

（二十）扎实推进农村改革和乡村建设。

24. 改善农村生产生活条件。巩固和完善农村基本经营制度，保持土地承包关系稳定并长久不变，稳步推进多种形式适度规模经营，加快发展专业化社会化服务。稳慎推进农村宅基地制度改革试点。发展新型农村集体经济。（农业农村部、国家乡村振兴局牵头，年内持续推进）深化供销社、集体林权、国有林区林场、农垦等改革。（国家发展改革委、自然资源部、农业农村部、国家林草局、供销合作总社等按职责分工负责，年内持续推进）提高土地出让收入用于农业农村比例。（农业农村部、国家发展改革委、财政部、自然资源部、住房城乡建设部等按职责分工负责，年内持续推进）强化农村基本公共服务和公共基础设施建设，促进县域内城乡融合发展。（国家发展改革委、农业农村部、国家乡村振兴局、财政部、住房城乡建设部、交通运输部、水利部、国家卫生健康委等按职责分工负责，年内持续推进）启动农村人居环境整治提升五年行动。（农业农村部、国家发展改革委、国家乡村振兴局、财政部、生态环境部、住房城乡建设部、文化和旅游部、国家卫生健康委等按职责分工负责，9 月底前出台相关政策，年内持续推进）加强农村精神文明建设。（农业农村部、国家乡村振兴局、民政部、住房城乡建设部、文化和旅游部、广电总局等按职责分工负责，年内持续推进）保障农民工工资及时足额支付。（人力资源社会保障部牵头，年内持续推进）加快发展乡村产业，壮大县域经济，加强对返乡创业的支持，拓宽农民就业渠道。千方百计使亿万农民多增收、有奔头。（农业农村部、国家发展改革委、人力资源社会保障部、供销合作总社、共青团中央等按职责分工负责，年内持续推进）

七、实行高水平对外开放，促进外贸外资稳中提质

（二十一）推动进出口稳定发展。

25. 加强对中小外贸企业信贷支持，扩大出口信用保险覆盖面、优化承保和理赔条件，深化贸易外汇收支便利化试点。（商务部、财政部、人民银行、银保监会、国家外汇局、进出口银行、中国出口信用保险公司等按职责分工负责，8 月底前出台相关政策，年内持续推进）稳定加工贸易，发展跨境电商等新业态新模式，支持企业开拓多元化市场。发展边境贸易。创新发展服务贸易。（商务部牵头，6 月底前出台相关政策，年内持续推进）优化调整进口税收政策，增加优质产品和服务进口。（财政部、国家发展改革委、商务部、海关总署、税务总局等按职责分工负责，4 月底前出台相关政策，年内持续推进）加强贸易促进服务，办好进博会、广交会、服贸会及首届中国国际消费品博览会等重大展会。（商务部牵头，上海市、广东省、北京市、海南省人民政府等按职责分工负责，11 月底前完成）推动国际物流畅通，清理规范口岸收费，不断提升通关便利化水平。（国家发展改革委、财政部、交通运输部、商务部、海关总署、国家邮政局、中国国家铁路集团有限公司等按职责分工负责，年内持续推进）

（二十二）积极有效利用外资。

26. 进一步缩减外资准入负面清单。（国家发展改革委、商务部等按职责分工负责，10 月底前完成）推动服务业有序开放，增设服务业扩大开放综合试点，制定跨境服务贸易负面清单。(商务部牵头，10 月底前完成）推进海南自由贸易港建设，加强自贸试验区改革开放创新，推动海关特殊监管区域与自贸试验区统筹发展，发挥好各类开发区开放平台作用。(国家发展改革委、商务部、科技部、海关总署与海南省人民政府等按职责分工负责，8 月底前出台相关政策，年内持续推进）促进内外资企业公平竞争，依法保护外资企业合法权益。欢迎外商扩大在华投资，分享中国开放的大市场和发展机遇。(国家发展改革委、商务部等按职责分工负责，年内持续推进)

(二十三）高质量共建“一带一路”。

27. 坚持共商共建共享，坚持以企业为主体、遵循市场化原则，健全多元化投融资体系，强化法律服务保障，有序推动重大项目合作，推进基础设施互联互通。提升对外投资合作质量效益。(国家发展改革委、商务部、外交部牵头，有关部门按职责分工负责，年内持续推进)

(二十四）深化多双边和区域经济合作。

28. 实施更大范围、更宽领域、更深层次对外开放，更好参与国际经济合作。(国家发展改革委、商务部牵头，年内持续推进）坚定维护多边贸易体制。推动区域全面经济伙伴关系协定尽早生效实施、中欧投资协定签署，加快中日韩自贸协定谈判进程，积极考虑加入全面与进步跨太平洋伙伴关系协定。(商务部牵头，年内持续推进）在相互尊重基础上，推动中美平等互利经贸关系向前发展。(国家发展改革委、财政部、农业农村部、商务部、人民银行、海关总署等按职责分工负责，年内持续推进）与世界各国扩大相互开放，实现互利共赢。(商务部牵头，年内持续推进)

八、加强污染防治和生态建设，持续改善环境质量

(二十五）继续加大生态环境治理力度。

29. 深入实施可持续发展战略，巩固蓝天、碧水、净土保卫战成果，促进生产生活方式绿色转型。（国家发展改革委、生态环境部、住房城乡建设部等按职责分工负责，年内持续推进）强化大气污染综合治理和联防联控，加强细颗粒物和臭氧协同控制，北方地区清洁取暖率达到 70%。(生态环境部、国家发展改革委、科技部、公安部、工业和信息化部、财政部、自然资源部、住房城乡建设部、交通运输部、农业农村部、市场监管总局、国家能源局、中国气象局等按职责分工负责，12 月底前完成）整治入河入海排污口和城市黑臭水体，提高城镇生活污水收集和园区工业废水处置能力，严格土壤污染源头防控，加强农业面源污染治理。(生态环境部、国家发展改革委、财政部、住房城乡建设部、水利部、农业农村部等按职责分工负责，年内持续推进）继续严禁洋垃圾入境。有序推进城镇生活垃圾分类处置。推动快递包装绿色转型。加强危险废物医疗废物收集处理。（国家发展改革委、工业和信息化部、公安部、生态环境部、住房城乡建设部、商务部、国家卫生健康委、海关总署、市场监管总局、国家邮政局等按职责分工负责，年内持续推进）研究制定生态保护补偿条例。落实长江十年禁渔，实施生物多样性保护重大工程，科学推进荒漠化、石漠化、水土流失综合治理，持续开展大规模国土绿化行动，保护海洋生态环境，推进生态系统保护和修复，让我们生活的家园拥有更多碧水蓝天。(国家发展改革委、科技部、司法部、财政部、自然资源部、生态环境部、住房城乡建设部、交通运输部、农业农村部、水利部、国家林草局等按职责分工负责，年内持续推进)

(二十六）扎实做好碳达峰、碳中和各项工作。

30. 制定 2030 年前碳排放达峰行动方案。优化产业结构和能源结构。推动煤炭清洁高效利用，大力发展新能源，在确保安全的前提下积极有序发展核电。扩大环境保护、节能节水等企业所得税优惠目录范围，促进新型节能环保技术、装备和产品研发应用，培育壮大节能环保产业，推动资源节约高效利用。加快建设全国用能权、碳排放权交易市场，完善能源消

费双控制度。提升生态系统碳汇能力。以实际行动为全球应对气候变化作出应有贡献。（国家发展改革委、生态环境部、外交部、科技部、工业和信息化部、财政部、自然资源部、交通运输部、住房城乡建设部、人民银行、税务总局、市场监管总局、银保监会、国家能源局、国家国防科工局、国家林草局等按职责分工负责，年内持续推进）实施金融支持绿色低碳发展专项政策，设立碳减排支持工具。（人民银行牵头，生态环境部等按职责分工负责，6 月底前出台相关政策，年内持续推进）

九、切实增进民生福祉，不断提高社会建设水平

（二十七）发展更加公平更高质量的教育。

31. 构建德智体美劳全面培养的教育体系。推动义务教育优质均衡发展和城乡一体化，加快补齐农村办学条件短板。进一步提高学前教育入园率，完善普惠性学前教育保障机制，支持社会力量办园。鼓励高中阶段学校多样化发展，加强县域高中建设。增强职业教育适应性，深化产教融合、校企合作，深入实施职业技能等级证书制度。办好特殊教育、继续教育，支持和规范民办教育发展。分类建设一流大学和一流学科，加快优化学科专业结构，加强基础学科和前沿学科建设，促进新兴交叉学科发展。支持中西部高等教育发展。加大国家通用语言文字推广力度。发挥在线教育优势，完善终身学习体系。倡导全社会尊师重教。深化教育评价改革，健全学校家庭社会协同育人机制，规范校外培训。加强师德师风建设。在教育公平上迈出更大步伐，更好解决进城务工人员子女就学问题，高校招生继续加大对中西部和农村地区倾斜力度，努力让广大学生健康快乐成长，让每个孩子都有人生出彩的机会。（教育部牵头，国家发展改革委、科技部、工业和信息化部、民政部、财政部、人力资源社会保障部、市场监管总局、银保监会、国家卫生健康委、体育总局、国家民委、全国妇联、国务院妇儿工委办公室、农业农村部、中国残联等按职责分工负责，年内持续推进）健全教师工资保障长效机制，加大对乡村教师培训、在职提升学历、职称评定的政策倾斜，改善乡村教师待遇。（人力资源社会保障部、教育部牵头，财政部等按职责分工负责，年内持续推进）今年财政支出要更多向量大面广的民生领域倾斜，特别是义务教育和基本医疗。（财政部牵头，有关部门按职责分工负责，12 月底前完成）

（二十八）推进卫生健康体系建设。

32. 坚持预防为主，持续推进健康中国行动，深入开展爱国卫生运动。（国家卫生健康委牵头，国家发展改革委、教育部、生态环境部、住房城乡建设部、农业农村部、体育总局、国家中医药局等按职责分工负责，年内持续推进）深化疾病预防控制体系改革，强化基层公共卫生体系，创新医防协同机制，健全公共卫生应急处置和物资保障体系，建立稳定的公共卫生事业投入机制。加强精神卫生和心理健康服务。深化公立医院综合改革，扩大国家医学中心和区域医疗中心建设试点，加强全科医生和乡村医生队伍建设，提升县级医疗服务能力，加快建设分级诊疗体系。（国家卫生健康委、国家发展改革委、财政部、教育部、工业和信息化部、人力资源社会保障部、商务部、交通运输部、国务院国资委、国家粮食和储备局、国家中医药局、国家医保局、国家药监局等按职责分工负责，年内持续推进）坚持中西医并重，实施中医药振兴发展重大工程。（国家中医药局、国家卫生健康委、国家发展改革委牵头，教育部、科技部、财政部、农业农村部、国家医保局、国家药监局等按职责分工负责，年内持续推进）支持社会办医，促进“互联网+医疗健康”规范发展。（国家卫生健康委、国家发展改革委、工业和信息化部、国家医保局、国家中医药局等按职责分工负责，年内持续推进）强化食品药品疫苗监管。（市场监管总局、国家药监局、海关总署、农业农村部、国家卫生健康委、工业和信息化部等按职责分工负责，年内持续推进）优化预约诊疗等便民措施，努力让大病、急难病患者尽早得到治疗。（国家卫生健康委、国家中医药局牵头，年内持续推进）要多措并举加大对县乡医院、卫生院的投入。（财政部、国家卫生健康委等按职责分工负责，年内持续推进）要采取一些让群众切实感受得到的措施，扩大基本医保门诊报销、常见病药品报销范围等。（国家医保局牵头，年内持续推进）

33. 居民医保和基本公共卫生服务经费人均财政补助标准分别再增加 30 元和 5 元。（财政部、国家卫生健康委、国家医保局牵头，5 月底前出台相关政策，年内持续推进）推动基本医保省级统筹。（国家医保局牵头，财政部、税务总局等按职责分工负责，年内持续推进）推动门诊费用跨省直接结算。（国家医保局牵头，年内持续推进）建立健全门诊共济保障机制，逐步将门诊费用纳入统筹基金报销。（国家医保局牵头，财政部等按职责分工负责，5 月底前出台相关政策，年内持续推进）完善短缺药品保供稳价机制。（工业和信息化部、国家卫生健康委、国家医保局、市场监管总局等按职责分工负责，年内持续推进）采取把更多慢性病、常见病药品和高值医用耗材纳入集中带量采购等办法，进一步明显降低患者医药负担。（国家医保局牵头，年内持续推进）到明年年底前每个县至少要确定 1 家定点医疗机构，提供包括门诊费用在内的医疗费用跨省直接结算。（国家医保局牵头，2022 年 12 月底前完成）

（二十九）保障好群众住房需求。

34. 坚持房子是用来住的、不是用来炒的定位，稳地价、稳房价、稳预期。解决好大城市住房突出问题，通过增加土地供应、安排专项资金、集中建设等办法，切实增加保障性租赁住房和共有产权住房供给，规范发展长租房市场，降低租赁住房税费负担，尽最大努力帮助新市民、青年人等缓解住房困难。（住房城乡建设部牵头，国家发展改革委、财政部、自然资源部、人民银行、税务总局、银保监会等按职责分工负责，年内持续推进）

（三十）加强基本民生保障。

35. 提高退休人员基本养老金。（人力资源社会保障部、财政部牵头，4 月底前出台相关政策，年内持续推进）提高优抚对象抚恤和生活补助标准。（财政部、退役军人部等按职责分工负责，年内持续推进）推进基本养老保险全国统筹。（人力资源社会保障部、财政部牵头，税务总局等按职责分工负责，年内持续推进）规范发展第三支柱养老保险。（人力资源社会保障部、财政部、银保监会牵头，9 月底前出台相关政策，年内持续推进）完善全国统一的社会保险公共服务平台。（人力资源社会保障部牵头，年内持续推进）加强军人军属、退役军人和其他优抚对象优待工作，健全退役军人工作体系和保障制度。（退役军人部牵头，有关部门按职责分工负责，年内持续推进）继续实施失业保险保障扩围政策。（人力资源社会保障部、财政部牵头，4 月底前出台相关政策，年内持续推进）

36. 促进医养康养相结合，稳步推进长期护理保险制度试点。（国家医保局、财政部、国家卫生健康委等按职责分工负责，年内持续推进）发展普惠型养老服务和互助性养老。发展婴幼儿照护服务。发展社区养老、托幼、用餐、保洁等多样化服务，加强配套设施和无障碍设施建设，实施更优惠政策，让社区生活更加便利。（民政部、国家发展改革委、财政部、人力资源社会保障部、自然资源部、住房城乡建设部、商务部、国家卫生健康委、市场监管总局、国家中医药局、全国老龄办、全国妇联、国务院妇儿工委办公室、中国残联等按职责分工负责，年内持续推进）完善传统服务保障措施，为老年人等群体提供更周全更贴心的服务。推进智能化服务要适应老年人、残疾人需求，并做到不让智能工具给他们日常生活造成障碍。（国家发展改革委、国家卫生健康委牵头，有关部门按职责分工负责，年内持续推进）健全帮扶残疾人、孤儿等社会福利制度，加强残疾预防，提升残疾康复服务质量。（民政部、中国残联牵头，国家发展改革委、财政部、教育部、公安部、人力资源社会保障部、住房城乡建设部、国家卫生健康委、国家医保局、共青团中央、全国妇联等按职责分工负责，年内持续推进）分层分类做好社会救助，及时帮扶受疫情灾情影响的困难群众，坚决兜住民生底线。（民政部牵头，有关部门按职责分工负责，年内持续推进）对兴办社区服务业要在税收等方面给予优惠支持，为家庭养老托幼减轻负担、送去温暖。（财政部、税务总局等按职责分工负责，年内持续推进）

（三十一）更好满足人民群众精神文化需求。

37. 培育和践行社会主义核心价值观，弘扬伟大抗疫精神和脱贫攻坚精神，推进公民道德建设。繁荣新闻出版、广播影视、文学艺术、哲学社会科学和档案等事业。加强互联网内容建设和管理，发展积极健康的网络文化。传承弘扬中华优秀传统文化，加强文物保护利用和非物质文化遗产传承，建设国家文化公园。推进城乡公共文化服务体系一体建设，创新实施文化惠民工程，倡导全民阅读。（文化和旅游部、国家发展改革委、广电总局、教育部、国家文物局等按职责分工负责，年内持续推进）深化中外人文交流。（教育部等按职责分工负责，年内持续推进）完善全民健身公共服务体系。（体育总局、国家发展改革委、住房城乡建设部等按职责分工负责，年内持续推进）精心筹办北京冬奥会、冬残奥会等综合性体育赛事。（有关部门与北京市、河北省人民政府按职责分工负责，年内持续推进）

（三十二）加强和创新社会治理。

38. 夯实基层社会治理基础，健全城乡社区治理和服务体系，推进市域社会治理现代化试点。（民政部、工业和信息化部、公安部、司法部、住房城乡建设部、农业农村部、国家卫生健康委、国家乡村振兴局等按职责分工负责，年内持续推进）加强社会信用体系建设。（国家发展改革委、人民银行牵头，有关部门按职责分工负责，年内持续推进）大力发展社会工作，支持社会组织、人道救助、志愿服务、公益慈善发展。保障妇女、儿童、老年人、残疾人合法权益。（民政部、国家发展改革委、财政部、教育部、公安部、人力资源社会保障部、住房城乡建设部、国家卫生健康委、国家医保局、国家乡村振兴局、国务院妇儿工委办公室、全国老龄办、全国妇联、中国残联、中国红十字会总会、共青团中央等按职责分工负责，年内持续推进）继续完善信访制度，推进矛盾纠纷多元化解。（国家信访局牵头，有关部门按职责分工负责，年内持续推进）加强法律援助工作，启动实施“八五”普法规划。（司法部、全国普法办牵头，年内持续推进）加强应急救援力量建设，提高防灾减灾抗灾救灾能力，切实做好洪涝干旱、森林草原火灾、地质灾害、地震等防御和气象服务。完善和落实安全生产责任制，深入开展安全生产专项整治三年行动，坚决遏制重特大事故发生。（应急部、工业和信息化部、公安部、自然资源部、生态环境部、住房城乡建设部、交通运输部、水利部、中国地震局、中国气象局、国家粮食和储备局、国家林草局、国家国防科工局等按职责分工负责，年内持续推进）完善社会治安防控体系，常态化开展扫黑除恶斗争，防范打击各类犯罪，维护社会稳定和安全。（公安部牵头，年内持续推进）

十、全面加强政府自身建设

（三十三）落实全面从严治党要求，加强法治政府、廉洁政府建设。

39. 各级政府要增强“四个意识”、坚定“四个自信”、做到“两个维护”，自觉在思想上政治上行动上同以习近平同志为核心的党中央保持高度一致，践行以人民为中心的发展思想，不断提高政治判断力、政治领悟力、政治执行力，落实全面从严治党要求。扎实开展党史学习教育。加强法治政府建设，切实依法行政。坚持政务公开。严格规范公正文明执法。

依法接受同级人大及其常委会的监督，自觉接受人民政协的民主监督，主动接受社会和舆论监督。强化审计监督。支持工会、共青团、妇联等群团组织更好发挥作用。深入推进党风廉政建设和反腐败斗争，锲而不舍落实中央八项规定精神。政府工作人员要自觉接受法律监督、监察监督和人民监督。加强廉洁政府建设，持续整治不正之风和腐败问题。必须立足社会主义初级阶段基本国情，着力办好自己的事。要始终把人民放在心中最高位置，坚持实事求是，求真务实谋发展、惠民生。要注重解民忧、纾民困，及时回应群众关切，持续改善人民生活。要力戒形式主义、官僚主义，切忌在工作中搞“一刀切”，切实为基层松绑减负。要居安思危，增强忧患意识，事不畏难、责不避险，有效防范化解各种风险隐患。要调动一切可以调动的积极因素，推进改革开放，更大激发市场主体活力和社会创造力，用发展的办法解决发展不平衡不充分问题。要担当作为，实干苦干，不断创造人民期待的发展业绩。（国务院各部门分别负责，年内持续推进）

十一、做好民族、宗教、侨务、国防工作

（三十四）全面贯彻党的民族政策、宗教政策和侨务政策。

40. 坚持和完善民族区域自治制度，全面贯彻党的民族政策，铸牢中华民族共同体意识，促进各民族共同团结奋斗、共同繁荣发展。（国家民委牵头，有关部门按职责分工负责，年内持续推进）全面贯彻党的宗教工作基本方针，坚持我国宗教的中国化方向，积极引导宗教与社会主义社会相适应。全面贯彻党的侨务政策，维护海外侨胞和归侨侨眷合法权益，更大凝聚中华儿女共创辉煌的磅礴力量。（有关部门按职责分工负责，年内持续推进）

（三十五）大力支持国防和军队建设。

41. 深入贯彻习近平强军思想，贯彻新时代军事战略方针，坚持党对人民军队的绝对领导，严格落实军委主席负责制，聚焦建军一百年奋斗目标，推进政治建军、改革强军、科技强军、人才强军、依法治军，加快机械化信息化智能化融合发展。全面加强练兵备战，统筹应对各方向各领域安全风险，提高捍卫国家主权、安全、发展利益的战略能力。完善国防动员体系，强化全民国防教育。（有关部门按职责分工负责，年内持续推进）优化国防科技工业布局。（国家国防科工局牵头，年内持续推进）各级政府要大力支持国防和军队建设，深入开展“双拥”活动，谱写鱼水情深的时代华章。（退役军人部牵头，年内持续推进）

十二、做好港澳台、外交工作

（三十六）全面准确贯彻“一国两制”、“港人治港”、“澳人治澳”、高度自治的方针。

42. 完善特别行政区同宪法和基本法实施相关的制度和机制，落实特别行政区维护国家安全的法律制度和执行机制。坚决防范和遏制外部势力干预港澳事务，支持港澳发展经济、改善民生，保持香港、澳门长期繁荣稳定。（国务院港澳办牵头，年内持续推进）

（三十七）坚持对台工作大政方针。

43. 坚持一个中国原则和“九二共识”，推进两岸关系和平发展和祖国统一。高度警惕和坚决遏制“台独”分裂活动。完善保障台湾同胞福祉和在大陆享受同等待遇的制度和政策，促进海峡两岸交流合作、融合发展，同心共创民族复兴美好未来。（有关部门按职责分工负责，年内持续推进）

（三十八）坚持独立自主的和平外交政策。

44. 积极发展全球伙伴关系，推动构建新型国际关系和人类命运共同体。坚持开放合作，推动全球治理体系朝着更加公正合理的方向发展。持续深化国际和地区合作，积极参与重大传染病防控国际合作。同所有国家在相互尊重、平等互利基础上和平共处、共同发展，携手应对全球性挑战，为促进世界和平与繁荣不懈努力。（外交部、科技部、商务部、文化和旅游部、国家卫生健康委、海关总署、国际

发展合作署、国家中医药局、国家药监局、中国红十字会总会等按职责分工负责，年内持续推进）

今年是我国现代化建设进程中具有特殊重要性的一年。我们要更加紧密地团结在以习近平同志为核心的党中央周围，高举中国特色社会主义伟大旗帜，以习近平新时代中国特色社会主义思想为指导，按照党中央、国务院决策部署，增强政治意识，提高政治站位，切实增强大局意识和系统观念，齐心协力，开拓进取，努力完成全年目标任务，确保兑现对人民的承诺。一是强化组织领导。各地区、各部门要精心组织，落实工作责任制，明确时间表、责任人和成果形式，把各项工作往前赶，全力以赴抓落实，把政府对人民的承诺变成促发展、惠民生的新成效。要锚定 2035 年远景目标，进一步细化实化“十四五”时期经济社会发展目标任务，统筹安排做好年度工作和“十四五”工作，确保取得实实在在的成效。有关地区和部门要对照分工意见抓紧制定重点工作分工实施方案，于 4 月 6 日前报国务院。二是密切协调联动。各地区、各部门要加强沟通协商，形成工作合力，对跨领域跨部门跨地区事项，要加强协同配合。各部门要加强对地方的指导服务，深入调研了解政策落实的进展情况、困难问题和成效经验，及时完善政策。各地区要加强与有关部门对接，结合当地实际情况，以钉钉子精神抓好政策措施落地落实落细。三是规范督查督办。各地区、各部门要加强督促检查和跟踪督办，有力有序推动主要目标任务如期完成。督查、督导等工作要规范进行，讲求实效，力戒形式主义、官僚主义，切实减轻基层负担。对作风漂浮、执行不力、效果不好的要加大督查和暗访力度，对有令不行、有禁不止、不作为、乱作为的要坚决追责问责。国务院办公厅要建立《政府工作报告》督查总台账，定期对账督办，重大情况及时报告。

2021 年 3 月 19 日

国务院关于深化“证照分离”改革进一步激发市场主体发展活力的通知

国发〔2021〕7号

各省、自治区、直辖市人民政府，国务院各部委、各直属机构：

开展“证照分离”改革，是落实党中央、国务院重大决策部署，深化“放管服”改革、优化营商环境的重要举措，对于正确处理政府和市场关系、加快完善社会主义市场经济体制具有重大意义。为深化“证照分离”改革，进一步激发市场主体发展活力，国务院决定在全国范围内推行“证照分离”改革全覆盖，并在自由贸易试验区加大改革试点力度。现就有关事项通知如下：

一、总体要求

（一）指导思想。以习近平新时代中国特色社会主义思想为指导，全面贯彻党的十九大和十九届二中、三中、四中、五中全会精神，持续深化“放管服”改革，统筹推进行政审批制度改革和商事制度改革，在更大范围和更多行业推动照后减证和简化审批，创新和加强事中事后监管，进一步优化营商环境、激发市场主体发展活力，加快构建以国内大循环为主体、国内国际双循环相互促进的新发展格局。

（二）改革目标。自2021年7月1日起，在全国范围内实施涉企经营许可事项全覆盖清单管理，按照直接取消审批、审批改为备案、实行告知承诺、优化审批服务等四种方式分类推进审批制度改革，同时在自由贸易试验区进一步加大改革试点力度，力争2022年底前建立简约高效、公正透明、宽进严管的行业准营规则，大幅提高市场主体办事的便利度和可预期性。

二、大力推动照后减证和简化审批

法律、行政法规、国务院决定设定（以下统称中央层面设定）的涉企经营许可事项，在全国范围内按照《中央层面设定的涉企经营许可事项改革清单（2021年全国版）》（见附件1）分类实施改革；在自由贸易试验区增加实施《中央层面设定的涉企经营许可事项改革清单（2021年自由贸易试验区版）》（见附件2）规定的改革试点举措，自由贸易试验区所在县、不设区的市、市辖区的其他区域参照执行。省级人民政府可以在权限范围内决定采取更大力度的改革举措。地方性法规、地方政府规章设定（以下统称地方层面设定）的涉企经营许可事项，由省级人民政府统筹确定改革方式。

（一）直接取消审批。为在外资外贸、工程建设、交通物流、中介服务等领域破解“准入不准营”问题，在全国范围内取消68项涉企经营许可事项，在自由贸易试验区试点取消14项涉企经营许可事项。取消审批后，企业（含个体工商户、农民专业合作社，下同）取得营业执照即可开展经营，行政机关、企事业单位、行业组织等不得要求企业提供相关行政许可证件。

（二）审批改为备案。为在贸易流通、教育培训、医疗、食品、金融等领域放开市场准入，在全国范围内将15项涉企经营许可事项改为备案管理，在自由贸易试验区试点将15项涉企经营许可事项改为备案管理。审批改为备案后，原则上实行事后备案，企业取得营业执照即可开展经营；确需事前备案的，企业完成备案手续即可开展经营。企业按规定提交备案材料的，有关主管部门应当当场办理备案手续，不得作出不予备案的决定。

（三）实行告知承诺。为在农业、制造业、生产服务、生活消费、电信、能源等领域大幅简化准入审批，在全国范围内对37项涉企经营许可事项实行告知承诺，在自由贸易试验区试点对40项涉企经营许可事项实行告知承诺。实行告知承诺后，有关主管部门要依法列出可量化可操作、不含兜底条款的经营许可条件，明确监管规则和违反承诺后果，一次性告知企业。对因企业承诺可以减省的审批材料，不再要求企业提供；对可在企业领证后补交的审批材料，实行容缺办理、限期补交。对企业自愿作出承诺并按要求提交材料的，要当场作出审批决定。对通过告知承诺取得许可的企业，有关主管部门要加强事中事后监管，确有必要的可以开展全覆盖核查。发现企业不符合许可条件的，要依法调查处理，并将失信违法行为记入企业信用记录，依法依规实施失信惩戒。有关主管部门要及时将企业履行承诺情况纳入信用记录，并归集至全国信用信息共享平台。

（四）优化审批服务。对“重要工业产品（除食品相关产品、化肥外）生产许可证核发”等15项涉企经营许可事项，下放审批权限，便利企业就近办理。对“保安服务许可证核发”等256项涉企经营许可事项，精简许可条件和审批材料，减轻企业办事负担。对“会计师事务所设立审批”等140项涉企经营许可事项，优化审批流程，压减审批时限，提高审批效率。对“海关监管货物仓储审批”等18项设定了许可证件有效期限的涉企经营许可事项，取消或者延长许可证件有效期限，方便企业持续经营。对“互联网上网服务营业场所经营单位设立审批”等13项设定了许可数量限制的涉企经营许可事项，取消数量限制，或者合理放宽数量限制并定期公布总量控制条件、企业存量、申请排序等情况，鼓励企业有序竞争。同时，各地区、各部门要积极回应企业关切，探索优化审批服务的创新举措。

三、强化改革系统集成和协同配套

（一）实施涉企经营许可事项清单管理。按照全覆盖要求，将全部涉企经营许可事项纳入清单管理，并逐项确定改革方式、具体改革举措和加强事中事后监管措施。清单实行分级管理，国务院审改办负责组织编制中央层面设定的涉企经营许可事项清单，省级审改工作机构负责组织编制地方层面设定的涉企经营许可事项清单。清单要动态调整更新并向社会公布，接受社会监督。清单之外，一律不得限制企业进入相关行业开展经营。各地区、各部门要对清单之外限制企业进入特定行业开展经营的管理事项进行全面自查清理，对实施变相审批造成市场分割或者加重企业负担的行为，要严肃督查整改并追究责任。

（二）深化商事登记制度改革。持续推进“先照后证”改革，推动将保留的登记注册前置许可改为后置。开展经营范围规范化登记，市场监管部门牵头编制经营范围规范目录，为企业自主选择经营范围提供服务。经营范围规范目录要根据新产业、新业态的发展及时调整更新。市场监管部门应当告知企业需要办理的涉企经营许可事项，并及时将有关企业登记注册信息推送至有关主管部门。企业超经营范围开展非许可类经营活动的，市场监管部门不予处罚。有关主管部门不得以企业登记的经营范围为由，限制其办理涉企经营许可事项或者其他政务服务事项。在自由贸易试验区试点商事主体登记确认制改革，最大程度尊重企业登记注册自主权。

（三）推进电子证照归集运用。国务院有关部门要制定完善电子证照有关标准、规范和样式，2022年底前全面实现涉企证照电子化。要强化电子证照信息跨层级、跨地域、跨部门共享，有关主管部门应当及时将电子证照归集至全国一体化政务服务平台、全国信用信息共享平台、国家企业信用信息公示系统，有关平台和系统要加快建设全国统一、实时更新、权威可靠的企业电子证照库。要加强电子证照运用，实现跨地域、跨部门互认互信，在政务服务、商业活动等场景普遍推广企业电子亮照亮证。凡是通过电子证照可以获取的信息，一律不再要求企业提供相应材料。

四、创新和加强事中事后监管

（一）适应改革要求明确监管责任。要落实放管结合、并重要求，按照“谁审批、谁监管，谁主管、谁监管”原则，切实履行监管职责，坚决纠正“以批代管”、“不批不管”问题，防止出现监管真空。直接取消审批、审批改为备案的，由原审批部门依法承担监管职责。实行告知承诺、优化审批服务的，由审批部门负责依法监管持证经营企业、查处无证经营行为。实行相对集中行政许可权改革或者综合行政执法改革的地区，按照省级人民政府制定的改革方案确定监管职责、健全审管衔接机制。坚持政府主导、企业自治、行业自律、社会监督，压实企业主体责任，支持行业协会提升自律水平，鼓励新闻媒体、从业人员、消费者、中介机构等发挥监督作用，健全多元共治、互为支撑的协同监管格局。

（二）根据改革方式健全监管规则。国务院有关部门要根据涉企经营许可事项的改革方式，分领域制定全国统一、简明易行的监管规则，建立健全技术、安全、质量、产品、服务等方面的国家标准，为监管提供明确指引。直接取消审批的，有关主管部门要及时掌握新设企业情况，纳入监管范围，依法实施监管。审批改为备案的，要督促有关企业按规定履行备案手续，对未按规定备案或者提交虚假备案材料的要依法调查处理。实行告知承诺的，要重点对企业履行承诺情况进行检查，发现违反承诺的要责令限期整改，逾期不整改或者整改后仍未履行承诺的要依法撤销相关许可，构成违法的要依法予以处罚。下放审批权限的，要同步调整优化监管层级，实现审批监管权责统一。

（三）结合行业特点完善监管方法。对一般行业、领域，全面推行“双随机、一公开”监管，根据企业信用风险分类结果实施差异化监管措施，持续推进常态化跨部门联合抽查。对直接涉及公共安全和人民群众生命健康等特殊行业、重点领域，落实全覆盖重点监管，强化全过程质量管理，守牢安全底线。要充分发挥信用监管基础性作用，建立企业信用与自然人信用挂钩机制，依法依规实施失信惩戒。要建立健全严重违法责任企业及相关人员行业禁入制度，增强监管威慑力。对新技术、新产业、新业态、新模式等实行包容审慎监管，量身定制监管模式，对轻微违法行为依法从轻、减轻或者免予行政处罚。深入推进“互联网+监管”，探索智慧监管，加强监管数据共享，运用大数据、物联网、人工智能等手段精准预警风险隐患。

五、采取有力措施确保改革落地见效

（一）健全改革工作机制。国务院推进政府职能转变和“放管服”改革协调小组负责统筹领导全国“证照分离”改革工作。国务院办公厅、市场监管总局、司法部牵头负责推进改革，做好调查研究、政策解读、协调指导、督促落实、法治保障、总结评估等工作。商务部负责指导各自由贸易试验区做好“证照分离”改革与对外开放政策的衔接。省级人民政府对本地区改革工作负总责，要建立健全审改、市场监管、司法行政、商务（自贸办）等部门牵头，各部门分工负责的工作机制，强化责任落实，扎实推进改革。

（二）加强改革法治保障。要坚持重大改

革于法有据，依照法定程序推动改革。配合在全国范围内推行的改革举措，推动修改法律、行政法规有关规定。在自由贸易试验区配合相关改革试点举措，根据全国人民代表大会常务委员会授权决定暂时调整适用《中华人民共和国会计法》等7部法律有关规定，暂时调整适用《互联网上网服务营业场所管理条例》等13部行政法规有关规定（见附件3）。国务院有关部门和地方人民政府要根据法律、行政法规的调整情况，对规章、规范性文件作相应调整，建立与改革要求相适应的管理制度。2022年底前，国务院有关部门要组织对暂时调整适用法律、行政法规有关规定情况开展中期评估。

（三）抓好改革实施工作。国务院有关部门要制定实施方案，对中央层面设定的涉企经营许可事项逐项细化改革举措，并向社会公布。各省、自治区、直辖市人民政府要制定本地区改革实施方案，以省为单位编制地方层面设定的涉企经营许可事项改革清单，并向社会公布。各地区、各部门要做好改革政策工作培训和宣传解读，调整优化业务流程，修订完善工作规则和服务指南，改造升级信息系统，确保改革措施全面落实、企业充分享受改革红利。

本通知实施中的重大问题，省级人民政府、国务院有关部门要及时向国务院请示报告。

附件：1. 中央层面设定的涉企经营许可事项改革清单（2021年全国版）（略）
2. 中央层面设定的涉企经营许可事项改革清单（2021年自由贸易试验区版）（略）
3. 国务院决定在自由贸易试验区暂时调整适用行政法规有关规定目录（略）

2021年5月19日

国务院关于印发全民科学素质行动规划纲要（2021—2035年）的通知

国发〔2021〕9号

各省、自治区、直辖市人民政府，国务院各部委、各直属机构：

现将《全民科学素质行动规划纲要（2021—2035年）》印发给你们，请结合本地区、本部门实际，认真贯彻实施。

2021年6月3日

全民科学素质行动规划纲要（2021—2035年）

为贯彻落实党中央、国务院关于科普和科学素质建设的重要部署，依据《中华人民共和国科学技术进步法》、《中华人民共和国科学技术普及法》（以下简称科普法），落实国家有关科技战略规划，特制定《全民科学素质行动规划纲要（2021—2035年）》（以下简称《科学素质纲要》）。

一、前言

习近平总书记指出："科技创新、科学普及是实现创新发展的两翼，要把科学普及放在与科技创新同等重要的位置。没有全民科学素质普遍提高，就难以建立起宏大的高素质创新大军，难以实现科技成果快速转化。"这一重要指示精神是新发展阶段科普和科学素质建设高质量发展的根本遵循。

科学素质是国民素质的重要组成部分，是社会文明进步的基础。公民具备科学素质是指崇尚科学精神，树立科学思想，掌握基本科学方法，了解必要科技知识，并具有应用其分析判断事物和解决实际问题的能力。提升科学素质，对于公民树立科学的世界观和方法论，对于增强国家自主创新能力和文化软实力、建设社会主义现代化强国，具有十分重要的意义。

自《全民科学素质行动计划纲要（2006—2010—2020年）》印发实施，特别是党的十八大以来，在以习近平同志为核心的党中央坚强领导下，在国务院统筹部署下，各地区各部门不懈努力，全民科学素质行动取得显著成效，各项目标任务如期实现。公民科学素质水平大幅提升，2020年具备科学素质的比例达到10.56%；科学教育与培训体系持续完善，科学教育纳入基础教育各阶段；大众传媒科技传播能力大幅提高，科普信息化水平显著提升；科普基础设施迅速发展，现代科技馆体系初步建成；科普人才队伍不断壮大；科学素质国际交流实现新突破；建立以科普法为核心的政策法规体系；构建国家、省、市、县四级组织实施体系，探索出“党的领导、政府推动、全民参与、社会协同、开放合作”的建设模式，为创新发展营造了良好社会氛围，为确保如期打赢脱贫攻坚战、确保如期全面建成小康社会作出了积极贡献。

我国科学素质建设取得了显著成绩，但也存在一些问题和不足。主要表现在：科学素质总体水平偏低，城乡、区域发展不平衡；科学精神弘扬不够，科学理性的社会氛围不够浓厚；科普有效供给不足、基层基础薄弱；落实“科学普及与科技创新同等重要”的制度安排尚未形成，组织领导、条件保障等有待加强。

当前和今后一个时期，我国发展仍然处于重要战略机遇期，但机遇和挑战都有新的发展变化。当今世界正经历百年未有之大变局，新一轮科技革命和产业变革深入发展，人类命运共同体理念深入人心，同时国际环境日趋复杂，不稳定性不确定性明显增加，新冠肺炎疫情影响广泛深远，世界进入动荡变革期。我国已转向高质量发展阶段，正在加快构建以国内大循环为主体、国内国际双循环相互促进的新发展格局。科技与经济、政治、文化、社会、生态文明深入协同，科技创新正在释放巨大能量，深刻改变生产生活方式乃至思维模式。人才是第一资源、创新是第一动力的重要作用日益凸显，国民素质全面提升已经成为经济社会发展的先决条件。科学素质建设站在了新的历史起点，开启了跻身创新型国家前列的新征程。

面向世界科技强国和社会主义现代化强国建设，需要科学素质建设担当更加重要的使命。一是围绕在更高水平上满足人民对美好生活的新需求，需要科学素质建设彰显价值引领作用，提高公众终身学习能力，不断丰富人民精神家园，服务人的全面发展。二是围绕构建新发展格局，需要科学素质建设在服务经济社会发展中发挥重要作用，以高素质创新大军支撑高质量发展。三是围绕加强和创新社会治理，需要科学素质建设更好促进人的现代化，营造科学理性、文明和谐的社会氛围，服务国家治理体系和治理能力现代化。四是围绕形成对外开放新格局，需要科学素质建设更好发挥桥梁和纽带作用，深化科技人文交流，增进文明互鉴，服务构建人类命运共同体。

二、指导思想、原则和目标

（一）指导思想。

以习近平新时代中国特色社会主义思想为指导，深入贯彻党的十九大和十九届二中、三中、四中、五中全会精神，坚持党的全面领导，坚持以人民为中心，坚持新发展理念，统筹推进“五位一体”总体布局，协调推进“四个全面”战略布局，全面贯彻落实习近平总书记关于科普和科学素质建设的重要论述，以提高全民科学素质服务高质量发展为目标，以践行社会主义核心价值观、弘扬科学精神为主线，以深化科普供给侧改革为重点，着力打造社会化协同、智慧化传播、规范化建设和国际化合作的科学素质建设生态，营造热爱科学、崇尚创新的社会氛围，提升社会文明程度，为全面建设社会主义现代化强国提供基础支撑，为推动构建人类命运共同体作出积极贡献。

（二）原则。

——突出科学精神引领。践行社会主义核心价值观，弘扬科学精神和科学家精神，传递科学的思想观念和行为方式，加强理性质疑、勇于创新、求真务实、包容失败的创新文化建设，坚定创新自信，形成崇尚创新的社会氛围。

——坚持协同推进。各级政府强化组织领导、政策支持、投入保障，激发高校、科研院所、企业、基层组织、科学共同体、社会团体等多元主体活力，激发全民参与积极性，构建政府、社会、市场等协同推进的社会化科普大格局。

——深化供给侧改革。破除制约科普高质量发展的体制机制障碍，突出价值导向，创新组织动员机制，强化政策法规保障，推动科普内容、形式和手段等创新提升，提高科普的知识含量，满足全社会对高质量科普的需求。

——扩大开放合作。开展更大范围、更高水平、更加紧密的科学素质国际交流，共筑对话平台，增进开放互信，深化创新合作，推动经验互鉴和资源共享，共同应对全球性挑战，推进全球可持续发展和人类命运共同体建设。

（三）目标。

2025年目标：我国公民具备科学素质的比例超过15%，各地区、各人群科学素质发展不均衡明显改善。科普供给侧改革成效显著，科学素质标准和评估体系不断完善，科学素质建设国际合作取得新进展，“科学普及与科技创新同等重要”的制度安排基本形成，科学精神在全社会广泛弘扬，崇尚创新的社会氛围日益浓厚，社会文明程度实现新提高。

2035年远景目标：我国公民具备科学素质的比例达到25%，城乡、区域科学素质发展差距显著缩小，为进入创新型国家前列奠定坚实社会基础。科普公共服务均等化基本实现，科普服务社会治理的体制机制基本完善，科普参与全球治理的能力显著提高，创新生态建设实现新发展，科学文化软实力显著增强，人的全面发展和社会文明程度达到新高度，为基本实现社会主义现代化提供有力支撑。

三、提升行动

重点围绕践行社会主义核心价值观，大力弘扬科学精神，培育理性思维，养成文明、健康、绿色、环保的科学生活方式，提高劳动、生产、创新创造的技能，在“十四五”时期实施5项提升行动。

（一）青少年科学素质提升行动。

激发青少年好奇心和想象力，增强科学兴趣、创新意识和创新能力，培育一大批具备科学家潜质的青少年群体，为加快建设科技强国夯实人才基础。

——将弘扬科学精神贯穿于育人全链条。坚持立德树人，实施科学家精神进校园行动，将科学精神融入课堂教学和课外实践活动，激励青少年树立投身建设世界科技强国的远大志向，培养学生爱国情怀、社会责任感、创新精神和实践能力。

——提升基础教育阶段科学教育水平。引导变革教学方式，倡导启发式、探究式、开放式教学，保护学生好奇心，激发求知欲和想象力。完善初高中包括科学、数学、物理、化学、生物学、通用技术、信息技术等学科在内的学业水平考试和综合素质评价制度，引导有创新潜质的学生个性化发展。加强农村中小学科学教育基础设施建设和配备，加大科学教育活动和资源向农村倾斜力度。推进信息技术与科学教育深度融合，推行场景式、体验式、沉浸式学习。完善科学教育质量评价和青少年科学素质监测评估。

——推进高等教育阶段科学教育和科普工作。深化高校理科教育教学改革，推进科学基础课程建设，加强科学素质在线开放课程建设。深化高校创新创业教育改革，深入实施国家级大学生创新创业训练计划，支持在校大学生开展创新型实验、创业训练和创业实践项目，大力开展各类科技创新实践活动。

——实施科技创新后备人才培育计划。建立科学、多元的发现和培育机制，对有科学家潜质的青少年进行个性化培养。开展英才计划、少年科学院、青少年科学俱乐部等工作，探索从基础教育到高等教育的科技创新后备人才贯通式培养模式。深入实施基础学科拔尖学生培养计划2.0，完善拔尖创新人才培养体系。

——建立校内外科学教育资源有效衔接机制。实施馆校合作行动，引导中小学充分利用科技馆、博物馆、科普教育基地等科普场所广泛开展各类学习实践活动，组织高校、科研机构、医疗卫生机构、企业等开发开放优质科学教育活动和资源，鼓励科学家、工程师、医疗卫生人员等科技工作者走进校园，开展科学教育和生理卫生、自我保护等安全健康教育活动。广泛开展科技节、科学营、科技小论文（发明、制作）等科学教育活动。加强对家庭科学教育的指导，提高家长科学教育意识和能力。加强学龄前儿童科学启蒙教育。推动学校、社会和家庭协同育人。

——实施教师科学素质提升工程。将科学精神纳入教师培养过程，将科学教育和创新人才培养作为重要内容，加强新科技知识和技能培训。推动高等师范院校和综合性大学开设科学教育本科专业，扩大招生规模。加大对科学、数学、物理、化学、生物学、通用技术、信息技术等学科教师的培训力度。实施乡村教师支持计划。加大科学教师线上培训力度，深入开展“送培到基层”活动，每年培训10万名科技辅导员。

（二）农民科学素质提升行动。

以提升科技文化素质为重点，提高农民文明生活、科学生产、科学经营能力，造就一支适应农业农村现代化发展要求的高素质农民队伍，加快推进乡村全面振兴。

——树立相信科学、和谐理性的思想观念。重点围绕保护生态环境、节约能源资源、绿色生产、防灾减灾、卫生健康、移风易俗等，深入开展科普宣传教育活动。

——实施高素质农民培育计划。面向保障国家粮食安全和重要农副产品有效供给、构建乡村产业体系、发展农村社会事业新需求，依托农广校等平台开展农民教育培训，大力提高农民科技文化素质，服务农业农村现代化。开展农民职业技能鉴定和技能等级认定、农村电商技能人才培训，举办面向农民的技能大赛、农民科学素质网络竞赛、乡土人才创新创业大赛等，开展农民教育培训1 000万人次以上，培育农村创业创新带头人100万名以上。实施农村妇女素质提升计划，帮助农村妇女参与农业农村现代化建设。

——实施乡村振兴科技支撑行动。鼓励高校和科研院所开展乡村振兴智力服务，推广科技小院、专家大院、院（校）地共建等农业科技社会化服务模式。深入推行科技特派员制度，支持家庭农场、农民合作社、农业社会化服务组织等新型农业经营主体和服务主体通过建立示范基地、田间学校等方式开展科技示范，引领现代农业发展。引导专业技术学（协）会等社会组织开展农业科技服务，将先进适用的品种、技术、装备、设施导入小农户，实现小农户和现代农业有机衔接。

——提升革命老区、民族地区、边疆地区、脱贫地区农民科技文化素质。引导社会科普资源向欠发达地区农村倾斜。开展兴边富民行动、边境边民科普活动和科普边疆行活动，大力开展科技援疆援藏，提高边远地区农民科技文化素质。提升农村低收入人口职业技能，增强内生发展能力。

（三）产业工人科学素质提升行动。

以提升技能素质为重点，提高产业工人职业技能和创新能力，打造一支有理想守信念、懂技术会创新、敢担当讲奉献的高素质产业工人队伍，更好服务制造强国、质量强国和现代化经济体系建设。

——开展理想信念和职业精神宣传教育。开展“中国梦·劳动美”、最美职工、巾帼建功等活动，大力弘扬劳模精神、劳动精神、工匠精神，营造劳动光荣的社会风尚、精益求精的敬业风气和勇于创新的文化氛围。

——实施技能中国创新行动。开展多层级、多行业、多工种的劳动和技能竞赛，建设劳模和工匠人才创新工作室，统筹利用示范性高技能人才培训基地、国家级技能大师工作室，发现、培养高技能人才。组织开展“五小”等群众性创新活动，推动大众创业、万众创新。

——实施职业技能提升行动。在职前教育和职业培训中进一步突出科学素质、安全生产等相关内容，构建职业教育、就业培训、技能提升相统一的产业工人终身技能形成体系。通过教育培训，提高职工安全健康意识和自我保护能力。深入实施农民工职业技能提升计划、求学圆梦行动等，增加进城务工人员教育培训机会。

——发挥企业家提升产业工人科学素质的示范引领作用。弘扬企业家精神，提高企业家科学素质，引导企业家在爱国、创新、诚信、社会责任和国际视野等方面不断提升，做创新发展的探索者、组织者、引领者和提升产业工人科学素质的推动者。鼓励企业积极培养使用创新型技能人才，在关键岗位、关键工序培养使用高技能人才。发挥学会、协会、研究会作用，引导、支持企业和社会组织开展职业能力水平评价。发挥“科创中国”平台作用，探索建立企业科技创新和产业工人科学素质提升的双促进机制。推动相关互联网企业做好快递员、网约工、互联网营销师等群体科学素质提升工作。

（四）老年人科学素质提升行动。

以提升信息素养和健康素养为重点，提高老年人适应社会发展能力，增强获得感、幸福感、安全感，实现老有所乐、老有所学、老有所为。

——实施智慧助老行动。聚焦老年人运用智能技术、融入智慧社会的需求和困难，依托老年大学（学校、学习点）、老年科技大学、社区科普大学、养老服务机构等，普及智能技术知识和技能，提升老年人信息获取、识别和使用能力，有效预防和应对网络谣言、电信诈骗。

——加强老年人健康科普服务。依托健康教育系统，推动老年人健康科普进社区、进乡村、进机构、进家庭，开展健康大讲堂、老年健康宣传周等活动，利用广播、电视、报刊、网络等各类媒体，普及合理膳食、食品安全、心理健康、体育锻炼、合理用药、应急处置等知识，提高老年人健康素养。充分利用社区老年人日间照料中心、科普园地、党建园地等阵地为老年人提供健康科普服务。

——实施银龄科普行动。积极开发老龄人力资源，大力发展老年协会、老科协等组织，充分发挥老专家在咨询、智库等方面的作用。发展壮大老年志愿者队伍。组建老专家科普报告团，在社区、农村、青少年科普中发挥积极作用。

（五）领导干部和公务员科学素质提升行动。

进一步强化领导干部和公务员对科教兴国、创新驱动发展等战略的认识，提高科学决策能力，树立科学执政理念，增强推进国家治理体系和治理能力现代化的本领，更好服务党和国家事业发展。

——深入贯彻落实新发展理念。切实找准将新发展理念转化为实践的切入点、结合点和着力点，提高领导干部和公务员科学履职水平，强化对科学素质建设重要性和紧迫性的认识。

——加强科学素质教育培训。认真贯彻落实《干部教育培训工作条例》、《公务员培训规定》，加强前沿科技知识和全球科技发展趋势学习，突出科学精神、科学思想培养，增强把握科学发展规律的能力。大力开展面向基层领导干部和公务员，特别是革命老区、民族地区、边疆地区、脱贫地区干部的科学素质培训工作。

——在公务员录用中落实科学素质要求。不断完善干部考核评价机制，在公务员录用考试和任职考察中，强化科学素质有关要求并有效落实。

四、重点工程

深化科普供给侧改革，提高供给效能，着力固根基、扬优势、补短板、强弱项，构建主体多元、手段多样、供给优质、机制有效的全域、全时科学素质建设体系，在“十四五”时期实施5项重点工程。

（一）科技资源科普化工程。

建立完善科技资源科普化机制，不断增强科技创新主体科普责任意识，充分发挥科技设施科普功能，提升科技工作者科普能力。

——建立完善科技资源科普化机制。鼓励国家科技计划（专项、基金等）项目承担单位和人员，结合科研任务加强科普工作。推动在相关科技奖项评定中列入科普工作指标。推动将科普工作实绩作为科技人员职称评聘条件。将科普工作纳入相关科技创新基地考核。开展科技创新主体、科技创新成果科普服务评价，引导企业和社会组织建立有效的科技资源科普化机制，支持中国公众科学素质促进联合体等发展，推动科普事业与科普产业发展，探索“产业+科普”模式。开展科普学分制试点。

——实施科技资源科普化专项行动。支持和指导高校、科研机构、企业、科学共同体等利用科技资源开展科普工作，开发科普资源，加强与传媒、专业科普组织合作，及时普及重大科技成果。建设科学传播专家工作室，分类制定科技资源科普化工作指南。拓展科技基础设施科普功能，鼓励大科学装置（备）开发科普功能，推动国家重点实验室等创新基地面向社会开展多种形式的科普活动。

——强化科技工作者的社会责任。大力弘扬科学家精神，开展老科学家学术成长资料采集工程，依托国家科技传播中心等设施和资源，打造科学家博物馆和科学家精神教育基地，展示科技界优秀典型、生动实践和成就经验，激发全民族创新热情和创造活力。加强科研诚信和科技伦理建设，深入开展科学道德和学风建设宣讲活动，引导广大科技工作者坚守社会责任，自立自强，建功立业，成为践行科学家精神的表率。通过宣传教育、能力培训、榜样示范等增强科技人员科普能力，针对社会热点、焦点问题，主动、及时、准确发声。

（二）科普信息化提升工程。

提升优质科普内容资源创作和传播能力，推动传统媒体与新媒体深度融合，建设即时、泛在、精准的信息化全媒体传播网络，服务数字社会建设。

——实施繁荣科普创作资助计划。支持优秀科普原创作品。支持面向世界科技前沿、面向经济主战场、面向国家重大需求、面向人民生命健康等重大题材开展科普创作。大力开发动漫、短视频、游戏等多种形式科普作品。扶持科普创作人才成长，培养科普创作领军人物。

——实施科幻产业发展扶持计划。搭建高水平科幻创作交流平台和产品开发共享平台，建立科幻电影科学顾问库，为科幻电影提供专业咨询、技术支持等服务。推进科技传播与影视融合，加强科幻影视创作。组建全国科幻科普电影放映联盟。鼓励有条件的地方设立科幻产业发展基金，打造科幻产业集聚区和科幻主题公园等。

——实施全媒体科学传播能力提升计划。推进图书、报刊、音像、电视、广播等传统媒体与新媒体深度融合，鼓励公益广告增加科学传播内容，实现科普内容多渠道全媒体传播。引导主流媒体加大科技宣传力度，增加科普内容、增设科普专栏。大力发展新媒体科学传播。加强媒体从业人员科学传播能力培训。促进媒体与科学共同体的沟通合作，增强科学传播的专业性和权威性。

——实施智慧科普建设工程。推进科普与大数据、云计算、人工智能、区块链等技术深度融合，强化需求感知、用户分层、情景应用理念，推动传播方式、组织动员、运营服务等创新升级，加强“科普中国”建设，充分利用现有平台构建国家级科学传播网络平台和科学辟谣平台。强化科普信息落地应用，与智慧教育、智慧城市、智慧社区等深度融合，推动优质科普资源向革命老区、民族地区、边疆地区、脱贫地区倾斜。

（三）科普基础设施工程。

加强科普基础设施建设，建立政府引导、多渠道投入的机制，实现资源合理配置和服务均衡化、广覆盖。

——加强对科普基础设施建设的统筹规划与宏观指导。制定科普基础设施发展规划，将科普基础设施建设纳入各地国民经济和社会发展规划。完善科普基础设施建设管理的规范和标准，建立健全分级评价制度。完善社会资金投入科普基础设施建设的优惠政策和法规。推行科技馆登记注册制度和年报制度。推进符合条件的科技馆免费开放。

——创新现代科技馆体系。推动科技馆与博物馆、文化馆等融合共享，构建服务科学文化素质提升的现代科技馆体系。加强实体科技馆建设，开展科普展教品创新研发，打造科学家精神教育基地、前沿科技体验基地、公共安全健康教育基地和科学教育资源汇集平台，提升科技馆服务功能。推进数字科技馆建设，统筹流动科技馆、科普大篷车、农村中学科技馆建设，探索多元主体参与的运行机制和模式，提高服务质量和能力。

——大力加强科普基地建设。深化全国科普教育基地创建活动，构建动态管理和长效激励机制。鼓励和支持各行业各部门建立科普教育、研学等基地，提高科普服务能力。推进图书馆、文化馆、博物馆等公共设施开展科普活动，拓展科普服务功能。引导和促进公园、自然保护区、风景名胜区、机场、车站、电影院等公共场所强化科普服务功能。开发利用有条件的工业遗产和闲置淘汰生产设施，建设科技博物馆、工业博物馆、安全体验场馆和科普创意园。

（四）基层科普能力提升工程。

建立健全应急科普协调联动机制，显著提升基层科普工作能力，基本建成平战结合应急科普体系。

——建立应急科普宣教协同机制。利用已有设施完善国家级应急科普宣教平台，组建专家委员会。各级政府建立应急科普部门协同机制，坚持日常宣教与应急宣传相统一，纳入各级突发事件应急工作整体规划和协调机制。储备和传播优质应急科普内容资源，有效开展传染病防治、防灾减灾、应急避险等主题科普宣教活动，全面推进应急科普知识进企业、进农村、进社区、进学校、进家庭。突发事件状态下，各地各部门密切协作，统筹力量直达基层开展应急科普，及时做好政策解读、知识普及和舆情引导等工作。建立应急科普专家队伍，提升应急管理人员和媒体人员的应急科普能力。

——健全基层科普服务体系。构建省域统筹政策和机制、市域构建资源集散中心、县域组织落实，以新时代文明实践中心（所、站）、党群服务中心、社区服务中心（站）等为阵地，以志愿服务为重要手段的基层科普服务体系。动员学校、医院、科研院所、企业、科学共同体和社会组织等组建科技志愿服务队，完善科技志愿服务管理制度，推进科技志愿服务专业化、规范化、常态化发展，推广群众点单、社区派单、部门领单、科技志愿服务队接单的订单认领模式。建立完善跨区域科普合作和共享机制，鼓励有条件的地区开展全领域行动、全地域覆盖、全媒体传播、全民参与共享的全域科普行动。

——实施基层科普服务能力提升工程。深入实施基层科普行动计划。开展全国科普示范县（市、区）创建活动。加强基层科普设施建设，在城乡社区综合服务设施、社区图书馆、社区书苑、社区大学等平台拓展科普服务功能。探索建立基层科普展览展示资源共享机制。深入开展爱国卫生运动、全国科普日、科技活动周、双创活动周、防灾减灾日、食品安全宣传周、公众科学日等活动，增进公众对科技发展的了解和支持。

——加强专职科普队伍建设。大力发展科普场馆、科普基地、科技出版、新媒体科普、科普研究等领域专职科普人才队伍。鼓励高校、科研机构、企业设立科普岗位。建立高校科普人才培养联盟，加大高层次科普专门人才培养力度，推动设立科普专业。

（五）科学素质国际交流合作工程。

拓展科学素质建设交流渠道，搭建开放合作平台，丰富交流合作内容，增进文明互鉴，推动价值认同，提升开放交流水平，参与全球治理。

——拓展国际科技人文交流渠道。围绕提升科学素质、促进可持续发展，充分发挥科学共同体优势和各类人文交流机制作用。开展青少年交流培育计划，拓展合作领域，提升合作层次。

——丰富国际合作内容。深入开展科学教育、传播和普及双多边合作项目，促进科普产品交流交易。聚焦应对未来发展、粮食安全、能源安全、人类健康、灾害风险、气候变化等人类可持续发展共同挑战，加强青少年、妇女和教育、媒体、文化等领域科技人文交流。

——积极参与全球治理。推进科学素质建设国际合作，探索制订国际标准，推动建立世界公众科学素质组织，参与议题发起和设置，在多边活动中积极提供中国方案、分享中国智慧。

——促进“一带一路”科技人文交流。坚持共商共建共享原则，深化公共卫生、绿色发展、科技教育等领域合作。推进科学素质建设战略、规划、机制对接，加强政策、规则、标准联通，推动共建“一带一路”高质量发展。

五、组织实施

（一）组织保障。

建立完善《科学素质纲要》实施协调机制，负责领导《科学素质纲要》实施工作，将公民科学素质发展目标纳入国民经济和社会发展规划，加强对《科学素质纲要》实施的督促检查。各部门将《科学素质纲要》有关任务纳入相关规划和计划，充分履行工作职责。中国科协发挥综合协调作用，做好沟通联络工作，会同各有关方面共同推进科学素质建设。

地方各级政府负责领导当地《科学素质纲要》实施工作，把科学素质建设作为地方经济社会发展的一项重要任务，纳入本地区总体规划，列入年度工作计划，纳入目标管理考核。地方各级科协牵头实施《科学素质纲要》，完善科学素质建设工作机制，会同各相关部门全面推进本地区科学素质建设。

（二）机制保障。

完善表彰奖励机制。根据国家有关规定，对在科学素质建设中做出突出贡献的集体和个人给予表彰和奖励。

完善监测评估体系。完善科普工作评估制度，制定新时代公民科学素质标准，定期开展公民科学素质监测评估、科学素质建设能力监测评估。

（三）条件保障。

完善法规政策。完善科普法律法规体系，鼓励有条件的地方制修订科普条例，制定科普专业技术职称评定办法，开展评定工作，将科普人才列入各级各类人才奖励和资助计划。

加强理论研究。围绕新科技、新应用带来的科技伦理、科技安全、科学谣言等方面，开展科学素质建设理论与实践研究。深入开展科普对象、手段和方法等研究，打造科学素质建设高端智库。

强化标准建设。分级分类制定科普产品和服务标准，实施科学素质建设标准编制专项，推动构建包括国家标准、行业标准、地方标准、团体标准和企业标准的多维标准体系。

保障经费投入。各有关部门统筹考虑和落实科普经费。各级政府按规定安排经费支持科普事业发展。大力提倡个人、企业、社会组织等社会力量采取设立科普基金、资助科普项目等方式为科学素质建设投入资金。

国务院关于印发“十四五”就业促进规划的通知

国发〔2021〕14号

各省、自治区、直辖市人民政府，国务院各部委、各直属机构：

现将《“十四五”就业促进规划》印发给你们，请认真贯彻执行。

2021年8月23日

“十四五”就业促进规划

就业是最大的民生，也是经济发展最基本的支撑。“十四五”时期，实现更加充分更高质量就业，是推动高质量发展、全面建设社会主义现代化国家的内在要求，是践行以人民为中心发展思想、扎实推进共同富裕的重要基础。本规划依据《中华人民共和国国民经济和社会发展第十四个五年规划和2035年远景目标纲要》编制，提出了“十四五”时期促进就业的指导思想、基本原则、主要目标、重点任务和保障措施，是推动就业高质量发展的工作指引。

一、发展环境

“十三五”期间，面对错综复杂的国际形势、艰巨繁重的国内改革发展稳定任务特别是新冠肺炎疫情的严重冲击，党中央、国务院始终坚持以人民为中心，将就业摆在经济社会发展优先位置，创新实施就业优先政策，推动就业工作取得积极进展。全国城镇新增就业6 564万人，城镇调查失业率均值控制在5.2%，劳动年龄人口平均受教育年限从10.2年提高到10.8年，技能劳动者总量由1.3亿人增至2亿人，就业形势总体稳定，就业结构持续优化，就业质量不断提升。

“十四五”时期是我国全面建成小康社会、实现第一个百年奋斗目标之后，乘势而上开启全面建设社会主义现代化国家新征程、向第二个百年奋斗目标进军的第一个五年。当前和今后一段时期，我国发展仍然处于重要战略机遇期，党中央、国务院高度重视就业问题，实施就业优先战略，为实现更加充分更高质量就业提供了根本保证；我国已转向高质量发展阶段，以国内大循环为主体、国内国际双循环相互促进的新发展格局加快构建，经济稳中向好、长期向好，为就业长期稳定创造了良好条件；新一轮科技革命和产业变革深入发展，新兴就业创业机会日益增多；新型城镇化、乡村振兴孕育巨大发展潜力，新的就业增长点不断涌现；劳动力市场协同性增强，劳动力整体受教育程度上升，社会性流动更加顺畅，为促进就业夯实了人力资源支撑。

但也要看到，“十四五”时期就业领域也出现了许多新变化新趋势。人口结构与经济结构深度调整，劳动力供求两侧均出现较大变化，产业转型升级、技术进步对劳动者技能素质提出了更高要求，人才培养培训不适应市场需求的现象进一步加剧，“就业难”与“招工难”并存，结构性就业矛盾更加突出，将成为就业领域主要矛盾。城镇就业压力依然较大，促进高校毕业生等重点群体就业任务艰巨，在工业化、城镇化进程中，还有大量农村富余劳动力需要转移就业，规模性失业风险不容忽视。同时，就业歧视仍然存在，灵活就业人员和新就业形态劳动者权益保障亟待加强；人工智能等智能化技术加速应用，就业替代效应持续显现；国际环境日趋复杂，不稳定性不确定性明显增加，对就业的潜在冲击需警惕防范。总之，就业形势仍较严峻。必须深刻认识就业领域主要矛盾的变化，深入分析面临的挑战和风险，坚持问题导向，采取务实举措，抓住机遇，调动各种积极因素，不断开创就业工作新局面，努力实现更加充分更高质量就业。

二、总体要求

（一）指导思想。

以习近平新时代中国特色社会主义思想为指导，深入贯彻党的十九大和十九届二中、三中、四中、五中全会精神，统筹推进“五位一体”总体布局，协调推进“四个全面”战略布局，坚持稳中求进工作总基调，立足新发展阶段，完整、准确、全面贯彻新发展理念，构建新发展格局，统筹发展和安全，以实现更加充分更高质量就业为主要目标，深入实施就业优先战略，健全有利于更加充分更高质量就业的促进机制，完善政策体系、强化培训服务、注重权益保障，千方百计扩大就业容量，努力提升就业质量，着力缓解结构性就业矛盾，切实防范和有效化解规模性失业风险，不断增进民生福祉，推动全体人民共同富裕迈出坚实步伐。

（二）基本原则。

——坚持就业导向、政策协同。继续把就业摆在经济社会发展和宏观政策优先位置，作为保障和改善民生头等大事，把稳定和扩大就业作为宏观调控的优先目标和经济运行合理区间的下限，根据就业形势变化，及时调整宏观政策取向、聚力支持就业。

——坚持扩容提质、优化结构。兼顾容量、质量与结构，抓住主要矛盾，在多措并举创造更多高质量就业岗位的同时，更加重视日益凸显的结构性就业矛盾，聚焦劳动者技能素质提升，突出抓好技术技能人才培养培训，推动形成劳动力市场更高水平的供需动态平衡。

——坚持市场主导、政府调控。推动有效市场和有为政府更好结合，既要坚持市场化社会化就业方向，加快破除制约就业的体制机制障碍，充分发挥市场配置劳动力资源的决定性作用，又要强化政府责任，优化整合各类资源，为促进就业提供强有力政策支持和基础性服务保障。

——坚持聚焦重点、守住底线。紧盯就业领域关键环节和突出问题，瞄准重点地区、重点行业和重点群体，制定更加精准有效的举措，因地因企因人强化分类帮扶援助，切实兜牢民生底线。

（三）主要目标。

到2025年，要实现以下目标：

——就业形势总体平稳。城镇新增就业5 500万人以上，努力实现更大规模，城镇调查失业率控制在5.5%以内，重点群体就业保持稳定。城乡、区域就业机会差距逐步缩小，劳动力市场供求基本平衡。

——就业质量稳步提升。劳动报酬提高与劳动生产率提高基本同步，覆盖城乡劳动者的社会保障体系更加健全，劳动权益保障进一步加强，劳动关系和谐稳定，更多劳动者实现体面劳动。

——结构性就业矛盾有效缓解。人力资源质量大幅提升，更加匹配产业转型升级和高质量发展的需要。全国高技能人才总量稳步扩大，劳动年龄人口平均受教育年限达到11.3年，新增劳动力受过高等教育比例达到55%。

——创业带动就业动能持续释放。创业引领作用更加凸显，对高质量就业的带动能力不断增强。创业环境更加优化，政策服务体系更加完备，创业机会更多、渠道更广，更多人可以通过创业实现人生价值。

——风险应对能力显著增强。就业领域风险监测预警和应对处置机制不断健全，失业人员保障范围有效扩大、保障水平进一步提高，困难群体得到及时帮扶，就业安全保障更加有力。

专栏1　“十四五”时期就业主要指标

指标名称	2020年	2025年	年均/累计	属性
城镇新增就业（万人）	1 186	—	>［5 500］	预期性
城镇调查失业率（%）	5.2	—	<5.5	预期性
城镇就业占比（%）	61.6	>65	—	预期性
脱贫人口务工规模（万人）	3 243	—	>3 000	预期性
全员劳动生产率增长（%）	2.5	—	高于GDP增长	预期性
劳动报酬占比（%）	52.1*	—	稳步提高	预期性
开展补贴性职业技能培训（万人次）	2 700	—	［7 500］	预期性
基本养老保险参保率（%）	91	95	—	预期性
劳动年龄人口平均受教育年限（年）	10.8	11.3	—	约束性
新增劳动力受过高等教育比例（%）	53.5	55	—	预期性

注：①［ ］内为5年累计数。
②带*号的为2019年数据。
③劳动报酬占比是指劳动报酬占GDP的比重。

三、坚持经济发展就业导向，不断扩大就业容量

落实就业优先战略，强化就业优先政策，推动形成高质量发展与就业扩容提质互促共进的良性循环。

（四）全面增强就业吸纳能力。

强化就业优先导向的宏观调控。将就业优先政策置于宏观政策层面并持续强化，完善调控手段，充实政策工具箱，强化财政、货币、投资、消费、产业、区域等政策支持就业的导向，实现与就业政策协同联动。深入实施扩大内需战略，持续促进消费、增加有效投资拉动就业，通过保市场主体保就业。健全就业影响评估机制，制定实施宏观政策时要充分考虑对就业的影响，提升重大政策规划、重大工程项目、重大生产力布局对就业的促进作用。健全就业目标责任考核机制，建立更加充分更高质量就业考核评价体系，探索开展高质量就业地区试点工作。

促进制造业高质量就业。实施制造业降本减负行动，引导金融机构扩大制造业中长期融资，提升制造业盈利能力，提高从业人员收入水平，增强制造业就业吸引力，缓解制造业“招工难”问题。推进制造业高质量发展和职业技能培训深度融合，促进制造业产业链、创新链与培训链有效衔接。支持吸纳就业能力强的劳动密集型行业发展。注重发展技能密集型产业，推动传统制造业转型升级赋能、延伸产业链条，开发更多制造业领域技能型就业岗位。立足我国产业规模优势、配套优势和部分领域先发优势，发展服务型制造新模式，做大

做强新兴产业链，推动先进制造业集群发展，打造更多制造业就业增长点。

扩大服务业就业。聚焦产业转型升级和消费升级需要，构建优质高效、结构优化、竞争力强的服务产业新体系，为劳动者就业提供更大空间和更多选择。进一步放宽服务业市场准入，深入推进服务业扩大开放，促进服务业数字化转型、线上线下双向发展，推动现代服务业同先进制造业、现代农业深度融合，支持生产性服务业和服务外包创新发展，加快生活服务业高品质和多样化升级，鼓励商贸流通和消费服务业态与模式创新，引导夜间经济、便民生活圈等健康发展，稳定开发社区超市、便利店、社区服务和社会工作服务岗位，充分释放服务业就业容量大的优势。

拓展农业就业空间。深化农业供给侧结构性改革，加强现代农业产业园和农业现代化示范区建设，打造农业全产业链，提升农业价值链，吸纳带动更多就业。实施农民合作社规范提升行动、家庭农场培育计划和高素质农民培育计划，推动小农户与现代农业发展有机衔接，扶持一批农业产业化龙头企业牵头、家庭农场和农民合作社跟进、广大小农户参与的农业产业化联合体，实现抱团发展，促进农民就业增收。

支持中小微企业和个体工商户持续稳定发展增加就业。完善促进中小微企业和个体工商户发展和用工的制度环境和政策体系，构建常态化援企稳岗帮扶机制，持续减轻中小微企业和个体工商户负担，激发中小微企业和个体工商户活力，增强就业岗位创造能力。优化中小微企业发展生态，取消各类不合理限制和壁垒。支持劳动者创办投资小、见效快、易转型、风险小的小规模经济实体。加大对中小微企业和个体工商户融资支持力度，加强普惠金融服务。

（五）培育接续有力的就业新动能。

促进数字经济领域就业创业。加快发展数字经济，推动数字经济和实体经济深度融合，催生更多新产业新业态新商业模式，培育多元化多层次就业需求。健全数字规则，强化数据有序共享和信息安全保护，加快推动数字产业化，打造具有国际竞争力、就业容量大的数字产业集群。深入实施“上云用数赋智”行动，推进传统线下业态数字化转型赋能，创造更多数字经济领域就业机会。促进平台经济等新产业新业态新商业模式规范健康发展，带动更多劳动者依托平台就业创业。

支持多渠道灵活就业和新就业形态发展。破除各种不合理限制，建立促进多渠道灵活就业机制，支持和规范发展新就业形态。鼓励传统行业跨界融合、业态创新，增加灵活就业和新就业形态就业机会。加快落实《关于维护新就业形态劳动者劳动保障权益的指导意见》，建立完善适应灵活就业和新就业形态的劳动权益保障制度，引导支持灵活就业人员和新就业形态劳动者参加社会保险，提高灵活就业人员和新就业形态劳动者社会保障水平。规范平台企业用工，明确平台企业劳动保护责任。健全职业分类动态调整机制，持续开发新职业，发布新职业标准。

专栏 2　　实施灵活就业人员和新就业形态劳动者支持保障计划

1. 完善灵活就业人员就业服务制度。以个人经营、非全日制、新就业形态等灵活方式就业的劳动者，可在常住地公共就业服务机构办理就业登记，按规定享受各项政策和服务。建立灵活就业岗位信息发布渠道。

2. 实施新就业形态劳动者技能提升项目。创新适合新就业形态劳动者的培训形式和内容，搭建数字资源线上培训服务平台，支持其根据自身实践和需求参加个性化培训。

3. 健全灵活就业人员社会保障制度。完善灵活就业人员参加基本养老、基本医疗保险相关政策，放开灵活就业人员在就业地参加基本养老、基本医疗保险的户籍限制。推进职业伤害保障试点，探索用工企业购买商业保险、保险公司适当让利的机制，鼓励用工企业以商业保险方式为灵活就业人员和新就业形态劳动者提供多层次保障。

（六）提高区域就业承载力。

推动区域就业协调发展。支持东部地区发挥创新要素集聚优势，率先实现产业升级，开拓高质量就业新领域，培育高质量就业增长极。加快完善中西部和东北地区基础设施，提升产业集聚区公共服务效能，引导产业向中西部和东北地区有序梯度转移，推动就业机会向中西部和东北地区扩散。支持中西部和东北地区根据国家战略导向和发展重点，对接先进生产要素和创新资源，发展特色优势产业，改造提升传统产业，积极布局新兴产业，厚植就业创业沃土。

实施特殊类型地区就业促进行动。健全巩固拓展脱贫攻坚成果长效机制，统筹各类政策资源，强化后续扶持，以脱贫地区为重点，支持欠发达地区因地制宜发展吸纳就业效果好的富民产业。支持革命老区、边境地区等发展本地特色产业，推进资源型地区加快培育发展接续替代产业，完善就地就近就业配套设施，做好边民、少数民族劳动者和失地农民、下岗矿工、停产企业员工等困难群体就业帮扶。对高失业率地区开展专项就业援助，针对性开发和推荐就业岗位，促进失业人员再就业。

壮大县乡村促就业内生动力。深入推进新型城镇化和乡村振兴战略有效衔接，推动县乡村联动发展，促进产镇融合、产村一体，打造“一县一业”、“一乡一特”、“一村一品”经济圈，做好产业和就业帮扶。推进以县城为重要载体的城镇化建设，补短板强弱项，增强综合服务能力，促进绿色低碳发展，吸引各类生产要素向县城流动聚集，做大做强县域经济，扩大县城就业需求。支持乡镇提升服务功能，增加生产生活要素供给，为发展产业、带动就业创造良好条件，把乡镇建设成拉动农村劳动力就业的区域中心。完善农村一二三产业融合发展体系，丰富乡村经济业态，促进乡村产业多模式融合、多类型示范，打造乡村产业链供应链，加快乡村产业振兴步伐，培育乡村就业增长极。

专栏3　　提高区域就业承载力重点任务

1. 夯实中西部和东北地区就业基础。鼓励中西部和东北地区与东部沿海地区通过共建跨区域产业合作园区、发展飞地经济等多种方式搭建承接产业转移平台，增强承接产业转移能力，创造更多本地就业岗位。支持中西部和东北地区立足基础优势，加快培育产业链长、带动就业能力强的支柱产业，协同推进产业转型升级和促进就业。

2. 扩大特殊类型地区就业容量。以工代赈项目重点向脱贫地区倾斜。支持革命老区、边境地区培育一批特色产业集群、优势资源基地，推出一批乡村旅游重点村、镇精品线路，为当地居民提供更多就业机会。支持资源枯竭型城市加强接续替代产业平台建设，培育接续替代产业集群，带动当地职工转岗就业。深入实施采煤沉陷区综合治理和独立工矿区改造提升工程，推进老工业基地制造业竞争优势重构，改善生产发展和居民就业条件。

3. 健全县乡村产业提升和就业促进机制。引导劳动密集型产业、县域特色产业在县城集聚发展，在农业产业强镇、商贸集镇、物流节点布局劳动密集型加工业，鼓励大型商贸企业在乡镇布点，增强就业支撑。保障乡村产业发展用地，做强现代种养业，做精乡村特色产业，提升农产品加工流通业，优化乡村休闲旅游业，培育发展乡村新型服务业和信息产业，持续带动农民就业创业。

4. 加强人才扶持。支持中西部和东北地区、特殊类型地区和县乡村基层积极吸引人才流入，加大力度推进职业技术教育和职业技能培训，为产业发展提供技术工人、管理人员和创业人才。

四、强化创业带动作用，放大就业倍增效应

深入实施创新驱动发展战略，营造有利于创新创业创造的良好发展环境，持续推进双创，更大激发市场活力和社会创造力，促进创业带动就业。

（七）不断优化创业环境。

深化创业领域“放管服”改革。全面实行《优化营商环境条例》和政府权责清单制度，分类推进行政审批制度改革，打造市场化法治化国际化营商环境。实施全国统一的市场

准入负面清单制度，健全清单动态调整机制，定期评估、排查、清理各类显性和隐性壁垒，最大限度解除对创业的束缚。提升企业开办标准化规范化便利化水平，建立便利、高效、有序的市场主体退出制度。实行以公平为原则的产权保护制度。

加强创业政策支持。加大对初创实体的支持力度，进一步降低创业成本，提升初创企业持续发展能力。落实创业担保贷款及贴息政策，提高贷款便利度和政策获得感。拓展创业企业直接融资渠道，健全投资生态链，更好发挥创业投资引导基金和私募股权基金作用，加大初创期、种子期投入。提升创业板服务成长型创业企业功能，支持符合条件的企业发行企业债券。

实现创业资源开放共享。强化大企业在市场拓展、产业链协调、带动中小企业创业方面的作用，实施大中小企业融通创新专项行动，鼓励大企业向中小企业开放资源、场景、应用、需求，打造基于产业链供应链的创新创业生态。推动国家科研平台、科技报告、科研数据、科研仪器设施、高校实验室进一步向企业、社会组织和个人开放，创造更多创业机会。促进国家级新区、国家自主创新示范区开放企业（项目）资源，建立项目对接机制，吸纳人才创业。

（八）鼓励引导各类群体投身创业。

激发劳动者创业的积极性主动性。实施农村创业创新带头人培育行动，壮大新一代乡村企业家队伍。实施大学生创业支持计划、留学人员回国创业启动支持计划。鼓励引导有创业意愿和创业能力的农民工、大学生、退役军人等人员返乡入乡创业。建立科研人员入乡兼职兼薪和离岗创业制度，完善科研人员职务发明成果权益分享机制。激发和保护企业家精神，倡导敬业、精益、专注、宽容失败的创新创业文化。

全方位培养引进用好创业人才。大力发展高校创新创业教育，培育一批创业拔尖人才。面向有创业意愿和培训需求的城乡各类劳动者开展创业培训。实施更加积极更加开放更加有效的人才政策，加大创业人才引进力度，为外籍高层次人才来华创业提供便利。健全以创新能力、质量、实效、贡献为导向的创新创业人才评价体系，加强创新创业激励和保障。

（九）全面升级创业服务。

打造全生态、专业化、多层次的创业服务体系。加快完善创业服务网络。加强服务队伍建设，为创业者提供政策咨询、项目推介、开业指导等服务。推广创业导师制，推行科技特派员制度，支持科技领军企业、高技能人才、专业技术人才等到基层开展创业服务。实施创业带动就业示范行动，组织各类创业大赛和创业推进活动，办好全国双创活动周，开展创业型城市示范创建，营造浓厚的创业氛围。

建设特色化、功能化、高质量的创业平台载体。构建众创空间、孵化器、加速器、产业园相互接续的创业平台支持链条。创新创业孵化载体建设模式，支持大企业与地方政府、高校共建，提高利用率。实施全国创业孵化示范基地改造提升工程，强化服务质量管理，提升孵化服务功能，新认定一批国家级创业孵化示范基地。优化双创示范基地建设布局，充分发挥双创示范基地示范带动作用。鼓励地方开辟退役军人创业专区和退役军人就业创业园地，依托各类产业园区建设一批返乡入乡创业园，加强大学生创业园等孵化载体建设。支持地方进一步加快建设留学人员创业园，持续推动省部共建。

专栏 4　　返乡入乡创业园建设

1. 整合建设一批返乡入乡创业园。以县级地区为单位，对现有开发区、产业园区、产业集聚区、创业载体等各类园区平台整合拓展、优化布局，打造功能完备、环境优良的返乡入乡创业园。改造提升返乡入乡创业园配套设施，提高智能化、服务化水平。

续表

2. 培育返乡入乡创业产业集群。依托返乡入乡创业园，探索适合当地的返乡入乡创业发展路径和模式，通过承接产业转移、资源嫁接输入地市场、一二三产业融合发展等方式，培育具有区域特色、大中小企业协同联动、上下游产业全链条一体发展的返乡入乡创业产业集群。 3. 强化资金支持。允许将符合条件的返乡入乡创业园建设项目纳入地方政府专项债券支持范围。统筹利用现有资金渠道，有条件的地方可按规定因地制宜安排资金，支持返乡入乡创业园建设。鼓励金融机构在风险可控、商业可持续的前提下，创新金融产品和业务模式，支持返乡入乡创业园建设和返乡入乡创业企业发展。

五、完善重点群体就业支持体系，增强就业保障能力

聚焦高校毕业生等重点群体，坚持市场化社会化就业与政府帮扶相结合，促进多渠道就业创业。

（十）持续做好高校毕业生就业工作。

拓宽高校毕业生市场化社会化就业渠道。结合国家重大战略布局、现代产业体系建设、中小企业创新发展，创造更多有利于发挥高校毕业生专长和智力优势的知识技术型就业岗位。健全激励保障机制，畅通成长发展通道，引导高校毕业生到中西部、东北、艰苦边远地区和城乡基层就业。围绕乡村振兴战略，服务乡村建设行动和基层治理，扩大基层教育、医疗卫生、社区服务、农业技术等领域就业空间。为有意愿、有能力的高校毕业生创新创业提供资金、场地和技术等多层次支持。

强化高校毕业生就业服务。健全校内校外资源协同共享的高校毕业生就业服务体系，完善多元化服务机制，将留学回国毕业生及时纳入公共就业人才服务范围。加强职业生涯教育和就业创业指导，加大就业实习见习实践组织力度，开展大规模、高质量高校毕业生职业技能培训，提高高校毕业生就业能力。实施常态化高校毕业生就业信息服务，精准组织线上线下就业服务活动，举办行业性、区域性、专业性专场招聘，加强户籍地、求职地、学籍地政策服务协同，提高供需匹配效率。对离校未就业高校毕业生开展实名制帮扶，健全困难高校毕业生就业援助机制。强化择业就业观念引导，推动高校毕业生积极理性就业。开展“最美基层高校毕业生”学习宣传活动。

专栏5　实施高校毕业生就业创业促进计划

1. 岗位拓展行动。实施高校毕业生中小微企业就业支持计划，指导国有企业健全公开、竞争、择优的市场化招聘制度。实施好“三支一扶”计划、农村教师特岗计划、大学生志愿服务西部计划等高校毕业生基层服务项目。开发一批社区服务、科研助理、社会组织就业岗位。支持大学生参军入伍，提高高校毕业生新兵补充比例。 2. 就业能力提升行动。开展就业育人主题教育活动，积极搭建校企对接平台，广泛组织大学生实习锻炼。实施就业见习计划，建设一批国家级高校毕业生就业见习示范单位。针对高校毕业生，重点加强新兴产业、智能制造、现代服务业等领域岗位培训。 3. 精准服务行动。持续开展大中城市联合招聘、“24365 校园网络招聘”、“千校万岗”、中小微企业专场招聘、中央企业面向西藏青海新疆毕业生专场招聘等系列活动。组建专业化就业创业导师队伍，推出线上直播课，为高校毕业生提供职业规划、职业体验、求职指导等服务。举办全国大学生职业规划大赛。

（十一）高度重视城镇青年就业。

为城镇青年创造多样化就业机会。聚焦城镇青年（主要包括未继续升学初高中毕业生、城镇失业青年、转岗青年职工等，下同），完善就业支持体系。在推动先进制造业、现代服务业和劳动密集型产业发展中，开发更多适合城镇青年的就业岗位，带动更多城镇青年到新产业新业态新商业模式领域就业创业。对接产业优化布局、区域协调发展和重点行业企业人才需求，完善人力资源需求发布、要素配置、协同发展机制，支持城镇青年到人才紧缺领域就业。

增强城镇青年职业发展能力。发挥就业创业服务机构、产业企业园区、青年之家、青年活动中心等各类平台作用，支持城镇青年参加职业指导、职业体验、创业实践、志愿服务等活动。探索组织青年职业训练营、就业训练工场。打造适合城镇青年特点的就业服务模式，畅通信息服务渠道，提高择业精准度。

强化城镇青年就业帮扶。实施青年就业启航计划，对城镇长期失业青年开展实践引导、分类指导和跟踪帮扶，促进其进入市场就业创业。将劳动精神、奋斗精神融入指导和实践，引导城镇青年自强自立。为城镇困难失业青年提供就业援助。

（十二）加强退役军人就业保障。

改革完善退役军人安置制度。科学制定安置计划，改进岗位安置办法，推进落实安置政策，压实属地安置责任，规范接收安置程序，提高安置质量。优化安置方式，探索市场化安置改革，实现多渠道、多元化安置。推广"直通车"式安置，健全"阳光安置"工作机制。鼓励到艰苦边远地区和城乡基层安置。加强各种安置方式统筹协调，强化政策制度衔接。

支持退役军人自主就业。将退役军人按规定纳入现有就业服务、教育培训等政策覆盖范围。探索推开"先入校回炉、再就业创业"的模式，鼓励符合条件的退役军人报考高职学校，落实招收、培养、管理等方面的扶持政策。适时调整退役军人就业岗位目录。协调各方资源，加强行业企业合作，拓展就业供给领域，挖掘更多适合退役军人的就业岗位，促进退役军人到民营企业就业。实施"兵支书"协同培养工程，推动退役军人在乡村就业。设立退役军人就业实名台账，强化退役军人服务中心（站）就业服务功能，及时提供针对性服务。

（十三）推进农村劳动力转移就业。

稳定和扩大农村劳动力外出就业规模。广泛开展区域间劳务协作，健全劳务输入集中区域与劳务输出省份对接协调机制，加强劳动力跨区域精准对接，发展劳务组织和经纪人，有序组织输出地农村劳动力外出务工。培育一批有地域特色、行业特征、技能特点，带动农村劳动力就业效果好的劳务品牌。实施农民工素质提升工程，推进新生代农民工职业技能提升计划。创建一批农村劳动力转移就业示范县。

专栏6　　实施劳务品牌促就业计划

1. 劳务品牌发现培育计划。广泛开展摸底调查，发现一批有一定知名度、从业人员规模大、未固定品牌名称的劳务产品，引导形成劳务品牌。深入挖潜细分行业工种的用工需求，打造一批中高端技能型、高品质服务型、文化型、民生保障型劳务品牌。

2. 劳务品牌发展提升计划。加强劳务品牌技能带头人培养，多形式开展劳务品牌从业人员就业推荐活动，加强用工信息对接。健全劳务品牌质量诚信评价体系。

3. 劳务品牌壮大升级计划。依托返乡入乡创业园、创业孵化基地、农村创新创业孵化实训基地等创业载体，支持有条件的地方建设劳务品牌特色创业孵化基地。发挥特色资源、传统技艺和地域文化等优势，培育劳务品牌龙头企业。推动上下游产业链协同发展，打造产业集聚、定位鲜明、配套完善、功能完备的劳务品牌特色产业园。

4. 做好劳务品牌宣传推广。定期开展劳务品牌征集，组织劳务品牌竞赛，选树具有广泛影响力的劳务品牌项目，推出劳务品牌创立人、传承人、领军人以及形象代言人等典型人物。开展劳务品牌展示交流活动，举办劳务品牌专业论坛。

促进农村劳动力就地就近就业。依托县域经济、乡村产业发展，为农村劳动力创造更多就地就近就业岗位。重大投资项目、各类基础设施建设积极吸纳更多当地农村劳动力参与。加大以工代赈实施力度，在农业农村基础设施建设领域积极推广以工代赈方式，广泛组织当地农村劳动力，优先吸纳农村低收入人口参与工程建设以及建成后的维修养护，并及时足额发放以工代赈劳务报酬。

加快农业转移人口市民化。放开放宽除个别超大城市外的落户限制，试行以经常居住地登记户口制度。推动地方逐步探索制定城乡双向流动的户口迁移政策，确保外地和本地农业转移人口进城落户标准一视同仁，推动在城镇稳定就业生活、具有落户意愿的农业转移人口便捷落户。完善财政转移支付与农业转移人口市民化挂钩相关政策。调整城镇建设用地年度指标分配依据，建立同吸纳农业转移人口落户数量和提供保障性住房规模挂钩机制。依法保障进城落户农民农村土地承包权、宅基地使用权、集体收益分配权，健全农户“三权”市场化退出机制和配套政策。提高基本公共服务均等化水平，推动农业转移人口全面融入城市。

（十四）统筹其他重点群体就业。

稳定脱贫人口就业。健全脱贫人口、农村低收入人口就业帮扶长效机制，保持脱贫人口就业领域的扶持政策、资金支持、帮扶力量总体稳定。健全有组织劳务输出工作机制，将脱贫人口作为优先保障对象，稳定外出务工规模。支持脱贫地区大力发展当地优势特色产业，继续发挥就业帮扶车间、社区工厂、卫星工厂等就业载体作用，为脱贫人口创造就地就近就业机会。聚焦国家乡村振兴重点帮扶县、易地扶贫搬迁安置区，积极引进适合当地群众就业需求的劳动密集型、生态友好型企业（项目），增加本地就业岗位，组织专项就业服务活动实施集中帮扶。

专栏7　　实施易地扶贫搬迁群众就业帮扶巩固提升行动

1. 建设一批就业服务站。在万人以上大型安置区，建设就业服务站或专门服务窗口，掌握搬迁群众就业需求、意愿和技能等情况，做到动态精准帮扶。推广“就业帮扶直通车”系统，积极开展线上就业推荐服务，为搬迁群众提供更多岗位选择。开展培训进安置区活动，集中组织技能培训，提升搬迁群众就业能力。

2. 就近就业支持计划。支持安置区充分利用特色资源，对接外部市场，大力发展配套产业，有条件的大型安置区新建、改（扩）建、提升一批配套产业园，吸纳搬迁群众就业。加大安置区以工代赈实施力度。

3. 有组织劳务输出计划。将搬迁群众作为重点输出对象，为有集中外出务工需求的提供便利出行服务。充分发挥东西部协作、对口支援和省域内市际、县际协作等机制作用，拓宽搬迁群众外出就业渠道。

4. 创业支持计划。鼓励安置区内的产业园对搬迁群众创办的企业给予优惠政策。支持有条件的安置区加强创业孵化载体建设，根据入驻实体数量、孵化效果和带动就业成效给予一定奖补。鼓励金融机构针对搬迁群众创业，开发适合的金融产品。

持续开展困难群体就业援助。完善就业困难人员认定办法，建立动态调整机制，对零就业家庭人员、残疾人等困难群体，提供“一人一档”、“一人一策”精细化服务，扩大公益性岗位安置，加强对就业帮扶效果的跟踪与评估，确保零就业家庭动态清零。落实残疾人按比例就业制度。开展就业援助月等各类帮扶活动。及时将符合条件的就业困难人员纳入最低生活保障、临时救助范围，落实乡镇（街道）临时救助备用金制度。

促进其他群体就业。实施积极应对人口老龄化国家战略，强化大龄劳动者就业帮扶和权益保护，制定完善保障措施，及时提供就业创业服务、技能培训等支持，促进人力资源充分利用。持续做好产业结构调整、长江流域生态环境保护修复工作中的人员转岗再就业。

六、提升劳动者技能素质，缓解结构性就业矛盾

把技术技能人才培养培训放在更加突出的位置，着力改善劳动力要素质量，建设一支符合高质量发展要求、适应现代化经济体系、具备较高职业技能和道德素质、结构比较合理的劳动者队伍。

（十五）大规模多层次开展职业技能培训。

完善职业技能培训政策体系。面向市场需求加强职业技能培训，健全终身职业技能培训制度，制定“十四五”职业技能培训规划，深入实施职业技能提升行动。稳步扩大培训规模，重点加强高校毕业生和城镇青年、退役军人、农村转移就业劳动者、脱贫人口、失业人员、个体工商户、就业困难人员（含残疾人）

等技能培训，支持企业开展职工在岗培训，突出高技能人才培训、急需紧缺人才培训、转岗转业培训、储备技能培训、通用职业素质培训，积极发展养老、托育、家政等生活服务业从业人员技能培训，广泛开展新业态新商业模式从业人员技能培训，确保“十四五”期间开展补贴性职业技能培训 7 500 万人次左右。强化安全生产技能培训，提高劳动者安全生产素质。完善职业技能竞赛体系，推动职业技能竞赛科学化、规范化、专业化发展。

实现培训供给多元化。构建以公共实训基地、职业院校（含技工院校）、职业技能培训机构和行业企业为主的多元培训载体。推动培训市场全面开放，采取优化审批服务、探索实行告知承诺等方式，激发培训主体积极性，有效增加培训供给。充分发挥企业职业技能培训的主体作用和职业院校培训资源优势，政府补贴的职业技能培训项目全部向具备资质的职业院校开放。新建一批公共实训基地，并优化功能布局、提高开放性，完善企业利用公共实训基地开展实训有关制度。实施职业技能培训共建共享行动，健全职业技能培训共建共享机制，开展县域职业技能培训共建共享试点。

专栏 8　实施国家乡村振兴重点帮扶地区职业技能提升工程

1. 建设一批技工院校。支持生源数量较充足、具备发展技工教育条件的县级地区，通过新建、改（扩）建等方式，建设一批技工院校和职业培训机构。加大东西部协作，对口支援工作力度，对西藏技师学院和南疆四地州技工院校予以倾斜支持。

2. 建设一批高技能人才培训基地。落实高技能人才培训基地建设支持政策，分层分级建设一批高技能人才培训基地。

3. 建设一批技能大师工作室。根据地区产业发展需要，分层分级建立一批技能大师工作室，发挥带徒传技、技能攻关、技艺传承、技能推广等带动作用。

4. 举办乡村振兴职业技能大赛。引导支持国家乡村振兴重点帮扶县，结合当地特色产业发展状况，举办具有地方特色的职业技能竞赛。

切实提升职业技能培训质量。引导培训资源向市场急需、企业生产必需等领域集中，动态调整政府补贴性培训项目目录。采取政府按规定补贴培训、企业自主培训、市场化培训等多样化的培训方式，广泛开展订单式、套餐制培训，探索“互联网+职业技能培训”。统筹各级各类职业技能培训资金，加强集约化管理和使用，健全分层分类的培训补贴标准体系，畅通培训补贴直达企业和培训者渠道。健全职业技能培训监督评价考核机制。探索建立个人培训账户，形成劳动者职业技能培训电子档案，实现与就业、社会保障等信息联通共享。

提高劳动者职业素养。大力弘扬劳模精神、劳动精神、工匠精神，营造劳动光荣的社会风尚和精益求精的敬业风气。鼓励劳动者通过诚实辛勤劳动、创新创业创造过上幸福美好生活。加强职业道德教育，引导劳动者树立正确的人生观价值观就业观，培养敬业精神和工作责任意识。推进新型产业工人队伍建设，提高产业工人综合素质。

（十六）构建系统完备的技术技能人才培养体系。

推动职业技术教育提质培优。突出职业技术教育类型特色，深入推进改革创新，优化结构与布局。完善职业技术教育国家标准，推行“学历证书+职业技能等级证书”制度，实施现代职业技术教育质量提升计划，建设一批高水平职业技术院校和专业。健全职普融通机制，稳步发展职业本科教育，实现职业技术教育与普通教育学习成果双向互通互认、纵向流动。支持和规范社会力量兴办高质量职业技术教育，增强职业技术教育适应性。大力发展技工教育，建设一批优质技工院校和专业。探索中国特色学徒制，深化产教融合、校企合作。

提高人才培养质量。强化人才培养就业导向，健全人才培养与产业发展联动预警机制，增强人才培养前瞻性。深化教育教学改革，实施教育提质扩容工程，着力培养创新型、应用型、技能型人才。优化高校学科专业布局，推进专业升级和数字化改造，及时减少、撤销不适应市场需求的专业。加快重点领域急需紧缺人才培养，实施专业技术人才知识更新工程。加强重点专业学科建设，研究制订国家重点支持学科专业清单，大力发展新兴专业。加大数字人才培育力度，适应人工智能等技术发展需要，建立多层次、多类型的数字人才培养机制。

完善终身学习体系。建设学习型社会，构建服务全民终身学习的教育体系。推动高水平大学开放教育资源，完善注册学习和弹性学习制度。健全终身教育学习成果转换与认证制度，推进“学分银行”试点，探索学分积累转换制度。促进继续教育高质量发展，建立统一的高等学历继续教育制度，畅通在职人员继续教育与终身学习通道。规范发展非学历继续教育。积极发展在线教育，完善线上、线下课程学分认定和转换机制。创新发展城乡社区教育。

深化技能人才管理制度改革。实施“技能中国行动”，完善技能人才培养、使用、评价、激励机制。推进职业资格制度改革，压减准入类职业资格数量。完善职业技能等级制度，建立职业技能等级认定与相关系列职称评审贯通机制。推行社会化职业技能等级认定，鼓励企业在国家职业技能等级框架范围内增加技能岗位等级层次。加快构建国家资历框架，畅通管理人才、专业技术人才及技能人才的职业发展通道。

七、推进人力资源市场体系建设，健全公共就业服务体系

持续加强统一规范的人力资源市场体系建设，着力打造覆盖全民、贯穿全程、辐射全域、便捷高效的全方位公共就业服务体系，提升劳动力市场供需匹配效率。

（十七）建设高标准人力资源市场体系。

加快人力资源服务业高质量发展。推动人力资源服务与实体经济融合发展，引导人力资源服务机构围绕产业基础高级化、产业链现代化提供精准专业服务。鼓励人力资源服务业管理创新、技术创新、服务创新和产品创新，大力发展人力资源管理咨询、高级人才寻访、人才测评等高技术、高附加值业态。实施人力资源服务业领军人才培养计划。开展“互联网+人力资源服务”行动。深化人力资源服务领域对外开放，探索建设国家人力资源服务出口基地。

专栏9　实施人力资源服务业高质量发展行动

1. 人力资源服务业骨干企业培育计划。重点培育一批有核心产品、成长性好、具有国际竞争力的综合性人力资源服务企业，加快发展有市场、有特色、有潜力的专业化人力资源服务骨干企业，推动人力资源服务业细化专业分工，向价值链高端延伸。

2. 人力资源服务产业园建设计划。建设一批国家级人力资源服务产业园，开展产业园建设评估工作。鼓励有条件的地区根据本地经济发展和产业转型需要，培育建设一批有特色、有活力、有效益的地方人力资源服务产业园。

3. “一带一路”人力资源服务行动。稳步推进人力资源服务业开放发展，支持人力资源服务企业在共建“一带一路”国家设立分支机构，积极开拓国际市场，构建全球服务网络。加快发展人力资源服务贸易，培育建设一批国家人力资源服务出口基地。

4. 人力资源服务行业促就业行动。持续开展人力资源服务机构联合招聘、重点行业企业用工、重点群体就业、促进灵活就业、劳务协作等服务。

提高人力资源市场规范化水平。深化人力资源市场“放管服”改革，规范实施人力资源服务许可，持续优化人力资源市场环境。加强人力资源市场管理信息化、人力资源服务标准化和人力资源市场信用体系建设，完善人力资源服务机构信用评价标准和制度。组织开展诚信服务活动，选树一批诚信人力资源服务典型。

（十八）健全全方位公共就业服务体系。

完善公共就业服务制度。健全户籍地、常住地、参保地、就业地公共就业服务供给机制，推进就业创业政策咨询、就业失业登记、职业介绍等服务覆盖全体城乡劳动者。支持各类市场主体在注册地、经营地、用工地免费享受劳动用工咨询、招聘信息发布等服务。推动公共就业服务向农村延伸，实现城乡公共就业服务便利共享。持续改善革命老区、边境地区等公共就业服务水平和质量，缩小区域间差距。

加强公共就业服务机构设置。完善街道（乡镇）、社区（村）服务平台，构建覆盖城乡的公共就业服务网络。合理配置公共就业服务机构人员，加强职业指导、职业信息分析、创业指导等专业化、职业化队伍建设。组织动员各类人民团体、群众团体参与提供公共就业服务，支持社会组织提供公益性就业服务。

增强公共就业服务能力。健全公共就业服务标准体系，完善设施设备配置、人员配置等指导性标准，统一公共就业服务视觉识别系统，统一核心业务流程和规范。加快公共就业服务智慧化升级，推动公共就业服务向移动终端、自助平台延伸，打造集政策解读、业务办理等于一体的人工智能服务模式，逐步实现服务事项“一网通办”。推进流动人员人事档案信息化建设。建立综合评价指标体系，开展公共就业服务需求分析、社会满意度调查和第三方评估。创建一批公共就业创业服务示范城市，开展充分就业社区建设。

专栏 10　　实施提升就业服务质量工程

1. 劳动力市场、人才市场、零工市场建设计划。支持用工密集的中心城市、劳动力密集的欠发达地区建设一批劳动力市场。结合国家重大区域发展战略和地区产业结构，建设一批专业性人才市场。支持零工需求较多地区建设一批零工市场。

2. 就业服务基层基础能力提升计划。在人口密集的村和社区设置就业服务站，健全“15 分钟就业服务圈”。支持有条件的高等学校、职业学校（含技工院校）开设就业服务相关学科专业，对公共就业服务人员进行专项培训。组建就业专家服务团，开展服务下乡、巡回指导等活动，引导专业力量下沉。

3. 建立全国统一的公共就业创业服务平台。依托就业监测系统、中国公共招聘网、“就业在线”平台等，建立全国统一的服务平台，实现全国各类就业创业信息的共享和联网发布。推进就业补助资金网上申报、网上审核、联网核查。

4. 健全重点企业用工常态化服务机制。根据各地经济发展实际，确定一批带动就业能力强、用工规模大的重点企业，建立公共就业服务联系制度，设立就业服务专员，实施定点服务，通过专场招聘、劳务协作等多渠道帮助解决用工问题。

5. 开展专项招聘服务系列行动。持续开展春风行动、春潮行动、民营企业招聘月、百日千万网络招聘等招聘活动，创新活动方式，丰富活动内容，促进供需匹配。

八、优化劳动者就业环境，提升劳动者收入和权益保障水平

提高劳动者工作待遇，加强劳动者权益保障，提升劳动者获得感和满意度，让广大劳动者实现体面劳动、全面发展。

（十九）改善劳动者就业条件。

合理增加劳动报酬。坚持按劳分配为主体、多种分配方式并存，提高劳动报酬在初次分配中的比重。健全工资决定、合理增长和支付保障机制，增加劳动者特别是一线劳动者劳动报酬，实现劳动报酬与劳动生产率基本同步提高。完善工资指导线、企业薪酬调查和信息发布制度，健全最低工资标准调整机制，实施企业薪酬指引计划。积极推行工资集体协商制度。健全劳动、知识、技术、管理等生产要素由市场评价贡献、决定报酬的机制。改革完善体现岗位绩效和分级分类管理的事业单位薪酬制度。深化国有企业工资分配制度改革，建立完善国有企业市场化薪酬分配机制。

营造良好劳动环境。实施工伤预防五年行动计划。建立企业全员安全生产责任制度，压实企业安全生产主体责任。深入开展安全生产专项整治三年行动，持续加强矿山、冶金、化工等重点行业领域尘毒危害专项治理，坚决遏制重特大事故发生。严格执行安全生产法，加

强对高危行业建设项目的监管。推动简单重复的工作环节和“危繁脏重”的工作岗位尽快实现自动化智能化，加快重大安全风险领域“机器换人”。

加强劳动者社会保障。健全多层次社会保障体系，持续推进全民参保计划，提高劳动者参保率。加大城镇职工基本养老保险扩面力度，大力发展企业年金、职业年金，规范发展第三支柱养老保险。推进失业保险、工伤保险向职业劳动者广覆盖，实现省级统筹。完善全国统一的社会保险公共服务平台，优化社会保险关系转移接续。

（二十）促进平等就业。

畅通劳动力和人才社会性流动渠道。深化劳动力要素市场化配置改革，同步推进户籍制度、用人制度、档案服务改革，加快破除妨碍劳动力和人才市场化配置和自由流动的障碍，搭建横向流动桥梁、纵向发展阶梯，形成合理、公正、畅通、有序的社会性流动格局。拓展基层人员发展空间，加大对基层一线人员奖励激励力度。

努力消除就业歧视。建立劳动者平等参与市场竞争的就业机制，营造公平的市场环境，逐步消除民族、种族、性别、户籍、身份、残疾、宗教信仰等各类影响平等就业的不合理限制或就业歧视，增强劳动力市场包容性。保障妇女在就业创业、职业发展、技能培训、劳动报酬、职业健康与安全等方面的权益，为因生育中断就业的女性提供再就业培训公共服务。将生育友好作为用人单位承担社会责任的重要方面，鼓励用人单位制定有利于职工平衡工作和家庭关系的措施，依法协商确定有利于照顾婴幼儿的灵活休假和弹性工作方式。建立投诉处理机制和联合约谈机制，及时纠正含有歧视内容和不合理限制的招聘行为。健全司法救济机制，依法受理涉及就业歧视的相关起诉，设置平等就业权纠纷案由。

（二十一）维护劳动者合法权益。

扎实做好劳动权益保障。开展清理整顿人力资源市场秩序专项行动，依法查处招聘过程中的虚假、欺诈现象，强化劳务派遣用工监管。健全劳动合同制度，鼓励企业与劳动者签订长期或无固定期限劳动合同。加强对劳动密集型企业、中小微企业劳动用工指导。督促企业依法落实工时制度，保障劳动者休息休假权益。完善欠薪治理长效机制，持续推进根治拖欠农民工工资工作。推进智慧劳动保障监察系统建设，强化大数据分析能力和监控预警功能，提高执法效能。

构建和谐劳动关系。健全政府、工会、企业代表组织共同参与的协商协调机制。推动企业建立多种形式的民主参与、民主监督、民主决策新机制，提升企业与劳动者沟通协商的制度化程度。完善以职工代表大会为基本形式的企业民主管理制度，引导中小企业依法成立工会组织，在中小企业集中的地方推动建立区域性、行业性职工代表大会。推进集体协商制度建设，巩固提高集体协商覆盖面和实效性。深入实施劳动关系“和谐同行”能力提升三年行动计划，推进构建中国特色和谐劳动关系改革创新。开展和谐劳动关系创建活动。加强劳动关系形势分析和风险监测预警。创新劳动人事争议调解仲裁机制，强化调解仲裁队伍建设，推进“互联网+调解仲裁”。

九、妥善应对潜在影响，防范化解规模性失业风险

加强风险监测预警和应对处置，及时制定完善应对重大公共安全、卫生等事件的稳就业预案，切实做好失业保障。

（二十二）健全监测预警机制。

完善就业失业统计监测调查体系。加快构建系统完备、立体化的就业失业监测网络，实现劳动力市场、企业用工主体和劳动者个体全覆盖，全面反映就业增长、失业水平、市场供求状况。完善就业统计指标体系和调查统计方法，探索进行就业质量、就业稳定性等方面的分析。推进大数据在就业统计监测领域的应用。

专栏 11　　实施就业失业统计监测调查能力提升计划

1. 升级全国劳动力资源信息库。健全跨地区、跨部门数据共享和业务协同机制，将全国劳动力资源信息采集入库，加强与社会保险、劳动关系、国家人口信息之间的数据比对联动，实现信息动态更新。 2. 构建广覆盖的监测网络。加强移动通信、网络招聘、工业用电、企业征信等大数据应用，健全就业大数据监测系统。选取一批有代表性的城市，建立定点下沉、信息直报的监测点联络制度，跟踪监测经济运行、就业失业、工资收入、劳动力流动等变化趋势。 3. 健全失业动态监测机制。优化监测企业样本结构，细分企业规模、性质等，按月分析岗位变化情况，研判企业减员风险。 4. 完善劳动力调查制度。扩大劳动力调查样本规模、按月做好分省份调查失业率统计工作，加强劳动力调查数据的分析研究。 5. 建立就业岗位调查制度。开展就业岗位调查试点，细分区域、行业等，按月调查各类用工主体岗位空缺和用工需求，逐步建成就业岗位调查制度。

增强风险预警预判能力。健全就业形势科学研判机制，建立“政府+高校+企业”的就业联合实验室，组建专业分析团队，开展就业重大问题研究，提升形势感知、分析研判和科学决策水平。完善企业规模裁员减员及突发事件报告制度，加强风险评估，适时发布失业预警信息。推动县级以上政府进一步完善失业风险预警制度。

（二十三）全面强化风险应对处置。

健全风险应对处置机制。制定分级政策储备和风险应对预案制度。加强规模性失业风险应急处置，有条件的地方可设立就业风险储备金。允许困难企业在与职工协商一致基础上，采取依法调整工作时间安排、薪酬等方式，稳定工作岗位。指导企业依法依规裁员。

完善失业保障体系。稳步推进失业保险扩围，进一步畅通申领渠道，提高政策受益率。用好用活失业保险促进企业稳岗、支持参保职工技能提升等政策，提高失业保险基金使用效率，充分发挥保生活基本功能作用，有效发挥防失业、促就业功能作用。畅通失业人员求助渠道，建立失业人员常态化帮扶机制，实现失业登记、职业指导、职业介绍、职业培训、生活保障联动。

积极应对人工智能等智能化技术应用对就业的影响。建立人工智能等智能化技术应用对就业影响的跟踪研判和协同应对机制，避免其就业替代效应短期内集中释放。构建不同行业、不同业态间的转岗机制，加快劳动者知识和技能更新速度，广泛开展人工智能等智能化技术应用适应性、储备性培训，提升人工智能等智能化技术通用技能，充分放大其就业创造效应。

十、实施更加有力的保障措施，确保规划任务落实落地

（二十四）加强党的领导。

深入学习贯彻习近平新时代中国特色社会主义思想，增强“四个意识”、坚定“四个自信”、做到“两个维护”，把党的领导贯彻到促进就业工作的各领域、各方面、各环节，确保党中央、国务院关于促进就业的各项决策部署落到实处。规划实施中的重大事项和重大调整报党中央、国务院审定。

（二十五）强化资金保障。

对规划确定的重点任务，按照中央与地方财政事权和支出责任划分原则，落实各级政府的投入责任。按规定统筹各类就业资金，提高使用效率。健全就业领域投融资机制，进一步拓宽资金渠道，引导带动金融资本和社会资本在返乡入乡创业、技能培训、职业技术教育、就业服务等方面发挥更大作用。

（二十六）提升政策效果。

实施就业政策快办帮办行动，及时公布政策清单和网上办理渠道，依托大数据比对主动识别政策对象，精准推送信息，扩大政策知晓度。完善政策宣传机制，开展政策推介解读，努力提高政策落实率。加强对就业政策实施效

果的跟踪调查评估。

（二十七）鼓励探索创新。

对规划确定的重大举措和创新政策，支持有条件的地方先行先试。推动就业领域相关法律法规修订。鼓励各地各有关部门和单位围绕规划重点任务，创新思路和形式，积极探索多种务实有效的实施方式和有用、管用的落实措施，着力形成一批可复制可推广的经验做法和制度性成果。

（二十八）认真组织实施。

充分发挥国务院就业工作领导小组作用，推动各有关部门和单位履职尽责。创新规划组织实施方式，针对重大任务，专题专项推进。加强对规划实施情况及效果的评估，推进以评估为依据的政策改进，及时总结推广政策实施中的好经验好做法。强化监督检查，层层压实责任，抓好任务落实。

国务院办公厅关于服务“六稳”“六保”进一步做好“放管服”改革有关工作的意见

国办发〔2021〕10号

各省、自治区、直辖市人民政府，国务院各部委、各直属机构：

深化“放管服”改革，打造市场化法治化国际化营商环境，是做好“六稳”工作、落实“六保”任务的重要抓手。近年来，“放管服”改革深入推进，有效激发了市场主体活力和社会创造力，但仍然存在一些企业和群众关注度高、反映强烈的突出问题亟待解决。为进一步深化“放管服”改革，切实做好“六稳”、“六保”工作，推动高质量发展，经国务院同意，现提出以下意见。

一、总体要求

（一）指导思想。以习近平新时代中国特色社会主义思想为指导，全面贯彻党的十九大和十九届二中、三中、四中、五中全会精神，认真落实党中央、国务院决策部署，立足新发展阶段、贯彻新发展理念、构建新发展格局，围绕“六稳”、“六保”，加快转变政府职能，深化“放管服”改革，促进要素资源高效配置，切实维护公平竞争，建设国际一流营商环境，推进政府治理体系和治理能力现代化，推动经济社会持续健康发展。

（二）基本原则。

坚持目标导向、综合施策。围绕稳定和扩大就业、培育市场主体、扩大有效投资、促进消费、稳外贸稳外资、保障基本民生等重点领域，以务实管用的政策和改革举措，增强企业和群众获得感。

坚持问题导向、务求实效。聚焦企业和群众办事创业的难点堵点继续“啃硬骨头”，坚持放管结合、并重，着力清理对市场主体的不合理限制，实施更加有效监管，持续优化政务服务，不断提高改革含金量。

坚持系统集成、协同推进。坚持系统观念，加强各领域“放管服”改革有机衔接、统筹推进，促进中央和地方上下联动，强化部门之间协作配合，立足全生命周期、全产业链条推进改革，完善配套政策，放大综合效应，增强发展内生动力。

二、进一步推动优化就业环境

（三）推动降低就业门槛。进一步梳理压减准入类职业资格数量，取消乡村兽医、勘察设计注册石油天然气工程师等职业资格，推进社会化职业技能等级认定，持续动态优化国家职业资格目录。合理降低或取消部分准入类职业资格考试工作年限要求。进一步规范小微电商准入，科学界定《中华人民共和国电子商务法》中“便民劳务活动”、“零星小额交易活动”标准。（人力资源社会保障部、住房城乡建设部、农业农村部、市场监管总局等国务院相关部门及各地区按职责分工负责）

（四）支持提升职业技能。建立职业技能

培训补贴标准动态调整机制，科学合理确定培训补贴标准。拓宽职业技能培训资金使用范围。延长以工代训政策实施期限，简化企业申请以工代训补贴材料。加强对家政、养老等行业从业人员职业技能培训，全面提升就业能力。创新开展“行校合作”，鼓励行业协会、跨企业培训中心等组织中小微企业开展学徒制培训，鼓励各地区探索开展项目制培训等多种形式培训。采取优化审批服务、探索实行告知承诺制等方式，便利各类职业培训机构设立。（人力资源社会保障部、民政部、财政部等国务院相关部门及各地区按职责分工负责）

（五）支持和规范新就业形态发展。着力推动消除制约新产业新业态发展的隐性壁垒，不断拓宽就业领域和渠道。加强对平台企业的监管和引导，促进公平有序竞争，推动平台企业依法依规完善服务协议和交易规则，合理确定收费标准，改进管理服务，支持新就业形态健康发展。落实和完善财税、金融等支持政策，发挥双创示范基地带动作用，支持高校毕业生、退役军人、返乡农民工等重点群体创业就业。完善适应灵活就业人员的社保政策措施，推动放开在就业地参加社会保险的户籍限制，加快推进职业伤害保障试点，扩大工伤保险覆盖面，维护灵活就业人员合法权益。（国家发展改革委、教育部、财政部、人力资源社会保障部、农业农村部、退役军人部、人民银行、税务总局、市场监管总局、国家医保局、银保监会等国务院相关部门及各地区按职责分工负责）

三、进一步推动减轻市场主体负担

（六）健全惠企服务机制。推广财政资金直达机制的有效做法，研究将具备条件的惠企资金纳入直达机制。优化国库退税审核程序，逐步实现智能化、自动化处理。推动实现非税收入全领域“跨省通缴”。精简享受税费优惠政策的办理流程和手续，持续扩大“自行判别、自行申报、事后监管”范围。整合财产和行为税10税纳税申报表，整合增值税、消费税及城市维护建设税等附加税费申报表。大力发展市场化征信机构，建设和完善“信易贷”平台，推动水电气、纳税、社保等信用信息归集共享，依托大数据等现代信息技术为企业精准“画像”、有效增信，提升金融、社保等惠企政策覆盖度、精准性和有效性。持续规范水电气暖等行业收费，确保政策红利传导到终端用户。推动企业建立健全合规经营制度，依法查处垄断行为，严厉打击价格串通、哄抬价格等价格违法行为。（国家发展改革委、财政部、人力资源社会保障部、国家医保局、人民银行、税务总局、市场监管总局、银保监会等国务院相关部门及各地区按职责分工负责）

（七）规范提升中介服务。从严查处行政机关为特定中介机构垄断服务设定隐性壁垒或将自身应承担的行政审批中介服务费用转嫁给企业承担等违规行为。严格规范国务院部门和地方政府设定的中介服务事项。依法降低中介服务准入门槛，破除行业壁垒，打破地方保护，引入竞争机制，促进提升中介服务质量，建立合理定价机制。加强对中介机构的监管，推动中介机构公开服务条件、流程、时限和收费标准，坚决查处乱收费、变相涨价等行为。（国务院办公厅、市场监管总局、国家发展改革委等国务院相关部门及各地区按职责分工负责）

（八）规范改进认证服务。推动认证机构转企改制、与政府部门脱钩，提高市场开放度，促进公平有序竞争。加强对认证机构的监管，督促认证机构公开收费标准，及时公布认证信息，提高服务质量。清理规范涉及认证的评价制度，推动向国家统一的认证制度转变。健全政府、行业、社会等多层面的认证采信机制，推动认证结果在不同部门、层级和地区间互认通用。（市场监管总局等国务院相关部门及各地区按职责分工负责）

（九）优化涉企审批服务。分行业分领域清理规范行政审批前置条件和审批标准，明确行政备案材料、程序，依托全国一体化政务服务平台，推动更多涉企事项网上办理，简化优化商事服务流程，大力推进减环节、减材料、减时限、减费用，降低制度性交易成本。精简优化涉及电子电器产品的管理措施，探索推行企业自检自证和产品系族管理。加快商标专利注册申请全流程电子化，分类压减商标异议、变更、转让、续展周期和专利授权公告周期，建立健全重大不良影响商标快速驳回机制，严厉打击商标恶意注册、非正常专利申请等行为。（国务院办公厅、工业和信息化部、市场监管总局、国家知识产权局等国务院相关部门及各地区按职责分工负责）

四、进一步推动扩大有效投资

（十）持续提高投资审批效率。进一步深化投资审批制度改革，简化、整合投资项目报建手续，推进实施企业投资项目承诺制，优化交通、水利、能源等领域重大投资项目审批流程。鼓励各地区推进“标准地”出让改革，科学构建“标准地”出让指标体系，简化优化工业项目供地流程，压缩供地时间，降低投资项目运行成本。推动投资项目在线审批监管平台和各相关审批系统互联互通和数据共享，避免企业重复填报、部门重复核验。（国家发展改革委、自然资源部、住房城乡建设部、交通运输部、水利部、国家能源局等国务院相关部门及各地区按职责分工负责）

（十一）优化工程建设项目审批。持续深化工程建设项目审批制度改革，完善全国统一的工程建设项目审批和管理体系。进一步精简整合工程建设项目全流程涉及的行政许可、技术审查、中介服务、市政公用服务等事项。支持各地区结合实际提高工程建设项目建筑工程施工许可证办理限额，对简易低风险工程建设项目实行“清单制+告知承诺制”审批。研究制定工程建设项目全过程审批管理制度性文件，建立健全工程建设项目审批监督管理机制，加强全过程审批行为和时间管理，规范预先审查、施工图审查等环节，防止体外循环。（住房城乡建设部、国家发展改革委等国务院相关部门及各地区按职责分工负责）

五、进一步推动激发消费潜力

（十二）清除消费隐性壁垒。着力打破行业垄断和地方保护，打通经济循环堵点，推动形成高效规范、公平竞争的国内统一市场。有序取消一些行政性限制消费购买的规定，释放消费潜力。加快修订《二手车流通管理办法》，推动各地区彻底清理违规设置的二手车迁入限制，放宽二手车经营条件。规范报废机动车回收拆解企业资质认定，支持具备条件的企业进入回收拆解市场，依法查处非法拆解行为。鼓励各地区适当放宽旅游民宿市场准入，推进实施旅游民宿行业标准。制定跨地区巡回演出审批程序指南，优化审批流程，为演出经营单位跨地区开展业务提供便利。（国家发展改革委、公安部、生态环境部、商务部、文化和旅游部等国务院相关部门及各地区按职责分工负责）

（十三）便利新产品市场准入。针对市场急需、消费需求大的新技术新产品，优先适用国家标准制定快速程序，简化标准制修订流程，缩短发布周期。在相关国家标准出台前，鼓励先由社会团体制定发布满足市场和创新需要的团体标准，鼓励企业制定有竞争力的企业标准并自我声明公开，推动新技术新产品快速进入市场。加快统一出口商品和内贸商品在工艺流程、流通规则等方面的规定，推进内外贸产品“同线同标同质”，破除制约出口商品转内销的系统性障碍。继续扩大跨境电商零售进口试点城市范围，调整扩大跨境电商零售进口商品清单。（市场监管总局、商务部、海关总署、财政部等国务院相关部门及各地区按职责分工负责）

六、进一步推动稳外贸稳外资

（十四）持续优化外商投资环境。完善外商投资准入前国民待遇加负面清单管理制度，确保外资企业平等享受各项支持政策。支持外资企业更好参与国家和行业标准制定。优化外商投资信息报告制度，完善企业登记系统和企业信用信息公示系统功能，加强填报指导，减轻企业报送负担。（国家发展改革委、商务部、市场监管总局等国务院相关部门及各地区按职责分工负责）

（十五）持续推进通关便利化。推动国际贸易“单一窗口”同港口、铁路、民航等信息平台及银行、保险等机构对接。优化海关风险布控规则，推广科学随机布控，提高人工分析布控精准度，降低守法合规企业和低风险商品查验率。深入推进进出口商品检验监管模式改革，积极推进第三方检验结果采信制度化建设。鼓励理货、拖轮、委托检验等经营主体进入市场，促进公平竞争。（海关总署、交通运输部、银保监会、国家铁路局、中国民航局等国务院相关部门及各地区按职责分工负责）

（十六）清理规范口岸收费。加快修订《港口收费计费办法》，进一步完善港口收费政策，减并港口收费项目。定向降低沿海港口引航费标准，进一步扩大船方自主决定是否使用拖轮的船舶范围。完善洗修箱服务规则，清理规范港外堆场洗修箱费、铁路运输关门费等收费。实行口岸收费项目目录清单制度，做到清单外无收费。对政府依成本定价的收费项目，开展成本监审或成本调查，及时调整收费标准；对实行市场调节价的收费项目及对应的收费主体，开展典型成本调查，为合理规范收费提供依据。（国家发展改革委、财政部、交通运输部、国务院国资委、海关总署、市场监管总局等国务院相关部门及各地区按职责分工负责）

七、进一步推动优化民生服务

（十七）创新养老和医疗服务供给。推进公办养老机构公建民营改革，引入社会资本和专业管理服务机构，盘活闲置床位资源，在满足失能、半失能特困人员集中供养基础上，向其他失能、失智、高龄老年人开放。推动取消诊所设置审批，推动诊所执业登记由审批改为备案。推动取消职业卫生技术服务机构资质等级划分，便利市场准入。在确保电子处方来源真实可靠的前提下，允许网络销售除国家实行特殊管理的药品以外的处方药。（民政部、国家卫生健康委、国家药监局等国务院相关部门及各地区按职责分工负责）

（十八）提高社会救助精准性。支持各地区推动民政、人力资源社会保障、残联、医保、乡村振兴等部门和单位相关数据共享，运用大数据等现代信息技术建立困难群众主动发现机制和动态调整机制，优化服务流程，缩短办理时限，实现民生保障领域问题早发现、早干预，确保符合条件的困难群众及时得到救助，防止产生违规冒领和设租寻租等问题。（民政部、人力资源社会保障部、国家医保局、国家乡村振兴局、中国残联等相关部门和单位及各地区按职责分工负责）

（十九）提升便民服务水平。建立健全政务数据共享协调机制，加强信息共享和证明互认，通过完善信用监管、全面推行告知承诺制等方式，推动减少各类证明事项。实施证明事项清单管理制度，清单之外不得向企业和群众索要证明。确需提供证明的，应告知证明事项名称、用途、依据、索要单位、开具单位等信息。围绕保障改善民生，推动更多服务事项“跨省通办”。坚持传统服务方式与智能化服务创新并行，切实解决老年人等特殊群体在运用智能技术方面遇到的突出困难。（国务院办公厅、司法部等国务院相关部门及各地区按职责分工负责）

八、进一步加强事中事后监管

（二十）加强取消和下放事项监管。坚持放管结合、并重，把有效监管作为简政放权的必要保障，推动政府管理从事前审批更多转向事中事后监管，对取消和下放的行政许可事项，由主管部门会同相关部门逐项制定事中事后监管措施，明确监管层级、监管部门、监管方式，完善监管规则和标准。进一步梳理监管部门监管职责，强化与地方监管执法的衔接，建立相互协作、齐抓共管的高效监管机制，确

保责任清晰、监管到位。（国务院办公厅牵头，国务院相关部门及各地区按职责分工负责）

（二十一）提升事中事后监管效能。各地区各部门要完善“双随机、一公开”监管、信用监管、“互联网+监管”等方式，实施更加精准更加有效的监管。梳理职责范围内的重点监管事项，聚焦管好“一件事”实施综合监管。加强对日常监管事项的风险评估，实施分级分类监管，强化高风险环节监管。对涉及人民群众生命健康和公共安全的要严格监管，坚决守住安全底线。对新产业新业态实行包容审慎监管，引导和规范其健康发展。完善全国一体化在线监管平台，推动监管信息共享，加快形成统一的监管大数据，强化监管信息综合运用，提升监管质量和效率。（国务院办公厅牵头，国务院相关部门及各地区按职责分工负责）

（二十二）严格规范行政执法。制定出台进一步规范行政裁量权基准制度的指导意见，推动各地区各部门明确行政裁量种类、幅度，规范适用程序，纠正处罚畸轻畸重等不规范行政执法行为。鼓励各地区依法依规建立柔性执法清单管理制度，对轻微违法行为，慎用少用行政强制措施，防止一关了之、以罚代管。（司法部牵头，国务院相关部门及各地区按职责分工负责）

九、保障措施

（二十三）完善企业和群众评价机制。坚持以企业和群众获得感和满意度作为评判改革成效的标准，依托全国一体化政务服务平台、中国政府网建立企业和群众评价国家层面改革举措的常态化机制。及时公开评价结果，强化差评整改，形成评价、反馈、整改有机衔接的工作闭环，做到群众参与、社会评判、市场认可。各地区要建立地方层面改革举措社会评价机制。

（二十四）加强组织实施。各地区各部门要高度重视，及时研究解决“放管服”改革中出现的新情况、新问题，切实做到放出活力、管出公平、服出效率。要结合实际情况，依法依规制定实施方案，出台具体政策措施，逐项抓好落实。国务院办公厅要加强督促指导，确保改革举措落实到位。

2021 年 4 月 7 日

国务院办公厅关于印发全国深化“放管服”改革着力培育和激发市场主体活力电视电话会议重点任务分工方案的通知

国办发〔2021〕25号

各省、自治区、直辖市人民政府，国务院各部委、各直属机构：

《全国深化“放管服”改革着力培育和激发市场主体活力电视电话会议重点任务分工方案》已经国务院同意，现印发给你们，请结合实际认真贯彻落实。

2021年7月11日

全国深化“放管服”改革着力培育和激发市场主体活力电视电话会议重点任务分工方案

党中央、国务院高度重视深化“放管服”改革优化营商环境工作。2021年6月2日，李克强总理在全国深化“放管服”改革着力培育和激发市场主体活力电视电话会议上发表重要讲话，部署持续一体推进“放管服”改革，打造市场化法治化国际化营商环境，培育壮大市场主体，更大激发市场活力和社会创造力。为确保会议确定的重点任务落到实处，现制定如下分工方案。

一、直面市场主体需求，创新实施宏观政策和深化“放管服”改革

（一）继续围绕市场主体关切，科学精准实施宏观政策，落实好常态化财政资金直达机制和货币政策直达工具，并强化全链条监控。（财政部、人民银行、审计署、税务总局等国务院相关部门及各地区按职责分工负责）

具体措施：

1. 完善常态化财政资金直达机制，强化对资金分配、使用的跟踪监控，确保基层合规、高效使用直达资金。（财政部牵头，审计

署等国务院相关部门及各地区按职责分工负责）

2. 建立税费优惠政策与征管操作办法同步发布、同步解读工作机制，及时调整优化征管信息系统功能，确保政策红利惠及市场主体。（税务总局负责）

3. 督促指导银行机构按照市场化原则与企业自主协商延期还本付息，加大普惠小微企业信用贷款发放力度，监测延期贷款到期偿还情况，加强风险防范。（人民银行、银保监会牵头，国务院相关部门及各地区按职责分工负责）

（二）充分调动企事业单位和社会力量的积极性，在水、电、气、热、交通、电信等基础设施方面增加供给，提升服务质量和水平，为市场主体经营发展创造好的条件。（国家发展改革委、工业和信息化部、住房城乡建设部、交通运输部、市场监管总局、国家能源局等国务院相关部门及各地区按职责分工负责）

具体措施：

1. 明确水、电、气、热、通信、有线电视等接入标准，简化接入审批流程，公开服务内容、资费标准等信息，加快推进报装、查询、缴费等业务全程网办。2021 年 11 月底前组织开展相关公用事业行业收费专项检查，规范收费行为。（工业和信息化部、住房城乡建设部、市场监管总局、国家能源局等国务院相关部门及各地区按职责分工负责）

2. 优化办电服务，2021 年底前实现城市地区用电报装容量 160 千瓦及以下、农村地区 100 千瓦及以下的小微企业用电报装“零投资”，将实行“零上门、零审批、零投资”服务的低压非居民用户全过程办电时间压减至 20 个工作日以内。修订《供电营业规则》，研究取消电费保证金，减轻企业用电负担。（国家能源局、财政部、国家发展改革委等国务院相关部门及各地区按职责分工负责）

3. 优化宽带接入和安装服务，对物业指定代理商、限制用户选择运营商等违法违规行为进行专项整治。重点整治基础电信企业通过擅自添加业务限制用户携号转网等违规行为，推动实现携号转网异地办、网上办。（工业和信息化部、公安部、住房城乡建设部、国务院国资委、市场监管总局等国务院相关部门及各地区按职责分工负责）

（三）保障好基本民生，尽力而为、量力而行，重点加强义务教育、基本医疗、基本住房等保障，完善失业保障、灵活就业人员基本权益保障等制度，逐步提高保障水平，织密织牢社会保障“安全网”。（教育部、民政部、财政部、人力资源社会保障部、住房城乡建设部、国家卫生健康委、国家医保局等国务院相关部门及各地区按职责分工负责）

具体措施：

1. 建立健全低收入人口动态监测和常态化救助帮扶机制，及时发现需要救助的低收入人口并纳入救助帮扶范围。优化最低生活保障审核流程，完善特困人员认定条件，简化认定程序，确保相关人员及时获得救助，同时加强规范化管理。进一步完善困难残疾人生活补贴和重度残疾人护理补贴制度，提高管理和服务质量。（民政部牵头，中国残联等相关单位及各地区按职责分工负责）

2. 2021 年底前制定出台维护新就业形态劳动者劳动保障权益的有关意见，并开展平台灵活就业人员职业伤害保障试点。制定出台失业保险关系转移办法，优化失业保险待遇申领程序。（人力资源社会保障部等国务院相关部门按职责分工负责）

3. 增加保障性租赁住房和共有产权住房供给，规范发展长租房市场，降低租赁住房税费负担，尽最大努力帮助新市民、青年人等缓解住房困难。（住房城乡建设部牵头，国务院相关部门及各地区按职责分工负责）

（四）重视企业合理诉求，加强帮扶支持，让市场主体安心发展、更好发展。进一步增强服务意识，加大政策宣介力度，优化政策落地机制，用好现代信息技术，努力使“人找政策”变为“政策找人”，推动惠企政策应享尽享、快速兑现。（各地区、各相关部门

负责）

具体措施：

1. 运用大数据手段，主动甄别符合享受税费优惠政策条件的纳税人缴费人，精准推送税费政策信息，编制发布税费优惠政策指引，便利纳税人缴费人申请。（税务总局负责）

2. 健全企业合理诉求解决机制，完善问题受理、协同办理、结果反馈等流程，杜绝投诉无门、推诿扯皮现象，有效解决企业面临的实际困难问题。（各地区负责）

二、着力打造市场化营商环境

（五）持续深化行政审批制度改革，着力推进涉企审批减环节、减材料、减时限、减费用，抓紧编制公布行政许可事项清单。深化“证照分离”改革，着力推进照后减证并证，让市场主体尤其是制造业、一般服务业市场主体准入更便捷。动态优化国家职业资格目录，进一步降低就业创业门槛。（国务院办公厅、国家发展改革委、司法部、人力资源社会保障部、商务部、市场监管总局等国务院相关部门及各地区按职责分工负责）

具体措施：

1. 建立健全行政许可设定审查机制，完善行政许可设定标准和论证程序，对新设许可等行政管理措施从严审查把关，创新完善行政审批制度改革方式，并加强对行政许可实施情况的监督。（国务院办公厅负责）

2. 编制公布中央层面设定的行政许可事项清单，组织编制县级以上地方行政许可事项清单，将全部行政许可事项纳入清单管理，逐项明确设定依据、实施机关、许可条件、办理程序、办理时限、申请材料、有效期限、收费等要素。制定全面实行行政许可事项清单管理有关办法，明确清单编制、管理、实施和监督的基本规则，严肃清理清单之外违规实施的变相许可。（国务院办公厅牵头，国务院相关部门及各地区按职责分工负责）

3. 在全国范围内深化“证照分离”改革，实施涉企经营许可事项全覆盖清单管理，并在自由贸易试验区进一步加大改革试点力度。（国务院办公厅、市场监管总局、司法部牵头，国务院相关部门及各地区按职责分工负责）

4. 2021年底前修订出台《市场准入负面清单（2021年版）》，选择符合条件的地区开展放宽市场准入试点，研究市场准入效能评估标准并探索开展综合评估，进一步畅通市场主体对隐性壁垒的投诉渠道和处理回应机制。（国家发展改革委、商务部负责）

5. 2021年9月底前修订公布新版国家职业资格目录。针对部分风险可控的准入类职业资格，降低或取消考试工作年限要求。深化职业技能人才评价制度改革，健全完善职业技能等级制度。（人力资源社会保障部牵头，国务院相关部门及各地区按职责分工负责）

（六）加强部门衔接，扩大简易注销范围，使市场主体退出更顺畅，促进市场新陈代谢。（市场监管总局牵头，人民银行、海关总署、税务总局等国务院相关部门及各地区按职责分工负责）

具体措施：

1. 将简易注销登记适用范围拓展至未发生债权债务或已将债权债务清偿完结的各类市场主体（上市股份有限公司除外），将公示时间由45天压减为20天。建立简易注销登记容错机制，优化注销平台功能，对部分存在轻微异常状态的市场主体，待其异常状态消失后允许再次申请简易注销登记。完善《企业注销指引》，解决企业注销过程中遇到的问题和困难，为企业提供更加规范的行政指导。（市场监管总局牵头，国务院相关部门及各地区按职责分工负责）

2. 扩大跨省税务迁移改革试点，对符合条件的企业，由迁出地税务机关将企业相关信息推送至迁入地税务机关，企业可继承原有的纳税信用级别等资质信息、增值税期末留抵税额等权益信息，进一步提升跨省税务迁移便利化水平。（税务总局及相关地区按职责分工负责）

（七）深化投资建设领域审批制度改革，精简整合审批流程，推行多规合一、多图联审、联合验收等做法，在确保安全的前提下推行告知承诺制，让项目早落地、早投产。（国家发展改革委、自然资源部、住房城乡建设部等国务院相关部门及各地区按职责分工负责）

具体措施：

1. 2021年底前研究制定工程建设项目全过程审批管理制度性文件，建立健全工程建设项目审批监督管理机制，提升审批服务效能。（住房城乡建设部牵头，国务院相关部门及各地区按职责分工负责）

2. 2021年10月底前开展工程建设项目审批“体外循环”、“隐性审批”专项治理，在确保工程质量和安全前提下，进一步清理规范工程建设项目全流程涉及的行政许可、技术审查、中介服务、市政公用服务等事项，以及不必要的专家审查、会议审查、征求意见、现场踏勘等环节。（住房城乡建设部等国务院相关部门及各地区按职责分工负责）

3. 推动投资项目在线审批监管平台和各相关审批系统互联互通和数据共享，避免企业重复填报、部门重复核验。（国家发展改革委、自然资源部、住房城乡建设部、交通运输部、水利部等国务院相关部门及各地区按职责分工负责）

（八）着力完善政策、消除障碍、搭建平台，强化企业创新主体地位，注重运用税收优惠等普惠性政策激励企业研发创新。加大对“双创”的支持力度，促进大中小企业融通创新，聚众智汇众力，提高创新效率。（国家发展改革委、科技部、工业和信息化部、财政部、国务院国资委、税务总局、国家知识产权局等国务院相关部门及各地区按职责分工负责）

具体措施：

1. 进一步简化研发支出辅助账，优化技术合同认定登记等程序和手续，便利符合条件的企业享受研发费用加计扣除政策。（税务总局、科技部牵头，国务院相关部门及各地区按职责分工负责）

2. 建立完善众创空间、孵化器、加速器等科技型中小企业孵化链条，构建从孵化培育、成长扶持到壮大的全生命周期服务体系。引导金融机构创新符合中小企业轻资产、重智力等特征的金融产品，并完善相应信贷管理机制。（国家发展改革委、科技部、银保监会等国务院相关部门及各地区按职责分工负责）

3. 运用大数据等技术手段筛选高校院所质量较高、具备市场前景的专利，发现潜在许可实施对象，利用专利开放许可等机制，提高专利转移转化效率，助力中小企业创新发展。（国家知识产权局负责）

4. 加快出台《中华人民共和国人类遗传资源管理条例》实施细则及配套规定，制定公布人类遗传资源行政许可和备案的范围、标准、条件、程序等，在确保有效监管前提下，提升人类遗传资源领域政务服务质量和效率，推行网上申报和备案服务，对需要补正的材料一次性告知，便利企业查询审批进度及结果，为企业开展研发创新提供有利条件。（科技部等国务院相关部门按职责分工负责）

（九）切实维护公平竞争的市场秩序，对包括国企、民企、外企在内的各类市场主体一视同仁。对垄断和不正当竞争进行规范治理，清理纠正地方保护、行业垄断、市场分割等不公平做法。（市场监管总局、国家发展改革委、工业和信息化部、财政部、商务部、国务院国资委等国务院相关部门及各地区按职责分工负责）

具体措施：

1. 推进公平竞争审查全覆盖，强化制度刚性约束，查处限制交易、阻碍商品和要素在地区间自由流通等滥用行政权力排除、限制竞争行为。依法查处企业低价倾销、价格欺诈等违法行为，加大对仿冒混淆、虚假宣传、商业诋毁等不正当竞争行为的监管执法力度。依法查处平台企业垄断案件，围绕医药、公用事业、建材、教育培训等重点民生领域开展反垄断执法，切实维护市场公平竞争秩序。（市场

监管总局牵头，国务院相关部门及各地区按职责分工负责）

2. 纵深推进招标投标全流程电子化，完善电子招标投标制度规则、技术标准和数据规范，推进各地区、各部门评标专家资源共享，推动数字证书（CA）全国互认，提升招标投标透明度和规范性。畅通招标投标异议、投诉渠道，清理招标人在招标投标活动中设置的注册资本金、设立分支机构、特定行政区域、行业奖项等不合理投标条件。（国家发展改革委牵头，国务院相关部门及各地区按职责分工负责）

（十）坚持把“放”和“管”统一起来，把有效监管作为简政放权的必要保障。健全监管规则，创新监管方式，完善事中事后监管，深入推进“双随机、一公开”监管、跨部门综合监管、“互联网+监管”和信用风险分类监管，提高监管的精准性有效性。（国务院办公厅、国家发展改革委、人民银行、市场监管总局等国务院相关部门及各地区按职责分工负责）

具体措施：

1. 研究制定关于进一步加强事中事后监管的指导意见，推动全面落实监管责任，建立健全监管协调机制，改进完善监管方式，切实提高监管效能。（国务院办公厅牵头，国务院相关部门及各地区按职责分工负责）

2. 组织对取消和下放行政许可事项的事中事后监管情况进行“回头看”，分析查找存在的风险隐患和监管漏洞，完善加强事中事后监管措施。（国务院办公厅牵头，国务院相关部门及各地区按职责分工负责）

3. 2021年底前制定出台在市场监管领域推进企业信用风险分类管理的有关意见，推进“双随机、一公开”监管与信用风险分类管理等结合，进一步提升监管精准性。（市场监管总局等国务院相关部门及各地区按职责分工负责）

4. 健全跨部门综合监管制度，明确相关部门监管责任，完善监管机制和方式，打破部门界限，形成监管合力。（国务院办公厅牵头，国务院相关部门及各地区按职责分工负责）

5. 完善国家“互联网+监管”系统功能，健全工作机制，加强监管数据归集与治理，强化监管事项目录清单动态管理，明确风险预警协同处置工作流程，研究制定关于加快构建全国一体化在线监管平台的文件。（国务院办公厅牵头，国务院相关部门及各地区按职责分工负责）

6. 依法依规推进社会信用体系建设，制定发布全国公共信用信息基础目录、全国失信惩戒措施基础清单，根据失信行为的性质和严重程度，采取轻重适度的惩戒措施，确保过惩相当。（国家发展改革委、人民银行牵头，市场监管总局等国务院相关部门及各地区按职责分工负责）

7. 修订《互联网广告管理暂行办法》，进一步加大对违法互联网广告的惩治力度。研究制定平台交易规则、直播电子商务标准等，促进电子商务规范健康发展。（市场监管总局、商务部及各地区按职责分工负责）

（十一）对涉及安全生产、人民身体健康和生命安全等领域和事项，切实把好每一道关口，确保质量和安全。（国务院相关部门及各地区按职责分工负责）

具体措施：

1. 加大强制性产品认证监管力度，对指定认证机构开展全覆盖检查，对儿童用品、家电、电子电器等重点领域的获证产品开展认证有效性抽查，确保产品质量安全。（市场监管总局牵头，国务院相关部门及各地区按职责分工负责）

2. 加强全国特种设备安全状况分析，开展安全生产专项整治行动，督促各地做好隐患排查及整改。加大对持证特种设备生产单位和检验检测机构的监督抽查力度，查处违法违规行为并向社会公开。（市场监管总局牵头，国务院相关部门及各地区按职责分工负责）

3. 加快制定药品经营、药品网络销售以

及化妆品生产经营等监督管理办法，强化质量监管，提升监管效能。推进医疗器械唯一标识在医疗器械生产、经营、使用中的全链条应用，加强用于新冠肺炎疫情防控的医疗器械质量安全监管，严厉查处医疗器械网络销售违法违规行为。（国家药监局、市场监管总局负责）

4. 组织开展安全评价执业行为专项整治，坚决打击安全评价机构、从业人员、评审人员和生产经营单位违法违规行为，坚守安全生产底线。依法督促消防技术服务机构落实主体责任，规范执业行为，提高服务质量，严厉打击消防技术服务弄虚作假行为。（应急部及各地区按职责分工负责）

5. 制定出台《医疗保障基金使用监督管理条例》配套实施文件和相关规范标准，采取日常检查、现场检查、飞行检查、联合检查等多种手段，加强医保基金监管。（国家医保局及各地区按职责分工负责）

（十二）继续推进省内通办、跨省通办，推进政务服务标准化规范化便利化，用好政务服务平台，推动电子证照扩大应用和全国互通互认，实现更多政务服务网上办、掌上办、一次办。（国务院办公厅牵头，各地区、各部门负责）

具体措施：

1. 2021 年底前研究制定关于加快推进政务服务标准化规范化便利化的指导意见，进一步推进政务服务运行标准化、服务供给规范化、企业和群众办事便利化。（国务院办公厅牵头，国务院相关部门及各地区按职责分工负责）

2. 2021 年底前实现工业产品生产许可证办理、异地就医登记备案和结算、社保卡申领、户口迁移等 74 项政务服务事项“跨省通办”，完善全国一体化政务服务平台“跨省通办”服务专区，规范省际“点对点”跨省通办。（国务院办公厅牵头，公安部、人力资源社会保障部、市场监管总局、国家医保局等国务院相关部门及各地区按职责分工负责）

3. 2021 年底前研究制定关于加快推进政务服务事项集成改革的政策文件，推动实现套餐式、主题式集成服务事项同标准、无差别办理。2022 年底前研究制定政务服务事项集成服务相关标准。（国务院办公厅牵头，国务院相关部门及各地区按职责分工负责）

4. 2021 年 11 月底前制定出台关于依托全国一体化政务服务平台推动电子证照扩大应用领域和全国互通互认的文件。（国务院办公厅牵头，各地区、各部门负责）

5. 优化部分高频事项服务，在全国范围内开展增值税、消费税分别与城市维护建设税、教育费附加、地方教育附加合并申报，2021 年底前基本实现企业办税缴费事项网上办理、个人办税缴费事项掌上办理。在试点基础上，2022 年底前在全国全面推行机动车驾驶证电子化。（公安部、税务总局及各地区按职责分工负责）

（十三）把企业和群众的“关键小事”当作政府的“心头大事”来办，着力破解异地就医报销难、车检难、公证难等问题，实现企业常规信息“最多报一次”，分类完成地方政务服务便民热线的归并，用制度和技术的办法，让市场主体和群众依规办事不求人。（国务院办公厅、公安部、司法部、生态环境部、交通运输部、市场监管总局、国家医保局等国务院相关部门及各地区按职责分工负责）

具体措施：

1. 加快推进地方政务服务便民热线优化，2021 年底前按要求分级分类完成热线归并。（国务院办公厅牵头，国务院相关部门及各地区按职责分工负责）

2. 制定出台关于优化车辆检测的政策文件，规范提升车辆检测站服务，优化检测流程和材料，减少群众车检排队等候时间。增加车检服务供给，探索允许具备资质、信用良好的汽车品牌服务企业提供非营运小型车辆维修、保养、检测“一站式”服务，加强对伪造检测结果等违法违规行为的监管和查处。推动检测机构公示服务项目、内容和价格，加大对检测机构相互串通、操纵市场价格等行为的监管和查处力度。（公安部、生态环境部、交通运输部、市场监管总局等国务院相关部门及各地区按职责分工负责）

3. 优化公证服务，规范和精简公证证明材料，全面推行公证证明材料清单管理，落实一次性告知制度，推进人口基本信息、婚姻、收养、不动产登记等办理公证所需数据共享和在线查询核验，实现更多高频公证服务事项“一网通办”。推动降低偏高的公证事项收费标准。（司法部牵头，国务院相关部门及各地区按职责分工负责）

4. 着力缓解异地就医报销难问题，2021年底前实现各省份60%以上的县至少有1家普通门诊费用跨省联网医疗机构，各统筹地区基本实现普通门诊费用跨省直接结算；对于高血压、糖尿病、恶性肿瘤门诊放化疗、尿毒症透析、器官移植术后抗排异治疗等5个群众需求大、各地普遍开展的门诊慢特病，每个省份至少有1个统筹地区实现相关治疗费用跨省直接结算。（国家医保局及各地区按职责分工负责）

5. 对部门规章、规范性文件设定的证明事项进行审核，梳理发布中央层面确需保留的证明事项清单，督促指导各地抓紧发布本地区确需保留的证明事项清单，行政机关办理依申请的行政事项不得索要清单之外的证明。（司法部牵头，国务院相关部门及各地区按职责分工负责）

三、着力打造法治化营商环境

（十四）建立健全营商环境法规体系，推进《优化营商环境条例》等进一步落实到位，推动做好营商环境方面法律法规立改废释工作，将行之有效的做法上升为制度规范，当前要重点抓好行政审批、行政收费、政务服务、数据安全共享等领域法规建设。（国务院办公厅、国家发展改革委、司法部、财政部等国务院相关部门及各地区按职责分工负责）

具体措施：

1. 持续抓好《优化营商环境条例》贯彻落实，抓紧制定完善配套措施，确保各项规定落到实处、取得实效。（各地区、各部门负责）

2. 研究制定优化政务服务方面的行政法规，为推进政务服务持续优化提供法治保障。（国务院办公厅、司法部等国务院相关部门按职责分工负责）

（十五）依法保护各类市场主体产权和合法权益。完善产权保护制度，依法全面保护各类产权，严格执行知识产权侵权惩罚性赔偿制度，着力解决侵权成本低、维权成本高等问题。（国家发展改革委、司法部、国家知识产权局等国务院相关部门及各地区按职责分工负责）

具体措施：

1. 2021年底前推动健全涉产权冤错案件依法甄别纠正常态化机制、涉政府产权纠纷问题治理长效机制，持续加强产权执法司法平等保护。（国家发展改革委等国务院相关部门及各地区按职责分工负责）

2. 建立知识产权代理行业监管长效机制，加大对无资质开展专利代理行为的打击力度。制定商标一般违法判断标准，统一行政执法标准。推进商标信息与企业名称信息联通，打击恶意将企业名称或字号抢注为商标、囤积商标和不以保护创新为目的的非正常专利申请等行为。（国家知识产权局、市场监管总局等国务院相关部门及各地区按职责分工负责）

3. 修订企业知识产权管理规范，发布企业知识产权保护指南，引导和支持企业完善知识产权管理体系，提升知识产权保护能力。（国家知识产权局负责）

（十六）政府要带头守信践诺，梳理政府对企业依法依规作出的承诺事项，未如期履行承诺的要限期解决，因政府失信导致企业合法权益受损的要依法赔偿，绝不能“新官不理旧账”。（国务院办公厅、国家发展改革委、司法部、工业和信息化部、财政部、国务院国资委等国务院相关部门及各地区按职责分工

负责）

具体措施：

1. 研究进一步健全政务诚信长效机制，督促地方各级政府严格履行依法依规作出的承诺事项，重点治理政府失信行为。（国务院办公厅、国家发展改革委负责）

2. 健全防范和化解拖欠中小企业账款长效机制，制定出台保障中小企业款项支付投诉处理办法，完善违约拖欠中小企业款项登记（投诉）平台功能，健全企业投诉受理、办理和反馈机制。（工业和信息化部牵头，财政部、国务院国资委等国务院相关部门及各地区按职责分工负责）

（十七）严格规范公正文明执法，抓紧研究规范行政裁量权，纠正执法不严、简单粗暴、畸轻畸重等行为，提高执法水平。从源头上清理乱收费、乱罚款、乱摊派，凡违反法定权限和程序设定的罚款事项，一律取消。（司法部、财政部等国务院相关部门及各地区按职责分工负责）

具体措施：

1. 全面梳理现行行政法规、部门规章设定的罚款事项，取消或调整不合理罚款事项。各地区要组织清理地方政府规章设定的不合理罚款事项。（司法部等国务院相关部门及各地区按职责分工负责）

2. 开展涉企违规收费专项检查，严肃查处擅自设立收费项目、提高征收标准、扩大征收范围、乱摊派等问题。（财政部牵头，国务院相关部门及各地区按职责分工负责）

3. 研究起草行政执法监督条例，加强执法监督，规范行政执法行为。2021 年底前制定出台关于进一步规范行政裁量权基准制定和管理工作的意见，推动各地区、各相关部门加快明确执法裁量基准。（司法部牵头，国务院相关部门及各地区按职责分工负责）

4. 2021 年底前制定出台关于加强生态环境监督执法正面清单管理推动差异化执法监管的意见，进一步优化执法方式，督促指导地方通过实行分类监管、差异化监管，科学配置执法资源，提高执法效能。（生态环境部及各地区按职责分工负责）

5. 进一步畅通企业依法申请行政复议渠道，提高审查涉企行政复议案件的规范性和透明度，严格依法纠正侵犯企业合法权益的违法或不当行政行为。（司法部等国务院相关部门及各地区按职责分工负责）

四、着力打造国际化营商环境

（十八）加强与相关国际通行规则对接，以签署加入《区域全面经济伙伴关系协定》（RCEP）为契机，在贸易投资自由化便利化、知识产权保护、电子商务、政府采购等方面实行更高标准规则。更好发挥自由贸易试验区创新引领作用，在制度型开放上迈出更大步伐。维护好产业链供应链稳定，切实维护国家安全。（商务部、国家发展改革委、司法部、财政部、海关总署、国家知识产权局等国务院相关部门及各地区按职责分工负责）

具体措施：

1. 2021 年底前研究制定建设更高水平开放型经济新体制有关文件，推动投资、贸易、金融、创新等领域与国际规则更加深入对接。（国家发展改革委牵头，国务院相关部门按职责分工负责）

2. 2021 年底前研究制定自由贸易试验区试点对接国际高标准推进制度型开放有关文件。（商务部牵头，相关单位及地区按职责分工负责）

3. 更大范围开展“经认证的经营者”（AEO）国际互认，推进与“一带一路”沿线国家、重要贸易国家、RCEP 成员国及中东欧国家的 AEO 互认。加强与 RCEP 成员国的动植物疫情信息共享，探索认可 RCEP 成员国间动植物检疫措施的等效性。（海关总署牵头，农业农村部、国家林草局等国务院相关部门及各地区按职责分工负责）

（十九）健全外商投资促进和服务体系，全面落实外商投资法和相关配套法规，完善外商投资准入前国民待遇加负面清单管理制度，保障外资企业依法平等进入已经开放的领域。建立具有国际竞争力的引才用才制度，为高层次外国人才来华创业创新提供便利。（国家发展改革委、商务部、外交部、科技部、司法部、人力资源社会保障部、国家移民局等国务院相关部门及各地区按职责分工负责）

具体措施：

1. 严格执行外商投资法及配套法规，继续清理与外商投资法不符的法规、规章和规范性文件。（商务部、国家发展改革委、司法部牵头，国务院相关部门及各地区按职责分工负责）

2. 进一步缩减和完善外商投资准入负面清单，清单之外不得设限，便利外资企业准入。（国家发展改革委、商务部牵头，国务院相关部门及各地区按职责分工负责）

（二十）进一步优化外贸发展环境，继续推动降低外贸企业营商成本，清理规范口岸收费，深化国际贸易“单一窗口”建设，推动国际物流畅通。（商务部、海关总署、国家发展改革委、交通运输部、市场监管总局等国务院相关部门及各地区按职责分工负责）

具体措施：

1. 深化国际贸易“单一窗口”建设，2021 年底前，除涉密等特殊情况外，进出口环节监管证件统一通过“单一窗口”受理，逐步实现监管证件电子签发、自助打印。推行“互联网+稽核查”，2021 年底前实现网上送达法律文书、提交资料、视频磋商及在线核验等，提高稽核查工作效率。（海关总署牵头，国务院相关部门及各地区按职责分工负责）

2. 复制推广“一站式阳光价格”服务模式，推动船公司、口岸经营单位等规范简化收费项目，明确收费项目名称和服务内容，提高海运口岸收费透明度。推动建立海运口岸收费成本调查和监审制度。进一步加快出口退税进度，2021 年底前将正常出口退税业务平均办理时间压减至 7 个工作日以内。（国家发展改革委、交通运输部、市场监管总局、海关总署、税务总局等国务院相关部门及各地区按职责分工负责）

3. 推广企业集团加工贸易监管模式，实现集团内企业间保税料件及设备自由流转，简化业务办理手续，减少企业资金占用，提高企业运营效率。（海关总署牵头，国务院相关部门及各地区按职责分工负责）

（二十一）加强对中小外贸企业的信贷、保险等支持。推动发展海外仓，加快相关标准与国际先进对标，助力企业更好开拓国际市场。（商务部、国家发展改革委、人民银行、市场监管总局、银保监会等国务院相关部门及各地区按职责分工负责）

具体措施：

1. 督促引导金融机构完善内部激励约束机制，强化技术手段运用，加大对小微外贸企业等无还本续贷、信用贷款、首贷等支持力度，推广随借随还贷款。（人民银行、银保监会等国务院相关部门及各地区按职责分工负责）

2. 鼓励银行保险机构深化合作，有序开展出口信用保险保单融资。支持银行机构在依法依规获取企业进出口通关、外汇收支、税款缴纳等信息基础上，运用大数据等技术手段，对中小外贸企业历史贸易记录和应收账款的真实性等进行评估，在有效管控风险前提下创新产品服务，更好满足企业融资需求。（银保监会、海关总署、税务总局、国家外汇局等国务院相关部门及各地区按职责分工负责）

3. 支持企业新建一批海外仓，研究制定海外仓建设、运营等方面标准，更好服务外贸企业经营发展。（商务部负责）

五、进一步增强责任感，攻坚克难，推动改革举措落地见效

（二十二）强化改革担当，从党和国家事业大局和人民群众根本利益出发，勇于破除局部利益、部门利益，敢于“啃硬骨头”，为市场主体和人民群众办实事解难题。（各地区、各部门负责）

（二十三）加强改革统筹谋划，持续一体

推进“放管服”改革，放掉该放的，管好该管的，切实履行好政府服务职能，提升改革综合效能。(各地区、各部门负责)

（二十四）发挥中央和地方两个积极性，相关部门要加强对地方深化“放管服”改革的指导和督促，及时总结推广好的做法，对锐意改革的地区和单位表扬激励，对改革推进迟缓、政策不落实的及时督促整改；地方和基层要继续结合实际主动探索，自主地改，种好改革“试验田”。(国务院办公厅牵头，各地区、各部门负责)

具体措施：

鼓励支持地方结合实际开展差异化探索，在深化“放管服”改革优化营商环境方面先行先试，打造更多营商环境“单项冠军”。加快设立营商环境创新试点城市，形成更多可在全国复制推广的制度创新成果，带动全国营商环境不断优化。(国务院办公厅牵头，国务院相关部门及各地区按职责分工负责)

（二十五）规范营商环境评价，以市场主体和群众的实际感受作为主要评价依据，力戒形式主义，防止增加地方和市场主体负担。(相关单位及各地区按职责分工负责)

各地区要高度重视，将优化营商环境作为转变政府职能的一项重要任务，明确统筹推进“放管服”改革和优化营商环境工作的牵头部门，强化队伍建设，抓好各项改革任务落地。各部门要根据职责分工，抓实抓细相关改革，加强对地方的指导支持，形成改革合力。国务院办公厅要牵头推进“放管服”改革和优化营商环境工作，加强督促协调和业务指导，及时将行之有效的经验做法上升为制度规范，推动改革取得更大实效。各地区、各部门的贯彻落实情况，年底前书面报国务院。

国务院办公厅关于进一步支持大学生创新创业的指导意见

国办发〔2021〕35号

各省、自治区、直辖市人民政府，国务院各部委、各直属机构：

纵深推进大众创业万众创新是深入实施创新驱动发展战略的重要支撑，大学生是大众创业万众创新的生力军，支持大学生创新创业具有重要意义。近年来，越来越多的大学生投身创新创业实践，但也面临融资难、经验少、服务不到位等问题。为提升大学生创新创业能力、增强创新活力，进一步支持大学生创新创业，经国务院同意，现提出以下意见。

一、总体要求

以习近平新时代中国特色社会主义思想为指导，深入贯彻落实党的十九大和十九届二中、三中、四中、五中全会精神，全面贯彻党的教育方针，落实立德树人根本任务，立足新发展阶段、贯彻新发展理念、构建新发展格局，坚持创新引领创业、创业带动就业，支持在校大学生提升创新创业能力，支持高校毕业生创业就业，提升人力资源素质，促进大学生全面发展，实现大学生更加充分更高质量就业。

二、提升大学生创新创业能力

（一）将创新创业教育贯穿人才培养全过程。深化高校创新创业教育改革，健全课堂教学、自主学习、结合实践、指导帮扶、文化引领融为一体的高校创新创业教育体系，增强大学生的创新精神、创业意识和创新创业能力。建立以创新创业为导向的新型人才培养模式，健全校校、校企、校地、校所协同的创新创业人才培养机制，打造一批创新创业教育特色示范课程。（教育部牵头，人力资源社会保障部等按职责分工负责）

（二）提升教师创新创业教育教学能力。强化高校教师创新创业教育教学能力和素养培训，改革教学方法和考核方式，推动教师把国际前沿学术发展、最新研究成果和实践经验融入课堂教学。完善高校双创指导教师到行业企业挂职锻炼的保障激励政策。实施高校双创校外导师专项人才计划，探索实施驻校企业家制度，吸引更多各行各业优秀人才担任双创导师。支持建设一批双创导师培训基地，定期开展培训。（教育部牵头，人力资源社会保障部等按职责分工负责）

（三）加强大学生创新创业培训。打造一批高校创新创业培训活动品牌，创新培训模式，面向大学生开展高质量、有针对性的创新创业培训，提升大学生创新创业能力。组织双创导师深入校园举办创业大讲堂，进行创业政策解读、经验分享、实践指导等。支持各类创新创业大赛对大学生创业者给予倾斜。（人力资源社会保障部、教育部等按职责分工负责）

三、优化大学生创新创业环境

（四）降低大学生创新创业门槛。持续提升企业开办服务能力，为大学生创业提供高效便捷的登记服务。推动众创空间、孵化器、加速器、产业园全链条发展，鼓励各类孵化器面向大学生创新创业团队开放一定比例的免费孵化空间，并将开放情况纳入国家级科技企业孵化器考核评价，降低大学生创新创业团队入驻条件。政府投资开发的孵化器等创业载体应安排30%左右的场地，免费提供给高校毕业生。有条件的地方可对高校毕业生到孵化器创业给予租金补贴。（科技部、教育部、市场监管总局等和地方各级人民政府按职责分工负责）

（五）便利化服务大学生创新创业。完善科技创新资源开放共享平台，强化对大学生的技术创新服务。各地区、各高校和科研院所的实验室以及科研仪器、设施等科技创新资源可以面向大学生开放共享，提供低价、优质的专业服务，支持大学生创新创业。支持行业企业面向大学生发布企业需求清单，引导大学生精准创新创业。鼓励国有大中型企业面向高校和大学生发布技术创新需求，开展“揭榜挂帅”。（科技部、发展改革委、教育部、国资委等按职责分工负责）

（六）落实大学生创新创业保障政策。落实大学生创业帮扶政策，加大对创业失败大学生的扶持力度，按规定提供就业服务、就业援助和社会救助。加强政府支持引导，发挥市场主渠道作用，鼓励有条件的地方探索建立大学生创业风险救助机制，可采取创业风险补贴、商业险保费补助等方式予以支持，积极研究更加精准、有效的帮扶措施，及时总结经验、适时推广。毕业后创业的大学生可按规定缴纳“五险一金”，减少大学生创业的后顾之忧。（人力资源社会保障部、教育部、财政部、民政部、医保局等和地方各级人民政府按职责分工负责）

四、加强大学生创新创业服务平台建设

（七）建强高校创新创业实践平台。充分发挥大学科技园、大学生创业园、大学生创客空间等校内创新创业实践平台作用，面向在校大学生免费开放，开展专业化孵化服务。结合学校学科专业特色优势，联合有关行业企业建设一批校外大学生双创实践教学基地，深入实施大学生创新创业训练计划。（教育部、科技部、人力资源社会保障部等按职责分工负责）

（八）提升大众创业万众创新示范基地带动作用。加强双创示范基地建设，深入实施创业就业“校企行”专项行动，推动企业示范基地和高校示范基地结对共建、建立稳定合作关系。指导高校示范基地所在城市主动规划和布局高校周边产业，积极承接大学生创新成果和人才等要素，打造“城校共生”的创新创业生态。推动中央企业、科研院所和相关公共服务机构利用自身技术、人才、场地、资本等优势，为大学生建设集研发、孵化、投资等于一体的创业创新培育中心、互联网双创平台、孵化器和科技产业园区。（发展改革委、教育部、科技部、国资委等按职责分工负责）

五、推动落实大学生创新创业财税扶持政策

（九）继续加大对高校创新创业教育的支持力度。在现有基础上，加大教育部中央彩票公益金大学生创新创业教育发展资金支持力度。加大中央高校教育教学改革专项资金支持力度，将创新创业教育和大学生创新创业情况作为资金分配重要因素。（财政部、教育部等按职责分工负责）

（十）落实落细减税降费政策。高校毕业生在毕业年度内从事个体经营，符合规定条件的，在3年内按一定限额依次扣减其当年实际应缴纳的增值税、城市维护建设税、教育费附加、地方教育附加和个人所得税；对月销售额15万元以下的小规模纳税人免征增值税，对小微企业和个体工商户按规定减免所得税。对

创业投资企业、天使投资人投资于未上市的中小高新技术企业以及种子期、初创期科技型企业的投资额，按规定抵扣所得税应纳税所得额。对国家级、省级科技企业孵化器和大学科技园以及国家备案众创空间按规定免征增值税、房产税、城镇土地使用税。做好纳税服务，建立对接机制，强化精准支持。（财政部、税务总局等按职责分工负责）

六、加强对大学生创新创业的金融政策支持

（十一）落实普惠金融政策。鼓励金融机构按照市场化、商业可持续原则对大学生创业项目提供金融服务，解决大学生创业融资难题。落实创业担保贷款政策及贴息政策，将高校毕业生个人最高贷款额度提高至 20 万元，对 10 万元以下贷款、获得设区的市级以上荣誉的高校毕业生创业者免除反担保要求；对高校毕业生设立的符合条件的小微企业，最高贷款额度提高至 300 万元；降低贷款利率，简化贷款申报审核流程，提高贷款便利性，支持符合条件的高校毕业生创业就业。鼓励和引导金融机构加快产品和服务创新，为符合条件的大学生创业项目提供金融服务。（财政部、人力资源社会保障部、人民银行、银保监会等按职责分工负责）

（十二）引导社会资本支持大学生创新创业。充分发挥社会资本作用，以市场化机制促进社会资源与大学生创新创业需求更好对接，引导创新创业平台投资基金和社会资本参与大学生创业项目早期投资与投智，助力大学生创新创业项目健康成长。加快发展天使投资，培育一批天使投资人和创业投资机构。发挥财政政策作用，落实税收政策，支持天使投资、创业投资发展，推动大学生创新创业。（发展改革委、财政部、税务总局、证监会等按职责分工负责）

七、促进大学生创新创业成果转化

（十三）完善成果转化机制。研究设立大学生创新创业成果转化服务机构，建立相关成果与行业产业对接长效机制，促进大学生创新创业成果在有关行业企业推广应用。做好大学生创新项目的知识产权确权、保护等工作，强化激励导向，加快落实以增加知识价值为导向的分配政策，落实成果转化奖励和收益分配办法。加强面向大学生的科技成果转化培训课程建设。（科技部、教育部、知识产权局等按职责分工负责）

（十四）强化成果转化服务。推动地方、企业和大学生创新创业团队加强合作对接，拓宽成果转化渠道，为创新成果转化和创业项目落地提供帮助。鼓励国有大中型企业和产教融合型企业利用孵化器、产业园等平台，支持高校科技成果转化，促进高校科技成果和大学生创新创业项目落地发展。汇集政府、企业、高校及社会资源，加强对中国国际“互联网+”大学生创新创业大赛中涌现的优秀创新创业项目的后续跟踪支持，落实科技成果转化相关税收优惠政策，推动一批大赛优秀项目落地，支持获奖项目成果转化，形成大学生创新创业示范效应。（教育部、科技部、发展改革委、财政部、国资委、税务总局等按职责分工负责）

八、办好中国国际“互联网+”大学生创新创业大赛

（十五）完善大赛可持续发展机制。鼓励省级人民政府积极承办大赛，压实主办职责，进一步加强组织领导和综合协调，落实配套支持政策和条件保障。坚持政府引导、公益支持，支持行业企业深化赛事合作，拓宽办赛资金筹措渠道，适当增加大赛冠名赞助经费额度。充分利用市场化方式，研究推动中央企业、社会资本发起成立中国国际“互联网+”大学生创新创业大赛项目专项发展基金。（教育部、国资委、证监会、建设银行等按职责分工负责）

（十六）打造创新创业大赛品牌。强化大赛创新创业教育实践平台作用，鼓励各学段学生积极参赛。坚持以赛促教、以赛促学、以赛

促创，丰富竞赛形式和内容。建立健全中国国际“互联网+”大学生创新创业大赛与各级各类创新创业比赛联动机制，推进大赛国际化进程，搭建全球性创新创业竞赛平台，深化创新创业教育国际交流合作。（教育部等按职责分工负责）

九、加强大学生创新创业信息服务

（十七）建立大学生创新创业信息服务平台。汇集创新创业帮扶政策、产业激励政策和全国创新创业教育优质资源，加强信息资源整合，做好国家和地方的政策发布、解读等工作。及时收集国家、区域、行业需求，为大学生精准推送行业和市场动向等信息。加强对创新创业大学生和项目的跟踪、服务，畅通供需对接渠道，支持各地积极举办大学生创新创业项目需求与投融资对接会。（教育部、发展改革委、人力资源社会保障部等按职责分工负责）

（十八）加强宣传引导。大力宣传加强高校创新创业教育、促进大学生创新创业的必要性、重要性。及时总结推广各地区、各高校的好经验好做法，选树大学生创新创业成功典型，丰富宣传形式，培育创客文化，营造敢为人先、宽容失败的环境，形成支持大学生创新创业的社会氛围。做好政策宣传宣讲，推动大学生用足用好税费减免、企业登记等支持政策。（教育部、中央宣传部牵头，地方各级人民政府、各有关部门按职责分工负责）

各地区、各有关部门要认真贯彻落实党中央、国务院决策部署，抓好本意见的贯彻落实。教育部要会同有关部门加强协调指导，督促支持大学生创新创业各项政策的落实，加强经验交流和推广。地方各级人民政府要加强组织领导，深入了解情况，优化创新创业环境，积极研究制定和落实支持大学生创新创业的政策措施，及时帮助大学生解决实际问题。

2021 年 9 月 22 日

国务院办公厅关于进一步加大对中小企业纾困帮扶力度的通知

国办发〔2021〕45号

各省、自治区、直辖市人民政府，国务院各部委、各直属机构：

中小企业是国民经济和社会发展的主力军，在促进增长、保障就业、活跃市场、改善民生等方面发挥着重要作用。近期，受原材料价格上涨、订单不足、用工难用工贵、应收账款回款慢、物流成本高以及新冠肺炎疫情散发、部分地区停电限电等影响，中小企业成本压力加大、经营困难加剧。为贯彻落实党中央、国务院决策部署，进一步加大助企纾困力度，减轻企业负担，帮助渡过难关，经国务院同意，现就有关事项通知如下：

一、加大纾困资金支持力度。鼓励地方安排中小企业纾困资金，对生产经营暂时面临困难但产品有市场、项目有前景、技术有竞争力的中小企业，以及劳动力密集、社会效益高的民生领域服务型中小企业（如养老托育机构等）给予专项资金支持，减轻房屋租金、水电费等负担，给予社保补贴等，帮助企业应对原材料价格上涨、物流及人力成本上升等压力。落实创业担保贷款贴息及奖补政策。用好小微企业融资担保降费奖补资金，支持扩大小微企业融资担保业务规模，降低融资担保成本。有条件的地方要发挥好贷款风险补偿机制作用。（财政部、工业和信息化部、人力资源社会保障部、人民银行等国务院相关部门及各地区按职责分工负责）

二、进一步推进减税降费。深入落实月销售额15万元以下的小规模纳税人免征增值税、小型微利企业减征所得税、研发费用加计扣除、固定资产加速折旧、支持科技创新进口等税收优惠政策。制造业中小微企业按规定延缓缴纳2021年第四季度部分税费。研究适时出台部分惠企政策到期后的接续政策。持续清理规范涉企收费，确保政策红利落地。（财政部、税务总局、海关总署、市场监管总局等国务院相关部门及各地区按职责分工负责）

三、灵活精准运用多种金融政策工具。加强再贷款再贴现政策工具精准“滴灌”中小企业，用好新增3 000亿元支小再贷款额度。加大信用贷款投放，按规定实施普惠小微企业信用贷款支持政策。对于受新冠肺炎疫情、洪涝灾害及原材料价格上涨等影响严重的小微企业，加强流动资金贷款支持，按规定实施普惠小微企业贷款延期还本付息政策。（人民银行、银保监会按职责分工负责）

四、推动缓解成本上涨压力。加强大宗商品监测预警，强化市场供需调节，严厉打击囤积居奇、哄抬价格等违法行为。支持行业协会、大型企业搭建重点行业产业链供需对接平台，加强原材料保供对接服务。推动期货公司为中小企业提供风险管理服务，助力中小企业运用期货套期保值工具应对原材料价格大幅波动风险。稳定班轮公司在中国主要出口航线的运力供给。发挥行业协会、商会及地方政府作用，引导外贸企业与班轮公司签订长约合同，鼓励班轮公司推出中小企业专线服务。（国家发展改革委、工业和信息化部、市场监管总局、中国证监会、交通运输部、商务部等国务院相关部门及各地区按职责分工负责）

五、加强用电保障。加强电力产供储销体系建设，科学实施有序用电，合理安排错峰用电，保障对中小企业尤其是制造业中小企业的能源安全稳定供应。推动产业链龙头企业梳理上下游重点企业名单，保障产业链关键环节中小企业用电需求，维护产业链供应链安全稳定，确保企业已有订单正常生产，防范订单违约风险。加快推进电力市场化改革，充分考虑改革进程和中小企业承受能力，平稳有序推动中小企业进入电力市场。鼓励有条件的地方对小微企业用电实行阶段性优惠。（国家发展改革委、工业和信息化部及各地区按职责分工负责）

六、支持企业稳岗扩岗。落实失业保险稳岗返还及社保补贴、培训补贴等减负稳岗扩就业政策，支持中小企业稳定岗位，更多吸纳高校毕业生等重点群体就业。推动各级政府公共服务平台、人力资源服务机构为中小企业发布实时有效的岗位信息，加强用工供需信息对接。（人力资源社会保障部、财政部及各地区按职责分工负责）

七、保障中小企业款项支付。进一步落实《保障中小企业款项支付条例》，制定保障中小企业款项支付投诉处理办法，加强大型企业应付账款管理，对滥用市场优势地位逾期占用、恶意拖欠中小企业账款行为，加大联合惩戒力度。继续开展清理拖欠中小企业账款专项行动。推动各级政府部门、事业单位、大型企业及时支付采购中小企业货物、工程、服务的账款，从源头防范层层拖欠形成“三角债”。严禁以不签合同、在合同中不约定具体付款时限和付款方式等方法规避及时支付义务的行为。（工业和信息化部、国务院国资委、财政部、人民银行等国务院相关部门及各地区按职责分工负责）

八、着力扩大市场需求。加大民生领域和新型基础设施建设投资力度，进一步落实《政府采购促进中小企业发展管理办法》，鼓励各地因地制宜细化预留采购份额、价格评审优惠、降低投标成本、优先采购等支持措施。组织开展供需对接活动，促进大型企业扩大向中小企业采购规模。搭建政银合作平台，开展中小企业跨境撮合服务。依托跨境电商等外贸新业态，为中小企业提供远程网上交流、供需信息对接等服务。加快海外仓发展，保障外贸产业链供应链畅通运转。充分发挥境外经贸合作区作为中小企业“抱团出海”平台载体的作用，不断提升合作区建设质量和服务水平，引导和支持有合作需求的中小企业入区开展投资合作。（国家发展改革委、财政部、商务部、工业和信息化部按职责分工负责）

九、全面压实责任。各有关部门、各地区要进一步把思想认识行动统一到党中央、国务院决策部署上来，强化责任担当，勇于开拓创新，进一步细化纾困举措，积极采取针对性措施，帮助中小企业应对困难，推动中小企业向“专精特新”方向发展，不断提升市场竞争力。各有关部门要加强对中小企业面临困难和问题的调研，总结经验做法，加强政策储备，适时推动出台；要加大对地方的指导支持力度，扎实推动各项政策措施落地见效。落实情况要及时报送国务院促进中小企业发展工作领导小组办公室。（国务院相关部门及各地区按职责分工负责）

2021 年 11 月 10 日

国务院办公厅关于印发要素市场化配置综合改革试点总体方案的通知

国办发〔2021〕51号

各省、自治区、直辖市人民政府，国务院各部委、各直属机构：

《要素市场化配置综合改革试点总体方案》已经国务院同意，现印发给你们，请认真组织实施。

2021年12月21日

要素市场化配置综合改革试点总体方案

为深入贯彻落实《中共中央　国务院关于构建更加完善的要素市场化配置体制机制的意见》，现就积极稳妥开展要素市场化配置综合改革试点工作制定本方案。

一、总体要求

（一）指导思想。以习近平新时代中国特色社会主义思想为指导，全面贯彻落实党的十九大和十九届历次全会精神，弘扬伟大建党精神，坚持稳中求进工作总基调，完整、准确、全面贯彻新发展理念，加快构建新发展格局，充分发挥市场在资源配置中的决定性作用，更好发挥政府作用，着力破除阻碍要素自主有序流动的体制机制障碍，全面提高要素协同配置效率，以综合改革试点为牵引，更好统筹发展和安全，为完善要素市场制度、建设高标准市场体系积极探索新路径，为推动经济社会高质量发展提供强劲动力。

（二）基本原则。

——顶层设计、基层探索。按照党中央、国务院统一部署，在维护全国统一大市场前提下，支持具备条件的地区结合实际大胆改革探索，尊重基层首创精神，注重总结经验，及时规范提升，为全国提供可复制可推广的路径模式。

——系统集成、协同高效。突出改革的系统性、整体性、协同性，推动各领域要素市场化配置改革举措相互配合、相互促进，提高不同要素资源的组合配置效率。

——问题导向、因地制宜。牢牢把握正确的改革方向，聚焦要素市场建设的重点领域、关键环节和市场主体反映最强烈的问题，鼓励地方结合自身特点开展差别化试点探索。

——稳中求进、守住底线。从实际出发，

坚持以安全可控为前提，尊重客观规律，科学把握工作时序、节奏和步骤，做到放活与管好有机结合，切实防范风险，稳步有序推进试点。

（三）试点布局。围绕推动国家重大战略实施，根据不同改革任务优先考虑选择改革需求迫切、工作基础较好、发展潜力较大的城市群、都市圈或中心城市等，开展要素市场化配置综合改革试点，严控试点数量和试点范围。党中央、国务院授权实施以及有关方面组织实施的涉及要素市场化配置的改革探索任务，原则上优先在试点地区开展。试点期限为2021—2025年。

（四）工作目标。2021年，启动要素市场化配置综合改革试点工作。2022年上半年，完成试点地区布局、实施方案编制报批工作。到2023年，试点工作取得阶段性成效，力争在土地、劳动力、资本、技术等要素市场化配置关键环节上实现重要突破，在数据要素市场化配置基础制度建设探索上取得积极进展。到2025年，基本完成试点任务，要素市场化配置改革取得标志性成果，为完善全国要素市场制度作出重要示范。

二、进一步提高土地要素配置效率

（五）支持探索土地管理制度改革。合理划分土地管理事权，在严格保护耕地、节约集约用地的前提下，探索赋予试点地区更大土地配置自主权。允许符合条件的地区探索城乡建设用地增减挂钩节余指标跨省域调剂使用机制。探索建立补充耕地质量评价转换机制，在严格实行耕地占补平衡、确保占一补一的前提下，严格管控补充耕地国家统筹规模，严把补充耕地质量验收关，实现占优补优。支持开展全域土地综合整治，优化生产、生活、生态空间布局，加强耕地数量、质量、生态“三位一体”保护和建设。

（六）鼓励优化产业用地供应方式。鼓励采用长期租赁、先租后让、弹性年期供应等方式供应产业用地。优化工业用地出让年期，完善弹性出让年期制度。支持产业用地实行“标准地”出让，提高配置效率。支持不同产业用地类型合理转换，完善土地用途变更、整合、置换等政策。探索增加混合产业用地供给。支持建立工业企业产出效益评价机制，加强土地精细化管理和节约集约利用。

（七）推动以市场化方式盘活存量用地。鼓励试点地区探索通过建设用地节约集约利用状况详细评价等方式，细化完善城镇低效用地认定标准，鼓励通过依法协商收回、协议置换、费用奖惩等措施，推动城镇低效用地腾退出清。推进国有企事业单位存量用地盘活利用，鼓励市场主体通过建设用地整理等方式促进城镇低效用地再开发。规范和完善土地二级市场，完善建设用地使用权转让、出租、抵押制度，支持通过土地预告登记实现建设用地使用权转让。探索地上地下空间综合利用的创新举措。

（八）建立健全城乡统一的建设用地市场。在坚决守住土地公有制性质不改变、耕地红线不突破、农民利益不受损三条底线的前提下，支持试点地区结合新一轮农村宅基地制度改革试点，探索宅基地所有权、资格权、使用权分置实现形式。在依法自愿有偿的前提下，允许将存量集体建设用地依据规划改变用途入市交易。在企业上市合规性审核标准中，对集体经营性建设用地与国有建设用地给予同权对待。支持建立健全农村产权流转市场体系。

（九）推进合理有序用海。探索建立沿海、海域、流域协同一体的海洋生态环境综合治理体系。统筹陆海资源管理，支持完善海域和无居民海岛有偿使用制度，加强海岸线动态监测。在严格落实国土空间用途管制和海洋生态环境保护要求、严管严控围填海活动的前提下，探索推进海域一级市场开发和二级市场流转，探索海域使用权立体分层设权。

三、推动劳动力要素合理畅通有序流动

（十）进一步深化户籍制度改革。支持具备条件的试点地区在城市群或都市圈内开展户

籍准入年限同城化累计互认、居住证互通互认，试行以经常居住地登记户口制度，实现基本公共服务常住地提供。支持建立以身份证为标识的人口管理服务制度，扩大身份证信息容量，丰富应用场景。建设人口发展监测分析系统，为重大政策制定、公共资源配置、城市运行管理等提供支撑。建立健全与地区常住人口规模相适应的财政转移支付、住房供应、教师医生编制等保障机制。

（十一）加快畅通劳动力和人才社会性流动渠道。指导用人单位坚持需求导向，采取符合实际的引才措施，在不以人才称号和学术头衔等人才“帽子”引才、不抢挖中西部和东北地区合同期内高层次人才的前提下，促进党政机关、国有企事业单位、社会团体管理人才合理有序流动。完善事业单位编制管理制度，统筹使用编制资源。支持事业单位通过特设岗位引进急需高层次专业化人才。支持探索灵活就业人员权益保障政策。探索建立职业资格证书、职业技能等级证书与学历证书有效衔接机制。加快发展人力资源服务业，把服务就业的规模和质量等作为衡量行业发展成效的首要标准。

（十二）激发人才创新创业活力。支持事业单位科研人员按照国家有关规定离岗创新创业。推进职称评审权下放，赋予具备条件的企事业单位和社会组织中高级职称评审权限。加强创新型、技能型人才培养，壮大高水平工程师和高技能人才队伍。加强技术转移专业人才队伍建设，探索建立健全对科技成果转化人才、知识产权管理运营人员等的评价与激励办法，完善技术转移转化类职称评价标准。

四、推动资本要素服务实体经济发展

（十三）增加有效金融服务供给。依托全国信用信息共享平台，加大公共信用信息共享整合力度。充分发挥征信平台和征信机构作用，建立公共信用信息同金融信息共享整合机制。推广“信易贷”模式，用好供应链票据平台、动产融资统一登记公示系统、应收账款融资服务平台，鼓励金融机构开发与中小微企业需求相匹配的信用产品。探索建立中小企业坏账快速核销制度。探索银行机构与外部股权投资机构深化合作，开发多样化的科技金融产品。支持在零售交易、生活缴费、政务服务等场景试点使用数字人民币。支持完善中小银行和农村信用社治理结构，增强金融普惠性。

（十四）发展多层次股权市场。创新新三板市场股债结合型产品，丰富中小企业投融资工具。选择运行安全规范、风险管理能力较强的区域性股权市场，开展制度和业务创新试点。探索加强区域性股权市场和全国性证券市场板块间合作衔接的机制。

（十五）完善地方金融监管和风险管理体制。支持具备条件的试点地区创新金融监管方式和工具，对各类地方金融组织实施标准化的准入设立审批、事中事后监管。按照属地原则压实省级人民政府的监管职责和风险处置责任。

五、大力促进技术要素向现实生产力转化

（十六）健全职务科技成果产权制度。支持开展赋予科研人员职务科技成果所有权或长期使用权试点，探索将试点经验推广到更多高校、科研院所和科技型企业。支持相关高校和科研院所探索创新职务科技成果转化管理方式。支持将职务科技成果通过许可方式授权中小微企业使用。完善技术要素交易与监管体系，推进科技成果进场交易。完善职务科技成果转移转化容错纠错机制。

（十七）完善科技创新资源配置方式。探索对重大战略项目、重点产业链和创新链实施创新资源协同配置，构建项目、平台、人才、资金等全要素一体化配置的创新服务体系。强化企业创新主体地位，改革科技项目征集、立项、管理和评价机制，支持行业领军企业牵头组建创新联合体，探索实施首席专家负责制。支持行业领军企业通过产品定制化研发等方式，为关键核心技术提供早期应用场景和适用环境。

（十八）推进技术和资本要素融合发展。支持金融机构设立专业化科技金融分支机构，加大对科研成果转化和创新创业人才的金融支持力度。完善创业投资监管体制和发展政策。支持优质科技型企业上市或挂牌融资。完善知识产权融资机制，扩大知识产权质押融资规模。鼓励保险公司积极开展科技保险业务，依法合规开发知识产权保险、产品研发责任保险等产品。

六、探索建立数据要素流通规则

（十九）完善公共数据开放共享机制。建立健全高效的公共数据共享协调机制，支持打造公共数据基础支撑平台，推进公共数据归集整合、有序流通和共享。探索完善公共数据共享、开放、运营服务、安全保障的管理体制。优先推进企业登记监管、卫生健康、交通运输、气象等高价值数据集向社会开放。探索开展政府数据授权运营。

（二十）建立健全数据流通交易规则。探索“原始数据不出域、数据可用不可见”的交易范式，在保护个人隐私和确保数据安全的前提下，分级分类、分步有序推动部分领域数据流通应用。探索建立数据用途和用量控制制度，实现数据使用“可控可计量”。规范培育数据交易市场主体，发展数据资产评估、登记结算、交易撮合、争议仲裁等市场运营体系，稳妥探索开展数据资产化服务。

（二十一）拓展规范化数据开发利用场景。发挥领军企业和行业组织作用，推动人工智能、区块链、车联网、物联网等领域数据采集标准化。深入推进人工智能社会实验，开展区块链创新应用试点。在金融、卫生健康、电力、物流等重点领域，探索以数据为核心的产品和服务创新，支持打造统一的技术标准和开放的创新生态，促进商业数据流通、跨区域数据互联、政企数据融合应用。

（二十二）加强数据安全保护。强化网络安全等级保护要求，推动完善数据分级分类安全保护制度，运用技术手段构建数据安全风险防控体系。探索完善个人信息授权使用制度。探索建立数据安全使用承诺制度，探索制定大数据分析和交易禁止清单，强化事中事后监管。探索数据跨境流动管控方式，完善重要数据出境安全管理制度。

七、加强资源环境市场制度建设

（二十三）支持完善资源市场化交易机制。支持试点地区完善电力市场化交易机制，提高电力中长期交易签约履约质量，开展电力现货交易试点，完善电力辅助服务市场。按照股权多元化原则，加快电力交易机构股份制改造，推动电力交易机构独立规范运行，实现电力交易组织与调度规范化。深化天然气市场化改革，逐步构建储气辅助服务市场机制。完善矿业权竞争出让制度，建立健全严格的勘查区块退出机制，探索储量交易。

（二十四）支持构建绿色要素交易机制。在明确生态保护红线、环境质量底线、资源利用上线等基础上，支持试点地区进一步健全碳排放权、排污权、用能权、用水权等交易机制，探索促进绿色要素交易与能源环境目标指标更好衔接。探索建立碳排放配额、用能权指标有偿取得机制，丰富交易品种和交易方式。探索开展资源环境权益融资。探索建立绿色核算体系、生态产品价值实现机制以及政府、企业和个人绿色责任账户。

八、健全要素市场治理

（二十五）完善要素市场化交易平台。持续推进公共资源交易平台整合共享，拓展公共资源交易平台功能，逐步覆盖适合以市场化方式配置的自然资源、资产股权等公共资源。规范发展大数据交易平台。支持企业参与要素交易平台建设，规范要素交易平台运行。支持要素交易平台与金融机构、中介机构合作，形成涵盖产权界定、价格评估、流转交易、担保、保险等业务的综合服务体系。

（二十六）加强要素交易市场监管。创新要素交易规则和服务，探索加强要素价格管理和监督的有效方式。健全要素交易信息披露制度。深化“放管服”改革，加强要素市场信用体系建设，打造市场化法治化国际化营商环境。强化反垄断和反不正当竞争执法，规范交易行为，将交易主体违法违规行为纳入信用记录管理，对严重失信行为实行追责和惩戒。开展要素市场交易大数据分析，建立健全要素交易风险分析、预警防范和分类处置机制。推进破产制度改革，建立健全自然人破产制度。

九、进一步发挥要素协同配置效应

（二十七）提高全球先进要素集聚能力。支持探索制定外国高端人才认定标准，为境外人才执业出入境、停居留等提供便利。支持符合条件的境内外投资者在试点地区依法依规设立证券、期货、基金、保险等金融机构。探索国际科技创新合作新模式，支持具备条件的试点地区围绕全球性议题在世界范围内吸引具有顶尖创新能力的科学家团队“揭榜挂帅”。支持行业领军企业牵头组建国际性产业与标准组织，积极参与国际规则制定。

（二十八）完善按要素分配机制。提高劳动报酬在初次分配中的比重，强化工资收入分配的技能价值激励导向。构建充分体现知识、技术、管理等创新要素价值的收益分配机制。创新宅基地收益取得和使用方式，探索让农民长期分享土地增值收益的有效途径。合理分配集体经营性建设用地入市增值收益，兼顾国家、农村集体经济组织和农村居民权益。探索增加居民财产性收入，鼓励和引导上市公司现金分红，完善投资者权益保护制度。

十、强化组织实施

（二十九）加强党的全面领导。坚持和加强党对要素市场化配置综合改革试点的领导，增强“四个意识”、坚定“四个自信”、做到“两个维护”，充分发挥党总揽全局、协调各方的领导核心作用，把党的领导始终贯穿试点工作推进全过程。

（三十）落实地方主体责任。各试点地区要把要素市场化配置综合改革试点摆在全局重要位置，增强使命感和责任感，强化组织领导，完善推进落实机制，在风险总体可控前提下，科学把握时序、节奏和步骤，积极稳妥推进改革试点任务实施。试点过程中要加强动态跟踪分析，开展试点效果评估，重要政策和重大改革举措按程序报批。

（三十一）建立组织协调机制。建立由国家发展改革委牵头、有关部门作为成员单位的推进要素市场化配置综合改革试点部际协调机制，负责统筹推进试点工作，确定试点地区，协调解决重大问题，加强督促检查。国家发展改革委要会同有关方面指导试点地区编制实施方案及授权事项清单，按程序报批后组织实施；在地方自评估基础上，定期开展第三方评估。对取得明显成效的试点地区，要予以表扬激励，及时总结推广经验；对动力不足、执行不力、成效不明显的试点地区，要限期整改，整改不到位的按程序调整退出试点。重要情况及时向党中央、国务院报告。

（三十二）强化试点法治保障。建立健全与要素市场化配置综合改革试点相配套的法律法规与政策调整机制，统筹涉及的法律法规事项，做好与相关法律法规立改废释的衔接。试点地区拟实行的各项改革举措和授权事项，凡涉及调整现行法律或行政法规的，经全国人大及其常委会或国务院依法授权后实施；其他涉及调整部门规章和规范性文件规定的，有关方面要按照本方案要求和经批准的授权事项清单，依法依规一次性对相关试点地区给予改革授权。

国务院办公厅转发国家发展改革委关于推动生活性服务业补短板上水平提高人民生活品质若干意见的通知

国办函〔2021〕103号

各省、自治区、直辖市人民政府，国务院各部委、各直属机构：

国家发展改革委《关于推动生活性服务业补短板上水平提高人民生活品质的若干意见》已经国务院同意，现转发给你们，请认真贯彻落实。

2021年10月13日

关于推动生活性服务业补短板上水平提高人民生活品质的若干意见

国家发展改革委

近年来，我国生活性服务业蓬勃发展，对优化经济结构、扩大国内需求、促进居民就业、保障改善民生发挥了重要作用，但也存在有效供给不足、便利共享不够、质量标准不高、人才支撑不强、营商环境不优、政策落地不到位等问题。为推动生活性服务业补短板、上水平，提高人民生活品质，更好满足人民群众日益增长的美好生活需要，现提出以下意见。

一、加强公益性基础性服务供给

（一）强化基本公共服务保障。加强城乡教育、公共卫生、基本医疗、文化体育等领域基本公共服务能力建设。认真落实并动态调整国家基本公共服务标准，确保项目全覆盖、质量全达标。以服务半径和服务人口为依据做好基本公共服务设施规划建设。探索建立公共服务短板状况第三方监测评价机制。

（二）扩大普惠性生活服务供给。在"一老一小"等供需矛盾突出的领域，通过政府购买服务、公建民营、民办公助等方式引入社会力量发展质量有保障、价格可承受的普惠性生活服务。加强普惠性生活服务机构（网点）建设，纳入新建、改建居住区公共服务配套设施规划予以统筹。加强省级统筹，推动县市因地制宜制定社区普惠性生活服务机构（网点）认定支持具体办法，实行统一标识、统一挂牌，开展社会信用承诺。

（三）大力发展社区便民服务。推动公共服务机构、便民服务设施、商业服务网点辐射所有城乡社区，推进社区物业延伸发展基础性、嵌入式服务。推动大城市加快发展老年助餐、居家照护服务，力争五年内逐步覆盖80%以上社区。支持城市利用社会力量发展托育服务设施。推动构建一刻钟便民生活圈，统筹城市生活服务网点建设改造，扩大网点规模，完善网点布局、业态结构和服务功能。探索社区服务设施“一点多用”，提升一站式便民服务能力。探索建立社区生活服务“好差评”评价机制和质量认证机制。

二、加快补齐服务场地设施短板

（四）推动社区基础服务设施达标。结合推进城镇老旧小区改造和城市居住社区建设补短板，建设社区综合服务设施，统筹设置幼儿园、托育点、养老服务设施、卫生服务中心（站）、微型消防站、体育健身设施、家政服务点、维修点、便利店、菜店、食堂以及公共阅读和双创空间等。开展社区基础服务设施面积条件达标监测评价。

（五）完善老年人、儿童和残疾人服务设施。推进城乡公共服务设施和公共空间适老化、适儿化改造。在提供数字化智能化服务的同时，保留必要的传统服务方式。建设社区老年教育教学点，推进老年人居家适老化改造。开展儿童友好城市示范，加强校外活动场所、社区儿童之家建设，发展家庭托育点。加快无障碍环境建设和困难重度残疾人家庭无障碍改造，开展康复辅助器具社区租赁。

（六）强化服务设施建设运营保障。各地补建社区“一老一小”、公共卫生、全民健身等服务设施，可依法依规适当放宽用地和容积率限制。在确保安全规范前提下，提供社区群众急需服务的市场主体可租赁普通住宅设置服务网点。推进存量建筑盘活利用，支持大城市疏解腾退资源优先改造用于社区服务。推广政府无偿或低价提供场地设施、市场主体微利运营模式，降低普惠性生活服务成本。

三、加强服务标准品牌质量建设

（七）加快构建行业性标杆化服务标准。支持以企业为主体、行业组织为依托，在养老、育幼、家政、物业服务等领域开展服务业标准化试点，推出一批标杆化服务标准。加强生活性服务业质量监测评价和通报工作，推广分领域质量认证。推动各地开展生活性服务业“领跑者”企业建设，以养老、育幼、体育、家政、社区服务为重点，培育一批诚信经营、优质服务的示范性企业。

（八）创建生活性服务业品牌。推动各地在养老、育幼、文化、旅游、体育、家政等领域培育若干特色鲜明的服务品牌。深入实施商标品牌战略，健全以产品、企业、区域品牌为支撑的品牌体系。引导各地多形式多渠道加强优质服务品牌推介。

四、强化高质量人力资源支撑

（九）完善产教融合人才培养模式。支持生活性服务业企业深化产教融合，联合高等学校和职业学校共同开发课程标准、共建共享实习实训基地、联合开展师资培训，符合条件的优先纳入产教融合型企业建设培育库。加快养老、育幼、家政等相关专业紧缺人才培养，允许符合条件的企业在岗职工以工学交替等方式接受高等职业教育。加强本科层次人才培养，支持护理、康复、家政、育幼等相关专业高职毕业生提升学历。到2025年，力争全国护理、康复、家政、育幼等生活性服务业相关专业本科在校生规模比2020年增加10万人。

（十）开展大规模职业技能培训。强化生活服务技能培训，推进落实农村转移就业劳动力、下岗失业人员和转岗职工、残疾人等重点群体培训补贴政策，对符合条件的人员按规定落实培训期间生活费补贴。在人口大省、大市、大县打造一批高质量劳动力培训基地。逐年扩大生活性服务业职业技能培训规模。

（十一）畅通从业人员职业发展通道。推动养老、育幼、家政、体育健身企业员工制转型，对符合条件的员工制企业吸纳就业困难人员及高校毕业生就业的，按规定给予社保补贴。做好从业人员职业技能、工作年限与技能人才支持政策和积分落户政策的衔接。关心关爱从业人员，保障合法权益，宣传激励优秀典型。

五、推动服务数字化赋能

（十二）加快线上线下融合发展。加快推动生活服务市场主体特别是小微企业和个体工商户“上云用数赋智”，完善电子商务公共服务体系，引导电子商务平台企业依法依规为市场主体提供信息、营销、配送、供应链等一站式、一体化服务。引导各类市场主体积极拓展在线技能培训、数字健康、数字文化场馆、虚拟景区、虚拟养老院、在线健身、智慧社区等新型服务应用。加强线上线下融合互动，通过预约服务、无接触服务、沉浸式体验等扩大优质服务覆盖面。

（十三）推动服务数据开放共享。在保障数据安全和保护个人隐私前提下，分领域制定生活服务数据开放共享标准和目录清单，优先推进旅游、体育、家政等领域公共数据开放。面向市场主体和从业人员，分领域探索建设服务质量用户评价分享平台，降低服务供需信息不对称，实现服务精准供给。引导支持各地加强政企合作，建设面向生活性服务业重点应用场景的数字化、智能化基础设施，打造城市社区智慧生活支撑平台。

六、培育强大市场激活消费需求

（十四）因地制宜优化生活性服务业功能布局。推动东部地区积极培育生活性服务业领域新兴产业集群，率先实现品质化多样化升级。支持中西部和东北地区补齐生活服务短板，健全城乡服务对接机制，推进公共教育服务优质均衡发展，完善区域医疗中心布局，加快发展文化、旅游、体育服务。支持欠发达地区和农村地区发展“生态旅游+”等服务，培育乡村文化产业，提升吸纳脱贫人口特别是易地搬迁群众就业能力。

（十五）推进服务业态融合创新。在生活性服务业各领域，纵深推动大众创业万众创新。创新医养结合模式，健全医疗与养老机构深度合作、相互延伸机制。促进“体育+健康”服务发展，构建体医融合的疾病管理和健康服务模式。推进文化、体育、休闲与旅游深度融合，推动红色旅游、工业旅游、乡村旅游、健康旅游等业态高质量发展。促进“服务+制造”融合创新，加强物联网、人工智能、大数据、虚拟现实等在健康、养老、育幼、文化、旅游、体育等领域应用，发展健康设备、活动装备、健身器材、文创产品、康复辅助器械设计制造，实现服务需求和产品创新相互促进。

（十六）促进城市生活服务品质提升。开展高品质生活城市建设行动，推动地方人民政府制定生活性服务业发展整体解决方案，支持有条件的城市发起设立美好生活城市联盟。支持大城市建设业态丰富、品牌汇集、环境舒适、特色鲜明、辐射带动能力强的生活性服务业消费集聚区，推动中小城市提高生活服务消费承载力。支持各地推出一批有代表性的服务场景和示范项目，加强城市特色商业街区、旅游休闲街区和商圈建设，集成文化娱乐、旅游休闲、体育健身、餐饮住宿、生活便利服务，打造综合服务载体。

（十七）激活县乡生活服务消费。加快贯通县乡村三级电子商务服务体系和快递物流配送体系，大力推进电商、快递进农村。建设农村生活服务网络，推进便民服务企业在县城建设服务综合体，在乡镇设置服务门店，在行政村设置服务网点。经常性开展医疗问诊、文化、电影、体育等下乡活动。

（十八）开展生活服务消费促进行动。推动各地区有针对性地推出一批务实管用的促消费措施，地方人民政府促消费相关投入优先考虑支持群众急需的生活服务领域。深化工会送温暖活动，切实做好职工福利和生活保障，广泛开展职工生活服务项目，为职工提供健康管理、养老育幼、心理疏导、文化体育等专业服务。

七、打造市场化法治化国际化营商环境

（十九）提升政务服务便利化水平。健全卫生健康、养老、育幼、文化、旅游、体育、家政等服务机构设立指引，明确办理环节和时限并向社会公布。简化普惠性生活服务企业审批程序，鼓励连锁化运营，推广实施“一照多址”注册登记。

（二十）积极有序扩大对外开放。完善外商投资准入前国民待遇加负面清单管理制度。有序推进教育、医疗、文化等领域相关业务开放。支持粤港澳大湾区、海南自由贸易港、自由贸易试验区依法简化审批流程，更大力度吸引和利用外资。探索引入境外家政职业培训机构落户海南。

（二十一）完善监督检查机制。制定实施重点领域监管清单，梳理现场检查事项并向社会公开，大力推行远程监管、移动监管、预警防控等非现场监管。依托“信用中国”网站、国家企业信用信息公示系统等加强生活性服务业企业信用信息公开，及时公示行政许可、行政处罚、抽查检查结果等信息，加快构建以信用为基础的新型监管机制。

（二十二）加强权益保障。依法保护各类市场主体产权和合法权益，严格规范公正文明执法。维护公平竞争市场秩序，严厉打击不正当竞争行为。促进平台经济规范健康发展，从严治理滥用垄断地位、价格歧视、贩卖个人信息等违法行为。开展民生领域案件查办“铁拳”行动，从严查处群众反映强烈的预付消费“跑路坑民”、虚假广告宣传、非法集资等案件。

八、完善支持政策

（二十三）加强财税和投资支持。地方各级人民政府要强化投入保障，统筹各类资源支持生活性服务业发展。各地安排的相关资金要优先用于支持普惠性生活服务。落实支持生活性服务业发展的税收政策。发挥中央预算内投资的引导和撬动作用，加强教育、医疗卫生、文化、旅游、社会服务、“一老一小”等设施建设，积极支持城镇老旧小区改造配套公共服务设施建设。对价格普惠且具有一定收益的公共服务设施项目，符合条件的纳入地方政府专项债券支持范围。

（二十四）加大金融支持力度。积极运用再贷款再贴现等工具支持包括生活性服务业企业在内的涉农领域、小微企业、民营企业发展。引导商业银行扩大信用贷款、增加首贷户，推广“信易贷”，使资金更多流向小微企业、个体工商户。鼓励保险机构开展生活性服务业保险产品和服务创新。

（二十五）完善价格和用地等支持政策。注重与政府综合投入水平衔接配套，合理制定基础性公共服务价格标准。充分考虑当地群众可承受度以及相关机构运营成本，加强对普惠性生活服务的价格指导。经县级以上地方人民政府批准，对利用存量建筑兴办国家支持产业、行业提供普惠性生活服务的，可享受5年内不改变用地主体和规划条件的过渡期支持政策。对建筑面积300平方米以下或总投资30万元以下的社区服务设施，县级以上地方人民政府可因地制宜优化办理消防验收备案手续。

（二十六）增强市场主体抗风险能力。健全重大疫情、灾难、事故等应急救助机制，对提供群众急需普惠性生活服务的市场主体特别是小微企业，及时建立绿色通道，强化应急物资供应保障，落实租金减免、运营补贴、税费减免、融资服务等必要帮扶措施。鼓励发展适应疫情常态化防控要求的生活性服务业新业态。

九、加强组织实施

（二十七）健全工作统筹协调机制。国家发展改革委会同有关部门开展高品质生活城市建设行动，各部门按照职责分工组织实施相关建设行动，抓好相关领域和行业支持生活性服务业发展工作，完善行业政策、标准和规范。

（二十八）压实地方主体责任。县级以上地方人民政府要切实履行主体责任，因地制宜、因城施策编制生活性服务业发展行动方案，研究制定具体措施。省级人民政府要探索将生活性服务业发展纳入市县绩效考核范围，确保各项任务落实落地。

（二十九）加强统计监测评价。完善生活性服务业统计分类标准，探索逐步建立统计监测制度，建立常态化运行监测机制和多方参与评价机制，逐步形成信息定期发布制度。

（三十）强化舆论宣传引导。各地区、各部门要广泛宣传动员，加强舆论引导，做好政策解读，主动回应社会关切，及时推广新做法新经验新机制，为生活性服务业发展营造良好氛围。

国务院办公厅关于印发全国一体化政务服务平台移动端建设指南的通知

国办函〔2021〕105号

各省、自治区、直辖市人民政府，国务院各部委、各直属机构：

现将《全国一体化政务服务平台移动端建设指南》印发给你们，请结合实际认真组织实施。

各地区各部门要认真贯彻落实党中央、国务院关于深化“互联网+政务服务”、加快推进全国一体化政务服务平台建设的决策部署，按照建设指南要求，加强政务服务平台移动端标准化、规范化建设和互联互通，创新服务方式、增强服务能力，推动更多政务服务事项网上办、掌上办，不断提升企业和群众的获得感和满意度。

2021年9月29日

全国一体化政务服务平台移动端建设指南

近年来，各地区各部门依托本地区本部门政务服务平台大力推动政务服务事项掌上办、指尖办，取得了积极成效，政务服务平台移动端已成为各级政府服务企业和群众的重要渠道。但还存在政务服务平台移动端建设管理分散、标准规范不统一、数据共享不充分、技术支撑和安全保障体系不完备等突出问题。为进一步加强和规范全国一体化政务服务平台（以下简称全国一体化平台）移动端建设，推动更多政务服务事项网上办、掌上办，制定本建设指南。

一、总体要求

（一）指导思想。

以习近平新时代中国特色社会主义思想为指导，全面贯彻党的十九大和十九届二中、三中、四中、五中全会精神，坚持以人民为中心的发展思想，坚持新发展理念，坚持推动高质量发展，围绕加快转变政府职能、深化“放管服”改革、持续优化营商环境，加强和规范全国一体化平台移动端建设管理，推动各地区各部门政务服务平台移动端标准化、规范化建设和互联互通，全面提升移动政务服务能力和水平，最大程度利企便民。

（二）工作原则。

坚持统筹规划。强化系统观念，完善标准规范，加强全国一体化平台移动端建设顶层设计，充分发挥国家政务服务平台移动端总枢纽作用，推动各地区各部门移动政务服务资源整合和政务服务平台移动端集约化建设，全面提升一体化服务能力。

坚持需求引领。聚焦企业和群众办事难点堵点问题，顺应企业和群众新要求、新期盼，积极推动企业和群众经常办理的事项向移动端延伸，提升移动政务服务供给水平，全面优化用户体验，推动政务服务事项从“掌上可办”向“掌上好办”转变。

坚持创新驱动。充分发挥移动互联网泛在、连接、智能等优势，积极运用大数据、区块链、人工智能等技术手段，提升移动政务服务个性化、智慧化水平。创新移动政务服务提供方式，坚持政府主导，鼓励多方参与，规范政府部门与第三方平台合作，推动移动政务服务健康有序发展。

坚持安全可控。全面落实总体国家安全观，树牢网络安全底线思维，统筹发展和安全，增强移动政务服务一体化安全防护能力，加强对重要政务数据、敏感个人信息等的保护，确保政务网络和数据信息安全。

（三）工作目标。

2022 年底前，各省（自治区、直辖市）和国务院部门移动政务服务应用与国家政务服务平台移动端“应接尽接”、“应上尽上”，移动政务服务能力显著提升，形成以国家政务服务平台移动端为总枢纽的全国一体化平台移动端服务体系。编制全国一体化平台移动端高频政务服务事项清单，将企业和群众经常办理的事项全面纳入清单管理，并建立动态更新机制，推动实现清单内的事项“掌上可办”。在京津冀、长三角、川渝等区域开展试点，率先实现试点区域内高频政务服务事项在移动端“区域通办”、“无感漫游”。在此基础上，不断健全全国一体化平台移动端服务体系，实现各级移动政务服务应用标准统一、整体联动、业务协同。持续推进更多政务服务事项纳入全国一体化平台移动端高频政务服务事项清单管理，实现清单内事项在全国一体化平台移动端无差别受理、同标准办理。进一步推动各地区高频服务事项在移动端实现“跨省通办”、“无感漫游”，企业和群众办事更加便捷、服务满意度大幅提升。

二、总体架构

（一）层级架构。

全国一体化平台移动端包括国家政务服务平台移动端、国务院部门政务服务平台移动端和各省（自治区、直辖市）省级政务服务平台移动端。(层级架构图见附件 1)

1. 国家政务服务平台和国务院部门政务服务平台移动端。

国家政务服务平台移动端是全国移动政务服务的总枢纽，为各地区和国务院部门政务服务平台移动端提供公共入口、公共通道、公共支撑，为企业和群众提供查询、预约、办理、投诉建议和评价反馈等一体化服务。建设国家政务服务平台移动政务服务应用管理系统，对接入的移动政务服务应用进行一体化管理和运行监测，支撑移动政务服务业务协同和事项跨地区、跨部门办理，实现各地区各部门相关服务应用在国家政务服务平台移动端同步接入、同源发布、同质服务。

国务院部门应积极推进移动政务服务应用建设，按需建设本部门移动政务服务应用管理系统，对移动政务服务应用的注册、审核、发布、监测等进行管理，并与国家政务服务平台移动政务服务应用管理系统对接联通。国务院部门原则上不再新建独立对外服务的政务服务平台移动端，应充分依托国家政务服务平台移动端对外提供服务。已建设政务服务平台移动端的国务院部门，要加快建设移动政务服务应用管理系统，对本部门移动政务服务应用进行统筹整合和集约化管理，并按照“应接尽接”、“应上尽上”原则，将相关服务应用接入国家政务服务平台移动端。

2. 省级政务服务平台移动端。

各省（自治区、直辖市）省级政务服务平台移动端是本地区移动政务服务的主要提供渠道和总入口。各地区要按照省级统筹原则，充分利用全国一体化平台支撑能力，整合本地区移动政务服务资源，建设完善省级政务服务平台移动端。各地区原则上由省级政务服务平台移动端统一对外提供移动政务服务。加快建设省级政务服务平台移动政务服务应用管理系统，面向工作人员提供移动政务服务应用注册、审核、发布、监测等功能，按照统一标准对本地区各级各类移动政务服务应用进行规范管理，推动相关服务应用在政务服务平台移动端、政务服务大厅、自助终端等服务渠道统一管理、同源发布、一体化服务。

（二）技术架构。

全国一体化平台移动端技术架构主要包括基础支撑层、应用管理层和服务提供层。（技术架构图见附件2）

基础支撑层主要为政务服务平台移动端提供国家电子政务外网、政务云平台等基础设施，数据资源服务、大数据分析等数据支撑，统一身份认证、统一证照共享、统一电子印章等公共支撑以及事项管理、“好差评”管理、用户体验监测等业务支撑。

应用管理层部署移动政务服务应用管理系统，提供用户管理、服务应用接入管理、服务发布管理、运维管理等功能，实现对移动政务服务应用的规范管理和运行监测。

服务提供层通过移动互联网应用程序（App）、小程序等服务渠道，按照统一标准，面向企业和群众提供政务服务事项咨询、办理、查询、评价等服务。

三、强化政务服务平台支撑能力，推动移动政务服务规范管理和协同服务

各地区各部门要充分发挥全国一体化平台支撑作用，按照统一标准规范、统一清单管理、统一身份认证、统一数据共享、统一应用管理的要求，推动全国一体化平台移动端标准化、规范化建设和协同化、一体化服务。

（一）统一标准规范。

1. 建设和接入标准。制定和完善全国一体化平台移动端建设和接入标准，对技术架构、接入组件、界面交互等进行规范，进一步明确访问入口和服务应用接入等要求，提升各地区和国务院有关部门政务服务平台移动端建设标准化、规范化水平。

2. 质量管理标准。加强全国一体化平台移动端全生命周期质量管理，制定和完善全国一体化平台移动端质量管理标准，对系统性能、应用管理、运行监测等进行规范，切实保障功能完备、运行稳定、体验良好。

3. 安全防护和管理标准。制定和完善全国一体化平台移动端安全防护和管理标准，进一步强化各地区和国务院有关部门政务服务平台移动端数据和网络安全防护、日常监测、风险预警、应急处置能力。

（二）统一清单管理。

围绕教育、公安、社会保障、民政、卫生健康、税务等领域，聚焦与企业和群众生产生活密切相关的高频事项，基于国家政务服务平台政务服务事项基本目录，分批编制全国一体化平台移动端高频政务服务事项清单，推动实现相关服务应用在移动端、电脑端（PC端）、自助终端等同源发布、统一管理。按照深入推进政务服务“一网通办”、“跨省通办”等部署要求，不断优化移动政务服务办事流程，精简办事材料，持续推动更多政务服务事项纳入全国一体化平台移动端高频政务服务事项清单管理，在政务服务平台移动端提供服务。

（三）统一身份认证。

基于自然人身份信息、法人单位信息等国家认证资源，依托国家政务服务平台统一身份认证系统，建立健全全国统一身份认证体系，统一身份认证标准、规范身份认证渠道、建立身份认证结果纠错机制，为全国一体化平台移动端提供统一身份认证公共支撑，实现用户身份信息跨地区、跨部门互信互认、“无感漫游”。各地区和国务院有关部门要根据移动端

办事服务的需求和特点，在确保安全的前提下，不断优化政务服务平台移动端身份认证服务，为用户提供二维码、手势识别、指纹识别、声纹识别等安全便捷的身份认证服务方式。

（四）统一数据共享。

国家政务服务平台统一受理政务数据共享需求并提供服务，推动移动政务服务应用所需相关数据实现跨地区、跨部门、跨层级安全有序高效共享，更好满足移动政务服务创新发展需要。各地区和国务院有关部门要推动政务服务领域高频使用的电子证照跨地区、跨部门共享和全国范围内互信互认，不断扩大电子证照应用领域，有力支撑政务服务平台移动端“扫码亮证”、“一证通办”、“无感通办”，最大程度“减证便民”。

（五）统一应用管理。

各地区各部门要按照统一标准，规范本地区本部门移动政务服务应用管理。要规范第三方平台推广移动政务服务应用行为，对各渠道服务应用进行统一管理和监测，确保相关服务应用安全可靠运行。国务院有关部门已建的政务服务平台移动端及移动政务服务应用，应在2022年底前全部接入国家政务服务平台移动端；新建的移动政务服务应用同步接入国家政务服务平台移动端。各地区要加快推动已建的移动政务服务应用向省级政务服务平台移动端汇聚，并同步接入国家政务服务平台移动端。

四、优化政务服务平台移动端服务功能和方式，为企业和群众提供更加便利高效的移动政务服务

各地区和国务院有关部门要围绕企业和群众办事需求，进一步优化政务服务平台移动端功能，不断丰富集成套餐式服务和“扫码亮证”、“一证通办”、“无感通办”等应用场景，充分利用移动互联网新技术，持续提升移动政务服务便利化水平。

（一）不断优化个性化、智慧化服务功能。

1. 建设用户专属服务空间。建设完善政务服务平台移动端用户专属服务空间，集中汇聚展示用户电子证照、办件、投诉建议等数据，紧贴不同用户需求特点和关注重点，推动各项利企便民政策和办事服务直达直享、一站办理，实现精准化匹配和个性化推送，不断提升用户体验。

2. 优化搜索服务和智能客服。运用人工智能等技术优化政务服务平台移动端搜索服务功能，实现对移动政务服务事项和应用的统一检索，提升搜索服务便捷度和智慧化水平。优化集智能搜索、智能问答、智能导航于一体的智能客服，方便企业和群众快捷精准获取相关服务信息。

3. 完善移动政务服务“好差评”。不断丰富移动政务服务“好差评”评价渠道，通过扫描二维码、消息推送等方式，让企业和群众能够随时随地对服务进行评价反馈，促进移动政务服务由政府供给导向向企业和群众需求导向转变。

4. 开展适老化改造。优化政务服务平台移动端界面交互、内容朗读、操作提示、语音辅助等功能，积极为老年人提供大字版、语音版、简洁版移动政务服务应用，推出相关应用的“关怀模式”、“长辈模式”，让老年人充分享受移动政务服务带来的便利。

（二）不断丰富移动政务服务应用场景。

1. 推进集成套餐式服务。围绕企业、个人全生命周期的办事服务，聚焦多部门联办、跨地区通办的政务服务事项，通过事项关联、表单整合和流程再造，构建适合在移动端办理的集成套餐式服务，推动实现移动政务服务事项“一件事一次办”。

2. 推广“扫码亮证”服务。推动身份证、社会保障卡、医保电子凭证、驾驶证、行驶证、营业执照等电子证照在全国一体化平台移动端汇聚和使用，在户政、社保、住房、医疗等相关事项办理中推广“扫码亮证”服务，着力打造实名认证、实人核验、实证共享的服务模式。

3. 推广“一证通办”、“无感通办”。以身份证件号码或统一社会信用代码关联电子证照，推动移动政务服务事项“一证通办”。规范电子材料的使用、归档、移交、安全保管和共享利用，通过电子材料数据共享和互信互认，推动移动政务服务事项相关表单预填和申请材料复用，实现移动政务服务事项申报、办理、支付、出件等“无感通办”。有条件的地区可探索实现表单自动填报和申请材料免提交功能，持续提升移动政务服务效能。

4. 拓展便民服务应用。大力推动医疗就诊、公共交通、水电气热、电信等与群众日常生活密切相关的便民服务应用接入政务服务平台移动端，提供一体化服务，实现更多便民服务事项掌上办、指尖办。

（三）积极运用新技术提升移动政务服务便利化水平。

积极运用大数据、人工智能、第五代移动通信（5G）等技术，综合利用数据挖掘、智能学习等方法，创新移动政务服务。发挥区块链在促进数据共享、优化业务流程、提升协同效率、强化安全保障等方面的作用，为进一步提升移动政务服务效能提供有力支撑。

五、保障措施

（一）强化组织领导。

在全国一体化在线政务服务平台建设和管理协调小组统一领导下，加强全国一体化平台移动端建设顶层设计、组织推进、统筹协调和监督指导等工作。全国一体化在线政务服务平台建设和管理协调小组办公室负责具体组织开展全国一体化平台移动端标准制定、高频政务服务事项清单编制、系统对接、技术指导等工作。各地区和国务院有关部门要建立健全推进本地区本部门政务服务平台移动端建设管理的协调机制，制定政务服务平台移动端建设方案以及与国家政务服务平台移动端的对接方案，加快推进政务服务平台移动端标准化建设和规范化管理。

（二）加强运营保障。

各地区和国务院有关部门要加强政务服务平台移动端建设、应用对接、日常运营和技术维护等经费保障，纳入本级预算管理，推动政务服务平台移动端健康可持续发展。加强运营管理队伍建设，创新运营服务模式，形成配备合理、稳定可持续的运营保障力量。利用新媒体、政府网站、政务服务场所、公共场所等积极开展全国一体化平台移动端宣传推广工作，不断提升公众知晓度，便于企业和群众充分了解和便利获取移动政务服务。

（三）健全评估评价机制。

各地区和国务院有关部门要将推进全国一体化平台移动端建设管理工作纳入政务服务工作重点。优化完善评估评价机制，将政务服务平台移动端的建设管理、运维运营、安全保障、服务成效等纳入评估评价范围，以评促建、以评促管，不断提升全国一体化平台移动端服务能力和水平。

（四）提升安全保障能力。

各地区和国务院有关部门要综合利用密码技术、安全审计等手段强化本地区本部门政务服务平台移动端安全保障和风险防控能力，构建全方位、多层次、一致性的防护体系，切实保障全国一体化平台移动端安全平稳高效运行。加强数据安全管理，强化用户隐私保护，严格规范用户信息采集，保障用户知情权、选择权和隐私权。加强网络安全保障队伍建设，健全跨地区、跨部门网络安全保障协同工作机制，制定完善应急预案，不断提升日常防护、监测预警和应急处置能力。

附件：1. 全国一体化政务服务平台移动端层级架构图（略）
2. 全国一体化政务服务平台移动端技术架构图（略）

三、人力资源和社会保障部领导的讲话和文章

坚持“三贴紧” 破解“两张皮”

——在中央和国家机关党的工作暨纪检工作会议上的发言

张纪南

（2021年1月29日）

人力资源社会保障部党组认真学习贯彻习近平总书记在中央和国家机关党的建设工作会议上的重要讲话精神，坚持贴紧中央要求、贴紧服务群众、贴紧党员干部队伍实际，着力破解党建与业务“两张皮”难题，坚决走好践行“两个维护”的第一方阵。

一、贴紧中央要求，把践行“两个维护”落到实处

坚持加强政治机关建设，结合我部实际，形成机关党建“1+8”制度体系。“1”就是制定《关于以党的政治建设为统领全面提高机关党的建设质量实施意见》，“8”就是明确8个方面行动措施和配套工程。通过把党建和业务目标要求、考核评价实化细化一体化，引导党员干部坚决把落实习近平总书记重要指示批示作为第一要务，把践行“两个维护”体现在贯彻落实党中央决策部署的实际行动和履职尽责的实效上。一是紧扣战疫政治任务，倾力支持保障，积极贡献力量。部党组研究实施“人社战疫十项行动”，号召党员干部打头阵、当先锋，充分发挥基层党组织战斗堡垒作用，全力投入抗疫斗争。迅速建立24小时重点企业用工调度机制，帮助解决急需用工，会同有关方面“点对点”运送600多万农民工安全有序返岗。及时出台补充医务人员、工资福利、职称岗位晋升、工伤保险、表彰奖励等政策措施。二是紧扣“六稳”“六保”重大决策部署，以空前力度应对空前冲击，坚决扛起稳就业政治责任。组织党员干部建言献策，紧紧围绕稳定和扩大就业想办法、出实招。会同有关部门先后创新实施28项突破性政策，打出“免减缓返补”政策组合拳，养老保险、失业保险、工伤保险等三项社会保险为企业减负1.54万亿元，向企业发放稳岗返还1 042亿元、各类就业补贴近千亿元，城镇新增就业1 186万人，超额完成900万的目标任务。三是紧扣决战决胜脱贫攻坚，聚焦重点、尽锐出战，全面完成收官之年各项扶贫任务。抽调优秀党员干部组建就业、社保、技能、人才人事、定点扶贫5个专班，统筹推进人社扶贫工作。切实把贫困劳动力务工作为人社扶贫重中之重，加大技能培训力度，开展有组织劳务输出，在去年初农民工外出大幅下降的情况下，全年贫困劳动力务工规模达到3 243万人，同比增长10%。定点帮扶山西天镇县和安徽金寨县，组织部属各单位党组织与贫困村党支部开展“一对一”结对子，发挥人社特长、形成扶贫特色。在国务院扶贫办组织的年度第三方评估中，我部牵头的就业扶贫、城乡居民基本养老保险、劳务协作和定点扶贫工作均被评为“好”。

二、贴紧服务群众，把宗旨意识落到实处

人社部门是重要的民生部门，大部分工作涉及人民群众切身利益。我们坚持以人民为中心的发展思想，坚决克服形式主义、官僚主义，用心用情用力做好民生保障工作。一是着力开展“我为群众办实事”活动。动态调整“不忘初心、牢记使命”主题教育中形成的“我为群众办实事”清单，不断充实人社政策服务内容，把守初心、担使命转化为办实事的具体行动，巩固拓展主题教育成果。二是着力提升党员干部为民服务能力。常态化开展窗口单位全员练兵比武，组织“日日学、周周练、月月比”，举办区域赛、全国赛，评选一批人社服务标兵，发挥示范带头作用，营造“比学赶帮超”浓厚氛围。三是着力解决群众急难愁盼问题。实施系统行风建设三年行动，组建专班，从部机关做起，上下形成合力，努力把群众的堵点、痛点、难点切实转化为人社工作的重点、焦点、切入点。清事项、减材料、压时限力度加大，打包办、提速办、简便办、跨省办加快推进，政策待遇“看得懂、算得清”扩大范围。2018 年到 2020 年，人社公共服务群众满意度第三方评价从 73.7 分提高到 80.02 分。

三、贴紧党员干部队伍实际，把忠诚干净担当落到实处

坚持把干部队伍建设作为人社事业发展的组织保障，努力建设一支政治强、业务精、作风好的高素质干部队伍。一是针对干部思想实际，强化政治机关意识教育。以“人社工作政治属性体现在哪里、本单位业务工作政治属性体现在哪里”为切入点，党组成员讲专题党课，部机关开展学习讨论，教育引导党员干部不断深化对人社工作政治属性的认识。用好“人社学与行”平台，组织全部党员干部开展常态化政治理论学习。二是针对干部队伍结构，实施“青年干部综合素质提升工程”。组织青年干部成立 72 个学习小组，推出“人社青年学思行”系列活动，选树学习能手，不断提高青年干部理论素养和业务水平。三是针对干部深入基层不够，不断强化实践锻炼。组织干部职工开展走流程和暗访两个专项活动，体验业务服务流程，推动干部主动接地气，熟悉基层一线实际。四是针对干部作风建设实际，驰而不息正风肃纪。创新实施“廉政九提醒”，针对易发违纪问题的 9 种情形，排查风险点，一一列出禁令，做到严早严小严预防。扎实开展“灯下黑”问题专项整治，有序开展内部巡视，纠正偏差，督促落实。

为促进党建与业务深度融合，建立健全落实“一岗双责”的长效机制，坚持党建与业务每季度同调度、每年度同考核、每年底同评选，推进“三贴紧”落地见效，为人社事业改革发展提供坚强保障。

（《人民日报》2021 年 3 月 1 日刊登）

开启社会保障事业高质量发展新征程

张纪南

习近平总书记在中央政治局第二十八次集体学习时发表重要讲话，强调社会保障是保障和改善民生、维护社会公平、增进人民福祉的基本制度保障，是促进经济社会发展、实现广大人民群众共享改革发展成果的重要制度安排，是治国安邦的大问题。这一重要讲话，系统回答了我国社会保障事业发展的一系列方向性、根本性、战略性重大问题，深刻阐明社会保障工作的丰富内涵、思想方法、工作任务，提出一系列新思想、新论断、新要求，为我们做好社会保障工作指明了前进方向、提供了根本遵循。

一、我国建成世界上规模最大的社会保障体系，为如期全面建成小康社会提供了有利条件

习近平总书记指出，我国以社会保险为主体，包括社会救助、社会福利、社会优抚等制度在内，功能完备的社会保障体系基本建成，是世界上规模最大的社会保障体系。这为人民创造美好生活奠定了坚实基础，为如期全面建成小康社会提供了有利条件。

我们党历来高度重视民生改善和社会保障。改革开放以来，适应社会主义市场经济发展需要，我国不断深化制度改革，社会保障制度从单项突破到整体推进，形成了社会保障体系基本框架。党的十八大以来，以习近平同志为核心的党中央把社会保障全民覆盖作为全面建成小康社会的目标，把社会保障体系建设摆上更加突出的位置，坚持全覆盖、保基本、多层次、可持续，作出一系列重大决策部署，各地区各部门认真抓好贯彻落实，推动我国社会保障体系建设进入快车道。经过不懈努力，我国用几十年时间走过了许多西方国家一百多年走过的历程，成功建设了具有鲜明中国特色的社会保障体系。我国在社会保障方面取得的成就得到国际社会的高度评价，中国政府被国际社会保障协会授予“社会保障杰出成就奖”。

制度改革取得突破。紧扣增强公平性、适应流动性、保证可持续性，加强社会保障制度的顶层设计，改革的系统性、整体性、协同性进一步增强。统一城乡居民养老保险制度，实现机关事业单位和企业养老保险制度并轨，形成职工养老和居民养老两大制度平台，填补了部分群体缺乏保障的制度空白。建立健全企业职工基本养老保险基金中央调剂制度，均衡了省际结构性矛盾，缓解了中西部地区和老工业基地省份基金支付压力。统一养老保险单位费率，全面实现养老保险省级统筹，为在更大范围内互助共济创造了条件，也为实施全国统筹奠定了基础。工伤保险预防、补偿、康复“三位一体”制度体系建设积极推进，失业保险保生活、防失业、促就业的功能进一步凸显。

覆盖范围持续扩大。围绕全民覆盖、人人享有社会保障的目标，通过实施全民参保计划，精准推进重点群体参保，建立起了世界上覆盖人数最多的社会保障体系。2012 年以来，

我国基本养老保险参保人数从 7.88 亿人增加到 10.07 亿人，失业保险参保人数从 1.52 亿人增加到 2.18 亿人，工伤保险参保人数从 1.9 亿人增加到 2.67 亿人。6 098 万建档立卡贫困人口参加基本养老保险，参保率稳定在 99.99%以上，基本实现应保尽保。

待遇水平稳步提高。坚持社会保障水平与经济发展相适应，稳步提高各项社会保障待遇，有效改善了低收入群体生活。建立健全养老金待遇确定和合理调整机制，连续调整企业和机关事业单位退休人员基本养老金，企业职工月人均养老金从 2012 年的 1 686 元增长到 2020 年的 2 900 元左右。失业、工伤保险待遇水平稳步提升，全国月平均失业保险金水平由 686 元提高到 2020 年的 1 506 元。

保障能力持续增强。基本养老、失业、工伤三项社会保险基金累计结存 6.4 万亿元，基金运行总体平稳。稳步开展基本养老保险基金投资运营，合同规模 1.24 万亿元，年均投资收益率超过 6.8%，累计投资收益额近 2 000 亿元，在确保安全的前提下促进了基金保值增值。为应对人口老龄化，增加全国社会保障基金战略储备，目前基金权益约 2.4 万亿元。划转国有资本充实社保基金有序开展，共划转中央企业和中央金融机构国有资本总额 1.68 万亿元。健全基金管理监督和风险防控体系，完善政策、经办、信息、监督“四位一体”的运行机制，推进基金监督行政执法与刑事司法衔接，确保基金安全。

服务水平显著提升。围绕记录一生、保障一生、服务一生，从中央到省、市、县、乡镇（街道），统筹城乡的五级社保经办管理服务网络基本形成，管理服务规范化、标准化、信息化建设进一步加强，群众社保事务就近办、线上办、快速办更加方便快捷。社会保障卡持卡人数达到 13.4 亿人，电子社保卡签发量超过 5.2 亿张。手持一张社保卡，就可以办理就业服务、领取养老金、看病报销等 100 多项业务，并逐步向金融服务和交通、文化、旅游等方面应用拓展。国家社会保险公共服务平台已开通社保查询、失业保险待遇申领、养老金测算、资格认证等全国性、跨地区的 9 类 28 项社保公共服务，累计访问量 20 亿人次，有效方便了群众跨省通办、一网通办。

经济运行“减震器”作用凸显。为积极应对经济下行压力，特别是应对疫情带来的严重冲击，推动社会保障政策与其他领域政策协同联动，紧紧围绕保市场主体、纾困中小企业、稳定和扩大就业发挥作用。先后 6 次降低社保费率，5 项社保总费率从 41% 降到 33.95%，有力促进了实体经济和民营企业发展。2020 年实施力度空前的“减免缓降返补”政策，全年养老、失业、工伤三项社会保险为企业减负 1.54 万亿元，占整个减税降费的 2/3，失业保险稳岗返还 1 042 亿元。这些政策含金量高、受益面广、落实及时，得到企业普遍欢迎和高度认可。

党的十八大以来，我国社会保障事业取得的历史性成就，根本在于以习近平同志为核心的党中央坚强领导，坚持发挥党的领导和社会主义制度的政治优势，集中力量办大事；在于坚持人民至上，坚持共同富裕，把增进民生福祉、促进社会公平作为发展社会保障事业的根本出发点和落脚点；在于坚持立足国情、实事求是、与时俱进，坚持制度引领，用改革的办法和创新的思维解决发展中的问题，不断将具有鲜明中国特色社会保障体系建设推向前进。这些都是长期以来行之有效的宝贵经验，需要坚持和发展。

二、促进社会保障事业高质量发展、可持续发展，顺应人民对高品质生活的新期待

党的十九届五中全会明确了健全多层次社会保障体系的目标任务。习近平总书记提出了健全覆盖全民、统筹城乡、公平统一、可持续的多层次社会保障体系，进一步织密社会保障安全网，为广大人民群众提供更可靠、更充分的保障，不断满足人民群众多层次多样化需求的总体目标；明确了促进我国社会保障事业高质量发展、可持续发展的主题；强调了坚持系

统观念、树立战略眼光、增强风险意识等原则要求。进入新发展阶段，要分析形势任务，把握时代使命，科学谋划和推进今后一个时期的社会保障事业。

围绕推进全体人民共享共富，促进社会保障事业高质量发展。共同富裕是社会主义的本质要求，是人民群众的共同期盼。我国发展不平衡不充分的问题仍然突出，城乡区域发展和收入分配差距仍然较大，促进全体人民共同富裕是一项长期任务。社会保障不仅可以保障人们的基本生存权利，而且具有互助共济功能，可以在社会成员之间分散风险，平衡不同利益群体之间的收入分配关系，是推动全民共享、全面共享、共建共享、渐进共享改革发展成果，实现共同富裕的重要途径。必须始终坚持以人民为中心的发展思想，适应我国社会主要矛盾变化，充分发挥社会保障再分配功能，充分调动社会各方面广泛参与进来，在发展中不断保障和改善民生，实现从“有没有”到“好不好”的转变，更好适应人的全面发展和全体人民共同富裕进程。

紧扣构建新发展格局，完善覆盖全民的社会保障体系。构建新发展格局，核心是畅通国民经济循环，使生产、分配、流通、消费更多依托国内市场。社会保障可以改善居民消费预期，拉动有效需求，是扩大内需的重要基础。同时，社会保障还具有一定的经济运行逆周期调节功能，可以为劳动力要素顺畅有序流动创造环境条件。要坚持把民生保障作为畅通国内大循环的出发点和落脚点，紧扣扩大内需这个战略基点，健全多层次社会保障体系，免除群众后顾之忧，提高居民消费能力和意愿，以改善民生为导向扩大消费。

积极应对人口老龄化，促进社会保障事业可持续发展。随着经济社会发展和人民健康水平提高，我国进入人口老龄化阶段。一是人口预期寿命延长。我国城镇人口平均预期寿命从新中国成立初的 40 岁左右，提高到 2019 年的 77.3 岁，2030 年预计将达到 79 岁。二是人口老龄化加速。预计到 2022 年和 2035 年，全国老年人口总量分别达到 2.6 亿人和 4.2 亿人，分别占总人口的 20%、30%，逐步进入中度、高度老龄化阶段。三是劳动力资源禀赋变化明显。我国劳动年龄人口数量从 2012 年开始出现下降，年均减少 300 万人以上，并且减少幅度在加大，预计“十四五”期间还将减少 3 500 万人。四是平均工作年限缩短。劳动人口平均受教育年限不断增加，1982 年受教育年限超过 8 年，现在已达 10.8 年，新增劳动力平均受教育年限达到 13.8 年，开始工作的年龄不断推后。总的看，我国人口老龄化呈现出“未富先老”、速度加快、规模庞大、农村老人占比高等特征，对经济社会发展带来重大而深远的影响。人口老龄化造成养老保险制度抚养比下降，制度的可持续发展面临新情况新挑战。通过深入实施积极应对人口老龄化国家战略，统筹社会保障与人力资源开发，探索有效路径和举措，提高工作预见性和主动性，未雨绸缪、积极应对。

顺应数字化发展趋势，提高社会保障治理效能。数字化发展从根本上改变了传统的生产方式、商业模式和生活方式，灵活就业、新就业形态不断涌现。新就业形态从业人员特别是平台网约劳动者劳动关系、就业岗位、工作时间、工资收入等都呈现出许多新的特征，现有社会保障制度还不能很好适应，部分人群还没有纳入保障范围或保障不足。要顺应数字化发展趋势，积极探索实践，增强社会保障制度的灵活性、包容性、适应性，创新社保服务方式，不断提高社会保障管理精细化程度和服务水平。

坚持系统集成、协同高效，推进社会保障制度改革。社会保障体系建设是一项复杂的系统工程，政策性、关联性都很强，涉及各方面利益关系的深刻调整。经过多年改革，我国社会保障体系的“四梁八柱”已基本确立，但也存在不足。部分人群还没有纳入社会保障，统筹层次有待提高，区域之间不平衡问题突出，制度之间转移衔接不够通畅，多层次养老保险发展不充分，经办管理和服务能力仍然有待进一步提高。社会保障制度改革已经进入系统集成、协同高效阶段，要坚持制度的统一性和规范性，坚持问题导向，准确把握社会保障各个方面之间、社会保障领域和其他相关领域之间改革的联系，提高统筹谋划和协调推进能力，推进社会保障法治化建设，确保各项改革形成整体合力。

坚持尽力而为、量力而行，促进社会保障事业发展和经济社会发展水平相适应。这是做好社会保障工作的一项重大原则。尽力而为，强调的是党和政府对于保障和改善民生的责任担当和主动作为。量力而行，强调的是实事求是和一切从实际出发。我国仍处于并将长期处于社会主义初级阶段的基本国情没有变，我国是世界最大发展中国家的国际地位没有变，社会保障不能脱离这个最大实际。必须立足基本国情，不做超越发展阶段和财力水平的事情，汲取一些国家盲目“福利赶超”“泛福利化”的教训，始终立足保基本，从基本权益做起，循序渐进、积少成多，在做大“蛋糕”的同时分好“蛋糕”。

三、扎实推进社会保障体系建设重点工作，不断增强人民群众的获得感幸福感安全感

习近平总书记强调，各级党委和政府要深化对社会保障工作重要性的认识，把握规律，统筹协调，抓好党中央决策部署和各项改革方案的贯彻落实，在健全覆盖全民的社会保障体系上不断取得新成效。“十四五”时期，要按照兜底线、织密网、建机制的要求，紧紧围绕健全覆盖全民、统筹城乡、公平统一、可持续的多层次社会保障体系，以更大的改革勇气、更积极的进取精神，扎实推进各项重点任务落实。

深化改革，构建更加完善的社会保障制度体系。改革创新，是推进社会保障制度更加成熟定型的必然要求。重点是按照养老保险制度改革总体方案，成熟一项、推出一项，有步骤地推进改革任务落实。社会保障遵循大数法则，统筹层次越高，制度越安全可靠。在健全养老保险基金中央调剂制度、实现省级统筹基础上，加快推进养老保险全国统筹，科学调整确定中央和地方养老保险事权，做好政策、经办、监管、信息系统等相关工作。按照小步调整、弹性实施、分类推进、统筹兼顾等原则，积极稳妥推进渐进式延迟法定退休年龄。加快发展多层次、多支柱养老保险体系，在坚持基本养老保险保基本制度定位的同时，提高企业年金参保率，推动职业年金市场化投资运营平稳规范，建立和发展适合我国国情、政策支持、个人自愿、市场化运营的个人养老金制度，实现对基本养老保险的有效补充。加快推动失业保险和工伤保险省级统筹，提高基金互助共济能力。

守住底线，确保待遇按时足额发放。养老金是退休人员的“养命钱”，确保待遇发放是必须坚守的底线。压实各级责任，加大养老保险基金中央调剂力度，按时完成上解下拨，提高调剂基金使用效率，多措并举确保当期发放。建立健全基本养老保险待遇调整机制，推动待遇水平随经济发展逐步提高。继续扩大基本养老保险基金委托投资规模，提升基金“自我造血”能力。调整完善和落实新一轮失业保险扩围稳岗政策，落实工伤保险待遇调整和确定机制。

突出重点，努力实现社会保障全民覆盖。精准实施全民参保计划，健全农民工、灵活就业人员、新业态就业人员参加社会保险制度，推动实现最广泛的覆盖。创新工作思路，研究制定新就业形态从业人员职业伤害保障办法，尽快补齐制度短板。完善并落实城乡居民养老保险和被征地农民社会保障政策。促进中小微企业和重点群体积极参保、持续缴费，引导更多的人员长期持续参保。

优化服务，完善社会保障管理体系和服务网络。拓展全国统一的社会保险公共服务平台功能，实现各地平台应接尽接、服务应上尽上。持续推动省以下社保公共服务资源整合和综合柜员制服务。加快推进社保卡“一卡通”全民持卡，统筹个人资金发放用卡、公共服务

功能用卡，推进第三代社保卡和电子社保卡发放应用，逐步形成居民服务“一卡通”应用新局面。推进社保经办数字化转型，创新服务模式，实现“数据多跑路，群众少跑腿”。持续改进社保公共服务窗口单位作风，完善传统服务保障措施，为老年人、残疾人等群体提供更周全更贴心更暖心的社会保障服务。

健全法治，推动社会保障事业行稳致远。加强社会保障立法工作，做到推进工作有法可依，深化改革于法有据。坚持从严执法，加强社会保险法律法规实施，提高执法有效性、权威性。依法健全社会保险基金监管体系，研究制定社会保险基金监督条例，研究修订社会保险基金行政监督办法，强化收支管理和运行监测，以零容忍态度打击各类欺诈骗保行为，守护好人民群众的每一分“养老钱”“保命钱”。

（原载《求是》杂志 2021 年第 12 期）

党史学习教育专题党课暨“我为群众办实事”实践活动交流推进会讲话

张纪南

（2021年6月28日）

我部开展党史学习教育已近4个月，各项工作扎实有序推进。今天这次会议，主要任务是深入学习贯彻习近平总书记党史学习教育动员大会重要讲话和关于党史学习教育重要指示批示精神，交流总结前一阶段部里开展党史学习教育的认识体会、经验做法，研究推进工作特别是“我为群众办实事”实践活动。刚才，几位同志作了很好的发言。下面，我结合学习谈谈认识体会，给大家讲一次党课，同时就推进部党史学习教育，抓好“我为群众办实事”实践活动讲几点意见。

一、深刻把握我们党百年奋斗的成功经验，在开启事业发展新征程中传承好发扬好

再过几天，我们党将迎来百年大庆。习近平总书记指出，我们党的一百年，是矢志践行初心使命的一百年，是筚路蓝缕奠基立业的一百年，是创造辉煌开辟未来的一百年。回望过往的奋斗路，眺望前方的奋进路，必须把党的历史学习好、总结好，把党的成功经验传承好、发扬好。通过前一阶段的学习，深刻感悟我们党在内忧外患中诞生，在磨难挫折中成长，在攻坚克难中壮大，从一开始只有50多名党员的小党，如何发展成为今天拥有9 100多万名党员、领导14亿人口国家的大党的光辉历程。我们党发展到今天，为什么能够在各种政治力量的反复较量中脱颖而出，能够始终走在时代前列、成为中国人民和中华民族的主心骨，能够在百年未有之大变局中表现出卓越的领导力和强大的影响力？非常重要的，就在于我们党始终保持自我革命精神，在勇于自我革命中始终保持时代先锋本色。我们党始终不忘初心、牢记使命，树牢理想信念、践行根本宗旨，不断实现自我净化、自我完善、自我革新、自我提高，已经成为渗透在中国共产党人血脉中的红色基因，已经熔铸为中国共产党人独特的精神标识。通过学习，我体会，一个百年政党，为什么历久弥坚、风华正茂？一个近亿人的大党，为什么枝繁叶茂、青春常在？主要有七个方面的原因，也是我们党的成功之道。

第一，始终坚守理想信念，这是我们党永远奋进的力量源泉。中国共产党人的理想信念，就是对马克思主义的信仰，对社会主义和共产主义的信念。我们党之所以青春常在，就在于始终坚持革命理想高于天。习近平总书记强调，坚定理想信念，坚守共产党人精神追求，始终是共产党人安身立命的根本。一个人、一个集体，一个政党、一个民族、一个国家，只要有信仰、信念、信心，就会愈挫愈奋、愈战愈勇。回顾历史，我们党因理想而

生、因信念笃行，之所以能够从小到大、从弱到强，历尽坎坷而淬火成钢，历经苦难而挺然前行，不断从胜利走向新的胜利，根本上靠的是坚定的理想信念。一代又一代共产党人，之所以能赴汤蹈火、舍生忘死，之所以能任劳任怨、鞠躬尽瘁，之所以能洁身自好、光明磊落，根本原因就在于他们始终坚持理想先行、信念领航。理想信念就是共产党人精神上的“钙”，没有理想信念，理想信念不坚定，精神上就会“缺钙”，就会得“软骨病”。当前，血与火的生死考验少了，但仍然要进行许多具有新的历史特点的伟大斗争。理想信念并不是虚无缥缈的，而是具体的、现实的。共产党人的理想追求，就是实现共产主义。这一远大目标是要一步步实现的，在不同历史时期有不同的奋斗目标。当前的目标就是实现中华民族伟大复兴的中国梦，全面建设社会主义现代化国家。这需要全国人民的共同努力。具体到每个同志，做好本职岗位工作，就是在为这个目标而努力。我们要持续立根固本，加强党性锻炼，砥砺政治品格，矢志不渝，自觉做共产主义远大理想和中国特色社会主义共同理想的坚定信仰者、忠实实践者，既仰望星空，又脚踏实地，把坚定的理想信念融入具体的学习工作生活之中。

第二，始终坚持人民就是江山、江山就是人民，这是我们党立于不败之地的根基和血脉。中国共产党是全心全意为人民的政党，“人民”二字重若千钧。我们党之所以青春常在，就在于始终植根人民、赢得民心。习近平总书记指出，让人民生活幸福是“国之大者”。人心向背关系党的生死存亡。我们党来自人民，为人民而生，因人民而兴。要始终把人民放在心中最高位置，始终全心全意为人民服务，始终为人民利益和幸福而努力奋斗。党的百年史，就是一部与人民心连心、同呼吸、共命运的历史。自诞生之日起，我们党坚持人民至上，站稳人民立场，从实现人民解放，到人民当家作主，再到不断提高人民生活水平、满足人民对美好生活的向往，从确立全心全意为人民服务的根本宗旨，到以人民为中心，一代又一代共产党人，棒棒传、接茬干。这些充分表明，我们党之所以能在极端恶劣的条件下生存下来、发展起来、壮大起来，就在于坚持一切为了人民，把民心当作最大的政治，也赢得了最广大人民的衷心拥护和坚定支持。让人民生活幸福是“国之大者”，也是“党之要者”，体现了党和人民深厚的鱼水之情。这就是我们党最大的底气。我们党依靠人民创造历史，也必然依靠人民走向未来。我们要始终坚持人民就是江山、江山就是人民，在任何时候都把群众利益放在第一位，牢记党的性质宗旨，践行以人民为中心的发展思想，与群众同甘共苦、保持血肉联系，把人民对美好生活的向往作为一切工作的出发点和落脚点。

第三，始终坚持永不自满、革故鼎新，这是我们党不断发展壮大的不竭动力。永不自满、革故鼎新，就是时刻保持革命精神、革命斗志，永不懈怠。我们党之所以青春常在，就在于始终在守正创新中不断实现自身跨越。习近平总书记强调，我们是革命者，不要丧失了革命精神。变革创新是推动人类社会向前发展的根本动力。惟改革者进，惟创新者强，惟改革创新者胜。回顾党的历史，我们党带领中国人民开创伟大道路、探索科学理论、建构典章制度、弘扬优秀文化，这正是永不自满、革故鼎新，在赓续传承中与时俱进、开拓进取的结果。在我们这样一个东方大国，领导中国革命、进行社会主义建设、推进改革开放，没有现成的教科书可以照搬全抄，也没有现成的方法可以拿来就用。从攻打大城市到开辟农村包围城市、武装夺取政权的正确革命道路，从夺取全国政权到建设社会主义探索实践，实现了中国有史以来最为深刻的社会变革。改革开放以来，最突出的就是两个划时代的“三中全会”。一个是党的十一届三中全会，我们党果断结束“以阶级斗争为纲”，作出改革开放的历史性决策，确立社会主义初级阶段基本路线，坚持以经济建设为中心，坚守发展这个硬道理，开启了改革开放和社会主义现代化建设历史新时期。一个是党的十八届三中全会，我们党深刻剖析改革发展稳定面临的重大理论和实践问题，阐明了全面深化改革的重大意义和未来走向，作出了总部署总动员，实现了改革理论和政策的一系列新的重大突破，开启了全面深化改革、系统整体设计推进改革的新时代，开创了我国改革开放的全新局面。中国特色社会主义是我们党从理论到实践的伟大创造。党的十二大把马克思主义普遍真理同我国的具体实际结合起来，提出建设有中国特色的社会主义，回答了进入改革开放新时期后走什么样的道路这一重大问题，成为指引改革开放和社会主义现代化建设的伟大旗帜。党的十八大以来，我们党顺应时代发展，从理论和实践结合上系统回答了新时代坚持和发展什么样的中国特色社会主义、怎样坚持和发展中国特色社会主义这个重大时代课题，开辟了新时代中国特色社会主义道路。这些都是我们党在长期奋斗历程中形成的宝贵精神财富。实践发展永无止境、改革创新未有穷期。党的先进性和党的执政地位都不是一劳永逸、一成不变的，过去先进不等于现在先进，现在先进不等于永远先进。我们要以高度的清醒自觉，永不自满，永不懈怠，识变应变，永远创新。

第四，始终做到坚持真理、修正错误，这是我们党一以贯之的科学态度。一个具有自我革命精神的政党，必然能够为人民利益而坚持真理、修正错误。我们党之所以青春常在，就在于始终坚持实事求是这一马克思主义的思想精髓和活的灵魂。习近平总书记指出，什么时候坚持实事求是，党就能够形成符合客观实际、体现发展规律、顺应人民意愿的正确路线方针政策，党和人民事业就能够不断取得胜利；反之，离开了实事求是，党和人民事业就会受到损失甚至严重挫折。全党同志一定要坚持解放思想、实事求是、与时俱进，随时准备坚持真理、修正错误。我们党的历史，就是一部团结带领人民实事求是地认识中国、改造中国、建设中国、发展中国的历史，这是我们党始终保持生机活力的重要内在原因。实践反复证明，坚持实事求是就能兴党兴国，违背实事求是就会误党误国。回顾党的历史，我们党始终坚持立足基本国情，从群众中来到群众中去，推动党和人民事业发展壮大。党的十八大以来，以习近平同志为核心的党中央根据世情国情党情的新变化，牢牢把握社会主义初级阶段这个最大国情和最大实际，把握时代特点、直面时代课题，作出一系列关系全局的重大战略部署。我们党始终坚持把求真务实、真抓实干作为一脉相承的优良传统和作风，毛泽东讲“当老实人、说老实话、做老实事”，邓小平讲“不干，半点马克思主义都没有”，习近平总书记讲“空谈误国，实干兴邦”“力戒形式主义官僚主义”，这些都为我们党的各项事业不断取得新胜利提供了根本保证。我们党总是敢于一次次检视自己、纠正自己，一次次靠自己解决了问题，而且每一次对错误的纠正和总结都会取得一个更大的进步，关键也在于我们党始终坚持实事求是的思想路线。最典型的就是“两个决议”。1945 年党的六届七中全会通过《关于若干历史问题的决议》，1981 年党的十一届六中全会通过《关于建国以来党的若干历史问题的决议》。大家通过学习这两个决议，可以清晰地看到，我们党如何在革命和建设的艰辛探索中不断自我修正、自我完善。

当前，我们党正在进行具有许多新的历史特点的伟大斗争，前进道路上面临的风险挑战层出不穷。我们要坚持实事求是的科学态度，凡是有利于党和人民事业的就坚决干、加油干，凡是不利于党和人民事业的就坚决改、彻底改，切实把发现问题、正视问题与解决问题统一起来，既不掩饰自身存在的缺点，也不回避工作中可能面临的问题，始终保持自我纠错和自我修复能力。

第五，始终坚持刀刃向内、反腐倡廉，这是我们党保持先进性纯洁性的根本所在。敢不敢正视自身的问题，有没有刀刃向内的自觉与勇气，是一个政党是否有自我革命精神的重要标志。我们党之所以青春常在，就在于始终坚持“打铁必须自身硬”。习近平总书记强调，党的百年历史，也是我们党不断保持党的先进性和纯洁性，不断防范被瓦解、被腐化的危险的历史。要以猛药去疴、重典治乱的决心，以刮骨疗毒、壮士断腕的勇气，坚决把党风廉政建设和反腐败斗争进行到底。要崇尚对党忠诚的大德，崇尚造福人民的公德，崇尚严于律己的品德。回顾党的历史，无论是处在白色恐怖的敌人统治区还是红色根据地，无论是局部执政还是全国执政，我们党都十分重视自我监督，并坚持以刀刃向内的勇气解决党内顽瘴痼疾，以刮骨疗毒的决心和意志消除一切损害党的先进性和纯洁性的因素，防止内部变质、变色、变味。我们党坚持以零容忍的态度惩治腐败，对查处党内腐败分子，没有禁区、不设特区，也没有“铁帽子王”，更没有“免死金牌”，坚持发现一起查处一起，发现多少查处多少，不管其级别多高、权力多大，也不管案发后他们逃到哪里，都要缉拿归案、绳之以法。党的十八大以来，以习近平同志为核心的党中央坚持不敢腐、不能腐、不想腐一体推进，“老虎”“苍蝇”一起打，反腐败斗争压倒性胜利不断巩固发展。我们党坚定不移正风肃纪，坚持作风建设永远在路上，从“三大纪律、八项注意”塑造了党领导人民军队的优良传统和作风，到党的十八大后中央“八项规定”的“小切口”打开“大变局”，持续整治形式主义官僚主义等“四风”问题，党风政风焕然一新，社风民风向上向善。我们党坚持在全党开展集中教育整顿，延安整风、全面整党、“三讲”教育、先进性教育、学习实践科学发展观、群众路线教育实践、“三严三实”“两学一做”“不忘初心、牢记使命”等，统一了思想，强化了党性，纯洁了队伍。这些都充分表明，刀刃向内、自我革命，就是我们党的优势所在。

在新的历史起点上，我们要坚持全面从严治党首先从政治上看，切实担负起管党治党政治责任，长期坚持严的主基调，“严早严小严预防”，始终拧紧世界观、人生观、价值观这个“总开关”，始终保持“赶考”的清醒，始终保持对“腐蚀”“围猎”的警觉，永葆清正廉洁的政治本色，引领和保障事业发展行稳致远。

第六，始终注重制度治党、常抓不懈，这是我们党兴党强党的根本保证。我们党不断发展壮大，不仅要靠党员觉悟的提高、信念的坚定、理论的自觉，更要靠严密的组织、严明的纪律、严格的制度。我们党之所以青春常在，就在于始终坚持党的团结和集中统一的制度优势。习近平总书记强调，我们党是用革命理想和铁的纪律组织起来的马克思主义政党，组织严密、纪律严明是党的优良传统和政治优势，也是我们的力量所在。新形势下从严治党，要坚持思想建党和制度治党紧密结合。从百年党史看，正是因为我们党始终坚持制度治党、常抓不懈，全党同志像一个人一样团结在中央的周围，才可以从容应对各种复杂局面和风险挑战。从组织上看，我们党形成了包括党的中央组织、地方组织、基层组织在内的严密组织体系，这是世界上任何其他政党都不具备的。党中央一声令下，各级党组织闻令而动、众志成城，形成紧密团结的整体。同时，我们党有严格的党员发展规定，有“横向到边、纵向到底”的全域组织网络，有选贤任能的用人机制，能保证我们党统一思想、统一行动。从纪律上看，我们党形成了政治纪律、组织纪律、廉洁纪律、群众纪律、工作纪律、生活纪律等六大纪律，确保了全党令行禁止。刚性严明的纪律，维护了党的集中统一领导，是党组织发挥效能的重要保证。毛泽东讲，加强纪律性，革命无不胜。邓小平讲，有理想、有纪律，这两件事我们务必牢记在心。习近平总书记强调，加强纪律建设是全面从严治党的治本之策。从制度上看，我们党逐步形成了以党章为根本、以民主集中制为核心、以准则条例等党内法规为主干的法规制度体系，使党的组织有了制度保障，党员组织纪律性不断提高。党的十八大以来，党中央先后制定和修订了140多部中央党内法规，健全完善了一整套制度体系，扎牢了制度的笼子。特别是民主集中制，是党的根本组织原则、组织制度和领导制度，是最重要的组织纪律，也是党能不断修正错误、实现自我革命的根本制度保障。做到组织严密、纪律严明、制度严格，关键在于加强对一把手监督，尤其是对民主集中制执行情况的监督。我们党历来高度重视，不断健全相关制度规定，着力破解一系列监督难题。

立足新阶段、开启新征程，需要将我们党开展自我革命的成熟经验加以提炼总结，使党的组织更加严密、纪律更加严明、制度更加成熟定型，党的建设沿着科学化、规范化、制度化的轨道不断前进。坚持制度治党，最关键的就是要坚决维护习近平总书记党中央的核心、全党的核心地位，坚决维护党中央权威和集中统一领导。我们要牢固树立组织观念，增强纪律意识、制度意识，坚决维护党的制度的严肃性、权威性。

第七，始终做到重视学习、善于学习，这是我们党独特的精神气质。重视学习、善于学习，不仅和个人的成长成才紧密关联，而且与一个政党的创造力、凝聚力、战斗力、生命力息息相关。我们党之所以青春常在，就在于始终坚持学习的革命，不断汲取各方面的营养。习近平总书记强调，我们党历来重视学习，是一个勤于学习、善于学习的马克思主义政党。中国共产党人依靠学习走到今天，也必然要依靠学习走向未来。我们党领导中国革命、建设、改革的历史，就是一部创造性学习的历史，从提出“要把全党变成一个大学校”，到强调“必须学会自己不懂的东西”；从号召“善于学习，善于重新学习”，到要求“必须大兴学习之风，坚持学习、学习、再学习，实践、实践、再实践”，通过学习适应变化、掌握主动，开创事业发展新局面。我们党富有探索精神，始终把学习作为一种追求，坚持拜人民为师，坚持学习马克思主义基本理论，继承和发扬中华优秀传统文化，坚持大胆吸收和借鉴人类社会创造的一切文明成果，坚持学习经济、政治、文化、社会、生态、法律、科技、军事、外交等方面的知识。我们党发扬理论联系实际的马克思主义学风，带着问题学，既向书本学习，又向实践学习，既向人民群众学习，又向专家学者学习，也向国外有益经验学习，做到学以致用、用以促学、学用相长，坚决防止“客里空”。我们党建立健全集体学习制度、中心组理论学习制度、干部教育培训制度，建立了完善的党校教育体系。这些都充分说明，通过认认真真地学习、与时俱进地学习、持之以恒地学习，我们党始终跟上时代进步的潮流。

当前，世界正处于百年未有之大变局，我国面临的风险挑战前所未有，我们党肩负任务的艰巨性复杂性繁重性世所罕见，更需要大学习、大提升。领导干部是决定党的事业发展的“关键少数”，应该是勤于学习、善于学习、不断学习的表率。我们要自觉做习近平新时代中国特色社会主义思想的坚定信仰者、忠实实践者，掌握贯穿其中的马克思主义立场观点方法，不断提升政治判断力、政治领悟力、政治执行力，掌握领导工作的主动权，不断提高执政水平和领导水平。

青年干部是党的事业薪火相传的生力军。习近平总书记指出，广大干部特别是年轻干部要在常学常新中加强理论修养，在真学真信中坚定理想信念，在学思践悟中牢记初心使命，在细照笃行中不断修炼自我，在知行合一中主动担当作为，保持对党的忠诚心、对人民的感恩心、对事业的进取心、对法纪的敬畏心，做到信念坚、政治强、本领高、作风硬。我们部的年轻干部占了一半左右，一大批“80后”“90后”干部不缺学历文凭，学习能力较强，精力也很充沛，但阅历有限，相对来讲党性锻炼、实践锻炼还有欠缺。这就需要坚持学习，好学不倦，从百年党史中汲取经验和智慧。要加强理论学习，深刻认识和领会习近平新时代中国特色社会主义思想的时代意义，深刻理解其核心要义、精神实质、丰富内涵、实践要求，坚持结合思想和工作实际，有针对性地重点学习、多思多想、学深悟透。要坚持用理论上的坚定夯实政治上的坚定、党性上的坚定，在学习实践中壮筋骨、长才干，做明白人、老实人，做勤快人、当实干家。

以上七个方面，就是我通过认真学习党史，结合自己的一些经历，对我们党历经百年而青春常在的成功经验的一些认识和体会，供同志们参考。我们党一步步走过来，以伟大的自我革命引领伟大社会革命，带领中国人民实现从站起来、富起来到强起来的伟大飞跃，很重要的一条就是不断总结经验、提高本领。党的经验不是从天上掉下来的，也不是从书本上抄来的，而是我们党在历经艰辛、饱经风雨的长期探索实践中积累下来的，饱含着成败和得失，充满着智慧和勇毅，是一座不朽的丰碑，是一座伟大的宝库。站在“两个一百年”的历史交汇点上，我们要把学习党史同总结经验、观照现实、推动工作结合起来，通过学习党史鉴往知来，认清历史方位、明晰历史责任，更加坚定对全面加强党的领导和党的建设的高度认同，继承好我们党极其宝贵的政治财富，发扬好我们党的优秀特质，切实转化为解决实际问题的能力水平，转化为推动事业发展的强大动能。

二、弘扬党的优良传统，切实为群众办实事，把党史学习教育推向深入

部党组坚持把党史学习教育作为一项重大政治任务，按照“学党史、悟思想、办实事、开新局”的目标要求，贴紧中央要求、贴紧群众需要、贴紧党员干部思想实际，聚焦“六个学出”的重点任务，及时动员部署，精心组织实施，着力推动“学史明理、学史增信、学史崇德、学史力行”。总的看，我部党史学习教育热起来、活起来、深起来、实起来，取得了阶段性成效。我们要按照既定的各项部署，再紧一扣，下一步要突出抓好“我为群众办实事”实践活动，进一步增强人民群众获得感、幸福感、安全感。

第一，提高政治站位，切实增强思想自觉政治自觉行动自觉。“我为群众办实事”，首先要提高思想认识，解决为什么办的问题。学习教育搞得怎么样，关键要看为群众办成了多少实事，解决了多少实际问题，群众到底认不认可、满不满意。我们要把“我为群众办实事”实践活动作为砥砺初心使命的“磨刀石”，把解决实际问题作为检验党史学习教育成效的“试金石”，切实把学习成效转化为工作的动力和成效。

一要充分认识开展“我为群众办实事”是党的性质和宗旨的根本要求。全心全意为人民服务是我们党的根本宗旨，也是对我们党干革命、搞建设、抓改革历史经验的深刻总结，是我们党立于不败之地的强大根基。开展“我为群众办实事”、实实在在办好群众的一桩桩一件件实事，就是践行党的性质宗旨的应有之义和具体体现。

二要充分认识开展“我为群众办实事”是夯实党的群众基础阶级基础的实际行动。我们党之所以始终得到人民衷心拥护，根本在于把民心作为最大的政治。人社工作是重要的民生工作，与民心紧紧相连，许多工作看起来是小事，但是小事不小、小中有大。办好一件实事，就会温暖一片人心。群众的事情办得怎么样，事关民生福祉，事关党在人民群众中的威望，更关系到党的执政根基、民心向背。

三要充分认识开展“我为群众办实事”是增进群众感情的重要载体。密切联系群众是我们党的光荣传统。老百姓在干部心中的分量有多重，干部在老百姓心中的分量就有多重。人社工作涉及群众面广、涉及群众利益深、涉及群众的问题具体。通过“我为群众办实事”这个载体，真诚倾听群众呼声、真实反映群众愿望、真情关心群众疾苦，能够强化群众观念、增进群众感情，使党员干部同人民群众保持血肉联系。

四要充分认识开展“我为群众办实事”是推进人社工作的重要抓手。中央要求，“我为群众办实事”实践活动要贯穿党史学习教育始终。通过为群众办实事，既解决人社工作当下面临的难点焦点问题，也推动制度政策的健全完善。同时，为群众办实事，也有利于破解学习教育与实际工作“两张皮”的问题，实现党建与业务互促共进。我们要切实把“我为群众办实事”的过程转化为履职尽责、推进业务工作的过程。

第二，深入了解群众需求，找准“急难愁盼”问题。“我为群众办实事”，关键要察民情访民意，解决办什么的问题。只有在形成问题清单的基础上，才能做实办实事清单。中央专门制定了“我为群众办实事”工作方案，明确了主要目标、重点任务、方法举措。结合人社部门实际，重点就是要做到“五个围绕、五个聚力”，也就是：围绕贯彻新发展理念，聚力解决人社领域发展不平衡不充分的问题；围绕巩固拓展脱贫攻坚成果，聚力解决农村脱贫人口、低收入人口和脱贫地区、欠发达地区人社政策帮扶问题；围绕保障基本民生需求，聚力解决就业、社保等社会关心关切的问题；围绕深化政务服务改革，聚力解决人社服务困扰群众的问题；围绕推进基层治理体系和治理能力现代化，聚力解决社会关注度高、群众反映强烈的突出问题。我们要对标对表中央要求，深入了解掌握群众所思所想、所愁所盼，把群众对人社工作的需求找准、找具体，找到落脚点。

一要坚持问题导向。人社工作点多、线长、面广，牵扯历史遗留问题多，涉及利益关系调整复杂，尤其需要深入了解具体情况。近年来，我们通过加强系统行风建设等，在办实事方面取得了积极成效，但也存在问题和不足，还不能很好满足群众需要，有的问题还不时“冒泡”，有的能力作风还需要加强和改进，个别的社会反映还比较多。要坚持跟着问题走、奔着问题去，查找问题、直面问题、聚焦问题、掏根问题，直至解决问题，把坚持问题导向贯穿“我为群众办实事”实践活动始终，切实把群众的堵点、痛点、难点转化为办实事的重点、焦点、切入点。要深入到基层群众中去，常喝“大碗茶”、常坐“小板凳”，真正倾听群众的呼声、掌握群众的需求。现在有的同志调研“蜻蜓点水”浮在面上、沉不到底，只是简单地听汇报、看材料，尤其是接触群众少，满足于“下去了”“调研完成了”。这就是葫芦打水，下是下去了，但仍然浮在水面上。有的习惯“被安排”，走“经典路线”，看到的都是“门面”、典型，看不到“后院”“墙角”，来去匆匆、热热闹闹，听不到真实的声音，掌握不到真实的情况。有的掌握了一些情况和问题，但是分析不深入、比较不全面，简单罗列情况数字，直接往上搬。还有的把地方的汇报材料改头换面，稍加调整角度就变成自己的调研报告。这些大家都要注意。要多形式、多渠道收集了解群众需求，通过群众来信来访、12333 公共服务号码等掌握情况，通过媒体、网络和研究机构、专家学者的研究报告、学术观点、情况分析等，吸收不同方面的意见建议。

二要扎实开展走流程和暗访调研。什么事情就怕“换个位”，一换位看问题就全面了，头脑就清醒了。只有换位思考，设身处地为群众着想，将心比心、换取真心，才能找到更好解决问题、推动工作的良策。部里组织开展“司局长走流程”和“干部暗访调研”活动，就是要让大家学会换位思考，体会群众办事的感受，看看自己制定的政策到底有没有用、好不好用。开展党史学习教育以来，部属各单位和各地人社部门都组织开展了走流程和暗访调研，有的单位和地方谋划得很认真、搞得很有特色，参与的同志收获很大。但也要看到，一些单位走流程和暗访调研进展比较慢，各单位之间工作也不平衡。希望各单位高度重视，切实把这两项活动抓到位。要再紧一扣，还没有走流程的司局长都要抓紧走一走，还没有做过暗访的同志特别是青年干部都要去做一次，真切感受一下老百姓办事的酸甜苦辣，更好地检视政策、检视工作、检视自己。要实实在在，按照部里统一制定的工作手册，认真学习梳理相关政策措施，熟悉办事程序和事项，确保取得实效。要加强统筹协调，明确推进工作的时间节点，及时调度反馈情况，加强督促指导。开展走流程和暗访调研活动，还要把查找问题和发现经验结合起来。这项工作重在发现服务群众存在的突出问题，但不光是为了“挑毛病”，也要注重发现基层工作、窗口单位的一些好经验好做法，及时梳理总结推广。这也是推进“为群众办实事”的一个重要方面。总之，还是要坚持实事求是，不要一下去走流程、搞暗访，就先戴副“有色眼镜”，甚至故意给基层工作人员出难题。

第三，求真务实、真抓实干，把好事办实、实事办好。“我为群众办实事”，最终要落到实处，解决怎么办好的问题。最近一段时间，各单位在学习教育基础上，紧扣职能职责，梳理形成了“我为群众办实事”清单，包括10项行动、43项具体事项。同时制定了为部内职工办实事的清单。办实事，出发点和落脚点是“为群众”，关键点和着力点是“实”，让群众看得见、摸得着、直接感受得到。

一要集中力量，分类推进。人社领域涉及群众的办实事事项，特点各不相同，不能搞成一般粗、齐步走，还是要分分类、排排队，不同的事项要有不同的“打法”，列出推进的具体举措。对于政策类实事，关键是要研究出台政策、落实好政策，并跟踪评估，有的重要政策还要试点先行。对于活动类实事，关键是要精心谋划，认真组织实施。比如，“百日千万网络招聘”和专场招聘活动等，要广泛组织企业和岗位需求信息，提供精准对接服务。对于服务类实事，关键是针对群众反映的办事多头跑、提交材料多、办结时限长、服务不便利的问题，提出改进举措。比如，人社服务快办行动，就是围绕群众痛点堵点难点，推进打包办、提速办、简便办、跨省办，优化服务。对于整治类实事，关键是从严从实从责，整治一些已经发现的人社领域具体问题，解决一批损害群众利益的矛盾纠纷。比如，整治群众身边腐败和不正之风问题，就是要聚焦整治社保基金管理发放不规范，聚焦惩治骗取套取就业创业培训资金等，确保群众的合法权益得到有力保障。对于宣传类实事，关键是让群众办事看得懂、算得清，方便查询、了解政策和办事事项。比如，人社政策宣传，就是要做好政策解读、打造政策查询服务平台、优化政策咨询互动功能，推动人社政策进企业、进基层、进万家。总之，在推进办实事过程中，要突出中央重视、群众关心、社会关注的问题，从最困难的群体入手，从最突出的问题抓起，从最现实的利益出发，找准最为紧要的事，把劲儿使在点子上，把好钢用在刀刃上，集中优势兵力打歼灭战。要把握好时度效，集中出台一批保障民生的政策举措，推出一批为民惠民便民的实招硬招，实施一批直接造福于民的项目工程，解决一批损害群众利益的矛盾纠纷。要考虑实际情况，体现出工作特色，因地制宜、因人制宜、因事制宜、因时制宜，对准困难问题精准施策，“一把钥匙开一把锁”。部属各单位服务的对象都是具体的，有着不同的特点和需求。简单讲，就业政策面对的群众是广大劳动者，社会保障面对的是职工和居民，人才工作面对的是专业技术人才和技能人才，等等。要牢牢把握工作特点，体现自身业务特色。

二要抓好落实，务求实效。办实事，关键是要有钉钉子精神，重在看实际效果。要做到“按葫芦抠籽儿”“拉锯掉末儿”，既要掷地有声，更要落地砸坑，不见成效绝不收兵。就是我常说的，咬住不放，光咬出牙印子不行，还要咬下一块肉来。要抓责任落实。部领导分兵把口，加强分管领域办实事工作的督促指导。各单位一把手是本单位办实事的第一责任人，要配备精干力量，实行项目推进、专人盯办，确保一项一项落地见效。要抓成果形式。对每一件实事都要明确成果形式，成果要具体、实在、尽量量化，体现出群众得到哪些实惠和好处。比如，出台政策的要看取得什么样的实施效果，开展活动的要看取得什么具体成果，优化服务的要看群众办事是否更加快捷便利，问题整改的要看矛盾纠纷是否化解、难题是否解决，开展宣传的要看群众对人社政策的知晓度是否提高。要抓动态管理。各单位要根据形势任务和走流程、暗访调研掌握的群众需求变化，对本单位办实事清单进一步深化、实化、细化，尽可能形成问题清单、责任清单、措施清单、成果清单。在各单位清单基础上，及时对部里的清单进行动态调整、充实完善。要抓督办调度。目前的43项实事均明确了完成时限，各单位要按照规定的时限如期完成。要加强日常督查督办，对进展落实情况进行跟踪问效，对清单实行挂账销号。每季度“一岗双责”调度会、年中工作推进会、年底务虚会和组织生活会等，都要集中进行调度。7月下旬和11月下旬，分两次形成各单位进展情况报告，及时总结好经验好做法，完善解决民生问题的制度政策。

三要力戒形式主义、官僚主义。办实事，就是要实打实，往实里办，绝不能大呼隆、一阵风、雨过地皮湿。要坚决杜绝“说了就是做了”“做了就是落实了”等现象，防止重“痕”不重“绩”、留“迹”不留“心”，增加基层负担等错误做法。要避免用常规工作、面上工作来代替办实事，关键是要聚焦直接面向群众和服务单位的事项，看解决了哪些具体问题。要坚持尽力而为、量力而行，注意坚持一切从实际出发，科学安排好办实事事项，充分考虑工作面临的现实条件和物质基础，不能好高骛远、寅吃卯粮。办实事，不能贪大求全、一口吃成个胖子，也不能贪多嚼不烂、造成消化不良。实事不怕小，只要一件一件办扎实、办得具体实在，群众得到实惠就行，就说明办出了效果。要坚决防止“低级红、高级黑”，落实中央决策部署空洞口号喊得响，把学习教育娱乐化、庸俗化，办实事运动化、表面化。

习近平总书记强调，人民对美好生活的向往，就是我们的奋斗目标。从石库门到天安门，从兴业路到复兴路，我们党历经百年而青春常在的秘诀，就蕴藏在党和人民“有盐同咸、无盐同淡”的同甘共苦里。百年恰是风华正茂，百年仍需风雨兼程。我们要从百年党史中汲取前进的智慧和力量，始终与人民同呼吸、共命运、心连心，推动我部党史学习教育往深里走、往实里走、往心里走，引导党员干部持续接力奋斗，全面开启人社事业高质量发展新征程，为实现第二个百年奋斗目标做出新的更大贡献！

在学习习近平总书记“七一”重要讲话精神交流研讨暨工作调度推进会上的讲话

张纪南

（2021 年 7 月 26 日）

这次会议的主要任务是，深入学习贯彻习近平总书记在庆祝中国共产党成立 100 周年大会上的重要讲话精神，结合人社工作交流讨论，调度推进重点工作。这也是党组理论学习中心组的一次集体学习。下面，我讲两个方面意见，一是学习体会，二是对重点工作做些强调。

一、深入学习领会习近平总书记“七一”重要讲话精神，以史为鉴、开创未来，在新的征程上推动人社事业高质量发展

在庆祝中国共产党成立一百周年大会上，习近平总书记发表重要讲话，立足中国共产党百年华诞的重大时刻和“两个一百年”历史交汇的关键节点，系统回顾中国共产党成立一百年来，团结带领全国各族人民开辟的伟大道路、创造的伟大事业、取得的伟大成就。以豪迈的自信、激昂的壮志，庄严宣告实现了第一个百年奋斗目标、全面建成了小康社会，郑重宣示坚持和发展新时代中国特色社会主义、向全面建成社会主义现代化强国的第二个百年奋斗目标迈进的坚定决心，深刻阐述以史为鉴、开创未来的根本要求，向全体党员发出了为党和人民争取更大光荣的伟大号召。讲话贯通历史、现实、未来，贯通伟大斗争、伟大工程、伟大事业、伟大梦想，高屋建瓴、视野宏阔、思想深邃、内涵丰富、震撼人心，把我们党对共产党执政规律、社会主义建设规律、人类社会发展规律的认识提升到了新高度，是一篇马克思主义纲领性文献，是新时代中国共产党人不忘初心、牢记使命的政治宣言，是我们党团结带领人民以史为鉴、开创未来的行动指南，为奋进新时代、走好新征程进一步指明了前进方向、提供了根本遵循。

学习贯彻习近平总书记重要讲话精神，是当前和今后一个时期的重大政治任务和头等大事，是理论武装工作的重中之重，是党史学习教育的核心内容。中央专门印发通知，就做好学习贯彻工作作出安排。前期，部党组进行了专题学习，部里制定了工作方案，各单位积极组织开展学习。今天，我们进行集中学习研讨。学习贯彻总书记重要讲话精神，是一个不断深入、常悟常进的过程，要作为下半年党史学习教育的工作主线，丰富拓展党史学习教育的内涵，推动党史学习教育往深里走、往实里走。要深入学习领会讲话的重大意义、深刻内涵、核心要义、实践要求，与学习贯彻总书记关于民生保障、社会建设和人社工作重要论述结合起来，始终牢记伟大梦想，弘扬伟大建党精神，坚定践行“九个必须”，自觉响应伟大

号召，推动全部党员干部切实把思想和行动统一到讲话精神上来。要精心组织部署，立足本单位实际，列出具体计划，突出领导带头学、系统培训学、创新方式学，确保学深悟透、融会贯通、以学促干，全面掀起学讲话、悟思想、办实事、开新局的热潮。下面，结合个人学习，我重点谈4个方面的认识体会，也就是百年奋斗主题、百年精神血脉、百年宝贵经验和百年目标方向，与大家共同交流。

第一，深入领会我们党团结带领人民百年奋斗的伟大主题，深刻把握取得的辉煌历史成就，更加坚定信心和底气。实现中华民族伟大复兴，是中华民族近代以来最伟大的梦想。习近平总书记指出，一百年来，中国共产党团结带领中国人民进行的一切奋斗、一切牺牲、一切创造，归结起来就是一个主题：实现中华民族伟大复兴。百年征程，波澜壮阔。我们党团结带领中国人民创造了新民主主义革命的伟大成就，为实现中华民族伟大复兴创造了根本社会条件。创造了社会主义革命和建设的伟大成就，为实现中华民族伟大复兴奠定了根本政治前提和制度基础。创造了改革开放和社会主义现代化建设的伟大成就，为实现中华民族伟大复兴提供了充满新活力的体制保证和快速发展的物质条件。创造了新时代中国特色社会主义的伟大成就，为实现中华民族伟大复兴提供了更为完善的制度保证、更为坚实的物质基础、更为主动的精神力量。辉煌成就，永载史册。一百年来，中华民族迎来了从站起来、富起来到强起来的伟大飞跃，实现了第一个百年奋斗目标，在中华大地上全面建成了小康社会，历史性地解决了绝对贫困问题，书写了中华民族几千年历史上最恢宏的史诗，书写了人类发展史上的伟大奇迹。这些伟大成就，鼓舞人心、催人奋进。

党旗所指，民生所向。我们党历来高度重视劳动人民的生活保障问题，人社事业在党的领导下，紧跟党的步伐，不断发展兴盛。新民主主义革命时期，我们党在中央苏区颁布了《中华苏维埃共和国劳动法》等法规政策，在劳动者就业、社会保险、劳资关系等方面进行了有益的探索。新中国成立后，采取多种措施解决了旧中国遗留下来的400万名失业人员的就业问题，为城镇居民建立了社会保障制度，为新生政权稳定和经济社会发展奠定了坚实基础。改革开放以来，适应社会主义市场经济发展需要，确立了市场导向的就业机制，社会保障从单项突破到整体推进，劳动用工和收入分配制度改革不断取得突破，体系框架逐步形成。进入新时代，坚持把就业更加充分、社会保障全民覆盖作为全面建成小康社会的目标要求，实施就业优先战略和积极的就业政策，全面深化社会保障制度改革，构建和谐劳动关系，取得历史性成就、发生历史性变革。我国就业规模持续扩大、就业结构不断优化，建成世界上规模最大的社会保障体系，促进人民群众更多更好分享经济社会发展成果，为全面建成小康社会创造了有利条件。

事实充分证明，只有中国共产党才能肩负起民族复兴的伟大使命，才能带领中国人民实现民族复兴的中国梦。这些都为中华民族集聚起自强自立自信的强大能量，为中华民族伟大复兴提供了势不可挡的磅礴力量。要深入领会我们党团结带领广大人民不懈奋斗的光辉历程和伟大成就，深入领会全面建成小康社会的历史性成就，深刻理解中华民族伟大复兴进入了不可逆转的历史进程，更好地鼓舞斗志、激发动力。要探索历史规律、保持历史定力，以坚如磐石的信心、只争朝夕的劲头、坚韧不拔的毅力，推进人社事业改革发展，为人民群众生活更加富裕、更加幸福贡献积极力量。

第二，深入领会我们党百年奋斗赓续传承的精神血脉，深刻把握伟大建党精神，永远继承下去、发扬光大。我们党之所以历经百年而风华正茂，饱经磨难而生生不息，就是凭着那么一股革命加拼命的强大精神。习近平总书记指出，一百年前，中国共产党的先驱们创建了中国共产党，形成了坚持真理、坚守理想，践行初心、担当使命，不怕牺牲、英勇斗争，对党忠诚、不负人民的伟大建党精神，这是中国共产党的精神之源。我理解，“坚持真理、坚守理想”，就是始终把马克思主义鲜明地写在自己的旗帜上，把实现共产主义确立为最高理想，体现的是党思想先进、信仰坚定的特质，这是共产党人的命脉和灵魂。“践行初心、担当使命”，就是始终牢记和践行为中国人民谋幸福、为中华民族谋复兴，体现的是党初衷不改、本色依旧的特质，这是贯穿百年党史的一条红线。“不怕牺牲、英勇斗争”，就是始终勇于在斗争中求得生存、获得发展、赢得胜利，体现的是党意志顽强、作风优良的特质，这是共产党人最鲜明的风骨和品质。“对党忠诚、不负人民”，就是始终把对党和人民的忠诚和热爱牢记在心、落实于行，体现的是党品格高尚、心系人民的特质，这是共产党人首要的政治品质。这些宝贵精神财富，集中体现了党的坚定信念、根本宗旨、优良作风，是对中国共产党百年光辉历程的全面总结，是共产党人精神谱系和鲜明政治品格的高度凝炼，为新时代共产党人树立了不朽的精神丰碑，为立党兴党强党提供了丰厚的精神滋养。

历史川流不息，精神代代相传。人社干部队伍是肩负保障民生、为民服务职责的重要力量。新的伟大征程上，面对难得机遇、面对严峻挑战，我们要深刻理解和把握伟大建党精神的重大意义、丰富内涵和实践要求，继续弘扬光荣传统、赓续红色血脉，永远把伟大建党精神继承下去、发扬光大，体现到精神状态上，贯彻到衡量标准上，落实到各项工作中。一要深刻认识坚持真理、坚守理想展现的是党的强大思想优势，不断筑牢信仰之基、补足精神之钙、把稳思想之舵，在各自岗位上顽强拼搏，不断把为崇高理想奋斗的实践推向前进。二要深刻认识践行初心、担当使命展现的是党的强大政治优势，情系人民、深入群众，锐意进取、真抓实干，在人社领域为民服务中不断锤炼初心、砥砺使命。三要深刻认识不怕牺牲、英勇斗争展现的是党的强大精神优势，敢于斗争、善于斗争，逢山开道、遇水架桥，做到面对大是大非敢于亮剑、面对矛盾敢于迎难而上、面对危机敢于挺身而出，勇于战胜一切风险挑战。四要深刻认识对党忠诚、不负人民展现的是党的强大道德优势，崇尚对党忠诚的大德，崇尚造福人民的公德，崇尚严于律己的品德，为党分忧、为国尽责、为民造福，以实际行动诠释对党的忠诚之心、对人民的赤子之心。

第三，深入领会我们党百年奋斗的宝贵经验，深刻把握以史为鉴、开创未来的“九个必须”，切实增强贯彻落实的思想自觉和行动自觉。党的百年历史，揭示了我们党为什么能够成功的原因，更指引着砥砺奋进的方向。习近平总书记指出，我们要用历史映照现实、远观未来，从中国共产党的百年奋斗中看清楚过去我们为什么能够成功、弄明白未来我们怎样才能继续成功，从而在新的征程上更加坚定、更加自觉地牢记初心使命、开创美好未来。总书记围绕以史为鉴、开创未来，鲜明提出“九个必须”，也就是：必须坚持中国共产党坚强领导，必须团结带领中国人民不断为美好生活而奋斗，必须继续推进马克思主义中国化，必须坚持和发展中国特色社会主义，必须加快国防和军队现代化，必须不断推动构建人类命运共同体，必须进行具有许多新的历史特点的伟大斗争，必须加强中华儿女大团结，必须不断推进党的建设新的伟大工程。这“九个必须”，是对我们党百年波澜壮阔奋斗历程宝贵经验的深刻总结，科学回答了党和国家事业发展的领导核心、价值追求、理论指导、战略支撑、外部环境、力量来源等一系列重大问题，具有很强的思想性、针对性和指导性，是习近平新时代中国特色社会主义思想的丰富和发展。

经验弥足珍贵，奋斗未有穷期。我们要把以史为鉴、开创未来“九个必须”放到党的百年奋斗历程中去认识，放到“两个大局”中去把握，放到人社事业发展进程中去体悟，深化对其中蕴含的历史逻辑、理论逻辑、实践逻辑的理解，增强贯彻落实的思想自觉和行动自觉，更好地引领人社事业改革发展的具体实践。一要深刻领悟坚持中国共产党领导的历史必然性，始终坚持把党的全面领导作为推进人社事业发展的根本依靠，充分发挥党的领导这一最本质特征和最大优势，更加坚定践行“两个维护”，确保在思想上政治上行动上同以习近平同志为核心的党中央保持高度一致，经常对标对表，及时校准偏差，把党中央决策部署贯彻落实到人社工作各方面全过程。二要始终把人民放在心中最高位置，坚持人民至上，坚持江山就是人民、人民就是江山，更加坚定践行全心全意为人民服务根本宗旨，牢记让人民生活幸福是“国之大者”，切实把维护好实现好发展好群众利益作为各项工作的根本出发点和落脚点，切实把人民满意作为衡量一切工作得失的根本标准，厚植为民情怀、增强群众观念、践行群众路线，扎实开展“我为群众办实事”实践活动，解决好群众“急难愁盼”的问题，不断满足人民群众对美好生活的新期盼。三要深刻领悟马克思主义及其中国化创新理论的真理力量和实践力量，深入学习贯彻习近平新时代中国特色社会主义思想，坚持实事求是、一切从实际出发的思想路线，践行以人民为中心的发展思想，紧密结合人社工作实际，秉持尽力而为、量力而行的重大原则，坚持人人尽责、人人享有，落实坚守底线、突出重点、完善制度、引导预期的基本思路，充分体现稳定性、连续性、累积性的民生工作特点。四要深刻领悟中国特色社会主义道路的正确性，更加坚定道路自信、理论自信、制度自信、文化自信，毫不动摇坚持、与时俱进发展，把党的基本理论、基本路线、基本方略全面贯彻落实到人社工作之中，科学回答好时代和实践提出的发展命题、改革命题和民生命题，坚定不移走中国特色社会主义这条唯一正确的道路。五要继续勇于自我革命，始终坚持党要管党、全面从严治党，打铁必须自身硬，坚持以党的政治建设为统领，思想建党与制度治党相统一，不断提高政治判断力、政治领悟力、政治执行力，加强机关思想政治工作，从严从实抓好党风廉政建设和反腐败斗争，打造一支忠诚干净担当的高素质干部队伍。

第四，深入领会我们党第二个百年奋斗的目标方向，深刻把握人社事业高质量发展的新任务新要求，奋进新征程、建功新时代。全面建设社会主义现代化国家新征程已经开启，向第二个百年奋斗目标进军的号角已经吹响。习近平总书记强调，过去一百年，中国共产党向人民、向历史交出了一份优异的答卷。现在，中国共产党团结带领中国人民又踏上了实现第二个百年奋斗目标的赶考之路。历史通向未来，站在“两个一百年”的历史交汇点上，党中央作出我国进入新发展阶段的重大判断，清晰展望了到2035年基本实现社会主义现代化的远景目标，明确提出了“十四五”时期发展的指导方针、重大战略、主要目标、重点任务、重大举措。这些都为实现中华民族伟大复兴指明了奋斗目标和前进方向。

征途漫漫，唯有奋斗。我们要从百年奋斗开创的新的历史起点出发，找准历史方位和发展坐标，始终牢记“国之大者”，顺势而为、奋发有为，立足职能职责，以更加坚定的思想自觉、精准务实的举措、真抓实干的劲头，在历史的接力赛中跑好我们这一棒，向着全面建成社会主义现代化强国的第二个百年奋斗目标阔步前进。一要深刻认识新发展阶段是社会主义初级阶段中的一个阶段，是中华民族从站起来、富起来到强起来历史性跨越的新阶段，深刻认识共同富裕是社会主义的本质要求和人民群众的共同期盼，坚持把共同富裕作为价值追求和现实任务，适应我国社会主要矛盾变化，通过做好稳定和扩大就业、发挥社会保障再分配功能、平衡不同利益群体之间的工资分配关系等工作，巩固拓展人社扶贫成果与乡村振兴有效衔接，着力解决城乡区域发展和收入分配差距等突出问题，促进人的全面发展、推进全体人民共同富裕取得更为明显的实质性进展。二要完整准确全面贯彻新发展理念，强化系统观念，坚持促进充分就业和提高就业质量并重，强化社会保障统筹和互助共济，健全工资分配格局，增强群众获得感幸福感安全感，推动全民共享、全面共享、共建共享、渐进共享改革发展成果。三要把加快构建新发展格局作为把握未来发展主动权的战略举措，紧扣提高人民生活品质着力补齐人社领域短板弱项，紧扣扩大内需这个战略基点着力提高居民消费能力和意愿，紧扣科技自立自强着力激发人才创新活力，紧扣产业链供应链特别是制造业自主可控着力加快提升劳动者技能素质，紧扣劳动力资源禀赋变化着力在劳动力资源存量开发和结构优化两个方面下功夫，紧扣数字化加快发展的趋势着力提高人社领域数据资源利用效率。四要统筹发展和安全，把握世纪疫情叠加百年变局，积极应对各种不稳定不确定因素，增强忧患意识、始终居安思危，突出防范化解规模性失业、社保基金管理运行、劳动关系领域群体性矛盾纠纷、人事考试安全传统风险隐患，注重防控数据安全、人口老龄化加剧、新就业形态劳动用工矛盾、人才引进等方面的潜在风险，健全应急处置机制，确保人社事业发展行稳致远。五要坚持用马克思主义的立场观点方法分析问题解决问题，坚持实事求是，强化辩证思维，掌握科学的思想方法和工作方法，坚持问题导向、特色思路、底线思维，注重试点探路，发扬钉钉子精神，补齐短板、锻造长板、兜牢底板，务实有效推进各项人社工作。

同志们，习近平总书记号召全体中国共产党员，牢记初心使命，坚定理想信念，践行党的宗旨，永远保持同人民群众的血肉联系，始终同人民想在一起、干在一起，风雨同舟、同甘共苦，继续为实现人民对美好生活的向往不懈努力，努力为党和人民争取更大光荣！这是启航新征程的冲锋号，是扬帆再出发的动员令。我们要坚决响应总书记发出的伟大号召，传承弘扬伟大建党精神，赓续共产党人精神谱系，锤炼鲜明政治品格，践行合格党员标准，更加努力为党工作，切实把学习的成果转化为奋进新征程、建功新时代的实际行动，把党史学习教育的成效体现到各项人社工作上，努力开创人社事业高质量发展的新篇章。

二、强化责任担当，积极主动作为，确保完成全年各项目标任务

今年是全面建设社会主义现代化国家新征程开启之年，也是“十四五”开局之年，在我国现代化建设进程中具有特殊重要性。各级人社部门认真贯彻落实党中央、国务院决策部署，紧紧围绕庆祝我们党成立一百周年，统筹疫情防控和人社工作，担当作为、开拓进取，重点任务进展顺利，主要指标符合预期，重点改革稳步推进，各项工作有力有序开展。但是也要看到，下半年面临的形势仍然复杂严峻，工作任务艰巨繁重。一方面，一些涉及群众利益关系复杂的政策文件、改革举措将陆续出台，需要切实把握好政策制定和实施的时度效。另一方面，虽然我国疫情防控总体平稳有效，但一些地方疫情反复、零星散发，“德尔塔”变异毒株正引发一些国家新一轮的疫情，外防输入、内防反弹压力仍然较大。还要求我们始终绷紧疫情防控这根弦，密切跟踪疫情变化，根据不同情况分类施策，调整转变工作方式，有针对性做好预案和政策储备。同时，我国经济发展面临的外部不确定性因素仍然较多，国内发展不平衡不充分问题依然存在，会对就业、社会保障、劳动关系等工作带来影响。我们需要加强预判、积极应对，主动作为、保持韧性。要正确把握“时”与“势”，强化责任担当，坚持目标引领、问题导向、效果检验，扎实做好各项工作，确保圆满完成全年目标任务。这里，我强调9项重点工作。

第一，坚持把稳就业保就业摆在第一位，确保就业局势总体稳定。我们把稳就业保就业作为重大政治责任，突出重点，分类施策，精准发力，扎实推进。组织实施“迎新春送温暖、稳岗留工”专项行动，加强工作部署调度，及时出台延续实施部分减负稳岗扩就业政策，突出重点群体加强就业帮扶，接续开展系列就业服务活动，在我国经济持续稳定恢复，稳中加固、稳中向好的情况下，推动就业局势

逐步企稳、总体平稳。1—6月城镇新增就业698万人，完成全年目标任务的63.5%。6月城镇调查失业率5.0%，同比下降0.7个百分点，失业水平逐月回落。高校毕业生就业总体平稳。

但是也要看到，全球疫情仍在持续演变，外部环境仍然复杂严峻，国内经济恢复不均衡、基础不稳固，劳动就业领域依然面临一些风险挑战。就业增长尚未完全恢复，结构性矛盾已成为就业领域的主要矛盾，技术技能人才严重短缺，部分群体就业压力攀升、困难增多，部分行业减员压力加大，部分地区失业风险仍在上升。

我们必须深刻把握中央关于稳就业保就业的决策部署，把就业工作摆在最突出、最紧要的位置来谋划和推动，千方百计确保就业局势总体稳定。重点是“一个突出，四个强化”。

“一个突出”，就是突出重点群体就业。要在精准上下功夫，重中之重是高校毕业生就业工作。今年高校毕业生离校服务承接任务非常重，大多数高校毕业生已经离校，现在正是人社部门接担子的时候，要增强紧迫感责任感，把工作做早做实做细，把本地户籍和外地求职毕业生全部纳入服务范围，应登尽登、无缝衔接。要启动未就业毕业生专项帮扶行动，重点是就业困难的高校毕业生，切实做好实名帮扶，简化就业手续，确保离校不断线、服务不间断、帮扶到个人。同时，要持续抓好农村劳动力转移就业工作，完善大龄劳动者帮扶举措，统筹做好退捕渔民转产就业，失业人员、困难人员等群体就业工作。今年由于实施稳岗留工行动，农民工就业总体平稳。接下来，尤其要关注城镇失业人员情况。劳务品牌是推进农村劳动力就业的重要抓手。近年来各地结合实际培育了一批具有特色的劳务品牌，在促进劳动者就业创业、提升技能素质等方面发挥了重要作用。要认真组织实施劳务品牌建设工程，出台劳务品牌建设意见，加强政策资金扶持，营造良好发展环境，强化分类指导，切实取得实实在在的效果。

“四个强化”，第一个就是强化就业政策落实。要督促各地出齐延续稳就业政策的相关举措，实施快办帮办行动，指导推进稳岗返还、以工代训、就业补贴的落实。要针对新情况新问题，及时研究出台支持受疫情影响较大行业的倾斜措施，切实把各项措施落细落小落实。第二个就是强化服务质量提升。当前，就业服务的重点是要持续提升质量。要制定相关政策文件，实施就业服务质量提升工程，完善灵活就业人员公共就业服务措施，扎实开展好百日千万网络招聘、金秋招聘月等专项行动，提升市场匹配效率。同时，要抓紧制定实施推进新时代人力资源服务业高质量发展的意见、人力资源市场失信主体名单管理办法、流动人员人事档案管理服务规定等政策文件，通过市场化机制推进人力资源服务业高质量发展。后天，将在重庆举办首届人力资源服务业发展大会，包括展示、交流、洽谈、论坛、大赛等活动，要抓紧梳理各个环节，精心组织，办出影响力，切实发挥引领带动作用。9月，还将在吉林长春举办第三届全国创业就业服务展示交流活动，前期已经做了许多细致的筹备工作。现在，距离开幕还有一个多月的时间，要加强统筹协调，对对表、排排工期，突出劳务品牌展示交流，切实办出特色、办出实效。同时，持续推进公共就业创业服务示范城市、国家级充分就业社区、农村劳动力转移示范县等创建工作。第三个就是强化风险监测防控。一方面，要完善常态化统计监测制度，加强移动通信、网络招聘等大数据分析。另一方面，要盯紧重点地区、重点行业、重点群体风险隐患，持续做好监测预警，加强就业政策储备和预案制定。第四个就是强化工作协同合力。对内，人社系统各项业务要紧紧围绕就业出实招，在工作推进中要优先考虑对就业的影响。对外，要借势借力继续加强与有关部门单位的沟通协调，调动各方面积极性，形成促就业的强大合力。要加强对各地工作的督促指导，进一步压实工作责任。各项指标进展顺利的地区，不能松劲，还要持续发力，巩固扩大工作成效。就业形势波动较大的地区，要变压力为动力，积极采取有效措施，拿出实招硬招管用招，精准推进工作、稳住局势。

第二，积极稳妥推进社会保障制度改革任务落地见效。今年以来，全国统筹等各项重点改革工作有序推进，社保参保人数、基金收入、累计结余等整体运行平稳。我们要深入学习贯彻习近平总书记在中央政治局第二十八次集体学习时的重要讲话精神，既加强统筹谋划，又扎实推进当前各项重点任务。下半年，要着力在“改革”和“安全”两个方面下功夫。

在改革方面，重点是抓好6项改革。要加快实现基本养老保险全国统筹。“倒计时”做好政策、经办、监管、信息系统等准备工作，制定全国统筹制度实施方案、基金管理办法、省级政府工作考核办法、2022年基金调拨方案等，确保明年1月1日实施。继续巩固提升省级统筹成果，全面完成对所有省份的省级统筹验收工作，健全基金省级统收统支和信息系统集中管理的运行机制。特别是要从制度的统一性和规范性出发，督促各地严肃落实制度改革要求，增强制度的刚性约束，清理规范养老保险待遇和缴费政策。要抓紧推进平台灵活就业人员职业伤害保障试点。这项改革社会关注度非常高，相关方面也十分迫切，要加快工作进度，尽快补齐制度短板。实施过程中，要及时跟进，分析研判出现的新情况新问题。要积极发展多层次养老保险体系。积极建立企业年金、职业年金自动加入机制，加快推动个人养老金发展，让群众能够拥有更多的保障选择、更好的保障待遇。要稳妥实施企业职工基本养老保险遗属待遇政策。指导各地做好相关工作，特别是做好政策平稳衔接。要深入推进机关事业单位养老保险制度平稳运行。结合新情况、新问题，提出针对性意见建议。同时，抓改革，还要夯实工伤保险省级统筹成果，推进公务员等纳入工伤保险统筹管理，推进失业保险基金省级统筹。

在安全方面，重点是兜牢保发放底线和维护社保基金安全。兜牢保发放底线，就是要确保养老金按时足额发放。各地特别是基金支付压力大的省份，要及时采取措施，多措并举保发放。同时，切实把基金中央调剂工作做细做实做到位。维护社保基金安全，就是要持续推进社保基金管理问题专项整治行动，在各地自查的基础上，扎实做好实地部级检查，认真梳理问题，分析原因，推进整改，决不能出现大的、系统性漏洞。进一步健全基金风险防控体系，修订社保基金行政监督办法，加快建设全国领取待遇信息比对核查系统，研究制定社保基金监督举报奖励办法等配套制度，防范冒领骗取、贪污挪用。尽快出台职业年金基金管理机构行为规范，推进全行业年金基金管理机构资格延续评审工作，试运行年金基金管理机构评价评级工作。加快《社会保险经办管理服务条例》立法进程，在法治轨道上推动社保经办健康发展。

第三，全面实施“技能中国”行动。这是促进劳动者素质提高、破解就业结构性矛盾的重要举措。最近，部里就这项行动专门印发了实施方案，明确了指导思想、目标原则、重点工作、政策举措。重点是“一个体系、四大行动”。“一个体系”，就是健全政策制度体系。总的讲，就是按照“1+N”政策文件的总体框架，成熟一项推出一项。“1”是指抓紧制定出台加强高技能人才队伍建设的意见，“N”是指不断健全培训、评价、竞赛等政策。“四大行动”，包括技能提升、技能强企、技能激励和技能合作，共20项具体措施。技能提升，重点是持续实施好职业技能提升质量年活动，大力发展技工教育，支持技能人才创业创新等。技能强企，重点是坚持需求导向，全面推行中国特色企业新型学徒制，健全产教融合、校企合作机制等。抓紧研究支持企业办技校、技校办企业的政策措施。技能激励，重点是加大高技能人才表彰奖励力度，提升技能人才待遇水平和社会地位，健全技能人才职业发展通道，大力弘扬劳模精神、劳动精神、工匠精神。技能合作，重点是做好世界技能大赛等国际赛事的参赛和办赛工作等。

实施“技能中国”行动，要切实加强统筹协调，充分发挥体制优势，充分调动各方面的积极性主动性，形成有关部门各司其职、行业企业为主体、社会力量广泛参与的工作机制。特别是要强化部省协作，通过签署共建协议等方式，对各地有针对性地指导支持，加快推动打造技能省区市。我们与有关省份签订技能强省建设协议，目的就是充分发挥党的领导的体制优势，调动当地党委、政府的积极性、主动性。这是我们推进工作的重要方法。同时，加大宣传推动力度，采取多种形式、利用多种场合，解读政策、发布成果、宣传典型，叫响“技能中国”品牌，营造技能人才发展的良好氛围。

第四，扎实推进各项人才人事工作。重点是要着力抓好博士后、人才评价、人才激励三个方面的相关工作。要完善博士后制度。深入开展调查研究，抓紧提出改进博士后流动站和工作站的设立、资助、运行等方面的政策措施，更好发挥为企业和用人单位培养招引高层次创新型青年人才、促进产学研融合、突破关键核心技术的功能作用。博士后不是学历而是工作，重点要突出加强对青年人才的支持。实施博士后创新人才支持计划和博士后国际交流计划，更好吸引海外优秀博士。11 月，将在广东佛山举办全国博士后创新创业大赛，这是我国博士后工作成果的一次集中展示。要广泛组织动员，加强衔接配合，确保办出成效和影响力。要健全人才评价机制。职称制度改革系列已经基本完成，但是后续还有很多工作，要加强对地方和行业部门的指导，督促落实、强化监管，同时进一步完善配套政策。特别是要注重在破除“四唯”上下功夫，给没有帽子头衔的创新型青年人才提供更多平台机会。制定实施国家职业资格目录调整优化方案，推进职业资格领域“放管服”改革。要健全人才激励机制。全面推行县以下事业单位管理岗位职员等级晋升制度，按中央统一部署，下半年要认真抓好组织实施。完善政府特殊津贴制度，抓紧出台相关文件，更好发挥荣誉激励的导向作用。积极推进高层次人才工资分配激励改革相关工作，推进高校、科研院所薪酬制度改革，指导落实事业单位科研人员职务科技成果转化现金奖励纳入绩效工资管理有关政策，制定国有企业科技人才薪酬激励、健全技能人才工资分配制度等政策，加强与有关部门的沟通协调，加强对企事业单位的指导服务，切实为各类人才提供有效管用的工资激励保障。在政府表彰奖励方面，要尽快制定实施及时性表彰管理办法、创建示范工作管理办法等，加快国家表彰奖励信息系统建设，加大评比达标表彰和创建示范项目清理整合力度。认真组织开展第六届全国杰出专业技术人才表彰工作。

第五，确保劳动关系总体和谐稳定。近几年，我们积极推进协调劳动关系各项工作，没有发生重大劳动关系事件。今年以来，各级调解仲裁机构多措并举，确保争议处理形势总体平稳可控，全国劳动关系保持总体和谐稳定。但也要看到，劳动关系领域仍面临较大压力，相关矛盾纠纷可能逐步积累显现。

做好下半年劳动关系各项工作，重点是补短板、抓根治、强机制、防风险。补短板，我们已经制定出台了维护新就业形态劳动者劳动保障权益的指导意见。要注重加强政策解读，及时跟进了解掌握政策实施效果，特别是有关重点行业企业的落实情况和从业人员相关反映，加强政策评估，完善工作措施。抓根治，就是要锲而不舍根治欠薪，专项整治政府项目、国有企业项目拖欠农民工工资问题，组织开展制度全覆盖的夏季专项行动。这项工作，不能只靠专项整治，要把功夫下在平时，开展高频次、常态化的监督检查，定期通报有关案例，形成持续警示、震慑效应。加快出台工程建设领域农民工工资保证金、拖欠农民工工资严重违法失信名单管理和失信惩戒对象名单管理等配套政策措施，全面推行工程款支付担保和施工过程结算，加快农民工综合信息系统上线试运行步伐，抓好省级政府根治欠薪考核，强化考核结果运用。强机制，就是要深入推进劳动关系“和谐同行”能力提升三年行动计划，更好发挥协调劳动关系三方作用，健全劳动保障监察执法机制，加大调解仲裁力度，推动建立裁审信息比对机制，加大“互联网+调解”服务平台推广使用力度，加强基层预防调解工作。防风险，就是要树牢底线思维，持续加强监测预警和形势分析研判，指导各地强化劳动关系风险排查和预防。

第六，持续推进巩固拓展人社脱贫攻坚成果与乡村振兴有效衔接。做好这项工作，今年至关重要。目前，脱贫劳动力务工总量 3 063 万人，已超过去年同期。下半年，要继续按照“一个不变，两个强化”的总体要求，加快制定加强国家乡村振兴重点帮扶县人社帮扶工作的意见，保持现有帮扶政策、资金支持、帮扶力量总体不变，强化就业促进和技能提升，统筹推进各项工作。要在巩固力度上不松劲。密切关注脱贫人口就业增收、社保覆盖等动态情况，突出西部 10 个省区市国家乡村振兴重点帮扶县，继续实施倾斜性的人才人事政策，及时补短板、强弱项。要在强化措施上再紧一扣。紧紧围绕 3 000 万人务工的目标任务，推动形成劳务协作、劳务品牌、技能培训、返乡创业“四轮驱动”的工作格局，因地制宜“输出”与“回流”两手抓，进一步拓宽脱贫劳动力就业渠道，稳定和扩大现有务工规模。重点加强大型易地搬迁安置区就业帮扶，做好“下半篇”文章，确保有就业、稳得住、逐步能致富。认真落实建立健全就业帮扶长效机制的相关政策文件，督促指导各地紧密结合实际，从延续保留、调整优化、拓展延伸等方面完善农村低收入人口就业帮扶政策。要扎实推进重点帮扶地区职业技能提升工程实施，指导各地纳入重要议事日程，纳入经济社会发展大盘子，制定具体实施方案和工作安排，统筹推进各项工作。要将“六个一批”涉及的指标任务分解落实到位，督促引导有关地区主动对接帮扶，做实做细帮扶项目。今年 9 月，将在新疆举办全国乡村振兴技能大赛。要加强与有关部门衔接配合，抓紧推进各项筹办工作，指导各地有序组织开展好本地区的选拔工作。同时，持续巩固城乡居民养老保险应保尽保成果，完善并落实被征地农民的社会保障政策，督促各地加快落实长江退捕渔民养老保险缴费补贴政策，推动在县域就业的农民工就地市民化，实施好新一轮高校毕业生“三支一扶”计划，健全引导人才服务乡村振兴的长效机制。

第七，深入推进信息化便民服务创新提升行动。信息化建设，既是为民服务的必然要求，也是加强社保发放、基金安全等业务监管，做好日常管理的重要手段。重点是按照打通社保卡、汇聚大数据、建设大平台的要求，聚焦区域和业务发展不平衡、数据共享不充分不及时、数据应用不充分、信息化分散建设、网络安全存在短板等问题，统筹推进数字人社化、人社数字化，推动“全数据共享、全服务上网、全业务用卡”。要加快社保卡应用拓展。抓紧制定出台推进社保卡“一卡通”相关工作文件，指导支持有条件的地区大胆先行先试，加大整合创新力度。要强化重点工作支撑。明年 1 月能否实现养老保险全国统筹，信息平台支撑是重要基础。要按照既定工作部署，抓紧时间、扎实推进，指导各地加快做好系统改造、历史数据整理、部省联调对接等各项准备工作，确保年底前实施到位。要强化信息化支持业务风险防范、支持各项重大改革，完善经办信息系统，深化大数据分析应用。要积极推进数据共享。着力打破人社领域各项业务板块信息平台分立的壁垒，破解“信息孤岛”现象，加强数据的归集、联通和共享，实现系统集成。推进跨部门数据共享，加强与公安、司法、民政等部门及商业保险、养老服务、人力资源等企业和社会机构的合作，尤其要加强与金融系统合作，拓展人社服务覆盖面，推进信息交换和数据共享。

第八，持续提升行风建设水平。今年是系统行风建设三年行动计划的收官之年，也是检验建设成果的重要一年，已经到了攻坚巩固提升阶段。要充分认识到，加强行风建设与

“我为群众办实事”实践活动相辅相成，加强行风建设是“我为群众办实事”的具体载体和抓手，通过学史力行、为群众办实事又进一步巩固提升行风建设的质量和水平。觉悟的提高、认识的深化，最终都要落实到群众的感受上。要持续推进“司局长走流程”“干部暗访调研”工作，认真梳理查找出来的问题，与行风建设已有的部署安排统筹起来，逐项抓好落实。要以人社服务快办行动为抓手，重点在“两扩两提”上下功夫。“两扩”，就是扩面和扩容，将快办行动扩展到所有地市，拓展打包办、提速办、简便办的服务内容，丰富服务手段。“两提”，就是提标和提质，提升标准化规范化水平，压缩办结时限、精简证明材料，推进事项简单整合向流程深度融合转变。提升服务质量、优化服务体验，着力打造“一件事”服务窗口，让群众办事，只需一张表单、一套材料、一次申请，就能实现一次办成。对于老年人的服务，要坚持传统服务方式与智能化服务创新并行，有针对性地开展“上门办”，切实解决老年人运用智能技术困难的问题。要巩固常态化练兵比武，培养更多人社“知识通”“一口清”，将“看得懂算得清”纳入练兵比武的范围。要建立完善长效机制。认真总结提炼三年行风建设行动取得的成效和经验，制定健全行风建设长效机制的意见或办法，明确常态化推进系统行风建设的思路举措，把管行业必须管行风长期坚持下去。行风办要继续保留下来，发挥牵头抓总、信息收集、综合协调、调度督办的作用，相关单位认真履行职责，分片包干抓好落实。部属各单位干部都可以轮流抽调到行风办工作，得到更好锻炼。

今年 11 月，将在安徽举办全国人社窗口单位业务技能练兵比武总决赛，召开加强行风建设工作总结推进会，还将对行风建设先进集体和先进个人进行表彰。目的是要全面总结三年行动成效，交流展示各地行风特色亮点，表扬先进、鼓舞士气，对常态化推进行风工作进行部署。相关单位要认真研究筹备，确保取得实效。

第九，加快推动“十四五”各项规划的编制实施工作。目前，已经编制印发了《人力资源和社会保障事业发展“十四五”规划》，正在编制“十四五”就业促进、职业技能培训等两个国家级规划和技工教育部门规划。要充分体现前瞻性、全局性、战略性和针对性，坚持目标导向和问题导向，切实把中央精神和部署要求贯穿编制工作始终，体现到方方面面。要突出实效性和可操作性，加强部门协调，加强研究论证，力争把有关的项目工程计划写进去、落到位，把一些想做的事摆上去、体现到，通过推动规划实施产生促进事业发展的实际效果。这样我们推进工作，才有可以借助的高位平台。

做好下半年人社工作，任务艰巨、责任重大。我们要切实把深入学习贯彻习近平总书记“七一”重要讲话精神激发出来的干劲和热情转化为做好工作的强大动力，把党史学习教育成果体现为推进事业发展的实际行动，确保就业局势稳定，圆满完成各项目标任务，展现新征程上的新担当、新气象。

继往开来 稳中求进 推进人力资源社会保障事业高质量发展

——在全国人力资源社会保障工作会议暨优质服务窗口和优质服务先进个人表彰大会上的讲话

张纪南

（2022 年 1 月 20 日）

这次会议的主要任务是，以习近平新时代中国特色社会主义思想为指导，深入学习贯彻党的十九届六中全会精神，落实中央经济工作会议部署，总结工作，表彰先进，分析形势，研究部署 2022 年重点任务。会上，对人社系统优质服务窗口和优质服务先进个人进行了表彰，受表彰的代表作了发言，我代表部党组向所有受到表彰的先进单位和个人表示热烈祝贺，希望大家再接再厉、再创佳绩。10 个省份作了交流发言，其他省份提供了书面材料，各有侧重、各具特色，大家要互相学习借鉴。下面，我讲四个方面意见。

一、开拓创新、苦干实干，2021 年人力资源社会保障工作取得明显成效

2021 年是党和国家历史上具有里程碑意义的一年。各级人社部门在党委、政府领导下，加强政治机关建设，把党史学习教育贯穿始终，统筹疫情防控和业务工作，凝心聚力为群众办实事，圆满完成人社各项目标任务，实现了“十四五”良好开局。

第一，聚焦“稳”和“保”精准施策，就业工作取得新成效。各级人社部门坚决扛起稳就业保就业的政治责任，完善就业优先政策体系，夯实“稳”的措施，促进“保”的效果，确保了就业局势总体稳定、稳中向好。全年城镇新增就业 1 269 万人，超额完成目标任务，城镇调查失业率回落至疫情前水平。服务大局稳岗留工。去年春节前夕疫情反弹，我们统筹考虑疫情防控、企业生产和稳定就业工作，提早预判、下“先手棋”，组织开展“迎新春送温暖、稳岗留工”专项行动，取得很好效果。8 700 多万农民工留在就业地过年，比上年增加近 4 000 万人。支持市场主体稳就业岗位。深入实施减负稳岗扩就业的政策组合拳，调整优化稳岗返还、以工代训、就业补贴等政策。全年支出就业补助资金近 1 000 亿元，减免失业和工伤保险费超过 1 500 亿元，发放失业保险稳岗返还 200 多亿元，为稳定企业生产经营、稳定和扩大就业做出了积极贡献。分类施策保重点群体。坚持把高校毕业生就业作为重中之重，实施服务攻坚行动，对未就业毕业生和失业青年开展“一对一”帮扶。积极拓展毕业生就业渠道，公共部门招录数量

稳，国企招聘规模扩，基层就业、灵活就业和自主创业活力强，去年底高校毕业生就业去向落实率好于上年。采取有力举措促进农民工务工增收，首次出台劳务品牌建设指导意见，宣传推介百家劳务品牌。健全脱贫人口就业帮扶长效机制，外出务工规模达到 3 145 万人，比上年增加 4.2%。退役军人、退捕渔民、就业困难人员等群体就业帮扶工作扎实开展。强化服务培训促质量提升。启动实施提升就业服务质量工程，出台人力资源服务业高质量发展意见，支持劳动力市场、人才市场和零工市场建设。首次举办全国人力资源服务业发展大会，创新开展第三届创业就业服务展示交流等专项活动。职业技能提升三年行动取得积极成效，开展补贴性培训 7 700 多万人次，对稳岗促就业发挥了重要作用。在经济下行压力加大的情况下，实现就业形势好于预期，殊为不易、难能可贵，为改革发展稳定提供了有力支撑。

第二，改革攻坚蹄疾步稳，社会保障体系建设取得新突破。各级人社部门深入学习贯彻习近平总书记在中央政治局第二十八次集体学习时的重要讲话精神，扎实推进各项社保工作。重大改革迈出坚实步伐。认真做好养老保险全国统筹各项准备工作，加大基金中央调剂力度，逐步统一养老保险费率，规范做实省级统筹制度。推动制定个人养老金发展的意见，多层次养老保险体系建设取得积极进展。出台新就业形态就业人员职业伤害保障办法，工伤保险制度建设取得新的突破。基金监管整治效果初显。聚焦高风险业务环节和工作岗位全面摸排，严肃查处一批违法违规案件，深入开展警示教育月活动，健全风险防控机制。养老金市场化投资规模持续扩大，目前近 5.6 万亿元，收益水平逐步提升。参保人数和待遇水平稳步提高。继续推进参保扩面，退休人员基本养老金调整顺利完成，各项社保待遇按时足额发放，水平继续提高，民生保障网进一步织密扎牢。截至 2021 年末，基本养老、失业、工伤保险参保人数分别达到 10.28 亿人、2.30 亿人、2.83 亿人；三项社会保险基金收入 6.76 万亿元，支出 6.27 万亿元，累计结余 6.80 万亿元。

第三，制度创新破立并举，人才人事工作迈上新台阶。各级人社部门认真贯彻中央人才工作会议精神，聚焦专业技术人才和技能人才两支队伍建设，深入推进政策制度改革创新。27 个系列职称制度改革全面完成，政府特殊津贴制度和博士后制度进一步完善。“技能中国”行动启动实施，部省共建技能省市合作持续推进，技工教育加快发展，技能等级认定、特级技师评聘试点等顺利推行，乡村振兴重点帮扶地区职业技能提升工程落地实施。职业院校毕业生报考事业单位等政策实现突破。县以下事业单位管理岗位职员等级晋升制度全面推行。深化公立医院薪酬制度改革指导意见出台，事业单位科研人员科技成果转化现金奖励纳入绩效管理的有关政策落地。制定及时性奖励表彰、创建示范工作等管理办法。全年编制发布一系列标准成果，包括 2021 年版国家职业资格目录、国家重大战略紧缺人才目录和 18 个新职业信息、59 个国家职业标准。全年的表彰和竞赛活动圆满完成，认真做好建党 100 周年庆祝活动和脱贫攻坚表彰等相关工作，评选表彰第十五届高技能人才和第六届杰出专业技术人才，中华技能大奖获得者享受省部级表彰待遇得以实现。第一届博士后创新创业大赛、第一届乡村振兴职业技能大赛产生广泛影响。

第四，权益维护标本兼治，和谐劳动关系开创新局面。各级人社部门紧盯根治欠薪不放松，以落实保障农民工工资支付条例为主线，完善配套政策，实施夏季和冬季专项行动，强化欠薪信用惩戒，拖欠问题得到有效遏制，根治欠薪的长效机制逐步健全。维护新就业形态劳动者劳动保障权益的指导意见印发实施，在推动平台经济规范健康发展、维护劳动者合法权益方面迈出重要步伐。劳动关系“和谐同行”能力提升三年行动计划全面实施，深化构建和谐劳动关系综合配套改革试点取得积极成效，调解仲裁与诉讼衔接机制更加顺畅。技能人才薪酬分配指引落实工作稳步推进，各地稳慎调整最低工资标准。开展全国农民工工作督察，推动政策落实落地。

第五，人本服务巩固提升，系统行风发生新转变。各级人社部门针对群众办事的堵点痛点难点，持之以恒抓行风，三年行动圆满收官。全面开展“厅局长走流程”和“干部调研暗访”，深入实施“快办行动”，创新推出“八个办”，告知承诺制、“好差评”广泛推行，“看得懂算得清”政策宣传深入展开，窗口单位练兵比武大赛顺利举办。系统行风明显改善，群众满意度持续提高。根据市场监管总局全国公共服务质量测评，近三年涉及人社部门的就业、社会保障满意度在 12 个公共服务领域中，分别由第 11 位、第 10 位提升到第 1 位、第 2 位。

第六，基础性综合性工作统筹推进，信息化建设和规划实施等取得新成果。各级人社部门大胆探索，深入实施信息化便民服务创新提升行动，以社保卡为载体建立居民服务“一卡通”工作取得新进展。持卡人数超过 13.5 亿人，开通 100 多项应用，超过 5 亿人领用电子社保卡。人社系统跨层级跨部门的信息共享、业务协同扎实推进，人社政务服务平台开通 75 项全国性统一服务，国家社保公共服务平台服务事项更加全面，累计访问量超过 40 亿人次。积极发挥重大规划的引领作用，制定实施“十四五”就业促进、职业技能培训两个国家级专项规划以及人社事业发展、技工教育两个部门规划。人社法治建设扎实推进。巩固拓展人社脱贫攻坚成果与全面推进乡村振兴工作平稳衔接，对口支援西藏、新疆工作有力有序，支持国家重点区域人社事业高质量发展取得新成效。

回顾过去一年，面对错综复杂的国内外形势和艰巨繁重的改革发展稳定任务，取得这样的成绩十分不易。这根本在于以习近平同志为核心的党中央坚强领导，在于习近平新时代中国特色社会主义思想的科学指引。也得益于各级党委、政府的高度重视和有关部门的支持配合，更凝聚着全系统干部职工的辛勤劳动和汗水。在此，我代表人社部党组向有关部门和单位，向全系统干部职工表示衷心的感谢！

同时也要看到，我们的工作还有一些不足。就业优先政策有待进一步落实落地，社会保障体系也需持续健全，人才人事体制机制还需改革创新，和谐劳动关系还有大量工作要做，基层基础建设也存在不少短板，行风建设还需要巩固提升，等等。这些都需要我们在今后的工作中着力加以改进和解决。

二、找准定位、明确方向，准确把握人力资源社会保障工作面临的新形势新任务新要求

对于做好当前和今后一个时期的工作，中央明确提出一系列新任务新要求。我们必须把思想和行动统一到中央对形势的科学研判和对工作的决策部署上来，围绕大局思考，顺应大势而动，把握做好工作的着眼点和着力点。

第一，深刻认识和把握中央的大政方针，增强做好工作的责任感使命感。党的十九届六中全会、中央经济工作会议、中央人才工作会议等一系列重要会议，习近平总书记发表一系列重要讲话，并且对人社工作也提出了明确要求。我们必须认真对标对表，不折不扣抓好贯彻落实。一要传承发扬党百年奋斗积累的宝贵历史经验和精神财富，用党的十九届六中全会提出的“十个坚持”推动工作，用以伟大建党精神为源头的精神谱系激发动力。最重要的是要深刻认识“两个确立”的决定性意义，坚决维护习近平同志党中央的核心、全党的核心地位，自觉做习近平新时代中国特色社会主义思想的坚定信仰者和忠实实践者。二要正确认识和把握实现共同富裕的战略目标和实践途径，完整准确全面贯彻新发展理念，明确构建新发展格局的主攻方向，找准人社工作定位。坚持尽力而为、量力而行，把促进就业作为增加收入改善民生的基础，发挥社会保障互助共济的再分配功能，完善人社领域公共服务体系，在做大做好“蛋糕”中把“蛋糕”切好分好。三要牢牢把握稳字当头的总要求和稳中

求进的工作总基调，坚持稳是前提，行稳才能致远；进是方向，求进才能更好固稳。准确把握中央七项政策“组合拳”对人社工作提出的新任务，特别是紧扣“社会政策要兜住兜牢民生底线”，细化落实举措，稳步推进实施。

第二，深刻认识和把握今年的大事要事，系统谋划推进各项工作的节奏力度。今年将召开党的二十大，这是在我们党进入全面建设社会主义现代化国家、向第二个百年奋斗目标进军新征程的重要时刻召开的一次十分重要的代表大会，是党和国家政治生活中的一件大事。2 月、3 月将举办冬奥会、冬残奥会，还有一些重要历史节点的重大活动，需要我们切实把握有关工作要求。要以实际行动把党中央关于人社工作的决策部署落实到位，为群众多做实事、多办好事，用实实在在的成绩为一域增光、为全局添彩。要把握好时度效，抓好政策的平稳衔接，加强政策落实的跟踪评估，增强针对性实效性。

第三，深刻认识和把握大的变数和新情况，增强工作的前瞻性主动性。“奥密克戎”叠加“德尔塔”导致全球新冠病例爆发式增长，我国外防输入、内防反弹压力大，国际国内复杂多变的政治环境对就业、社保、劳动关系、人才工作不断带来新的影响和更多的不确定性。

以上中央的大政方针、今年的大事要事、大的变数和新情况，都是我们谋划推进工作需要考虑的重要因素，要充分把握发展机遇和有利条件，发挥特长优势，补齐短板不足，做到心中有数、手中有招。

三、稳字当头、稳中求进，扎实做好 2022 年人力资源社会保障工作

做好今年人社工作，总体要求是：以习近平新时代中国特色社会主义思想为指导，全面贯彻党的十九大和十九届历次全会精神，落实中央经济工作会议部署，弘扬伟大建党精神，坚持和捍卫“两个确立”，做到“两个维护”，始终牢记“国之大者”，践行以人民为中心的发展思想，坚持稳中求进工作总基调，统筹疫情防控和经济社会发展，完整准确全面贯彻新发展理念，加快构建新发展格局，落实“六稳”“六保”工作要求，全面推进稳就业保就业，深化社会保障制度改革，构建和谐劳动关系，加强人才人事工作，持续推进系统行风和信息化建设，兜牢民生底线，防范化解重大风险，推进人社事业高质量发展，以实际行动迎接党的二十大胜利召开。这里，重点强调七个方面的有关工作。

第一，千方百计完成就业目标任务，确保稳住就业基本盘。就业是最大的民生。在经济下行压力加大的情况下，完成今年的就业目标任务繁重。前不久，召开了全国就业工作座谈会暨国务院就业工作领导小组全体会议，各地要认真落实会议要求，以实施“十四五”就业促进规划为牵引，强化政策精准性，加大工作力度，确保就业局势总体稳定。重点工作可以概括为“三稳定、三促进、两兜牢”。

“三稳定”：一是稳定和扩大就业岗位。要突出就业优先导向，在推动经济高质量发展中实现就业扩容提质。根据形势变化及时调整完善政策措施，继续运用失业保险基金开展稳岗和职业技能培训。针对受疫情和经济形势影响较大的旅游、房地产等行业企业，研究采取更加精准的帮扶举措。推动用好资金补贴、税收减免等政策杠杆，促进劳动密集型产业发展，激励更多中小微企业、个体工商户等吸纳就业。二是稳定高校毕业生等青年就业。与相关部门和高校密切协作，及早进校园深入开展公共就业服务，全面做好离校未就业高校毕业生帮扶，拓宽市场化社会化就业渠道。动员公共部门挖潜岗位，扩大招录规模。启动百万青年见习岗位拓展计划，强化对长期失业青年的就业帮扶。三是稳定农民工特别是脱贫人口务工规模。完善服务、培训、维权一体推进的农民工工作体系，加大对农村劳动力外出务工、就地就近就业和返乡创业等政策支持力度，实施县域农民工市民化质量提升行动。针对乡村

振兴重点帮扶县和西藏、新疆地区，坚持劳务协作、劳务品牌、技能培训、返乡创业“四轮驱动”，推动脱贫人口稳定增收。要继续深化劳务品牌促就业行动，把劳务品牌做得更有特色更有影响。

“三促进”：一是促进大规模职业技能培训。强化就业导向，适应市场需求，提高技能培训的针对性实效性。优化培训供给，健全培训机构黑名单制度，开展重点群体重点行业专项培训，今年的补贴性培训目标是 1 500 万人次。二是促进就业服务质量提升。全面实施就业服务质量提升工程，统筹开展好“10+N”就业服务专项活动，提高市场匹配效率。对各地确定的产业链供应链龙头企业等近 4 万家重点企业，提供常态化用工服务，有效缓解企业“招工难”问题。全面落实人力资源服务业高质量发展的政策措施，开展人力资源服务行业促就业行动，建设高标准人力资源市场体系。三是促进创业带动就业。优化创业担保贷款等政策，加强创业孵化基地等载体建设，开展好第三届“马兰花”全国创业培训大赛、第五届“中国创翼”大赛等系列活动。推广一批规范化零工市场建设经验，支持灵活就业健康发展。

“两兜牢”：一方面，要兜牢困难人员就业民生底线。畅通失业人员求助渠道，开展常态化就业帮扶。加强困难人员就业援助，实施就业攻坚行动。另一方面，要兜牢规模性失业风险防范底线。加强分析预判，完善应对预案，做好应对复杂困难局面的准备。

第二，以养老保险全国统筹为重点，积极稳妥推进社会保障体系建设。社会保障是兜牢民生底线的重要制度安排。今年的社会保障工作，重点是抓好重大改革任务的落实落地，更好发挥社会保障的兜底功能。

一是着力做好和落实养老保险全国统筹工作。这是党中央、国务院作出的重大决策部署。上个月，国务院召开电视电话会议进行了动员部署。全国统筹是一项极其重要、重大的社会公共政策，事关广大职工、退休人员和千家万户的切身利益，事关社会大局稳定。这项工作涉及诸多利益调整，难度非常大，前期做了大量准备工作。各地必须从全局高度充分认识实施全国统筹的重要意义，坚决落实中央决策部署，扎实做好各项工作。要严格按要求统一养老保险政策，目前缴费比例和缴费基数已经基本统一，下一步重点是稳步做好待遇项目清理规范工作。切实做好全国统筹调剂资金的调拨工作。建立与全国统筹相适应的经办服务管理体系，提高经办能力，提升服务水平。加快推进信息系统建设，加强部省联动，各省要按要求尽快接入全国系统。增强“全国一盘棋”意识，加强统筹协调，强化监督考核，及时发现和解决实施中的问题，平稳有序推进全国统筹。

二是稳慎推进个人养老金制度、职业伤害保障试点等改革。推动个人养老金制度落地实施。各地要按照要求确定试点城市，稳妥推进实施。切实抓好职业伤害保障试点工作，首批试点的 7 个省市要健全工作机制，稳妥有序推进。推动机关事业单位养老保险制度平稳运行，制定出台企业职工养老保险病残津贴暂行办法，促进企业年金和职业年金规范有序发展，积极推进失业保险省级统筹，巩固完善工伤保险省级统筹，扎实推进机关公务员和参公管理单位人员纳入工伤保险统筹管理工作。

三是确保养老金按时足额发放。强化保发放主体责任，建立省级政府养老保险工作考核机制，严格支出管理，规范基金征缴，多渠道筹集资金。扎实做好退休人员基本养老金合理调整、参保人员遗属待遇落实等工作。深入实施全民参保计划，提高参保质量，推进灵活就业人员、农民工等重点群体精准扩面。

第三，强化根治欠薪，提升治理效能，促进劳动关系和谐稳定。劳动关系和谐稳定是社会稳定的重要基础。要突出重点、多措并举，积极构建中国特色和谐劳动关系。

一是突出抓好根治欠薪。这是劳动关系领域的一项标志性工作，各方面高度关注。要深入实施保障农民工工资支付条例，细化落实工资保证金等政策要求，推动支付保障制度全覆盖。加强欠薪重点问题治理，在重要时间节点开展专项整治。加强行刑衔接打击恶意欠薪，做好劳动保障诚信等级评价及重大违法行为公布等工作。继续实施农民工工资支付工作考核，压实属地政府和行业部门责任。

二是扎实做好新就业形态劳动者权益维护工作。去年相关政策文件已经出台，要认真落实支持和引导资本规范健康发展对维护劳动者权益工作提出的新要求，及时了解政策实施情况，掌握相关企业和劳动者的反映诉求，不断完善政策措施。发布典型行业劳动合同和劳动争议典型案例，开展专项劳动保障监察行动，切实解决落实中的难点问题。

三是着力提升劳动关系治理效能。以深入实施劳动关系“和谐同行”能力提升三年行动计划为牵引，广泛开展和谐劳动关系创建示范活动，深化劳动关系领域改革创新。加强仲裁办案指导规范化，印发相关指导意见，开展仲裁与诉讼信息共享平台建设试点。全面落实国企薪酬制度改革要求，加大科技创新人才的薪酬激励，开展国企职业经理人薪酬制度改革试点工作。及时发布企业工资指导线和薪酬调查信息。

第四，着力加强技能人才队伍建设，提高劳动者技能水平。技能人才是支撑中国制造、中国创造的重要力量，是缓解就业结构性矛盾的关键，也是落实结构政策要着力畅通国民经济循环的内在要求。重点是以落实“十四五”职业技能培训规划和技工教育规划为牵引，健全政策制度，强化措施抓手，加快培养“铺天盖地”的技能人才队伍，助力就业和实体经济发展。

一是积极构建“1+N”政策体系。“1”就是关于加强新时代高技能人才队伍建设的意见，要抓紧研究论证，推动出台实施。“N”就是相关专项政策文件，这两年陆续出了一些，如技能人才报考事业单位、特级技师评聘等，要抓好落实、抓出成效。有计划还没出台的，如探索建立新八级工制度等，要抓紧推进，不断健全技能人才培养、使用、评价、激励制度。

二是全面实施“技能中国”行动。要加快推进部省共建技能省市工作。大规模培养技能人才，大力发展技工教育，稳定扩大技工院校招生规模，深化校企合作，推行工学一体化技能人才培养模式。充分发挥企业在技能人才培养中的重要作用，对企业关键岗位高技能人才开展能力培训，支持企业开展新型学徒制和技能等级认定。研究实施制造业技能根基工程，多渠道筹集资金加大投入，加快培养适应产业发展的创新型、技能型、应用型人才，稳住制造业就业，为提升制造业核心竞争力提供人才支撑。加大高技能人才表彰激励力度，开展第十六届高技能人才评选表彰活动，畅通技能人才职业发展通道，大力弘扬劳模精神、劳动精神、工匠精神。

第五，稳步壮大高层次专业技术人才队伍，激发创新创造活力。做好专业技术人才相关工作，是科技自立自强的内在要求，也是科技政策要扎实落地的重要方面。要坚持党对人才工作的全面领导，认真履行人社部门职能职责，围绕建设国家人才战略力量，造就“顶天立地”的专业技术人才队伍。

一是着力完善博士后制度。这是培养青年科技人才的重要载体。要研究制定加强博士后工作的政策措施，健全企业博士后工作站设置标准，促进产学研有机结合。实施博士后创新人才支持计划和国际交流计划。积极搭建高水平的博士后交流对接和“揭榜挂帅”平台。

二是深化评价激励机制改革。优化实施政府特殊津贴制度，选拔培养一批战略科学家和一流科技领军人才。持续深化职称制度改革，建立职称评审专业动态调整机制，坚持“破四唯”和“立新标”并举，形成新的评价标准。优化落实高层次人才薪酬激励政策，推进高校、科研院所薪酬改革试点，深化公立医院薪酬改革。

三是统筹做好人才人事相关工作。健全留学人员回国服务体系，统筹实施各类留学回国项目，加强留学人员创业园建设。积极稳妥推进县以下事业单位管理岗位职员等级晋升工作，拓宽基层人员职业发展空间。扎实做好冬奥会和冬残奥会、人民满意公务员等重大表彰相关工作，认真做好省部级表彰、清理规范创建示范活动等管理服务工作。

第六，持续整治提升，加强人社领域资金管理和监督。人社领域的资金，直接关系群众的切身利益，是他们的“养老钱”“保命钱”。要采取扎实有效的措施加强管理，重点要做好两个方面的工作。

一是开展社保基金管理提升年行动。从去年5月开始，全系统组织开展专项整治行动，排查风险，堵塞漏洞，开展警示教育，取得阶段性成效。但必须清醒认识到，近年来社会保障体系建设进入快车道，基本养老保险已覆盖10亿人，基金年度收支规模超过12万亿元，在快速发展的同时，各地社保管理服务工作基础薄弱的矛盾也日益凸显，基金专项整治工作还需要集中一段时间持续深入抓好，一些深层次问题还需要用更长的时间下更大气力去解决。我们必须再紧一扣，从严深入推进工作，巩固拓展专项整治成果。要加强工作专班，抽调精干力量，健全工作机制。扩大基金管理整治范围，在已有基础上，从城乡居民养老保险拓展到城镇职工养老保险、失业保险和工伤保险基金管理。继续按险种、按领域、按环节梳理排查问题和风险，形成清单，明确目标、明确任务、明确责任、明确时限，一项一项整改落实到位。加强制度机制建设，坚持用制度机制管人管事管长远，制度规定、信息化建设等方面缺什么补什么，形成人防、制防、技防、群防的配套，不断健全政策、经办、信息、监督“四位一体”的社保基金风险防控体系。

二是举一反三强化各类资金管理。要全面梳理涉及资金管理的薄弱环节和风险点，层层压实监督管理责任，建立动态台账，研究拿出针对性措施。

第七，巩固完善制度，夯实信息化基础，推进行风建设由阶段性行动向常态化长效化转变。行风问题具有复杂性顽固性，三年行动收官并不是终点，而是再巩固再提升、实现常态化长效化的新起点。近期，我们召开行风建设总结推进会，印发开展行风建设提升行动文件。下一步，关键是把三年来行之有效的做法机制化长效化，实现抓行风从阶段性行动向常抓不懈的长期建设转变。

一是着力构建系统行风建设“12333”工作格局。“1”是坚持一条主线，就是牢牢把握管行业必须管行风、打造群众满意的人社服务这条工作主线。“2”是围绕两头发力，就是一方面抓好政策制度供给的“最先一公里”，坚持需求导向完善政策和清单制度，另一方面抓好政策服务落实的“最后一公里”，注重政策宣传和服务效果，送政策入企入户，强化政策配套、经办协同、服务落地，切实打通“中梗阻”。第一个“3”是突出三项机制，就是健全“厅局长走流程”“干部调研暗访”“我为群众办实事”的长效机制。第二个“3”是用好三个抓手，就是扎实推进人社服务快办行动、人社便民服务圈和社会保障卡“一卡通”。第三个“3”是强化三项支撑，就是加强干部职工的能力、作风和信息化建设，发挥人社系统先进典型示范作用。各地要健全行风建设工作领导机制，压实责任，坚持不懈抓好系统行风建设。

二是着力加强人社信息化建设。信息化对全面推进工作至关重要。去年我们启动实施了信息化便民服务创新提升行动，今年要继续强化重点问题攻坚，推进“全数据共享、全服务上网、全业务用卡”。要加快推进平台建设。完善全国人社政务服务平台等服务管理功能，落实“一网通办”等任务要求。支持开展新就业形态人员职业伤害保障试点等工作，提供平台建设等技术支持。要加快推进数据共享。首先是加强人社系统上下之间、各业务板块之间的信息共享，还要加大跨部门信息共享的推进力度，加强与有关部门的沟通协调，不断满足业务经办和群众需要。数据只有用才有价值，要运用人社大数据开展就业形势分析、社保政策仿真研究、业务风险防控等工作，为科学决策提供有力支撑。要加快推进社会保障卡“一卡通”。持续拓展人社领域“全业务用卡”的集成应用，实现身份认证、缴费计算、待遇领取全覆盖。围绕全生命周期服务需求，推广长三角地区等居民服务“一卡通”经验，在更大范围更多领域扩大应用。

四、求真务实、攻坚克难，确保各项工作任务落实落地

今年的目标任务已经明确，关键是抓好落实。要坚持多年来行之有效的经验做法，进一步提高政治站位，凝心聚力、担当作为，确保取得实实在在的效果。

第一，坚持党的集中统一领导这个最大优势，把党的领导贯穿到人社工作全过程各方面。党的领导是战胜各种风险挑战、不断开创事业发展新局面的制胜秘诀，是我们最大的体制优势。要不断强化政治机关建设，提高政治判断力、政治领悟力、政治执行力，不折不扣贯彻落实党中央决策部署，确保各项工作不偏向、不变通、不走样。要围绕中心、服务大局，积极主动向党委和政府请示报告工作，加强对人社重点工作的统筹决策和高位推动。要切实发挥各级人社部门党组织的作用，把各项工作办得更加扎实、更有实效。

第二，坚持以人民为中心的发展思想，用心用情用力为群众办实事解难题。人社部门是重要的民生部门，全部工作涉及人，大部分涉及民生，桩桩件件都要与群众见面对账。要始终牢记让人民生活幸福是“国之大者”，把人民群众的小事当成自己的大事，深入整治群众身边腐败和不正之风，切实履行增进民生福祉的职责，努力成为为民服务的行家里手，实打实解决人社领域群众的操心事烦心事揪心事。要健全为群众办实事解难题的长效机制，动态调整办实事清单，实行重点问题挂牌督办、销号管理，切实把群众面临的难点痛点堵点转化为人社工作的重点焦点切入点。

第三，坚持勇于担当、善于担当，扎实有力抓好落实。人社领域各项任务艰巨繁重。各级人社部门领导干部尤其是一把手，要树立正确政绩观，增强担当精神，守土有责、守土尽责，注重工作的延续性、累积性，一件接着一件办、一年接着一年干，不能新官不理旧账。要主动研究重点难点问题，切实加强政治把关，敢于较真、敢于碰硬，切实破解民生难题。要加强干部队伍能力建设，强化培训、提升素质，更好推动工作落实落地。

第四，坚持结果导向、效果检验，务实高效推进工作。实践是检验真理的唯一标准。衡量人社工作成效，关键是看聚焦人民群众关心的问题办成了多少事，基层群众和企业获得感有没有提升。要围绕目标任务，拿出务实管用的实招硬招，打通政策落实和工作落实“最后一公里”，抓出良好实效。要坚持一切从实际出发，力戒形式主义、官僚主义，不搞“一刀切”“一阵风”“一锅煮”，注重因地因人制宜，分类施策、分类指导，注重结合实际创造性执行。要尊重基层首创精神，彰显人社工作特色，创造出更多群众认可的“土特产”“一招鲜”。

第五，坚持树牢底线思维、强化忧患意识，有效防控人社领域各项风险隐患。要清楚人社领域“底板”在哪，知道如何应对。要认真梳理各方面各环节风险隐患，加强分析研判，动态完善政策工具箱和应急处置预案，做到早发现、早报告、早处置。

做好今年的人力资源社会保障工作，责任重大、使命光荣。我们要更加紧密地团结在以习近平同志为核心的党中央周围，坚定信心、攻坚克难，振奋精神、砥砺奋进，圆满完成各项目标任务，以优异成绩迎接党的二十大胜利召开。

扎实实施“十四五”规划
推动人力资源和社会保障事业高质量发展

——在人力资源和社会保障事业发展“十四五”规划实施动员部署视频会上的讲话

汤　涛

（2021年6月30日）

今天会议的主题是，深入贯彻党的十九届五中全会精神，落实《中华人民共和国国民经济和社会发展第十四个五年规划和2035年远景目标纲要》（以下简称国家“十四五”规划纲要）重点任务，对实施《人力资源和社会保障事业发展“十四五”规划》（以下简称人社事业发展“十四五”规划）工作进行动员部署，推进“十四五”时期人力资源和社会保障事业高质量发展。

一、提高政治站位，准确把握规划的重要意义

“十四五”时期是我国全面建成小康社会、实现第一个百年奋斗目标之后，乘势而上开启全面建设社会主义现代化国家新征程、向第二个百年奋斗目标进军的第一个五年。科学编制人社事业发展“十四五”规划，描绘未来五年人社事业发展蓝图并有效实施，对于发挥人社部门在巩固拓展全面建成小康社会和脱贫攻坚成果，接力推进我国社会主义现代化建设中的职能作用，促进人社事业发展具有重大而深远的意义。

（一）人社事业发展“十四五”规划是全面贯彻五中全会精神、细化落实国家“十四五”规划纲要目标任务的重要举措。

习近平总书记强调，用五年规划引领经济社会发展，是我们党治国理政的重要方式。党的十九届五中全会审议通过的《中共中央关于制定国民经济和社会发展第十四个五年规划和二〇三五年远景目标的建议》（以下简称《建议》）围绕立足新发展阶段、贯彻新发展理念、构建新发展格局，以推动高质量发展为主题，擘画了我国“十四五”时期的宏伟蓝图。国家“十四五”规划纲要按照中央《建议》确定的总体方向和重点思路，谋划了社会主义现代化新征程第一个五年的路线图，对未来五年经济社会发展作出了全面部署，是全国各族人民奋进新征程的共同行动纲领，也是人社部门更好履职尽责的重要依据。

国家“十四五”规划纲要中，涉及人社工作的有两大指标，即城镇调查失业率控制在5.5%以内，基本养老保险参保率提高到95%；涉及人社的重点任务集中在就业、社会保障、人才队伍建设、工资收入分配等方面共5章

11 节，提出实施就业优先战略，健全多层次社会保障体系、激发人才创新活力、优化收入分配结构等。人社事业发展“十四五”规划聚焦国家“十四五”规划纲要对人社领域提出的战略任务进行针对性研究部署，逐项对表纲要中提出的目标指标、任务举措，从整体把握、协同推进的角度，制定细化落实的时间表和路线图。因此，人社事业发展“十四五”规划是国家“十四五”规划纲要在人社领域的细化和延伸，贯彻实施好人社事业发展“十四五”规划，对于贯彻落实党中央国务院决策部署，具有重要意义。

（二）人社事业发展“十四五”规划是新阶段人社事业创新发展的重要引领。

发挥国家发展规划的战略导向作用，是创新和完善宏观调控的重要内容，也是推进国家治理体系和治理能力现代化的内在要求。人社事业发展规划作为国家规划体系的组成部分，在人社领域发挥着战略导向作用，是引领人社事业发展的重要纲领性文件。

“十四五”时期，我国发展仍然处于重要战略机遇期，但机遇和挑战都有新的发展变化。当今世界正经历百年未有之大变局，新一轮科技革命和产业变革深入发展，新冠肺炎疫情影响广泛深远，不稳定性不确定性明显增加。我国已转向高质量发展阶段，但同时发展不平衡不充分问题仍然突出，民生保障存在短板。面对新机遇新挑战，人社事业发展“十四五”规划坚持立足新发展阶段、贯彻新发展理念、构建新发展格局，紧紧围绕基本实现现代化的各项目标要求谋篇布局、排兵布阵，把人社事业放到国民经济和社会发展全局中考量，部署了一系列具有创新性、突破性的重大政策、重要改革举措，同时聚焦补短板、强弱项，提出了有针对性的政策措施。这些政策措施的有效实施，对于引领新阶段人社事业高质量发展具有重要作用。

（三）人社事业发展“十四五”规划是实现人民对美好生活向往的重要抓手。

习近平总书记指出，人民对美好生活的向往就是我们的奋斗目标。党的十九届五中全会把坚持以人民为中心作为“十四五”时期经济社会发展必须遵循的原则，强调坚持人民主体地位，坚持共同富裕方向，始终做到发展为了人民、发展依靠人民、发展成果由人民共享，维护人民根本利益，激发全体人民积极性、主动性、创造性，促进社会公平，增进民生福祉，不断实现人民对美好生活的向往。

人社部门作为重要的民生部门，在发展中肩负着重要的职责和使命。规划编制坚持理论研究和实际调研相结合、顶层设计和问计于民相统一，汇聚了基层群众、专家学者、人社系统干部职工的智慧，实现了人社发展战略和人民期盼意愿的统一。规划把坚持以人民为中心作为基本原则，把着力保障和改善民生、增进民生福祉落实到规划的制度安排和政策举措中，坚持尽力而为、量力而行，让发展成果更多更公平惠及全体人民，不断增强人民群众的获得感、幸福感、安全感。实施好规划，对于顺应人民对美好生活的新期待，促进共同富裕取得明显实质性进展，具有重要意义。

二、服务工作大局，全面完成规划提出的各项目标任务

人社事业发展“十四五”规划分为 8 章 37 节，明确了“十四五”时期人社事业发展的指导思想、基本原则和主要目标，部署了人社工作 6 个方面的重点任务，提出了规划的综合保障措施，是未来五年人社事业发展的重要指导性文件。

（一）准确把握“十四五”时期人社事业发展的指导思想和基本原则。

规划贯彻五中全会精神，提出了“十四五”时期人社事业发展的指导思想，即以习近平新时代中国特色社会主义思想为指导，立足新发展阶段，贯彻新发展理念，促进构建新发展格局，坚持稳中求进工作总基调，以推动人力资源和社会保障事业高质量发展为主题，以深化人力资源和社会保障政策改革创新为主线，以满足人民日益增长的美好生活需要为根本目

的，为全面建设社会主义现代化国家贡献积极力量。为更好地体现指导思想，规划提出做到“六个坚持”，即必须坚持党的领导、坚持以人民为中心、坚持新发展理念、坚持深化改革、坚持系统观念、坚持依法行政。

指导思想和基本原则，共同构成了“十四五”时期人社事业发展的指导方针，是贯彻落实中央精神的具体体现，是新时代人社事业发展规律的集中表现，是未来五年统筹推进人社各项工作的基本遵循，全系统要进一步统一认识，深入理解，并切实运用到人社事业各项工作中去。

（二）全力完成“十四五”时期人社事业发展各项目标和主要指标。

规划中展望了2035年人社事业发展远景目标，提出“十四五”时期人社事业发展的六大主要目标。在此基础上，从支撑主要目标实现、突出人社领域发展重点出发，提出了就业、社保、人才、劳动关系和公共服务五类19项具体指标。与“十三五”规划相比，新增了10项指标，减少了4项指标，调整了1项指标，这是根据中央的新精神新要求，紧密结合人社事业发展实际调整变动的。这些指标，既着眼人社事业发展的整体和长远考虑，又体现了党中央对新发展理念的要求。指标值的确定，坚持实事求是、科学合理、尽力而为、量力而行，同时也为应对不确定性预留了空间。

这些目标和指标的完成，将为全面建设社会主义现代化国家奠定坚实基础，直接体现人社事业高质量发展的成效。各级人社部门要采取有力措施，分类部署、分步推进，合理确定年度工作目标，调动各方面力量不折不扣地完成任务。

（三）全面落实“十四五”时期人社事业各项重点任务。

规划对6个方面的重点任务作了阐述，体现了人社领域对新发展阶段、新发展理念、新发展格局的整体把握、系统贯彻和一体落实。各级人社部门要统筹推进，扎实有效实施好各项任务举措。

第一，推动实现更加充分更高质量就业。就业是民生之本、财富之源，是最大的民生工程、民心工程、根基工程，是社会稳定的重要保障。“十四五”时期劳动力供求深度调整，就业压力依然存在，结构性矛盾将成为就业领域的主要矛盾。因此，要强化就业优先政策，健全有利于更加充分更高质量就业的促进机制，扩大就业容量，提升就业质量，缓解结构性就业矛盾。要健全终身职业技能培训制度，全面提升劳动者技术技能素质。“十四五”期间实现城镇新增就业5 000万人以上，城镇调查失业率控制在5.5%以内，城镇登记失业率控制在5%以内。

第二，健全多层次社会保障体系。社会保障是民生之基，与人民幸福安康息息相关，是治国安邦的大问题，是关系到老百姓切身利益的问题，也是媒体关注的焦点问题。“十四五”时期，人口老龄化程度持续加深，社会保障制度的可持续发展面临挑战。因此，要全面实施全民参保计划，实现法定人员应保尽保，基本养老保险参保率达到95%。建立实施企业职工基本养老保险全国统筹制度，稳妥实施渐进式延迟法定退休年龄，发展多层次、多支柱养老保险体系，实现失业保险省级统筹，推进工伤保险省级统筹更加完善。推进社会保险待遇水平与经济社会发展的联动调整，加强社会保险基金监管，提升社会保障经办管理服务水平。

第三，激发人才创新活力。人才是发展的第一资源，是供给侧结构性改革的动力之源，是创新驱动发展、科技自立自强的最关键因素。当前，制约和影响人才发展的体制机制障碍尚未根除，事业单位人事制度改革有待进一步深化。“十四五”时期，要深入实施人才强国战略，深化人才发展体制机制改革，加强专业技术和技能人才队伍建设。建立健全符合分类推进事业单位改革要求的人事管理制度。破除劳动力和人才在城乡、区域和不同所有制单位间的流动障碍。完善国家表彰奖励制度体系。

第四，深化企事业工资收入分配制度改革。工资收入分配是实现发展成果由人民共享的重要途径，关乎社会的公平正义。形成合理有序的工资收入分配格局，进一步缩小分配差距，关系到能否实现全体人民共同富裕的目标。当前，城乡收入分配差距依然过大，中等收入群体比重偏低。“十四五”时期，要深化企业工资决定机制改革，健全工资决定、合理增长和支付保障机制。完善最低工资制度，健全最低工资标准正常调整机制。深化国有企业工资分配制度改革。改革完善事业单位薪酬制度。促进扩大中等收入群体。

第五，构建和谐劳动关系。劳动关系是最基本的社会关系之一，协调稳定的劳动关系是社会和谐的重要基础。“十四五”时期，产业转型升级、就业方式多样化加快发展对协调劳动关系提出了新挑战。因此，要健全劳动关系协调机制，加强协调劳动关系三方机制建设。完善劳动合同制度，规范劳务派遣用工行为。完善劳动人事争议调解仲裁体制机制，提升劳动保障监察执法效能，完善欠薪治理长效机制。加快推进农民工市民化。

第六，提高基本公共服务能力和质量。公共服务关乎民生，连接民心，是为民服务的重要载体，保障人人享有基本公共服务是政府的重要职责。当前，人力资源社会保障公共服务与人民群众的期待尚有差距。“十四五”时期，要加强人力资源社会保障公共服务体系建设，推进基本公共服务均等化、标准化和信息化建设。推动建立以社会保障卡为载体的居民服务“一卡通”新格局。开展人社系统行风建设提升行动。巩固拓展人社脱贫攻坚成果，推进乡村振兴。

（四）着力抓好专栏中重大项目的落实。

人社事业发展“十四五”规划设置了13个专栏，其中既有指标，又有重大政策、重大项目、重大行动计划。专栏的内容一方面紧紧围绕中央《建议》和国家“十四五”规划纲要关于人社工作的部署，对重点内容进行了细化，对职业技术教育、教育强国推进工程等人社部门参与的重点工程项目进行了具体分解和安排，如企业职工基本养老保险全国统筹制度、专业技术人才知识更新工程、技工教育质量提升工程、人力资源社会保障政务信息化工程等。另一方面，结合人社工作实际情况，提出一系列支撑重点任务落实的具体项目和举措，如就业创业促进计划、人力资源服务业高质量发展行动、技能中国行动、劳动关系“和谐同行”能力提升行动等。

这些专栏项目，是完成人社事业发展“十四五”规划任务的具体抓手、路径和载体，也是人社事业为构建新格局提供的有力支撑。各级人社部门特别是省区市人社部门，要结合实际，细化专栏项目内容，做好可行性研究分析和具体资金测算工作，积极争取各级发改、财政等有关部门支持，同时要发挥示范引领作用，引导市场主体参与，扩大项目实施的效果。

三、注重协同高效，切实抓好规划实施工作

习近平总书记指出，要“崇尚实干、狠抓落实”“要把抓落实作为开展工作的主要方式”，坚决克服“规划是一套、做起来是另一套”的现象。“十四五”人社事业发展蓝图已经绘就，我们要以“一分部署、九分落实”的精神状态，勠力同心，担当作为，确保完成规划提出的各项目标任务。

（一）细化规划实施责任分工。

各级人社部门要加强对规划实施工作的组织领导，研究制定具体实施方案，细化时间表和路线图，明确目标任务分工和责任主体。强化统筹协调和支持保障，定期调度通报规划实施进展情况，确保各项目标任务落实到位。

（二）健全规划实施保障机制。

各级人社部门要强化政策协调和工作协同，加强与国家重点区域发展规划的衔接。要积极主动向当地党委和政府汇报，争取党委和政府的领导和支持。要健全人力资源和社会保障法制建设，坚持依法行政。加强中期财政规

划与事业发展规划实施的衔接协调，强化财力支撑，为规划实施提供保障。

（三）加强规划实施监测评估。

各级人社部门要健全监测评估机制，加强动态监测、中期评估和总结评估。强化统计监测和考核办法，发挥统计监督作用。要依照规划合理设置年度目标和年度计划指标体系，做好年度间综合平衡。把规划实施情况争取纳入党委、政府综合考核体系，作为考核解决民生问题的重要依据。

（四）加强规划宣传解读工作。

规划的发布会引起社会的关注，要做好解读工作。解读中要换位思考，要把与人民群众切身利益紧密相关的政策解读好。从系统来讲，要加强宣传解读培训，形成共识，为规划实施奠定基础。同时要创新宣传形式，通过多种方式，帮助社会特别是基层理解认同规划，赢得社会公众的支持，为规划实施营造良好氛围。

（五）抓紧制定出台本地区的规划。

目前，各地规划已基本完成起草编制工作。要进一步对照部里印发的规划进行必要的修改完善，确保重要指标和重点任务衔接一致。各省区市人社事业发展规划及各项重点专项规划印发后要送部里，以便部里统筹掌握各地规划印发进度。

贯彻实施规划，推进新时代人社事业高质量发展，任务艰巨、使命光荣。我们要紧密团结在以习近平同志为核心的党中央周围，坚持以习近平新时代中国特色社会主义思想为指导，不断提高政治判断力、政治领悟力、政治执行力，提高规划实施的责任感和使命感，增强规划实施主动性和创造性，共同推动规划全面落实，在全面建设社会主义现代化新征程中做出人社部门、人社干部应有的积极贡献。

在深化职称制度改革工作总结会上的讲话

汤　涛

（2021年9月24日）

今天，我们召开深化职称制度改革工作总结会，主要任务是学习贯彻习近平总书记关于人才评价工作的系列重要论述，学习贯彻党中央、国务院关于人才工作的决策部署，全面总结深化职称制度改革工作，推动职称工作创新发展。

一、职称制度改革任务总体完成

党的十八大以来，党中央、国务院高度重视职称制度改革工作，把职称制度改革纳入人才发展体制机制改革总体布局。2016年12月，中办、国办印发了《关于深化职称制度改革的意见》，全面部署职称制度改革。这是落实人才发展体制机制改革的重要举措，是团结凝聚专业技术人才、激发专业技术人才创新活力的重大改革，是我国人才治理体系和人才事业发展的一件大事。五年来，按照党中央、国务院决策部署，我部会同有关部门聚焦问题、分类施策，齐心协力、攻坚克难，如期完成了职称制度改革任务。

（一）健全职称制度体系。

制度建设具有管长远、管根本的作用，也是人才治理能力的重要体现。五年来，我们会同行业主管部门夯基垒台、立柱架梁，致力于构建新的职称制度体系。一是完善职称系列。按照中央要求，职称系列保持总体稳定的同时，根据新时代专业技术人才队伍发展要求，调整优化了部分职称系列。此次改革取消海关职称系列，单设审计职称系列；整合中学教师和小学教师职称系列，建立了中小学教师职称系列；整合公证员、司法鉴定人员评价需求，建立了公共法律服务人员职称系列。截至目前，我们会同行业主管部门制定出台了27个职称系列的改革指导意见。关于律师和政工师的评价问题，有关部门正在研究论证，我们将配合做好相关工作。二是增设正高级职称。此次改革在11个没有正高级职称的系列全部设置了正高级职称。五年来，全国新增高级职称200万人，其中正高级职称18.8万人，有效增加了我国高层次人才供给。三是拓展评审专业。适应产业发展需要，将发展态势好、从业规模大的新兴职业纳入职称评价范围，新增艺术创意设计、动漫游戏、运动防护师、快递工程等13个评审专业，各地增设了113个特色评审专业，有效满足了新兴领域人才评价需求。此外，部里印发了职称评审管理暂行规定、民营企业职称评审办法等9个综合性、基础性配套政策，各地共印发了683个职称制度改革配套文件，基本形成了以中央职称制度改革意见为龙头，以各系列、各地区改革政策为配套的新时代职称制度框架体系。

（二）完善职称评价标准。

标准是人才发展的风向标，评价一个人才，就是树立一个标杆。有好的标准，人才就会充分涌流。习近平总书记在科学家座谈会上强调指出，要坚决破除“四唯”，释放科技人才巨大的创新潜能。五年来，我们坚持“破四唯”和“立新标”并举，从“重数量”向“重质量”转变，着重解决评价标准“一刀切”等问题，加快健全以创新能力、质量、实效、贡献为导向的人才评价体系。一是坚持把品德放在首位。全面考察专业技术人才的职业操守和从业行为，倡导科学精神，强化社会责任，坚守道德底线。所有专业技术人才都要考察职业道德，对各类教师注重考察师德，对医护人员注重考察医德，对科研人员倡导科学精神。二是不唯学历看能力。改革后，各系列职称评审对学历只做基本要求，主要比拼能力水平。翻译、演员、计算机软件等系列或专业对学历没有要求，会计、经济等系列将起点学历放宽至高中。不具备学历要求的，由行业内2名以上专家推荐即可参加职称评审。可以说，学历问题已不再是参加职称评审的障碍。三是不数年头论业绩。对卫生专业技术人员主要突出临床实践能力评价，把能看病、会看病、看好病作为临床医务人员职称评价的主要内容。对各类教师主要突出教育教学能力和业绩，把教学质量作为主要标准。四是论文不做硬杠杠。对医护人员，临床病案、手术视频、流行病学调查报告等成果形式均可替代论文要求。对研究人员，实行代表作制度，着重评价提出和解决重大科学问题的原创能力，成果的科学价值、学术水平和影响等。对高校教师，不以SCI、SSCI等论文相关指标作为前置条件和判断的直接依据。五是奖项成为加分项。获奖作品的级别和数量不再是职称评审的门槛条件，而是作为竞争择优的重要参考，是评价能力水平的加分项。当然了，“不唯”不是不要，如果什么都不要，就走向了另一个极端，人才评价就失去了意义。

（三）创新职称评价机制。

遵循人才成长规律首先要认识到人才的多样性和差异性，不同领域人才标准不同，不能一把尺子量到底。五年来，我们积极创新评价机制，不拘一格评价人才，激发各类人才活力。一是实行分类评价。坚持以职业属性和岗位需求为基础，细化人才专业分类，科学制定评价标准，鼓励人才在不同岗位做出贡献。比如，将高校教师划分教学为主型、教学科研并重型，教学为主型对论文不做硬性要求。二是坚持以同行评价为主，探索引入社会化评价和市场评价。要坚持同行评审、业内认可，鼓励国际小同行评价，避免外行评内行、杂家评专家。对社会通用性强、标准化程度高的系列实行社会化评价，对应用研究和技术开发人才突出市场评价，着重考核技术创新与集成能力，以及对产业发展的实际贡献。三是特殊人才实行特殊评价。高精尖缺人才是人才队伍中的“关键少数”，是实现科技自立自强的引领带动力量。尤其是互联网领域的人才，不少是奇才、怪才，对特殊人才要有特殊政策，不求全责备，不论资排辈，建立职称评审绿色通道。四是基层人才定向评价。服务乡村振兴战略，对艰苦边远地区和基层一线人才实行“定向评价，定向使用”，单独分组、单独评审、单独确定通过率，鼓励和引导更多人才向基层一线流动。

（四）拓展职称评审范围。

进一步打破户籍、身份、档案等制约，畅通民营企业人才、高技能人才等群体职称申报渠道。一是印发民营企业职称评审办法，扫清民营企业人才参加职称评审的障碍，便利民营企业人才申报职称。近年来，民营企业专业技术人才增量达到514万人，为民营企业创新发展提供了有力人才支撑。二是部里两次印发改革意见，支持高技能人才参加职称评审，推动高技能人才与专业技术人才职业发展贯通，目前共计1万余名高技能人才取得职称，进一步拓展高技能人才职业发展空间。三是落实党中央、国务院要求，将抗疫表现列入职称评定指标，对抗疫一线专业技术人员实行优先申报、优先评审、优先聘任，7万余名一线医护人员享受职称倾斜政策。四是会同中组部出台援藏援疆援青专业技术人才职称评审办法，进一步加大倾斜支持力度。一年多来已有2 154人在援派地取得高级职称，吸引更多专业技术人才对口支援边疆建设。五是服务国家对外开放战略需要，支持福建、广东等地畅通境外人才评价渠道，提高职称评价的开放性和包容性。

（五）加大“放管服”改革力度。

落实国务院“放管服”改革要求，合理下放职称评审权，加强事中事后监管，保障用人单位自主权，尊重人才创新自主权，推动形成充满活力的人才评价管理和运行机制。一是坚持“谁用人、谁评价”，加大力度向地方、高校、医院、科研院所、大型企业等用人主体下放职称评审权，推动用人单位自主评审。比如，将高校教师职称评审权全部下放至各类高校，将卫生系列高级职称评审权下放到符合条件的三甲医院等。二是出台《职称评审管理暂行规定》，完善职称评审委员会核准备案制度，实行职称申报诚信承诺，对弄虚作假和学术不端实行“零容忍”。建立抽查、巡查、倒查、复查机制，构建政府监管、单位（行业）自律、社会监督的综合监管体系。三是推进职称评审服务“减证便民”，建立全国职称评审信息系统，推动职称申报、评审电子化，减少申报材料，推进数据共享，让数据多跑腿、人才少跑路，让专业技术人才把更多精力投入实现高质量发展的实践中去。

近日，部里将改革完成情况向中央改革办、中央人才工作领导小组办公室专题报告，国办《昨日要情》也刊登了职称制度改革内容，央视、新华社、《人民日报》、《中国组织人事报》等媒体对职称制度改革进行了深入报道，在社会上引起了强烈反响。回顾改革进程，我们认为，此次改革妥善把握了五个方面。一是明确制度定位。职称制度的核心功能是评价，但在很长一段时期内，职称承载了很多其他功能，众多因素交织在一起，造成社会对职称制度的不满。这次改革让职称制度回归评价，主要解决评价的问题，发挥好人才“指挥棒”作用。二是坚持继承发展。职称制度改革涉及广大专业技术人才的切身利益，牵一发而动全身，非常复杂。因此，这次改革是对原有制度的改革完善和创新发展，不是另起炉灶、推倒重来，最大限度地维护专业技术人才合法权益。三是坚持问题导向。我们和行业主管部门一起深入基层、深入一线开展了大量调研、广泛征求意见，聚焦重点问题，以重点问题突破带动改革向纵深推进，不断增强专业技术人才的获得感、成就感。四是注重衔接配套。实现职称制度与职业资格制度、专业学位制度、继续教育制度等人才培养制度的有效衔接，加强职称评价结果与人才使用、晋升等用人制度有效衔接，主要解决“评”的问题，也推动解决“聘”的矛盾。五是强化改革督导。我们既从中央层面加大统的力度、集中力量整体推进，也鼓励地方创新突破、积厚成势，上下一盘棋，系统集成、协同推进，充分释放改革红利。

二、职称制度改革取得显著成效

职称制度改革实施以来，各地、各有关部门坚持以人民为中心，不断创新举措、深化改革，为人才发展松绑减负，各类人才成就感、获得感不断增强，职称评价的“指挥棒”作用进一步凸显，“不拘一格评人才”的良好氛围正在形成，各项改革举措得到广大专业技术人才的支持和拥护。

（一）促进了我国人才治理体系和治理能力的提升。

职称制度改革是我国人才评价机制改革的重大制度创新，改革回应广大人才呼声，疏通堵点、解决痛点，直面人才评价制度中的深层次问题，构建形成了系统完备、科学规范、运行有效的新时代职称制度框架体系，进一步加强了人才治理能力建设。

（二）树立了重品德、重能力、重业绩的评价导向。

职称制度改革坚持以品德、能力、业绩为导向，着力破除“四唯”，减少人才成长羁绊，坚持德才兼备、以德为先，更加注重业绩水平和实际贡献，以实绩论英雄的观念深入人心，德才兼备的人才得以在更加重要的岗位上发挥作用，初步形成了各类人才竞相成长、各展其能的生动局面。

（三）拓展了专业技术人才职业发展空间。

职称制度改革在11个系列增设正高级职称，畅通非公经济组织、自由职业者职称晋升渠道，打破了专业技术人才职业发展的“天花板”，解决了部分领域“船到码头车到站”的职业倦怠问题，让专业技术人才更有盼头、更有奔头，激励各类人才在广阔天地大显身手。

（四）进一步发挥了用人主体积极性。

职称制度改革贯彻落实“放管服”改革要求，加强宏观政策调控，减少微观事务管理，科学界定、合理下放职称评审权限，更好发挥企业、高校、科研机构等用人主体作用，向用人主体放权、为人才松绑，充分调动了各类用人主体积极性，为人才发挥作用提供了更大的舞台。

（五）充分激发了专业技术人才创新创业活力。

职称制度改革立足服务创新驱动发展战略，始终坚持服务发展、激励创新，通过对创新能力的评价，引导人才深耕业务、潜心研究，多出高质量成果，推进人才链、产业链、创新链“三链融合”，最大限度释放人才创新创造动能，为加快建设创新型国家提供人才支撑。

通过实施职称制度改革，我们也总结了五条体会。一是必须坚持以习近平新时代中国特色社会主义思想为指导，贯彻落实好总书记关于人才工作的新思想、新理念、新要求。二是必须坚持党管人才原则，充分发挥党的思想优势、组织优势、密切联系群众优势，把各方面优秀人才聚集到党和人民的伟大事业中来。三是必须遵循人才成长规律，分类建立体现不同职业、不同岗位、不同层次人才特点的评价机制，不断增强各类人才的成就感、获得感。四是必须坚持“破四唯”与“立新标”并举，先立后破，充分发挥人才评价“指挥棒”作用，最大限度激发人才创新活力。五是必须落实“放管服”改革，加快转变政府职能，发挥政府、市场、用人单位等多元评价主体作用，营造有利于人才发挥作用的制度环境。

三、坚定不移推进改革向纵深发展

改革只有进行时，没有完成时。我们要清醒地认识到，与深入实施人才强国战略、实现高水平科技自立自强的要求相比，与深化人才发展体制机制改革的要求相比，与广大专业技术人才的期盼相比，职称制度改革的深度和广度还不够，一些困扰人才的“烦心事”“老难题”尚未完全破解。比如，职称评价中的“四唯”现象尚未彻底根除，强调论文篇数、论资排辈等现象还不同程度存在；原有标准打破后，新的标准还没有完全建立；评审权下放后，监管措施还没有完全跟上，违纪违规行为时有抬头；职称评审诚信体系尚未完全建立，对弄虚作假行为惩戒力度不够等。这些都需要我们进一步解放思想、强化担当，不断推进改革向实处发力、向深处拓展。下一步，要重点围绕“三新”做文章，拓展新职业、完善新标准、健全新模式。

（一）以支撑数字经济为重点，不断拓展新职业。

随着新一轮科技革命和产业变革的发展，以云计算、大数据、人工智能、物联网、区块链等数字技术为代表的数字经济时代已经来临。中国信通院研究表明，2019年我国数字经济增加值规模达到35.8万亿，占GDP比重达到36.2%。数字经济成为我国经济高质量发展的新引擎，同时也催生出大量的新职业、新业态、新模式。新职业反映新需求、蕴藏新机遇、推动新经济。2019年以来，我部会同市场监管总局、统计局先后发布了56个新职业信息，其中包括人工智能工程技术人员、物联网工程技术人员、虚拟现实工程技术人员等12个专业技术类新职业。新职业的征集、发布满足了经济社会发展的需要，提高了从业者的职业声望和社会地位，也促进了高质量就业，引起了社会的广泛关注，成为近期人才工作的一个“亮点”。目前，部里正在组织力量修订职业分类大典，全面系统地研究征集新职业。各地、各有关部门也要积极行动，以支撑数字经济为重点，收集整理新职业信息，经专家论证后纳入新的职业分类大典。除此之外，要加快研究制定新职业标准，通过新职业技能大赛等方式加强新职业人才培养培训，逐步将成熟的新职业纳入职称评审范围。对于职业属性清晰、职业特点明显、影响力较强、规模较大的新职业群体，现有职称系列难以覆盖的，可探索新增职称系列，畅通新职业人才职业发展通道，打造“人人出彩”的新职业舞台。

（二）以促进高水平科技自立自强为目标，不断完善职称评价新标准。

职称评价不仅是对专业技术人才学术技术水平的静态认定，更是对未来职业发展和创新潜能的动态评估。职称制度要想保持旺盛的生命力，就要与时俱进，不断研究制定新标准。习近平总书记强调，在人才评价上要“破四唯”与“立新标”并举，加快建立以创新价值、能力、贡献为导向的科技人才评价体系。为贯彻落实总书记的指示要求，我们坚持先立后破、破立并举，突出创新能力评价，不断完善职称评审标准。通过五年的改革，部里会同行业主管部门研究制定了各职称系列的基本标准条件。应该说，适宜面上统一规定的，国家都有明确要求；适宜各地根据实际情况确定的，国家确定了大原则、大方向，给各地预留了充足的创新空间。总的看，“破四唯”取得积极成效，“立新标”也初见雏形。但是，人才具有多样性，尤其是对创新能力的评价，有的很难量化，有的需要长周期考核，这就需要各级人社部门和行业主管部门深入基层一线，加强调查研究，出实招、见真招，多向行业企业要标准，多向基层实践要标准，提出符合当地实际、有针对性的评价指标，全面准确反映专业技术人才的创新水平。通过发挥职称评价“指挥棒”和“风向标”作用，激励更多人才投身科技创新和技术攻关，促进高水平科技自立自强。

（三）以行风建设为抓手，不断健全职称评审服务新模式。

习近平总书记指出，要用好人才评价这个“指挥棒”，把科研人员创造性活动从不合理的经费管理、人才评价等体制中解放出来，营造有利于激发科技人才创新的生态系统。职称评审本质上是一项公共服务，但从目前情况看，“管”的痕迹还很重，“服”的品质不够高。我们要进一步深化“放管服”改革，加强系统行风建设，将更多评审事项纳入“我为群众办实事”实践活动，打造一个新的职称评审服务模式。一是加大“放”的力度。继续向符合条件的用人主体下放职称评审权限，落实单位用人自主权，实现应放尽放、能放尽放。需要指出的是，放权是为了搞活，不能为了下放而下放，更不能把下放当业绩，不加区别全部下放。二是注重“管”的效果。下放评审权后，人社部门要将更多精力投入监管上，推进重点领域监督机制建设，有针对性地补齐制度短板，用制度管人管事，加强廉政风险防控。同时，加强职称诚信体系建设，实行政策公开、标准公开、程序公开、结果公开，打造阳光评审。三是提升“服”的品质。建立完善全国统一的职称评审管理信息化平台，实现全国职称管理服务“一张网”。加大职称数据归集力度，加快职称信息跨地区核验，完善专业技术人才职称数据库，为政策制定和决策分析提供数据支撑。进一步减少申报材料，减少各种繁文缛节，让专业技术人才有更多时间精力深耕专业。

四、以奋发有为的精神状态狠抓改革任务落实

目前，国家层面的职称制度改革任务已经总体完成，但是各地、各有关部门落实改革的任务还很重，改革的成效还有待显现。我们必须以高度的政治责任感和奋发有为的精神状态，主动作为、超前谋划，以钉钉子的精神狠抓各项工作落实。

（一）服务大局，勇于担当。

职称制度改革要始终围绕中心、服务大局，服务经济社会发展。改革的重要目的就是团结、凝聚专业技术人才，最大限度地激发专业技术人才的积极性、创造性，把各类人才聚集到党和国家的事业中来。这是做好职称工作的基本要求，也是职称工作的政治责任。希望大家树立担当意识，勇挑改革重担，敢于破解人才评价工作的难题，让改革既有力度又有温度，激励广大专业技术人才积极投身到经济社会高质量发展中去。

（二）统筹协调，形成合力。

职称制度改革是一个复杂的系统工程，需要各有关部门密切配合、形成合力。在改革过程中，中组部多次专题研究，在重点问题、重要政策上把关。各地也要主动向组织部门请示汇报，争取指导支持。要充分依靠行业主管部门的专业力量，在评价标准、评价方式等方面充分尊重行业主管部门意见，加强与相关部门和单位的协调配合，形成多部门协作的工作机制，齐心协力完成好各项改革任务。

（三）强身固本，提升能力。

打铁还需自身硬。职称工作是一项专业性很强的工作，需要一支了解人才测评原理、熟悉人才评价政策、掌握人才测评技术的专业化人才队伍。专技司每年都举办一次职称工作培训班，培训对象延伸到定点帮扶县，就是要加强系统干部的业务培训，帮助大家成为行家里手、专家权威。自己先有一桶水，才能给人一杯水，通过加强学习才能不断提高履职能力。

（四）加强宣传，营造环境。

职称制度改革与专业技术人才息息相关，各种改革政策文件社会非常关注。因此，政策出台后，宣传解读工作要跟上，防止出现不必要的误读。要善于运用大家喜闻乐见的形式开展宣传，不要搞长篇大论，要短小精悍、通俗易懂，这样才能在信息碎片化的时代抓住读者的眼球。要通过宣传，合理引导改革预期，让更多的人了解改革、支持改革、参与改革，营造有利于推进改革的良好氛围。

深化职称制度改革关系到党和国家事业的发展，关系到专业技术人才队伍建设质量，责任重大、使命光荣，让我们团结在以习近平同志为核心的党中央周围，不忘初心、牢记使命，为人才事业创新发展、为建设创新型国家而努力奋斗！

在全国劳动关系工作座谈会上的讲话

王少峰

（2021年4月7日）

这次会议是部党组同意召开的，会议主要任务是，深入贯彻落实党的十九大和十九届二中、三中、四中、五中全会以及全国“两会”精神，按照全国人力资源和社会保障工作会议部署，总结“十三五”期间劳动关系工作成绩，交流经验，分析形势，明确“十四五”时期工作目标任务，安排部署2021年重点工作。刚才，北京等6个省市作了交流发言，讲得很好，希望大家相互学习借鉴。下面，我讲三点意见。

一、认真回顾总结“十三五”时期劳动关系工作取得的成绩

“十三五”时期是全面建成小康社会决胜阶段。五年来，各级人力资源社会保障部门以习近平新时代中国特色社会主义思想为指导，坚决贯彻落实党中央、国务院关于构建和谐劳动关系的决策部署，扎实工作，开拓创新，推动构建中国特色和谐劳动关系工作深入发展，为促进经济发展和社会和谐稳定做出了积极贡献。

一是构建和谐劳动关系工作形成新格局。各地不断提高政治站位，从增强党的执政基础、巩固党的执政地位的高度，坚决贯彻落实党中央、国务院关于构建和谐劳动关系的意见。在健全劳动关系协调和矛盾调处机制、保障职工基本权益和促进企业健康发展、构建和谐劳动关系良好环境等方面取得了明显成绩。党委领导、政府负责、社会协同、企业和职工参与、法治保障的劳动关系工作体制普遍建立，源头治理、动态管理、应急处置相结合的工作机制逐步完善，劳动关系双方自主协商、社会三方协调、政府依法调整的工作格局基本形成，规范有序、公正合理、互利共赢、和谐稳定的劳动关系不断巩固发展，构建中国特色和谐劳动关系进入新的发展阶段。

二是劳动关系工作制度机制建设迈上新台阶。各地特别是改革试点地区积极推进中国特色和谐劳动关系制度机制创新，在劳动关系矛盾风险预防化解、劳动关系公共服务体系建设、“互联网+劳动关系”、特殊工时制度改革等方面积极探索，形成了一批可复制可借鉴的新鲜经验。共享用工、电子劳动合同等方面相关政策相继出台。劳动合同制度和集体合同制度建设稳步推进，集体合同制度攻坚计划、集体协商“稳就业促发展构和谐”行动计划全面实施。休息休假制度进一步落实，协调劳动关系三方机制不断完善。劳动争议调解仲裁和劳动保障监察制度化、规范化、法治化水平进一步提高。和谐劳动关系创建活动蓬勃发展，涌现了一批先进典型，有力地激发了广大企业积极参与创建的热情，营造了构建和谐劳动关系的良好氛围。

三是国有企业工资分配制度改革打开新局

面。按照党中央、国务院深化国有企业改革和收入分配制度改革的要求，以增强国有企业活力、提升国有企业效率为中心，推动国有企业工资分配制度改革取得明显进展。国有企业负责人薪酬制度改革全面实施，薪酬分配监管体制进一步健全，薪酬分配秩序得到有效规范。国有企业工资决定机制改革取得突破，工资分配指导调控逐步加强，职工工资实现平稳有序增长，与中国特色现代企业制度相适应的国有企业工资分配制度体系建设步伐加快，有效激发了国有企业创造力，提升了国有企业市场竞争力。

四是企业工资宏观调控工作取得新进展。在企业工资分配中兼顾效率与公平，充分发挥市场机制的决定性作用，更好发挥政府作用，企业工资宏观调控进一步加强。2015—2019年，城镇非私营和私营单位就业人员平均工资年均分别实际增长 7.6%和 5.6%，工资增长与劳动生产率增长基本同步。完善以增加知识、技能价值为导向的工资收入分配政策，科研人员实行更加灵活的薪酬制度，技术工人的待遇得到提高。工资集体协商质效提升。最低工资评估制度普遍建立，实现了凡调整必评估。工资指导线作用进一步发挥。劳动力市场价格信息基础建设稳步推进，全国企业薪酬调查定期开展，27 个省份发布了 2020 年工资价位信息，国家、省、市三级调查和信息发布体系基本形成。

五是预防化解劳动关系矛盾风险取得新成效。各地把预防化解劳动关系重大矛盾风险作为必须坚守的“红线”和“底线”，建立完善劳动关系形势分析制度、情况报告制度、协调劳动关系三方会商制度、风险监测预警平台以及劳动关系舆情分析制度，工作合力切实增强，风险监测预警和应急处置机制进一步健全，风险防范化解联动不断加强，有效预防和化解劳动关系矛盾风险，妥善处理劳动争议案件，欠薪问题得到有力遏制，全国劳动关系保持了总体和谐稳定。

2020 年是新中国历史上极不平凡的一年，也是劳动关系工作经受重大考验的一年。面对突如其来的新冠肺炎疫情对劳动关系领域的影响，各级人力资源社会保障部门坚决贯彻落实党中央、国务院决策部署，坚持稳中求进总基调，围绕做好“六稳”工作、全面落实“六保”任务，勇于担当，主动作为，全年工作取得明显成效。及时出台政策稳定劳动关系。统筹平衡保市场主体和保障职工权益的关系，制定出台了疫情防控期间稳定劳动关系支持企业复工复产的意见、妥善处置涉疫情劳动关系有关问题的意见等文件，明确了劳动合同、工作时间、休息休假、工资待遇等方面的 23 条政策举措，提出鼓励协商灵活处理劳动用工、工资待遇问题，减轻企业负担 12 条具体措施，促进了劳动关系稳定。凝聚多方力量支持企业复工复产。积极统筹协调三方力量，采取多种方式引导企业积极承担疫情防控期间保障职工基本生活责任，倡导劳动者积极返岗复工，推动企业、职工共克时艰、共渡难关。强化指导服务防范化解风险。深入分析研判劳动关系形势，对各地做好劳动关系稳定工作作出部署，开展重点行业企业用工监测。印发涉疫情劳动关系政策解读口径、企业规模裁员合规工作手册，引导企业不裁员、少裁员。快立、快调、快审、快结涉疫情劳动争议案件，开展有温度的监察执法。通过这些举措，促进了就业大局稳定，维护了职工合法权益，保障了企业复工复产，有力支持了疫情防控和经济发展，实现了“十三五”时期工作圆满收官，为“十四五”和谐劳动关系高质量发展打下坚实基础。

五年来，我们不断探索劳动关系工作规律，有许多经验值得总结。概括起来，主要有五个方面。一是必须始终坚持劳动关系工作正确政治方向。坚守劳动关系工作政治属性，把习近平总书记关于劳动关系的重要讲话指示精神和党中央、国务院构建和谐劳动关系的决策部署不折不扣落实到位。二是必须始终坚持以人民为中心的发展思想。坚持从实现好、维护好、发展好广大劳动者的根本利益出发，制定完善劳动关系政策措施，维护劳动者合法权益。三是必须始终坚持改革创新。坚持问题导向，将深化改革作为内生动力，完善劳动用工制度，改革企业工资分配制度，不断推进构建和谐劳动关系体制机制创新。四是必须始终坚持共建共治共享。充分发挥协调劳动关系三方作用，推动实现企业和职工协商共事、机制共建、效益共创、利益共享。五是必须始终坚持科学的思想方法和工作方法。坚持树牢风险意识，增强底线思维，科学精准施策，稳慎有效落实，紧紧围绕“和谐”做文章，注重协商协调，点对点精准发力，尽力将矛盾纠纷化解于萌芽状态。

回顾走过的五年历程，深感成绩来之不易，经验弥足珍贵。这些成绩的取得，根本在于以习近平同志为核心的党中央的坚强领导，在于习近平新时代中国特色社会主义思想的科学指引，在于党中央、国务院对构建和谐劳动关系工作的科学决策部署。离不开部党组和各级党委政府的高度重视，离不开有关部门的大力支持配合，也是全国劳动关系工作战线干部职工勇于担当、主动作为、迎难而上、顽强拼搏的结果。在此，我代表部党组向有关部门和全国劳动关系工作战线的干部职工致以崇高的敬意和衷心的感谢！

二、准确把握“十四五”时期劳动关系工作面临的形势、任务

“十四五”时期，我国进入新发展阶段，面对世界百年未有之大变局，经济发展、科技进步和社会环境的深刻变化，将对劳动关系产生深远影响，对劳动关系协调提出更高要求，构建和谐劳动关系面临新的机遇和新的挑战。谋划和推进“十四五”时期劳动关系工作，要以习近平新时代中国特色社会主义思想为指导，深入贯彻落实党的十九大和十九届二中、三中、四中、五中全会精神，按照党中央、国务院的决策部署，立足新发展阶段，贯彻新发展理念，服务构建新发展格局，坚持稳中求进工作总基调，以构建中国特色和谐劳动关系为目标，以推动和谐劳动关系高质量发展为主题，以改革创新为动力，着力落实人力资源和社会保障工作会议部署要求，为服务经济发展，维护社会稳定，促进共同富裕，努力让劳动者实现体面劳动、全面发展做出新的贡献。“十四五”时期，推动构建和谐劳动关系工作高质量发展，要着重把握以下几点。

一要深入学习领会习近平总书记重要指示批示精神，推动构建和谐劳动关系工作高质量发展。习近平总书记高度重视构建和谐劳动关系，多次作出重要指示批示，深刻阐明了构建中国特色和谐劳动关系的科学内涵、本质要求、地位作用、基本原则和目标任务，对构建和谐劳动关系提出了明确要求，为我们做好工作指明了前进方向，提供了根本遵循。我们要深入学习，深刻领会，研究制定专门学习计划，采取多种方式深化专题培训，把学习习近平总书记重要指示批示精神与学习习近平新时代中国特色社会主义思想结合起来，坚持读原著、学原文、悟原理，坚持系统学、反复学、跟进学、结合实际学，真正学懂弄通做实。把学习培训与党史学习教育结合起来，通过学习培训切实武装头脑、指导实践、推动工作，不断增强“四个意识”、坚定“四个自信”、做到“两个维护”，推动构建中国特色和谐劳动关系工作始终沿着坚定正确的政治方向深入发展。

二要准确把握新发展阶段、深入贯彻新发展理念、服务构建新发展格局，推动构建和谐劳动关系工作高质量发展。新发展阶段明确了我国发展的历史方位，新发展理念明确了我国现代化建设的指导原则，新发展格局明确了我国经济现代化的路径选择。要深刻理解我国经济社会发展的理论、历史、现实逻辑，全面把握党关于发展的政治立场、价值导向、发展模式、发展道路等重大政治问题，不断提高把握新发展阶段、贯彻新发展理念、构建新发展格局的政治能力、战略眼光、专业水平。要明确劳动关系工作现状及发展趋势，立足新发展阶段，完整、准确、全面贯彻新发展理念，服务融入构建新发展格局，制定实施政策措施。要

坚持以人民为中心的发展思想，维护好劳动者合法权益，推动实现共同富裕。要坚持改革创新，进一步完善协调劳动关系制度机制，加快解决制约构建和谐劳动关系工作高质量发展的重点难点问题。要坚持底线思维，有效防范和化解劳动关系矛盾纠纷，促进社会和谐稳定。

三要紧扣实现“十四五”目标任务，推动构建和谐劳动关系工作高质量发展。国家“十四五”规划和2035年远景目标纲要对构建和谐劳动关系提出了要求，也明确了探索建立新就业形态从业人员劳动保障机制、健全劳动合同制度和劳动关系协调机制、完善企业工资收入分配制度、落实和完善休息休假制度等具体任务。我们要坚持系统观念，统筹谋划和协调推进劳动关系各项工作，要深入落实人社事业发展“十四五”规划，制定落实“十四五”时期劳动关系工作目标任务的实施意见，推动“十四五”工作目标任务如期实现。要把握好当前与长远的关系，立足当前、着眼长远，尽力而为、量力而行，统筹兼顾促进企业发展和维护职工权益。要把握好守正与创新的关系，守住方向，坚持原则，遵循规律。敢于打破思维定式，不断推进实践创新、理论创新、制度机制创新，破解劳动关系工作面临的难点难题。要把握好全局与局部的关系，找准劳动关系工作在全局、大局中的定位，统筹谋划、突出重点、协调推进，以和谐劳动关系的高质量提升促进经济社会的高质量发展。要把握好“有没有”和“好不好”的关系，既要补齐劳动法律制度和政策还不完善的短板，解决部分劳动者劳动权益缺乏制度性保障的问题，实现从无到有，也要随着经济发展促进劳动者权益保障的进一步改善，增强劳动者的获得感、幸福感、安全感。

四要围绕加强治理体系和治理能力建设，推动构建和谐劳动关系工作高质量发展。要进一步健全劳动关系工作体制，坚持党委对劳动关系工作的领导，担负起政府部门的责任，引导社会力量协同治理，发挥企业和职工的主体作用，完善协调劳动关系制度机制，推进劳动关系治理体系建设。要打造一支政治强、业务精、作风正、纪律严的干部队伍，加强思想淬炼、政治历练、实践锻炼、专业训练，不断提高政治判断力、政治领悟力、政治执行力。要始终胸怀两个大局，对“国之大者”要心中有数，坚持围绕中心，服务全局，为推动人社事业发展谋长远、做实事。要勇于担当，善于作为，对出现的问题、难题要敢管敢抓，善于总结经验，讲求方式方法，注重质量效果。要增强创新精神，结合实际创造性地提出解决问题的新思路、新办法，促进工作新发展。要坚持实事求是，持续改进作风，脚踏实地，深入一线，求真务实，力戒形式主义、官僚主义。

三、扎实做好2021年劳动关系工作

今年是“十四五”时期推动构建和谐劳动关系高质量发展的开局之年，要着重抓好七个方面工作。

（一）加强重点领域劳动用工规范。

保障新就业形态劳动者、被派遣劳动者等群体劳动保障权益，事关民生福祉，事关社会公平正义。要加强制度创新，研究制定平台网约劳动者等新就业形态劳动者权益保障政策。要整治突出问题，改进和完善劳务派遣监管，坚决查处未经许可擅自经营劳务派遣等违法违规行为，保障劳务派遣劳动者同工同酬。要创新劳动用工管理和服务方式，制定出台电子劳动合同指引，规范和推广电子劳动合同应用，促进企业提升劳动用工管理效能。

（二）深化国有企业工资分配制度改革。

国有企业工资分配制度改革是国有企业改革的重要内容，是深化收入分配制度改革的重要任务。要切实履行政治责任，坚定改革信心，不折不扣落实落地。要持续巩固改革成果，指导督促有关部门和企业全面落实改革要求，继续开展国有企业工资内外收入监督检查。要围绕国企改革三年行动确定的任务，细化工作举措，强化责任落实，促进国有企业科技创新，增强企业活力。要按照“市场化选聘、契约化管理、差异化薪酬、市场化退出”

的原则，规范开展职业经理人薪酬制度改革。

（三）强化企业工资宏观指导服务。

共同富裕是社会主义的本质要求，是人民群众的共同期盼。要注重统筹，稳慎做好最低工资标准评估工作和2021年度最低工资标准调整工作。要强化激励，落实好《技能人才薪酬分配指引》，把这项工作作为加强技能人才队伍建设的重要举措，作为工资宏观调控的重要任务，强化技能价值激励导向，创新宏观调控指导方式。要增强数据服务功能，切实提升企业薪酬调查数据质量，加强数据开发，让数据更好服务社会、服务政府决策。

（四）深化和谐劳动关系综合配套改革试点工作。

今年是深化构建和谐劳动关系综合配套改革试点的收官之年。要加快工作进度和经验总结，进一步巩固成果，对标对表试点目标任务，确保改革试点任务按期完成。要坚持示范引领，组织开展改革试点工作评估，切实推出一批可复制可推广的经验，在全国推广。要继续推进特殊工时管理改革试点。

（五）坚决防范化解劳动关系风险隐患。

防风险、守底线是做好劳动关系工作的最基本要求。要强化日常动态监测和矛盾纠纷排查预防，完善劳动关系情况报告制度、形势分析制度等，进一步发挥劳动争议形势动态监测和预警等机制作用，及时发现和防范化解风险隐患。要加大劳动争议调解仲裁工作力度，依法及时处理有关案件。要加强劳动保障监察执法，依法查处和整治超时加班等违法行为，切实维护劳动者休息休假权等合法权益。

（六）推进劳动关系法治建设。

劳动关系法治建设是中国特色社会主义法治体系的重要内容，要推动研究完善劳动保障法律制度。要完善劳动争议多元处理机制，细化仲裁监督制度，强化办案指导监督，推动建立裁审信息比对机制。要全面贯彻《保障农民工工资支付条例》，加大行政执法与刑事司法相衔接和信用惩戒力度，严厉惩处欠薪违法行为。

（七）全面实施劳动关系“和谐同行”能力提升行动计划。

要进一步明确年度目标任务和工作措施，加强工作调度，及时跟进工作进展，推动各项子计划实施。要加强联动，推动协调劳动关系三方按照任务分工，立足职能，发挥各方优势，协同发力，全力推进行动计划实施。要以点带面，发挥培育达标企业的示范和辐射作用，推进和谐劳动关系创建活动深入开展。要示范引领，大力宣传实施成效和先进典型。以打造金牌劳动关系协调员、协调劳动关系社会组织、劳动人事争议调解组织为抓手，全面加强劳动关系基层基础建设。

同志们，今年是实施“十四五”规划、开启全面建设社会主义现代化国家新征程的第一年，也是建党100周年，做好今年的各项工作意义特别重大。让我们更加紧密地团结在以习近平同志核心的党中央周围，进一步增强责任感、使命感、紧迫感，坚定信心，开拓进取，圆满完成各项任务，切实维护劳动关系和谐稳定，为开启全面建设社会主义现代化国家新征程做出新的更大贡献，以优异成绩庆祝建党100周年。

改革创新　砥砺奋进
全力推动调解仲裁工作高质量发展

——在全国劳动人事争议调解仲裁工作座谈会上的讲话

王少峰

（2021年7月23日）

这次会议的主要任务是，深入学习贯彻习近平总书记在庆祝中国共产党成立100周年大会上的重要讲话精神，深入贯彻落实党的十九大和十九届二中、三中、四中、五中全会以及全国“两会”精神，按照人力资源和社会保障事业发展“十四五”规划要求，总结“十三五”时期劳动人事争议调解仲裁工作成效，交流经验，分析形势，明确“十四五”时期主要任务，部署当前及今后一个时期重点工作。下面，我讲四点意见。

一、认真总结“十三五”时期调解仲裁工作成效

五年来，全国各级调解仲裁机构以习近平新时代中国特色社会主义思想为指导，深入贯彻落实党中央、国务院决策部署，完善制度、创新机制、提升能力、夯实基础，着力推进调解仲裁工作规范化、标准化、专业化和信息化建设，调解成功率超过60%，仲裁结案率超过90%，仲裁终结率由2015年的53.1%提高到2020年的70.5%，在维护社会公平正义、提高就业质量、促进劳动关系和谐、推进基层社会治理创新、维护社会稳定中发挥了应有作用。

一是争议多元处理格局进一步健全。会同有关部门印发完善争议多元处理机制意见，建立党委领导、政府主导、政法协调、人社部门牵头、各有关部门和单位发挥职能作用的争议多元处理机制和工作格局。会同最高人民法院推进裁审衔接机制建设，加强受理、保全、执行等程序衔接；联合发布典型指导案例，统一法律适用标准。各地人社部门、人民法院普遍建立联动工作平台，裁审衔接机制基本达到全面覆盖，当事人维护权益渠道更加顺畅。会同司法、财政部门加强调解仲裁法律援助，积极帮助更多困难劳动者依法维权。

二是调解仲裁制度机制进一步完善。以劳动争议调解仲裁法为主干，规章政策和地方性法规规章相配套的法律政策体系逐步完善。修订仲裁办案规则，细化终局裁决规定，终局裁决率由2015年的18.7%提高到2020年的40.9%；优化简易处理、集体劳动人事争议处理等办案程序，推广要素式办案经验。修订仲裁组织规则，切实发挥仲裁委员会办案主体作用，加强仲裁院基本建设和仲裁员管理，落实仲裁监督规定，仲裁机构队伍建设进一步规

范。浙江、山东出台关于调解仲裁工作的地方性法规，广东出台政府规章。京津冀、长三角、粤港澳大湾区等建立健全区域争议处理交流协作机制，劳动者跨地区权益维护更加便利。实施“互联网+调解仲裁”2020 行动计划，开发推广全国“互联网+调解”服务平台，开展“互联网+仲裁”在线庭审试点，“不见面”处理模式逐步推开。

三是重点领域案件处理进一步加强。会同多部门开展“护薪”行动，组织“百日清案”攻坚，着力健全拖欠农民工工资争议处理长效机制，切实维护农民工劳动报酬权益。会同工会、企业代表组织做好重点地区去产能职工安置和“僵尸企业”出清引发的集体劳动争议，稳慎处理重大争议，守住了争议处理过程中不发生系统性风险的底线。采取超常规措施加强涉疫情争议处理，推动案件快立、快调、快审、快结，按照“调解仲裁不停摆、公平正义不止步”的要求，及时维护劳动者权益，促进企业复工复产。

四是机构队伍能力建设进一步强化。建立健全基层调解网络，开展企业、商（协）会、乡镇（街道）预防调解示范工作，已建立乡镇（街道）劳动就业社会保障服务所（中心）调解组织近 4 万家。仲裁机构实体化建设基本完成，建立仲裁院 3 097 个，仲裁员 2.3 万人，其中专职 1.4 万人。持续开展分级分类培训，创新开展远程培训，部级层面直接培训调解员、仲裁员、法官 2 万余人。调解仲裁行风建设成效明显，34 家调解仲裁机构和 24 名工作人员被评为 2019 年度全国人社系统优质服务窗口和先进个人。

“十三五”时期，我们不断探索调解仲裁工作规律，深入总结工作经验，主要体现在以下五个方面。一是坚持牢牢把握正确政治方向。以习近平新时代中国特色社会主义思想为指导，践行以人民为中心的发展思想，充分发挥调解仲裁在促进就业、落实社会保障权益、构建和谐劳动关系中的重要作用。二是坚持统筹促进企业发展与保障劳动者权益。树立全局观念和辩证思维，既把握劳动关系双方根本利益的一致性，又协调处理好个案中双方诉求的差异性，平衡好企业与劳动者利益关系。三是坚持改革创新聚力破解难题。坚持问题导向、目标导向和效果导向相统一，着力破解长期困扰基层的裁审衔接不畅等难题，不断完善多调联动、简易程序等调解仲裁制度。四是坚持调解与仲裁同步推进。将调解与仲裁作为车之两轮、鸟之两翼，加强调裁联动、调裁结合，最大限度地将案件终结在调解仲裁阶段。五是坚持人社部门牵头与多部门协同。充分发挥人社部门在制定规则、指导办案、统筹协调等方面的职能职责，积极会同有关部门推动建立各负其责、齐抓共管、互动有力、运转高效的联动机制，形成争议处理合力。

五年来的工作成绩来之不易，经验弥足珍贵。这些成绩的取得，根本在于以习近平同志为核心的党中央的坚强领导，在于习近平新时代中国特色社会主义思想的科学指引，是各级党委、政府高度重视和各有关部门鼎力支持的结果，也是全国调解仲裁工作战线的同志们知重负重、勇于担当、攻坚克难、顽强拼搏的结果。在此，我代表部党组向各有关部门和全国调解仲裁工作战线的同志们表示衷心的感谢，致以崇高的敬意！

二、准确把握“十四五”时期调解仲裁工作形势和主要任务

习近平总书记“七一”重要讲话，立足我们党百年华诞的重大时刻和“两个一百年”历史交汇的关键节点，回望光辉历史，擘画光明未来，以豪迈的自信、激昂的壮志，庄严宣告实现了第一个百年奋斗目标、全面建成小康社会，郑重宣示坚持和发展新时代中国特色社会主义、向全面建设社会主义现代化强国第二个百年奋斗目标奋进的坚定决心，深刻阐述以史为鉴、开创未来的根本要求，为奋进新时代、走好新征程进一步指明了前进方向，提供了根本遵循，是新时代中国共产党人不忘初心、牢记使命的政治宣言，是我们党团结带领

人民以史为鉴、开创未来的行动指南。我们要把学习“七一”重要讲话作为重大政治任务，把思想和行动统一到讲话精神上来，把学习讲话精神的成果转化为推动调解仲裁工作的精神动力、具体行动和实际成效。

（一）认清“十四五”时期调解仲裁工作形势。

国家“十四五”规划和2035年远景目标纲要明确要求完善劳动争议调解仲裁制度。人力资源和社会保障事业发展“十四五”规划为推进调解仲裁事业发展制定了“路线图”。要深入贯彻落实党中央、国务院决策部署，认真落实部党组要求，科学精准把握形势变化，切实增强工作的前瞻性、整体性和系统性，推动“十四五”时期调解仲裁工作实现高质量发展。我国已转向高质量发展阶段，制度优势显著，治理效能提升，发展韧性强劲，就业和劳动关系形势总体稳定，为做好“十四五”时期调解仲裁工作奠定了坚实基础。但同时也要看到，劳动人事争议案件呈现总量居高不下与处理复杂程度不断加大并存的态势，调解仲裁工作面临的形势严峻复杂。一是我国经济稳定恢复的基础尚不牢固，新冠肺炎疫情一定程度改变了人们的生产生活方式，与产业结构调整、消费模式转变对就业、劳动关系的影响相互叠加，一些行业、企业生产经营还比较困难，劳动关系矛盾风险增加。二是我国劳动力供求出现较大变化，人工智能技术加速应用对就业的替代效应逐步显现，部分传统就业岗位加速消失，产业转型升级对劳动者技能提出更高要求，人才竞争加剧，规模裁员、转岗引发的矛盾风险增多，集体劳动争议易发多发趋势明显。三是新产业、新业态、新商业模式“三新”经济增加值占比增大，新就业形态劳动者群体不断扩大，权益保障问题日益凸显，相关争议处理中法律关系认定难、法律政策依据不足等问题亟待破解。四是新生代劳动者逐步成为劳动力市场的主力军，他们对劳动保障条件、工作待遇的要求更高，法治意识、争取自身权益的意愿更强，对于自身权益保障的期望值明显提高。与此同时，调解仲裁工作还存在一些困难和问题。调解仲裁制度优势有待充分发挥，仲裁办案三方机制落实不到位，部分地区机构队伍等基层基础建设相对薄弱，争议处理效能离治理体系和治理能力现代化要求还有较大差距等，这些都需要我们从政治上分析把握工作形势，坚持底线思维，发扬斗争精神，准确识变，科学应变，主动求变，在危机之中寻新机，于变局之中开新局。

（二）明确“十四五”时期调解仲裁工作的主要任务。

“十四五”时期，调解仲裁工作要坚持以习近平新时代中国特色社会主义思想为指导，深入学习贯彻习近平总书记“七一”重要讲话精神，坚决贯彻落实党中央、国务院决策部署，认真落实人力资源和社会保障事业发展“十四五”规划，立足新发展阶段、贯彻新发展理念、服务构建新发展格局，以彰显中国特色劳动人事争议处理制度优势为导向，以推动调解仲裁事业高质量发展为主题，以加强争议处理效能建设为主线，以提升多元处理机制运行质效为重点，依法高效处理争议案件，进一步提高调解成功率、仲裁终结率、裁审一致率，切实提升调解仲裁工作规范化、标准化、专业化、智能化水平，不断强化调解仲裁的基础性作用、前置作用和保障作用，进一步促进就业质量提升与劳动关系和谐稳定。

（三）强化“十四五”时期调解仲裁工作的主要举措。

紧紧围绕工作主题主线，采取更加有力的措施，推动各项工作提质量，上水平。一要切实提升调解仲裁工作规范化水平。加强劳动人事争议调解仲裁法律政策体系建设，出台第二批调解仲裁制度范本。制定加强协商调解政策，协调有关部门加强对用人单位争议源头预防指导，推动用人单位提高自主预防解决争议能力。完善仲裁办案制度，细化仲裁监督制度，制定履行集体合同争议处理规则。加大仲裁办案指导力度，建立健全案例发布、案件评查、分歧解决等机制，统一法律政策适用标准，规范自由裁量权。二要切实提升调解仲裁工作标准化水平。研究制定乡镇（街道）调解组织和仲裁院建设标准。推进仲裁工作标准化建设，发布仲裁术语国家标准，统一仲裁案由、裁决书制作规范和评查标准，简化优化仲裁文书。建立仲裁办案管理和评价机制，制定专职仲裁员人均办案数量、办案质效评价和办案人员绩效考核标准。加强调解、仲裁与诉讼衔接机制建设，制定裁审程序衔接和法律适用指导意见，下发典型案例，规范裁审受理范围和法律适用标准，逐步实现受理范围一致化、审理标准统一化、工作机制长效化。三要切实提升调解仲裁工作专业化水平。加强调解仲裁机构建设，推进县（市、区）实体化调解中心建设，进一步提升仲裁院基本建设质量。大力发展专兼职调解员队伍，鼓励和支持律师、专家学者等社会力量参与调解工作，建立调解员名册制度。探索实行仲裁员分级分类管理，建立健全职业保障机制。组织开发调解员、仲裁员能力提升平台，建立争议处理类案检索、数字课程等数据库。创新培训方式，加强远程培训，编写培训教材。大力加强行风建设，进一步优化服务流程、创新服务方式、提高服务标准，适时举办全国调解仲裁系统练兵比武，打造政治强、业务精、作风正、纪律严的调解仲裁队伍。四要切实提升调解仲裁工作智能化水平。加速推进“互联网+调解仲裁”，制定调解仲裁在线服务规则。完善办案系统功能，健全审限提醒、重大争议监测报告、案件评查及核查处理等功能。搭建仲裁与诉讼信息共享平台，逐步实现案件信息数据实时互通、电子案卷在线查阅、疑难复杂问题在线交流等功能。大力推进数字仲裁庭、智能仲裁院建设，降低案件处理成本，提升服务群众便利度。

三、扎实做好当前和今后一个时期调解仲裁重点工作

完成“十四五”规划明确的目标任务，起好步开好局十分关键。当前和今后一个时期，要着力在抓好以下重点工作上持续用力，取得实效。

（一）强化调解组织作用，促进争议就地就近化解。

要指导各类调解组织以我部印发的调解基本制度范本为基础，完善调解案件登记、调解工作记录、督促履行调解协议、档案管理、统计报告等制度。组织开展金牌调解组织的培育选树工作，强化示范效应。要发挥劳动争议调解在基层社会矛盾纠纷多元预防调处化解综合机制中的职能作用，鼓励和支持调解组织积极参与“一站式”社会矛盾纠纷调处中心建设，支持在人民法院诉讼服务中心设立调解工作室，为当事人解决争议提供集约式权益保障服务。要加强劳动人事争议调解与人民调解、行政调解、专业性行业性调解、司法调解联动机制建设，在机制衔接、人员培训、信息共享等方面进一步加强协调配合，取得更实效果。要紧紧依靠当地党委、政府，强化属地化解责任和机制，健全集体劳动人事争议应急调解制度，及时将风险化解在当地，努力消除在萌芽阶段。加大人社部门指导协调力度，严格落实重大争议报告制度，总结推广重大争议处置经验，及时核查并妥善处理负面舆情事件，回应社会关切，防范化解重大风险。

（二）落实仲裁制度机制，提升案件处理质效。

要健全仲裁委员会工作规则，落实三方办案机制，明确仲裁委员会主任、仲裁院院长、庭室负责人职责，规范受理、组庭、回避、中止和延期审理、结案等程序，保证仲裁委员会依法独立公正行使仲裁权。要落实仲裁办案规则要求，敢用善用仲裁调解、终局裁决、简易处理相关规定，依法实现更多争议“案结事了”，进一步提高案件处理效率。要加强类案研究指导，会同人民法院建立裁审信息比对机制，及时解决案件处理中的疑难复杂问题，制定发布类案指导口径，保证类案同裁，提高仲裁工作公信力。要分类推进仲裁监督工作，仲裁委员会要规范常规抽查、专项检查、重点核查等措施，加强对办案流程的日常监督。要建立健全问题案件核查处理机制，对信访、舆情等渠道反映的问题线索认真核查处理，保障案件处理效果。将正风肃纪反腐与争议处理效能建设贯通起来，不断提高工作人员知纪、明纪、畏纪、守纪的自觉性，坚决守住依法办案和廉洁自律底线。

（三）完善预防措施，加强矛盾源头治理。

要加强普法宣传，利用短视频、直播、动画等群众喜闻乐见的方式，将政策解读与以案释法相结合、正面引导与风险提示相结合，引导劳动者和用人单位自觉守法、遇事找法、解决问题靠法。要落实企业劳动争议协商调解规定要求，切实发挥企业劳动争议调解委员会参与研究涉及劳动者重大利益方案、协调处理劳动关系履行问题等作用，推动企业完善协商规则，建立内部申诉和协商回应制度。要健全监测预警机制，及时分析争议形势变化情况，重点关注案件量大的地区和行业，全面梳理排查争议风险点，及时解决苗头性、倾向性问题，坚决防止“小事拖大、大事拖炸”。要加强争议隐患协同治理，完善与劳动关系、劳动保障监察机构信息共享、协调联动，综合发挥职能作用，共同加强劳动用工指导，履行好“抓前端、治未病”的预防职能。

（四）强化基础建设，增强公共服务能力。

要强化乡镇（街道）劳动就业社会保障服务所（中心）调解组织基本建设，推动解决人员、办案场所和经费等问题。加大与有关部门协调力度，按照有关规定推进符合条件的事业单位性质仲裁院纳入参公管理。要持续加强调解仲裁队伍建设，推进分级分类培训，开展常态化、多样化练兵比武，不断提升调解仲裁工作人员运用法律政策解决实际问题的能力，提升权益保障服务水平。积极争取相关部门支持配合，落实仲裁员职业保障措施，进一步增强荣誉感和归属感。要建立调解仲裁与促进就业服务联动机制，在处理争议的同时，协调就业、职业能力建设等机构为有需求的当事人提供失业登记、职业介绍、技能培训等就业服务，做好就业帮扶工作。要充分运用信息化手段，打造以调解服务平台为总入口，视频、电话、微信等调解方式相结合的在线调解服务新模式。在更多有条件的地区开展在线受理、在线送达、在线庭审等在线仲裁服务。打造“阳光仲裁”品牌，让案件公开审理成为“法治公开课”。

四、全面把握抓好工作落实的基本要求

当前和今后一个时期调解仲裁工作的目标任务已经明确，下一步关键是要狠抓落实、抓好落实，推动调解仲裁事业高质量发展。

（一）要提高政治站位抓落实。

旗帜鲜明讲政治，不断提高政治能力，是推动调解仲裁事业高质量发展的前提和基础。要以习近平新时代中国特色社会主义思想武装头脑、指导实践、推动工作，把学习贯彻习近平总书记“七一”重要讲话精神作为理论武装的重中之重，自觉做党的创新理论的坚定信仰者、忠实实践者。要把旗帜鲜明讲政治的要求贯彻落实到调解仲裁工作的全过程各方面，增强“四个意识”、坚定“四个自信”、做到“两个维护”。要强化调解仲裁工作政治属性，充分发挥其在防控重大社会风险、全面推进依法治国、加强社会治理创新、维护社会公平正义等方面的职能作用。要深化党史学习教育，开展好“我为群众办实事”实践活动，深入推进千名青年仲裁员志愿者联系万家企业活动，切实解决好群众的“急难愁盼”问题。

（二）要强化法治思维抓落实。

深入学习贯彻习近平法治思想，落实全面推进依法治国部署，是推动调解仲裁事业高质量发展的内在需要和必然要求。要把维护社会公平正义作为核心价值追求，坚持程序公正与实体公正并重，努力让人民群众在每一起争议案件处理中感受到公平正义。要正确适用法律政策规定，坚持以事实为依据、以法律为准绳，严格遵守程序和审限要求，平等维护当事人合法权益。要推动“法、理、情”有机融合，积极将社会主义核心价值观融入争议处理的释法说理中，以法为据、以理服人、以情感人，实现政治效果、法律效果和社会效果相统一。

（三）要增强创新意识抓落实。

深化改革创新，是推动调解仲裁事业高质量发展的动力和源泉。要坚持守正创新，将创新作为推动工作的重要方法，强化求解思维，针对影响调解仲裁事业发展的体制机制障碍，采取切实可行的改革措施，以重点工作的改革创新带动整体工作提质增效。要坚持试点先行探路，积极发挥试点的示范、突破、带动作用。要结合深化构建和谐劳动关系综合配套改革试点和社会主义建设示范区、自贸港（区）、共同富裕示范区建设，推进调解仲裁制度机制创新工作。要加强对新情况新问题的研究，深入研究新就业形态争议处理，促进平台企业依法履行用工主体责任，更好保障新就业形态劳动者权益。要尊重基层的首创精神，推广地方在实践中创造的可复制、能推广的新鲜经验，成熟的及时上升为政策措施。

（四）要加强协调联动抓落实。

协调多个部门齐抓共管、凝聚工作合力化解争议纠纷，是推动调解仲裁事业高质量发展的重要方法和保障。要切实发挥仲裁委员会成员单位作用，共同加强制度建设、研究重要问题、开展仲裁监督、指导协调处理重大争议，参与案件评查及核查处理。要加强与人民法院、公安、信访、网信等部门在处理重大争议等方面的协调配合，增强工作的整体性和耦合性，提升综合处理效能。

同志们，迈入全面建设社会主义现代化国家新征程，调解仲裁工作使命光荣，责任重大。让我们更加紧密地团结在以习近平同志为核心的党中央周围，不忘初心，牢记使命，勇于担当，奋力开拓，求真务实，扎实工作，为完成人力资源和社会保障事业发展“十四五”规划目标任务，实现人民对美好生活的向往，实现中华民族伟大复兴的中国梦而不懈奋斗，做出新的更大贡献！

加快数字化转型 构建人社信息化发展新格局

——在全国人力资源社会保障网络安全和信息化工作座谈会上的讲话

游 钧

（2021年6月17日）

这次全国网络安全和信息化工作座谈会的主要任务是，以习近平新时代中国特色社会主义思想为指导，全面贯彻党的十九大和十九届历次全会精神，落实全国人力资源社会保障工作会议要求，总结“十三五”时期人社信息化工作，分析形势，明确“十四五”时期的工作思路，部署当前及今后一个时期的重点任务。

一、围绕中心，服务大局，“十三五”人社信息化飞跃发展

“十三五”是我国信息化快速发展的时期，平台经济、共享经济蓬勃发展，大数据、云计算、人工智能等新技术加速应用，线上线下快速融合。“十三五”也是人社领域深化改革、人社工作提质增效的重要时期，就业创业、社会保障、人才人事、劳动关系等各个领域协同推进，群众的满意度大幅提升。各级人社部门紧紧围绕人社事业发展中心工作，以金保二期、“互联网+人社”行动、人社信息化便民服务创新提升行动等骨干工程为重点，全力推进信息化建设和应用，有力支撑和引领了人社事业创新发展。

（一）突出实效，全力保障人社各项改革任务和政策举措落实落地。

各地按照全国统一规划，全力推动信息系统集中整合，实现对人社主体业务的全覆盖。

——在就业创业领域，助力破解妨碍劳动力、人才社会性流动的体制机制障碍，为实现比较充分和更高质量就业提供支撑。一是聚焦基础能力。各地进一步建立健全了集中统一的就业管理服务信息系统，强化实名制管理，为各项就业创业政策的落地提供有力支持；构建了失业登记全国统一入口，建立了失业人员信息动态汇集机制，进一步提升就业管理精准化水平和监测决策能力；推进流动人员档案管理信息化建设，进一步畅通人员流动渠道。二是聚焦重点难点。着眼离校未就业高校毕业生、农村贫困劳动力等重点群体，借助信息化实现精准识别、精准定位、精准帮扶；围绕化解过剩产能、“长江禁捕”等重点任务，信息化积极跟进，助力解决人员安置难题。三是聚焦模式创新。依托电子社保卡推出职业培训券，推动“机构找人”向“人选培训”转变，助力

职业能力提升行动。

——在社会保障领域，着眼建立更加公平更可持续的社会保障制度，全力提供信息化保障。一是助力制度完善。社会保险信息系统普遍实现省级集中，为城镇企业职工养老保险、工伤保险省级统筹提供了有力支撑，也为养老保险全国统筹奠定了坚实基础；建设机关事业单位养老保险信息系统，确保“机关保”改革在全国全面实施。二是助力政策落地。建设全民参保登记系统，支持全民参保登记计划，精准推进重点群体参保；构建失业保险金申领全国统一入口，助力失业保险扩围攻坚和各项稳岗政策的落地实施；构建社会保险关系转移、远程待遇资格认证等一系列全国性跨地区信息化平台，开辟顺畅便捷的社保关系跨地区、跨制度转移通道。三是助力风险防控。健全政策、经办、信息、监督“四位一体”的风险防控机制，利用大数据开展风险筛查，取得了很好的成效。建成全国集中的特殊工种数据库、跨地区比对查询系统，初步构建了全国联动的经办服务模式。

——在人才人事领域和劳动关系领域，信息化也发挥着越来越重要的支撑作用。纳入金保二期的相关统一软件陆续开发完成进入推广阶段。其中，全国统一的技工院校管理服务平台已上线运行，有力提升了技工院校管理服务水平。各地积极推进“智慧监察”，借助信息化健全农民工工资保障机制，多方发挥信息化成效。

（二）以民为本，着力打造“一卡通”“一网通”人社服务品牌。

为民服务的意识持续深化，人社信息化从“便我”向“便民”转变，社保卡、12333等服务品牌日益深入人心，人社政务服务平台、社保公共服务平台、掌上12333、“就业在线”等“新”品牌被越来越多的群众所认可和信赖。

一是内外并重，推进社保卡线上线下“一卡通”。“十三五”以来，社保卡的发行应用进入快车道。截至2020年底，全国持卡人数13.35亿人，覆盖95%的人口。2018年4月，人社部在首届“数字中国”展会上签发了第一张电子社保卡，目前累计签发超过5.37亿张，上线40余项全国服务和大批属地服务。社保卡线上线下“一卡通”应用向民生领域快速延伸，多个省份以社保卡为载体推进政府公共服务“一卡通”，12个省可以持卡进图书馆，16个省实现用卡乘公交等。去年，国务院7部门联合发文加强惠民惠农补贴资金“一卡通”管理，各地积极落实，在以社保卡为载体发放补贴资金上取得较为显著的应用成效。

二是服务至上，推进全国人社服务“一网通办”。全力推进“互联网+人社”行动计划，聚焦基础能力提升、管理服务创新和社会协作发展，目前，48个行动主题多数已经落地实施。落实“放管服”改革和系统行风建设要求，借助信息化手段，优化服务流程，创新服务模式，推广“综合柜员制”“最多跑一次”，全面支持“人社服务快办行动”，有效助力“打包办”“提速办”“简便办”，实现线下服务向线上线下融合转变。目前，网上办事已经成为占主导地位的经办服务模式。积极推进全国人社政务服务平台、国家社会保险公共服务平台、全国社保卡服务平台等全国性线上服务平台建设，开通了失业登记、失业保险金和失业补助金申领、专业技术人员资格证书查询核验、待遇资格认证、社保关系转移等全国性服务，累计访问量达到数十亿人次，初步形成全国“一网通办”服务模式。落实国务院“跨省通办”决策部署，聚焦异地业务办理的痛点难点，推动跨地区业务协同，初步建成协同共享、同省通办、多地联办的业务发展格局。推出“就业在线”平台，打通了求职登记、信息核验、招聘录用全流程，成为招聘市场上包容各家、优势突出的旗舰级国家队。目前，全国29个省份共121家人力资源服务机构已入驻“就业在线”平台，累计发布600余万岗位信息，超过1 200万求职者注册使用，页面访问量超过6 000万次。“就业在线”

受到招聘企业、求职人员和人力资源服务机构各方的普遍欢迎。

（三）练好内功，努力夯实人社信息化数据基础和技术基础。

一是数据驱动，探索建立数据治理体系。“十三五”期间，人社数据快速集中，多源碰撞，规模基本覆盖全量人口。目前，联网监测数据库覆盖就业、养老保险、失业保险、工伤保险等方面的业务信息。建成部省两级社保卡持卡人员基础信息库，全国持卡人以基础信息实现了“一数一源”，并与全国各级系统完成对接，实现基础信息统一管理。人社大数据的应用价值愈发显现。事前政策分析方面，开展了失业补助金测算、养老保险全国统筹等分析，辅助政策制定；事中数据核验方面，利用人社信用评价体系支撑创业担保贷款，利用社保比对查询系统支持重复领取待遇等风险防控，利用社保待遇资格认证系统实现了“无形认证”；事后监测监管方面，反哺政策优化，为人力资源流动监测与分析、违规一次性补缴、重复领取待遇、死亡人员待遇冒领、劳动关系综合预警等业务监管提供数据支持。与教育、公安、民政、卫健、扶贫等部门实现信息共享，支持精准扶贫、证明事项告知承诺制、优化营商环境等工作。制定了人社信息共享、数据安全管理等一系列制度和规范，并开展了检查和交流，有效规范了信息使用和共享管理。

二是打好基础，进一步增强信息化保障支撑能力。网络运行基础环境全面优化，完成部级电子政务网络建设和安全检测，以及部省业务专网广域网改造，提升了网络承载能力。信息安全体系全面加强，制定并印发了多项人社行业网络和数据安全标准规范。建立健全行业网络安全监测预警机制，积极参加各类网络安全活动，检验全行业网络安全事件应对能力，提高安全防护和应急响应处理能力。全系统信息化队伍素质全面提升，五年来组织了“互联网+人社”、社会保障卡建设应用等多期培训班；连续举办全国人社信息化创新应用展，促进了各地的沟通交流。

五年来，各级人社信息化工作坚持以人民为中心，做了大量卓有成效的探索，创造了很多鲜活的经验。

浙江率先开展“最多跑一次”，通过业务流程优化再造和信息系统协同联动，实现了“一窗受理、集成服务、一次办结”；海南实施《海南省社会保障卡一卡通服务管理条例》，实现了社会保障卡制度领域的突破创新；安徽积极推动“居民服务一卡通”应用，打造了一批示范样板；山西将电子社保卡职业培训券作为省政府重点工作全省统筹推进，助力构建人人持证的技能社会；山东由人社部门牵头，会同住建、交通、水利等部门，全省统一建设农民工工资支付监管平台，有力支持了治欠保支工作的有序开展；上海推出“惠企点单办”平台，覆盖就业、创业、培训等多个领域的就业惠企政策，方便企业一站式、自助式申请和办理；广西南宁建立“内部融通、外部联通、上下贯通”大集中智慧人社系统，创新推动“一码通城”“即申秒办”“免申即办”等服务模式；江苏举全省之力，打造省集中的人社一体化信息平台，全部人社业务基于统一的技术支撑体系实时办理，实现了各业务之间的联动协同，形成“一网通办、全省同办、就近可办、异地能办”的便民服务新模式。在支撑各项业务工作发展中，人社信息化的平台支撑能力、系统保障能力、数据运用能力、服务触达能力等都有了质的提升。在总结前期工作和各地经验基础上，2020 年部里重点启动了人社信息化便民服务创新提升行动，推进“全数据共享、全流程上网、全业务进卡”，纳入 2020 年工作计划的 56 项数据共享服务、37 项“一网通办”服务、42 项“一卡通”应用任务已经按期完成。2021 年的工作正在全面推进。

2020 年初，面对突如其来的新冠肺炎疫情，人社部门主动担当，积极作为，打出“减免缓降”“失业保险扩围”等一系列政策组合拳，全力稳就业，保民生。然而，在人员流动受阻，大厅服务受限的情况下，正常工作秩序受到影响，如何将这些政策“及时雨”“雪中炭”送到企业和群众身边，是全系统上下面对的难题。答案唯有“信息化”。实践证明，正因为有了良好的信息化基础和技术储备，各级人社部门短期内迅速聚集技术资源，紧急迎战，而不是仓促应战。借助信息系统和数据资源，快速评估遭受的影响，做到心中有数；开通点对点信息对接平台，助力返岗复工；开辟线上“不见面”服务模式，打通了政策落地“最后一公里”。部里依托全国人社政务服务平台、国家社会保险公共服务平台、全国社保卡服务平台开通失业登记、失业保险金和失业补助金申领、在线调解、电子社保卡疫情服务专区等线上服务。各地也借助网厅、手机 App、公众号、小程序等线上渠道，快速将人社服务“搬”到线上，成为疫情期间人社部门服务群众最重要的通道。各地 12333 创新服务方式，通过居家远程接听、在线智能客服等手段，提升应急保障能力，近 300 个地市疫情防控期间电话人工服务没有中断，真正实现了“民有所呼，我有所应”。在疫情最为严重的武汉，12333 克服困难，坚持“7×8”不间断人工电话服务，被部里评为“全国人社系统先进集体”。2020 年全国 12333 年来电量超过亿次，成为人社公共服务领域的“铿锵玫瑰”。可以说，信息化在人社系统应对疫情冲击、助力“六稳”“六保”中，发挥了重要支撑作用。

二、立足当前，放眼长远，准确把握人社信息化面临的新形势

“十四五”时期是我国向第二个百年奋斗目标进军的第一个五年。人社信息化工作要胸怀全局，立足新起点，顺应新形势，把握新要求，深自砥砺，笃定前行。

（一）准确把握人社事业改革发展赋予信息化工作的新任务新使命。

当前，我国正处于重要的人口转变期，就业形态也日趋多样化，统筹全社会的人力资源，促进劳动力的优化配置和合理流动，对社会经济发展具有重要意义。社会保险需要统筹地方和中央，政府、用人单位和参保人等多方面的关系，加强政策评估和精细化管理，严控风险。劳动关系领域需要进一步拓宽和畅通问题发现和反馈渠道，加强劳动关系形势分析研判和风险监测预警，保障劳动者的合法权益。这些工作，都需要信息化提供强有力的支撑，不仅涉及信息系统在业务功能上扩展，还要在系统架构上做出创新性安排；不仅要做到“本地方便”，还要做到“异地能办”。正在建设的企业职工基本养老保险全国统筹系统，探索以中台管控为抓手，形成全国标准统一、数据实时同步、部省两级联动、风险有效管控的系统布局和全新的协同工作模式。下一步，为做好对灵活就业、新业态从业人员的管理服务和统计分析，需要建立全国集中的系统，对接各平台企业和各地经办机构，实现参保、待遇给付的管理。这些，都要求信息化部门不断加强业务和技术学习，重系统功能实现更重能力提升，提高工作预见性，发挥好信息化服务、保障、引领三个层面的作用。

（二）准确把握人民群众的新诉求新期盼。

为广大群众提供高质量的公共服务，是人社信息化工作的出发点和归宿。同时，“寓管理于服务”也是一种重要的工作方法。近年来，国家出台一系列文件，以“互联网+政务服务”推动“放管服”改革。立足新的起点，人民群众对公共服务有着更高的期待。一是要更便捷。从一门办，到一窗办；从网上办，到掌上办；从就近办，到随地办；从“打包办”，到“一次成”；从“提速办”，到“马上办”；从区域内通办，到省内通办，再到跨省通办。人民群众日益增长的诉求，需要我们在信息上有更广泛的共享，在业务上有更广泛的协作，在服务上有更多样的渠道。二是要更智能。“政策找人”“静默认证”“智能推荐”，这些主动的、个性化的服务，已经成为深受广大群众喜爱的服务模式。需要我们充分利用人社大数据优势，预判、预感、识别民生诉求，提供精准化、场景化服务，形成智慧化的人社治理模式。三是要更有温度。要坚持传统服务与智能化服务并行，特别是针对老年、重病、行动不便等特殊人群，要有特殊的关照，在“春风化雨”中实现我们的服务目标。

（三）准确把握信息技术迅猛发展和数字化转型背景下人社信息化的新趋势新特征。

加强数字社会、数字政府建设，提升公共服务、社会治理等数字化智能化水平是大势所趋。人社系统要适应社会数字化转型的大趋势，将数字人社建设放在更突出的位置，让数据与业务更紧密地融合，更加充分地发挥人社大数据的成效，形成用数据决策、用数据监管、用数据服务的良性机制，使数据从支撑业务工作的手段，成为业务工作中不可或缺的要素。要以新技术赋能人社工作，关键是要找准技术与业务的结合点。例如，5G、人工智能的应用将使线上公共服务走向场景化、个性化，区块链将给劳动关系、电子证照等领域跨部门、跨地区协作带来更多便利，云计算、大数据技术将使人社大数据应用的潜力转化为真正的实力。要让新技术应用成为优化全系统治理的实现方式，推动人社工作在创新发展中迈上新的台阶。

面对新的形势和任务，我们要清楚地认识到，信息化工作与人社事业改革发展的新要求相比，与人民群众的新期待相比，与数字化转型的新目标相比，还有一定的距离。

一是发展不平衡的问题亟待破解。分板块看，部分业务领域信息化基础相对较好，成效更加突出，但仍有部分领域发展相对滞后，制约了信息化效用的整体发挥。分地区看，走在前列的省份，已经进入各业务板块一体化建设向数字化、智能化迈进的阶段，而相对滞后的省份，还存在业务覆盖面和系统功能上的不足，在补历史欠账。

二是应用不充分的问题比较突出。尽管建立了比较完备的信息系统，积累了大量的数据资源，但其应用价值还没有充分发挥出来。一些地区习惯传统的、人工驱动的管理方式，对信息化背景下数据共享、业务协同、跨层级跨部门联动的管理服务模式，在思想上缺乏认同，在行动上缺乏主动，没有真正建立起基于信息化管理的工作机制。对于部里建设的全国性平台、向地方开放的数据服务接口，一些地区没有主动接入和应用，效果打折扣。

三是分散建设的问题有所抬头。经过系统上下多年的共同努力，分散建设的问题已基本解决，但随着地方信息化组织管理方式和机构设置的调整，又有重新抬头的迹象。导致信息化建设缺乏统筹、各业务各自为战的现象在部分地区重新有所显现。

四是网络安全的短板尚待补长。安全是信息化、数字化的生命线。“十三五”期间，人社系统也曾发生过一些网络安全事件，尽管及时处置，有效限定了影响范围，但也给我们敲响了警钟，暴露出我们在技术防护、制度建设和应急响应等方面的短板和不足。近年来在部里对地方网络安全检查、攻防演练中，也发现了一些普遍存在的安全隐患，应引起我们的重视和反思，并全力去整改和弥补。

三、创新引领，开拓新局，迈好新征程“第一步”

经过多年的信息化建设，人社信息化以核心业务应用软件开发为中心的阶段性建设目标已基本实现，将进入以提高韧性、增强灵活性、注重可扩展性为特征的新阶段。面对新的形势，“十四五”期间，人社信息化工作要坚守为民初心，以服务便民为宗旨，以数字化转型为驱动，紧紧围绕人社改革发展中心工作，构建以“一卡通”为立足点，以“大平台、大数据、大服务、大安全”为着力点的一体四翼发展格局。一是以“一卡通”为抓手，引领数字化发展，推动社会赋能。到“十四五”末，社保卡持卡人数达到14亿人以上，其中电子社保卡覆盖2/3人口，形成人社内外“一卡通”双循环、实体电子双促进的发展态势。二是以“大平台”为支撑，打牢数字化基础，夯实服务根基。推进人社系统基础软硬件支撑平台资源“云化”拓展，为人社业务持续发展提供方便易用的充足“算力”，构建全国互通、横纵协同的服务支撑体系。三是以“大数据”为驱动，挖掘数字化潜能，创新工作模式。完善数字经办，推广数字服务，实施数字决策，强化数字监管，实现人社工作全链条数字化变革。四是以“大服务”为目标，应用数字化成果，提升服务效能。推进线上线下多渠道融合，形成以精准服务、智能服务、主动服务为特征的人社政务服务新格局。五是以“大安全”为保障，做好数字化防护，筑牢防控围墙，构建适应数字化时代的网络安全防护体系。

今年是“十四五”开局之年，还将迎来中国共产党百年华诞，做好今年的工作有特殊重要的意义，要落实好以下重点任务。

（一）构建社保卡发展新格局。

去年在扎实推进长三角一体化发展座谈会上，习近平总书记指出，要探索以社会保障卡为载体建立居民服务“一卡通”，在交通出行、旅游观光、文化体验等方面率先实现“同城待遇”。总书记的讲话，是对我们的巨大鼓舞和鞭策。我们要深入学习贯彻，肩负起推进居民服务“一卡通”的职责使命。一要做好人社“全业务用卡”，打牢“一卡通”底座。“打铁还需自身硬”，人社“一卡通”是居民服务“一卡通”的第一步，也是最为重要的一步，今年年底务必全面完成人社领域各项业务用卡的地域、人群全覆盖，实现人社业务“一卡办”。同时，长三角地区及其他具备条件的地区要从便利群众的大局出发，以积极开放的合作态度，推进与政府相关部门的沟通协作，加快落地实施居民服务“一卡通”。二要做好“跨省通办”服务，织牢“一卡通”保障。居民服务“一卡通”是跨业务、跨地域、跨部门的社保卡全方位“通用”，实现了“通用”就必须加速“通办”，保证群众随时随地有卡可用。社保卡服务“跨省通办”是国务院向群众承诺今年必须完成的任务，各地一定要高度重视，按照部里的统一部署，按时保质完成接入，为群众提供良好的服务体验。三要做好“基础工作”，筑牢“一卡通”根基。一方面要持续做好实体社保卡的发放和电子社保卡的签发，继续保持持卡人数这个“制高点”；另一方面要强化社保卡全流程全周期管理，特别要管好“一头一尾”，对尚未发放到人的卡规范保管，对已死亡人员的卡及时注销回收，保证社保卡能够快速、安全地发到群众手中。四要做好“创新探索”，把牢“一卡通”方向。社保卡已经成为居民身份证外社会管理领域的第一大卡，接近人口全覆盖，这就更需要我们充分考虑各方需求，成为大家可以信赖、值得依靠的民生必需品，共同推进“一卡通”，持续提升便民服务能力。以电子社保卡为载体的职业培训券是一个新生事物，创新了职业培训的业务理念和模式，也极大提升了职业培训的信息化应用水平。各地要结合职业技能提升行动、便民服务创新提升行动要求，加快职业培训券的全面推广。今年电子社保卡还被纳入了“数字中国”评估指标中，用于对各地信息化发展情况的评估，我们要借此机会推动有关工作。

（二）推进养老保险全国统筹系统建设。

养老保险全国统筹工作，既是制度层面的重大创新，也是技术层面的深层次突破，既涉及中央与地方权责划分、基金收支和经办管理等方面的重大变革，也涉及全国性平台建立、中台化技术全国应用、全国业务数据实时汇聚、部省经办联动和协同等。养老保险全国统筹信息系统按照“大管控”的思路开展建设，其核心理念是通过中台的技术手段，实现对经办管理的全面支撑和业务风险的全面管控。今后各地在业务办理过程中，能够基于全国数据及时获得风险提示，各地的办理结果也会实时同步到部里。这是一种新的工作模式，是治理体系和治理能力在人社领域的创新实践，实现了业务的联网经办和统筹管理。各地要充分认识到养老保险全国统筹工作的重要意义和部里推进全国统一信息“大集中”系统的决心和信心。抓紧时间、扎实推进，按照部里统一要求做好本地系统改造、历史数据整理、部省联调对接等工作，全力保障改革任务在年底前实施到位。

（三）强化信息化支持业务风险防范。

部里部署了社保基金管理风险排查的专项工作，并要求各地从养老基金扩展到各项社保基金，再扩展到就业资金、培训专项资金。信息系统是社保基金风险的探测器，是最重要的安全屏障。各地要按照部里会议部署，梳理社保基金管理中的风险漏洞，实现风险防控措施进规程、进系统，强化内部防范，让“外贼”不敢伸手，“内鬼”不能违规。一是进一步完善各地经办信息系统。各地要全面梳理完善经办系统，严格落实不相容岗位设置等要求，切实做到“三个全面取消”，确保待遇发放数据“离库不离线、中途不落地”，在资金发放环节“不能”违规。加强稽核内控功能建设，针对“大额发放、待遇补发、高风险业务审批”等风险点，研究提出系统管控功能性要求，切实加强对高风险业务的事中监控预警。在业务系统中全面推进电子社保卡扫码登录或工作人员数字证书登录应用，防范人岗不匹配、盗用冒用权限等带来的业务风险。二是深化大数据分析应用，加强数据共享与核查。完善社保经办信息系统与在部级部署的社保信息比对查询系统、社保卡持卡人员基础库、特殊工种人员信息库等全国系统的对接机制，加强与公安、司法等部门的数据比对，强化事前比对、事中核对和事后核查应用力度。三是全面推进待遇进卡和信息服务。一方面推进人社各项补贴待遇全面使用社保卡发放，减少手工录入的工作差错和恶意篡改；另一方面通过短信、消息、查询等方式，加强补贴待遇发放向群众的动态提醒，加强社会监督。

（四）全面开展信息化便民服务创新提升行动。

部党组高度重视信息化便民服务创新提升行动，将其作为提升政务服务效能、解决群众堵点痛点和促进人社事业发展的重要抓手。信息化便民服务创新提升行动既是对金保工程、“互联网+人社”等工作成果的继承和发展，也是“十四五”开篇布局的重要举措，大部分信息化工作均要在行动中逐一落实。各地一是要准确把握信息化便民的工作理念。创新提升行动提出的“全数据共享、全服务上网、全业务用卡”，不仅是具体的任务清单，更是数字化发展理念在人社领域的生动实践。今后各地新建系统，也要坚持成效导向，以“三全”的标准规划设计，这个理念在“十四五”乃至更长远的时间内要“一以贯之”。二是要加快做好各项任务推动。创新提升行动任务涉及面广，新任务和硬任务较多，需要多个部门、多个层面通力合作，加快推进。特别是今年还有14项“一网通办”任务列入了国家“跨省通办”事项清单，要在年内实现，各部门、各地方要高度重视，抓紧完成业务需求梳理，逐项明确政策要求和线上办理流程，加快推进信息系统对接改造，确保按时高质完成任务。三是要切实发挥行动成效。虽然多数地区行动专班由信息化部门牵头，但行动成效的发挥离不开业务部门的支持和响应。各地要站在群众视角，持续优化完善业务流程，深化推动系统应用，最大限度地实现群众办事“减材料、减跑动、一卡通”。要结合行风明察暗访、厅局长走流程等活动持续开展成效量化评估和满意度调查，从人群、地域、业务量等多个维度综合考核评价，切实发挥行动实效。四是在创新提升行动实施过程中要充分考虑老年人等特殊群体在办事方面的困难。去年部里印发了《关于进一步优化人社公共服务　切实解决老年人运用智能技术困难的实施方案》，提出了5个方面20项具体任务，各地要认真贯彻落实，按时完成。要特别注意便民服务工作的宣传引导和舆情问题的及时响应处置，确保好事办好、好事办成。

（五）切实保障网络安全。

人社网络和系统承载了众多的民生重托，数据库中记载了十数亿公民的基本信息、就业信息、参保信息，一旦出现问题，后果不堪设想。今年我们将迎来建党100周年，冬奥会相关筹备工作也将在年内启动。在这一关键的时间节点，各地务必以高度的责任心和使命感，全力抓好网络安全工作。一是认真落实国家网络安全等级保护制度2.0各项要求，深入开展网络安全等级保护工作，全面提升网络安全保护能力。做好关键信息基础设施安全防护工作。二是完善网络安全监测预警和针对突发重大风险的应急响应机制，建立科学完备的网络安全预案，确保网络安全事件得到有效防范和妥善应对。部里将建设完成部级态势感知平台，并为各省市接入预留相应接口，为建设全国人社系统网络安全情报共享机制做好准备。三是统筹数据开发利用、隐私保护和数据安全，做好采集、使用、传输、存储、共享和销毁等数据全生命周期的安全把控。四是在全系统范围开展网络安全检查，不打招呼、不发通知、不定时间、不限路径，通过检查，检验和提升人社系统网络安全保障能力和防护水平，严防发生重大网络安全事件事故。

守正创新　继往开来
开创养老保险基金投资运营工作新局面

——在基本养老保险基金投资管理工作座谈会暨委托投资省份联席会议上的讲话

游　钧

（2021年9月23日）

2021年度基本养老保险基金投资管理工作座谈会暨委托投资省份联席会议是在全党上下深入开展党史学习教育、全国人民刚刚热烈庆祝中国共产党成立100周年这一特殊时期召开的，很及时，也很有意义。由于疫情原因，这次会议仍然采用线上线下相结合的方式召开。下面，我从三个方面，同大家做个交流。

一、充分肯定过去五年取得的成绩

过去五年，基本养老保险基金投资运营经历了从无到有、从起步到壮大的快速发展过程。五年来，各地人社部门、财政部门、社保基金会和相关市场管理机构坚持以习近平新时代中国特色社会主义思想为指导，按照党中央国务院的决策部署，聚精会神谋发展、促增长、提收益，毫不松懈防风险、强监管、保安全，高质量推动投资运营工作，为社保事业可持续度发展提供了有力支撑。

一是政策不断完善。2015年国务院印发《基本养老保险基金投资管理办法》（国发〔2015〕48号）后，为保证改革顺利推进，人社部、财政部先后出台一系列文件，就加快推动基本养老保险基金尤其是城乡居民基本养老保险基金委托投资工作谋篇布局，明确时间表和路线图，提出落实的具体要求。五年来，人社部、财政部、社保基金会通力合作，坚持问题导向，针对委托投资工作中出现的新情况新问题，不断细化完善合同签署、资金划拨、信息披露等工作流程，为养老基金委托投资运营规范健康发展提供了坚实的制度保障。

二是实现了全面覆盖。2016年底，广西、北京、河南、云南、湖北、上海、陕西作为首批委托省份，率先与社保基金会签订基本养老保险基金委托投资合同。之后，其他省份也陆续跟进。截至去年底，全国31个省份和新疆兵团全面启动基本养老保险基金委托投资工作。这项工作从启动到全覆盖只用了3年时间，非常不容易，是一项了不起的成绩。与此同时，基金委托规模也快速增长。2016年末，委托合同金额仅0.37万亿元，到2020年末，达到了1.24万亿元，实际到账金额达到1.05万亿元，双双突破万亿元大关，委托规模较2016年末翻了两番。

三是投资收益屡创佳绩。过去五年对资本

市场而言极不平凡，国际政治形势更加多变，宏观经济运行挑战增多，受疫情等多种因素叠加影响，外部环境更趋复杂严峻，金融投资领域风险事件频发。面对困难和考验，社保基金会和各市场管理机构坚定信心、保持定力，抓住机会、提前布局，取得了优异的投资业绩，体现了卓越的投资能力和应有的责任担当！2020年，养老基金投资收益额1 135.77亿元，投资收益率10.95%。自投资运营以来，基金累计投资收益额近2 000亿元，年均投资收益率6.89%，较好地实现了价值增值目标，为制度的可持续发展提供了有力支撑。

这些成绩，是在国际形势日益严峻、经济下行压力加大、新冠肺炎疫情对经济社会发展带来巨大影响的情况下取得的，实属不易。根本在于以习近平同志为核心的党中央的坚强领导，在于中国特色社会主义制度的巨大优势，在于各级党委、政府的高度重视，在于各级人社财政部门的通力协作，在于社保基金会、各市场管理机构的积极履职。在此，我代表人社部党组，向大家表示崇高的敬意和衷心的感谢！

二、准确把握工作定位和发展方向

今年是建党100周年，全党正在开展党史学习教育，学史明理、学史增信，努力从百年党史这一“富矿”中汲取营养和力量；学史崇德、学史力行，进一步推动中华民族伟大复兴的历史进程。学党史不仅要全面系统学，还要结合实际学。基本养老基金投资运营五年来，从无到有，由点及面，规模不断扩大，收益不断提升，兜底民生的作用不断增强，可以说，这是我们党全面建设中国特色社会主义现代化事业的一个小小缩影。总结回顾这一段工作所取得的成绩和经验，其目的也在于进一步“明理、增信、崇德、力行”，推动新时代养老基金投资运营工作取得新突破、实现新发展。

（一）要始终牢记基本养老保险基金投资运营的初心和使命。

习近平总书记指出，社会保障是保障和改善民生、维护社会公平、增进人民福祉的基本制度保障，是促进经济社会发展、实现广大人民群众共享改革发展成果的重要制度安排，是治国安邦的大问题，要促进我国社会保障事业高质量发展、可持续发展。社保基金是社会保险的生命线，基金的安全完整和可持续，直接关系社会保障事业高质量可持续发展，关系广大人民群众的切身利益和社会的和谐稳定。因此，我们必须始终牢记兜底民生和促进社会保障事业高质量可持续发展的初心和使命，守护好、发展好老百姓的“养命钱”，努力实现广大人民群众共享改革发展成果。

一是坚持人民至上。要强化宗旨意识，把实现基金安全和保值增值、保障参保人员晚年生活质量作为投资运营工作的出发点和落脚点，出台的每一项政策、实施的每一项改革、开展的每一项工作，都要坚持用这把尺子去衡量，对标对表，及时纠偏扶正。

二是坚持量力而行。要坚持新发展理念，根据我国经济社会发展状况和养老保险制度总体安排确定投资运营工作的目标和定位，把握好规模与结构、速度与质量、安全与收益的关系，做到既尽力而为，又量力而行。

三是坚持全局观念。要始终坚持围绕中心、服务大局，坚持养老基金投资政策的统一性和规范性，增强制度的刚性约束，做到“全国一盘棋”，步调一致、协同高效推进落实。谋划工作要多打大算盘、算大账，主动把地区和部门的工作融入党和国家事业发展的大棋局，做到既为一域争光，更为全局添彩。

（二）要更加坚定基本养老保险基金投资运营的方向和道路。

习近平总书记指出，党的十八大以来，党中央把社会保障体系建设摆上更加突出的位置，对我国社会保障体系建设作出顶层设计，推动我国社会保障体系建设进入快车道……这为人民创造美好生活奠定了坚实基础，为打赢脱贫攻坚战提供了坚强支撑，为如期全面建成小康社会、实现第一个百年奋斗目标提供了有利条件。其中，作为社会保障制度的物质基础，基本养老保险基金的投资运营充分发挥了“做大蛋糕”的功能，为社会保障体系建设做出了重大贡献。这五年来的成功实践，使我们有理由更加坚定基本养老保险基金投资运营的方向和道路。

一是要坚持以稳为先、稳中求进的总基调。严格遵循审慎投资这个原则，顺势而为，谋定而后动，进一步筑牢合规风险意识，建立和完善全流程全链条风险控制体系，努力维护基金安全。

二是要坚持长期投资、价值投资的基本策略。推进供给侧结构性改革，把握好投资产品的“加法”和“减法”，克服基金短期化投资行为，以基金保值增值、稳幅增值、长期增值激发投资内生动力，引导投资内在需求。

三是要坚持统筹规划、分步实施的工作方法。把近期、中期和远期目标统筹起来研究和部署，全力稳住投资基本盘，努力开发新的增长点，定好盘子、理清路子、开对方子，实现基金投资覆盖面稳步扩大，投资规模持续提升。今年是“十四五”开局之年，我们把城乡居民基本养老保险基金委托投资工作常态化规范化列入了人社事业发展“十四五”规划，并提出了“十四五”期末合同规模不少于4 000亿元的目标任务。各地要在系统总结过去五年取得的成绩和经验的基础上，认真做好“十四五”时期的谋篇布局，安排好当前和今后一个时期的重点任务，一步一个脚印抓好落实。

（三）要不断强化基本养老保险基金投资运营的纪律和监管。

习近平总书记指出，要依法健全社会保障基金监管体系，以零容忍的态度严厉打击欺诈骗保、套保或挪用贪占各类社会保障基金的违法行为，守护好人民群众的每一分养老钱、保命钱和每一笔救助款、慈善款。坚决贯彻落实习近平总书记的指示，就是我们坚决做到“两个维护”的具体体现，就是我们立政德、守大德的具体体现，就是我们始终把纪律和规矩挺在前面的具体体现。

一是要持续强化不敢腐的震慑。发扬斗争精神，增强斗争本领，精准有力严惩贪污贿赂、滥用职权等职务违法和职务犯罪，发现一起查处一起，一查到底，决不姑息。

二是要不断扎牢不能腐的笼子。建立风险防控长效机制，把权力关进制度的笼子，切实解决“牛栏关猫”问题，充分运用大数据、区块链等新的技术手段，实现全网留痕、全程监控，防范利益输送风险。

三是要逐步构筑不想腐的堤坝。加强工作人员思想政治建设，增强使命感责任感，树立家国情怀、勇担社会责任，履行信义义务、坚守契约精神，不断强化纪律意识、规矩意识、红线意识，真正做到有所为有所不为。近年来，社保领域出现了一些欺诈骗保的大案要案，严重损害了人民群众的切身利益，影响极坏。养老基金投资工作要引以为戒、警钟长鸣，深刻认识中央集中开展基金委托投资对基金安全的意义和作用，进一步增强加大委托投资工作力度的思想自觉和行动自觉。

（四）要积极应对基本养老保险基金投资运营的风险和挑战。

习近平总书记指出，要增强风险意识，研判未来我国人口老龄化、人均预期寿命提升、受教育年限增加、劳动力结构变化等发展趋势，提高工作预见性和主动性。今年以来，国内外环境依然复杂严峻，全球疫情仍在持续，国内经济恢复还不均衡，市场主体特别是中小微企业和个体工商户仍面临不少困难，就业压力依然较大。在社保领域，随着我国城镇化、人口老龄化加快，劳动力流动频繁、地区间发展差异，省际基金结构矛盾突出。我们要按照习近平总书记“在危机中育新机、于变局中开新局”的指示，积极应对风险和挑战。

一是要临危不乱、处变不惊。充分认识虽然全球疫情仍在持续演变，外部环境更趋严峻复杂，但国内经济持续恢复、稳中加固、稳中向好的发展态势没有改变，保持政治定力，坚定制度自信，按照既定方针稳步前进。

二是要危中寻机、化危为机。充分认识疫情防控常态化下产业结构加速调整的挑战和机遇，根据以国内大循环为主体、国内国际双循环相互促进的新发展格局，深入了解疫情催生和推动的新产业新业态，深挖养老基金投资潜力，丰富符合基金定位和发展趋势的投资产品，增强投资管理的预见性和主动性。

三是要科学应变、主动求变。充分认识养老保险制度改革全面推进，尤其是全国统筹制度实施对基金投资运营工作带来的新变化、提出的新要求，统筹考虑基金的流动性、安全性和增值需要，从结余存放、投资方式、投资期限等方面进一步完善制度机制，在确保养老金按时足额发放的基础上，实现基金增值目标。

三、努力开创养老基金投资运营工作新局面

未来五年，是养老基金投资运营第二个五年委托期。今年 2 月，习近平总书记在中共中央政治局第二十八次集体学习时的重要讲话，系统总结了我国社会保障体系建设的成功经验，为完善覆盖全民的社会保障体系，促进社会保障事业高质量发展可持续发展明确了前进方向、提供了根本遵循，具有重大而深远的意义。我们要认真领会习近平总书记的重要讲话精神，坚持以习近平新时代中国特色社会主义思想为指导，以“十四五”规划中“促进基本养老保险基金长期平衡”为落脚点，从维护国家长治久安和促进人民共同富裕的高度，切实增强责任感和使命感，推动养老基金投资运营工作再上新台阶。

（一）进一步规范地方养老基金运营管理。

第一，要建立委托投资常态化机制。从今年开始，我们将“城乡居民养老基金每年新增结余至少 80%用于委托投资”作为一项硬性指标，每年对各地落实情况进行考核。各地人社部门要增强责任感和紧迫感，与财政部门加强沟通、主动作为，抓紧出台基金归集办法，加快推进基金省级管理，采取有效措施，层层夯实责任，逐年压茬落实，推动城乡居民养老基金委托投资常态化规范化。

第二，要提升基金管理精细化水平。2020 年以来，受疫情和减免缓社保费政策影响，企业职工养老基金累计结余规模出现了明显缩水。一方面，基金收支压力越来越大，实现基金长期平衡的任务越来越艰巨，另一方面，资金的使用效率和保值增值能力还存在明显不足。疫情期间，不少省份都提出调回养老基金委托资金或做实个人账户中央财政补助资金，但对于调回的时间、批次、规模却没有整体的规划和设计，对资金的使用也没有详细的测算和安排，缺乏统筹规划精打细算的意识。对此，人社部、财政部主动加强沟通、了解情况，社保基金会也做了大量耐心细致的工作，帮助地方细算账、算大账。很多地方权衡利弊后，没有再坚持调回资金。现在回头看，这样做不仅让委托资金免于因违约造成利息损失，而且获得了去年创纪录的年度投资收益回报。希望同志们能够从这个例子中获得启示，进一步加强基金精细化管理，以高度负责的态度管好、用好老百姓的每一分养老钱。

第三，要增强留存资金管理效率。前边提到了因社保基金管理漏洞而引发的违规案例，值得深思和重视。对于留存在地方的养老基金结余资金，希望同志们以案为戒，举一反三，防止违法违纪问题的发生。今年初，国家审计署上报的《关于 2020 年度社会保险基金审计报告》也指出了地方留存资金存在的一些问题。希望各地高度重视，进一步增强责任意识、担当意识和规矩意识，采取有力措施加快提高基金管理层级，提升留存资金中长期存款比例，落实财政专户优惠利率政策，避免在高风险中小金融机构开展存款业务。同时，认真梳理潜在风险，完善防控预案，加强基金监管，斩断资金管理中的利益输送，确保养老基金安全。

（二）提升养老基金受托服务质量。

刚才，各地参会代表都对社保基金会五年来的受托工作给予了高度肯定，也对下一步工

作提出了建议。希望社保基金会能够再接再厉，在“十四五”期间做好自身转型发展的同时，继续为养老基金委托省份提供优质的受托服务。

第一，要提升服务能力。未来五年，首批委托投资合同将陆续到期。由于各地经济发展和财政状况不同，委托资金到期后的处置方案也会有很多差异化需求。希望社保基金会能够进一步增强服务意识、改进工作方式、加强力量配备、提高服务水平，与地方共同做好第二轮养老基金委托投资续（签）约工作。

第二，要科学考核评价。2017 年，社保基金会选取了 21 家投资管理机构负责管理运营养老基金。五年来，各家机构在总体上取得良好收益的同时，也逐渐体现出一定的规模差异和业绩差异。希望社保基金会进一步完善考核评价和激励机制，科学公正地对各家投资管理机构进行合同期考评，稳慎应对行业诉求和社会关注，推动形成良好的市场秩序和行业生态。

第三，要加强前瞻研究。养老基金投资运营以来，投资收益率实现了稳步增长，社保基金会的受托管理能力得到广泛肯定。但也存在一些需要进一步研究破解的问题，比如，委托合同配套措施尚不完善，吸引地方短期资金的委托方案还未出台，基金投资收益与委托省份预期仍存在差距等问题，还需要深入研究提出一揽子解决措施，等等。希望社保基金会进一步增强战略意识、宏观思维，充分发挥专业优势、技术优势，锐意进取、深钻细研，积极为养老基金投资运营实现跨越式发展出谋划策、贡献力量。

（三）完善投资运营监管机制。

五年来，养老基金投资运营在取得成绩积累经验的同时，在发展环境、政策体系、制度设计、工作创新等方面还存在一些矛盾、困难和问题，如投资规模占比仍然不高，投资范围需要尽快调整，监管手段还比较单一，人才储备、创新能力等方面依然不足，与社保领域其他改革任务的整体性、协同性还需要增强等等。作为监管部门，人社部、财政部要进一步坚守好监管的主责主业，加强工作指导，持续推动扩大委托投资规模。可以一个省一个省的谈，关键是解决思想认识问题，切实找到“堵点”和“痛点”，打通制度落实的“最后一公里”。要进一步完善养老基金投资监管制度体系，制定出台信息报告和信息披露办法，完善合同备案、现场检查、绩效考核等监管机制，深化养老保障基金投资运营监管系统应用，努力提升监管效能。要加强与有关方面的信息共享和政策协同，主动与市场沟通交流，着力构建有利于养老基金投资运营高质量发展的良好生态环境。

同志们，推动养老基金投资运营高质量发展，是我们全行业共同的使命责任和愿景目标。新时代呼唤新担当、新使命呼唤新作为。我们要坚定信心、开拓进取，一年一个目标、一步一个脚印，扎实推进基本养老保险基金投资运营实现新发展、迈上新台阶，在社保制度可持续发展中发挥更大作用，彰显更大担当！

开拓创新　奋发有为
推动人力资源流动管理工作高质量发展

——在全国人力资源流动管理工作电视电话会上的讲话

李　忠

（2021年6月1日）

这次全国人力资源流动管理工作电视电话会的主要任务是，贯彻落实全国人社工作会议精神，总结2020年和“十三五”时期人力资源流动管理工作，交流经验，分析形势，部署任务。下面，我讲三点意见。

一、充分肯定人力资源流动管理工作取得的显著成效

2020年是极不平凡的一年。面对突如其来的新冠肺炎疫情，全国人力资源流动管理战线坚决贯彻党中央、国务院决策部署，以高度的政治责任感和使命感，立足职能职责，围绕中心、服务大局，迎难而上、勠力奋战，推动各项工作取得扎实成效，展现了过硬作风和良好风貌。

一是聚力战疫战贫大局积极担当作为。全力防疫情，湖北等地组织人力资源服务机构火线驰援火神山、雷神山医院和方舱医院建设，第一时间输送急需紧缺的劳动队伍。全国5.5万名“三支一扶”人员特别是5 700多名支医人员逆行奋战在基层和社区抗疫最前线，涌现出一大批先进典型和感人事迹。全力促就业，举办国聘行动、高校毕业生就业服务周、百日千万网络招聘国家级产业园专场等各类招聘活动，开展“点对点、一站式”人力资源服务，为高校毕业生、农民工等重点群体建好供需对接桥，打通返岗复工路。全力助脱贫，发动各类人力资源服务机构组织劳务输出，帮助75.6万名贫困劳动力实现转移就业。“三支一扶”计划全面助力脱贫攻坚，中央财政补助名额从2.7万名增加到3.2万名。“三区三州”和52个未摘帽贫困县全部由中央财政保障。在中央财政支出普遍大幅压减、各级政府带头过“紧日子”的背景下，取得这些成绩难能可贵、实属不易。

二是人力资源市场管理不断加强。人力资源市场法制建设提速扩容，颁布实施《网络招聘服务管理规定》，北京、江西、湖北、重庆等地出台了地方人力资源市场法规。“放管服”改革持续深化，在全国推开人力资源服务许可告知承诺制，有效激发了市场活力。全年新增人力资源服务机构6 216家，为近五年新增数量之最。事中事后监管有序有力，持续开展清理整顿人力资源市场秩序专项执法行动，重点整治劳务市场乱象，查处违法案件2 800余件，有力保障了劳动者权益。对外开放水平全面提升，取消人力资源服务业外资准入限制，全球大型人力资源服务公司都已在我国设立分支机构，年营业收入超千亿元。

三是人力资源服务业蓬勃发展。行业规模持续增长，截至2020年底，已有各类人力资源服务机构4.58万家，从业人员84.33万人，年营业收入2.03万亿元，同比分别增长了15.71%、24.97%、3.94%。行业地位日益提升，人力资源服务业已被列入国家“十四五”规划纲要、国家产业结构调整指导目录。浙江、江西、广东、四川等地将其列入省委省政府重点产业布局。22个省份出台了扶持发展政策。人力资源服务业首次亮相中国国际服务贸易交易会，向世界集中展示了行业风采，成为我国现代服务业发展的亮丽名片。行业集聚效应显现，新增石家庄、沈阳、济南3家国家级人力资源服务产业园，总数达到22家。入园企业超3 500家，年营业收入2 700亿元，出现了不少“亿元楼”“百亿园”。建成一大批有特色、有发展的省、市级产业园，成为当地创新驱动发展的新高地。行业作用不断增强，大数据、人工智能等新兴信息技术广泛应用，管理咨询、高级人才寻访等高附加值业态迅速发展，推动行业向价值链中高端优化升级。全年共为2.9亿人次提供求职和流动服务，为4 983万家次用人单位提供了专业服务，取得了良好的社会效益、人才效益和经济效益。

四是引导鼓励高校毕业生到基层工作创新推动。首次开展“最美基层高校毕业生”学习宣传活动，会同中宣部从全国几百万基层高校毕业生中，遴选10名“最美基层高校毕业生”，宣传扎根基层的最美典型，讲好基层成才的最美故事。“三支一扶”计划扎实推进，以第三轮“三支一扶”计划总结评估为契机，各地进一步创新工作机制，加大服务保障力度，打通期满流转渠道，全年新选派3.9万名“三支一扶”人员，第三轮计划圆满收官。基层项目统筹工作不断深化，各地各有关部门齐抓共管，创新统筹实施机制，协同推进教师特岗计划、西部计划等基层服务项目，为农业农村改革发展提供了人才保障。

五是人才流动服务体系更加健全。流动人员人事档案服务效能显著提升，信息化建设步伐加快，行风建设深入推进，服务流程不断简化优化，主动公开机构信息和办事指南，便民化水平不断提高。区域人才交流合作不断创新，围绕雄安新区、长三角、粤港澳大湾区等国家区域发展战略，创新部省联动编制发布急需紧缺人才目录工作，有效促进人才流动与区域发展精准匹配、协同推进。市场服务体系更加完善，人力资源市场建设援助计划深入实施，覆盖西部和东北地区16个省份，成为市场协调发展的助推器。14个省份和城市开展了人力资源市场供求信息监测分析，为就业形势分析和决策提供了有力支撑。

六是调配工作规范化科学化水平显著提升。国家重大专项支持计划精准实施，面向脱贫攻坚、航空航天、新冠疫苗研发、冬奥会筹备、“卡脖子”技术攻关、南水北调工程建设等重大项目，通过“绿色通道”高效配置高精尖缺骨干人才。内蒙古、湖南等地创新调配政策，为地方经济发展提供了有力人才支撑。干部人才援派工作扎实推进，积极配合组织部门做好第十批援疆干部人才选派工作，全国共选派援疆干部人才4 000余人。各地扎实开展干部人才对口援派帮扶，为新疆、西藏、青海等地社会稳定和经济发展做出贡献。流动调配制度体系逐步完善，制定实施人员调配和接收高校毕业生办法，出台配套细则。很多省份建立科学规范的调配制度，推动流程再造和服务优化，受到服务对象好评。

2020年人力资源流动管理工作扎实完成，实现了“十三五”目标任务圆满收官。五年来，各级人力资源流动管理部门紧紧围绕就业优先战略和人才强国战略，做了大量卓有成效的工作。

我们深入学习领会党和国家机构改革赋予的职责使命，开创了人力资源流动管理工作新格局。2018年12月，从人力资源市场司更名为人力资源流动管理司，进一步形成了市场管理、行业发展、基层流动、人才服务、人员调配“五位一体”的流动管理工作新格局，在更高水平上拓展了工作领域、丰富了工作内涵。各地坚持全国一盘棋，普遍设立了职能对应的行政处室，建立起上下贯通、衔接有序的流动管理工作体系。

我们努力推进中央全面深化改革急需立法项目，取得了人力资源领域立法新突破。2018年6月29日，国务院公布《人力资源市场暂行条例》，这是改革开放以来我国人力资源要素市场领域第一部行政法规，标志着人力资源市场法制建设进入新阶段，具有重要里程碑意义。目前，8个省份已出台地方条例，11个省份启动了立法程序。以条例为统领，以配套规章和地方法规为支撑的市场法规体系基本形成。

我们全面落实党的十九大部署的重点任务，探索了人才顺畅有序流动新机制。制定实施《关于充分发挥市场作用促进人才顺畅有序流动的意见》，这是近年来首个人才流动配置的改革性文件，很多地方出台了实施办法或配套措施。按照国务院“放管服”改革要求，将流动人员人事档案管理服务纳入基本公共服务，结束了30余年的档案服务收费历史，系统上下克服困难，做到工作不停顿、服务不降低。五年依托档案提供了2.3亿人次服务。围绕国家重大战略，支持17个省份编制23个急需紧缺人才目录。国家重大专项支持计划为118家中央企事业单位配备1 141名业务骨干。

我们全力完成中央重大改革任务，开创了高校毕业生到基层服务和就业新局面。2017年1月，中办、国办印发《关于进一步引导和鼓励高校毕业生到基层工作的意见》。五年来，中央财政累计投入62亿元支持实施“三支一扶”计划，聚焦基层经济社会发展需要，选派15.5万名大学生到基层一线服务。各地出台相关配套政策，引导毕业生到基层工作的政策体系不断健全。

我们认真贯彻中央关于培育人力资本服务新动能重大部署，实现了人力资源服务业发展新跨越。五年来，人力资源服务业营业收入年均增长16.3%，累计举办招聘会119万场，培训劳动者7 868万人次，推荐高端人才744万人次，为11.5亿人次提供求职和流动服务。行业规模、实现就业数量、服务用人单位数量分别翻了一番。中智集团、北京外企、上海外服进入我国企业500强，7家领军企业在国内和全球资本市场上市，32家企业登陆新三板。

五年的接续奋斗，我们推动人力资源流动管理工作在大局下有为有位，为人社事业改革发展做出了积极贡献。这些成绩的取得，根本在于以习近平同志为核心的党中央坚强领导，在于习近平新时代中国特色社会主义思想的科学指引，得益于各地区各有关部门的大力支持，是全系统广大干部职工辛勤努力和无私奉献的结果。在此，我代表人社部党组，向各地区各有关部门表示衷心感谢，向全国人力资源流动管理战线的同志们致以崇高敬意！

二、深刻把握人力资源流动管理工作的新形势新要求

“十四五”时期，是开启全面建设社会主义现代化国家新征程的第一个五年。以习近平同志为核心的党中央作出了一系列重大战略部署，为做好新时期人力资源流动管理工作提供了根本遵循。我们要深刻认识肩负的重要使命，紧紧围绕“国之大者”，坚持问题导向，把握方向定位，推动事业发展。

（一）要深刻把握更加充分更高质量就业对促进市场化社会化就业的新要求。

就业是最大的民生工程、民心工程、根基工程。习近平总书记强调，要把就业摆在“六稳”“六保”之首，进一步强化就业优先政策，更好发挥市场在促进就业中的作用。李克强总理在今年政府工作报告中，要求运用就业专项补助等资金，支持各类劳动力市场、人才市场、零工市场建设。“十四五”规划和2035年远景目标纲要，明确提出健全统一规范的人力资源市场体系。这些重要指示和部

署，为我们做好工作指明了方向。

经过改革开放四十多年来的发展，人力资源流动配置实现了从“就业找市长”到“就业找市场”的根本性转变，人力资源市场逐步发展成为就业的主渠道，在促进就业创业方面发挥了越来越重要的作用。当前和今后一个时期，全球疫情、国际环境以及经济运行等多重因素叠加影响，就业形势依然严峻复杂。第七次人口普查显示，我国拥有14亿人口、8.8亿劳动力。就业总量压力仍然较大，结构性矛盾不断加深，“招人难”和“求职难”并存。在我们这样的人口大国，要实现充分就业，既要依靠市场的力量，又要更好发挥政府作用。我们要始终把促进就业作为流动管理工作的首要任务和重要使命，紧紧围绕促进市场化社会化就业，着重聚焦三个问题持续发力。

一是聚焦人力资源供需匹配不高效问题，着力发挥人力资源服务专业优势。人力资源供需匹配效率，直接关系充分就业水平。目前，供需信息不对称、人岗能力不适配等短板问题，还在明显制约匹配效率。人力资源服务业一头服务着劳动者，一头服务着用人单位，要坚持市场在人力资源配置中的决定性作用，发挥人力资源服务机构匹配供需、专业高效的独特优势，架好供给与需求精准对接的桥梁，推动人力资源配置效益最大化和效率最优化。

二是聚焦市场秩序不规范问题，着力提高人力资源市场治理能力。市场秩序是就业环境的重要基础，事关劳动者权益保护和就业稳定。近年来，人力资源市场日益活跃，市场主体数量屡创新高，与此同时，一些不规范、不诚信甚至违法违规现象时有发生。要坚持“严”“实”并重，运用物联网、大数据、区块链等现代技术，推进传统监管向智慧监管、数字化监管转变，查源治流、严管促改，加快解决违法成本低、维权成本高、监管难度大的问题。

三是聚焦市场发展不平衡不充分问题，着力推动人力资源市场协调发展。市场发展水平决定了市场化就业能力。总体上看，我国人力资源市场在城乡结构、区域结构方面，不平衡问题比较明显。城乡方面，农村人力资源市场基础比较薄弱，人力资源向农村和基层一线流动配置动力不足；区域方面，东中西部差距较大，特别是西部和东北16个省份，人力资源服务业规模仅占全国15%，只是东部地区的21%。要加大政策扶持和市场培育，统筹推进人才市场、劳动力市场和零工市场建设，加快东北、西部市场发展步伐，推动东部地区市场率先发展，深化人力资源服务领域东西部协作，提高人力资源市场整体发展水平。

（二）要深刻把握全面加强新时代人才队伍建设对促进人才顺畅有序流动提出的新要求。

习近平总书记指出，一个流动的中国，充满了繁荣发展的活力，强调深化人才发展体制机制改革是构筑中国人才制度优势、实现高质量发展的战略之举。中央关于深化人才发展体制机制改革、完善要素市场化配置体制机制等重大战略部署，都对促进人才流动作出专门要求。“十四五”规划和2035年远景目标纲要着眼创新驱动发展，提出全面实施人才强国战略，全方位培养、引进、用好人才，充分发挥人才第一资源的作用。今年，中央还将对全面加强新时代人才队伍建设作出战略部署，也将对促进人才流动提出新的更高要求。

人才流动往往伴随着技术、资金、信息等多种要素流动，蕴含着充沛的发展动力，是构建新发展格局的重要力量。总体上看，我国人才流动机制不断完善，市场化流动成为人才流动的主体和主流，有效激发了人才创新创造活力，为党和国家事业汇聚了发展力量。我们要紧紧围绕提高人才流动配置效率，着重聚焦三个问题持续发力。

一是聚焦人才流动不顺畅问题，着力深化流动配置体制机制改革。通畅的渠道是人才流动配置的重要前提。目前，在这方面还存在一些瓶颈和制约，比如身份问题、学历问题，以及在流动过程中的公平问题、保障问题等。要从职能职责出发，创新人才流动机制，破除妨碍人才流动的不利因素，畅通人才跨区域、跨部门、跨所有制流动渠道，在流动中激发人才创新创造活力。

二是聚焦人才配置不精准问题，着力提高政府人才流动宏观调控水平。精准配置是衡量人才流动质量的重要内容，也是发挥人才作用的重要支撑。提高人才配置精准化，要坚持市场导向、需求导向、人才导向，加强政府人才流动宏观调控，深化人才资源供给侧结构性改革，完善人才市场供求、价格和竞争机制，建设人才信息大数据平台，实现人才供求信息、薪酬信息、政策信息、培训信息互联互通，推进人力资源与实体经济、科技创新、现代金融协同发展。

三是聚焦人才流动服务不到位问题，着力构建一体化人才流动服务体系。流动服务是人才流动配置的润滑剂。要加强顶层设计和统筹规划，完善流动人员人事档案管理制度，加快建立一体化的人才流动公共服务体系，推动人力资源服务业高质量发展，大力发展猎头等高端人才服务，增强全球人才资源配置服务能力。

三、努力开创人力资源流动管理工作新局面

今年是中国共产党成立100周年，是我国现代化建设进程中具有特殊重要性的一年。做好今年和今后一个时期人力资源流动管理工作的总体要求是：以习近平新时代中国特色社会主义思想为指导，全面贯彻落实党的十九届五中全会精神，围绕实施就业优先战略、人才强国战略，以促进市场化社会化就业、促进人才顺畅有序流动为主线，建设高标准人力资源市场体系，推动人力资源服务业高质量发展，促进人才高效率流动配置，健全高水平人才流动服务体系，努力开创人力资源流动管理工作新局面。重点做好五个方面的工作。

（一）以劳务中介专项整治为重点，着力推进高标准人力资源市场体系建设。

开展劳务中介专项整治，营造良好市场环境，是建设高标准人力资源市场体系的必然要求。各地要进一步提高政治站位，切实承担起主体责任，一手抓整治整顿，一手抓制度建设，确保各项整治措施全面落实到位。同时，重点做好三项工作。

一是加快完善人力资源市场法规体系。贯彻实施好《网络招聘服务管理规定》，瞄准市场管理特别是网络招聘的关键领域、薄弱环节，加大执法力度，规范各类市场主体行为，切实保障劳动者合法权益。各地要结合实际加快地方性法规的立法进程，加快形成上下贯通的人力资源市场法规体系。

二是健全守信激励和失信惩戒机制。持续开展诚信服务主题创建活动，探索建立实施人力资源市场“黑名单”制度，加强信用分类监管，在全行业营造诚信服务的良好风尚。

三是健全人力资源市场服务体系。继续实施西部和东北地区人力资源市场建设援助计划，发展专业性、行业性人力资源市场。开展市场供求信息监测，及时准确掌握市场动态。

（二）以举办第一届全国人力资源服务业发展大会为契机，加快推动人力资源服务业高质量发展。

经部党组同意，拟于7月底在重庆举办第一届全国人力资源服务业发展大会。这是推动行业高质量发展的一件大事。这次大会内容丰富，既有成果展示、高层论坛、学术交流，也有对接洽谈、合作签约、行业竞赛。各地特别是重庆市已经做了大量工作，要继续精心筹备，确保大会顺利召开、取得实效。这次电视电话会后，部里将集中精力抓好发展大会的各项工作，重庆市已进入倒排工期、每日调度的工作状态。希望各地、各单位按照时间节点，抓紧抓实大会筹备。

一是创新完善政策体系。落实“十四五”规划关于推动人力资源服务创新发展的改革部署，部里正在会同发改、财政、商务等部门，研究制定推进新时代人力资源服务业高质量发展的政策措施。各地要进一步加大政策支持力度，优化政策环境。

二是全面推动行业高质量发展。以人力资

源服务业高质量发展行动为统领，实施五项行动计划："互联网+人力资源服务"计划，重点支持人力资源服务科技创新和信息化建设，全面提升行业数字化水平。骨干企业培育计划，重点培育50家左右龙头企业，以及若干专精特新单项冠军企业，构建高效协同的产业集群。领军人才培养计划，建立行业领军人才库和高端智库，开展专题研修培训和人力资源管理专业职称评审，打造行业人才梯队。集聚发展计划，突出产业特色和差异化定位，新建一批国家级产业园，鼓励有条件的地方建设省级、市级产业园。"一带一路"人力资源服务行动计划，建立"一带一路"人力资源服务供需对接机制，加快发展人力资源服务贸易，培育建设一批国家人力资源服务出口基地。

三是更好发挥行业作用。聚焦市场化就业和市场化引才，开展国聘行动、高校毕业生就业服务周等人力资源服务促就业行动。完善通过猎头机构开展市场化引才机制。开展人力资源服务业助力乡村振兴行动，为乡村人才振兴和劳务品牌建设添力。

（三）以实施第四轮"三支一扶"计划为抓手，深入推进引导高校毕业生到基层工作。

"三支一扶"计划是人社部门促进高校毕业生到基层就业的重要抓手和品牌工程，日前部里会同中组部等9部门启动了第四轮"三支一扶"计划。各地要以实施第四轮计划为抓手，不断创新政策措施，健全引导高校毕业生到基层工作的长效机制。

一是实施好"三支一扶"计划。新一轮计划立足服务实施乡村振兴战略，提出了一系列新的政策措施和工作要求。各地要按照统一部署，重点在"招、用、育、留"上下功夫。在招人上，要调整优化岗位结构，深入摸查基层需求，在原有岗位设置基础上，聚焦乡村规划、生态保护、社会管理等乡村振兴急需领域拓展服务岗位。招募计划向乡村振兴重点帮扶县、脱贫地区等倾斜。对招人难、留人难的艰苦边远地区适当降低报名条件。在用人上，要强化岗位实践锻炼，搭建工作平台，选派经验丰富人员进行传帮带。要充分发挥领导小组各成员单位的职能优势，选派优秀"三支一扶"人员兼任乡镇团委副书记、河（湖）长助理、林（场）长助理。要积极协调财政等部门，适时提高地方配套标准，完善工作生活补贴、社会保险、商业保险、考核奖励等政策，不断提升服务保障水平。在育人上，要以实施能力提升专项计划为抓手，健全培训培养体系，落实好乡村振兴等重点领域示范培训，积极开展专业性培训，统筹推进岗前、在岗和离岗前培训。要加强思想政治引领，定期开展走访、座谈、慰问等活动，加强关心关爱。在留人上，要落实机关事业单位定向考录和专项招聘，有条件的地方要积极探索期满考核合格直接聘用的办法，引导更多高校毕业生扎根基层。要强化就业创业服务，支持服务期满人员在基层多渠道就业创业。2021年中央财政招募计划和培训计划已在第四轮工作通知中一并下达，请各地按照时间节点要求，精心组织，扎实推进，确保全面完成目标任务。

二是持续开展"最美基层高校毕业生"学习宣传活动。今年，中宣部、人社部将面向全国遴选20名"最美基层高校毕业生"，并组织开展系列学习宣传活动。各地要按照统一部署，广泛动员、精心组织，推出一批响应党中央号召、投身基层一线担当奉献的先进典型。要创新宣传方式，用好用活新媒体，唱响"到基层去、到祖国最需要的地方去"的时代旋律。

二是健全高校毕业生到基层工作长效机制。更好发挥基层项目统筹办公室职责作用，进一步推动解决各项目人员政策、待遇不平衡等问题。支持各地积极探索基层项目统筹实施新模式，加快形成短期与长期相结合、服务与就业相衔接的政策体系。

（四）以构建全国一体化的流动人员人事档案管理服务体系为依托，提升人才流动公共服务水平。

流动人员人事档案在人才流动就业、职业转换过程中，发挥了重要作用。认真做好这项工作，就是为人民群众办实事。

一是完善流动人员人事档案政策体系。今年部里将会同有关部门制定《流动人员人事档案管理服务规定》，并配合中组部进一步明确与干部人事档案转递衔接的政策口径与清单。各地要及时修订地方规定，取消档案管理服务中的不合理限制，健全符合流动人员特点、与干部人事档案相衔接的流动人员人事档案管理制度。

二是加快流动人员人事档案信息化建设。按照既定的时间节点，加快推进省级集中系统建设。没有系统的要及时开展本地化工作，有系统的要及时调试，并做好档案基础信息数据采集工作，确保今年能够与全国档案平台成功对接。

三是切实提高档案管理服务水平。这项工作政策性、专业性强，社会关注度高，比较敏感，近年来因责任不落实、服务不到位等问题引发来信来访事件时有发生。各地务必高度重视，档案管理行政部门要履行好政策制定、监督管理和统筹抓总等职责。档案管理服务机构要严格落实免费服务和档案接收告知承诺制，不得强制要求提供转正定级表等非必需材料，进一步简化优化服务流程，尽最大限度方便群众办事创业。

四是编制发布国家级急需紧缺人才目录。今年将继续采取部省联动形式，编制发布雄安新区、粤港澳大湾区、海南自由贸易港、成渝双城经济圈 4 个急需紧缺人才目录。相关省份要抓紧制定方案，聚焦重点领域，科学编制人才目录。有条件的省份可结合实际，探索编制省级急需紧缺人才目录。

（五）以实施国家重大专项支持计划为引领，科学规范做好人员调配工作。

围绕党和国家中心工作配置人才，是调配工作的首要任务。今年要重点抓好以下工作。

一是实施好国家重大专项人员调配支持计划。部里将聚焦重大战略、重大工程、重大科技专项，实施国家重大专项支持计划和高校毕业生专项支持计划。各地要紧紧围绕当地党委政府中心大局，精准开展干部人才调配工作。

二是配合做好干部人才援派工作。各级流动管理工作部门要积极配合组织部门完善援派政策，认真做好干部人才援藏援疆援青工作，在人员选派、管理、服务各个环节中，积极主动，担当作为。

三是加强制度建设。要不断完善制度机制，规范工作流程，提升服务效能，进一步提高调配工作科学化规范化水平。

再过一个月，我们即将迎来中国共产党建党 100 周年。当前，正逢高校毕业生就业季，要稳妥有序做好各项工作。

一要提高政治站位，抓住“十四五”规划编制机遇，紧紧围绕就业优先战略和人才强国战略，深入研究思考，加强科学谋划，提高人力资源流动管理工作的系统性、整体性和协同性。

二要转变工作理念，突出市场化思维，用好现代技术手段，推动人力资源市场管理从“审批严、监管弱”转向“宽准入、严监管”。

三要着力改革创新，坚持问题导向、目标导向，聚焦人力资源流动管理重点领域和关键环节，积极探索政策创新、机制创新和服务创新。

四要加强行风建设，强化责任意识、服务意识，推进档案服务“打包办”“提速办”“简便办”，打造为民服务有制度、有速度、有温度的优质服务窗口。

五要增强风险意识，坚持底线思维，聚焦突出问题和薄弱环节，采取切实措施加强风险防控，坚决守住不发生系统性区域性风险的底线。

同志们，做好新时代人力资源流动管理工作责任重大、使命光荣。让我们以习近平新时代中国特色社会主义思想为指导，开拓创新，奋发有为，努力推动新时代人力资源流动管理工作高质量发展，以优异成绩庆祝建党 100 周年！

以实施全国统筹为契机
推动养老保险高质量可持续发展

——在贯彻落实企业职工基本养老保险全国统筹实施工作电视电话会议上的讲话

李　忠

（2021年12月23日）

这次贯彻落实企业职工基本养老保险全国统筹实施工作电视电话会议的主要任务是，以习近平新时代中国特色社会主义思想为指导，深入学习贯彻习近平总书记关于社会保障工作的系列重要讲话精神，贯彻落实党中央、国务院关于实现基本养老保险全国统筹的各项决策部署，按照国务院电视电话会议部署，以实施养老保险全国统筹为重点，统筹安排2022年养老保险工作。下面，我讲三点意见。

一、突出重点、狠抓落实，确保全国统筹顺利启动实施

实施养老保险全国统筹，是党中央、国务院作出的重大决策部署。12月8日，习近平总书记在中央经济工作会议上强调，要推进基本养老保险全国统筹。李克强总理也多次提出明确要求。12月16日，韩正副总理、胡春华副总理出席全国统筹实施工作电视电话会议并讲话，强调要突出重点任务，加强组织领导，扎实做好企业职工基本养老保险全国统筹。

我们要深入学习领会党中央、国务院决策部署，从适应我国社会主要矛盾变化、推进国家治理体系和治理能力现代化，从解决养老保险基金结构性矛盾、增强制度公平性和可持续性，从有利于构建全国统一大市场、促进人力资源合理流动等方面，深刻理解实施全国统筹制度的重要意义，坚决落实好、执行好各项改革任务。一分部署，九分落实。全国统筹涉及事权和责任深度调整，任务重，责任大，涉及面广，抓好起步年的工作至关重要。为切实做好启动实施工作，我强调以下几点。

（一）严格按要求统一养老保险政策。

统一养老保险政策是实施全国统筹制度的基本要求和首要任务。目前，缴费比例和缴费基数全国已经基本统一，还没有规范到位的个别省份要抓紧制定过渡办法。

（二）切实做好全国统筹调剂资金的调拨工作。

建立全国统筹调剂资金是最核心的政策。从结余省份的当期结余中按同一比例筹集，再拨付给缺口省份，实现在全国范围内统筹调度基金，均衡省际负担。全国统筹坚持激励和约束并重原则，充分考虑地方工作努力程度，明确了调剂资金调拨核定办法。

各省份要从大局出发，确保调拨顺畅，发放及时。一是贡献省份要提前做好资金安排，确保按时上解到位，这是保证全国统筹调剂资金向缺口省份及时足额下拨、制度顺利运转的前提。中央调剂制度实施过程中，净贡献的7个省份都表现出了高度的政治责任感，从未出现过拖延。全国统筹后，贡献省份有所增加，大家要向这7个省份学习，保证上解资金按时足额到位。二是受益省份要按要求落实财政支出责任，在一般公共预算中予以保障。三是做好养老金发放资金的准备。从近年来的情况看，部分省市保发放的压力很大，人社部门要会同财政部门，主动向党委、政府汇报，提前调度好资金。

（三）规范基金征缴工作。

征缴收入是保证养老保险可持续的物质基础，没有稳定、可靠的收入，制度就无法实施。经过反复研究，全国统筹以核定的收支而不是实际收支，作为全国统筹调剂余缺的依据，主要目的也是要压实各级地方政府的责任。如果扩面征缴工作不力，实际征缴小于核定收入，缺口将由省里自己承担。

全国统筹实施后，各地要继续做好扩面征缴工作，确保征缴保持合理增长。一是要落实全民参保计划，扩大覆盖面，实现应保尽保。特别是要加大新就业形态劳动者、灵活就业人员等的扩面力度。二是要稳妥推进征收体制改革，将思想统一到中央机构改革的决策部署上来，努力创造条件，稳妥推进职能划转工作。三是要稳步提高征收效率，统筹处理好扩面征缴与企业承受能力的关系。

（四）积极建立与全国统筹相适应的经办管理服务体系。

全国统筹各项政策的落地实施，关键在于经办。要切实加强经办能力建设，积极建立与全国统筹相适应的经办服务管理体系。养老保险经办服务模式以往是“中央指导、地方经办”，全国统筹后要向“部省联动”转变，省一级作为上下联动的枢纽，将在风险防控、联动办理和争议复核等各方面承担更多责任。

下一步经办服务工作，一是要切实强化基金管理。各省份要按照全国统一规范，在省级统筹基础上，切实加强对全省基金的收支管理。要加强基金业务财务数据资源集中管理和部省经办联动，实现基金“一本账”管理。要按照中央、省级两级预算原则，切实提高基金预算的编制质量，客观、规范编制基金预算方案，强化预算的约束性。要进一步加强基金监督检查机制，对本省份基金运行情况实时监控，筛查疑点并开展核查，确保基金安全。二是要加强高风险业务管控。全国统筹后，中央层级将对高风险业务进行提示和管控，省里要相应建立反馈、审核机制，按照部里要求及时对个案进行审查，提供有关材料，防范风险发生。三是要持续提升公共服务水平。要聚焦参保人员获得感和满意度，下大力气提高服务水平。要加快完善全国统一的经办服务标准，实现本地服务平台与国家社会保险服务平台全面对接、深入融合，提高跨省业务的便捷性。

（五）加快推进全国统筹信息系统建设。

集中统一的信息系统是实施全国统筹制度的重要支撑，没有信息系统支持，全国统筹就难以稳健运行。部里对养老保险信息系统建设高度重视，采取多种方式加大投入。经过各方面共同努力，目前部本级业务管控系统和基金管理系统已经基本建成，具备了运行实施的条件。

下一步，信息系统建设的关键在部省联动，打通中央层级和各省的信息通道。一是各省要尽快接入全国系统。明年6月底前，所有省份都要实现部省对接上线，这是硬性任务，必须如期完成。这里重点表扬年底前准备接入的江西、山西、海南、青海、新疆和兵团等6个地区，其他省份要尽快完成省级系统改造、历史数据整理和部省联测，尽早实现部省对接上线。二是做好信息系统的日常运维。全国统筹信息系统建成后，对部省联动运维的要求非常高，既要实时协同监控系统运行和数据质量，又要能够协同高效快速解决问题，后期运维任务很重。各地要高度重视，切实加大投入，保证系统的正常运转，为管理和服务提供支撑。三是确保数据安全。“记录一生”是“保障一生、服务一生”的基础。各省在社保日常经办、信息化管理以及历史数据整理过程中，要高度重视数据安全工作，确保数据完整性和准确性。我们对此切不可掉以轻心，一旦出事，造成的损失无法估量。养老保险全国统筹系统的运行，应该说也是对数据安全的一个重要保障和推动。

（六）以结果应用为导向建立有效的考核奖惩机制。

考核是压实责任、激励约束的重要手段。将养老保险工作情况列入省级政府目标责任考核内容，有利于强化省级政府养老保险工作责任落实，是全国统筹制度平稳实施的重要保障措施。目前，我们正在会同财政部、税务总局制定具体的考核办法，争取明年下半年出台。初步思路是围绕基金收支确定考核内容，就政策统一规范、扩面征缴、地方财政投入、按时足额发放养老金等情况设置分值权重，重点考核当年工作表现。考核工作将由三部门具体组织实施，每年考核一次，2023 年对 2022 年情况进行考核。对考核结果较差的省份予以约谈、通报，对考核结果好的省份予以表扬。中央财政养老保险补助资金分配与考核结果挂钩，根据考核结果适当调整各省份补助额，体现奖惩。

下一步，一是要争取党委、政府对养老保险考核工作的重视，健全完善工作机制。二是要制定本省份的考核办法，层层传导压力。三是要强化考核结果应用，将考核结果作为对地市及相关部门政府绩效考核和有关领导干部考核评价的重要参考。

（七）持续加强“四位一体”能力建设。

全国统筹是一项系统工程，对政策、经办、监管、信息各方面都提出新的挑战和要求。韩正副总理特别强调要加强能力建设，提高政策制定、经办服务水平。各省要高度重视，加大投入，为改革顺利推进提供保障。一是要加大人员投入。特别是在启动实施阶段，要集中精兵强将，通过成立工作专班、联合办公等方式，保证有足够的人手。二是要通盘研究体制机制建设。各地要以实施全国统筹为契机，梳理职能职责，主动向党委政府和有关部门汇报，积极争取支持，全面提升政策、经办、监管、信息等方面能力。此外，人社工作“十四五”规划明确提出，社保经办机构探索省以下垂直管理，各地也要在这方面积极探索。三是要加强培训，提高工作人员业务素质。三部门将举办全国统筹制度实施培训班，对全国统筹制度进行解读。省内也要有针对性的开展培训，确保从上到下统一认识，确保中央决策部署“不走样”。

二、通盘谋划、稳扎稳打，统筹做好2022 年养老保险各项工作

党的十八大以来，以习近平同志为核心的党中央对深化养老保险制度改革作出一系列重大决策部署，开展了养老保险制度顶层设计。今年 2 月中央政治局就完善覆盖全民的社会保障体系进行第二十八次集体学习，习近平总书记发表重要讲话，这都为我们做好养老保险工作指明了前进方向，提供了根本遵循。近年来，全国人社系统深入贯彻落实中央决策部署，先后建立基金中央调剂制度，出台综合降费方案，全面实现基金省级统收统支，建立基本养老金合理调整机制，出台遗属待遇政策，扎实推进机关事业单位养老保险制度改革，完善多层次养老保险体系，规范基金收支管理，加强经办能力和信息系统建设，强化基金监督检查，应对疫情推出力度空前的“减免缓”政策措施，成为养老保险改革力度最大、发展速度最快、覆盖范围最广的时期。特别是今年，全国统筹、个人养老金等各项改革取得突破，顶层设计提出的重大改革基本敲定。基本养老保险和年金覆盖面不断扩大，基金结余持续增加，养老保险在经济社会发展中有着举足轻重的影响。

2022 年我们将迎来党的二十大，这是全党全国各族人民政治生活中的一件大事。刚刚

召开的中央经济工作会议，强调要坚持稳字当头、稳中求进工作总基调，社会政策要兜住兜牢民生底线。明年养老保险工作要深入贯彻中央经济工作会议明确的总基调和总要求，在确保发放和保持稳定的前提下，以全国统筹实施为重点，统筹做好以下几项工作。

（一）组织实施好调整退休人员基本养老金工作。

基本养老金已经连续多年调整。今年的工资增长超过5%，符合启动调整的条件。各地要充分考虑各方面承受能力和长期可持续，不盲目攀高。具体地讲，就是要严格执行国家规定，不得突破全国调整比例的高限，在这个前提下合理确定本省份调整比例和水平，制定具体调整方案。同时，省级人社部门要会同财政部门提前做好资金安排和调拨工作，确保按时足额发放，把好事做好。

（二）做好个人养老金制度启动实施工作。

发展多层次、多支柱养老保险体系，是积极应对人口老龄化、实现养老保险制度可持续发展的重要举措。12月17日，中央深改委审议通过推动个人养老金发展意见。习近平总书记在主持审议时强调，发展多层次、多支柱养老保险体系，是积极应对人口老龄化、实现养老保险制度可持续发展的重要举措。个人养老金涉及部门多，实施较为复杂，推进步骤上将采取分步实施的办法，选择部分城市先行1年，再扩大推广。下一步，各地要按照部里的统一要求，确定本省份先行城市。同时，通过多种途径做好政策宣传解读工作，让老百姓看得明白、搞得懂、会操作，增强吸引力，提高参与度。

（三）进一步完善机关事业单位养老保险制度。

经过近7年的改革，机关事业单位养老保险基本制度已经确立，政策体系日益完善，参保缴费走上正轨，经办、监管、信息系统等项建设同步推进，基本实现应保尽保，改革总体平稳。但也存在一些问题。明年，要进一步提高基金保障能力，切实解决基层保发放困难的问题。强化政策的规范实施，做好基金风险防控。

三、统一思想，提高认识，推动各项工作任务落到实处

2022年养老保险工作任务异常繁重，为确保各项任务顺利完成，最后提几点希望和要求。

（一）提高政治站位。

习近平总书记深刻指出，社会保障是治国安邦的大问题。要加大再分配力度，强化互助共济功能，为广大人民群众提供更可靠更充分的保障，推动高质量发展可持续发展。我们要深入学习领会总书记的重要讲话精神，充分认识社会保障特别是养老保险在治国安邦中的重要作用，从党和国家发展全局的高度统筹谋划养老保险事业。要坚持以人民为中心，以高质量发展为主题，以可持续发展为主线，不断深化养老保险制度改革，加快建立更加公平更可持续的养老保险制度，为人民群众提供更加可靠的养老保障，巩固党的执政基础。

（二）坚持稳字当头。

我们要深刻领会稳字当头、稳中求进工作总基调的核心要义和精神实质，切实提高政治判断力、政治领悟力和政治执行力。各地要在当地党委政府统一领导下，承担本领域保持稳定的主体责任。要统筹安排好各项工作，分清轻重缓急和先后顺序，把握节奏力度，切实将“稳”字贯彻到工作的各个方面、各个环节。要增强风险意识，坚持底线思维，全面梳理养老保险直接关系稳定的风险点和薄弱环节，严小严早严预防。要加强宣传解读，避免全国统筹后会拉平养老金水平、责任全归中央等误读，避免不实炒作。

（三）强化系统观念。

养老保险制度改革已进入系统集成、协同高效的阶段，各自为政、单兵突进的做法已不适应新形势的要求。政策、经办、信息、监督要加强统筹协调，健全“四位一体”的工作机制，拧成一股绳，整体推进工作。特别是要抓住实施全国统筹的契机，适应事权调整的需要，加快推进经办和信息系统的全国一体化，分兵把口，同心协力。要加强与财政、税务、统计等部门的沟通合作，争取支持配合，调动各方面的积极性，协调推进工作。

（四）加强作风建设。

各地要坚决贯彻落实全国统筹制度各项要求，不打折扣、不搞变通，更不能自行其是，做到“全国一盘棋”。要紧盯老百姓反映强烈的烦心事、操心事、揪心事，深化“放管服”改革，开展“人社服务快办行动”和“我为群众办实事”，不断提升服务人民群众的水平和能力。要加大监督检查力度，保持高压态势，以零容忍态度严厉打击欺诈骗保、套保或挪用贪占各类社会保障资金的违法行为，守护好人民群众的每一分“养老钱”。

同志们，做好明年养老保险工作，意义十分重大。我们要坚持以习近平新时代中国特色社会主义思想为指导，牢记初心使命，厚植民生情怀，大胆开拓创新，努力推动新时代养老保险工作高质量发展，以优异成绩迎接党的二十大胜利召开！

四、人力资源和社会保障部文件

拖欠农民工工资失信联合惩戒对象名单管理暂行办法

（2021年11月10日人力资源社会保障部令第45号公布
自2022年1月1日起施行）

第一条 为了维护劳动者合法权益，完善失信约束机制，加强信用监管，规范拖欠农民工工资失信联合惩戒对象名单（以下简称失信联合惩戒名单）管理工作，根据《保障农民工工资支付条例》等有关规定，制定本办法。

第二条 人力资源社会保障行政部门实施列入失信联合惩戒名单、公开信息、信用修复等管理活动，适用本办法。

第三条 人力资源社会保障部负责组织、指导全国失信联合惩戒名单管理工作。

县级以上地方人力资源社会保障行政部门依据行政执法管辖权限，负责失信联合惩戒名单管理的具体实施工作。

第四条 失信联合惩戒名单管理实行"谁执法、谁认定、谁负责"，遵循依法依规、客观公正、公开透明、动态管理的原则。

实施失信联合惩戒名单管理，应当依法依规加强信用信息安全和个人信息保护。人力资源社会保障行政部门及其工作人员对实施失信联合惩戒名单管理过程中知悉的国家秘密、商业秘密、个人隐私，应当依法依规予以保密。

第五条 用人单位拖欠农民工工资，具有下列情形之一，经人力资源社会保障行政部门依法责令限期支付工资，逾期未支付的，人力资源社会保障行政部门应当作出列入决定，将该用人单位及其法定代表人或者主要负责人、直接负责的主管人员和其他直接责任人员（以下简称当事人）列入失信联合惩戒名单：

（一）克扣、无故拖欠农民工工资达到认定拒不支付劳动报酬罪数额标准的；

（二）因拖欠农民工工资违法行为引发群体性事件、极端事件造成严重不良社会影响的。

第六条 人力资源社会保障行政部门在作出列入决定前，应当告知当事人拟列入失信联合惩戒名单的事由、依据、提出异议等依法享有的权利和本办法第七条可以不予列入失信联合惩戒名单的规定。

当事人自收到告知之日起5个工作日内，可以向人力资源社会保障行政部门提出异议。对异议期内提出的异议，人力资源社会保障行政部门应当自收到异议之日起5个工作日内予以核实，并将结果告知当事人。

第七条 用人单位在人力资源社会保障行政部门作出列入决定前，已经改正拖欠农民工工资违法行为，且作出不再拖欠农民工工资书面信用承诺的，可以不予列入失信联合惩戒名单。

第八条 人力资源社会保障行政部门应当自责令限期支付工资文书指定期限届满之日起20个工作日内作出列入决定。情况复杂的，经人力资源社会保障行政部门负责人批准，可以延长20个工作日。

人力资源社会保障行政部门作出列入决定，应当制作列入决定书。列入决定书应当载明列入事由、列入依据、联合惩戒措施提示、提前移出条件和程序、救济措施等，并按照有关规定交付或者送达当事人。

第九条 作出列入决定的人力资源社会保障行政部门应当按照政府信息公开等有关规定，通过本部门门户网站和其他指定的网站公开失信联合惩戒名单。

第十条 作出列入决定的人力资源社会保障行政部门应当按照有关规定，将失信联合惩戒名单信息共享至同级信用信息共享平台，供相关部门作为在各自职责范围内按照《保障农民工工资支付条例》等有关规定，对被列入失信联合惩戒名单的当事人实施联合惩戒的依据。

对被列入失信联合惩戒名单的当事人，由相关部门在政府资金支持、政府采购、招投标、融资贷款、市场准入、税收优惠、评优评先、交通出行等方面依法依规予以限制。

第十一条 当事人被列入失信联合惩戒名单的期限为3年，自人力资源社会保障行政部门作出列入决定之日起计算。

第十二条 用人单位同时符合下列条件的，可以向作出列入决定的人力资源社会保障行政部门申请提前移出失信联合惩戒名单：

（一）已经改正拖欠农民工工资违法行为的；

（二）自改正之日起被列入失信联合惩戒名单满6个月的；

（三）作出不再拖欠农民工工资书面信用承诺的。

第十三条 用人单位符合本办法第十二条规定条件，但是具有下列情形之一的，不得提前移出失信联合惩戒名单：

（一）列入失信联合惩戒名单期限内再次发生拖欠农民工工资违法行为的；

（二）因涉嫌拒不支付劳动报酬犯罪正在刑事诉讼期间或者已经被追究刑事责任的；

（三）法律、法规和党中央、国务院政策文件规定的其他情形。

第十四条 用人单位申请提前移出失信联合惩戒名单，应当提交书面申请、已经改正拖欠农民工工资违法行为的证据和不再拖欠农民工工资书面信用承诺。

人力资源社会保障行政部门应当自收到用人单位提前移出失信联合惩戒名单申请之日起15个工作日内予以核实，决定是否准予提前移出，制作决定书并按照有关规定交付或者送达用人单位。不予提前移出的，应当说明理由。

人力资源社会保障行政部门准予用人单位提前移出失信联合惩戒名单的，应当将该用人单位的其他当事人一并提前移出失信联合惩戒名单。

第十五条 申请提前移出的用人单位故意隐瞒真实情况、提供虚假资料，情节严重的，由作出提前移出决定的人力资源社会保障行政部门撤销提前移出决定，恢复列入状态。列入的起止时间重新计算。

第十六条 列入决定所依据的责令限期支付工资文书被依法撤销的，作出列入决定的人力资源社会保障行政部门应当撤销列入决定。

第十七条 有下列情形之一的，作出列入决定的人力资源社会保障行政部门应当于10个工作日内将当事人移出失信联合惩戒名单，在本部门门户网站停止公开相关信息，并告知第九条规定的有关网站：

（一）当事人被列入失信联合惩戒名单期限届满的；

（二）人力资源社会保障行政部门决定提前移出失信联合惩戒名单的；

（三）列入决定被依法撤销的。

当事人被移出失信联合惩戒名单的，人力资源社会保障行政部门应当及时将移出信息共享至同级信用信息共享平台，相关部门联合惩戒措施按照规定终止。

第十八条 当事人对列入失信联合惩戒名

单决定或者不予提前移出失信联合惩戒名单决定不服的，可以依法申请行政复议或者提起行政诉讼。

第十九条 人力资源社会保障行政部门工作人员在实施失信联合惩戒名单管理过程中，滥用职权、玩忽职守、徇私舞弊的，依法依规给予处分；构成犯罪的，依法追究刑事责任。

第二十条 本办法自 2022 年 1 月 1 日起施行。

人力资源社会保障部关于废止《社会保险费申报缴纳管理规定》的决定

（2021 年 12 月 22 日人力资源社会保障部令第 46 号公布
自公布之日起施行）

为贯彻落实党中央、国务院深化“放管服”改革决策部署，持续优化营商环境，落实社会保险费征收体制改革要求，人力资源社会保障部决定，对《社会保险费申报缴纳管理规定》（人力资源社会保障部令第 20 号）予以废止。本决定自公布之日起生效。

人力资源社会保障部　全国总工会
中国企业联合会/中国企业家协会
全国工商联关于做好严寒天气下
劳动者权益维护有关工作的通知

人社部发〔2021〕5号

各省、自治区、直辖市及新疆生产建设兵团人力资源社会保障厅（局）、总工会、企业联合会/企业家协会、工商联：

近期，受寒潮影响，我国部分地区持续出现严寒天气。为做好严寒天气下劳动者权益维护工作，现就有关事项通知如下：

一、高度重视严寒天气下劳动者权益维护工作。各级协调劳动关系三方要坚持人民至上、生命至上，充分认识严寒天气对劳动者特别是环卫工人、巡线工、快递员、外卖员等户外作业劳动者带来的危害，有针对性指导督促企业加强严寒天气下对劳动者的保护，健全劳动保护工作制度，落实劳动者权益保障措施，切实保障劳动者生命安全和身体健康。

二、指导企业与劳动者协商合理安排工作时间。指导企业通过调整工作时间、加大班次轮换、减轻劳动强度等方式，最大程度减少户外工作劳动者严寒时段的户外工作时间。指导平台企业视情况采取延长配送时限等措施保障外卖员等平台从业人员职业安全。对确因严寒天气影响劳动者不能按时到岗的，指导企业与劳动者协商采取错时上下班、弹性上下班等方式灵活安排工作时间。有条件的企业可安排劳动者通过远程办公等灵活方式完成工作任务。企业因受严寒天气影响合理调整工作时间或者工作任务的，劳动者应当配合并遵守相关制度规定。

三、切实保障劳动者劳动报酬权益。指导企业因受严寒天气影响安排劳动者减少工作时间或工作任务时保障劳动者工资待遇不降低。指导企业对严寒天气作业劳动者给予适当岗位津贴。鼓励企业在工资分配中体现低温作业等工作环境因素，向一线、艰苦岗位倾斜，不断改善劳动条件，合理提高工资待遇。

四、督促企业履行劳动保护的主体责任。指导督促企业切实加强对严寒天气作业劳动者的关心爱护，落实防寒保暖相关劳动保护措施，加强健康检查。对不适宜在严寒天气作业的劳动者，企业应与劳动者协商合理调整其工作任务。积极改善工作条件，增配取暖设备，为严寒天气作业劳动者提供必要的劳动防护用品，并加强低温防护等职业健康知识培训。

五、加强宣传监督和指导服务。各级协调劳动关系三方要切实提高思想认识，强化责任担当，密切协作配合，形成工作合力，切实维护好严寒天气作业劳动者合法权益。要开展专题宣讲和先进典型宣传，引导全社会形成关心关爱严寒天气作业劳动者的良好氛围。各级人力资源社会保障部门要加强对受严寒天气影响较大的行业企业劳动保障法律法规落实情况的监督检查，保障劳动者生命健康安全和及时足额获得工资报酬。各级工会要以严寒天气作业的户外劳动者为重点，组织形式多样的“送温暖”活动，发放防寒保暖用品，发挥好工会户外劳动者服务站点功能，为有需求的户外劳动者提供防寒取暖服务。各级企联和工商联组织，要引导企业关心关爱劳动者健康，帮助严寒天气作业劳动者解决实际困难，让劳动者温暖过冬，切实保障劳动者合法权益。

2021 年 1 月 15 日

人力资源社会保障部　国家广播电视总局关于深化播音主持专业人员职称制度改革的指导意见

人社部发〔2021〕9号

各省、自治区、直辖市及新疆生产建设兵团人力资源社会保障厅（局）、广播电视局，中央和国家机关各部委、各直属机构人事部门，中央军委政治工作部干部局：

播音主持专业人员是我国专业技术人才队伍的重要组成部分，代表着广播电视和网络视听媒体的形象，承担着坚持正确导向、传播先进文化、引领文明风尚的重要职责。为贯彻落实中共中央办公厅、国务院办公厅印发的《关于深化职称制度改革的意见》，现就深化播音主持专业人员职称制度改革提出如下指导意见。

一、总体要求

（一）指导思想

以习近平新时代中国特色社会主义思想为指导，全面贯彻落实党的十九大和十九届二中、三中、四中、五中全会精神，贯彻落实习近平总书记关于宣传思想工作的重要论述，认真落实党中央、国务院决策部署，坚持党管人才原则，坚持正确政治方向、舆论导向、价值取向，遵循播音主持专业人员成长规律，健全完善符合播音主持专业人员职业特点的职称制度，完善评价机制，更加客观科学公正评价播音主持专业人员，培养造就政治坚定、素质优良、德艺双馨的播音主持专业人员队伍，为广播电视和网络视听高质量创新性发展提供人才支撑。

（二）基本原则

1. 坚持服务发展。围绕新时代推进高质量发展对播音主持工作提出的新要求，突出播音主持工作的职业属性和岗位要求，提升播音主持专业人员政治素养和专业素养，服务党的宣传思想工作、新闻舆论工作。

2. 坚持科学评价。分级分类完善评价标准，突出政治素养、专业水平和创新实践，以品德、能力、业绩为导向，克服唯学历、唯资历、唯论文、唯奖项倾向，发挥人才评价“指挥棒”作用，创新评价机制，丰富评价方式，充分调动播音主持专业人员创新性、创造性。

3. 坚持问题导向。针对播音主持专业人员职称评价存在的突出问题，根据不同专业、层级特点，精准施策，统筹推进，引导播音主持专业人员提高能力素质，增强事业心、责任感和职业归属感。

4. 坚持以用为本。围绕用好用活人才，提高职称评价的科学性和针对性，提高评价结果的公信力，促进播音主持专业学位教育、职业资格制度和职称制度相衔接，促进职称制度与选人用人制度相衔接，做到以用促评、评用结合。

二、主要内容

通过健全制度体系、完善评价标准、创新评价机制、促进职称评价与人才培养使用相结合、加强评审管理、优化评审服务等措施，形成设置合理、覆盖广泛、评价科学、管理规范的播音主持专业人员职称制度。

（一）健全制度体系

1. 完善播音主持专业人员职称设置。建立统一的播音主持专业人员职称制度，将主持专业人员纳入新的职称制度。播音主持专业人员职称设初级、中级、高级，初级职称只设助理级，高级职称分设副高级和正高级。初级、中级、副高级和正高级职称的名称分别为二级播音员主持人、一级播音员主持人、主任播音员主持人和播音指导。

2. 促进播音主持专业人员职称制度与职业资格制度有效衔接。取得广播电视播音员主持人资格，符合二级播音员主持人基本标准的，视为取得二级播音员主持人职称，并可作为申报高一级职称的条件。不再进行二级播音员主持人的职称评审。

3. 播音主持专业人员各级别职称分别与事业单位专业技术岗位等级相对应。正高级对应专业技术岗位一至四级，副高级对应专业技术岗位五至七级，中级对应专业技术岗位八至十级，初级对应专业技术岗位十一至十三级。

（二）完善评价标准

1. 坚持德才兼备，以德为先。坚持把政治品德和职业道德放在评价首位，重点考察播音主持专业人员的政治立场、思想境界、职业道德和从业操守。通过个人述职、考核测评、民意调查等方式，全面考察播音主持专业人员在责任、品格、形象、语言、廉洁等方面的情况，引导播音主持专业人员坚定政治立场、强化社会责任、坚守道德底线，深入生活、扎根人民，不断增强脚力、眼力、脑力、笔力。对存在导向偏差、品行不端、学术造假等问题的播音主持人员实行“一票否决制”，对通过弄虚作假、暗箱操作等违纪违规行为取得的职称，一律予以撤销。

2. 突出评价业绩水平和实际贡献。重点评价播音主持专业人员在正确传递党和国家声音、正向引导社会舆论、塑造主流价值观、真实报道传播、实践媒体融合、展现时代风貌等方面的水平和能力。将社会效益、传播效果作为评价的重要内容，探索构建体现社会与受众认可的评价指标和方法。不唯学历，对在艰苦边远地区和基层一线长期从事播音主持工作，实践证明能胜任相应岗位要求的，可适当放宽学历要求。不唯资历，对在宣传思想、新闻舆论战线上做出重大贡献的，放宽资历等条件限制，可直接申报评审高级职称。对引进的海外高层次人才和急需紧缺人才，建立职称评审绿色通道，适当放宽资历、年限等条件限制。不唯论文，除从事教育、教学、指导等有关工作且研究属性明显的专业岗位外，淡化或不作论文要求。不唯奖项，广播电视领域各级各类奖项、荣誉称号等可作为评价的重要参考之一，不作为职称评定的限制性条件。突出对代表性成果的评价，不搞简单量化评价，重大贡献、高影响力传播、重大原创性成果可“一票决定”。

3. 坚持分类差异化评价。根据不同岗位、不同层次人才特点和职责，分类制定科学合理、各有侧重的人才评价标准，避免“一刀切”。初、中级职称注重考察专业基础知识和实务能力；高级职称注重考察理论素养和业绩水平，突出评价在行业发展中的创新引领作用和取得的社会效益、社会影响力。对主要从事播音工作的人员，着重评价其完成播音和主持任务情况、播音风格、社会声誉等；对主要从事节目主持工作的人员，着重评价其传递正向价值、树立声屏形象、创新业务实践等；对同时承担教学指导和学术研究的人员，将其对理论和创作规律的研究造诣作为重要评价内容。

4. 实行国家标准、地区标准和单位标准相结合。人力资源社会保障部、国家广播电视总局研究制定《播音主持专业人员职称评价基本标准》（附后）。各地区人力资源社会保障部门会同广播电视行政管理部门可根据本地区广播电视和网络视听行业发展情况，制定地区标准。具有自主评审权的用人单位可结合本单位实际，制定单位标准。地区标准和单位标准不得低于国家标准。

（三）创新评价机制

1. 丰富评价方式。按照社会和业内认可的要求，完善以同行专家评审为基础的业内评价机制，引入社会评价，注重评价其社会影响力和取得的社会效益。丰富评价手段，综合运用考试、评审、考核认定、个人述职、面试答辩、实践操作、业绩展示等多种评价方式，提高评价的针对性和科学性。

2. 畅通评价渠道。进一步打破户籍、地域、身份、档案、所有制等制约，创造便利条件，畅通各类播音主持专业人员职称申报渠道。非公有制广播电视节目制作机构、网络视听节目服务机构的播音主持专业人员，可按属地原则进行申报。公立机构中各种方式使用的播音主持专业人员在职称申报、评审等方面享有同等待遇。依托具备较强服务能力和水平的专业化人才评价机构、行业协会学会、公共人才服务机构等，组建社会化评审机构，开展播音主持专业人员职称评审工作。

（四）促进职称评价与人才培养使用相结合

1. 促进职称评价与用人制度的有效衔接。把职称评价结果作为人才使用的重要依据，实现职称评价结果与人才聘用、考核、晋升等用人制度的有效衔接。全面实行岗位管理的事业单位，一般应在岗位结构比例内开展职称评审，并聘用到相应岗位。不实行岗位管理的单位，可根据工作需要，采用评聘分开方式，择优聘用具有相应职称的播音主持专业人员从事相关岗位工作。加强聘后管理，结合日常考核、年度考核及聘期考核结果，对不符合岗位要求、不能履行岗位职责或考核不合格人员，可按照有关规定调整岗位、低聘或者解聘，在岗位聘用中实现人员能上能下。

2. 促进职称评价与人才培养制度的有效衔接。充分发挥职称制度对提高播音主持专业人才培养质量的导向作用，推动播音主持专业人员职称制度与高层次播音主持人才培养、播音主持专业学位研究生教育等有效衔接。推进职称评审与专业技术人员继续教育制度相衔接，创新和丰富继续教育内容和手段，促进播音主持专业人员强化使命担当、提高情怀追求、拓展知识技能。

（五）加强评审管理，优化评审服务

1. 加强评审委员会建设。完善评审专家遴选机制，加强评审专家库建设，积极吸纳高等院校、行业协会学会专家，实行动态管理，优化职称评审委员会结构。健全职称评审委员会工作程序和评审规则，严肃评审纪律，明确评审委员会工作人员和评审专家责任，强化评审考核，建立倒查追责机制。

2. 加强职称评审监督。建立职称评审公开制度，实行政策公开、标准公开、程序公开、结果公开，接受社会和群众监督。建立职称评审回避制度、公示制度和随机抽查、巡查制度，建立复查、投诉机制，加强对评价全过程的监督管理。

3. 优化职称评审服务。加强职称评审信息化建设，在职称材料申报、审核评审、证书查询验证等方面提供便捷化服务。优化申报程序，减少申报证明材料，减轻申报人员负担。

三、组织实施

（一）提高认识，加强领导

播音主持专业人员职称制度改革是深化职称制度改革的重要内容，关系党的宣传思想和新闻舆论工作大局，涉及广大播音主持专业人员的切身利益，政策性强，涉及面广，关注度高。各地人力资源社会保障部门和广播电视行政管理部门要充分认识改革的重要意义，加强领导，明确责任，密切配合，狠抓落实，确保各项改革举措落到实处。

（二）精心组织，稳慎推进

各地人力资源社会保障部门要会同广播电视行政管理部门，具体负责播音主持专业人员职称制度改革的政策制定、组织实施和监督检查工作，要结合本地区实际，抓好改革政策的落地实施。要妥善做好新旧政策的衔接工作，按照改革前后的职称对应关系将现有播音主持专业人员直接过渡到新的职称体系。在推进改革的过程中，要开展全面深入的调研，及时总结经验，及时研究解决新情况、新问题，妥善处理好改革、发展和稳定的关系。各层级职称评审工作要严格按照本意见规定进行，不得随意降低评价标准条件、擅自扩大评审范围。

（三）加强宣传引导，营造良好氛围

各级人力资源社会保障部门和广播电视行政管理部门要加强宣传引导，做好政策解读，广泛征求意见，积极回应关切，引导播音主持专业人员积极支持和参与职称制度改革，营造有利于播音主持专业人员职称制度改革的良好氛围。

本指导意见适用于在广播电视、网络视听和其他提供视听服务的机构中从事播音主持相关工作的专业技术人员。

军队可参照本意见制定播音主持专业人员职称评价具体办法。

附件：播音主持专业人员职称评价基本标准

2021 年 1 月 14 日

附件

播音主持专业人员职称评价基本标准

一、热爱祖国，拥护中国共产党的领导，贯彻党的基本理论、基本路线和基本方略，遵守中华人民共和国宪法和法律法规。

二、坚持正确政治方向，坚持党性原则，坚持马克思主义新闻观，坚持正确舆论导向，坚持正面宣传为主，热爱党的新闻事业，具有坚持正确导向、传播先进文化、引领文明风尚的职业使命感。

三、恪守职业道德，树立健康向上的声屏形象，自觉抵制低级趣味和不良风气，传播和弘扬先进文化。

四、认真履行岗位职责，具备从事播音主持工作所需的专业知识、语言能力、实操业务技能和传播方法创新能力。

五、通过广播电视播音员主持人资格考试，并按规定进行注册，取得《中华人民共和国播音员主持人证》。

播音主持专业人员申报各层级职称，除必须达到上述基本条件外，还应分别具备以下条件：

（一）二级播音员主持人

1. 基本掌握播音主持基础理论和语言表达技巧，对本专业有关的科学文化知识和政策有一定了解。

2. 胜任一般广播电视或网络视听节目直播和录播中的播音主持任务，较少出现播出错误。

3. 具有实践操作能力，语言表达符合节目的基本要求，能对播音主持业务提出建设性意见。

4. 具备硕士学位或第二学士学位；或具备大学本科学历或学士学位，在播音主持岗位见习一年期满，经考察合格；或具备大学专科学历，从事播音主持工作满 3 年。

（二）一级播音员主持人

1. 掌握播音主持基础理论、专业知识和语言表达技巧；有较广泛的科学文化知识和一定的政策理论水平。

2. 独立承担各类广播电视或网络视听节目直播和录播中的播音主持任务，播报主持固定的常设栏目、节目，极少出现播出错误。

3. 初步掌握某些节目的采编制作或主持节目的实践操作能力，擅长某类节目的播音主持，有鲜明的播音特色，能够写出一定水平的业务专题总结。

4. 具有组织和指导二级播音员主持人开展工作的能力。

5. 具备博士学位；或具备硕士学位或第二学士学位，取得二级播音员主持人职称后，从事播音主持工作满 2 年；或具备大学本科学历、学士学位或大学专科学历，取得二级播音员主持人职称后，从事播音主持工作满 4 年。

（三）主任播音员主持人

1. 比较系统地掌握播音主持理论和专业知识，掌握播音创作、主持创作规律，有较广博的科学文化知识和较高的政策理论水平。

2. 工作业绩较为突出，胜任范围较广、难度较大的多类型广播电视或网络视听节目的播音主持任务。具有良好的公众形象，具有一定的社会知名度和影响力。

3. 掌握采编制作或主持节目的能力，业务上有显著专长和特色，能写出有一定水平的业务总结或专业论文、论著。

4. 具有担任播音主持教学和培养播音员、主持人的能力，能够组织和指导一级播音员主持人、二级播音员主持人完成本职任务，能够独立鉴别播音质量、主持水准，解决工作中的疑难问题。

5. 具备博士学位，取得一级播音员主持人职称后，从事播音主持工作满 2 年；或具备硕士学位、第二学士学位、大学本科学历或学士学位，取得一级播音员主持人职称后，从事播音主持工作满 5 年。

（四）播音指导

1. 具有深厚的专业理论功底和丰富的实践经验，对播音专业理论和创作规律有系统深入的研究，科学文化知识广博，政策理论水平高，学术造诣深。

2. 工作业绩突出，胜任高难度的各类广播电视或网络视听节目播音主持工作，承担重大宣传报道、重要节目栏目的播音主持任务。具有良好的公众形象和较强的社会影响力，享有较高声誉。

3. 通晓播音主持业务，在实践中有所创新，有独特的播音主持风格，具备较高的采编制作或主持节目的能力。能够提出对本专业有指导意义的研究课题，在教育、教学、研究上有较大影响力的原创性成果。

4. 在指导、培养中青年业务骨干方面做出突出贡献，能够组织和指导播音员、主持人完成各种重大宣传的播音主持任务，具有较强的检查、审评播音质量的能力，能够解决业务中的重大疑难问题。在促进播音主持业务发展和人才队伍建设方面发挥了较强的引领和示范作用。

5. 一般应具备大学本科及以上学历或学士及以上学位，取得主任播音员主持人职称后，从事播音主持工作满 5 年。

六、不具备第五条规定的学历、年限等要求，业绩突出、作出重要贡献的，可破格申报。具体办法由各地、各有关部门和单位另行制定。

人力资源社会保障部　国家新闻出版署关于深化出版专业技术人员职称制度改革的指导意见

人社部发〔2021〕10号

各省、自治区、直辖市及新疆生产建设兵团人力资源社会保障厅（局）、新闻出版局，中央和国家机关各部委、各直属机构人事部门，中央军委政治工作部宣传局，各中央企业人事部门，中央各重点出版集团：

出版专业技术人员是我国专业技术人才队伍的重要组成部分，是促进出版业健康繁荣发展的重要力量。为贯彻落实中共中央办公厅、国务院办公厅印发的《关于深化职称制度改革的意见》，现就深化出版专业技术人员职称制度改革提出如下指导意见。

一、总体要求

（一）指导思想

以习近平新时代中国特色社会主义思想为指导，全面贯彻落实党的十九大和十九届二中、三中、四中、五中全会精神，认真落实党中央、国务院决策部署，坚持党管人才、党管出版原则，遵循出版专业技术人员成长规律，健全完善符合出版专业技术人员职业特点的职称制度，培养造就政治过硬、本领高强、求实创新、能打胜仗的出版专业技术人员队伍，为推动出版业持续健康繁荣发展、建设社会主义文化强国提供人才支撑。

（二）基本原则

1. 坚持服务发展。围绕新时代出版业发展和人才队伍建设需求，充分发挥人才评价“指挥棒”和风向标作用，着力提升出版专业技术人员政治素质、专业能力和职业素养，激发出版专业技术人员创新创造创业活力，推动出版业创新发展和优化升级。

2. 坚持遵循规律。遵循出版专业技术人员成长规律和职业特点，建立科学合理的评价体系，引导出版专业技术人员坚持马克思主义新闻出版观，坚持“二为”方向和“双百”方针，坚持创造性转化、创新性发展，坚持以社会主义核心价值观为引领，促进满足人民文化需求和增强人民精神力量相统一，提供更加丰富优质的出版产品和服务。

3. 坚持科学评价。以品德、能力、业绩、贡献为导向，科学设置职称评价标准，克服唯学历、唯资历、唯论文、唯奖项的倾向，建立科学公正的评价体系和评审机制，鼓励出版专业技术人员深耕专业，让做出贡献的人才有成就感和获得感。

4. 坚持以用为本。围绕用好用活人才，创新人才评价机制，促进出版学科学位教育、职业资格制度和职称制度相衔接，促进职称制度与选人用人制度相衔接，把人才培养、评价与使用紧密结合起来，更好地促进出版专业技术人员职业发展。

二、主要内容

通过健全制度体系、完善评价标准、创新评价机制、促进与人才培养使用相结合、优化管理服务等措施，形成设置合理、评价科学、管理规范、服务全面的出版专业技术人员职称制度。

（一）健全制度体系

1. 统一职称名称。出版专业技术人员职称设初级、中级、高级，初级只设助理级，高级分设副高级和正高级。初级、中级、副高级、正高级的名称分别为助理编辑、编辑、副编审、编审。原技术设计员、助理技术编辑、三级校对、二级校对对应助理编辑，原技术编辑、一级校对对应编辑。

2. 实现职称制度与职业资格制度有效衔接。健全完善出版专业技术人员职业资格考试制度，并与职称制度实现有效衔接。通过出版专业技术人员职业资格考试取得的初级、中级职业资格，即对应相应层级的职称，并作为申报高一级职称的条件。

3. 出版专业技术人员各层级职称分别与事业单位专业技术岗位等级相对应。正高级对应专业技术岗位一至四级，副高级对应专业技术岗位五至七级，中级对应专业技术岗位八至十级，初级对应专业技术岗位十一至十三级。

（二）完善评价标准

1. 坚持德才兼备，以德为先。出版专业技术人员必须认真学习贯彻习近平新时代中国特色社会主义思想，贯彻党的出版方针，坚持正确出版导向，坚持内容质量第一，牢记出版工作职责使命。坚持把思想政治素质放在职称评价的首位，全面考察出版专业技术人员的政治立场、职业道德和从业操守。完善诚信承诺和失信惩戒机制，对通过弄虚作假、暗箱操作等违纪违规行为取得的职称，一律予以撤销。

2. 注重评价能力和业绩。注重评价出版专业技术人员的能力素质和工作业绩，引导出版专业技术人员全面掌握出版理论知识，熟练运用业务技能，有效提升选题策划、编辑校对、设计制作等实践能力。将出版专业技术人员的选题策划报告、审稿校对意见、设计制作方案和项目等代表性成果作为职称评审的重要内容，注重成果的质量、贡献和影响力。

3. 实行国家标准、地区标准和单位标准相结合。人力资源社会保障部、国家新闻出版署负责制定《出版专业技术人员职称评价基本标准》（附后）。各地区人力资源社会保障部门会同新闻出版管理部门可结合本地区实际情况，制定地区标准。具有自主评审权的用人单位可结合本单位实际，制定单位标准。地区标准和单位标准不得低于国家标准。

（三）创新评价机制

1. 丰富评价方式。出版专业技术人员初级、中级实行以考代评的方式，不再进行相应的职称评审或认定。初级、中级考试由全国统一组织、统一科目、统一大纲。人力资源社会保障部会同国家新闻出版署可以单独划定从事少数民族语言文字出版工作的出版专业技术人员考试合格标准。副高级和正高级一般采取评审方式。职称评审坚持同行评议，综合采用个人述职、面试答辩、业绩展示等多种形式，确保客观公正。

2. 健全评审制度。按照专业化组建、同行评议和业内认可的原则，遴选政治立场坚定、能力业绩突出的一线优秀资深出版专业技术人员和高等院校、科研机构、行业协会声望较高的专家学者等担任评审专家，组建职称评审委员会。积极吸收从事融合出版、版权运营等业务的优秀资深人员和专家学者参加。严格落实评审委员会核准备案制度。国务院有关部门和中央出版单位成立的高级职称评审委员会报人力资源社会保障部核准备案，其他高级职称评审委员会报省级以上人力资源社会保障部门核准备案。

3. 畅通评价渠道。进一步打破户籍、地域、身份等制约，畅通各类出版专业技术人员职称申报渠道。对主要从事融合出版、版权运营等业务的人员，出版单位应积极创造条件，新闻出版管理部门应考虑融合出版、版权运营等业务的特点，支持鼓励其参加考试或评审。从事与出版物策划、数字出版相关的非公有制经济组织、社会组织的出版专业技术人员可按属地原则参加考试或评审。出版企事业单位中经批准离岗创业或兼职的专业技术人员，3 年内可在原单位按规定正常申报职称，其创业或兼职期间相关工作业绩可作为职称评审的依据。

4. 建立绿色通道。对在出版工作中做出重大贡献或者急需紧缺的出版专业技术人员，可适当放宽学历、资历、年限等条件限制，直接申报评审高级职称。对长期在艰苦边远地区和少数民族地区从事出版工作的专业技术人员，以及在其他地区从事少数民族语言文字出版工作的专业技术人员，重点考察其实际工作业绩，适当放宽学历和科研能力要求。

（四）促进职称制度与人才培养使用相结合

1. 与人才培养制度有效衔接。充分发挥职称制度对提高人才培养质量的导向作用，紧密结合出版行业人才需求和职业标准，建立健全与职称制度相衔接的出版学科学位教育制度，加快培育出版专业人才。推进职称制度与出版专业技术人员继续教育制度相衔接，引导出版专业技术人员更新知识、拓展技能，全面提升专业胜任能力。

2. 与用人制度有效衔接。出版单位应当结合用人需求，根据职称评价结果合理使用出版专业技术人员，实现职称评价结果与出版专业技术人员聘用、考核、晋升等用人制度紧密结合、有效衔接。全面实行岗位管理、专业技术人才学术技术水平与岗位职责密切相关的事业单位，一般应在岗位结构比例内开展职称评审。不实行事业单位岗位管理的单位，可根据工作需要，择优聘任具有相应职称的出版专业技术人员从事相关工作。健全完善出版专业技术人员考核制度，加强聘后管理，在岗位聘用中实现人员能上能下。

（五）优化管理服务

1. 下放评审权限。发挥用人主体在职称评审中的主导作用，科学界定、合理下放职称评审权限，逐步将高级职称评审权下放到符合条件的出版单位、行业社会组织或市地。自主评审单位组建的高级职称评审委员会应当按照管理权限报省级以上人力资源社会保障部门核准备案。

2. 加强监督管理。建立健全职称评审公开制度，实行政策公开、标准公开、程序公开、结果公开，接受社会和群众监督。建立健全职称评审回避制度、公示制度和随机抽查、巡查制度，建立复查、投诉机制，强化对评审全过程的监督管理。加强对自主评审工作的监管，对于不能正确行使评审权、不能确保评审质量的评审单位，暂停其自主评审工作直至收回评审权，并追究责任。

3. 优化评审服务。加强职称评审信息化建设，探索实行网上申报、审核、评审、公示等一体化服务。合理确定申报职称所需材料种类和内容，减少各类申报表格和纸质证明材料，简化申报手续和审核环节。

三、组织实施

（一）加强组织领导。深化出版专业技术人员职称制度改革是分类推进职称制度改革的重要内容，各地区、各有关部门要充分认识改革的重大意义，高度重视改革工作。各级人力资源社会保障部门会同新闻出版管理部门负责职称政策制定、组织实施和监督检查等工作。各有关部门要密切配合，建立有效工作机制，确保改革工作顺利实施。

（二）稳步有序推进。各地区、各有关部门要根据本指导意见精神，紧密结合实际，切实抓好改革的贯彻落实。在推进改革过程中，要深入开展调查研究，细化工作措施，完善工作预案，妥善做好新旧政策衔接工作。在改革中要认真总结经验，及时解决改革中出现的新情况、新问题，妥善处理改革、发展和稳定的关系。

（三）抓好宣传引导。各地区、各有关部门要深入细致做好政策解读、舆论宣传和思想政治工作，充分调动广大出版专业技术人员的积极性，引导出版专业技术人员积极参与职称制度改革，营造有利于出版专业技术人员职称制度改革的良好氛围。

本指导意见适用于经国家出版主管部门依法批准设立的报纸、期刊、图书、音像、电子、网络等出版单位中，从事出版专业工作的出版专业技术人员。从事与出版物策划、数字出版相关的非公有制经济组织、社会组织的出版专业技术人员参照执行。

军队可以参照本意见制定出版专业技术人员职称评价具体办法。

附件：出版专业技术人员职称评价基本标准

2021 年 1 月 28 日

附件

出版专业技术人员职称评价基本标准

一、遵守中华人民共和国宪法和法律法规，坚持中国共产党的领导，拥护党的基本理论、基本路线和基本方略，忠于党的出版事业。

二、坚持党性原则，坚持马克思主义新闻出版观，坚持以人民为中心的工作导向，认真履行出版工作职责使命。

三、具备良好的思想政治素质和职业道德、敬业精神，作风端正。

四、热爱出版工作，具备相应的出版专业知识和业务技能，认真履行岗位职责，按照规定参加继续教育。

五、出版专业技术人员参加各层级职称评价，除必须达到上述标准条件外，还应分别具备以下条件：

（一）助理编辑

1. 具有基本的马克思主义理论水平，基本掌握出版专业基础理论和专业知识。

2. 了解出版工作规律，基本具备从事出版选题策划、编辑校对、设计制作等工作的能力，能够胜任出版专业基础性工作。

3. 具备大学专科及以上学历。

（二）编辑

1. 具有一定的马克思主义理论水平，掌握出版专业基础理论和专业知识，有一定的出版学术水平。

2. 熟悉出版工作规律，有一定的出版选题策划、编辑校对、设计制作等实践经验，能够独立开展某一方面的出版专业工作，能基本解决工作中的疑难问题，基本能创造性地开展工作。

3. 能够指导初级出版专业技术人员开展工作。

4. 具备博士学位；或具备硕士学位，从事出版专业工作满 1 年；或具备双学士学位、第二学士学位或研究生班毕业，从事出版专业工作满 2 年；或具备大学本科学历或学士学位，从事出版专业工作满 4 年；或具备大学专科学历，从事出版专业工作满 5 年。

（三）副编审

1. 具有相当的马克思主义理论水平，全面掌握出版专业理论和专业知识，有一定的出版学术造诣。

2. 全面掌握出版工作规律，有较深厚扎

实的出版选题策划、编辑校对、设计制作等实践功底，出版工作经验比较丰富，能解决工作中的疑难问题，能够创造性地开展工作，工作业绩显著，参与出版了为社会所认可的、有一定影响力的出版物，或参与开展了有一定行业影响力的出版工程项目等。

3. 是出版专业领域的业务骨干，具有指导、培养中级及以下出版专业技术人员的能力。

4. 取得一定的出版相关理论研究成果，或主持完成出版相关行业标准、研究课题、调研报告等。

5. 具备博士学位，从事出版专业工作满2年；或具备大学本科及以上学历或学士及以上学位，取得编辑职称后，从事出版专业工作满5年。

（四）编审

1. 具有较高的马克思主义理论水平，系统掌握出版专业理论和专业知识，有较高的出版学术造诣。

2. 系统掌握出版工作规律，有深厚扎实的出版选题策划、编辑校对、设计制作等实践功底，出版工作经验丰富，能解决工作中的重大疑难问题，在出版工作方面有重大创新，工作业绩卓著，在出版界有一定影响，主持出版了为社会所认可的、有较大影响力的出版物，或主持开展了有较大行业影响力的出版工程项目等。

3. 是出版专业领域的业务带头人，具有指导、培养副高级及以下出版专业技术人员的能力。

4. 取得重大出版相关理论研究成果，或其他创造性出版相关研究成果，推动出版业发展。

5. 具备大学本科及以上学历或学士及以上学位，取得副编审职称后，从事出版专业工作满5年。

不具备上述规定的学历、年限等要求，业绩突出、作出重要贡献的，可破格申报，具体办法由各地区、各有关部门和单位另行制定。

人力资源社会保障部　财政部　科技部关于事业单位科研人员职务科技成果转化现金奖励纳入绩效工资管理有关问题的通知

人社部发〔2021〕14 号

各省、自治区、直辖市及新疆生产建设兵团人力资源社会保障厅（局）、财政厅（局）、科技厅（委、局），党中央各部门人事、财务部门，国务院各部委、各直属机构人事、财务部门：

为落实以增加知识价值为导向的收入分配政策，进一步推动科技成果转移转化，根据国务院办公厅《关于抓好赋予科研机构和人员更大自主权有关文件贯彻落实工作的通知》（国办发〔2018〕127 号）要求，现就事业单位科研人员职务科技成果转化现金奖励（以下简称现金奖励）纳入绩效工资管理有关问题通知如下。

一、职务科技成果转化后，科技成果完成单位按规定对完成、转化该项科技成果做出重要贡献人员给予的现金奖励，计入所在单位绩效工资总量，但不受核定的绩效工资总量限制，不作为人力资源社会保障、财政部门核定单位下一年度绩效工资总量的基数，不作为社会保险缴费基数。

二、科技成果完成单位根据国家规定和本单位实际，在充分听取科研人员意见基础上，建立健全职务科技成果转化管理规定、公示办法，明确现金奖励享受政策人员范围、具体分配办法和相关流程，相关规定应在本单位公开。

三、对于接受企业或其他社会组织委托取得的项目，经费纳入单位财务统一管理，由项目承担单位按照委托方要求或合同约定管理使用。其中属于科研人员在职务科技成果转化工作中开展技术开发、技术咨询、技术服务等活动的，项目承担单位可根据实际情况，按照《技术合同认定登记管理办法》规定到当地科技主管部门进行技术合同登记，认定登记为技术开发、技术咨询、技术服务合同的，项目承担单位按照促进科技成果转化法等法律法规给予科研人员的现金奖励，按照本通知第一条规定执行。不属于职务科技成果转化的，从项目经费中提取的人员绩效支出，应在核定的绩效工资总量内分配，纳入单位绩效工资总量管理。

四、科技成果完成单位统计工资总额、年平均工资、年平均绩效工资等数据以及向有关部门报送年度绩效工资执行情况时，应包含现金奖励情况，并单独注明。

五、各级人力资源社会保障、财政、科技主管部门要加大政策指导力度，优化政策环境，根据职责完善事中事后监管，将现金奖励政策落到实处。

六、本通知所指职务科技成果、科技成果转化，应符合《中华人民共和国促进科技成果转化法》、《国务院关于印发实施〈中华人民共和国促进科技成果转化法〉若干规定的通知》（国发〔2016〕16号）等有关法律和规定。

七、本通知自印发之日起执行，以往规定与本通知规定不一致的，按本通知规定执行。

2021年2月8日

人力资源社会保障部　工业和信息化部关于深化工艺美术专业人员职称制度改革的指导意见

人社部发〔2021〕15号

各省、自治区、直辖市及新疆生产建设兵团人力资源社会保障厅（局）、工业和信息化主管部门，国务院各部委、各直属机构人事部门，有关中央企业人事部门：

工艺美术专业人员是我国专业技术人才队伍的组成部分，是传承和发展工艺美术、弘扬中华民族优秀文化、建设社会主义文化强国的重要力量。深化工艺美术专业人员职称制度改革，对于提高工艺美术产业整体创新能力、促进产业结构优化升级具有重要意义。为落实中共中央办公厅、国务院办公厅印发的《关于深化职称制度改革的意见》，加快建设知识型、技术型、创新型工艺美术专业人员队伍，现就深化工艺美术专业人员职称制度改革提出如下指导意见。

一、总体要求

（一）指导思想

以习近平新时代中国特色社会主义思想为指导，全面贯彻党的十九大和十九届二中、三中、四中、五中全会精神，认真落实党中央、国务院决策部署，服务人才强国战略和创新驱动发展战略，遵循工艺美术专业人员成长规律，完善评价机制，建立科学化、规范化、社会化的工艺美术专业人员职称制度，充分调动广大工艺美术从业者积极性和创造性，培养造就素质优良、结构合理、充满活力的工艺美术专业人才队伍，为提升我国工艺美术行业传承与创新能力、促进行业高质量发展提供人才支撑。

（二）基本原则

1. 坚持服务发展。围绕经济发展方式转变、产业结构调整要求，充分发挥人才评价“指挥棒”和风向标作用，激发工艺美术专业人员创新创造创业活力，推动工艺美术产业高质量发展。

2. 坚持遵循规律。遵循工艺美术专业人员成长规律，突出其职业发展特点，建立分类科学、合理多元的评价体系，强化责任意识、弘扬工匠精神，营造潜心创作、扎实研究、追求卓越的制度环境。

3. 坚持科学评价。以职业分类为基础，以品德、能力、业绩为导向，分类制定评价标准，破除唯学历、唯资历、唯论文、唯奖项倾向，突出专业性、技术性和创新性，充分调动工艺美术专业人员创新创造创业的积极性。

4. 坚持以用为本。围绕用好用活人才，创新人才评价机制，规范管理服务方式，促进人才评价与培养使用相结合，促进工艺美术专业人员职称制度与选人用人制度相衔接，满足各类用人单位选才用才需要。

二、主要内容

通过健全制度体系、完善评价标准、创新评价机制、促进职称制度与人才培养使用制度相衔接、优化管理服务方式等措施，构建设置合理、覆盖全面、评价科学、管理规范、监管到位的工艺美术专业人员职称制度。

（一）健全制度体系

1. 增设正高级工艺美术师。高级职称分设副高级和正高级，初级职称分设员级和助理级。员级、助理级、中级、副高级和正高级职称名称依次为工艺美术员、助理工艺美术师、工艺美术师、高级工艺美术师和正高级工艺美术师。

2. 打通高技能人才与工艺美术专业人员职业发展通道。支持工艺美术领域高技能人才参加职称评审，不将学历、论文、外语、计算机等作为高技能人才参加职称评审的限制性条件。建立职称评审向优秀人才倾斜机制，对在推动中华优秀传统技艺的传承保护和创新性发展、促进工艺美术事业繁荣发展中做出重大贡献的工艺美术专业人员，可直接申报评审正高级或副高级职称。对在国家级工艺美术职业技能赛事中成绩优异者，适当放宽资历、年限等条件限制。

（二）完善评价标准

1. 坚持德才兼备、以德为先。坚持把品德放在职称评价的首位，重点考察工艺美术专业人员的政治立场、职业道德、社会责任和职业操守，倡导精雕细琢、精益求精的工匠精神。用人单位可通过考核测评、民意调查等方式综合考察工艺美术专业人员的职业操守和从业行为。完善诚信承诺和失信惩戒机制，对剽窃他人作品、设计创意或存在学术不端行为的，实行“一票否决制”，对通过弄虚作假、暗箱操作等违纪违规行为取得的职称，一律予以撤销。

2. 突出评价能力和业绩。适应工艺美术专业性、技术性、创造性强的特点，完善工艺美术专业人员评价标准。增加工艺制作、工艺创新、设计创意、代表作品、标准制定等评价指标的权重。重点考察创作作品质量和技艺水平，以及本专业技艺传承和创新成果所取得的经济效益和社会效益。工艺美术专业人员职称评审对外语、计算机应用能力、论文等不作统一要求，由用人单位或评审机构根据需要自主确定。

3. 实行国家标准、地区标准和单位标准相结合。人力资源社会保障部会同工业和信息化部等有关行业主管部门研究制定《工艺美术专业人员职称评价基本标准》（附后）。各地区可根据本地区经济社会发展情况，制定地区标准。具有自主评审权的用人单位可结合本单位实际，制定单位标准。地区标准和单位标准不得低于国家标准。支持龙头企业、行业协会学会等参与制定评价标准。

（三）创新评价机制

1. 改进评价方式。建立以同行专家评议为基础的业内评价机制，综合采取专家评审、业绩展示、实践操作、面试答辩、考核认定等多种评价方式，提高职称评审的针对性、规范性、科学性。为涉密工艺美术技艺人才开辟特殊通道，采取特殊评价方法。完善评审专家遴选机制，积极吸纳业绩突出、声望较高的专业院校、科研机构、行业组织以及活跃在工艺美术生产一线的高级人才担任评审专家。坚持职称评审委员会核准备案制度，完善职称评审委员会工作程序和评审规则，严肃评审工作纪律，对违反评审纪律的评审专家，应及时取消评审专家资格。

2. 畅通职称评审渠道。打破户籍、地域、身份、档案等制约，畅通民营企业、个人工作室等工艺美术从业人员职称申报渠道。建立完善个人自主申报、业内公正评价、单位择优使用、政府指导监督的社会化评审机制，满足非公有制经济组织、社会组织以及新兴业态职称评价要求，服务产业结构优化升级和创新发展。依托具备较强服务能力和水平的专业化人才机构、行业协会学会等社会组织，组建社会化评审机构开展职称评审。

3. 下放职称评审权限。科学界定、合理下放职称评审权限，逐步将工艺美术专业人员高级职称评审权限下放至符合条件的企事业单位、行业组织或市地。各省（区、市）、国务院有关部门、中央有关企业等可按有关规定成立工艺美术专业人员高级职称评审委员会，按照《职称评审管理暂行规定》有关要求备案。

（四）与人才培养使用相衔接

1. 促进职称制度与人才培养制度有效衔接。推动工艺美术专业人员职称制度与工艺美术类高等、中等职业教育有效衔接，结合工艺美术领域人才需求和职业标准，加快重点行业、重要专业人才培养。强化协同育人理念，充分发挥企业等用人单位的重要作用，通过校企合作办学等方式，促进评价标准与培养标准深度融合。

2. 实现职称制度与用人制度有效衔接。全面实行岗位管理、工艺美术专业人员技术水平与岗位职责密切相关的事业单位，一般应在岗位结构比例内开展职称评审，聘用具有相应职称的工艺美术专业人员到相应岗位。不实行岗位管理的企业、个人工作室，可根据工作需要，坚持以用为本，择优聘任具有相应职称的专业技术人员从事相应岗位工作。建立健全人才激励机制和考核制度，加强聘后管理，在岗位聘用中实现人员能上能下。

（五）优化公共服务

1. 转变监督管理方式。建立职称评审随机抽查、巡查制度，加强对职称评审全过程的监督管理，强化单位自律和外部监督。评审结果应在行业主管部门官方网站进行公示，畅通意见反映渠道，对群众反映或舆情反映较强烈的问题，有针对性地进行专项核查，及时妥善处理。因评审工作把关不严、程序不规范，造成投诉较多、争议较大的，要责令限期整改；对整改无明显改善或逾期不予整改的，暂停其评审工作直至收回评审权，并依法追究相关人责任。

2. 健全公共服务体系。推行个人诚信承诺制度，精减申报材料，减少证明事项，优化审核、评审程序，减轻工艺美术专业人员申报负担。加强项目评审、人才评价和机构评估等相关业务统筹，加大申报材料和业绩成果信息共享，实行材料一次报送、一表多用。加快推进职称评审信息化建设，探索实行网上申报、网上评审、网上查询验证。

3. 推动工艺美术职称国际互认。积极开展国际交流，建立有效工作机制，选择条件成熟的工艺美术专业类别探索开展工艺美术专业人员职称资格双边和多边互认。

三、组织实施

（一）提高认识，加强领导。职称制度改革涉及工艺美术专业人员的切身利益，各地区、各有关部门要充分认识改革的重要性、复杂性、敏感性，加强组织领导，狠抓工作落实，确保各项改革措施落到实处。各级人力资源社会保障部门会同工业和信息化等有关行业主管部门，具体负责工艺美术专业人员职称制度改革的政策制定、组织实施和监督检查工作。各有关部门要密切配合，相互协调，确保改革各项工作顺利推进。

（二）精心组织，稳慎实施。各地区、各有关部门要加强宣传引导，搞好政策解读，充分调动工艺美术从业者的积极性，引导其积极支持和参与工艺美术专业人员职称制度改革，营造有利于工艺美术专业人员职称制度改革的良好氛围。

本指导意见适用于工艺美术制作、工艺美术研究、工艺美术设计等领域的工艺美术专业人员。工艺美术包括雕塑工艺（含砚刻）、金属工艺、漆器工艺、家具工艺、花画工艺、剪纸工艺、编织工艺、结绣工艺、织毯工艺、印染工艺、珠宝首饰工艺、陶瓷工艺、烟花爆竹工艺及其他民族工艺等。

附件：工艺美术专业人员职称评价基本标准

2021 年 2 月 7 日

附件

工艺美术专业人员职称评价基本标准

一、遵守中华人民共和国宪法和法律法规。

二、具有良好的职业道德、敬业精神，作风端正。

三、热爱本职工作，认真履行岗位职责。

四、按照要求参加继续教育。

五、持续参加行业组织开展的工艺美术公共文化和社会教育等服务，取得良好的社会效应和行业认可。

六、工艺美术专业人员申报各层级职称，除必须达到上述基本条件外，还应分别具备以下条件：

（一）工艺美术员

1. 熟悉本专业的基础理论知识和专业技术知识。

2. 具有完成辅助性专业工作的操作能力。

3. 大学专科毕业，专职从事工艺美术工作 1 年以上；或中专毕业，专职从事工艺美术工作 2 年以上；或在省级以上工艺美术大师工作室或高级工艺美术师工作室从事专业工作 3 年以上，经考察合格；或专职从事工艺美术工作 5 年以上。

（二）助理工艺美术师

1. 掌握本专业的基础理论知识和专业技术知识。

2. 具有运用专业技艺知识独立完成一般性专业工作的实际能力，能处理本专业范围内一般性技艺难题。

3. 具有指导工艺美术员工作的能力。

4. 符合下列条件之一：

（1）具备硕士学位或第二学士学位并经考察合格；或大学本科毕业，专职从事工艺美术工作 1 年以上；或大学专科毕业，专职从事工艺美术工作 2 年以上；或中专毕业，专职从事工艺美术工作 4 年以上；或专职从事工艺美术工作 10 年以上。

（2）中专（不含）以下学历，取得工艺美术员职称后，从事工艺美术相关工作满 5 年；或取得工艺美术员职称后，在省级以上工艺美术大师或高级工艺美术师工作室从事专业工作满 4 年，且独立完成至少 3 件具有一定水平的作品。

（三）工艺美术师

1. 熟练掌握并能够灵活运用本专业基础理论知识和专业技术知识，熟悉本专业技术标准和规程，了解本专业新技术、新工艺、新设备、新材料的现状和发展趋势，有较高水平的代表作。

2. 具有一定的工艺美术专业研究能力，能够独立撰写学术论文或研究报告。

3. 具有指导助理工艺美术师工作的能力。

4. 具备博士学位；或取得硕士学位或第二学士学位，取得助理工艺美术师职称后，从事工艺美术工作满 2 年；或取得大学本科学位、大专学历，取得助理工艺美术师职称后，从事工艺美术工作满 4 年；或取得助理工艺美术师职称后，从事工艺美术相关工作满 5 年；或从事工艺美术工作满 15 年。

5. 具备以下条件之一，可直接申报工艺美术中级职称：

（1）作为第一撰写人或作者发表至少 2 篇专业性学术论文、专业性研究报告、专业技艺创作总结报告等；或参与编制完成至少 1 项行业标准或团体、地方标准；或参与恢复传承并发展濒临失传传统技艺至少1项。

（2）作品获得中央国家机关保留项目目录中的评比达标表彰工艺美术类全国一等奖1项，或二等奖2项；或经省市地方政府有关部门批准的省市级工艺美术类一等奖3项，或二等奖以上5项。

（四）高级工艺美术师

1. 系统掌握专业理论知识和专业技术知识，熟悉运用本专业技术标准和规程，在相关领域取得重要成果。

2. 长期从事工艺美术发掘、传承、保护、管理、研究、创新、发展、人才培养工作，业绩突出，能够独立主持相关重大项目，取得较高经济效益或社会效益。

3. 在指导、培养中青年工艺美术骨干人才方面发挥重要作用，能够指导工艺美术师或研究生的工作和学习。

4. 具备博士学位，取得工艺美术师职称后，从事工艺美术相关工作满2年；或具备硕士学位，或第二学士学位，或大学本科学历，或学士学位，或大学专科学历，取得工艺美术师职称后，从事工艺美术相关工作满5年。

5. 取得工艺美术师职称后，业绩、成果符合下列条件之一：

（1）作为主创人员参与创作的作品中至少1件被用于重要国事活动或国际大型活动、赛事等场合；被国家级或省部级专业艺术馆收藏的作品不少于1件。

（2）作为第一撰写人或作者，在省（部）级以上专业学术会议上或在公开发行的期刊、出版的书籍上发表至少2篇专业性学术论文、专业性研究报告、专业技艺创作总结报告等，其中至少1篇论文或报告达到专业领域国内先进水平。

（3）作为主要参编者，参与完成至少1项行业技术标准或至少2项团体或地方标准。参与组织恢复传承并发展濒临失传传统技艺至少1项。

6. 不具备前项规定的学历、年限要求，业绩突出、做出重要贡献的，可由2名正高级工艺美术师或本领域2名正高级职称专家推荐破格申报，具体办法由各地、各有关部门和单位另行制定。

（五）正高级工艺美术师

1. 具有全面系统的专业理论和实践功底，科研水平、学术造诣或实践能力强，全面掌握本专业国内外前沿发展动态，取得重大理论研究成果，或在相关领域取得创新性成果，推动了本专业发展。

2. 长期从事工艺美术发掘、传承、保护、管理、研究、创新、发展、人才培养等工作，业绩突出，能够独立主持相关重大项目，取得较高经济效益或社会效益。

3. 在本专业领域具有较高的知名度和影响力，在工艺美术生产、制作或自主创新方面做出突出贡献，发挥了较强的引领和示范作用。

4. 在指导、培养中青年工艺美术骨干人才方面发挥重要作用，能够指导高级工艺美术师或研究生的工作和学习。

5. 一般应具备大学本科以上学历或学士以上学位，取得高级工艺美术师职称后，从事工艺美术相关工作满5年。

6. 取得高级工艺美术师职称后，业绩、成果符合下列条件之一：

（1）作为主创人员参与创作的作品中至少2件被用于重要国事活动或国际大型活动、赛事等场合；被国家级或省部级专业艺术馆收藏的作品不少于2件。

（2）作为第一撰写人或作者，在省（部）级以上专业学术会议上或在公开发行的期刊、出版的书籍上发表至少5篇专业性学术论文、专业性研究报告、专业技艺创作总结报告等，其中至少1篇论文或报告达到专业领域国内先进水平。

（3）作为第一起草人，主持编制完成至少1项行业技术标准或至少2项团体或地方标准；组织恢复传承并发展濒临失传传统技艺至少1项。

（4）获国家自然科学、技术发明、科学

技术进步奖；或作品获得中央国家机关评比达标表彰保留项目中，工艺美术类全国一等奖5项；或经省（部）级有关部门批准的、省（部）级工艺美术类评比一等奖8项；或省（部）级以上专业技能竞赛第一名获得者。

7. 不具备前项规定的学历、年限要求，业绩突出、做出重要贡献的，可由2名正高级工艺美术师或本领域2名正高级职称专家推荐破格申报，具体办法由各地、各有关部门和单位另行制定。

人力资源社会保障部　财政部
关于2021年调整退休人员
基本养老金的通知

人社部发〔2021〕20号

各省、自治区、直辖市人民政府，国务院各部委、各直属机构，新疆生产建设兵团：

经党中央、国务院批准，从2021年1月1日起调整企业和机关事业单位退休人员（以下简称退休人员）基本养老金水平。现就有关事项通知如下：

一、调整范围。2020年12月31日前已按规定办理退休手续并按月领取基本养老金的退休人员。

二、调整水平。全国总体调整比例按照2020年退休人员月人均基本养老金的4.5%确定。各省以全国总体调整比例为高限，确定本省调整比例和水平。

三、调整办法。采取定额调整、挂钩调整与适当倾斜相结合的办法，并实现企业和机关事业单位退休人员调整办法统一。定额调整要体现公平原则；挂钩调整要体现“多缴多得”“长缴多得”的激励机制，可与退休人员本人缴费年限（或工作年限）、基本养老金水平等因素挂钩；对高龄退休人员、艰苦边远地区退休人员，可适当提高调整水平。继续确保安置到地方工作且已参加基本养老保险的企业退休军转干部基本养老金不低于当地企业退休人员平均水平。要进一步强化激励，适当加大挂钩调整所占比重。

四、资金来源。调整基本养老金所需资金，参加企业职工基本养老保险的从企业基本养老保险基金中列支，参加机关事业单位工作人员基本养老保险的从机关事业单位基本养老保险基金中列支。对中西部地区、老工业基地、新疆生产建设兵团和在京中央国家机关及所属事业单位，中央财政予以适当补助。未参加职工基本养老保险的，调整所需资金由原渠道解决。

五、组织实施。调整退休人员基本养老金，是提高保障和改善民生水平的重要措施，体现了党中央、国务院对广大退休人员的亲切关怀。各地区要高度重视，切实加强领导，精心组织实施，加强宣传解读，正确引导舆论，确保调整工作平稳进行。要按照党中央、国务院统一部署，结合本地区实际，制定具体实施方案，于2021年4月30日前报送人力资源社会保障部、财政部备案。要严格按照人力资源社会保障部、财政部备案同意的实施方案执行，把各项调整政策落实到位。要切实采取措施加强养老保险基金收支管理，提前做好资金安排，确保基本养老金按时足额发放，不得发生新的拖欠。未经人力资源社会保障部、财政部批准，不得自行提高退休人员基本养老金水平，不得通过设立最低养老金标准等方式变相提高待遇水平。对自行提高调整水平、突破调整政策、存在违规一次性补缴或违规办理提前退休的地区，将予以批评问责，并相应扣减中央财政补助资金和中央调剂金。在京中央和国家机关及所属事业单位的调整方案由人力资源社会保障部、财政部制定并组织实施。

2021 年 4 月 1 日

人力资源社会保障部关于深入实施“人社服务快办行动”的通知

人社部发〔2021〕23号

各省、自治区、直辖市及新疆生产建设兵团人力资源社会保障厅（局），部属各单位：

自2020年我部在全系统部署开展“人社服务快办行动”（以下简称“快办行动”）以来，各级人力资源社会保障部门积极推进关联事项打包办、高频事项提速办、所有事项简便办，为企业群众办事增便利。但一些地方还存在打包事项融合不深、信息系统支撑不强、经办服务效率不高、工作推进覆盖不广等问题，影响了“快办行动”的实施效果。为进一步攻坚堵点难点，方便企业群众享受更快更好的人社服务，现就深入实施“快办行动”通知如下。

一、工作目标

聚焦企业群众办理人社业务的操心事、烦心事、揪心事，将深入实施“快办行动”作为“我为群众办实事”的重要举措，坚持集成服务、简约服务、创新服务、规范服务原则，持续推进人社领域“放管服”改革，进一步整合事项、优化流程、精简材料、压缩时限，促进服务提质增效挖潜，不断增强企业群众的幸福感获得感满意度。2021年，所有地市实施10个“一件事”打包办、20个高频事项提速办、30个异地事项跨省办，协同推进特殊情况上门办、服务下沉就近办，积极探索“免申即办”，以社会保障卡为载体推行“一卡办”。2022年以后，持续提升完善以企业群众需求为导向、以信息共享业务协同为支撑、以经办能力建设为基础，流程优化、服务智能、便民高效的人社服务格局。

二、主要任务

（一）推进“打包办”提质

1. 推动“一件事”扩面。各地人力资源社会保障部门要按照《人力资源社会保障部关于开展“人社服务快办行动”的通知》（人社部发〔2020〕26号）明确的10个打包“一件事”，结合本地实际，逐一梳理每个“一件事”所涉事项，确保应进必进、打包办理。鼓励各地根据企事业单位和群众生产生活全周期特定阶段办事需求，推动补贴申领、工伤待遇申领、人才服务、劳动维权服务、培训鉴定服务、职工提前退休和劳动能力鉴定合并申请等更多“一件事”打包办。事业单位人事管理“一件事”服务试点省份要扎实做好试点工作，其他地区也可结合本地实际积极推进。

2. 规范“一件事”流程。按照企业群众办理每个“一件事”，只需“一张表单、一套材料、一次申请”的原则，认真梳理所涉社会保险、就业创业、人才人事、劳动关系等方面事项的关联关系，形成“一件事”若干办事场景，整合重构“一件事”业务流程。可参照10个打包“一件事”表单参考信息项

(见附件1)，结合实际制定申请表单，方便企业群众根据需要自主勾选。对所涉事项可并联办理的，打包“一件事”办结时限不得超过单个事项最长办结时限。所需材料突出“去重”，每个“一件事”所涉事项出现相同材料时，不得要求服务对象重复提交。通过流程再造，支持服务对象“一次申请”和选择办理“一件事”所涉事项，推进事项简单整合向深度融合转变。

3. 打造“一件事”窗口。在人社政务服务平台、社会保险公共服务平台、电子社保卡、手机App开设专区，建设线上统一受理入口。县级及以上人力资源社会保障部门，应至少有1个窗口可以受理“打包快办”业务；逐步实现所涉全部经办机构，均可按统一标准受理“一件事”办事申请，实现“一窗通办”。根据企业群众办事频率和习惯，不断优化窗口设置，推动服务下沉和事项跨层级联办。

（二）推进“提速办”增效

1. 扩大提速事项范围。按照“打包服务提速、高频事项提速、办证业务提速、待遇补贴提速”的要求，持续推进“提速办”。在巩固去年10个高频事项提速成果的基础上，结合本地实际，再实现10个以上高频事项在规定时限基础上提速50%以上。进一步推动将限时办结事项转为即时办结事项，通过减环节、提效率可在30分钟内反馈办理结果的，原则上都应即时办结。

2. 推进服务“一网通办”。大力推行“不见面”服务，实现省内事项网上办“应上尽上”。拓展网上办事广度和深度，逐步实现查询、申报、办理、反馈“全程在线”。已在线完成部分办理的，实体大厅不得要求重复填报信息或提交材料。推动更多事项向移动客户端、自助终端、服务热线等延伸拓展，为群众提供多样性、多渠道、便利化服务。依托全国人社政务服务平台、国家社会保险公共服务平台，推进更多跨省事项按照统一发布的办事指南，实现畅通办理。

3. 提升现场服务效率。完善“前台综合受理、后台分类审批、综合窗口出件”受审分离经办模式，减少群众排队等候时间。开通老年人、残疾人等特殊群体“绿色通道”，提供“一站式”或全程代办服务，特殊情况提供“上门办”服务。加强窗口单位经办能力建设，广泛开展练兵比武，培养更多人社“知识通”、业务“一口清”。

（三）推进“简便办”挖潜

1. 推行告知承诺。全面推行证明事项告知承诺制，企业群众符合条件的，在办理相关事项时只需按规定作出承诺，不必再提供相应证明材料。确定实施范围，完善办事指南，规范编制告知承诺书文本，在服务场所或网站上公示，方便办事群众查阅、索取或下载。采取在线核查、现场核查、行政机关协助核查等措施，加强事中事后监管。

2. 推行“就近可办”。统一经办服务标准，推行同城通办，事项“无差别受理”。对量大面广的事项，可借助银行、邮政、基层平台等力量实现服务下沉，方便群众就近办事。深化“人社政务服务电子地图”应用，实现办事地点和业务范围精准查询、一键导航。针对交通不便、留守老人多等地区实际情况，积极开展帮办代办等便民服务。

3. 实施精准服务。聚焦企业群众关切的高频事项，探索“免申即办”。强化数据智能比对，精准检索服务对象，核实信息确认意愿，按规定进行公示，实现免填表、免申报的“政策找企、政策找人”。探索“智能审核”，在健全业务规则、风控措施的基础上，由系统进行数据自动核验、标准化审核，提升人社服务智能化、规范化、便民化水平。

三、工作要求

（一）完善工作机制

各级人力资源社会保障部门要建立健全联办联动工作机制，明确“快办行动”的牵头单位和参与单位，并根据每个打包“一件事”，明确所涉相关机构的职责和任务，协同制定工作规程和业务流程。有关工作可参照打包“一件事”参考工作流程（见附件2）实施。要加强标准化建设，进一步推动事项的名称、类型、依据、编码和指南统一规范。省级人力资源社会保障部门要做好统筹规划，提出跨机构、跨地区、跨层级办理业务的解决方案，确保改革措施的系统性、整体性、协同性。在充分发挥好已有162个部联系点示范先行作用的同时，每个省份再向部里推荐3～4个部直接联系点，并确立一批新的省内联系点，实现部、省联系点地市级全覆盖，加强工作联系和指导，推动工作有序开展。

（二）强化系统支撑

依托人社信息化便民服务创新提升行动，加大信息系统整合力度。鼓励在全市、全省范围应用统一的人社全业务管理信息系统，打通就业创业、社会保险、人才人事、劳动关系等独立信息系统，为“快办行动”的实施提供技术支撑。强化人社系统内部各机构间和与相关部门间的信息共享，推动与政务服务平台对接，为线下“一门办”、线上“一网通”、全程“一卡办”提供保障。

（三）优化服务体验

通过“部领导走基层、厅局长走流程、人社干部走一线”，广泛开展调研暗访、服务对象访谈，体验办事流程，发现堵点难点，听取意见建议，强化问题整改。结合人社政务服务“好差评”，开展评价数据分析，做好“点”上问题的整改，提出“面”上解决措施，不断推进“快办行动”事项清单扩容升级，流程规范迭代提标。

（四）加强宣传引导

持续开展人社政策待遇“看得懂算得清”宣传解读，用通俗易懂的“白话”语言、生动形象的情景故事、简单直观的表现形式，将“快办行动”如何快、怎么好讲清楚。编制发布形式直观、易看易懂的打包“一件事”办事指南，为企业和群众办事提供清晰指引。全方位、多角度、深层次挖掘各地深入推进“快办行动”的典型做法和取得成效，及时总结和宣传可复制可推广的经验和模式。

各地工作进展和相关问题建议请及时报部行风办、社保中心。

附件：1. 10个打包“一件事”表单参考信息项

2. 打包“一件事”参考工作流程

2021年4月21日

附件1

10个打包“一件事”表单参考信息项

一、企业招用员工“一件事”

（一）基本信息

姓名、性别、证件类型、证件号码、证件有效期、手机号码。

（二）参保服务

缴费人员增减申报—增员申报（默认勾选）：企业职工基本养老保险（勾选）、工伤保险（勾选）、失业保险（勾选）。

（三）社保关系转续

1. 社保关系转入（勾选）：企业职工养老保险/失业保险/机关事业单位养老保险/军人

退役养老保险/未就业随军配偶养老保险。

2. 转出地社保经办机构名称。

（四）社保卡申领

社会保障卡（含实体卡和电子卡）申领（默认勾选）：领卡方式（现场领取/邮寄，邮寄地址/收件人/联系电话）、2 寸免冠彩色照片（或电子照片）。

（五）就业服务

就业登记（勾选）。

（六）人事档案服务

1. 流动人员人事档案接收（勾选）：原档案管理服务机构信息；勾选获取档案调函方式（现场领取/邮寄，邮寄地址/收件人/联系电话）。现场办理档案接收时，实行告知承诺制。

2. 党员组织关系转入（勾选）：介绍信、人员类别（正式党员/预备党员）、入党日期。

（七）可拓展关联服务

1. 补贴申领（勾选）：①企业吸纳困难人员社保补贴②企业吸纳毕业生社保补贴③公益性岗位社保补贴。

2. 劳动关系（勾选）：①电子劳动合同签订②劳动用工备案。

如勾选“劳动用工备案”，用人单位应及时补充招用员工具体信息。

3. 如涉及失业保险金停发等情形，可在表内一并告知。

二、企业与员工解除终止劳动合同“一件事”

（一）基本信息

姓名、证件类型、证件号码、手机号码。

（二）参保服务

1. 缴费人员增减申报—减员申报（默认勾选）：减员原因、减员时间。

2. 社保欠费补缴申报（勾选）：补缴方式、补缴时间。

（三）劳动关系服务

劳动用工备案（默认勾选，自动办理）：劳动合同解除或终止时间。

（四）人事档案服务

1. 流动人员人事档案接收（勾选）：原档案管理服务机构信息；勾选获取档案调函方式（现场领取/邮寄，邮寄地址/收件人/联系电话）。现场办理档案接收时，实行告知承诺制。

2. 党员组织关系转入（勾选）：介绍信、人员类别（正式党员/预备党员）、入党日期。

三、失业“一件事”

（一）个人基本信息

姓名、性别、证件类型、证件号码、证件有效期、手机号码、失业类型（失业原因）、原工作单位、失业时间、户籍地址、常住地址。

（二）失业服务

1. 失业登记（默认勾选）：受理后信息推送至属地经办机构。

2.《就业创业证》申领（默认勾选）：需纸质《就业创业证》的，提交 2 寸免冠彩色照片（或电子照片）。

3. 就业困难人员认定（勾选）：需提供就业困难人员类型所对应的证明材料；受理后信息推送至属地经办机构。

（三）待遇补贴申领

1. 失业保险金申领（勾选）：默认为社保卡银行账户，确需修改账户的提供本人银行账户信息。

2. 代缴失业人员医疗保险费（如勾选“失业保险金申领”，此项默认勾选）。

3. 价格临时补贴（对勾选“失业保险金申领”人员，如符合条件，自动办理）。

4. 职业培训补贴申领（勾选）。

（四）就业服务

职业介绍（事项勾选）：求职意向、期望月薪、择业地区、简历公开程度（只对投递的单位公开、对全部单位公开、不公开）。

（五）参保服务

1. 参保缴费（事项勾选）：

（1）灵活就业参保缴费（勾选）：参保险

种、参保/续保时间、缴费档次。

(2) 城乡居民养老保险参保缴费（勾选)。

2. 社会保障卡（含实体卡和电子卡）申领（勾选)：领卡方式（现场领取/邮寄，邮寄地址/收件人/联系电话)、2 寸免冠彩色照片（或电子照片)。

四、高校毕业生就业“一件事”

（一）个人基本信息

姓名、性别、民族、政治面貌、证件类型、证件号码、证件有效期、手机号码、毕业院校（学历/学位/专业)、毕业时间、是否就业（就业类型/就业单位)、户籍地址、邮寄地址（地址/收件人/联系电话)。

（二）就业服务

1. 职业介绍（勾选)：求职意向、期望月薪、择业地区、简历公开程度（只对投递的单位公开、对全部单位公开、不公开)。

2. 就业服务（勾选)：就业政策法规咨询、职业供求信息推送、职业指导、就业见习、职业培训、创业指导、职业技能鉴定（或职业技能等级认定)、创业培训、公益性岗位等。

3. 就业登记（默认勾选)。

4.《就业创业证》申领（默认勾选)。

（三）人事档案服务

1. 流动人员人事档案接收（勾选)：现场办理时，实行告知承诺制。

2. 党员组织关系转入（勾选)：介绍信、人员类别（正式党员/预备党员)、入党日期。

（四）参保服务

1. 灵活就业参保缴费（勾选)：参保险种、参保/续保时间、缴费档次。

2. 社会保障卡（含实体卡和电子卡）申领（默认勾选)：领卡方式（现场领取/邮寄，邮寄地址/收件人/联系电话)、2 寸免冠彩色照片（或电子照片)。

（五）可拓展关联服务

灵活就业社会保险补贴申领：补贴领取账户（默认为社保卡银行账户，确需修改账户的提供本人银行账户信息)。

五、事业单位聘用工作人员“一件事”

（一）基本信息

姓名、性别、证件类型、证件号码、证件有效期、手机号码、单位名称、户籍类型、户口所在地。

（二）人事服务

事业单位新聘用人员信息（默认勾选)：聘用人员姓名、性别、出生日期、学历、学位、毕业院校、聘用岗位、聘用前单位、聘用岗位类别、聘用岗位等级、聘用起止时间、合同年限。

（三）参保服务

1. 职工参保登记（默认勾选)：机关事业单位工作人员参保登记。

2. 缴费人员增减申报—增员申报（默认勾选)。

3. 社会保障卡（含实体卡和电子卡）申领（默认勾选)：领卡方式（现场领取/邮寄，邮寄地址/收件人/联系电话)、2 寸免冠彩色照片（或电子照片)。

（四）社保关系转续

1. 事项勾选：企业职工养老保险关系转入、机关事业单位养老保险关系转入、军人退役养老保险关系转入、未就业随军配偶养老保险关系转入、失业保险关系转入。

2. 转出地社保经办机构名称。

（五）人事档案服务

1. 流动人员人事档案转出（勾选)：持拟聘用单位开具的档案调函办理转出手续/获取方式（现场办理)，通过机要通信渠道转出档案。

2. 党员组织关系转出（勾选)：开具介绍信（转入党支部名称）/获取方式（现场办理)。

（六）可拓展关联服务

1. 编制部门入编手续办理。

2. 事业单位新聘人员工资核定。

3. 财政部门工资统发。

4. 公积金办理。

5. 如涉及失业保险金停发等情形，可在表内一并告知。

六、创业“一件事”

（一）个人基本信息

姓名、性别、证件类型、证件号码、证件有效期、联系电话、创办单位（企业）名称/地址、银行账户（默认为社保卡银行账户，确需修改账户的提供本人银行账户信息）。

（二）人事档案服务

1. 流动人员人事档案接收（勾选）：原档案管理服务机构信息；勾选获取档案调函方式（现场领取/邮寄，邮寄地址/收件人/联系电话）。现场办理档案接收时，实行告知承诺制。

2. 党员组织关系转入（勾选）：介绍信、人员类别（正式党员/预备党员）、入党日期。

（三）创业服务

1. 创业开业指导（勾选）。

2. 创业担保贷款申请：

（1）个人创业担保贷款资格认定（勾选）：创办者身份、拟贷款金额、拟贷款期限、拟申请贷款银行、拟申请担保方式等、贷款用途、本人及其配偶未清偿贷款情况等。

（2）企业吸纳就业创业担保贷款资格认定（勾选）：企业类型、拟贷款金额、拟贷款期限、拟申请贷款银行、拟申请担保方式、职工总数、招用重点人群数等。

3. 创业补贴申领（勾选）：创办者身份。

（四）参保服务

1. 单位参保登记（默认勾选）：企业职工基本养老保险（勾选）、工伤保险（勾选，可选择按工程建设项目参保登记）、失业保险（勾选）。

2. 职工参保登记（勾选）：社会保险增减员申报—增员申报、申报缴费基数。

3. 灵活就业参保（勾选）：参保险种、参保/续保时间、缴费档次。

4. 社会保障卡（含实体卡和电子卡）申领（默认勾选）：领卡方式（现场领取/邮寄，邮寄地址/收件人/联系电话）、2 寸免冠照片 1 张（电子照片）。

（五）社保关系接续

1. 事项勾选：企业职工养老保险关系转入、机关事业单位养老保险关系转入、军人退役养老保险关系转入、未就业随军配偶养老保险关系转入、失业保险关系转入。

2. 转出地社保经办机构名称。

（六）可拓展关联服务

1. 就业登记、《就业创业证》申领（默认勾选，自动办理）。

2. 劳动用工备案（默认勾选，自动办理）。

3. 如涉及失业保险金停发等情形，可在表内一并告知。

七、职工退休“一件事”

（一）基本信息

姓名、性别、身份（干部/工人/灵活就业人员）、出生日期、证件类型、证件号码、手机号码、养老保险待遇发放账户（默认为社保卡银行账户，确需修改账户的提供本人银行账户信息）、养老金核定表领取方式（现场领取/邮寄）、居住地址（邮寄地址）、缴费年限情况（视同缴费年限/实际缴费年限）。

（二）社保关系转续

1. 社保关系转入（勾选）：企业职工养老保险/机关事业单位养老保险/城乡居民养老保险。

2. 转出地社保经办机构名称。

（三）退费申请

养老保险多重关系个人账户退费申请（勾选）。

（四）退休申请

1. 正常退休申请（勾选）。

2. 提前退休申请（勾选）：提前退休类别、从事特殊工种名称/性质/工作年限/从事单位；劳动能力鉴定申请（默认勾选）。

3. 一次性待遇申请（勾选）。

（五）可拓展关联服务

1. 工伤保险待遇补差、失业保险金停发（默认勾选，如涉及，自动办理）。

2. 劳动用工备案（默认勾选，自动办理）。

3. 社保欠费补缴申报（勾选）：补缴期限、补缴方式。

4. 社会保障卡（含实体卡和电子卡）申领（勾选）：领卡方式（现场领取/邮寄，邮寄地址/收件人/联系电话）、2 寸免冠彩色照片（或电子照片）。

八、申领工亡人员有关待遇“一件事”

（一）基本信息

过世人姓名、性别、证件类型、证件号码。

（二）工伤医疗待遇申领

1. 工伤医疗费用申报（勾选）：票据数、金额。

（1）门诊费用（勾选）：票据数、金额。

（2）住院费用（勾选）：票据数、金额。

2. 住院伙食补助费申领（如发生住院费用，默认自动办理）。

3. 异地工伤就医报告（勾选）。

4. 统筹地区以外交通、食宿费申领（勾选）：票据数、金额。

（三）一次性及长期待遇申领

1. 一次性工亡补助金、丧葬补助金（勾选）。

2. 是否存在以下情形（勾选）：停工留薪期内死亡、一至四级停工留薪期满后死亡、下落不明达到法定期限由人民法院宣告死亡。

3. 供养亲属抚恤金申领（勾选，发给由因工死亡职工生前提供主要生活来源、无劳动能力的亲属，默认为其社保卡银行账户）。

4. 待遇发放账户变更（勾选）：过世人原待遇领取银行账户（默认为其社会保障卡银行账户）、继承人银行账户（默认为其社会保障卡银行账户）。

（四）可拓展关联服务

1. 缴费人员增减申报—减员申报（默认勾选）。

2. 社会保障卡社保功能注销（默认勾选）：代办人姓名、代办人证件号码、代办人手机号码、代办人与过世人关系。

3. 工伤认定申请。

九、退休人员过世“一件事”

（一）基本信息

1. 过世人姓名、性别、死亡时间、证件类型、证件号码。

2. 代办人姓名、代办人证件号码、代办人手机号码、代办人与过世人关系。

（二）遗属待遇申领

1. 养老保险遗属待遇申领（勾选）：继承人姓名、与过世人关系。

2. 养老保险个人账户一次性待遇申领（勾选）：继承人证件类型、证件号码。

3. 待遇领取银行账户（勾选）：过世人原待遇领取银行账户（默认为其社会保障卡银行账户）、继承人银行账户（默认为其社会保障卡银行账户）。

（三）工伤变更申请

1. 工伤保险待遇变更（勾选）。

2. 待遇领取银行账户（勾选）：过世人原待遇领取银行账户（默认为其社会保障卡银行账户）、继承人账号（默认为其社会保障卡银行账户）。

（四）可拓展关联服务

社会保障卡社保功能注销（默认勾选）：代办人姓名、代办人证件号码、代办人手机号码、代办人与过世人关系。

十、申领社会保障卡“一件事”

（一）基本信息

1. 姓名、性别、国籍、民族、职业、住所地或工作单位地址、证件类型、证件号码、证件有效期、手机号码。

2. 选择社会保障卡邮寄服务时填写：邮

寄地址/收件人/联系电话。

（二）社会保障卡申领

1. 社会保障卡（含实体卡和电子卡）申领（勾选）：2 寸免冠彩色照片（或电子照片）。

2. 社会保障卡补领（勾选）：办理原因。

3. 社会保障卡换领（勾选）：办理原因。

4. 社会保障卡换发（勾选）：办理原因。

（三）社保卡服务

1. 社会保障卡社保功能启用（勾选）。

2. 社会保障卡银行账户激活（勾选）。

3. 社会保障卡密码修改与重置（勾选）。

4. 社会保障卡挂失与解挂（勾选）。

附件 2

打包“一件事”参考工作流程

地方各级人力资源社会保障部门在组织实施打包“一件事”时，可抓住建立工作机制、制定完善标准、推进系统开发、加强人员培训、抓好服务体验、持续总结提升等 6 个环节，开展工作。

一、建立工作机制

建立健全跨机构（跨部门）联办联动工作机制，确定每个打包“一件事”的牵头单位和参与单位。按照企业群众填写“一张表格”、提交“一套材料”、实行“一窗受理”或“一次登录”、实现“一次办结”的目标，协同推进打包办落地实施。

二、制定完善标准

1. 根据企事业单位和个人全生命周期特定阶段办事需求，全面梳理关联的人社服务事项（有条件的地方，可将关联的其他部门服务事项纳入），制定打包“一件事”清单。

2. 细化每个“一件事”办事情形，梳理事项关联性和办事逻辑性。明确各办事情形下的必选事项、可自主勾选事项。

3. 明确所涉经办机构职责和岗位权限。根据线下、线上等不同受理渠道，规范业务办理流程、信息共享流程、档案管理流程、资金拨付流程。健全业务联办机制，制定特殊情形协同处置预案。

4. 将多个事项的申请表单整合为“一张表”，多套材料整合为“一套材料”，避免重复填报信息，压减并联办理事项的整体办结时限，合并优化办结反馈材料和信息，编制发布“一件事”办事指南。

5. 完善内控制度，制定经办管理规范，查找风险点，逐一细化风控措施。

三、推进系统开发

1. 结合每个“一件事”的业务规程、办事指南和管理服务要求，研究提出信息系统需求。

2. 统筹各独立业务信息系统之间、业务系统与综合受理平台和政务服务平台的关系，做好信息系统的开发改造，确保“一件事”业务受理及时、办理协同、信息共享、结果互认。

3. 做好信息系统应用测试和上线运行。

四、开展业务培训

1. 根据业务规程和操作要点，制定业务操作指南和工作手册。

2. 做好实体大厅综合窗口、线上综合受理平台，以及后台经办协同等各项服务保障工作。

3. 加强对所涉业务部门和经办机构工作人员从受理、经办到反馈的全流程业务培训，组织开展实操演练。

五、抓好服务体验

1. 从群众办事、经办管理、技术支持等角度，采取“厅局长走流程”、招募志愿者走流程等方式，对每个“一件事”进行服务体验，评估验收合格后正式推出。

2. 对已开展的打包“一件事”服务，通过“好差评”、设立热线、投诉信箱、投诉窗口等方式，及时了解群众反映，收集意见建议。

六、持续总结提升

1. 根据“走流程”发现的堵点痛点和群众反映问题，及时对业务流程和信息系统进行调整改造，确保发现一个解决一个，不断优化群众办事体验。

2. 阶段性梳理总结工作成效，开展办件数据分析和绩效评价，挖掘群众办事新需求，及时推出服务新模式，不断提升服务水平。

人力资源社会保障部　国家发展改革委　财政部　农业农村部　国家乡村振兴局关于切实加强就业帮扶巩固拓展脱贫攻坚成果助力乡村振兴的指导意见

人社部发〔2021〕26号

各省、自治区、直辖市及新疆生产建设兵团人力资源社会保障厅（局）、发展改革委、财政厅（局）、农业农村（农牧）厅（局、委）、扶贫（乡村振兴）局（委、办）：

就业是巩固脱贫攻坚成果的基本措施。为贯彻党中央、国务院决策部署，持续做好脱贫人口、农村低收入人口就业帮扶，巩固拓展脱贫攻坚成果，助力全面推进乡村振兴，现提出如下意见。

一、总体要求

（一）指导思想

以习近平新时代中国特色社会主义思想为指导，深入贯彻党的十九大和十九届二中、三中、四中、五中全会和全国脱贫攻坚总结表彰大会精神，坚持以人民为中心的发展思想，严格落实“四个不摘”总体要求，健全脱贫人口、农村低收入人口就业帮扶领导体制和工作体系，促进脱贫人口稳定就业，增强脱贫稳定性，完善农村低收入人口和欠发达地区就业帮扶机制，助力提升脱贫地区整体发展水平，为巩固拓展脱贫攻坚成果、全面推进乡村振兴做出贡献。

（二）目标任务

帮助有就业意愿的未就业人员实现就业，帮助已就业人员稳定就业，保持脱贫人口就业规模总体稳定。加大易地扶贫搬迁安置区、乡村振兴重点帮扶县等重点地区倾斜支持力度，促进当地群众就业水平稳中提质。及时为农村低收入人口提供就业帮扶，使有就业意愿的都可以得到就业服务和技能培训，符合条件的都可以享受就业政策，农村低收入人口就业帮扶长效机制健全完善。

（三）主要原则

——平稳过渡。坚持优先理念，保持脱贫人口就业领域的扶持政策、资金支持、帮扶力量总体稳定，提高就业稳定性，实现扶上马送一程。

——扩面提质。坚持量质并重，在困难帮扶、兜底保障的基础上，扩大就业帮扶覆盖范围，提高就业帮扶水平，提升就业质量。

——拓展延伸。坚持良性循环，在全面推进乡村振兴中创造更多就业机会，以促进更加充分更高质量就业为乡村振兴提供强大人力资源支撑。

——协同联动。坚持广聚合力，发挥集中力量办大事优势，部门齐抓共管、同向发力，广泛动员社会力量参与，形成促进就业强大合力。

二、稳定外出务工规模

（四）推进劳务输出。健全有组织劳务输出工作机制，将脱贫人口作为优先保障对象，为有集中外出务工需求的提供便利出行服务。认定一批农村劳动力转移就业工作示范县，发挥示范带动作用。更好发挥就业帮扶基地、爱心企业作用，鼓励各类市场主体为脱贫人口提供更多就业和培训机会。对面向脱贫人口开展有组织劳务输出的人力资源服务机构、劳务经纪人，按规定给予就业创业服务补助。按规定对跨省就业的脱贫人口适当安排一次性交通补助，由衔接推进乡村振兴补助资金列支。有条件地区可对吸纳脱贫人口就业数量多、成效好的就业帮扶基地，按规定给予一次性奖补。

（五）促进稳定就业。指导企业与脱贫人口依法签订并履行劳动合同、参加社会保险、按时足额发放劳动报酬，积极改善劳动条件，健全常态化驻企联络协调机制。落实失业保险稳岗返还、培训补贴等政策，引导支持优先留用脱贫人口。对符合条件的吸纳脱贫人口就业的企业，按规定落实社会保险补贴、创业担保贷款及贴息等政策。对失业脱贫人口优先提供转岗服务，帮助尽快在当地实现再就业。

（六）强化劳务协作。充分发挥对口帮扶机制作用，搭建完善用工信息对接平台，推广使用就业帮扶直通车，建立常态化的跨区域岗位信息共享和发布机制。输出地要形成本地区就业需求清单，做好有组织输出工作，在外出较集中地区设立劳务工作站，同步加强省内劳务协作。输入地要形成本地区岗位供给清单，吸纳更多农村低收入人口到本地就业。对吸纳对口帮扶地区脱贫人口就业成效明显的企业，可通过东西部协作机制安排的资金给予支持。

（七）培树劳务品牌。结合本地区资源禀赋、文化特色、产业基础等优势，培育、创建、发展一批有特色、有口碑、有规模的劳务品牌，借助品牌效应扩大劳务输出规模，提高劳务输出质量。坚持技能化开发、市场化运作、组织化输出、产业化打造，制定专门工作计划，确定输出规模和输出质量目标，将脱贫人口作为重点输出对象。

三、支持就地就近就业

（八）支持产业发展促进就业。支持脱贫地区大力发展县域经济，建设一批卫星城镇，发展一批当地优势特色产业项目，提高就业承载力。依托乡村特色优势资源，发展壮大乡村特色产业，打造农业全产业链，鼓励发展家庭农场、农民专业合作社，增加就业岗位。加强乡村公共基础设施建设，在脱贫地区重点建设一批区域性和跨区域重大基础设施工程，在农业农村基础设施建设领域积极推广以工代赈方式，尽最大幅度提高劳务报酬发放比例，带动更多脱贫人口等农村低收入群体参与乡村建设，充分发挥以工代赈促进就业作用。在农村人居环境整治提升五年行动和提升农村基本公共服务水平过程中，优先安排脱贫人口从事相关工作。

（九）发展就业帮扶车间等就业载体。继续发挥就业帮扶车间、社区工厂、卫星工厂等就业载体作用，在脱贫地区创造更多就地就近就业机会。拓展丰富载体功能，打造集工作车间、公共就业服务中心、公共活动场所等功能为一体的综合性服务机构。延续支持就业帮扶车间等各类就业载体的费用减免以及地方实施的各项优惠政策。对企业、就业帮扶车间等各类生产经营主体吸纳脱贫人口（已享受过以工代训职业培训补贴政策人员除外）就业并开展以工代训的，根据吸纳人数给予最长不超过6个月的职业培训补贴，政策执行时间至2021年底。

（十）鼓励返乡入乡创业。引导农民工等人员返乡入乡创业、乡村能人就地创业，帮助有条件的脱贫人口自主创业，按规定落实税费减免、场地安排、创业担保贷款及贴息、一次性创业补贴和创业培训等政策支持。加强返乡创业载体建设，充分利用现有园区等资源在脱贫地区建设一批返乡入乡创业园、创业孵化基地，有条件的地方可根据入驻实体数量、孵化效果和带动就业成效给予创业孵化基地奖补。支持各地设立一批特色鲜明、带动就业作用明显的非遗扶贫就业工坊。

（十一）扶持多渠道灵活就业。鼓励脱贫地区发展“小店经济”“夜市经济”，支持脱贫人口在县域城镇地区从事个体经营，创办投资小、见效快、易转型、风险小的小规模经济实体，支持脱贫人口通过非全日制、新就业形态等多种形式灵活就业，按照有关规定给予税费减免、场地支持、社会保险补贴等政策。设立一批劳务市场或零工市场，探索组建国有劳务公司，为脱贫人口提供更多家门口的就业机会。因地制宜引进一批特色产业，引导脱贫人口居家从事传统手工艺制作、来料加工。

（十二）用好乡村公益性岗位。保持乡村公益性岗位规模总体稳定，加大各类岗位统筹使用力度，优先安置符合条件的脱贫人口特别是其中的弱劳力、半劳力，动态调整安置对象条件。健全“按需设岗、以岗聘任、在岗领补、有序退岗”管理机制，进一步规范乡村公益性岗位开发管理，及时纠正查处安置不符合条件人员、违规发放补贴等行为。加强岗位统筹管理，保持同一区域内类似岗位间聘任标准、待遇保障水平等基本统一。对乡村公益性岗位安置人员按规定给予岗位补贴，购买意外伤害商业保险，依法签订劳动合同或劳务协议，每次签订期限不超过1年。

四、健全就业帮扶长效机制

（十三）优化提升就业服务。依托全国扶贫开发信息系统对脱贫人口、农村低收入人口、易地扶贫搬迁群众等重点人群就业状态分类实施动态监测，加强大数据比对分析和部门信息共享，完善基层主动发现预警机制，对就业转失业的及时提供职业指导、职业介绍等服务。动态调整就业困难人员认定标准，将符合条件的脱贫人口、农村低收入人口纳入就业援助对象范围。推进公共就业服务向乡村地区延伸，把就业服务功能作为村级综合服务设施建设工程重要内容，将公共就业服务纳入政府购买服务指导性目录，支持经营性人力资源服务机构、社会组织提供专业化服务。扩大失业保险保障范围，支持脱贫人口、农村低收入人口更好就业创业。

（十四）精准实施技能提升。实施欠发达地区劳动力职业技能提升工程，加大脱贫人口、农村低收入人口职业技能培训力度，在培训期间按规定给予生活费补贴。支持脱贫地区、乡村振兴重点帮扶县建设一批培训基地和技工院校。继续实施“雨露计划”，按规定给予相应补助。扩大技工院校招生和职业培训规模，支持脱贫户、农村低收入人口所在家庭“两后生”就读技工院校，按规定享受国家免学费和奖助学金政策。定期举办全国乡村振兴技能大赛，打造一批靠技能就业、靠就业致富的先进典型，激发劳动致富内生动力。

（十五）倾斜支持重点地区。将乡村振兴重点帮扶县、易地扶贫搬迁安置区作为重点地区，积极引进适合当地群众就业需求的劳动密集型、生态友好型项目或企业，扩大当地就业机会，组织专项就业服务活动实施集中帮扶。完善易地扶贫搬迁安置区按比例安排就业机制，政府投资建设项目、以工代赈项目、基层社会管理和公共服务项目要安排一定比例的岗位用于吸纳搬迁群众就业。支持乡村振兴重点帮扶县根据巩固拓展脱贫攻坚成果需要，适当加大乡村公益性岗位开发力度。鼓励乡村振兴重点帮扶县立足本地人力资源和传统文化优势，努力打造“一县一品”区域劳务品牌。

五、保障措施

（十六）加强组织领导。各地要将促进就业作为巩固拓展脱贫攻坚成果重要内容，列入乡村振兴重要议事日程，健全中央统筹、省负总责、市县乡抓落实的工作机制，加强制度设计，优化政策供给，明确部门分工，形成工作合力。人力资源社会保障部门要牵头做好相关政策研究制定，抓好政策落实、就业服务和职业培训，深入推进劳务协作。发展改革部门要统筹协调易地扶贫搬迁后续扶持，围绕大中型安置区和搬迁群众就业，加大以工代赈项目实施力度，积极拓宽农村低收入群体就业增收渠道。农业农村部门要推动乡村地区产业发展，创造更多就地就近就业机会。乡村振兴部门要将就业纳入乡村振兴战略总体部署统筹考虑，加强脱贫人口、农村低收入人口的认定、建档立卡和就业失业动态监测，将脱贫人口、农村低收入人口就业帮扶情况纳入市县党政领导班子和领导干部乡村振兴实绩考核范围。各级财政部门要按照预算法等有关规定对就业帮扶予以支持。

（十七）落实工作保障。保持就业帮扶各级工作协调机制、工作专班以及驻村工作队、服务队等帮扶力量总体稳定，加强机构设置和人员配置，做到工作不断、队伍不散。用好现有资金渠道，加强就业帮扶支持力度。各地在分配相关转移支付资金时，要向乡村振兴重点帮扶县以及脱贫人口、农村低收入人口较多地区倾斜。各地可根据巩固拓展就业扶贫成果的实际需要，制定更有针对性的政策措施，统筹保障政策落实和服务开展。

（十八）广泛宣传引导。充分利用全媒体平台，大力宣传促进脱贫人口、农村低收入人口就业创业的优惠政策和服务举措，提高政策知晓度。广泛挖掘就业致富典型案例，讲好就业故事，使劳动脱贫的理念深入人心，营造全社会关心关爱脱贫人口、农村低收入人口就业创业的良好氛围。

各地要根据本文件精神，结合实际制定具体实施细则。本文件自印发之日起实施，政策执行期限截止 2025 年 12 月 31 日。

2021 年 5 月 4 日

人力资源社会保障部　国家发展改革委　教育部　财政部　中央军委国防动员部关于延续实施部分减负稳岗扩就业政策措施的通知

人社部发〔2021〕29号

各省、自治区、直辖市人民政府，新疆生产建设兵团：

2020年，新冠肺炎疫情突如其来，对经济和就业造成严重冲击。面对困难局面，党中央、国务院将稳就业、保居民就业摆在“六稳”“六保”首位，全面强化就业优先政策，推出一系列超常规、阶段性举措，实现了就业局势逐步企稳、好于预期。为贯彻落实2021年《政府工作报告》关于就业优先政策要继续强化、聚力增效的部署，做好部分减负稳岗扩就业政策延续实施工作，经国务院同意，现就有关事项通知如下：

一、继续实施普惠性失业保险稳岗返还政策。参保企业上年度未裁员或裁员率不高于上年度全国城镇调查失业率控制目标，30人（含）以下的参保企业裁员率不高于参保职工总数20%的，可以申请失业保险稳岗返还。大型企业按不超过企业及其职工上年度实际缴纳失业保险费的30%返还，中小微企业按不超过60%返还。社会团体、基金会、社会服务机构、律师事务所、会计师事务所、以单位形式参保的个体经济组织参照实施。实施上述稳岗返还政策的统筹地区，上年度失业保险基金滚存结余备付期限应在1年以上。各地可采取后台数据比对方式，直接向符合条件的企业精准发放稳岗返还。

二、继续实施以工代训扩围政策。对中小微企业吸纳就业困难人员、零就业家庭成员、离校两年内高校毕业生、登记失业人员就业并开展以工代训的，根据吸纳人数给予企业职业培训补贴。对生产经营出现暂时困难导致停工停业的中小微企业组织职工以工代训的，根据以工代训人数给予企业职业培训补贴。各地可结合实际情况，将受疫情影响较大的住宿餐饮、文化旅游、交通运输、批发零售等行业的各类企业纳入补贴范围。

三、继续实施困难人员培训生活费补贴政策。对脱贫人口、就业困难人员、零就业家庭成员、“两后生”中的农村学员和城市低保家庭学员参加培训的，在落实职业培训补贴的同时，给予生活费（含交通费）补贴。

四、继续放宽技能提升补贴申领条件。参保职工取得职业资格证书或职业技能等级证书的，可按规定申请技能提升补贴。技能提升补贴申领条件，继续放宽至企业在职职工参加失业保险1年以上。

五、继续实施就业见习补贴提前发放政策。支持企业扩大见习岗位规模，对见习期未满与高校毕业生签订劳动合同的，给予见习单位剩余期限见习补贴。

六、继续实施失业保险保障扩围政策。对领取失业保险金期满仍未就业的失业人员、不符合领取失业保险金条件的参保失业人员，发放失业补助金；对参保不满 1 年的失业农民工，发放临时生活补助。保障范围为 2021 年 1 月 1 日之后新发生的参保失业人员。上年度失业保险基金滚存结余备付期限不足 2 年的省份，可结合本地区就业形势和基金支付能力，制定具体实施政策，并报人力资源社会保障部、财政部备案。

七、支持毕业生基层就业和升学入伍。稳定“三支一扶”计划等基层服务项目招募规模。适度扩大硕士研究生招生和普通高校专升本招生规模。稳定大学生应征入伍规模和征集比例，突出各级各类学校毕业生征集，拓宽高级技工学校、技师学院毕业生入伍通道。

八、支持毕业生自强自立、就业创业。对自主创业的毕业生，精准提供创业培训、创业服务，按规定落实创业担保贷款及贴息、创业补贴、场地支持等扶持政策。将支持和促进高校毕业生等重点群体创业就业有关税收优惠政策延续实施至 2025 年 12 月 31 日。灵活就业的高校毕业生参加职工基本养老保险，可选择灵活的缴费方式，在本省（自治区、直辖市）规定的个人缴费基数上下限范围内选择适当的缴费基数，选择按月、按季、按半年或按年缴费。

九、政策实施期限。上述第一至七项政策受理期限截至 2021 年 12 月 31 日。对 2020 年度已受理、享受期未满的减负稳岗扩就业政策，可继续按原政策享受至期满为止。鼓励各地根据就业工作需要，按规定制定符合本地实际的就业创业扶持政策。

各地要继续落实好各项长期就业创业扶持政策，对就业困难人员、离校两年内未就业高校毕业生灵活就业后缴纳社会保险费的，按规定给予社会保险补贴；对重点群体自主创业或被用人单位吸纳就业的，按规定给予税收减免、创业担保贷款及贴息、社会保险补贴、职业培训补贴、创业补贴等。要梳理调整本地区就业政策清单，及时公开发布。持续加大就业政策宣传落实力度，分类精准推送政策信息，提升就业政策知晓度和到达率，推动更多政策网上办、自助办、帮办快办，提高政策享受便利化水平，促进就业大局持续稳定。

2021 年 5 月 20 日

人力资源社会保障部　国家发展改革委 财政部关于深化技工院校改革 大力发展技工教育的意见

人社部发〔2021〕30号

各省、自治区、直辖市及新疆生产建设兵团人力资源社会保障厅（局）、发展改革委、财政厅（局）：

为深入贯彻习近平总书记大力发展技工教育重要指示精神，落实党中央、国务院决策部署要求，深化技工院校改革，促进技工教育实现高质量发展，进一步加强创新型、应用型、技能型人才培养，提出如下意见：

一、总体要求

（一）指导思想。以习近平新时代中国特色社会主义思想为指导，全面贯彻党的十九大和十九届二中、三中、四中、五中全会精神，认真落实党中央、国务院决策部署，以促进就业创业、服务企业行业、服务经济高质量发展为目标，深化技工院校改革，落实立德树人根本任务，坚持专业化、规模化培养高技能人才，坚持德技并修、多元办学、校企融合、提质培优，实现创新发展，培养德智体美劳全面发展的社会主义建设者和接班人，为全面建设社会主义现代化国家提供高素质技能人才支撑。

（二）目标任务。健全完善现代技工教育体系，服务制造业和实体经济发展，扩大高技能人才培养规模，提高人才培养质量，将技工院校发展成为开展学制教育和职业培训服务技能人才成长的重要平台、中国特色现代职业教育体系的重要组成、构建技能型社会建设的重要载体，推动形成体系完善、布局合理、特色突出、成效显著的良好局面。“十四五”期间，全国技工院校在校生规模保持在360万人以上，毕业生就业率97%以上，累计培养培训高技能人才达到200万人以上、开展职业技能培训2 000万人次以上。

二、全面落实立德树人根本任务

（三）加强党的全面领导。以习近平新时代中国特色社会主义思想特别是习近平总书记关于职业教育的重要论述武装头脑、指导实践、推动工作。加强技工院校党组织建设，促进学校各级党组织组织力全面提升。充分发挥党组织在技工院校的领导核心和政治核心作用，牢牢把握学校意识形态工作领导权，将党建工作与学校事业发展同部署、同落实、同考评。依靠工会、共青团、妇联、关工委、社区以及相关社会团体，并同所在地的党政机关、企事业单位、部队等建立固定联系，协同推进加强学校党建工作，以高质量党建引领学校发展。

（四）坚持思想政治教育铸魂育人。坚持为党育人为国育才，把立德树人作为检验学校一切工作的根本标准。深入推进习近平新时代中国特色社会主义思想进教材进课堂进学生头脑，把社会主义核心价值观融入人才培养全过程。贯彻党和国家教材工作总体要求，全面落实思想政治、语文、历史三科统编教材使用。将思政课作为立德树人关键课程，同时加强其他课程思想政治建设，实现思想政治教育、知识传授、技能培养融合统一。加强技工院校思想政治理论课师资队伍建设，开齐开足开好思想政治理论课，引导学生树立正确的世界观、人生观、价值观。深入推进法治、国家安全、生态文明和国防教育。遴选 30 个左右技工教育思想政治理论课师资研修基地。

（五）促进学生综合素质全面提升。坚持培育弘扬劳模精神、劳动精神和工匠精神。把劳动教育纳入技工院校人才培养方案，与德育、智育、体育、美育相融合，贯穿技能人才培养全过程。开设劳动教育公共课必修课程。以实习实训课为主要载体开展劳动教育，其中劳模精神、劳动精神、工匠精神专题教育不少于每学年 16 学时。将劳动素养纳入学生综合素质评价体系，把劳动素养评价结果作为评优评先的重要参考。严格落实体育、美育课程开设要求，按照国家课程方案和课程标准开齐开足上好体育、美育课。规范发展心理健康教育服务。加强与企业合作交流，共建共享劳动教育实践基地。

三、切实提高高技能人才培养能力

（六）完善技工院校高技能人才培养体系。加强规划引导，推动形成技师学院、高级技工学校、技工学校梯次发展、有序衔接、布局合理的技工教育体系。技师学院是优化技工教育结构和培育大国工匠、能工巧匠的重要载体，重点培养技师、预备技师、高级工等高技能人才。高级技工学校主要承担高级工、中级工培养任务，技工学校主要承担中级工培养任务。落实技工院校实施学制教育和职业培训并举的法定职责，组织开展第二轮职业训练院建设试点，拓展评价鉴定、公共实训、技能竞赛、师资研修、就业服务等功能，为技能人才成长提供全方位多层次服务。

（七）推进职业技能提升行动。组织技工院校全方位参与职业技能提升行动各类培训计划，扩大培训规模，并按规定享受培训补贴。引导技工院校普遍设立企业培训工作站，开展职业培训包示范培训和订单定岗定向培训。针对承担职业培训任务较重的技工院校，在原总量基础上及时核增所需绩效工资总量。允许技工院校将一定比例的培训收入纳入学校公用经费，教师培训工作量可按一定比例折算成全日制学生培养工作量。完善技工院校绩效工资分配激励机制，进一步落实单位内部分配自主权。

（八）畅通技工院校毕业生获取职业技能等级证书渠道。在技工院校全面推行职业技能等级认定，鼓励学生积极获取相关职业资格证书或职业技能等级证书。支持技工院校依托合作企业为学生提供职业技能等级认定服务。设有职业技能鉴定所（站）的技工院校，经人力资源社会保障部门备案后组织开展职业技能等级认定，按规定颁发职业技能等级证书。鼓励技工院校学生通过参加各级各类职业技能竞赛，获得相关职业技能等级证书。加大将技工院校培育为社会培训评价机构力度，面向各类就业群体提供培训评价服务。调整改版技工院校毕业证书，将中级工班、高级工班、预备技师（技师）班等信息在毕业证书上予以明确体现。

（九）巩固扩大招生规模。面向应往届初高中毕业生、企业在岗职工等各类群体组织开展招生工作。积极推进技工院校纳入职业教育统一招生平台，多举措多渠道扩大技师学院招收高中毕业生、退役军人和脱贫家庭新成长劳动力比例，支持有技能提升需求的离校未就业高校毕业生就读。充分发挥基层劳动保障平台和公共就业服务机构作用，做好招生宣传，进行生源摸底，抓好报名动员组织等工作。坚持线上招生和线下招生多措并举，发挥多种招生渠道优势。规范招生秩序，定期清理公开招生资质。将技工院校年度招生任务作为量化指标纳入人力资源和社会保障事业发展计划，加大组织落实和调度工作力度。

四、大力加强校企合作

（十）实施企业新型学徒培养计划。大力开展中国特色企业新型学徒制培训，面向企业职工开放技工院校一年以上非全日制学籍注册通道。依托工学一体化课程教学工作扎实、校企深度融合的技师学院，探索推行弹性学制，通过工学交替、校企双师联合培养预备技师和技师。依托技工院校创建或与企业共建技能大师工作室，组织技师研修，联合开展科技攻关和技术革新项目等方式合作培养培训高技能人才。聚焦新产业、新职业发展方向，大力开展技师研修交流，开展企业技师培养培训。

（十一）支持企业等各方面力量举办技工教育。发挥市场机制作用，鼓励社会各方面力量兴办技工教育。发挥大型企业重要办学主体作用，积极推动大型企业和优质技工院校多元主体组建技工教育集团。对于确需移交的行业、企业办技工院校，各级人力资源社会保障部门要积极创造条件做好接管工作。大力支持民办技工院校发展，鼓励各类办学主体通过独资、合资、合作等多种形式举办民办技工院校。探索发展股份制、混合所有制技工院校。加强对参与举办技工教育的大中型企业的服务指导，支持打造产教融合型企业。引导优质技工院校积极参与教育强国推进工程，建设高水平、专业化产教融合实训基地，中央预算内投资按规定予以支持。

（十二）组建多层次校企合作联盟网络。搭建校企合作平台，促进院校人才培养与企业用人需求紧密结合，推进专业设置与产业需求对接，课程内容与职业标准对接，教学过程与工作过程对接，形成“人才共有、过程共管、成果共享、责任共担”的校企合作办学制度，形成技工院校与企业深度融合的工作网络体系。支持集团化办学、引企入校、企业办学等多种校企合作模式，将校企合作开展情况纳入技工院校评价体系，对校企合作成效显著的院校在招生计划安排、学籍管理等方面予以倾斜和支持。积极探索组建区域性、行业性等多类型技工教育联盟，打造100个左右技工教育联盟（集团）。

（十三）推动校企合作服务职工技能提升。鼓励引企驻校、引校进企、校企一体等方式，带动各类企业参与校企合作。鼓励技工院校与企业联合开发优质技工教育资源，大力发展“互联网+教育培训”模式。鼓励技工院校与企业共同组织开展基于工作场所的学习活动，积极为企业提供知识讲座、课程资源开发、技术辅导等服务，以多种形式参与企业培训机构的建设。鼓励技工院校的院系与企业车间、班组结对子，建立校企合作的学习团队，通过多种教育培训服务供给，为职工提供终身技能发展服务。

五、推进技工教育高质量协调发展

（十四）实施优质技工院校建设计划。以技师学院为重点，在全国遴选300所左右优质技工院校、500个左右优质专业。支持依托优质技工院校建设国家级、省市级高技能人才培训基地、公共实训基地、世界技能大赛集训基地，承办国家级、省级技能大师工作室负责人交流活动，举办区域内或行业内高技能人才研修交流活动。加强国际交流，构建技工院校师生海外培训交流的渠道。坚持“引进来”与“走出去”并重，扩大与“一带一路”沿线国家的技工教育合作。

（十五）优化区域发展布局。引导支持产业和人口集中度较高地区建好办好技师学院，结合实际，在地级城市及经济发达县市建好技工院校。实施国家乡村振兴重点帮扶地区职业技能提升工程，聚焦国家乡村振兴重点帮扶地区，综合考虑大型特大型易地扶贫搬迁安置区技能培训需求，支持提升一批技工院校和职业培训机构，培育一批劳务技能品牌，培养一批高技能人才，办好全国乡村振兴技能大赛，更好发挥引领带动作用，组织有提升技能意愿的劳动力接受技工教育和职业培训。健全人社领域常态化帮扶机制，加大东西部职业技能开发对口协作力度，对西藏、南疆四地州等地技工院校予以重点帮扶。

（十六）实施技工教育强基工程。加强专业建设和教学改革，完善技工院校专业目录并实行动态调整机制，原则上每5年修订1次并根据情况进行灵活增补。支持和引导各地技工院校建设一批符合国家战略需要、与当地主导产业发展相匹配的特色专业。构建以国家技能人才培养标准、公共课课程标准、大类通用专业课课程标准、专业课程规范等组成的技工教育教学标准体系。加强对全国技工院校大类专业建设的指导，开发大类通用专业课课程标准和主体专业课程规范。加大技工院校公共课课程改革创新力度，扩大通用职业素质课程实验范围。开发遴选技能人才培养标准和课程规范，持续推进工学一体化教学改革。充分发挥各级教研机构作用，加强教研机构建设，加大研究工作力度，组织优秀教研成果展示交流活动，汇编推广技工教育优秀教研科研成果。

（十七）推进优质教材和数字资源共建共享行动。推进技能人才培养标准、专业教学标准和教材建设紧密结合，丰富教材品种和形式、提高质量。加大新专业、新职业教材开发力度，规范教材编写、审核和使用管理。推动世界技能大赛标准和成果转化。开发、遴选1 500种左右技工教育规划教材。认真执行部颁教学标准，加强教材使用情况检查督导。建设全国统一的技工教育数字资源服务平台，加快技工教育网建设与发展，促进共建共享。遴选100所左右技工教育数字化资源建设与应用优秀院校。

（十八）加强就业创业服务。加强技工院校与公共就业和人力资源服务机构、用人单位合作，共同组织开展招聘会、就业创业指导等多样化服务。完善全国技工院校毕业证书查询系统，推动与有关部门间信息互联互认。技工院校毕业生按规定享受就业创业相关政策，中级工班、高级工班、预备技师（技师）班毕业生分别按照中专、大专、本科学历落实职称评审、参军入伍等相关政策。推进“互联网+就业”工作模式，开展个性化辅导和咨询。加强创新培训师资培养，推动技工院校创业创新培训。支持有条件的技工院校建立创业孵化基地等创业服务载体。定期举办学生创业创新大赛。

（十九）实施教师师德师风和职业能力提升专项计划。推进技工院校教师职称制度改革，把师德师风作为评价教师队伍素质的第一标准并贯穿教师管理全过程。实施一体化师资专项培训计划，扩大技工院校网络师资研修覆盖范围，分级打造师德高尚、技艺精湛、育人水平高超的教学名师、专业带头人、青年骨干教师等高层次人才队伍。遴选50个左右一体化师资研修基地，构建技工院校师资研修平台。定期举办教师职业能力大赛。技工院校可在教职工总额中安排一定比例或者通过流动岗位等形式，用于面向社会和企业聘用高技能人才等担任兼职教师。技工院校公开招聘生产实习指导教师时，岗位所需条件可设置为专科毕业生或技工院校高级工班毕业生、大学本科毕业生或预备技师（技师）班毕业生。对优秀高技能人才，可按照国家有关规定直接通过考察的方式公开招聘到技工院校与所获技能奖项相关的岗位任教。

（二十）加强学校各项规范管理工作。修订技工院校设置标准，完善晋级和退出机制。修订技工院校学生学籍管理办法，实行全日制和非全日制学籍分类注册管理的制度并加强监督管理。研究制定弹性学制、学分积累转换等政策，健全学校招生管理、教学管理、实习管理等内部管理制度。加强学生心理素质教育，积极推进校园文化建设和网络安全管理。加强安全教育宣传，完善联防联控和安全应急管理机制。建立完善技工院校学生资助管理工作体系，健全学生资助管理机构，提高规范化管理水平。

六、做好组织实施工作

（二十一）加强组织领导。各级人力资源

社会保障部门要认真贯彻落实党中央、国务院关于大力发展技工教育、办好技工院校的部署要求，主动向各级党委、政府汇报技工教育在加强人才队伍建设、推动区域经济发展、促进就业创业等方面发挥的重要作用。要充分依托人才工作领导小组、就业工作联席会议、职业教育联席会议等工作领导机制，协调加大技工教育整体支持力度。要根据本意见要求，结合当地实际，推动工作落实。

（二十二）拓宽筹资渠道。按规定发挥好地方有关教育经费、企业职工教育培训经费等各类资金的作用，支持技工教育发展。中央财政现代职业教育质量提升计划资金可按规定用于支持技工院校。各地可结合实际，通过购买服务等方式支持民办技工院校，编印推广技工教育优惠政策明白清单，推动相关政策落实。持续开展劳动出版“技能雏鹰”奖助学金评选工作，鼓励各类社会组织、企业、公益性社会团体通过捐赠、设立奖助学金等方式，支持技工院校发展。

（二十三）开展督导评估。以学习者的职业道德、技能水平和就业质量，以及校企合作水平等为核心，建立技工教育质量评价体系，强化风险防控，加强办学质量督导评估。完善政府、行业、企业、技工院校等共同参与的质量评价机制，积极支持第三方机构开展评估，将考核结果作为政策支持的重要依据。定期发布技工教育年度质量报告并向社会公开。

（二十四）营造良好氛围。贯彻落实职业教育法和提高技术工人待遇意见等法律政策，畅通高技能人才与专业技术人才职业发展通道，强化工资分配的技能价值激励导向。加强技工教育重大政策的宣传解读，深入开展世界青年技能日、职业教育活动周、“技能中国行”等主题宣传，打造尊重劳动、崇尚技能的社会风气，努力营造全社会支持技工教育发展的良好氛围。

2021 年 8 月 12 日

人力资源社会保障部　财政部 教育部关于扩大院校毕业年度毕业生参加职业技能培训有关政策范围的通知

人社部发〔2021〕31号

各省、自治区、直辖市及新疆生产建设兵团人力资源社会保障厅（局），财政厅（局），教育厅（教委）：

为深入贯彻全国职业教育大会精神，持续实施好职业技能提升行动，推动院校全面开展职业技能培训，提高院校毕业生就业创业能力，经国务院同意，现就职业技能提升行动进一步扩大政策覆盖范围有关事项通知如下。

一、适当扩大职业技能提升行动专账资金补贴覆盖范围。各级人力资源社会保障、财政、教育部门要持续做好院校应届毕业生职业技能培训工作，结合职业技能提升行动专账资金（以下简称专账资金）、培训任务等情况，将专账资金补贴性培训对象扩大到普通本科高校、中高职院校（含技工院校）毕业年度毕业生，积极采取有效措施，支持帮助更多院校应届毕业生参加职业技能培训，提高就业创业能力。支持职业院校紧密结合市场需求，按规定开展相关职业技能培训、项目制培训等多种形式的就业创业培训，并做好职业培训补贴政策的衔接工作。

二、统筹完善补贴性职业技能培训目录管理。各级人力资源社会保障部门要完善“两目录一系统”（即培训项目目录、培训和评价机构目录，补贴性培训实名制信息管理系统）。教育部门要将符合条件的院校、职业教育培训评价组织、职业技能等级证书清单统一提供给人力资源社会保障部门，纳入“两目录一系统”，并按照现行的职业技能培训补贴政策执行。各地要发挥好补贴性培训实名制信息管理系统统筹作用，对接人力资源社会保障部、教育部两部门有关职业技能证书信息管理服务平台，做好管理服务工作。

三、推动落实职业院校开展培训的激励政策。各级人力资源社会保障、财政部门要充分考虑职业院校承担培训任务情况，合理核定绩效工资总量和水平。对承担任务较重的职业院校，在原总量基础上及时核增所需绩效工资总量，指导职业院校按规定的程序和办法搞活内部分配，在内部分配时向承担培训任务的一线教师倾斜，充分调动职业院校和教师积极性。

四、加强组织领导。各地要加强组织领导，建立各司其职、密切配合、相互协调的工作机制。各省级人力资源社会保障、财政、教育部门要认真做好资金测算，并结合专账资金结余状况、毕业年度毕业生参加职业技能培训数量和培训补贴标准等实际情况，统筹开展工作，确保政策落实落地和保障措施到位。要动员社会各方面力量广泛参与，在院校和师生中加大政策宣传解读力度，共同做好院校应届毕业生职业技能培训和就业创业工作。

2021年5月24日

中共中央组织部　人力资源社会保障部等十部门关于实施第四轮高校毕业生“三支一扶”计划的通知

人社部发〔2021〕32号

各省、自治区、直辖市及新疆生产建设兵团党委组织部、政府人力资源社会保障厅（局）、教育厅（教委、教育局）、财政厅（局）、水利（水务）厅（局）、农业农村（农牧）厅（局、委）、卫生健康委、乡村振兴局、林业和草原主管部门、团委：

为深入贯彻习近平总书记关于引导高校毕业生到基层工作的重要指示精神，落实党中央、国务院做好高校毕业生就业创业工作的决策部署，中央组织部、人力资源社会保障部、教育部、财政部、水利部、农业农村部、国家卫生健康委、国家乡村振兴局、国家林草局、共青团中央决定，实施第四轮（2021—2025年）高校毕业生“三支一扶”（支教、支农、支医和帮扶乡村振兴）计划。现就有关事项通知如下：

一、总体要求

（一）指导思想。以习近平新时代中国特色社会主义思想为指导，全面贯彻党的十九大和十九届二中、三中、四中、五中全会精神，围绕实施乡村振兴战略，以培养党和国家事业发展需要的基层人才为根本，以服务基层、改善基层人才队伍结构为目的，以稳定规模、优化结构、提高质量、发挥作用为重点，引导和鼓励高校毕业生到基层干事创业，加快培养一支扎根基层、奉献基层的青年人才队伍，为全面推进乡村振兴、加快农业农村现代化提供人才和智力支持。

（二）目标任务。每年选派3.2万名左右，累计选派16万名，并结合就业形势和“三支一扶”事业发展需要，适时合理调整“三支一扶”计划补助名额。用五年时间，为基层输送和培养一批急需紧缺的管理人才、专业人才和创新创业人才，着力构建“下得去、留得住、干得好、流得动”的长效机制。

二、完善选拔招募政策

（三）拓展服务岗位。创新岗位开发模式，继续开发基层教育、卫生、农业、社会保障等服务岗位。加大社会工作、文化旅游、乡村规划、农技推广、法律服务等乡村振兴急需岗位开发力度。大力开发乡镇（流域）水利管理、林草资源管理、生态修复工程、营林生产等生态文明建设服务岗位。鼓励探索设置乡村振兴协理员等岗位。

（四）科学制定招募方案。结合基层人才需求和岗位空缺情况，合理确定招募规模、条件。各地可在下达的中央财政补助名额基础上，适当扩大招募规模。严格选拔招募程序，推进部、省联动发布招募方案、考试公告等工作。招募计划要向乡村振兴重点帮扶县倾斜，向脱贫地区、艰苦边远地区和少数民族地区倾斜。优先招募脱贫户、零就业家庭毕业生，免收报名费和体检费。优先招募已参加住院医师规范化培训的医学类毕业生。对招人难、留人难的艰苦边远地区，可适当放宽专业要求，降低开考比例，提高招募本地户籍毕业生比例。

三、强化培训培养

（五）提高培训质量。深入实施“三支一扶”人员能力提升专项计划，加强乡村振兴和农业农村现代化建设等重点领域的示范培训，中央财政按照每人每年 3 000 元给予补助。省级人力资源社会保障部门要统筹推进岗前、在岗和离岗前培训工作，确保“三支一扶”人员每人每年参加培训不少于 5 天。强化专业培训，将“三支一扶”人员纳入相关行业人才培训范围。各地可根据实际，开展对口交流、跟班学习、调查研究等活动。

（六）加强锻炼培养。择优选拔“三支一扶”人员兼任乡镇团委副书记、河（湖）长助理、林（场）长助理、基层供销社主任助理等职务。强化岗位锻炼，建立导师培养制，推广“一帮一”“传帮带”等结对帮扶做法。对符合国家执业医师资格考试规定的支医人员，凭服务地医疗机构出具的试用期考核合格证明，由县级卫生健康行政部门协助办理参加考试手续。推动“三支一扶”计划与基层青年干部队伍、人才队伍建设规划相衔接，对扎根基层的“三支一扶”计划服务期满人员在职称评定、人才项目选拔、进修学习、参加学术会议等方面优先考虑。

四、健全服务保障机制

（七）落实工作生活补贴。“三支一扶”人员工作生活补贴标准要按照当地乡镇机关或事业单位从高校毕业生中新聘用工作人员试用期满后的工资收入水平确定，并根据物价、同岗位人员待遇水平等动态调整。在艰苦边远地区服务的，享受艰苦边远地区津补贴。中央财政补助标准为西部地区每人每年 3 万元（其中新疆南疆四地州、西藏自治区每人每年 4 万元），中部地区每人每年 2.4 万元，东部地区每人每年 1.2 万元。地方各级财政部门要落实投入责任，安排相应配套资金，按月足额发放工作生活补贴。

（八）落实社会保险等待遇。“三支一扶”人员按规定参加基本养老、基本医疗、工伤保险。各地可根据实际，按规定为“三支一扶”人员办理补充医疗保险、重大疾病、人身意外伤害等商业保险以及住房公积金。中央财政按照每人 3 000 元的标准，为新招募且在岗服务满 6 个月以上的人员发放一次性安家费。各地要为“三支一扶”人员提供交通、住宿和伙食等方面便利，参照本单位工作人员标准给予相应补助。

五、加强日常管理

（九）严格考核管理。“三支一扶”人员一般安排在乡镇基层单位服务，服务期为两年，其间原则上不得借调到上级单位帮助工作。要加强对“三支一扶”人员日常、年度和期满考核工作，对承担重点工作、重大项目的可开展专项考核，考核结果存入本人人事档案。各地要健全“三支一扶”人员考核奖励机制，对考核优秀的给予通报表扬，并可参照当地绩效考核实际，给予考核优秀及合格的一定奖励；对考核不合格的及时谈话提醒。

（十）做好日常服务工作。各地要定期开展走访、座谈、慰问等活动，听取“三支一扶”人员的意见和建议，掌握思想动态和工作生活情况。要关心关爱“三支一扶”人员，按规定做好户口迁移、人事档案转递、党团关系接转等工作。要加强对“三支一扶”人员的思想政治教育，及时吸纳符合条件的人员加入党组织。省级人力资源社会保障部门要及时为符合规定人员颁发《高校毕业生“三支一扶”服务证书》。

六、促进服务期满流动

（十一）加大机关定向考录和事业单位专

项招聘力度。落实公务员定向考录政策，各省（区、市）每年应拿出公务员考录计划的10%左右，面向“三支一扶”计划等服务基层项目人员定向考录。各省（区、市）县乡基层事业单位公开招聘时，应根据本地区实际拿出一定数量或比例的岗位，对“三支一扶”服务期满考核合格的人员进行专项招聘，并增加工作实绩在考察中的权重，聘用后可以不再约定试用期；省市事业单位公开招聘时，对“三支一扶”服务期满考核合格的人员同等条件下优先聘用。

（十二）支持继续学习深造。期满考核合格的“三支一扶”人员，三年内参加全国硕士研究生招生考试的，初试总分加10分，同等条件下优先录取。已被录取为研究生的应届毕业生参加“三支一扶”计划的，学校应为其保留入学资格。高职（高专）毕业生期满且考核合格的，可免试入读成人高等学历教育专科起点本科。期满“三支一扶”人员可按规定享受学费补偿和助学贷款代偿政策。本科及以上学历毕业生参加支医服务的，期满且考核合格后由县级卫生健康主管部门统一安排参加住院医师规范化培训。

（十三）促进多渠道就业创业。各地要依托公共就业和人才服务机构，为自主就业的服务期满人员提供有针对性的就业服务。对就业困难的，提供“一对一”就业帮扶。及时将有创业意愿的服务期满人员纳入创业引领行动，提供创业培训、孵化等服务，鼓励创办家庭农场（林场）、农民合作社，按规定落实扶持政策。参加“三支一扶”计划前无工作经历的人员期满且考核合格的，两年内在参加机关和企事业单位考录（招聘）、自主创业、落户、升学等方面可同等享受应届毕业生相关政策。“三支一扶”人员在基层服务年限计算为工龄，其参加工作时间按其到基层报到之日起算。

七、工作要求

（十四）加强组织领导。中央组织部、人力资源社会保障部、教育部、财政部、水利部、农业农村部、国家卫生健康委、国家乡村振兴局、国家林草局、共青团中央成立全国“三支一扶”工作领导小组，按照各自职能，共同推进工作。各级人力资源社会保障部门要发挥牵头作用，进一步健全工作机制，加强宣传引导，搞好衔接沟通，抓好工作落实。

（十五）严格资金管理。各省级财政、人力资源社会保障部门要做好中央补助资金测算工作，按时申报年度补助资金。财政部根据人力资源社会保障部审核结果，向各省级财政部门下达当年中央财政补助资金，并按一定比例提前下达下一年度中央财政补助资金。省级财政部门要按照“三支一扶”计划中央补助资金管理办法，做好经费保障和管理工作，加强绩效评价，加快执行进度，提高财政资金使用效益。财政部、人力资源社会保障部将加强对“三支一扶”工作的绩效管理和运行监控，并将绩效考核结果作为中央财政补助名额分配的重要参考依据。

2021年“三支一扶”计划实施工作启动在即，各地要高度重视，按照时间节点和工作要求，认真做好组织实施工作。工作中遇到的有关情况和问题，及时向人力资源社会保障部人力资源流动管理司反馈。

2021年5月28日

人力资源社会保障部　国家发展改革委　财政部　农业农村部关于实施长江流域重点水域退捕渔民安置保障工作推进行动的通知

人社部发〔2021〕34号

上海、江苏、安徽、江西、湖北、湖南、重庆、四川、贵州、云南省（市）人力资源社会保障厅（局）、发展改革委、财政厅（局）、农业农村厅（委）：

2020年长江流域重点水域退捕渔民安置保障集中攻坚取得阶段性成效。与此同时，部分地方就业扶持措施针对性不强，部分渔民安置还不到位，就业稳定性有待提高。2021年起，长江重点水域全面实施“十年禁渔”，为巩固拓展安置保障成果，助力实施全面禁捕，确保广大渔民退得出、稳得住、能致富，现就持续实施退捕渔民安置保障工作推进行动有关事宜通知如下：

一、把握安置保障工作总体要求。坚持以习近平新时代中国特色社会主义思想为指导，深入贯彻党中央、国务院关于长江禁捕退捕工作的决策部署，突出问题导向和效果导向，保持安置保障政策不变、力度不减，建立健全工作长效机制，巩固拓展安置保障成果，帮助已就业人员稳定就业、有就业意愿的未就业人员及早就业，努力确保就业帮扶及时到位、技能培训全面落实、社会保障应保尽保、困难兜底应扶尽扶，实现退捕渔民上岸就业有出路、长远生计有保障。

二、建立动态精准帮扶机制。依托实名制信息系统，实施退捕渔民安置保障状况动态监测，定期开展回头看，加强上门走访、数据比对、电话回访，动态跟踪就业状态、社保缴纳和需求变化。对有就业需求的退捕渔民，建立重点帮扶台账，“一人一策”“一户一策”制定帮扶方案，至少提供1次政策宣讲、1次就业指导、3次职业介绍。退捕渔民较为集中的地区，要设立1个安置保障联系点，每季度举办1次专场招聘会。提升服务的精准性，有针对性地筛选推介用人单位和就业岗位，提高岗位适配度，不得设置不符合渔民特点的年龄、学历等门槛。

三、千方百计拓展就业渠道。支持各地结合县域经济发展，培育壮大优势特色产业，建立一批退捕渔民就业基地，挖掘一批适合的爱心岗位，拓展就地就近就业空间。引导退捕渔民自主创业，按规定落实税费减免、场地安排、创业担保贷款及贴息、一次性创业补贴和创业培训等支持政策，优先安排入驻返乡入乡创业园、创业孵化基地等创业载体。充分发挥各类公共就业和人才服务机构、经营性人力资源服务机构、劳务经纪人等作用，为有外出务工意愿的退捕渔民搭建信息对接平台，开展有组织劳务输出，按规定给予就业创业服务补助。及时将就业困难退捕渔民纳入援助范围，统筹用好公益性岗位，优先保障大龄困难退捕渔民和零就业家庭退捕渔民及时上岗。

四、大力开展针对性技能培训。坚持市场导向，根据退捕渔民实际，合理设置培训内容，量身定制培训方案，突出急需紧缺实用技能培训，特别是适合渔民的水产养殖、水产加工、水上运输等培训。适应渔民居住分散、时间难固定等情况，灵活安排培训时间，探索线上培训等模式，送技上门、送课到家。落实退捕渔民免费职业技能培训政策，对其中符合条件的脱贫人口、零就业家庭人员、就业困难人员等，在培训期间按规定给予生活费（含交通费）补贴，支持培训机构为退捕渔民开展项目制培训、开设培训专班。提升培训实效，适当延长培训时间，采用浅显易懂的授课方式，增加技能实操训练，适当减少理论内容考核，力争使有培训需求的退捕渔民至少掌握1门实用技能。

五、做好退捕渔民社会保障工作。全面落实退捕渔民养老保险政策，优化经办服务，及时了解参保续保情况，引导其按时缴费、长期缴费，持续推进退捕渔民应保尽保。落实养老保险缴费补贴政策，对“三地分离”退捕渔民，按规定给予养老保险缴费补贴。对符合养老金领取条件的，要及时发放基本养老保险待遇，保障退捕渔民老年基本生活。及时将生活特别困难、患有重大疾病、无就业能力的退捕渔民按规定纳入相关帮扶政策和社会救助体系，切实兜牢保障底线。

六、加强安置保障工作组织领导。各地要坚持把退捕渔民安置保障作为重大政治任务，列入重要议事日程，健全省负总责、市县抓落实的工作机制，优化政策供给，强化部门协同，及时研究解决重大问题，并纳入对市县禁捕工作的考核范围。保持安置保障专班、结对帮扶机制不变，结合实际优化人员配置，做到工作不断、队伍不散。压实地方资金保障责任，按规定统筹用好现有各类资金渠道，重点加大对安置任务重、财政困难大的县市倾斜力度。

七、加强信息报告和宣传引导。按月调度安置保障进度和政策服务落实情况，重点跟踪未安置渔民及失业渔民再就业情况、养老保险持续缴纳情况。健全退捕渔民安置保障风险排查机制，设立咨询投诉电话，强化与信访、宣传等部门对接，梳理信访集中、舆论关注、矛盾突出的问题，做到接诉即办。充分利用各类新闻媒体，大力宣传退捕渔民安置保障的优惠政策、经验做法和工作成效，广泛挖掘典型案例，讲好退捕渔民就业创业故事，引导退捕渔民转变就业观念，营造良好舆论氛围。

各地要按照要求，切实抓好落实，实时更新实名制帮扶安置进展，动态报送工作进度、典型素材。对工作中的突出问题、意见建议，以及因安置保障引发的群体性问题，要按规定第一时间报告。

2021年5月30日

人力资源社会保障部　财政部 国务院国资委　中华全国总工会 全国工商联关于印发《关于全面推行 中国特色企业新型学徒制　加强技能 人才培养的指导意见》的通知

人社部发〔2021〕39号

各省、自治区、直辖市及新疆生产建设兵团人力资源社会保障厅（局）、财政厅（局）、国资委、总工会、工商联：

现将《关于全面推行中国特色企业新型学徒制　加强技能人才培养的指导意见》印发给你们，请结合本地工作实际，认真贯彻执行。

2021年6月8日

关于全面推行中国特色企业新型学徒制 加强技能人才培养的指导意见

为贯彻落实党的十九届五中全会精神，加强新时代技能人才培养，现就全面推行中国特色企业新型学徒制提出以下指导意见。

一、指导思想

以习近平新时代中国特色社会主义思想为指导，全面贯彻党的十九大和十九届二中、三中、四中、五中全会精神，深入贯彻落实《新时期产业工人队伍建设改革方案》，以高质量发展为引领，以深化企业改革、加大技能人才培养为宗旨，以满足培育壮大发展新动能、促进产业转型升级和提高企业竞争力为根本，以产教融合、校企合作为重要手段，持续实施职业技能提升行动，面向企业全面推行新型学徒制培训，创新中国特色技能人才培养模式，进一步扩大技能人才培养规模，为实现高质量发展提供有力的人才和技能支撑。

二、基本原则

——坚持需求导向。坚持以满足高质量发展、适应产业变革、技术变革、组织变革和企业技术创新需求为目标，瞄准企业人力资源价值提升需求，面向企业技能岗位员工开展企业新型学徒制培训，满足人岗匹配和技能人才队伍梯次发展需要。

——坚持终身培训。进一步健全终身职业技能培训制度，支持企业职工在职业生涯发展的不同阶段通过多种方式，灵活接受职业技能培训，不断提高职工岗位技能，畅通技能人才职业发展通道。

——坚持校企政联动。在充分发挥企业培训主体作用和院校教育培训优势的基础上，各地人力资源社会保障部门要加强组织管理和协调服务，有序高效开展企业新型学徒制培养工作。

——坚持以用为本。充分利用企业新型学徒制培养成果，积极为企业新型学徒提升技能、干事创业提供机会和条件。鼓励企业新型学徒参与技术革新、技术攻关，在技能岗位发挥关键作用。

三、目标任务

按照政府引导、企业为主、院校参与的原则，在企业全面推行新型学徒制培训，进一步发挥各类企业主体作用，通过企校合作、工学交替方式，组织企业技能岗位新入职、转岗员工参加企业新型学徒制培训，力争使企业技能岗位新入职员工都有机会接受高质量岗前职业技能培训；力争使企业技能岗位转岗员工都有机会接受转岗转业就业储备性技能培训，达到“转岗即能顶岗”。以企业新型学徒制培训为引领，促进企业技能人才培养，不断提升企业技术创新能力和企业竞争力。

四、主要内容

（一）培养对象和培养模式。以至少签订1年以上劳动合同的技能岗位新招用和转岗等人员为主要培养对象，企业可结合生产实际自主确定培养对象。发挥企业培养主体作用，培养和评价“双结合”，企业实训基地和院校培训基地“双基地”，企业导师和院校导师“双导师”培养模式，大型企业可依托本企业培训中心等采取“师带徒”的方式，开展企业新型学徒制培养工作。

（二）培养目标和主要方式。学徒培养目标以符合企业岗位需求的中级工、高级工及技师、高级技师为主。培养期限为1～2年，特殊情况可延长到3年。各类企业特别是规模以上企业可结合实际需求和学徒职业发展、技能提升意愿，采用举办培训班、集训班等形式，采取弹性学制和学分制等管理手段，按照“一班一方案”开展学徒培训。中小微企业培训人员较少的情况，可由地方工商联及所属商会，会同当地人力资源社会保障部门根据培训职业，统一协调和集中多个中小微企业人员开展培训。

（三）培养内容。根据产业转型升级和高质量发展要求，紧扣制造强国、质量强国、数字中国建设之急需和企业未来技能需求，依据国家职业技能标准和行业、企业培训评价规范开展相应职业（工种）培训，积极应用“互联网+”、职业培训包等培训模式。加大企业生产岗位技能、数字技能、绿色技能、安全生产技能和职业道德、职业素养、工匠精神、质量意识、法律常识、创业创新、健康卫生等方面培训力度。

（四）培养主体职责。企业新型学徒培养的主要职责由所在企业承担。企业应与学徒签订培养协议，明确培训目标、培训内容与期限、质量考核标准等内容。同一批次同类职业（工种）可签订集体培养协议。企业委托培训机构承担学徒的部分培训任务，应与培训机构签订合作协议，明确培训的方式、内容、期限、费用、双方责任等具体内容，保证学徒在企业工作的同时，能够到培训机构参加系统的、有针对性的专业知识学习和相关技能训练。

五、激励机制

（一）完善经费补贴政策。对开展学徒培训的企业按规定给予职业培训补贴，补贴资金从职业技能提升行动专账资金或就业补助资金列支。补贴标准由各市（地）以上人力资源社会保障部门会同财政部门确定，学徒每人每年的补贴标准原则上5 000元以上，补贴期限按照实际培训期限（不超过备案期限）计算，可结合经济发展、培训成本、物价指数等情况定期调整。企业在开展学徒培训前将有关材料报所在地人力资源社会保障部门备案，备案材料应包括培训计划、学徒名册、劳动合同复印件及其他相关材料（具体清单由所在地人力资源社会保障部门自行制定），经审核后列入学徒培训计划，并按规定向企业预支补贴资金。培训任务完成后，应向所在地人力资源社会保障部门及时提交职业资格证书（或职业技能等级证书、培训合格证书、毕业证书）编号或证书复印件、培训视频材料、培训机构出具的行政事业性收费票据（或税务发票）等符合财务管理规定的凭证，由相关部门按照符合补贴申领条件的人员数量，及时拨付其余补贴资金。企业可按照学徒社保缴纳地或就业所在地申领职业培训补贴。

（二）健全企业保障机制。学徒在学习培训期间，企业应当按照劳动合同法的规定支付工资，且工资不得低于企业所在地最低工资标准。企业按照与培训机构签订的合作协议约定，向培训机构支付学徒培训费用，所需资金从企业职工教育经费列支；符合有关政策规定的，由政府提供职业培训和职业技能鉴定补贴。承担带徒任务的企业导师享受导师带徒津贴，津贴标准由企业确定，津贴由企业承担。企业对学徒开展在岗培训、业务研修等企业内部发生的费用，符合有关政策规定的，可从企业职工教育经费中列支。

（三）建立奖励激励机制。充分发挥中华技能大奖获得者、全国技术能手、劳动模范、大国工匠等技能人才传帮带优势，充分利用技能大师（专家）工作室、劳模和工匠人才创新工作室等技能人才培养阵地，鼓励“名师带高徒”“师徒结对子”，激发师徒主动性和积极性。鼓励企业建立学徒奖学金、师带徒津贴（授课费、课时费），制定职业技术技能等级认定优惠政策，畅通企业间流通渠道。

六、保障措施

（一）加强组织领导。各级人力资源社会保障部门、财政部门、国资监管部门、工会以及工商联要进一步提高认识，增强责任感和紧迫感，把全面推行企业新型学徒制培训作为实施职业技能提升行动、加强高技能人才培养的重要内容，认真组织实施。要建立密切配合、协同推进的工作机制，加强组织领导，全面推动实施。国资监管部门、工商联要以重点行业、重要领域和规模以上企业为着力点，大力推行企业新型学徒制培训。

（二）协调推动实施。企业按属地管理原则纳入当地工作范畴，享受当地政策。各级人力资源社会保障部门要建立与企业的联系制度，做好工作指导。要主动对接属地中央企业，做好资金、政策的落实以及服务保障工作。要加大工作力度，加强工作力量，做好对各类企业特别是中小微企业新型学徒培训的管理服务工作。各企业要加强组织实施，建立人事（劳资）部门牵头，生产、安全、财务、工会等有关部门密切配合、协同推进的工作机制，制定工作方案，认真规划、扎实组织、全面推动。各技工院校要积极参加企业新型学徒培养工作，并将其作为校企合作的重要内容。

（三）加强考核评价。鼓励企业职工人人持证，推动企业全面自主开展技能人才评价，并将参加新型学徒制培训的人员纳入其中。指导企业将学徒技能评价融入日常企业生产活动过程中，灵活运用过程化考核、模块化考核和业绩评审、直接认定等多种方式，对学徒进行职业技能等级认定，加大学徒高级工、技师、高级技师评价工作。加大社会培训评价机构和行业组织的征集遴选力度，注重发挥工商联所属商会作用，大力推行社会化职业技能等级认定。

（四）加强宣传动员。广泛动员企业、院校、培训机构和职工积极参与学徒制培训，扩大企业新型学徒制影响力和覆盖面。强化典型示范，突出导向作用，大力宣传推行企业新型学徒制的典型经验和良好成效，努力营造全社会关心尊重技能人才、重视支持企业职工培训工作的良好社会氛围。

人力资源社会保障部　文化和旅游部关于深化图书资料专业人员职称制度改革的指导意见

人社部发〔2021〕42号

各省、自治区、直辖市及新疆生产建设兵团人力资源社会保障厅（局）、文化和旅游厅（局），国务院各部委、各直属机构人事部门，有关中央企业人事部门：

图书资料专业人员是建设文化强国、培育文化自信的重要力量。深化图书资料专业人员职称制度改革，加强图书资料专业人才队伍建设，对传承弘扬中华优秀传统文化、更好满足人民精神文化需求、推动社会主义文化繁荣兴盛具有重要意义。为贯彻落实中共中央办公厅、国务院办公厅印发的《关于深化职称制度改革的意见》，现就深化图书资料专业人员职称制度改革提出如下指导意见。

一、总体要求

（一）指导思想

以习近平新时代中国特色社会主义思想为指导，全面贯彻落实党的十九大和十九届二中、三中、四中、五中全会精神，认真落实党中央、国务院决策部署，立足服务科教兴国战略、人才强国战略和创新驱动发展战略，遵循图书资料专业人员成长规律，健全完善符合图书资料专业人员工作特点的职称制度，推动图书资料专业人才队伍结构更趋合理、能力素质不断提高，为加快文化改革发展，扎实推进社会主义文化强国建设提供人才支撑。

（二）基本原则

1. 坚持服务发展。围绕文化事业发展对图书资料工作提出的新要求，充分发挥职称评价在图书资料专业人员能力评价方面的“指挥棒”作用，着力提升图书资料专业人员的专业能力与职业素养，提高面向经济社会发展的文献信息服务能力，推动图书馆事业繁荣发展。

2. 坚持遵循规律。遵循图书资料专业人员成长规律，突出图书资料行业特点，完善分类科学、合理多元的评价体系，强化服务意识，提高专业能力，引导图书资料专业人员立足岗位、追求卓越。

3. 坚持科学评价。科学设置评价体系，完善图书资料专业人员评价标准，突出评价图书资料专业人员职业道德、能力素质和工作业绩，破除唯学历、唯资历、唯论文、唯奖项倾向，创新评价机制，丰富评价方式，科学、客观、公正评价图书资料专业人员。

4. 坚持开放创新。积极推动图书资料专业人员国际交流与合作，提高图书资料专业人员的专业化、国际化水平，形成有利于图书资料专业人员潜心工作、深入研究、积极创新的人才评价制度，鼓励和调动图书资料专业人员的积极性和创造性，激发和释放创新创造活力。

二、主要内容

通过健全制度体系、完善评价标准、创新评价机制、促进职称制度与人才培养使用相衔接、加强评审监督服务等措施，建立健全符合图书资料行业特点、设置合理、评价科学、管理规范的图书资料专业人员职称制度。

（一）健全制度体系

1. 明确职称层级。图书资料专业人员职称设初级、中级、高级，初级职称分设员级和助理级，高级职称分设副高级和正高级。员级、助理级、中级、副高级和正高级职称名称依次为管理员、助理馆员、馆员、副研究馆员和研究馆员。

2. 图书资料专业人员各层级职称分别与事业单位专业技术岗位等级相对应。正高级对应专业技术岗位一至四级，副高级对应专业技术岗位五至七级，中级对应专业技术岗位八至十级，助理级对应专业技术岗位十一至十二级，员级对应专业技术岗位十三级。

（二）完善评价标准

1. 坚持德才兼备、以德为先。把职业操守放在图书资料专业人员评价的首位，通过个人述职、考核测评等方式综合考察图书资料专业人员的职业道德和从业行为，倡导爱岗敬业，提升服务意识，坚守道德底线。对剽窃他人研究成果等学术不端行为实行“一票否决制”，对通过弄虚作假取得的职称一律予以撤销。

2. 实行分类评价。根据图书资料行业不同岗位类型的特点，分类制定职称评价标准。对于主要从事图书资料业务工作的“操作型”人员，着重考察其工作业绩，突出其实际操作水平和解决问题、创新方法的能力。对于主要从事图书资料研究工作的“学术型”人员，着重考察其研究能力，突出其学术水平、学术影响和应用效果。

3. 实行国家标准、地区标准和单位标准相结合。人力资源社会保障部会同文化和旅游部研究制定《图书资料专业人员职称评价基本标准》（附后）。各地区可根据本地区图书资料事业发展情况，制定地区标准。具有自主评审权的用人单位可结合本单位实际，制定单位标准。地区标准和单位标准不得低于国家标准。

（三）创新评价机制

1. 丰富职称评价方式。建立以同行专家评议为基础的业内评价机制，灵活采用专家评审、考核认定、个人述职、面试答辩、实践操作、业绩展示等多种评价方式，提高职称评价的针对性和科学性。对所从事岗位研究属性较强的专业技术人员，以同行学术评价为主；对所从事岗位应用性和技术性较强的专业技术人员，引入用户评价、社会评价和所在单位评价。

2. 拓宽职称评价人员范围。进一步打破户籍、地域、身份、档案等制约，畅通各类图书资料专业人员职称评价渠道。在非公立图书（资料）馆（室）从事相应工作的图书资料专业人员，以及在公立图书（资料）馆（室）从事相应工作的各类图书资料专业人员，可按属地原则申报职称评审，享有平等待遇。

3. 建立职称评审绿色通道。对取得重大原创性研究成果或关键核心技术突破，以及为图书资料事业发展做出重大贡献的专业人员，放宽学历、年限等条件限制，直接申报评审高级职称。对引进的海外高层次人才和急需紧缺人才，可放宽年限等条件限制。对长期在艰苦边远地区和基层一线工作的图书资料专业人员，重点考察其实际工作业绩，不作论文要求，适当放宽学历和年限等要求。

4. 进一步下放职称评审权限。科学界定、合理下放职称评审权限，鼓励职称制度完善、人才智力密集的大中型图书（资料）馆、高校、科研院所等单位自主开展图书资料系列职称评审。开展自主评审的单位，组建的职称评审委员会实行备案管理。

（四）促进职称评价与人才培养使用有效衔接

1. 促进职称评价与人才培养制度的有效

衔接。用人单位应结合用人需求，根据职称评审结果合理使用专业技术人才，实现职称评审结果与图书资料专业人才聘用、考核、晋升等用人制度的衔接。对于全面实行岗位管理的事业单位，一般应在岗位结构比例内开展职称评审，聘用具有相应职称的专业技术人员到相应岗位。不实行事业单位岗位管理的用人单位，可根据工作需要，择优聘任具有相应职称的专业技术人员从事相关岗位工作。健全考核制度，加强聘后管理，在岗位聘用中实现人员能上能下。

2. 加强图书资料专业人员培养与继续教育。用人单位应当保障本单位图书资料专业人员参加继续教育的权利。按照专业技术人员继续教育规定有关要求，创新和丰富图书资料专业人员继续教育内容和手段，促进图书资料专业人员更新知识、拓展技能。

（五）加强评审监督服务

1. 建立健全各级职称评审委员会。健全职称评审委员会核准备案制度，完善职称评审委员会工作程序和评审规则。优化评审专家遴选机制，明确评审专家责任，严肃评审工作纪律，强化评审工作考核，建立倒查追责机制。

2. 加强职称评审监督。加强对职称评审全过程的监督管理，建立职称评审回避制度、公示制度和随机抽查、巡查制度。畅通意见反映渠道，对群众反映较强烈的问题，有针对性地进行专项核查，及时妥善处理。因评审工作把关不严、程序不规范，造成投诉较多、争议较大的，要责令限期整改；对整改无明显改善或逾期不予整改的，暂停其评审工作直至收回评审权，并依法追究相关人员责任。

3. 优化职称评审服务。加强职称评审信息化建设，减少各类申报表格和纸质证明材料。在规范图书资料专业人员职称评审的基础上，探索跨区域职称互认，促进图书资料专业人才合理流动。

三、组织实施

（一）提高认识，加强领导

职称制度改革涉及图书资料专业人员的切身利益，各地区、各有关部门要充分认识改革的重要意义，高度重视改革工作。各级人力资源社会保障部门会同文化和旅游等有关行业主管部门，负责图书资料专业人员职称制度改革的政策制定、组织实施和监督检查工作。各有关部门要密切配合，相互协调，确保改革各项工作顺利进行。

（二）精心组织，狠抓落实

各地区、各有关部门要根据本意见精神，围绕改革重点任务，密切结合实际，抓紧制定实施方案和配套办法，把各项具体改革任务落实到责任人、责任部门。在推进改革过程中，要深入开展调查研究，细化工作措施，确保改革举措落到实处、见到实效。

（三）加强引导，营造环境

各地区、各有关部门要深入细致地做好政策解读和宣传引导工作，充分调动图书资料专业人员的积极性，引导图书资料专业人员积极支持和参与职称制度改革，营造共同推进改革的良好氛围。

各地人力资源社会保障部门会同文化和旅游部门可参照本指导意见，结合本地区群众文化工作实际，开展群众文化专业人员的职称制度改革工作。

附件：图书资料专业人员职称评价基本标准

2021 年 6 月 15 日

附件

图书资料专业人员职称评价基本标准

一、遵守中华人民共和国宪法和法律法规。

二、具备良好的职业道德、敬业精神，积极为图书资料事业贡献力量。

三、热爱本职工作，认真履行岗位职责，按照要求参加继续教育。

四、图书资料专业人员申报各层级职称，除必须达到上述基本条件外，还应分别具备以下条件：

（一）管理员

1. 初步掌握本领域基础理论和专业知识。

2. 具有完成一般性辅助工作的实际能力。

3. 具备大学专科或高中（含中专、职高、技校，下同）毕业学历，从事图书资料相关工作满1年。

（二）助理馆员

1. 基本掌握本领域基础理论和专业知识，基本了解本领域国内外研究现状、发展趋势和相关政策法规。

2. 具备独立完成岗位工作的实际能力，能够胜任各项日常基础性工作。

3. 具备硕士学位；或具备大学本科学历或学士学位，见习期满1年，经考核合格；或具备大学专科学历，取得管理员职称后，从事图书资料相关工作满2年；或具备高中毕业学历，取得管理员职称后，从事图书资料相关工作满4年。

（三）馆员

1. 较为系统地掌握本领域基础理论和专业知识，了解本领域国内外研究现状、发展趋势和相关政策法规，掌握本领域必要的研究方法和专业技术，积累了一定的实践经验。

2. 具有较为扎实的业务技能和独立分析、处理较复杂问题的能力。

3. 能独立负责某一方面工作，具有指导助理馆员开展工作的能力。

4. 具备博士学位；或具备硕士学位，取得助理馆员职称后，从事图书资料相关工作满2年；或具备大学本科学历或学士学位或大学专科学历，取得助理馆员职称后，从事图书资料相关工作满4年；或具备高中毕业学历，取得助理馆员职称后，从事图书资料相关工作满7年。

（四）副研究馆员

1. 系统掌握本领域基础理论和专业知识，较全面地了解本领域国内外研究现状、发展趋势和相关政策法规，具有较强的科研能力和较丰富的实践工作经验，能够创造性地开展工作，是本领域业务骨干。

2. 具有扎实的业务技能和独立分析、处理较复杂问题的能力。对某一学术领域有专门研究，取得具有一定创新性和行业影响力的研究成果；或者具有较强的实践工作能力，作为主要参与人取得具有较高实用价值或较大社会效益的工作项目成果，或作为主要参与人完成关键技术攻关。

3. 能带领团队负责某一方面工作，具有培养和指导馆员、助理馆员开展专业研究或实施工作项目的能力。

4. 具备博士学位，取得馆员职称后，从事图书资料相关工作满2年；或具备硕士学位、大学本科学历或学士学位，取得馆员职称后，从事图书资料相关工作满5年。

（五）研究馆员

1. 具有本领域系统完备的理论知识和专业知识，科研能力强，工作经验丰富，在解决复杂的专业问题或指导完成重大科研任务、工作项目中表现优异，在本领域有较高的专业影响力，是本领域的学术或技术带头人。

2. 具有较为全面的业务技能，能够创造性地研究和解决复杂问题。对某一学术领域有深入研究，带领团队取得具有创新性或具有重要学术价值的研究成果；或者具有很强的实践工作能力，作为负责人或主要参与人取得具有显著实用价值或广泛社会影响力的工作项目成果，或作为负责人或主要参与人成功解决关键性技术难题。

3. 能带领团队开创某一方面工作，具有培养、指导副研究馆员和馆员开展专业研究或策划实施工作项目的能力。

4. 一般应具备大学本科及以上学历或学士及以上学位，取得副研究馆员职称后，从事图书资料相关工作满5年。

人力资源社会保障部关于印发《人力资源社会保障部在全国范围内推行“证照分离”改革全覆盖实施方案》《人力资源社会保障部在自由贸易试验区进一步加大“证照分离”改革力度试点实施方案》的通知

人社部发〔2021〕43号

各省、自治区、直辖市及新疆生产建设兵团人力资源社会保障厅（局），部属有关单位：

为贯彻落实《国务院关于深化“证照分离”改革进一步激发市场主体发展活力的通知》（国发〔2021〕7号）精神和任务要求，人力资源社会保障部制定了在全国范围内推行“证照分离”改革全覆盖和在自由贸易试验区进一步加大“证照分离”改革力度试点的实施方案，现印发给你们，请认真遵照执行。

2021年6月24日

人力资源社会保障部在全国范围内推行“证照分离”改革全覆盖实施方案

为贯彻落实《国务院关于深化“证照分离”改革进一步激发市场主体发展活力的通知》（国发〔2021〕7号）关于在全国范围内推行“证照分离”改革全覆盖精神及相关任务要求，现就法律、行政法规、国务院决定设定的，由人力资源社会保障部门实施的8项涉企经营许可事项制定如下实施方案。

一、民办职业培训学校设立、分立、合并、变更及终止审批

按照“实行告知承诺”方式进行改革，对承诺将在规定期限内具备法定条件的，经形式审查后当场作出审批决定。具体实施办法如下：

审批层级：县级以上地方人力资源社会保

障部门。

许可条件：设立民办职业培训学校应当符合当地教育发展需求，具备《中华人民共和国民办教育促进法》《中华人民共和国民办教育促进法实施条例》规定的条件。

申请材料清单：1. 申办报告。2. 举办者姓名、住址或名称、地址。3. 学校章程，首届学校理事会、董事会或者其他决策机构组成人员名单。4. 承诺书。

办理程序：1. 申请。举办者向所在地相关职能部门提出申请。2. 告知。所在地相关职能部门向举办者告知行政许可的法律依据、许可条件、需要提交的材料、承诺事项、事后监管措施以及法律责任等。3. 承诺。举办者签署承诺书。4. 审批。所在地相关职能部门对举办者提交的材料及承诺事项进行形式审查，当场作出审批决定，同意的，发给行政许可决定书；不同意的，书面告知理由。

事中事后监管措施：1. 民办职业培训学校分立、合并、变更及终止的，须经审批机关批准。2. 加强对民办职业培训学校审批工作的管理，优化审批服务。3. 开展“双随机、一公开”监管，发现违法违规行为的，严格依法查处，并公开查处结果。4. 加强信用监管。向社会公布民办职业培训学校信用状况，对失信主体开展联合惩戒。

二、经营性中外合作职业技能培训机构设立、分立、合并、变更、终止审批

按照“实行告知承诺”方式进行改革，对承诺将在规定期限内具备法定条件的，经形式审查后当场作出审批决定。具体实施办法如下：

审批层级：省级人力资源社会保障部门。

许可条件：设立经营性中外合作职业技能培训机构应当具备《中华人民共和国中外合作办学条例》《中外合作职业技能培训办学管理办法》（劳动保障部令第27号，2015年根据《人力资源社会保障部关于修改部分规章的决定》修订）规定的条件。

申请材料清单：1. 设立申请书。2. 合作协议。3. 中外合作办学机构的章程，首届理事会、董事会或者联合管理委员会组成人员名单。4. 承诺书。

办理程序：1. 申请。申请机构向所在地省级相关职能部门提出申请。2. 告知。相关职能部门向申请机构告知行政许可的法律依据、许可条件、需要提交的材料、承诺事项、事后监管措施以及法律责任等。3. 承诺。申请机构签署承诺书。4. 审批。相关职能部门对申请机构提交的材料及承诺事项进行形式审查，当场作出审批决定，同意的，发给行政许可决定书；不同意的，书面告知理由。

事中事后监管措施：1. 经营性中外合作职业技能培训机构的分立、合并、变更、终止须报审批机关批准。2. 加强对经营性中外合作职业技能培训机构审批工作的管理，优化审批服务。3. 加强对经营性中外合作职业技能培训机构和办学项目的监督，定期对其办学水平和培训质量进行综合性评估和专项评估。4. 经营性中外合作职业技能培训机构应定期向审批机关递交年度办学报告和相关备案材料。5. 开展“双随机、一公开”监管，发现违法违规行为的，严格依法查处，并公开查处结果。6. 加强信用监管。向社会公布经营性中外合作职业技能培训机构信用状况，对失信主体开展联合惩戒。

三、人力资源服务许可

按照“实行告知承诺”方式进行改革，申请人承诺已具备法定条件的，经形式审查后当场作出审批决定。具体实施办法如下：

审批层级：县级以上地方人力资源社会保障部门。

许可条件：从事职业中介活动，应当具备下列条件：1. 有明确的机构章程和管理制度。2. 有开展业务必备的固定场所、办公设施。3. 有一定数量具备相应职业资格的专职工作人员。4. 法律、行政法规规定的其他条件。

申请材料清单：申请从事职业中介活动，

应当向县级以上地方人力资源社会保障部门提出申请，提交设立申请书、工商营业执照（副本）、承诺书以及法律、行政法规规定的其他文件。

办理程序：1. 申请。申请人向县级以上地方人力资源社会保障部门提出申请，提交相关材料。2. 告知。县级以上地方人力资源社会保障部门向申请人告知行政许可的法律依据、许可条件、需要提交的材料、告知承诺事项、人力资源服务机构承担的法律责任以及事后监管措施等。3. 承诺。申请人签署承诺书。4. 审批。县级以上地方人力资源社会保障部门对申请人提交的材料及承诺事项进行审查，当场作出审批决定，同意的，发给人力资源服务许可证；不同意的，书面告知理由。

事中事后监管措施：1. 在开展年度报告公示和“双随机、一公开”执法检查中，发现违法违规行为的，严格依法查处，并公开查处结果。2. 加强信用监管。向社会公布人力资源服务机构信用状况，对失信主体开展联合惩戒。

四、设立民办普通、高级技工学校审批

按照“优化审批服务”方式进行改革，已经在申请设立普通技工学校时提供过的证明材料，在申请成立高级技工学校时不再重复提供。有条件的地方设立技工学校审批实现申请网上办理。具体实施办法如下：

审批层级：省级人力资源社会保障部门。

许可条件：根据《中华人民共和国民办教育促进法》《中华人民共和国民办教育促进法实施条例》等法律法规规定，国家机构以外的社会组织或者个人，利用非国家财政性经费，可依法申请举办技工院校，并需达到《关于印发技工院校设置标准（试行）的通知》（人社部发〔2012〕8号）规定的条件。

申请材料清单：1. 申办报告。2. 教学设备设施、师资能力等相关证明材料。3. 其他相关证明材料。根据《关于做好技工院校审批管理工作的通知》（人社部发〔2012〕63号）规定，省级人力资源社会保障部门要依照相关法律法规制定技工院校设立审批办法。各省（区、市）按照本省（区、市）技工院校设立审批办法执行。

办理程序：1. 申办受理。符合条件的申请人提交设立技工学校申请材料，报省级人力资源社会保障部门，具备条件的省（区、市）可采取网上申报措施。2. 专家评审。省级人力资源社会保障部门组建专家组，按照技工院校评审细则的评分标准，对申办学校进行评审，作出专家评审意见。3. 复核公示。省级人力资源社会保障部门对专家评审意见进行复核，并对达到技工院校设置标准的院校进行公示。4. 部门批复。对于申办普通技工学校和高级技工学校的，经评审合格并公示无异议后，由省级人力资源社会保障部门批复。

事中事后监管措施：1. 开展“双随机、一公开”监管。2. 通过检查考核或投诉举报件专查等方式，进行有效监管，发现违法违规行为要依法查处并公开结果。

五、设立民办技师学院审批

按照“优化审批服务”方式进行改革，已经在申请设立高级技工学校时提供过的材料，在申请设立技师学院时不再重复提供。有条件的地方设立技师学院审批实现申请网上办理。该许可事项审批层级为省级人民政府，具体实施办法由省级人民政府自行制定。

六、企业年金基金管理机构资格认定、延续认定（国家级）

按照“优化审批服务”方式进行改革，每年更新发布存量情况，实时更新基金管理机构及资格变动情况。按照国务院关于“放管服”改革和“互联网+监管”等的工作要求，结合年金市场发展情况，拟新增许可企业时，在网上公开发布受理时间、受理条件、办理标准、本次增加数量等内容。具体实施办法如下：

审批层级：人力资源社会保障部。

许可条件：申请人应当具备《企业年金基金管理机构资格认定暂行办法》（劳动保障部令第24号，2015年根据《人力资源社会保障部关于修改部分规章的决定》修订，2016年根据《国务院关于第二批清理规范192项国务院部门行政审批中介服务事项的决定》修订）中明确的受理条件。

申请材料清单：1. 企业年金基金管理机构资格认定（国家级）：（1）资格申请表。（2）资源配置说明。（3）管理制度和流程。（4）申请人自律承诺书。（5）相关证明材料。（6）业务可行性报告。材料范式均在人力资源社会保障部官网发布的通告中详细披露。根据年金市场发展对不同资格机构数量需求不同，每次发布的通告内容会有调整。2. 企业年金基金管理机构资格延续认定（国家级）：企业年金基金管理机构需提供资格延续申请报告和申请人自律承诺书。申请报告和自律承诺书的范式均在人力资源社会保障部官网每次发布的通告中详细披露。

办理程序：1. 企业年金基金管理机构资格认定（国家级）：（1）在人力资源社会保障部官网向社会发布通告。（2）申请单位在规定的时间、地点提交申请材料，审批部门初审申请材料，对不符合要求的不予受理，对材料不完整的通知补正，符合条件的发出受理通知书。（3）向行业主管部门函询申请机构近3年受处罚情况。（4）酌情组织现场检查。（5）组织专家评审。（6）依规按程序审定专家评审意见后，作出行政许可决定，并将结果在人力资源社会保障部官网上公告。2. 企业年金基金管理机构资格延续认定（国家级）：（1）在人力资源社会保障部官网向社会发布通告。（2）申请单位在规定的时间、地点提交申请材料，审批部门初审申请材料，对材料不完整的通知补正，符合条件的发出受理通知书。（3）向行业主管部门函询申请机构近3年受处罚情况。（4）向地方人力资源社会保障部门以及部分委托人、相关管理机构等发出主体间评价表并汇总反馈情况。（5）酌情组织现场检查。（6）组织专家评审。（7）依规按程序审定专家评审意见后，作出行政许可决定，并将结果在人力资源社会保障部官网上公告。

事中事后监管措施：1. 开展“双随机、一公开”监管，发现违法违规行为的，严格依法查处，并公开查处结果。2. 加强年金基金管理合同和养老金产品备案规范，依规对年金基金管理机构的市场行为进行日常监管。3. 不断完善信息报告和信息披露制度，推动年金管理信息系统建设。4. 推进与行业主管部门、地方人力资源社会保障行政监管部门的协同监管。5. 探索建立年金基金管理机构评价评级体系，完善资格“有进有出”机制。6. 支持行业协会发挥自律作用。

七、劳务派遣经营许可

按照“优化审批服务”方式进行改革，有条件的地区将省、设区的市级人力资源社会保障部门的审批权限下放至县级人力资源社会保障部门，实现申请、审批全程网上办理，不再要求申请人提供营业执照、企业名称预先核准通知书、法定代表人身份证明等材料。具体实施办法如下：

审批层级：县级以上地方人力资源社会保障部门。

许可条件：1. 注册资本不得少于人民币200万元。2. 有与开展业务相适应的固定的经营场所和设施。3. 有符合法律、行政法规规定的劳务派遣管理制度。4. 法律、行政法规规定的其他条件。

申请材料清单：1. 劳务派遣经营许可申请书。2. 营业执照或者企业名称预先核准通知书、法定代表人的身份证明（已与市场监管、公安部门建立数据共享机制的地区可不再提供）。3. 公司章程以及验资机构出具的验资报告或者财务审计报告。4. 经营场所的使用证明以及与开展业务相适应的办公设施设备、信息管理系统等清单。5. 劳务派遣管理制度，包括劳动合同、劳动报酬、社会保险、工作时间、休息休假、劳动纪律等与劳动者切身利益相关的规章制度文本；拟与用工单位签订的劳务派遣协议样本。

办理程序：1. 许可机关收到申请材料后，申请材料齐全、符合法定要求的，受理行政许可申请；申请材料存在可以当场更正的错误的，允许申请人当场更正；申请材料不齐全或者不符合法定形式的，当场或者在5个工作日内一次告知申请人需要补正的全部内容，逾期不告知的，自收到申请材料之日起即为受理。许可机关对申请人提出的申请决定不予受理的，出具不予受理决定书，说明不予受理的理由，并告知申请人享有依法申请行政复议或者提起行政诉讼的权利。2. 许可机关决定受理申请的，对申请人提交的申请材料进行审查。3. 许可机关自受理之日起20个工作日内作出是否准予行政许可的决定。20个工作日内不能作出决定的，经本行政机关负责人批准，可以延长10个工作日，并将延长期限的理由告知申请人。4. 申请人的申请符合法定条件的，许可机关依法作出准予行政许可的书面决定，并自作出决定之日起5个工作日内通知申请人领取劳务派遣经营许可证；申请人的申请不符合法定条件的，许可机关依法作出不予行政许可的书面决定，说明不予行政许可的理由，并告知申请人享有依法申请行政复议或者提起行政诉讼的权利。

事中事后监管措施：1. 开展“双随机、一公开”监管，及时依法查处违法违规行为。2. 加强信用监管，支持对劳务派遣单位按诚信等级实施分级监管，依法向社会公布劳务派遣单位信用状况，依法依规对失信主体开展失信惩戒，对不报告、不如实报告年度经营情况以及发现存在重大经营风险的劳务派遣单位予以公示。

八、以技能为主的国外职业资格证书及发证机构资格审核和注册

按照“优化审批服务”方式进行改革，调整适用《国务院对确需保留的行政审批项目设定行政许可的决定》中关于审批权限的规定，将审批权限由人力资源社会保障部下放至省级人力资源社会保障部门，有条件的地方可实行申请、审批全程网上办理。具体实施办法如下：

审批层级：省级人力资源社会保障部门。

许可条件：1. 申请注册的国外职业资格证书应当在国际上具有广泛的影响和流通性，其职业种类和标准应符合我国职业资格证书体系发展的需要。开展引进工作的中外合作机构应具有相应的技术实力和可靠的资信，其活动不得以营利为目的。2. 境外机构及其驻华办事机构拟在中国境内开展国外职业资格认证或职业技能考试和发证活动的，必须与中国的职业资格实施机构、行业组织、社会团体或其他相应中国法人机构合作，且同一时期内中方合作机构原则上应为一家。3. 申请机构应当具备独立法人资格、明确的考试项目和考试章程、承办考试的必要条件。

申请材料清单：1. 机构资信证明类文件。外方机构合法性证明材料，包括机构登记证书、机构章程、所属国开展认证的政府批准文件（如有）、银行资信证明。2. 申请注册职业资格的专业技术类文件。（1）职业标准或考试大纲。（2）证书等级规定及各等级证书样本。（3）各等级考试样卷。3. 考试组织实施类文件。（1）考试章程。（2）考务管理规则。（3）考点设置标准。4. 其他材料。（1）国外职业资格证书及其发证机构资格审核注册表。（2）中外合作机构之间的合作协议书（复印件）。（3）考试的可行性论证报告。上述材料如为外文版的，需同时提交中文译本，且申请人须保证中、外文版本内容一致。

办理程序：各省级人力资源社会保障部门可参照以下审核和注册流程，制定以技能为主的国外职业资格证书及发证机构资格审核和注册流程，并在审批后抄报人力资源社会保障部。1. 以技能为主的国外职业资格证书发证机构向人力资源社会保障部提出申请。2. 人力资源社会保障部受理后，组织专家进行审核论证。3. 人力资源社会保障部作出审批决定。

同时，抄送各省级人力资源社会保障部门和有关行业主管部门人事劳动保障工作机构，委托其进行管理和监督。

事中事后监管措施：对以技能为主的国外职业资格证书发证机构的代表机构、中方合作机构采用“日常检查”“专项检查”的形式，通过“双随机、一公开”“重点监管”“信用监管”的方式进行监管检查。对通过投诉举报等渠道反映问题多的机构实施重点监管。发现违法违规行为依法查处并公开结果。

人力资源社会保障部在自由贸易试验区进一步加大“证照分离”改革力度试点实施方案

为贯彻落实《国务院关于深化“证照分离”改革进一步激发市场主体发展活力的通知》（国发〔2021〕7号）关于在自由贸易试验区进一步加大改革试点力度，进一步激发市场主体发展活力精神及相关任务要求，现就法律、行政法规、国务院决定设定的，由人力资源社会保障部门实施的3项涉企经营许可事项在自由贸易试验区内开展进一步改革试点制定以下实施方案。自由贸易试验区所在县、不设区的市、市辖区的其他区域参照执行。

一、民办普通、高级技工学校筹设审批

按照“直接取消审批”方式进行改革，依据《全国人民代表大会常务委员会关于授权国务院在自由贸易试验区暂时调整适用有关法律规定的决定》（2021年4月29日第十三届全国人民代表大会常务委员会第二十八次会议通过），自由贸易试验区内举办民办普通、高级技工学校不再向省级人力资源社会保障部门申请办理筹设审批，直接申请办理办学许可。

事中事后监管措施：加强对民办普通、高级技工学校筹设审批取消后的有关监管。开展“双随机、一公开”监管，发现违法违规行为的，严格依法查处，并公开查处结果。加强日常监管，依法及时处理投诉举报。

二、民办技师学院筹设审批

按照“直接取消审批”方式进行改革，依据《全国人民代表大会常务委员会关于授权国务院在自由贸易试验区暂时调整适用有关法律规定的决定》（2021年4月29日第十三届全国人民代表大会常务委员会第二十八次会议通过），自由贸易试验区内开办民办技师学院不再向省级人民政府申请办理筹设审批，直接申请办理办学许可。

事中事后监管措施：加强对民办技师学院筹设审批取消后的有关监管。开展“双随机、一公开”监管，发现违法违规行为的，严格依法查处，并公开查处结果。加强日常监管，依法及时处理投诉举报。

三、劳务派遣经营许可

按照“实行告知承诺”方式进行改革，许可机关制定并公布告知承诺书格式文本，一次性告知申请人许可条件和所需材料。对申请人自愿承诺符合许可条件并按要求提交材料的，当场作出许可决定。具体实施办法如下：

审批层级：自由贸易试验区省、市、县级人力资源社会保障部门。

许可条件：1. 注册资本不得少于人民币200万元。2. 有与开展业务相适应的固定的经

营场所和设施。3. 有符合法律、行政法规规定的劳务派遣管理制度。4. 法律、行政法规规定的其他条件。

申请材料清单：1. 劳务派遣经营许可申请书。2. 告知承诺书。3. 公司章程以及验资机构出具的验资报告或者财务审计报告。

办理程序：1. 许可机关收到申请材料后，申请材料齐全、符合法定形式，受理行政许可申请；申请材料存在可以当场更正的错误的，允许申请人当场更正；申请材料不齐全或者不符合法定形式的，当场一次告知申请人需要补正的全部内容。许可机关对申请人提出的申请决定不予受理的，出具不予受理决定书，说明不予受理的理由，并告知申请人享有依法申请行政复议或者提起行政诉讼的权利。2. 许可机关受理申请的，对申请人提交的申请材料进行审查。3. 许可机关自受理之日起 20 个工作日内作出是否准予行政许可的决定。申请人自愿承诺符合许可条件并按要求提交材料的，当场作出许可决定。申请人的申请不符合法定条件的，许可机关依法作出不予行政许可的书面决定，说明不予行政许可的理由，并告知申请人享有依法申请行政复议或者提起行政诉讼的权利。

事中事后监管措施：1. 对以告知承诺方式取得经营许可的，加强对其承诺真实性的核查，发现虚假承诺或者承诺严重不实的要依法处理。2. 加强劳动保障监察执法，开展“双随机、一公开”监管，及时依法查处违法违规行为。3. 对取得劳务派遣许可证满一年，但未报告年度经营情况或未开展经营活动的劳务派遣单位，定期检查。对不报告、不如实报告年度经营情况以及发现存在重大经营风险的劳务派遣单位可予以公示。4. 对劳务派遣单位进行诚信分级、信用评价、风险评估或者黑名单管理，依法依规向社会公布劳务派遣单位经营情况年度报告有关内容和状况，依法依规对失信主体开展失信惩戒。5. 加大劳务派遣行政许可和用工情况信息化建设力度，推动实现动态监管和业务协同。

人力资源社会保障部　国家乡村振兴局关于印发《国家乡村振兴重点帮扶地区职业技能提升工程实施方案》的通知

人社部发〔2021〕45号

各省、自治区、直辖市及新疆生产建设兵团人力资源社会保障厅（局）、乡村振兴（扶贫、东西协作）部门：

为贯彻党的十九大和十九届二中、三中、四中、五中全会精神，落实党中央、国务院关于实现巩固拓展脱贫攻坚成果同乡村振兴有效衔接的部署，加强高技能人才和乡村工匠培育，助力乡村振兴，“十四五”期间，人力资源社会保障部、国家乡村振兴局决定实施国家乡村振兴重点帮扶地区职业技能提升工程。现将《国家乡村振兴重点帮扶地区职业技能提升工程实施方案》印发给你们，请结合实际，建立工作机制，落实实施方案，统筹资金渠道，有序推进实施，确保工程建设质量和效益。

2021年6月28日

国家乡村振兴重点帮扶地区职业技能提升工程实施方案

为落实中共中央、国务院《关于实现巩固脱贫攻坚成果同乡村振兴有效衔接的意见》和《关于全面推进乡村振兴加快农业农村现代化的意见》，加强高技能人才和乡村工匠培育，助力乡村振兴，人力资源社会保障部、国家乡村振兴局共同编制本实施方案。

一、总体要求

（一）指导思想。以习近平新时代中国特色社会主义思想为指导，全面贯彻党的十九大和十九届二中、三中、四中、五中全会精神，健全人社领域常态化帮扶机制，加大东西部职业技能开发对口协作力度，增强国家乡村振兴重点帮扶地区职业技能培训资源供给，加强创新型、应用型、技能型人才培养，为巩固脱贫攻坚成果、促进区域协调发展、全面推进乡村振兴提供技能人才支撑。

（二）建设目标。聚焦国家乡村振兴重点

帮扶地区，综合考虑大型特大型易地扶贫搬迁安置区技能培训需求，建立完善职业指导、分类培训、技能评价、就业服务协同联动的公共服务体系。加强技工教育和职业培训基础能力建设，加大帮扶力度，做到“应培尽培、能培尽培”，努力实现每个有培训需求的脱贫家庭和防止返贫致贫监测对象家庭（以下简称帮扶家庭）劳动力都有机会接受职业技能培训，每个有就读技工院校意愿的帮扶家庭“两后生”都有机会接受技工教育，丰富技能教育层次，加强高技能人才培养。“十四五”期间，累计开展职业技能培训不少于300万人次，培养5万名左右高级工以上高技能人才和乡村工匠，更好服务乡村振兴。

二、实施范围

重点支持国家乡村振兴重点帮扶县、西藏自治区、新疆维吾尔自治区和新疆生产建设兵团。

三、主要任务

（一）建设一批技工院校和职业培训机构。实施技工教育发展“十四五”规划，支持生源数量较充足、具备发展技工教育条件县市，依托现有资源，新建、改（扩）建100个左右技工院校和职业培训机构，逐步实现每个具备条件的地级以上城市建立1所技师学院，每个具备条件的县（市）建立1所技工学校。鼓励各级各类企业举办或参与举办技工院校，支持民办技工教育发展。加大对口支援工作力度，对西藏技师学院和南疆四地州技工院校予以倾斜支持，推动落实部区共建备忘录各项措施。

（二）建设一批高技能人才培训基地。深入实施“十四五”职业技能培训规划，以推动技能人才高质量培养为目标，以创新发展为根本动力，以实现更加充分更高质量就业为导向，落实高技能人才培养补助政策，分层分级建设100个左右高技能人才培训基地。

（三）建设一批技能大师工作室。根据本地区产业发展需要，培育一批服务乡村振兴的能工巧匠，加强资金支持，分层分级建立100个左右技能大师工作室，组建工作团队，充分发挥带徒传技、技能攻关、技艺传承、技能推广等带动作用。

（四）组织实施一批专项职业能力培训考核。按照在已备案的项目中遴选一批、面向社会征集一批、围绕当地特色产业开发一批的原则，选择就业需求量大、操作技能简单易学的就业技能，组织实施专项职业能力培训考核计划。开发100个左右专项职业能力考核规范，力争每县至少实施一个专项职业能力项目。

（五）培育一批劳务品牌。立足社会需求和特色产业，积极培育100个左右知名劳务品牌，形成“一县一品”的品牌效应，提升脱贫劳动力输出的影响力和竞争力。发挥公共就业服务机构、人力资源服务机构和劳务经纪人的积极作用，深入基层开展“送政策、送信息、送技能、送岗位”的“四送”活动，不断开拓劳务输出渠道，扩大脱贫劳动力外出务工的规模。

（六）培养一批高技能人才和乡村工匠。技工院校要积极面向往届初高中毕业生、帮扶家庭子女及劳动力等各类群体广泛开展招生工作，鼓励其就读高级工班、预备技师（技师）班，成长为高技能人才。深入实施新生代农民工职业技能提升计划，以输出地为主，组织返乡农民工开展就业创业培训，促进农民工就近就业创业。以输入地为主，组织转岗和失业农民工开展定向定岗培训，提升农民工就业能力。大力开展中国特色企业新型学徒制培训，组织开展以工代训、就业技能培训、岗位技能提升培训和创业培训。推广网络创业培训和乡村创业带头人培训。结合市场需求，加快培养一批高技能人才和乡村工匠。

（七）举办乡村振兴职业技能大赛。每两年举办一届全国乡村振兴职业技能大赛。引导支持国家乡村振兴重点帮扶地区结合当地特色产业发展状况，举办具有地方特色的职业技能竞赛。依托优质院校和职业培训机构建设一批职业技能竞赛集训基地，做好选手集训、高技能人才培训等工作。发挥职业技能竞赛引领带动作用，为技能劳动者提供展示交流平台。

四、完善服务保障政策

（一）加大东西部协作和对口支援力度。将职业教育培训协作纳入东西部协作和对口支援工作重要内容，把国家乡村振兴重点帮扶县作为帮扶重点，扩大东西部地区优质教育培训资源供给和输出。加强技工院校对口帮扶，鼓励院校采取专业联建、师资交流、教研共享、网上课堂等多种渠道和方式，援助改善基础条件、扩展办学规模、建设特色专业。建设东西部技工院校合作联盟，采取联合招生、合作办学等形式，共同培养高技能人才。

（二）落实好技工教育各项资助政策。继续实施雨露计划，对帮扶家庭子女接受技工教育给予补助，原补助标准、补助方式、发放程序、资金来源保持不变。各技工院校要对帮扶家庭学生开辟招生绿色通道，优先招生、优先安排在订单定向培养班或企业冠名班、优先落实助学政策、优先安排实习、优先推荐就业。

（三）落实好职业培训补贴政策。对帮扶家庭子女、劳动者等开展免费职业技能培训，对高校毕业生和企业职工按规定给予职业培训补贴。参加企业新型学徒制培训的给予企业每人每年5 000元以上的职业培训补贴，由企业自主用于学徒培训工作。对符合条件的劳动者参加专项职业能力项目培训的，可按规定纳入政府补贴性职业技能培训项目范围，落实职业培训和鉴定补贴。

（四）加强师资队伍建设和技术支持。遴选建设一体化师资研修基地，建设技工院校师资研修平台。在技工院校一体化师资专项培训计划、师资能力提升行动和网络师资研修等工作中，向国家乡村振兴重点帮扶地区倾斜。积极推动技工教育人才参与对口支援，协调落实好政策待遇。加强创业培训师资和创业导师队伍建设。建立技工教育管理、专业建设、技术开发、教学改革等方面专家队伍，为国家乡村振兴重点帮扶地区技工教育和职业培训提供技术支持。

五、工作要求

（一）提高思想认识，加强组织领导。各级人力资源社会保障、乡村振兴部门要将实施国家乡村振兴重点帮扶地区职业技能提升工程提上重要日程，协调纳入当地经济社会发展总体规划。要以地方政府为主导，建立人力资源社会保障部门牵头协调、多部门共同参与的工作机制，统筹推进各项工作有序实施。

（二）加大支持力度，强化资金保障。国家乡村振兴重点帮扶地区所在省（区）人力资源社会保障部门要按照统筹规划、集中使用、提高效益的要求，将中央和省级财政安排的各项资金统筹使用，发挥好企业职工教育培训经费、就业补助资金、职业技能提升行动专账资金等各类资金的作用。有结对帮扶和对口支援任务的省（市）要主动对接帮扶地区，做实做细帮扶项目，积极协调将相关项目和资金需求纳入帮扶规划总盘子。

（三）细化工作方案，落实相关责任。各地区、各有关部门抓紧进行安排部署，可结合实际制定具体实施方案和工作安排，明确结对帮扶关系和具体目标任务。分阶段深入开展工作，协调解决问题，推动工作落实。人力资源社会保障和乡村振兴部门将对工程实施情况定期进行总结，适时开展监督检查，评估工作成效。

（四）加大宣传力度，营造良好氛围。各地要以大力发展技工教育、实施职业技能提升行动、推动技能人才评价制度改革、举办和参加技能大赛、弘扬工匠精神等为重点，大力宣传技工教育、职业培训、就业创业等政策措施，大力弘扬劳模精神、劳动精神、工匠精神，动员社会各界广泛参与国家乡村振兴重点帮扶地区职业技能提升工程，引导劳动力接受职业技能教育培训，及时总结推广经验做法，选树一批技能致富典型，营造技能成才良好环境。

人力资源社会保障部关于印发人力资源和社会保障事业发展“十四五”规划的通知

人社部发〔2021〕47号

各省、自治区、直辖市及新疆生产建设兵团人力资源社会保障厅（局）：

为贯彻落实党的十九届五中全会和十三届全国人大四次会议精神，依据《中共中央关于制定国民经济和社会发展第十四个五年规划和二〇三五年远景目标的建议》和《中华人民共和国国民经济和社会发展第十四个五年规划和2035年远景目标纲要》，我部组织制定了《人力资源和社会保障事业发展“十四五”规划》。现印发给你们，请结合实际认真贯彻实施。

2021年6月29日

人力资源和社会保障事业发展“十四五”规划

目　录

人力资源和社会保障事业发展“十四五”规划，根据《中共中央关于制定国民经济和社会发展第十四个五年规划和二〇三五年远景目标的建议》和《中华人民共和国国民经济和社会发展第十四个五年规划和2035年远景目标纲要》编制，主要阐明“十四五”时期推进人力资源和社会保障事业高质量发展的总体思路，明确主要发展目标、重大政策举措和重点工作任务，是未来五年人力资源和社会保障事业发展的重要指导文件。

第一章　指导思想和主要目标

“十四五”时期是我国全面建成小康社会、实现第一个百年奋斗目标之后，乘势而上开启全面建设社会主义现代化国家新征程、向第二个百年奋斗目标进军的第一个五年。

第一节　发展基础

“十三五”时期，党中央、国务院高度重视人力资源和社会保障事业，作出一系列重大决策部署，将就业优先政策置于宏观政策层面，并把就业作为“六稳”、“六保”首要任务。人力资源社会保障部门坚决贯彻党中央、国务院决策部署，充分发挥中国共产党领导和我国社会主义制度的政治优势，把增进民生福祉、促进社会公平作为发展人力资源和社会保障事业的根本出发点和落脚点，坚持深化改革、稳中有进，全面完成了“十三五”时期事业发展规划各项目标任务。就业局势保持总体稳定，就业结构持续优化，就业方式更加多元，就业质量继续提高，就业技能不断提升，城镇新增就业超过6 000万人，开展政府补贴性培训近1亿人次。社会保障制度改革取得重大突破，建成世界上规模最大的社会保障体系。社会保障统筹层次和待遇水平稳步提高，社会保险基金运行安全可持续，基本养老保险覆盖近10亿人，社会保障卡发行超过13.35亿张。人才人事发展体制机制改革持续深化，高素质人才队伍建设持续加强，技能人才队伍建设取得重大进展，高技能人才新增1 000万人以上，人才人事助力经济社会高质量发展的作用进一步发挥。中国特色和谐劳动关系体制机制基本形成，工资收入分配制度改革不断深化，拖欠农民工工资问题多发、高发态势得到有效遏制，被拖欠工资的农民工比重从1%下降到0.16%，劳动者权益得到有力维护。人力资源和社会保障扶贫成果显著，贫困劳动力外出务工人数实现翻番，3 014万贫困老人全部按时足额领取养老金。行风建设持续推进，行风满意度显著提高，人力资源和社会保障公共服务发生了全方位、深层次的转变。“十三五”时期人力资源和社会保障事业的持续快速发展，为维护改革发展稳定大局和全面建成小康社会作出了积极贡献，为“十四五”时期经济社会发展奠定了坚实基础。

专栏1　“十三五”时期主要指标完成情况

指标	2015年基数	“十三五”规划目标	2020年完成数
一、就业			
1. 城镇新增就业人数（万人）	[6 431]	[>5 000]	[6 564]
2. 城镇登记失业率（%）	4.05	<5	4.24
二、社会保障			
3. 基本养老保险参保率（%）	82	90	91
4. 失业保险参保人数（亿人）	1.73	1.8	2.17
5. 工伤保险参保人数（亿人）	2.14	2.2	2.68
三、人才队伍建设			
6. 专业技术人才总量（万人）	—	7 500	—
7. 高、中、初级专业技术人才比例	—	10∶40∶50	—
8. 高技能人才总量（万人）	4 501	5 500	—
四、劳动关系			
9. 企业劳动合同签订率（%）	90	>90	>90
10. 劳动人事争议调解成功率（%）	64.7	>60	70.6
11. 劳动人事争议仲裁结案率（%）	95.2	>90	96.2
12. 劳动保障监察举报投诉案件结案率（%）	—	>95	99
五、公共服务			
13. 社会保障卡持卡人口覆盖率（%）	64.6	90	95.4

注：[ ] 内为五年累计数。

“十四五”时期，我国发展仍然处于重要战略机遇期，但机遇和挑战都有新的发展变化。当今世界正经历百年未有之大变局，新一轮科技革命和产业变革深入发展，国际力量对比深刻调整，和平与发展仍然是时代主题，人类命运共同体理念深入人心。同时，国际环境日趋复杂，不稳定性不确定性明显增加，新冠肺炎疫情影响广泛深远，世界经济陷入低迷期，经济全球化遭遇逆流，单边主义、保护主义、霸权主义对世界和平与发展构成威胁。

我国已转向高质量发展阶段，制度优势显著，治理效能提升，经济长期向好，物质基础雄厚，人力资源丰富，市场空间广阔，发展韧性强劲，社会大局稳定，继续发展具有多方面优势和条件。同时我国发展不平衡不充分问题仍然突出，重点领域关键环节改革任务仍然艰巨，创新能力不适应高质量发展要求，城乡区域发展和收入分配差距较大，民生保障存在短板。人力资源和社会保障事业发展面临较大压力：劳动力供求深度调整，就业压力依然存在，结构性矛盾将成为就业领域的主要矛盾；人口老龄化程度持续加深，“十四五”期间新退休人数将超过4 000万人，劳动年龄人口净减少3 500万人，社会保障制度的可持续发展面临挑战；制约和影响人才发展的体制机制障碍尚未根除，事业单位人事制度改革有待进一步深化；城乡收入分配差距较大，中等收入群体比重偏低；产业转型升级、就业方式多样化加快发展对协调劳动关系提出了新挑战；人力资源和社会保障公共服务与人民群众的期待尚有差距。面对发展的重大机遇和严峻挑战，要抓住机遇、应对挑战，在危机中育先机，于变局中开新局，趋利避害，奋勇前进。

第二节 指导思想

高举中国特色社会主义伟大旗帜，深入贯彻党的十九大和十九届二中、三中、四中、五中全会精神，坚持以马克思列宁主义、毛泽东思想、邓小平理论、“三个代表”重要思想、科学发展观、习近平新时代中国特色社会主义思想为指导，立足新发展阶段，坚定不移贯彻创新、协调、绿色、开放、共享的新发展理念，促进构建以国内大循环为主体、国内国际双循环相互促进的新发展格局，坚持稳中求进工作总基调，以推动人力资源和社会保障事业高质量发展为主题，以深化人力资源和社会保障政策改革创新为主线，以满足人民日益增长的美好生活需要为根本目的，勠力同心，担当作为，为全面建设社会主义现代化国家贡献积极力量。

必须遵循以下原则：

——坚持党的领导。坚持把党的集中统一领导作为推进人力资源和社会保障事业发展的根本保证，不断提高贯彻新发展理念、构建新发展格局能力和水平，为实现高质量发展提供保证。

——坚持以人民为中心。坚持人民主体地位，坚持共同富裕方向，始终做到发展为了人民、发展依靠人民、发展成果更多更公平惠及全体人民，促进社会公平，增进民生福祉，不断实现人民对美好生活的向往。

——坚持新发展理念。把新发展理念贯穿到人力资源和社会保障事业发展全过程，充分发挥人力资源和社会保障事业在构建新发展格局中的支撑保障作用，实现人力资源和社会保障事业更高质量、更有效率、更可持续、更为安全发展。

——坚持深化改革。按照推进国家治理体系和治理能力现代化的总目标，深化人力资源和社会保障领域制度改革，破除制约高质量发展、高品质生活的体制机制障碍，持续增强发展动力和活力。

——坚持系统观念。加强前瞻性思考、全局性谋划、战略性布局、整体性推进，深入实施区域发展战略，加大东西部合作与对口支援，加强人力资源和社会保障事业与各领域协同联动，推动经济发展与民生改善良性互动、相互促进。

——坚持依法行政。贯彻落实全面依法治国基本方略，深入推进依法行政，推动人力资源和社会保障工作全面纳入法治轨道。合理调节各方面利益关系，促进社会公平公正、稳定和谐。

第三节 主要目标

按照全面建设社会主义现代化国家的战略安排，2035 年人力资源和社会保障事业发展远景目标和“十四五”时期主要目标如下。

2035 年远景目标：展望 2035 年，随着我国基本实现现代化，人力资源和社会保障制度体系将更加科学完善。就业质量显著提升，保持较低的失业水平，劳动关系更加和谐稳定，满足劳动者对美好生活的向往。实现多层次社会保障体系高质量发展可持续发展，形成社会保障全民共建共享的发展局面。人才政策更加积极更加开放，各类人才的创新活力竞相迸发，进入创新型国家行列。工资收入分配更加公平合理，中等收入群体显著扩大，促进全体人民共同富裕取得更为明显的实质性进展。基本公共服务实现均等化，城乡一体、均等可及的人力资源和社会保障基本公共服务体系更加高效优质。

“十四五”时期主要目标：

——实现更加充分更高质量就业。就业容量不断扩大，就业质量不断提高，就业创业环境不断优化，劳动者技能素质不断提升，重点群体就业基本稳定。“十四五”时期城镇新增就业 5 000 万人以上，城镇调查失业率控制在

5.5%以内，城镇登记失业率控制在5%以内。

——多层次社会保障体系更加健全。法定人员应保尽保，实现企业职工基本养老保险全国统筹、失业保险省级统筹，工伤保险省级统筹更加完善。社会保障待遇水平稳步提高，基金运行安全平稳。基本养老保险参保率达到95%。补充养老保险覆盖面不断扩大，年金基金规模超过4万亿元。

——技术技能人才队伍素质不断提升。人才发展体制机制改革深入推进，人才队伍规模不断扩大、结构更加合理、质量整体提升、创新活力进一步迸发。人才发展与国家重大发展战略和产业布局同步推进。培养更多高技能人才、能工巧匠和大国工匠。

——工资收入分配制度更加完善。企业工资分配制度更加完善，工资合理增长机制更加健全，劳动报酬在初次分配中的比重逐步提升，工资收入分配结构明显改善。以增加知识价值为导向的收入分配政策更加完善，符合事业单位特点的工资分配制度基本建立。

——中国特色劳动关系更加和谐稳定。劳动关系协调机制和工作体制机制进一步完善，劳动人事争议调解仲裁体制机制进一步健全，劳动保障监察执法效能有效提升，根治欠薪成果更加巩固，劳动关系治理能力明显提高，劳动关系总体和谐稳定。

——人力资源和社会保障公共服务体系更加完善。人力资源和社会保障公共服务制度和标准体系全面建立，智慧服务能力显著提高，社会保障卡实现发行应用全覆盖，基本公共服务的可及性显著增强，均等化水平明显提高。

专栏2　　“十四五”时期主要指标

指标	2020年	2025年	属性
一、就业			
1. 城镇新增就业人数（万人）	[6 564]	[>5 000]	预期性
2. 城镇调查失业率（%）	5.2	<5.5	预期性
3. 城镇登记失业率（%）	4.24	<5	预期性
4. 开展补贴性职业技能培训人次（万人次）	[9 693]	[7 500]	预期性
5. 其中：农民工参加职业培训人次（万人次）	[4 430]	[3 000]	预期性
二、社会保障			
6. 基本养老保险参保率（%）	91	95	预期性
7. 失业保险参保人数（亿人）	2.17	2.3	约束性
8. 工伤保险参保人数（亿人）	2.68	2.8	约束性
9. 城乡居民基本养老保险基金委托投资资金总额（亿元）	2 077	>4 000	预期性
10. 补充养老保险基金规模（万亿元）	3.6	>4.0	预期性
三、人才人事			
11. 新增取得专业技术人员职业资格证书人数（万人）	[1 446]	[1 300]	预期性
12. 博士后研究人员年招收数（万人）	2.2	2.8	预期性
13. 新增取得职业资格证书或职业技能等级证书人数（万人次）	[5 373]	[4 000]	预期性
14. 其中：新增取得高级工以上职业资格证书或职业技能等级证书人数（万人次）	[1 307]	[800]	预期性
四、劳动关系			
15. 劳动人事争议调解成功率（%）	70.6	60	预期性
16. 劳动人事争议仲裁结案率（%）	96.2	90	预期性

续表

指标	2020年	2025年	属性
17. 劳动保障监察举报投诉案件结案率（%）	99	96	预期性
五、公共服务			
18. 社会保障卡持卡人数（亿人）	13.35	14	预期性
19. 其中：申领电子社保卡人口覆盖率（%）	24	67	预期性
注：[ ] 内为五年累计数。			

第二章 推动实现更加充分更高质量就业

健全有利于更加充分更高质量就业的促进机制，扩大就业容量，提升就业质量，缓解结构性就业矛盾，加快提升劳动者技术技能素质。有效防范化解失业风险，确保就业局势总体稳定。

第一节 强化就业优先政策

坚持经济发展就业导向，将更加充分更高质量就业作为经济社会发展的优先目标，将稳定和扩大就业作为宏观调控的下限，健全财政、货币、就业等政策协同和传导落实机制，强化就业影响评估，实现经济增长与就业扩大良性互动。实施就业扩容提质工程，建立更充分更高质量就业的考核评价体系。推进产业、区域发展与就业协同，建设一批国家级充分就业社区。统筹城乡就业政策，积极引导农村劳动力就业，促进平等就业。政府优先投资岗位创造多的项目，优先发展吸纳就业能力强的行业产业，培育新的就业增长极。支持吸纳就业能力强的服务业、中小微企业和劳动密集型企业发展，稳定拓展社区服务岗位。落实政府促进就业工作主体责任，建立健全县以上政府就业工作组织领导机制，完善跨层级、跨部门、跨区域的重大风险协同应对机制。夯实就业工作目标责任制、工作督查考核机制。

第二节 健全就业创业公共服务体系

健全覆盖城乡的就业公共服务体系，加强基层公共就业创业服务平台建设，建设一批劳动力市场、人才市场、零工市场，为劳动者和企业免费提供政策咨询、职业介绍、用工指导等服务。推进公共就业服务基础设施标准化建设，重点补齐农村地区、易地扶贫搬迁大型安置区服务设施短板。提升城镇公共就业服务能力，推动城乡劳动者在就业地平等享受就业服务。健全劳务输入集中区域与劳务输出省份对接协调机制，加强劳动力跨区域精准对接。加强就业补助资金支持保障，构建常态化援企稳岗帮扶机制，统筹用好就业补助资金和失业保险基金。健全就业需求调查和失业监测预警机制，有效防范规模性失业风险。鼓励引导社会力量广泛深入参与就业服务，推进公共就业服务机构与社会民营机构的合作。建立创业指导专家、就业指导专家等服务团队，为服务对象提供专业化服务。建立公共就业服务训练基地，面向基层人员开展业务训练。

第三节 完善重点群体就业支持体系

坚持把高校毕业生等青年就业作为重中之重，完善就业创业支持体系，结合实施产业升级、区域发展、乡村振兴等重大战略实施开发适合高素质青年群体的就业岗位，拓宽市场化社会化就业渠道。完善引导鼓励高校毕业生到基层工作的政策措施，统筹实施“三支一扶”计划等基层服务项目，开展“最美基层高校毕业生”学习宣传活动，引导更多毕业生到城乡基层、中西部、艰苦边远地区就业。强化不断线就业服务，加强职业指导、就业见习，对困难毕业生和长期失业青年实施就业帮扶。便利台港澳青年到大湾区及内地城市就业创业。畅通失业人员求助渠道，健全失业登记、职业介绍、职业培训、职业指导、生活保障联动机制。健全统筹城乡的就业援助制度，统筹利用公益性岗位支持就业，对城乡就业困难人员提供优先扶持和重点帮助。着力帮扶残疾人、零就业家庭成员等困难人员就业，扶持残疾人自主创业。统筹做好妇女、退役军人等群体就业工作，做好大龄劳动者就业帮扶。

专栏3　　就业创业促进计划

01	就业服务质量提升工程 健全覆盖城乡的公共就业服务体系，完善城乡基层服务平台功能，开展公共就业服务人员队伍培训，加强覆盖全国的智慧就业服务信息网络建设，提升公共就业服务标准化、智慧化、专业化水平。
02	青年就业创业促进计划 健全就业创业服务体系，完善精细化、差异化就业服务机制，提升就业能力，支持创业创新，常态化开展专项招聘，全面强化就业帮扶，促进多渠道就业创业。重点做好高校毕业生就业创业工作。
03	就业统计基础提升计划 建立就业岗位调查制度，完善城镇新增就业、登记失业统计制度。加强就业大数据分析，加强高校毕业生、农民工、灵活就业人员等重点群体流动就业状况和市场招聘需求变化跟踪。
04	就业创业示范 开展创业型城市、公共就业创业服务示范城市、国家级充分就业社区、农村劳动力转移就业示范县创建，选树公共就业创业服务典型。
05	实施劳务品牌促就业计划 健全劳务品牌建设机制，加强劳务品牌发现培育，加快劳务品牌发展提升，加速劳务品牌壮大升级，培育龙头企业，发展产业园区，开展选树推介，打造一批叫得响的劳务品牌。

第四节　促进创业带动就业、多渠道灵活就业

持续深化“放管服”改革，对新产业新业态实施包容审慎监管，进一步优化营商环境。建立健全创业带动就业扶持长效机制，加大初创实体支持力度，支持农民工等人员返乡入乡创业，提供场地支持、租金减免、创业补贴、创业担保贷款及贴息等政策扶持。支持建设一批高质量创业孵化示范基地等创业载体和创业园区，提升线上线下创业服务能力，打造创业培训、创业实践、咨询指导、跟踪帮扶等一体化的创业服务体系。开展创业型城市创建工作。组织各级各类创业推进和指导活动，培育构建区域性、综合性创业生态系统。持续推动多渠道灵活就业，鼓励个人经营，增加非全日制就业机会，支持和规范发展新就业形态，清理取消不合理限制灵活就业的规定。推进新就业形态技能提升和就业促进项目，强化对灵活就业人员就业服务，加快完善相关劳动保障制度。

第五节　全面提升劳动者就业创业能力

健全终身职业技能培训制度，持续大规模开展职业技能培训。深入实施职业技能提升行动和重点群体、重点行业领域专项培训计划，形成人力资本提升和产业转型升级良性循环。大力开展先进制造业产业工人技能培训，全面推行企业新型学徒制培训，广泛开展新业态新模式从业人员职业技能培训，有效提高培训质量。大力开展新职业培训特别是数字经济领域人才培养。探索引入现代化手段和方式开展数字技能类职业培训。广泛开展新职业技能竞赛活动。发挥各级各类职业技能培训资金效能，创新使用方式，畅通培训补贴直达企业和培训者渠道。依托企业开展岗位技能提升培训。组织培训机构依据国家职业标准，采取多种形式开展培训。支持开展订单、定岗、定向培训。建设一批高技能人才培训基地和公共实训基地，推动培训资源共建共享。推进线上职业技能培训，搭建新职业数字资源培训线上服务平台。加强残疾人职业技能培训，做好培训鉴定

评价服务。完善新职业信息发布制度和职业分类动态调整机制，开发完善职业技能标准、培训大纲、职业培训包和职业技能培训教材。

专栏 4　　职业培训专项行动

01　职业技能提升行动
持续开展职业技能提升行动，全面提升劳动者职业技能水平和就业创业能力。开展各类补贴性职业技能培训 7 500 万人次。

02　职业标准体系建设
建立健全由国家职业技能标准、行业企业评价规范、专项职业能力考核规范等构成的多层次、相互衔接的职业标准体系。加快开发急需紧缺职业和新职业的国家职业技能标准。每年制定修订颁布 50 个以上国家职业技能标准。

03　技能人才评价提质扩面行动
实施技能人才评价提质扩面行动，备案 1 万家左右自主开展技能人才评价的用人单位、30 家面向全国开展职业技能等级认定的社会培训评价组织，800 万人次取得高级工及以上职业资格证书或职业技能等级证书。

第六节　建设高标准人力资源市场体系

深入实施人力资源服务业高质量发展行动，加快建设统一规范、竞争有序的人力资源市场，推动人力资源服务创新发展。建设高标准人力资源市场体系，促进就业创业，服务人才流动，推动乡村振兴。实施国家级人力资源市场建设计划。完善人力资源市场供求信息监测发布和市场统计制度。推动人力资源服务与实体经济、科技创新、现代金融协同发展，加强人力资源服务标准化、信息化、品牌化建设，促进行业协会建设。加大人力资源服务业高层次人才培养力度，提高从业人员专业化、职业化水平。推动人力资源服务和互联网深度融合。组织开展形式多样的诚信服务活动，选树一批诚信人力资源服务示范典型。探索创新网络招聘等领域监管手段，严厉打击就业歧视、非法职介等侵害劳动者权益的违法行为。

专栏 5　　人力资源服务业高质量发展行动

01　人力资源市场建设计划
新建一批国家级专业性、行业性、区域性人力资源市场，充分发挥专业行业优势和区域性人力资源市场集聚发展和辐射带动作用。实施西部和东北地区人力资源市场建设援助计划，推动西部和东北地区人力资源市场建设。

02　骨干企业培育计划
重点培育一批有核心产品、成长性好、具有国际竞争力的综合性人力资源服务综合性企业，加快发展有市场、有特色、有潜力的专业化人力资源服务骨干企业，引导人力资源服务企业细化专业分工，向价值链高端延伸。

03　产业园区建设计划
加强国家级人力资源服务产业园规划和建设，新建一批国家级园区。鼓励有条件的地区根据本地经济发展和产业转型需要，培育建设一批有特色、有活力、有效益的地方产业园。开展人力资源服务产业园建设评估。

04　“一带一路”人力资源服务行动
稳步推进人力资源市场对外开放，引进我国市场急需的海外人力资源服务企业。支持国内人力资源服务企业在“一带一路”沿线国家设立分支机构，大力开拓国际市场，构建全球服务网络。

05　促进就业创业行动
开展联合招聘服务、重点行业企业就业服务、重点群体就业服务、促进灵活就业服务、就业创业指导服务、优质培训服务、劳务协作服务、就业扶贫服务、供求信息监测服务、人力资源服务产业园区促就业综合服务。

第三章　健全多层次社会保障体系

坚持权责清晰、保障适度、应保尽保原则，按照兜底线、织密网、建机制的要求，健全覆盖全民、统筹城乡、公平统一、可持续的多层次社会保障体系。

第一节　全面实施全民参保计划

推动实现职工基本养老保险由制度全覆盖到法定人群全覆盖，放开灵活就业人员在就业地参加社会保险的户籍限制，积极促进有意愿、有缴费能力的灵活就业人员以及新就业形态从业人员等参加企业职工基本养老保险。完善对缴费困难群体帮扶政策，积极促进城乡居民基本养老保险适龄参保人员应保尽保。加强失业保险参保扩面工作，重点推动中小微企业、农民工等单位和人群积极参加失业保险。实现工伤保险政策向职业劳动者的广覆盖，将公务员和参照公务员法管理的机关（单位）工作人员全部纳入工伤保险制度。

第二节　完善社会保障制度体系

在规范省级统筹制度、加大基金中央调剂力度基础上，建立实施企业职工基本养老保险全国统筹制度，适当加强中央在养老保险方面的事权。推进机关事业单位养老保险制度平稳运行。按照小步调整、弹性实施、分类推进、统筹兼顾等原则，稳妥实施渐进式延迟法定退休年龄，逐步提高领取基本养老金最低缴费年限。落实职工基本养老保险遗属待遇和病残津贴政策。发展多层次、多支柱养老保险体系，大力发展企业年金、职业年金，提高企业年金覆盖率，规范发展养老保险第三支柱，推动个人养老金发展。完善城乡居民基本养老保险制度，优化筹资机制，指导地方调整缴费档次和缴费补贴标准，规范个人账户计息办法。修订职工基本养老保险个人账户计发月数。完善被征地农民参加基本养老保险政策。推动建立城乡居民基本养老保险丧葬补助金制度。加强退役军人保险制度衔接。

加快建设积极稳健的失业保险制度。研究完善失业保险相关制度，进一步畅通失业保险待遇申领渠道，扩大失业保险保障范围。完善失业保险支持参保企业稳岗、参保职工提升技能政策体系。健全失业监测预警机制，加强失业动态监测。实现失业保险基金省级统筹。

探索建立多层次工伤保险制度体系。研究完善工伤保险相关制度及配套办法，以高危行业为重点，持续扩大工伤保险覆盖范围。推进平台灵活就业人员职业伤害保障工作。完善预防、补偿、康复“三位一体”制度，发挥工伤保险积极作用，推动工伤预防五年行动计划，加强工伤康复工作。推动工伤保险基金省级统筹全面实现统收统支目标。

专栏6　　社会保险制度建设

01　企业职工基本养老保险全国统筹制度

在全国范围内统一企业职工基本养老保险参保缴费、待遇调整等政策，统一基金收支管理制度，建立全国统一的信息系统和经办服务管理体系，建立中央与省级政府责任分担机制，适当加强中央事权。健全基金管理风险防控体系，建立中央对省级政府考核奖惩机制。

02　新就业形态群体参保

依托全国统一的社会保险公共服务平台，为新就业形态从业人员提供网上参保登记申请等一系列便捷服务。支持灵活就业的新就业形态从业人员以个人身份在公共服务平台办理企业职工基本养老保险参保登记、个人权益记录查询、社会保险关系转移接续等业务。适应我国新业态用工特点，制定职业伤害保障试行办法，推进平台灵活就业人员职业伤害保障试点。

第三节　健全社会保险待遇调整机制

推进社会保险待遇水平与经济社会发展的联动调整，综合考虑物价变动、职工平均工资增长、基金承受能力以及财力状况等因素，完善职工基本养老保险、工伤保险待遇水平调整机制。全面落实城乡居民基本养老保险待遇确定和基础养老金正常调整机制，逐步提高城乡居民基础养老金标准。健全失业保险待遇标准科学确定和正常调整机制，完善失业保险保障标准与物价上涨挂钩联动机制。

第四节　加强社会保险基金监管

建立与基本养老保险全国统筹以及失业、工伤保险省级统筹相适应的基金监督体制。健全政策、经办、系统、监督“四位一体”的基金管理风险防控体系，探索开展智慧监督，提升风险识别、监测、防控能力。完善欺诈骗保行为惩戒机制，严厉打击违法违规行为。坚持精算平衡，健全基金预测预警制度，促进基本养老保险基金长期平衡。继续扩大基本养老保险基金投资规模，每年城乡居民基本养老保险基金新增结余 80%以上用于委托投资，促进基金保值增值。促进年金市场规范有序健康发展。探索建立年金基金管理机构评价评级体系和养老保险第三支柱监管制度。

第五节　提升社会保险经办管理服务

实施社会保险经办能力提升工程，提高经办队伍服务能力和专业化水平。建设国家社会保障服务中心，构建全国一体的社会保险经办管理服务体系。夯实完善社会保险经办线上服务基础，逐步拓宽线上服务范围。探索利用区块链等新技术，推进社会保险关系转移接续顺畅便利。加快推动社会保险经办数字化转型，提升社保数据分析应用能力，提升社会保险经办精确管理和精细化服务水平。建立与养老保险全国统筹相适应的经办管理服务体系，逐步建成垂直管理的经办组织架构，统一管理全国统筹基金。加强城乡居民基本养老保险经办服务能力建设，缩小城乡经办服务差距。统一失业保险经办服务标准，优化待遇网上申领服务。加强个人信息保护，保障社保数据安全。

第四章　激发人才创新活力

坚持党管人才原则，贯彻尊重劳动、尊重知识、尊重人才、尊重创造方针，深入实施人才强国战略，深化人才发展体制机制改革，加强人才队伍建设，实施人才服务行动，优化人才创新创业创造生态，全方位培养、引进、用好人才，充分发挥人才第一资源作用。

第一节　加强专业技术人才队伍建设

以引领高质量发展和强化国家战略科技力量为导向，加快培养造就高水平专业技术人才队伍，夯实创新发展人才基础。改革完善博士后制度，稳步扩大招收规模，着力提升培养质量，实施博士后创新人才支持计划和国际交流计划，培养造就更多具有国际竞争力的青年科技人才后备军。加强博士后科研流动站和工作站建设，支持设立博士后创新岗位，举办全国博士后创新创业大赛，更好发挥博士后制度在高校院所科研团队建设和企业技术创新中的作用。改革完善政府特殊津贴制度，坚持高端引领，强化荣誉激励，注重发挥作用，带动形成梯次衔接的高层次领军人才培养选拔制度体系。推动出台地方和行业部门专业技术人员继续教育制度，构建分层分类的专业技术人员继续教育体系。实施专业技术人才知识更新工程，加快开发新职业标准，开展新职业人才培养培训，壮大高水平工程师队伍。积极吸引海外留学人员回国创新创业，高标准建设留学人员创业园，优化留学人员回国创新创业服务。健全薪酬福利、社会保障等制度，为海外科学家在华工作提供具有国际竞争力和吸引力的环境。鼓励引导人才向艰苦边远地区和基层一线流动。深入实施专家服务基层行动。开展新疆、西藏和四省涉藏州县等少数民族专业技术人才特殊培养工作。全面完成各系列职称制度改革工作，健全职称管理配套政策，加强职称评审信息化建设。完善职业资格制度，动态优化职业资格目录。推动职业资格国（境）内外互认。开展全国杰出专业技术人才表彰工作，大力弘扬新时代科学精神和专业精神，健全完善人才联系服务机制，营造崇尚创新的社会氛围。

专栏7　专业技术人才系列支持计划

01	博士后创新人才支持计划 依托国家重大科研任务和重点科研平台，设立专项博士后创新岗位，每年择优资助500名左右国内优秀博士从事博士后研究工作。
02	博士后国际交流计划 每年择优引进资助500名左右毕业院校排名世界前列的外籍或留学回国博士，在国内博士后设站单位从事博士后研究，每年择优资助100名左右国内优秀博士后赴国（境）外高水平研究机构从事合作研究。
03	专业技术人才知识更新工程 动态管理建设国家级专业技术人员继续教育基地，每年组织举办300期左右国家级高级研修项目。实施专业技术人员能力提升和数字技术工程师培育项目，围绕重点领域开展大规模知识更新继续教育，每年培训百万人次高层次急需紧缺和骨干专业技术人才。

第二节　加强技能人才队伍建设

实施“技能中国行动”，加强创新型、应用型、技能型人才培养，弘扬工匠精神，培养更多高技能人才、能工巧匠和大国工匠。完善技能人才培训培养体系，加强高技能人才表彰激励，积极营造有利于技能人才脱颖而出的良好环境。大力发展技工教育，创新办学模式，深化产教融合、校企合作，推行中国特色企业新型学徒制。完善职业技能等级制度。探索扩大高技能人才与专业技术人才职业发展贯通领域和规模。健全完善国内职业技能竞赛制度和体系，着力提升职业技能竞赛科学化、规范化、专业化水平。定期举办中华人民共和国职业技能大赛、全国行业职业技能竞赛和专项职业技能竞赛。推动省、市、县普遍开展综合性职业技能竞赛活动。加强技能领域国际交流合作，办好第46届世界技能大赛、“一带一路”国际技能大赛等国际性赛事。

专栏8　技能中国行动

01	高技能人才培训基地项目 建设一批国家级高技能人才培训基地、技能大师工作室，推进各地分级建设职业覆盖广泛、地域特色鲜明的高技能人才培训基地、技能大师工作室。
02	技工教育质量提升工程 实施技工教育发展“十四五”规划，组织开展技工教育质量提升工程。遴选建设300所左右优质技工院校和500个左右优质专业，开展100个左右技工教育（联盟）集团建设试点工作。
03	职业技能等级制度 建立与国家职业资格制度相衔接、与终身职业技能培训制度相适应的职业技能等级制度，由经人力资源社会保障部门备案公布的用人单位和社会培训评价组织，对劳动者的职业技能水平进行考核评价。
04	世界技能大赛引领计划 建设1个世界技能大赛综合训练中心、3个世界技能大赛中国研究中心、1个世界技能大赛中国研修中心和400个左右世界技能大赛中国集训基地，支持建设世界技能博物馆、世界技能能力建设中心、世界技能资源中心。

第三节　持续推进事业单位人事制度改革

建立健全符合分类推进事业单位改革要求的人事管理制度，推进建立人事管理权责清单。完善事业单位聘用合同管理、公开招聘、岗位管理和交流制度，建立健全事业单位人事管理监督制度。推行事业单位人事管理“一件事”服务模式。在县以下事业单位推行管理岗位职员等级晋升制度。推进专业技术一级岗位设置工作。支持和鼓励高校、科研院所等事业单位科研人员按规定创新创业并取得合法报酬，落实乡村振兴战略，支持和鼓励农业科技人员按规定入乡兼职兼薪和离岗创办企业。健全完善事业单位工作人员考核、奖惩、培训机制。

第四节　促进人才顺畅有序流动

深化人才资源供给侧结构性改革，促进市场性流动、引导性流动和计划性流动，建立产业发展、转型升级与人才供求匹配机制。发挥人力资源服务机构在市场化引才中的作用，破除劳动力和人才在城乡、区域和不同所有制单位间的流动障碍。加大重点领域人才调配工作力度，实施国家重大专项人员调配和接收高校毕业生支持计划，着力解决国家重点发展领域的特殊人才需求。完善急需紧缺人才目录编制发布制度，健全人才需求预测预警机制。进一步规范地方引才工作。加快制定完善人才流动法规制度体系，依法规范国家重点领域人才流动秩序。

第五节　加强表彰奖励工作

完善国家表彰奖励制度体系，制定及时性表彰管理办法，修订社会组织评比达标表彰活动管理规定，出台新闻媒体评奖管理办法。做好全国劳动模范和先进工作者等定期开展的国家级表彰，完成以党中央、国务院名义开展的及时性表彰。规范省部级表彰活动，及时更新项日日录，严控表彰范围和名额。建立健全创建示范工作管理制度，出台管理规定。清理整治违规评比达标表彰和创建示范活动，建立健全长效监管机制。加大宣传力度，落实相关待遇规定和生活困难表彰奖励获得者帮扶办法，开展休假疗养活动。加强基础建设，加大系统干部培训力度，加强基础理论研究，推进国家表彰奖励信息系统建设，提高表彰奖励水平。

第五章　深化企事业工资收入分配制度改革

坚持按劳分配为主体、多种分配方式并存，提高劳动报酬在初次分配中的比重。完善工资制度，健全工资合理增长机制，着力提高低收入群体收入，促进扩大中等收入群体，更加积极有为地促进共同富裕。

第一节　深化企业工资决定机制改革

健全工资决定、合理增长和支付保障机制。积极推行工资集体协商制度，以非公有制企业为重点，提高工资集体协商的实效性，着力增加一线劳动者劳动报酬。完善按劳动、知识、技术、管理等生产要素由市场评价贡献，按贡献决定报酬的机制，鼓励企业创新按要素贡献参与分配的办法，将工资分配与岗位价值、技能素质、实绩贡献、创新成果等因素挂钩，探索协议工资、项目工资、岗位分红权、项目收益分红、股权激励等多种分配形式。

第二节　加强企业工资收入分配宏观调控和指导

完善最低工资制度，健全最低工资标准正常调整机制，保障低收入劳动者合理分享经济社会发展成果。完善工资指导线形成机制和工资支付制度。健全技能人才薪酬分配制度。强化对不同行业、不同群体工资分配的事前指导，探索发布体现不同行业、不同群体特征的薪酬分配指引。加强企业薪酬调查和信息发布工作，建立完善全国企业工资收入分配大数据系统，为企业合理确定工资水平提供更具针对性的信息引导。

专栏 9　　企业薪酬指引计划

01　企业薪酬指引计划
健全劳动力市场工资价位信息体系，形成公开发布、定向反馈与针对性指导相结合的信息服务体系，加强对重点群体薪酬分配的事前指导。

第三节　深化国有企业工资分配制度改革

持续推进国有企业薪酬制度改革，完善国有企业负责人薪酬和工资总额管理政策。开展国有企业职业经理人薪酬制度改革试点，建立国有企业职业经理人薪酬制度。深化国有企业工资内部分配制度改革，完善市场化薪酬分配机制，普遍实行全员绩效管理。完善国有企业科技创新人才激励政策，建立具有市场竞争优势的核心关键人才薪酬制度，推动分配向作出突出贡献人才和一线关键岗位倾斜。完善有关社会组织工资分配制度。加强国有企业工资内外收入监督管理。

第四节　改革完善事业单位工资制度

改革完善体现岗位绩效和分级分类管理的事业单位薪酬制度。探索建立符合事业单位行业特点的收入分配制度，落实基本工资标准和艰苦边远地区津贴标准正常调整机制。合理确定绩效工资水平，逐步实现绩效工资总量正常调整。贯彻以增加知识价值为导向的收入分配政策，健全创新激励和保障机制，构建充分体现知识、技术等创新要素价值的收益分配机制，落实科研人员职务科技成果转化现金奖励政策。完善高层次人才工资分配激励机制，实行高层次人才绩效工资总量单列。探索事业单位主要领导收入分配激励约束机制，完善事业单位工作人员福利制度和特殊岗位津贴补贴制度。积极推进事业单位工资管理信息化建设。深化公立医院薪酬制度改革，推进高校、科研院所薪酬制度改革，分级分类优化其他事业单位绩效工资管理办法。完善消防员工资福利政策。推动落实带薪休假制度。

第五节　促进扩大中等收入群体

以高校和职业院校毕业生、技能型劳动者、小微创业者、农民工等为重点，不断提高中等收入群体比重。提高高校、职业院校毕业生就业匹配度和劳动参与率。拓宽技术工人上升通道，畅通非公有制经济组织、社会组织、自由职业专业技术人员职称申报和技能等级认定渠道，提高技能型人才待遇水平和社会地位。完善小微创业者扶持政策，支持个体工商户、灵活就业人员等群体勤劳致富。培育高素质农民，运用农业农村资源和现代经营方式增加收入。

第六章　构建和谐劳动关系

创新和完善构建中国特色和谐劳动关系体制机制，维护劳动者权益，促进企业健康发展。坚持劳动关系系统治理、依法治理、源头治理和综合治理，构建规范有序、公正合理、合作共赢、和谐稳定的劳动关系。

第一节　健全劳动关系协调机制

进一步健全构建和谐劳动关系工作体制。实施劳动关系“和谐同行”能力提升三年行动计划。推进构建中国特色和谐劳动关系改革创新。加强协调劳动关系三方机制建设。完善工时、休息休假制度。完善劳动合同制度，加强劳务派遣监管，规范劳务派遣用工行为，保障劳动者同工同酬。开展对重点行业的突出用工问题治理，加强对国有企业劳动用工的指导和服务。建立健全新就业形态劳动者劳动权益保障机制，维护新就业形态劳动者权益。稳妥推进集体协商集体合同制度。完善劳动关系形势分析制度，建立健全劳动关系风险监测预警制度。加强劳动关系工作基层基础建设。

专栏 10　　劳动关系“和谐同行”能力提升行动

01	和谐劳动关系百千万计划 打造百名金牌劳动关系协调员、百家金牌协调劳动关系社会组织、百家金牌劳动人事争议调解组织，培育千户劳动关系和谐企业，服务万户新企业用工。	

续表

02	重点企业用工指导计划 以用工规模较大的生产经营存在较大困难的企业为重点，指导企业采取多种措施稳定工作岗位。发挥集体协商协调劳动关系重要作用，引导企业与职工共渡难关，尽量不裁员、少裁员，稳定劳动关系。

第二节　完善劳动人事争议调解仲裁体制机制

加强劳动人事争议处理效能建设。健全争议多元处理机制。建立符合企事业单位特点的争议预防调解机制，强化属地化解机制，健全集体劳动人事争议应急调解制度。发挥协商、调解在争议处理中的基础性作用，指导用人单位完善协商规则，建立内部申诉和协商回应制度。完善仲裁准司法制度体系，创新办案机制，加强办案指导监督，提升仲裁终结率。加强仲裁标准化建设，建立仲裁办案管理和评价机制。推动劳动人事争议调解与人民调解、行政调解、专业性行业性调解、司法调解的衔接联动。加强调解、仲裁与诉讼衔接，逐步统一裁审受理范围和法律适用标准。加强调解仲裁机构队伍建设，充实一线专职调解员、仲裁员力量，提升案件处理智能化水平和服务当事人能力，完善准司法职业保障机制。推进“互联网+调解仲裁”服务，大力推进数字仲裁庭、智能仲裁院建设。

第三节　提升劳动保障监察执法效能

加强劳动保障监察制度建设。建立健全根治欠薪长效机制，持续推进根治拖欠农民工工资工作，完善拖欠农民工工资严重违法失信名单管理制度，落实各项保障工资支付制度。推进企业守法诚信等级评价、重大违法行为社会公布工作。畅通劳动者举报投诉渠道，推进建立覆盖全国的劳动保障监察案件线索反映（监管）平台，实现劳动保障维权“一网通办”、全国联动，强化重大劳动保障违法案件督查和督办。创新执法方式、规范执法程序，落实“双随机、一公开”监管机制。强化劳动保障监察机构在人力资源和社会保障领域的综合执法职能。提升劳动保障监察执法能力，实施分级分类培训，指导各地加强执法装备配备。推进智慧监察系统建设，完善监控预警功能，切实提高劳动保障监察执法效能。

第四节　加强农民工服务保障工作

加快推进农民工市民化，不断提升农民工平等享受城镇基本公共服务水平。落实农民工与城镇职工平等就业制度，拓宽农村劳动力就地就近就业、外出就业和返乡创业渠道，加强农民工输入输出地劳务对接。实施农民工素质提升工程，大规模开展农民工培训，不断提升农民工职业技能和综合素质。健全农民工劳动权益保护机制，扩大农民工参加城镇职工社会保险覆盖范围，推进完善农民工参加失业保险政策，推动从根本上解决拖欠农民工工资问题。加快农民工工作信息化建设。提高农民工基层服务能力，完善农民工服务保障机制。发挥农民工在乡村振兴中的作用，鼓励和引导更多农民工投身乡村振兴建设。加强农民工工作宣传，积极营造全社会关心关爱农民工的良好氛围。

专栏 11　农民工市民化行动

01	农民工市民化行动 制定“十四五”时期农民工工作政策文件，以县域就业农民工市民化为重点，着力提升农民工就业质量和技能水平、维护农民工权益，推动在县域就业的农民工就地市民化，促进农民工平等享受基本公共服务。建立农民工市民化指标评价体系和考核评估机制。强化精准服务，打造农民工服务品牌。开展农民工市民化经验交流活动，加快农民工市民化。

第七章　提高基本公共服务能力和质量

健全人力资源和社会保障公共服务制度，增加公共服务供给，提升公共服务能力，构建覆盖全民、城乡一体、均等可及、高效优质的人力资源和社会保障基本公共服务体系。

第一节　推进基本公共服务均等化

推动人力资源和社会保障基本公共服务实现城乡区域制度统一、质量水平有效衔接。加强人力资源和社会保障基本公共服务体系建设，促进基本公共服务资源向基层延伸，向农村覆盖，向边远地区和生活困难群众倾斜。统筹基本公共服务设施布局和共建共享，补齐农村和基层公共服务短板，推进人力资源和社会保障基本公共服务一体化协同发展。构建网格化管理、精细化服务、信息化支撑、开放共享的基层管理服务平台，推动就业社保便民服务场景有机集成和精准对接。实施人力资源和社会保障基本公共服务能力提升工程，推进基本公共服务均等化、普惠化、便捷化。

第二节　推进基本公共服务标准化

依据国家基本公共服务标准，全面实施人力资源社会保障基本公共服务标准化建设。围绕就业创业、社会保险、劳动关系等领域基本公共服务项目，细化服务事项，优化服务流程，明确服务要求，完善保障政策，建立健全与经济社会发展和人民群众服务需求相适应，有力支撑人力资源和社会保障基本公共服务业务的标准化体系，建立基本公共服务标准动态调整机制。加快人力资源社会保障基本公共服务国家、行业标准的制（修）定，完善服务流程、设施设备、人员配备等软硬件标准。推动城乡区域性人力资源和社会保障基本公共服务标准体系协同联动、有效衔接。开展人力资源和社会保障基本公共服务标准化试点。

第三节　推进基本公共服务信息化

实施人力资源和社会保障信息化便民服务创新提升行动，推动人力资源和社会保障系统“全数据共享、全服务上网、全业务用卡”，促进互联网、大数据、区块链、人工智能与人力资源和社会保障工作深度融合。推动建立以社会保障卡为载体的居民服务“一卡通”新格局。强化基础信息库建设，推进省级核心业务系统一体化整合。建成全国一体化人力资源和社会保障在线政务服务体系，持续推进跨省通办。加快推动 12333 智能化、多渠道建设。建立人力资源和社会保障大数据管理应用平台，促进与相关部门数据资源共享共用，推动主要业务数据实时上传，实现主要统计数据直接从经办库生成。逐步建成全网安全监测系统，提升信息安全保障能力。启动人力资源社会保障政务服务信息化工程（金保工程三期）建设。

专栏 12　　人力资源社会保障政务服务信息化工程

01　全国统一的公共就业创业服务平台

依托就业监测、中国公共招聘网、“就业在线”等，实现各类就业创业信息全国共享和联网发布。优化全国失业登记入口服务，推进就业补助资金网上申报、网上审核、联网核查等，加强与社会保险、劳动关系、国家人口信息之间比对联动，提升全国统一的公共就业创业服务能力。

02　全国统一的社会保险公共服务平台

完善国家社会保险公共服务平台，建立健全社会保险转移接续信息系统，推动养老、失业保险关系转移，灵活就业人员参保，工伤异地就医结算等全国性、跨地区社会保险服务事项的业务办理。

03　全国流动人员人事档案管理服务系统

构建统一的全国流动人员人事档案基础信息资源库，建设互联互通的全国流动人员人事档案管理服务运行系统，推动流动人员人事档案数据与就业、社会保险、人事人才、劳动关系、国家人口信息之间的比对联动，加强数字化档案建设，实现流动人员人事档案“一点存档、多点服务”。

续表

04	全国统一的人事考试综合服务系统 构建全国一体的人事考试服务体系，完善统一的人事考试综合服务平台，完善精准选人用人和分级分类考试测评体系。强化考试安全体系建设。持续推进中央—省—市级人事考试基地建设。建成全国统一的人事考试指挥系统。
05	养老保险全国统筹信息系统 建成全国统一的养老保险全国统筹信息系统，集中管理全国养老保险数据。完善省级社会保险信息系统，实现多级业务联办，全程网上运行和监督。
06	建立居民服务“一卡通” 社会保障卡持卡人数达到14亿人，其中电子社会保障卡覆盖67%的人口。实现政务服务、社会保障、就医服务、城市服务线上线下“一卡通”应用，在长三角及其他有条件地区的交通出行、旅游观光、文化体验等方面率先实现“同城待遇”。
07	多层次社会保障信息平台 建成全国集中的个人养老金信息管理服务平台，支持养老保险多层次、多支柱发展。建成平台灵活就业人员职业伤害保障信息平台。完善全民参保库，汇聚全国社会保险核心业务数据，支持社保经办数字化转型。

第四节　加强人力资源和社会保障系统行风建设

开展人力资源和社会保障系统行风建设提升行动。动态调整人力资源和社会保障审批服务事项清单。深入实施人力资源和社会保障服务快办行动，持续开展“清减压”，推行证明事项和涉企经营许可事项告知承诺制，推进关联事项打包办、高频事项提速办、所有事项简便办、异地事项跨省通办、特殊情况上门办、服务下沉就近办，实现线上一网通办、线下只进一扇门、现场办理最多跑一次、社会保障卡一卡通办，不断优化老年人等特殊群体服务。持续开展业务技能练兵比武活动。全面开展人力资源和社会保障政务服务“好差评”，常态化开展调研暗访和“厅局长走流程”。持续开展人力资源和社会保障领域政策待遇“看得懂算得清”，继续开展人力资源和社会保障服务标兵主题宣传活动。

第五节　巩固拓展脱贫攻坚成果，推进乡村振兴

巩固人力资源和社会保障脱贫攻坚成果，突出西部10个省区市国家乡村振兴重点帮扶县，保持现有帮扶政策、资金支持、帮扶力量总体不变。依托东西部协作、对口支援、省内结对帮扶等地区协作机制，做好脱贫人口就业帮扶，推动农民扩大增收渠道，提高增收质量。规范管理公益性岗位，促进弱劳力、半劳力就地就近解决就业。推广以工代赈方式，带动脱贫人口、农村低收入人口就地就近就业。做好易地扶贫搬迁安置区就业帮扶。实施国家乡村振兴重点帮扶地区职业技能提升工程，增强职业技能培训资源供给，实现乡村有提升技能意愿的劳动力职业技能培训全覆盖。对低保对象、特困人员等低收入人口实施政府代缴城乡居民基本养老保险费政策。健全引导人才服务乡村振兴的长效机制，加大对乡村振兴重点帮扶县人才智力支持，增强其巩固脱贫成果及内生发展能力。

专栏13　　国家乡村振兴重点帮扶地区职业技能提升工程

01	国家乡村振兴重点帮扶地区职业技能提升工程 在国家乡村振兴重点帮扶县和西藏、新疆建设（新建、改扩建）100个左右技工院校和职业培训机构，建设100个左右高技能人才培训基地和100个左右技能大师工作室，开发100个左右专项职业能力考核规范，培育100个左右知名劳务品牌，举办乡村振兴职业技能大赛，以在岗农民工、农业转移劳动力、返乡农民工、脱贫家庭劳动力为重点群体，大规模开展技工教育和职业培训，培养一批高技能人才和乡村工匠。

第八章　强化规划实施保障

人力资源和社会保障“十四五”规划意义重大，必须强化统筹协调，完善保障机制，确保规划确定的各项目标任务落到实处。

第一节　坚持依法行政

制定并实施《人力资源和社会保障法治建设实施方案（2021—2025 年）》。健全人力资源和社会保障法律制度体系，研究制定就业创业、社会保障、人才人事、劳动关系等方面的部门规章。深化行政审批制度改革，持续推进简政放权、放管结合、优化服务。加强依法行政制度建设，健全依法决策机制，提升行政规范性文件合法性审核工作质量，完善公职律师、法律顾问制度和行政复议、行政应诉工作制度。制定并实施人力资源和社会保障“八五”普法规划。

第二节　强化财力保障

加强中期财政规划与事业发展规划实施的衔接协调。积极争取有关部门加大对人力资源和社会保障事业的资金支持力度，加大就业创业和社会保障专项资金投入，支持重大项目实施，保障公共服务机构建设和正常运转。加大对欠发达地区开展基本公共服务的财政转移支付力度。推进预算绩效管理提质增效。盘活财政存量资金，提高财政资金使用效率。

第三节　加强监测评估

健全监测评估机制，加强对规划实施情况的动态监测、中期评估和总结评估，强化统计监测和评估分析，发挥统计监督作用和规划实施的预警预判作用。加强“数字人社”建设。推进人力资源和社会保障统计现代化。将规划实施情况纳入政府综合考核体系，作为考核各级政府解决民生问题的重要依据。

第四节　强化规划实施

加强规划实施的统筹协调和宏观指导，制定规划目标任务分解落实方案。加强年度计划编制实施，将规划确定的主要指标分解纳入年度计划指标体系，合理设置年度目标，并做好年度间综合平衡。按照规划实施进程，做好人力资源和社会保障领域宣传工作。加强国际交流合作。各地人力资源社会保障部门依据本规划，结合实际，制定实施本地区人力资源和社会保障事业发展规划，形成全国人力资源和社会保障规划体系。

人力资源社会保障部关于印发“技能中国行动”实施方案的通知

人社部发〔2021〕48号

各省、自治区、直辖市及新疆生产建设兵团人力资源社会保障厅（局）：

为贯彻落实习近平总书记对技能人才工作的重要指示精神，我部决定在“十四五”期间组织实施“技能中国行动”。现将《“技能中国行动”实施方案》印发各地，请结合实际贯彻执行。

2021年6月30日

“技能中国行动”实施方案

技能是强国之基、立业之本。技能人才是支撑中国制造、中国创造的重要力量。为贯彻落实习近平总书记对技能人才工作的重要指示精神，在“十四五”期间，人力资源社会保障部将组织实施“技能中国行动”，特制定本实施方案。

一、指导思想

以习近平新时代中国特色社会主义思想为指导，全面贯彻党的十九大和十九届二中、三中、四中、五中全会精神，认真落实习近平总书记对技能人才工作的重要指示精神，坚持党管人才、服务发展、改革创新、需求导向原则，健全技能人才培养、使用、评价、激励制度，着力强基础、优结构，扩规模、提质量，建机制、增活力，打造技能省市，为大力实施人才强国和创新驱动发展战略，建设制造强国、质量强国、技能中国，全面建设社会主义现代化国家，实现中华民族伟大复兴的中国梦，提供坚实的技能人才保障。

二、目标任务

“十四五”时期，大力实施“技能中国行动”，以培养高技能人才、能工巧匠、大国工匠为先导，带动技能人才队伍梯次发展，形成一支规模宏大、结构合理、技能精湛、素质优良，基本满足我国经济社会高质量发展需要的技能人才队伍。“十四五”期间，新增技能人才4 000万人以上，技能人才占就业人员比例达到30%，东部省份高技能人才占技能人才比例达到35%，中西部省份高技能人才占技能人才比例在现有基础上提高2~3个百分点。

三、基本原则

（一）坚持党管人才。加强党对技能人才工作的领导，强化行业企业主体作用，吸引社会力量积极参与，构建在党委政府领导下，行业企业、院校、社会力量共同参与的技能人才工作新格局。

（二）坚持服务发展。立足新发展阶段，贯彻新发展理念，紧贴发展需求，以推进技能人才供给侧结构性改革为主线，改进和完善培养模式，加快培养知识型、技能型、创新型劳动者大军。

（三）坚持改革创新。发挥市场在人力资源配置中的决定性作用，聚焦制约技能人才工作的短板弱项，完善政策措施体系，加大体制机制改革创新力度，从根本上推动技能人才队伍高质量发展。

（四）坚持需求导向。瞄准缓解结构性就业矛盾，以提升全民技能、构建技能社会为引领，突出需求导向目标，培养更多高素质劳动者，围绕急需紧缺领域培养更多技能人才和大国工匠。

四、主要任务

（一）健全完善“技能中国”政策制度体系

1. 健全技能人才发展政策体系。加强技能人才统计分析，全面系统谋划技能人才发展目标、工作任务、政策制度、保障措施，研究制定进一步加强新时代高技能人才队伍建设的指导意见，完善相关配套政策措施，形成更加完备的技能人才工作政策制度体系。鼓励各地结合实际，创新实践，抓好各项政策措施落实落地。

2. 健全终身职业技能培训制度。建立健全覆盖城乡全体劳动者、贯穿劳动者学习工作终身、适应就业创业和人才成长需要以及高质量发展需求的终身职业技能培训制度。构建以政府补贴培训、企业自主培训、市场化培训为主要供给，以高技能人才公共实训基地、技工院校、职业院校、职业培训机构和行业企业为主要载体，以就业技能培训、岗位技能提升培训和创业创新培训为主要形式的组织实施体系。加强数字技能培训，普及提升全民数字素养。完善国家基本职业培训包制度，加强职业培训规范化、科学化管理。持续实施国家级高技能人才培训基地、技能大师工作室建设项目。推动各地建设职业覆盖面广、地域特色鲜明的高技能人才培训基地、公共实训基地、技能大师工作室。

3. 完善技能人才评价体系。深化职业资格制度改革，完善职业技能等级制度，健全以职业资格评价、职业技能等级认定和专项职业能力考核等为主要内容的技能人才评价制度。健全完善科学化、社会化、多元化的技能人才评价体系。完善新职业信息发布制度，健全职业分类动态调整机制。完善职业标准开发机制，建立健全由国家职业技能标准、行业企业评价规范、专项职业能力考核规范等构成的多层次、相互衔接的职业标准体系。加强技能人才评价监督管理，营造公开、公平、公正的技能人才评价环境。

4. 构建职业技能竞赛体系。完善以世界技能大赛为引领、中华人民共和国职业技能大赛为龙头、全国行业职业技能竞赛和地方各级职业技能竞赛以及专项赛为主体、企业和院校职业技能比赛为基础的具有中国特色的职业技能竞赛体系，不断提高职业技能竞赛的科学化、规范化、专业化水平。围绕重大战略、重大工程、重大项目、重点产业，统筹管理、定期举办各级各类职业技能竞赛活动。推广集中开放、赛展结合的职业技能竞赛模式，鼓励和引导社会力量支持、参与办赛。推动省市县普遍举办综合性职业技能竞赛，加快培养专业化人才队伍，加强职业技能竞赛工作信息化建设。建设 1 个世界技能大赛综合训练中心、3 个世界技能大赛中国研究中心、1 个世界技能大赛中国研修中心和 400 个左右世界技能大赛中国集训基地，支持建设世界技能博物馆、世界技能能力建设中心、世界技能资源中心，加强世界技能大赛理论研究、工作研修和成果转化。

（二）实施“技能提升”行动

5. 持续实施职业技能提升行动。大规模开展高质量职业技能培训，创新培训方式，丰富培训内容，提升劳动者就业创业能力和水平。紧贴经济社会发展，编制发布技能人才需求指引，对接技能密集型产业，实施重点群体专项培训计划，大力推行“互联网+职业技能培训”，广泛开展新职业新业态新模式从业人员技能培训。健全以技能需求和技能评价结果为导向的培训补贴政策。全面推广职业培训券，建立实名制培训信息管理系统和劳动者职业培训电子档案，实现培训信息与就业、社会保障信息联通共享。

6. 大力发展技工教育。支持技工院校建设成为集技工教育、公共实训、技师研修、竞赛集训、技能评价、就业指导等功能一体的技能人才培养综合基地。遴选建设300所左右优质技工院校和500个左右优质专业，开展100个左右技工教育（联盟）集团建设试点工作。稳定和扩大技工院校招生规模，推动将技工院校纳入统一招生平台。建设全国技工院校招生宣传平台。

7. 支持技能人才创业创新。开展技能人才创业创新培训，对符合条件的高技能人才，按规定落实创业担保贷款及贴息政策，支持技能人才入驻创业孵化基地创办企业。支持各地建立创新型高技能人才信息库，支持高技能人才参与国家基础研究、重点科研、企业工艺改造、产品研发中心等项目。鼓励技能人才专利创新。定期举办全国技工院校学生创业创新大赛，培育技工院校学生创业创新能力。

8. 推动国家乡村振兴重点帮扶地区技工教育和职业培训均衡发展。实施国家乡村振兴重点帮扶地区职业技能提升工程，促进区域协调发展。支持建设（新建、改扩建）100所左右技工院校和职业培训机构、100个左右高技能人才培训基地和100个左右技能大师工作室，开发100个左右专项职业能力考核规范，培育100个左右劳务品牌，培养一批高技能人才和乡村工匠。定期举办全国乡村振兴职业技能大赛，引导支持重点帮扶地区举办具有地方特色的职业技能竞赛。加大东西部职业技能开发对口协作力度，确保有提升技能意愿的劳动力都有机会参加职业学校教育和技能培训。支持重点帮扶地区开展优秀技能人才评选表彰。

（三）实施“技能强企”行动

9. 推行中国特色企业新型学徒制。全面推行“招工即招生、入企即入校、企校双师联合培养”为主要内容的中国特色企业新型学徒制。发挥企业主体作用，推行培养和评价“双结合”、企业实训基地和院校培训基地“双基地”、企业导师和院校导师“双导师”的联合培养模式。通过校企合作、工学交替等方式，组织企业技能岗位新招用和转岗人员参加学徒制培训，助推企业技能人才培养，发展壮大产业工人队伍。

10. 建立健全产教融合、校企合作机制。推动企校在产业链、创新链、人才链上深度融合，共同推动区域经济社会高质量发展。契合企校需求，整合企校资源，建立企校资源集群，构建企校发展联通、需求互通、资源融通的双赢合作格局。支持企校开展数字技能、绿色技能等领域技能人才联合培养。

11. 开展大规模岗位练兵技能比武活动。支持行业企业将技能人才队伍建设上升为企业发展战略。引导行业企业立足生产、经营、管理实际，以增强核心竞争力为导向，采取以工代训、技能竞赛等形式，大力开展岗位练兵技术比武活动，提升职工技能水平，发现优秀技能人才，传播优秀企业文化。

12. 支持企业自主开展技能等级认定。发挥职业技能等级认定在促进技能人才成长中的积极作用，推动企业自主开展职业技能等级认定。支持企业结合生产经营特点和实际需要，自主确定评价职业（工种）范围，自主设置职业技能岗位等级，自主开发制定评价标准规范，自主运用评价方法，自主开展技能人才评价。鼓励企业在职业技能等级认定工作初期，广泛开展定级评价。可根据岗位条件、职工日常表现、工作业绩等，参照有关规定直接认定职工职业技能等级。支持企业将职业技能等级认定与企业岗位练兵、技术比武、新型学徒制、职工技能培训等各类活动相结合，建立与薪酬、岗位晋升相互衔接的职业技能等级制度。打破学历、资历、年龄、身份、比例等限制，对掌握高超技能、业绩突出的企业一线职工，可按规定直接认定为高级工、技师、高级技师。

（四）实施“技能激励”行动

13. 加大高技能人才表彰奖励。建立健全以国家奖励为导向、用人单位奖励为主体、社会奖励为补充的技能人才奖励体系。定期开展中华技能大奖、全国技术能手评选表彰，选拔优秀高技能人才享受政府特殊津贴。提高高技能人才在各级各类表彰和荣誉评选中的名额分配比例，提高表彰奖励标准，拓宽表彰奖励覆盖面。广泛开展高技能领军人才技能研修交流、休疗养和节日慰问活动。

14. 提升技能人才待遇水平。落实《技能人才薪酬分配指引》，引导企业建立健全体现技能价值激励导向的薪酬分配制度。指导企业对技能人才建立岗位价值、能力素质、业绩贡献的岗位绩效工资制，合理评价技能要素贡献。同时，鼓励企业对技能人才特别是高技能领军人才实行年薪制、协议薪酬、专项特殊奖励，按规定探索实行股权激励、项目分红或岗位分红等中长期激励方式，并结合技能人才劳动特点，统筹设置技能津贴、师带徒津贴等专项津贴，更好体现技能价值激励导向。畅通为高技能人才建立企业年金的机制，提高技能人才薪酬福利水平。进一步提高失业保险参保职工技能提升补贴政策受益率。

15. 落实技能人才社会地位。探索推动面向技术工人、技工院校学生招录（招聘）事业单位工作人员，拓宽技能人才职业发展空间。技工院校高级工、预备技师（技师）班毕业生在应征入伍、就业、确定工资起点标准、参加机关事业单位招聘、职称评审、职级晋升等方面，分别按照大学专科、本科学历毕业生享受同等待遇。推动将高技能人才纳入城市直接落户范围，其配偶、子女按有关规定享受公共就业、教育、住房等保障服务。

16. 健全技能人才职业发展贯通机制。拓展技能人才职业技能等级设置，支持和引导企业增加职业技能等级层次，探索设立首席技师、特级技师等岗位职务。建立技能人才与管理人才、专业技术人才职业转换通道。建立职业资格、职业技能等级与专业技术职务比照认定制度，加强高技能人才与专业技术人才职业发展贯通。各类用人单位对在聘的高级工以上高技能人才在学习进修、岗位聘任、职务职级晋升、评优评奖、科研项目申报等方面，按相应层级专业技术人员享受同等待遇。

17. 弘扬劳模精神、劳动精神、工匠精神。创新方式方法，结合世界技能大赛、国内职业技能竞赛、高技能人才评选表彰、世界青年技能日等重大赛事、重大活动和重要节点，采取群众喜闻乐见的形式，广泛深入开展技能中国行、“迎世赛，点亮技能之光”、中华绝技等宣传活动，讲好技能成才、技能报国故事，传播技能文化，大力弘扬劳模精神、劳动精神、工匠精神。各地可利用技工院校、职业院校、博物馆、文化宫、青少年宫等教育和培训场所，推动设立技能角、技能园地等技能展示、技能互动、职业体验区域，引导广大劳动者特别是青年一代关注技能、学习技能、投身技能。技工院校、职业院校要大力开展技能教育，在劳动教育和劳动实践活动中宣传劳模精神、劳动精神、工匠精神。

（五）实施“技能合作”行动

18. 做好世界技能大赛参赛和办赛工作。精心组织上海第46届世界技能大赛，充分展示中国技能发展成就，努力办成一届“富有新意、影响广泛”的世界技能大赛。积极做好世界技能大赛备赛参赛工作，规范遴选世界技能大赛中国集训基地和技术指导专家团队，科学组织集训备赛和参赛工作。举办“一带一路”国际技能大赛等。

19. 加强技能领域国际交流合作。统筹利用亚洲合作资金和“一带一路”合作项目资源，开展多边、双边技能合作和对外援助，带动“一带一路”沿线国家完善职业技能培训体系。推进与发达国家在职业技能开发领域的交流互鉴，继续选派青年赴法国、德国等国家开展实习交流，组织职业能力建设管理人员出国交流。支持技工院校与发达国家和“一带一路”沿线国家职业院校合作办学，选派优秀学生出国交换学习。

20. 加强职业资格证书国际互认。研究制定境外职业资格境内活动管理暂行办法，规范在我国境内开展的境外各类职业资格相关活动。根据技能人才队伍建设需要，结合实际制定职业资格证书国际互认管理办法。支持持境外职业资格证书人员按规定参加职业资格评价或职业技能等级认定，促进技能人才流动。

五、实施保障

（一）加强组织领导。各地要深入学习贯彻落实习近平总书记对技能人才工作重要指示精神，充分认识进一步加强技能人才工作的重大意义，将技能人才纳入本地人才队伍建设重要工作内容和“十四五”规划，建立党委（党组）统一领导、有关部门各司其职、行业企业为主体、社会力量广泛参与的工作机制，形成推动工作合力。我部根据各地实际，通过与省级人民政府签署部省（区、市）共建协议等方式，推动各地打造技能省市。

（二）加大经费支持。各地要加大技能人才工作投入力度，按政策统筹使用职业技能提升行动专账资金、就业补助资金、失业保险基金、教育经费、人才专项资金等各类资金，发挥好政府资金的撬动作用，推动建立政府、企业、社会多元化投入机制。

（三）加大宣传引导。各地要加大“技能中国行动”宣传力度，围绕五大行动计划精心策划宣传活动，广泛解读宣传技能人才政策，及时发布工作进展和成果成效。要大力宣传行动中涌现的先进典型和先进事迹，引导社会各界关注技能人才，支持技能人才工作，营造技能人才发展的良好社会氛围。

附件：“技能中国行动”2021—2022 年重点工作安排

附件

“技能中国行动”2021—2022 年重点工作安排

一、完善技能人才队伍建设政策制度。研究进一步加强新时代高技能人才队伍建设的指导意见。制定职业技能提升行动、中国特色企业新型学徒制培训、全国职业技能竞赛管理暂行办法等政策措施，健全完善技能人才培养、使用、评价、激励制度。制定“十四五”职业技能培训、技工教育两个专项规划，并抓好贯彻落实。

二、开展高技能人才评选表彰活动。组织开展第十五届、十六届高技能人才评选表彰活动，表彰一批中华技能大奖获得者、全国技术能手，通报表扬国家技能人才培育突出贡献单位和国家技能人才培育突出贡献个人，并对获奖人员进行宣传。选拔优秀高技能人才享受国务院政府特殊津贴。

三、深入实施职业技能提升行动。充分发

挥职业技能提升行动专账资金效能，扎实推进职业技能提升行动。组织开展职业技能提升行动质量年系列活动，全面推行中国特色企业新型学徒制，全面推广职业培训券工作，做好职业技能提升行动总结评估工作。广泛应用国家基本职业培训包，高质量开展职业技能培训。实施职业技能等级认定提质扩面行动。

四、大力发展技工教育。制定出台大力发展技工教育办好技工院校、加强技工院校教材管理等政策措施，组织第二届技工院校学生创业创新大赛、第三届技工院校教师职业能力大赛，评估、总结及推广通用职业素质课程，推进核增技工院校绩效工资总量、教师公开招聘等政策落实。

五、扎实做好第 46 届世界技能大赛备赛和办赛工作。制定第 46 届世赛参赛集训工作指导意见，遴选确定第 46 届世界技能大赛中国集训基地、技术指导专家团队，做好第 46 届世赛参赛集训工作。做好第 46 届世赛筹办、举办工作，全力打造一届“富有新意、影响广泛”的世界技能大赛。把“迎世赛，点亮技能之光”主题宣传活动贯穿全过程、全领域。办好世界技能大会特别会议。

六、广泛深入开展职业技能竞赛。举办全国乡村振兴职业技能大赛、全国新职业技术技能大赛等专项赛事。会同有关部委、行业协会和企业举办全国行业职业技能竞赛。筹备中华人民共和国第二届职业技能大赛。指导各地普遍举办综合性职业技能竞赛活动。

七、实施国家乡村振兴重点帮扶地区职业技能提升工程。加大东西部职业技能开发对口协作力度，增强国家乡村振兴重点帮扶地区职业技能教育培训资源供给，帮助建设一批技工院校和职业培训机构，建设一批高技能人才培训基地和技能大师工作室，开发一批专项职业能力考核规范，培育一批劳务品牌，培养一批高技能人才和乡村工匠。

八、修订《中华人民共和国职业分类大典》。修订并颁布新版《中华人民共和国职业分类大典》。持续发布新职业信息，每年制修订和颁布 50 个以上职业技能标准。指导行业企业开发行业企业评价规范。

九、加强新职业培训和全民数字技能教育培训。制定并落实《关于加强新职业培训工作的通知》和《提升全民数字技能工作方案》，大力开展新职业培训，加强全民数字技能教育和培训，普及提升公民数字素养和数字技能。

十、组织实施技能人才系列主题活动。组织开展 7·15 世界青年技能日、技能中国行、高技能领军人才休假、国家级技能大师工作室带头人研修交流等主题活动。

人力资源社会保障部　国家新闻出版署 关于深化新闻专业技术人员 职称制度改革的指导意见

人社部发〔2021〕50号

各省、自治区、直辖市及新疆生产建设兵团人力资源社会保障厅（局）、新闻出版局，中央和国家机关各部委、各直属机构人事部门，中央军委政治工作部宣传局，各中央企业人事部门：

新闻专业技术人员是我国专业技术人才队伍的重要组成部分，是做好新闻舆论工作的重要力量。为贯彻落实中共中央办公厅、国务院办公厅印发的《关于深化职称制度改革的意见》，现就深化新闻专业技术人员职称制度改革提出如下指导意见。

一、总体要求

（一）指导思想

以习近平新时代中国特色社会主义思想为指导，全面贯彻落实党的十九大和十九届二中、三中、四中、五中全会精神，认真落实党中央、国务院决策部署，牢牢坚持党管宣传、党管意识形态、党管媒体和党管人才原则，深刻把握新闻舆论工作承担的职责和使命，按照增强脚力、眼力、脑力、笔力的要求，遵循新闻专业技术人员成长规律，健全完善符合新闻专业技术人员职业特点的职称制度，培养造就政治坚定、业务精湛、作风优良、党和人民放心的新闻舆论工作队伍。

（二）基本原则

1. 坚持正确导向。牢牢把握党的新闻舆论工作职责使命，紧密结合新闻专业技术人员的职业属性和岗位特点，突出政治评价标准，引导新闻专业技术人员坚持马克思主义新闻观，坚持正确政治方向、舆论导向、价值取向，提高新闻舆论传播力、引导力、影响力、公信力。

2. 坚持服务发展。围绕新时代新闻事业发展和人才队伍建设要求，充分发挥人才评价“指挥棒”和风向标作用，着力提升新闻专业技术人员政治素质、专业能力和职业素养，统筹推进新闻专业人才队伍建设，更好地服务党的宣传思想工作、新闻舆论工作。

3. 坚持科学评价。遵循新闻专业技术人员成长规律，以品德、能力、业绩、贡献为导向，科学设置职称评价标准，克服唯学历、唯资历、唯论文、唯奖项的倾向，建立科学公正的评价体系和评审机制，突出专业性、实践性和创新性，鼓励新闻专业技术人员多出精品力作。

4. 坚持以用为本。围绕用好用活人才，创新人才评价机制，促进职称评价结果与新闻专业技术人员培养使用相结合，鼓励用人单位将选人用人制度与新闻专业技术人员职称制度相衔接，更好地促进新闻专业技术人员职业发展。

二、主要内容

通过健全制度体系、完善评价标准、创新评价机制、促进与人才培养使用相结合、优化管理服务等措施，形成设置合理、评价科学、管理规范、服务全面的新闻专业技术人员职称制度。

（一）健全制度体系

1. 明确职称专业类别和名称。新闻专业技术人员职称分为记者和编辑两个专业类别，设初级、中级、高级三个层级，初级只设助理级，高级分设副高级和正高级。记者的初级、中级、副高级、正高级职称名称分别为助理记者、记者、主任记者、高级记者，编辑的初级、中级、副高级、正高级职称名称分别为助理编辑、编辑、主任编辑、高级编辑。

2. 实现职称制度与职业资格制度有效衔接。申报新闻专业技术人员职称应依法取得新闻记者证。首次取得新闻记者证且尚无专业技术职称的新闻专业技术人员，符合初级职称基本标准的，视为取得初级职称，并可作为申报高一级职称的条件。

3. 新闻专业技术人员各层级职称分别与事业单位专业技术岗位等级相对应。正高级对应专业技术岗位一至四级，副高级对应专业技术岗位五至七级，中级对应专业技术岗位八至十级，初级对应专业技术岗位十一至十三级。

（二）完善评价标准

1. 坚持德才兼备，以德为先。新闻专业技术人员必须坚持党对新闻舆论工作的领导，坚持以人民为中心的工作导向，牢记新闻舆论工作职责使命，做党和人民信赖的新闻工作者。坚持把思想政治素质放在职称评价的首位，全面考察新闻专业技术人员的政治立场、职业道德和从业操守。完善诚信承诺和失信惩戒机制，对通过弄虚作假、暗箱操作等违纪违规行为取得的职称，一律予以撤销。

2. 注重评价能力和业绩。注重评价新闻专业技术人员的能力素质和工作业绩，引导新闻专业技术人员全面掌握新闻理论知识，熟练运用业务技能，有效提升策划、采编、制作等实践能力。将新闻专业技术人员采写编辑的消息、通讯、评论，拍摄录制的图片、音频、视频，制作的新媒体作品等代表性成果作为职称评审的重要内容，注重成果的质量、贡献和影响力。科学对待论文、论著等研究成果。

3. 实行国家标准、地区标准和单位标准相结合。人力资源社会保障部会同国家新闻出版署等有关主管部门负责制定《新闻专业技术人员职称评价基本标准》（附后）。各地区人力资源社会保障部门会同新闻出版等有关管理部门可结合本地区实际情况，制定地区标准。具有自主评审权的用人单位可结合本单位实际，制定单位标准。地区标准和单位标准不得低于国家标准。

（三）创新评价机制

1. 丰富评价方式。健全以同行评审为基础的业内评价机制，注重社会和业内认可。完善以能力水平和业绩贡献为主的评价标准，综合采用个人述职、面试答辩、业绩展示、专家评议等多种评价方式，提高职称评价的针对性和科学性。

2. 健全评审制度。按照专业化组建、同行评议和业内认可的原则，遴选政治立场坚定、能力业绩突出的一线优秀资深新闻专业技术人员和高等院校、科研机构、行业协会声望较高的专家学者等担任评审专家，组建职称评审委员会。严格落实评审委员会核准备案制度。国务院有关部门和中央新闻单位成立的高级职称评审委员会报人力资源社会保障部核准备案，其他高级职称评审委员会报省级人力资源社会保障部门核准备案。

3. 畅通评价渠道。进一步打破户籍、地域、身份等制约，畅通各类新闻专业技术人员职称申报渠道。对在新闻工作中做出重大贡献或者急需紧缺的新闻专业技术人员，可适当放宽学历、资历、年限等条件限制，直接申报评审高级职称。对长期在艰苦边远地区和基层一线从事新闻工作的专业技术人员，重点考察其实际工作业绩，适当放宽学历和科研能力要求，引导新闻专业技术人员深入群众、扎根基层。

（四）促进职称制度与人才培养使用相结合

1. 与人才培养制度有效衔接。充分发挥职称制度对提高人才培养质量的导向作用，紧密结合新闻行业人才需求和职业标准，建立健全与职称制度相衔接的新闻与传播专业学位教育制度，加快培育新闻专业人才。推进职称制度与新闻专业技术人员继续教育制度相衔接，引导新闻专业技术人员更新知识、拓展技能，全面提升专业胜任能力。

2. 与用人制度有效衔接。新闻单位应当结合用人需求，根据职称评价结果合理使用新闻专业技术人员，实现职称评价结果与新闻专业技术人员聘用、考核、晋升等用人制度紧密结合、有效衔接。全面实行岗位管理、专业技术人才学术技术水平与岗位职责密切相关的事业单位，一般应在岗位结构比例内开展职称评审。不实行事业单位岗位管理的单位，可根据工作需要，择优聘任具有相应职称的新闻专业技术人员从事相关工作。健全完善新闻专业技术人员考核制度，加强聘后管理，在岗位聘用中实现人员能上能下。

（五）优化管理服务

1. 下放评审权限。发挥用人主体在职称评审中的主导作用，科学界定、合理下放职称评审权限，逐步将高级职称评审权下放到符合条件的新闻单位、行业协会或市地。自主评审单位组建的高级职称评审委员会应当按照管理权限报省级以上人力资源社会保障部门核准备案。

2. 加强监督管理。建立健全职称评审公开制度，实行政策公开、标准公开、程序公开、结果公开，接受社会和群众监督。建立健全职称评审回避制度、公示制度和随机抽查、巡查制度，建立复查、投诉机制，强化对评审全过程的监督管理。加强对自主评审工作的监管，对于不能正确行使评审权、不能确保评审质量的评审单位，暂停其自主评审工作直至收回评审权，并追究责任。

3. 优化评审服务。加强职称评审信息化建设，探索实行网上申报、审核、评审、公示等一体化服务。合理确定申报职称所需材料种类和内容，减少各类申报表格和纸质证明材料，简化申报手续和审核环节。

三、组织实施

（一）加强组织领导。深化新闻专业技术人员职称制度改革是分类推进职称制度改革的重要内容，各地区、各有关部门要充分认识改革的重大意义，高度重视改革工作。各级人力资源社会保障部门会同新闻出版等有关管理部门负责职称政策制定、组织实施和监督检查等工作。各有关部门要密切配合，建立有效工作机制，确保改革工作顺利实施。

（二）稳步有序推进。各地区、各有关部门要根据本指导意见精神，紧密结合实际，切实抓好改革的贯彻落实。在推进改革过程中，要深入开展调查研究，细化工作措施，完善工作预案，妥善做好新旧政策衔接工作。在改革中要认真总结经验，及时解决改革中出现的新情况、新问题，妥善处理改革、发展和稳定的关系。

（三）抓好宣传引导。各地区、各有关部门要深入细致做好政策解读、舆论宣传和思想政治工作，充分调动广大新闻专业技术人员的积极性，引导新闻专业技术人员积极参与职称制度改革，营造有利于新闻专业技术人员职称制度改革的良好氛围。

本指导意见适用于经国家有关主管部门依法批准设立，并列入新闻记者证核发范围、具有新闻采编业务的单位中，从事新闻采编业务的新闻专业技术人员。

军队可以参照本意见制定新闻专业技术人员职称评价具体办法。

附件：新闻专业技术人员职称评价基本标准

2021 年 6 月 25 日

附件

新闻专业技术人员职称评价基本标准

一、遵守中华人民共和国宪法和法律法规，坚持中国共产党的领导，拥护党的基本理论、基本路线和基本方略，忠于党的新闻事业。

二、坚持党性原则，坚持马克思主义新闻观，坚持以人民为中心的工作导向，认真履行新闻舆论工作职责使命。

三、具备良好的思想政治素质和职业道德、敬业精神，作风端正。

四、热爱新闻工作，具备相应的新闻专业知识和业务技能，认真履行岗位职责，实事求是。

五、依法取得新闻记者证，按照规定参加继续教育。

六、新闻专业技术人员参加各层级职称评价，除必须达到上述标准条件外，还应分别具备以下条件：

（一）助理记者、助理编辑

1. 具有基本的马克思主义理论水平，基本掌握新闻专业基础理论和专业知识。

2. 了解新闻传播规律，有一定的专业判断和分析能力，能独立进行某一方面的新闻采编工作。

3. 具备硕士学位或第二学士学位；或具备大学本科学历或学士学位，在新闻采编专业技术岗位上见习1年期满，经考核合格；或具备大学专科学历，从事新闻采编工作满3年。

（二）记者、编辑

1. 具有一定的马克思主义理论水平，掌握新闻专业基础理论和专业知识，有一定的新闻学术水平。

2. 熟悉新闻运作规律，有扎实的专业判断和分析能力，能独立进行新闻采编工作，能基本解决采编工作中的疑难问题，创造性地开展工作。

3. 能够指导初级新闻专业技术人员开展工作。

4. 具备博士学位；或具备硕士学位或第二学士学位，取得助理记者或助理编辑职称后，从事新闻采编工作满2年；或具备大学本科学历、学士学位或大学专科学历，取得助理记者或助理编辑职称后，从事新闻采编工作满4年。

（三）主任记者、主任编辑

1. 具有相当的马克思主义理论水平，全面掌握新闻专业理论和专业知识，有一定的新闻学术造诣。

2. 全面掌握新闻运作规律，有较深厚扎实的新闻采编实践功底，新闻工作经验比较丰富，能解决采编工作中的疑难问题，能够创造性地开展工作，工作业绩显著，采写或编发了为社会所认可的有一定影响力的新闻作品。

3. 是新闻采编专业领域全媒型或专家型的业务骨干，具有指导、培养中级及以下新闻专业技术人员的能力。

4. 取得一定的新闻相关理论研究成果，或主持完成新闻相关研究课题、调研报告等。

5. 具备博士学位，从事新闻采编工作满2年；或具备大学本科及以上学历或学士及以上学位，取得记者或编辑职称后，从事新闻采编工作满5年。

（四）高级记者、高级编辑

1. 具有较高的马克思主义理论水平，系统掌握新闻专业理论和专业知识，有较高的新闻学术造诣。

2. 系统掌握新闻运作规律，有深厚扎实的新闻采编实践功底，新闻工作经验丰富，能解决采编工作中的重大疑难问题，在采编业务方面有重大创新，工作业绩卓著，在新闻界有一定影响，采写或编发了为社会所认可的有较大影响力的新闻作品。

3. 是新闻采编专业领域全媒型或专家型的业务带头人，具有指导、培养副高级及以下新闻专业技术人员的能力。

4. 取得重大新闻相关理论研究成果，或其他创造性新闻相关研究成果，推动新闻行业发展。

5. 具备大学本科及以上学历或学士及以上学位，取得主任记者或主任编辑职称后，从事新闻采编工作满5年。

不具备上述规定的学历、年限等要求，业绩突出、作出重要贡献的，可破格申报，具体办法由各地区、各有关部门和单位另行制定。

人力资源社会保障部　国家卫生健康委 国家中医药局关于深化卫生专业技术人员职称制度改革的指导意见

人社部发〔2021〕51号

各省、自治区、直辖市及新疆生产建设兵团人力资源社会保障厅（局）、卫生健康委、中医药局，国务院各部委、各直属机构人事部门，中央军委政治工作部干部局，有关中央企业人事部门：

卫生专业技术人员是我国专业技术人才队伍的重要组成部分，是新时代实施健康中国战略的中坚力量。为贯彻落实中共中央《关于深化人才发展体制机制改革的意见》和中共中央办公厅、国务院办公厅《关于深化职称制度改革的意见》要求，现就深化卫生专业技术人员职称制度改革提出如下指导意见。

一、总体要求

（一）指导思想

以习近平新时代中国特色社会主义思想为指导，全面贯彻党的十九大和十九届二中、三中、四中、五中全会精神，坚持新时代卫生与健康工作方针，遵循卫生健康行业特点和人才成长规律，以促进人才发展为目标，以科学评价为核心，以品德能力业绩为导向，为科学客观公正评价卫生专业技术人员提供制度保障，为实施健康中国战略提供人才支撑。

（二）基本原则

1. 坚持德才兼备、以德为先。把医德医风放在人才评价首位，充分发挥职称评价的“指挥棒”作用，鼓励卫生专业技术人员钻研医术、弘扬医德、匡正医风。

2. 坚持实践导向、科学评价。科学设置评价标准，突出实践能力业绩导向，破除唯论文、唯学历、唯奖项、唯“帽子”倾向，鼓励卫生专业技术人员扎根防病治病一线。

3. 坚持以用为本、服务发展。围绕用好用活人才，促进人才评价与使用相结合，满足各类用人单位选才用才需要，服务人民群众健康，服务健康中国战略。

二、主要内容

（一）健全评价体系

1. 明确各级别职称名称。卫生专业技术人员职称设初级、中级、高级，初级分设士级和师级，高级分设副高级和正高级。卫生专业技术人员职称划分为医、药、护、技四个专业类别。医疗类各级别职称名称分别为：医士、医师、主治（主管）医师、副主任医师、主任医师；药学类各级别职称名称分别为：药士、药师、主管药师、副主任药师、主任药师；护理类各级别职称名称分别为：护士、护师、主管护师、副主任护师、主任护师；技术类各级别职称名称分别为：技士、技师、主管技师、副主任技师、主任技师。

2. 促进卫生职称制度与职业资格制度有

效衔接。按照《中华人民共和国执业医师法》和《护士条例》参加医师、护士执业资格考试，取得执业助理医师资格，可视同取得医士职称；取得执业医师资格，可视同取得医师职称；取得护士执业资格，可视同取得护士职称。按照《中医药法》参加中医医师确有专长人员医师资格考核，取得中医（专长）医师资格，可视同取得医师职称。

3. 动态调整专业设置。围绕卫生健康事业发展需要和医学学科发展，动态调整卫生专业技术资格考试或职称评审专业，并做好与医学教育的衔接。人力资源社会保障部、国家卫生健康委负责调整中、初级卫生专业技术资格考试专业。省级人力资源社会保障部门、卫生健康部门可根据实际情况调整高级职称评审专业。

（二）完善评价标准

1. 注重医德医风考核。加强对医德医风和从业行为的评价，将医务人员在重大自然灾害或突发公共卫生事件中的表现作为医德医风考核的重要内容。用人单位须建立健全医德医风考核制度，将利用职务之便索要、非法收受财物或牟取其他不正当利益等行为纳入考核范围。完善诚信承诺和失信惩戒机制，实行学术造假“一票否决制”，对通过弄虚作假、暗箱操作等违纪违规行为取得的职称，一律予以撤销。

2. 建立完善临床医生执业能力评价指标。将门诊工作时间、收治病人数量、手术数量等作为申报条件；将诊疗疾病覆盖范围、开展手术或操作的覆盖范围、单病种诊疗例数、平均住院日、次均费用、并发症发生例数等作为重要指标，科学准确评价临床医生的执业能力和水平。强化病案作为评价载体，采取随机抽取与个人提供相结合的方式，通过一定数量的病案加强对临床医生执业能力的评价。探索引入患者对医生的评价指标。

3. 突出评价业绩水平和实际贡献。针对卫生行业实践性强的特点，重点评价业务工作的数量和质量。对公共卫生类别医师单独制定评价标准，重点考核公共卫生现场处置、技术规范和标准指南制定、健康教育和科普、循证决策、完成基本公共卫生服务等方面的能力。对中医药人员重点考察其掌握运用中医经典理论、运用中医诊疗手段诊疗的能力，中药处方运用以及师带徒等情况。

4. 破除唯论文、唯学历、唯奖项、唯“帽子”等倾向。不把论文、科研项目、获奖情况、出国（出境）学习经历、博士学位等作为申报的必要条件。科学合理对待论文，在职称评审和岗位聘任各个环节，不得把论文篇数和 SCI（科学引文索引）等相关指标作为前置条件和评审的直接依据。对在国内和国外期刊发表的论文要同等对待，鼓励更多成果在具有影响力的国内期刊发表。不得将人才荣誉性称号与职称评审直接挂钩。

5. 实行成果代表作制度。临床病案、手术视频、护理案例、流行病学调查报告、应急处置情况报告、论文、卫生标准、技术规范、科普作品、技术专利、科研成果转化等均可作为业绩成果代表作参加评审。

6. 实行国家标准、地区标准、单位标准相结合。人力资源社会保障部、国家卫生健康委、国家中医药局负责制定《卫生专业技术人员职称评价基本标准》（附后）。各地区人力资源社会保障部门、卫生健康部门、中医药主管部门可根据本地区实际制定地区标准。具有自主评审权的单位可根据本单位实际制定单位标准。申报条件地区标准、单位标准原则上不得低于国家标准，评审条件在国家标准框架内，由各地各单位确定地区标准、单位标准。

（三）创新评价机制

1. 完善职称评价方式。中、初级职称继续实行以考代评，考试实行全国统一组织，已统一考试的专业不再进行相应的职称评审或认定，各省（区、市）可由人力资源社会保障部门会同卫生健康部门确定本地区聘用标准。副高级职称原则上采取考试与评审相结合的方式，正高级职称可采取考试与评审相结合的方式，或采取答辩与评审相结合的方式，建立完善以同行专家评议为基础的业内评价机制，具体办法由省级人力资源社会保障部门会同卫生健康部门确定。

2. 畅通职称评价渠道。社会办医卫生专业技术人员在职称申报、评审方面与公立医疗机构卫生专业技术人员享有同等待遇，不受户籍、人事档案、不同办医主体等限制。公立医疗卫生机构内的各类卫生专业技术人员在职称申报、评审方面享有同等待遇。在内地就业的港澳台卫生专业技术人员，以及持有外国人永久居留证或各地颁发的海外高层次人才居住证的外籍人员，可按规定参加职称评审。

3. 提升职称工作信息化水平。充分利用医疗卫生机构信息系统，收集卫生专业技术人员工作量、病案、绩效考核、工作时间等数据，作为职称评价的重要依据。鼓励有条件的地区，积极利用信息化手段开展职称申报、职称评审、证书查询验证等工作。中、初级卫生专业技术资格考试和高级职称评审结果纳入医疗机构、医师、护士电子化注册信息系统。

（四）促进评价与使用相结合

1. 合理确定评聘模式。各地充分考虑现有评聘模式和卫生专业技术人员的实际需求，保持政策延续性，确定医疗卫生机构评价和聘用的衔接关系。

2. 落实单位用人自主权。用人单位根据职称评审结果合理使用卫生专业技术人员，实现职称评审结果与岗位聘用、考核、晋升等衔接。健全聘期考核制度，加强聘后管理，在岗位聘用中实现人员能上能下。

3. 优化岗位结构比例。根据卫生健康事业的发展、学科建设和各地实际，科学、合理、动态设置专业技术岗位，合理增加医疗机构特别是基层医疗卫生机构中、高级岗位比例，拓宽医务人员职业发展空间。

（五）鼓励人才向艰苦边远地区和基层一线流动

1. 完善基层评价标准。凡在乡镇卫生院、社区卫生服务机构工作的医师、护师，可提前一年参加相应专业的中级卫生专业技术资格考试。本科及以上学历、经全科专业住院医师规范化培训合格并到基层医疗卫生机构工作的，可直接参加全科医学专业中级职称考试，考试通过的直接聘任中级职称。对基层卫生专业技术人员的论文、科研和职称外语不作要求，重点评价基层医疗服务能力和水平。对长期在基层服务、业绩突出、表现优秀的卫生专业技术人员，可适当放宽学历要求，同等条件下优先评聘。基层卫生专业技术人员具体评价标准可适用《人力资源社会保障部国家卫生计生委关于进一步改革完善基层卫生专业技术人员职称评审工作的指导意见》（人社部发〔2015〕94号）。

2. 改进评价方式。各地可单独设立基层职称评审委员会或评审组，对艰苦边远地区和基层一线卫生专业技术人员实行“定向评价、定向使用”，取得的职称限定在艰苦边远地区或基层有效。

3. 落实服务基层制度。执业医师晋升为副高级职称的，应当有累计一年以上在县级以下或者对口支援的医疗卫生机构提供医疗卫生服务的经历。援外、援藏、援疆、援青等以及在重大突发公共卫生事件处置中表现优秀的卫生专业技术人员，同等条件下优先评聘。

（六）改进职称管理服务方式

1. 推动完善行业管理。人力资源社会保障部门会同卫生健康部门负责卫生专业职称政策制定、组织实施和监督检查等工作。国务院各部门、中央企业和全国性行业协会学会等组建的卫生系列高级职称评审委员会，由人力资源社会保障部征求国家卫生健康委意见后核准备案，评价标准报人力资源社会保障部、国家卫生健康委备案。高校附属医院等其他用人单位确需组建卫生系列高级职称评审委员会的，评审委员会按照职称评审管理权限由省级以上人力资源社会保障部门征求卫生健康部门意见后核准备案，评价标准报省级以上人力资源社会保障部门、卫生健康部门备案。

2. 下放职称评审权限。以确保评审质量为前提，科学界定、合理下放卫生专业技术人员职称评审权。医疗水平高、技术能力强、人事管理完善、具有自主评审意愿的三级医院（含中医医院）和省级疾病预防控制机构可试点开展高级职称自主评审，评审委员会按照职称评审管理权限由省级以上人力资源社会保障部门征求卫生健康部门意见后核准备案，评价标准报省级以上人力资源社会保障部门、卫生健康部门备案。积极发挥专业化人才服务机构、行业协会学会等组织在职称评审和评价标准制定等方面的作用。

3. 加强全过程监督。完善评审专家遴选机制，加强评审专家库建设，实行职称评审回避制度。健全职称评审委员会、职称评审办事机构工作程序和评审规则，严肃评审纪律，明确工作人员和评审专家责任。实行职称评审公开、公示制度，落实政策公开、标准公开、程序公开、结果公开。建立职称评审巡查制度，建立复查、投诉、倒查追责机制，加强对自主评审单位的监管，对不能正确行使评审权、不能确保评审质量的，评审权予以收回。

三、组织实施

（一）提高认识，加强领导。职称制度改革涉及广大卫生专业技术人员的切身利益，政策性强、涉及面广、复杂敏感。各地要高度重视，切实加强领导，明确工作职责，确保改革平稳顺利推进。

（二）精心组织，稳慎推进。各级人力资源社会保障部门、卫生健康部门、中医药主管部门要精心组织、密切配合，结合本地实际，扎实做好各项改革举措的落实，认真总结经验，及时解决改革中出现的新情况、新问题，妥善处理改革、发展和稳定的关系。

（三）加强宣传，营造环境。各地要深入细致地做好职称政策的宣传与解读，及时回应社会关切，做好舆论引导，营造有利于卫生专业技术人员职称制度改革的良好氛围。

本意见适用于各级各类医疗卫生机构的卫生专业技术人员。军队可以参照本意见制定卫生专业技术人员职称评价具体办法。

附件：卫生专业技术人员职称评价基本标准

2021 年 6 月 30 日

附件

卫生专业技术人员职称评价基本标准

一、遵守国家宪法和法律，贯彻新时代卫生与健康工作方针，自觉践行“敬佑生命、救死扶伤、甘于奉献、大爱无疆”的职业精神，具备良好的政治素质、协作精神、敬业精神和医德医风。

二、身心健康，心理素质良好，能全面履行岗位职责。

三、卫生专业技术人员申报医疗类、护理类职称，应取得相应职业资格，并按规定进行注册，取得相应的执业证书。

四、卫生专业技术人员申报各层级职称，除必须达到上述基本条件外，还应分别具备以下条件。

（一）初级职称

医士（师）：按照《中华人民共和国执业医师法》参加医师资格考试，取得执业助理医师资格，可视同取得医士职称；取得执业医师资格，可视同取得医师职称。按照《中医药法》参加中医医师确有专长人员医师资格考核，取得中医（专长）医师资格，可视同取得医师职称。

护士（师）：按照《护士条例》参加护士执业资格考试，取得护士执业资格，可视同取得护士职称；具备大学本科及以上学历或学士及以上学位，从事护士执业活动满一年，可直接聘任护师职称。具备大专学历，从事护士执业活动满3年；或具备中专学历，从事护士执业活动满5年，可参加护师资格考试。

药（技）士：具备相应专业中专、大专学历，可参加药（技）士资格考试。

药（技）师：具备相应专业硕士学位；或具备相应专业大学本科学历或学士学位，从事本专业工作满1年；或具备相应专业大专学历，从事本专业工作满3年；或具备相应专业中专学历，取得药（技）士职称后，从事本专业工作满5年，可参加药（技）师资格考试。

（二）中级职称

卫生专业技术人员中级职称实行全国统一考试制度。具备相应专业学历，并符合以下条件的，可报名参加考试：

临床、口腔、中医类别主治医师：具备博士学位，并取得住院医师规范化培训合格证书；或具备硕士学位，取得住院医师规范化培训合格证书后从事医疗执业活动满2年；或具备大学本科学历或学士学位，取得住院医师规范化培训合格证书后从事医疗执业活动满2年；或具备大学本科学历或学士学位，经执业医师注册后从事医疗执业活动满4年；或具备大专学历，经执业医师注册后从事医疗执业活动满6年；或具备中专学历，经执业医师注册后从事医疗执业活动满7年。

公共卫生类别主管医师：具备博士学位并经执业医师注册后从事公共卫生执业活动；或具备硕士学位，经执业医师注册后从事公共卫生执业活动满2年；或具备大学本科学历或学士学位，经执业医师注册后从事公共卫生执业活动满4年；或具备大专学历，经执业医师注册后从事公共卫生执业活动满6年；或具备中专学历，经执业医师注册后从事公共卫生执业活动满7年。

主管护师：具备博士学位并注册从事护理执业活动；或具备硕士学位经注册后从事护理执业活动满2年；或具备大学本科学历或学士学位，经注册并取得护师职称后，从事护理执业活动满4年；或具备大专学历，经注册并取得护师职称后，从事护理执业活动满6年；或具备中专学历，经注册并取得护师职称后，从事护理执业活动满7年。

主管药（技）师：具备博士学位；或具备硕士学位，取得药（技）师职称后，从事本专业工作满2年；或具备大学本科学历或学士学位，取得药（技）师职称后，从事本专业工作满4年；或具备大专学历，取得药（技）师职称后，从事本专业工作满6年；或具备中专学历，取得药（技）师职称后，从事本专业工作满7年。

（三）副高级职称

1. 副主任医师

（1）申报条件：学历、资历及临床工作量要求

具备大学本科及以上学历或学士及以上学位，受聘担任主治（主管）医师职务满5年；或具备大专学历，在县级及以下基层医疗卫生机构工作，受聘担任主治（主管）医师职务满7年。

完成规定的工作数量要求（详见附表1）。

（2）评审条件：专业能力要求

临床、口腔、中医类别：熟练掌握本专业基础理论和专业知识，熟悉本专业国内外现状及发展趋势，不断吸取新理论、新知识、新技术并用于医疗实践，熟悉本专业相关的法律、法规、标准与技术规范。具有较丰富的本专业工作经验，能熟练正确地救治危重病人，具有

指导本专业下级医师的能力。强化病案作为评价载体，采取随机抽取与个人提供相结合的方式，提供5~10份申报人主治或者主持的、能够反映其专业技术水平的抢救、死亡或疑难病案，加强对临床医生执业能力的评价。

基于病案首页数据，重点从技术能力、质量安全、资源利用、患者管理四个维度，利用诊治病种范围和例数、手术级别和例数、术后并发症发生率、单病种平均住院日、单病种次均费用等指标，科学准确评价医生的执业能力和水平。其中，中医专业还应基于中医病案首页数据，重点围绕以中医为主治疗的出院患者比例、中药饮片处方比、中医治疗疑难危重病患者数量、中医非药物疗法使用率等中医药特色指标，评价中医医师的中医药诊疗能力和水平。具体指标见附表2。

公共卫生类别：熟练掌握本专业基础理论和专业知识，熟悉本专业国内外现状及发展趋势，不断吸取新理论、新知识、新技术并推广应用，熟悉与本专业相关的法律、法规、标准与技术规范。具有较丰富的本专业工作经验，能独立解决复杂或重大技术问题，具有指导本专业下级医师的能力。

基于参与的业务工作内容，重点考核公共卫生现场能力、计划方案制定能力、技术规范和标准指南制定能力、业务管理技术报告撰写能力、健康教育和科普能力、循证决策能力、专业技术成果产出、科研教学能力、完成基本公共卫生服务项目的能力等方面，包含现场流行病学调查报告、疾病与健康危害因素监测（分析预警）报告、制定公共卫生应急处置预案和风险评估报告、业务工作计划、技术指导方案制定等内容。

2. 副主任护师

（1）申报条件：学历、资历及临床工作量要求

具备大学本科及以上学历或学士及以上学位，受聘担任主管护师职务满5年；或具备大专学历，受聘担任主管护师职务满7年。

担任主管护师期间，平均每年参加临床护理、护理管理、护理教学工作时间总计不少于40周，病历首页责任护士和质控护士记录累计不少于480条（急诊、重症、手术室、血透、导管室等科室从相应记录单提取护士记录）。

（2）评审条件：专业能力要求

熟练掌握本专业基础理论和专业知识，熟悉本专业国内外现状及发展趋势，不断吸取新理论、新知识、新技术并推广应用，熟悉本专业相关的法律、法规、标准与技术规范。能够正确按照护理程序开展临床护理工作，熟练掌握本专科病人的护理要点、治疗原则，能熟练地配合医生抢救本专业危重病人。具有指导本专业下级护理人员的能力。

3. 副主任药师

（1）申报条件：学历、资历及临床工作量要求

具备大学本科及以上学历或学士及以上学位，受聘担任主管药师职务满5年；或具备大专学历，受聘担任主管药师职务满7年。

担任主管药师职务期间，平均每年参加药学专业工作时间不少于40周。

（2）评审条件：专业能力要求

熟练掌握本专业基础理论和专业知识；熟悉本专业国内外现状及发展趋势，不断吸取新理论、新知识、新技术并推广应用。熟悉本专业相关的法律、法规、标准与技术规范。能够参与制定药物治疗方案，对临床用药结果做出准确分析，能及时发现并处理处方和医嘱中出现的各种不合理用药现象，及时提出临床用药调整意见。具有指导下级药师的能力。其中，中药专业还应具备中药验收、保管、调剂、临方炮制、煎煮等中药药学服务能力，能够提供中药药物咨询服务，具有中药处方点评工作能力，提供合理使用中药建议。

4. 副主任技师

（1）申报条件：学历、资历及临床工作量要求

具备大学本科及以上学历或学士及以上学位，受聘担任主管技师职务满5年；或具备大

学专科学历，受聘担任主管技师职务满7年。

担任主管技师期间，平均每年参加本专业工作时间不少于40周。

（2）评审条件：专业能力要求

熟练掌握本专业基础理论和专业知识，熟悉本专业国内外现状及发展趋势，不断吸取新理论、新知识、新技术并推广应用，熟悉本专业相关的法律、法规、标准与技术规范。具有较丰富的本专业工作经验，能独立解决复杂或重大技术问题，具有指导本专业下级技师的能力。

（四）正高级职称

1. 主任医师

（1）申报条件：学历、资历及临床工作量要求

具备大学本科及以上学历或学士及以上学位，受聘担任副主任医师职务满5年。

完成规定的工作数量要求（详见附表1）。

（2）评审条件：专业能力要求

临床、口腔、中医类别：在具备所规定的副主任医师水平的基础上，系统掌握本专业某一领域的基础理论知识与技术，并有所专长。深入了解本专业国内外现状及发展趋势，不断吸取新理论、新知识、新技术并用于医疗实践。具有丰富的本专业工作经验，能独立解决复杂或重大技术问题，具有指导本专业下级医师的能力。强化病案作为评价载体，采取随机抽取与个人提供相结合的方式，提供5~10份申报人主治或者主持的、能够反映其专业技术水平的抢救、死亡或疑难病案，加强对临床医生执业能力的评价。

基于病案首页数据，重点从技术能力、质量安全、资源利用、患者管理四个维度，利用诊治病种范围和例数、手术级别和例数、术后并发症发生率、单病种平均住院日、单病种次均费用等指标，科学准确评价医生的执业能力和水平。其中，中医专业还应基于中医病案首页数据，重点围绕以中医为主治疗的出院患者比例、中药饮片处方比、中医治疗疑难危重病患者数量、中医非药物疗法使用率等中医药特色指标，评价中医医师的中医药诊疗能力和水平。具体指标见附表2。

公共卫生类别：在具备所规定的副主任医师水平的基础上，系统掌握本专业某一领域的基础理论知识与技术，并有所专长。深入了解本专业国内外现状及发展趋势，不断吸取新理论、新知识、新技术并用于实践。具有丰富的本专业工作经验，能独立解决复杂或重大技术问题，具有指导本专业下级医师的能力。

基于参与的业务工作内容，重点考核公共卫生现场能力、计划方案制定能力、技术规范和标准指南制定能力、业务管理技术报告撰写能力、健康教育和科普能力、循证决策能力、专业技术成果产出、科研教学能力、完成基本公共卫生服务项目的能力等方面，包含现场流行病学调查报告、疾病与健康危害因素监测（分析预警）报告、制定公共卫生应急处置预案和风险评估报告、业务工作计划、技术指导方案制定等内容。

2. 主任护师

（1）申报条件：学历、资历及临床工作量要求

具备大学本科及以上学历或学士及以上学位，受聘担任副主任护师职务满5年。

担任副主任护师期间，平均每年参加临床护理、护理管理、护理教学工作时间总计不少于35周，病历首页责任护士和质控护士记录累计不少于240条（急诊、重症、手术室、血透、导管室等科室从相应记录单提取护士记录）。

（2）评审条件：专业能力要求

在具备所规定的副主任护师水平的基础上，精通护理学某一专科的基本理论知识与技能，并有所专长。深入了解本专业国内外现状及发展趋势，不断吸取新理论、新知识、新技术并用于临床实践。具有丰富的本专业工作经验，能独立解决复杂或重大技术问题，具有指导本专业下级护理人员的能力。

3. 主任药师

（1）申报条件：学历、资历及临床工作

量要求

具备大学本科及以上学历或学士及以上学位，受聘担任副主任药师职务满5年。

担任副主任药师职务期间，平均每年参加药学专业工作时间不少于35周。

（2）评审条件：专业能力要求

在具备所规定的副主任药师水平的基础上，精通本专业某一领域的基本理论知识与技能，并有所专长。深入了解本专业国内外现状及发展趋势，不断吸取新理论、新知识、新技术并用于实践。具有丰富的本专业工作经验，能独立解决复杂或重大技术问题，具有指导本专业下级药师的能力。其中，中药专业还应具备中药验收、保管、调剂、临方炮制、煎煮等中药药学服务能力，能够提供中药药物咨询服务，具有中药处方点评工作能力，提供合理使用中药建议。

4. 主任技师

（1）申报条件：学历、资历及临床工作量要求

具备大学本科及以上学历或学士及以上学位，受聘担任副主任技师职务满5年。

担任副主任技师期间，平均每年参加本专业工作时间不少于35周。

（2）评审条件：专业能力要求

在具备所规定的副主任技师水平的基础上，精通本专业某一领域的基本理论知识与技能，并有所专长。深入了解本专业国内外现状及发展趋势，不断吸取新理论、新知识、新技术并用于实践。具有丰富的本专业工作经验，能独立解决复杂或重大技术问题，具有指导本专业下级技师的能力。

五、工作业绩要求。

以下业绩成果可作为代表作：

（一）解决本专业复杂问题形成的临床病案、手术视频、护理案例、应急处置情况报告、流行病学调查报告等。

（二）吸取新理论、新知识、新技术形成的与本专业相关的技术专利。

（三）结合本专业实践开展科研工作形成的论文等成果。

（四）向大众普及本专业科学知识形成的科普作品。

（五）参与研究并形成的技术规范或卫生标准。

（六）人才培养工作成效（包括带教本专业领域的下级专业技术人员的数量和质量，以及所承担教学课题和所获成果等）。

（七）其他可以代表本人专业技术能力和水平的标志性工作业绩。

附表：1. 医师晋升工作量要求（略）

2. 临床、中医、口腔专业高级职称评价指标（略）

人力资源社会保障部　财政部　国家卫生健康委　国家医保局　国家中医药局关于深化公立医院薪酬制度改革的指导意见

人社部发〔2021〕52号

各省、自治区、直辖市人民政府，新疆生产建设兵团，国务院有关部委、直属机构：

按照党中央、国务院的部署要求，2017年，人力资源社会保障部会同有关部门启动公立医院薪酬制度改革试点工作。各地精心组织、扎实推进，取得了积极成效，形成了福建省和三明市等地可复制、可推广的经验做法。为进一步巩固和推广试点成果，全面深化公立医院薪酬制度改革，经国务院同意，现提出如下意见。

一、指导思想和基本原则

坚持以习近平新时代中国特色社会主义思想为指导，贯彻落实党的十九大和十九届二中、三中、四中、五中全会精神，按照党中央、国务院关于实施健康中国战略、深化医药卫生体制改革的决策部署，坚持以人民为中心的发展理念，适应现代医院管理制度需要，与医疗、医保、医药联动改革相衔接，落实“允许医疗卫生机构突破现行事业单位工资调控水平，允许医疗服务收入扣除成本并按规定提取各项基金后主要用于人员奖励”（以下简称“两个允许”）要求，实施以增加知识价值为导向的分配政策，建立适应我国医疗行业特点的公立医院薪酬制度，强化公立医院公益属性，调动医院和医务人员积极性，不断提高医疗服务质量和水平，更好地满足人民群众的医疗服务需要，更有效缓解人民群众看病难、看病贵问题。

深化公立医院薪酬制度改革的基本原则：

——坚持公益导向，健全激励与约束机制。适应公立医院综合改革要求，与公立医院管理体制、运行机制、价格管理、医保支付、人事管理、控制不合理医疗费用以及推进分级诊疗、家庭医生签约服务等改革相衔接，建立健全符合医疗行业特点的薪酬制度。加强宏观调控和有效监管，强化医院全面预算管理，加强医院内部成本控制，规范医务人员收入分配秩序。

——坚持按劳分配，完善按生产要素分配。坚持中西医并重，建立健全符合医疗行业特点的公立医院薪酬水平决定机制。健全与岗位职责、工作业绩、实际贡献紧密联系的分配制度，落实内部分配自主权，突出工作量、服务质量、医德医风等，体现多劳多得、优绩优酬。坚持劳动、知识、技术、管理等要素按贡献参与分配，着力体现医务人员技术劳务价值。

——坚持统筹兼顾，注重协调发展。按照公立医院综合改革要求，推进实施分级诊疗，增强薪酬制度改革的系统性、整体性和协调性。坚持新发展理念，与医改强基层目标相适应，探索分级分类管理。注重不同地区、不同类型、不同功能定位、不同等级规模公立医院协调发展，合理调控各级各类医院间收入差距，统筹考虑公立医院和公共卫生机构、基层医疗卫生机构的收入分配关系。充分考虑中医药医务人员收入情况，薪酬制度改革进一步向中医医院倾斜。

——坚持动态调整，合理引导预期。在确保医疗机构良性运行、基本医保支出可承受、群众整体负担不增加、医疗服务水平不断提高的基础上，动态调整公立医院薪酬水平，优化公立医院薪酬结构，与国民经济发展相协调、与社会进步相适应。坚持量力而行，全面贯彻过“紧日子”要求。做好政策宣传解释工作，合理引导医院和医务人员对薪酬制度改革的预期。

二、主要内容

（一）合理确定公立医院薪酬水平

完善公立医院薪酬水平决定机制。人力资源社会保障、财政部门会同公立医院主管部门，综合考虑当地经济发展、医疗行业特点和医院财务状况、功能定位、工作量、服务质量、公益目标完成情况、成本控制、绩效考核结果等因素，根据“两个允许”要求，科学合理确定并动态调整公立医院的薪酬水平。对高层次医疗人才聚集、公益目标任务繁重，承担科研、教学任务以及需要重点发展的公立医院或绩效考核评价结果优秀的公立医院，以及中医药特色优势突出的中医医院，予以适当倾斜。各地可根据当年医疗服务收入扣除成本并按规定提取各项基金后，按照不同层级不同性质医院，根据“两个允许”要求合理增加薪酬总量，不计入总量核定基数。国家卫生健康委、人力资源社会保障部、财政部、国家医保局、国家中医药局要共同制定关于医疗服务收入内涵与薪酬制度衔接的有关办法，指导各地抓好落实。自本文印发之日起，对于仍违规新增举借长期债务的公立医院，在该新增长期债务偿还完毕前，严格控制医院领导班子成员薪酬水平增长。

（二）充分落实公立医院内部分配自主权

在核定的薪酬总量内，公立医院可采取多种方式自主分配。可继续完善岗位绩效工资制度，也可结合本单位实际，自主确定其他更加有效的分配模式。可探索实行年薪制、协议工资制、项目工资等灵活多样的分配形式。可根据不同岗位职责要求，自主设立体现医疗行业特点、劳动特点和岗位价值的薪酬项目，充分发挥各项目的保障和激励作用。逐步建立主要体现岗位职责的薪酬体系，实行以岗定责、以岗定薪、责薪相适、考核兑现。合理确定内部薪酬结构，注重医务人员的稳定收入和有效激励，进一步发挥薪酬制度的保障功能，充分体现公立医院的公益属性。

公立医院内部分配应充分体现医、护、技、药、管等岗位差异，兼顾不同科室之间的平衡，向关键和紧缺岗位、高风险和高强度岗位、高层次人才、业务骨干和作出突出成绩的医务人员倾斜，各地结合实际向人民群众急需且专业人才短缺的专业倾斜，努力使综合性医院儿科、产科、急诊科、感染科等紧缺专业医师的薪酬水平不低于医院医师薪酬平均水平。内部分配要充分体现知识、技术、管理等要素的价值，合理拉开收入差距，避免平均主义。公立中医医院内部分配要鼓励使用中医药技术方法。适当提高低年资医生的薪酬水平，统筹考虑编内外人员薪酬待遇。严禁向科室和医务人员下达创收指标，医务人员薪酬不得与药品、卫生材料、检查、化验等业务收入挂钩。

公立医院制定的薪酬分配方案要充分发扬民主，广泛听取职工意见，并报公立医院主管部门备案。

（三）建立健全公立医院负责人薪酬激励约束机制

公立医院主管部门会同人力资源社会保

障、财政、医保部门，根据当地经济社会发展、相当条件人员收入水平、公立医院考核评价结果、个人履职情况、职工满意度等，合理确定医院主要负责人的薪酬水平。公立医院主要负责人薪酬水平应与其他负责人、本单位职工薪酬水平保持合理关系，可采取设定系数等方式合理确定其他负责人薪酬水平。建立健全医院主要负责人薪酬分配激励约束机制，短期激励与中长期激励相结合，注重对主要负责人的长期激励，鼓励对主要负责人实行年薪制。

（四）健全以公益性为导向的考核评价机制

各地要根据《国务院办公厅关于加强三级公立医院绩效考核工作的意见》（国办发〔2019〕4号）、《国家卫生健康委员会办公厅国家中医药管理局办公室关于加强二级公立医院绩效考核工作的通知》（国卫办医发〔2019〕23号）和《国家卫生计生委人力资源社会保障部财政部国家中医药管理局关于加强公立医疗卫生机构绩效评价的指导意见》（国卫人发〔2015〕94号）、《国家中医药管理局关于印发三级公立中医医院绩效考核指标的通知》（国中医药医政函〔2019〕56号）、《国家中医药管理局办公室关于印发二级公立中医医院绩效考核指标的通知》（国中医药办医政函〔2020〕144号）等文件精神，制定科学的公立医院考核评价体系，将医疗质量、运营效率、持续发展、满意度评价等内容纳入考核指标。综合考虑职责履行、工作量、服务质量、费用控制、运行绩效、成本控制、长期债务、医保政策执行情况等，定期组织考核，考核结果与公立医院薪酬总量挂钩。对考核不合格的，要适当核减薪酬总量。

公立医院主管部门要制定公立医院主要负责人的绩效考核评价办法，综合考虑工作责任、医院管理的实际情况、医院考核评价结果和年度目标、任期目标完成情况等，定期组织考核，考核结果与公立医院主要负责人薪酬挂钩。

公立医院要在主管部门的指导下按照国家有关政策制定内部考核评价办法，综合考虑岗位工作量、服务质量、行为规范、技术能力、医德医风和患者满意度等，考核结果与医务人员薪酬挂钩。

（五）经费来源

各地要拓宽深化公立医院薪酬制度改革经费渠道，深入推进医疗、医保、医药“三医”联动改革，推进全面取消药品耗材加成、药品耗材集中带量采购、医疗服务价格优化、医保支付方式改革、药品耗材使用监管等改革，逐步提高诊疗、中医、护理、手术等医疗服务收入在医疗收入中的比例，支持深化公立医院薪酬制度改革。在确保收支平衡的前提下，合理确定人员支出占公立医院业务支出的比重。落实政府投入政策。对因规范开展药品集中采购和使用而减少医保基金支出的医院，当年度医保总额预算额度不做调减。公立医院应完善内部考核办法，根据考核结果分配医保结余留用资金，主要用于相关人员绩效。

完善公立医院收入中可用于工作人员收入分配的资金管理政策，实行全面预算管理，强化公立医院成本管控，提高运营效率，更加注重内涵发展、技术发展、水平发展、服务发展。

三、工作要求

（一）切实加强组织领导。医疗行业人才培养周期长、职业风险高、技术难度大、责任担当重。各地要充分认识深化公立医院薪酬制度改革，建立符合医疗行业特点、体现以知识价值为导向的公立医院薪酬制度的重要意义，高度重视，精心组织，确保各项政策落到实处。各级人力资源社会保障、财政、卫生健康、医保、中医药管理等部门要在当地党委、政府领导下，密切配合、形成合力，务求取得改革实效。

（二）扎实推进实施工作。各地要根据本意见的精神和要求，结合本地实际制定具体的改革实施方案，出台相关配套措施，全面推开公立医院薪酬制度改革。人力资源社会保障、财政部门要会同卫生健康、医保、中医药管理等部门加强督促指导，对实施过程中出现的新情况、新问题，及时认真研究解决，不断完善有关政策措施，重大问题及时报告。

（三）严肃收入分配纪律。要加强对公立医院薪酬分配的监督管理，公立医院要严格执行国家公立医院薪酬政策，严肃分配纪律。要规范多点执业政策并有序发展互联网诊疗，允许医务人员通过技术劳动取得合理报酬。加大对医务人员收受红包、回扣等违规违纪行为的查处力度，一经发现，严格按照有关规定严肃处理。公立医院主管部门应在次年初及时将上年度公立医院收入分配情况和负责人薪酬水平报同级人力资源社会保障、财政部门备案。

（四）做好舆论引导工作。各地人力资源社会保障、财政、卫生健康、医保、中医药管理部门要做好公立医院和医务人员的思想引导和政策解释宣传工作，调动参与改革的积极性、主动性。同时，通过优化环境、规范就医秩序、落实休息休假权益等多种方式，增进和谐医患关系，营造良好氛围。要落实属地管理责任，坚持正确的舆论导向，密切关注社会舆情，及时回应社会关切，确保改革工作平稳顺利进行。

2021 年 7 月 6 日

人力资源社会保障部等十部门关于印发《工程建设领域农民工工资专用账户管理暂行办法》的通知

人社部发〔2021〕53号

各省、自治区、直辖市及新疆生产建设兵团人力资源社会保障厅（局），发展改革委，财政（务）厅（局），住房和城乡建设厅（委、管委、局），交通运输厅（局、委），水利（务）厅（局），中国人民银行上海总部、各分行、营业管理部、各省会（首府）城市中心支行，铁路监督管理局，民航各地区管理局，银保监局：

现将《工程建设领域农民工工资专用账户管理暂行办法》印发你们，请贯彻执行。

2021年7月7日

工程建设领域农民工工资专用账户管理暂行办法

第一章　总　　则

第一条　为根治工程建设领域拖欠农民工工资问题，规范农民工工资专用账户管理，切实维护农民工劳动报酬权益，根据《保障农民工工资支付条例》《人民币银行结算账户管理办法》等有关法规规定，制定本办法。

第二条　本办法所称农民工工资专用账户（以下简称专用账户）是指施工总承包单位（以下简称总包单位）在工程建设项目所在地银行业金融机构（以下简称银行）开立的，专项用于支付农民工工资的专用存款账户。人工费用是指建设单位向总包单位专用账户拨付的专项用于支付农民工工资的工程款。

第三条　本办法所称建设单位是指工程建设项目的项目法人或负有建设管理责任的相关单位；总包单位是指从建设单位承包施工任务，具有施工承包资质的企业，包括工程总承包单位、施工总承包企业、直接承包建设单位发包工程的专业承包企业；分包单位是指承包总包单位发包的专业工程或者劳务作业，具有相应资质的企业；监理单位是指受建设单位委托依法执行工程监理任务，取得监理资质证书，具有法人资格的监理公司等单位。

本办法所称相关行业工程建设主管部门是指各级住房和城乡建设、交通运输、水利、铁路、民航等工程建设项目的行政主管部门。

第四条 本办法适用于房屋建筑、市政、交通运输、水利及基础设施建设的建筑工程、线路管道、设备安装、工程装饰装修、城市园林绿化等各种新建、扩建、改建工程建设项目。

第二章 专用账户的开立、撤销

第五条 建设单位与总包单位订立书面工程施工合同时，应当约定以下事项：

（一）工程款计量周期和工程款进度结算办法；

（二）建设单位拨付人工费用的周期和拨付日期；

（三）人工费用的数额或者占工程款的比例等。

前款第三项应当满足农民工工资按时足额支付的要求。

第六条 专用账户按工程建设项目开立。总包单位应当在工程施工合同签订之日起30日内开立专用账户，并与建设单位、开户银行签订资金管理三方协议。专用账户名称为总包单位名称加工程建设项目名称后加“农民工工资专用账户”。总包单位应当在专用账户开立后的30日内报项目所在地专用账户监管部门备案。监管部门由各省、自治区、直辖市根据《保障农民工工资支付条例》确定。

总包单位有2个及以上工程建设项目的，可开立新的专用账户，也可在符合项目所在地监管要求的情况下，在已有专用账户下按项目分别管理。

第七条 开户银行应当规范优化农民工工资专用账户开立服务流程，配合总包单位及时做好专用账户开立和管理工作，在业务系统中对账户进行特殊标识。

开户银行不得将专用账户资金转入除本项目农民工本人银行账户以外的账户，不得为专用账户提供现金支取和其他转账结算服务。

第八条 除法律另有规定外，专用账户资金不得因支付为本项目提供劳动的农民工工资之外的原因被查封、冻结或者划拨。

第九条 工程完工、总包单位或者开户银行发生变更需要撤销专用账户的，总包单位将本工程建设项目无拖欠农民工工资情况公示30日，并向项目所在地人力资源社会保障行政部门、相关行业工程建设主管部门出具无拖欠农民工工资承诺书。

开户银行依据专用账户监管部门通知取消账户特殊标识，按程序办理专用账户撤销手续，专用账户余额归总包单位所有。总包单位或者开户银行发生变更，撤销账户后可按照第六条规定开立新的专用账户。

第十条 工程建设项目存在以下情况，总包单位不得向开户银行申请撤销专用账户：

（一）尚有拖欠农民工工资案件正在处理的；

（二）农民工因工资支付问题正在申请劳动争议仲裁或者向人民法院提起诉讼的；

（三）其他拖欠农民工工资的情形。

第十一条 建设单位应当加强对总包单位开立、撤销专用账户情况的监督。

第三章 人工费用的拨付

第十二条 建设单位应当按工程施工合同约定的数额或者比例等，按时将人工费用拨付到总包单位专用账户。人工费用拨付周期不得超过1个月。

开户银行应当做好专用账户日常管理工作。出现未按约定拨付人工费用等情况的，开户银行应当通知总包单位，由总包单位报告项目所在地人力资源社会保障行政部门和相关行业工程建设主管部门，相关部门应当纳入欠薪预警并及时进行处置。

建设单位已经按约定足额向专用账户拨付资金，但总包单位依然拖欠农民工工资的，建设单位应及时报告有关部门。

第十三条 因用工量增加等原因导致专用账户余额不足以按时足额支付农民工工资时，

总包单位提出需增加的人工费用数额，由建设单位核准后及时追加拨付。

第十四条 工程建设项目开工后，工程施工合同约定的人工费用的数额、占工程款的比例等需要修改的，总包单位可与建设单位签订补充协议并将相关修改情况通知开户银行。

第四章 农民工工资的支付

第十五条 工程建设领域总包单位对农民工工资支付负总责，推行分包单位农民工工资委托总包单位代发制度（以下简称总包代发制度）。

工程建设项目施行总包代发制度的，总包单位与分包单位签订委托工资支付协议。

第十六条 总包单位或者分包单位应当按照相关行业工程建设主管部门的要求开展农民工实名制管理工作，依法与所招用的农民工订立劳动合同并进行用工实名登记。总包单位和分包单位对农民工实名制基本信息进行采集、核实、更新，建立实名制管理台账。工程建设项目应结合行业特点配备农民工实名制管理所必需的软硬件设施设备。

未与总包单位或者分包单位订立劳动合同并进行用工实名登记的人员，不得进入项目现场施工。

第十七条 施行总包代发制度的，分包单位以实名制管理信息为基础，按月考核农民工工作量并编制工资支付表，经农民工本人签字确认后，与农民工考勤表、当月工程进度等情况一并交总包单位，并协助总包单位做好农民工工资支付工作。

总包单位应当在工程建设项目部配备劳资专管员，对分包单位劳动用工实施监督管理，审核分包单位编制的农民工考勤表、工资支付表等工资发放资料。

第十八条 总包单位应当按时将审核后的工资支付表等工资发放资料报送开户银行，开户银行应当及时将工资通过专用账户直接支付到农民工本人的银行账户，并由总包单位向分包单位提供代发工资凭证。

第十九条 农民工工资卡实行一人一卡、本人持卡，用人单位或者其他人员不得以任何理由扣押或者变相扣押。

开户银行应采取有效措施，积极防范本机构农民工工资卡被用于出租、出售、洗钱、赌博、诈骗和其他非法活动。

第二十条 开户银行支持农民工使用本人的具有金融功能的社会保障卡或者现有银行卡领取工资，不得拒绝其使用他行社会保障卡银行账户或他行银行卡。任何单位和个人不得强制要求农民工重新办理工资卡。农民工使用他行社会保障卡银行账户或他行银行卡的，鼓励执行优惠的跨行代发工资手续费率。

农民工本人确需办理新工资卡的，优先办理具有金融功能的社会保障卡，鼓励开户银行提供便利化服务，上门办理。

第二十一条 总包单位应当将专用账户有关资料、用工管理台账等妥善保存，至少保存至工程完工且工资全部结清后3年。

第二十二条 建设单位在签订工程监理合同时，可通过协商委托监理单位实施农民工工资支付审核及监督。

第五章 工资支付监控预警平台建设

第二十三条 人力资源社会保障部会同相关部门统筹做好全国农民工工资支付监控预警平台的规划和建设指导工作。

省级应当建立全省集中的农民工工资支付监控预警平台，支持辖区内省、市、县各级开展农民工工资支付监控预警。同时，按照网络安全和信息化有关要求，做好平台安全保障工作。

国家、省、市、县逐步实现农民工工资支付监控预警数据信息互联互通，与建筑工人管理服务、投资项目在线审批监管、全国信用信息共享、全国水利建设市场监管、铁路工程监督管理等信息平台对接，实现信息比对、分析预警等功能。

第二十四条 相关单位应当依法将工程施工合同中有关专用账户和工资支付的内容及修

改情况、专用账户开立和撤销情况、劳动合同签订情况、实名制管理信息、考勤表信息、工资支付表信息、工资支付信息等实时上传农民工工资支付监控预警平台。

第二十五条 各地人力资源社会保障、发展改革、财政、住房和城乡建设、交通运输、水利等部门应当加强工程建设项目审批、资金落实、施工许可、劳动用工、工资支付等信息的及时共享，依托农民工工资支付监控预警平台开展多部门协同监管。

各地要统筹做好农民工工资支付监控预警平台与工程建设领域其他信息化平台的数据信息共享，避免企业重复采集、重复上传相关信息。

第二十六条 农民工工资支付监控预警平台依法归集专用账户管理、实名制管理和工资支付等方面信息，对违反专用账户管理、人工费用拨付、工资支付规定的情况及时进行预警，逐步实现工程建设项目农民工工资支付全过程动态监管。

第二十七条 加强劳动保障监察相关系统与农民工工资支付监控预警平台的协同共享和有效衔接，开通工资支付通知、查询功能和拖欠工资的举报投诉功能，方便农民工及时掌握本人工资支付情况，依法维护劳动报酬权益。

第二十八条 已建立农民工工资支付监控预警平台并实现工资支付动态监管的地区，专用账户开立、撤销不再要求进行书面备案。

第六章 监督管理

第二十九条 各地应当依据本办法完善工程建设领域农民工工资支付保障制度体系，坚持市场主体负责、政府依法监管、社会协同监督，按照源头治理、预防为主、防治结合、标本兼治的要求，依法根治工程建设领域拖欠农民工工资问题。

第三十条 各地人力资源社会保障行政部门和相关行业工程建设主管部门应当按职责对工程建设项目专用账户管理、人工费用拨付、农民工工资支付等情况进行监督检查，并及时处理有关投诉、举报、报告。

第三十一条 人民银行及其分支机构、银保监会及其派出机构应当采取必要措施支持银行为专用账户管理提供便利化服务。

第三十二条 各级人力资源社会保障行政部门和相关行业工程建设主管部门不得借推行专用账户制度的名义，指定开户银行和农民工工资卡办卡银行；不得巧立名目收取费用，增加企业负担。

第七章 附则

第三十三条 各省级人力资源社会保障行政部门可根据本暂行办法，会同相关部门结合本地区实际情况制定实施细则。

第三十四条 同一工程建设项目发生管辖争议的，由共同的上一级人力资源社会保障部门会同相关行业工程建设主管部门指定管辖。

第三十五条 本暂行办法自印发之日起施行。办法施行前已开立的专用账户，可继续保留使用。

人力资源社会保障部　国家发展改革委　交通运输部　应急部　市场监管总局　国家医保局　最高人民法院　全国总工会　关于维护新就业形态劳动者劳动保障权益的指导意见

人社部发〔2021〕56号

各省、自治区、直辖市人民政府、高级人民法院、总工会，新疆生产建设兵团，新疆维吾尔自治区高级人民法院生产建设兵团分院，新疆生产建设兵团总工会：

近年来，平台经济迅速发展，创造了大量就业机会，依托互联网平台就业的网约配送员、网约车驾驶员、货车司机、互联网营销师等新就业形态劳动者数量大幅增加，维护劳动者劳动保障权益面临新情况新问题。为深入贯彻落实党中央、国务院决策部署，支持和规范发展新就业形态，切实维护新就业形态劳动者劳动保障权益，促进平台经济规范健康持续发展，经国务院同意，现提出以下意见：

一、规范用工，明确劳动者权益保障责任

（一）指导和督促企业依法合规用工，积极履行用工责任，稳定劳动者队伍。主动关心关爱劳动者，努力改善劳动条件，拓展职业发展空间，逐步提高劳动者权益保障水平。培育健康向上的企业文化，推动劳动者共享企业发展成果。

（二）符合确立劳动关系情形的，企业应当依法与劳动者订立劳动合同。不完全符合确立劳动关系情形但企业对劳动者进行劳动管理（以下简称不完全符合确立劳动关系情形）的，指导企业与劳动者订立书面协议，合理确定企业与劳动者的权利义务。个人依托平台自主开展经营活动、从事自由职业等，按照民事法律调整双方的权利义务。

（三）平台企业采取劳务派遣等合作用工方式组织劳动者完成平台工作的，应选择具备合法经营资质的企业，并对其保障劳动者权益情况进行监督。平台企业采用劳务派遣方式用工的，依法履行劳务派遣用工单位责任。对采取外包等其他合作用工方式，劳动者权益受到损害的，平台企业依法承担相应责任。

二、健全制度，补齐劳动者权益保障短板

（四）落实公平就业制度，消除就业歧视。企业招用劳动者不得违法设置性别、民族、年龄等歧视性条件，不得以缴纳保证金、押金或者其他名义向劳动者收取财物，不得违法限制劳动者在多平台就业。

（五）健全最低工资和支付保障制度，推

动将不完全符合确立劳动关系情形的新就业形态劳动者纳入制度保障范围。督促企业向提供正常劳动的劳动者支付不低于当地最低工资标准的劳动报酬，按时足额支付，不得克扣或者无故拖欠。引导企业建立劳动报酬合理增长机制，逐步提高劳动报酬水平。

（六）完善休息制度，推动行业明确劳动定员定额标准，科学确定劳动者工作量和劳动强度。督促企业按规定合理确定休息办法，在法定节假日支付高于正常工作时间劳动报酬的合理报酬。

（七）健全并落实劳动安全卫生责任制，严格执行国家劳动安全卫生保护标准。企业要牢固树立安全“红线”意识，不得制定损害劳动者安全健康的考核指标。要严格遵守安全生产相关法律法规，落实全员安全生产责任制，建立健全安全生产规章制度和操作规程，配备必要的劳动安全卫生设施和劳动防护用品，及时对劳动工具的安全和合规状态进行检查，加强安全生产和职业卫生教育培训，重视劳动者身心健康，及时开展心理疏导。强化恶劣天气等特殊情形下的劳动保护，最大限度减少安全生产事故和职业病危害。

（八）完善基本养老保险、医疗保险相关政策，各地要放开灵活就业人员在就业地参加基本养老、基本医疗保险的户籍限制，个别超大型城市难以一步实现的，要结合本地实际，积极创造条件逐步放开。组织未参加职工基本养老、职工基本医疗保险的灵活就业人员，按规定参加城乡居民基本养老、城乡居民基本医疗保险，做到应保尽保。督促企业依法参加社会保险。企业要引导和支持不完全符合确立劳动关系情形的新就业形态劳动者根据自身情况参加相应的社会保险。

（九）强化职业伤害保障，以出行、外卖、即时配送、同城货运等行业的平台企业为重点，组织开展平台灵活就业人员职业伤害保障试点，平台企业应当按规定参加。采取政府主导、信息化引领和社会力量承办相结合的方式，建立健全职业伤害保障管理服务规范和运行机制。鼓励平台企业通过购买人身意外、雇主责任等商业保险，提升平台灵活就业人员保障水平。

（十）督促企业制定修订平台进入退出、订单分配、计件单价、抽成比例、报酬构成及支付、工作时间、奖惩等直接涉及劳动者权益的制度规则和平台算法，充分听取工会或劳动者代表的意见建议，将结果公示并告知劳动者。工会或劳动者代表提出协商要求的，企业应当积极响应，并提供必要的信息和资料。指导企业建立健全劳动者申诉机制，保障劳动者的申诉得到及时回应和客观公正处理。

三、提升效能，优化劳动者权益保障服务

（十一）创新方式方法，积极为各类新就业形态劳动者提供个性化职业介绍、职业指导、创业培训等服务，及时发布职业薪酬和行业人工成本信息等，为企业和劳动者提供便捷化的劳动保障、税收、市场监管等政策咨询服务，便利劳动者求职就业和企业招工用工。

（十二）优化社会保险经办，探索适合新就业形态的社会保险经办服务模式，在参保缴费、权益查询、待遇领取和结算等方面提供更加便捷的服务，做好社会保险关系转移接续工作，提高社会保险经办服务水平，更好保障参保人员公平享受各项社会保险待遇。

（十三）建立适合新就业形态劳动者的职业技能培训模式，保障其平等享有培训的权利。对各类新就业形态劳动者在就业地参加职业技能培训的，优化职业技能培训补贴申领、发放流程，加大培训补贴资金直补企业工作力度，符合条件的按规定给予职业技能培训补贴。健全职业技能等级制度，支持符合条件的企业按规定开展职业技能等级认定。完善职称评审政策，畅通新就业形态劳动者职称申报评价渠道。

（十四）加快城市综合服务网点建设，推动在新就业形态劳动者集中居住区、商业区设置临时休息场所，解决停车、充电、饮水、如厕等难题，为新就业形态劳动者提供工作生活

便利。

（十五）保障符合条件的新就业形态劳动者子女在常住地平等接受义务教育的权利。推动公共文体设施向劳动者免费或低收费开放，丰富公共文化产品和服务供给。

四、齐抓共管，完善劳动者权益保障工作机制

（十六）保障新就业形态劳动者权益是稳定就业、改善民生、加强社会治理的重要内容。各地区要加强组织领导，强化责任落实，切实做好新就业形态劳动者权益保障各项工作。人力资源社会保障部、国家发展改革委、交通运输部、应急部、市场监管总局、国家医保局、最高人民法院、全国总工会等部门和单位要认真履行职责，强化工作协同，将保障劳动者权益纳入数字经济协同治理体系，建立平台企业用工情况报告制度，健全劳动者权益保障联合激励惩戒机制，完善相关政策措施和司法解释。

（十七）各级工会组织要加强组织和工作有效覆盖，拓宽维权和服务范围，积极吸纳新就业形态劳动者加入工会。加强对劳动者的思想政治引领，引导劳动者理性合法维权。监督企业履行用工责任，维护好劳动者权益。积极与行业协会、头部企业或企业代表组织开展协商，签订行业集体合同或协议，推动制定行业劳动标准。

（十八）各级法院和劳动争议调解仲裁机构要加强劳动争议办案指导，畅通裁审衔接，根据用工事实认定企业和劳动者的关系，依法依规处理新就业形态劳动者劳动保障权益案件。各类调解组织、法律援助机构及其他专业化社会组织要依法为新就业形态劳动者提供更加便捷、优质高效的纠纷调解、法律咨询、法律援助等服务。

（十九）各级人力资源社会保障行政部门要加大劳动保障监察力度，督促企业落实新就业形态劳动者权益保障责任，加强治理拖欠劳动报酬、违法超时加班等突出问题，依法维护劳动者权益。各级交通运输、应急、市场监管等职能部门和行业主管部门要规范企业经营行为，加大监管力度，及时约谈、警示、查处侵害劳动者权益的企业。

各地区各有关部门要认真落实本意见要求，出台具体实施办法，加强政策宣传，积极引导社会舆论，增强新就业形态劳动者职业荣誉感，努力营造良好环境，确保各项劳动保障权益落到实处。

2021 年 7 月 16 日

人力资源社会保障部　应急管理部关于印发《国家综合性消防救援队伍消防员招录办法》的通知

人社部发〔2021〕58号

各省、自治区、直辖市人力资源社会保障厅（局）、应急管理厅（局），新疆生产建设兵团人力资源社会保障局，国家综合性消防救援队伍各总队：

现将《国家综合性消防救援队伍消防员招录办法》印发给你们，请遵照执行。

2021年7月29日

国家综合性消防救援队伍消防员招录办法

第一章　总　　则

第一条　为规范国家综合性消防救援队伍消防员招录工作，建设对党忠诚、纪律严明、赴汤蹈火、竭诚为民的消防救援队伍，依据《中华人民共和国消防法》《中华人民共和国消防救援衔条例》等法律法规，制定本办法。

第二条　消防员招录工作实行计划管理，严格招录标准，遵循公开公正、平等自愿、竞争择优的原则。

第三条　人力资源社会保障部、应急管理部主管全国消防员招录工作。应急管理部统一组织实施招录工作。

第四条　国家综合性消防救援队伍各总队联合应急管理等厅（局）成立省级消防员招录工作组织，负责招录具体工作。人力资源社会保障等厅（局）进行政策指导和提供服务。

第二章　招录条件与范围

第五条　消防员招录对象应当具备下列基本条件：

（一）具有中华人民共和国国籍；

（二）遵守宪法和法律，拥护中国共产党领导和社会主义制度；

（三）志愿加入国家综合性消防救援队伍；

（四）年龄为18周岁以上、22周岁以下；

（五）具有高中以上文化程度；

（六）身体和心理健康；

（七）具有良好的品行；

（八）法律、法规规定的其他条件。

第六条 大学专科以上学历人员、解放军和武警部队退役士兵、具有2年以上灭火救援实战经验的政府专职消防队员和政府专职林业扑火队员，年龄可以放宽至24周岁；对消防救援工作急需的特殊专业人才，经应急管理部批准年龄可以进一步放宽，原则上不超过28周岁。

第七条 消防员面向社会公开招录，主要从本省级行政区域常住人口中招录，根据需要也可以面向其他省份招录。

第三章 招录程序

第八条 各省级消防员招录工作组织根据消防员编配情况和工作需要提出招录需求，报应急管理部汇总审核，应急管理部会同人力资源社会保障部下达年度招录计划。

招录计划应当包括编制员额、在编人数、超缺编情况、拟招录数量和拟招录地区等内容。

第九条 消防员招录按照宣传动员、组织报名、资格审查、体格检查、政治考核、体能测试和岗位适应性测试、心理测试和面试、公示、录用等程序组织实施。具体顺序可以根据招录工作需要予以调整。

（一）宣传动员。统一发布消防员招录公告，通过网络、报刊、电视等，广泛开展政策咨询和宣传动员。

（二）组织报名。一般采用网上报名的方式。招录对象在规定时间内登录网上招录平台录入报名信息。

（三）资格审查。对报名信息进行网上初审，对证件证书等原件进行现场复核。

（四）体格检查。体格检查应当在指定的市级以上综合性医院进行，标准参照《应征公民体格检查标准》（陆勤人员）执行。

招录对象对体格检查结果有疑问的，经省级消防员招录工作组织同意，可以进行一次复检，体格检查结果以复检结论为准。对可以通过服用药物或者其他治疗手段影响检查结果的项目不予复检。

（五）政治考核。参照征兵政治考核要求，按照规定程序严格考核招录对象的政治面貌、宗教信仰、政治言行等，对具有《征兵政治考核工作规定》第八条、第九条所列情形的，政治考核不得通过。同时，应当对招录对象的个人基本信息、文化程度、毕业（就读）学校、主要经历、现实表现、奖惩情况以及家庭成员、主要社会关系成员的政治情况等进行全面核查了解，并审核人事档案。

（六）体能测试和岗位适应性测试。体能测试主要考察招录对象肌肉力量、肌肉耐力和柔韧素质等；岗位适应性测试主要考察招录对象协调能力、空间位置感知以及对高空、黑暗环境的心理适应度。

体能测试、岗位适应性测试项目及标准由应急管理部制定。

（七）心理测试和面试。心理测试主要考察招录对象的心理承受和自我调节能力；面试主要考察招录对象的身体形态、仪容仪表、语言表达、交流沟通能力等内容。

（八）公示。根据招录对象政治考核、体格检查、体能测试和岗位适应性测试、心理测试和面试等情况，择优提出拟录用人员名单，面向社会公示，公示时间不少于5个工作日。

（九）录用。公示期满，根据公示情况，确定录用人员名单。对没有问题或者反映问题不影响录用的，按照规定程序办理录用手续；对有严重问题并查有实据的，不予录用；对反映有严重问题，但一时难以查实的，暂缓录用，待查实并作出结论后再决定是否录用。

录用人员名单送人力资源社会保障等部门备案。

第十条 消防员录用后须填写《献身消防救援事业志愿书》。省级消防员招录工作组织核发《消防员入职批准书》，并调取录用人员档案。

第十一条 新录用消防员须参加为期1年的入职训练。训练期间待遇按照预备消防士（一档）标准执行。

入职训练3个月内，进行政治考核复查、体格检查复检、心理测试复测，不符合招录条件的，取消录用。

第十二条 消防员入职训练期满考核合格的，正式授衔定级；考核不合格，或者有其他不适宜从事消防救援工作情形的，取消录用。

第十三条 新录用消防员工作5年（含入职训练期）内不得辞职。非正当原因擅自离职的，此后不得再次参加消防员招录，并记入相关人员信用记录。

消防员被取消录用、擅自离职等，其人事档案按照有关规定进行转递。

第四章 纪律与监督

第十四条 消防员招录坚持信息公开、过程公开、结果公开，主动接受监督。招录工作实行回避制度，回避情形参照《事业单位人事管理回避规定》执行。

第十五条 应急管理、人力资源社会保障等部门应当认真履行职责，及时受理相关举报，按有关规定调查处理，对消防员招录过程中违纪违规的行为及时予以制止和纠正，保证招录工作公开、公平、公正。

第十六条 消防员招录单位在招录工作中有下列行为之一的，责令其限期改正；逾期不改正的，对直接负责的主管人员和其他直接责任人员依法依规给予处分：

（一）未按照招录计划组织招录的；

（二）未按照招录条件进行资格审查的；

（三）未按照规定程序组织考核选拔的；

（四）未按照规定公示拟录用人员名单的；

（五）其他应当责令改正的违纪违规行为。

第十七条 消防员招录工作人员有下列行为之一的，由相关部门给予处分，并将其调离消防员招录工作岗位，不得再从事招录工作；构成犯罪的，依法追究刑事责任：

（一）指使、纵容他人作弊，或者在考核选拔过程中参与作弊的；

（二）在保密期限内，泄露面试评分要素等应当保密的信息的；

（三）玩忽职守，造成不良影响的；

（四）其他严重违纪违规行为。

第十八条 招录对象有下列情形之一的，按照有关规定给予相应处理：

（一）伪造、涂改证件、证明等报名材料，或者以其他不正当手段获取招录资格的；

（二）提供的涉及招录资格的申请材料或者信息不实，且影响资格审查结果的；

（三）作弊、串通作弊或者参与有组织作弊的；

（四）拒绝、妨碍工作人员履行管理职责的；

（五）威胁、侮辱、诽谤、诬陷工作人员或者其他招录对象的；

（六）其他扰乱招录工作秩序的违纪违规行为。

第五章 附 则

第十九条 消防员招录所需经费，由财政分级保障。

第二十条 本办法由人力资源社会保障部、应急管理部共同负责解释。

第二十一条 本办法自颁布之日起施行。2018年12月23日印发的《人力资源社会保障部 应急管理部关于印发〈国家综合性消防救援队伍消防员招录办法（试行）〉的通知》（人社部规〔2018〕5号）同时废止。

附件：消防员入职批准书（略）

人力资源社会保障部　司法部
关于深化公共法律服务专业人员
职称制度改革的指导意见

人社部发〔2021〕59号

各省、自治区、直辖市及新疆生产建设兵团人力资源社会保障厅（局）、司法厅（局），国务院各部委、各直属机构人事部门，各中央企业人事部门：

为贯彻落实中共中央办公厅、国务院办公厅印发的《关于深化职称制度改革的意见》，进一步加强公共法律服务队伍建设，为公共法律服务事业改革发展提供有力人才支撑，现就深化公共法律服务专业人员职称制度改革提出如下指导意见。

一、总体要求

（一）指导思想

以习近平新时代中国特色社会主义思想为指导，全面贯彻落实党的十九大和十九届二中、三中、四中、五中全会精神，认真落实党中央、国务院决策部署，围绕全面依法治国建设总目标，坚持党管人才，遵循公共法律服务人才队伍建设规律，完善公共法律服务专业人员职称制度，科学、客观、公正地评价公共法律服务专业人员业务能力和服务水平，更好地满足公共法律服务需求，充分发挥公共法律服务专业人员在全面依法治国中的重要作用，为实现“两个一百年”奋斗目标和中华民族伟大复兴的中国梦提供优质高效的公共法律服务。

（二）基本原则

1. 坚持遵循规律。遵循公共法律服务人才成长规律，统筹设计公共法律服务专业人员职称制度，建立适应发展需要的动态调整机制，引导公共法律服务专业人员提升理论水平，拓展专业能力。

2. 坚持科学评价。突出评价职业道德、能力素质和工作业绩，分级分类完善评价标准，创新评价机制，丰富评价方式，科学客观公正评价公共法律服务专业人员。

3. 注重评用结合。将公共法律服务专业人员评价与培养、使用相结合，鼓励用人单位将选人用人制度与公共法律服务专业人员职称制度有机衔接，促进公共法律服务专业人员职业发展。

二、主要内容

（一）健全职称体系

1. 完善专业类别。公共法律服务专业人员职称专业类别分为公证员和司法鉴定人。公证员是指符合法定条件，在公证机构从事公证业务的执业人员；司法鉴定人是指在司法鉴定机构从事司法鉴定业务的专业技术人员。

2. 健全职称层级。公共法律服务专业人员职称设初级、中级、高级，其中高级分设副高级和正高级。公证员初级、中级、副高级、正高级职称的名称分别为四级公证员、三级公证员、二级公证员、一级公证员。司法鉴定人初级、中级、副高级、正高级职称的名称为初级司法鉴定人、中级司法鉴定人、副高级司法鉴定人、正高级司法鉴定人。司法鉴定人职称按司法鉴定执业类别分为四个专业方向，分别为法医类、物证类、声像资料、环境损害。其中，法医类的职称名称为法医师、主检法医师、副主任法医师、主任法医师。其他专业方向在职称名称后标注，如初级司法鉴定人（物证类）等。

原司法鉴定人职称与统一后的司法鉴定人职称对应关系为：原助理工程师对应初级司法鉴定人，原工程师对应中级司法鉴定人，原高级工程师对应副高级司法鉴定人，原正高级工程师对应正高级司法鉴定人。法医类司法鉴定人职称名称不变。

3. 动态调整专业设置。各地、各有关部门可根据公共法律服务工作实际，动态调整职称专业设置。对从业人员数量较大、评价需求稳定、发展良好的专业，持续稳定开展评价工作；对发展势头良好，评价需求旺盛的新兴公共法律服务行业，如法律援助、仲裁等，符合条件的增设为新的职称专业；对未来评价需求缩减、从业人员减少的专业，及时调整或取消。

4. 公共法律服务专业人员职称分别与事业单位专业技术岗位等级相对应。正高级对应专业技术岗位一至四级，副高级对应专业技术岗位五至七级，中级对应专业技术岗位八至十级，初级对应专业技术岗位十一级至十三级。

（二）完善评价标准

1. 坚持德才兼备，以德为先。把政治品德和职业道德放在评价标准的首位，要求公共法律服务专业人员坚决拥护中国共产党领导、拥护社会主义法治。遵守宪法和法律，恪守公共法律服务专业人员职业道德和执业纪律，爱岗敬业，科学公正，勤勉尽责。通过个人述职、年度考核等方式加强对职业道德、从业操守等方面的评价，强化公共法律服务专业人员的社会责任，对学术和执业不端行为实行“零容忍”。

2. 突出对能力水平和实际贡献的评价。充分体现公共法律服务职业特点，突出评价公共法律服务专业人员的专业能力、业绩和贡献。破除唯论文、唯学历、唯资历、唯奖项倾向，分类完善公共法律服务人才评价标准。改变在成果评价中过分依赖论文、论著的局面，推行代表作制度，各地区可结合实际建立成果代表作清单，注重代表性成果的质量、贡献和影响力。对于公证员，探索引入公证书、理论文章、指导案例、创新业务等成果形式，重点考察成果质量，注重公证员的实际贡献。对于司法鉴定人，司法鉴定意见书、指导案例、标准规范制定等可作为业绩，重点评价司法鉴定实务、解决疑难复杂司法鉴定案件、新技术新方法运用、科技成果转化等方面的能力。引导公共法律服务专业人员不断更新知识，创新思路，提高专业素养，积极投身法治建设。

3. 实行国家标准、地区标准和单位标准相结合。以公共法律服务专业人员职业属性和岗位需求为基础，人力资源社会保障部会同司法部负责制定《公证员职称评价基本标准》和《司法鉴定人职称评价基本标准》。各地区可根据实际制定本地区标准，具有自主评审权的用人单位可根据本单位实际制定单位标准。地区标准和单位标准不得低于国家标准。

（三）创新评价机制

1. 丰富职称评价方式。建立以同行专家评议为基础、个人评价和团队评价相结合的评价机制，通过考试考核、个人述职、面试答辩、业绩展示、案卷抽样评估等多种评价方式开展评价。为涉密部门和特殊技术人才开辟特殊通道，采取特殊评价办法。

2. 畅通职称申报渠道。进一步打破户籍、地域、身份、档案等限制，畅通各类公共法律服务专业人才的职称申报渠道，民办机构与公立机构的公共法律服务人才，公立机构中各种方式使用的公共法律服务人才，在职称评审等方面享有平等待遇。建立职称评审绿色通道，对在促进法治建设中做出重大贡献，长期在艰苦边远地区工作的公共法律服务人才，适当放宽学历、科研能力要求，重点考察工作业绩。对引进的海外高层次人才和急需紧缺人才，放宽资历和任职年限要求，可直接申报评审高级职称。公务员（含参照公务员法管理人员）不得参加公共法律服务人才职称评审。对在公证机构改革中由行政编制转为事业编制的公证员，可不受职称层级限制，依据学历资历条件和业绩成果直接申报评审相应级别职称。职称评审工作一般每年度组织开展一次。

3. 明确职称评审权限。省级司法行政机关组建公证员职称评审委员会，并可根据需要将中级和初级公证员职称评审工作交由地市或直辖市的区司法行政机关组织实施，不具备条件的省级司法行政机关可委托相邻省级司法行政机关进行评审。有条件的省级司法行政机关可以组建司法鉴定人高级职称评审委员会，对本地区司法鉴定人进行评审。司法部组建司法鉴定人高级职称评审委员会，可接受不具备高级职称评审条件的地区委托评审。各级职称评审委员会按规定程序报人力资源社会保障部门核准备案。

（四）促进职称制度与人才培养使用有效衔接

1. 促进职称制度与人才使用相衔接。各类公共法律服务机构应结合用人需求，根据职称评价结果合理使用公共法律服务专业人才。全面实行岗位管理的事业体制公共法律服务机构，一般应在岗位结构比例内，推荐符合条件的公共法律服务专业人员参加职称评审。不实行事业单位岗位管理的公共法律服务机构，可根据工作需要，择优聘任具有相应职称的公共法律服务专业人员。用人单位应结合用人需求，根据职称评价结果合理使用公共法律服务专业人员，实现职称评价结果与公共法律服务专业人员聘用、考核、晋升、待遇等有效结合。加强聘后管理，在岗位聘用中实现人员能上能下。

2. 促进职称制度与公共法律服务专业人才培养相结合。充分发挥职称评价对提高公共法律服务专业人才培养质量的导向作用，结合公共法律服务事业发展需求，加快人才培养。推进职称评审与公共法律服务人才继续教育制度相衔接，创新和丰富继续教育的内容和形式，促进公共法律服务人才更新知识，提升能力。

（五）加强职称评审监督和服务

1. 加强职称评审委员会建设。完善评审委员会的组织管理办法，健全工作程序和评审规则，合理确定评审委员会组成人员范围，明确评审委员会工作人员和评审专家责任，强化评审考核，建立倒查追责机制。加强评审委员会专家库建设，注重遴选高水平的公共法律服务专家，定期对专家库进行更新，形成专家库动态优化机制。

2. 严肃职称评审工作纪律。探索建立职称申报评审诚信档案和失信黑名单制度，健全诚信承诺和失信惩戒机制，对通过弄虚作假、暗箱操作等违纪违规行为取得的职称，一律予以撤销。建立职称评审公开制度，实行政策公开、标准公开、程序公开、结果公开。建立职称评审回避制度、公示制度和评审结果备案制度。建立复查、投诉机制，加强对评审全过程的监督管理，构建机关、行业协会监管，公共法律服务机构自律，社会监督的公共法律服务专业人员职称评审综合监管体系。

3. 优化职称评审服务。加强职称评审信息化建设，探索建立职称评审信息系统，逐步实现职称网上申报、网上审核、网上评审、网上公示和查询。进一步简化职称申报渠道和审核环节，精减申报材料。加强职称评审信息库建设，探索推行职称电子证书，逐步实现职称证书网上查询验证。加强人才评价、机构评估等相关业务统筹，加强申报材料和业绩成果信息共享，实行材料一次报送、一表多用，减少重复提供材料和重复审核。

三、组织实施

（一）提高认识，加强领导

各地区要充分认识公共法律服务专业人员

职称制度改革的重大意义，加强组织领导，狠抓工作落实，确保各项改革措施落到实处。各级人力资源社会保障部门会同司法行政部门具体负责公共法律服务专业人员职称制度改革的政策制定、组织实施和监督检查等工作。各部门要高度重视，密切配合，确保公共法律服务专业人员职称制度改革工作顺利推进。

（二）结合实际，周密部署

各地区要根据本指导意见，紧密结合实际，落实好各项改革措施，妥善做好新旧政策衔接工作，按照改革前后的职称对应关系做好过渡。在推进改革过程中，各地要深入开展调查研究，充分掌握本地区公共法律服务专业人员队伍现状，全面考虑改革推进工作中可能遇到的各种情况和问题，及时研究解决，妥善处理改革、发展和稳定的关系。

（三）加强宣传，营造环境

各地区要加强宣传引导，鼓励公共法律服务专业人员争当公共法律服务领域创新的推动者和实践者，充分调动公共法律服务专业人员的积极性，激发创新活力和潜力，为公共法律服务专业人员参加职称评审提供便利，引导公共法律服务专业人员支持和参与改革，营造有利于公共法律服务专业人员职称制度改革的良好氛围。

附件：1. 公证员职称评价基本标准

2. 司法鉴定人职称评价基本标准

2021 年 7 月 27 日

附件 1

公证员职称评价基本标准

一、忠于祖国，忠于人民，忠于宪法和法律，拥护中国共产党领导，拥护社会主义法治。

二、热爱本职工作，认真履行岗位职责，依法、规范、诚信执业。

三、恪守公证员职业道德和执业纪律，勇于担当，勤勉敬业，廉洁自律，作风端正，按照要求参加继续教育。

四、公证员申报各层级职称，除必须达到上述基本条件外，还应分别具备以下条件：

（一）四级公证员

1. 基本掌握公证相关法学理论和专业知识，认真执行相关法律、法规、政策和工作制度。

2. 初步掌握公证员执业技能，能够独立承办基本的公证事项和公证事务。

3. 具备硕士学位或第二学士学位；或具备大学本科学历或学士学位，担任公证员满 1 年；或具备大学专科学历，担任公证员满 3 年。

（二）三级公证员

1. 熟练掌握公证相关法学理论和专业知识，能够准确理解、熟练运用相关法律、法规、政策和工作制度。

2. 具有较丰富的公证业务经验，熟悉办证流程，能够独立承办公证事项和事务，近三年内在质量检查中无不合格卷。

3. 具有较丰富的公证管理经验，能够独立负责某领域公证工作，在推动公证机构依法决策、依法经营、依法管理方面作出一定贡献。

4. 具备博士学位；或具备硕士学位、第二学士学位，担任四级公证员满2年；或具备大学本科学历、学士学位或大学专科学历，担任四级公证员满4年。

（三）二级公证员

1. 全面系统掌握相关法学理论和专业知识，熟悉与公证业务相关的其他学科知识，全面了解掌握相关法律、法规、政策和工作制度。

2. 具有丰富的公证业务经验，办理过一定数量的有较大影响的公证法律事务，能够组织和协调处理较为重大、复杂、疑难公证法律事务，业务办理质量良好，近三年内在质量检查中无不合格卷。

3. 工作业绩较为突出，能够指导三级公证员、四级公证员开展公证工作。具有丰富的公证管理工作经验，在推动公证机构依法决策、依法运营、依法管理方面做出较大贡献。

4. 有较强的理论研究能力，能够开展公证法律事务政策、实务研究，主持完成公证法律事务相关课题研究、调研报告，或参与公证法律事务相关重大课题研究、重大调研报告，有较高水平的代表性成果。

5. 具备博士学位，担任三级公证员满2年；或具备硕士学位、第二学士学位，或具备大学本科学历、学士学位或大学专科学历，担任三级公证员满5年。

（四）一级公证员

1. 具备系统、深厚的法学理论功底，精通本领域相关法规、政策及本单位相关制度，并掌握同本职工作相适应的其他学科知识。

2. 具有丰富的公证业务经验和公证管理工作经验，办理过一定数量的本专业领域有重大影响的公证法律事务，业务办理质量良好，近五年内在质量检查中无不合格卷。

3. 能够独立负责某领域的公证员管理工作，能够有效地组织和协调处理重大、复杂、疑难公证法律事务，能够办理、指导开拓新兴公证业务。

4. 工作业绩突出，能够指导二级公证员、三级公证员、四级公证员开展公证工作，在推动公证机构依法决策、依法运营、依法管理方面做出较大贡献。

5. 理论研究能力强，能够组织领导公证事务理论、政策和实务重大课题研究，取得重大研究成果，在推动公证制度改革发展方面发挥了重要作用；具有较高影响力的代表性成果。

6. 具备大学本科及以上学历或学士及以上学位，担任二级公证员满5年。

附件2

司法鉴定人职称评价基本标准

一、忠于祖国，忠于人民，忠于宪法和法律，拥护中国共产党领导，拥护社会主义法治。

二、热爱本职工作，恪守司法鉴定人员职业道德和执业纪律，科学公正，勤勉敬业，廉洁自律，作风端正。

三、取得《司法鉴定人执业证》，认真履行岗位职责，按照要求参加继续教育。

四、司法鉴定人申报各层级职称，除必须达到上述基本条件外，还应分别具备以下条件：

（一）初级司法鉴定人、法医师

1. 基本掌握本专业领域基础理论和专业知识，认真执行本专业领域相关法规、政策和制度。

2. 具备从事司法鉴定相关工作的能力，能够胜任基础性工作，参与完成的司法鉴定业务符合质量要求。

3. 具备大学本科及以上学历或学士及以上学位，从事司法鉴定相关工作满 1 年；或具备大学专科学历，从事司法鉴定相关工作满 3 年。

（二）中级司法鉴定人、主检法医师

1. 熟练掌握本专业领域基础理论知识和专业知识，认真执行本专业领域相关法规、政策和制度，了解本专业领域技术现状和发展趋势。

2. 具有承担较复杂司法鉴定工作的能力，能准确理解、熟练运用本专业领域技术标准和规范，能够独立出具司法鉴定意见文书。

3. 具有一定的技术研究能力，能够撰写为解决复杂技术问题的研究报告或发表论文，取得有实用价值的技术成果。

4. 具备博士学位，从事司法鉴定相关工作满 1 年；或具备硕士学位，从事司法鉴定相关工作满 3 年，或取得初级司法鉴定人职称或其他相关的初级及以上职称后从事司法鉴定相关工作满 2 年；或具备大学本科学历或学士学位，从事司法鉴定相关工作满 5 年，或取得初级司法鉴定人职称或其他相关的初级及以上职称后从事司法鉴定相关工作满 4 年；或具备大学专科学历，取得初级司法鉴定人职称或其他相关的初级及以上职称后从事司法鉴定相关工作满 4 年。

（三）副高级司法鉴定人、副主任法医师

1. 系统掌握本专业领域基础理论知识和专业知识，认真执行本专业领域相关法规、政策和制度，具有跟踪本专业领域科技发展动态的能力，能够吸取最新科研成果应用于实际工作，是本专业的技术业务骨干。

2. 具有丰富的司法鉴定工作经验，能深刻理解和熟练运用本专业领域技术标准和规范，业绩突出，能主持或独立完成复杂疑难司法鉴定工作。

3. 有较强的技术研究能力，能够承担或参与较高水平的技术研究项目，独立完成的较高水平研究报告或发表的较高学术价值论文或研制发布的技术标准规范等技术成果，受到同行专家认可。

4. 具备博士学位，取得中级司法鉴定人职称或其他相关的副高级及以上职称后，从事司法鉴定工作满 2 年；或具备硕士学位、大学本科学历或学士学位，取得中级司法鉴定人职称或其他相关的副高级及以上职称后，从事司法鉴定工作满 5 年；或具备大学专科学历，取得中级司法鉴定人职称或其他相关的副高级及以上职称后，从事司法鉴定工作满 10 年。

（四）正高级司法鉴定人、主任法医师

1. 具备全面系统深厚的专业理论和实践功底，精通本专业领域相关法规、政策及制度，全面掌握本专业领域国内外前沿发展动态，具有引领本专业领域科技发展前沿水平的能力，学术造诣深，学术影响力大，是本专业领域的学术和技术带头人。

2. 具有丰富的司法鉴定工作经验，能深刻理解和研究制定本专业领域技术标准和规范，有效地组织和处理本专业领域有重大影响的复杂疑难司法鉴定工作，能够解决重大技术问题或掌握关键核心技术，业绩显著。

3. 具有主持完成省部级以上研究项目的能力和经历，在突破关键核心技术和自主创新方面做出突出贡献，取得重大研究成果，有高水平、高影响力的代表性研究报告、学术论文和著作、技术标准规范。

4. 具备大学本科及以上学历或学士及以上学位，取得副高级司法鉴定人职称后，从事司法鉴定工作满 5 年。

人力资源社会保障部　教育部
关于深化实验技术人才职称
制度改革的指导意见

人社部发〔2021〕62号

各省、自治区、直辖市及新疆生产建设兵团人力资源社会保障厅（局）、教育厅（教委、教育局），国务院有关部门人事部门、教育部直属各高等学校，有关中央企业人事部门：

实验技术人才是学校和科研机构人才队伍的重要组成部分，是推动科学技术研究和教学工作，加强科技实践与创新的重要力量。为贯彻落实中共中央办公厅、国务院办公厅《关于深化职称制度改革的意见》，促进实验技术人才职业发展，激发实验技术人才创新创造活力，现就深化实验技术人才职称制度改革提出如下指导意见。

一、总体要求

（一）指导思想

全面贯彻落实党的十九大和十九届二中、三中、四中、五中全会精神，以习近平新时代中国特色社会主义思想为指导，按照深化职称制度改革的方向和总体要求，遵循实验技术发展和人才成长规律，建立符合实验技术人才职业特点的职称制度，充分调动广大实验技术人才的积极性、主动性和创造性，为全面推动科研实践发展提供制度保障和人才支持。

（二）基本原则

1. 坚持服务发展、激励创新。围绕经济社会发展对实验技术人才的需求，充分发挥职称评价“指挥棒”作用，激发实验技术人才创新活力，服务实验教学、科学研究和技术创新发展，支撑团队建设。

2. 坚持品德为先、科学评价。以品德、能力、业绩为导向，建立科学评价体系，对实验技术人才的思想品德、职业道德、专业技能和实际贡献进行综合评价，促进优秀实验技术人才脱颖而出。

3. 坚持问题导向、分类推进。针对影响实验技术人才队伍科学发展的突出问题，着力优化改革举措，完善体制机制，体现不同行业、不同机构、不同层级实验技术人才的特点，分类管理、分类评价，促进实验技术人才评价与使用相结合，提升实验技术人才的职业荣誉感和获得感。

二、主要内容

通过健全制度体系、完善评价标准、创新评价机制、加强评审监管、强化结果应用等改革措施，形成以品德、能力和业绩为导向，以促进实验技术人才职业发展为核心，覆盖全面、设置合理、评价科学、管理规范的实验技术人才职称制度。

（一）健全制度体系

1. 优化职称层级设置。实验技术人才职称设初级、中级、高级，初级分设员级和助理级，高级分设副高级和正高级。员级、助理级、中级、副高级和正高级职称名称依次为实验员、助理实验师、实验师、高级实验师、正高级实验师。

2. 实验技术人才各层级职称与事业单位专业技术岗位等级对应关系为：正高级对应专业技术岗位一至四级，副高级对应专业技术岗位五至七级，中级对应专业技术岗位八至十级，助理级对应专业技术岗位十一至十二级，员级对应专业技术岗位十三级。

（二）完善评价标准

1. 坚持德才兼备、以德为先。把思想品德和职业道德放在实验技术人才职称评价的首位，倡导科学精神，强化道德责任，综合考察实验技术人才的思想状况、职业道德、社会责任和从业操守。对侵占他人技术成果、伪造实验数据、抄袭剽窃等学术不端行为，按国家和单位有关规定严肃处理。对通过弄虚作假、暗箱操作等违纪违规行为取得的职称，一律予以撤销。

2. 突出评价实验能力和工作业绩。破除唯学历、唯资历、唯论文、唯奖项、唯项目等倾向，根据不同单位、不同岗位任务等特点，科学合理进行分类评价，着重考察实验技术人才在单位人才培养、科学研究、实验安全、技术开发或学科专业发展等方面做出的贡献和支撑作用。对论文、专利数量不作硬性要求，注重实验教学效果、实验技术成果，注重实验创新意识和方法，注重一线实践工作经历，突出实验技术人才在实验教学、指导学生科技创新、实验管理、实验创新、实验设备研制改造、技术开发、平台建设、解决问题、成果转化、技术推广、标准制定、决策咨询、公共服务等方面的实绩和贡献。对长期在艰苦边远地区和基层一线工作的实验技术人才，侧重考察其实际工作业绩，可适当放宽学历要求。

3. 实行国家标准、地区标准和单位标准相结合。国家制定《实验技术人才职称评价基本标准》（见附件）。各地区可根据实际，按行业、机构等进行细化，制定本地区的评价标准。具有自主评审权的用人单位可结合本单位实际，体现具体岗位特点和要求，制定单位评价标准。地区标准和单位标准不得低于国家标准。军队可根据实际情况制定实验技术人才职称评审办法。

4. 向优秀实验技术人才倾斜。综合考虑各类学校、科研机构等实际，对于少数特别优秀的实验技术人才，可制定相应的破格评审条件，适当放宽学历、资历条件，在严把质量和程序的前提下，优先评价使用，畅通人才发展通道。

（三）创新评价机制

1. 完善职称评价方式。进一步完善以同行专家评审为基础的业内评价机制，注重社会和业内认可。灵活采用考试、评审、考核认定、个人述职、面试答辩、实践操作、业绩展示等多种评价方式，给内、外部评审专家预留充足时间进行评鉴，引导评审专家负责任地提供客观公正的专业评议意见，提高职称评价的针对性和科学性。初、中级职称评价可适当设置基础知识考试、实践技能操作、业绩展示等，高级职称评价侧重评估实验技术人才所做工作的价值以及影响力。探索代表性成果评价，注重代表性成果的质量、贡献和影响力。

2. 加强评委会建设。完善职称评审委员会组织管理办法，健全职称评审委员会工作程序和评审规则。注重遴选能力业绩突出、声望较高的同行专家和活跃在实验技术第一线的人才担任评委。评委原则上由从事实验技术工作或熟悉实验工作的相关领域专家担任。

3. 合理下放职称评审权。在充分论证的基础上，将职称评审权下放至符合条件的高校、科研机构等不同类型用人单位，发挥用人单位在职称评审中的主体作用。实验技术人才队伍规模较大、职称制度完善的高校、科研机构等单位，自主开展高级及以下职称评审，所制定的职称评审办法、操作方案等，须报相关主管部门备案。实验技术人才队伍规模较小的单位，由省级以上人力资源社会保障部门会同相关行业部门确定委托职称评审的相关办法。

4. 建立职称评审绿色通道。鼓励实验技术人才围绕国家重大战略和社会需求，潜心钻研、攻坚克难，提高关键环节和重点领域解决问题的实际能力。对在重点研发领域突破关键核心技术、做出重大贡献的实验技术人才以及引进的高层次、急需紧缺实验技术人才等，建立职称评审绿色通道，制定较为灵活的评价办法，允许直接申报评审高级或正高级实验师。对国防科技涉密领域实验技术人才采取特殊评价办法。

（四）加强职称评审监管

1. 压实评审专家和相关人员责任。完善评审专家遴选机制，明确评审专家责任，严肃评审工作纪律，建立完善评审专家的诚信记录、利益冲突回避、履职尽责考核、动态调整等制度，严格规范专家评审行为，建立倒查追责机制。对违反评审纪律的评审专家，及时取消评审专家资格，列入失信“黑名单”。对相关领导及责任人员违纪违法，利用职务之便为本人或他人评定职称谋取利益，按照有关规定处理。

2. 健全职称评审公开制度。实验技术人才职称评审实行政策公开、标准公开、程序公开、结果公开。建立职称评审回避制度、公示制度和随机抽查、巡查制度，建立复查、投诉机制，加强对评价全过程的监督管理，构建政府监管、单位（行业）自律、社会监督的综合监管体系，强化自我约束和外部监督，突出评审公正性。

（五）强化结果应用

将实验技术人才职称评审结果作为岗位聘用的重要依据。坚持职称评审与岗位聘用紧密结合，实验技术人才职称评审一般应在岗位结构比例内进行。用人单位按照有关规定将通过评审的实验技术人才聘用到相应岗位，及时兑现工资等相关待遇，实现实验技术人才职称评审与岗位聘用的有效衔接。加强岗位考核管理，在岗位聘用中实现人员能上能下。

三、组织实施

（一）加强领导，明确职责。实验技术人才职称制度改革是分系列推进职称制度改革的重要内容，是加强实验技术人才队伍建设的重要举措，各地区、各部门要充分认识改革的重要性，切实加强组织领导。人力资源社会保障部门会同教育等有关部门负责职称政策制定、制度建设、协调落实和监督检查，用人单位根据本单位岗位设置和人员状况，自主组织开展职称评审或推荐本单位实验技术人才参加职称评审。各部门要密切配合，积极推进实验技术人才职称制度改革。

（二）结合实际，周密部署。各地区、各部门要根据本指导意见精神，紧密结合实际，切实抓好改革的贯彻落实。各地要开展全面深入的调研，充分掌握本地区科研院所、高校、中小学等实验技术人才队伍状况，发现、研究和解决实践中遇到的新情况和新问题，细化政策举措，周密安排部署，落实改革要求。

（三）加强宣传，平稳推进。职称制度改革涉及广大实验技术人才的切身利益，政策性强，各地区、各部门要妥善做好新旧政策衔接工作，深入开展政策宣传与解读，加强思想引导，妥善处理改革、发展和稳定的关系，确保改革实施工作平稳有序进行。

本意见适用于科研院所、普通高等学校、中等职业学校（含技工院校）、普通中小学等机构中的实验技术人才，其他机构和学校可参照执行。

附件：实验技术人才职称评价基本标准

2021 年 8 月 9 日

附件

实验技术人才职称评价基本标准

一、拥护中国共产党的领导和中国特色社会主义制度，遵守中华人民共和国宪法和法律法规，以及本单位的规章制度。

二、热爱本职工作，具有良好的思想品德和职业道德，爱岗敬业，全心全意为教学科研和社会服务。

三、具备履行岗位职责的能力，在实验技术岗位一线工作，切实履行岗位职责和义务，并达到考核要求。

四、满足实验技术岗位所需要的专业、技能条件和身心健康要求。

五、实验技术人才申报各层级职称，除必须达到上述基本条件外，还应分别具备以下条件：

（一）实验员

1. 熟悉并能够运用本专业的基础理论知识和专业技术知识，有一定的实验技能和实践经验，能完成一般性技术工作。

2. 承担本单位或区域实验室建设与管理工作，维护实验安全，参与团队及学科建设和其他社会服务工作。

3. 具有本科及以上学历或学士及以上学位；或具有专科学历、高中阶段教育（包括普通高中、普通中专、成人中专、职业高中、技工学校，下同）学历，在相关专业岗位工作满1年并考核合格。

（二）助理实验师

1. 掌握并能够运用本专业基础理论和专业技术知识，有一定的实验技能和实践经验，能独立完成一般性技术工作。熟练使用与工作相关的仪器设备，能对一般仪器设备的日常故障进行诊断和维修，承担比较复杂仪器设备的技术管理，或协助研制实验仪器设备。能够参与实验技术、实验教学或实验管理项目，较好地完成实验任务，撰写实验报告。

2. 具有指导和培训实验员的能力。

3. 承担本单位或区域实验室建设与管理工作，维护实验安全，参与团队及学科建设和其他社会服务工作。

4. 具有硕士学位；或具有本科学历或学士学位，在相关专业岗位工作满1年；或具有专科学历，取得相关专业岗位员级职称后从事实验岗位工作满2年；或具备高中阶段教育学历，取得相关专业岗位员级职称后，从事实验岗位工作满4年。

（三）实验师

1. 熟练掌握并能够灵活运用本专业基础理论知识和专业技术知识，了解本专业新技术、新工艺、新设备、新材料的现状和发展趋势，解决本专业范围内实验技术问题；或参与实验课程教学或指导课程实验，且教学效果良好。

2. 参与重要实验项目或研究项目；或发表相关实验研究或技术论文；或撰写较高水平实验报告；或参与编写实验教材、实验指导书；或负责大型仪器设备的操作；或参与研制实验仪器设备；或负责实验室精密仪器设备的调试、维护和检修等。

3. 具有指导和培训助理实验师的能力。

4. 承担本单位或区域实验室建设与管理工作，维护实验安全，参与团队及学科建设和其他社会服务工作。

5. 具有博士学位；或具有硕士学位，取得相关专业岗位助理级职称后从事实验工作满

2 年；或具有本科学历或学士学位，取得相关专业岗位助理级职称后从事实验工作满 4 年；或具有专科学历，取得相关专业岗位助理级职称后从事实验岗位工作满 4 年；或具备高中阶段教育学历，取得相关专业岗位助理级职称后，从事实验岗位工作满 5 年。

（四）高级实验师

1. 具有坚定的职业信念，在教学科研支撑、人才培养以及社会服务上做出了重要贡献，具有较强的实验创新能力，取得较突出的实验业绩成果。

2. 系统掌握专业基础理论知识和专业技术知识，熟练掌握本专业领域重要实验技术，具有跟踪本专业岗位领域国内外实验技术现状和发展趋势、组织本专业领域重要实验、解决本专业领域的关键性实验技术问题的能力。从事实验教学人员须系统掌握实验教学课程体系和专业知识，讲授实验教学课程或实际指导实验，教学效果优良。

3. 主要参与重要实验项目或研究项目；或发表较高水平的相关实验研究或技术论文；或掌握大型仪器设备的操作与维护，明确判断仪器设备故障，改进操作方法，解决关键问题；或负责研制实验仪器设备；或作为主要成员制定国家、行业或地方标准；或获得重要科技成果或实验技术教学成果；或获得重要专利成果转化；或作为主要参加者出版实验技术相关教材并被若干科研院所或学校使用等。

4. 培养本专业岗位中、初级实验技术人才，提高其技术能力和工作水平，指导开展实验与实践。

5. 承担本单位或区域实验室建设与管理工作，掌握实验室安全系统知识技能，识别和解决重要危险源，参与团队及学科建设和其他社会服务工作。

6. 具有博士学位，并在实验师岗位工作满 2 年；或具有本科及以上学历或学士及以上学位，并在实验师岗位工作满 5 年。

（五）正高级实验师

1. 具有坚定的职业信念，在教学科研支撑、人才培养以及社会服务上做出了突出贡献，具有很强的实验创新能力，取得突出的实验业绩成果。

2. 具有全面系统的专业理论功底，学术造诣或技术实践能力强，全面掌握本专业领域实验进展现状和发展趋势，能够针对实验工作提出建设性构想，对实验技术、实验能力以及实验室建设做出突出贡献，推动本专业发展。从事实验教学人员须深入系统地掌握实验教学课程体系和专业知识，主讲实验教学课程或实际指导实验，教学成果优秀。

3. 主持重要实验项目或研究项目；或发表高水平的相关实验研究或技术论文，在所属领域具有一定影响力；或支撑教学科研取得重大成果；或负责大型仪器设备的操作与维护，研制改造实验仪器设备、大型应用系统或开发大型仪器设备功能，解决关键问题；或作为主要成员制定国际、国家或行业标准；或获得重要科技成果或实验技术教学成果；或获得重要专利成果转化；或作为主编出版实验技术相关教材并被若干科研院所或学校使用等。

4. 负责本专业岗位实验技术队伍建设，培养本专业岗位实验技术人才，提高其技术能力和工作水平，指导开展实验与实践。

5. 承担本单位或区域实验室建设与管理工作，掌握实验室安全系统知识技能，识别和解决重要危险源，参与团队及学科建设和其他社会服务工作。

6. 一般应具有本科及以上学历或学士及以上学位，并在高级实验师岗位工作满 5 年。

人力资源社会保障部　民政部　财政部　国家税务总局　国家乡村振兴局　中国残疾人联合会关于巩固拓展社会保险扶贫成果助力全面实施乡村振兴战略的通知

人社部发〔2021〕64号

各省、自治区、直辖市及新疆生产建设兵团人力资源社会保障厅（局）、民政厅（局）、财政厅（局）、乡村振兴局、残疾人联合会，国家税务总局各省、自治区、直辖市和计划单列市税务局：

为贯彻党中央、国务院决策部署，巩固拓展社会保险扶贫成果，持续做好脱贫人口、困难群体社会保险帮扶，促进社会保险高质量可持续发展，助力全面实施乡村振兴战略，现就有关事项通知如下：

一、总体要求

以习近平新时代中国特色社会主义思想为指导，全面贯彻党的十九大和十九届二中、三中、四中、五中全会精神，深入学习贯彻习近平总书记在全国脱贫攻坚总结表彰大会、中央政治局第二十八次集体学习和庆祝中国共产党成立100周年大会上的重要讲话精神，坚持人民至上，切实解决农村居民和进城务工人员在社会保险方面的急难愁盼问题，完善困难群体社会保险帮扶政策，推动社会保险法定人员全覆盖，提高社会保险保障能力，提升社会保险经办服务水平，充分发挥社会保险在保障和改善民生、维护社会公平、增进人民福祉等方面的积极作用，有效防止参保人员因年老、工伤、失业返贫致贫，为巩固拓展脱贫攻坚成果、全面推进乡村振兴贡献力量，推动人的全面发展、全体人民共同富裕取得更为明显的实质性进展。

二、主要政策措施

（一）减轻困难群体参保缴费负担

完善困难群体参保帮扶政策。对参加城乡居民养老保险的低保对象、特困人员、返贫致贫人口、重度残疾人等缴费困难群体，地方人民政府为其代缴部分或全部最低缴费档次养老保险费。在提高最低缴费档次时，对上述困难群体和其他已脱贫人口可保留现行最低缴费档次。支持和鼓励有条件的集体经济组织和其他社会经济组织、公益慈善组织、个人为参加城乡居民养老保险的困难人员参保缴费提供资助。对灵活就业的进城务工人员，引导其参加企业职工基本养老保险，对符合就业困难人员条件的，按规定落实社会保险补贴政策。

（二）推进社会保险法定人员全覆盖

精准实施全民参保计划，开展精准登记服务，推动放开外地户籍灵活就业人员在就业地参加职工养老保险的户籍限制，组织未参加企业职工基本养老保险的灵活就业人员按规定参加城乡居民基本养老保险，推动基本养老保险应保尽保。“十四五”时期，中央确定的城乡居民基础养老金不计入低保家庭、特困人员收入。扩大失业保险覆盖范围，使更多农民工按规定参加失业保险并享受政策保障。推进职业伤害保障试点，加强平台灵活就业人员职业伤害保障。落实《工伤预防五年行动计划（2021—2025）》，重点在工伤事故和职业病高发的行业企业实施，切实降低工伤事故发生率，防止因伤致贫、因伤返贫。

（三）提高社会保险待遇水平

完善落实城乡居民基本养老保险待遇确定与基础养老金正常调整机制，适时提高城乡居民基础养老金标准，鼓励引导符合条件的城乡居民早参保、多缴费，规范个人账户记账利率办法，提高个人账户养老金水平。推进各省统一农民工和城镇职工失业保险参保缴费办法，享受同等待遇。按规定落实失业保险参保职工技能提升补贴政策，助力乡村振兴人才培养。落实工伤保险待遇调整机制，切实保障工伤农民工返乡后各项工伤保险待遇的落实，稳步提升工伤保险保障效能。

（四）提升基金安全性和可持续性

加快推进企业职工基本养老保险全国统筹，进一步均衡地区之间基金负担，确保基本养老金按时足额发放。全面推进工伤保险基金省级统收统支，推动失业保险基金省级统收统支，提高基金互助共济能力。继续推动城乡居民基本养老保险基金委托投资运营，将2017年以来每年新增结余不低于80%用于委托投资，不断提高投资收益，实现基金保值增值。健全政策、经办、信息、监督“四位一体”基金管理风险防控体系，持续推进风险防控措施“进规程、进系统”，完善经办内控制度，防范基金跑冒滴漏风险，确保基金安全。

（五）加强社会保险经办服务能力

加强脱贫地区基本公共服务能力建设，重点支持国家重点帮扶县社保经办服务能力提升，补齐区域性社保经办管理服务短板，增强乡镇（街道）、村（社区）社保服务平台管理和服务水平。推进养老保险关系转移接续实现“跨省通办”。优化城乡养老保险制度衔接流程，实行城乡居民养老保险转移和城乡养老保险制度衔接的网上申请。落实超期业务督办等工作机制，提升转移业务经办效率。加大农村地区社会保障卡发行和应用力度，基本实现人口全覆盖。加强全国统一的社会保险公共服务平台建设，推动农村地区社保公共服务资源整合和综合柜员制服务。加快社保经办数字化转型，让“数据多跑路，群众少跑腿”。深入推进失业保险待遇“畅通领、安全办”。根据农村特点，坚持传统服务方式和智能化服务创新并行，为老年人、残疾人等群体提供更加便捷的服务。

三、组织实施

（一）加强组织领导。各地要落实中央统筹、省负总责、市县乡抓落实的工作机制，把推进社会保险事业高质量可持续发展作为巩固拓展脱贫攻坚成果、推动实施乡村振兴战略、实现共同富裕的重要举措，完善政策措施，优化经办服务，加强协调配合，统筹做好政策衔接、任务落实和督促考核等工作。

（二）加强部门协作。明确部门分工，落实部门职责，强化工作协同。人力资源社会保障部门要牵头做好相关政策研究制定，抓好政策落实。财政部门要加强经费保障，重点关注脱贫地区预算安排和资金分配下达情况，确保按时足额拨付到位。税务部门要切实做好城乡居民养老保险等各项社会保险费征收工作。人力资源社会保障、民政、税务、乡村振兴部门和残联要加强数据共享，定期开展脱贫人口、低保对象、特困人员、返贫致贫人口、重度残疾人参保信息数据比对，加强重点群体监测分析，积极主动开展社会保险帮扶工作。

（三）加强宣传引导。大力宣传社会保险帮扶政策和服务举措，加强政策培训，广泛开展“看得懂算得清”政策宣传活动。注重运用通俗易懂的语言和群众易于接受的方式，利用受众面广、宣传效果好的各类媒体开展系列宣传活动，积极入村入户入企开展政策宣传解读，提高政策知晓度。坚持正确舆论导向，深入挖掘社会保险帮扶的生动案例，讲好乡村振兴中社会保险帮扶故事，广泛宣传社会保险帮扶在助力实施乡村振兴战略中取得的积极进展和成效，营造良好舆论氛围。

2021 年 8 月 13 日

人力资源社会保障部　住房和城乡建设部　交通运输部　水利部　银保监会　铁路局　民航局关于印发《工程建设领域农民工工资保证金规定》的通知

人社部发〔2021〕65号

各省、自治区、直辖市及新疆生产建设兵团人力资源社会保障厅（局）、住房和城乡建设厅（委、管委、局）、交通运输厅（局、委）、水利（水务）厅（局），各银保监局，各地区铁路监管局，民航各地区管理局：

根据《保障农民工工资支付条例》授权，人力资源社会保障部、住房和城乡建设部、交通运输部、水利部、银保监会、铁路局、民航局制定了《工程建设领域农民工工资保证金规定》。现印发给你们，请贯彻执行。

2021年8月17日

工程建设领域农民工工资保证金规定

第一章　总　　则

第一条　为依法保护农民工工资权益，发挥工资保证金在解决拖欠农民工工资问题中的重要作用，根据《保障农民工工资支付条例》，制定本规定。

第二条　本规定所指工资保证金，是指工程建设领域施工总承包单位（包括直接承包建设单位发包工程的专业承包企业）在银行设立账户并按照工程施工合同额的一定比例存储，专项用于支付为所承包工程提供劳动的农民工被拖欠工资的专项资金。

工资保证金可以用银行类金融机构出具的银行保函替代，有条件的地区还可探索引入工程担保公司保函或工程保证保险。

第三条　工程建设领域工资保证金的存储比例、存储形式、减免措施以及使用返还等事项适用本规定。

第四条　各省级人力资源社会保障行政部门负责组织实施本行政区工资保证金制度。

地方人力资源社会保障行政部门应建立健全与本地区行业工程建设主管部门和金融监管部门的会商机制，加强信息通报和执法协作，确保工资保证金制度规范平稳运行。

第五条 工资保证金制度原则上由地市级人力资源社会保障行政部门具体管理，有条件的地区可逐步将管理层级上升为省级人力资源社会保障行政部门。

实施具体管理的地市级或省级人力资源社会保障行政部门，以下简称“属地人力资源社会保障行政部门”；对应的行政区，以下统称“工资保证金管理地区”。

同一工程地理位置涉及两个或两个以上工资保证金管理地区，发生管辖争议的，由共同的上一级人力资源社会保障行政部门商同级行业工程建设主管部门指定管辖。

第二章 工资保证金存储

第六条 施工总承包单位应当在工程所在地的银行存储工资保证金或申请开立银行保函。

第七条 经办工资保证金的银行（以下简称经办银行）依法办理工资保证金账户开户、存储、查询、支取、销户及开立保函等业务，应具备以下条件：

（一）在工程所在的工资保证金管理地区设有分支机构；

（二）信用等级良好、服务水平优良，并承诺按照监管要求提供工资保证金业务服务。

第八条 施工总承包单位应当自工程取得施工许可证（开工报告批复）之日起20个工作日内（依法不需要办理施工许可证或批准开工报告的工程自签订施工合同之日起20个工作日之内），持营业执照副本、与建设单位签订的施工合同在经办银行开立工资保证金专门账户存储工资保证金。

行业工程建设主管部门应当在颁发施工许可证或批准开工报告时告知相关单位及时存储工资保证金。

第九条 存储工资保证金的施工总承包单位应与经办银行签订《农民工工资保证金存款协议书》（附件1），并将协议书副本送属地人力资源社会保障行政部门备案。

第十条 经办银行应当规范工资保证金账户开户工作，为存储工资保证金提供必要的便利，与开户单位核实账户性质，在业务系统中对工资保证金账户进行特殊标识，并在相关网络查控平台、电子化专线信息传输系统等作出整体限制查封、冻结或划拨设置，防止被不当查封、冻结或划拨，保障资金安全。

第十一条 工资保证金按工程施工合同额（或年度合同额）的一定比例存储，原则上不低于1%，不超过3%，单个工程合同额较高的，可设定存储上限。

施工总承包单位在同一工资保证金管理地区有多个在建工程，存储比例可适当下浮但不得低于施工合同额（或年度合同额）的0.5%。

施工合同额低于300万元的工程，且该工程的施工总承包单位在签订施工合同前一年内承建的工程未发生工资拖欠的，各地区可结合行业保障农民工工资支付实际，免除该工程存储工资保证金。

前款规定的施工合同额可适当调整，调整范围由省级人力资源社会保障行政部门会同行业工程建设主管部门确定，并报人力资源社会保障部、住房和城乡建设部、交通运输部、水利部、铁路局、民航局备案。

第十二条 施工总承包单位存储工资保证金或提交银行保函后，在工资保证金管理地区承建工程连续2年未发生工资拖欠的，其新增工程应降低存储比例，降幅不低于50%；连续3年未发生工资拖欠且按要求落实用工实名制管理和农民工工资专用账户制度的，其新增工程可免于存储工资保证金。

施工总承包单位存储工资保证金或提交银行保函前2年内在工资保证金管理地区承建工程发生工资拖欠的，工资保证金存储比例应适当提高，增幅不低于50%；因拖欠农民工工资被纳入“严重失信主体名单”的，增幅不低于100%。

第十三条 工资保证金具体存储比例及浮动办法由省级人力资源社会保障行政部门商同级行业工程建设主管部门研究确定，报人力资源社会保障部备案。工资保证金存储比例应根据本行政区保障农民工工资支付实际情况实行定期动态调整，主动向社会公布。

第十四条 工资保证金账户内本金和利息归开立账户的施工总承包单位所有。在工资保证金账户被监管期间，企业可自由提取和使用工资保证金的利息及其他合法收益。

除符合本规定第十九条规定的情形，其他任何单位和个人不得动用工资保证金账户内本金。

第十五条 施工总承包单位可选择以银行保函替代现金存储工资保证金，保函担保金额不得低于按规定比例计算应存储的工资保证金数额。

保函正本由属地人力资源社会保障行政部门保存。

第十六条 银行保函应以属地人力资源社会保障行政部门为受益人，保函性质为不可撤销见索即付保函（附件2）。

施工总承包单位所承包工程发生拖欠农民工工资，经人力资源社会保障行政部门依法作出责令限期清偿或先行清偿的行政处理决定，到期拒不清偿时，由经办银行依照保函承担担保责任。

第十七条 施工总承包单位应在其工程施工期内提供有效的保函，保函有效期至少为1年并不得短于合同期。工程未完工保函到期的，属地人力资源社会保障行政部门应在保函到期前一个月提醒施工总承包单位更换新的保函或延长保函有效期。

第十八条 属地人力资源社会保障行政部门应当将存储工资保证金或开立银行保函的施工总承包单位名单及对应的工程名称向社会公布，施工总承包单位应当将本工程落实工资保证金制度情况纳入维权信息告示牌内容。

第三章 工资保证金使用

第十九条 施工总承包单位所承包工程发生拖欠农民工工资的，经人力资源社会保障行政部门依法作出责令限期清偿或先行清偿的行政处理决定，施工总承包单位到期拒不履行的，属地人力资源社会保障行政部门可以向经办银行出具《农民工工资保证金支付通知书》（附件3，以下简称《支付通知书》），书面通知有关施工总承包单位和经办银行。经办银行应在收到《支付通知书》5个工作日内，从工资保证金账户中将相应数额的款项以银行转账方式支付给属地人力资源社会保障行政部门指定的被拖欠工资农民工本人。

施工总承包单位采用银行保函替代工资保证金，发生前款情形的，提供银行保函的经办银行应在收到《支付通知书》5个工作日内，依照银行保函约定支付农民工工资。

第二十条 工资保证金使用后，施工总承包单位应当自使用之日起10个工作日内将工资保证金补足。

采用银行保函替代工资保证金发生前款情形的，施工总承包单位应在10个工作日内提供与原保函相同担保范围和担保金额的新保函。施工总承包单位开立新保函后，原保函即行失效。

第二十一条 经办银行应每季度分别向施工总承包单位和属地人力资源社会保障行政部门提供工资保证金存款对账单。

第二十二条 工资保证金对应的工程完工，施工总承包单位作出书面承诺该工程不存在未解决的拖欠农民工工资问题，并在施工现场维权信息告示牌及属地人力资源社会保障行政部门门户网站公示30日后，可以申请返还工资保证金或银行保函正本。

属地人力资源社会保障行政部门自施工总承包单位提交书面申请5个工作日内审核完毕，并在审核完毕3个工作日内向经办银行和施工总承包单位出具工资保证金返还（销户）确认书。经办银行收到确认书后，工资保证金账户解除监管，相应款项不再属于工资保证金，施工总承包单位可自由支配账户资金或办理账户销户。

选择使用银行保函替代现金存储工资保证金并符合本条第一款规定的，属地人力资源社会保障行政部门自施工总承包单位提交书面申请5个工作日内审核完毕，并在审核完毕3个工作日内返还银行保函正本。

属地人力资源社会保障行政部门在审核过程中发现工资保证金对应工程存在未解决的拖欠农民工工资问题，应在审核完毕3个工作日内书面告知施工总承包单位，施工总承包单位依法履行清偿（先行清偿）责任后，可再次提交返还工资保证金或退还银行保函正本的书面申请。

属地人力资源社会保障行政部门应建立工资保证金定期（至少每半年一次）清查机制，对经核实工程完工且不存在拖欠农民工工资问题，施工总承包单位在一定期限内未提交返还申请的，应主动启动返还程序。

第二十三条 施工总承包单位认为行政部门的行政行为损害其合法权益的，可以依法申请行政复议或者向人民法院提起行政诉讼。

第四章 工资保证金监管

第二十四条 工资保证金实行专款专用，除用于清偿或先行清偿施工总承包单位所承包工程拖欠农民工工资外，不得用于其他用途。

除法律另有规定外，工资保证金不得因支付为本工程提供劳动的农民工工资之外的原因被查封、冻结或者划拨。

第二十五条 人力资源社会保障行政部门应加强监管，对施工总承包单位未依据《保障农民工工资支付条例》和本规定存储、补足工资保证金（或提供、更新保函）的，应按照《保障农民工工资支付条例》第五十五条规定追究其法律责任。

第二十六条 属地人力资源社会保障行政部门要建立工资保证金管理台账，严格规范财务、审计制度，加强账户监管，确保专款专用。

行业工程建设主管部门对在日常监督检查中发现的未按规定存储工资保证金问题，应及时通报同级人力资源社会保障行政部门。对未按规定执行工资保证金制度的施工单位，除依法给予行政处罚（处理）外，应按照有关规定计入其信用记录，依法实施信用惩戒。

对行政部门擅自减免、超限额收缴、违规挪用、无故拖延返还工资保证金的，要严肃追究责任，依法依规对有关责任人员实行问责；涉嫌犯罪的，移送司法机关处理。

第五章 附 则

第二十七条 房屋市政、铁路、公路、水路、民航、水利领域之外的其他工程，参照本规定执行。

采用工程担保公司保函或工程保证保险方式代替工资保证金的，参照银行保函的相关规定执行。

第二十八条 本规定由人力资源社会保障部会同住房和城乡建设部、交通运输部、水利部、银保监会、铁路局、民航局负责解释。各地区可根据本规定并结合工作实际，制定具体实施办法，并向人力资源社会保障部、住房和城乡建设部、交通运输部、水利部、银保监会、铁路局、民航局备案。在贯彻实施中遇到的重大问题，请及时向人力资源社会保障部报告。

第二十九条 本规定自2021年11月1日起施行。

本规定施行前已按属地原有工资保证金政策存储的工资保证金或保函继续有效，其日常管理、动用和返还等按照原有规定执行；本规定施行后新开工工程和尚未存储工资保证金的在建工程工资保证金按照本规定及各地区具体实施办法执行。

附件：1. 农民工工资保证金存款协议书（样本）

2. 农民工工资保证金银行保函（样本）

3. 农民工工资保证金支付通知书（样本）

附件 1

农民工工资保证金存款协议书（样本）

为做好农民工工资保证金监管，根据《保障农民工工资支付条例》和《工程建设领域农民工工资保证金规定》，农民工工资保证金存储企业和银行就农民工工资保证金（以下简称工资保证金）的管理事项达成以下协议：

一、工资保证金存储企业（以下简称存储企业）依法缴存保障为其承包工程提供劳动的农民工工资报酬权益的保证金，除发生《工程建设领域农民工工资保证金规定》第十九条的情形外，任何单位和个人不得使用工资保证金。

二、存储企业承诺按照《工程建设领域农民工工资保证金规定》及本地区确定的具体缴存比例存储（补足）工资保证金，银行对存储（补足）是否足额不承担审查义务。

三、银行对存储企业缴存的工资保证金，按照（）年定期、到期自动转存管理。本金和全部利息收入归存储企业所有。

四、存储企业不得以缴纳工资保证金的有关凭证设定担保，银行应在出具的工资保证金有关凭证上注明“专用款项不得担保”字样。

五、工资保证金使用按照如下方式执行：

发生《工程建设领域农民工工资保证金规定》第十九条情形需要使用工资保证金，工程项目所在地的监管工资保证金的人力资源社会保障行政部门（以下简称人力资源社会保障部门）书面通知存储企业和银行，出具《农民工工资保证金支付通知书》（以下简称《支付通知书》）。银行根据《支付通知书》，从工资保证金账户中将相应数额的款项以银行转账方式支付给人力资源社会保障部门指定的支付对象（农民工）。

非以上规定的情形而出现工资保证金减少，银行应承担补足责任，但因有权机关依法查封、冻结、划拨的除外。

对超出存储企业实际缴存的工资保证金数额的，银行不承担任何支付义务。

六、工资保证金使用后 3 个工作日内，银行应将工资保证金使用的有关情况通知存储企业和人力资源社会保障部门。

七、银行应每季度出具工资保证金存款对账单一式两份，分别发送给存储企业和人力资源社会保障部门。

八、本协议一式两份，存储企业和银行各存一份，复印件送人力资源社会保障部门备案。

附注一：工程项目基本信息（项目名称、项目所在地、施工合同期限、施工合同造价、存储比例等）

附注二：存款金额

存款金额：　佰　拾　万　千　佰　拾　元　角　分

小写：

附注三：人力资源社会保障部门、存储企业和开户银行基本信息

人力资源社会保障部门：

通信地址及邮编：

联系人：

电话：

传真：

存储企业：
统一社会信用代码：
通信地址及邮编：
联系人：
电话：
传真：

开户银行：
通信地址及邮编：
联系人：
电话：
传真：

存储企业 （盖章）	开户银行 （盖章）
法定代表人或 授权代表人 （签字）	法定代表人或 授权代表人 （签字）
签字时间：	签字时间：

注：样本仅供参考，各地可根据本《规定》并结合银行监管和业务管理要求修订使用

附件2

农民工工资保证金银行保函（样本）

编　　号：
开立日期：

___________厅（局）：

根据《保障农民工工资支付条例》和《工程建设领域农民工工资保证金规定》，__________________企业（以下简称存储企业，统一社会信用代码：___________）需依法存储_________（金额大写：______________）的农民工工资保证金。应存储企业申请，我行（担保银行名称、地址）兹开立以贵厅（局）为受益人，金额不超过________（金额大写：_____________）的不可撤销见索即付保函，保证存储企业支付所承包工程项目___________发生的拖欠农民工工资款项。

我行保证在收到贵厅（局）出具的《农民工工资保证金支付通知书》及本保函正本原件5个工作日内，在上述担保金额范围内，根据《农民工工资保证金支付通知书》向贵厅（局）承担担保责任。

本保函有效期自____年____月____日起至____年____月____日止。本保函超过有效期、担保义务履行完毕或开立新保函，本保函即行失效，无论本保函是否退回我行注销。

开户银行（盖章）
地址：
签字时间：

注：样本仅供参考，各地可根据本《规定》并结合银行监管和业务管理要求修订使用

附件3

农民工工资保证金支付通知书（样本）

工资保证金 存储企业名称		统一社会信用代码	
通信地址及邮编			
法定代表人		联系电话	
工资保证金开户银行		联系电话	
支付对象姓名/名称		身份证号	
取款（付款）原因	工资保证金存储企业所承包工程发生拖欠农民工工资，经人力资源社会保障行政部门依法作出行政处理决定，责令限期清偿或先行清偿，该企业到期拒不履行。依据《保障农民工工资支付条例》和《工程建设领域农民工工资保证金规定》，人力资源社会保障行政部门依法决定使用农民工工资保证金		
取款（付款）金额	大写：	小写：	
行政执法文书	人力资源社会保障部门依法作出的行政处理决定书（附后）		
人力资源社会保障 部门意见	请你行在5个工作日内从农民工工资保证金账户中（或依据你行开具的银行保函）将上述款项支付给本通知书列明的支付对象 （支付对象及收款行账号和开户行附后） 经办人签字：　　　　单位盖章： 联系电话：　　　　负责人签字：		

注：样本仅供参考，各地可根据本《规定》并结合银行监管和业务管理要求修订使用

人力资源社会保障部　国家发展改革委等20部门关于劳务品牌建设的指导意见

人社部发〔2021〕66号

各省、自治区、直辖市、新疆生产建设兵团人力资源社会保障厅（局）、发展改革委、教育厅（委、局）、科技厅（局）、工业和信息化主管部门、民政厅（局）、财政厅（局）、自然资源厅（局）、住房城乡建设厅（局）、农业农村厅（局）、商务厅（局）、文化和旅游厅（局）、卫生健康委、市场监管局（厅、委）、广播电视局（文化体育广电和旅游局）、知识产权局、乡村振兴局，中国人民银行各分行、营业管理部，各银保监局、证监局：

劳务品牌具有地域特色、行业特征和技能特点，带动就业能力强，是推动产业发展、推进乡村振兴的有力支撑。为贯彻落实党中央、国务院全面推进乡村人才振兴决策部署，切实加强劳务品牌建设，现提出如下意见。

一、总体要求

（一）指导思想。以习近平新时代中国特色社会主义思想为指导，全面贯彻党的十九大和十九届二中、三中、四中、五中全会精神，围绕劳务品牌高质量发展，坚持市场化运作、规范化培育，强化技能化开发、规模化输出，实现品牌化推广、产业化发展，健全劳务品牌建设机制，塑造劳务品牌特色文化，扩大劳务品牌就业规模和产业容量，推动实现更加充分更高质量就业，满足人民群众对日益增长的美好生活需要，为全面推进乡村振兴、促进经济社会高质量发展提供强大助力。

（二）主要目标。力争“十四五”期间，劳务品牌发现培育、发展提升、壮大升级的促进机制和支持体系基本健全，地域鲜明、行业领先、技能突出的领军劳务品牌持续涌现，劳务品牌知名度、认可度、美誉度明显提升，带动就业创业、助推产业发展效果显著增强。

二、加强劳务品牌发现培育

（三）分类型发现劳务品牌。广泛开展摸底调查，掌握本地区劳务品牌数量、分布、特征等基本情况，针对性制定发展规划和建设方案，明确建设思路、发展方向和工作重点。对已形成相对成熟运营体系的劳务品牌，强化规范化管理服务，整合优化品牌资源，扩大市场影响力，推动做大做强做优。对具有一定知名度、从业人员规模较大，但还没有固定品牌名称的劳务产品，抓紧确定劳务品牌名称，聚力品牌化发展。对有一定从业基础，但技能特点不突出、分布较为零散的劳务产品，总结品牌特征，逐步引导形成劳务品牌。（人力资源社会保障部负责）

（四）分领域培育劳务品牌。聚焦新一代信息技术、高端装备、新材料、生物医药、新能源等战略性新兴产业，深入挖潜细分行业工种的用工需求，打造中高端技能型劳务品牌。瞄准家政服务、生活餐饮、人力资源、养老服务、商务咨询等急需紧缺现代服务业，打造高品质服务型劳务品牌。大力开发非物质文化遗产、特色手工艺、乡村旅游等文化和旅游产品及服务，打造文化和旅游类劳务品牌。对资源枯竭城市、独立工矿区等就业压力较大，以及国家乡村振兴重点帮扶县、易地扶贫搬迁安置区等脱贫人口、搬迁群众、农村留守妇女较多的地区，围绕制造业、建筑业、快递物流等就业容量大的领域，打造民生保障型劳务品牌。（国家发展改革委、工业和信息化部、民政部、人力资源社会保障部、住房城乡建设部、农业农村部、文化和旅游部、国家乡村振兴局按职责分工负责）

（五）建立重点劳务品牌资源库。组织政府部门、企事业单位及行业协会、商会等社会组织，根据带动就业人数较多、技能产品特色明显、市场知名度高等特点，共同确定本地区劳务品牌建设重点项目，形成指导目录，实施动态管理。广泛动员各类培训机构、就业服务机构、创业孵化机构、咨询指导机构，为重点劳务品牌建设提供支撑。（人力资源社会保障部负责）

三、加快劳务品牌发展提升

（六）提高技能含量。鼓励各类培训机构、职业院校开展劳务品牌相关职业技能培训，按规定纳入补贴性职业技能培训范围。完善劳务品牌相关职业技能等级认定、专项职业能力考核等多元化评价方式，按规定对经评价合格的从业人员发放相应职业资格证书、职业技能等级证书或专项职业能力证书。加强劳务品牌技能带头人培养，建设一批技能大师工作室、专家工作室，打造具有一流水准、引领行业发展潮流的劳务品牌高技能人才培养基地，对符合条件的给予高技能人才培养补助。鼓励有条件的院校围绕“一老一小”等民生紧缺领域开办相关专业。对符合条件的高技能人才同等落实职称评聘、选拔培养奖励项目等当地人才政策。（教育部、人力资源社会保障部按职责分工负责）

（七）扩大就业规模。多形式开展劳务品牌从业人员就业推荐活动，加强用工信息对接，促进精准供需匹配。加强劳务协作，采取区域间定向输出、企业直接吸纳等方式，建立健全劳务品牌长期稳定劳务输出渠道，对开展有组织劳务输出的机构按规定给予就业创业服务补助。依托劳务工作站、服务站等机构，为劳务品牌从业人员提供跟踪服务。将脱贫人口、农村低收入人口等困难群体作为劳务品牌优先输出就业服务对象，按规定给予社会保险补贴和一次性交通补助等政策。（人力资源社会保障部、农业农村部、商务部、国家乡村振兴局按职责分工负责）

（八）增强品牌信誉。鼓励劳务品牌优化品牌名称、标识、符号等要素，支持有条件的注册申请商标专利，实现全流程电子化、便利化办理，引导具有核心竞争力的劳务品牌专利技术向标准化转化。健全劳务品牌质量标准体系和诚信评价体系，鼓励社会团体制定劳务品牌质量和评价标准，开展劳务品牌诚信评价，支持行业协会、商会建立行业内劳务品牌信用承诺制度。开展劳务品牌诚信经营自律承诺行动，维护劳务品牌良好声誉和形象。（人力资源社会保障部、商务部、市场监管总局、国家知识产权局按职责分工负责）

四、加速劳务品牌壮大升级

（九）支持创新创业。鼓励劳务品牌从业人员发挥技能优势、专业所长、从业经历等优势开展创新创业，引导各类机构提供专业化创业培训和创业服务，对符合条件的创业者按规定落实税费减免、创业培训补贴、一次性创业补贴、创业担保贷款及贴息等政策。鼓励银行等金融机构在依法合规、商业可持续的原则下，积极探索劳务品牌商标权、专利权等质押贷款，鼓励以劳务品牌为标的物，积极投保相关保险。依托返乡入乡创业园、创业孵化基地、农村创新创业孵化实训基地等创业载体，安排一定比例的场地用于劳务品牌创业孵化，按规定落实房租减免、水电暖费定额补贴等优

惠政策。（国家发展改革委、财政部、人力资源社会保障部、住房城乡建设部、农业农村部、人民银行、银保监会按职责分工负责）

（十）培育龙头企业。发挥特色资源、传统技艺和地域文化等优势，培育若干细分行业领域的劳务品牌龙头企业。引导劳务品牌龙头企业“专精特新”发展，推动技术、人才、数据等要素资源集聚，鼓励符合条件的劳务品牌龙头企业上市融资、发行债券。以劳务品牌龙头企业为引领，组建行业内、区域内劳务品牌联盟，推动联盟内资源共享，加速科技成果市场转化，解决专业领域重大共性问题，促进产学研深度融合。（国家发展改革委、科技部、工业和信息化部、人力资源社会保障部、住房城乡建设部、商务部、人民银行、证监会按职责分工负责）

（十一）发展产业园区。推动劳务品牌上下游产业链协同发展，按照产业链环节与资源价值区段相匹配原则开展产业布局，打造产业集聚、定位鲜明、配套完善、功能完备的劳务品牌特色产业园区。统筹安排劳务品牌产业园区用地指标、能耗指标，盘活闲置的商业用房、工业厂房、企业库房和商务楼宇等存量资源，有条件地区可安排一定比例年度土地利用计划，专项支持劳务品牌产业园区建设。充分发挥银行信贷、保险资金、多层次资本市场及融资担保机构（基金）等作用，拓展劳务品牌产业园区投融资渠道。结合实施现代服务业优化升级行动，支持服务型劳务品牌企业进驻国家级经济技术开发区发展医疗健康、社区服务等服务业，以及工业设计、物流、会展等生产性服务业。（国家发展改革委、工业和信息化部、民政部、人力资源社会保障部、自然资源部、住房城乡建设部、商务部、国家卫生健康委、人民银行、银保监会、证监会按职责分工负责）

五、组织保障

（十二）加强组织领导。各地要充分认识劳务品牌建设的重要意义，推动建立政府部署推动，人力资源社会保障部门牵头，住房城乡建设、农业农村、财政、人民银行、市场监管、乡村振兴等20个部门分工负责，行业企业积极参与的工作协调机制，形成工作合力。结合本地实际，细化工作方案，明确目标要求，抓好各项工作任务贯彻落实。（各部门按职责分工负责）

（十三）强化工作保障。各地要发挥政策引导作用，鼓励以市场化方式撬动金融资本、社会力量积极参与，推进劳务品牌建设。将劳务品牌建设作为就业工作重点任务，组建劳务品牌建设专家库，加强劳务品牌理论研究。（人力资源社会保障部负责）

（十四）开展选树推介。各地要充分发挥典型引路作用，定期开展劳务品牌征集评选，组织劳务品牌竞赛，选树具有广泛影响力的劳务品牌项目，推出劳务品牌创立人、传承人、领军人以及形象代言人等典型人物，推荐符合条件的劳务品牌从业人员申报有关人才奖项评选。（人力资源社会保障部负责）

（十五）举办系列活动。各地要定期开展劳务品牌展示交流活动，举办劳务品牌专业论坛，充分利用各类平台宣传展示劳务品牌。创新推出劳务品牌文化体验活动，结合文化旅游产业打造劳务品牌非遗工坊、劳务品牌文化体验馆（街、商圈）。结合“一带一路”倡议举办文化交流活动，支持劳务品牌走出去。（国家发展改革委、人力资源社会保障部、文化和旅游部、国家乡村振兴局按职责分工负责）

（十六）营造良好氛围。各地要综合运用网络、报纸、杂志、广播电视等媒体平台，围绕品牌项目、品牌人物、品牌活动开展全方位宣传报道，拍摄主题影视作品，讲好劳务品牌故事，形成“塑造劳务品牌、消费劳务品牌、热爱劳务品牌”的浓厚氛围。（中央宣传部、人力资源社会保障部、广电总局按职责分工负责）

2021年8月24日

人力资源社会保障部　财政部
关于拓宽职业技能培训资金
使用范围提升使用效能的通知

人社部发〔2021〕69 号

各省、自治区、直辖市及新疆生产建设兵团人力资源社会保障厅（局）、财政厅（局）：

根据 2021 年《政府工作报告》要求，为深入实施职业技能提升行动，切实提高劳动者职业技能水平和就业创业能力，现就拓宽职业技能培训资金使用范围有关工作通知如下。

一、加大职业技能提升行动专账资金统筹使用工作力度。各省级人力资源社会保障、财政部门要加大职业技能提升行动专账资金（以下简称专账资金）统筹管理工作力度，结合培训工作进展和专账资金结余情况，建立并落实专账资金省级统筹使用工作机制，在本辖区内不同地域进行调剂使用，并向培训任务重、资金出现短缺的地区倾斜，切实解决专账资金结余和使用不平衡问题。市（地）级人力资源社会保障、财政部门要做好贯彻落实，加大当地资金调剂使用力度，确保各项职业培训补贴政策落地落实。各省份要将统筹调剂情况于 9 月下旬前函报人力资源社会保障部、财政部。

二、进一步扩大职业培训补贴政策覆盖范围。各地要按规定切实落实好企业职工、就业重点群体及易返贫致贫人员职业培训补贴（含职业技能鉴定补贴，下同）和生活费（含交通费）补贴政策，打破户籍和地域限制，支持帮助有培训需求的人员就地就近接受培训，并按规定给予职业培训补贴和生活费（含交通费）补贴。根据就业需求，适当放宽劳动者参加补贴性职业技能培训年龄限制，对确有就业能力和培训需求，达到法定退休年龄但尚未按月领取基本养老金的，可按规定纳入职业培训补贴和生活费补贴范围。个体工商户用工、民办非企业单位用工以及灵活就业人员，可按规定纳入职业培训补贴和生活费补贴范围。企业和院校组织开展职业技能竞赛实训，可按规定给予职业培训补贴（不含获奖人员奖金、差旅费、交通食宿费、工杂费等其他费用）。

三、加强新职业培训。要结合高质量发展对技能人才的急迫需求，结合平台经济、共享经济发展形成的新就业需求和新就业形态，进一步健全新职业培训的支持政策。有条件的地方可安排工作经费，加快新职业的标准开发、培训包开发、教学计划制订和教材建设。坚持就业导向，突出能力建设，大力开展新职业培训。加快新职业评价机构的征集遴选工作，积极稳妥推行社会化评价。动态调整培训项目目录、培训和评价机构目录，将新职业培训及时纳入职业培训补贴范围。

四、强化职业培训补贴政策执行落实。符合条件的劳动者在户籍地、常住地、培训地、求职就业地参加培训后取得职业资格证书

（职业技能等级证书、专项职业能力证书、特种作业操作证、特种设备作业人员证、培训合格证书等），按规定给予职业培训补贴，原则上每人每年可享受不超过 3 次（同一职业同一等级一年内不可重复享受）。加强实名制信息管理，支持常住地、培训地、求职就业地破除户籍限制，切实强化政策落实，加大培训工作力度。

五、进一步加强职业培训基础工作。各省级人力资源社会保障、财政部门要加强培训机构基础工作。“十四五”期间，继续组织实施高技能人才培训基地、技能大师工作室等建设项目，依托企业和院校，建设一批国家级高技能人才培训基地和技能大师工作室。职业技能提升行动期间，可支持企业、院校和培训机构购置培训教学仪器设备，所需资金可从专账资金列支。市（地）级以上人力资源社会保障、财政部门要充分考虑实训设施设备升级改造等培训基础能力建设成本以及实训耗材、培训场租和培训时长等综合因素，合理确定和调整职业培训补贴标准。要加大高技能人才培养力度，努力实现全国技能劳动者占就业人员总量的比例达到 25%以上、高技能人才占技能劳动者的比例达到 30%以上的目标。

六、强化培训质量和资金监管力度。各级人力资源社会保障部门要严格培训质量，强化过程监管，进一步提高培训针对性和有效性。健全政府购买服务机制，经办力量确有不足的地区，可引入第三方社会机构承担培训机构审核、过程监管等工作，加强培训监管和经办服务能力。各级人力资源社会保障、财政部门要切实履行专账资金使用管理责任，将培训资金监管作为风险防控的重要内容，依法依规依纪，管好管严管实，切实保障资金安全和使用效能。

2021 年 9 月 2 日

人力资源社会保障部　财政部
工业和信息化部　科技部　教育部
中国科学院关于印发专业技术人才
知识更新工程实施方案的通知

人社部发〔2021〕73号

各省、自治区、直辖市及新疆生产建设兵团人力资源社会保障厅（局）、财政厅（局）、工业和信息化厅（局）、科技厅（局）、教育厅（局、教委），中共海南省委人才发展局，国务院有关部委、直属机构人事部门，有关行业协会、企业、事业单位：

为贯彻落实党的十九大和十九届五中全会精神，人力资源社会保障部、财政部、工业和信息化部、科技部、教育部、中国科学院决定2021年至2030年继续实施专业技术人才知识更新工程。现将《专业技术人才知识更新工程实施方案》印发给你们，请结合本地区、本部门、本领域实际，认真组织实施。

2021年9月15日

专业技术人才知识更新工程实施方案

为深入实施人才强国战略，加强全国专业技术人才队伍建设，促进专业技术人才能力素质提升，根据国家“十四五”规划和2035年远景目标纲要，制定本实施方案。

一、指导思想

以习近平新时代中国特色社会主义思想为指导，深入实施人才强国战略和创新驱动发展战略，聚焦科技自立自强、聚焦“卡脖子”问题、聚焦高质量发展、聚焦国家重大战略，以人才能力建设为核心，以培养高层次、急需紧缺和骨干专业技术人才为重点，加大人力资本投入，创新完善人才培养机制，推进分类分层的专业技术人才继续教育体系建设，开展大规模知识更新继续教育，培养造就一批创新型、应用型、技术型人才，壮大高水平工程师队伍，为夺取全面建设社会主义现代化国家新胜利、实现中华民族伟大复兴的中国梦提供有力的人才支撑。

二、目标任务

围绕我国经济结构优化、经济社会高质量发展和自主创新能力提升，在新一代信息技术、生物技术、新能源、新材料、高端装备、新能源汽车、绿色环保以及航空航天、海洋装备等战略性新兴产业领域，开展大规模知识更新继续教育，每年培训100万名高层次、急需紧缺和骨干专业技术人才；依托高等院校、科研院所、大型企业现有施教机构，建设一批国家级专业技术人员继续教育基地。

三、重点项目

（一）高级研修项目

围绕服务创新驱动发展、乡村振兴、可持续发展和制造强国、网络强国、数字强国、质量强国等国家重大战略以及区域协调发展战略，瞄准量子信息、生命健康、脑科学、生物育种、空天科技、深地深海等前沿领域，攻坚关键核心技术，推动传统产业高端化、智能化、绿色化，按照高水平、小规模、重特色的要求，主要面向中高层次专业技术人员和经营管理人员，每年举办300期左右国家级高级研修班，培养培训2万名左右高层次专业技术人才和经营管理人才，培养造就一批素质优良、创新能力强、具有较强竞争力的专业技术人才。

实施办法：按照《专业技术人才知识更新工程高级研修项目管理办法》，每年度各地各部门申报研修选题，经审核批准确定年度研修计划；各期国家级高级研修班由地方或部门组织举办；中央财政给予重点保障，鼓励自筹经费保障的部分研修计划列入国家级高级研修项目。中央财政支持的办班经费采取在一定限额内实报实销的办法拨付。鼓励各地各部门组织开展省（区、市）级或行业高级研修项目。

（二）专业技术人员能力提升项目

围绕工程重点领域，针对专业技术人才职业发展和工作需要，实施大规模、广覆盖、高质量的知识更新继续教育，加强公需科目学习，开展思想政治学习、知识更新拓展、科学精神培育、职业道德养成、团队合作建设等能力提升培训，普及数字技术、知识产权、网络安全、应急管理等知识，引导专业技术人员学习新思想、新知识、新技术、新方法，不断更新知识结构、掌握先进技术、提升专业水平、提高创新能力，每年培养培训各类专业技术人才90万人左右。

实施办法：国家发展改革委、教育部、科技部、工业和信息化部、财政部、自然资源部、生态环境部、交通运输部、农业农村部、应急管理部、国家市场监管总局、中国科学院、国家能源局、国家知识产权局等重点领域主管部门科学确定本领域人才培养培训规划，组织开发行业人才培训包，指导开展行业人才培养培训。人力资源社会保障部定期发布公需科目参考目录，组织遴选开发课件，共享给各地人力资源社会保障部门开展公需科目免费线上学习。各地人力资源社会保障部门加大统筹协调力度，指导国家级和省级专业技术人员继续教育基地主动对接各重点领域人才需求，按照每年培训国家级基地不少于2 000人、省级基地不少于500人的要求，科学制订年度任务计划，开展贴近行业特色、方式灵活多样的能力提升培训活动。国家级继续教育基地于每年12月10日前将年度执行情况总结和下一年度计划报推荐设立该基地的管理单位审核，审核同意后，于当年12月31日前将年度计划执行情况总结和下一年度计划，以及各地各类专业技术人员继续教育基地开展能力提升培训项目情况一并报人力资源社会保障部。

（三）数字技术工程师培育项目

围绕人工智能、物联网、大数据、云计算、数字化管理、智能制造、工业互联网、虚拟现实、区块链、集成电路等数字技术技能领域，组织制定颁布国家职业标准，开发培训大纲和培训教程，实施规范化培训、社会化评价，提升从业人员数字技术水平，每年培养培训数字技术技能人员8万人左右，培育壮大高水平数字技术工程师队伍。

实施办法：人力资源社会保障部统筹协调数字技术工程师培育工作，会同有关行业主管部门制定颁布数字技术领域新职业标准，指导中国人力资源和社会保障出版集团开发全国新职业培训教程和培训大纲，实施规范化培训、社会化评价、项目化管理，分职业、分方向、分等级进行，稳妥推进数字技术人员培训评价。人力资源社会保障部对项目中的培训评价实施目录清单管理，制定数字技术职业目录、培训机构目录、评价机构目录，及时向社会公开并实行动态调整。培训机构优先遴选国家级专业技术人员继续教育基地，坚持市场导向、需求导向、目标导向，以能力建设为核心，按照国家职业标准和培训大纲，科学制订培训计划，加强师资建设，开发教学课程，配套软硬件教学环境，开展线上线下培训，严格学员考勤管理，对完成规定学时和内容的学员进行结业考核，颁发培训合格证书。评价机构优先遴选相关职业标准开发单位或行业组织、龙头企业，组织师资和考评员培训，建设考核题库，规范考核流程，严把标准质量，组织符合申报条件的学员进行专业技术等级考核，为考核合格人员颁发专业技术等级证书。人力资源社会保障部统一专业技术等级证书样式、编码规则，提供证书信息查询验证网络服务。

（四）国家级专业技术人员继续教育基地建设项目

根据工程培养培训任务要求，依托高等院校、科研院所、大型企业现有施教机构，分期建设一批国家级专业技术人员继续教育基地。加强基地建设管理，定期考核评估，建立退出机制，实行动态管理。组织开展基地间交流合作，推进培训项目、专家师资、教材课程、课题研究和在线学习平台等建设，促进培训资源整合，提升基地施教水平，更好发挥基地培养人才的平台作用。

实施办法：按照《国家级专业技术人员继续教育基地管理办法》，每年由各地各部门组织申报，经审核批准后运行。制定国家级专业技术人员继续教育基地考核评估办法，加强基地承担培养培训任务评估检查。基地评估结果作为各地各部门承接工程项目的重要参考。鼓励各地各部门给予必要经费支持。

四、组织实施

（一）加强组织领导。工程实施实行统一领导、分工负责、分类指导、分级组织的原则，采取年度项目计划管理的方式进行。在中央人才工作领导小组领导下，由人力资源社会保障部会同有关部门成立全国专业技术人才知识更新工程指导协调小组（简称全国指导协调小组），负责全国工程的组织领导工作，审定发布工程总体实施方案、实施细则和工作部署。全国指导协调小组下设办公室，设在人力资源社会保障部专业技术人员管理司，负责全国工程的组织实施工作，制定工程项目规划和年度计划，对工程实施进行指导监督和检查评估，并作为下一年度任务安排的重要依据，奖优罚劣。各省（区、市）由人力资源社会保障厅（局）会同有关部门成立相应的指导协调小组，有关重点领域行业主管部门根据工作需要也可成立指导协调小组。各地各部门要切实落实好工程实施方案、培养培训任务及经费预算，做好监督检查工作。发挥中国继续工程教育协会及各地各部门继续工程教育协会的职能作用。调动政府部门、社会组织、培养培训基地（机构）、用人单位和专业技术人才各方积极性，推动建立多层次、多渠道、多类别、多形式的培养培训格局。

（二）支持人才培训。专业技术人员参加工程学习情况作为个人专业技术经历，高级研修、能力提升和数字技术工程师培育等项目的学员名单均可上传至国家专业技术人才知识更新工程公共服务平台（网址：zsgx. mohrss. gov. cn），相应学时记入《专业技术人员继续教育证书》。进一步完善继续教育与工作考核、职称评审、岗位聘任（聘用）、职业资格注册等人事管理制度的衔接。实行“人才+项目”的培养模式，主动对接国家重大专项、重大工程、重大建设项目。推进“互联网+继续教育”，推动公需科目免费学习惠及全体专业技术人员。重视发挥企业作用，加强用人单位人才培养培训与工程培养培训任务的衔接，在实践中集聚和培养创新型人才。非公有制单位专业技术人员参加工程培养培训项目享受同等政策待遇。

参加数字技术工程师培育项目，取得培训合格证书的，按照有关规定申领职业培训补贴；取得高级专业技术等级证书的，可作为申报高级职称评审的重要参考；取得中级、初级专业技术等级证书的，可纳入各地各部门中级、初级职称认定范围。各地人力资源社会保障部门负责将培训机构目录、评价机构目录等信息纳入本地职业技能提升行动“两目录一系统”，结合实际自行研究制定具体职业培训补贴政策、职称认定或衔接办法。

（三）强化经费保障。工程经费主要由政府、社会、用人单位和个人投入等多元构成。政府经费主要发挥对工程经费投入的支持和引导作用，各级政府承担的工程项目任务，由同级财政予以保障。有关部门要加强统筹规划、突出重点、优化结构，整合现有专业技术人才培养培训项目资源，避免重复建设，做好政策衔接，确保重点项目的实施。国家级专业技术人员继续教育基地开展的专业技术人员能力提升培训和数字技术工程师培育项目要突出公益性、示范性，按照弥补成本、以支定收的原则合理合法合规确定收费标准，培训师资、开发课件、升级教学设备和网络教学平台等经费可从基地补助经费列支。各用人单位按规定比例提取职工培训费，保障本单位开展人才培养培训支出。

（四）严格监督管理。完善工程项目管理制度，对入选的工程项目和承办单位进行公示，接受社会监督；对工程项目开展情况进行指导、监督和检查。建立健全工程人才培养培训评估体系，及时跟踪考核工程社会效益和实际效果。加强经费使用情况的监督，建立完善配套制度，确保培养培训资金专款专用。提升工程信息化水平，依托国家专业技术人才知识更新工程网，逐步实现工程管理服务网络化、数字化，及时掌握情况，实时监控，动态调控，确保工程实施效果。加强对工程项目实施的指导监督，采取“双随机、一公开”的监管模式，鼓励行业自律和社会监督，对群众投诉的问题及时调查核实处理，确有违规行为的，交有关主管部门依法依规处理。

（五）稳步推进实施。工程采取分阶段、分步骤、动态调整的方式组织实施。2021 年，研究制定新一轮《专业技术人才知识更新工程实施方案》，启动工程实施工作；2021—2025 年，逐步落实工程各项工作，大规模开展专业技术人员培养培训活动，推动制度改革和机制创新；2025—2030 年，全面开展工程各项工作，进行中期检查评估，巩固成果，加强薄弱环节，适时调整重点方向，力争在制度建设、机制创新上有突破；2030 年，对工程实施情况进行全面总结和评估。

人力资源社会保障部　财政部　国家税务总局　国务院港澳事务办公室关于支持港澳青年在粤港澳大湾区就业创业的实施意见

人社部发〔2021〕75号

广东省人力资源和社会保障厅、财政厅、港澳事务办公室，国家税务总局广东省、深圳市税务局：

促进港澳青年到粤港澳大湾区就业创业，是增进港澳同胞民生福祉、助推港澳与内地交往交流交融的重要举措。为贯彻党中央、国务院决策部署，支持港澳青年在粤港澳大湾区就业创业，现提出以下意见。

一、把握总体要求。以习近平新时代中国特色社会主义思想为指导，落实党中央、国务院关于粤港澳大湾区建设总体要求，聚焦港澳青年宜业发展和粤港澳大湾区产业发展需要，强化政策协同、服务协同、资源协同，完善港澳青年就业创业支持体系和便利举措，使有意愿在粤港澳大湾区就业创业的港澳青年得到有针对性的服务保障和政策支持，促进一批港澳青年实现就业创业，融入国家发展大局。

二、拓宽就业渠道。对接粤港澳大湾区现代产业体系建设，特别是先进制造业、战略性新兴产业、现代服务业等发展开发就业岗位，及时发布人才需求目录，引导港澳青年到各类企业就业。配合香港特区政府实施好“大湾区青年就业计划”，引导在香港和粤港澳大湾区均有业务的企业招用香港青年。继续做好港澳青年参加粤港澳大湾区事业单位公开招聘工作，促进人才交往交流。加大“三支一扶”计划招募力度，允许符合条件的港澳青年报名参加。

三、支持创新创业。为有创业意愿的港澳青年提供有针对性的创业培训，助推港澳青年提升创新创业能力。根据港澳青年创业意向和创业领域，推荐合适的创业项目，提供咨询辅导、跟踪扶持、成果转化等“一条龙”创业服务。在粤港澳大湾区自主创业的港澳青年，按规定享受税收优惠、创业担保贷款及贴息、场地支持等扶持政策。发挥南沙粤港澳（国际）青年创新工场、前海深港青年梦工场、横琴澳门青年创业谷等作用，建成一批面向港澳青年的创业孵化载体，鼓励地方因地制宜对创业孵化服务成效较好的予以支持。鼓励粤港澳大湾区各类创业创新大赛开设港澳赛区，为港澳青年搭建创业项目展示、资源对接平台，营造良好创业氛围。

四、提升就业能力。充分调动粤港澳大湾区企业、职业培训机构等优质培训资源积极性，为有培训需求的港澳青年提供高质量技能培训，支持其提升职业发展能力，按规定给予职业培训补贴支持。依托公共就业人才服务机构职业指导力量，并引入一批在粤港澳大湾区就业的港澳籍人士担任职场导师，丰富拓展针对港澳青年的精细化职业指导，介绍产业需求、就业环境、支持政策、求职路径，提供求职方法指导，支持其提升职场适应能力。鼓励粤港澳大湾区用人单位为港澳青年提供就业见习岗位，支持其提升实践能力，对开展见习的单位参照吸纳内地青年按规定给予就业见习补贴。

五、优化就业服务。畅通失业登记渠道，对在粤港澳大湾区就业后失业的港澳青年，允许其参照内地劳动者在常住地、就业地、参保地进行失业登记，享受政策咨询、职业指导、职业介绍等服务。强化多层次岗位信息提供，根据港澳青年求职需要举办专场招聘会，在粤港澳大湾区相关网站开设港澳青年招聘专区，有条件地区可组织直播带岗、远程招聘、城市联动招聘，搭建高效供需对接平台。改造升级粤港澳大湾区各类公共就业创业服务系统，支持港澳台居民居住证、港澳居民来往内地通行证等有效身份证件注册登录，便利港澳青年享受求职招聘服务。允许以政府购买服务方式引入港澳社会服务机构，参与有关政策咨询、岗位推介、联络对接等服务。

六、强化组织领导。粤港澳大湾区各级人力资源社会保障、财政、税务、港澳事务部门要抓好本意见贯彻实施，把支持港澳青年在粤港澳大湾区就业创业摆在突出位置，明确任务分工，压实工作责任。建立部门间、粤港澳大湾区有关城市间工作推进机制，定期与香港、澳门特区政府有关部门对接会商，推动信息共享、情况交流和工作协同，协调解决工作中遇到的问题。建立健全督促检查机制，推动各项工作措施落实落地。

七、加强宣传引导。依托传统媒体和新兴媒体开展政策解读，宣传粤港澳大湾区就业创业政策措施，传递党和政府对粤港澳三地协同发展的高度重视、对在粤港澳大湾区就业创业港澳青年的关心关爱。加强舆论引导，及时回应社会关切，营造有利于内地和港澳青年共同在粤港澳大湾区就业创业的良好氛围。

本意见所称港澳青年，是指45周岁（含）以下、具有中国国籍的港澳居民。广东省要按照本意见精神，结合实际制定配套实施细则，明确具体政策标准。

2021年9月23日

人力资源社会保障部　国家发展改革委　民政部　财政部关于实施提升就业服务质量工程的通知

人社部发〔2021〕80号

各省、自治区、直辖市及新疆生产建设兵团人力资源社会保障厅（局）、发展改革委、民政厅（局）、财政厅（局）：

就业服务是国家基本公共服务的重要组成，是稳定扩大就业、化解失业风险的基础手段。提升就业服务质量对推进实现更加充分更高质量就业、改善民生福祉、促进经济发展和社会和谐具有重要作用。为贯彻党中央、国务院关于稳就业、保居民就业决策部署，决定实施提升就业服务质量工程，现就有关事项通知如下。

一、总体要求

（一）指导思想。以习近平新时代中国特色社会主义思想为指导，全面贯彻党的十九大和十九届二中、三中、四中、五中全会精神，坚定不移贯彻新发展理念，突出需求导向和目标导向，坚持扩容与提质并重、均等与精准并举，持续巩固提升覆盖全民、贯穿全程、辐射全域、便捷高效的全方位公共就业服务，为减少失业、促进就业提供坚实保障，为扎实推动共同富裕、构建新发展格局提供有力支撑。

（二）主要目标。到2025年，通过实施提升就业服务质量工程，均等化的服务制度更加健全，基本公共就业服务均等化水平明显提高；广覆盖的服务功能和体系不断完善，更好满足多样化、多层次的就业服务需求；专业化智慧化服务能力显著提升，劳动者和用人单位对就业服务满意度保持在较高水平。

二、重点任务

（三）提升就业失业管理服务覆盖面。切实承担辖区内劳动者就业失业管理服务职能，凡年满16周岁（含）至依法享受基本养老保险待遇、有劳动能力、有就业要求、处于失业状态的城乡劳动者（含港澳台劳动者），均可在常住地（或户籍地或参保地或就业地）进行失业登记。公共就业服务机构在10个工作日内办结失业登记。对处于就业状态的，由用人单位同步申请办理就业登记、社保登记和用工备案登记。将登记失业人员作为就业帮扶重点对象，落实联系责任、帮扶责任，对登记信息进行动态管理。

（四）提升免费招聘匹配服务供给量。加大招聘信息归集力度，依托现场经办、电话服务、网络登记等渠道全方位采集岗位信息，强化用人单位的主体责任和信息发布者的审查责任，保障信息真实有效。完善岗位信息免费发布机制，扩大公共招聘网岗位信息覆盖范围，加大服务大厅、社区（村）宣传栏等信息投放力度，降低劳动者岗位搜寻成本。探索运用大数据、云计算等技术手段，依据服务对象需求，匹配推送岗位信息。开展免费招聘对接活动，搭建辖区内企业用工调剂平台，组织劳务协作，更好满足市场主体用工需求。

（五）提升重点群体重点企业就业帮扶主动性。完善重点群体主动服务机制，对国家和地方政府确定的重点群体，主动联系，提供职业指导、职业介绍、创业孵化、政策落实等服务。健全重点企业用工常态化服务机制，制定重点企业清单，设立联络服务专员，通过有针对性的招聘服务，努力保障重点企业用工。对生产经营遇到困难的企业，提前介入指导稳岗，同步为被裁减人员提供就业帮扶。

（六）提升职业技能培训针对性。强化就业导向，加强急需紧缺职业（工种）培训，及时开发新职业并颁布新职业标准，帮助劳动者掌握新技术、新装备等实操技能。强化重点群体技能培训和创业培训，持续实施专项培训计划。推进中国特色企业新型学徒制培训，推动产教融合、校企合作，精准开展“菜单”式培训和定岗定向培训，实现培训培养与企业岗位需求的有效衔接。

（七）提升重大任务专项服务保障力。服务重大发展战略，推动就业服务融入现代产业体系、区域发展格局，开展具有行业特色、地域特色的专项就业服务活动，为高质量发展提供人力资源支撑。服务重大改革事项，及时跟踪对企业和劳动者的就业影响，实施专项用工指导和就业帮扶，保障改革任务平稳推进。服务重点地区，对失业风险集聚地区，及时启动失业风险防范应急响应预案，加强应急服务，努力稳定就业形势。

三、保障措施

（八）强化公共就业服务机构建设。县以上政府要设立公共就业服务机构，统筹优化现有的综合性服务场所和人才市场、创业服务机构、职业培训机构等专业化服务场所，提供招聘求职、创业服务、失业管理、重点群体帮扶等服务。街道（乡镇）和社区（村）要加强基层公共就业服务，通过线上线下多种方式，提供政策宣传、业务受理等基本服务。根据服务对象规模，合理优化现有公共就业服务机构人员结构和布局，将就业服务相关事项优先纳入社区工作者工作内容，引导服务力量向基层下沉。结合机构建设、服务成效等情况，开展公共就业服务机构星级评定。

（九）强化经营性人力资源服务机构管理创新。优化人力资源服务行政许可审批流程，支持通过兼并、收购、重组、联盟等方式，分类培育综合性人力资源服务企业和专精特新人力资源服务企业、单项冠军企业，引领行业高质量发展。鼓励服务创新和产品创新，推动高级人才寻访、人才测评、人力资源管理咨询等服务提质增效，满足多样化需求。

（十）强化就业服务社会组织培育。发挥各级各类社会组织参与就业服务积极作用，支持行业协会商会等社会组织结合自身业务范围和专长，依法有序提供就业服务。引导社区社会组织、社工服务机构在城乡基层党组织领导下，开展就业服务工作。组建就业创业服务志愿团队，广泛招募就业服务领域专家、企业家、各行各业有一定专长的热心人士等，深入社区、园区、高校、企业等开展公益性就业创业服务。

（十一）强化零工市场支持。加强零工市场建设，将零工信息纳入公共就业服务范围，有条件的地区可在公共招聘网开设零工信息（灵活就业）专区，组织开展招聘。支持有条件的地区建设一批规范化零工市场，对已经稳定运行的要掌握基本情况，压实属地管理责任，落实疫情防控、安全防范等要求，按需提供水电等基础保障，坚决杜绝直接取缔、“一关了之”等一刀切做法。政府支持的零工市场信息网络建设和运营维护相关支出，可按规定从就业补助资金等渠道列支。强化现有人力资源市场功能细分，根据本地区供需结构，因地制宜建设劳动力市场、人才市场、零工市场，或分时段分区域共享同一市场。

（十二）强化智慧服务体系构建。推进“互联网+”公共就业服务，加快省级集中的就业管理信息系统建设，提升业务管理和公共服务能力。持续推进就业信息联网发布，提升一站式求职招聘服务能力。加快与相关部门数据共享和比对分析，支持更好开展公共就业服务。

（十三）强化专业人员队伍打造。实施公共就业服务人员能力提升计划，举办示范培训班，开展业务轮训。强化专业服务队伍建设，大力推行职业指导、创业指导等相关人员职业技能等级认定工作，建立不同层级、不同类别就业创业指导专家团队。支持建立职业指导工作室，为求职者提供专业化职业指导服务。

四、组织实施

（十四）加强组织领导。各地要充分认识就业服务的重要意义，将提升就业服务质量工程作为推进稳就业、保居民就业工作的重要抓手，因地制宜制定实施方案，突出创新和地方特色，稳步推进各项工作。强化就业服务成效评估，研究建立公共就业服务质量评价体系，探索开展第三方评价。

（十五）强化资金保障。落实就业促进法要求，将公共就业服务经费列入本级预算。服务力量确有不足的地区，可通过政府购买服务方式，引入社会力量参与提供基本公共就业服务。对运用就业补助资金购买基本公共就业服务，实行指导性目录管理，由各地结合实际制定可购买的服务事项清单。严格落实政府购买服务有关要求，通过公平竞争择优确定承接主体，加强绩效执行监控，对目录清单进行动态调整。

（十六）维护良好秩序。健全就业服务领域法规制度，落实“双随机、一公开”等人力资源市场监管措施，强化市场监督，加强劳动保障监察行政执法，通过日常监督、专项行动，及时查处黑中介、虚假招聘、泄露个人信息等违法违规行为。加强人力资源服务行业诚信体系建设，完善信用评价标准。

（十七）广泛宣传引导。充分运用线上线下全媒体平台，宣传各地提升就业服务质量的创新做法，认定一批公共就业服务示范城市，推广优秀服务项目、优秀就业服务工作者经验事迹，营造良好社会氛围。围绕就业服务理论和模式、服务技术、职业分析预测等开展前瞻性研究和国际交流合作，引领就业服务创新发展。

各地贯彻落实本通知的有关情况及落实中发现的重要问题，要及时报送人力资源社会保障部。

2021年9月12日

人力资源社会保障部关于职业院校毕业生参加事业单位公开招聘有关问题的通知

人社部发〔2021〕82号

各省、自治区、直辖市及新疆生产建设兵团人力资源社会保障厅（局），国务院各部委、各直属机构人事部门：

为深入贯彻习近平总书记在中央人才工作会议上的重要讲话精神和对职业教育、技能人才工作的重要指示精神，落实党中央、国务院关于积极推动职业院校毕业生在参加事业单位招聘等方面与普通高校毕业生享受同等待遇的要求，促进职业教育事业发展和技能人才队伍建设，根据《事业单位人事管理条例》和《事业单位公开招聘人员暂行规定》，现就职业院校（含技工院校，下同）毕业生参加事业单位公开招聘有关问题通知如下。

一、事业单位公开招聘要树立正确的选人用人理念，破除唯名校、唯学历的用人导向，建立以品德和能力为导向、以岗位需求为目标的人才使用机制。要合理制定公开招聘资格条件要求，不得将毕业院校、国（境）外学习经历、学习方式作为限制性条件，切实维护、保障职业院校毕业生参加事业单位公开招聘的合法权益和平等竞争机会。

二、事业单位公开招聘资格条件中的专业条件要求，应当以完成岗位职责任务所需具备的管理能力、专业素质或者技能水平为依据，按照事业单位公开招聘专业指导目录设置，或者参考考试录用公务员、高等学校、职业教育、技工院校等专业目录设置，并将所参考目录在招聘公告中予以明确。

三、事业单位公开招聘中有职业技能等级要求的岗位，可以适当降低学历要求，或者不再设置学历要求。在符合专业等其他条件的前提下，技工院校预备技师（技师）班毕业生可报名应聘学历要求为大学本科的岗位，高级工班毕业生可报名应聘学历要求为大学专科的岗位。

四、事业单位公开招聘主要以技能操作或技能指导履行职责任务的岗位，实际操作能力测试在考试中的比重原则上不低于50%。职业院校毕业生为世界技能大赛国家集训选手、全国技能大赛优胜奖以上选手、全国行业职业技能竞赛获奖选手（一类职业技能大赛中获决赛单人赛项前10名、双人赛项前7名、三人赛项前5名的选手）的，可作为高技能人才按规定采取直接考察的方式公开招聘到与所获技能奖项相关的岗位工作。

五、鼓励引导职业院校毕业生积极投身乡村振兴事业，职业院校毕业生与普通高校毕业生同等享受艰苦边远地区基层事业单位公开招聘倾斜政策。乡村振兴重点帮扶县基层事业单位工勤技能岗位补充急需紧缺技能人才的，可面向职业院校毕业生专项招聘。

各地各部门要进一步提高政治站位，从贯彻新发展理念、服务国家经济社会高质量发展的高度，充分认识做好职业院校毕业生参加事业单位公开招聘的重要性、必要性，认真履职尽责，按照本通知要求抓好贯彻落实，促进公共服务事业发展和技能人才队伍建设，助力营造人人皆可成才、人人尽展其才的良好社会环境。

2021 年 10 月 22 日

人力资源社会保障部关于印发技工教育“十四五”规划的通知

人社部发〔2021〕86号

各省、自治区、直辖市及新疆生产建设兵团人力资源社会保障厅（局）：

为深入贯彻习近平总书记关于大力发展技工教育的重要指示精神，落实中共中央办公厅、国务院办公厅印发的《关于推动现代职业教育高质量发展的意见》，推进技工教育高质量发展，根据《人力资源和社会保障事业发展“十四五”规划》要求，我部组织制定了《技工教育“十四五”规划》。现印发给你们，请结合实际，认真贯彻执行。

2021年11月5日

技工教育“十四五”规划

大力发展技工教育，扩大高技能人才培养规模，提高人才培养质量，对加快构建技能型社会、促进更加充分更高质量就业、推动经济高质量发展具有重要作用。本规划深入贯彻习近平总书记关于大力发展技工教育的重要指示精神，落实中共中央办公厅、国务院办公厅印发的《关于推动现代职业教育高质量发展的意见》，提出“十四五”期间技工教育发展的总体要求，明确主要目标和重点任务，是推动技工教育高质量发展的指导文件。

一、发展环境

党中央、国务院高度重视技能人才工作，要求大力发展技工教育，办好技工院校。“十三五”时期，各级人力资源社会保障部门深入贯彻党中央、国务院决策部署，坚持改革创新，攻坚克难，推动技工教育发展。技工院校高技能人才培养和职业技能培训规模逐步扩大。截至2020年底，全国有技工院校2 423所（其中技师学院496所），在校生395.5万人，每年面向社会开展职业培训超过400万人次。脱贫攻坚期间，全国技工院校累计招收建档立卡贫困家庭子女超36万人。技工教育办学质量及社会影响力不断提升。

“十四五”时期，我国将开启全面建设社会主义现代化国家新征程，党和国家高度重视技工教育，经济社会发展对高素质技能人才具有广泛需求，为技工教育发展提供了良好机遇和广阔空间。与此同时，技工教育仍面临困难挑战。技能人才培养规模和质量需要进一步加强，发展不平衡问题比较突出。技工教育必须围绕国家重大战略部署，瞄准科技革命、产业变革和促进就业需求，从已有条件和自身特点出发，科学规划，深化改革，创新发展，加快技能人才培养，满足高质量发展需求。

二、总体要求

（一）指导思想

以习近平新时代中国特色社会主义思想为指导，深入贯彻党的十九大及十九届二中、三中、四中、五中全会精神，落实党中央、国务院决策部署，坚持党的领导，坚持正确办学方向，坚持立德树人，以促进就业创业、服务企业行业、服务经济高质量发展为目标，深化技工院校改革，推进办学模式创新，加强高技能人才和能工巧匠培养，注重德技并修、多元办学、校企合作、提质培优，实现创新发展，建设现代技术工人培养体系，培养德智体美劳全面发展的社会主义建设者和接班人，为全面建设社会主义现代化国家提供高素质技能人才支撑。

（二）主要目标

到2025年，基本形成技工教育体系更加完善、布局更加合理、特色更加突出、技能人才培养规模和质量更加契合经济社会发展需要的良好局面。技工院校发展成为开展学制教育和职业培训服务技能人才成长的重要平台、现代职业教育体系的重要组成、构建技能型社会建设的重要依托。技工教育办学模式更加成型，专业设置、课程开发和教材建设更加符合企业需求，人才培养质量稳步提升，毕业生就业率稳定在较高水平，面向社会开展学制教育、职业培训、公共实训、技能评价、竞赛集训、就业服务、创业孵化等技能人才全方位服务。技工教育吸引力和人才培养质量显著提高，服务实施新时代人才强国战略的功能进一步增强。

专栏1　“十四五”时期主要指标

指标	2025年
1. 在校生规模（万人）	>360
2. 毕业生就业率（%）	>97
3. 培养培训高技能人才（万人）	>［200］
4. 面向企业职工和就业重点群体开展职业技能培训（万人次）	>［2 000］

注：[ ] 内为五年累计数。

三、推进全面落实立德树人根本任务

（三）加强党的全面领导

以习近平新时代中国特色社会主义思想为指导，以习近平总书记关于技能人才的重要指示武装头脑、指导实践、推动工作。加强技工院校党组织建设，促进学校各级党组织组织力全面提升。充分发挥党组织在技工院校的领导核心和政治核心作用，牢牢把握学校意识形态工作领导权，将党建工作与学校事业发展同部署、同落实、同考评。依靠工会、共青团、妇联、关工委、社区以及相关社会团体，与院校所在地的党政机关、企事业单位、部队等建立紧密联系，协同推进加强学校党建工作，以高质量党建引领学校发展。

（四）加强思想政治教育

坚持为党育人为国育才，把立德树人作为检验学校一切工作的根本标准。提高思想政治理论课质量和实效，深入推进习近平新时代中国特色社会主义思想进教材、进课堂、进头脑。将思想政治理论课作为立德树人关键课程，同时加强其他课程思想政治建设，实现思想政治教育、知识传授、技能培养融合统一。开齐开足开好思想政治理论课，引导学生树立正确的世界观、人生观、价值观。做好思想政治、语文、历史三科统编教材使用。加强技工院校思想政治理论课师资队伍建设，遴选30个左右技工教育思想政治理论课师资研修基地。深入推进法治、国家安全、生态文明和国防教育。

（五）突出综合素质和通用能力培养

弘扬劳模精神、劳动精神和工匠精神，把劳动教育纳入公共课必修课程，加强学生劳动实践和实习实训。将劳动素养纳入学生综合素质评价体系，把劳动素养评价结果作为评优评先的重要参考。以实习实训课为主要载体开展劳动教育，其中劳模精神、劳动精神、工匠精神专题教育不少于每学年16学时。鼓励院校与企业等社会团体合作，共建共享劳动教育实践基地。按照国家课程方案和课程标准，开足开齐体育、美育课程，规范开展心理健康教育和服务。

四、切实提高高技能人才培养能力

（六）完善技工院校高技能人才培养体系

加强规划引导，推动形成技师学院、高级技工学校、技工学校梯次发展、有序衔接、布局合理的技工教育体系。技师学院是优化技工教育结构和培育大国工匠、能工巧匠的重要载体，重点培养技师、预备技师、高级工等高技能人才。高级技工学校主要承担高级工、中级工培养任务，技工学校主要承担中级工培养任务。修订技工院校设置标准，完善晋级和退出机制。落实技工院校实施学制教育和职业培训并举的法定职责，组织开展第二轮职业训练院建设试点，拓展评价鉴定、职业技能等级认定、公共实训、技能竞赛、师资研修、就业服务等功能，为技能人才成长提供全方位多层次服务。

专栏2　优质技工院校建设计划

1. 以技师学院为重点，在全国遴选300所左右优质技工院校、500个左右优质专业，发挥优质院校和优质专业示范引领和辐射带动作用，打造技工教育特色品牌。
2. 支持依托优质技工院校建设国家级、省市级高技能人才培训基地、公共实训基地、世界技能大赛集训基地，承办国家级、省级技能大师工作室带头人交流活动，举办区域或行业高技能人才研修交流活动。
3. 引导优质技工院校积极参与教育强国推进工程，建设高水平、专业化产教融合实训基地，中央预算内投资按规定予以支持。

（七）巩固招生规模

面向应往届初高中毕业生、企业职工等各类群体组织开展招生工作。积极推进技工院校纳入职业教育统一招生平台，多举措多渠道扩大技工院校招收高中毕业生、退役军人、脱贫家庭新成长劳动力和农村转移劳动力。组织有技能提升需求的未就业高校毕业生就读技工院校。鼓励各地发挥基层就业服务站作用，广泛利用网站、微信等各种渠道资源，做好招生宣传，进行生源摸底，抓好报名动员组织等工作。坚持线上招生和线下招生多措并举，发挥多种招生渠道优势。规范招生秩序，定期清理并对外公开招生资质。将技工院校年度招生工作纳入人力资源和社会保障事业发展计划，加大组织落实和调度工作力度。

（八）全面开展职业技能培训

组织技工院校全方位参与职业技能提升行动各类培训计划，承担培训任务，开展补贴性培训和市场化社会培训，不断扩大培训规模，提升培训质量，按规定落实培训补贴。引导技工院校普遍设立企业培训工作站，开展职业培训包示范培训和订单定岗定向培训企业职工技能提升。突出高技能实训特色，重点围绕高精尖缺职业（工种），面向企业职工和高校毕业生等就业重点群体提供高端技能培训。加强新兴产业、智能制造、现代服务业等领域职业技能培训。针对承担职业培训任务较重的技工院校，在原总量基础上及时核增所需绩效工资总量。允许技工院校将一定比例的培训收入纳入学校公用经费，教师培训工作量可按一定比例折算成全日制学生培养工作量。完善技工院校绩效工资分配激励机制，进一步落实单位内部分配自主权。

（九）实施企业新型学徒培养计划

大力开展中国特色企业新型学徒制培训，面向企业职工开放技工院校一年以上非全日制学籍注册通道。依托校企深度合作的技师学院，联合产业龙头企业、行业头部企业建设产业学院。探索推行弹性学制，通过工学交替、校企双师联合培养高级工、预备技师和技师。依托技工院校创建或与企业共建技能大师工作室、组织技师研修交流、校企联合开展科技攻关和技术革新项目等方式合作培养培训高技能人才。聚焦新产业、新技术、新职业发展方向，开展企业技师培养培训。

（十）推进职业技能等级认定工作

在技工院校全面推行职业技能评价，支持帮助学生获取职业资格证书或职业技能等级证书。支持技工院校依托合作企业为学生提供职业技能等级认定服务。经人力资源社会保障部门备案，将具备条件的技工院校培育为社会培训评价机构，面向各类就业群体提供培训评价服务，按规定颁发职业技能等级证书。支持技工院校学生通过参加各级各类职业技能竞赛，获得职业技能等级证书。

五、大力加强校企合作

（十一）支持企业等各方面力量举办技工教育

发挥市场机制作用，鼓励社会各方面力量兴办技工教育。发挥龙头企业、大型企业重要办学主体作用，积极推动企业和优质技工院校多元主体组建技工教育集团。对于确需移交的行业、企业办技工院校，各级人力资源社会保障部门要积极创造条件做好接管工作。大力支持民办技工院校发展，鼓励各类办学主体通过独资、合资、合作等多种形式举办民办技工院校。探索发展股份制、混合所有制技工院校。推动技工院校在企业设立实习实训基地、企业在技工院校建设培训基地。

（十二）持续拓展校企合作形式和内容

主动吸纳行业企业深度参与技工院校专业规划、课程设置、教材开发、教学实施，合作共建新专业、开发新课程、开展订单培养。搭建校企合作平台，促进院校人才培养与企业用人需求紧密结合。指导技工院校推进专业设置与产业需求对接，课程内容与职业标准对接，教学过程与工作过程对接。促进校企共同招生招工、共商专业规划、共议课程开发、共组师资队伍、共创培养模式、共建实习基地、共搭管理平台、共评培养质量，形成“人才共有、过程共管、成果共享、责任共担”的校企合作办学制度。

（十三）推动校企合作服务职工技能提升

鼓励引企驻校、引校进企、校企一体等方式，带动各类企业参与校企合作。鼓励技工院校与企业联合开发优质教育资源，推动发展“互联网+教育培训”模式。鼓励技工院校与企业共同组织开展基于工作场所的学习活动，积极为企业提供知识讲座、课程资源开发、技术辅导等服务，以多种形式参与企业培训机构的建设。支持企业接收学生实习实训，引导企业按岗位总量的一定比例设立学徒岗位。鼓励技工院校的院系与企业车间、班组结对子，建立校企合作的学习团队，通过多种教育培训服务供给，为职工提供终身技能提升服务。

专栏3　　校企合作引领计划

1. 积极探索组建区域性、行业性等多类型技工教育联盟，打造100个左右技工教育联盟（集团）。
2. 编制技工院校校企合作指南，推广汇编典型案例和优秀经验。结合职业技能竞赛等交流活动搭建校企合作对接平台。
3. 支持集团化办学、引企入校、企业办学等多种校企合作模式，加强对参与举办技工教育的大中型企业的服务指导，支持打造产教融合型企业。

续表

4. 把校企合作成效作为评价技工院校办学质量的重要内容，纳入技工院校评价体系，对校企合作成效显著的院校在相关项目建设方面予以倾斜和支持。

六、推进技工教育高质量协调发展

（十四）优化区域发展布局

优化区域资源配置，推动部省共建，持续深化技工教育东西部协作。引导支持产业和人口集中度较高地区建好办好技师学院，结合实际，在地级城市及经济发达县市建好技工院校。实施国家乡村振兴重点帮扶地区职业技能提升工程，聚焦国家乡村振兴重点帮扶地区，综合考虑大型特大型易地扶贫搬迁安置区技能培训需求，支持提升一批技工院校和职业培训机构，培育一批劳务技能品牌，培养一批高技能人才，办好全国乡村振兴技能大赛，更好发挥对培训的引领带动作用。健全人社领域常态化帮扶机制，加大东西部职业技能开发对口协作力度，对西藏、南疆四地州等地技工院校予以重点帮扶。

专栏 4　　技工教育援助帮扶计划

1. 聚焦国家乡村振兴重点帮扶地区，综合考虑大型特大型易地扶贫搬迁安置区技能培训需求，支持生源数量较充足、具备发展技工教育条件地区，依托现有资源，新建、改（扩）建100个左右技工院校和职业培训机构。
2. 加强对口帮扶，统筹推动西藏建立起1+6技工教育体系（即西藏技师学院+6个地市技工院校或分校、教学点）。
3. 以南疆四地州为重点，加大技工教育对口援疆力度，在“一县一技校”基础上，持续提升办学实力，实现“一校一特色专业”。

（十五）加强专业建设、课程开发、教学教研和理论研究

加强专业建设和教学改革，完善修订技工院校专业目录并实行动态调整。支持和引导各地技工院校建设一批符合国家战略需要、与当地主导产业发展相匹配的特色专业。紧密对接产业升级和技术变革趋势，优先发展先进制造、新能源、新材料、现代农业、现代信息技术、生物技术、人工智能等产业需要的一批新兴专业，加快建设护理、康养、家政等一批人才紧缺的专业，改造升级钢铁冶金、化工医药、建筑工程、轻纺制造等一批传统专业，撤并淘汰供给过剩、就业率低、职业岗位消失的专业，鼓励学校开设更多紧缺的、符合市场需求的专业，形成紧密对接产业链、创新链的专业体系。构建以国家技能人才培养标准、公共课课程标准、大类通用专业课课程标准、专业课程规范及专业教学标准等组成的技工教育教学标准体系。加快技能人才培养标准和一体化课程规范开发。充分发挥各级教研机构作用，加强教研机构建设，加大研究工作力度，加强课程开发。做好技工教育理论研究，及时总结技工教育办学规律和人才培养模式。组织优秀教研成果展示交流活动，汇编推广技工教育优秀教研科研成果。

（十六）加强教材管理和开发

强化教材建设国家事权，贯彻党和国家教材工作总体要求和《职业院校教材管理办法》，落实《技工院校教材管理工作实施细则》。推进技能人才培养标准、专业教学标准和教材建设紧密结合，丰富教材品种和形式、提高质量。实施教材开发更新和使用推进计划，重点做好一体化教材和世赛成果转化教材开发。认真执行部颁教学标准，完善规划教材目录，加强教材宣传和使用情况检查督导。

（十七）深化就业创业服务

加强技工院校与公共就业和人力资源服务机构、用人单位合作，共同组织开展招聘会、就业创业指导等多样化服务。按规定落实在就业、参加机关企事业单位招聘等方面与普通学

校毕业生同等对待的要求。完善全国技工院校毕业证书查询系统，推动与有关部门间信息互联互认。推动技工院校毕业生按规定享受就业创业、参军入伍等相关政策，中级工班、高级工班、预备技师（技师）班毕业生按规定分别按照中专、大专、本科学历落实职称评审、事业单位公开招聘等有关政策。加强创业创新培训师资培养，推动技工院校创业创新培训。鼓励各地支持有条件的技工院校建立创业孵化基地等创业服务载体。定期举办全国技工院校学生创业创新大赛，鼓励技工院校师生积极参与中国创翼等各类创业创新大赛。

（十八）强化一体化师资队伍建设

推进技工院校教师职称制度改革，把师德师风作为评价教师队伍素质的第一标准并贯穿教师管理全过程。会同有关部门制定一体化教师标准，完善教师招聘、专业技术职务评聘和绩效考核标准。技工院校可在教职工总额中安排一定比例或者通过流动岗位等形式，用于面向社会和企业聘用高技能人才等担任兼职教师。技工院校公开招聘生产实习指导教师时，岗位所需条件可设置为专科毕业生或技工院校高级工班毕业生、大学本科毕业生或预备技师（技师）班毕业生。对优秀高技能人才，可按照国家有关规定直接通过考察的方式公开招聘到技工院校与所获技能奖项相关的岗位任教。

专栏 5　　技工教育质量提升计划

1. 组建全国技工教育和职业培训教学指导委员会，开发大类通用专业课课程标准和主体专业课程规范。加大技工院校公共课课程改革创新力度，扩大通用职业素质课程实验范围。开发遴选技能人才培养标准和课程规范，推进工学一体化教学改革。

2. 推进优质教材和数字资源共建共享，加大新专业、新职业教材开发力度，规范教材编写、审核和使用管理。推动世界技能大赛标准和成果转化。开发、遴选 1 500 种左右技工教育规划教材。

3. 建设全国统一的技工教育数字资源服务平台，加快技工教育网建设与发展，促进共建共享。遴选 100 所左右技工教育数字化资源建设与应用优秀院校。

4. 实施一体化师资专项培训计划，扩大技工院校网络师资研修覆盖范围，分级打造师德高尚、技艺精湛、育人水平高超的教学名师、专业带头人、青年骨干教师等高层次人才队伍。遴选 50 个左右一体化师资研修基地，构建技工院校师资研修平台。定期举办全国技工院校教师职业能力大赛。

（十九）规范各项基础管理工作

修订技工院校学生学籍管理办法，实行全日制和非全日制学籍分类注册管理的制度并加强监督管理。调整改版技工院校毕业证书，将中级工班、高级工班、预备技师（技师）班等信息在毕业证书上予以明确体现，为毕业生各项政策待遇落实提供支持。鼓励有条件的地区探索弹性学制、学分制管理，支持学生积极参加社会实践、创业创新、竞赛活动。健全学校招生管理、教学管理、实习管理等内部管理制度。建立完善技工院校学生资助管理工作体系，健全学生资助管理机构，提高规范化管理水平。加强学生心理素质教育，积极推进校园文化建设和网络安全管理。加强安全教育宣传，完善联防联控和安全应急管理机制。完善学生实习管理制度，进一步规范学生实习管理工作。积极探索实习生参加工伤保险办法，加快发展学生实习实训责任保险和人身意外伤害保险，严禁向学生违规收取实习实训费用，加强学生实习权益保障。

七、保障措施

（二十）加强组织领导

各级人力资源社会保障部门要认真贯彻落实党中央、国务院部署要求，高度重视本规划的组织实施。要依据本规划，结合实际条件，细化具体任务目标和推进措施，有序推进规划落实。充分依托人才工作领导小组、就业工作领导小组、职业教育联席会议等工作领导机制，协调加大技工教育整体领导支持力度，确保完成本地区规划任务。

（二十一）密切协调合作

各地要从产业发展、经济社会建设的总体要求出发，将技工教育发展纳入本地区“十四五”经济社会发展的总体规划，统一筹划，合理布局，协调实施。要加强与发改、财政、教育等部门及行业企业的协调配合，整合各类相关社会资源，调动各方面积极性，形成社会合力，共同推进技工教育改革发展。

（二十二）优化发展环境

认真贯彻《中华人民共和国职业教育法》，切实落实《关于提高技术工人待遇的意见》，畅通高技能人才与专业技术人才职业发展通道。强化工资收入分配的技能价值激励导向。挖掘宣传基层和一线技能人才成长成才，通过辛勤劳动过上幸福美好生活的典型事迹，深入开展世界青年技能日、职业教育活动周、“技能中国行”等主题宣传，弘扬劳动光荣、技能宝贵、创造伟大的时代风尚和精益求精的敬业风气。

（二十三）落实监督指导

各级人力资源社会保障部门要强化主体责任，层层压实责任，完善规划实施情况监测、评估和绩效考核机制，实行动态跟踪指导，定期组织检查评估。定期总结规划实施工作，推广先进经验，认真研究规划实施过程中出现的情况和问题，调整完善政策措施，抓好任务落实。

人力资源社会保障部　国家发展改革委　财政部　商务部　市场监管总局关于推进新时代人力资源服务业高质量发展的意见

人社部发〔2021〕89号

各省、自治区、直辖市及新疆生产建设兵团人力资源社会保障厅（局）、发展改革委、财政厅（局）、商务主管部门、市场监管局（厅、委）：

人力资源服务业是为经济社会发展提供人力资源流动配置服务的现代服务业重要门类，对促进社会化就业、更好发挥我国人力资源优势、服务经济社会发展具有重要意义。党的十八大以来，我国人力资源服务业发展取得明显成效，但在总量规模、服务功能、服务质量、专业化程度、国际竞争力等方面，还存在发展不平衡不充分、总体水平不高等问题。为加快推进人力资源服务业高质量发展，提出以下意见。

一、总体要求

（一）指导思想。以习近平新时代中国特色社会主义思想为指导，深入贯彻党的十九大和十九届二中、三中、四中、五中全会精神，立足新发展阶段，贯彻新发展理念，服务构建新发展格局，围绕实施就业优先战略、人才强国战略、乡村振兴战略，以促进就业为根本，进一步提高人力资源服务水平；以提高人力资源要素配置效率为导向，推动行业向专业化和价值链高端延伸；以培育壮大人力资源服务力量为抓手，进一步形成发展新动能；以建设高标准人力资源市场体系为目标，打造多层次、多元化的人力资源市场格局。加快构建中国特色的人力资源服务产业体系，为提高我国经济综合竞争力、持续改善民生、促进高质量发展提供有力支撑。

（二）基本原则。

坚持促进就业、服务人才。发挥人力资源服务业匹配供需、专业高效的独特优势，有效破解就业结构性矛盾，提高劳动者职业素质，促进人才顺畅流动、优化配置。

坚持市场主导、政府推动。发挥市场在人力资源配置中的决定性作用，更好发挥政府作用，健全人力资源市场体系，破除妨碍人力资源服务业高质量发展的体制机制障碍。

坚持完善政策、优化服务。健全完善人力资源服务业发展政策体系，持续提升人力资源服务能力，实现公共服务有效保障、市场化服务优质高效，更好满足日益增长的人力资源服务需求。

坚持加强规范、创新发展。统筹行业发展和规范管理，激发市场活力，维护市场秩序，健全行业正向激励和优胜劣汰机制，注重防范和化解风险，健全统一规范、竞争有序的市场格局。

（三）发展目标。

——行业规模不断扩大。到2025年，行

业营业收入突破2.5万亿元，人力资源服务机构达到5万家，从业人员数量达到110万。培育50家骨干龙头企业。国家级人力资源服务产业园达到30家左右。

——服务能力持续增强。人力资源服务产品更优、质量更高。匹配人力资源供给与需求的效率更高。公共服务与经营性服务相互补充、并行发展。行业整体竞争力和全球资源配置能力明显增强。

——发展水平显著提升。人力资源服务专业化、标准化、规范化、数字化、国际化水平明显提升。功能完善、布局合理的行业发展格局基本形成。

——市场环境日益优化。人力资源服务业政策法规体系、诚信服务体系、服务标准体系健全完善。市场监管更加有力。对外开放合作领域不断拓展。营商环境进一步优化。

二、重点任务

（四）大力提升人力资源服务水平，进一步推动创新发展。以市场需求为导向，推动人力资源服务管理创新、技术创新、服务创新、产品创新。重点发展猎头服务，完善通过猎头机构开展市场化引才机制。鼓励发展人力资源管理咨询、人才测评等高人力资本、高技术、高附加值业态。实施“互联网+人力资源服务”行动，创新应用大数据、人工智能、区块链等新兴信息技术，推动招聘、培训、人力资源服务外包、劳务派遣等业态提质增效。支持人力资源服务机构向现代服务业相关细分行业拓展经营范围，探索开展与互联网、教育、医疗等行业的跨界合作。加强知识产权保护，提升人力资源服务领域知识产权创造、运用、管理和服务水平。支持人力资源服务龙头企业做强做优。加快培育一批聚焦主业、专精特新的中小型人力资源服务企业。

（五）不断强化人力资源支撑经济高质量发展作用，进一步推动协同发展。深化人力资源供给侧结构性改革，构建人力资源与实体经济、科技创新、现代金融协同发展的产业体系，持续为新型工业化、信息化、城镇化、农业现代化培养和输送人才。推动人力资源服务机构深度融入制造业产业链，围绕制造产业基础高级化、产业链现代化提供精准专业服务。鼓励人力资源服务机构在依法合规、风险可控、商业可持续前提下创新资本运营模式。实施人力资源服务业助力乡村振兴计划，统筹城乡人力资源流动配置，为劳务品牌建设添力，促进乡村人才振兴。围绕重点群体、重点行业，实施人力资源服务行业促就业计划，向劳动者提供终身职业培训和就业服务。推动公共人力资源服务与经营性人力资源服务相互促进、协同发展。深化人力资源服务领域东西部协作。

（六）健全完善高水平人力资源服务产业园体系，进一步推动集聚发展。围绕国家区域重大战略，依托中心城市，在国家级新区、高新技术产业开发区、经济技术开发区等产业聚集区域，继续培育建设一批国家级人力资源服务产业园。支持有条件的地方建设省、市级人力资源服务产业园。发展专业性、行业性人力资源市场，统筹推进各类劳动力市场、人才市场、零工市场建设。鼓励人力资源服务机构等参与产业园运营管理，探索符合市场规律、适应发展需要、运转灵活高效的运营管理模式。拓宽产业园功能，支持在符合条件的园区内建设公共实训基地。鼓励各级人力资源服务产业园搭建交流对接、合作发展平台。

（七）着力促进人力资源服务助力共建“一带一路”，进一步推动开放发展。扩大人力资源服务领域对外开放，深度融入全球人才链、产业链、创新链。加强国际交流合作，积极引进国际先进人力资源服务企业、技术和管理模式。开展“一带一路”人力资源服务行动，鼓励有条件的人力资源服务机构在共建“一带一路”国家设立分支机构，构建全球服务网络。在“一带一路”国际合作高峰论坛框架下，推动举办人力资源服务业国际合作论坛。加快发展人力资源服务贸易，探索建设国家人力资源服务出口基地。积极参与人力资源领域全球治理，在国际规则、国际标准制定中体现中国智慧和主张。

（八）抓紧建设高标准人力资源市场体系，进一步推动规范发展。健全人力资源市场管理法规，落实“双随机、一公开”、年度报告公示等事中事后监管措施。开展高标准人力资源市场体系建设行动，强化市场管理和劳动保障监察行政执法，清理整顿人力资源市场秩序，整治非法劳务中介。规范发展网络招聘等人力资源服务，规范劳务派遣、人力资源服务外包、在线培训等人力资源服务。以加强劳动者的社会保障为重点，着力解决劳务派遣和劳务外包中的保障缺失和不足问题，维护劳动者合法权益。建立健全人力资源数据安全管理制度，探索实行人力资源数据分类管理和风险评估，防止数据泄露和滥用。加强人力资源市场监测预测和风险预警。健全人力资源服务机构信用评价标准，加强行业信用监管。

三、政策措施

（九）实行财政支持政策。鼓励地方统筹利用现有资金渠道支持人力资源服务业发展。鼓励人力资源服务机构有序承接政府转移的人才引进、人才流动、人才服务等项目，按规定享受补贴。吸纳重点群体就业的人力资源服务机构，按规定享受社会保险补贴。经营性人力资源服务机构为重点群体提供就业创业服务的，按规定享受就业创业服务补助；开展就业见习的，按规定给予就业见习补贴。具有培训资质的人力资源服务机构开展职业技能培训，符合职业技能培训补贴相关条件的，按规定纳入补贴类培训范围。

（十）落实税收优惠政策。落实支持人力资源服务业发展的税收优惠政策，做好政策宣传和纳税辅导。人力资源服务机构符合现行政策规定条件的，可享受小微企业财税优惠等政策。鼓励人力资源服务机构参评高新技术企业，符合相关标准被认定为高新技术企业的，可按规定享受相关税收优惠政策。

（十一）拓宽投融资渠道。推动人力资源服务机构通过上市、发行集合信托以及公司债、企业债、中小企业私募债等公司信用类债券进行融资。鼓励股权投资基金、创业投资企业投资人力资源服务业，支持银行等金融机构开展投贷联动。鼓励社会资本以独资、合资、收购、参股、联营等方式进入人力资源服务领域。

（十二）完善政府购买服务。加大政府购买人力资源服务力度，将人力资源服务纳入政府购买服务指导性目录，明确政府购买人力资源服务种类、性质和内容，及时进行动态调整。鼓励通过购买专业化人力资源服务引进急需紧缺人才、促进农村劳动力转移就业、服务乡村振兴以及其他公益性服务事项。健全政府购买人力资源服务制度机制，加强合规审查和监督检查评估，提高财政资金使用效率。

（十三）夯实发展基础。深化“放管服”改革，优化营商环境。落实国家产业指导政策，鼓励各地将人力资源服务业纳入重点产业指导目录。鼓励各地利用国家重大项目库加大人力资源服务业高质量发展项目储备。开展人力资源服务品牌价值提升行动，发展一批能够展示中国人力资源服务形象的品牌，支持人力资源服务机构参选本地区服务业重点企业名录和高新技术企业名录。加强人力资源服务标准化建设，持续完善人力资源服务国家标准体系，加大标准宣贯和实施推广力度。完善统计调查制度，优化统计分类标准和指标体系。持续办好全国人力资源服务业发展大会，鼓励举办创新创业大赛等活动，打造行业展示交流、对接洽谈平台。

（十四）加强人才保障。加大人力资源服务行业领军人才培养力度，开展高级经营管理人员研修培训，打造高水平领军人才队伍和创新团队。健全人力资源管理专业职称评审制度。依托现有资源，建设一批人力资源服务培训基地和实训基地，加快行业骨干人才和基础人才培养培训。建设人力资源服务行业智库，加强战略性、理论性、基础性研究。加强人力资源服务行业社会组织建设，发挥助推行业发展、促进行业自律作用。

各地、各有关部门要高度重视发展人力资源服务业，加强科学谋划，落实投入政策，完善工作机制，推进任务落实。各级人力资源社会保障部门要会同有关部门结合实际制定贯彻落实的具体政策措施，加强跟踪指导，及时总结经验做法，形成推动人力资源服务业高质量发展的工作格局。

2021 年 11 月 8 日

人力资源社会保障部　国家乡村振兴局
关于加强国家乡村振兴重点帮扶县
人力资源社会保障帮扶工作的意见

人社部发〔2021〕94号

各省、自治区、直辖市及新疆生产建设兵团人力资源社会保障厅（局）、乡村振兴局：

为深入贯彻党中央、国务院关于巩固拓展脱贫攻坚成果、全面推进乡村振兴决策部署，大力支持国家乡村振兴重点帮扶县（以下称重点帮扶县），现就加强重点帮扶县人力资源社会保障帮扶工作提出如下意见。

一、总体要求

（一）指导思想

以习近平新时代中国特色社会主义思想为指导，深入贯彻党的十九大和十九届二中、三中、四中、五中、六中全会以及中央农村工作会议精神，全面落实《中共中央、国务院关于实现巩固拓展脱贫攻坚成果同乡村振兴有效衔接的意见》和中共中央办公厅、国务院办公厅印发的《关于确定国家乡村振兴重点帮扶县的意见》要求，充分发挥就业帮扶增收入、技能帮扶强素质、社保帮扶保生活、人才人事帮扶促发展的职能作用，倾斜支持重点帮扶县巩固拓展脱贫攻坚成果、全面推进乡村振兴。

（二）目标任务

“十四五”时期，保持重点帮扶县脱贫人口每年就业规模总体稳定，帮助有就业意愿的农村劳动力实现就业持续增收；强化提升技工教育和职业培训供给能力，实现脱贫家庭和防止返贫监测对象家庭有培训需求的劳动力都有机会参加职业培训、有就读技工院校意愿的“两后生”都有机会接受技工教育；全面落实城乡居民基本养老保险保费代缴政策，巩固基本养老保险应保尽保成果；实现乡村人才规模不断壮大、素质稳步提升、结构持续优化，初步满足实施乡村振兴战略基本需要。

二、强化就业帮扶，促进持续增收

（三）推进劳务输出。各地要在农村劳动力转移就业工作示范县认定中对重点帮扶县给予倾斜，有条件的地区对吸纳重点帮扶县脱贫人口和防止返贫监测对象就业数量多、成效好的就业帮扶基地，按规定给予一次性奖补。指导重点帮扶县健全有组织劳务输出工作机制，鼓励各类人力资源服务机构和劳务经纪人积极参与，按规定落实就业创业服务补助、一次性交通补助等政策，以脱贫人口为重点大力推进劳务输出。

（四）培树劳务品牌。各地要对重点帮扶县劳务品牌培树工作予以指导和支持，通过多种方式加大推介力度，持续提升重点帮扶县劳务品牌的影响力和竞争力。指导重点帮扶县围绕本地特色劳务群体，制订专门计划，加强技能培训，着力培树劳务品牌，提高劳务输出质量。

（五）促进就地就近就业。各地要加强公益性岗位统筹管理，保持规模总体稳定，并适度向重点帮扶县倾斜，支持其适当加大乡村公益性岗位开发力度，按规定促进符合条件的弱劳力、半劳力就地就近就业。加强与有关部门协作，指导重点帮扶县在发展本地特色优势产业项目和县域经济、建设农业农村基础设施和卫星城镇中吸纳农村劳动力就业，引导农村劳动力积极参与乡村振兴，落实以工代赈、灵活就业、就业帮扶车间、公益性岗位等政策，帮扶脱贫劳动力就地就近就业。

（六）鼓励返乡入乡创业。各地要进一步加大对重点帮扶县返乡入乡创业的政策支持力度，调整和优化扶持政策，鼓励返乡入乡创业发展就业帮扶车间。加大创业担保贷款落实力度，加强政策宣传，优化申请对象资格审核程序。引导农民工等人员返乡入乡创业、乡村能人就地创业，帮助有条件的脱贫人口、防止返贫监测对象自主创业，按规定落实税费减免、场地安排、创业担保贷款及贴息、一次性创业补贴和创业培训等政策。加强返乡创业载体建设，充分利用现有园区、大型易地搬迁安置点等资源建设返乡入乡创业园、创业孵化基地，根据入驻实体数量、孵化效果和带动就业成效按规定给予创业孵化基地奖补。

（七）提升公共就业服务。各地要结合实际对重点帮扶县组织专项就业服务活动。积极发挥“就业帮扶直通车”平台作用，为重点帮扶县农村劳动力提供精准就业服务。优先支持重点帮扶县推进公共就业服务向乡村地区延伸，把就业服务功能作为村级综合服务设施建设工程重要内容，通过政府购买服务等方式强化服务供给。指导重点帮扶县依托全国防返贫监测信息系统对脱贫人口、农村低收入人口、易地搬迁群众等重点人群就业状态分类实施动态监测，加强大数据比对分析和部门信息共享，完善基层主动发现预警机制，对就业转失业的及时提供职业指导、职业介绍、技能培训等服务。

（八）加大就业补助资金的倾斜支持。各地在参与分配下拨年度就业补助资金时，要向重点帮扶县倾斜。定期调度分析资金使用情况，加强对资金使用的监管，加强工作指导。

三、强化技能帮扶，实现技能提升

（九）实施国家乡村振兴重点帮扶地区职业技能提升工程。贯彻落实《国家乡村振兴重点帮扶地区职业技能提升工程实施方案》，强化提升重点帮扶地区技工教育和职业培训供给能力，新建、改（扩）建100个左右技工院校和职业培训机构；建设100个左右高技能人才培训基地；建立100个左右技能大师工作室；开发100个左右专项职业能力考核规范；依托“就业创业和职业培训在线服务平台”征集遴选100个左右“互联网+技能帮扶”线上培训资源；累计开展职业技能培训不少于300万人次，培养5万名左右高级工以上高技能人才和乡村工匠。各地要建立健全人力资源社会保障部门牵头协调、多部门共同参与的工作机制，统筹推进相关工作有序实施。

（十）加大农业农村领域技能培训支持力度。各地要支持重点帮扶县结合当地农业农村发展需要，开展农机操作、农产品加工、乡村建筑工人等领域相关职业（工种）以及乡村工匠的技能培训，支持技工院校加强涉农专业建设、开展涉农职业培训，积极开展乡村创业带头人创业培训、创业青年培训等。

（十一）发挥职业技能竞赛引领带动作用。每两年举办一届全国乡村振兴职业技能大赛，各地要指导重点帮扶县组织动员本地技能人才积极参加选拔。引导支持重点帮扶县结合当地特色产业发展状况，举办具有地方特色的职业技能竞赛，切实发挥职业技能竞赛引领作用，带动重点帮扶县更多青年劳动力技能成才、技能就业、技能增收。

四、落实社保帮扶政策，兜牢基本生活底线

（十二）巩固拓展基本养老保险应保尽保

成果。各地要指导重点帮扶县完善困难群体参保帮扶，按照最低缴费档次为参加城乡居民基本养老保险的低保对象、特困人员、返贫致贫人口、重度残疾人等缴费困难群体代缴部分或全部保费。开展工伤预防宣传、培训，切实降低工伤事故发生率；推进职业伤害保障试点，加强新就业形态就业人员职业伤害保障；加快推进失业保险省级统筹，支持重点帮扶县提高基金互助共济能力，努力避免因工伤、失业致贫返贫。

（十三）完善便捷高效的社保经办服务方式。各地要支持重点帮扶县社保经办服务能力提升，增强乡镇（街道）、村（社区）社保服务平台管理和服务水平。支持重点帮扶县把社保经办服务功能作为村级综合服务设施建设工程重要内容，通过政府购买服务等方式保障有专人稳定承担社保经办服务，推进社保经办服务事项“就近办”。指导重点帮扶县全面推行社保经办服务“线下一门办、线上一网通、全程一卡办”，为企业和群众提供更加优质便捷高效的社保经办服务。

五、加大人才人事帮扶力度，增强内生发展能力

（十四）创新乡村产业人才支持政策。鼓励支持有条件的地方探索制定高校毕业生（含技师学院全日制高级工班、预备技师班毕业生，下同）岗位津贴政策，允许县域内各类企业招聘高校毕业生从事经营、管理、技术工作后，代为申请享受高校毕业生岗位津贴，吸引优秀高校毕业生到县域内工作。

（十五）落实事业单位人事管理倾斜政策。各地要指导重点帮扶县落实基层事业单位工作人员“三放宽一允许”招聘倾斜政策；将鼓励引导高校毕业生到重点帮扶县基层事业单位工作与做好事业单位公开招聘高校毕业生有效结合；指导重点帮扶县开展基层事业单位专项招聘“三支一扶”人员、公费师范生、定向医学生、退役士兵等工作；根据中央部署，推进县以下事业单位建立管理岗位职员等级晋升制度。

（十六）实施倾斜职称评聘政策。各地要指导重点帮扶县按照有关规定落实“定向评价、定向使用”的基层职称评聘制度。会同相关部门继续做好部分职业资格考试在原适用地区单独划定考试合格线工作。

（十七）加大智力支持和人才服务力度。各地在开展高层次人才服务基层示范活动中，进一步向重点帮扶县倾斜，遴选实施一批乡村振兴专家服务团。实施第四轮高校毕业生“三支一扶”计划，中央财政补助名额向重点帮扶县适当倾斜，并适当放宽专业要求，降低开考比例，提高招募本地户籍毕业生比例。配合有关部门建立城市医生、教师、科技、文化等人才定期服务乡村制度，支持和鼓励符合条件的事业单位科研人员按照国家有关规定到乡村和涉农企业创新创业，充分保障其在职称评审、工资福利、社会保障等方面的权益。

（十八）落实更加倾斜的工资政策。各地要指导重点帮扶县完善事业单位乡镇工作补贴实施办法，加大倾斜力度；落实《关于完善基层医疗卫生机构绩效工资政策保障家庭医生签约服务工作的通知》，提升全科医生工资水平，促进基层医疗卫生队伍建设；落实对到有关地区县以下事业单位工作的高校毕业生高定工资政策，引导人才向基层流动。

（十九）加大干部人才培训力度。各地要加大人力资源社会保障工作服务支持艰苦边远地区和基层一线工作力度，定期开展重点帮扶县人力资源社会保障部门负责人培训，进一步提升推进乡村振兴能力。在组织开展劳动人事争议调解员、仲裁员培训等活动中名额向重点帮扶县予以倾斜支持。

六、加强东西部人社协作，推动人才技能双向流动

（二十）创新协作方式。西部地区要指导重点帮扶县与对口帮扶地区在就业、技工教育和技能培训、人才引智等方面加强工作联动。东部地区要将就业帮扶、技能帮扶、人才帮扶

等列入东西部协作重要内容，加大资金、资源、项目投入。鼓励结对关系调整前的东西部协作结对地区通过市场化方式支持重点帮扶县。

（二十一）强化就业协作。西部地区要指导和支持重点帮扶县摸清本地脱贫劳动力、防止返贫监测对象外出务工意愿，做好组织发动、劳务输出。东部地区要畅通脱贫劳动力、防止返贫监测对象流入渠道，帮助脱贫劳动力方便就业、稳定就业、维护合法权益，将在本地务工的脱贫劳动力全部作为工作对象、纳入服务范围。

（二十二）强化技能协作。东部地区要加大对重点帮扶县技工院校的帮扶力度，提升其办学能力和质量。要鼓励和支持本地技工院校、企业与重点帮扶县技工院校开展校校合作、企校合作，鼓励和支持本地技工院校扩大在重点帮扶县招生和培训规模。

（二十三）强化人才协作。东部地区要加大人才选派力度，选派教师、医师、科技、管理等专业技术人才到重点帮扶县开展帮扶工作。西部地区要加大政策保障力度，为帮扶人才提供便利和支持。东西部地区要推动技术、技能人才双向挂职培养锻炼。

七、保障措施

（二十四）提高政治站位。各地人力资源社会保障、乡村振兴部门要深刻认识集中支持重点帮扶县的重要意义，站在践行初心使命、促进共同富裕的政治高度，出台更加有力的政策、采取更加有效的举措、推进更加扎实的工作，为重点帮扶县切实巩固拓展脱贫攻坚成果、推进乡村振兴贡献力量。

（二十五）加强组织领导。各地人力资源社会保障部门要及时调整完善推进乡村振兴工作领导体制和工作机制，调配精干力量，以重点帮扶县为重点做好相关工作。会同乡村振兴部门和民政部门加强数据共享，定期开展脱贫人口、防止返贫监测对象相关信息数据比对，加强监测分析，积极主动开展帮扶。人力资源社会保障部、国家乡村振兴局将加强对政策落实的统筹协调和工作指导。省级人力资源社会保障、乡村振兴部门要及时制定工作方案和实施办法，研究细化政策举措，加强与重点帮扶县工作对接，及时了解工作情况，加大督促指导力度。市县级人力资源社会保障、乡村振兴部门要把工作责任细化、实化、具体化，列出时间表、路线图、施工图，全力落实帮扶工作。

（二十六）强化调度督查。各地人力资源社会保障、乡村振兴部门要按照巩固脱贫成果后评估等有关要求，强化各项工作监测评估，定期开展工作调度，按期全面高质量完成好支持重点帮扶县相关工作任务。要加强资金使用监管，预防和查处套取或违规使用资金等违法违纪行为。要大力宣传重点帮扶县帮扶政策措施、先进经验、典型案例，为推进工作提供借鉴、营造良好氛围。省级人力资源社会保障部门每年 12 月 15 日前将年度工作推进和落实情况报送人力资源社会保障部。

2021 年 11 月 26 日

人力资源社会保障部关于印发《人力资源和社会保障法治建设实施方案（2021—2025年）》的通知

人社部发〔2021〕96号

各省、自治区、直辖市及新疆生产建设兵团人力资源社会保障厅（局），部属各单位：

为深入学习贯彻习近平法治思想和中央全面依法治国工作会议精神，落实《法治中国建设规划（2020—2025年）》《法治社会建设实施纲要（2020—2025年）》《法治政府建设实施纲要（2021—2025年）》，我部组织制定了《人力资源和社会保障法治建设实施方案（2021—2025年）》。现印发给你们，请结合实际认真贯彻执行。

2021年12月6日

人力资源和社会保障法治建设实施方案（2021—2025年）

为深入学习贯彻习近平法治思想和中央全面依法治国工作会议精神，落实《法治中国建设规划（2020—2025年）》《法治社会建设实施纲要（2020—2025年）》《法治政府建设实施纲要（2021—2025年）》，全面推进人力资源和社会保障法治建设（以下简称法治人社建设），制定本实施方案。

一、深入学习贯彻习近平法治思想，努力实现法治人社建设全面突破

（一）指导思想。高举中国特色社会主义伟大旗帜，坚持以马克思列宁主义、毛泽东思想、邓小平理论、“三个代表”重要思想、科学发展观、习近平新时代中国特色社会主义思想为指导，全面贯彻党的十九大和十九届二中、三中、四中、五中、六中全会精神，全面贯彻习近平法治思想，增强“四个意识”、坚定“四个自信”、做到“两个维护”，围绕建设中国特色社会主义法治体系、建设社会主义法治国家的全面推进依法治国总目标，结合人力资源和社会保障工作实际，坚持问题导向和目标导向，运用法治思维和法治方式，协调推进立法、执法、执法监督和普法工作，为人力资源和社会保障事业高质量发展提供有力法治

保障。

（二）主要原则。坚持党的全面领导，确保法治人社建设正确方向；坚持以人民为中心，法治人社建设必须为人民服务、对人民负责、受人民监督；坚持问题导向，用法治给行政权力定规矩、划界限，切实解决制约法治人社建设的突出问题；坚持改革创新，积极探索具有中国特色的法治人社建设模式和路径；坚持统筹推进，强化法治人社建设的整体推动、协同发展。

（三）总体目标。到 2025 年，人力资源和社会保障行政行为全面纳入法治轨道，职责明确、依法行政的政府治理体系日益健全，人力资源和社会保障法律制度体系进一步完善，法律法规规章严格公正实施，行政执法质量和效能大幅提升，工作人员特别是领导干部法治思维和依法行政能力明显提高，公民、法人和其他组织的合法权益得到有效保障。

二、健全机构职能体系，推动更好发挥政府作用

（四）推进机构职能优化协同高效。完善人力资源社会保障部门的市场监管、社会管理、公共服务等职能，厘清政府和市场、政府和社会关系，推动有效市场和有为政府更好结合。强化制定实施人力资源和社会保障发展战略、规划、政策、标准等职能，更加注重运用法律和制度遏制不当干预微观经济活动的行为。2022 年上半年编制完成人力资源社会保障部权责清单，建立公开、动态调整、考核评估、衔接规范等配套机制和办法。地方各级人力资源社会保障部门调整完善本单位权责清单，实现同一事项的规范统一。严格执行市场准入负面清单，普遍落实“非禁即入”。

（五）推进人力资源和社会保障领域行政审批制度改革。配合完成中央层面设定的行政许可事项清单、备案管理事项清单编制工作。依托全国一体化政务服务平台等渠道，全面推行审批服务“马上办、网上办、就近办、一次办、自助办”。推行行政审批告知承诺制。大力归并减少各类资质资格许可事项，动态优化《国家职业资格目录》，降低准入门槛。实施《人力资源社会保障部在全国范围内推行“证照分离”改革全覆盖实施方案》《人力资源社会保障部在自由贸易试验区进一步加大“证照分离”改革力度试点实施方案》，全面推行“证照分离”改革全覆盖。全面落实证明事项告知承诺制，新设证明事项必须有法律法规或者国务院决定依据。

（六）推动人力资源社会保障部门监督管理依法进行。健全以“双随机、一公开”监管和“互联网+监管”为基本手段、以重点监管为补充、以信用监管为基础的新型监管机制，推进线上线下一体化监管，完善与创新创造相适应的包容审慎监管方式。根据人力资源和社会保障领域不同业务板块特点和风险程度确定监管内容、方式和频次，提高监管精准化水平。

（七）提高人力资源和社会保障政务服务效能。进一步加强行风建设，全面提升政务服务水平，完善首问负责、一次告知、一窗受理、自助办理等制度。深入实施“人社服务快办行动”，大力推行打包办、提速办、简便办、跨省办、就近办、上门办、“免申即办”“一卡办”，2021 年年底前力争所有地市实施 10 个“一件事”打包办、20 个高频事项提速办、30 个异地事项跨省办。推进线上线下深度融合，依托各级人力资源和社会保障政务服务平台服务能力，全面实现人力资源和社会保障服务事项全城通办、就近能办、异地可办。坚持传统服务与智能创新相结合，充分保障老年人基本服务需要。全面开展人力资源和社会保障政务服务“好差评”。

（八）持续优化法治化营商环境。落实依法平等保护各种所有制企业产权和自主经营权对人力资源和社会保障工作的要求，切实防止滥用行政权力排除、限制竞争行为。按照党中央、国务院部署，全面清理违法违规的涉企收费、检查、摊派事项和评比达标表彰活动。加强政企沟通，在制定修改人力资源和社会保障规章、行政规范性文件过程中充分听取企业和行业协会商会意见。强化人力资源和社会保障政策的公平竞争审查制度刚性约束，按照市场监管总局的部署，及时清理废除妨碍统一市场和公平竞争的各种规定和做法。

三、健全人力资源和社会保障法律制度体系，推进治理规范化程序化法治化

（九）加强重要领域立法。坚持稳中求进工作总基调，根据人力资源和社会保障事业发展需要，及时向全国人大常委会、国务院提出立法项目建议，配合立法机关做好相关立法项目起草工作。制定人力资源和社会保障法律、行政法规的配套规章；对实践证明已经比较成熟的经验和行之有效的举措，尽快制定规章；修改和废止不适应改革和经济社会发展需要的规章。

（十）完善立法工作机制。聚焦实践问题，提高立法精细化精准化水平。完善立法论证评估制度，加大立法前评估力度，认真论证评估立法项目的必要性、可行性。建立健全立法风险防范机制，将风险评估贯穿立法全过程，提出立法建议、立法拟规定的主要政策和制度，都应当进行风险评估。积极运用新媒体新技术拓宽立法公众参与渠道，完善立法听证、民意调查机制，引导社会各方面广泛参与立法。

（十一）加强行政规范性文件管理和监督。依法制定行政规范性文件，严禁越权发文、严控发文数量、严格制发程序。建立健全行政规范性文件制定协调机制，防止政出多门、政策效应相互抵消。落实行政规范性文件动态清理工作机制。全面落实行政规范性文件合法性审核机制，明确审核范围，统一审核标准。严格落实行政规范性文件备案审查制度。

四、健全行政决策制度体系，不断提升行政决策公信力和执行力

（十二）强化依法决策意识。各级人力资源社会保障行政部门负责人要牢固树立依法决策意识，严格遵循法定权限和程序作出决策，确保决策内容符合法律法规规定。主要负责人作出重大决策前，应当听取合法性审查机构的意见，注重听取法律顾问、公职律师或者有关专家的意见。在开展巡视巡察、考核督察、经济责任审计时，把是否遵守决策程序制度、做到依法决策作为重要内容。

（十三）严格落实重大行政决策程序。严格执行《重大行政决策程序暂行条例》，增强公众参与实效，提高专家论证质量，充分发挥风险评估功能，确保所有重大行政决策都严格履行合法性审查和集体讨论决定程序。推行重大行政决策事项年度目录公开制度。涉及社会公众切身利益的重要规划、重大公共政策和措施、重大公共建设项目等，应当通过向社会公开征求意见或者举办听证会等形式加大公众参与力度，深入开展风险评估，认真听取和反映利益相关群体的意见建议。建立健全决策过程记录和材料归档制度。

（十四）加强行政决策执行和评估。完善行政决策执行机制，决策机关应当在决策中明确执行主体、执行时限、执行反馈等内容。建立健全重大行政决策跟踪反馈制度。依法推进决策后评估工作，将决策后评估结果作为调整重大行政决策的重要依据。重大行政决策一经作出，未经法定程序不得随意变更或者停止执行。严格落实重大行政决策终身责任追究制度和责任倒查机制。

五、健全人力资源和社会保障行政执法工作体系，全面推进严格规范公正文明执法

（十五）深化人力资源和社会保障行政执法体制改革。完善权责清晰、运转顺畅、保障有力、廉洁高效的行政执法体制机制，大力提高执法执行力和公信力。积极配合编制、司法部门做好行政执法体制改革相关工作。在行政许可权、行政处罚权改革中，健全审批、监管、处罚衔接机制，防止相互脱节。根据各级人民政府的部署，落实跨领域跨部门联合执法，实现违法线索互联、执法标准互通、处理结果互认。完善行政执法与刑事司法衔接机制，加强涉嫌拒不支付劳动报酬、社会保险欺诈、考试等案件移送工作。

（十六）加大重点领域执法力度。依法查处人力资源市场、劳动关系、社会保险等领域涉及群众切身利益的突出违法问题，适时开展清理整顿人力资源市场、规范劳动用工、根治拖欠农民工工资、打击骗取社会保险基金支出和待遇等专项集中整治行动，保持对相关违法行为的高压态势。对潜在风险大、可能造成严重不良后果的，加强日常监管和执法巡查，从源头上预防和化解违法风险。畅通违法行为投诉举报渠道，对举报严重违法违规行为和重大风险隐患的有功人员依法予以奖励和严格保护。

（十七）完善人力资源和社会保障行政执法程序。全面严格落实行政执法公示、执法全过程记录、重大执法决定法制审核制度。按照统一行政执法人员资格管理的要求，加强人力资源社会保障系统执法人员专业培训，完善相关规范标准。统一行政执法案卷、文书基本标准，提高执法案卷、文书规范化水平。完善行政执法文书送达制度。全面落实行政裁量权基准制度，细化量化各类人力资源和社会保障行政执法行为的裁量范围、种类、幅度等并对外公布。全面梳理、规范和精简执法事项，凡没有法律法规规章依据的一律取消。规范涉企行政检查，着力解决涉企现场检查事项多、频次高、随意检查等问题。按照行政执法类型，制定完善行政执法程序规范。全面严格落实行政执法告知制度，依法保障行政相对人陈述、申辩、提出听证申请等权利。

（十八）创新人力资源和社会保障行政执法方式。广泛运用说服教育、劝导示范、警示告诫、指导约谈等方式，努力做到宽严相济、法理相融，让执法既有力度又有温度。全面推行轻微违法行为依法免予处罚清单。建立健全行政执法案例指导制度，定期发布指导案例。

六、健全突发事件应对体系，依法预防处置重大突发事件

（十九）完善突发事件应对制度。落实突发事件应对法，完善与国家突发公共事件总体和专项应急预案相衔接配套的人力资源和社会保障领域突发事件应急预案。加强突发事件监测预警、信息报告、应急响应、恢复重建、调查评估等机制建设。加强对形势的分析研判，建立人力资源和社会保障领域群体性纠纷的经常性排查和动态监测预警制度，及时发现和积极解决苗头性、倾向性问题，有效防范群体性事件。

（二十）提高突发事件依法处置能力。增强风险防范意识，强化突发事件依法分级分类施策，增强应急处置的针对性实效性。完善各类突发事件应急响应处置程序和协调联动机制，提升依法预防突发事件、先期处置和快速反应能力。

（二十一）引导、规范基层组织和社会力量参与突发事件应对。充分发挥乡镇（街道）、村（社区）应急处置组织体系的作用，推动乡镇（街道）、村（社区）、社会组织、慈善组织、社会工作者、志愿者等依法参与预防、应对人力资源和社会保障领域突发事件。

七、健全社会矛盾纠纷行政预防调处化解体系，不断促进社会公平正义

（二十二）加强社会保障行政调解工作。建立健全社会保障行政调解工作制度，明确行政调解的范围、原则和工作程序，规范行政调解行为。依法加强社会保障行政调解，有效预防和及时化解社会保障行政争议和有关矛盾纠纷，维护公民、法人和其他组织的合法权益。

（二十三）加强劳动人事争议调解仲裁工作。完善劳动人事争议调解仲裁制度，充分发挥调解在劳动人事争议处理中的基础性作用，加强调解仲裁与诉讼衔接，逐步统一受理范围和法律适用标准，提升劳动人事争议处理效能。加强劳动人事争议预防和调解仲裁工作指导，发布劳动人事争议调解典型案例和仲裁典型案例。创新劳动人事争议处理体制机制，开展工伤争议速裁、电子劳动合同争议处理、智能仲裁院数字仲裁庭建设等试点工作。组织开展“千名青年仲裁员志愿者联系万家企业”活动，推进打造百家金牌劳动人事争议调解组织，培育一批新就业形态劳动人事争议调解组织。

（二十四）发挥行政复议化解行政争议主渠道作用。按照行政复议法和《行政复议体制改革方案》要求，理顺行政复议体制，推进行政复议规范化、专业化、信息化建设，健全优化行政复议审理机制。

（二十五）加强和规范行政应诉工作。认真执行行政机关负责人出庭应诉制度。健全行政争议实质性化解机制，推动诉源治理。支持法院依法受理和审理行政案件，切实履行生效裁判。支持检察院开展行政诉讼监督工作和行政公益诉讼，积极主动履行职责或者纠正违法行为。认真做好司法建议、检察建议落实和反馈工作。

（二十六）加大普法力度。按照《全国人力资源社会保障系统法治宣传教育第八个五年规划（2021—2025 年）》的部署，全面落实“谁执法谁普法”普法责任制，围绕中心工作，突出重点人群，扎实开展各类主题法治宣传教育活动，营造良好法治氛围。加强新媒体新技术在普法中的运用，创新普法形式，持续开展窗口单位练兵比武活动，针对不同对象开展个性化、菜单式的法治宣传教育。推进法治文化建设，通过法治知识竞赛等方式，带动广大群众积极参与普法活动，增强学法用法自觉性。

八、健全完善行政权力制约和监督体系，促进行政权力规范透明运行

（二十七）自觉接受监督。加强党内监督，自觉接受人大监督、民主监督、行政监督、司法监督、群众监督和舆论监督，积极发挥审计监督、财会监督、统计监督、执法监督、行政复议等监督作用，自觉接受纪检监察机关监督，对人力资源社会保障部门公职人员违法行为严格追究法律责任，依规依法给予处分。

（二十八）加强对行政执法制约和监督。全面落实行政执法责任，严格按照权责事项清单分解执法职权、确定执法责任。加强和完善行政执法案卷管理和评查、行政执法机关处理投诉举报、行政执法考核评议等制度建设。大力整治重点领域行政执法不作为乱作为、执法不严格不规范不文明不透明等突出问题，围绕中心工作部署开展行政执法监督专项行动。严禁下达或者变相下达罚没指标，严禁将罚没收入同作出行政处罚的行政机关及其工作人员的考核、考评直接或者变相挂钩。建立并实施行政执法监督员制度。

（二十九）全面主动落实政务公开。坚持以公开为常态、不公开为例外，大力推进决策、执行、管理、服务和结果公开，做到法定主动公开内容全部公开到位。加强政务公开制度化、规范化、信息化建设，提高政务公开能力和水平。全面提升政府信息公开申请办理工作质量，依法保障人民群众合理信息需求。加强政府网站建设，以政府信息公开为重点，优化栏目设置，不断强化信息发布、解读回应、互动交流、在线服务功能，发挥信息公开、政务服务的主渠道作用。

九、健全法治人社建设科技保障体系，全面建设数字法治人社

（三十）加快推进信息化、标准化建设。落实各省（自治区、直辖市）建设本地区各级互联、协同联动的政务服务平台的要求，实现从省（自治区、直辖市）到村（社区）人力资源和社会保障领域网上政务全覆盖。加快推进政务服务向移动端延伸，实现更多政务服务事项“掌上办”。按照建设法规规章行政规范性文件统一公开查询平台的要求，完善部门户网站法规政策文件库，2022 年年底前实现现行有效的行政法规、部门规章、行政规范性

文件的统一公开查询，并动态更新。根据人力资源和社会保障标准体系，组织开展基础、公共就业服务、人力资源服务、社会保险、劳动管理、信息化等6个方面标准制定修订工作，为人力资源和社会保障公共服务规范开展提供技术支撑。

（三十一）加快推进人力资源和社会保障政务数据有序共享。根据各级人民政府关于建立健全政务数据共享协调机制的部署和要求，落实政务数据提供、使用、管理等各相关方的权利和责任，推动数据共享和业务协同，形成高效运行的工作机制。加强对大数据的分析、挖掘、处理和应用，善于运用大数据辅助行政决策、行政立法、行政执法工作。建立健全运用互联网、大数据、人工智能等技术手段进行行政管理的制度规则。

（三十二）深入推进“互联网+”监管执法。积极推进智慧执法，加强信息化技术、装备的配置和应用，推行行政执法App掌上执法。探索推行以远程监管、移动监管、预警防控为特征的非现场监管，解决人少事多的难题。根据全国行政执法综合管理监督信息系统建设的进度和统一要求，将人力资源和社会保障执法基础数据、执法程序流转、执法信息公开等汇入全国行政执法数据库。

十、加强党的领导，完善法治人社建设推进机制

（三十三）加强党对法治人社建设的领导。各级人力资源社会保障部门要深入学习领会习近平法治思想，把习近平法治思想贯彻落实到法治人社建设全过程和各方面。要切实履行推进法治建设领导职责，安排听取有关工作汇报，谋划落实好法治人社建设各项任务，及时研究解决影响法治人社建设重大问题。各级人力资源社会保障部门主要负责人要切实履行推进本部门法治建设第一责任人职责，作为重要工作定期部署推进、抓实抓好。各级人力资源社会保障部门法治工作机构要加强法治人社建设的协调督促推动。

（三十四）完善法治人社建设推进机制。组织开展法治人社示范创建活动，大力培育法治人社建设的先进典型，以创建促提升、以示范带发展，不断激发法治人社建设的内生动力。严格执行法治政府建设年度报告制度，按要求向社会公开。加强法治队伍建设，加大法治工作人员培养、使用和交流力度，使人员配备与法治人社建设任务相适应。把依法行政情况列入年度考核重要内容，落实领导干部述法制度，领导班子和领导干部在年度考核述职中要围绕法治学习情况、重大事项依法决策情况、依法履职情况等进行述法。将法治人社建设工作经费列入年度预算，为立法、法治宣传教育、聘请法律顾问、行政执法、行政复议和行政应诉案件办理、法治人社示范创建等提供经费保障。

（三十五）全面加强依法行政能力建设。健全领导干部学法用法机制，把习近平法治思想、宪法法律和党章党规列入学习培训计划，把《习近平法治思想学习纲要》作为党组（党委）理论学习中心组学习、干部培训、党员学习的重要内容，确保学习时间和质量。新的法律、行政法规和规章出台后，都要在全系统组织专题培训。按照当地政府的统一部署，市县级人力资源社会保障部门负责人任期内至少接受一次法治专题脱产培训。对法治政府建设做出突出贡献的单位、个人，按照有关规定给予表彰奖励。

人力资源社会保障部关于印发《全国人力资源社会保障系统法治宣传教育第八个五年规划（2021—2025年）》的通知

人社部发〔2021〕97号

各省、自治区、直辖市及新疆生产建设兵团人力资源社会保障厅（局），各副省级市人力资源社会保障局，部属各单位：

现将《全国人力资源社会保障系统法治宣传教育第八个五年规划（2021—2025年）》印发给你们，请结合本地区、本单位实际作出具体安排，认真组织实施，确保人力资源社会保障系统法治宣传教育第八个五年规划任务的全面落实。

2021年12月6日

全国人力资源社会保障系统法治宣传教育第八个五年规划（2021—2025年）

为深入学习宣传贯彻习近平法治思想，认真贯彻落实中共中央、国务院转发的《中央宣传部、司法部关于开展法治宣传教育的第八个五年规划（2021—2025年）》和全国人大常委会关于开展第八个五年法治宣传教育的决议，在人力资源社会保障系统深入开展法治宣传教育，制定本规划。

一、以习近平法治思想引领人力资源和社会保障普法工作

（一）指导思想

坚持以马克思列宁主义、毛泽东思想、邓小平理论、“三个代表”重要思想、科学发展观、习近平新时代中国特色社会主义思想为指导，全面贯彻党的十九大和十九届二中、三中、四中、五中、六中全会精神，深入贯彻习近平法治思想，增强“四个意识”、坚定“四个自信”、做到“两个维护”，坚定不移走中国特色社会主义法治道路，紧紧围绕“十四五”时期人力资源和社会保障事业发展的目标任务，以使法治成为社会共识和基本准则为目标，以持续提升人社系统工作人员和用人单位、劳动者法治素养为重点，以提高普法针对性和实效性为工作着力点，完善和落实

“谁执法谁普法”普法责任制，为人力资源和社会保障事业高质量发展营造良好法治环境。

（二）主要目标

到2025年，“谁执法谁普法”普法责任制得到有效落实，法治宣传教育实效性进一步增强，人力资源和社会保障法律法规的社会知晓度显著提升；人社系统普法工作体系更加健全；人社系统工作人员和用人单位、劳动者法治观念明显增强；人力资源和社会保障领域依法治理深入推进，办事依法、遇事找法、解决问题用法、化解矛盾靠法的法治环境显著改善。

（三）基本原则

坚持党的全面领导，把党的领导贯彻到普法全过程各方面，始终坚持正确政治方向；坚持以人民为中心，树立以人民为中心的普法理念和工作导向，做到普法为了人民、依靠人民、服务人民，依法保障人民权益；坚持服务大局，紧紧围绕党和国家中心工作、人力资源和社会保障事业发展“十四五”规划，有针对性地组织开展普法；坚持与法治实践深度融合，把普法融入法治实践、融入基层治理、融入日常生活，融入全面依法治国全过程。

二、普法重点内容

（一）突出学习宣传习近平法治思想

深入学习宣传习近平法治思想的重大意义、丰富内涵、精神实质和实践要求，引导人社系统坚定不移走中国特色社会主义法治道路。认真学习《习近平法治思想学习纲要》，把习近平法治思想作为党组（党委）理论学习中心组学习重点内容，列入系统干部教育重要课程，推动领导干部带头学习、模范践行。通过多种形式，运用各类媒体和平台，发挥好人社普法阵地作用，推动习近平法治思想入脑入心、走深走实。

（二）突出学习宣传宪法

在人社系统深入持久开展宪法宣传教育活动，阐释好“中国之治”的制度基础，阐释好新时代依宪治国、依宪执政的内涵和意义，阐释好宪法精神。全面依法落实宪法宣誓制度。结合“12·4”国家宪法日，开展“宪法宣传周”集中宣传活动。在人社系统工作人员中普遍开展宪法教育，深入学习宣传宪法确定的理念和原则，学习宣传宪法确立的国家根本制度、根本任务，学习宣传公民的基本权利和基本义务等宪法基本内容，以宪法精神凝心聚力，使宪法精神深入人心。

（三）深入学习宣传人力资源和社会保障法律法规

着眼于推动实现更加充分更高质量就业，结合实施“十四五”就业促进规划、“十四五”职业技能培训规划，突出高校毕业生、农民工、就业困难人员等群体，大力宣传就业促进法、人力资源市场暂行条例等法律法规，宣传强化就业优先，鼓励大众创业、万众创新的方针和政策。

着眼于健全多层次社会保障体系，结合实施全民参保计划、社会保险制度建设，大力宣传社会保险法及工伤保险条例、失业保险条例等法律法规，宣传社会保障制度改革及社会保险待遇、社会保险经办管理和服务等方面的新政策、新机制。

着眼于激发人才创新活力，结合实施专业技术人才系列支持计划、技能中国行动，深入学习宣传国家加强专业技术人才队伍和技能人才队伍建设、事业单位人事制度改革、国家表彰奖励等方面的法律法规和政策。

着眼于构建和谐劳动关系，结合实施企业薪酬指引计划、劳动关系“和谐同行”能力提升行动，大力宣传劳动法、劳动合同法、劳动争议调解仲裁法、保障农民工工资支付条例等法律法规，宣传国家深化企事业工资收入分配制度改革的举措，宣传工资、工时、休息休假、女职工和未成年工特殊劳动保护、新就业形态劳动者劳动权益保障等方面的政策，帮助、引导用人单位和劳动者自觉运用法律手段解决矛盾纠纷、维护合法权益。

（四）深入学习宣传民法典及其他相关法律法规

广泛开展民法典普法工作，阐释好民法典

一系列新规定新概念新精神，推动领导干部做学习、遵守、维护民法典的表率，提高运用民法典维护人民权益、化解矛盾纠纷、促进社会和谐稳定的能力和水平。广泛宣传与推动高质量发展、社会治理现代化密切相关的法律法规，围绕人民群众关心关注的问题，开展经常性法治宣传教育，依法保障社会稳定和人民安宁。

（五）深入学习宣传党内法规

深入学习宣传党内法规，突出学习宣传党章，教育党员干部以党章为根本遵循，尊崇党章、遵守党章、贯彻党章、维护党章。把学习掌握党内法规作为合格党员的基本要求，列入基层党组织“三会一课”内容，在考核党员干部时注意了解相关情况，促进党内法规学习宣传常态化、制度化。

三、工作措施和要求

（一）全面落实普法责任

一是完善“谁执法谁普法”普法责任制。健全各级人力资源社会保障部门普法责任清单，进一步细化普法内容、措施标准和责任。各级人力资源社会保障部门在组织开展重大活动、专项检查、专项行动时，要把普法作为重要环节，对普法内容、普法形式、普法责任等作出具体部署。

二是把普法融入立法和政策制定全过程。在法律、法规、规章和规范性文件制定过程中，要通过公开征求意见、座谈会、听证会、论证会等方式，说明相关制度设计，提高社会公众的知晓度和理解力。法律、法规、规章和规范性文件公布后，要通过制定宣传提纲、在线访谈、答记者问、发表解读文章等方式，以通俗易懂的语言将公民、法人和其他组织的权利义务、权利救济方式等主要内容，通过网站、新闻媒体公布，方便社会公众理解掌握。

三是在依法履行职责过程中开展普法。要把向管理服务对象宣传普及相关法律知识作为工作流程的必备步骤，在依法履行职责、提供公共服务的过程中答疑解惑，使人民群众及时、准确了解相关法规政策。各级人力资源社会保障服务窗口和服务大厅要通过提供服务指南、播放法治宣传视频、发放宣传手册等方式，方便群众了解法规政策。

四是落实工作人员以案释法制度。在行政处罚、行政强制、行政检查、行政确认、劳动人事争议仲裁、劳动保障监察、行政争议处理、信访处理等过程中，工作人员要结合具体案情向当事人释法说理，把矛盾纠纷排查化解与法治宣传教育有机结合起来，让群众在解决问题中学习法律知识，树立法治观念。组织开展典型案例汇编和公开活动，积极开展以案释法、以案普法。针对人力资源和社会保障领域热点问题和事件，要组织执法人员和专家学者进行权威解读，弘扬法治精神。

（二）着力提高普法针对性和实效性

一是加强国家工作人员法治教育。认真落实领导干部学法制度，把习近平法治思想、宪法法律和党章党规列入中心组学习计划，每年至少集体学法 3 次，每年至少举办 2 期领导干部法治专题讲座或者培训。把法治教育纳入干部教育培训总体规划，将法治课程列为领导干部和工作人员任职培训、党校培训以及各类业务培训的必修课，加大培训力度。积极开展新法培训。法律、行政法规和规章公布后，要按照规定对直接执行法律、行政法规和规章的工作人员进行专门培训。建立领导干部应知应会法律法规清单制度，分级分类明确领导干部履职应当学习掌握的法律法规和党内法规。把法治素养和依法履职情况纳入考核评价干部的重要内容，让尊法学法守法用法成为领导干部自觉行为和必备素质。

二是面向社会公众开展针对性普法。围绕中心工作，针对重点人群，聚焦群众关心的热点问题，深入推进人力资源和社会保障法律进乡村（社区）、进学校、进企业等主题活动。根据就业困难人员、农民工、高校毕业生等不同群体特点，组织开展就业援助月、春风行动、高校毕业生就业服务行动等专项活动，有针对性地宣传就业创业政策。深入推进“人社政策法规进技校”，总结、推广各地在技工院校开展人力资源和社会保障法治宣传教育的好经验、好做法，提高技工院校学生参与法治实践的能力。针对企业经营管理人员，开展多种形式的劳动用工法律知识培训，进一步提高用人单位依法用工水平。针对年底欠薪较为集中问题，在“两节”期间组织开展保障农民工工资支付集中宣传活动。利用“五一”国际劳动节、“12・4”宪法日、法律法规颁布施行日等重要时间节点，扎实开展各类主题普法活动。

（三）创新工作机制

一是加强新媒体新技术在普法中的运用。充分发挥互联网作用，建立健全新媒体普法的工作机制，打造人力资源和社会保障网络宣传矩阵，依托网站、微博、微信、微视频和移动应用等新媒体新技术开展普法活动，努力构建多层次、立体化、全方位的法治宣传教育网络。积极运用公共活动场所电子显示屏、服务窗口触摸屏、公交移动电视屏、手机屏等，推送人力资源和社会保障法治宣传教育内容。加强人力资源和社会保障法律法规咨询服务系统建设，提升“12333”公益服务电话服务品质，不断扩大法治宣传教育的覆盖面。

二是创新普法产品和形式。适应人民群众对法治需求从“有没有”向“好不好”的转变，注重运用新技术分析各类人群不同的法治需求，提高普法产品供给的精准性和有效性。通过制作“看得懂算得清”“人社日课”、普法短视频等产品，以群众喜闻乐见的形式，用接地气的群众语言解读政策，不断增强群众的获得感、幸福感。推进法治文化建设，鼓励各地因地制宜建设法治文化阵地，创作一批法治文化作品，开展法治动漫微视频征集展播、法治征文、法治演讲比赛、法治文艺汇演等活动，推动法治精神深入人心。

三是以窗口单位业务技能练兵比武活动为载体开展普法宣传。将常态化岗位练兵和技能比武与普法宣传有机结合起来，不断营造尊法学法守法用法的浓厚氛围。依托全国人力资源社会保障窗口单位业务技能练兵比武在线学习平台，不断丰富试题库内容，将学习平台面向全社会开放，积极引导人社系统工作人员和社会公众广泛参与，推动新进人员必学、新出政策必学。自下而上开展技能比武，每两年举行一次全国人力资源社会保障窗口单位技能比武活动，推动工作人员以比促练、以练促用。在此基础上，进一步创新手段形式，广泛运用网络、微信、电视台等媒介开展法治竞赛活动，不断增强社会影响力，吸引更多社会公众学习掌握运用人力资源和社会保障法规政策。

四是充分运用社会力量开展公益普法。畅通和规范市场主体、社会工作者和志愿者等参与普法的途径，发展和规范公益性普法组织。通过建设普法讲师团、普法宣传队等方式，充分发挥法律法规起草人员、法律实务工作者、法学教师的作用。加强普法志愿队伍建设，组织、支持退休老党员、老干部等开展普法志愿服务，健全社会普法教育机制，推动普法志愿服务常态化、制度化。

（四）加强组织保障

一是加强组织领导。要更加注重系统观念、法治思维，把推进全民普法和守法摆上重要工作日程，把普法作为人力资源和社会保障工作的重要内容，认真组织实施。各级人力资源社会保障部门主要负责人要严格按照推进法治建设第一责任人职责的要求，认真履行普法领导责任，建立健全法治宣传教育制度。要切实保障普法工作经费，配备必要的人员和设备，确保普法工作有效开展。

二是压实普法责任。全面推行“谁执法谁普法”责任单位年度履职报告评议制度，提高评议质量。逐步形成清单管理、跟踪提示、督促指导、评估反馈的管理模式，压实各责任单位普法责任。推行“谁管理谁普法”“谁服务谁普法”，加大对管理服务对象普法力度，落实普法责任。

三是开展评估验收。按照全国普法办的部署，组织开展规划实施情况中期评估和终期总结验收，加强规划实施中的动态监测，重在发现问题，推动解决问题。加强评估和验收结果运用，按照规定向全国普法办推荐全国普法工作先进单位、先进个人，对工作突出的进行表扬。将普法工作开展情况、工作成效以及公民法治素养提升效果，纳入法治人社示范创建评估指标体系。

四是加强指导监督。尊重基层首创精神，及时发现、总结、推广经验，推动全民普法实践创新、制度创新、理论创新。注重清单化管理、项目化推进、责任化落实，防止形式主义、官僚主义，确保普法工作有声有色、有力有效。对重视不够、措施不力、落实普法责任制不到位的，要发出提示函或建议书，必要时进行约谈，提出整改要求；对造成严重后果的，进行通报批评，依规依法处理。

人力资源社会保障部　教育部
发展改革委　财政部关于印发"十四五"
职业技能培训规划的通知

人社部发〔2021〕102号

各省、自治区、直辖市人民政府，国务院各部委、各直属机构：

《"十四五"职业技能培训规划》已经国务院同意，现印发给你们，请认真贯彻执行。

2021年12月15日

"十四五"职业技能培训规划

开展大规模职业技能培训，是提升劳动者就业创业能力、缓解结构性就业矛盾、促进扩大就业的重要举措，是推动高质量发展的重要支撑。本规划依据《中华人民共和国国民经济和社会发展第十四个五年规划和2035年远景目标纲要》编制，提出了"十四五"时期加强职业技能培训工作的指导思想、基本原则、主要目标、重点任务和保障措施，是推动职业技能培训高质量发展的工作指引。

一、规划背景

"十三五"时期，坚持以人民为中心的发展思想，职业技能培训大规模开展。2019年，国务院决定从失业保险基金结余中拿出1 000亿元组织实施职业技能提升行动，面向企业职工、就业重点群体和贫困劳动力组织实施职业技能培训。五年来，全国共组织开展补贴性职业技能培训近1亿人次；其中，培训企业职工超过3 000万人次，农民工超过4 000万人次，贫困劳动力超过900万人次。全国技能人才总量超过2亿人，高技能人才超过5 000万人，均比"十二五"期末有较大幅度增长。技能人才总量扩大，结构逐步优化，就业质量不断提升。

"十四五"时期，我国开启全面建设社会主义现代化国家、向第二个百年奋斗目标进军新征程。党中央、国务院部署建设技能型社会，实施就业优先战略和技能提升行动，健全终身职业技能培训制度，为职业技能培训发展提供了根本保证。我国已进入高质量发展阶段，实施新时代人才强国战略，推进制造强国、质量强国建设，发展实体经济，亟须加强创新型、应用型、技能型人才培养，壮大高技能人才队伍，为职业技能培训发展创造广阔空间。新一轮科技革命和产业变革突飞猛进，就业新增长点、新就业形态不断发展，劳动者参加培训提升人力资本和专业技能的内在动力逐渐增强。

但也要看到，“十四五”时期职业技能培训面临新的挑战。产业转型升级、技术进步对劳动者技能素质提出了更高要求，人才培养培训不适应市场需求的现象进一步加剧。“就业难”与“招工难”并存，高校毕业生等重点群体和农村转移劳动力就业创业能力与用人需求存在差距。职业技能培训难以适应数字技术、人工智能发展要求，培训基础能力薄弱，针对性有效性需要进一步提高，支持服务体系亟须完善，尊重技能尊重劳动的社会氛围有待进一步优化。职业技能培训的规模质量与建设技能型社会需求仍有差距，必须深刻认识职业技能培训工作的短板和不足，全面分析面临的困难和挑战，坚持问题导向，加大工作力度，发动全社会力量，共同推动职业技能培训高质量发展，建设规模宏大、质量过硬、结构合理的技能劳动者队伍。

二、总体要求

（一）指导思想。

高举中国特色社会主义伟大旗帜，以习近平新时代中国特色社会主义思想为指导，深入贯彻党的十九大和十九届二中、三中、四中、五中、六中全会精神，认真落实党中央、国务院决策部署，立足新发展阶段，完整、准确、全面贯彻新发展理念，构建新发展格局，推动高质量发展，以深化供给侧结构性改革为主线，以改革创新为动力，推进技能型社会建设，全面实施技能中国行动，进一步健全完善劳动者终身职业技能培训制度，充分发挥市场在资源配置中的决定性作用，配合实施国家重大战略、区域协调发展战略，加大职业技能培训力度，吸引更多劳动者技能就业技能成才，为全面建设社会主义现代化国家提供有力的人才和技能支撑。

（二）基本原则。

——坚持立德树人、德技并修。大力弘扬和培育劳模精神、劳动精神、工匠精神，坚持工学结合、知行合一、德技并修，聚焦劳动者技能素质提升，注重培养劳动者的职业道德和技能素养。

——坚持就业导向、提质扩容。牢固树立职业技能培训为就业服务的理念，不断提升培训质量，扩大培训规模，为劳动者储备就业技能，促进就业创业，提高工作能力。

——坚持共建共享、协同发力。加强对职业技能培训资源的统筹利用，发挥公共实训基地和职业院校（含技工院校，下同）等功能作用，鼓励支持龙头企业、社会资源依法参与职业技能培训，推动共建共享，形成工作合力。

——坚持市场引导、政府支持。构建以企业为主体、职业院校为基础、政府推动与社会支持相结合的职业技能培训体系，引导劳动者根据社会需要和个人需求积极参与职业技能培训。

（三）主要目标。

到2025年，要实现以下目标：

——终身职业技能培训制度更加完善。深入实施职业技能提升行动，形成贯穿劳动者学习工作终身，覆盖劳动者职业生涯全程，适应就业创业和人才成长需要以及经济社会发展需求的终身职业技能培训制度，推进终身职业技能培训组织实施。

——共建共享职业技能培训体系更加健全。健全职业技能培训共建共享机制，持续推动公共职业技能培训扩容提质，优化公共职业技能培训资源供给。加大政府、企业、社会等各类培训资源优化整合力度，提高培训供给能力，提升职业技能培训的精准性和实效性。

——创新型、应用型、技能型人才队伍不断发展壮大。稳步扩大培训规模，持续提升培训质量，技能劳动者队伍结构不断优化，就业创业能力明显提高，高技能人才不断涌现。破除学历、身份等限制，技能人才成长通道更加顺畅，多元化评价方式不断完善，技能等级与薪酬分配的联系更加密切，职业技能竞赛引领和推动技能成才的作用更加显著。

——职业技能培训服务更加有效。培训与就业的衔接更加紧密，形成个人投入、企业支持、政府补贴共同投入的机制，鼓励社会资本投入，形成职业技能培训多元供给体系，市场引导和政府补贴的职业技能培训共同推进，职业技能培训公共服务力度更大、效率更高。

专栏1　　“十四五”时期职业技能培训主要指标

主要指标	2021—2025年目标	属性
开展补贴性职业技能培训（人次）	≥7 500万	预期性
其中：农民工参加职业技能培训（人次）	≥3 000万	预期性
新增取得职业资格证书或职业技能等级证书（人次）	≥4 000万	预期性
其中：新增高技能人才（取得高级工及以上职业资格证书或职业技能等级证书）（人次）	≥800万	预期性
新建公共实训基地（个）	200	预期性

三、健全完善终身职业技能培训体系

（四）深入实施职业技能提升行动。

健全终身职业技能培训制度，深入实施职业技能提升行动和重点群体专项职业培训计划，广泛开展新业态新模式从业人员技能培训，有效提高培训质量。制定出台加强新时代技能人才队伍建设政策措施，着力完善培养、使用、评价、激励机制，持续增强技能人才发展动力和创新创造活力。以企业自主培训、市场化培训为主要供给，以政府补贴培训为有益补充，以行业企业、公共实训基地、普通高校、职业院校、职业技能培训机构等为主要载体，以就业技能培训、岗位技能提升培训和创业培训为主要形式，构建资源充足、布局合理、结构优化、载体多元的培训组织实施体系，持续大规模开展职业技能培训。探索“互联网+”、“智能+”培训新形态，推动培训方式变革创新。

（五）大力开展企业职工岗位技能提升培训。

充分发挥企业培训主体作用，推动企业建立健全职工技能培训机制，支持各类企业广泛开展职工岗位技能提升培训，突出高技能人才培训、产业紧缺人才培训、安全技能提升培训、转岗转业培训、通用职业素质和数字技能普及性培训等，支持开展订单式、定向式及项目制培训。发挥行业协会、龙头企业和培训机构作用，引导帮助中小微企业开展职工培训。鼓励企业与参训职工协商调整工作及培训时间，依法保障职工参训期间的工资福利待遇。落实培训经费税前扣除政策。深化高危行业领域安全技能提升行动，按规定开展危险化学品、矿山等高危行业企业从业人员和各类特种作业人员安全技能培训。

（六）强化重点群体就业技能培训。

实施青年专项技能培训计划。以高校和职业院校毕业年度毕业生和其他青年群体为培训对象，以提升就业创业能力为核心，开展青年职业技能培训，增强青年群体适应产业发展、岗位需求和基层就业的能力。实施青年学徒培养计划，通过企校双师带徒、工学交替，培养适合企业发展和岗位需要的高技能人才。对城乡未继续升学的初高中毕业生开展劳动预备制培训。大力开展青年创业培训、新职业培训、技能提升培训。

实施退役军人培训计划。结合退役军人实际和就业愿望，推行适应性培训，强化思想政治引领，引导合理就业预期。开展职业技能培训，推动各地对接共享优质教育培训资源，逐步实现退役军人跨省异地培训。依托高校、职业院校、社会培训机构、创业孵化基地等现有资源挂牌建立退役军人就业创业园地，发挥示范作用。

实施农村转移劳动力等职业技能提升计划。面向农村转移劳动力、返乡农民工、脱贫劳动力，开展职业技能培训和安全知识培训。以输出地为主，组织当地农民工和返乡入乡农民工开展就业创业培训，促进其就近就业创业。以输入地为主，大力开展促进农民工就业的技能培训和新职业新业态培训，提升其就业能力。要注重对准备外出就业青年农民工的职业指导和培训工作，依托职业院校和职业技能培训机构等为其提供有针对性的培训服务，促进其职业技能提升。积极推进乡村建设所需的农业农村本地人才技能培训，培养一批农业农村高技能人才和乡村工匠。强化高素质农民先进实用技术技能培训，推进各类现代农业技术培训和其他涉农技术培训，提升农业农村产业发展能力和新型农业经营主体经营管理能力。

做好其他群体就业技能培训工作。做好妇女职业技能培训，组织适合女性就业的育婴、家政等急需紧缺职业培训和编织、手工制作等专项技能培训。结合失业人员特点，提供有针对性的就业创业指导、就业技能培训等就业服务，提升转岗就业技能和创业能力。做好长江流域禁捕退捕渔民职业技能培训。对服刑人员、强制隔离戒毒人员和社区矫正对象，开展以回归社会为目的的就业技能培训。

开展技能帮扶工作。对符合条件的脱贫家庭（含监测帮扶对象家庭）、困难职工家庭、社会救助对象和残疾人，重点依托职业院校，实施技能帮扶千校行动、雨露计划、残疾人职业技能提升计划。

（七）加强创业培训和新业态新模式从业人员技能培训。

深入实施创业培训“马兰花计划”。实现创业阶段全覆盖，组织准备创业和创业初期的人员参加创业意识、创办企业、网络创业、创业（模拟）实训、企业经营发展等培训，提升参训人员的项目选择、市场评估、创业计划等能力。实施农村创业创新带头人培育行动，加强专业人员队伍建设，为返乡入乡创业创新人员提供培训指导服务。适应平台经济、共享经济发展，广泛开展数字技能、媒体运营、电子商务等新业态新模式从业人员技能培训。

四、提升职业技能培训供给能力

（八）加大公共职业技能培训供给。

健全培训资源共建共享机制，实施职业技能培训场地、设备共建共享行动。开展县域职业技能培训场地、设备共建共享试点，完善企业、职业院校、培训机构等利用公共实训基地开展技能实训有关制度，逐步形成覆盖全国的公共职业技能培训和创业实训网络。支持公共职业培训机构按市场和产业发展需求设立培训项目。聚焦服务农民工等就业重点群体、推动制造业高质量发展、增加短期实用性职业技能培训供给，优先在巩固拓展脱贫攻坚成果任务重、劳动力资源相对丰富、返乡入乡创业就业工作成效明显的地区，利用中央预算内投资重点支持建设一批公共实训基地。实施国家乡村振兴重点帮扶地区职业技能提升工程，增加职业技能培训公共资源供给，开展送培下乡、送培上门，加大对乡村振兴重点帮扶县技能人才智力支持，增强其内生发展能力。

专栏2　　职业技能培训场地、设备共建共享行动

1. 实施公共实训基地建设项目。优化公共实训基地区域布局，通过中央预算内投资支持新建一批公共实训基地，遴选培育一批为残疾人等特殊群体服务的实习实训机构。

2. 推动公共实训基地场地、设备共建共享。强化公共实训基地的公共性、公益性、开放性、综合性，做好公共实训基地与院校、企业实训基地的有效衔接。支持各地以公共实训基地为平台，统筹整合运用院校、行业协会、企业及其他社会组织的培训资源，提高培训资源的综合利用效率和使用质量。支持危化企业集中的地区依托公共实训基地建立或改扩建安全技能实训基地，开展从业人员安全技能实操实训。力争到“十四五”期末，每个化工园区都有配套服务的化工安全技能实训基地。

续表

3. 开展县域职业技能培训场地、设备共建共享。优化县域职业技能培训资源供给，推动县域层面各类职业技能培训资源统筹融合，选取部分县级行政区开展试点，赋予其更多职业技能培训资源整合使用的自主权。 4. 促进农民工职业技能培训场地、设备共建共享。制定农民工职业技能培训场地、设备共建共享实施方案，结合农民工就业意愿和需求，为其提供职业技能培训服务，注重提高培训的精准性和实效性。 5. 实施高技能人才培训基地、技能大师工作室建设项目。依托职业院校、企业等建设一批国家级高技能人才培训基地和技能大师工作室。加强制造业和现代服务业高技能人才培养培训、研修交流。

专栏3　　国家乡村振兴重点帮扶地区职业技能提升工程

1. 建设一批技工院校。支持生源数量较充足、具备发展技工教育条件的国家乡村振兴重点帮扶县，通过优化布局结构等方式，建好技工院校。健全人力资源社会保障领域常态化帮扶机制，加大东西部职业技能开发对口协作力度，对西藏、南疆四地州等地技工院校予以重点帮扶。 2. 设立一批高技能人才培训基地和技能大师工作室。落实高技能人才培训基地建设支持政策，支持在国家乡村振兴重点帮扶地区分层分级设立一批高技能人才培训基地。根据地区产业发展需要，支持在国家乡村振兴重点帮扶地区分层分级设立一批技能大师工作室，发挥带徒传技、技能攻关、技能推广等带动作用。 3. 举办乡村振兴职业技能大赛。每两年举办一届全国乡村振兴职业技能大赛。引导支持国家乡村振兴重点帮扶县，结合当地特色产业发展状况，举办具有地方特色的职业技能竞赛。

（九）鼓励企业建设职业技能培训基地。

鼓励各类企业特别是规模以上企业建立职工培训中心、网络学习平台、职业院校，开展职工培训。积极建设培育一批产训结合型企业，鼓励企业设立高技能人才培训基地和技能大师工作室，企业应通过职工教育经费提供相应的资金支持，政府按规定通过就业补助资金给予补助。

（十）推进院校开展职业技能培训工作。

突出职业技术（技工）教育类型特色，深入推进改革创新，扩大技术技能人才培训规模。大力发展技工教育，支持技师学院建设。充分发挥职业院校培训资源优势，提升培训规范化、专业化水平。实施院校职业技能培训行动，动员和支持各类职业院校积极开展职业培训，推行“学历证书+职业技能等级证书”制度，积极为毕业年度学生提供职业技能培训服务并纳入职业培训补贴范畴。符合条件的职业院校可按规定承担政府补贴的职业技能培训任务。支持职业院校强化校企合作，为学生提供全方位技能培训服务。

专栏4　　院校职业技能培训行动

1. 为毕业生提供职业指导专项服务。组建专业化就业创业导师队伍，围绕人力资源市场需求和新职业发展动向，推出线上线下课程，为毕业年度学生提供职业规划、职业体验、求职指导服务。 2. 提升毕业生就业能力。创造条件为毕业年度学生开设中短期技能培训班，技能培训内容要适应新职业、新技能和新就业形态的变化，对接人力资源市场、企业和学生需求，因材施教，特色办班。 3. 提升毕业生创业能力。面向有创业意愿和培训需求的毕业年度学生，开展有针对性的创业培训，加强创业意识教育、创业项目指导和网络创业等培训。

（十一）支持民办培训机构和线上培训平台规范发展。

依法鼓励支持民办职业培训机构规范发展。通过优化审批服务等方式，支持社会资源提供民办职业培训服务。强化对民办培训机构办学质量的督导，建立行业自律机制。鼓励各地依托企业、高等学校、职业院校、社会培训机构的数字职业技能培训资源，推进培训资源库开发应用，支持职业技能线上培训平台建设。加速推进规范化管理，形成线上培训平台审核、评价与退出机制，探索开展“互联网+职业技能培训”，按规定将相关线上培训平台及数字资源纳入当地培训机构目录。

五、提高职业技能培训质量

（十二）大力弘扬劳模精神、劳动精神、工匠精神。

加强职业素质和职业道德培育，研究编制职业素质纲要。坚持工学结合、知行合一、德技并修。结合世界技能大赛、全国技能大赛、职业教育活动周、世界青年技能日等重大赛事、活动，广泛开展宣传。依托博物馆、文化宫、青少年宫等场所，推动设立技能角、技能园地等技能展示、技能互动、职业体验区域，引导全社会关注技能、学习技能，投身技能报国，营造劳动光荣的社会风尚和精益求精的敬业风气。

（十三）增强职业技能培训的针对性有效性。

探索中国特色学徒制。全面推行企业新型学徒制和现代学徒制。依托各类企业，组织企业技能岗位新招用员工、转岗员工和在职职工参加学徒培训，通过企业、院校培养中高级技能人才。在危险化学品、矿山等高危行业企业，对风险偏高的技能操作型岗位新招录员工大力推行学徒制。健全与现代学徒制相适应的教学管理与运行机制，校企共订人才培养方案，共担培养成本。

加大高技能人才培养力度。加强先进制造业、战略性新兴产业、现代服务业、建筑业以及现代农业等产业高技能人才培养。加大技师、高级技师、特级技师研修培训，组织实施高技能领军人才和产业紧缺人才培训。对企业关键岗位的高技能人才，开展新知识、新技术、新工艺等方面培训。

加大能工巧匠培养力度。加强专项职业能力开发，组织同业交流，做好关键技能和绝招绝技传承。通过举办手工技能大赛，挖掘培养乡村手工业者、传统艺人、传统建设修缮技艺传承人和工匠。鼓励传统技艺传承人走进当地中小学校，开展手工技艺传承人教育。积极推进乡村建设工匠等本土人才技能培训，培养一批高素质乡村建设人才。创建特色劳务品牌、“一村一品”示范村镇，加强技能培训、示范引导、品牌培育。鼓励各地根据本地区产业发展需要，培育一批服务乡村振兴的能工巧匠。

加强急需紧缺人才培养。建立技术工人需求动态监测分析体系，做好急需紧缺技术工种目录编制发布工作。对接技能密集型产业，引导培训资源向市场急需、企业生产必需等环节集中，重点开展急需紧缺职业（工种）培训。大力培养先进制造业技术工人，着力开展现代服务业职业技能培训。

（十四）高质量推动产训结合。

开展产训结合建设试点行动，促进产业链和职业技能培训链有效衔接。立足促进区域经济发展，服务产业发展需求和企业生产需要，开展产训结合城市和企业试点，促进企业生产和培训有效衔接。鼓励行业龙头企业、大型企业建设职工培训中心，面向产业链上下游中小微企业职工开展培训，提升全产业链职业技能培训质量和效益。

专栏5　产训结合建设试点行动

1. 产训结合试点城市。在主导产业突出、基础条件较好的城市开展产训结合试点，为当地产业发展提供高质量技能人才培训和就业服务。试点城市应具有较强的经济产业基础和相对丰富的技能培训资源，能够推出切实有效的改革举措，发挥先行引领带动作用。

2. 产训结合试点企业。在行业龙头骨干企业中开展试点，积极发挥企业在职业技能培训中的主体作用，促进企业生产实训与公共职业技能培训有效衔接。

3. 产训结合试点公共职业技能培训平台。充分发挥各类公共培训机构（包括公共实训基地）的培训功能，建设一批高质量、服务大规模开展职业技能培训的公共职业技能培训平台。

（十五）加强全民数字技能培训。

适应数字经济发展，加快培养全民数字技能，实现信息服务全覆盖。加大人工智能、云计算、大数据、数字营销等新技术培训力度。引导企业加强数字工作场所的职工技能培训。

专栏6　　数字技能提升行动

1. 加强数字技能相关标准建设。修订职业分类大典，对数字技能类职业进行标注。积极开发数字技能类新职业，制定数字技能类职业的职业标准和评价规范。

2. 编制数字技能相关职业国家基本职业培训包。发布培训标准和课程方案，加大数字技能相关职业技能培训教材开发力度，组织开发面向全体劳动者的数字技能通用素质培训教材。

3. 推进数字技能类人才评价工作。推进数字技能相关职业技能等级认定工作。引入数字技术，创新评价方式。

4. 开展数字技能类职业技能竞赛。各地各行业在举办职业技能竞赛时，设立与数字技能相关赛项，全面推动数字技能提升。

5. 提升数字技能培训基础能力建设。统筹利用现有资源，培育一批具有数字技能培养优势的高技能人才培训基地和技能大师工作室。遴选培育一批数字技能培训优质职业院校。打造一批功能突出、资源共享的区域性数字技能公共实训基地，全面提升数字技能实训能力。

六、加强职业技能培训标准化建设

（十六）建立健全职业培训工作多元化、多层次标准框架体系。

健全符合我国国情的现代职业分类体系，完善职业分类动态调整机制。组织修订《中华人民共和国职业分类大典》，探索利用数字化技术开展职业分类。围绕新经济、新模式、新业态和急需紧缺职业，加快新职业发布及国家职业标准开发，动态修订完善国家职业标准。建立健全由职业标准、评价规范、专项职业能力考核规范等构成的多层次、相互衔接、国际可比的职业标准体系。

（十七）加强职业培训教材与数字资源建设。

贯彻国家教材工作总体要求，落实职业培训教材管理工作有关规定，以国家职业标准、职业培训课程规范为依据，建立完善适应新时代技能人才培训需求的高质量职业培训教材与数字资源体系。定期完善职业培训教材与数字资源建设规划目录，鼓励符合规定条件的单位积极参与规划教材编写与数字资源开发。强化劳模精神、劳动精神、工匠精神、职业道德、法律意识、质量意识、安全环保等通用职业素质培训教材精品化开发，加强职业培训教材开发更新，加快开发新兴产业、新技术、新职业、数字技能职业培训教材，加速推进职业培训数字资源建设。组织有关专家或第三方机构加强教材与数字资源审核，加强教材与数字资源使用情况检查督导。

（十八）加强师资队伍建设。

实施培训教师素质提升计划，把师德师风作为评价师资队伍素质的第一标准并贯穿教师管理全过程。建立和完善培训教师在职培训和到企业实践制度，开展师资技能提升培训，持续开展师资专项培训计划。加快培养既能讲授专业知识又能传授操作技能的一体化师资队伍，鼓励行业组织、企业共同参与职业教育教师培养和培训。实行专兼职教师制度，从企业高技能人才与技能劳动者中着力培养、充实职业技能培训师资和能承担培训任务的人员，完善培训教师和有关人员执教执训履历档案。建立公共职业技能培训师资库，支持将高技能领军人才、世界技能大赛和全国技能竞赛优秀选手纳入师资库。建立创业培训师资库，持续组织全国“马兰花创业培训”讲师大赛。鼓励优秀创业培训师资等成立创业指导工作室。

专栏 7　　职业技能培训标准化建设工程

1. 职业标准开发。结合科技发展、技术更新，制定或修订颁布 250 个国家职业标准。 2. 职业培训包开发应用。由相关部门推荐专业人员，通过国家职业培训包专家委员会工作机制，修订完善和组织开发一批培训需求量大的国家基本职业培训包。在全国范围内培育一批职业培训包应用培训机构。 3. 职业技能培训师资研修。依托企业、职业院校、公共实训基地、社会培训机构等建设一批职业技能培训师资研修中心和企业实践基地，组织师资培训和研修交流活动。

（十九）推动职业技能培训信息化建设。

构建与终身职业技能培训制度相适应的信息化服务体系，加强信息化建设。依托金保工程，加快推进职业技能培训实名制管理工作，建立以社会保障卡为载体的劳动者终身职业技能培训电子档案。依托社会保障卡持卡人员基础信息库和全国社会保障卡服务平台，实现培训对象实名认证，探索通过社会保障卡缴纳职业技能培训费和领取补贴费。统筹利用现有资源，提升全国职业技能鉴定等级认定考务管理和技能人才评价信息服务水平。

七、完善技能人才职业发展通道

（二十）拓宽技术工人职业发展通道。

促进技术工人成长，完善职业发展通道，形成纵向有阶梯、横向可贯通的人才发展路径。鼓励企业设立首席技师、特级技师等，提升技术工人职业发展空间。扩大技能人才与专业技术人才职业发展贯通领域，推动融合发展。畅通非公有制经济组织、社会组织和自由职业人员技能等级认定渠道。探索建立技能学分，与国家学分银行互联互通。研究探索职业技能等级证书与学历证书间的学习成果认定、积累和转换机制。

（二十一）完善技能人才评价体系。

健全以职业能力为导向、以工作业绩为重点、注重工匠精神培育和职业道德养成的技能人才评价体系。建立与国家职业资格制度相衔接、与终身职业技能培训制度相适应的职业技能等级制度。健全以职业资格评价、职业技能等级认定和专项职业能力考核等为主要内容的技能人才评价制度。全面推行企业技能人才自主评价，并将评价结果与技能人才使用、待遇挂钩。加大社会培训评价组织的征集遴选力度，大力推行社会化职业技能等级认定，加强技术支持和工作指导。加强对行业组织开展职业技能等级认定的支持和指导。鼓励地方紧密结合乡村振兴、特色产业和非物质文化遗产传承项目等，组织开发专项职业能力考核项目。有序开展新职业培训评价试点工作。推动技能人才评价提质扩面。

（二十二）提高技能人才待遇水平。

大力提高技术工人待遇，推动技能人才薪酬分配指引落地落企，引导企业建立健全符合技能人才特点的工资分配制度。指导企业对技能人才建立以岗位价值、能力素质、业绩贡献等为参考的岗位绩效工资制，合理评价技能要素贡献。推动企业建立工资正常增长机制，探索技能激励机制。定期发布工资价位，指导企业合理确定技能劳动者的工资水平。做好职业院校毕业生参加事业单位公开招聘工作，切实维护、保障职业院校毕业生参加机关企事业单位招聘的合法权益和平等竞争机会。推动高技能人才纳入城市直接落户范围，其配偶、子女按有关规定享受公共就业、教育、住房等保障服务。

（二十三）加强高技能人才表彰奖励。

完善以国家奖励为导向、用人单位奖励为主体的技能人才表彰奖励体系。加大对高技能人才在各级各类表彰中的倾斜力度。做好中华技能大奖和全国技术能手评选表彰工作。组织开展高技能领军人才技能研修交流和节日慰问活动。按照国家有关规定，对培育、使用技能人才成效突出的职业院校、职业技能培训机构和企业进行表彰。

（二十四）广泛开展职业技能竞赛活动。

完善以世界技能大赛为引领、中华人民共和国职业技能大赛为龙头、全国行业职业技能竞赛和地方各级职业技能竞赛为主体、企业和院校职业技能竞赛为基础的具有中国特色的职业技能竞赛体系。完善职业技能竞赛管理办法，通过以赛代训引领职业技能培训发展。做好世界技能大赛参赛和筹办工作，依托院校、企业等资源，培育世界技能大赛综合训练中心、世界技能大赛中国研究（研修）中心和世界技能大赛中国集训基地。指导上海建设世界技能博物馆。定期举办全国技能大赛。加强职业技能竞赛工作队伍建设，提高竞赛工作信息化管理水平，开展相关理论研究和成果转化。

八、完善规划落实机制

（二十五）加强统筹规划和组织领导。

各地要切实承担主体责任，做好本地区职业技能培训发展与本规划的衔接和组织实施，确保规划重点任务和行动落到实处。及时总结工作进展情况，按照国家有关规定对作出突出贡献的集体和个人进行表彰。加强组织协调，形成省级统筹、部门参与、市县实施的工作格局。人力资源社会保障、教育、发展改革、财政、工业和信息化、民政、住房城乡建设、农业农村、退役军人、应急、乡村振兴、残联等部门和单位要发挥各自职能作用，加大职业技能培训资源统筹、共享力度，形成工作合力，提升职业技能培训效果。

（二十六）加大职业技能培训投入力度。

多方筹集资金，做好职业技能培训资金保障。健全市场化投入机制，鼓励社会资本投入。加强中央预算内投资对公共实训基地建设等的支持。对购买用于培训的相关设备，可按规定享受现行税收优惠政策。统筹利用就业补助资金、失业保险基金和已有职业培训资金（含职业技能提升行动专账结余资金），按规定对符合条件的参训人员给予职业培训补贴、技能提升补贴和生活费补贴。建立培训补贴标准动态评估调整机制，适时调整补贴标准。高危行业企业要在职工教育培训经费和安全生产费用预算中足额安排安全技能培训资金，用于从业人员安全技能培训。有条件的地区可结合实际情况安排经费，对职业技能培训教材建设、职业培训包开发应用、师资和管理人员培训、教学改革以及职业技能培训公共服务平台建设运行等基础工作给予支持，对培训组织动员工作进行奖补。

（二十七）加强管理服务和监管。

健全职业技能培训综合管理服务和督导评估体系，加强对职业技能培训工作的绩效评估和信息公开，对培训机构、培训项目、培训资金等进行规范管理。运用“双随机、一公开”等方式对培训组织实施和资金管理使用进行全过程监管。推进“制度+科技”、“人防+技防”体系建设，大力推进“互联网+监管”，优化业务流程和工作模式。引入第三方机构强化社会监督。加大对违法违规行为的查处力度，并依法依规严惩。

（二十八）推动职业技能培训国际合作。

加强国际合作，推动与各国在职业技能领域交流互鉴。完善国际区域培训交流机制和对话平台。聚焦世界科技前沿和国内紧缺技能，引进高水平师资、课程、教材等资源。探索“中文+职业技能”的国际化发展模式，推动职业教育走出去。支持职业院校青年学生、毕业生参加青年实习生交流计划。支持职业院校探索与其他国家院校开展合作办学，师生交流互访。积极举办“一带一路”国际技能大赛等，推动对外技能合作交流，充分展示中国技能发展成就。

（二十九）营造良好发展氛围。

充分利用报刊、广播、电视、门户网站、政务微博、政务微信、手机客户端等平台和载体，大力宣传加强职业技能培训工作的方针政策，大力推广技能人才培养典型经验，不断强化“劳动光荣、技能宝贵、创造伟大”的社会导向，营造有利于技能人才成长成才的社会环境。

人力资源社会保障部　国家开发银行关于开展开发性金融支持劳务协作有关事项的通知

人社部发〔2021〕103 号

各省、自治区、直辖市及新疆生产建设兵团人力资源社会保障厅（局），国家开发银行各分行：

为贯彻党中央、国务院关于稳就业、保居民就业决策部署，按照《国务院关于印发“十四五”就业促进规划的通知》（国发〔2021〕14 号）、《人力资源社会保障部　国家发展改革委　财政部　农业农村部　国家乡村振兴局关于切实加强就业帮扶巩固拓展脱贫攻坚成果助力乡村振兴的指导意见》（人社部发〔2021〕26 号）等文件要求，进一步支持劳务协作工作，人力资源社会保障部和国家开发银行决定设立劳务协作贷款，充分发挥开发性金融作用，融资支持劳务协作成效良好的企业，稳定和扩大就业岗位。现就有关事项通知如下。

一、指导思想

以习近平新时代中国特色社会主义思想为指导，深入贯彻党的十九大和十九届二中、三中、四中、五中、六中全会精神，坚持以人民为中心的发展思想，以实现更加充分更高质量就业为目标，完善劳务协作工作机制和政策体系，支持企业减负、稳岗、扩就业，着力化解结构性就业矛盾，不断增进民生福祉，助力推动共同富裕。

二、基本原则

（一）市场主导、政府调控。坚持市场化、社会化就业方向，充分发挥政府作用，给予参与劳务协作企业开发性金融支持，鼓励引导企业并撬动更多市场资源支持劳务协作。

（二）因地制宜，扩面提质。坚持自主申报、客观评估、依法放贷原则，鼓励符合条件的企业积极参与。从实际出发，严格审核企业吸纳带动就业情况，不断提升劳务协作就业规模和质量。

（三）创新机制，务求实效。加强金融创新，优化信贷资金担保机制和风险补偿机制，切实发挥开发性金融对劳务协作支持作用。有序组织实施，开展跟踪评估，做好统计分析，务求工作实效。

三、支持举措

（一）支持范围。劳务协作贷款支持对象是吸纳劳务协作对口地区劳动者达到一定规模的企业。劳务协作对口地区指与输入地签署劳务协作协议的输出地，重点包括脱贫地区，特别是国家乡村振兴重点帮扶县、易地搬迁集中安置区，以及民族地区等。

（二）认定标准。申请劳务协作贷款企业原则上应符合吸纳劳务协作对口地区劳动者就业人数微型企业不低于5人、小型企业不低于10人、中型企业不低于20人、大型企业不低于40人或占中小微企业总职工比例不低于15%、大型企业不低于10%的标准，吸纳脱贫人口、就业困难人员、登记失业人员、长江重点水域禁捕退捕渔民、离校未就业毕业生等重点群体就业的企业，可适当降低吸纳劳务协作对口地区劳动者就业人数或占比要求（原则上不低于原标准50%），并作为优先贷款支持对象。具体标准由各地人力资源社会保障部门会同开发银行共同商定。

（三）申请流程。符合条件的企业，可向当地开发银行提交劳务协作贷款申请。开发银行将申请企业吸纳带动就业情况提供人力资源社会保障部门，由人力资源社会保障部门核对并将结果反馈开发银行。开发银行按照有关规定，对符合条件的企业及时开展授信评审工作，组织对项目状况、投资回收、风险防控等进行审核，综合考虑优先支持对象等因素，自主放贷。支持劳务协作成效突出的企业也可向当地人力资源社会保障部门提交劳务协作贷款申请，由人力资源社会保障部门将吸纳带动就业情况符合申请标准的企业名单提供开发银行进行授信评审放贷，开辟绿色便捷通道。

（四）差异化政策。开发银行为参与劳务协作的企业提供人民币贷款，给予优惠贷款利率。对于劳务协作贷款项目，贷款利率原则上不高于同期LPR（贷款市场报价利率），优惠期限不超过3年。

（五）跟踪评估。享受劳务协作贷款的企业要依法与劳动者签订劳动合同、缴纳社会保险，保障其合法劳动保障权益。开发银行每年定期开展企业贷款成效评估和贷后检查，人力资源社会保障部门对贷款期内吸纳带动就业情况进行核实，原则上带动同一务工人员连续就业期限不低于3个月，贷款期内带动就业人数持续符合认定标准。

四、工作要求

（一）加强组织领导。各地要高度重视劳务协作贷款有关工作，将其作为支持转移就业、促进区域间人才流动、稳定和扩大就业岗位的重要举措，压实工作责任，抓好贯彻落实。人力资源社会保障部门要做好企业吸纳劳务协作对口地区劳动者信息核对，加强对企业的用工指导。开发银行要做好劳务协作信贷工作，确保用于支持本地区劳务协作企业和项目的专项贷款高效、规范、安全运转。

（二）健全工作机制。各地要建立日常联系和议事机制，加强信息共享和沟通协调，通过联合调研、专题会议等方式，明确支持方向与重点，推动解决重大问题，共同推进开发性金融支持劳务协作工作。各省级人力资源社会保障部门要根据本通知精神，会同开发银行省分行制定本地区劳务协作贷款项目具体实施方案，明确申请标准、受理机构、办理流程、职责分工和工作要求等，稳妥组织实施，报人力资源社会保障部和国家开发银行备案。

（三）加强风险防控与合规管理。开发银行各分行要做好贷款“三查”，坚持防控风险，保证项目资产质量，切实防范项目的市场风险及借款主体的信用风险。各地人力资源社会保障部门和开发银行各分行要聚焦项目就业带动成效，在签订保密协议的前提下逐步实行信息共享。要及时督促整改资金使用不规范、吸纳带动就业数据弄虚作假等行为，情节严重的，开发银行可提前收回贷款。

（四）做好宣传总结。各地要围绕劳务协作贷款相关政策措施，综合运用网络媒体、报纸杂志、广播电视以及短视频、网络直播等方式，积极开展宣传引导，让更多企业知晓政策、参与申报。加强对劳务协作贷款支持成效的总结评估，围绕支持企业数量、带动就业成效、发放贷款以及利息优惠金额等起草报告，于每年12月底前报送人力资源社会保障部和国家开发银行。

2021年12月16日

人力资源社会保障部关于开展行风建设提升行动持续优化人社政务服务的意见

人社部发〔2021〕107号

各省、自治区、直辖市及新疆生产建设兵团人力资源社会保障厅（局），部属各单位：

近年来，各级人力资源社会保障部门认真贯彻党中央国务院决策部署，切实践行以人民为中心的发展思想，深入实施行风建设三年行动，在转作风、提效能、增便利、促发展等方面取得明显成效，探索形成一系列行之有效的制度机制和方式方法。为进一步巩固成果、改革攻坚、提升质量，持续加强系统行风建设现就开展行风建设提升行动，持续优化人社政务服务提出如下意见。

一、总体要求

（一）指导思想。以习近平新时代中国特色社会主义思想为指导，全面贯彻党的十九大和十九届历次全会精神，认真落实中央关于在高质量发展中促进共同富裕的重大决策、深化“放管服”改革优化营商环境的部署要求，紧紧围绕人民对美好生活的向往、对高质量人社服务的期盼，充分发挥标准化、信息化、专业化的支撑引领作用，持续深入开展行风建设提升行动，不断推进职能转变、资源整合、能力提升、服务优化，打造群众满意的人社服务。

（二）工作目标。“十四五”期间，实现人社政务服务“最先一公里”到“最后一公里”全链条贯通，政策供给更加充分有效，政策宣传更加广泛深入，政策执行更加畅通快捷，窗口服务更加贴心暖心，业务经办更加智慧安全，服务监督更加多元精准，行风文化更加深耕厚植。推出更多“打包办”服务，基本实现线上“一次不用跑”和线下“最多跑一次”；推出更多“无证明”事项，实现无谓证明和重复材料不用交；推出更多“提速办”业务，实现更多事项即时办结、免申即办。人社政务服务好评率稳步提升。

（三）基本原则。

坚持以群众满意为标准。从群众最期盼的事情做起，从群众最不满意的地方改起，落实到每一个制度、每一件事情、每一项工作上，不断解决人社领域群众急难愁盼问题。

坚持管行业必须管行风。筑牢政治机关意识，践行民生部门职责，推动行风建设与党建工作、业务工作同研究、同部署、同落实、同考核，做到分兵把守、压实责任。

坚持改革创新。适应新形势、新任务、新要求，持续创新服务理念，改革服务举措，优化服务方式。及时总结有效做法，完善制度机制，形成更多可复制可推广的模式。

坚持纠建并举，标本兼治。紧盯群众关注的关键事、高频事，善于发现问题、解决问题，深挖深究、严肃查处。掬根问题、举一反三，建立防止问题重复发生的长效机制。

二、抓好“最先一公里”，持续增加人社服务有效供给

（四）以需求为导向精准施策。适应企业群众多元化、多层次需求，结合“十四五”期间就业创业、社会保障、人才人事、劳动关系等领域重点改革任务，面向高校毕业生、失业人员、农民工、新就业形态劳动者等群体和各类市场主体，完善政策措施，补齐政策短板，加强政策储备，防范政策风险，强化政策协同，提高政策针对性，提升政策供给的质量和效率。

（五）以清单为基础优化流程。持续推进“清事项、减材料、压时限”，动态调整权责清单和审批服务事项清单，依清单履责和提供服务。规范清单管理，确保清单事项名称统一、编码统一、标准统一。分类推进审批制度改革，明确审批层级、许可条件、申请材料和办理程序。在确保安全可控的前提下，不断优化经办服务流程，精减证明材料，推行告知承诺制，压缩办结时限。办事指南要做到要素规范、样式规范、“一事项一指南”，并及时发布。

（六）以制度为依据规范管理。统筹窗口制度建设，制定落实首问负责制、一次性告知制、全程代理制、限时办结制、责任追究制以及纪律要求的实施细则，明确工作、场所、行为等规范，督促窗口单位抓好落实。统筹内部管理制度建设，完善选人用人、岗位职责、培训、监督、考核、奖惩等办法。健全风险防控制度，围绕业务全流程、全环节、全场景，逐一梳理风险点，明确防控措施并抓好落实。

三、推进“人社服务快办行动”，全力打造人社便民服务圈

（七）深化“一件事”集成改革。全面梳理市场主体和群众生产生活全周期中的各个“场景”，聚焦市场主体开办设立、招用员工、解聘员工、注销登记等关键环节，公民出生、就业、失业、流动、退休、去世等关键时点，将每个“场景”所涉人社服务事项整合为“一件事”打包办。对企业群众在特定阶段的补贴申报、待遇申领、人才服务、劳动维权、技能培训等，分类整合为“一件事”打包办。加强与相关部门横向联系，推动事项“一口受理”、并联办理，让企业群众“少跑腿”“快办事”。

（八）提供人本化精细服务。优化老年、残疾等特殊群体服务，线上平台实施“适老化”改造，线下服务设置绿色通道，特殊情况提供上门服务。及时公开人社政策清单和办理渠道，利用大数据、人工智能等新技术，主动识别政策对象，积极推进“政策找企、政策找人”，努力提高政策落实率。逐步统一服务标准，完善协同共享机制，推动更多事项“省内通办”“跨省通办”。持续优化“人社政务服务电子地图”功能，方便群众“查得到”“找得着”“好办事”。

（九）打造一窗式服务窗口。促进线上线下服务有机融合，推动高频事项提速办“应提尽提”、所有事项简便办“应简尽简”。统一线上服务窗口，加强部省两级人社政务服务平台和全国统一的社会保险公共服务平台建设，不断完善平台功能，推广电子社保卡、掌上12333等手机移动服务，推动更多事项通过全国统一入口办理。加快推动12333智能化建设，打造人社政务服务“一网通办”总客服。整合线下服务窗口，大力推行“一门办”“一窗办”，一个大厅只排一次队；有条件的地区积极探索“全程代办”服务模式。

（十）拓展网点数就近服务。充分考虑服务对象覆盖地域、人口密度、办事频次、城乡差异等因素，从满足企业群众“就近办”“多点可办”需求出发，开展与银行、邮政、基层平台等合作，合理规划布局线上线下和自助服务网点，统一服务规范，逐步形成以人社自主经办服务为主体、相关机构合作经办服务为补充的“一主多辅”网点化、规范化服务格局，打造城区步行15分钟、乡村辐射5公里

的人社便民服务圈。

四、加大标准化信息化工作力度，不断推动人社服务均等便捷

（十一）全面实现人社公共服务标准化。建立健全与经济社会发展和企业群众服务需求相适应，有力支撑人社基本公共服务业务的标准化体系。依据《国家基本公共服务标准》，动态调整基本公共服务项目。加快人社领域公共服务国家、行业标准的制修订，完善服务流程、服务质量、设施设备、人员配备等软硬件标准，推进基本公共服务规范化、均等化、便捷化。推动地区间人社基本公共服务标准协同联动、有效衔接。开展人社基本公共服务标准化试点与应用。

（十二）大力拓展人社信息化应用。深入开展人社信息化便民服务创新提升行动。加大人社信息系统整合力度，鼓励各级人社部门创新信息化应用。推动人社服务“全数据共享、全服务上网、全业务用卡”，支撑跨部门跨层级跨地区数据共享查询和比对核验，支持简化流程、特色服务和精准监管；加快推进“一网通办”，实现业务优化联动、全国联网协同办理，提供标准化、无差别、一体化的公共服务；深化社会保障卡“一卡通”应用，实现人社领域凭证用卡、缴费凭卡、待遇进卡、结算持卡、线上线下全面用卡。积极推进社会保障卡在其他领域广泛应用，推动建立居民服务“一卡通”。

五、加强全方位监督，立体促进人社服务规范有序

（十三）有效运用“互联网+监管”。优化人社领域“互联网+监管”事项清单，逐步实现监管职责清单化、监管事项标准化、监管责任明晰化。强化就业创业、社会保险、劳动关系、人力资源服务等领域信用监管，加强守信激励和失信惩戒，落实以信用为基础的分级分类监管机制。实现“双随机、一公开”监管全覆盖、常态化、制度化，提升监管的针对性和有效性。推动监管方式创新，充分利用互联网、大数据、云计算、区块链等新技术实施精准监管。

（十四）深入开展“厅局长走流程”。健全完善人社“厅局长走流程”制度，确保针对性和实效性。聚焦人社领域重点政策举措和高频服务事项，厅局长以服务对象、经办人员等身份，深入群众、深入企业、深入基层、深入一线，每半年至少开展一次线上线下“走流程”活动，摸情况、查问题、听需求、抓整改。建立问题清单、需求清单和解决措施清单，实行销号管理，做到发现一个短板，完善一套机制，解决一类问题。对发现的亮点、经验要及时挖掘、总结和推广。

（十五）全面实施人社政务服务“好差评”。按照服务事项、评价对象、服务渠道全覆盖的要求，依托政务服务“好差评”系统，及时归集评价信息。加强评价数据共享交换，形成自下而上的汇聚机制。做好差评数据筛查处理，完善差评核查、整改、反馈处置机制。加强评价数据的分析研判，及时制定完善政策措施。将人社政务服务好评率纳入人社事业发展年度计划指标。

（十六）广泛开展多渠道监督。充分运用国务院大督查、部门专项督查、行风投诉举报专区、第三方评价等渠道，收集问题线索，抓好核查整改，做到举一反三。有效运用信息技术手段，加强舆情监测，查找风险隐患，及时发现苗头性、倾向性问题并做好处置。

六、增强经办队伍服务能力，努力提升人社服务专业化水平

（十七）常态开展练兵比武。加强人社干部队伍特别是窗口单位人员政策法规业务培训。依托全国人社窗口单位业务技能练兵比武在线学习平台，持续开展“日日学、周周练、月月比”线上练兵，实现窗口人员必学、新进人员必学、新出政策必学，打造高素质、专业化经办队伍。广泛开展在线比、集中比、工作中比等多形式比武活动，适时举办区域赛、全国赛，以比促练、以练促用，培树更多“人社知识通”“业务一口清”。

（十八）提升青年干部素质。深入实施青年干部综合素质提升工程，建立青年干部交流轮岗制度机制，让青年干部练成“全能型”，成为“多面手”。推动青年干部在打硬仗、扛重活、攻难关的实践中，练就铁肩膀、硬肩膀、宽肩膀。在日常工作中做到伸手揽活、出手相助、接手担责，在急难险重任务中和关键时刻能够顶得上、靠得住。健全青年干部调研暗访制度，围绕人社重点业务和群众关切，充分利用会议出差、探亲休假等机会，深入基层、学习政策、熟悉业务，不断提高解决实际问题的能力。

（十九）旗帜鲜明奖优罚劣。将窗口单位作为培养、锻炼、选拔人才的重要阵地，对表现优秀、实绩突出的单位和人员，在评比表彰、晋级晋升等方面，同等条件下优先考虑；在绩效工资分配方面，按照单位绩效考核分配办法，予以适当倾斜。建立健全容错免责机制，支持窗口单位经办人员尽职履职、担当作为，营造想做事、敢做事、做成事的氛围。依法依规严肃处理违规违纪行为，情节恶劣的予以通报，发挥警示作用。

七、弘扬人社行风文化，大力唱响人社为民服务好声音

（二十）不断凝聚思想共识。持续深入学习习近平新时代中国特色社会主义思想，牢记初心使命，强化政治机关意识，推动“我为群众办实事”常态化制度化。始终坚持“管行业必须管行风”，将“人人是窗口、处处有服务”落实到从政策制定到政策执行的每一个环节、服务群众的每一件小事中，成为全体人社干部职工的思想自觉和行动自觉。

（二十一）大力宣传服务典型。持续培树“人社服务标兵”“人社知识通”等先进典型，充分挖掘用心、用情、用力为民服务的人物和事迹。组织开展“人社服务标兵万里行”等活动，在全系统营造学习先进、争当先进的浓厚氛围。鼓励大胆探索，创造更多务实管用、群众认可的人社服务“土特产”“一招鲜”。充分利用报刊、网络、新媒体等载体，广泛宣传人社为民服务好故事，不断扩大社会影响力。

（二十二）持续加强政策解读。打造人社政策待遇“看得懂算得清”品牌，聚焦企业群众关切，持续推进政策解读通俗化、政策咨询智能化、信息查询集成化、待遇测算精准化。利用“人社日课”渠道，将政策宣传融入日常、做在经常。加强与主流媒体、新媒体、融媒体合作，创新宣传模式，拓展宣传渠道，加大宣传力度，提升宣传效果，不断扩大政策知晓度。

八、保障措施

（二十三）加强领导、完善机制。各级人力资源社会保障部门要将持续推进系统行风建设作为贯彻党中央国务院决策部署、推动人社事业高质量发展的重要基础性工作，切实加强领导，完善工作措施，抓好组织落实。要健全完善行风建设工作领导机制，主要负责同志亲自领导，其他负责同志抓好分管领域行风建设工作。要把行风建设纳入各单位党建工作和业务工作中统筹谋划和推动，列入年度工作要点，纳入干部述职、述康、测评、考核等环节。

（二十四）明确分工、统筹推进。行风建设牵头单位要发挥统筹协调督促作用，牵头制定行风建设年度工作方案，明确工作目标和具体措施，分解任务、压实责任、推动落实，及时协调解决问题，总结经验做法。相关单位要切实承担快办行动、标准化信息化、厅局长走流程、好差评、练兵比武、调研暗访、行风宣传等牵头任务，制定具体方案，抓好落实，形成并巩固合力推动行风建设的工作格局。

（二十五）防范风险、守住底线。增强宗旨意识和服务意识，强化作风建设和纪律要求，杜绝慵懒散漫、推诿扯皮、泄露服务对象隐私、徇私越权等问题。增强忧患意识和风险意识，坚持补短板、守底板，及时研判分析人社领域存在的局部性、系统性风险隐患，研究制定防控和应急预案，确保不发生系统性风险和触及社会认知底线的事件。

2021年12月27日

中共中央组织部　人力资源社会保障部等五部门关于印发《流动人员人事档案管理服务规定》的通知

人社部发〔2021〕112号

各省、自治区、直辖市及新疆生产建设兵团党委组织部，政府人力资源社会保障厅（局）、财政厅（局）、邮政管理局、档案局：

为贯彻落实《干部人事档案工作条例》精神，进一步健全完善流动人员人事档案管理服务体系，推动流动人员人事档案工作科学化、制度化、规范化，促进人才资源顺畅有序流动，中共中央组织部、人力资源社会保障部、财政部、国家邮政局、国家档案局对《流动人员人事档案管理暂行规定》（人发〔1996〕118号）进行了修订。现将修订后的《流动人员人事档案管理服务规定》印发给你们，请认真遵照执行。

2021年12月29日

流动人员人事档案管理服务规定

第一章　总　　则

第一条　为进一步健全完善流动人员人事档案管理服务体系，维护流动人员人事档案的真实性、严肃性，推动流动人员人事档案工作科学化、制度化、规范化，促进人才资源顺畅有序流动，根据《中华人民共和国档案法》《干部人事档案工作条例》《人力资源市场暂行条例》及有关法律、法规，制定本规定。

第二条　流动人员人事档案是反映流动人员政治面貌、道德品行、学习工作经历、专业素养、工作实绩、遵纪守法以及家庭状况、社会关系等情况的历史记录材料。

第三条　流动人员人事档案是国家档案和社会信用体系的重要组成部分，是党和政府联系服务人才的重要载体，是流动人员参加机关公务员考录和国有企事业单位招聘、办理政审考察、申报职称评审和核定社保待遇等事项的重要依据。

第四条　本规定所称流动人员人事档案主要包括：

（一）非公有制经济组织和社会组织聘用

人员的人事档案；

（二）辞职辞退、解除（终止）聘用（劳动）合同、取消录（聘）用、被开除等与用人单位解除或终止人事（劳动）关系的未就业的原机关公务员、国有企事业单位的管理人员和专业技术人员、军队文职人员的人事档案；

（三）未就业的高校毕业生及中专毕业生的人事档案；

（四）自费出国（境）留学的高校毕业生及其他因私出国（境）人员的人事档案；

（五）外国企业常驻代表机构的中方雇员的人事档案；

（六）自由职业或灵活就业人员的人事档案；

（七）其他流动人员的人事档案。

第五条 流动人员人事档案工作遵循“集中统一、归口管理”原则，主管部门为政府人力资源社会保障部门，接受同级党委组织部门、档案主管部门的指导和监督。

第二章 管理服务机构和职责

第六条 流动人员人事档案管理服务机构（以下简称档案管理服务机构）包括县级以上（含县级）人民政府设立的公共就业和人才服务机构，以及经省级人力资源社会保障行政部门授权的单位。其他任何未经授权的单位不得开展流动人员人事档案管理服务工作。严禁个人保管本人或他人人事档案。

第七条 档案管理服务机构应当提供以下服务：

（一）档案的接收、转递；

（二）档案材料的收集、鉴别和归档；

（三）档案的整理和保管；

（四）为符合相关规定的单位提供档案查（借）阅服务；

（五）依据档案记载出具存档、经历、亲属关系等相关证明材料；

（六）为相关单位提供入党、参军、录（聘）用、出国（境）等政审考察服务；

（七）党员组织关系的接转等。

跨地区就业创业流动人员的人事档案，可由其户籍所在地或现工作单位所在地的档案管理服务机构管理。

第八条 档案管理服务机构应当提供免费的流动人员人事档案基本公共服务，不得收取档案保管费、查阅费、证明费、转递费等名目的费用。

第九条 流动人员人事档案基本公共服务相关经费列入本级财政预算，参考保管的流动人员人事档案数量等因素合理确定经费数额。

第十条 档案管理服务机构应当保证工作力量，选配政治素质好、专业能力强、作风正派的人员专职从事流动人员人事档案工作，关键核心岗位应当选配中共党员。按照规定实行回避制度，从严管理工作人员，加强业务培训，强化激励保障。

第三章 日常管理

第十一条 档案管理服务机构应当认真执行国家档案管理和干部人事档案工作有关法律法规，加强流动人员人事档案日常管理，推进基础设施和信息化建设。

第十二条 档案管理服务机构按规定接收符合条件的人事档案、学生档案，形成流动人员人事档案，并以适当形式明晰与流动人员、存档单位的权利和义务。

流动人员持本人居民身份证或社保卡等有效身份证件，到档案管理服务机构申请设立个人账户；存档单位工作人员持本人居民身份证或社保卡等有效身份证件及营业执照等有关证件，到档案管理服务机构申请设立单位集体账户。

存档单位注销集体账户时，档案管理服务机构应当配合转递相关流动人员人事档案，或调整为个人账户存档。

第十三条 档案管理服务机构应当参照干部人事档案材料主要内容和分类，做好流动人员人事档案材料的整理、鉴别和归档工作。对合格的材料，应当准确分类，逐份编写目录，一般在2个月内归档。对不合格的材料，退回档案材料形成单位。

第十四条 档案管理服务机构应当加强流动人员人事档案内容建设，建立符合流动人员职业发展特点的档案材料收集制度。

档案管理服务机构、档案材料形成单位、流动人员之间应当加强协作，多方面收集反映流动人员政治面貌、工作经历、教育培训、职业资格、职称、评聘专业技术职务、年度工作（业绩）考核、入选重大人才工程、获得重大奖项、重要社会兼职及违规违纪违法处理处分等相关材料。注重收集流动人员工作变动中形成的劳动合同、企业录用手续及就业登记、劳动用工备案等材料。加强与社会保险经办机构信息联动，积极收集参加社会保险等相关信息材料。

流动人员及人事档案材料形成单位应当如实、规范填写相关材料，在材料形成1个月内主动向档案管理服务机构移交。

第十五条 严格执行国家保密法律法规，对属于国家秘密、工作秘密的流动人员人事档案材料和信息，应当严格保密；对涉及商业秘密、个人隐私的材料和信息，应当按照国家有关法律规定进行严格管理。

第十六条 按照预防为主、防治结合的要求，建立健全科学规范的存放秩序，改进完善保管方法和技术，提高安全防灾标准。加强流动人员人事档案基础设施建设，按照档案馆建筑有关标准要求建设档案库房，强化库房安全管理和技术防护。档案库房、阅档场所、整理场所、办公场所应当分开。

第十七条 加强流动人员人事档案信息化建设，按照“数据向上集中、服务向下延伸、信息全国共享”的原则，推进省级集中的流动人员人事档案管理服务信息系统与全国流动人员人事档案管理服务运行平台对接，建立安全、便捷、共享、高效的流动人员人事档案信息化应用体系。

第十八条 流动人员人事档案数字化工作参照干部人事档案数字化相关技术标准推进，保证数字档案的真实性、完整性、可用性、安全性。

鼓励有条件的地方推广电子证照、电子公文、电子签章等新技术应用，通过信息交互等方式不断拓展流动人员人事档案材料收集渠道，探索建立以政务数据为支撑的流动人员人事数字档案。

流动人员人事数字档案在利用、转递和保密等方面按照纸质档案相关要求管理。

第四章　接收、转递和服务利用

第十九条 加强流动人员人事档案接收、转递和服务利用工作，优化服务流程，创新服务方式，拓展服务渠道，加大服务信息公开力度，提高档案公共服务能力和便民化水平。

第二十条 根据流动人员或存档单位申请，档案管理服务机构按照以下程序和要求开展档案的接收、转递服务：

（一）根据流动人员或存档单位申请，拟接收的档案管理服务机构向原档案管理服务机构或原工作单位开具转档手续材料。

（二）原档案管理服务机构或原工作单位接到转档手续材料后，应当按规定审核档案，对符合转递规定的，填写材料目录清单后严密包封，并填写档案转递通知单，于15个工作日内进行转递。

对不符合转递规定的，原档案管理服务机构或原工作单位不得转出。

（三）流动人员人事档案转递应当通过机要通信、专人送取或邮政特快专递等给据邮件方式进行。对曾属于党政领导干部、机关公务员、参照公务员法管理的机关（单位）工作人员（工勤人员除外），国有企事业单位领导人员、管理人员和专业技术人员，军队文职人员人事档案的，应当通过机要通信或专人送取方式进行转递。严禁个人自带档案。

（四）接收流动人员人事档案时实行告知承诺制。拟接收的档案管理服务机构应当对照材料目录清单认真审核甄别，对缺少关键材料的，一次性告知所缺材料及其可能造成的影响，经本人作出书面知情说明、承诺补充材料后予以接收，或与原工作单位协商退回并补充材料；对缺少非关键材料的，应当采取先存后补方式予以接收，并督促指导流动人员补充相关缺失材料。

关键材料一般是指用于核定流动人员的出生日期、参加工作时间、入党时间、学历学位、工作经历等重要信息的材料。

（五）接收流动人员人事档案的管理服务机构应当及时将档案转递通知单回执退回原管理服务机构或原工作单位。

档案管理服务机构开具的流动人员人事档案转档手续材料，与机关、国有企事业单位开具的人事档案转档手续材料具有相同的效力。流动人员人事档案在机关、国有企事业单位和档案管理服务机构之间可直接办理转档手续。机关、国有企事业单位必须凭档案管理服务机构开具的转档手续材料，方可接收流动人员人事档案。

流动人员死亡5年后，其人事档案按现行渠道移交或保管，对国家和社会有特殊贡献的英雄、模范人物等人事档案按规定向有关档案馆移交。

第二十一条 相关单位开展政审考察、选拔录（聘）用、人才引进、职称评审、表彰奖励、因公出国（境）、社会保险、巡视巡察等工作需查阅流动人员人事档案，档案管理服务机构按照以下程序和要求提供查阅服务：

（一）查阅单位提交加盖公章的单位介绍信，申明查阅理由，如实填写流动人员人事档案查阅申请表。

（二）查阅流动人员人事档案应当2人以上，一般为中共党员。

（三）档案管理服务机构应当按照程序和权限审批同意。

（四）查阅人在规定时限内完成查阅。

档案管理服务机构对高级专业技术人员、涉及国家秘密的流动人员人事档案要从严保管，严格查阅手续。

任何个人不得查阅本人、配偶、直系血亲、三代以内旁系血亲、近姻亲人员的人事档案。

第二十二条 流动人员人事档案一般不予外借。确因工作需要借阅的，借阅单位应当履行审批手续，在规定时限内归还。归还时，档案管理服务机构应当认真核对档案材料。

第二十三条 流动人员及其亲属因办理个人合法权益保障等事项申请开具相关证明，档案管理服务机构可依据档案材料记载出具存档、经历、亲属关系等相关证明材料。

第二十四条 档案管理服务机构党组织应当按有关规定为流动人才党员提供党员组织关系转接服务。

第二十五条 不断拓展流动人员人事档案基本公共服务内容，完善服务标准和流程，推进服务规范化和精细化。探索为技师学院高级工班、预备技师班毕业的高技能人才提供人事档案管理服务，畅通高技能人才职业发展通道。

第二十六条 加强流动人员人事档案工作服务信息公开和政策宣传，及时更新辖区内档案管理服务机构目录和办事清单，结合服务内容逐项编制办事指南，并通过门户网站、咨询服务热线、宣传手册等向社会公开。

加强流动人员人事档案工作政策法规宣传解读，加大面向高校毕业生等重点群体和重点单位的宣传力度，提高流动人员和用人单位对档案重要性的认识，营造良好工作环境。

第二十七条 建立健全流动人员人事档案科学利用机制，强化与政务数据资源的关联分析和融合利用，加强流动人员数量、结构、分布、流向等数据统计分析和科学预测，为引导人力资源合理流动提供决策参考，提高流动人员人事档案管理服务整体效能。

第二十八条 健全流动人员人事档案公共服务制度，强化档案管理服务机构窗口作风建设，落实档案管理纪律要求和行为规范，提高流动人员人事档案管理服务水平。

第五章　纪律和监督

第二十九条　开展流动人员人事档案管理服务工作，应当严格执行干部人事档案工作相关规定，遵守下列纪律：

（一）严禁篡改、伪造流动人员人事档案；

（二）严禁擅自抽取、撤换、添加、涂改流动人员人事档案材料；

（三）严禁擅自向外公开、泄露流动人员人事档案信息；

（四）严禁丢弃、销毁流动人员人事档案材料；

（五）严禁为不符合规定的人员新建、重建流动人员人事档案；

（六）严禁违规转递、接收和查（借）阅流动人员人事档案；

（七）严禁出具虚假证明和政审材料；

（八）严禁档案管理服务机构拒收或推诿符合规定的流动人员人事档案；

（九）严禁将流动人员人事档案管理服务与其他经营性服务相挂钩；

（十）严禁以流动人员人事档案为载体的捆绑收费、隐性收费。

第三十条　加强对流动人员人事档案工作和本规定实施情况的监督检查，人力资源社会保障行政部门将违规保管流动人员人事档案、违规收取管理服务费等行为纳入人力资源市场秩序日常监管范围，完善举报投诉查处机制，主动公开举报投诉电话。

档案管理服务机构要严格执行本规定，自觉接受组织、群众和社会监督。

第三十一条　对于违反相关规定和纪律的，依据有关规定予以纠正；根据情节轻重，给予批评教育、组织处理或者党纪政务处分，并视情追究相关人员责任。涉嫌违法犯罪的，按照国家法律法规处理。

第六章　附　　则

第三十二条　本规定由人力资源社会保障部负责解释。

第三十三条　本规定自印发之日起施行。《中共中央组织部、人事部关于印发〈流动人员人事档案管理暂行规定〉的通知》（人发〔1996〕118 号）同时废止。

人力资源社会保障部关于公布《国家职业资格目录（2021年版）》的公告

根据国务院推进简政放权、放管结合、优化服务改革要求，人力资源社会保障部会同国务院有关部门对《国家职业资格目录》进行优化调整，形成了《国家职业资格目录（2021年版）》，经国务院同意，现予以公布。

特此公告。

附件：国家职业资格目录（2021年版）

2021年11月23日

附件

国家职业资格目录（2021年版）

一、专业技术人员职业资格

（共计59项。其中准入类33项，水平评价类26项）

序号	职业资格名称	实施部门（单位）	资格类别	设定依据
1	教师资格	教育部	准入类	《中华人民共和国教师法》 《教师资格条例》 《〈教师资格条例〉实施办法》（教育部令2000年第10号）
2	法律职业资格	司法部	准入类	《中华人民共和国法官法》 《中华人民共和国检察官法》 《中华人民共和国公务员法》 《中华人民共和国律师法》 《中华人民共和国公证法》 《中华人民共和国仲裁法》 《中华人民共和国行政复议法》 《中华人民共和国行政处罚法》

续表

<table>
<tr><th>序号</th><th colspan="2">职业资格名称</th><th>实施部门（单位）</th><th>资格类别</th><th>设定依据</th></tr>
<tr><td>3</td><td colspan="2">中国委托公证人资格
（香港、澳门）</td><td>司法部</td><td>准入类</td><td>《国务院对确需保留的行政审批项目设定行政许可的决定》</td></tr>
<tr><td>4</td><td colspan="2">注册会计师</td><td>财政部</td><td>准入类</td><td>《中华人民共和国注册会计师法》</td></tr>
<tr><td>5</td><td colspan="2">注册城乡规划师</td><td>自然资源部
人力资源社会保障部
相关行业协会</td><td>准入类</td><td>《中华人民共和国城乡规划法》</td></tr>
<tr><td>6</td><td colspan="2">注册测绘师</td><td>自然资源部
人力资源社会保障部</td><td>准入类</td><td>《中华人民共和国测绘法》
《注册测绘师制度暂行规定》（国人部发〔2007〕14号）</td></tr>
<tr><td rowspan="2">7</td><td rowspan="2">核安全设备无损检验人员资格</td><td>民用核安全设备无损检验人员</td><td>生态环境部</td><td>准入类</td><td>《民用核安全设备监督管理条例》</td></tr>
<tr><td>国防科技工业军用核安全设备无损检验人员</td><td>国防科工局</td><td>准入类</td><td>《中华人民共和国核安全法》</td></tr>
<tr><td rowspan="2">8</td><td rowspan="2">核设施操纵人员资格</td><td>民用核设施操纵人员</td><td>生态环境部
国家能源局</td><td>准入类</td><td>《中华人民共和国民用核设施安全监督管理条例》</td></tr>
<tr><td>国防科技工业军用核设施操纵人员</td><td>国防科工局</td><td>准入类</td><td>《中华人民共和国核安全法》</td></tr>
<tr><td>9</td><td colspan="2">注册核安全工程师</td><td>生态环境部
人力资源社会保障部</td><td>准入类</td><td>《中华人民共和国放射性污染防治法》
《注册核安全工程师执业资格制度暂行规定》（人发〔2002〕106号）</td></tr>
<tr><td>10</td><td colspan="2">注册建筑师</td><td>全国注册建筑师管理委员会及省级注册建筑师管理委员会</td><td>准入类</td><td>《中华人民共和国建筑法》
《中华人民共和国注册建筑师条例》
《建设工程勘察设计管理条例》
《关于建立注册建筑师制度及有关工作的通知》（建设〔1994〕第598号）</td></tr>
<tr><td>11</td><td colspan="2">监理工程师</td><td>住房城乡建设部
交通运输部
水利部
人力资源社会保障部</td><td>准入类</td><td>《中华人民共和国建筑法》
《建设工程质量管理条例》
《监理工程师职业资格制度规定》（建人规〔2020〕3号）
《注册监理工程师管理规定》（建设部令2006年第147号，根据住房和城乡建设部令2016年第32号修订）
《公路水运工程监理企业资质管理规定》（交通运输部令2019年第37号）
《水利工程建设监理规定》（水利部令2006年第28号，根据水利部令2017年第49号修订）</td></tr>
</table>

续表

序号	职业资格名称		实施部门（单位）	资格类别	设定依据
12	房地产估价师		住房城乡建设部 自然资源部	准入类	《中华人民共和国城市房地产管理法》
13	造价工程师		住房城乡建设部 交通运输部 水利部 人力资源社会保障部	准入类	《中华人民共和国建筑法》 《造价工程师职业资格制度规定》（建人〔2018〕67号） 《注册造价工程师管理办法》（建设部令2006年第150号，根据住房和城乡建设部令2016年第32号、2020年第50号修订）
14	建造师		住房城乡建设部 人力资源社会保障部	准入类	《中华人民共和国建筑法》 《注册建造师管理规定》（建设部令2006年第153号，根据住房和城乡建设部令2016年第32号修订） 《建造师执业资格制度暂行规定》（人发〔2002〕111号）
15	勘察设计注册工程师	注册结构工程师	住房城乡建设部 人力资源社会保障部	准入类	《中华人民共和国建筑法》 《建设工程勘察设计管理条例》 《勘察设计注册工程师管理规定》（建设部令2005年第137号，根据住房和城乡建设部令2016年第32号修订） 《注册结构工程师执业资格制度暂行规定》（建设〔1997〕222号）
		注册土木工程师	住房城乡建设部 交通运输部 水利部 人力资源社会保障部		《中华人民共和国建筑法》 《建设工程勘察设计管理条例》 《勘察设计注册工程师管理规定》（建设部令2005年第137号，根据住房和城乡建设部令2016年第32号修订） 《注册土木工程师（岩土）执业资格制度暂行规定》（人发〔2002〕35号） 《注册土木工程师（水利水电工程）制度暂行规定》（国人部发〔2005〕58号） 《注册土木工程师（港口与航道工程）执业资格制度暂行规定》（人发〔2003〕27号） 《勘察设计注册土木工程师（道路工程）制度暂行规定》（国人部发〔2007〕18号）
		注册化工工程师	住房城乡建设部 人力资源社会保障部		《中华人民共和国建筑法》 《建设工程勘察设计管理条例》 《勘察设计注册工程师管理规定》（建设部令2005年第137号，根据住房和城乡建设部令2016年第32号修订） 《注册化工工程师执业资格制度暂行规定》（人发〔2003〕26号）

续表

序号	职业资格名称		实施部门（单位）	资格类别	设定依据
15	勘察设计注册工程师	注册电气工程师	住房城乡建设部 人力资源社会保障部	准入类	《中华人民共和国建筑法》 《建设工程勘察设计管理条例》 《勘察设计注册工程师管理规定》（建设部令2005年第137号，根据住房和城乡建设部令2016年第32号修订） 《注册电气工程师执业资格制度暂行规定》（人发〔2003〕25号）
		注册公用设备工程师	住房城乡建设部 人力资源社会保障部		《中华人民共和国建筑法》 《建设工程勘察设计管理条例》 《勘察设计注册工程师管理规定》（建设部令2005年第137号，根据住房和城乡建设部令2016年第32号修订） 《注册公用设备工程师执业资格制度暂行规定》（人发〔2003〕24号）
		注册环保工程师	住房城乡建设部 生态环境部 人力资源社会保障部		《中华人民共和国建筑法》 《建设工程勘察设计管理条例》 《勘察设计注册工程师管理规定》（建设部令2005年第137号，根据住房和城乡建设部令2016年第32号修订） 《注册环保工程师制度暂行规定》（国人部发〔2005〕56号）
16	注册验船师		交通运输部 人力资源社会保障部	准入类	《中华人民共和国船舶和海上设施检验条例》 《中华人民共和国渔业船舶检验条例》 《注册验船师制度暂行规定》（国人部发〔2006〕8号）
17	船员资格（含船员、渔业船员）		交通运输部 农业农村部	准入类	《中华人民共和国海上交通安全法》 《中华人民共和国船员条例》 《中华人民共和国内河交通安全管理条例》 《中华人民共和国渔港水域交通安全管理条例》
18	执业兽医		农业农村部	准入类	《中华人民共和国动物防疫法》
19	演出经纪人员资格		文化和旅游部	准入类	《营业性演出管理条例》 《营业性演出管理条例实施细则》（文化部令2009年第47号，根据文化部令2017年第57号修订）
20	导游资格		文化和旅游部	准入类	《中华人民共和国旅游法》 《导游人员管理条例》

续表

序号	职业资格名称		实施部门（单位）	资格类别	设定依据
21	医生资格	医师	国家卫生健康委	准入类	《中华人民共和国医师法》
		乡村医生			《乡村医生从业管理条例》
		人体器官移植医师			《中华人民共和国医师法》 《人体器官移植条例》 《关于对人体器官移植技术临床应用规划及拟批准开展人体器官移植医疗机构和医师开展审定工作的通知》（卫办医发〔2007〕38号） 《国务院关于取消和调整一批行政审批项目等事项的决定》（国发〔2014〕27号）
		职业病诊断医师			《中华人民共和国职业病防治法》 《国务院关于取消一批职业资格许可和认定事项的决定》（国发〔2016〕5号）
22	护士执业资格		国家卫生健康委 人力资源社会保障部	准入类	《护士条例》 《护士执业资格考试办法》（卫生部、人力资源社会保障部令2010年第74号）
23	母婴保健技术服务人员资格		国家卫生健康委	准入类	《中华人民共和国母婴保健法》
24	注册安全工程师		应急管理部 人力资源社会保障部	准入类	《中华人民共和国安全生产法》 《注册安全工程师职业资格制度规定》（应急〔2019〕8号）
25	注册消防工程师		应急管理部 人力资源社会保障部	准入类	《中华人民共和国消防法》 《注册消防工程师制度暂行规定》（人社部发〔2012〕56号）
26	注册计量师		市场监管总局 人力资源社会保障部	准入类	《中华人民共和国计量法》 《注册计量师职业资格制度规定》（国市监计量〔2019〕197号）
27	特种设备检验、检测人员资格		市场监管总局	准入类	《中华人民共和国特种设备安全法》
28	广播电视播音员、主持人资格		广电总局	准入类	《国务院对确需保留的行政审批项目设定行政许可的决定》
29	新闻记者职业资格		国家新闻出版署	准入类	《国务院对确需保留的行政审批项目设定行政许可的决定》 《新闻记者证管理办法》（新闻出版总署令2009年第44号）

续表

序号	职业资格名称		实施部门（单位）	资格类别	设定依据
30	航空人员资格	空勤人员、地面人员	中国民航局	准入类	《中华人民共和国民用航空法》
		民用航空器外国驾驶员、领航员、飞行机械员、飞行通信员			《国务院对确需保留的行政审批项目设定行政许可的决定》
		航空安全员			《国务院对确需保留的行政审批项目设定行政许可的决定》
		民用航空电信人员、航行情报人员、气象人员			《国务院对确需保留的行政审批项目设定行政许可的决定》
31	执业药师		国家药监局 人力资源社会保障部	准入类	《中华人民共和国药品管理法》 《中华人民共和国药品管理法实施条例》 《国务院对确需保留的行政审批项目设定行政许可的决定》 《药品经营质量管理规范》（国家食品药品监督管理总局令 2015 年第 13 号，根据国家食品药品监督管理总局令 2016 年第 28 号修正） 《执业药师职业资格制度规定》（国药监人〔2019〕12 号）
32	专利代理师		国家知识产权局	准入类	《专利代理条例》 《专利代理师资格考试办法》（国家市场监督管理总局令 2019 年第 7 号）
33	拍卖师		中国拍卖行业协会	准入类	《中华人民共和国拍卖法》
34	工程咨询（投资）专业技术人员职业资格		国家发展改革委 人力资源社会保障部 中国工程咨询协会	水平评价类	《工程咨询（投资）专业技术人员职业资格制度暂行规定》（人社部发〔2015〕64 号）
35	通信专业技术人员职业资格		工业和信息化部 人力资源社会保障部	水平评价类	《中华人民共和国电信条例》 《通信专业技术人员职业水平评价暂行规定》（国人部发〔2006〕10 号）
36	计算机技术与软件专业技术资格		工业和信息化部 人力资源社会保障部	水平评价类	《计算机技术与软件专业技术资格（水平）考试暂行规定》（国人部发〔2003〕39 号）
37	社会工作者职业资格		民政部 人力资源社会保障部	水平评价类	《国家中长期人才发展规划纲要（2010—2020 年）》 《关于加强社会工作专业人才队伍建设的意见》（中组发〔2011〕25 号） 《社会工作者职业水平评价暂行规定》（国人部发〔2006〕71 号） 《高级社会工作师评价办法》（人社部规〔2018〕2 号）

续表

序号	职业资格名称	实施部门（单位）	资格类别	设定依据
38	会计专业技术资格	财政部 人力资源社会保障部	水平 评价类	《中华人民共和国会计法》 《关于深化会计人员职称制度改革的指导意见》（人社部发〔2019〕8号） 《会计专业技术资格考试暂行规定》（财会〔2000〕11号）
39	资产评估师	财政部 人力资源社会保障部 中国资产评估协会	水平 评价类	《中华人民共和国资产评估法》 《资产评估师职业资格制度暂行规定》（人社部规〔2017〕7号）
40	经济专业技术资格	人力资源社会保障部	水平 评价类	《关于深化经济专业人员职称制度改革的指导意见》（人社部发〔2019〕53号） 《经济专业技术资格规定》（人社部规〔2020〕1号）
41	不动产登记代理 专业人员职业资格	自然资源部 中国土地估价师与土地登记代理人协会	水平 评价类	《不动产登记暂行条例》
42	矿业权评估师	自然资源部 中国矿业权评估师协会	水平 评价类	《中华人民共和国资产评估法》 《矿产资源勘查区块登记管理办法》 《矿产资源开采登记管理办法》 《探矿权采矿权转让管理办法》
43	环境影响评价工程师	生态环境部 人力资源社会保障部	水平 评价类	《建设项目环境保护管理条例》 《环境影响评价工程师职业资格制度暂行规定》（国人部发〔2004〕13号）
44	房地产经纪专业人员职业资格	住房城乡建设部 人力资源社会保障部 中国房地产估价师与房地产经纪人学会	水平 评价类	《中华人民共和国城市房地产管理法》 《房地产经纪专业人员职业资格制度暂行规定》（人社部发〔2015〕47号）
45	机动车检测维修 专业技术人员职业资格	交通运输部 人力资源社会保障部	水平 评价类	《中华人民共和国道路运输条例》 《机动车检测维修专业技术人员职业水平评价暂行规定》（国人部发〔2006〕51号）
46	公路水运工程试验检测 专业技术人员职业资格	交通运输部 人力资源社会保障部	水平 评价类	《建设工程质量管理条例》 《公路水运工程试验检测专业技术人员职业资格制度规定》（人社部发〔2015〕59号）
47	水利工程质量检测员资格	水利部	水平 评价类	《建设工程质量管理条例》 《水利工程质量检测管理规定》（水利部令2008年第36号，根据水利部令2017年第49号、2019年第50号修订）

续表

序号	职业资格名称	实施部门（单位）	资格类别	设定依据
48	卫生专业技术资格	国家卫生健康委 人力资源社会保障部	水平 评价类	《关于深化卫生专业技术人员职称制度改革的指导意见》（人社部发〔2021〕51号） 《临床医学专业技术资格考试暂行规定》（卫人发〔2000〕462号） 《预防医学、全科医学、药学、护理、其他卫生技术等专业技术资格考试暂行规定》（卫人发〔2001〕164号）
49	审计专业技术资格	审计署 人力资源社会保障部	水平 评价类	《中华人民共和国审计法》 《中华人民共和国审计法实施条例》 《关于深化审计专业人员职称制度改革的指导意见》（人社部发〔2020〕84号） 《审计专业技术初、中级资格考试规定》（审人发〔2003〕4号） 《高级审计师评价办法（试行）》（人发〔2002〕58号）
50	税务师	税务总局 人力资源社会保障部 中国注册税务师协会	水平 评价类	《中华人民共和国税收征收管理法》 《税务师职业资格制度暂行规定》（人社部发〔2015〕90号）
51	认证人员职业资格	市场监管总局	水平 评价类	《中华人民共和国认证认可条例》
52	设备监理师	市场监管总局 人力资源社会保障部	水平 评价类	《国务院关于第三批取消和调整行政审批项目的决定》（国发〔2004〕16号）
53	统计专业技术资格	国家统计局 人力资源社会保障部	水平 评价类	《中华人民共和国统计法》 《关于深化统计专业人员职称制度改革的指导意见》（人社部发〔2020〕16号） 《统计专业技术资格考试暂行规定》（国统字〔1995〕46号）
54	出版专业技术人员职业资格	国家新闻出版署 人力资源社会保障部	水平 评价类	《出版管理条例》 《音像制品管理条例》 《关于深化出版专业技术人员职称制度改革的指导意见》（人社部发〔2021〕10号） 《出版专业技术人员职业资格考试暂行规定》（人发〔2001〕86号）
55	银行业专业人员职业资格	银保监会 人力资源社会保障部 中国银行业协会	水平 评价类	《银行业专业人员职业资格制度暂行规定》（人社部发〔2013〕101号）
56	精算师	银保监会 人力资源社会保障部 中国精算师协会	水平 评价类	《中华人民共和国保险法》

续表

序号	职业资格名称	实施部门（单位）	资格类别	设定依据
57	证券期货基金业从业人员资格	证监会	水平评价类	《中华人民共和国证券法》 《中华人民共和国证券投资基金法》 《期货交易管理条例》
58	文物保护工程从业资格	国家文物局	水平评价类	《中华人民共和国文物保护法实施条例》 《文物保护工程管理办法》（文化部令 2003 年第 26 号） 《文物保护工程勘察设计资质管理办法（试行）》《文物保护工程施工资质管理办法（试行）》《文物保护工程监理资质管理办法（试行）》（文物保发〔2014〕13 号）
59	翻译专业资格	中国外文局 人力资源社会保障部	水平评价类	《关于深化翻译专业人员职称制度改革的指导意见》（人社部发〔2019〕110 号） 《翻译专业资格（水平）考试暂行规定》（人发〔2003〕21 号）

二、技能人员职业资格

（共计 13 项）

<table>
<tr><th>序号</th><th colspan="2">职业资格名称</th><th>实施部门（单位）</th><th>资格类别</th><th>设定依据</th><th>备注</th></tr>
<tr><td rowspan="2">1</td><td rowspan="2">焊工</td><td>民用核安全设备焊工、焊接操作工</td><td>生态环境部</td><td>准入类</td><td>《民用核安全设备监督管理条例》
《国务院对确需保留的行政审批项目设定行政许可的决定》
《国务院关于修改部分行政法规的决定》</td><td></td></tr>
<tr><td>国防科技工业军用核安全设备焊接人员</td><td>国防科工局</td><td>准入类</td><td>《中华人民共和国核安全法》</td><td></td></tr>
<tr><td rowspan="2">2</td><td rowspan="2">安全保护服务人员</td><td>保安员</td><td>公安部门及相关机构</td><td>准入类</td><td>《保安服务管理条例》
《人力资源社会保障部办公厅　公安部办公厅关于颁布保安员国家职业技能标准的通知》（人社厅发〔2019〕60 号）</td><td></td></tr>
<tr><td>民航安全检查员</td><td>民航行业技能鉴定机构</td><td>水平评价类</td><td>《人力资源社会保障部办公厅　中国民用航空局综合司关于颁布民航乘务员等 3 个国家职业技能标准的通知》（人社厅发〔2019〕110 号）</td><td>涉及安全，根据 2019 年 12 月 30 日国务院常务会议精神，拟依法调整为准入类职业资格</td></tr>
</table>

续表

序号	职业资格名称		实施部门（单位）	资格类别	设定依据	备注
3	消防和应急救援人员	消防员	消防行业技能鉴定机构	水平评价类	《关于印发灭火救援员国家职业技能标准的通知》（人社厅发〔2011〕18号）	涉及安全，根据2019年12月30日国务院常务会议精神，拟依法调整为准入类职业资格
		森林消防员	应急管理部、国家林业和草原局		《关于印发第十二批房地产策划师等54个国家职业标准的通知》（劳社厅发〔2006〕1号）	
		应急救援员	紧急救援行业技能鉴定机构		《人力资源社会保障部办公厅 应急管理部办公厅关于颁布应急救援员国家职业技能标准的通知》（人社厅发〔2019〕8号）	
4	消防设施操作员		消防行业技能鉴定机构	准入类	《中华人民共和国消防法》	
5	健身和娱乐场所服务人员	游泳救生员	体育行业技能鉴定机构	准入类	《全民健身条例》	
		社会体育指导员			《全民健身条例》 《第一批高危险性体育项目目录公告》（国家体育总局公告2013年第16号）	指从事游泳、滑雪、潜水、攀岩等高危险性体育项目的社会体育指导员
6	航空运输服务人员	民航乘务员	民航行业技能鉴定机构	准入类	《中华人民共和国民用航空法》 《人力资源社会保障部办公厅 中国民用航空局综合司关于颁布民航乘务员等3个国家职业技能标准的通知》（人社厅发〔2019〕110号）	
		机场运行指挥员	民航行业技能鉴定机构	水平评价类	《人力资源社会保障部办公厅 中国民用航空局综合司关于颁布民航乘务员等3个国家职业技能标准的通知》（人社厅发〔2019〕110号）	涉及安全，根据2019年12月30日国务院常务会议精神，拟依法调整为准入类职业资格
7	轨道交通运输服务人员	轨道列车司机	交通运输主管部门及相关机构	准入类	《铁路安全管理条例》 《国务院办公厅关于保障城市轨道交通安全运行的意见》（国办发〔2018〕13号） 《人力资源社会保障部办公厅 交通运输部办公厅 国家铁路局综合司关于颁布轨道列车司机国家职业技能标准的通知》（人社厅发〔2019〕121号）	
			国家铁路局			

续表

<table>
<tr><th>序号</th><th colspan="2">职业资格名称</th><th>实施部门（单位）</th><th>资格类别</th><th>设定依据</th><th>备注</th></tr>
<tr><td rowspan="3">8</td><td rowspan="3">危险货物、化学品运输从业人员</td><td>危险货物道路运输从业人员</td><td rowspan="3">交通运输主管部门及相关机构</td><td rowspan="3">准入类</td><td rowspan="3">《中华人民共和国安全生产法》
《中华人民共和国道路运输条例》
《危险化学品安全管理条例》
《放射性物品运输安全管理条例》
《道路运输从业人员管理规定》（交通运输部令 2019 年第 18 号）
《危险货物水路运输从业人员考核和从业资格管理规定》（交通运输部令 2021 年第 29 号）</td><td rowspan="3"></td></tr>
<tr><td>放射性物品道路运输从业人员</td></tr>
<tr><td>危险货物水路运输从业人员</td></tr>
<tr><td rowspan="3">9</td><td rowspan="3">道路运输从业人员</td><td>经营性客运驾驶员</td><td>交通运输主管部门及相关机构</td><td>准入类</td><td>《中华人民共和国道路运输条例》
《国务院关于加强道路交通安全工作的意见》（国发〔2012〕30 号）
《道路运输从业人员管理规定》（交通运输部令 2019 年第 18 号）</td><td></td></tr>
<tr><td>经营性货运驾驶员</td><td>交通运输主管部门及相关机构</td><td>准入类</td><td>《中华人民共和国道路运输条例》
《国务院关于加强道路交通安全工作的意见》（国发〔2012〕30 号）
《道路运输从业人员管理规定》（交通运输部令 2019 年第 18 号）</td><td>除使用总质量 4 500 千克及以下普通货运车辆的驾驶人员外</td></tr>
<tr><td>出租汽车驾驶员</td><td>交通运输主管部门及相关机构</td><td>准入类</td><td>《国务院对确需保留的行政审批项目设定行政许可的决定》
《出租汽车驾驶员从业资格管理规定》（交通运输部令 2021 年第 15 号）
《巡游出租汽车经营服务管理规定》（交通运输部令 2021 年第 16 号）
《网络预约出租汽车经营服务管理暂行办法》（交通运输部令 2019 年第 46 号）</td><td></td></tr>
<tr><td>10</td><td colspan="2">特种作业人员</td><td>应急管理部门、矿山安全监管部门</td><td>准入类</td><td>《中华人民共和国安全生产法》
《中华人民共和国劳动法》
《中华人民共和国矿山安全法》
《安全生产许可证条例》
《煤矿安全监察条例》
《危险化学品安全管理条例》
《烟花爆竹安全管理条例》
《特种作业人员安全技术培训考核管理规定》（国家安全监管总局令 2010 年第 30 号、2013 年第 63 号第一次修正、2015 年第 80 号第二次修正）</td><td></td></tr>
</table>

续表

序号	职业资格名称	实施部门（单位）	资格类别	设定依据	备注
11	建筑施工特种作业人员	住房和城乡建设主管部门及相关机构	准入类	《中华人民共和国安全生产法》 《中华人民共和国特种设备安全法》 《建设工程安全生产管理条例》 《特种设备安全监察条例》 《安全生产许可证条例》 《建筑起重机械安全监督管理规定》（建设部令 2008 年第 166 号）	
12	特种设备安全管理和作业人员	市场监督管理部门	准入类	《中华人民共和国特种设备安全法》 《特种设备安全监察条例》 《特种设备作业人员监督管理办法》（国家质量监督检验检疫总局令 2011 年第 140 号）	
13	家畜繁殖员	农业行业技能鉴定机构	准入类	《中华人民共和国畜牧法》	

人力资源社会保障部　财政部关于充分发挥职业技能提升行动专账资金效能扎实推进职业技能提升行动的通知

人社部函〔2021〕14号

各省、自治区、直辖市及新疆生产建设兵团人力资源社会保障厅（局），财政厅（局）：

为全面贯彻落实习近平总书记对技能人才工作的重要指示精神和党的十九届五中全会精神，进一步增强职业技能培训针对性和有效性，不断提高培训质量，培养壮大创新型、应用型、技能型人才队伍，现就充分发挥职业技能提升行动专账资金效能，扎实推进职业技能提升行动通知如下。

一、合理确定调整培训补贴标准。合理确定培训补贴标准是保证培训质量的重要因素之一。市（地）级以上（含市地，下同）人力资源社会保障部门、财政部门可结合培训工作实际，充分考虑培训课程开发、教材建设、师资培训、教学改革、实训设施设备升级改造等培训基础能力建设成本以及实训耗材、培训场租和培训时长等综合因素，科学合理确定职业培训补贴标准（含职业技能鉴定评价补贴、企业新型学徒制培训补贴，下同）。建立培训补贴标准动态评估调整机制，结合评估结果，适时调整补贴标准。2021年一季度内，各省级人力资源社会保障部门、财政部门牵头组织开展一次评估，对补贴标准进行合理调整。鼓励省级人力资源社会保障部门会同财政部门统一制定本省份不同地域和职业（工种）差异化的培训补贴标准，并加强工作指导落实。

二、提高培训针对性。各地要把援企稳岗作为提高培训针对性的重要举措，抓好以工代训扩就业稳就业工作，以工代训政策实施期限延至2021年12月。以工代训注重岗位工作训练，无需单独组织开展培训。企业申请以工代训补贴无需提供培训计划和发放培训合格证书。通过大数据比对可核实企业为职工发放工资等情况的，以工代训补贴发放可不再要求企业提供职工花名册、发放工资银行对账单。以工代训补贴不计入劳动者每年3次培训补贴范围。

三、加大培训补贴资金直补企业工作力度。强化企业培训主体作用，围绕制造强国、质量强国和实体经济发展，聚焦战略性新兴产业和先进制造业等领域，组织企业开展定向、定岗培训。对于企业直接组织职工培训并承担培训成本的，应将培训补贴资金按规定直补企业。企业（涉密企业除外）申请直补培训补贴资金时，需提供培训计划、学员签到表、培训视频类资料等材料，无需开具培训补贴发票。企业、院校和其他培训机构完成培训任务后申领获得的培训补贴资金，可在符合相关法律制度条件下自主开支使用。鼓励各地按规定探索开展项目制培训等多形式培训。具备培训资质的机构均可承担政府补贴性培训项目。

四、全面推行中国特色企业新型学徒制。

适应现代企业发展和企业技术创新需要，面向各类企业全面推行企业新型学徒制，提高培训质量。完善企校双师带徒、工学交替培养等模式，创新开展“行校合作”，鼓励行业协会、跨企业培训中心等组织中小微企业开展学徒制培训，并按规定给予培训补贴。鼓励更多优秀的企业导师承担带徒任务，建立专职导师队伍。加大实施百万青年技能培训行动，把高校毕业生等青年培养成为适合企业发展和岗位需要的高技能人才。加强央地合作，各级人力资源社会保障部门要支持中央企业开展企业新型学徒制培训。

五、优先使用专账资金。优先使用专账资金开展政府补贴性培训项目，培训期间符合规定的生活费、交通费补贴可从专账资金支出。符合条件的个体工商户用工、民办非企业单位用工以及灵活就业人员按规定纳入职业技能提升行动职业培训补贴（含生活费、交通费）范围。深入推动实施“互联网+职业技能培训计划”、农民工稳就业职业技能培训计划、百万青年技能培训行动、康养职业技能培训计划、“马兰花”创业培训计划等专项培训行动，开展长江流域退捕渔民职业技能培训。

六、强化培训资金监管。各级人力资源社会保障部门、财政部门要强化培训资金监管，进一步做好补贴性培训实名制管理工作，建立覆盖专账资金使用管理全过程的监管体系，建立定期对账制度，做到账实相符、账表相符，加大风险防控和排查。对以虚假培训等套取、骗取资金的依法依纪严惩。

七、压实专账资金管理使用责任。各级人力资源社会保障部门、财政部门要切实履行专账资金管理使用责任，充分发挥专账资金使用效益。各地要认真贯彻落实放管服改革，进一步畅通专账资金支出渠道，提高资金拨付效率。要进一步简化培训补贴申领程序，提供网上办理或快速办理等便捷服务。各地不得以地域、户籍等为前提条件，限制劳动者参加培训并享受培训补贴。

八、加强经办服务工作。针对基层工作力量薄弱的实际，进一步健全政府购买服务机制。可引入第三方社会机构，承担开展各类培训机构审核、过程监管、补贴资金审核等工作，第三方社会机构的引入应严格按照政府购买服务相关要求开展。同级人力资源社会保障、财政部门要对引入的第三方社会机构建立严格、全面的监管和考评机制，定期组织工作效果评审。对于资金骗取等情况，按规定依法依规处理，对于发生问题的第三方机构，建立黑名单制度。鼓励有条件的地区，整合职业培训、技能鉴定、技工教研、公共实训等力量，壮大职业技能提升行动工作力量。

九、建立专账资金调剂使用和奖补机制。各地专账资金可结合实际工作需要，在省（区、市）内不同地区间进行调剂使用，适当向培训需求量大、培训任务重、培训工作好的地区倾斜，确保各项职业培训补贴政策落实落地。建立专账资金与培训工作绩效考核联动机制，提高资金使用效率。财政部、人力资源社会保障部将在分配中央就业补助资金时，充分考虑各省（区、市）专账资金使用执行情况。

2021年2月1日

人力资源社会保障部关于2021年组织开展职业技能提升行动质量年活动的通知

人社部函〔2021〕16号

各省、自治区、直辖市及新疆生产建设兵团人力资源社会保障厅（局）：

为深入推进职业技能提升行动，高质量开展职业技能培训，我部决定2021年在全国开展职业技能提升行动质量年活动。现将有关事项通知如下：

一、总体要求

（一）指导思想。全面贯彻落实党中央、国务院关于大规模开展职业技能培训的决策部署，以加强创新型、应用型、技能型人才培养，壮大高技能人才队伍为目标，以高质量发展为总体要求，坚持问题导向和目标导向，在总结前期工作基础上，组织开展职业技能提升行动质量年活动，更加注重提质增效，切实发挥职业技能提升行动在促进就业、缓解就业结构性矛盾、推动经济转型升级中的重要支撑作用。

（二）目标任务。认真贯彻落实《职业技能提升行动方案（2019—2021年）》，大规模开展职业技能培训，增强培训针对性、实效性。到2021年年底，努力实现全国技能劳动者占就业人员总量的比例达到25%以上，高技能人才占技能劳动者的比例达到30%以上的目标。技能人才工作基础较好的省份和东部经济发达地区，要指导区域内中心城市率先建设全国技能人才高地，适度提高技能人才培养比例；东北、西北和中部人口较多、劳动力输出量大的省份要切实提高劳动者的就业创业能力，努力完成技能人才培养比例。

二、重点工作

（一）提高培训层次，突出培训重点。紧扣制造强国、质量强国建设之急需，把大力开展高技能人才培训作为质量年的首要任务，特别要加大培养评价高技能人才。大力开展中国特色的企业新型学徒制培训，扩大培训对象范围。持续实施工业通信业职业技能提升等专项行动计划。参照《急需紧缺职业（工种）参考目录》和短缺职业（工种）排行榜，强化就业导向，加强急需紧缺职业（工种）培训。紧跟平台经济、共享经济发展，加快开展新职业培训。

（二）结合企业实际，强化岗位培训。充分发挥企业培训主体作用。支持各类企业围绕产业升级和技术创新、生产经营需要，广泛开展职工岗位技能提升培训，突出高技能人才培训以及产业紧缺人才培训、安全技能提升培训、转岗转业培训、储备性技能培训、技术技能融合性培训等。依托企业开展定向、定岗、订单式和项目制培训。

（三）依托职业院校资源，开展高质量培训。要充分发挥院校培训资源优势，提升培训规范化、专业化水平。组织各类职业院校特别是技工院校主动承担培训任务，设立企业职工培训工作站等，强化校企合作，完善协作机制，为企业提供全方位技能人才培养培训“一站式”服务。要将技工院校开展职业培训，特别是高技能人才培训工作完成情况作为考核评估的重要内容。

（四）开展线上培训，加强规范管理。推动线上线下培训融合，紧密结合劳动者需求和企业生产经营实际需要，强化技能训练。优先遴选开发高技能人才培训平台和课程资源。按照《职业技能提升行动“互联网+职业技能培训”平台及资源运营服务规范（试行）》要求，加强线上培训规范管理，探索采取实名制管理、人脸识别等技术手段，建立健全线上培训过程监管，实现学习过程可查询、可追溯，完善线上线下培训补贴管理办法。

（五）强化重点群体就业技能培训和创业培训，全面提升各类劳动者就业创业能力。面向农村转移就业劳动者、“两后生”等青年、下岗失业人员、退役军人、就业困难人员等群体，精准开展“菜单”式培训和定岗定向培训。实施欠发达地区劳动力职业技能提升工程，持续加大易返贫致贫人口的职业技能培训。加大实施创业培训“马兰花计划”，依托技能大师工作室等开展多种形式的创业创新活动。加大农村地区致富带头人和未就业高校毕业生等青年群体的创业培训。

（六）强化实操训练，合理延长培训时长。认真执行职业技能标准，强化新技术、新工艺、新材料、新装备等实操技能训练。规范培训计划、培训大纲和培训课时要求，企业和培训机构可结合实际调整培训学时，适当延长培训时长，增加培训天数，进一步适应岗位需求，提升培训效果和质量。

（七）提高培训补贴标准，发挥资金效益。根据人力资源社会保障部、财政部《关于充分发挥职业技能提升行动专账资金效能扎实推进职业技能提升行动的通知》（人社部函〔2021〕14号）要求，今年一季度，要抓紧组织培训补贴标准评估，根据培训时长、物价指数和培训成本等综合因素，结合本地实际，合理确定调整培训补贴标准，特别是高技能人才培训的补贴标准，并建立动态评估调整机制。

（八）广泛组织发动，加快考核评价。加强职业技能等级认定工作，鼓励企业职工人人持证，推动企业全面自主开展技能人才评价，特别是高级工、技师、高级技师评价工作。加大社会培训评价机构和行业组织的征集遴选力度，大力推行社会化职业技能等级认定。指导企业和社会培训评价机构对经过培训且符合条件的，及时给予职业技能等级认定，做到应评尽评。

三、工作要求

（一）加强职业培训实名制信息管理系统建设。按照“凡补必进，不进不补”的原则，全面实施实名制信息系统管理。对补贴性职业技能培训实施目录清单管理，动态公布和实时更新培训项目目录、培训评价机构目录，方便劳动者按需选择。

（二）加强培训师资队伍等基础能力建设。完善新职业信息发布制度和职业分类动态调整机制。制定颁布急需紧缺职业和新职业的职业技能标准，指导行业企业开发评价规范，推动成熟的评价规范上升为职业技能标准。推广“职业培训包”等培训方式，提升规范化管理水平。强化教材质量建设，动态更新《职业培训规划教材目录》。加强师资建设，组织师资培训和教师企业实践。支持院校和培训机构吸纳高技能人才和生产经验丰富的企业工程技术人员承担生产实习指导工作。

（三）强化培训过程监管。严格培训班管理，将培训前备案、培训中抽查，培训结果考核要求落到实处。进一步强化过程监管，运用大数据、视频监控等对培训鉴定评价过程进行全方位监管。对管理不规范、培训缺斤少两、鉴定考核把关不严的培训、鉴定考核和技能等级认定机构，一经发现，立即予以退出，并向社会曝光。

（四）切实强化培训资金监管。要将培训资金监管作为廉政风险防控的重要内容，依法依规依纪，管好管严管实，切实保障资金安全和使用效能。定期对企业和培训机构申请补贴资金信息的真实性、准确性进行抽查核查，加大对培训资金的风险排查和风险提示。对以虚假培训等套取、骗取资金的依法依纪严肃处理。

（五）加强调度督导。各地要采取措施加强工作调度督导，定期进行检查指导，探索引入第三方机构，做好职业技能提升行动工作的总结评估工作。部里将每月调度数据和督导工作，公布工作进展，并进行调研指导。

2021 年 2 月 7 日

人力资源社会保障部关于做好2021年全国高校毕业生就业创业工作的通知

人社部函〔2021〕27号

各省、自治区、直辖市及新疆生产建设兵团人力资源社会保障厅（局）：

高校毕业生就业关系民生福祉、社会稳定和高质量发展。2021届高校毕业生规模达909万人，在国内外环境和疫情变化存在不确定性的情况下，促进就业任务更为艰巨。各地要全面贯彻党的十九届五中全会精神和党中央、国务院决策部署，将高校毕业生就业作为就业工作重中之重，以实施高校毕业生就业创业促进计划为统领，以品质就业服务为支撑，精准施策，多方发力，确保高校毕业生就业局势总体稳定。现就有关工作通知如下：

一、落实政策拓宽渠道。各地要切实抓好就业政策落实，充分释放政策效力促进毕业生市场化社会化就业。拓展企业就业主渠道，落实社保补贴、培训补贴政策，加大以工代训实施力度，激励中小微企业更多吸纳毕业生就业。会同有关部门督促国有企业落实扩大招聘毕业生规模和公开招聘要求，加快扩招任务落地。开拓重大战略就业岗位，对接海南自由贸易港、粤港澳大湾区、雄安新区等建设需要，及时发布人才需求目录，搭建供求信息对接平台，引导毕业生到重点领域就业。鼓励支持基层就业，落实就业补贴、高定工资档次、购买服务等政策，围绕社区服务、教育医疗、农业技术等人才紧缺领域开发岗位，稳定“三支一扶”计划招募规模。稳定事业单位招聘规模，落实艰苦边远地区基层事业单位公开招聘倾斜政策，做好公开招聘工作。

二、引导扶持创业创新。各地要结合创新驱动、新兴产业发展，积极支持有意愿、有潜能的毕业生投身创业创新。将创业培训向校园延伸，针对毕业生特点提供创业意识教育、创业项目指导、网络创业等培训。加大资金保障力度，落实创业担保贷款提高额度、降低利率政策和免除反担保要求，允许毕业生在创业地申请创业担保贷款。倾斜创业服务资源，为毕业生推荐适合的创业项目，提供咨询辅导、成果转化、跟踪扶持等一站式服务，政府投资开发的各类创业载体安排一定比例场地，免费向毕业生提供。支持留学回国人员创业创新，加强留学人员创业园建设，提供创业项目支持，鼓励开展创业研修班、创业导师进园区等活动，深入实施留学人员回国创业启动支持计划。积极挖掘数字经济、平台经济从业机会，瞄准线上教育、文化创意、新媒体运营等领域，加大税收优惠、社保补贴等政策落实力度，完善保障举措，支持毕业生从事个体经营、非全日制就业和平台就业。

三、强化精准招聘服务。各地要针对毕业生特点，搭建便捷高效的求职招聘通道，提升人岗匹配效率。常态化开展线上招聘，对标部级高校毕业生就业服务平台加快完善本地服务专区，丰富栏目内容和服务资源，有条件的增设简历投递、视频面试等功能，广泛归集发布招聘信息，推广应用高校毕业生精准招聘平台。开展高校毕业生就业云服务活动，围绕热门行业、重点企业、地方特色，联合社会力量推出“直播带岗”“直播政策”“新职业体验”等，提升服务吸引力。增强线下服务品质，根据当地疫情防控要求，结合毕业生求职特点，灵活举办分行业、分专业、小型化招聘活动，拓展本地化服务项目，创新跨区域招聘组织模式，积极促进供需对接。将海外留学回国毕业生全面纳入公共就业人才服务体系，有针对性地挖掘提供就业岗位，举办专场招聘或开设网上招聘专区，对符合条件的落实就业创业支持政策。

四、加大职业技能培训。各地要深入实施“百万青年技能培训行动”，对接产业发展与毕业生就业急需，推进高质量职业培训，提升毕业生职业发展能力。扩大职业培训规模，开展青年企业新型学徒制培训、技能研修培训、以工代训，增加新兴产业、智能制造、现代服务业等岗位培训，支持毕业生参加线上技能培训，对有培训需求的应培尽培，符合条件的毕业生按规定享受职业培训补贴。着力拓展新职业培训，开发一批云计算、大数据、物联网等领域培训项目。调动企业、培训机构优质培训资源，提供一批适合毕业生的高质量培训项目。拓展精细化职业指导，组建专业化高素质职业指导师队伍，开展职业指导师进校园进社区活动，每人联系服务一定数量的本地高校和社区，为毕业生提供求职指导、职业规划等服务，有条件的地方可开发面向毕业生的职业指导教材，推出一批精品指导课。

五、加快跟进实名服务。各地要将离校未就业毕业生全面纳入实名服务，确保登记到位、联系到位、帮扶到位。主动对接教育部门，在毕业生离校时启动信息衔接，7月底前全部完成，对移交信息有缺项漏项的，及时反馈补充。同时畅通求助渠道，通过公开信指引、求职登记小程序、线上线下失业登记及基层摸排等渠道，对本地户籍和外地前来求职的毕业生应登尽登。建立未就业毕业生实名信息数据库，与毕业生逐一进行联系，了解就业需求，发放一份政策清单、服务项目清单、招聘活动清单，根据需求提供职业介绍、职业指导、培训见习等服务。加密招聘活动组织频次，集中开展就业帮扶，综合运用线上线下渠道，确保就业服务不断线。

六、积极拓展就业见习。各地要按照扩大见习规模的要求，明确本地年度目标任务，细化措施安排，抓好见习组织实施。多渠道募集见习岗位，动员企事业单位履行社会责任，提供更多能够发挥毕业生专长的管理、技术、科研类岗位。制定见习单位目录和岗位清单，广泛发布并向毕业生及时推送，举办见习宣传推介、专场招募、双向洽谈活动，将有见习需求的毕业生及时组织到见习活动中。推进见习规范管理，指导做好见习协议签订、带教制度落实、见习待遇保障相关工作。开展高校毕业生就业见习示范单位创建活动，选树一批岗位质量高、见习成效好、行业代表性强的单位，带动提升见习吸引力和见习工作质量。

七、扎实做好困难帮扶。各地要将困难毕业生作为重点对象，实施专项帮扶、优先援助。依托求职创业补贴政策数据库，建立低收入家庭、零就业家庭、残疾毕业生及就业困难的少数民族毕业生帮扶清单，指定专人负责，开展“一对一”帮扶。根据毕业生需求量身定制求职计划，优先提供岗位、优先推荐录用，对通过市场化方式确实难以实现就业的，按规定利用公益性岗位托底安置。及时关注因疫情影响求职受阻、面临特殊困难的高校毕业生、海外留学回国毕业生，通过多种渠道告知服务信息，提供针对性就业帮扶和求职便利。完善长期失业青年就业帮扶机制，拓展实践指导、能力提升、困难援助等服务，促进融入就业市场。

八、加大就业权益保护。各地要进一步加强高校毕业生就业管理服务，切实保护毕业生就业权益，营造良好就业环境。开展就业失业、社会保险、毕业生信息数据比对，精准识别符合政策条件的毕业生和用人单位，推动“政策找人”，推进打包快办，加快政策兑现。简化就业手续，对非公有制单位接收应届高校毕业生，所在地公共就业人才服务机构无需在就业协议书上签章。加强用人单位和人力资源服务机构招聘行为监管，着力规范网络招聘秩序，依法打击“黑中介”、虚假招聘、乱收费、就业歧视等违法违规行为。及时梳理发布毕业生实习实践、就业创业中的典型侵权案例，开展权益保护专题宣传，增强毕业生风险防范意识。

九、加强领导落实责任。各地要把促进高校毕业生就业作为重要政治任务，健全目标落实、部署推进、定期调度、督促检查机制，层层压实就业促进、失业管理主体责任。完善部门间信息共享、资源对接、服务协同工作机制，加强毕业生就业形势研判和政策储备，及时协调解决工作推进中的问题。落实政府购买服务机制，开展人力资源服务行业促就业行动，动员人力资源服务机构、行业协会等社会力量为毕业生提供多元专业就业服务。大力宣传促进毕业生就业创业政策措施，讲好毕业生到城乡基层、生产一线就业创业典型故事，开展“最美基层高校毕业生”学习宣传活动，引导毕业生转变择业就业观念，到祖国最需要的地方建功立业。

2021 年 3 月 10 日

人力资源社会保障部关于发布《留学人员创业园建设和服务规范》行业标准的通知

人社部函〔2021〕29号

各省、自治区、直辖市及新疆生产建设兵团人力资源社会保障厅（局），部属有关单位：

《留学人员创业园建设和服务规范》推荐性行业标准已经我部审核批准，标准编号是：LD/T 01—2021，现予以发布，自2021年5月1日起实施。标准全文登载在人力资源社会保障部门户网站“政务公开—规划财务—标准”栏目下。

2021年3月18日

人力资源社会保障部关于贯彻落实习近平总书记对职业教育工作重要指示精神的通知

人社部函〔2021〕49号

各省、自治区、直辖市及新疆生产建设兵团人力资源社会保障厅（局）：

今年4月，习近平总书记对职业教育工作作出重要指示，现就全国人力资源社会保障系统深入学习贯彻落实习近平总书记重要指示精神通知如下。

一、深入学习领会习近平总书记对职业教育工作的重要指示精神，充分认识加强技能人才队伍建设的重大意义

习近平总书记重要指示强调，在全面建设社会主义现代化国家新征程中，职业教育前途广阔、大有可为。习近平总书记的重要指示，深刻阐明了职业教育在全面建设社会主义现代化国家新征程中的地位和作用，深刻阐明了加快培养高素质技术技能人才、能工巧匠、大国工匠的重大意义，为做好当前和今后一个时期技能人才队伍建设工作指明了前进方向，提供了根本遵循。职业教育是国民教育体系和人力资源开发的重要组成部分，是培养技术技能人才、促进就业创业创新、推动中国制造和服务上水平的重要基础。各级人力资源社会保障部门要认真学习、深刻领会习近平总书记重要指示精神，准确把握核心要义，充分认识职业教育在国家人才培养体系中的基础性作用，进一步统一思想，提高认识，增强做好技工教育、职业培训和技能人才工作的责任感和使命感。要坚持全面系统学、联系实际学，与贯彻落实党的十九届五中全会精神和习近平总书记对技能人才工作系列重要指示精神相结合，做到学深悟透、融会贯通，将学习成果转化为推动技能人才队伍建设的实际行动，为全面建设社会主义现代化国家、实现中华民族伟大复兴的中国梦提供有力人才支撑。

二、贯彻落实全国职业教育大会精神，充分发挥部门职能职责，努力推动技能人才工作取得新的发展

各级人力资源社会保障部门要按照习近平总书记的重要指示精神，牢牢把握坚持党的领导，坚持正确办学方向，坚持立德树人的基本原则，推动职业教育事业发展，做好技能人才工作。要结合落实全国职业教育大会各项工作部署，进一步明确当前和今后一个时期职业教育特别是技工教育和职业培训、技能人才工作发展的目标任务、发展方向、工作要求。要切实担负起职责使命，借机借势借力，主动作为，精心谋划，狠抓落实，不断完善技能人才培养、使用、评价、激励制度，奋力开创技能人才工作新局面。

（一）加强技能人才队伍建设力度。各级人力资源社会保障部门要加强与有关部门沟通协调，将技工教育纳入各地职业教育总体规划，加大对技工教育支持力度，指导技工院校坚持党的领导，全面落实立德树人根本任务，坚持以提高质量、促进就业、服务发展为导向，不断提高技能人才培养规模、质量、水平，推动技工院校特色化发展、差异化发展。要全面推行中国特色企业新型学徒制，扎实开展职业技能提升行动质量年活动，推动“互联网+职业技能培训”，全面推行职业培训券模式，不断提升职业技能培训的针对性和实效性。要全面推行社会化职业技能等级认定，建立完善职业资格评价、职业技能等级认定、专项职业能力考核等多元评价机制。要广泛深入持久开展各级各类职业技能竞赛活动，不断完善职业技能竞赛体系，实现以赛促学、以赛促训、以赛促评、以赛促奖。

（二）落实技能人才激励政策。各级人力资源社会保障部门要认真落实《关于提高技术工人待遇的意见》和《技能人才薪酬分配指引》等政策要求，不断提升技能人才政治待遇、经济待遇、社会待遇，提高技能人才职业荣誉感和获得感。指导企业深化工资分配制度改革，完善符合技能人才特点的工资分配制度，建立企业技能人才工资正常增长机制。完善优秀高技能人才表彰奖励制度，加大表彰奖励力度，激发技能人才干事创业的积极性、主动性、创造性。

（三）加大对职业教育发展的服务保障。各级人力资源社会保障部门要充分发挥职能作用，进一步健全完善落实就业创业、人事人才、工资待遇、劳动保障等政策，为职业教育改革发展提供政策支撑。要积极研判人力资源市场供求状况，建立就业需求信息共享机制，引导职业院校开发适应需求、特色鲜明的专业体系。要深化职业院校人事制度改革，优化岗位设置和管理，促进职业教育教师队伍建设。要深化职业院校内部收入分配改革，完善教师分配激励约束机制。

三、狠抓学习宣传贯彻落实，营造良好的社会氛围

深入学习贯彻习近平总书记对职业教育和技能人才工作的重要指示精神，是当前和今后一个时期全国人力资源社会保障系统的一项重要政治任务。各级人力资源社会保障部门要认真组织发动，周密安排部署，采取有效方式，将习近平总书记有关重要指示批示精神传达到各类技工院校、职业培训机构师生，传达到基层一线广大职工。要在当地党委、政府领导下，切实发挥部门职责，将技能人才工作置于经济社会发展大局思考谋划，与推动本地产业结构调整、民生保障服务、实施乡村振兴战略等重点工作紧密结合，研究提出贯彻落实的具体工作举措。要广泛开展技能人才主题宣传活动，在全社会大力弘扬劳模精神、劳动精神、工匠精神，营造人人皆可成才、人人尽展其才的良好环境。

各地人力资源社会保障部门学习贯彻落实习近平总书记重要指示精神、推动技能人才工作的情况，要及时向人力资源社会保障部报告。

2021年4月30日

人力资源社会保障部关于发布《社会保险服务综合柜员制实施指南》等3项行业标准的通知

人社部函〔2021〕84号

各省、自治区、直辖市及新疆生产建设兵团人力资源社会保障厅（局），部属有关单位：

《社会保险服务综合柜员制实施指南》《社会保险业务档案元数据规范》《工伤保险经办服务规范》3项推荐性行业标准已经我部审核批准，标准编号分别是：LD/T02—2021、LD/T03—2021、LD/T04—2021，现予以发布，自2021年8月1日起实施。标准全文登载在人力资源社会保障部门户网站“政务公开—规划财务—标准”栏目下。

2021年6月24日

人力资源社会保障部　最高人民法院关于联合发布第二批劳动人事争议典型案例的通知

人社部函〔2021〕90号

各省、自治区、直辖市人力资源社会保障厅（局）、高级人民法院，解放军军事法院，新疆生产建设兵团人力资源社会保障局、新疆维吾尔自治区高级人民法院生产建设兵团分院：

为贯彻落实人力资源社会保障部、最高人民法院《关于加强劳动人事争议仲裁与诉讼衔接机制建设的意见》（人社部发〔2017〕70号）提出的“开展类案分析，联合筛选并发布典型案例”等要求，明确工时及加班工资法律适用标准，进一步提高劳动人事争议案件处理质效，全力维护劳动关系和谐与社会稳定，现发布第二批劳动人事争议典型案例，请各地仲裁机构、人民法院在办案中予以参照。

附件：劳动人事争议典型案例（第二批）

2021年6月30日

附件

劳动人事争议典型案例（第二批）

目　录

案例8. 用人单位以规章制度形式否认劳动者加班事实是否有效

案例9. 劳动者在离职文件上签字确认加班费已结清，是否有权请求支付欠付的加班费

案例10. 加班费的仲裁时效应当如何认定

案例1. 劳动者拒绝违法超时加班安排，用人单位能否解除劳动合同

基本案情

张某于2020年6月入职某快递公司，双方订立的劳动合同约定试用期为3个月，试用期月工资为8 000元，工作时间执行某快递公司规章制度相关规定。某快递公司规章制度规定，工作时间为早9时至晚9时，每周工作6天。2个月后，张某以工作时间严重超过法律规定上限为由拒绝超时加班安排，某快递公司即以张某在试用期间被证明不符合录用条件为由与其解除劳动合同。张某向劳动人事争议仲裁委员会（简称仲裁委员会）申请仲裁。

申请人请求

请求裁决某快递公司支付违法解除劳动合同赔偿金8 000元。

处理结果

仲裁委员会裁决某快递公司支付张某违法解除劳动合同赔偿金8 000元（裁决为终局裁决）。仲裁委员会将案件情况通报劳动保障监察机构，劳动保障监察机构对某快递公司规章制度违反法律、法规规定的情形责令其改正，给予警告。

案例分析

本案的争议焦点是张某拒绝违法超时加班安排，某快递公司能否与其解除劳动合同。

《中华人民共和国劳动法》第四十一条规定："用人单位由于生产经营需要，经与工会和劳动者协商后可以延长工作时间，一般每日不得超过一小时；因特殊原因需要延长工作时间的，在保障劳动者身体健康的条件下延长工作时间每日不得超过三小时，但是每月不得超过三十六小时。"第四十三条规定："用人单位不得违反本法规定延长劳动者的工作时间。"《中华人民共和国劳动合同法》第二十六条规定："下列劳动合同无效或者部分无效：……（三）违反法律、行政法规强制性规定的。"为确保劳动者休息权的实现，我国法律对延长工作时间的上限予以明确规定。用人单位制定违反法律规定的加班制度，在劳动合同中与劳动者约定违反法律规定的加班条款，均应认定为无效。

本案中，某快递公司规章制度中"工作时间为早9时至晚9时，每周工作6天"的内容，严重违反法律关于延长工作时间上限的规定，应认定为无效。张某拒绝违法超时加班安排，系维护自己合法权益，不能据此认定其在试用期间被证明不符合录用条件。故仲裁委员会依法裁决某快递公司支付张某违法解除劳动合同赔偿金。

典型意义

《中华人民共和国劳动法》第四条规定："用人单位应当依法建立和完善规章制度，保障劳动者享有劳动权利和履行劳动义务。"法律在支持用人单位依法行使管理职权的同时，也明确其必须履行保障劳动者权利的义务。用人单位的规章制度以及相应工作安排必须符合法律、行政法规的规定，否则既要承担违法后果，也不利于构建和谐稳定的劳动关系、促进自身健康发展。

案例2. 劳动者与用人单位订立放弃加班费协议，能否主张加班费

基本案情

张某于2020年6月入职某科技公司，月工资20 000元。某科技公司在与张某订立劳动合同时，要求其订立一份协议作为合同附件，协议内容包括"我自愿申请加入公司奋

斗者计划，放弃加班费。”半年后，张某因个人原因提出解除劳动合同，并要求支付加班费。某科技公司认可张某加班事实，但以其自愿订立放弃加班费协议为由拒绝支付。张某向劳动人事争议仲裁委员会（简称仲裁委员会）申请仲裁。

申请人请求

请求裁决某科技公司支付2020年6月至12月加班费24 000元。

处理结果

仲裁委员会裁决某科技公司支付张某2020年6月至12月加班费24 000元。

案例分析

本案的争议焦点是张某订立放弃加班费协议后，还能否主张加班费。

《中华人民共和国劳动合同法》第二十六条规定："下列劳动合同无效或者部分无效：……（二）用人单位免除自己的法定责任、排除劳动者权利的"。《最高人民法院关于审理劳动争议案件适用法律问题的解释（一）》（法释〔2020〕26号）第三十五条规定："劳动者与用人单位就解除或者终止劳动合同办理相关手续、支付工资报酬、加班费、经济补偿或者赔偿金等达成的协议，不违反法律、行政法规的强制性规定，且不存在欺诈、胁迫或者乘人之危情形的，应当认定有效。前款协议存在重大误解或者显失公平情形，当事人请求撤销的，人民法院应予支持。"加班费是劳动者延长工作时间的工资报酬，《中华人民共和国劳动法》第四十四条、《中华人民共和国劳动合同法》第三十一条明确规定了用人单位支付劳动者加班费的责任。约定放弃加班费的协议免除了用人单位的法定责任、排除了劳动者权利，显失公平，应认定无效。

本案中，某科技公司利用在订立劳动合同时的主导地位，要求张某在其单方制定的格式条款上签字放弃加班费，既违反法律规定，也违背公平原则，侵害了张某工资报酬权益。故仲裁委员会依法裁决某科技公司支付张某加班费。

典型意义

崇尚奋斗无可厚非，但不能成为用人单位规避法定责任的挡箭牌。谋求企业发展、塑造企业文化都必须守住不违反法律规定、不侵害劳动者合法权益的底线，应在坚持按劳分配原则的基础上，通过科学合理的措施激发劳动者的主观能动性和创造性，统筹促进企业发展与维护劳动者权益。

案例3. 用人单位未按规章制度履行加班审批手续，能否认定劳动者加班事实

基本案情

吴某于2019年12月入职某医药公司，月工资为18 000元。某医药公司加班管理制度规定："加班需提交加班申请单，按程序审批。未经审批的，不认定为加班，不支付加班费。"吴某入职后，按照某医药公司安排实际执行每天早9时至晚9时，每周工作6天的工作制度。其按照某医药公司加班管理制度提交了加班申请单，但某医药公司未实际履行审批手续。2020年11月，吴某与某医药公司协商解除劳动合同，要求某医药公司支付加班费，并出具了考勤记录、与部门领导及同事的微信聊天记录、工作会议纪要等。某医药公司虽认可上述证据的真实性但以无公司审批手续为由拒绝支付。吴某向劳动人事争议仲裁委员会（简称仲裁委员会）申请仲裁。

申请人请求

请求裁决某医药公司支付2019年12月至2020年11月加班费50 000元。

处理结果

仲裁委员会裁决某医药公司支付吴某

2019年12月至2020年11月加班费50 000元。某医药公司不服仲裁裁决起诉，一审法院判决与仲裁裁决一致，某医药公司未上诉，一审判决已生效。

案例分析

本案的争议焦点是某医药公司能否以无公司审批手续为由拒绝支付吴某加班费。

《中华人民共和国劳动法》第四十四条规定："有下列情形之一的，用人单位应当按照下列标准支付高于劳动者正常工作时间工资的工资报酬：（一）安排劳动者延长工作时间的，支付不低于工资的百分之一百五十的工资报酬；（二）休息日安排劳动者工作又不能安排补休的，支付不低于工资的百分之二百的工资报酬。"《工资支付暂行规定》（劳部发〔1994〕489号）第十三条规定："用人单位在劳动者完成劳动定额或规定的工作任务后，根据实际需要安排劳动者在法定标准工作时间以外工作的，应按以下标准支付工资：……"。从上述条款可知，符合"用人单位安排""法定标准工作时间以外工作"情形的，用人单位应当依法支付劳动者加班费。

本案中，吴某提交的考勤记录、与部门领导及同事的微信聊天记录、工作会议纪要等证据形成了相对完整的证据链，某医药公司亦认可上述证据的真实性。某医药公司未实际履行加班审批手续，并不影响对"用人单位安排"加班这一事实的认定。故仲裁委员会依法裁决某医药公司支付吴某加班费。

典型意义

劳动规章制度对用人单位和劳动者都具有约束力。一方面，用人单位应严格按照规章制度的规定实施管理行为，不得滥用优势地位，侵害劳动者合法权益；另一方面，劳动者在合法权益受到侵害时，要注意保留相关证据，为维权提供依据。仲裁委员会、人民法院应准确把握加班事实认定标准，纠正用人单位规避法定责任、侵害劳动者合法权益的行为。

案例4. 用人单位与劳动者约定实行包薪制，是否需要依法支付加班费

基本案情

周某于2020年7月入职某汽车服务公司，双方订立的劳动合同约定月工资为4 000元（含加班费）。2021年2月，周某因个人原因提出解除劳动合同，并认为即使按照当地最低工资标准认定其法定标准工作时间工资，某汽车服务公司亦未足额支付加班费，要求支付差额。某汽车服务公司认可周某加班事实，但以劳动合同中约定的月工资中已含加班费为由拒绝支付。周某向劳动人事争议仲裁委员会（简称仲裁委员会）申请仲裁。

申请人请求

请求裁决某汽车服务公司支付加班费差额17 000元。

处理结果

仲裁委员会裁决某汽车服务公司支付周某加班费差额17 000元（裁决为终局裁决），并就有关问题向某汽车服务公司发出仲裁建议书。

案例分析

本案的争议焦点是某汽车服务公司与周某约定实行包薪制，是否还需要依法支付周某加班费差额。

《中华人民共和国劳动法》第四十七条规定："用人单位根据本单位的生产经营特点和经济效益，依法自主确定本单位的工资分配方式和工资水平。"第四十八条规定："国家实行最低工资保障制度。"《最低工资规定》（劳动和社会保障部令第21号）第三条规定："本规定所称最低工资标准，是指劳动者在法定工作时间或依法签订的劳动合同约定的工作时间内提供了正常劳动的前提下，用人单位依法应支付的最低劳动报酬。"从上述条款可

知，用人单位可以依法自主确定本单位的工资分配方式和工资水平，并与劳动者进行相应约定，但不得违反法律关于最低工资保障、加班费支付标准的规定。

本案中，根据周某实际工作时间折算，即使按照当地最低工资标准认定周某法定标准工作时间工资，并以此为基数核算加班费，也超出了4 000元的约定工资，表明某汽车服务公司未依法足额支付周某加班费。故仲裁委员会依法裁决某汽车服务公司支付周某加班费差额。

典型意义

包薪制是指在劳动合同中打包约定法定标准工作时间工资和加班费的一种工资分配方式，在部分加班安排较多且时间相对固定的行业中比较普遍。虽然用人单位有依法制定内部薪酬分配制度的自主权，但内部薪酬分配制度的制定和执行须符合相关法律的规定。实践中，部分用人单位存在以实行包薪制规避或者减少承担支付加班费法定责任的情况。实行包薪制的用人单位应严格按照不低于最低工资标准支付劳动者法定标准工作时间的工资，同时按照国家关于加班费的有关法律规定足额支付加班费。

案例5. 用人单位未与劳动者协商一致增加工作任务，劳动者是否有权拒绝

基本案情

张某于2018年9月入职某报刊公司从事投递员工作，每天工作6小时，每周工作6天，月工资3 500元。2020年6月，因同区域另外一名投递员离职，某报刊公司在未与张某协商的情况下，安排其在第三季度承担该投递员的工作任务。张某认为，要完成加倍的工作量，其每天工作时间至少需延长4小时以上，故拒绝上述安排。某报刊公司依据员工奖惩制度，以张某不服从工作安排为由与其解除劳动合同。张某向劳动人事争议仲裁委员会（简称仲裁委员会）申请仲裁。

申请人请求

请求裁决某报刊公司支付违法解除劳动合同赔偿金14 000元。

处理结果

仲裁委员会裁决某报刊公司支付张某违法解除劳动合同赔偿金14 000元（裁决为终局裁决）。

案例分析

本案的争议焦点是某报刊公司未与张某协商一致增加其工作任务，张某是否有权拒绝。

《中华人民共和国劳动合同法》第三十一条规定："用人单位应当严格执行劳动定额标准，不得强迫或者变相强迫劳动者加班。"第三十五条规定："用人单位与劳动者协商一致，可以变更劳动合同约定的内容。"劳动合同是明确用人单位和劳动者权利义务的书面协议，未经变更，双方均应严格按照约定履行，特别是涉及工作时间等劳动定额标准的内容。

本案中，某报刊公司超出合理限度大幅增加张某的工作任务，应视为变更劳动合同约定的内容，违反了关于"协商一致"变更劳动合同的法律规定，已构成变相强迫劳动者加班。因此，张某有权依法拒绝上述安排。某报刊公司以张某不服从工作安排为由与其解除劳动合同不符合法律规定。故仲裁委员会依法裁决某报刊公司支付张某违法解除劳动合同赔偿金。

典型意义

允许用人单位与劳动者协商一致变更劳动合同，有利于保障用人单位根据生产经营需要合理调整用工安排的权利。但要注意的是，变更劳动合同要遵循合法、公平、平等自愿、协商一致、诚实信用的原则。工作量、工作时间的变更直接影响劳动者休息权的实现，用人单

位对此进行大幅调整，应与劳动者充分协商，而不应采取强迫或者变相强迫的方式，更不得违反相关法律规定。

案例 6. 处理加班费争议，如何分配举证责任

基本案情

林某于 2020 年 1 月入职某教育咨询公司，月工资为 6 000 元。2020 年 7 月，林某因个人原因提出解除劳动合同，并向劳动人事争议仲裁委员会（简称仲裁委员会）申请仲裁。林某主张其工作期间每周工作 6 天，并提交了某打卡 App 打卡记录（显示林某及某教育咨询公司均实名认证，林某每周一至周六打卡；每天打卡两次，第一次打卡时间为早 9 时左右，第二次打卡时间为下午 6 时左右；打卡地点均为某教育咨询公司所在位置，存在个别日期未打卡情形）、工资支付记录打印件（显示曾因事假扣发工资，扣发日期及天数与打卡记录一致，未显示加班费支付情况）。某教育咨询公司不认可上述证据的真实性，主张林某每周工作 5 天，但未提交考勤记录、工资支付记录。

申请人请求

请求裁决某教育咨询公司支付加班费 10 000 元。

处理结果

仲裁委员会裁决某教育咨询公司支付林某加班费 10 000 元（裁决为终局裁决）。

案例分析

本案的争议焦点是如何分配林某与某教育咨询公司的举证责任。

《中华人民共和国劳动争议调解仲裁法》第六条规定："发生劳动争议，当事人对自己提出的主张，有责任提供证据。与争议事项有关的证据属于用人单位掌握管理的，用人单位应当提供；用人单位不提供的，应当承担不利后果。"《最高人民法院关于审理劳动争议案件适用法律问题的解释（一）》（法释〔2020〕26 号）第四十二条规定："劳动者主张加班费的，应当就加班事实的存在承担举证责任。但劳动者有证据证明用人单位掌握加班事实存在的证据，用人单位不提供的，由用人单位承担不利后果。"从上述条款可知，主张加班费的劳动者有责任按照"谁主张谁举证"的原则，就加班事实的存在提供证据，或者就相关证据属于用人单位掌握管理提供证据。用人单位应当提供而不提供有关证据的，可以推定劳动者加班事实存在。

本案中，虽然林某提交的工资支付记录为打印件，但与实名认证的 App 打卡记录互相印证，能够证明某教育咨询公司掌握加班事实存在的证据。某教育咨询公司虽然不认可上述证据的真实性，但未提交反证或者作出合理解释，应承担不利后果。故仲裁委员会依法裁决某教育咨询公司支付林某加班费。

典型意义

我国劳动法律将保护劳动者的合法权益作为立法宗旨之一，在实体和程序方面都作出了相应规定。在加班费争议处理中，要充分考虑劳动者举证能力不足的实际情况，根据"谁主张谁举证"原则、证明妨碍规则，结合具体案情合理分配用人单位与劳动者的举证责任。

案例 7. 劳动者超时加班发生工伤，用工单位、劳务派遣单位是否承担连带赔偿责任

基本案情

2017 年 8 月，某服务公司（已依法取得劳务派遣行政许可）与某传媒公司签订劳务派遣协议，约定某服务公司为某传媒公司提供派遣人员，每天工作 11 小时，每人每月最低保底工时 286 小时。2017 年 9 月，某服务公司招用李某并派遣至某传媒公司工作，未为李

某缴纳工伤保险。2018 年 8 月、9 月、11 月，李某月工时分别为 319 小时、293 小时、322.5 小时，每月休息日不超过 3 日。2018 年 11 月 30 日，李某工作时间为当日晚 8 时 30 分至 12 月 1 日上午 8 时 30 分。李某于 12 月 1 日凌晨 5 时 30 分晕倒在单位卫生间，经抢救无效于当日死亡，死亡原因为心肌梗死等。2018 年 12 月，某传媒公司与李某近亲属惠某等签订赔偿协议，约定某传媒公司支付惠某等工亡待遇 42 万元，惠某等不得再就李某工亡赔偿事宜或在派遣工作期间享有的权利，向某传媒公司提出任何形式的赔偿要求。上述协议签订后，某传媒公司实际支付惠某等各项费用计 423 497.80 元。此后，李某所受伤害被社会保险行政部门认定为工伤。某服务公司、惠某等不服仲裁裁决，诉至人民法院。

原告诉讼请求

惠某等请求判决某服务公司与某传媒公司连带支付医疗费、一次性工亡补助金、丧葬补助金、供养亲属抚恤金，共计 1 193 821 元。

某服务公司请求判决不应支付供养亲属抚恤金；应支付的各项赔偿中应扣除某传媒公司已支付款项；某传媒公司承担连带责任。

裁判结果

一审法院判决：按照《工伤保险条例》，因用人单位未为李某参加工伤保险，其工亡待遇由用人单位全部赔偿。某服务公司和某传媒公司连带赔偿惠某等医疗费、一次性工亡补助金、丧葬补助金、供养亲属抚恤金合计 766 911.55 元。某传媒公司不服，提起上诉。二审法院判决：驳回上诉，维持原判。

案例分析

本案的争议焦点是李某超时加班发生工伤，用工单位与劳务派遣单位是否应承担连带赔偿责任。

《中华人民共和国劳动法》第三十八条规定：“用人单位应当保证劳动者每周至少休息一日。”第四十一条规定：“用人单位由于生产经营需要，经与工会和劳动者协商后可以延长工作时间，一般每日不得超过一小时；因特殊原因需要延长工作时间的，在保障劳动者身体健康的条件下延长工作时间每日不得超过三小时，但是每月不得超过三十六小时。”《中华人民共和国劳动合同法》第九十二条规定：“用工单位给被派遣劳动者造成损害的，劳务派遣单位与用工单位承担连带赔偿责任。”《国务院关于职工工作时间的规定》（国务院令第 174 号）第三条规定：“职工每日工作 8 小时、每周工作 40 小时。”休息权是劳动者的基本劳动权利，即使在支付劳动者加班费的情况下，劳动者的工作时间仍然受到法定延长工作时间上限的制约。劳务派遣用工中，劳动者超时加班发生工伤，用工单位和劳务派遣单位对劳动者的损失均负有责任，应承担连带赔偿责任。劳动者与用工单位、劳务派遣单位达成赔偿协议的，当赔偿协议存在违反法律、行政法规的强制性规定、欺诈、胁迫或者乘人之危情形时，不应认定赔偿协议有效；当赔偿协议存在重大误解或者显失公平情形时，应当支持劳动者依法行使撤销权。

本案中，某服务公司和某传媒公司协议约定的被派遣劳动者每天工作时间及每月工作保底工时，均严重超过法定标准。李某工亡前每月休息时间不超过 3 日，每日工作时间基本超过 11 小时，每月延长工作时间超过 36 小时数倍，其依法享有的休息权受到严重侵害。某传媒公司作为用工单位长期安排李某超时加班，存在过错，对李某在工作期间突发疾病死亡负有不可推卸的责任。惠某等主张某传媒公司与某服务公司就李某工伤的相关待遇承担连带赔偿责任，应予支持。惠某等虽与某传媒公司达成了赔偿协议，但赔偿协议是在劳动者未经社会保险行政部门认定工伤的情形下签订的，且赔偿协议约定的补偿数额明显低于法定工伤保险待遇标准，某服务公司和某传媒公司应对差额部分予以补足。

典型意义

面对激烈的市场竞争环境，个别用人单位为降低用工成本、追求利润最大化，长期安排劳动者超时加班，对劳动者的身心健康、家庭和睦、参与社会生活等造成了严重影响，极端情况下会威胁劳动者的生命安全。本案系劳动者超时加班发生工伤而引发的工伤保险待遇纠纷，是超时劳动严重损害劳动者健康权的缩影。本案裁判明确了此种情况下用工单位、劳务派遣单位承担连带赔偿责任，可以有效避免劳务派遣用工中出现责任真空的现象，实现对劳动者合法权益的充分保障。同时，用人单位应依法为职工参加工伤保险，保障职工的工伤权益，也能分散自身风险。如用人单位未为职工参加工伤保险，工伤职工工伤保险待遇全部由用人单位支付。

案例 8. 用人单位以规章制度形式否认劳动者加班事实是否有效

基本案情

常某于 2016 年 4 月入职某网络公司。入职之初，某网络公司通过电子邮件告知常某，公司采取指纹打卡考勤。员工手册规定：“21：00 之后起算加班时间；加班需由员工提出申请，部门负责人审批。”常某于 2016 年 5 月至 2017 年 1 月期间，通过工作系统累计申请加班 126 小时。某网络公司以公司规章制度中明确 21：00 之后方起算加班时间，21：00 之前的不应计入加班时间为由，拒绝支付常某加班费差额。常某向劳动人事争议仲裁委员会（简称仲裁委员会）申请仲裁，请求裁决某网络公司支付其加班费差额。某网络公司不服仲裁裁决，诉至人民法院。

原告诉讼请求

请求判决不支付常某加班费差额。

裁判结果

一审法院判决：某网络公司支付常某加班费差额 32 000 元。双方不服，均提起上诉。二审法院判决：驳回上诉，维持原判。

案例分析

本案的争议焦点是某网络公司以规章制度形式否认常某加班事实是否有效。

《中华人民共和国劳动合同法》第四条规定：“用人单位应当依法建立和完善劳动规章制度，保障劳动者享有劳动权利、履行劳动义务。用人单位在制定、修改或者决定有关劳动报酬、工作时间、休息休假、劳动安全卫生、保险福利、职工培训、劳动纪律以及劳动定额管理等直接涉及劳动者切身利益的规章制度或者重大事项时，应当经职工代表大会或者全体职工讨论，提出方案和意见，与工会或者职工代表平等协商确定。……用人单位应当将直接涉及劳动者切身利益的规章制度和重大事项决定公示，或者告知劳动者。”通过民主程序制定的规章制度，不违反国家法律、行政法规及政策规定，并已向劳动者公示的，可以作为确定双方权利义务的依据。

本案中，一方面，某网络公司的员工手册规定有加班申请审批制度，该规定并不违反法律规定，且具有合理性，在劳动者明知此规定的情况下，可以作为确定双方权利义务的依据。另一方面，某网络公司的员工手册规定 21：00 之后起算加班时间，并主张 18：00 至 21：00 是员工晚餐和休息时间，故自 21：00 起算加班。鉴于 18：00 至 21：00 时间长达 3 个小时，远超过合理用餐时间，且在下班 3 个小时后再加班，不具有合理性。在某网络公司不能举证证实该段时间为员工晚餐和休息时间的情况下，其规章制度中的该项规定不具有合理性，人民法院依法否定了其效力。人民法院结合考勤记录、工作系统记录等证据，确定了常某的加班事实，判决某网络公司支付常某加班费差额。

典型意义

劳动争议案件的处理，既要保护劳动者的合法权益，亦应促进企业有序发展。合法的规章制度既能规范用人单位用工自主权的行使，又能保障劳动者参与用人单位民主管理，实现构建和谐劳动关系的目的。不合理的规章制度则会导致用人单位的社会声誉差、认同感低，最终引发人才流失，不利于用人单位的长远发展。用人单位制定的合理合法的规章制度，可以作为确定用人单位、劳动者权利义务的依据。一旦用人单位以规章制度形式规避应当承担的用工成本，侵害劳动者的合法权益，仲裁委员会、人民法院应当依法予以审查，充分保护劳动者的合法权益。用人单位应当根据单位实际，制定更为人性化的规章制度，增强劳动者对规章制度的认同感，激发劳动者的工作积极性，从而进一步减少劳动纠纷，为构建和谐劳动关系做出贡献。

案例 9. 劳动者在离职文件上签字确认加班费已结清，是否有权请求支付欠付的加班费

基本案情

2017 年 7 月，肖某与某科技公司（已依法取得劳务派遣行政许可）订立劳动合同，被派遣至某快递公司担任配送员，月工资为基本工资加提成。肖某主张某快递公司在用工期间安排其双休日及法定节假日加班，并提交了工资表。工资表加盖有某科技公司公章，某科技公司和某快递公司均认可其真实性。该工资表显示，2017 年 7 月至 2019 年 10 月期间肖某存在不同程度的双休日加班及法定节假日加班，但仅获得少则 46.15 元、多则 115.40 元的出勤补款或节假日补助。2019 年 11 月，肖某向某科技公司提出离职，当日双方签署离职申请交接表。该表“员工离职原因”一栏显示：“公司未上社会保险，工作压力大、没给加班费。”“员工确认”一栏显示：“经说明，我已知悉《劳动合同法》上的权利和义务，现单位已经将我的工资、加班费、经济补偿结清，我与单位无其他任何争议。本人承诺不再以任何理由向某科技公司及用工单位主张权利。”员工签名处有肖某本人签名。肖某对离职申请交接表的真实性认可，但认为表中“员工确认”一栏虽系其本人签字，但并非其真实意思，若不签字，某科技公司就不让其办理工作交接，该栏内容系某科技公司逃避法律责任的一种方法。肖某不服仲裁裁决，诉至人民法院。

原告诉讼请求

请求判决某科技公司与某快递公司支付加班费 82 261 元。

裁判结果

一审法院判决：驳回肖某加班费的诉讼请求。肖某不服，提起上诉。二审法院改判：某科技公司与某快递公司连带支付肖某加班费 24 404.89 元。

案例分析

本案的争议焦点是肖某是否与用人单位就支付加班费达成合法有效的协议。

《最高人民法院关于审理劳动争议案件适用法律问题的解释（一）》（法释〔2020〕26 号）第三十五条规定：“劳动者与用人单位就解除或者终止劳动合同办理相关手续、支付工资报酬、加班费、经济补偿或者赔偿金等达成的协议，不违反法律、行政法规的强制性规定，且不存在欺诈、胁迫或者乘人之危情形的，应当认定有效。”司法实践中，既应尊重和保障双方基于真实自愿合法原则签订的终止或解除劳动合同的协议，也应对劳动者明确持有异议的、涉及劳动者基本权益保护的协议真实性予以审查，依法保护劳动者的合法权益。

本案中，肖某认为离职申请交接表“员工确认”一栏不是其真实意思表示，上面记载的内容也与事实不符。该表中“员工离职

原因”与“员工确认”两处表述确实存在矛盾。两家公司均未提供与肖某就加班费等款项达成的协议及已向肖某支付上述款项的证据，且肖某否认双方就上述款项已达成一致并已给付。因此，离职申请交接表中员工确认的“现单位已将我的工资、加班费、经济补偿结清，我与单位无其他任何争议”与事实不符，不能认定为肖某的真实意思表示。本案情形并不符合《最高人民法院关于审理劳动争议案件适用法律问题的解释（一）》第三十五条之规定，故二审法院依法支持肖某关于加班费的诉讼请求。

典型意义

实践中，有的用人单位在终止或解除劳动合同时，会与劳动者就加班费、经济补偿或赔偿金等达成协议。部分用人单位利用其在后续工资发放、离职证明开具、档案和社会保险关系转移等方面的优势地位，借机变相迫使劳动者在用人单位提供的格式文本上签字，放弃包括加班费在内的权利，或者在未足额支付加班费的情况下让劳动者签字确认加班费已经付清的事实。劳动者往往事后反悔，提起劳动争议仲裁与诉讼。本案中，人民法院最终依法支持劳动者关于加班费的诉讼请求，既维护了劳动者合法权益，对用人单位日后诚信协商、依法保护劳动者劳动报酬权亦有良好引导作用，有助于构建和谐稳定的劳动关系。劳动者在签署相关协议时，亦应熟悉相关条款含义，审慎签订协议，通过合法途径维护自身权益。

案例 10. 加班费的仲裁时效应当如何认定

基本案情

张某于 2016 年 7 月入职某建筑公司从事施工管理工作，2019 年 2 月离职。工作期间，张某存在加班情形，但某建筑公司未支付其加班费。2019 年 12 月，张某向劳动人事争议仲裁委员会申请仲裁，请求裁决某建筑公司依法支付其加班费，某建筑公司以张某的请求超过仲裁时效为由抗辩。张某不服仲裁裁决，诉至人民法院。

原告诉讼请求

请求判决某建筑公司支付加班费 46 293 元。

裁判结果

一审法院判决：某建筑公司支付张某加班费 18 120 元。张某与某建筑公司均未提起上诉，一审判决已生效。

案例分析

本案争议焦点是张某关于加班费的请求是否超过仲裁时效。

《中华人民共和国劳动争议调解仲裁法》第二十七条规定：“劳动争议申请仲裁的时效期间为一年。仲裁时效期间从当事人知道或者应当知道其权利被侵害之日起计算。……劳动关系存续期间因拖欠劳动报酬发生争议的，劳动者申请仲裁不受本条第一款规定的仲裁时效期间的限制；但是，劳动关系终止的，应当自劳动关系终止之日起一年内提出。”《中华人民共和国劳动法》第四十四条规定：“有下列情形之一的，用人单位应当按照下列标准支付高于劳动者正常工作时间工资的工资报酬……”。《关于工资总额组成的规定》（国家统计局令第 1 号）第四条规定：“工资总额由下列六个部分组成：……（五）加班加点工资”。仲裁时效分为普通仲裁时效和特别仲裁时效，在劳动关系存续期间因拖欠劳动报酬发生劳动争议的，应当适用特别仲裁时效，即劳动关系存续期间的拖欠劳动报酬仲裁时效不受“知道或者应当知道权利被侵害之日起一年”的限制，但是劳动关系终止的，应当自劳动关系终止之日起一年内提出。加班费属于劳动报酬，相关争议处理中应当适用特别仲裁时效。

本案中，某建筑公司主张张某加班费的请求已经超过了一年的仲裁时效，不应予以支持。人民法院认为，张某与某建筑公司的劳动合同于2019年2月解除，其支付加班费的请求应自劳动合同解除之日起一年内提出，张某于2019年12月提出仲裁申请，其请求并未超过仲裁时效。根据劳动保障监察机构在执法中调取的工资表上的考勤记录，人民法院认定张某存在加班的事实，判决某建筑公司支付张某加班费。

典型意义

时效是指权利人不行使权利的事实状态持续经过法定期间，其权利即发生效力减损的制度。作为权利行使尤其是救济权行使期间的一种，时效既与当事人的实体权利密切相关，又与当事人通过相应的程序救济其权益密不可分。获取劳动报酬权是劳动权益中最基本、最重要的权益，考虑劳动者在劳动关系存续期间的弱势地位，法律对于拖欠劳动报酬争议设置了特别仲裁时效，对于有效保护劳动者权益具有重要意义。

人力资源社会保障部关于深入学习贯彻习近平总书记在中央人才工作会议上重要讲话精神的通知

人社部函〔2021〕136号

各省、自治区、直辖市及新疆生产建设兵团人力资源社会保障厅（局），各副省级市人力资源社会保障局，部属各单位：

9月27日至28日，党中央召开了中央人才工作会议，习近平总书记发表了重要讲话。为做好学习贯彻，发挥职能作用，进一步加强和改进人社系统人才工作，现就有关要求通知如下。

一、充分认识学习贯彻的重大意义

习近平总书记的重要讲话站在党和国家事业发展全局的高度，全面回顾了党的十八大以来人才工作取得的历史性成就、发生的历史性变革，深入分析了人才工作面临的新形势新任务新挑战，明确提出了当前和今后一个时期实施新时代人才强国战略的总要求，深刻阐述了新时代人才工作新理念新战略新举措，部署规划了加快建设世界重要人才中心和创新高地的战略目标，科学回答了新时代人才工作的一系列重大理论和实践问题。讲话高屋建瓴、视野宏大、内涵丰富、思想深刻，具有很强的政治性、思想性、指导性、针对性，体现了深远的战略思维、宏阔的全球视野、强烈的历史担当，是指导新时代人才工作的纲领性文献。

学习贯彻习近平总书记重要讲话精神，是当前和今后一个时期人社部门的一项重要政治任务。各级人社部门要进一步提高政治站位，深入学习领会精神，进一步增强“四个意识”、坚定“四个自信”、做到“两个维护”，充分认识贯彻落实的重大意义，自觉把思想和行动统一到习近平总书记重要讲话精神和党中央对新时代人才工作的重大决策部署上来，推动新时代人社部门人才工作高质量发展，为全面建设社会主义现代化国家提供有力人才保障。

二、认真组织传达学习

（一）把握学习重点。要全面学习领会习近平总书记重要讲话的精神实质和核心内容，深刻理解党的十八大以来人才工作取得的历史性成就，深刻理解新时代人才工作的新理念新战略新举措，深刻理解加快建设世界重要人才中心和创新高地的目标要求，深刻理解新时代人才工作的重点任务和重要举措，准确把握人社部门在贯彻落实中承担的重要职责和任务。

（二）丰富学习形式。要将学习习近平总书记重要讲话精神纳入人社系统培训、学习计划，领导干部要发挥表率作用，带头学、深入学、结合工作学，采取多种形式在人社系统掀起学习热潮。计划10月下旬召开学习贯彻中央人才工作会议精神暨全国杰出专业技术人才表彰会议，深入学习贯彻精神，研究部署贯彻落实工作，全面推动人社系统人才工作高质量发展。

（三）注重学习效果。要结合学习，查找分析人才工作中存在的问题和薄弱环节，明确今后工作思路和方向；认真梳理涉及人社部门的重要任务，明确今后工作重点；努力提高人社部门干部队伍的思想认识和能力素质，学深悟透做实，把学习成果实实在在体现到人才工作思路和举措上。

三、结合部门职能职责抓好贯彻落实

（一）持续深化人才发展体制机制改革。要贯彻落实习近平总书记重要讲话精神，持续深入推进人才发展体制机制改革，加快构建有中国特色和国际竞争比较优势的体制机制。一是分类推进人才评价机制改革，抓好职称制度改革任务落实。完善职业资格制度和职业技能等级制度，全面推行职业技能等级认定。修订颁布新版国家职业分类大典，持续发布新职业，及时制定颁布国家职业标准。二是完善人才激励有关政策。落实并完善中央高校、科研院所绩效工资动态调整机制，研究推动中央高校、科研院所薪酬制度改革试点工作。落实事业单位高层次人才绩效工资总量单列、科研人员职务科技成果转化现金奖励等政策。完善国有企业科技创新薪酬分配激励政策，指导国有企业分配向关键核心技术人才、高技能人才倾斜。加强人才表彰奖励工作。三是深化事业单位人事制度改革。支持鼓励事业单位科研人员兼职创新、离岗创办企业。扩大哲学社会科学领域专业技术一级岗位设置试点工作。四是助推乡村人才振兴，健全完善人才向基层一线、艰苦边远地区流动激励政策，引导支持人才资源合理配置。

（二）持续壮大专业技术人才队伍，加快建设国家战略人才力量。要贯彻落实习近平总书记重要讲话精神，围绕支撑高水平科技自立自强，突出培养造就高层次创新型专业技术人才，加快建设国家战略人才力量。一是优化实施政府特殊津贴制度，着力培养造就一批基础前沿领域战略科学家和科技领军人才。二是改革完善博士后制度，大力培养青年创新人才。更好实施博士后创新人才支持计划和博士后国际交流计划。加强企业博士后工作。举办全国博士后创新创业大赛。三是深入实施专业技术人才知识更新工程，创新实施数字工程师项目，加快培养人工智能、集成电路、大数据、区块链、智能制造等数字领域的卓越工程师。四是配合研究完善更加精准的海外人才引进政策，统筹实施各类留学回国项目，健全完善留学人员回国服务体系。

（三）大力加强高技能人才队伍建设，更好支撑经济转型升级。要贯彻落实习近平总书记重要指示精神，全方位健全完善技能人才培养、使用、评价、激励制度，制定新时代加强高技能人才工作的政策措施，大力实施技能中国行动，着力培养创新型、应用型、技能型劳动者大军。一是大力实施职业技能提升行动，健全终身职业技能培训制度，深入推行企业新型学徒制，大力培养支撑“中国制造”的高技能人才。二是全力筹办第46届世界技能大赛，高质量举办中华人民共和国职业技能大赛，统筹开展各级各类行业职业技能竞赛以及专项赛事。三是大力发展技工教育，加强校企合作，组建多层次合作联盟网络，推进技工院校高质量发展。四是推动落实提高技术工人待遇政策，指导企业落实《技能人才薪酬分配指引》，健全完善体现知识、技术等创新要素价值的收入分配机制。大力弘扬新时代工匠精神，增强技能人才的职业荣誉感、自豪感、获得感。

（四）着力提高人才服务水平。要贯彻落实习近平总书记重要讲话精神，遵循人才成长规律，完善人才管理制度，加快推动政府人才管理职能向创造良好环境、提供优质服务转变。一是向用人主体充分授权，充分发挥用人单位在人才培养引进使用中的主体作用，完善人才管理制度。二是为各类人才提供全方位、便捷化服务。建设高标准人力资源市场体系，充分发挥人力资源服务机构市场化引才作用，推动人力资源服务业高质量发展。加强以留学人员创业园、博士后科研流动站和工作站、专家服务基地、继续教育基地、人力资源服务产业园、高技能人才培训基地、技能大师工作室等为主体的人才服务平台建设。三是加大人才服务体系信息化建设力度，推进网上“能办尽办”“一网通办”。

四、坚持党管人才原则，发挥好人社部门人才工作职能作用

坚持党管人才原则，始终坚持党对人才工作的全面领导，提高政治站位，把准政治方向，切实增强做好人才工作的责任感和使命感。要在各级党委人才工作领导小组领导和组织部门牵头抓总下，严格落实主体责任，具体抓好人社领域重大人才工程、相关人才政策和工作任务落实。重大事项及时向党委人才工作领导小组和组织部门请示报告。要加强组织领导，认真履行人社部门人才工作职能职责，发挥人社部门人才工作优势，认真梳理涉及工作任务，研究细化贯彻落实举措。要加强会议精神宣传，为贯彻落实工作营造良好舆论氛围。

部人才工作领导小组办公室要加强对全国人社系统和部属有关单位学习贯彻工作的督促检查，跟进了解进展情况，协调推动解决复杂问题，确保各项任务落实落地。

2021年10月13日

人力资源社会保障部关于企业年金基金管理机构资格延续的通告

人社部函〔2021〕139号

根据《企业年金基金管理机构资格认定暂行办法》（劳动和社会保障部令第24号）、《人力资源社会保障部关于延期开展2020年企业年金基金管理机构资格延续工作的通告》（人社部函〔2020〕25号）和《人力资源社会保障部办公厅关于2021年企业年金基金管理机构资格延续有关问题的通知》（人社厅发〔2021〕94号）等规定，我部近期组织开展了企业年金基金管理机构资格延续评审工作，现将评审结果公告如下：

一、延续35家机构62个企业年金基金管理资格（机构名称按拼音排序）

（一）延续12个企业年金基金法人受托机构资格：长江养老保险股份有限公司、建信养老金管理有限责任公司、平安养老保险股份有限公司、泰康养老保险股份有限公司、太平养老保险股份有限公司、招商银行股份有限公司、中国工商银行股份有限公司、中国农业银行股份有限公司、中国人民养老保险有限责任公司、中国人寿养老保险股份有限公司、中国银行股份有限公司、中信信托有限责任公司。

（二）延续18个企业年金基金账户管理机构资格：长江养老保险股份有限公司、华宝信托有限责任公司、交通银行股份有限公司、建信养老金管理有限责任公司、平安养老保险股份有限公司、上海浦东发展银行股份有限公司、泰康养老保险股份有限公司、太平养老保险股份有限公司、新华养老保险股份有限公司、招商银行股份有限公司、中国光大银行股份有限公司、中国工商银行股份有限公司、中国民生银行股份有限公司、中国农业银行股份有限公司、中国人民养老保险有限责任公司、中国人寿养老保险股份有限公司、中国银行股份有限公司、中信银行股份有限公司。

（三）延续10个企业年金基金托管机构资格：交通银行股份有限公司、上海浦东发展银行股份有限公司、招商银行股份有限公司、中国光大银行股份有限公司、中国工商银行股份有限公司、中国建设银行股份有限公司、中国民生银行股份有限公司、中国农业银行股份有限公司、中国银行股份有限公司、中信银行股份有限公司。

（四）延续22个企业年金基金投资管理机构资格：博时基金管理有限公司、长江养老保险股份有限公司、富国基金管理有限公司、工银瑞信基金管理有限公司、国泰基金管理有限公司、海富通基金管理有限公司、华泰资产管理有限公司、华夏基金管理有限公司、嘉实基金管理有限公司、建信养老金管理有限责任公司、南方基金管理股份有限公司、平安养老保险股份有限公司、太平养老保险股份有限公司、泰康资产管理有限责任公司、新华养老保险股份有限公司、易方达基金管理有限公司、银华基金管理股份有限公司、招商基金管理有限公司、中国国际金融股份有限公司、中国人民养老保险有限责任公司、中国人寿养老保险股份有限公司、中信证券股份有限公司。

二、不予延续 1 个企业年金基金法人受托机构资格：华宝信托有限责任公司。

三、暂停 2 家企业年金基金投资管理机构开展新业务

自本通告之日起，平安养老保险股份有限公司一年内不得开展年金基金投资管理新增业务，太平养老保险股份有限公司两年内不得开展年金基金投资管理新增业务。新增业务包括但不限于合同签署、养老金产品发行、存量业务新增资金等。暂停开展新业务期结束时，根据整改验收情况再行确定是否恢复开展新业务。2 家机构应继续做好已有年金基金投资管理业务，有效防范化解风险，加强合规管理，确保年金基金平稳运行，不断加强自身能力建设，维护好委托人的利益。

2021 年 10 月 18 日

人力资源社会保障部关于发布《公共就业和人才服务质量评价指南》行业标准的通知

人社部函〔2021〕148号

各省、自治区、直辖市及新疆生产建设兵团人力资源社会保障厅（局），部属有关单位：

《公共就业和人才服务质量评价指南》推荐性行业标准已经我部审核批准，标准编号是：LD/T05—2021，现予以发布，自2022年1月1日起实施。标准全文登载在人力资源社会保障部门户网站“政务公开—规划财务—标准”栏目下。

2021年11月15日

人力资源社会保障部　应急管理部
关于实施危险化学品企业工伤预防能力
提升培训工程的通知

人社部函〔2021〕168号

各省、自治区、直辖市及新疆生产建设兵团人力资源社会保障厅（局）、应急管理厅（局）：

为贯彻落实《安全生产法》《职业病防治法》《社会保险法》和《工伤保险条例》，落实《工伤预防五年行动计划（2021—2025年）》，提升危险化学品领域从业人员工伤预防意识和能力，从源头上预防和减少工伤事故发生，人力资源社会保障部、应急管理部决定联合实施危险化学品企业工伤预防能力提升培训工程。现将有关事项通知如下：

一、指导思想

深入学习贯彻习近平总书记关于安全生产的重要论述精神，紧紧围绕从源头上消除事故隐患，扎实落实工伤预防五年行动计划，将工伤预防作为工伤保险优先事项，全覆盖高质量培训危险化学品企业重点人员，切实提升工伤预防意识和能力，推动落实企业工伤预防主体责任，保障劳动者生命安全与健康，促进劳动者稳定就业，促进危险化学品企业安全发展。

二、工作任务

实施危险化学品企业工伤预防能力提升培训工程，通过三年时间对危险化学品重点企业安全生产分管负责人、专职安全管理人员和班组长等重点对象（以下简称三类人员）开展全覆盖、高质量培训，提升工伤预防能力，提升安全生产基础保障水平。

（一）培训对象。将需应急管理部门许可的危险化学品生产企业、储存设施构成重大危险源的经营企业、使用危险化学品从事生产的化工企业，以及涉及重点监管危险化工工艺、构成重大危险源的精细化工企业和化学合成类药品生产企业安全生产分管负责人、专职安全管理人员和班组长（含车间主任，下同）作为重点培训对象，2024年底前实现上述人员培训全覆盖。根据工伤预防费情况，重点保障重大危险源企业相关人员培训，可适当扩大或缩小培训范围。

（二）培训内容。重点学习贯彻习近平总书记关于安全生产的重要论述精神，把观看《生命重于泰山》电视专题片作为必学内容。根据不同类型危险化学品重点企业和三类人员特点分类开展针对性培训，具体内容由当地应急管理部门会同人力资源社会保障部门确定。

（三）培训方式。采取线上学习与线下培训相结合的方式开展培训，缓解企业工学矛盾。线上培训一般以安全生产法规标准和工伤预防基础知识等通识性内容为主，线下培训一般以互动研讨和实操性内容为主。安全生产分管负责人线下培训原则上实行不超过40人的小班互动教学，专职安全管理人员和班组长线下培训班一般不超过80人。

（四）培训时长。各地应根据培训人员、内容、工伤预防费等情况，科学确定危险化学品企业三类人员培训时长和线上线下分布。安全生产分管负责人和专职安全管理人员应当培训24~48学时，一线班组长应当培训24~72学时。三类人员线下培训时长原则上均不得低于总培训时长的60%，班组长实训类课程不少于总培训时长的1/4。

（五）培训机构。危险化学品企业工伤预防培训任务可由已建立内部培训机构和专兼职师资队伍的大中型化工企业承担，也可由符合条件的行业协会、专业教育培训机构等承担。优先选择在技术、人员、课程等方面更有优势的从事危险化学品培训的机构，鼓励利用能为化工园区提供配套服务的实训基地承担工伤预防培训任务。

三、组织实施

（一）强化培训项目管理。各地人力资源社会保障部门要会同应急管理部门研究制定危险化学品企业工伤预防能力提升培训项目申报实施指引，规范项目申报，逐步建立联合遴选、专家评审、择优确定项目实施单位机制；要规范服务合同，明确培训规模、方式、内容、期限、绩效目标、费用、责任等内容，明确项目实施要求；要建立由工伤预防和危险化学品领域专家组成的专家库，为培训项目遴选评审和评估验收等提供技术支撑。

（二）维护资金安全。强化资金保障，科学合理确定工伤预防项目，充分考虑培训课程开发、教材建设、师资培训、实训设备配备等基础能力建设成本以及培训场租、培训时长等综合因素，严防低价竞争。规范经费使用，工伤预防线上培训经费符合采购招标相关政策和流程的，按照工伤预防费相关管理规定，应当予以支付。统筹培训效能，鼓励以化工园区（集中区）为单位申报项目。加强资金监管，社会保险经办机构要定期向社会公开资金使用情况，保障资金安全和效益。对以虚假培训等套取、骗取资金的，依法依纪严惩。

（三）抓好质量管控。各地要加强培训过程监督，认真审核培训方案，实施培训实名制管理，利用人脸识别、学习图像抓拍等技术和随机抽查、培训回访等方式进行筛查，杜绝线上培训挂课、代学等违规行为，对于培训管理不规范、培训考核不严格的培训机构，一经发现即予退出，并公开曝光。培训结业实行闭卷考试制度，鼓励通过国家推荐的工伤预防云平台和地方安全生产考试点实行统一考试，参加培训并考试合格的，按规定支付工伤预防费，并可减免相应的安全生产再培训学时。各地要加强对培训项目质量、施教机构、培训教师的管理评估，建立培训机构和培训师资的信用体系，及时淘汰评估结果偏差的培训机构和老师。

（四）培育第三方服务机构。鼓励各地按照政府购买服务要求，引入第三方机构，承担培训机构能力条件和培训方案审核、培训过程抽查、培训项目评估验收等工作。各地人力资源社会保障部门、应急管理部门可面向企业培训中心、行业协会、专业培训机构等，公开遴选建立具备条件的培训基地及其有能力实施的培训项目清单，供培训方参考。

四、工作要求

（一）加强组织协调，注重齐抓共管。人力资源社会保障部门要在工伤预防联席机制框架下，建立部门密切配合、协调联动机制，在保障工伤保险待遇支付的情况下，将危险化学品企业工伤预防能力提升培训工程项目优先纳入工伤预防培训项目，加强监督管理。应急管理部门要做好企业人员情况摸底、提出培训方案、项目立项建议、培训组织动员、培训过程监督和考试评价等工作。化工园区要督促和组织园区内化工企业参加培训，县级应急管理部门要督促和组织园区外其他企业参加培训。

（二）制定工作方案，强化督导落实。各地人力资源社会保障部门和应急管理部门要加强配合，协同推进，根据本通知要求抓紧制定工作实施方案，并于2021年12月底前分别报人力资源社会保障部和应急管理部。一是要摸清底数。人力资源社会保障部门摸清2020年的工伤事故发生率，应急管理部门摸清应参与工伤预防培训的企业数、人员数。二是要分解任务。各地要根据危险化学品企业培训目标，合理确定年度培训任务，确保2024年底前实现重点企业三类人员培训全覆盖；2022年重点轮训重大危险源包保责任人。三是要明确分工，建立省市县三级联动、权责清晰的工作机制。人力资源社会保障部、应急管理部将按年度调度工作进展情况。对不按要求参加的企业，地方应急管理部门要强化重点督促检查。

（三）发挥引领作用，落实企业责任。以工伤预防能力提升培训工程引领带动企业全员工伤预防培训，将现代培训方法技巧作为能力提升重点内容，大力推动三类人员成为企业工伤预防内训师。统筹工伤预防与安全生产日常培训，有机结合，协同安排，避免重复培训。落实企业工伤预防的主体责任，不以工伤预防能力提升培训代替企业结合自身风险的内部安全生产培训。

（四）发挥典型引路，广泛发动宣传。各地应将工伤预防与安全生产宣传“五进”活动相结合，加大工伤预防政策宣传力度，提升政策公众知晓度，帮助企业、第三方培训机构和劳动者熟悉了解工伤预防政策，共同促进工伤预防培训开展。注重发挥工伤预防培训的典型示范作用，两部选取山东省东营市、江苏省连云港市、宁夏回族自治区宁东基地作为危险化学品企业工伤预防能力提升培训工程的重点联系点，重点指导推动。要统筹推进危险化学品安全培训网络建设，充分发挥培训空间的载体和实训基地的节点作用，探索化工园区工伤预防培训项目常态化机制，探索建立可操作、可监管、可评价、可推广的工伤预防工作新模式，切实提高工伤预防费的使用效能。

2021年12月10日

人力资源社会保障部关于进一步加强工伤医疗管理服务工作有关问题的通知

人社部函〔2021〕170号

各省、自治区、直辖市及新疆生产建设兵团人力资源社会保障厅（局）：

近年来，各地积极推进工伤医疗管理服务工作，持续加大信息化工作力度，不断提升经办管理服务水平，工伤医疗管理服务工作逐步加强和规范。当前，随着医疗保障信息平台建设的推进，工伤医疗管理服务工作面临新形势新问题新要求。为进一步加强工伤医疗管理服务，切实保障工伤职工医疗救治权益，切实维护工伤保险基金安全，现就有关问题通知如下：

一、明确工伤医疗相关目录范围

工伤保险药品目录、工伤康复项目范围、辅助器具配置目录按照国家有关规定执行。工伤保险诊疗项目目录（包括医用耗材）、工伤保险住院服务标准原则上参照本省基本医疗保险有关规定执行，允许结合当地实际进行适当调整，并制定相应调整办法，公开调整原则和工作程序、规范支付政策。

二、全面加强工伤医疗服务协议管理

各地要按照布局合理、方便就诊的原则，兼顾经办服务管理能力，科学把握协议机构数量和层级分布，既要确保伤情医疗救治，又能满足日常康复等需要。要按照省级统筹的相关要求，尽快制定全省统一的协议管理办法和协议文本，进一步细化和完善协议内容，加强对工伤医疗相关目录维护、医疗救治、辅助器具配置、费用报销、系统建设等工作。要强化日常监管，畅通举报投诉渠道，严格协议机构履行协议情况的考核，建立健全考核评估指标体系，将考核结果与费用支付、协议机构退出机制挂钩。鼓励各地探索开展省域内各地市间、各协议机构间“年度联审互查”，交流监管经验，促进行业规范，共同提升监管水平。各省要建立本省协议机构信息库，及时公布和更新本省协议机构名单。

三、全面推进省级集中系统建设

各地要按照省级集中、整合共享的要求，建设省级集中的一体化社会保险信息系统，实现工伤认定、劳动能力鉴定、工伤保险经办相关业务信息内部流转，业务协同办理。可在省级层面探索与医保等部门实现“总对总”对接，在保障数据安全的前提下，实现相关业务互通和信息共享。

四、全面实现协议机构联网持卡直接结算

各地要结合本省实际情况，独立或委托医疗保障部门，建立与工伤保险协议医疗机构、工伤康复协议机构、工伤保险辅助器具配置机构（以下统称协议机构）的持卡直接结算通道。在系统中按规定设置工伤医疗、工伤康

复、辅助器具配置结算标准，支持完成工伤认定的参保工伤职工按照规范用卡流程持社会保障卡（含电子社保卡）直接结算，提高办事效率，减少手工报销风险。

五、加快建立完善工伤医疗智能监控系统

各地要依托省级集中系统实现工伤医疗服务智能监控，通过建立监管指标，制定监控规则，加强数据分析，设立“预警阈值”，及时发现和提示异常数据，实现对工伤医疗（康复、辅助器具配置）费用支出实时监控，并及时向协议机构提供监控提示信息，从事后监管逐步向事前提醒、事中监管、事后核查全流程监管转变。要推进信息化资格认证，对长期在院或经常住院的工伤职工，探索结合生物特征识别等技术，对在院状态进行实名制管理。

六、加快推进工伤保险“异地就医”工作

各地要按照国务院政务服务“跨省通办”“人社信息化便民服务创新提升行动”总体要求，梳理“跨省通办”业务流程，改造本省业务系统，实现部省对接。2021 年年底前，实现工伤事故备案、工伤异地居住（就医）申请等工伤保险服务“一网通办”；2022 年年底前，实现申请人可持社会保障卡在异地协议机构持卡直接结算工伤医疗费。

七、加快建设工伤医疗基础数据库

加大与医疗保障部门业务协作，充分利用医保药品、医疗服务项目、医用耗材等数据标准化工作成果，建立全省统一的数据库，并根据医保相关数据变更情况做好动态维护和应用，为工伤医疗费用联网持卡直接结算和智能监管工作的开展奠定基础。要同步建立全省统一的工伤保险辅助器具配置目录信息库，实现信息标准化，推进相关费用联网持卡直接结算。

八、加大工伤医疗管理服务工作协同力度

各地要根据本省实际，加强与卫生健康、医疗保障部门和协议机构的沟通协商，建立工伤医疗和医保管理服务联动长效机制。要密切跟进本地医疗保障信息平台切换上线进度，加强对工伤医疗服务管理特别是对工伤医疗费联网持卡直接结算和费用监管工作影响程度的预判，坚持系统观念，加强顶层设计，提前做好预案，主动加强与卫生健康、医疗保障部门的协同管理，兜住兜牢底线，确保协议机构不断线、联网结算不断网、基金监管不放松。

2021 年 12 月 20 日

人力资源社会保障部办公厅
关于实施中国–塞尔维亚社会保障协定的通知

人社厅发〔2021〕5号

各省、自治区、直辖市及新疆生产建设兵团人力资源社会保障厅（局）：

为有效解决中国、塞尔维亚两国在对方国工作的人员双重缴纳社会保险费问题，两国于2018年6月8日正式签署了《中华人民共和国政府和塞尔维亚共和国政府社会保障协定》（以下简称《协定》）。为保证《协定》顺利实施，我部与塞尔维亚共和国劳动、就业、退伍军人和社会事务部于2020年1月6日签署了《关于实施中华人民共和国政府和塞尔维亚共和国政府社会保障协定的行政协议》（以下简称《行政协议》）。双方商定，《协定》和《行政协议》于2021年2月1日正式生效。为确保《协定》和《行政协议》的贯彻执行，现就有关问题通知如下：

一、《协定》主要内容

（一）互免险种范围。

中国为职工基本养老保险、失业保险；塞尔维亚为强制养老和残疾保险、失业保险。

（二）中方适用免除在塞尔维亚缴纳相关社会保险费的人员。

1. 派遣人员。指受雇于在中国领土上有经营场所的雇主，依其雇佣关系被该雇主派往塞尔维亚领土上为其工作的人员。

2. 在航空器上受雇人员。指受雇的企业总部在中国领土上，在其航空器上工作的管理人员或机组成员。

3. 外交和领事机构人员。指《维也纳外交关系公约》和《维也纳领事关系公约》中定义的相关人员。

4. 公务员和同等对待人员。指中国派遣到塞尔维亚领土上工作的公务员及按照中国法律规定同等对待的人员。

5. 例外。中塞两国主管机关可根据特定人员或人群的情况，同意对《协定》第六条、第七条、第八条和第十条作例外处理，条件是所涉及人员受中塞两国任一国法律规定管辖。

（三）塞尔维亚适用免除在华缴纳相关社会保险费的人员。

塞尔维亚适用免除在华缴纳社会保险费的人员与中方适用人员的条件类同。

（四）派遣人员免除缴纳社会保险费的期限。

派遣人员首次申请免除缴费期限最长为60个日历月。如派遣期超过60个日历月，经中塞两国主管机关同意，可予以延长24个日历月。

（五）主管机关、经办机构。

1. 主管机关：中国为人力资源社会保障部；塞尔维亚为劳动、就业、退伍军人和社会事务部。

2. 经办机构：中国为人力资源社会保障部社会保险事业管理中心或人力资源社会保障

部指定的其他机构；塞尔维亚为共和国养老和残疾保险基金会（负责待遇输出）、共和国医疗保险基金会（负责出具法律适用证明）。

二、依据《协定》免除缴纳相关社会保险费的管理办法

（一）中方在塞尔维亚人员办理免缴相关社会保险费《法律适用证明》的管理办法。

已在中国国内按规定参加了职工基本养老保险和失业保险，并按时足额缴纳保险费的人员，按照以下程序办理申请免除在塞尔维亚缴纳相关社会保险费。

1. 个人申请人访问“国家社会保险公共服务平台”首页，实名注册用户信息。网址：http://si.12333.gov.cn。个人申请人登录国家平台，选择“境外免缴申请”服务，在线填写本人详细申请信息，保存并提交申请。

2. 派遣人员国内派出单位可申请注册单位用户，为本单位派出人员填写申请信息，保存并提交申请。

3. 部社保中心后台审核申请信息。符合条件的，于7个工作日内出具《法律适用证明》并邮寄给申请人。不符合条件的，说明理由。需要补充材料的，予以告知。

4. 部社保中心也受理申请人通过邮寄纸质申请材料方式提交的申请，审核通过后，出具《法律适用证明》。线下办理流程可在部门户网站查阅“中塞社会保障协定法律适用证明办事指南（线下版）”。

5. 申请人向塞尔维亚经办机构提交《法律适用证明》，申请免除缴纳相应的社会保险费。

（二）塞尔维亚在华人员免除缴纳相关社会保险费的管理办法。

1. 塞尔维亚在华人员向参保所在地社会保险经办机构提交由塞尔维亚经办机构出具的《法律适用证明》，其参保所在地社会保险经办机构审核原件，留存复印件备案。核准信息后，依据其《法律适用证明》上规定的期限免除其相关社会保险缴费义务。

2. 凡不能提交《法律适用证明》的塞尔维亚在华人员，各地社会保险经办机构应按《中华人民共和国社会保险法》和《在中国境内就业的外国人参加社会保险暂行办法》（人力资源社会保障部令第16号）的规定，督促其参加中国的社会保险。

3. 除《协定》规定的免缴职工基本养老保险和失业保险外，塞尔维亚在华人员应按社会保险法和人力资源社会保障部令第16号的规定，参加中国其他社会保险险种。

以上规定自《协定》生效之日起开始执行。各级人力资源社会保障部门要高度重视此项工作，积极稳妥推动贯彻落实。各地社会保险经办机构应按照《关于做好双边社会保障协定参保证明网上经办有关事项的通知》（人社险中心函〔2019〕32号）要求，做好宣传解释工作，推动网上办理。同时，要保证线上线下经办模式平稳过渡，最大程度方便群众办事。各地要本着如实、便捷的原则及时办理核准和免缴有关手续。在审核时要认真核对相关信息，防止欠费和虚假现象发生。各地在执行中如发现问题，请及时向我部报告。

附件：1. 中华人民共和国政府和塞尔维亚共和国政府社会保障协定
2. 关于实施中华人民共和国政府和塞尔维亚共和国政府社会保障协定的行政协议
3. 法律适用证明（中方样表）（略）
4. 法律适用证明（塞方样表）（略）

2021年1月21日

附件 1

中华人民共和国政府和
塞尔维亚共和国政府社会保障协定

中华人民共和国政府和塞尔维亚共和国政府（以下称“缔约双方”），为发展中华人民共和国和塞尔维亚共和国友好关系之目的，愿加强在社会保障领域的合作，达成协议如下：

第一部分　总　　则

第一条　定　　义

一、为本协定之目的，下列术语的含义为：

（一）“领土”

在中华人民共和国，系指《中华人民共和国社会保险法》及其相关法律法规适用的中华人民共和国的领土；

在塞尔维亚共和国，系指塞尔维亚共和国领土。

（二）“法律规定”

在中华人民共和国，系指本协定适用范围（第二条第一款第一项）所包括社会保险制度相关的法律、行政法规、部门规章、地方性法规和其他法律文件；

在塞尔维亚共和国，系指根据本协定第二条第一款第二项所涉及社会保险的法律、规章和一般性法律文件。

（三）“主管机关”

在中华人民共和国，系指人力资源和社会保障部；

在塞尔维亚共和国，系指劳动、就业、退伍军人和社会事务部。

（四）“经办机构”

在中华人民共和国，系指人力资源和社会保障部社会保险事业管理中心或该部指定的其他机构；

在塞尔维亚共和国，系指根据其法律规定为个人提供保险的保险机构。

二、本条中未定义的术语应具有缔约双方各自适用法律规定赋予的含义。

第二条　法律适用范围

一、本协定适用下列社会保险制度相关的法律规定：

（一）在中华人民共和国：

1. 职工基本养老保险，

2. 失业保险；

（二）在塞尔维亚共和国：

1. 强制养老和残疾保险，

2. 失业保险。

二、本协定同样适用于对本条第一款所适用法律规定进行修订、补充、合并、替代的法律法规。但本协定不适用于以建立新型社会保障制度为目的的修订，除非缔约双方主管机关共同决定其适用。

三、除非本协定另有规定，本条第一款所提及的法律规定不包括缔约一方可能与第三国在社会保障方面缔结的条约或其他国际协定，以及为具体实施之目的颁布的法律规定。

第三条　人员适用范围

本协定适用于正在或曾经受缔约一方或缔约双方法律规定管辖的任何个人，以及根据缔约任一方可适用法律规定从上述个人获得权益的人员。

第四条　平等待遇

除非本协定另有规定，第三条所提及人员在适用缔约一方法律规定时，应享有与该缔约方国民平等的待遇。

第五条　待遇输出

一、除非本协定另有规定，依据缔约一方法律规定应给付的现金待遇不得仅因受益人停留或居住在缔约另一方或第三国领土上而减少、修改、暂停、撤销或收缴。应按照受益人获取待遇的缔约一方国内法律规定支付现金待遇。

二、本条第一款不适用于塞尔维亚共和国关于应得养老金低于最低养老金时两者差额的规定。

第二部分　法律适用

第六条　参保义务

除非本协定另有规定，在缔约一方国家领土上受雇或自雇的人员，就此项工作而言，仅受该缔约方法律规定管辖。

第七条　派遣人员

一、如果雇员在缔约一方国家领土上受雇于在该缔约方国家领土上有经营场所的雇主，依其雇佣关系被雇主派往缔约另一方国家领土上为该雇主工作，则在此项工作的第一个60个日历月内继续仅适用首先提及的缔约一方法律规定，如同该雇员仍在该缔约方国家领土上受雇一样。

二、如果派遣期超过本条第一款规定的期限，缔约双方主管机关可根据有关情形和雇佣类型，共同商定将派遣期延长24个月。

第八条　在航空器上受雇人员

在航空器上受雇的管理人员或机组成员，就该雇佣关系而言，应受其受雇企业总部所在地领土所属的缔约方法律规定管辖。但是，如果该企业在缔约另一方国家领土上拥有代表处，且该雇员受雇于该代表处，则该雇员应受该代表处所在地领土所属的缔约方法律规定管辖。

第九条　外交和领事机构人员

本协定不影响一九六一年四月十八日签订的《维也纳外交关系公约》和一九六三年四月二十四日签订的《维也纳领事关系公约》的适用。

第十条　公务员和同等对待人员

公务员和同等对待人员应受其受雇机构所属缔约一方法律规定管辖。

第十一条　例　　外

缔约双方主管机关可根据特定人员或人群的情况同意对本协定第六条、第七条、第八条和第十条作例外处理，条件是所涉及人员受缔约一方法律规定管辖。

第三部分　其他规定

第十二条　实施安排

一、缔约双方主管机关应签订行政协议，确定实施本协定的必要措施。

二、缔约双方主管机关应相互通报可能会影响本协定实施的任何法律规定变更情况。

三、缔约双方主管机关将指定实施本协定的联络机构如下：

在中华人民共和国，人力资源和社会保障部社会保险事业管理中心；

在塞尔维亚共和国，社会保险局。

第十三条　信息交流和相互协助

缔约双方主管机关或经办机构应根据书面请求，在各自法律规定允许的范围内，相互免费提供实施本协定所需的信息和协助。

第十四条　证明书出具

一、在本协定第七条、第八条、第十条和

第十一条所述情形下，法律规定适用的缔约一方经办机构应根据申请就相关雇佣关系出具适用其法律规定的证明书。在本协定第七条和第十一条所述情形下，证明书必须注明有效期。

二、若适用中华人民共和国的法律规定，证明书应由人力资源和社会保障部社会保险事业管理中心或该部指定的其他机构出具。

三、若适用塞尔维亚共和国的法律规定，证明书应由经办机构出具。

第十五条　信息保密

一、缔约一方主管机关或经办机构应根据其法律法规，向缔约另一方主管机关或经办机构提供实施本协定所必需且依据其法律规定收集的个人数据。

二、根据本条第一款由缔约一方主管机关或经办机构传送至缔约另一方主管机关或经办机构的个人数据应保密使用，且仅用于实施本协定之目的。

第十六条　交流语言和认证

一、在实施本协定时，缔约双方主管机关和经办机构可使用各自官方语言或英文进行交流。

二、任何文件，特别是申请书和证明书，不得仅因以缔约另一方官方语言写成而被拒绝受理。

三、适用本协定时所需提供的文件，特别是证明书，无须办理任何认证或其他类似手续。

第十七条　争端解决

缔约双方关于本协定解释或适用方面的争端应由缔约双方主管机关通过磋商和谈判解决。

第四部分　最终条款

第十八条　过渡条款

在适用本协定第七条时，对于在本协定生效之前已经在缔约一方国家领土上工作的人员，其派遣期限从本协定生效之日起计算。

第十九条　生　　效

本协定自缔约双方相互书面通知已完成使本协定生效所必需的国内法律程序当月后第四个月的第一天起生效。

第二十条　期限和终止

本协定长期有效。缔约任一方可通过外交途径书面通知缔约另一方终止本协定。本协定自缔约任一方发出终止通知当月后第十二个月的最后一天起终止。

下列代表，经正式授权，在本协定上签字，以昭信守。

本协定于二〇一八年六月八日在贝尔格莱德签订，一式两份，每份均用中文、塞尔维亚文及英文写成，三种文本同等作准。如对文本的解释发生分歧，以英文本为准。

中华人民共和国政府 代表	塞尔维亚共和国政府 代表

附件2

关于实施中华人民共和国政府和塞尔维亚共和国政府社会保障协定的行政协议

中华人民共和国人力资源和社会保障部与塞尔维亚共和国劳动、就业、退伍军人和社会事务部为实施于二〇一八年六月八日签订的《中华人民共和国政府和塞尔维亚共和国政府社会保障协定》（以下简称“协定”），根据协定第十二条第一款，达成协议如下：

第一条 定 义

本行政协议中的术语与协定中所使用的含义相同。

第二条 联络机构

依据协定第十二条第三款，缔约双方联络机构将共同决定关于执行协定和本行政协议的必要表格与程序。

第三条 经办机构

经办机构系指：

（一）在中华人民共和国，系指人力资源和社会保障部社会保险事业管理中心或该部指定的其他机构；

（二）在塞尔维亚共和国，系指：

1. 共和国养老和残疾保险基金会，依据协定第五条，该机构负责待遇输出；

2. 共和国医疗保险基金会，依据协定第十四条，该机构负责出具法律适用证明。

第四条 法律适用证明

一、为适用协定第七、八、十、十一条，法律适用证明将由以下机构出具：

（一）在适用中华人民共和国法律情况下，由人力资源和社会保障部社会保险事业管理中心出具；

（二）在适用塞尔维亚共和国法律情况下，由共和国医疗保险基金会出具。

二、出具法律适用证明的经办机构应当将证明交与申请人，并将副本递交至第一款所述的缔约另一方经办机构。

第五条 申请程序

一、在协定第七条第一款首次免除期限申请及协定第八条、第十条免除期限申请情况下，应由缔约一方经办机构依据该缔约方法律规定执行申请程序。

二、在协定第七条第二款延长免除期限申请及协定第十一条例外情况下，提出申请的缔约一方经办机构应向缔约另一方经办机构提供相关信息。在缔约双方主管机关共同决定下，由缔约一方经办机构向雇员出具法律适用证明。

第六条 表格的变更

本行政协议所附的表格是本协议不可分割的一部分。缔约双方联络机构可通过共同协商更改或制定新的表格。

第七条 有关法律适用证明信息交换

一、缔约双方经办机构应当在依据本行政协议出具法律适用证明的次月交换法律适用证明副本。

二、缔约双方经办机构应当在次年1月31日之前相互交换依据协定第七条、第八条、

第十条和第十一条出具的法律适用证明份数的统计数据。统计数据应当按照缔约双方经办机构约定的格式提供。

第八条　行政协助

一、为实施协定和本行政协议所必需的行政协助应当免费提供。

二、双方经办机构将在必要时会面，讨论协定实施相关问题。

第九条　生效、终止与修改

一、本行政协议于协定生效之日生效，直至协定终止之日。

二、经缔约双方主管机关同意，本行政协议可补充或修订。

第十条　法律义务

本行政协议只在协定及缔约双方各自法律规定框架内执行，不产生任何有法律约束力的新义务。

本行政协议于二〇二〇年一月六日在北京签署，一式两份，每份均用中文、塞文和英文写成，三种文本同等作准。如果对文本的解释产生任何歧义，以英文本为准。

中华人民共和国 人力资源和 社会保障部 代表	塞尔维亚共和国 劳动、就业、 退伍军人和 社会事务部代表

人力资源社会保障部办公厅 交通运输部办公厅关于颁布城市轨道交通服务员等2个国家职业技能标准的通知

人社厅发〔2021〕6号

各省、自治区、直辖市及新疆生产建设兵团人力资源社会保障厅（局）、交通运输厅（局、委）：

根据《中华人民共和国劳动法》有关规定，人力资源社会保障部、交通运输部共同制定了城市轨道交通服务员等2个国家职业技能标准，现予颁布施行。

附件：2个国家职业技能标准目录

2021年1月15日

附件

2个国家职业技能标准目录

序号	职业编码	职业名称
1	4-02-01-07	城市轨道交通服务员
2	6-30-04-03	船闸及升船机运管员

注：以上职业技能标准内容可在人力资源社会保障部官网查询。

人力资源社会保障部办公厅关于印发《技能人才薪酬分配指引》的通知

人社厅发〔2021〕7号

各省、自治区、直辖市及新疆生产建设兵团人力资源社会保障厅（局）：

为更好服务中国制造、中国创造，深入实施人才强国、创新驱动发展战略，推动企业建立健全符合技能人才特点的工资分配制度，激励广大青年走技能成才、技能报国之路，我部组织编写了《技能人才薪酬分配指引》，现印发给你们，供指导企业时参考。

各地区要高度重视提高技能人才工资待遇，加强对企业工资分配的指导和服务，抓好宣传培训，推广典型经验，结合本地实际，加强示范引领，推动培养造就一支高素质技能人才队伍。

2021年1月26日

技能人才薪酬分配指引

第一章　总　　则

第一条　为健全技能人才培养、使用、评价、激励制度，推动企业建立多职级的技能人才职业发展通道，建立以体现技能价值为导向的技能人才薪酬分配制度，大力提高技能人才职业荣誉感和经济待遇，不断发展壮大技能人才队伍，为中国制造和中国创造提供重要人才支撑，结合企业薪酬分配理论实践和技能人才特点，特制定本指引。

第二条　本指引旨在为企业提供技能人才薪酬分配可供参考的方式方法。企业可结合实际，借鉴本指引，不断建立健全适应本企业发展需要的技能人才薪酬分配体系。

第三条　本指引所称技能人才，是指在生产或服务一线从事技能操作的人员。

第四条　技能人才薪酬分配应遵循以下原则：

（一）坚持按劳分配和按要素贡献参与分配。体现多劳者多得、技高者多得的价值分配导向，合理评价技能要素贡献。

（二）坚持职业发展设计与薪酬分配相配套。充分考虑企业的组织架构、职位体系、定岗定编、岗位评价、薪酬分配、绩效管理等相互联系、相互制约的实际，使技能人才薪酬分配与职业发展通道相衔接。

（三）坚持统筹处理好工资分配关系。参考岗位测评结果、市场标杆岗位的薪酬价位，综合考虑企业内部操作技能、专业技术和经营管理等类别实际，统筹确定技能操作岗位和企业内部其他类别岗位之间薪酬分配关系。

第二章 技能人才职业发展通道设计

第五条 本指引所称技能人才职业发展通道，是在企业岗位体系的基础上，形成横向按工作性质、内容等划分不同技能序列，纵向按技能人才专业知识、技术技能、资历经验、工作业绩等因素划分层级的有机系统，既体现技能人才个人能力，又反映岗位差别。

第六条 技能人才职业发展通道一般应与企业的经营管理类、专业技术类职业发展通道并行设置，层级互相对照。企业可根据发展需要，贯通工程技术领域操作技能与工程技术序列融合发展的路径，并逐步拓宽贯通领域，扩大贯通规模。对制造业的技能人才，可以设置基本生产技能操作、辅助生产技能操作等细分类别，纵向设置多个职级（详见附表1）。其他行业企业可结合实际参照设置。

纵向成长通道一般应基于不同类别岗位的重要程度、复杂程度等因素，并考虑不同类别岗位人员的职业发展规律作出差别化安排。纵向成长通道具体层级设置数量可根据企业发展战略、主体业务、员工队伍状况等实际进行调整。

企业内部不同类别之间对应关系，技能操作类的正常成长通道最高可与部门正职/分厂厂长/分支机构正职等中层正职相当，高精尖的高技能领军人才可与企业高层管理岗相当。对企业技能操作中的基本生产技能操作工种、辅助生产技能操作工种和熟练服务工种等，一般应设置差别化成长通道。同时，在满足任职资格条件基础上，不同职业发展通道可以相互贯通。

第七条 为实现职业发展通道有效运转，需定责权，即对具体职位在工作职责、管理权限等方面作出统一规范和界定。定责权，主要是解决好职业发展通道和企业内部管理岗位之间的关系问题，总的原则是以事定责、按责配权，实现权责利的统一。职责权限的划分根据相关业务流程，通过编制岗位说明书等方式进行明确，并结合实际动态调整。

处于高职级的技能人才对本领域业务工作负有组织制定（修订）标准、指导落实、监控、审查、结果判定等职责和权限；同时，需承担本业务领域难度较大、创新性的工作任务，并负有编制培训教材、培训授课、平时指导等培训指导职责。

第八条 职业发展通道有效运转需定数量，即根据企业战略和相应的人力资源规划，参考企业所在业务领域专业细分结果，结合企业对各职位的需求以及人员结构情况，制定各职级的职数标准和比例结构。

设置职位数量的规则，一般采取两头放开、中间择优的方式安排。高层职级一般按资格条件管理，不设具体职位数量，成熟一个聘任一个，宁缺毋滥；基层职级一般不设职数，符合条件即可正常晋升；中间层级可按照细分专业数量设置职数，也可以按照一定比例进行安排。

第九条 职业发展通道有效运转需定资格，即根据履行职位职责的要求，对职位任职人员所应具备的学历、资历、能力、经验、业绩等多维度任职条件作出统一规范和界定。职位任职资格标准可将经人社部门公布的技能人才评价机构评价的职业技能等级作为重要参考，并明确相互间对应关系。

结合人才成长规律，职业发展通道一般可按三个阶段设置，形成全职业周期的成长发展通道。新进技能人才在第一个十年中，每2至3年晋升一个职级，在基层岗位职位上正常成长；第二个十年中，在中间层级岗位职位上择优晋升发展；第三个十年中，在高层级岗位职位上逐步成长为专家权威。同时，对具有特殊技能和突出贡献的高技能人才应有破格晋升的制度安排。

随着新生代劳动者成长预期的变化，以及

不同类型企业的技能操作难度有差异，对技能人才的成长年限安排以及相应的任职资格标准可有所不同。

第十条 职业发展通道有效运转需定考评，即明确各类人员进入所在职级通道的考评办法，根据考评结果组织聘任，实现能上能下。

第十一条 职业发展通道有效运转需定待遇，即对进入职业发展通道的技能人才，可对新职级职位按照岗位进行管理，职位职级变化时执行岗变薪变规则。各职级人员聘任到位后，按相应岗位工资标准执行，根据绩效考核结果发放绩效工资。

第十二条 职业发展通道有效运转需动态管理，即对职位职数标准、任职人员配置以及职位体系框架的动态管理。

其中，职位职级聘任应有任期规定，高职级职位的任期可比低职级长。任期期满重新进行评聘。在职位职数规定范围内，对任期评聘成绩优秀并达到上一职级任职资格的可予以晋升，考评合格的可保留原职级，考评不合格的可降低职级。

第三章 技能人才薪酬分配制度设计

第一节 工资结构设计

第十三条 按照为岗位付酬、为能力付酬、为绩效付酬的付酬因素，技能人才工资结构可由体现岗位价值的岗位工资单元、体现能力差别的能力工资单元和体现绩效贡献的绩效工资单元等组成。

第十四条 为稳定职工队伍，保障职工基本生活，企业可结合实际增加设置体现保障基本生活的基础工资单元和体现员工历史贡献积累的年功工资单元。

第十五条 在各工资单元功能不重复体现的原则下，为补偿技能人才在特定环境或承担特定任务的额外付出，可设置相应的津贴单元，包括体现夜班工作条件下额外劳动付出的夜班津贴、体现高温噪声污染等艰苦环境条件下额外劳动付出的作业环境津贴、体现技能人才技能水平的技能津贴、体现技能人才班组长额外劳动付出的班组长津贴、体现技能人才师傅带徒弟额外劳动付出的带徒津贴等。根据需要，还可设置鼓励多学技能、向复合型人才发展的多能津贴或通岗津贴等。

第十六条 企业根据需要可以合并、减少或增加相关工资单元。例如，能力工资单元可以采用设置技能人才特殊岗位津贴的形式体现，也可以采用将职级通道直接纳入岗位工资单元进行体现；年功工资单元可在岗位工资单元中设置一岗多薪、一岗多档，岗级体现不同岗位的价值度，档次用于体现同一岗位上不同员工的岗位任职时间、业绩贡献、年度正常增长等因素。

第二节 岗位工资单元设计

第十七条 岗位工资等级应以岗位评价结果为基础。岗位评价是实现不同岗位之间价值可比，体现企业薪酬分配内部公平的重要基础工作。

岗位评价一般有四种方法：一是排序法，将企业全部岗位视为一个系列，根据各个岗位对组织的贡献度和作用度不同，对岗位次序进行排列的一种方法，一般适用于工作性质单一、岗位较少的企业。二是分类套级法，将企业全部岗位分为若干系列、每个系列分为若干级别，分类别对岗位次序进行排列的一种方法。三是因素比较法，事先确定测评要素和若干主要岗位（或称标杆岗位），将每一个主要岗位的每个影响因素分别加以排序或评价。其他岗位按影响因素与已测评标杆岗位各因素测评结果分别进行比较，进而确定岗位的价值等级。四是要素计分法，根据预先规定的衡量标准，对岗位的主要影响因素逐一进行评比、估量，由此得出各个岗位的量值。

第十八条 企业采用要素计分法对技能操作类岗位进行岗位评价，通常考虑岗位对上岗人员技能水平要求的高低，岗位工作量及质量责任的轻重，体力或脑力劳动强度的大小和岗位工作条件的好差等进行评价。在此基础上，要遵循战略导向原则，从突出企业关键重要岗位的角度选择评价要素，确定评价要素权重。

第十九条 企业在评价要素的选择、评价权重的设置、评价过程的组织等方面应贯彻公正、公开原则，得到员工认可。第一步是初评，企业内各二级单位评价确定本单位内部技能操作岗位纵向岗位关系；第二步进行复测，在各单位初评结果中筛选出标杆岗位，选取熟悉技能操作类岗位职责情况、公信力高的岗位评价代表进行复测，确定不同单位之间技能操作类岗位的等级关系。

第二十条 岗位工资可采取一岗一薪、岗变薪变，也可采取一岗多薪、宽带薪酬形式。一岗多薪、宽带薪酬指的是在每个岗位等级内设多个工资档次，以体现同岗级人员不同能力、资历和不同业绩贡献的差别。一岗多薪、宽带薪酬既能体现员工的岗位价值，又能体现员工的能力素质，还可以兼顾到员工薪资的正常晋升，这一做法在实践中被较多企业选择。

实行一岗多薪、宽带薪酬的企业，技能人才可通过晋档实现工资正常增长。其中，档次晋升调整可与技能人才年度绩效考核结果挂钩，合格及以上的技能人才每年可在本岗级上晋升1档，少部分优秀的可晋升2档，个别贡献突出的还可以奖励更多晋档，极少数表现不合格的可不晋升或降档。

第二十一条 岗位工资采用一岗多薪、宽带薪酬，具体晋档条件有三种表现形式。一是条件规定形式，即明确晋档应当达到的规定条件。晋档条件有一个以上的，各条件要素需有互补性规定。针对技能操作类岗位，可设置学历与工作年限的互补条件，较长工作年限可在一定程度上弥补学历的不足。二是综合系数表现形式，即按各个晋档要素之间相对关系，将晋档条件转换为系数分数。综合系数表现形式直接实现了各个晋档要素的综合互补。晋档综合系数的确定首先依据不同职级岗位任职资格的要求来确定起步档次的条件。其次，需要将各个条件之间的相对价值进行比较，确定系数标准值，实现各个条件之间的平衡互补。三是特殊贡献表现形式。可将技能人才参加一定层级技能大赛获奖情况、技术攻关和创新等贡献情况，作为晋档或跨档条件。

第二十二条 岗位工资标准的设计，一般参考以下三个因素：一是岗位价值度评估分数。企业可参考技能操作类岗位价值度评估分数之间的倍数关系，确定不同技能操作岗位工资标准之间差别。二是人力资源市场价位情况。企业可参考人力资源市场类似岗位工资价位的绝对水平，确定技能操作类岗位工资标准；或参考市场上相应典型岗位的薪酬比例关系，优化调整相应技能操作类岗位工资标准。三是企业内部标杆技能操作类岗位之间的历史分配关系。企业可结合市场工资价位，重新评估内部技能操作岗位间的分配关系，如果体现岗位价值度的工资标准与市场比差距过小，可以调整优化，适当拉开差距。

第二十三条 岗位工资标准的设计，一般按以下步骤进行：一是首先确定内部关键点岗位（最高岗位、最低岗位、主体标杆岗位等）工资标准之间的比例关系。二是按照一定规律确定每个关键点之间不同层级的岗位工资标准关系，一般可以用等差数列关系确定（差别相对较小），也可以用等比数列确定（差别相对较大）。三是结合技能操作类内部层级因素适当调整。跨职级的差距可适当拉大，同一职级内部差距可适当缩小。经过验证，模拟测算调整，通过比较工资标准高低是否与预先设定的目标一致，最终确定岗位工资标准。

第二十四条 岗位工资标准的表现形式，一般有两种：一是以工资水平绝对值的形式表现；二是以岗位工资系数值（或薪点数）的形式表现。对不同的工资单元可以采用不同的工资标准表现形式。对于效益波动比较大的企业，岗位工资、绩效工资可采取具体的系数或薪点标准。基数值或薪点值可结合企业效益情况、工资总额承受能力、市场价位变动情况等相应确定。

第三节 绩效工资单元设计

第二十五条 绩效工资单元是体现员工实际业绩差别的工资单元，根据绩效考核结果浮动发放，对发挥工资的激励功能具有重要作用。企业可按照绩效工资总量考核发放、授权二次分配、加强监控指导的管理原则，建立绩效工资与企业效益情况（影响工资总额变动）、本部门绩效考核结果（影响本部门绩效工资额度变动）、本人绩效考核结果（影响本人实际绩效所得）联动的分配机制。年度绩效考核除影响绩效工资外，还可与岗位调整、培训、职级升降挂钩。

第二十六条 绩效考核周期的确定需综合考虑行业特点、岗位特征、考评可操作性等因素。技能人才绩效显现时间相对于管理人员、专业技术人员一般较短，可按月为主计发绩效工资。

第二十七条 绩效考核可根据技能人才的工作性质和岗位特征，采取分类考核办法。例如，主要以个人计件计酬的岗位，可以按月设立基础任务量，超过基础任务量部分可分档设立不同计件单价，根据任务完成情况核定绩效工资。

对于以班组、车间为单元集体作业的基本生产技能岗位人员，可参照上述办法将团队绩效工资总额分配到班组、车间，再由班组长、车间主任根据规定程序，按照个人工作量和个人绩效进行合理分配。

对于辅助生产技能岗位人员，可依据其支持服务的基本生产技能岗位人员月绩效工资平均值的一定比例（比如70%~95%），作为人均绩效工资分配额度，以此为基础计算辅助生产技能岗位人员绩效工资总量，再按照绩效工资系数、组织和个人绩效考核的结果进行分配。

第四节 专项津贴单元设计

第二十八条 专项津贴是对特殊条件下的额外劳动付出的补偿。针对技能人才的劳动特点，制造型企业可结合实际需求，可设置夜班津贴、作业环境津贴、技能津贴、班组长津贴、师带徒津贴等。

第二十九条 夜班津贴是对劳动者在夜晚工作额外付出的补偿，主要适用于基本生产技能岗位人员。夜班劳动对于劳动者的体力、精力、心理压力等带来较大影响。实践中，部分“四班三运转”岗位人员的月度夜班津贴水平一般占月度应发工资收入的15%~20%。企业可结合职工薪酬收入水平、当地经济社会发展实际，合理确定夜班津贴的标准水平。

第三十条 作业环境津贴是对劳动者在井下、高空、高温、低温、物理粉尘辐射、化工有毒有害等环境下作业额外付出的补偿，主要适用于技能操作类人员。企业可结合实际，根据作业环境的艰苦程度划分出不同档次，设置差别化的作业环境津贴。

第三十一条 技能等级除作为职业发展通道的晋升条件外，考虑到高技能人才整体仍然短缺的实际，企业可以设置技能津贴，对于取得高级工、技师、高级技师，并在相关技能操作类岗位工作的技能人才，发放一定额度的技能津贴，鼓励技能人才学技术、长本领。取得相应技能等级资质的技能人才，聘任到较高技能操作职级上，除适用技能津贴外，还可同时执行相应发展通道职级的工资标准。技能津贴可同样适用于“双师”（工程师、技师）型技能人才。

第三十二条 班组一般是企业管理的最基层单元，班组长在基础管理、分配任务、考勤考绩等方面均有较多的付出。对于非专职脱产人员担任班组长的，可设置班组长津贴。班组长津贴标准可采取两种方式进行安排：一是按照班组管理幅度，按照具体人数确定适用津贴标准。可在基本标准基础上，每增加1名技能人才，相应增加津贴标准。二是按照班组类别和难度大小，设置不同的档次标准。但对于班组长工资待遇已在岗位工资等级或者档次体现的，可不再重复设置班组长津贴。

第三十三条 师带徒津贴是对师傅培养培

训徒弟额外劳动付出的补偿。对于签订带徒协议、明确师傅徒弟权利义务的，可向师傅支付一定额度带徒津贴。协议期满根据考核结果可另行给予奖励。徒弟在技能大赛等获奖的，也可额外对师傅进行奖励，建立徒弟成才、师傅受益的联动机制。企业通过推行“传帮带”“师带徒”“老带新”等多种措施，不仅可以促进整体生产效率的提升，而且能够帮助企业在长期内形成较为稳定的技能人才梯队，积蓄技能人才资源。师带徒，通过企业实践培训提高，针对性强，效果好，应大力推行。

第三十四条 津贴设置应坚持不重复体现原则。本节所提到的夜班津贴、作业环境津贴、技能津贴、班组长津贴、师带徒津贴等各类津贴，如在岗位评价要素或者职级成长通道任职资格条件中已有充分体现的，应本着不重复的原则不再单独设置。

第五节 技能人才与其他人才工资分配关系设计

第三十五条 企业可参考岗位测评结果确定技能人才岗位和其他类别岗位之间薪酬分配关系。如果不同类别岗位测评采用的要素和参评专家不同，则测评分数之间的相互关系不宜简单对应，应选择不同系列的典型岗位进行跨类别岗位测评以确定对应关系。

第三十六条 企业可参考市场标杆岗位之间的薪酬分配关系确定对应关系。如将市场上某技能操作岗位与某管理岗位等薪酬水平的对应关系，作为确定不同类别岗位分配关系的参考。同时，标杆岗位中市场招聘的薪酬价位，可以作为确定技能操作岗位和其他类别岗位起点薪酬分配关系的参考。

第三十七条 技能人才特别是高技能人才，其人力资本是个人努力和长期操作经验的累积结果，在薪酬标准上应体现其人力资本及技能要素贡献。对掌握关键操作技能、代表专业技能较高水平、能够组织技改攻关项目的，其薪酬水平可达到工程技术类人员的较高薪酬水平，或者相当于中层管理岗位薪酬水平，行业佼佼者薪酬待遇可与工程技术类高层级专家级别和企业高层管理岗的薪酬水平相当。

第四章 高技能领军人才薪酬待遇制度设计

第三十八条 高技能领军人才包括获得全国劳动模范、全国五一劳动奖章、中华技能大奖、全国技术能手等荣誉以及享受省级以上政府特殊津贴的人员，或各省（自治区、直辖市）政府认定的“高精尖缺”高技能人才。高技能领军人才是技能人才队伍中的关键少数，应提高其薪酬待遇，鼓励参照高级管理人员标准落实经济待遇。

第三十九条 年薪制是以年度为单位，依据生产经营规模和经营业绩，确定并支付薪酬的分配方式。年薪制一般适用于公司经营班子成员以及承担财务损益责任的分子公司负责人。

高技能领军人才可探索实行年薪制，应把握以下三个方面：一是合理界定适用范围。年薪制适用范围较小，一般适用于承担经营风险、业绩显现周期较长且需建立有效激励约束机制的人员。高技能领军人才具有稀缺性，贡献价值度高，可将其纳入年薪制适用范围。二是明确薪酬结构。一般由基本年薪和绩效年薪为主的薪酬构成，基本年薪占比相对较小、按月发放，绩效年薪占比相对较大、按年发放，体现业绩导向。三是建立相应的激励和约束机制。高技能领军人才应建立体现高技能领军人才特点、体现短期和长期贡献的业绩考核办法，如将关键任务攻关、技能人才队伍培养等作为年度或任期绩效考核目标，业绩考核结果与薪酬挂钩，实现业绩升、薪酬升，业绩降、薪酬降，体现责任、风险和利益的统一。

第四十条 协议薪酬制是企业和劳动者双方协商谈判确定薪酬的分配方式，主要适用于人力资源市场稀缺的核心关键岗位人才或企业重点吸引和留用的紧缺急需人才。

企业要处理好薪酬内部公平性和外部竞争性的平衡。在此基础上，对高技能领军人才实行协议薪酬，应把握以下三个方面：一是合理确定适用范围。一般而言，协议薪酬主要适用于面向社会公开招聘实行市场化管理的高技能领军人才。二是实行任期聘任制。实行协议薪酬制的高技能领军人才，可按任期聘任，按合同规定条件予以续聘或解聘。三是事先约定绩效考核要求。对实行协议薪酬制的高技能领军人才，既协商薪酬也应协商绩效要求，应签订《绩效目标责任书》，确定考评周期内的绩效目标和激励约束规则。同时，实行协议薪酬制人员，薪酬待遇按协议约定执行，一般不再适用企业主体薪酬制度中的岗位工资、绩效奖金、津补贴等分配方式。

第四十一条 专项特殊奖励是对做出重大贡献的部门和个人的专项奖励。

实行专项特殊奖励，应把握以下三个方面：一是专项特殊奖励不仅适用于高技能领军人才，也适用于包括技能人才在内的所有员工。二是对在正常绩效激励中未体现的特殊贡献，均可适用特殊奖励。其中，包括为企业生产效率提高、工作任务完成、新品试制、技改攻关等做出的巨大贡献，或为社会做出突出贡献，或为企业取得重大社会荣誉等（比如技能大赛获得名次）。三是专项特殊奖励属于非常规激励。为避免滥发或不发，应制定较为规范的企业内部专项特殊奖励管理办法。

第四十二条 结合实际探索对技能人才特别是高技能领军人才实行股权激励（包括业绩股票、股票期权、虚拟股票、股票增值权、限制性股票、员工持股等形式）、超额利润分享、项目跟投、项目分红或岗位分红等中长期激励方式。中长期激励应符合国家相关规定。

第四十三条 超额利润分享以超过企业目标利润的部分作为基数，科学合理地设计提取规则，主要适用于企业中的关键核心人才。

应把握以下三个方面：一是将技能人才特别是高技能领军人才纳入实施范围，引导企业构建“目标一致、责任共担、成果共享”的发展共同体。二是明确激励总量的确定规则。激励总量可以本年度超目标净利润增量（或减亏额）为基数，按一定比例计提，并与企业综合绩效系数挂钩调节。其中，净利润目标一般可分为基本目标、激励目标和挑战目标，计提比例可根据净利润实际达成情况按不同比例分段提取。三是明确激励额度分配办法。员工个人激励额度一般可依据激励对象的岗位系数和个人绩效考核结果系数综合确定。其中，个人岗位系数应体现所在岗位职位的正常激励水平，个人绩效考核结果系数应根据实际绩效设置，既关注岗位职位，也关注实际贡献。

第四十四条 岗位分红以企业经营收益为标的，主要适用于对企业重要岗位人员实施激励。对高技能领军人才实施岗位分红的，企业应建立规范的内部财务管理制度和员工绩效考核评价制度，评估高技能领军人才在企业的重要性和贡献，明确实施岗位分红的企业业绩和个人业绩条件。同时，处理好岗位分红所得与薪酬所得的关系，合理确定分红标准。

第五章　附　　则

第四十五条 各地人力资源社会保障部门应结合本地实际，加强宣传培训，可分行业或分职业类别进一步细化相关内容，发布典型案例，强化示范引领。创新企业工资宏观调控指导方式，推动企业建立健全技能人才薪酬分配体系，不断提高对本地区企业技能人才薪酬分配的指导实效。

附表

附表 1　某大型研发制造企业技能人才职业发展通道框架示例表

职位层级	职位等级/岗位职位工资级别	生产操作类		
		基本生产技能操作工种	辅助生产技能操作工种	熟练操作服务工种
高层	1	“高精尖缺”高技能领军人才等		
	2			
	3			
	4			
中层	5	首席技能专家		
	6	特级技能专家		
	7	高级技能专家	高级技能专家	
	8	一级技能操作师	一级技能操作师	
基层	9	二级技能操作师	二级技能操作师	
	10	三级技能操作师	三级技能操作师	
	11	四级技能操作师	四级技能操作师	
	12	一级操作工	一级操作工	一级操作工
	13	二级操作工	二级操作工	二级操作工
	14	三级操作工	三级操作工	三级操作工
	15	见习工	见习工	见习工

附表 2　某企业技能人才工资结构安排示例表①

工资单元示例					技能人才针对性津贴示例				
岗位工资单元	能力工资单元	绩效工资单元	基础工资单元	年功工资单元	夜班津贴	作业环境津贴	技能津贴	班组长津贴	师带徒津贴

附表 3　某制造企业技能操作岗位评价要素示例表

要素	要素权重	子因素		子因素权重及分数
		序号	子因素名称	
A. 岗位劳动技能要素	24%	1	技能水平要求	5%、50 分
		2	工作经验要求	7%、70 分
		3	岗位难度要求	12%、120 分
B. 岗位工作责任要素	28%	4	产量责任	8%、80 分
		5	工作质量责任	10%、100 分
		6	安全环保责任	10%、100 分
C. 岗位工作负荷要素	30%	7	体力劳动强度	8%、80 分
		8	脑力劳动强度	10%、100 分
		9	工作均衡和饱满性	12%、120 分
D. 岗位工作条件要素	6%	10	岗位工作条件	6%、60 分
E. 岗位人心流向要素	12%	11	岗位人心流向	12%、120 分
总分	1 000 分			

① 表中标注虚框的工资单元，实践中也可以有其他体现方式。

附表4　某企业技能人才岗位工资标准宽带薪酬示意表

职位等级名称	级差	档差	1档	2档	3档	4档	5档	6档	7档	8档	9档	10档	11档	12档	13档	14档	15档
首席技能专家																	
特级技能操作专家																	
高级技能操作专家																	
……																	
二级技能操作师																	
三级技能操作师一类																	
……																	
……																	
二级操作工一类																	
二级操作工二类																	
……																	
三级操作工岗位评价一类																	
三级操作工岗位评价二类																	
三级操作工岗位评价三类																	

备注：阴影部分是下一层级岗位工资标准与上一层级岗位第一档次标准基本重合位置的示意。

附表5　某企业晋档系数定分标准示例表

<table>
<tr><td>要素</td><td colspan="7">晋档系数定分标准</td></tr>
<tr><td rowspan="2">学历</td><td>非本专业技校、高中及以下</td><td>本专业技校毕业</td><td>本专业中专毕业</td><td>大学专科毕业（含大学本科肄业）</td><td>大学本科毕业</td><td>本科双学士</td><td>硕士研究生</td></tr>
<tr><td>0</td><td>1分</td><td>2分</td><td>3分</td><td>6分</td><td>8分</td><td>10分</td></tr>
<tr><td rowspan="2">技能等级</td><td>初级工及以下</td><td>中级工</td><td>高级工</td><td colspan="2">操作技师</td><td colspan="2">高级操作技师</td></tr>
<tr><td>0</td><td>1分</td><td>3分</td><td colspan="2">7分</td><td colspan="2">12分</td></tr>
<tr><td rowspan="2">绩效考核加分</td><td colspan="3">不合格</td><td colspan="2">合格</td><td>良好</td><td>优秀</td></tr>
<tr><td colspan="3">−3</td><td colspan="2">0</td><td>2</td><td>4</td></tr>
<tr><td>员工工作年限加分</td><td colspan="7">绩效考核“合格”及以上的每一年增加1分</td></tr>
<tr><td>重要成果单列加分</td><td colspan="7">技术创新成果、技能大赛获奖等，单列加分</td></tr>
</table>

附案例

案例 1　推动技能人才职业发展通道、工资制度体系化变革

A 公司所处行业为电力、燃气及水的生产和供应业。

一、不断健全完善技能人才职业发展通道

2015 年 A 公司推动实施职员职级序列办法，针对管理技术、技能服务两大序列设计包括七个层级的职员职务职级体系，规划各级职员职数比例，明确各级职员的任职条件。综合岗位、学历、职称、技能等级、工作年限和绩效积分等多种因素开展员工职级聘任。其中，绩效考核结果是聘任职级的必备前提条件，根据资质等级、专业成果、竞赛成果、个人荣誉等情况加总计算。高级技师、技师和高级工分别与相应层级专业技术或管理人才享受同等积分；获得国家级、集团公司级、省级公司技术能手或在技能竞赛中获奖的技能人才另外增加积分；获得集团公司各级称号的优秀高技能人才也另行享受积分，强化技能导向。

2017 年 A 公司指导所属单位健全职级系列，按照“横向搭建通道、纵向设置层级、分类全面覆盖”的原则，针对各业务板块不同特点，对接岗位分类，进一步细化完善职级制度，构建多元、并行、畅通的职业发展通道，加快推进各类员工成长。如主营业务单位，将管理技术、技能服务两大职级系列，拓展细化为规划、工程建设、运行、运维检修、市场营销、综合管理六类，从低到高设助理、专责、师、高级师、主任师、资深师，分别对应不同的职员职级。要求各单位细化各序列各职级的专业工作经历和年限、专业成果、技术技能等任职条件，加强各级职员岗位管理、流动管理。

通过不断改进完善，A 公司形成了一套纵向可晋级、横向可贯通、涵盖全业务板块、细分专业工种的职业发展通道体系。

二、实行岗位绩效工资制为主的工资体系

2015 年 A 公司全面推行了岗位绩效工资制，以岗位价值为基础，以业绩和能力为导向，将员工薪酬与岗位价值、绩效贡献和能力素质紧密挂钩，以岗定薪、按绩取酬、注重能力。岗位绩效工资由岗位薪点工资、绩效工资、年功工资、辅助工资四个工资单元组成。

（一）建立岗位薪点工资制

A 公司岗位薪点工资是以岗级和薪级作为分配要素的工资单元，纵向设置若干个岗级，每个岗级对应 6 个薪级，每个薪级对应一个薪点数，相邻岗级交叉 4 个薪级，其中对于各级各类人才和特殊贡献员工另外增设 6 个职业成长薪级。

技能人才的岗位薪点工资标准由薪点数×薪点值确定。2015 年实行职员职级序列后，技能人才按聘任的职员职级执行相应的岗位薪点标准。岗级主要体现工作责任、难度、强度等岗位因素，薪级充分体现技能人才技能水平和业绩成果，薪点值根据各单位年度工资总额、岗位薪点工资比重等统一确定。因此，岗位薪点工资综合体现了技能人才的岗位、技能和业绩等因素，并将技能人才工资与所在单位业绩目标完成情况联系起来。

（二）根据单位效益和员工贡献发放绩效工资

绩效工资是体现员工实际工作业绩和贡献的工资单元，包括与各单位绩效考核结果挂钩

的绩效考核奖，以及根据完成专项工作或项目情况设立、与员工贡献挂钩的专项考核奖。在管理中，A公司根据各业务板块的主营业务特点、市场化程度、行业管理等因素，分类设定所属单位工资总额中工资单元占比，市场化程度越高的单位绩效工资占比越高。

（三）针对一线技能人才发放补偿性津补贴

A公司所属各单位根据实际情况，出台倾斜政策，针对一线操作岗位技能人才的特殊劳动付出和恶劣工作环境发放补偿性津补贴。如设特殊天气外勤津贴，额外对高、低温天气从事室外露天作业的，按出勤情况给予津贴补助；对实行轮班制的班组发放的中班、夜班津贴；对承担主营业务、安全责任重、工作危险性高，以现场作业为主或实行24小时倒班制的技能岗位实行分段累进的“一线年功工资”，标准高于其他员工年功工资，员工调离一线岗位后停止发放。

（四）分配向边远地区和一线岗位倾斜

A公司部分所属单位通过设立艰苦边远地区津贴等方式，向边远地区一线岗位技能人才实施分配倾斜。如某省公司为鼓励员工向一线艰苦、偏远、缺员岗位流动设立一线岗位津贴，允许其下属单位可根据一线岗位的艰苦偏远程度、缺员情况、劳动强度、工作环境和工作时间等要素确定津贴标准；在工资总额分配时向艰苦偏远地区缺员单位适当倾斜；设立帮扶津贴，向以帮扶形式统一组织到艰苦偏远地区缺员单位的员工发放。某省公司在实施岗位绩效工资浮动点值制改革中，明确一线岗位范围，参考有关部门划分的工作地区艰苦边远地区范围和类别，向边远县公司、艰苦边远班站以及岗位和工作任务重、技术含量高、安全压力大的一线岗位倾斜，适当提高其浮动点值，增加工资总额。

（五）针对优秀高技能人才发放人才津贴

在职员职级序列之外，A公司还建立了经营、管理、技术和技能四类人才的四个层级（国家级、集团公司级、省公司级、地市公司级）人才体系（科技领军人才、专业领军人才、优秀专家人才、优秀专家人才后备），突出业绩、基层和创新贡献，逐级选拔优秀高技能人才。针对这些优秀高技能人才实行聘期制和动态考核管理，根据考核结果发放人才津贴，并在各所属单位工资总额中单列管理，持续强化技能价值激励。

点评

A公司在原有的岗位和职务等级基础上，逐步建立健全了“横向搭建通道、纵向设置层级、分类全面覆盖”的职员职级体系，并全面实行岗位绩效工资制为主体的工资体系。技能人才的岗位、技能水平和绩效考核结果与所聘任职级挂钩，而且直接决定其岗位薪点工资水平。特别是以资质等级证书、技术创新成果、竞赛成果、个人荣誉等情况加总计算积分，综合反映技能人才的技能水平和贡献的做法，较有特点。技能人才在不调整工作岗位的前提下，只要技能水平继续提升、积分持续增加，还可以继续晋升职级、薪级，增加工资收入。部分所属单位还针对艰苦边远、严重缺员地区和一线操作岗位制定倾斜政策，进一步提高技能人才待遇。此外，A公司针对优秀技能人才建立了一套比较成熟的遴选和动态考核管理制度，另行发放人才津贴，进一步凸显技能价值激励导向。

案例2　构建新型八级技工制，实行符合技能人才特点的工资分配制度

B公司是制造业企业，主要从事重型机床及锻压设备生产业务。

一、技能人才队伍基本情况

公司技能人才1 305人，占从业人员的62.6%。其中：生产一线岗974人，生产辅助岗331人，高级工以上高技能人才比重超过80%，大专学历以上者比重接近三分之一，30~45岁经验丰富的骨干技术工人占比超过50%。

二、主要经验做法

（一）构建新型八级技工制度，畅通技能人才发展通道

为畅通技能人才晋升通道，充分调动职工钻研技术的积极性和生产工作的创造性，合理规范各工种技术水平的差异，B公司建立新型“八级技能人才等级制”，保证技能人才职业发展通道的畅通，同时与工人工资待遇挂钩。

公司针对一线操作岗位工种设立新型“八级技能人才等级制”，分类标准与国家职业标准中的技能等级对应，一级工到八级工分别与初级工到高级技师相匹配，其中八级工、七级工需具备高级技师技能等级，六级工、五级工需具备技师技能等级。针对技术等级不同需要具备不同的技术技能，从基本操作普工到水平精湛的技术能手，从了解应知应会的学徒到拥有技术创新革新成果的工匠，从只会基础识图的青工到编制工件加工工艺的行家等进行严格分类，严控每个级别的晋升标准。

公司合理设定每个技工等级人员的占比，从低到高形成金字塔结构。其中，八级工人数比例最高不超过本工种人数的3%，确保各个等级的含金量。

为促进技能人才比学赶超的积极性，公司每三年进行一次等级晋升评定，打破一次评定上等级就一劳永逸，一成不变的做法，激励技能人才不断提高技术技能水平。

（二）针对技能人才岗位特点，建立多元化薪酬分配体系

一线技能人才实行计件工资为主，技能等级工资为辅，津补贴为补充的分配形式。工时单价充分考虑不同岗位、工种的技能水平和产品质量要求，并实行阶梯式工时单价，完成工时越多，小时单价越高，激励员工超额完成生产任务，多劳多得。根据八级技工等级制定不同的技术等级津贴标准，重点向技能水平高，技术等级高的人员倾斜，从四级到八级每月享受津贴不等，使技能要素直接参与薪酬分配。此外，针对一线技能人才设立多样化的津补贴，对薪酬分配进行补充。津补贴项目包括技术等级津贴、技师和高级技师津贴、班组长津贴、质量奖、满勤奖、加班补助、高温补贴等，补贴标准不等。工资加上津补贴后，一线技能人才月平均工资超过公司基层车间主任级薪酬标准，高级工、技师和高级技师中收入前几十名的月均工资均高于公司中层正职级薪酬标准，技能人才中收入超过基层车间副职层级的达到不小比例。

辅助操作工人根据岗位、技能要求、劳动强度等因素制定差异化分配政策。分配向天车工、保修工、吊装工、加修工等直接配合生产一线工作，岗位技能要求高的岗位倾斜。其他辅助岗位如力工、保管工的工资则主要考虑劳动强度，工作精细化程度等确定。为鼓励人员

向一线操作岗位流动，辅助操作工中如有兼职从事一线工时考核工作的，允许其同时按当月完成工时核算工资。辅助操作岗位工人同样执行上述津补贴项目。辅助岗位中前20名技师和高级技师月均收入超过公司基层车间副职层级薪酬标准。

（三）设置多种奖励项目，鼓励技能人才创新创效

针对技能人才的技术创新、特殊贡献设置多种奖金项目。为鼓励技能人才解决实际生产难题，针对特殊情况下的生产攻关、技术攻关，在明确主要参与人员、完成时间、取得成果等前提下，给予适当的攻关项目奖。

根据季度生产任务要求、新产品研发、出展产品安装等特殊情况，公司和生产单位针对阶段性工作组织各类型的生产会战，为进一步调动技能人才的生产积极性，提高劳动效率，根据实际情况支付提质增效奖励。通过不同形式奖励工资的发放，进一步激发员工工作的内生动力。

（四）分配向一线技能人才倾斜

公司薪酬分配重点向生产单位、市场销售和技术研发部门人员倾斜，生产单位、市场营销部门、技术研发部门、管理部门之间的人员比例约为2.3∶0.2∶0.2∶1，4个部门之间工资额度比例约为3.5∶0.6∶0.3∶1。同时，公司每年及时调整职工年功工资，形成了正常的工资增长机制。近三年人均工资收入增幅较大，其中技能人才工资增幅高于管理人员工资增幅近两个百分点，维护了技能人才队伍的稳定。

（五）完善高技能人才奖励和同等待遇政策

一是兑现奖励和补贴，对获得集团级“技术能手称号”的高技能人才，公司给予一次性奖励。为获得劳模（标兵）的先进个人每月发放不等的补贴；为在集团高技能人才“五小”创新成果奖中获奖的公司给予一次性奖励，鼓励技能人才参与公司的技改技措、产品研制、工艺改进等，促进技术成果转化。二是落实购房优惠，为各级技术标兵、劳动模范在购买公司承建的住房上给予不等的价格优惠。三是比照同级专业人员兑现待遇，在住房取暖费报销和公出津贴补助等方面，技能人才与高级专业技术人员、高级管理人员享受同等待遇。

点评

B公司区分一线操作岗位和辅助生产岗位技能人才分别实行不同的基本工资分配制度，针对技能人才工时和劳动环境发放补偿性津补贴，针对技能人才技术创新成果和“特殊时期”的特殊劳动贡献支付特殊奖励。为留住并激发技能人才工作积极性和创新热情，增强技能价值激励导向，公司建立了八级技术等级制度，向取得突出创新成果或获得荣誉的高技能人才发放额外一次性奖励，不仅直接体现了技能要素参与分配，同时也为技能人才职业发展和技能晋级开拓空间。

案例3　完善岗位发展通道，树立技能价值激励导向

C公司主要从事水力发电、配售电以及海外电站运营、管理、咨询及投融资业务。

一、完善岗位发展通道，贯通技术、技能发展路径

C公司对生产单位的生产、运行和专业部

门，根据岗位价值、技能资历要求差别，由低到高设置三级技工、二级技工、一级技工、技术助理/助理值班、技术师/副值班、高级技术师/主值班的六个岗位层级，建立技能人才的岗位晋升通道。符合条件的优秀技术工人经过一定程序，还可以选聘为技术主管、部门主任师等技术岗位，以及部门副主任等管理岗位。

为进一步拓展技术工人职业发展空间，畅通操作技能和专业技术序列与管理序列的发展双通道，引导员工立足岗位钻研技术技能、培育工匠精神，C公司进一步出台《生产单位员工专业技术发展通道建设与管理办法》，在现行生产岗位层级基础上增设三级专家、二级专家、一级专家和首席专家层级，每个级别不设置职数限制，专业技术和操作技能人员均可申报，根据申报人员的技术技能水平和工作业绩评审确定聘任人数，并以生产单位部门主任师薪酬水平为基数，分别参照生产单位总工程师、部门正职、部门副职（设备管理主任）薪酬水平确定首席专家、一级专家、二级专家人才津贴标准。

二、构建符合技能人才特点的薪酬体系，树立技能价值激励导向

建立基于岗位、技能、贡献的工资分配机制。技能人才工资包括岗位工资、绩效奖金、津贴补贴和加班工资四个单元。岗位工资是基于公司岗位的相对价值，参照人力资源市场价位确定的岗位从业人员固定工资收入；绩效奖金基于工作绩效，是与公司生产经营业绩、单位完成工作目标以及个人工作绩效相联系的浮动工资收入，又包括绩效工资、特别贡献奖、安全生产奖和精益发电奖等；津贴补贴包括人才津贴、年功津贴、运行岗位津贴、地区补贴等；加班工资是员工根据工作需要在规定工作时间以外继续生产劳动或者工作获得的劳动报酬。其中：岗位工资采取纵横二维结构，纵向设若干个薪级，横向设若干个工资档次。薪级按照技能人才上述岗位层级确定，每个岗位层级对应1~3个工资薪级。在薪级不变前提下，员工可以根据工作业绩表现积分晋升工资档次。同时，针对高技能人才设置特殊的薪酬晋档规则，获得全国劳动模范、全国五一劳动奖章、中华技能大奖、全国技术能手等荣誉的，在正常考核积分之外，另给予30分或者15分的晋档积分，在岗位未变化的情况下也能实现工资有一定幅度增长。

设置人才津贴单元和专项奖励。C公司根据员工专业技术、技能等级评定岗位等级，在制度中专门设置“人才津贴”工资单元。其中，对取得技师、高级技师职业资格或职业技能等级的高技能人才，比照相应层级专业技术或管理人才，按月发放人才津贴。

此外，C公司落实上级单位文件，对在各类技术比武和专业竞赛中取得优异成绩的技能人才，评选的“岗位能手”，以及认定的技术技能创新成果，给予精神奖励或物质奖励。

点评

C公司构建了较为完善的生产运行岗位发展通道，符合技能人才发展需要。薪酬福利结构综合体现了岗位价值、技能水平和业绩贡献等多元因素，符合技能人才劳动特点。企业不仅将技能要素作为确定岗位工资薪级、调整工资档次的重要因素，同时设置专门针对技能/技术/学历的津贴单元，并对技能水平突出或有突出贡献的高技能人才进行物质奖励，比较充分地体现了技能价值激励导向。

案例4　实行“技能—技术”双职业通道管理模式，全方位贯彻技能价值激励导向

D公司是制造业企业，主要从事机电产品的研制和生产业务。

一、分类、分级差异化设置技能职务等级

（一）针对不同岗位/工种设计不同的技能职务等级通道

D公司结合本企业和技能人才职业发展需要，为技能人才设计了九档技能职务，从高到低依次为：集团首席技师、集团关键技能带头人、一级技师（公司级关键技能带头人）、二级技师、三级技师、高级技工、一级技工、二级技工、三级技工。同时，考虑生产操作服务保障岗位（工种）的技能水平要求，对不同岗位设置差异化技能职务等级通道。其中，基本生产、工艺技术、科技保障和后勤保障这四大类操作岗位均可申请晋升三级技师及以下技能职务；而基本生产、工艺技术、科技保障这三类主体操作岗位技能人才符合条件的，还可申请晋升二级技师、一级技师等更高技能职位。

公司明确各级技能职务的任职条件，包括理论基础（主要包括总结提炼先进技能操作法，工艺技术创新成果获奖，参与制定工艺和技能标准等方面）、工艺技能水平（主要指技能竞赛成绩或工艺设计改进、解决现场疑难问题等方面）、工作业绩（主要指技能攻关、工艺改进、降本增效、精益生产、安全生产、节能减排等方面解决的实际难题）和员工公认度四个方面，全方位客观评价技能人才技能水平和技术创新成果贡献。

（二）对不同职务等级实行分级管理

对于集团首席技师、集团关键技能带头人，D公司负责推荐人选和日常管理，由集团公司组织评聘和考核；对三级技师及以上技能职务，由D公司组织评审聘任，实行聘期制和动态考核管理制；对高级工及以下职务实行年度考核晋升制，为多数工人拓展职业晋升通道。

（三）对高技能领军人才实行“技能—技术”双职业通道管理模式

D公司对由公司（或集团公司）聘任的，具有深厚理论水平、技术创新能力强、取得公司认可性突破或创新成果的优秀高技能人才，实行“技能—技术”的双职业通道管理模式，促进技能人才向工艺技术型人才发展和转化。即高技能人才在不脱离技能岗位的前提下，参与公司工艺技术工作。公司对其实行技能、技术双重岗位管理，促进其在工艺创新优化、编制标准作业指导书等方面切实发挥作用。上述人员符合工程系列职称任职资格条件的，可参与工程技术系列职称评审。符合条件的还可以调整到科技岗位从事工艺工作。

二、实行符合技能人才特点的薪酬分配体系

D公司实行以岗位绩效工资制为主体的工资福利体系。员工工资福利由岗位工资、绩效工资（计时工资、销售提成工资）、奖励工资、津补贴、保险福利五部分组成。

（一）岗位工资标准主要根据岗位和技能因素确定

岗位工资是员工按照岗位要求，全面履职后取得的劳动报酬，是员工收入中相对固定的部分。D公司结合公司实际，根据岗位重要

性、技术含量和工作环境等因素，经过岗位价值度评价，将所有岗位确定为若干岗级，每个岗级划分15个薪级。根据技能人才从事岗位确定岗级，根据本人技能职务（即技能水平因素）确定并调整薪级。员工技能水平与岗位重要度共同决定岗位工资水平。即使在岗位没有发生变动的前提下，员工也可以通过技能水平提升继续增加工资，鼓励技能人才在本职岗位上深耕细作，钻研技术。

（二）绩效工资按工作量发放、与单位和个人考核挂钩

绩效工资是员工在单位（或团队）工作中取得的与其工作任务、岗位要求、工作业绩和贡献相适应的即时奖励，是员工收入中的浮动部分，绩效工资中包含加班工资。D公司根据技能人才的岗位性质和劳动特点，对于实行工时定额考核的基本生产工人绩效工资主要采用计时工资方式，主要根据技能人才工作量，并与所在单位当期整体经济效益和个人绩效考核结果挂钩发放。

计时工资的小时工资标准，由各单位根据生产方式、技术复杂程度，结合本单位工时定额水平综合确定。公式为：计时工资=当期工时量×工时单价×个人月度考核系数×单位月度考核兑现系数。

（三）向优秀高技能人才发放技能津贴和专项奖励

除工资外，D公司向聘任一级技师及以上技能职务的，另外按月发放高技能职务津贴。

实行双职业通道管理的高技能人才，在全面完成企业规定的技能、技术工作前提下，除按照公司规定获得工资和高技能人才津贴外，还可取得专项技术工作奖励和工艺攻关专项奖励；其在技术创新中总结提炼的专利成果享受知识产权保护。

为持续提升和激励技能（技术）人员岗位创新动力，总结提炼公司技能创新成果，推动技能创新与成果推广，实现高技能的交流共享与代际传承，D公司根据集团有关规定，结合公司实际，制定《技能特色操作法评选管理办法》，对符合独创性、先进性、效益性和推广性4个基本条件的操作方法划分四个奖项，对获奖者发放奖金和证书，并择优推荐参加集团公司评审，对通过集团公司评定的，由集团公司予以奖励；支持符合条件的特色操作法申报国家专利。

（四）建立徒弟获奖师傅受益的连带机制，促进技能传承

D公司制定导师带徒管理办法，明确师傅的权利义务，考核标准和奖惩标准，对正常履行导师职责的，按月发放导师津贴，协议期满根据考核结果另行给予奖励。徒弟在技能大赛获奖的，也另行对师傅进行奖励，建立徒弟成才、师傅受益的连带机制，促进高技能和绝技绝活的代际传承。

（五）允许技能要素参与收益分配

D公司制定了技能大师工作室管理办法，明确工作室工作目标和任务，工作模式及考核办法。工作室通过工艺攻关、技术改进提高工效、减少浪费，创造直接经济效益并按照直接经济效益的5%提成，用于工作室成员的奖励。

点评

D公司统筹考虑管理、技术、技能三支人才队伍建设工作，为技能人才设立了独立的技能职务等级晋升管理办法。对岗位工种分类设计职务晋升通道，主体或关键岗位工种技能职务等级通道要高于辅助操作岗位工种。对技能职务等级分层管理，较高等级职务采用竞聘制、聘期制和动态考核管理；较低等级采用年度晋升制，为技能人才预留发展空间。

D公司实行岗位绩效工资为主体的薪酬福利体系，综合体现了岗位、技能和业绩因素，符合技能人才的岗位性质和劳动特点。实行岗位绩效工资的前提基础，一是开展科学的岗位分析、岗位价值度评估工作；二是建立科学可行的技能人才评价和考核体系；三是工时标准科学合理，能够随着产品（服务）价格和工艺设备改进及时调整。

此外，D公司对于优秀高技能人才的激励手段丰富全面，在非上市的国有大型制造业企业当中有一定代表性。具体包括：聘任较高技能职务并享受高技能职务津贴；实行“技能-技术”双职业通道管理模式，贯通技能向专业技术岗位发展的桥梁；建立徒弟成才、师傅受益的连带机制，发挥高技能人才作用，促进高技能和绝技绝活的代际传承等；允许其通过主持技能大师工作室的技术攻关创新工作，参与技术创新成果创效的分配。

案例5　构建技能人才职业发展通道，设置单独技能工资单元

E公司为自动化行业高新技术民营上市企业。

一、技能人才队伍基本情况

目前，E公司共有员工600余人，其中调试工程师、配线技术等占24.1%，主要集中在生产安装部。调试工程师从事设备及生产线的安装调试、售后维修、维护及保运工作，配线技术主要从事控制柜配线盘的组装工作。

二、主要经验做法

（一）构建技能人才职业发展通道，拓展跨序列发展空间

根据工作性质，生产安装部各岗位划分为“管理”“管理辅助”“安装调试”“生产辅助”四个序列（通道），每个序列（通道）依据能力水平的高低设若干职级。其中，“安装调试”序列分为调试和配盘两个岗位类别，从低到高设初级技师、技师、高级技师、专家技师4个职级。各职级人员薪酬呈“阶梯型”，职级越高，对工作技能水平要求越高，对应的薪酬也越高。技能人才职级升降采取动态化管理，技能水平达到高一职级任职资格并满足其他晋升条件的，可申请评审晋升更高职级；员工在实际工作中表现出的技能水平达不到当前职级的技能标准或存在可降级的行为，经评审可降至较低职级。技能人才将职级的晋升条件和任职资格作为努力方向，有了稳定预期，不断提高自身的实际能力，职业素养和工作绩效，在本序列（通道）内实现向上发展。

同时，技能人才也可根据自身性格、兴趣、能力和职业趋向，结合公司及部门岗位需求和实际工作安排，跨通道向专业技术、管理等岗位发展。

此外，公司根据员工在长期工作中表现出的实际能力、职业素养和完成的工作绩效，并结合实际工作需要，选择优秀者进入管理通道发展。据统计，从普通技能人才成长为生产安装部中层管理人员所需时间，总体平均为8年左右。

（二）完善薪酬津贴福利体系，形成基于岗位、能力、业绩的工资分配机制

“安装调试”序列技能人才薪酬由基本工资、绩效工资、补贴、奖金、福利五部分组成。其中：基本工资包括岗位工资、技能工资和工龄工资。根据岗位工作需要，安装调试岗位技术工人实行“不定时工作制”，公司根据技术工人实际完成的工时和绩效给予绩效工资和奖金。年终绩效奖金体现“为绩效付薪”理念，是对员工在具体岗位上工作业绩的奖励，具体与公司当年整体生产经营状况、部门工作业绩与贡献以及技能人才本人的实际绩效（工作业绩、工作能力和态度）等挂钩发放。

此外，针对技能人才的特殊生产环境，根

据天气及温度变化，夏季对车间采取避光、通风和降温等劳动保护措施，冬季供暖；夏季如气温超过 30 摄氏度，还提供避暑饮料等。

（三）设置单独的技能工资单元，在工资分配中增强技能价值导向

E 公司设立单独的技能工资单元，作为技能人才基本工资的一部分，占基本工资 30% 左右。技能工资等级与上述四个职级相对应，每个等级内部设置若干个小级。生产安装部门每年组织一次技能工资晋级考评工作，根据技能晋级考评结果，结合技能人才日常工作业绩表现确定和调整技能工资。具体办法为：

1. 职级内晋升小级。①初级或中级职级，如满足以下任一条件，则技能工资可在同职级内晋升 1 个小级：连续两年内，公出服务天数平均达到 180 天/年，且年度绩效考核成绩均为称职或以上；在本公司连续工作满 2 年，且两个年度绩效考核均为良好或上一年度绩效考核为优秀，成绩位列本职级的前 15%（不足 1 人按 1 人计）。②高级或专家级职级，上一年度绩效考核为优秀成绩位列本职级的前 15%（不足 1 人按 1 人计），则技能工资可在同职级内晋升 1 个小级。

2. 跨职级晋级。①初级职级，如满足以下任一条件，则可晋升为中级，技能工资可跨职级晋一级：技能工资已为本职级的最高小级，连续两年内，公出服务天数平均达到 180 天/年，且年度绩效考核成绩均为称职或以上的；技能工资已为本职级的最高小级，在本公司连续工作满 2 年，且两个年度绩效考核均为良好或以上；上一年度绩效考核为优秀，成绩位列本职级的前 15%（不足 1 人按 1 人计），且经考核评价，达到中级职级要求标准的。②中级及以上职级，上一年度绩效考核为优秀，成绩位列本职级的前 15%（不足 1 人按 1 人计），且经考核评价成功晋升至高一职级，则技能工资取晋升后职级对应技能工资的最低或次低小级。③技能工资晋级后，应重新开始计算晋级条件，先前的条件不再参与后期晋级考核。

特殊人才或表现突出的员工可不受以上条件限制。部门也可根据员工实际成长情况，提出扩充比例等其他特殊申请，但应做到有理有据。

（四）分配向技能人才倾斜，实现工资正常增长

生产安装部门是 E 公司分配重点倾斜单位，在当地，生产一线调试及服务工程师岗位的平均薪酬水平处于 75～90 分位之间。调试工程师及相关一线技能岗位人员近几年每年平均薪酬增长幅度均达到 10%～20%。

（五）设置技术创新奖励，调动技能人才创新积极性

设置技术创新奖励，公司每年可评出一等奖 1 名、二等奖 2 名、三等奖 3 名，分别发放奖金不等。此外也颁发不定额的鼓励奖，每人奖金若干。

点评

E 公司高度重视技能人才的职业发展和技能水平提升。在工资结构中单独设计技能工资单元，直接体现技能价值导向，职级体现技能水平差别，职级内确定和调整小级，则综合考虑技能人才实际工作业绩等因素。同时，企业配套构建比较完善的技能序列职业发展通道和管理办法，鼓励技能人才在本职岗位精耕细作、纵向发展，同时也允许具备条件的技术工人跨序列向管理或公司其他序列岗位发展。技能人才的技能水平提升、职业发展和工资收入分配得到较好衔接。

案例6　技能要素差异化、多渠道参与企业分配

F公司是制造业企业，主要从事纺纱、制线、贸易业务。

一、技能人才队伍情况

企业目前有职工1 100余人，其中一线技能人才占70%上下，其中高级技师61人、技师174人，高级工483人。技能人才主要集中在挡车、质检、设备保全维护等工种岗位。

二、主要经验做法

（一）针对不同技能人才特点，设计差异化基本工资制度

F公司对挡车工等一线操作岗位人员实行以计件工资为主体的工资制度，根据每个岗位的技术含量、劳动强度等因素确定计件工资单价，将操作人员的工资与本人工作量紧密挂钩。

对设备保全维护人员等不能直接计算产量或效益贡献的岗位，实行岗位技能工资制，设立了5个大级10个小级，综合岗位和技能因素确定基本工资标准。

（二）实行技能等级晋升或动态评定，差异化设置体现技能等级因素的工资单元

F公司针对一线操作岗位实行技能等级晋级制度。制定技能等级评定办法，对一线操作岗位每季度进行一次操作测算，每年进行一次理论考试，在基本的计件工资外，按一线操作工人的技能等级评定结果按月另外发放技能津贴，发放津贴标准不等。

对设备保全维护人员实行“赛马制”，即技能等级动态评定制度。每年组织岗位练兵，根据理论考试、实际操作、工作业绩等6个模块的综合考核结果重新核定技能人才岗位技能等级，综合岗位和技能等级评定结果确定当年月度基本工资标准。

（三）发放名师带徒津贴和“多面手”津贴，增强技能价值导向

公司实行名师带徒制，鼓励优秀高技能人才传授技艺，每带出1名徒弟给予一定津贴，并积10分，形成“教会徒弟，师傅受益”的连带机制。公司设立“多面手”津贴，对在本职岗位之外，取得其他上岗资格或技能鉴定证书的，另外每月给予一定津贴，鼓励员工多学技术。

（四）实行全员创新奖励制度，激发技能人才积极性

制定《职工创新建议奖励实施办法》，建立创新会员积分制，每年征集创新建议，由劳模工匠技师创新工作中心进行筛选、验证、组织评审，公司每年召开创新奖励大会，进行成果发布和颁奖。

（五）实行技术技能骨干配股制，共享企业发展成果

除工资分配外，F公司还对少数优秀高技能人才实行配股（分红）制度。除公司法定股东外，对其他中高级管理人员、技术技能骨干配置干股，没有决策权，但可以参与利润分红。共分五个档次的股份数，每年享受分红。

点评

F公司的工资分配制度体现了差异化特点：即针对一线操作和设备保全维护两类操作岗位技能人才，根据劳动特点差别以及技能要素对劳动成果的不同影响，分别设置不同的技能等级评定管理办法。前者实行晋级制，在主体的计件工资制外，根据技能晋级结果发放技能津贴。后者实行技能动态评价制，根据技能等级和岗位因素共同确定月度基本工资标准，

技能要素对工资影响较大，符合设备技能人才特点。此外，F公司还在配股分红机制方面作出探索，体现技能要素参与企业税后利润分配，形成对优秀高技能人才的中长期激励机制。

案例7　签订专项集体合同，形成创新成果按利润提成的长效激励机制

G公司是一家专注于光刻胶引发剂、光刻胶助剂及光刻胶树脂的研发和生产的民营企业。

一、技能人才队伍情况

G公司现有职工400余人，其中生产操作人员占51%。生产操作人员中，经国家技能鉴定的、取得高级工、技师、高级技师资格的高技能人才占22%。

二、主要经验做法

G公司对中层以下管理人员和专业技术人员实行岗位绩效工资制为主体的工资制度。从技能人才岗位性质和劳动特点出发，G公司对生产操作人员实行产量工资+技能等级津贴+季度奖+津补贴+福利等工资福利体系。

（一）实行产量工资，与技能人才岗位和工作量挂钩

产量工资总额由公司根据产品产量核算到车间，车间根据技能人才岗位（副操、主操、班组长等）和实际工作量等情况进行内部分配。

（二）设立技能等级津贴，发放师带徒津贴，树立技能激励导向

G公司技能等级津贴划分为七个等级。员工通过社会化鉴定评价取得的技能等级证书或职业资格证书，经企业认可后享受津贴。针对本企业未设立技能鉴定站，部分工种没有纳入社会化鉴定评价范围等具体困难，为给技能人才搭建职业发展通道，G公司建立了自己的技能人才考核评定体系，针对不同操作设备明确各个级别的考试考核标准，按季度组织考核。技能人才通过培训和实操，达到相应企业自主考核评定要求的，也享受技能等级津贴。

G公司也实行导师带徒制度，请优秀的高技能人才向新进员工和青年工人传授操作方法，按月发放师带徒津贴。培训完成，根据徒弟考核成绩，另行给予导师一定奖励。

（三）实行培训期工资，发放学历津贴，鼓励技能人才提升学历技能

G公司鼓励技能人才通过参加培训或学习，提升技能和学历。员工经公司批准脱产参加培训或学历教育期间，执行培训期工资。员工完成培训或教育、取得相应证书的，除了享受相应的技能津贴或学历津贴外，还可以凭票报销全部或部分路费、学费。

（四）签订专项集体合同，形成创新成果按利润提成的长效激励机制

为充分调动广大员工质量、技术创新和持续改进的积极性和创造性，公司于2018年首次签订《职工技术创新专项集体合同》，用集体协商方式明确对一线技能人才技术创新的奖励措施。针对质量、安全、环保、生产、管理、服务等不同部门和岗位人员，设“现场型”“管理型”“服务型”“攻关型”“创新型”五种类型创新小组，对于降低能耗，提高经济效益和人员素质的创新活动成果予以奖励。创新小组遵循“自愿参加，上下结合”

与“实事求是，灵活多样”的基本原则，可在班组、部门、公司建立，也可以根据课题的内容跨地区、跨部门建立。小组人数以3~10人为宜，小组设组长一名，一般由组员选举或自荐。其中，公司特别重视品保、生产、采购、销售等现场的一线员工参加的小组创新成果。

创新小组成果物质奖励根据创造效益高低设定不同的奖励标准：（1）对于“现场型”“管理型”“服务型”“攻关型”四种传统的创新小组，现有产品生产工艺或工程改进带来利润增长，奖励金额为该产品或项目（净）利润的5%，计算周期为一年，具体由财务核算、集团技术总监提议，经总经理办公会议讨论确定；重大工艺改进带来安全、环保效益的，奖励金额由集团技术总监提议，经总经理办公会议讨论确定。发放时间为财务部门对工艺改进后的产品进行成本核算后的次月，一次性发放。（2）对于“创新型”视同研发非个人原创项目给予奖励。奖励金额和比例从该创新项目产生利润开始计算，连续五年内，分别提取本项目核算利润的12%、10%、8%、6%、2%，具体由财务核算、集团技术总监审核，经总经理办公会议讨论确定；发放时间为项目的小试至移交生产稳定，每季度发放一次，连续发放五年。提奖比例设计为递减趋势，主要考虑项目小试到投产到大规模投产，虽然提取比例下降、但产量和利润总量逐步扩大，技能人才创新劳动获取的回报是增加的，同时也有利于引导员工继续挖掘创新潜力，提供更好的创新项目。（3）除按利润提取奖励外，公司每年另行对技术创新小组开展评优，设卓越小组1名、优秀小组3名、卓越个人1名、优秀个人3名，给予奖金奖励。

点评

G公司的产量工资，综合体现了技能人才的岗位、工作量（业绩）因素，并与所在车间总体业绩以及企业整体效益紧密挂钩发放，符合技能人才劳动特点。G公司最突出的经验，是通过开展集体协商，签订技术创新专项集体合同，将各类员工凭借技术创新成果参与利润分配的中长期激励机制以制度方式固化下来。签订技术创新专项集体合同，能够继续享受优秀技能人才待遇，凸显技能价值激励导向，也能够为企业增加竞争力和效益，实现双赢。

人力资源社会保障部办公厅 工业和信息化部办公厅 关于颁布智能制造工程技术人员等 3个国家职业技术技能标准的通知

人社厅发〔2021〕10号

各省、自治区、直辖市及新疆生产建设兵团人力资源社会保障厅（局）、工业和信息化主管部门，各省、自治区、直辖市通信管理局：

根据《中华人民共和国劳动法》有关规定，人力资源社会保障部、工业和信息化部共同制定了智能制造工程技术人员、大数据工程技术人员、区块链工程技术人员等3个国家职业技术技能标准，现予颁布施行。

附件：3个国家职业技术技能标准目录

2021年2月3日

附件

3个国家职业技术技能标准目录

1. 2-02-07-13　智能制造工程技术人员
2. 2-02-10-11　大数据工程技术人员
3. 2-02-10-15　区块链工程技术人员

人力资源社会保障部办公厅关于印发《技工院校教材管理工作实施细则》的通知

人社厅发〔2021〕12号

各省、自治区、直辖市及新疆生产建设兵团人力资源社会保障厅（局）：

为贯彻落实党中央、国务院关于加强和改进新形势下大中小学教材建设的意见，加强党对教材工作的全面领导，建立健全技工院校和职业培训教材管理制度，切实提高教材建设水平，我部制定了《技工院校教材管理工作实施细则》（以下简称《细则》），现印发给你们，请认真贯彻执行。

2021年2月19日

技工院校教材管理工作实施细则

第一章　总　　则

第一条　为贯彻党中央、国务院关于加强和改进新形势下大中小学教材建设的意见，全面加强党的领导，落实国家事权，规范和加强教材管理，依据《职业院校教材管理办法》有关要求，结合技工院校实际，制定本实施细则。

第二条　本实施细则所称技工院校教材是指供技工学校、高级技工学校和技师学院在课堂和实习实训使用的教学用书，以及作为教材内容组成部分的教学材料（如教材的配套音视频资源、图册等）。

第三条　技工院校教材必须体现党和国家意志。坚持马克思主义指导地位，体现马克思主义中国化要求，体现中国和中华民族风格，体现党和国家对大力发展技工教育、办好技工院校的基本要求，体现国家和民族基本价值观，体现人类文化知识积累和创新成果。

全面贯彻党的教育方针，落实立德树人的根本任务，扎根中国大地，站稳中国立场，充分体现社会主义核心价值观，加强爱国主义、集体主义、社会主义教育，引导学生坚定道路自信、理论自信、制度自信、文化自信，成为担当中华民族复兴大任的新时代技能人才。

第四条　技工院校思想政治、语文、历史课程教材以及其他意识形态属性较强的教材和涉及国家主权、安全、民族、宗教等内容的教材，实行国家统一编写、统一审核、统一使用。专业课程教材在人力资源社会保障部门规划和引导下，注重发挥行业企业、教科研机构和学校的作用，更好地对接产业发展和岗位要求。

第二章　工作职责

第五条　在国家教材委员会指导和统筹下，技工院校教材实行分级管理。人力资源社会保障部负责全国技工院校教材建设的统筹规划、宏观管理、综合协调、检查督导，组织制定技工院校公共课设置方案和课程标准、国家技能人才培养标准和一体化课程规范，组织全国技工教育规划教材建设，建立完善技工院校教材建设工作制度，督促检查政策落实。支持引导有关部门、行业组织参与技工院校教材规划、编写指导和审核、评价等方面工作。

第六条　省级人力资源社会保障部门负责落实全国技工院校教材建设的相关政策和管理要求，负责本地区技工院校教材建设的综合管理、组织协调、检查督导，制定本地区技工院校教材管理制度，指导监督市、县和技工院校课程教材工作。

第七条　技工院校要严格执行国家和地方关于教材管理的政策规定，健全内部管理制度，选好用好教材。在全国和省级技工教育规划教材不能满足需要的情况下，技工院校可根据本校技能人才培养和教学实际需要，按有关要求补充编写反映本校技能人才培养特色的专业教学材料。学校党委（党组织）对本校教材工作负总责。

第三章　教材规划

第八条　人力资源社会保障部重点组织规划技工院校公共课程和专业核心课程教材，根据需要组织规划服务国家战略的教材和紧缺、薄弱领域的教材。省级人力资源社会保障部门可重点组织规划体现区域特色的公共选修课程和全国技工教育规划教材以外的专业课程教材。

第九条　技工院校教材规划要坚持正确导向，面向需求、各有侧重、有机衔接，处理好落实共性要求与促进特色发展的关系，适应新时代技能人才培养的新要求，服务经济社会发展、产业转型升级、技能积累和文化传承创新。

第十条　全国技工院校教材建设规划由人力资源社会保障部统一组织。省级教材建设规划由省级人力资源社会保障部门制定，规划完成后报人力资源社会保障部备案。

第四章　教材编写

第十一条　教材编写依据技工院校教材规划、公共课课程标准和专业课课程规范等，服务学生成长成才和就业创业。教材编写应符合以下要求：

（一）以马克思列宁主义、毛泽东思想、邓小平理论、“三个代表”重要思想、科学发展观、习近平新时代中国特色社会主义思想为指导，落实立德树人根本任务，有机融入中华传统文化、革命传统、法治意识和国家安全、民族团结以及生态文明教育、劳动教育，大力弘扬劳动光荣、知识崇高、人才宝贵、创造伟大的社会风尚，倡导劳模精神、劳动精神、工匠精神，防范错误政治观点和思潮的影响，引导学生树立正确的世界观、人生观、价值观，坚定走技能成才、技能报国之路，为培养规模宏大、结构合理、素质优良、技艺精湛的高技能人才队伍服务。

（二）内容科学先进、针对性强，选文篇目内容积极向上、导向正确，选文作者历史评价正面，有良好的社会形象，有利于促进学生就业创业和职业生涯发展。公共课教材要突出技工教育和劳动教育特色，着重通用职业素质培养。专业课教材应突出胜任工作岗位的职业技能培养，及时吸收产业领域的新材料、新技术、新设备、新工艺，积极对接世界技能大赛标准，做好大赛成果转化，反映产业最新发展要求。

（三）符合技能人才成长规律和学生认知特点。技工院校教材全面培养学生职业素质，适应技能人才培养需要，对接生产实践，满足企业岗位工作需要。

（四）内容编排科学合理，表现生动，图、文、表并茂。专业知识科学准确，名称、名词、术语等符合国家有关技术质量标准和规范。

（五）符合知识产权保护等国家法律法规，不得有民族、地域、性别、职业、年龄歧视等内容，不得有商业广告或变相商业广告。

第十二条 教材实行单位编写制。编写单位负责审核编写人员条件，为教材编写修订工作提供组织保障。教材编写单位应具备以下条件：

（一）在中华人民共和国境内登记注册、具有独立法人资格，在相关领域有代表性的学校、教科研机构、企业、出版机构等，单位法定代表人须具有中华人民共和国国籍。

（二）有熟悉相关学科专业教材编写工作的专业团队，能组织行业、企业和技工教育领域高水平专业人才参与教材编写。

（三）有对教材持续进行培训、指导、回访等跟踪服务和研究的专业团队，有常态化质量监控机制，能够为修订完善教材提供稳定支持。

（四）有相应的经费保障条件与其他硬件支持条件，能保证正常的编写工作。

（五）牵头承担全国技工教育规划教材编写任务的单位，原则上应为办学质量水平较高的技工院校、在国家级技能竞赛中成绩突出的技工院校、行业领先企业、教科研机构、出版机构等。编写单位为出版机构的，原则上应为人力资源社会保障、教育、科技类或行业出版机构，具备专业编辑力量和较强的选题组稿能力。

第十三条 教材编写人员应经所在单位党组织审核同意，并由编写单位集中向社会公示。编写人员应符合以下条件：

（一）政治立场坚定，拥护中国共产党的领导，认同中国特色社会主义，坚定“四个自信”，自觉践行社会主义核心价值观，具有正确的世界观、人生观、价值观，坚持正确的国家观、民族观、历史观、文化观、宗教观，没有违背党的理论和路线方针政策的言行。

（二）熟悉技工教育规律和学生身心发展特点，对本课程专业有比较深入的研究，熟悉行业企业发展与用人要求，有丰富的教学、教科研或企业工作经验。一般应具有中级以上专业技术职务（职业资格、职业技能等级），新兴行业、行业紧缺专业技术人才、高技能人才可适当放宽要求。

（三）遵纪守法，有良好的思想品德、社会形象和师德师风。

（四）有足够时间和精力从事教材编写修订工作。

编写人员不能同时作为同一课程不同版本教材主编。

第十四条 教材编写实行主编负责制。主编对教材编写质量负总责。主编须符合本实施细则第十三条规定外，还需符合以下条件：

（一）坚持正确的政治方向，政治敏锐性强，能够辨别并自觉抵制各种错误政治观点和思潮。

（二）对本课程专业研究深入、具有较高造诣，熟悉相关行业发展前沿知识与技术，有相关教材编写经验。一般应具有高级专业技术职务（职业资格、职业技能等级），新兴专业、行业紧缺技术人才、高技能人才可适当放宽要求。

（三）有较高的文字水平，熟悉教材语言风格。

审核通过后的教材原则上不更换主编，如有特殊情况，编写单位应报相应的主管部门批准。

第十五条 教材编写团队应具有合理的人员结构，一般包含相关课程专业领域专家、一线教师（专业课优先为一体化教师）、行业企业专业技术人员和高技能人才等。

第十六条 教材编写过程中应通过多种方式征求各方面特别是一线师生和企业意见。教材编写完成后，应送一线任课教师和行业企业专业人员进行审读、试用，根据审读意见和试用情况修改完善教材。

第十七条 技工院校教材应根据经济社会和产业发展动态及时进行修订，由组织编写单位按照有关要求进行，一般按学制周期修订。

第五章 教材审核

第十八条 技工院校教材实行分级分类审核，坚持凡编必审。

全国技工教育规划教材由人力资源社会保障部负责组织审核；省级技工教育规划教材由省级人力资源社会保障部门负责组织审核，其中意识形态属性较强的教材还应送省级党委宣传部门牵头进行政治把关。

其他教材由教材编写单位相关主管部门委托熟悉技工教育和技能人才培养的专业机构或专家团队进行审核认定。

教材出版部门建立政治把关机构，建强工作队伍和专家队伍，在所编修教材正式送审前，进行专题自查，把好政治关。

第十九条 技工院校教材审核人员由相关学科专业领域专家、教科研专家、一线教师、行业企业专家等担任。审核专家应符合本实施细则第十三条（一）（二）（三）及第十四条规定的条件，具有较高的政策理论水平，客观公正，作风严谨，并经所在单位党组织审核同意。

实行教材编审分离制度，遵循回避原则。

第二十条 全国技工教育规划教材送审工作由人力资源社会保障部统一部署。省级技工教育规划教材审核安排由省级人力资源社会保障部门根据实际情况具体规定。

第二十一条 教材审核应依据技工院校教材规划、公共课课程标准和专业课课程规范，对照本实施细则第三条、第十一条的具体要求，对教材的思想性、科学性、适应性进行全面把关。

政治立场、政治方向、政治标准要有机融入教材内容，不能简单化、“两张皮”；政治上有错误的教材不能通过；选文篇目内容消极、导向不正确的，选文作者历史评价或社会形象负面的、有重大争议的，必须更换；教材编写人员政治立场、价值观和品德作风有问题的必须更换。

严格执行重大选题备案制度。

教材审核实行盲审制度。

第二十二条 全国技工教育规划教材审核程序由人力资源社会保障部制定，其他技工教育规划教材审核程序由相应的审核机构制定。

实用技能类教材可适当简化审核流程。

第二十三条 全国和省级技工教育规划教材通过审核，经人力资源社会保障部门批准后，纳入相应规划教材目录，定期公开发布。经审核通过的教材，未经相关人力资源社会保障部门同意，不得更改。

人力资源社会保障部建立技工院校教材信息库。规划教材自动进入信息库。非规划教材按程序审核通过后，纳入信息库。

第六章 出版与发行

第二十四条 根据出版管理相关规定，教材出版实行资质准入制度，合理定价。

技工院校教材出版单位应符合以下条件：

（一）对应所出版的教材，具有相关学科专业背景和中级以上职业资格的在编专职编辑人员。

（二）具备教材使用培训、回访服务等可持续的专业服务能力。

（三）具有与教材出版相适应的资金和经营规模。

（四）最近5年内未受到出版主管部门的处罚，无其他违法违纪违规行为。

第二十五条 承担教材发行的机构应具有相应资质，根据出版发行相关管理规定，最近5年内未受到出版主管部门处罚，无其他违法违纪违规行为。

第七章 选用与使用

第二十六条 人力资源社会保障部负责指导全国技工院校做好教材选用和使用工作。省级人力资源社会保障部门负责管理本地区技工院校做好教材选用使用工作，制定各类教材的具体选用办法。

第二十七条 教材选用须遵照以下原则：

（一）教材选用单位须组建教材选用委员会，具体负责教材的选用工作。教材选用委员会成员应包括专业教师、行业企业专家、教科研人员、教学管理人员等，成员应在本人所在单位进行公示。

（二）教材选用过程须公开、公平、公正，严格按照程序选用，并对选用结果进行公示。

第二十八条 技工院校教材选用应结合区域和学校实际，切实服务技能人才培养。遵照如下要求：

（一）技工院校思想政治、语文、历史必修课程，必须使用国家统编教材。

（二）技工院校劳动教育、通用职业素质、数学、英语、计算机基础与应用、体育与健康等公共基础课程教材须在人力资源社会保障部发布的全国技工教育规划教材目录中选用。

（三）技工院校专业课程教材原则上在全国技工教育规划教材目录中选用，省级人力资源社会保障部门技工教育规划教材目录为补充。开展一体化课程教学改革试点的技工院校，应按照人力资源社会保障部颁布的一体化课程规范执行，使用统一组织开发的一体化教材。不得以岗位培训教材取代专业课程教材。

（四）对全国和省级技工教育规划教材目录中没有的教材，可在技工院校教材信息库选用。选用的教材必须是通过审核的版本，擅自更改内容的教材不得选用，未按照规定程序取得审核认定意见的教材不得选用。

（五）技工院校开展职业培训使用的教材原则上在人力资源社会保障部发布的全国职业培训规划教材目录和国家职业技能提升行动教材目录中选用。

（六）不得使用盗版、盗印教材。

技工院校选用境外教材，按国家有关政策执行。

第二十九条 教材选用实行备案制度。技工院校在确定教材选用结果后，应报人力资源社会保障部门备案。省级人力资源社会保障部门每学年将本地区技工院校教材选用情况报人力资源社会保障部备案。

第八章 服务与保障

第三十条 统筹利用有关政策和资金渠道支持技工院校教材建设。国家重点支持技工院校全国技工教育规划教材建设以及服务国家战略教材和紧缺、薄弱领域需求的教材建设。教材编写、出版单位应加大投入，提升教材质量，打造精品教材。鼓励社会资金支持教材建设。

第三十一条 承担全国规划公共基础课程和专业核心课程教材编写（修订）任务，主编和核心编者视同承担省部级科研课题，享受相应政策待遇。审核专家根据工作实际贡献和发挥的作用参照以上标准执行。对承担全国技工教育规划教材编审任务的人员，所在单位应充分保证其工作时间，将编审任务纳入工作量计算，并在评优评先、职称评定、职务（岗位）晋升方面予以倾斜。落实教材奖励制度，加大对优秀教材的支持。

第三十二条 人力资源社会保障部建立技工院校教材信息发布和服务平台，及时发布教材编写、出版、选用及评价信息。完善教材服务网络，定期开展教材展示，加强教材统计分析、社会调查等专题数据库的建设和应用。加强技工院校教材研究工作。

第九章 评价与监督

第三十三条 在国家教材委员会的指导下，人力资源社会保障部和省级人力资源社会保障部门分别建立技工院校教材选用跟踪调查制度，组织专家对教材选用工作进行评价、对教材质量进行抽查。技工院校定期进行教材使用情况调查和分析，并形成教材使用情况报告报人力资源社会保障部门备案。

第三十四条 人力资源社会保障部和省级

人力资源社会保障部门对技工院校教材管理工作进行监督检查，将教材工作纳入地方技工教育考核重要内容，纳入技工院校评估、项目遴选、重点专业建设和教学质量评估等考核指标体系。

第三十五条 人力资源社会保障部等有关部门依据职责对技工院校教材编写、审核、出版、发行、选用等环节中存在违规行为的单位和人员实行负面清单制度，通报有关机构和学校。对存在违规情况的有关责任人，视情节轻重，依照有关规定给予相应处分。涉嫌犯罪的，依法追究刑事责任。编写者出现违法违纪违规情形的，必须及时更换。

第三十六条 存在下列情形之一的，相应教材停止使用，视情节轻重，由上级或同级主管部门给予通报批评、责令停止违规行为，并由主管部门按规定对相关责任人给予相应处分。对情节严重的单位和个人列入负面清单；涉嫌犯罪的，依法追究刑事责任。

（一）教材内容政治方向、价值导向存在问题。

（二）教材内容出现严重的科学性错误。

（三）教材所含链接内容存在问题，产生严重后果。

（四）盗版盗印教材。

（五）违规编写出版国家统编类教材及技工院校公共基础课程教材。

（六）在教材中擅自使用全国技工教育规划教材标识，或使用可能误导技工院校教材选用的相似标识及表述，如标注主体或范围不明确的“规划教材”等字样，或擅自标注“全国”“国家”等字样。

（七）用不正当手段严重影响教材审核、选用工作。

（八）未按规定程序选用教材，选用未经审核或审核未通过的教材。

（九）其他造成严重后果的违法违纪违规行为。

第十章 附　　则

第三十七条 省级人力资源社会保障部门可依据本细则制定有关管理措施。作为教材使用的讲义、教案和教参以及数字教材参照本实施细则管理。

职业培训教材管理工作参照本实施细则执行。

第三十八条 本实施细则自印发之日起施行。其他技工院校教材管理制度，凡与本实施细则有关规定不一致的，以本实施细则为准。

本实施细则由人力资源社会保障部负责解释。

人力资源社会保障部办公厅关于落实“人社服务快办行动”推进事业单位人事管理“一件事”服务的通知

人社厅发〔2021〕15号

各省、自治区、直辖市及新疆生产建设兵团人力资源社会保障厅（局），部属各单位：

为贯彻落实党中央、国务院决策部署，深入推进“放管服”改革，拓展“人社服务快办行动”广度深度，进一步清事项、减材料、压时限，为事业单位及其工作人员提供更快更优的经办服务，我部决定在认真总结浙江省开展事业单位人员职业生涯全周期管理“一件事”改革经验（见附件1）的基础上，在全系统推进事业单位人事管理“一件事”服务（以下简称“一件事”服务）。现就有关事项通知如下：

一、工作目标

聚焦事业单位工作人员职业生涯全周期管理，围绕事业单位工作人员“进管出”重点环节，将公开招聘、人员调入、人员调出、岗位变动、解除聘用合同、开除、退休等7项业务，所涉及的工资、社会保险、社会保障卡等人社领域后续相关服务事项，整合成“一件事”，实施联动办理。2021年，在黑龙江、江苏、江西、山东、河南、广东、贵州、陕西等8个省份开展“一件事”服务全流程试点探索，其他省份结合实际推进，在此基础上，总结形成可复制、可推广的经验，在全国范围全面推开。

二、工作措施

（一）优化服务标准。省级人社部门对照《事业单位人事管理“一件事”办理事项参考清单》（见附件2），依据《人力资源社会保障部关于开展“人社服务快办行动”的通知》（人社部发〔2020〕26号）中关联事项打包办有关要求，本着“办事环节能少尽少、申报材料能减尽减、办理时限能短尽短”的原则，制定全省统一的“一件事”服务标准，切实做到办理流程、业务表单和数据标准统一，最大程度精简填报信息和申报材料。各地人社部门参照全省统一服务标准的要求，结合实际推进实施。

（二）强化信息支撑。省级人社部门要制定全省统一规范的信息共享清单或标准，统筹建立本省份各层级信息共享机制，为实现“一件事”服务提供数据支撑。各地人社部门要强化信息系统支撑力度，建设完善事业单位人事管理信息系统和事业单位工作人员信息库，并对接工资、社保经办、社保卡管理等相关信息系统，实现用人单位线上一次性填报，相关业务并联办理、分类反馈，提高办事效率。

（三）推进业务联动。各地人社部门可结合实际，分步骤推进“一件事”服务。各试点省份，要率先实现人社系统内部人事管理、工资、社保等办事环节的“一件事”服务。其他省份特别是基础较为薄弱的地区，要在做好做实“人社服务快办行动”中“事业单位招聘工作人员”“事业单位工作人员退休”两个“一件事”基础上，加大工作力度，逐步实现事业单位人事管理“一件事”服务。

三、组织保障

（一）强化组织领导。要把“一件事”服务作为加强系统行风建设的重要内容，抓紧制定本地区工作方案，明确具体任务、工作措施、时间节点。要压实人社系统各相关职能部门工作责任，建立协同配合工作机制，各地区可根据实际，由事业单位人事综合管理职能部门或行风管理职能部门牵头负责，工资、养老保险、工伤保险、失业保险、信息化等职能部门协同配合。

（二）加强业务监管。在推进“一件事”服务的同时，要坚持依法依规经办，充分运用信息化手段实施精准监管，加强事中事后监管。要注重信息安全，防范信息风险，对于涉密人员或涉密业务的办理严格按照有关保密规定执行。探索建立事业单位“一件事”服务业务监测机制，及时处置出现的问题。

（三）注重宣传引导。要加强对事业单位人事管理“一件事”服务工作的宣传引导，制定完善办事指南，明确事项办理的条件、渠道、程序、时限、反馈、监督等要素，向事业单位及其主管部门发布并作出服务承诺，为事业单位办事提供清晰指引。

附件：1. 浙江省全面推进事业单位人员职业生涯全周期管理“一件事”改革

2. 事业单位工作人员管理“一件事”服务事项参考清单

2021 年 2 月 24 日

附件 1

浙江省全面推进事业单位人员职业生涯全周期管理“一件事”改革

2020 年 4 月以来，在浙江省委组织部牵头推动下，省人力资源社会保障厅全面实施事业单位人员职业生涯全周期管理“一件事”改革，通过将事业单位人员人事工资变动后，涉及的出入编、养老保险、医疗保险、工伤保险、失业保险、公积金、社保卡等后续经办业务整合成“一件事”联动办理，实现“一张表单申请、一个平台联办、一次不跑办成”，力争做到“办事环节最少、申报材料最简、办理时限最短”。具体做法如下：

一、制定一个业务标准。按照“八统一”要求，浙江省组织、人社、机构编制、医保、公积金等部门对人事工资管理事项和后续经办业务进行全面梳理，制定《事业单位工作人员职业生涯全周期管理“一件事”改革业务标准》，在事项名称、业务流程、申报信息、申报材料和数据格式等方面力求统一规范。比如，事业单位新聘用人员的“参加工作时间”“起薪时间”“参续保时间”相互关联，但人事、工资、社保不同业务部门的解释不同、表述不一，若不加以统一规范，各个业务系统之间就难以做到数据共享，信息数据推送时就会发生差错。

二、开发一个经办系统。统一开发事业单位人事工资管理服务系统，全省各级事业单位、主管部门和人事综合管理部门统一使用，涵盖公开招聘、岗位管理等 17 个人事管理事项，以及新进人员工资核定、晋升人员薪级工资变动等 31 个工资管理事项，实现人员信息、业务经办“省集中”。同时，依托该系统建立规则统一、数据集中、业务透明的事业单位人事工资数据库，与机构编制实名库、养老保险等相关业务系统数据库互联互通、数据共享，将人事工资数据库中的人员、岗位和工资等信息，作为办理养老保险等相关业务的唯一数据源。

三、搭建一个服务平台。搭建跨层级、跨区域、跨部门的事业单位人员“一件事”管理服务平台，通过数据共享、流程再造、业务协同，塑造人事管理相关业务办理的新形态新模式。目前，省内养老保险、工伤保险等业务实行“省集中”，出入编、医疗保险、公积金业务实行“市集中”。为保证“一件事”平台与省市两级业务经办系统的无缝对接，省市两级大数据部门分别搭建省本级和 11 个设区市两级平台，横向上省市平台分别与养老保险、医疗保险、公积金等业务系统相互链接，纵向上省市平台互联互通，统分结合、上下贯通，形成全省“一张网”。

四、集成一张申请表单。围绕事业单位工作人员“进、管、出”，对人事、工资及其关联业务进行集成创新，将养老保险、医疗保险、公积金等后续经办业务所需信息、附件材料做必要性筛选，归并成一张总表单，由事业单位登录“一件事”管理服务平台发起业务，一次性填报完毕，同步推送各业务系统。一是变“串联办理”为“并联办理”，用人单位一次申请，所有后续业务部门“并联办公”“同步办理”，大大缩短办理周期。二是变“重复提交”为“一次提交”，只需填报一张申请表单，附件材料一次上传平台，多方共享、全程通用，且表单信息绝大多数从人事工资数据库中自动抓取，最大限度减少人工录入。

五、组建一个工作专班。组建“一件事”改革工作专班，协调解决重大问题；人社部门负责相关业务标准梳理，建立问题汇集、解决和反馈机制，统筹推进具体改革工作；大数据管理部门负责“一件事”管理服务平台开发、运行和维护；机构编制、医疗保险和公积金主管部门按照职责分工主动担当作为，全力以赴抓好落实。

六、建立一套运行机制。制定了包括职责分工、业务标准、办理流程、内部审核、考核评价、信息安全等 11 个方面的管理制度，形成改革闭环，巩固改革成果。

附件2

事业单位工作人员管理“一件事”服务事项参考清单

事业单位人事管理事项	所涉人社业务服务事项	涉及部门	备注
1. 事业单位公开招聘	①3.3.3事业单位拟聘人员备案 ②3.4.1档案的接收和转递（流动人员） ③3.4.7存档人员党员组织关系的接转 ④核定工资待遇 ⑤1.1.5职工参保登记 ⑥1.3.1缴费人员增减申报 ⑦养老保险关系转移接续（含1.6.11机关事业单位养老保险关系转移接续申请；1.6.13机关事业单位基本养老保险与城镇企业职工基本养老保险互转申请；1.6.15军地养老保险关系转移接续申请） ⑧1.8.8失业保险关系转移接续 ⑨1.10.1社会保障卡申领 ⑩2.7.1高等学校等毕业生接收手续办理	事业单位人事综合管理部门、事业单位工资管理部门、社保经办机构、公共就业人才服务机构、信息化管理机构	1. 要同步办理养老保险、工伤保险、失业保险缴费人员增加。 2. 如涉及失业保险金停发，应一并办理。 3. 社保经办机构和公共就业人才服务机构要同步人员名单信息。 4. 依据办事情形，选择各项业务中相应事项联动办理。 5. 经联动查验，相关人员如已申领社会保障卡，不必重复申领
2. 事业单位工作人员调入	①核定工资待遇 ②养老保险关系转移接续（含1.6.11机关事业单位养老保险关系转移接续申请；1.6.13机关事业单位基本养老保险与城镇企业职工基本养老保险互转申请；1.6.15军地养老保险关系转移接续申请） ③1.8.8失业保险关系转移接续 ④1.1.5职工参保登记（办理工伤保险参保登记） ⑤1.10.1社会保障卡申领	事业单位人事综合管理部门、事业单位工资管理部门、社保经办机构、信息化管理机构	1. 核定工资待遇后，联动办理养老保险、失业保险、工伤保险、社会保障卡业务。 2. 依据办事情形，选择各项业务中相应事项联动办理。 3. 经联动查验，相关人员如已申领社会保障卡，不必重复申领
3. 事业单位工作人员调出	①办理工资手续 ②补记职业年金 ③1.3.1缴费人员增减申报	事业单位人事综合管理部门、事业单位工资管理部门、社保经办机构	按照有关规定办理工资手续后，联动办理失业保险、工伤保险业务，并按国家有关规定办理的情形，为符合条件的事业单位工作人员联动办理补记职业年金业务

续表

事业单位人事管理事项	所涉人社业务服务事项	涉及部门	备注
4. 事业单位工作人员岗位等级变动	事业单位月工资变更备案	事业单位人事综合管理部门、事业单位工资管理部门	
5. 事业单位工作人员解除聘用合同	①办理工资手续	事业单位人事综合管理部门、事业单位工资管理部门、社保经办机构	按照有关规定办理工资手续后，联动办理失业保险、工伤保险业务，并按国家有关规定办理的情形，为符合条件的事业单位工作人员联动办理补记职业年金业务
	②补记职业年金		
	③1.3.1 缴费人员增减申报		
6. 事业单位工作人员开除	①办理工资手续	事业单位人事综合管理部门、事业单位工资管理部门、社保经办机构	按照有关规定办理工资手续后，联动办理失业保险、工伤保险业务
	②1.3.1 缴费人员增减申报		
7. 事业单位工作人员退休	①1.6.1 职工正常退休（职）申请（事业单位工作人员退休）	事业单位人事综合管理部门、事业单位工资管理部门、社保经办机构、社会保险行政部门、信息化管理机构	1. 按照有关规定办理工资手续后，联动办理养老保险、失业保险、工伤保险、社会保障卡业务。 2. 如涉及工伤保险待遇补差或失业保险金停发，应一并办理。 3. 支持联动获取社会保障卡持卡人社会保障卡银行账户，并默认通过该账户发放养老保险待遇，发放账户维护申请可不必重新办理
	②办理工资手续		
	③1.3.5 社会保险费欠费补缴申报		
	④1.6.16 多重养老保险关系个人账户退费		
	⑤1.2.3 养老保险待遇发放账户维护申请		
	⑥终止失业保险关系		
	⑦1.7.3 变更工伤登记		

注：1. 本服务事项清单为参考清单，请结合本地区人社工作实际确定服务事项范围。

2. 所涉标注编号的服务事项详见《全国人力资源社会保障系统公共服务事项清单》；其余未标注编号服务事项根据各地政策办理。

人力资源社会保障部办公厅 市场监管总局办公厅　统计局办公室 关于发布集成电路工程技术人员等职业信息的通知

人社厅发〔2021〕17号

各省、自治区、直辖市及新疆生产建设兵团人力资源社会保障厅（局）、市场监管局、统计局，国务院各部委、各直属机构人事劳动保障工作机构，中央军委政治工作部兵员和文职人员局，各中央企业、有关社会组织人事劳动保障工作机构：

为贯彻落实《国务院关于推行终身职业技能培训制度的意见》提出的“紧跟新技术、新职业发展变化，建立职业分类动态调整机制，加快职业标准开发工作”要求，加快构建与国际接轨、符合我国国情的现代职业分类体系，根据《中华人民共和国劳动法》有关规定，我们面向社会持续公开征集新职业信息。经专家评估论证、书面征求中央和国家机关有关部门意见、面向社会公开征求意见等程序，此次遴选确定了集成电路工程技术人员等18个新职业信息，调整变更了19个职业信息，现予发布。

2021年3月9日

集成电路工程技术人员等职业信息

一、新职业信息

（一）2-02-09-06　集成电路工程技术人员

定义：从事芯片需求分析、芯片架构设计、芯片详细设计、测试验证、网表设计和版图设计的工程技术人员。

主要工作任务：

1. 对芯片设计进行规格制定、需求分析，编制设计手册，制订设计计划；
2. 对芯片进行规格定义、RTL代码编写、验证、逻辑综合、时序分析、可测性设计；
3. 对芯片进行设计仿真、逻辑验证和相关原型验证及测试；

4. 对芯片进行后端设计、总体布局与模拟版图设计；

5. 对芯片进行后端仿真、版图物理验证、时序/噪声/功耗分析、全局完整性分析与验证；

6. 根据生产工艺进行芯片生产数据签核与输出验证。

（二）2-06-06-06　企业合规师

定义：从事企业合规建设、管理和监督工作，使企业及企业内部成员行为符合法律法规、监管要求、行业规定和道德规范的人员。

主要工作任务：

1. 制定企业合规管理战略规划和管理计划；

2. 识别、评估合规风险与管理企业的合规义务；

3. 制定并实施企业内部合规管理制度和流程；

4. 开展企业合规咨询、合规调查，处理合规举报；

5. 监控企业合规管理体系运行有效性，开展评价、审计、优化等工作；

6. 处理与外部监管方、合作方相关的合规事务，向服务对象提供相关政策解读服务；

7. 开展企业合规培训、合规考核、合规宣传及合规文化建设。

（三）2-06-09-07　公司金融顾问

定义：在银行及相关金融服务机构中，从事为企业等实体经济机构客户提供金融规划、投融资筹划、资本结构管理、金融风险防控和金融信息咨询等综合性咨询服务的专业人员。

主要工作任务：

1. 研究分析宏观经济形势、产业政策及客户发展战略，指导客户制定中长期金融发展规划；

2. 帮助客户拓宽投融资渠道，提高金融需求匹配效率；

3. 分析客户资产、现金流特征，指导客户制定、调整现金管理方案；

4. 帮助客户优化和管理资本结构；

5. 指导客户识别、评估、分析金融风险，提供金融风险防控和处置建议；

6. 提供金融信息分析、咨询服务，指导客户与银行等金融机构接洽，帮助解决信息不对称问题；

7. 帮助客户建立完善投融资决策体系，提供相关政策解读服务。

（四）4-01-03-03　易货师

定义：从事货物、服务等非货币互换，以及为上述互换提供策划、咨询和管理的人员。

主要工作任务：

1. 策划客户需要的易货方案；

2. 协助易货商管理易货交易账户；

3. 开展易货额度跟踪服务；

4. 实施易货商到期易货额度的易货交易；

5. 优化配置企业产、供、销资源；

6. 使用各类易货交易平台完成易货交易；

7. 评估企业易货的商品；

8. 通过易货方式为企业解债。

（五）4-01-03-04　二手车经纪人

定义：在二手车交易活动中，以收取佣金为目的，为促成交易而从事居间、行纪或者代理等经纪业务的人员。

主要工作任务：

1. 收集、分析车源信息，提供信息咨询服务；

2. 分析客户需求，维护客户关系；

3. 协助收购车源；

4. 与客户磋商、谈判并签订委托合同；

5. 协助进行车辆鉴定评估和办理过户；

6. 按约定进行结算并获取佣金；

7. 协助提供运输、保险、金融等服务。

（六）4-02-02-09　汽车救援员

定义：使用专项作业车、专业设备工具及专业技能救助车辆脱离险境或困境的现场作业人员。

主要工作任务：

1. 设置救援现场安全区；

2. 识别、分析确认车辆基本故障；

3. 紧急排除修理车辆故障；

4. 救助事故车辆被困人员；
5. 救助危险货物运输事故车辆；
6. 施救处理困境车辆；
7. 装载、运输、卸载被救拖运车辆；
8. 上传服务过程资料及其他业务管理。

（七）4-03-02-10　调饮师

定义：对茶叶、水果、奶及其制品等原辅料，通过色彩搭配、造型和营养成分配比等，完成口味多元化调制饮品的人员。

主要工作任务：

1. 采购茶叶、水果、奶制品和调饮所需食材；
2. 清洁操作吧台，消毒操作用具；
3. 装饰水吧、操作台，陈设原料；
4. 依据食材营养成分设计调饮配方；
5. 调制混合茶、奶制品、咖啡或时令饮品；
6. 展示、推介特色饮品。

（八）4-03-02-11　食品安全管理师

定义：依据国家法律和标准，采用危害分析与关键控制点等食品安全控制技术，在食品生产、餐饮服务和食品流通等活动中，从事食品安全风险控制和管理的人员。

主要工作任务：

1. 制定食品安全管理制度；
2. 从事本单位食品生产许可证或食品经营许可证办理；
3. 组织本单位从业人员食品安全知识培训，实施从业人员健康管理；
4. 从事本单位食品生产与经营环境的卫生管理；
5. 从事本单位原料、食品及相关产品的安全管理；
6. 从事本单位食品采购、生产、储运、销售、餐饮服务的过程管理；
7. 从事本单位食品安全定期自查、追溯、召回、产品留样、文件记录管理；
8. 配合食品安全行政监管部门的食品安全监督检查和食品安全事故处理。

本职业包含但不限于下列工种：

冷链食品安全管理员

（九）4-04-05-07　服务机器人应用技术员

定义：运用服务机器人（含特种机器人）相关技术及工具，负责服务机器人在家用服务、医疗服务和公共服务等应用场景的集成、实施、优化、维护和管理的人员。

主要工作任务：

1. 分析服务机器人在个人/家用服务、医疗服务和公共服务等应用场景的需求，提出应用方案；
2. 对服务机器人环境感知、运动控制、人机交互等系统进行适配、安装、调试与故障排除；
3. 负责服务机器人应用系统的参数调测和部署实施；
4. 对服务机器人的运行效果进行监测、分析、优化与维护；
5. 提供服务机器人相关技术咨询和技术服务等。

（十）4-04-05-08　电子数据取证分析师

定义：从事电子数据的收集提取、数据恢复及取证分析的人员。

主要工作任务：

1. 针对各类电子数据的现场及在线提取固定；
2. 分析基于物理修复或数据特征等的电子数据恢复技术；
3. 提取分析不同介质和智能终端电子数据；
4. 提取分析服务器、数据库及公有云电子数据；
5. 提取分析物联网、工程控制系统电子数据；
6. 设计建立电子数据取证可视化分析模型；
7. 分析计算机及其他智能终端应用程序功能。

（十一）4-07-03-05　职业培训师

定义：从事面向全社会劳动者进行专业性、技能性、实操性职业（技能）培训一体化教学及培训项目开发、教学研究、管理评价和咨询服务等相关活动的教学人员。

主要工作任务：

1. 根据经济、技术和社会就业需要，开展职业培训需求调查分析；

2. 开发职业培训项目、课程与教材；

3. 进行职业培训教学研究与教学改革，制订职业培训计划和实施方案；

4. 运用现代职业培训理念和技术方法，实施职业培训教学活动；

5. 负责职业培训全过程与效果的全面管理，对学员学习情况进行考核与评价；

6. 提供职业培训咨询和指导服务等。

本职业包含但不限于下列工种：

企业培训师

（十二）4-07-05-06　密码技术应用员

定义：运用密码技术，从事信息系统安全密码保障的架构设计、系统集成、检测评估、运维管理、密码咨询等相关密码服务的人员。

主要工作任务：

1. 分析信息与通信系统中涉及密码技术的安全威胁和业务应用场景；

2. 设计密码保障应用规划和实施方案；

3. 从事信息系统的密码资源融合部署实施工作；

4. 依据标准和规范，开展信息系统密码应用安全性评估工作；

5. 从事密码类资产管理、安全保障和技术应用工作；

6. 应急处置密码应用安全突发事件；

7. 从事信息系统密码应用态势监控与运维工作；

8. 提供密码应用技术咨询、密码职业技能培训、密码科普等相关服务。

（十三）4-08-08-21　建筑幕墙设计师

定义：从事建筑幕墙及类似幕墙的装饰表皮创造或创意工作，绘制幕墙或类似幕墙的装饰表皮图纸的人员。

主要工作任务：

1. 根据建设单位、建筑师风格要求，研究制定设计建筑幕墙系统、风格、结构和分格方式，并明确有关设计材料、造价费用和建造时间；

2. 组织有关结构、力学、材料、热工、光学、声学等技术资料，绘制建筑幕墙设计图；

3. 设计幕墙构件生产和板块组装工艺及其必需的模具，设计幕墙构件生产和板块组装过程检验试验验收准则；

4. 组织设计建筑幕墙的安装方法和工艺，确保施工便捷性和幕墙安全性；

5. 制定建筑幕墙产品的检测方案，同时对幕墙施工进行指导和检查。

（十四）4-09-07-04　碳排放管理员 L①

定义：从事企事业单位二氧化碳等温室气体排放监测、统计核算、核查、交易和咨询等工作的人员。

主要工作任务：

1. 监测企事业单位碳排放现状；

2. 统计核算企事业单位碳排放数据；

3. 核查企事业单位碳排放情况；

4. 购买、出售、抵押企事业单位碳排放权；

5. 提供企事业单位碳排放咨询服务。

本职业包含但不限于下列工种：

民航碳排放管理员、碳排放监测员、碳排放核算员、碳排放核查员、碳排放交易员、碳排放咨询员

（十五）4-09-11-00　管廊运维员

定义：在电力、通讯、给排水等管线集于一体的城市综合管廊运营过程中，从事项目组织管理和设备运行与维护等技术工作的人员。

主要工作任务：

1. 对给水管道、电力电缆、燃气管道、蒸汽管道、通信线缆等市政管线进行日常巡检与应急处置；

① “L”表示绿色职业。

2. 监管管廊内管线施工；

3. 确保管廊内环境健康管理；

4. 管廊的构筑物及作业安全管理；

5. 检查、巡视、维护管廊构筑物，进行沉降监测、混凝土检测；

6. 管廊设备的运行与维护；

7. 管廊智慧化应用；

8. 管廊项目组织与绩效评价。

（十六）6-02-06-12　酒体设计师

定义：以消费市场为导向，应用感官鉴评技能与营养科学知识对原酒与调味酒的组合特性进行分析与综合评判，提出最优酒体配比方案并生产特定风格酒类产品的人员。

主要工作任务：

1. 对市场销售的酒类产品进行信息收集与分析；

2. 对企业自产原酒与调味酒的风格特性进行测试和分析；

3. 提出最优酒体调配方案；

4. 能够按照产品需求生产特定风格酒类产品。

（十七）6-25-04-10　智能硬件装调员

定义：能够使用示波器、信号发生器及计算机或手机等工具设备，完成智能硬件模块、组件及系统的硬件装配及调试、软件代码调试及测试、系统配置及联调等智能硬件装调工作任务的技术服务人员。

主要工作任务：

1. 操作电子产品装配设备、示波器、信号发生器等设备，完成智能硬件组件的装配、调试及故障排除，组件功能软件的测试及调试，撰写智能硬件组件的装调报告；

2. 分析研究智能硬件在家用服务、医疗服务、物流和公共服务等应用场景的具体需求，提出解决方案；

3. 负责智能硬件应用系统的参数调测、方案应用和部署实施，撰写智能硬件应用系统的装调维护报告；

4. 对智能硬件在环境感知、自动控制、人机交互等应用方面进行适配、安装、调试；

5. 测试智能硬件应用系统功能，撰写应用系统测试报告及优化报告；

6. 提供智能硬件相关技术咨询和技术服务等。

（十八）6-31-01-11　工业视觉系统运维员

定义：从事智能装备视觉系统选型、安装调试、程序编制、故障诊断与排除、日常维修与保养作业的人员。

主要工作任务：

1. 对相机、镜头、读码器等视觉硬件进行选型、调试、维护；

2. 进行物体采像打光；

3. 进行视觉系统精度标定；

4. 进行视觉系统和第三方系统坐标系统标定；

5. 将视觉应用系统和主控工业软件集成嵌入通讯；

6. 确认和抓取采像过程中物体特征；

7. 识别和分类系统运行过程中图像优劣，并判断和解决问题；

8. 设计小型样例程序，验证工艺精度；

9. 进行更换视觉硬件后的系统重置、调试和验证。

二、调整变更职业信息

（一）将“社区事务员（3-01-01-02）”职业名称变更为“社区工作者”。

（二）在“应急救援员（3-02-03-08）”职业下增设“直升机紧急救护员”工种。

（三）在“营销员（4-01-02-01）”职业下增设“外贸营销员”工种。

（四）将“道路客运汽车驾驶员（4-02-02-01）”职业下设的“出租汽车司机”工种取消，并在该职业下增设“巡游出租车司机”“网约出租车司机”2个工种。

（五）在“食品安全管理师（4-03-02-11）”职业下增设“冷链食品安全管理员”工种。

（六）在“网络与信息安全管理员（4-

04-04-02）”职业下增设“数据安全管理员”工种。

（七）在“信息安全测试员（4-04-04-04）”职业下增设“渗透测试员”“合规测试员”2个工种。

（八）在“职业指导员（4-07-03-01）”职业下增设“残疾人职业能力评估师”工种。

（九）将“创业指导师（4-07-03-03）”职业下设的“企业培训师”工种调整为“职业培训师（4-07-03-05）”职业下设的工种。

（十）在“安检员（4-07-05-02）”职业下增设“邮件快件安检员”工种。

（十一）在“碳排放管理员（4-09-07-04）”职业下增设“民航碳排放管理员”“碳排放监测员”“碳排放核算员”“碳排放核查员”“碳排放交易员”“碳排放咨询员”6个工种。

（十二）将“保育员（4-10-01-03）”职业名称变更为“保育师”。

（十三）在“家政服务员（4-10-01-06）”职业下增设“整理收纳师”工种。

（十四）在“美容师（4-10-03-01）”职业下增设“皮肤管理师”工种。

（十五）在“保健调理师（4-10-04-01）”职业下增设“藏药调理师”工种。

（十六）在“芳香保健师（4-10-04-03）”职业下增设“植物精油调理师”工种。

（十七）在“汽车维修工（4-12-01-01）”职业下增设“二手车整备工”工种。

（十八）在“体育场馆管理员（4-13-04-02）”职业下增设“压雪车驾驶员”工种。

（十九）在“公共营养师（4-14-02-01）”职业下增设“营养指导员”工种。

人力资源社会保障部办公厅关于印发《专业技术人员职业资格考试考务工作规程》的通知

人社厅发〔2021〕18号

各省、自治区、直辖市及新疆生产建设兵团人力资源社会保障厅（局），国务院有关部门人事部门，中国外文局人事部，有关协会、学会：

为进一步规范专业技术人员职业资格考试考务工作，提高资格考试考务管理与服务水平，根据有关法律、法规和规章，我们制定了《专业技术人员职业资格考试考务工作规程》。现印发给你们，请遵照执行。

2021年3月11日

专业技术人员职业资格考试考务工作规程

第一章　总　　则

第一条　为规范专业技术人员职业资格考试（以下简称资格考试）考务工作，提高资格考试考务管理与服务水平，根据有关法律、法规和规章，制定本规程。

第二条　本规程适用于人力资源社会保障部人事考试中心（以下简称部考试中心）组织实施或与其他机构共同组织实施的资格考试考务工作。

第三条　资格考试考务工作应当坚持依法依规、公平公正、安全规范和科学高效的原则。

第二章　组织管理

第四条　部考试中心负责拟定考务制度、工作标准、技术规范、考务文件，组织实施资格考试，统一管理和维护考务信息，承担职业资格证书便捷化服务具体工作，指导各地人事考试机构考务工作，经人力资源社会保障部授权发布资格考试有关事项等。

第五条　省级人事考试机构负责拟定本地区考务制度、资格考试实施方案及考务应急预案，组织实施本地区资格考试，设置考区、考点，配备并管理监考、巡考队伍，指导考区、考点考务工作，按照权限认定、处理应试人员违纪违规行为，生成并管理考务信息，承接相关考试阅卷及证书发放工作等。

第六条 各级人事考试机构应当按照人力资源社会保障部制定的资格考试工作计划实施资格考试。遇有特殊情况不能正常实施的，由省级人力资源社会保障部门报人力资源社会保障部同意后，及时向社会公告。

第七条 对于组织实施难度大或风险较高的重要考试，各地人事考试机构应当通过考试主管部门向当地党委、政府报告，建立教育、公安、工信、交通、卫生、保密、电力供应等部门或单位参与的考试安全协调联动机制。

第八条 各级考试主管部门、人事考试机构应当加强考试组织实施的过程监督，开展巡考、检查验收等工作。

第九条 各级人事考试机构应当按照财政部门、价格主管部门等核准、审批或备案的收费标准收取有关考试费用。按照有关规定支付保密保管、考点考务、设备和车辆租赁、工作人员劳务、技术服务等保障考务实施的各项费用，规范考试经费收支管理。

第三章 命题组织

第十条 有关行业部门、考试机构按照规定的职责分工，组织编制考试大纲，报人力资源社会保障部审定后公布。考试大纲一般应在考试实施6个月前公布。

考试大纲应当明确考试目的，提出知识、能力水平要求，说明考试内容和形式。

第十一条 负责命题工作的单位应当按照考试大纲要求命制试题、试卷，制定标准答案，规范征（命）题、审题、审定试卷等工作流程，建立试题试卷质量评估和审查机制，确保考试评价导向正确，保障试题试卷科学性、原创性、针对性。

第十二条 参与考试大纲编写、试题试卷命制的专家，应当具有较高政治素养和职业道德修养，在相应专业领域具有较高学术水平和实践能力，一般应具备副高级及以上职称。

第十三条 命审题一般采用集中管理方式。对风险较高或近五年曾发生重大命题泄密事件的考试，命审题应采用全程入闱封闭管理方式，并采取专家轮换、分组命题等安全保密措施。

命审题期间，命审题人员和工作场所应集中管理，命审题专用设备和相关资料须专人保管、使用，试题试卷、标准答案及过程资料等须按照保密要求管理，严格控制知悉范围。

参加试题试卷命制的人员须填写命审题人员登记表，签订保密责任书，服从命审题集中管理，履行安全保密义务。

第四章 报 名

第十四条 考试报名工作由部考试中心统一部署，由省级人事考试机构按省（自治区、直辖市）组织实施。

报考人员原则上应在工作地或居住地报名参加考试。

第十五条 考试报名证明事项实行告知承诺制。

各级人事考试机构应当通过对外服务场所、门户网站等渠道，充分告知报考人员证明事项的设定依据、证明内容、材料要求、承诺的方式、不实承诺可能承担的法律责任以及资格审核部门的核查权力等内容。

报考人员在报名过程中应当准确、完整填报信息，书面（含电子文本）承诺已知晓告知事项、已符合相关报考条件、愿意承担不实承诺的法律责任以及承诺的意思表示真实等内容，不允许代为承诺。不愿承诺或者无法承诺的报考人员、资格考试诚信档案库记录期内的失信人员，应当依有关规定和要求提供证明材料。

在人事考试机构设定的时限内，报考人员有合理理由的，可以撤回承诺申请；撤回申请后，按考试机构设定的相应程序报名。告知承诺情况可依据有关规定向社会公开，接受社会监督。

负责报考资格审核的单位应当按职责分工加强事中事后核查和日常监管。可以运用在线核查、现场核查、协助核查等方式，对申请人的承诺内容进行核查。对在核查或监管中发现承诺不实的，可依法依规终止报名办理，并记入资格考试诚信档案库；涉嫌犯罪的，依法移送司法机关。

第十六条 考试报名工作基本流程：

（一）报名准备。部考试中心负责按规定确认考试科目、报考条件、考试实施时间、报考信息填报要求、考试规则等全国统一事项，设定相应参数，生成并下发考前规则模板。省级人事考试机构负责按规定设定报名日期、考试收费标准、报名申请程序、准考证获取方式等需要结合当地实际的具体事项。

（二）报名发布。省级人事考试机构负责在考试报名开始前向社会发布报名相关事项和具体要求。

（三）报名实施。部考试中心按考试项目开通并维护全国报名平台；省级人事考试机构负责受理报考申请，提供咨询服务，处理异常情况。报名实施过程遇有政策解释问题，应提请考试主管部门确定答复口径。

（四）报考信息核查。各级人事考试机构及其他负责报考资格审核的单位应按职责分工，核查报考人员身份、学历学位、工作年限等信息。

（五）准考证下载打印服务。省级人事考试机构应当按时限要求，在全国报名平台上为本地区应试人员提供自行下载、打印准考证服务。

第五章　考点考场设置

第十七条 考区、考点按照国家有关规定设置，原则上设置在地级以上城市。确需调整的，经省级人力资源社会保障部门同意，并报部考试中心备案后，省级人事考试机构可以在其他符合条件的城市设置考区、考点。

第十八条 考点设置首选人事考试机构标准化考点、大中专院校、高考或中考定点学校。电子化考试考点还应具备足够数量、符合有关软硬件配置要求的计算机、网络等设备。

考试期间，每个考点设1名主考，按需设若干名副主考、监考、流动监考和考务保障服务人员；电子化考试考点另设至少1名系统管理员。考点入口处一般应有考试项目及考点名称标识，并在显著位置张贴考场分布示意图、入场路线标识、违纪违规行为处理规定和考场规则等。一般应设置考务办公室和考试安全警戒区域，便于考务动员部署、指挥协调、试卷发放和答卷回收，加强防火、防盗、防断电、防失泄密等安全工作。

第十九条 考场设置优先选择光线充足、通风良好、环境安静、配备视频监控设施的房间。纸笔考试考场座位应当保持一定距离，横向间距不少于一个座位宽度。电子化考试机位安排应综合考虑试题试卷呈现特点、作答干扰程度等因素，有条件的可加装间隔挡板、防窥膜等辅件。

考试期间，每个考场设至少2名监考人员。电子化考试考场中，至少有1名监考人员应具备一定的计算机应用能力。监考人员责任考场原则上应在考试当天随机确定。考场入口处应标明考场号等提示信息，便于应试人员核对入场。

第二十条 各级人事考试机构应当按管理权限履行考点考场管理责任，落实防控考试安全风险的制度措施。

（一）按照统一规则随机编排应试人员参加考试的考场和座位，不得违规人工干预。

（二）规范选派监考人员，不得通过志愿者招募、社会招聘等方式选派监考人员。

（三）应对考点考场布置情况、监控设施运行情况等进行检查验收，电子化考试考点还应组织封场检测。不符合规定的，应按要求予以纠正。

（四）承接考区考务组织实施的人事考试机构，须与考点签订工作协议、考试安全责任书，明确考点考场设置、管理的具体责任和义务。

第六章 试卷管理

第二十一条 各级人事考试机构应当明确每项考试试卷流转各环节的安全管理措施和具体责任人。

第二十二条 纸笔考试试卷管理的基本流程和要求：

（一）试卷预定。省级人事考试机构应按规定时限和程序，向部考试中心报送试卷预定单。各省区市试卷预定的规格、种类、数量等信息，须与报名缴费的报考人员数量、考试科目设置、考点考场设置等匹配，防止漏报、错报。

（二）试卷印制。试卷、答题卡或答题纸等印制工作由部考试中心委托具有相应涉密印制资质的单位承接。印制过程须严格执行有关保密规定，并按部考试中心核定规格、数量进行装封和配发。部考试中心应对试卷印制过程安全保密措施进行监督检查，对启运前试卷印制质量进行抽查。

（三）试卷运送。考前试卷从印制单位至省级人事考试机构、考区、考点的依次运送，以及考后答卷从考点至考区、省级人事考试机构、指定阅卷场所的依次运送，应当选择安全可靠的交通工具及线路，选派至少2名人员专门押运。

（四）试卷交接。交接考前试卷或考后答卷时，交付方、接收方各需至少2名人员同时在场，由双方人员清点核对，对种类、数量、包装和密封等情况进行检查、确认。必要时，可邀请纪检监察等部门到场监督。

（五）试卷保管。保密期内的考前试卷、考后答卷交接后，应当存入专门的、全程实时监控的保密室（或指定场所），并安排至少2名人员24小时值守。监控信息保存时间不少于3个月。

第二十三条 考试形式为纸笔考试的，考前试卷应从考点保密室（或指定场所）至考务办公室、考场依次传递，考后答卷应从考场至考务办公室、人事考试机构依次传递，全程实行监控或监督。监考人员在考务办公室领取试卷，在考场内拆封、分发、使用、回收试卷及回收、清点答卷，在考务办公室装封、交接试卷和答卷等，应按统一规则和指定方法操作。

第二十四条 电子化考试试卷以刻录光盘方式流转的，应当参照纸笔考试进行管理。电子化考试试卷相关信息以网络传输方式进行流转的，必须经过碎片化等技术处理，接收信息的考务操作应当在监督下限时完成，有关接入介质、设备等应当专人专用、专人保管。

电子化考试试卷投入使用前，部考试中心应当专门校验试卷类型与考试科目的对应关系、试卷编排变换与答案的匹配性以及试题呈现的准确性。

第二十五条 考试结束后，无作答内容的纸质试卷由省级人事考试机构负责销毁；评阅完的纸质答卷由省级人事考试机构或其他负责评卷组织工作的单位保管。电子化考试试卷、作答信息（答卷）由人事考试机构和负责命题、评卷组织工作的单位按职责分工分别保管。

答卷、考场情况记录等的保管期限自成绩公布之日起不少于6个月；涉及严重、特别严重违纪违规行为或重大异常情况的试卷、答卷、考场情况记录及其他相关考务资料的保管期限自成绩公布之日起不少于2年；答卷、考场情况记录等按规定要求转化成电子文档的，电子文档的保存期限自成绩公布之日起不少于5年。试卷、答卷销毁，参照相关保密规定执行。

第七章 考试实施

第二十六条 考区、考点、考场及相关工作人员须按照考务文件、考试实施方案和考务应急预案等要求，规范组织考试，及时、妥善处置突发事件或异常情况。

第二十七条 考试期间，各级人事考试机构、负责命题工作的单位和各考点应安排专人值班，运用人事考试指挥平台等相关设施设备，保障考试指挥和协调联动畅通、高效。

第二十八条 考试实施前，各级人事考试机构和各考点应当按管理权限确定监考人员、系统管理员、流动监考等，并组织考务培训，明确工作职责和要求。

考务培训内容包括：考试实施步骤和要求；与考试有关的纪律和规定；纸笔考试答卷（包括答题纸、答题卡）交接、拆封、分发、回收、清点、装订、密封的方法和要求，电子化考试作答数据备份、回收、上报的步骤、方法和要求；考中突发事件应急处置、应试人员违纪违规行为处理的程序和要求；异常情况记录要求；其他与考试有关的内容。

第二十九条 各级人事考试机构应当规范考试过程中考点、考场视频监控信息的采集、提取、保存、使用等工作。

自考试结束起，考点、考场视频监控信息保存期限不少于6个月；作为应试人员违纪违规行为认定或异常情况处理依据的视频监控信息，保存期限原则上不少于2年。

第三十条 人事考试机构及其工作人员应当以适当方式，明确告知应试人员参加考试时必须遵守的规则：

（一）凭居民身份证、社会保障卡、外国人永久居留证等有效身份证件和准考证进入考场。身份信息须与报名时所填报的一致。

（二）语音类、视频类考试开始后一律禁止进入考场，其他考试开始5分钟后一律禁止进入考场。

（三）服从考场封闭管理，考场封闭期间，原则上不得交卷、离场。

考试时长2小时以内的科目，考场封闭一般至考试结束，电子化考试可视情况调整至考试结束前15分钟；考试时长超过2小时的科目，考场封闭2小时；语音类、视频类考试考场封闭一般至考试结束。

（四）遵守考场规则，服从考试工作人员管理，遵从试题作答要求。

第三十一条 为保障考试安全，维护考试公平公正，人事考试机构及其工作人员在考试过程中可以采取以下措施：

（一）对应试人员进入或离开考场、考点，提出规范性要求。

（二）查验应试人员身份证件、所携带物品，必要时可借助专门设备、专业人员进行检查。

（三）依法收缴考试作弊设备，集中保管应试人员违规携带的工具、资料等物品。

（四）对考试现场秩序和考试组织实施过程进行视频监控，监控设施应当设置明显标识。

（五）在必要范围内，协调通信管理部门对无线通信等进行干扰或屏蔽。

（六）其他必要的安全管理措施。

第三十二条 考试过程中发生严重影响考试秩序的事件，须及时报告部考试中心，启动相应的突发事件应急处置程序，防止事态升级，控制影响范围。

考试因故顺延的，原则上应报部考试中心同意；重新组织考试或取消考试的，须报人力资源社会保障部同意。

第三十三条 应试人员在考试过程中有违纪违规行为的，按照《专业技术人员资格考试违纪违规行为处理规定》进行认定和处理。

涉嫌组织考试作弊等犯罪活动的，应及时向公安部门报案，并配合做好证据固定及涉考检材鉴定等工作。

第八章 评卷和成绩管理

第三十四条 评卷工作由部考试中心统一协调。答卷扫描、卷面库数据形成及客观题评分工作，一般由省级人事考试机构承担；主观题评分工作由行业部门或人事考试机构按确定的分工组织实施。

第三十五条 评卷工作坚持安全、科学、高效的原则，按考务文件规定的时限完成。

（一）采取有效管理措施，保障原始作答信息、卷面库数据、成绩数据等安全。

（二）制定标准答案（或评分标准）使用、评卷人员培训、评分尺度控制和评分质量监测等工作规则，保障评卷结果科学。

（三）积极利用新设备、新技术、新方法，提高评卷工作效率和信息化水平。

第三十六条 除在原始答卷卷面上直接评分的资格考试外，各级人事考试机构和其他负责评卷组织工作的单位应当在规定时限内，按下列基本流程和要求生成并管理成绩信息：

（一）答卷扫描。考试形式为纸笔考试的，应将考后答卷原样扫描成图像。客观题答卷图像由省级人事考试机构或其他负责评卷组织工作的单位保存、使用，并交部考试中心备存；主观题答卷图像由省级人事考试机构备存后，交由部考试中心或其他负责评卷组织工作的单位使用。

（二）卷面库数据形成。省级人事考试机构负责评卷组织工作的，由省级人事考试机构按统一规则形成本地区卷面库数据并报送部考试中心，由部考试中心汇总，形成全国卷面库数据。其他单位负责评卷组织工作的，由其负责形成卷面库数据，并交部考试中心备存全国卷面库数据。

电子化考试作答信息由各考点备份后直接上传至指定服务器，部考试中心、省级人事考试机构按管理权限分别从指定服务器下载全国或当地卷面库数据。

（三）评分前准备。省级人事考试机构向部考试中心报送考场编排数据、违纪违规行为处理结果及其他涉及取消考试成绩的相关数据；部考试中心下发考后规则模板，供省级人事考试机构使用。

（四）客观题评分。部考试中心通过指定软件系统自动处理全国客观题卷面库数据、标准答案、全国考场编排数据和违纪违规行为处理结果等，形成全国客观题成绩数据。省级人事考试机构利用考后规则模板和指定软件系统，自动处理本地区客观题卷面库数据、标准答案、本地区考场编排数据和违纪违规行为处理结果等，形成本地区客观题成绩数据。

（五）主观题评分。负责评卷组织工作的单位依据全国主观题卷面库数据和其他必要数据、材料，按要求实施评分工作，形成全国主观题成绩数据，报送部考试中心。由部考试中心统一下发各地区主观题成绩数据至省级人事考试机构。

（六）雷同答卷处理。评卷过程中确需组织雷同答卷甄别和处理的，由部考试中心、负责主观题评卷工作的单位确定作答内容雷同的具体认定方法和标准，组织专家组确认雷同答卷；省级人事考试机构按规定程序和要求对雷同答卷作出处理。

（七）数据校验。部考试中心、省级人事考试机构通过比对全国成绩数据、各地区成绩数据等方式，分别校验成绩数据，形成互相监督、纠错机制。发现有不一致或存在疑问的，须逐项确认或纠正，保证全国和各地区成绩数据准确、可靠，对应一致。校验内容一般包括：评卷结果，异常成绩或分布，缺考人员及相应标注，考试过程异常情况处理结果、违纪违规行为（含雷同答卷）处理结果及相应成绩取消情况，成绩数据流转过程安全情况等。

（八）考试成绩公布。由部考试中心以适当方式公布考试成绩。公布信息主要包括考试名称、应试人员姓名、科目、成绩等。考试成绩公布期间，应保护应试人员个人信息，防止不当扩散。

第三十七条 考试成绩公布后，各级人事考试机构应当按下列流程和要求，受理应试人员成绩复查申请。

（一）申请成绩复查。应试人员对考试成绩有异议的，应在考试成绩公布之日起 30 天内，向省级人事考试机构提出成绩复查申请。

（二）受理成绩复查申请。省级人事考试机构应当自成绩公布之日起 40 天内，汇总已受理的成绩复查申请报送部考试中心。成绩复查只限于答卷卷面分数合计和登录是否有误。

（三）复核考试成绩。部考试中心协调负责评卷组织工作的单位，对提出复查申请的考试成绩进行复核，自收到复核结果 15 天内反馈至省级人事考试机构。

（四）答复成绩复查结果。省级人事考试机构将考试成绩复核结果答复成绩复查申请人。复查后的成绩为最终成绩。

成绩复查过程中，工作人员不得向应试人员或其委托人出示试卷、答卷、标准答案、视频监控等相关材料，法律、法规另有规定的除外。

第三十八条 考试合格标准应以适当方式向社会公布。

第三十九条 考试合格标准公布后，省级人事考试机构应当及时审核确认本地区考试合格人员数据，并在规定时间内报送部考试中心。部考试中心确认无误后形成证书数据，并据此制作证书查询验证文件和电子证书，向印制单位提交纸质证书印制数据。

尚在进行报考资格核查的考试合格人员数据，暂不纳入证书数据管理。考试成绩数据、合格人员数据和证书数据应当长期保存。

第九章 考务信息管理

第四十条 各级人事考试机构应当对下列考务信息进行规范管理：

（一）报考人员信息、报考信息核查情况及应试人员信息；

（二）考区、考点、考场设置情况及准考证编排信息；

（三）应试人员作答信息；

（四）考场情况记录，考试过程异常情况记录或说明材料，电子化考试软件系统、相关设施设备等操作与运行情况；

（五）评卷组织实施情况及评卷结果；

（六）应试人员违纪违规行为认定与处理情况，资格考试诚信档案库记录情况及相应信用信息；

（七）证书信息及证书制作、发放情况；

（八）其他需要规范管理的考务信息。

第四十一条 部考试中心负责发布考务信息管理软件系统，制定信息标准、管理规则和操作流程等，并组织相关业务培训。

第四十二条 各级人事考试机构应当执行考务信息管理 AB 角制，建立考务信息形成、核查、使用、存储的内控机制，保证考务信息安全、完整、准确。

人事考试机构及其工作人员应严格履行考务信息管理主体责任，不得篡改、编造或违规使用考务信息。

第四十三条 考务信息确需变更的，应当按下列规则办理：

（一）应试人员申请或其他原因造成的信息变更，一般由当地人事考试机构核实、确认，并逐级报经部考试中心核准后办理。考试主管部门政策管理形成的信息变更，一般由相应层级的人事考试机构协调办理。

（二）应试人员申请更改姓名、身份证件号码的，须提供确凿的变更依据。姓名和身份证件号码不得同时修改。已取得证书的应试人员姓名、身份证件号码，原则上不予修改；姓名中有生僻字，报名时考试机构做了相应处理的，可予以更正修改。法律、法规有明确规定的，依法办理并备存原有信息。

（三）应试人员调整考试级别、免试科目或报考专业等，应当重新核查应试人员是否符合报考条件，并生成新的档案信息。

（四）滚动管理期内通过所有应试科目的合格人员，存在多条档案信息的，可以申请合并。

（五）应试人员违纪违规行为处理结果、资格考试诚信档案库记录结果等变更，须提供新的确凿证据或法定依据。已向社会公示或与相关部门共享的信用信息发生变更的，应当在确认变更信息后 10 个工作日内按规定程序变更相应公示信息和共享信息；信用信息记录期限到期，或违纪违规行为处理决定撤销，应当即时从资格考试诚信档案库中移除。

（六）与报考信息核查、违纪违规行为处理等结果对应的成绩信息变更，只有“取消”或“恢复”两种情形，不得变动成绩记录。因成绩复查、考中异常情况处理等产生的成绩信息更正，需详细说明成因和分数变动理由。

（七）因考试成绩取消、恢复或更正，考试主管部门吊销证书等导致证书信息变更的，应当同步更新其他相关考务信息，保证证书信息和其他考务信息对应一致。

（八）所有考务信息变更均须形成对应的档案资料，并固化相应管理软件中的修改痕迹和变更说明，确保有据可查、有迹可溯。

第四十四条 考务信息通过网站等途径对外发布的，应当建立信息报送和发布审批制度，配备专职人员负责信息维护，确保对外发布的考务信息真实、准确。

未经部考试中心同意或授权，任何组织或个人不得向社会发布或泄露考务信息。

第十章 安全保密

第四十五条 考试安全工作坚持主动防范、系统应对、标本兼治、守住底线。各级人事考试机构应当建立健全考试安全管理制度、风险防控机制和工作责任体系，持续推进考试队伍风险防控能力建设、考试安全基础设施建设和考试环境综合治理工作。

各级人事考试机构应当根据考试安全形势和考试发展变化情况，有针对性地梳理风险、排查隐患，调整完善制度措施和工作机制，协调相关部门强化考试安全保障；组织开展安全警示教育、自查自纠和风险防控培训，推进标准化考点考场和命题、评卷专用场所建设，升级考试技术手段和设施设备；加强宣传与引导，开展考试作弊治理，推动守信激励和失信惩戒，营造诚信考试社会环境。

第四十六条 考务实施中出现下列严重问题或可能严重影响考试秩序的安全隐患时，各级人事考试机构须第一时间报告，查明情况，采取措施：

（一）试题、试卷、标准答案或题库考前泄密；

（二）有组织、大规模考试作弊；

（三）内外勾结或徇私舞弊；

（四）损害政府公信力的考试舆情；

（五）因管理或操作不当，造成考试大面积中断、批量作答数据丢失、群体性纠纷等；

（六）其他严重问题或重大安全隐患。

第四十七条 尚未使用的试题、试卷，考场封闭管理结束前的试题、试卷，与电子化考试试卷信息形成及使用有关的参数、算法、规则，考试题库，考试结束前的标准答案或评分标准，未评阅的答卷或原始作答信息等，应安全妥善管理，不得泄露。

第四十八条 影响秘密事项管理效力、考试安全秩序的事项或信息，不向社会公开。包括尚未实施考试的命题方案、命题人员名单，考试结束后的试题、试卷、标准答案或评分标准，试题试卷统计分析结果，尚未公布的考试成绩和合格标准，应试人员答卷或作答信息，报考人员身份信息、联系信息，关键岗位考务人员身份信息等。

第四十九条 从事命题、考场编排、监考、评卷等工作的考务人员，与应试人员有夫妻关系、直系血亲关系、三代以内旁系血亲关系和近姻亲关系等利害关系的，或存在其他可能影响安全、公正执行考务工作情形的，应当主动报告或申请回避。确需回避的，应当自回避决定作出之日起退出相关工作。

第五十条 参与考试安全或保密工作的受委托机构、人员等，应当符合考试安全有关要求，并与人事考试机构签订安全保密责任书或协议，遵守有关保密规定。

第五十一条 在考试服务便民化、考务管理信息化工作中，各级人事考试机构应当持续推进考试网站和应用系统安全运行能力建设，建立完善安全防护体系和网络监控系统，配置升级相应设施设备，配强处置突发事件和异常情况人员，保证考试网站、应用系统运行和服务的安全可靠。

第十一章 附 则

第五十二条 各级人事考试机构组织实施或与其他机构共同组织实施的其他考试考务工作，可参照本规程实施。

第五十三条 本规程由人力资源社会保障部考试中心负责解释。

第五十四条 本规程自2021年4月1日起施行，《人事部办公厅关于印发〈专业技术人员资格考试考务工作规程（试行）〉的通知》（人办发〔2000〕71号）、《人事部关于加强专业技术人员资格考试工作管理的通知》（人发〔1997〕75号）同时废止。

人力资源社会保障部办公厅关于深入推进职业技能提升行动全面推广职业培训券有关工作的通知

人社厅发〔2021〕21号

各省、自治区、直辖市及新疆生产建设兵团人力资源社会保障厅（局）：

为贯彻落实《国务院办公厅关于印发职业技能提升行动方案（2019—2021年）的通知》（国办发〔2019〕24号）、《人力资源社会保障部 财政部关于实施职业技能提升行动“互联网+职业技能培训计划”的通知》（人社部发〔2020〕10号）等文件精神，在总结2020年职业培训券试点工作经验的基础上，现就深入推进职业技能提升行动，全面推广职业培训券有关工作通知如下。

一、工作目标

全面推广职业培训券是深入推进职业技能提升行动的创新工作，也是人力资源社会保障信息化便民服务创新提升行动的专项工作。职业培训券是依托电子社会保障卡（以下简称电子社保卡）发放，作为构建劳动者免垫付和实名便捷享受职业技能培训服务的载体，实现对参加职业技能培训人员的合理引导、培训检索报名、实名培训服务、精确资金监管、宏观分析、就业推介服务等功能。

2021年，在全国全面实施补贴性培训实名制信息化管理，积极推动职业培训券在政府补贴性职业技能培训项目上的推广应用。上半年实现职业培训券在所有省份上线，下半年扩大应用量和地域范围，年底前实现地市全覆盖，全年发放职业培训券1 000万张、使用职业培训券100万张以上（分地区指标见附件1）。

2022年，面向所有参加政府补贴性职业技能培训的人员发放职业培训券，归集技能培训、职业资格、技能等级等证书信息，逐步累积形成以社保卡为载体的劳动者终身职业技能培训电子档案。

二、工作原则

（一）开拓创新，务求实效。以职业培训券为抓手，大规模开展职业技能培训，着力增强培训针对性、实效性，探索职业技能培训理念转变和机制创新。建立职业技能提升行动专账资金调剂使用机制，支持跨区域培训，发挥资金效能，减少群众垫付。将企业职工培训、重点群体培训、企业新型学徒制培训等纳入职业培训券试点，推进职业培训券线上培训应用，不断提升职业培训信息化水平和培训质量。

（二）突出重点，分步推进。起步阶段重点使用职业培训券的定制、发放、领取、使用及验证、培训打卡签到、资金申请审核（结算核销）、查询统计等基本功能，后续根据各地职业技能培训工作情况逐步使用培训报名、培训评价、培训证书查询、就业岗位查询及推介等拓展功能。

（三）需求导向，分类实施。聚焦各类劳动者职业技能培训需求，利用职业培训券引导主动培训、监管实名制培训、简化补贴申领以及社保卡银行账户发放个人培训补贴，激发行业企业、院校、社会培训和评价机构等各类培训主体积极性，通过多种业务模式和用券模式分类实施，支持线下培训、线上培训并存发展。

三、工作内容

（一）已上线地区深入推进职业培训券推广应用

2020年已上线职业培训券的12个省（区、市）52个地市，重点做好以下工作。

1. 全面推广职业培训券。深入推进发券、用券、补贴资金核拨、培训打卡签到等应用工作，扩大培训机构和培训项目范围。推广“面值券+通用券”模式，广泛支持劳动者领券免缴费报名培训、自主选择培训项目和培训机构，以及通过券面值核拨培训补贴资金。拓展培训报名、培训评价、培训证书查询、就业岗位查询及推介等功能。积极推进职业培训券在线上培训平台中的应用。加大工作培训和社会宣传，提高发券总量和实际用券占比等。

2. 配套研究业务政策。探索研究职业培训券与培训业务的结合模式，优化现有培训业务组织和监管流程，完善培训促进重点群体就业的政策导向，利用职业培训券评价功能实时监督培训质量，提升培训效果。

3. 探索建立电子档案。配合我部建设统一的职业技能培训信息库，实现职业技能培训信息与就业、社保信息联通共享，探索建立以社保卡为载体的劳动者终身职业技能培训电子档案。

4. 推进线上培训平台应用。依托部属中国职业培训在线平台先行开展职业培训券线上应用试点工作，在试点基础上进一步完善线上培训平台应用方案。通过地方推荐和社会公开遴选，并建立质量评估和退出机制，有序推进职业培训券在部属或者各地线上培训平台的应用。

（二）拟上线地区加快推进职业培训券试点上线

今年上半年拟上线职业培训券的26个省（区、市）103个地市，以及下半年上线的其他地市，重点做好以下工作。

1. 开展职业培训券业务技术准备。按照工作实施要点（见附件2），梳理本地职业技能培训项目目录、培训和评价机构目录、培训课程等信息，研究确定职业培训券的适用项目、适用人群、发放规模等关键要素，确定本地业务模式和用券模式，定制券面样式和要素，做好本地实名制培训信息系统、线上培训平台与全国社保卡服务平台的改造对接工作。

2. 发放使用职业培训券。充分利用电子社保卡，为符合培训条件的劳动者提供职业培训券领取、使用服务，并做好相关政策解读工作。指导相关企业、院校、社会培训和评价机构引导劳动者使用职业培训券，对管理人员验券、结算核销券等进行培训，有序引导个人持券参加职业技能培训。

3. 加强培训实名制管理。根据本地实名制管理或者培训监管需要，利用全国社保卡服务平台，结合实体社保卡和电子社保卡的实名实人认证、培训签到打卡等功能，加强本地培训实名制管理能力。

有条件的地区可加快步伐，参照对已上线地区的工作要求，同步开展职业培训券全面推广工作。

四、工作要求

（一）加强组织领导。各地要充分认识全面推广职业培训券工作的重要性、紧迫性，把职业培训券作为深入推进职业技能提升行动、扩展职业技能培训服务渠道、提升资金效能的重要手段，加强组织领导、科学统筹，运用各类政策、补齐短板，以创新思维做好全面推广工作，协调相关部门密切协作，简化优化服务流程，将工作落到实处。

（二）建立工作机制。我部成立职业技能提升行动领导小组办公室职业培训券专项工作组，负责职业培训券试点推广、系统对接、线上培训等专项工作，并建立月督导调度工作机制（具体项目指标见附件3）。各省要相应成立职业培训券专项工作组，按职能出台配套政策，落实本地区专项工作部署、业务推进等工作，并及时做好督导调度信息报送。

（三）加强建设保障。各地要争取职业培训券应用推广所必要的经费投入，鼓励有条件的地区安排专项资金支持工作推进，加大人员、技术保障力度，加强业务、技术培训，提高培训机构和管理部门应用职业培训券的积极性和规范性。

（四）注重宣传引导。各地要加大宣传力度，可结合直播、短视频等新媒体手段，广泛调动社会各方面的积极性，整合各类资源，帮助有关部门、机构、劳动者学习和了解职业培训券的业务政策、使用场景、使用方法等。

工作中的有关情况和问题，请及时与我们联系。

附件：1. 职业培训券分阶段推进地区名单及指标数（略）

2. 职业培训券工作实施要点

3. 职业培训券专项工作督导调度项目指标（略）

2021年4月8日

附件2

职业培训券工作实施要点

在落实《人力资源社会保障部关于印发〈人力资源社会保障信息化便民服务创新提升行动方案〉的通知》（人社部发〔2020〕83号）、《人力资源社会保障部办公厅关于开展职业技能电子培训券试点工作的通知》（人社厅发〔2020〕67号）工作要求的基础上，按照以下要点组织实施。

一、基本思路

（一）分类快速推进。利用全国社保卡服务平台触达用户的能力，支持职业培训券的快速发放和领取，提供远程访问、经由本地业务系统的接口访问两种方式，供各地选择使用。

（二）多种业务模式并存推进。券业务模式上支持“普及型培训券”和“提升型培训券”两种模式，供各地选择使用，各地可按照技能等级设置分等级的培训券。

（三）多种用券模式并存推进。券功能模式上支持有面值的“面值券”和无面值的“抵用券”两种模式；券发放模式上支持主动领取的“通用券”和发放到人的“定向券”两种模式；多种模式供各地选择使用。重点推广“面值券+通用券”“亲情代办服务”模式，逐步实现从“培训找人”到“人选培训”，提升人与培训的适配度。

其中，“面值券”支持领券后不用缴费即可报名培训，通过已审核通过的面值来核拨补贴资金；“抵用券”作为核拨补贴资金的资质凭证，避免虚假培训。“通用券”支持劳动者自主选择培训项目和培训机构，通过大数据比对提前定位适用人群并发券，引导其主动选择培训项目并报名培训；“定向券”通过券关联人，即培训机构确定培训人员名单后发放的培训券，劳动者在培训机构完成报名后，经培训机构上报，再生成电子培训券，供领取使用。

（四）线上线下结合推进。线上支持职业培训券的使用，线下保持各地现有培训补贴资金审核、拨付业务流程不变。以实体社保卡、电子社保卡为载体，支持职业培训券与线下培训机构、线上培训平台的衔接，加大线上培训支持力度。

二、应用功能

通过个人领取与使用、培训机构登记与验证、人社部门管理与审核职业培训券等流程，实现对职业技能培训的人员合理引导、培训检索报名、就业推介服务、实名培训服务、精确资金监管、全局宏观分析，逐步形成以社保卡为载体的劳动者终身职业技能培训电子档案。

职业培训券主要包括发放、领取、使用及验证、培训打卡签到、资金申请审核（结算核销）、查询统计等六步基本功能，并根据各地需求，支持培训报名、培训评价、培训证书查询、就业岗位查询及推介等拓展功能。

（一）基本功能

1. 职业培训券发放。支持各地确定发券用券模式、定制职业培训券、职业培训券查询等。其中，发券用券模式包括券业务模式、券功能模式、券发放模式等。

2. 职业培训券领取。个人可通过电子社保卡400多个渠道领取（职业培训券领取服务在全国性渠道全面开通，在地方性渠道各地选择性开通），支持卡券、活动页面等多入口领取，领取时进行身份验证。同一券一人只能领取1次，使用1次，设置使用期限。

3. 职业培训券使用及验证。在线下培训前，培训机构通过工作人员电子社保卡扫一扫、扫码枪设备或者培训机构App进行扫码验证。在线上培训前，用户直接经电子社保卡的身份认证扣减职业培训券；培训机构远程访问全国社保卡服务平台（以下简称部平台）获取职业培训券信息或者验证职业培训券真伪。

4. 培训打卡签到。职业培训券提供位置签到工具和扫码签到工具，如位置签到失败，培训机构可使用扫码签到辅助完成签到。如地方已有签到工具，则需按API接口接入部平台，否则以部平台签到工具为主。

5. 资金申请审核（结算核销）。培训机构向人社部门提交补贴申请时，须增加提交职业培训券使用信息。职业培训券在培训补贴资金审核、拨付后完成结算核销，职业培训券唯一码失效，相关数据回流我部。

6. 查询统计。我部提供数据回流API接口，将职业培训券相关数据回流给各地使用，支持我部及各级人社部门对职业培训券及资金使用情况、人员培训等数据统计分析。对于培训人员的所获证书，各地需按API接口接入部平台。

（二）拓展功能

1. 培训报名。支持个人在职业培训券中，浏览培训课程，线上直接报名。报名成功后，如个人已领取所报课程对应的职业培训券，可完成券的自动使用。

2. 培训评价。支持个人完成培训课程后，对培训机构的授课质量进行打分定量和留言定性评价。同时支持培训机构对参训人员进行评价，督促个人针对性挑选培训课程，并保质保量完成学习任务。

3. 培训证书查询。地方人社部门或培训机构，按照部平台提供的接口规范，完成证书查询的对接。支持个人在职业培训券中查询培训证书。如个人同时在部平台就业在线中已有账号，则求职简历可自动与培训证书关联。

4. 就业岗位查询及推介。根据个人参加的培训课程、取得的培训证书或者技能证书，经个人授权同意，部平台“就业在线”模块通过站内信、页面Banner、短信等形式向个人主动推送匹配的就业岗位。同时支持个人进行自主查询就业岗位。

（三）延伸应用

各地要同步开展职业技能培训信息库建设和社保卡在职业技能培训业务中的应用工作，具体要求见《人力资源社会保障部办公厅关于开展职业技能电子培训券试点工作的通知》（人社厅发〔2020〕67号）。

三、接入要点

（一）业务宣导。我部组织职业培训券接入技术业务培训，相关文档如接入指南、操作手册、测试入网申请表、测试信息采集表、身份核验统一接口规范、接口文档、正式入网申请表等，另行提供下载链接。

（二）测试入网。各地提出职业培训券测试申请，填报测试入网申请表、测试信息采集表等。我部在测试环境中为各地设置管理员账号。

（三）系统对接。各地的实名制培训信息系统、线上培训平台等相关业务系统需进行以下改造，如直接配置培训人员和培训机构、扫码核验改造、职业培训券状态信息回流改造等。采用API对接的地方，需按接口文档完成API对接、联调。

（四）机构设置。各地在测试环境中设置地方人社部门、培训机构管理员账号，设置培训机构地址坐标（使用培训打卡签到）。地方人社系统后台和电子社保卡App均可操作。

（五）模式设置。各地完成职业培训券业务模式、功能模式、发放模式设置。采用“通用券”模式的地方，需按身份核验统一接口规范提供领券人员身份核验API。采用“定向券”模式的地方，下载发券人员清单模板，批量上传。

（六）正式入网。各地提出职业培训券正式申请，填报正式入网申请表，提交验收录屏。我部在正式环境中为各地设置管理员账号，并在相关渠道上线职业培训券业务。

（七）上线运营。各地在正式环境中设置地方人社部门、培训机构管理员账号以及职业培训券模板，组织发券用券等。

人力资源社会保障部办公厅 教育部办公厅关于做好2021年中小学幼儿园教师公开招聘工作的通知

人社厅发〔2021〕27号

各省、自治区、直辖市及新疆生产建设兵团人力资源社会保障厅（局）、教育厅（教委、教育局）：

为贯彻落实党中央、国务院“稳就业”“保就业”和全面实施乡村振兴战略的决策部署，促进高校毕业生就业，充实基层教师队伍，加强教师队伍建设，推动教育高质量发展，现就做好2021年中小学幼儿园教师公开招聘工作通知如下。

一、统筹高校毕业生就业和教师招聘，加强教师队伍建设。落实《中共中央组织部办公厅　人力资源社会保障部办公厅关于应对新冠肺炎疫情影响做好事业单位公开招聘高校毕业生工作的通知》（人社厅发〔2020〕27号），继续多措并举促进高校毕业生到中小学幼儿园就业。落实基层事业单位公开招聘倾斜政策，进一步鼓励和引导更多高校毕业生到基层中小学幼儿园任教，全面加强教师队伍特别是基层教师队伍建设，为教育高质量发展提供人才支撑。

二、摸清岗位需求，重点补充紧缺学科教师。要摸清城镇乡村不同区域、不同学校的岗位需求，精准招聘所需学科教师，特别是要按照国家要求和学校需求，有针对性地加强思想政治、音乐、体育、美术、科学、劳动、特殊教育等紧缺学科教师招聘补充，着力解决教师队伍学科结构性矛盾；重点加大幼儿园教师补充力度，推进学前教育改革发展；结合高考改革选课走班的要求，加大力度补充普通高中紧缺学科教师，满足教育事业发展需要。

三、科学合理设置招聘条件，确保教师招聘质量。各地招聘公办、民办中小学幼儿园教师，应要求符合教师法、《教师资格条例》等法律法规规定的学历标准、普通话水平、身体条件和心理条件，取得中小学、幼儿园教师资格证书，符合新时代中小学、幼儿园教师职业行为十项准则要求，无刑事犯罪记录和其他不得聘用的违法记录。有条件的地方可根据当地实际需要，适当提高教师招聘的学历标准。受疫情影响，暂未取得教师资格证书的人员，可持在有效期内的中小学教师资格考试合格证明或笔试合格成绩（即“中小学教师资格考试NTCE成绩”，幼儿园、小学、中职教师资格为两科笔试成绩，初中、高中教师资格为三科笔试成绩）报名应聘。严格“持证上岗”，所有拟聘人员在办理聘用手续前须取得中小学、幼儿园教师资格证书。

四、深入实施“特岗计划”，保证招聘完成率。要按照“特岗计划”工作部署，切实做好义务教育阶段“特岗计划”招聘的组织实施工作。精心分配计划，优化待遇保障，广泛宣传政策，吸引广大高校毕业生应聘。一次性招聘未完成计划的省份，可以按规定依次递补聘用或组织二次招聘，保证招聘完成率。各地可结合实际在国家通用语言薄弱的“三区三州”等民族地区，探索开展学前教育阶段“特岗计划”试点。

五、创新教师招聘办法，强化乡村振兴人才保障。积极引导高校毕业生到乡村学校任教。在坚持公开招聘基本制度的基础上，适当放宽国家乡村振兴重点帮扶县的乡村中小学幼儿园招聘条件，可以拿出一定数量岗位面向本县市或者周边县市户籍人员（或者生源）招聘；招聘本科以上高校毕业生，可以结合实际情况，采取面试、直接考察的方式公开招聘，可以根据应聘人员报名、专业分布等情况适当降低开考比例，或不设开考比例，划定成绩合格线。

各地要尽快启动教师公开招聘工作，通过多种途径广泛推介招聘信息，优化做好公开招聘报名、考试、考察、体检等工作，倒排时间工期，确保在8月15日前完成教师招聘任务。人力资源社会保障部、教育部将调度各地教师公开招聘进展情况，协调解决工作中的问题和困难。请各省（区、市）教育行政部门抓紧开展工作，及时向教育部教师工作司报送工作进展情况。在教师公开招聘工作结束后，报送《2021年中小学幼儿园教师岗位招聘毕业生情况统计表》。

联系方式（略）。

附件：2021年中小学幼儿园教师岗位招聘毕业生情况统计表（略）

2021年4月25日

人力资源社会保障部办公厅
关于加强新职业培训工作的通知

人社厅发〔2021〕28号

各省、自治区、直辖市及新疆生产建设兵团人力资源社会保障厅（局），中共海南省委人才发展局，国务院有关部委、直属机构人事劳动保障工作机构，有关行业协会、企业、事业单位人事劳动保障工作机构：

党的十九届五中全会提出，发展战略性新兴产业，推动互联网、大数据、人工智能等同各产业深度融合，推动先进制造业集群发展，构建一批各具特色、优势互补、结构合理的战略性新兴产业增长引擎。近年来，随着新技术、新产业、新业态、新模式的不断产生和发展，新职业不断涌现，我部会同有关部门分批向社会发布了新职业信息。为加快培养大批高素质劳动者和技术技能人才，改善新职业人才供给质量结构，支持战略性新兴产业发展，推动数字经济与实体经济深度融合，现就加强新职业培训工作有关事项通知如下：

一、加快新职业标准开发。组织制定新职业标准，同时面向社会广泛征集新职业标准或评价规范。对于征集到的新职业标准或评价规范，经我部组织评估论证后，及时上升为国家职业标准。有条件的省（自治区、直辖市）和部门（行业）可依托本地区、本部门（行业）的龙头企业、行业组织和院校等开发职业标准或评价规范，经我部审定后，作为国家职业标准予以颁布。探索职业标准开发新模式，增强国家职业标准的灵活性和适应性。

二、组织开展新职业培训。根据区域经济社会发展需要，适应市场需求，坚持就业导向，突出能力建设，大力开展新职业培训特别是数字经济领域人才培养。鼓励培训机构依据国家职业标准，采取多种形式开展培训。对于数字技术技能类职业，探索引入现代化手段和方式开展培训。组织举办新职业领域的专家论坛、专题研修等，广泛组织开展新职业技能竞赛活动，充分发挥以赛促学、以赛促训作用。结合新经济、新产业、新职业发展，建立职业与教育培训专业（项目）对应指引，修订技工院校专业目录，完善专业技术人才继续教育专业科目内容，增设与新职业对应的新专业（项目），加强新职业人才培养。

三、加强新职业培训基础建设。加快新职业培训大纲、培训教材、教学课程、职业培训包等基础资源开发，引导社会力量积极参与。加强新职业培训师资队伍建设，鼓励龙头企业、行业组织和院校中从事与新职业相关工作的人员参加师资培训。支持培训机构配套软硬件，改善教学环境。鼓励各类机构开发新职业实训设施设备等资源，服务新职业人才培养培训。

四、有序开展新职业评价。按照有关规定，组织新职业评价机构的征集遴选，积极稳妥推行社会化评价。经备案的评价机构根据职业特点，探索多元化评价方式。创新评价服务模式，探索“互联网+人才评价”的新模式，对于数字技术技能类职业可探索采用在线评价认定模式。对评价认定合格的人员，由评价机构按照有关规定制作并颁发证书（或电子证书）。获证人员信息纳入人才统计范围。

五、强化政策待遇落实。坚持以用为本，建立健全培养与使用相结合、评价与激励相联系的人才发展机制。各地人力资源社会保障部门要将新职业培训评价项目纳入本地职业技能提升行动“两目录一系统”，按规定落实职业技能培训补贴和职业技能鉴定补贴等政策。取得高级专业技术等级证书的，可作为申报高级职称的重要参考条件；取得中级、初级专业技术等级证书的，可纳入相应中级、初级职称直接认定范围。落实高技能人才与专业技术人才职业发展贯通相关政策，各类用人单位对在聘的高级工、技师、高级技师在学习进修、岗位聘任、职务职级晋升、评优评奖、科研项目申报等方面，比照相应层级专业技术人员享受同等待遇。

各地区、各有关部门要高度重视新职业培训工作，加强组织领导和沟通协调。加大宣传力度，做好政策解读，大力宣传典型经验和做法。加强工作指导和监督检查，强化引领和示范作用，营造良好社会氛围。

2021 年 4 月 30 日

人力资源社会保障部办公厅关于印发《人力资源社会保障部2021年政务公开工作要点》的通知

人社厅发〔2021〕35号

部属各单位：

《人力资源社会保障部2021年政务公开工作要点》已经部领导同意，现印发给你们，请认真贯彻落实。

2021年5月17日

人力资源社会保障部2021年政务公开工作要点

2021年是实施“十四五”规划、开启全面建设社会主义现代化国家新征程的第一年。人力资源社会保障部政务公开工作的总体要求是：以习近平新时代中国特色社会主义思想为指导，全面贯彻党的十九大和十九届二中、三中、四中、五中全会精神，贯彻落实中央经济工作会议精神和《政府工作报告》关于人社工作的要求，认真落实党中央、国务院关于政务公开工作的决策部署和国务院办公厅《2021年政务公开工作要点》，严格执行《中华人民共和国政府信息公开条例》，立足新发展阶段、贯彻新发展理念、构建新发展格局，坚持以人民为中心深化政务公开，不断提升政务公开质量，以公开促进政府职能转变，推动政府决策和管理服务透明规范，助力推动人力资源和社会保障事业高质量发展。

一、紧扣“十四五”开好局起好步深化政务公开

（一）做好各类规划主动公开

1. 在部门户网站政府信息公开栏目主动公开人力资源和社会保障事业“十四五”规划，以及就业促进、职业技能培训、技工教育等专项规划。加强历史规划的归集整理，并集中统一公开，充分展示“一张蓝图绘到底”的接续奋斗历程。

（二）做好市场规则标准和监管执法信息公开

2. 建立健全人力资源市场“黑名单”制度，完善人力资源市场失信主体名单管理办法，进一步加强人力资源市场监管。

3. 推行“双随机、一公开”执法监管，

公开人力资源和社会保障领域随机抽查事项清单，加强事中事后监管。

（三）加强财政信息公开

4. 稳步扩大预决算公开范围，推进部属单位预算、决算在部门户网站、部属有关事业单位官网主动公开。

二、紧扣宏观政策落地见效深化政务公开

（一）持续加强重大政策发布解读

5. 认真贯彻落实中央经济工作会议精神和《政府工作报告》要求，聚焦扎实做好“六稳”工作、全面落实“六保”任务，紧紧围绕2021年人力资源和社会保障中心工作，以强化就业优先政策、提升社会保险保障能力、职业技能提升行动、人才服务行动、根治欠薪工作、构建和谐劳动关系、人社行风建设、巩固拓展人社脱贫攻坚成果推进乡村振兴、人社信息化便民服务创新提升行动等为重点，及时发布权威信息，开展深入解读，有效引导预期，为实现今年经济社会发展主要预期目标营造良好氛围。

（二）不断改进政策解读工作方式

6. 加强政策咨询服务，运用政府网站和政务新媒体加强政策问答等栏目建设，推进与国务院政策问答平台对接共享，为企业、群众进行政策咨询提供便利。加强部本级12333热线电话建设，为企业和群众提供相关咨询服务。

7. 创新政策解读形式，运用政府网站和政务新媒体，开设“人社政策待遇‘看得懂算得清’”“人社日课”“政策解读”等栏目，全面深入解读群众关心关切的政策，加强内容建设，保证持续更新，增强政策解读效果。

8. 加强政策实质性解读，更加注重对政策背景、出台目的、重要举措等方面的解读，提升解读工作质量。

（三）切实增强回应关切效果

9. 加强权威解读，在重要政策出台、重点工作推进时，相关司局主要负责同志要通过参加新闻发布会、吹风会及接受媒体采访、在线访谈等方式，带头解读政策，主动引导预期。

10. 增强解读回应效果，充分运用部门户网站、微信公众号等载体，运用答记者问、在线访谈等方式，采用图片图表、音频视频、卡通动漫等形式，客观生动解读政策，增强传播力影响力。

11. 增强回应工作的主动性，通过网上征求意见等方式，了解掌握社会公众对政策出台的反馈与评价，主动回应存在的共性问题，助力政策完善。

12. 密切关注就业、社保、劳动关系等方面的舆情并及时作出回应，以解决问题的具体举措实质性回应社会关切，更好引导社会预期，助力防范化解重大风险。加强舆情回应台账管理，认真核查已作出的承诺落实及公开情况，切实维护政府公信力。

三、紧扣强基础抓基层深化政务公开

（一）做好政务信息管理工作

13. 在部门户网站政府信息公开栏目，集中统一公开人社领域现行有效的法律、行政法规、规章和规范性文件，并提供在线便捷检索、下载服务。

（二）完善政务公开平台

14. 加强政府信息公开栏目建设，进一步聚焦重点政务信息，按照统一规范的标准，确保法定主动公开内容全部在政府信息栏目公开到位并及时更新。

15. 加强政府网站和政务新媒体管理，围绕开设、建设、运行、内容保障等方面完善管理制度，进一步建立健全制度机制。

16. 推进政府网站集约化建设，在部门户网站设置人社政务服务、职称改革、人事考试、中央国家机关所属事业单位公开招聘、中国博士后网上办公系统等栏目或链接，推动公开、互动、服务融合发展，推动更多政务服务事项网上办、掌上办、一次办。

17. 健全政务新媒体监管机制，开展部属

政务新媒体排查整治，加大清理整合力度，加强政务新媒体常态化监管。

18. 强化网络安全责任，抓好政府网站和政务新媒体安全防护。

（三）推进人社领域基层政务公开

19. 指导和督促各地人社系统落实《人力资源社会保障部办公厅关于印发就业和社会保险领域基层政务公开标准指引的通知》（人社厅函〔2019〕113号）要求，以基层群众实际需求为导向，调整完善相关公开标准目录。

四、紧扣政府信息公开条例实施深化政务公开

（一）提高依申请公开工作质量

20. 以健全内部工作制度为抓手，以规范答复文书格式为重点，完善接收、登记、审核、办理、答复、归档工作流程，提升政府信息公开申请办理工作质量，更好满足申请人对政府信息的个性化合理需求。

21. 正确适用《政府信息公开信息处理费管理办法》，严格依照规定的标准、程序、方式计收信息处理费。

22. 认真执行行政复议法有关规定，充分发挥政府信息公开行政复议制度优势，加大监督力度，强化责任追究，不断增强政府工作人员法治意识、公开意识、服务意识，更好保障人民群众合法权益。

（二）做好政府信息公开年报编制工作

23. 根据国办有关要求，按照统一规范的格式编写，进一步提高政府信息公开年报质量，确保报告数据可靠、内容全面、填报准确，并按时发布。

五、紧扣抓保障促落实深化政务公开

（一）加强组织领导

24. 各单位要加强对政务公开工作的研究部署，高度重视本要点布置的各项任务，结合实际细化工作措施，认真抓好落实。

25. 加强业务交流和案例指导，切实增强公开意识和能力。

（二）抓好任务落实

26. 加强业务指导和监督检查，对本要点提出的涉及部属各单位的重点任务，梳理形成工作台账，加强跟进推动，确保落实到位。

部属各单位贯彻落实本要点的情况，要纳入部政府信息公开工作年度报告予以公开，接受社会监督。

人力资源社会保障部办公厅 工业和信息化部办公厅关于颁布区块链应用操作员国家职业技能标准的通知

人社厅发〔2021〕37号

各省、自治区、直辖市及新疆生产建设兵团人力资源社会保障厅（局）、工业和信息化主管部门，各省、自治区、直辖市通信管理局：

根据《中华人民共和国劳动法》有关规定，人力资源社会保障部、工业和信息化部共同制定了区块链应用操作员国家职业技能标准，现予颁布施行。

附件：区块链应用操作员国家职业技能标准目录

2021年5月19日

附件

区块链应用操作员国家职业技能标准目录

序号	职业编码	职业名称
1	4-04-05-06	区块链应用操作员

注：该职业技能标准内容可在人力资源社会保障部官网查询。

人力资源社会保障部办公厅 国家乡村振兴局综合司 全国妇联办公厅关于开展家政服务劳务对接助力乡村振兴行动的通知

人社厅发〔2021〕46号

各省、自治区、直辖市及新疆生产建设兵团人力资源社会保障厅（局）、乡村振兴局、妇联：

为深入贯彻党中央、国务院关于实现巩固拓展脱贫攻坚成果同乡村振兴有效衔接的部署安排，进一步落实《国务院办公厅关于促进家政服务业提质扩容的意见》要求，持续加强家政服务供需对接，引导和鼓励农村劳动力特别是农村妇女到家政服务领域就业，人力资源社会保障部、国家乡村振兴局、全国妇联决定组织开展家政服务劳务对接助力乡村振兴行动。现就有关事项通知如下：

一、目标任务

以脱贫人口、防止返贫监测对象和欠发达地区农村劳动力为重点，组织72个中心城市家庭服务体系建设联系点城市与欠发达地区开展家政服务劳务对接，按照政府引导、市场运作、优势互补、协同推进的原则，健全完善对接工作机制，搭建家政服务供需平台，加大有组织劳务输出力度，引导和鼓励农村劳动力到家政服务领域就业，促进农村劳动力就业增收，进一步推动家政服务业提质扩容，巩固拓展家政服务劳务对接成果，助力全面推进乡村振兴。

二、完善机制

（一）调整完善对接工作机制。建立东部地区与中西部受帮扶地区、省内城市与受帮扶地区的跨省和省内家政服务劳务对接工作机制，明确输出地输入地责任，组织大型家政服务企业与受帮扶地区进行对接。2017年以来已开展家政服务劳务对接扶贫行动的双方，要巩固对接成果，根据情况及时调整补充协议内容，完善相关对接措施，提高对接的针对性和有效性。根据调整后的东西部协作和对口支援结对关系，积极拓展新的家政服务劳务对接，尽快签订协议，细化实化具体措施。同时，输出地要加强省内对接，建立中心城市与受帮扶地区的对接机制，加强精准对接和有序输出。对接双方采取召开联合协商会议、相互考察对接、联合组织培训等方式，形成制度性联系，畅通对接渠道，做好对接保障。

（二）加强部门协作和纵向联动。各地人力资源社会保障部门要加强与乡村振兴、东西部协作部门和妇联组织的协作，建立部门间协调机制，充分发挥各部门在组织资源、开展培训、协调政策等方面的优势，合力做好家政服务劳务对接助力乡村振兴行动。各省级部门要充分发挥统筹、规划、对接、政策、管理等方面的作用，受帮扶地区要做好培训、对接、输出等工作。

（三）强化供需精准对接。输出地特别是受帮扶地区要及时摸排掌握务工和岗位需求，通过全国防返贫监测信息系统、妇联组织深入走访调查等，摸清农村劳动力状况和外出从事家政服务的就业意愿；加强对农村劳动力特别是农村妇女的宣传动员，激发他们到家政服务领域就业的积极性、主动性。输入地特别是中心城市要及时了解掌握本地家政服务岗位需求状况，积极发挥行业协会、巾帼家政服务联盟、巾帼家政培训示范基地、家政龙头企业的作用，与受帮扶地区建立家政供需信息共享、沟通和发布机制，实现供需精准对接。

三、具体措施

（一）推进有组织劳务输出。中心城市与受帮扶地区要加强协作，通过线上线下就业服务，为家政服务企业和劳动者求职搭建对接平台，联合开展专场招聘活动，及时发布岗位需求信息，提供免费政策咨询。切实做好对接前后的相关服务保障工作，切实解决交通出行等方面的实际困难，开展关爱活动，维护合法权益，促进稳定就业。对跨省从事家政服务的脱贫人口和防止返贫监测对象，按规定适当安排一次性交通费补助。东西部地区应结合实际支持中西部脱贫人口和防止返贫监测对象跨省就业。

（二）加强家政劳务输出基地建设。遴选一批家政劳务输出基地，扩大家政劳务输出基地规模，有条件的地区可对认定为就业帮扶基地的家政劳务输出基地，按规定通过就业补助资金等给予一次性资金奖补。倾斜支持大型、特大型易地扶贫搬迁集中安置点附近家政劳务输出基地建设。对面向脱贫人口和防止返贫监测对象开展有组织劳务输出的人力资源服务机构、劳务经纪人，按规定给予就业创业服务补助。

（三）培育家政劳务品牌。有条件的地区要结合本地地域特点、家政服务基础，借鉴其他地区的经验做法，大力培育、创建、发展一批有特色、有口碑、有规模的家政劳务品牌，加大宣传推介力度，发挥典型引领作用，借助品牌效应带动有组织劳务输出规模，带动更多脱贫人口、防止返贫监测对象和农村劳动力实现转移就业。

（四）支持家政服务领域创业。引导脱贫人口、防止返贫监测对象和农村劳动力返乡入乡在家政服务领域创业、乡村能人就地创业，帮助有条件的脱贫人口和防止返贫监测对象自主创业，按规定落实税费减免、场地安排、创业担保贷款及贴息、一次性创业补贴和创业培训等政策支持。

（五）加强家政服务技能培训。实施职业技能提升行动、康养职业技能培训计划，面向有意愿从事康养服务的脱贫人口、防止返贫监测对象和农村劳动力，开展就业上岗前培训、岗位技能提升培训、转岗转业培训和创业培训，不断提高家政从业人员职业技能水平。组织制定健康照护师等家政服务领域职业标准。按规定落实好职业技能培训补贴、职业技能鉴定补贴、生活费补贴政策，所需资金从职业技能提升行动专账资金中列支。按规定落实好参保职工技能提升补贴政策，所需资金从失业保险基金中列支。有条件的地方，可适当提高职业技能培训补贴标准。

（六）加强家政培训能力建设。指导技工院校积极开设家政服务等专业，加强与相关企业合作力度，扩大招生和培训规模，提升家政服务业人才培养质量。发挥省级家政服务培训示范基地、各级巾帼家政培训示范基地的示范引领作用，大力开展家政服务从业人员职业技能培训工作。通过积极举办家政服务业相关职业（工种）的职业技能竞赛促进乡村技能人才队伍建设，在全国技能大赛、全国乡村振兴职业技能大赛等各类涉农职业技能竞赛中积极设置家政服务类竞赛项目。

（七）发挥市场主体作用。注重调动家政

服务企业参与对接行动的积极性，大力支持家政服务企业做大做强，拓展农村劳动力转移就业空间。鼓励和引导更多有实力的家政服务企业直接与受帮扶地区开展劳务对接，支持家政服务企业在受帮扶地区建立劳务培训基地，开展订单定向培训。各地要通过政府购买服务等方式，支持职业中介机构、劳务经纪人和职业培训机构等参与对接行动。对家政服务领域的用人单位吸纳脱贫人口和防止返贫监测对象就业的，按规定享受社保补贴、职业培训补贴等政策。

四、工作要求

（一）加强组织领导。各级人力资源社会保障、乡村振兴、东西部协作部门和妇联组织要把家政服务劳务对接助力乡村振兴行动作为巩固拓展脱贫攻坚成果的重要内容，纳入全面推进乡村振兴的工作部署，作为为群众办实事的具体工作内容。坚持中央统筹、省负总责、市县乡抓落实的工作机制，切实加强组织领导，健全工作机制，明确部门分工，形成工作合力。人力资源社会保障部要牵头做好相关工作，加强统筹协调，推动督导落实；国家乡村振兴局要督促指导各地乡村振兴部门向人力资源社会保障部门提供脱贫人口和防止返贫监测对象相关信息，实现数据共享。全国妇联要加强政策宣传，引导更多的脱贫人口、防止返贫监测对象和农村劳动力到家政服务领域就业创业。

（二）落实工作责任。省级人力资源社会保障、乡村振兴、东西部协作部门和妇联组织要高度重视、加大工作力度，精心组织实施，加强协调配合，协同推动家政服务劳务对接工作。加强工作指导督促，及时健全完善省、市、县、乡家政服务劳务对接工作机制，精心制定家政服务劳务对接工作方案，明确年度对接工作目标任务、工作举措和进度安排，做到人员到位、责任到位、工作到位、效果到位。要建立工作台账，加强督促检查，定期调度工作进展，切实推动家政服务劳务对接任务和措施落实落地。

（三）广泛宣传引导。充分利用各种宣传渠道和媒介，大力宣传支持家政服务劳务对接助力乡村振兴行动的政策措施、经验做法和工作成效，宣传脱贫人口、防止返贫监测对象和农村劳动力在家政服务领域就业创业的典型案例，发挥典型引领作用，营造良好的舆论氛围，引导脱贫人口、防止返贫监测对象和农村劳动力树立劳动致富的观念，激发劳动致富内生动力。

请各省级人力资源社会保障厅（局）将本年度对接工作方案、对接名单及年度输转计划（附件1）于6月30日前报人力资源社会保障部农民工工作司，并于12月15日前上报年度工作总结和工作台账（附件2）。

附件：1. 2021年家政服务劳务对接助力乡村振兴行动对接名单及年度输转计划（略）

2. 2021年家政服务劳务对接助力乡村振兴行动台账（略）

2021年6月18日

人力资源社会保障部办公厅关于发布《电子劳动合同订立指引》的通知

人社厅发〔2021〕54号

各省、自治区、直辖市及新疆生产建设兵团人力资源社会保障厅（局）：

为指导用人单位和劳动者依法规范订立电子劳动合同，我部根据《中华人民共和国劳动合同法》《中华人民共和国民法典》《中华人民共和国电子签名法》等法律法规，组织编写了《电子劳动合同订立指引》，现印发给你们。

各地要加大《电子劳动合同订立指引》的宣传力度，指导有订立电子劳动合同意愿的用人单位和劳动者，参照《电子劳动合同订立指引》协商一致订立电子劳动合同，确保电子劳动合同真实、完整、准确、不被篡改。要结合本地实际，加快建设电子劳动合同业务信息系统和公共服务平台，及时公布接收电子劳动合同的数据格式和标准，逐步推进电子劳动合同在人力资源社会保障政务服务中的全面应用。

2021年7月1日

电子劳动合同订立指引

第一章　总　　则

第一条　本指引所指电子劳动合同，是指用人单位与劳动者按照《中华人民共和国劳动合同法》《中华人民共和国民法典》《中华人民共和国电子签名法》等法律法规规定，经协商一致，以可视为书面形式的数据电文为载体，使用可靠的电子签名订立的劳动合同。

第二条　依法订立的电子劳动合同具有法律效力，用人单位与劳动者应当按照电子劳动合同的约定，全面履行各自的义务。

第二章　电子劳动合同的订立

第三条　用人单位与劳动者订立电子劳动合同的，要通过电子劳动合同订立平台订立。

第四条　电子劳动合同订立平台要通过有效的现代信息技术手段提供劳动合同订立、调取、储存、应用等服务，具备身份认证、电子签名、意愿确认、数据安全防护等能力，确保电子劳动合同信息的订立、生成、传递、储存等符合法律法规规定，满足真实、完整、准确、不可篡改和可追溯等要求。

第五条 鼓励用人单位和劳动者使用政府发布的劳动合同示范文本订立电子劳动合同。劳动合同未载明《中华人民共和国劳动合同法》规定的劳动合同必备条款或内容违反法律法规规定的，用人单位依法承担相应的法律责任。

第六条 双方同意订立电子劳动合同的，用人单位要在订立电子劳动合同前，明确告知劳动者订立电子劳动合同的流程、操作方法、注意事项和查看、下载完整的劳动合同文本的途径，并不得向劳动者收取费用。

第七条 用人单位和劳动者要确保向电子劳动合同订立平台提交的身份信息真实、完整、准确。电子劳动合同订立平台要通过数字证书、联网信息核验、生物特征识别验证、手机短信息验证码等技术手段，真实反映订立人身份和签署意愿，并记录和保存验证确认过程。具备条件的，可使用电子社保卡开展实人实名认证。

第八条 用人单位和劳动者要使用符合《中华人民共和国电子签名法》要求、依法设立的电子认证服务机构颁发的数字证书和密钥，进行电子签名。

第九条 电子劳动合同经用人单位和劳动者签署可靠的电子签名后生效，并应附带可信时间戳。

第十条 电子劳动合同订立后，用人单位要以手机短信、微信、电子邮件或者 App 信息提示等方式通知劳动者电子劳动合同已订立完成。

第三章 电子劳动合同的调取、储存、应用

第十一条 用人单位要提示劳动者及时下载和保存电子劳动合同文本，告知劳动者查看、下载电子劳动合同的方法，并提供必要的指导和帮助。

第十二条 用人单位要确保劳动者可以使用常用设备随时查看、下载、打印电子劳动合同的完整内容，不得向劳动者收取费用。

第十三条 劳动者需要电子劳动合同纸质文本的，用人单位要至少免费提供一份，并通过盖章等方式证明与数据电文原件一致。

第十四条 电子劳动合同的储存期限要符合《中华人民共和国劳动合同法》关于劳动合同保存期限的规定。

第十五条 鼓励用人单位和劳动者优先选用人力资源社会保障部门等政府部门建设的电子劳动合同订立平台（以下简称政府平台）。用人单位和劳动者未通过政府平台订立电子劳动合同的，要按照当地人力资源社会保障部门公布的数据格式和标准，提交满足电子政务要求的电子劳动合同数据，便捷办理就业创业、劳动用工备案、社会保险、人事人才、职业培训等业务。非政府平台的电子劳动合同订立平台要支持用人单位和劳动者及时提交相关数据。

第十六条 电子劳动合同订立平台要留存订立和管理电子劳动合同全过程证据，包括身份认证、签署意愿、电子签名等，保证电子证据链的完整性，确保相关信息可查询、可调用，为用人单位、劳动者以及法律法规授权机构查询和提取电子数据提供便利。

第四章 信息保护和安全

第十七条 电子劳动合同信息的管理、调取和应用要符合《中华人民共和国网络安全法》《互联网信息服务管理办法》等法律法规，不得侵害信息主体合法权益。

第十八条 电子劳动合同订立平台及其所依赖的服务环境，要按照《信息安全等级保护管理办法》第三级的相关要求实施网络安全等级保护，确保平台稳定运行，提供连续服务，防止所收集或使用的身份信息、合同内容信息、日志信息泄漏、篡改、丢失。

第十九条 电子劳动合同订立平台要建立健全电子劳动合同信息保护制度，不得非法收集、使用、加工、传输、提供、公开电子劳动合同信息。未经信息主体同意或者法律法规授权，电子劳动合同订立平台不得向他人非法提

供电子劳动合同查阅、调取等服务。

第五章　附　　则

第二十条　本指引中主要用语的含义：

（一）数据电文，是指以电子、光学、磁或者类似手段生成、发送、接收或者储存的信息。

（二）可视为书面形式的数据电文，是指能够有形地表现所载内容，并可以随时调取查用的数据电文。

（三）电子签名，是指数据电文中以电子形式所含、所附用于识别签名人身份并表明签名人认可其中内容的数据。

（四）可靠的电子签名，是指同时符合下列条件的电子签名：

1. 电子签名制作数据用于电子签名时，属于电子签名人专有；

2. 签署时电子签名制作数据仅由电子签名人控制；

3. 签署后对电子签名的任何改动能够被发现；

4. 签署后对数据电文内容和形式的任何改动能够被发现。

（五）可信时间戳，是指权威机构使用数字签名技术产生的能够证明所签名的原始文件在签名时间之前已经存在的数据。

第二十一条　本指引未尽事宜，按照有关法律法规和政策规定执行。

人力资源社会保障部办公厅
关于开展特级技师评聘试点工作的通知

人社厅发〔2021〕66号

各省、自治区、直辖市及新疆生产建设兵团人力资源社会保障厅（局），国务院有关部门、有关中央企业人事劳动保障工作机构：

为加强高技能人才队伍建设，拓展技能人才职业发展通道，根据《中共中央办公厅 国务院办公厅印发〈关于提高技术工人待遇的意见〉的通知》和《人力资源社会保障部关于改革完善技能人才评价制度的意见》（人社部发〔2019〕90号）等有关文件精神，现就开展特级技师评聘试点工作有关事项通知如下：

一、总体要求

以习近平新时代中国特色社会主义思想为指导，全面贯彻党的十九大和十九届二中、三中、四中、五中全会精神，认真落实习近平总书记对技能人才工作的重要指示精神，健全技能人才培养、使用、评价、激励制度，充分发挥高素质技术技能人才、能工巧匠、大国工匠在我国经济社会高质量发展中的重要作用，畅通技能人才职业发展通道，提高其社会地位和待遇水平，为健全完善职业技能等级制度奠定基础。

二、试点范围

（一）企业范围。经省级及以上人社部门备案开展职业技能等级认定的企业。其中，备案的中央企业分公司、子公司由中央企业统筹确定。

（二）职业（工种）范围。企业可选择与本企业专业技术人才实现职业发展贯通的工程技术类等职业（工种）先行试点。

三、岗位条件

特级技师是在高技能人才中设置的高级技术职务（岗位），应为企业生产科研一线从事技术技能工作并具备相应条件的优秀高技能人才。

（一）基本条件

1. 模范遵守国家法律法规和企业规章制度，具备良好的职业道德和工匠精神，爱岗敬业、甘于奉献，公认度高；

2. 具有高级技师职业资格或职业技能等级，并在高级技师岗位工作满5年且仍从事本职业（工种）工作；

3. 职业技能水平高、业绩贡献突出并在某一生产工作领域具有独特先进的操作技术方法，或在开发应用先进科学技术成果并将其转化为现实生产力方面、在技术革新和技术改造中创造效益并做出突出贡献，或在带徒传技等方面业绩突出；

4. 具有适应工作岗位需要的身体条件。

（二）具备基本条件并符合下列条件之一者优先考虑：

1. 中华技能大奖获得者；

2. 享受国务院颁发的政府特殊津贴人员；

3. 全国技术能手；

4. 国家级技能大师工作室带头人或获得省部级、中央企业及以上技能大师类称号者。

四、评审办法

遵循客观、公正、科学、规范的原则，按照以下步骤组织开展评审工作。

（一）制定方案。企业按照本通知要求结合实际制定工作方案，明确评审职业（工种）范围、评审条件、评审方式、组织形式、时间安排等，并向全体职工公开。

（二）组织评审。对符合资格条件者，原则上由企业考评机构自主组织或委托行业组织评审，提出特级技师建议人选名单。

（三）公示核准。建议人选名单须在企业内进行公示，公示期不少于 5 个工作日。经公示无异议的，由企业确定特级技师人员名单并颁发证书。证书样式和编码分别按照附件 1 和附件 2 要求确定，证书编码中第 16 位为大写英文字母 T。

（四）任职聘用。企业应与特级技师签订聘任协议，明确双方责任、权利、义务等。同时，企业按有关要求和程序，及时按规定上传特级技师数据信息，纳入全国职业技能等级证书查询系统。

五、相关政策

（一）企业应为特级技师设立技能大师工作室等工作平台，为其开展技术技能革新、工艺流程改进、解决重大技术难题等提供条件，充分发挥其在技术攻关、发明创造以及带徒传技等方面的作用。企业应根据实际，吸纳特级技师参与科研攻关、重大项目招投标技术评审等工作。

（二）聘用到特级技师岗位的人员，可比照本企业正高级职称人员享受相关待遇。可结合实际情况，按规定享受疗休养（休假）以及落户、购（租）住房、医疗保障、子女教育等方面的政策。

六、工作要求

（一）加强组织领导。请各地区、各有关部门和单位于 9 月底前将试点申请（含企业名单）报我部备案后组织开展试点，今年内完成试点工作。各地也可结合实际，选择本地龙头企业、大型企业等组织开展试点。试点企业所在地人社部门要加强统筹协调，认真组织实施，及时提供咨询、备案、数据信息管理等各项服务工作。

（二）健全评审制度。各地区、各有关部门要指导开展特级技师评审的企业，坚持以用为本，科学制定实施方案，合理确定结构比例，对评审标准、评审程序、评审办法和配套措施作出具体规定，精心组织实施，自觉接受本企业职工监督。

（三）确保评审质量。设立特级技师，不是高级技师的普遍晋升，要从严掌握，稳妥开展，确保质量。对本通知印发前已开展特级技师评审工作的，可按本通知有关要求进行复核确认。要切实发挥特级技师作用，落实相关待遇政策。

（四）加强监督管理。各地区、各有关部门和单位要加强对特级技师评审工作的监督管理，建立退出机制。对申请人或申报单位弄虚作假的，应取消其参加本年度评审资格，五年内不得申请或参与特级技师评审申报工作。

附件：1. 特级技师证书参考样式（略）

2. 特级技师证书编码规则

2021 年 9 月 2 日

附件 2

特级技师证书编码规则

特级技师证书编码由 2 位大写英文字母和 20 位阿拉伯数字组成，主要包括 7 个部分：1. 评价机构类别代码；2. 评价机构代码；3. 评价机构（站点①）所在地省级代码；4. 评价机构（站点）序列码；5. 证书核发年份代码；6. 职业技能等级代码；7. 证书序列码。其中，第 1~4 部分由人力资源社会保障部门赋码，第 5~7 部分由评价机构赋码。具体表现形式见下表。

表　　证书编码构成

<table>
<tr><td>序号</td><td>1</td><td>2</td><td>3</td><td>4</td><td>5</td><td>6</td><td>7</td><td>8</td><td>9</td><td>10</td><td>11</td><td>12</td><td>13</td><td>14</td><td>15</td><td>16</td><td>17</td><td>18</td><td>19</td><td>20</td><td>21</td><td>22</td></tr>
<tr><td>说明</td><td>评价机构类别代码</td><td colspan="4">评价机构代码</td><td colspan="2">评价机构（站点）所在地省级代码</td><td colspan="6">评价机构（站点）序列码</td><td colspan="2">证书核发年份代码</td><td>职业技能等级代码“T”</td><td colspan="6">证书序列码</td></tr>
<tr><td>来源</td><td colspan="13">人力资源社会保障部门确定</td><td colspan="9">评价机构确定</td></tr>
</table>

① 注：指在人力资源社会保障部备案的中央企业子公司、分公司和社会培训评价组织的考核站点。

人力资源社会保障部办公厅 工业和信息化部办公厅 关于颁布集成电路工程技术人员等7个国家职业技术技能标准的通知

人社厅发〔2021〕70号

各省、自治区、直辖市及新疆生产建设兵团人力资源社会保障厅（局）、工业和信息化主管部门，中共海南省委人才发展局，各省、自治区、直辖市通信管理局：

根据《中华人民共和国劳动法》有关规定，人力资源社会保障部、工业和信息化部共同制定了集成电路工程技术人员等7个国家职业技术技能标准，现予颁布施行。

附件：7个国家职业技术技能标准目录

2021年9月29日

附件

7个国家职业技术技能标准目录

序号	职业编码	职业名称
1	2-02-09-06	集成电路工程技术人员
2	2-02-10-09	人工智能工程技术人员
3	2-02-10-10	物联网工程技术人员
4	2-02-10-12	云计算工程技术人员
5	2-02-10-13	工业互联网工程技术人员
6	2-02-10-14	虚拟现实工程技术人员
7	2-02-30-11	数字化管理师

人力资源社会保障部办公厅关于印发《专业技术人才知识更新工程数字技术工程师培育项目实施办法》的通知

人社厅发〔2021〕71号

各省、自治区、直辖市及新疆生产建设兵团人力资源社会保障厅（局），中共海南省委人才发展局，国务院有关部委、直属机构人事部门，有关行业协会、企业、事业单位：

党的十九届五中全会提出，发展战略性新兴产业，推动互联网、大数据、人工智能等同各产业深度融合，推动先进制造业集群发展，构建一批各具特色、优势互补、结构合理的战略性新兴产业增长引擎。为加快数字技术技能人才培养，支持战略性新兴产业发展，助力数字经济和实体经济深度融合，我部根据《专业技术人才知识更新工程实施方案》和《人力资源社会保障部办公厅关于加强新职业培训工作的通知》，研究制定了《专业技术人才知识更新工程数字技术工程师培育项目实施办法》。现将实施办法印发给你们，请结合实际认真贯彻落实。

各地区、各有关部门要高度重视数字技术技能人才培养和评价工作，加强组织领导和沟通协调，统筹谋划，科学部署，规范有序开展工作，不断提升培养评价质量。加强政策保障，结合实际研究制定配套措施办法，兑现相关政策待遇。加强培训和评价全过程监督检查，构建政府监管、机构自律、社会监督的管理体系。加大宣传力度，做好政策解读，大力宣传典型经验和做法，强化引领示范作用，营造良好社会氛围。在项目实施过程中如有问题，请及时与国家专业技术人才知识更新工程指导协调小组办公室（人力资源社会保障部专业技术人员管理司）联系。

2021年10月8日

专业技术人才知识更新工程数字技术工程师培育项目实施办法

为实施好专业技术人才知识更新工程数字技术工程师培育项目（以下简称项目），根据《专业技术人才知识更新工程实施方案》和《人力资源社会保障部办公厅关于加强新职业培训工作的通知》有关要求，制定本实施办法。

一、目标任务

2021年至2030年，围绕人工智能、物联网、大数据、云计算、数字化管理、智能制造、工业互联网、虚拟现实、区块链、集成电路等数字技术技能领域，每年培养培训数字技术技能人员8万人左右，培育壮大高水平数字技术工程师队伍。

二、组织领导

（一）坚持统一领导、分工负责、分类指导、分级组织的原则，实施规范化培训、社会化评价，探索建立数字技术工程师培育认证制度。

（二）国家专业技术人才知识更新工程指导协调小组（以下简称工程指导协调小组）负责项目的政策制定、统筹协调、组织管理，建立政府主导、社会参与、市场推动、多方监督的管理体制。

（三）工程指导协调小组办公室设在人力资源社会保障部专业技术人员管理司，负责项目的组织实施，组织制定项目实施办法，制定专业技术等级证书样式和编码规则，安排部署相关工作，对项目实施进行指导协调和监督检查；会同中国就业培训技术指导中心征集遴选发布培训机构和评价机构目录。

（四）各地人力资源社会保障部门负责本地区项目的具体实施，对在本地区组织的培训和评价全过程进行监督检查，制定相关配套政策措施。

（五）中国就业培训技术指导中心具体负责组织开发国家职业标准、提供专业技术等级证书信息网络查询服务等工作。

三、职业培训和评价

（一）国家职业标准是数字技术技能领域从业人员培训和评价的依据。人力资源社会保障部会同有关行业主管部门统筹规划并制定颁布国家职业标准。各职业均分为初级、中级、高级三个专业技术等级，分职业、分方向、分等级开展培训和评价。

（二）人力资源社会保障部会同行业主管部门组织相关职业领域的专家学者编写培训大纲和培训教程，中国人力资源和社会保障出版集团负责出版培训教程，供相关领域培训和评价使用。

（三）培训和评价工作坚持质量第一、以用为本原则，坚持市场导向、需求导向、目标导向，以能力建设为核心，以培育壮大高水平数字技术工程师队伍为目标，高标准、高质量规范组织实施，确保培训质量、评价结果经得起社会和市场检验。

（四）培训机构按照国家职业标准和培训大纲明确的培训学时、内容和要求，规范开展线上、线下培训，对完成规定学时和内容的学员进行结业考核，颁发培训合格证书。

（五）符合国家职业标准规定申报条件的学员，按照申报考核证明事项告知承诺制的有关要求，向评价机构诚实守信申报相关职业专业技术等级考核。培训机构应主动对接评价机构，协调做好学员申报考核有关服务保障工作。

（六）评价机构按照国家职业标准规定的申报条件审核确认报考名单，科学、客观、公正地组织专业技术等级考核，理论知识考核和专业能力考核成绩皆达60分（含）以上者为合格，考核合格者获得相应专业技术等级证书。

（七）评价机构按照全国统一的编码规则和证书样式，制作并颁发专业技术等级证书（或电子证书，可将社会保障卡作为电子证书的载体），谁评价、谁发证、谁负责。电子证书与纸质证书具有同等效力。

四、培训机构和评价机构的遴选

（一）坚持公开、公平、公正，对项目中的培训和评价实施目录清单管理，制定职业目录、培训机构目录、评价机构目录，目录向社会公开并动态调整。

（二）具备以下条件的独立法人机构，可向人力资源社会保障部门申请开展数字技术技能人员职业培训或评价工作：

1. 在中国境内依法登记具有培训资质的机构，建有规范的财务制度和管理制度，社会信用良好，无违法、失信、重大经济纠纷等不良记录。

2. 在拟开展培训或评价的职业（行业）领域具有较强的影响力、公信力、认可度，配有专职工作人员、稳定的师资队伍，配备相应的场地、设备和工具（软件）系统等实训场所、工作现场或线上平台，能开展线上、线下培训或考核。

3. 培训机构和评价机构一般应具有 5 年以上技术技能人员培训、考核经验，达到年培训、考核技术技能人员 2 000 人次以上的规模。

4. 自愿接受人力资源社会保障部门的监督。

（三）培训机构优先遴选国家级专业技术人员继续教育基地；评价机构优先遴选相关职业标准开发单位，逐步扩大到管理规范、运行正常、符合条件的行业组织、龙头企业。

（四）具备相关资质条件的社会机构自愿申请，经省级人力资源社会保障部门或行业主管部门人事部门推荐，由中国就业培训技术指导中心组织专家进行初评，初评结果经工程指导协调小组办公室审核后，报工程指导协调小组确定培训机构和评价机构目录。

（五）工程指导协调小组办公室将遴选确定的培训机构和评价机构面向社会公示 15 个工作日，对公示无异议的机构，在技能（技术）人才评价工作网（网址：www. osta. org. cn）和国家专业技术人才知识更新工程公共服务平台（网址：zsgx. mohrss. gov. cn）公布培训机构和评价机构目录。

（六）列入目录的培训机构和评价机构有效期限为 3 年，并在有效期限内按照以下要求具体实施：

1. 培训机构和评价机构应制订培训考核年度计划，年终进行总结，并将总结和年度计划报送工程指导协调小组办公室。

2. 培训机构应建设稳定的高水平师资队伍，加大经费投入，配套培训场地和软、硬件基础设施，开发利用线上培训平台，建立学员考勤、质量评估等制度，规范开展培训。

3. 评价机构应加强命题专家、考评员和质量督导员队伍建设，依托现有培训场地建设标准化考场和环境，开发利用线上考核平台，建设考核题库，建立考务管理、考核保密、证书管理等制度，客观、公正、严密组织考核，并在考核结束后 1 个月内将专业技术等级证书数据和考核有关情况统计表报属地省级人力资源社会保障厅（局）进行数据真实性、合规性审核归集后，通过信息报送渠道报中国就业培训技术指导中心初核，由工程指导协调小组办公室审核后上网。

4. 培训机构和评价机构应根据服务成本、市场需求和经济发展水平等因素合法合理确定收费标准，并向社会公开。国家级专业技术人员继续教育基地要突出公益性、示范性，按照弥补成本、以支定收的原则确定收费标准。鼓励地方、部门、用人单位和个人等多渠道给予经费支持。

5. 培训机构和评价机构应当妥善保管培训和评价工作全过程资料，纸质资料保管不少于 3 年，电子资料不少于 5 年，确保培训和评价的过程及结果可追溯、可倒查。

五、政策保障

各地人力资源社会保障部门要坚持以用为本，建立健全培养与使用、评价与激励相衔接的制度保障，将取得专业技术等级证书和职业技能等级证书人员信息纳入人才统计范围，兑现相关政策。

（一）参加数字技术工程师培育项目取得的相应学时记入《专业技术人员继续教育证书》，当年度全国有效。

（二）取得高级专业技术等级证书的，可

作为申报高级职称评审的重要参考；取得中级、初级专业技术等级证书的，可纳入各地各部门中级、初级职称认定范围。具体职称认定或衔接办法由各地各部门结合实际自行研究制定。

（三）取得培训合格证书的，按照有关规定申领职业培训补贴。各地人力资源社会保障部门负责将培训机构目录、评价机构目录等信息纳入本地职业技能提升行动“两目录一系统”，制定完善职业培训补贴政策。

六、服务和监管

（一）中国就业培训技术指导中心依托技能（技术）人才评价工作网，向社会提供信息查询服务，内容包括培训机构、评价机构、有效期限、培训评价职业及等级范围、国家职业标准、专业技术等级证书等信息。

（二）人力资源社会保障部门会同有关部门采取“双随机、一公开”监管模式，通过调阅资料、现场检查等方式对培训机构、评价机构及其培训、评价活动进行抽查检查，探索建立以培训出勤率、考核通过率、就业创业成功率等为主要内容的评估机制，构建政府监管、机构自律、社会监督的监督体系。

（三）培训机构和评价机构不得发布虚假广告、发放“培训贷”、夸大培训效果（如包过、不过退费、包就业、包年薪等），不得在目录之外或转包、转让给其他机构开展相关培训评价活动，不得弄虚作假，严禁违规套取或冒领费用。有上述违规行为的，一经调查核实，则退出培训机构或评价机构目录，并交有关主管部门依法依规处理。

人力资源社会保障部办公厅
国家文物局办公室关于颁布
文物修复师国家职业技能标准的通知

人社厅发〔2021〕73号

各省、自治区、直辖市及新疆生产建设兵团人力资源社会保障厅（局）、文物局（文化和旅游厅/局）：

根据《中华人民共和国劳动法》有关规定，人力资源社会保障部、国家文物局共同制定了文物修复师国家职业技能标准，现予颁布施行。

附件：文物修复师国家职业技能标准目录

2021年9月30日

附件

文物修复师国家职业技能标准目录

序号	职业编码	职业名称
1	4-13-03-02	文物修复师

注：该职业技能标准内容可在人力资源社会保障部官网查询。

人力资源社会保障部办公厅 自然资源部办公厅关于颁布无人机测绘操控员国家职业技能标准的通知

人社厅发〔2021〕76号

各省、自治区、直辖市及新疆生产建设兵团人力资源社会保障厅（局）、自然资源主管部门：

根据《中华人民共和国劳动法》有关规定，人力资源社会保障部、自然资源部共同制定了无人机测绘操控员国家职业技能标准，现予颁布施行。

附件：无人机测绘操控员国家职业技能标准目录

2021年10月13日

附件

无人机测绘操控员国家职业技能标准目录

序号	职业编码	职业名称
1	4-08-03-07	无人机测绘操控员 L

注：1. “L”代表绿色职业。

2. 该职业技能标准内容可在人力资源社会保障部官网查询。

人力资源社会保障部办公厅关于做好重复领取养老保险待遇问题处理工作的通知

人社厅发〔2021〕77 号

各省、自治区、直辖市及新疆生产建设兵团人力资源社会保障厅（局），中央国家机关养老保险管理中心：

近年来，各地高度重视重复领取养老保险待遇问题，积极开展核查处理，有效防范基金流失，但跨地区跨制度重复领取养老保险待遇问题仍未得到有效解决。为维护基金安全，根据有关政策，现就进一步做好重复领取养老保险待遇问题处理工作有关事项通知如下：

一、加强信息共享比对，及时发现疑点信息

本通知所称重复领取养老保险待遇是指在同一制度内重复领取养老保险待遇及跨制度重复领取养老保险待遇。

各省级社会保险经办机构（以下简称经办机构）要依托省级业务信息系统，建立企业职工基本养老保险、机关事业单位工作人员养老保险、城乡居民基本养老保险待遇领取人员信息核验比对工作机制，对省内重复领取待遇情况进行核验比对，同时通过社会保险信息比对查询系统等部级平台，对跨省重复领取养老保险待遇人员信息进行比对。对于新增符合待遇领取条件人员，各地要在核定其待遇前进行人员基础信息的真实性比对和跨地区、跨险种信息比对，发现存在疑似重复领取待遇情形的，要立即暂停其待遇核定，与当事人及重复领取地经办机构核实处理。

我部也将定期筛查比对跨地区跨制度重复领养老保险待遇人员疑点信息，通过部级社会保险业务稽核考核系统（以下简称稽核系统），按照预设规则将疑点数据下发至重复领取地中的一个经办机构，由该经办机构负责发起核查处理，并通过稽核系统向我部反馈核查处理结果。

二、依托稽核系统，做好疑点信息异地协查

异地协查依托稽核系统线上办理（电子化操作流程可在系统首页下载）。对于发现待遇领取人员疑似跨省重复领取待遇的，发现地经办机构应在发现当月，通过稽核系统“异地协查-重复领取协查”模块生成《疑似重复领取待遇人员信息协查函》，发起协查，并告知疑似重复领取地经办机构。

疑似重复领取地经办机构收到协查函后，应在 5 个工作日内查询疑似重复领取待遇人员在本地的待遇领取情况，并通过稽核系统生成《疑似重复领取待遇人员信息协查回执》，反馈发现地经办机构。

三、规范经办流程，妥善处理重复领取待遇问题

经异地协查确认重复领取待遇的，按照“告知、协商、清退”的步骤处理。

（一）告知。

制度内重复领取企业职工或机关事业单位养老保险待遇及跨制度重复领取企业职工和机关事业单位养老保险待遇的，由月实发金额低的经办机构作为告知地。

重复领取企业职工养老保险待遇和城乡居民基本养老保险待遇、机关事业单位养老保险待遇和城乡居民基本养老保险待遇的，保留其企业职工基本养老保险待遇或机关事业单位养老保险待遇，清退其城乡居民基本养老保险待遇。由待遇清退地经办机构作为告知地。重复领取城乡居民基本养老保险待遇的，保留其首次领取地的城乡居民基本养老保险关系，清退非首次领取地养老保险关系，非首次领取地为待遇清退地。由待遇清退地经办机构作为告知地。

由告知地经办机构向重复领取人员送达《重复领取待遇告知书》（附件1），履行告知义务，同时暂停发放其告知地养老保险待遇。

（二）协商。

协商仅适用于制度内重复领取企业职工或机关事业单位养老保险待遇及跨制度重复领取企业职工和机关事业单位养老保险待遇的情形，由告知地经办机构负责实施。告知地经办机构应于送达《重复领取待遇告知书》后10个工作日内与重复领取待遇人员协商确定待遇领取地，签署《待遇领取地确认书》（附件2），并将确认书发送至重复领取地经办机构。

若当事人确认保留重复领取地养老保险关系，则告知地为待遇清退地。若当事人确认保留告知地养老保险关系，清退重复领取地养老保险待遇，则重复领取地为待遇清退地，告知地经办机构应自当事人签署《待遇领取地确认书》的次月起，恢复并补发当事人的养老保险待遇，清退地经办机构应自收到《待遇领取地确认书》的次月起，暂停发放当事人清退地养老保险待遇。

（三）清退。

待遇清退地经办机构应根据协查、协商情况，核实重复领取待遇人员多领待遇金额和个人账户余额（城乡居民基本养老保险个人账户余额应扣除政府补贴），责令当事人退还多领的养老保险待遇，办理养老保险关系终止手续。当事人退还多领待遇后，个人账户仍有余额的，一次性退还本人。当事人确实难以一次性退还多领待遇，需申请协助抵扣的，待遇清退地经办机构可与当事人签署《重复领取养老保险待遇协助抵扣通知单》（附件3），并将加盖单位签章的协助抵扣通知单发送至待遇保留地经办机构。待遇保留地经办机构应予以协助。

对于当事人拒不配合、拒不退还多领待遇的，社会保险经办机构可以申请法院强制执行或向人民法院提起诉讼。符合失信行为情形的，依法将当事人纳入社会保险领域严重失信主体名单，实施联合惩戒。

省内重复领取待遇的情形可参照跨省重复领取待遇的清退办法处理，也可由各省自行规定。经办机构之间的账务处理参照《社会保险基金会计制度》执行。

四、有关要求

（一）加强组织领导。

各地要把重复领取养老保险待遇问题处理工作作为防范社会保险基金跑冒滴漏风险的重要内容，明确牵头部门和责任人，压实工作责任，加大数据共享比对和数据稽核力度，力促问题早发现、早整改。

（二）密切协作配合。

重复领取养老保险待遇问题涉及不同地区、不同机构，各地区、各机构要加强沟通，紧密协作，共同做好政策宣传、异地协查、告知清退等工作，确保相互衔接顺畅有序，保障参保人合法权益。

（三）加大督导力度。

各地要加大对重复领取待遇问题核查的调度督导力度，建立工作台账，督促市县经办机构逐人逐条核实处理。对未按时限要求进行核实处理或不配合核实处理的经办机构要进行通报、约谈。

附件：1. 重复领取待遇告知书

2. “待遇领取地”确认书

3. 重复领取养老保险待遇协助抵扣通知单

2021 年 10 月 14 日

附件 1

重复领取待遇告知书

＿＿＿＿＿＿（当事人姓名）：

经异地协查确认，您（社会保障号码＿＿＿＿＿＿＿＿＿）于＿＿年＿＿月至＿＿年＿＿月在本地领取（□企业职工，□机关事业单位工作人员，□城乡居民）基本养老保险待遇的同时，在＿＿＿＿＿＿＿＿＿社会保险经办机构领取了（□企业职工，□机关事业单位工作人员，□城乡居民）养老保险待遇，按照《人力资源社会保障部　财政部关于印发〈城乡养老保险制度衔接暂行办法〉的通知》（人社部发〔2014〕17 号）、《关于做好重复领取城乡养老保险待遇核查工作的通知》（人社厅发〔2014〕34 号）、《关于职工基本养老保险关系转移接续有关问题的补充通知》（人社厅发〔2019〕94 号）等有关规定，此行为属于重复领取养老保险待遇。为做好重复领取养老保险待遇清理工作，现将有关事项告知如下：

一、请于＿＿年＿＿月＿＿日前携带本人有效身份证件原件到我单位（□办理养老保险待遇清理手续/□签署《待遇领取地确认书》）。因特殊原因本人不能前来，可委托他人办理。被委托人需携带本人、委托人有效身份证件原件和委托书。

二、我们将按规定暂停您在本地领取的（□企业职工，□机关事业单位工作人员，□城乡居民）基本养老保险待遇。

三、逾期未到我单位（□签署《待遇领取地确认书》/□办理养老保险待遇清理手续），我们将向人民法院提起诉讼。符合失信行为情形的，将被纳入社会保险领域严重失信主体名单，实施联合惩戒。

特此告知。

联系人：＿＿＿＿＿　电话：＿＿＿＿＿

地址：＿＿＿＿＿＿＿＿＿＿＿

社会保险经办机构（盖章）

年　　月　　日

附件 2

“待遇领取地”确认书

本人姓名________，社会保障号码______________，已收到并仔细阅读《重复领取待遇告知书》。

经认真考虑，本人决定保留_________省（区、市）的（☐企业职工、☐机关事业单位工作人员）基本养老保险关系，继续在______________（社会保险经办机构）领取待遇，同时，清退____________省（区、市）____________________（社会保险经办机构）的（☐企业职工，☐机关事业单位工作人员）基本养老保险待遇，并终止基本养老保险关系。

上述内容为本人真实意愿，特此确认，且不再更改。

确认人手抄确认：

____

确认人联系电话：

确认人：（签字）

年　　月　　日

（此件一式三份，待遇清退地和待遇保留地社会保险经办机构、当事人各一份）

附件 3

重复领取养老保险待遇协助抵扣通知单

__________（社会保险经办机构）：

当事人（姓名）__________，未按时足额退回在我地重复领取的养老保险待遇，现请你单位予以协助抵扣，并将协助抵扣金额划转我处。

参保人员基本信息			
姓名		社会保障号码	
协助抵扣总金额	小写：______元　大写：______________元		
月抵扣金额	______元	抵扣月数	______个月
协助抵扣起止时间	___年___月至___年___月		

续表

社会保险经办机构账户信息			
开户银行全称		银行账号	
开户名全称			

经办人：　　　　　　　　联系电话：

当事人确认：本人已阅知上述内容，同意由＿＿＿＿＿（社会保险经办机构）按照上述月抵扣金额、抵扣月数和抵扣起止年月，从本人每月应发放的养老保险待遇中逐月抵扣，直至全部退还。

当事人签字：　　　　年　　月　　日

社会保险经办机构（盖章）

年　　月　　日

（此件一式三份，待遇清退地和待遇保留地社会保险经办机构、当事人各一份）

人力资源社会保障部办公厅 中央网信办秘书局 国家广播电视总局办公厅 关于颁布互联网营销师 国家职业技能标准的通知

人社厅发〔2021〕79号

各省、自治区、直辖市人力资源社会保障厅（局）、网信办、广播电视局，新疆生产建设兵团人力资源社会保障局、网信办、文化体育广电和旅游局：

根据《中华人民共和国劳动法》有关规定，人力资源社会保障部、中央网信办、国家广播电视总局共同制定了互联网营销师国家职业技能标准，现予颁布施行。

附件：互联网营销师国家职业技能标准目录

2021年10月15日

附件

互联网营销师国家职业技能标准目录

序号	职业编码	职业名称
1	4-01-02-07	互联网营销师

注：该职业技能标准内容可在人力资源社会保障部官网查询。

人力资源社会保障部办公厅
中央网信办秘书局
工业和信息化部办公厅　公安部办公厅
关于颁布信息安全测试员
国家职业技能标准的通知

人社厅发〔2021〕80号

各省、自治区、直辖市及新疆生产建设兵团人力资源社会保障厅（局）、网信办、工业和信息化主管部门、通信管理局、公安厅（局）：

根据《中华人民共和国劳动法》有关规定，人力资源社会保障部、中央网信办、工业和信息化部、公安部共同制定了信息安全测试员国家职业技能标准，现予颁布施行。

附件：信息安全测试员国家职业技能标准目录

2021年10月19日

附件

信息安全测试员国家职业技能标准目录

序号	职业编码	职业名称
1	4-04-04-04	信息安全测试员

注：该职业技能标准内容可在人力资源社会保障部官网查询。

人力资源社会保障部办公厅 工业和信息化部办公厅 关于颁布呼叫中心服务员等 6个国家职业技能标准的通知

人社厅发〔2021〕81号

各省、自治区、直辖市及新疆生产建设兵团人力资源社会保障厅（局）、工业和信息化主管部门、通信管理局：

根据《中华人民共和国劳动法》有关规定，人力资源社会保障部、工业和信息化部共同制定了呼叫中心服务员等6个国家职业技能标准，现予颁布施行。原相应国家职业技能标准同时废止。

附件：6个国家职业技能标准目录

2021年10月21日

附件

6个国家职业技能标准目录

序号	职业编码	职业名称
1	4-04-05-03	呼叫中心服务员
2	4-04-05-05	人工智能训练师
3	4-08-05-07	电气电子产品环保检测员 L
4	6-18-01-07	多工序数控机床操作调整工

5	6-21-04-01	电子专用设备装调工
6	6-24-03-02	光纤光缆制造工

注：1. “L”代表绿色职业。
2. 以上职业技能标准内容可在人力资源社会保障部官网查询。

人力资源社会保障部办公厅
民政部办公厅关于颁布殡仪服务员等
5个国家职业技能标准的通知

人社厅发〔2021〕82号

各省、自治区、直辖市及新疆生产建设兵团人力资源社会保障厅（局）、民政厅（局）：

根据《中华人民共和国劳动法》有关规定，人力资源社会保障部、民政部共同制定了殡仪服务员等5个国家职业技能标准，现予颁布施行。原相应国家职业技能标准同时废止。

附件：5个国家职业技能标准目录

2021年10月15日

附件

5个国家职业技能标准目录

序号	职业编码	职业名称
1	4-10-06-01	殡仪服务员
2	4-10-06-02	遗体防腐整容师
3	4-10-06-03	遗体火化师
4	4-10-06-04	公墓管理员
5	4-14-01-04	社群健康助理员

注：以上职业技能标准内容可在人力资源社会保障部官网查询。

人力资源社会保障部办公厅 财政部办公厅关于畅通失业保险关系跨省转移接续的通知

人社厅发〔2021〕85号

各省、自治区、直辖市及新疆生产建设兵团人力资源社会保障厅（局）、财政厅（局）：

为进一步规范个人申请失业保险关系跨省（自治区、直辖市）（以下简称跨省）转移接续，畅通失业保险待遇申领渠道，保障劳动者的失业保险权益，现就有关事项通知如下：

一、关于参保职工和参保失业人员跨省转移接续

（一）参保职工跨省就业的，失业保险关系应随之转迁，缴费年限累计计算。

（二）参保失业人员符合领取失业保险金条件的，在最后参保地申领失业保险金及其他相关待遇，也可以选择回户籍地申领，待遇发放期间不得中途变更发放地。选择户籍地申领的，须办理失业保险关系转移。

（三）对不符合领取失业保险金条件、符合领金条件但未申领，以及正在领金期间的参保失业人员，跨省重新就业并参保的，失业保险关系应随之转移至新参保地，缴费年限累计计算。

（四）失业保险关系跨省转迁的，失业保险费用应随失业保险关系相应划转。但在转出地参保缴费不满1年的，只转移失业保险关系，不转移失业保险费用。

二、关于需划转的失业保险费用计算方法及待遇发放标准

（一）需划转的失业保险费用包括失业保险金，领金期间基本医疗保险费，领金期间接受职业培训、职业介绍的补贴。其中，基本医疗保险费和职业培训、职业介绍补贴按参保失业人员应享受失业保险金总额的一半计算。

（二）转入地经办机构按照本统筹地区规定和标准，为参保失业人员核定失业保险金发放期限和各项失业保险待遇。

（三）转出地划转的失业保险费用，不足待遇支付部分由转入地失业保险基金支付，超出待遇支付部分并入转入地失业保险基金。

三、关于转移接续办理流程

失业保险关系跨省转移接续既可线下通过经办窗口进行，也可依托金保工程在线上进行。

（一）转移失业保险关系包括以下内容：姓名、社保卡号、就业失业状态、参保缴费记录（已核定失业保险金缴费记录和未核定失业保险金缴费记录）、应当领取而尚未领取的失业保险金记录、失业原因、失业保险待遇标准、基金转移金额、转入地和转出地经办机构信息及其他必要信息。

（二）参保职工或参保失业人员可先到转出地经办机构开具转移凭证，之后到转入地经办机构办理关系转入。对符合条件的，转出地经办机构收到申请后应在5个工作日内办理转出，转入地经办机构收到转出地开具的失业保险关系转移接续联系函后，应在5个工作日内办理转入。对不符合条件的，要说明理由。

（三）参保职工或参保失业人员也可直接到转入地经办机构申请转移失业保险关系，转入地经办机构不得要求申请人再到转出地开具相关证明。对符合条件的，转入地经办机构在收到申请后，应在5个工作日受理并向转出地经办机构发出失业保险关系转移接续联系函，转出地收到联系函后，应在5个工作日内办理转出。对不符合条件的，要说明理由。

（四）转出地经办机构应在失业保险关系转出后的1个月内向转入地划转失业保险费用。失业保险费用划转期间，不影响转入地经办机构按规定为参保失业人员发放失业保险待遇。转入地经办机构不得以费用未划转到位为由，拒发失业保险待遇。

四、其他事项

（一）本通知中涉及的人员身份以申请人失业保险关系转移前的状态确定。

（二）转出地经办机构将参保单位、参保职工和参保失业人员有关信息转出后，仍需保留信息备份，注明失业保险关系转入地信息和失业保险费用划转金额及明细。

（三）本通知适用于参保职工和参保失业人员跨省转移失业保险关系。省内跨统筹区失业保险关系转移及费用划转的办法由各省、自治区自行制定。

（四）经办机构依法主动办理和参保单位成建制跨省转移失业保险关系的，仍按现行规定执行。

（五）各地人力资源社会保障部门应加强失业保险关系转移接续信息化建设。

（六）现行规范性文件与本通知规定不一致的，以本通知规定为准。

各地要高度重视，加强组织协调，精简手续，压缩环节，加快办理，方便参保职工和参保失业人员办理关系转移接续，同时，加强信息化管理，防范基金骗领、冒领，确保基金安全。

2021年11月9日

人力资源社会保障部办公厅 住房和城乡建设部办公厅 关于颁布燃气供应服务员等 2个国家职业技能标准的通知

人社厅发〔2021〕88号

各省、自治区人力资源社会保障厅、住房和城乡建设厅，直辖市人力资源社会保障局、住房和城乡建设（管）委，新疆生产建设兵团人力资源社会保障局、住房和城乡建设局：

根据《中华人民共和国劳动法》有关规定，人力资源社会保障部、住房和城乡建设部共同制定了燃气供应服务员等2个国家职业技能标准，现予颁布施行。

附件：2个国家职业技能标准目录

2021年11月12日

附件

2个国家职业技能标准目录

序号	职业编码	职业名称
1	4-11-02-00	燃气供应服务员
2	6-28-02-01	燃气储运工

注：以上职业技能标准内容可在人力资源社会保障部官网查询。

人力资源社会保障部办公厅 关于颁布网约配送员等 18 个国家职业技能标准的通知

人社厅发〔2021〕92 号

各省、自治区、直辖市及新疆生产建设兵团人力资源社会保障厅（局），国务院有关部委、直属机构人事劳动保障工作机构，中央军委政治工作部兵员和文职人员局，有关行业、企业人事劳动保障工作机构：

根据《中华人民共和国劳动法》有关规定，我部组织制定了网约配送员等 18 个国家职业技能标准，现予颁布施行。原相应国家职业技能标准同时废止。

附件：18 个国家职业技能标准目录

2021 年 12 月 2 日

附件

18 个国家职业技能标准目录

序号	职业编码	职业名称
1	4-02-07-10	网约配送员
2	4-04-05-04	建筑信息模型技术员 L
3	4-05-05-02	鉴定估价师（机动车鉴定评估师）
4	4-05-06-02	信用管理师
5	4-10-01-01	婴幼儿发展引导员
6	4-10-01-03	保育师

7	4-10-02-01	裁缝
8	4-12-02-01	计算机维修工
9	4-12-02-02	办公设备维修工
10	4-14-02-01	公共营养师
11	4-14-02-04	出生缺陷防控咨询师
12	4-14-04-03	公共场所卫生管理员
13	4-99-00-00	无人机驾驶员
14	6-05-01-02	裁剪工
15	6-05-01-03	缝纫工
16	6-18-01-11	铆工
17	6-21-03-00	缝制机械装配调试工
18	6-23-03-15	无人机装调检修工

注：1. “L”代表绿色职业。

2. 以上职业技能标准内容可在人力资源社会保障部官网查询。

人力资源社会保障部办公厅关于撤销2项境外职业资格境内注册资质的通知

人社厅发〔2021〕93号

各省、自治区、直辖市及新疆生产建设兵团人力资源社会保障厅（局），国务院有关部门人事劳动保障工作机构：

国际商业美术设计师（International Commercial Art Designer，缩写为ICAD）和国际财务管理师（International Finance Manager，缩写为IFM）是由原劳动保障部分别于2003年3月和2004年5月批复引进的以技能为主的境外职业资格。其中，国际商业美术设计师的外方机构为国际商业美术设计师协会（International Commercial Art Designer Association，缩写为ICADA）；国际财务管理师的外方机构为国际财务管理师协会（International Finance Manager Association，缩写为IFMA，注册时为国际管理会计师协会，International Management Accountants Association，缩写为IMAA，2005年9月1日变更为现名）。上述2项境外职业资格的中方合作机构均为北京华夏基石教育文化发展有限公司（以下简称华夏基石）。

国际商业美术设计师协会和国际财务管理师协会以及华夏基石2019年、2020年未通过我部境外职业资格证书年审，且存在证书项目管理混乱、整改暂停期间仍继续考试发证等行为。根据《中华人民共和国行政许可法》和原劳动保障部《关于对引进国外职业资格证书加强管理的通知》（劳社部发〔1998〕18号）等有关规定，我部决定自即日起，撤销国际商业美术设计师协会的国际商业美术设计师和国际财务管理师协会的国际财务管理师2项境外职业资格在我境内注册资质。

2021年12月2日

人力资源社会保障部办公厅
关于调整《人力资源和社会保障事业发展“十四五”规划》有关指标的通知

人社厅发〔2021〕96号

各省、自治区、直辖市及新疆生产建设兵团人力资源社会保障厅（局）：

根据《国务院关于印发“十四五”就业促进规划的通知》（国发〔2021〕14号）中“城镇新增就业”目标指标，现将《人力资源和社会保障事业发展“十四五”规划》主要目标中相关内容调整为“城镇新增就业5 500万人以上”，相应调整专栏2中“城镇新增就业人数”2025年目标值为［>5500］。

2021年12月13日

人力资源社会保障部办公厅关于推行专业技术人员职业资格电子证书的通知

人社厅发〔2021〕97 号

各省、自治区、直辖市及新疆生产建设兵团人力资源社会保障厅（局），中共海南省委人才发展局，国务院有关部门、直属机构人事部门，有关协会、学会：

为贯彻落实党中央、国务院深化“放管服”改革决策部署，根据《中华人民共和国电子签名法》《国务院关于在线政务服务的若干规定》和《国务院关于加快推进全国一体化在线政务服务平台建设的指导意见》等相关法律、法规和规定，经商有关部门同意，决定在专业技术人员职业资格中推行电子证书。现就有关事项通知如下：

一、自本通知印发之日起，启用“中华人民共和国人力资源和社会保障部专业技术人员职业资格证书专用章”电子印章，专用于制发专业技术人员职业资格电子证书。

二、下列专业技术人员职业资格的电子证书使用“中华人民共和国人力资源和社会保障部专业技术人员职业资格证书专用章”电子印章（见附件样式 1）。

1. 注册城乡规划师
2. 注册测绘师
3. 注册核安全工程师
4. 注册建筑师（一、二级）
5. 监理工程师
6. 造价工程师（一级）
7. 建造师（一级）
8. 勘察设计注册工程师
9. 注册验船师
10. 护士执业资格
11. 注册安全工程师（中级）
12. 注册消防工程师（一级）
13. 注册计量师（一、二级）
14. 执业药师
15. 社会工作者职业资格（初、中、高级）
16. 经济专业技术资格（初、中级）
17. 环境影响评价工程师
18. 机动车检测维修专业技术人员职业资格
19. 卫生专业技术资格（初、中级）
20. 审计专业技术资格（初、中级）
21. 设备监理师
22. 统计专业技术资格（初、中级）
23. 出版专业技术人员职业资格（初、中级）
24. 翻译专业资格

三、下列专业技术人员职业资格的电子证书使用有关行业协会、学会或有关部门指定机构的电子印章（见附件样式 2）。

1. 拍卖师
2. 工程咨询（投资）专业技术人员职业资格
3. 资产评估师

4. 房地产经纪专业人员职业资格

5. 公路水运工程试验检测专业技术人员职业资格

6. 税务师

7. 银行业专业人员职业资格

四、以上专业技术人员职业资格电子证书可在中国人事考试网（网址：www.cpta.com.cn）进行下载和查询验证，与纸质证书具有同等法律效力。推行电子证书后，纸质证书仍按照原方式制发。已制发的纸质证书遗失、损毁，或者逾期不领取的，不再办理补发。

五、推行电子证书的专业技术人员职业资格项目如有变动，另行通知。

附件：专业技术人员职业资格电子证书样式

2021 年 12 月 16 日

附件

专业技术人员职业资格电子证书样式

（样式 1）

（样式 2）

人力资源社会保障部办公厅 国家邮政局办公室关于推进基层快递网点优先参加工伤保险工作的通知

人社厅发〔2021〕101号

各省、自治区、直辖市及新疆生产建设兵团人力资源社会保障厅（局）、邮政管理局：

党中央、国务院高度重视快递员群体合法权益保障问题。2021年6月，经国务院批准，交通运输部、国家邮政局、国家发展改革委、人力资源社会保障部、商务部、市场监管总局、全国总工会联合印发《关于做好快递员群体合法权益保障工作的意见》（交邮政发〔2021〕59号，以下简称《意见》），明确提出提升快递员社会保险水平，允许用工灵活、流动性大的基层快递网点优先参加工伤保险。为深入落实《意见》要求，加强快递员群体工伤保障，现就推进基层快递网点优先参加工伤保险有关工作通知如下：

一、工作原则

推进工作应注重把握以下原则：一是支持行业发展，聚焦解决快递员群体工伤保障问题，促进快递业持续健康发展；二是规范企业用工，督促企业依法用工并参加社会保险，促进企业间开展公平竞争；三是创新工作方式，适应行业特点简化优化流程，提升保障效能；四是兼顾市场公平，统筹处理企业发展和维护快递员合法权益的关系，鼓励商业保险作为补充保障方式。

二、参保范围

快递企业应当依法参加各项社会保险。快递企业使用劳务派遣方式用工的，应督促劳务派遣公司依法参加社会保险。用工灵活、流动性大的基层快递网点可优先办理参加工伤保险，其中，已取得邮政管理部门快递业务经营许可、具备用人单位主体资格的基层快递网点，可直接为快递员办理优先参保；在邮政管理部门进行快递末端网点备案、不具备用人单位主体资格的基层快递网点，由该网点所属的具备快递业务经营许可资质和用人单位主体资格的企业法人代为办理优先参保，原则上在快递业务经营许可地办理参保，承担工伤保险用人单位责任。

在本通知印发之前已经按规定参加各项社会保险的快递企业和基层快递网点，不在上述优先参加工伤保险范围。

三、计缴方式

（一）费率核定。各统筹地区社会保险行政部门应当按照现行工伤保险费率政策，根据“以支定收、收支平衡”原则，合理确定本地区快递行业工伤保险基准费率。社会保险经办机构根据用人单位工伤保险费使用、工伤发生率等因素，具体核定工伤保险费率并适时浮动调整。

（二）缴费基数。对难以直接按照工资总额计算缴纳工伤保险费的，原则上按照统筹地区上年全口径城镇单位就业人员平均工资和参保人数，计算缴纳工伤保险费。

四、优化经办服务

各地邮政管理部门根据优先参加工伤保险的基层网点对象范围，在经营许可或者备案完成后，按月向同级人力资源社会保障部门提供符合条件的基层快递网点名单，督促相关基层网点及时为快递员办理工伤保险参保登记并缴费。各统筹地区人力资源社会保障部门要针对快递行业特点，简化优化参保登记、缴费核定、工伤认定和劳动能力鉴定程序，强化部门间数据交换和业务协同，推进网上办、掌上办。

五、完善待遇支付

快递企业、基层快递网点快递员按照《工伤保险条例》和统筹地区有关规定享受工伤保险待遇。统筹地区社会保险经办机构和用人单位依法按时足额支付各项工伤保险待遇。用人单位应参保未参保的，由用人单位按照《工伤保险条例》和生产经营地规定依法支付工伤保险待遇。

六、工作要求

（一）加强组织领导。各省级人力资源社会保障部门要认真做好基层快递网点快递员参加工伤保险的组织实施工作，抓紧与邮政部门共同对各类快递企业和网点进行摸底排查，力争尽快实现全面覆盖。

（二）压实企业责任。邮政管理部门将落实快递员参加工伤保险情况纳入行业诚信体系建设范畴，指导企业完善考核机制，开展快递员满意度调查，指导快递企业在年度工作报告中增加快递员参加工伤保险情况内容，并将各快递企业及其基层网点参加工伤保险情况在中国快递协会、各省（区、市）快递协会及各快递企业官网公示。

（三）强化监管执法。各地人力资源社会保障部门要会同邮政管理部门进一步强化督导检查，督促用人单位依法参保，保障快递员工伤保险权益，对基层快递网点参加工伤保险情况适时进行通报；同时注重加强部门间数据共享，不断提高数据的可靠性和可应用性。

（四）做好宣传评估。各地人力资源社会保障部门、邮政管理部门要指导快递企业和基层网点积极开展宣传、培训，不断提升快递员工伤保险依法维权意识和工伤预防意识。

各省级人力资源社会保障部门、邮政管理部门要依据国家法律法规和本文件精神，结合本地实际制定具体实施方案并报送人力资源社会保障部和国家邮政局。

2021 年 12 月 28 日

人力资源社会保障部办公厅
关于做好《网络招聘服务管理规定》
贯彻实施工作的通知

人社厅函〔2021〕18号

各省、自治区、直辖市及新疆生产建设兵团人力资源社会保障厅（局），各副省级市人力资源社会保障局：

《网络招聘服务管理规定》（以下简称《规定》）已于2020年12月18日以人社部令第44号公布，自2021年3月1日起施行。为做好《规定》贯彻实施工作，现就有关事项通知如下：

一、认真做好《规定》的学习宣传

网络招聘是劳动者求职和用人单位招聘的重要渠道。《规定》作为我国网络招聘服务领域第一部部门规章，贯彻《就业促进法》《人力资源市场暂行条例》等有关法律法规，对网络招聘服务的基本问题、基本内容、基本规范等作了规定，为人力资源服务机构从事网络招聘服务提供了基本依据。《规定》是健全人力资源市场法规体系、加强网络招聘服务管理、规范网络招聘服务的重要举措。《规定》的颁布实施，对于保障求职者和用人单位网络求职招聘合法权益，推进网络招聘服务健康发展，更好促进就业和人力资源合理流动配置具有重要意义。

各级人力资源社会保障部门要充分认识《规定》颁布施行的重要意义，准确把握《规定》的主要内容、网络招聘服务各项服务规范和监督管理措施，将其作为业务培训的重要内容，以人力资源市场管理人员和网络招聘服务机构从业人员为重点，开展集中培训和形式多样的线上线下培训。充分利用报纸杂志、广播电视、互联网等媒体，深入人力资源服务产业园区、人力资源服务机构和用人单位，有针对性开展宣传和政策解读，帮助求职者增强法律意识，知晓权益维护方式和渠道。坚持正确的舆论导向，准确把握宣传口径，密切关注舆情动态，及时回应社会关切，为《规定》的顺利施行营造良好氛围。

二、切实加强网络招聘服务监管

各级人力资源社会保障部门要全面贯彻实施《规定》，进一步创新监管方式，落实监管责任，加强对网络招聘服务的监督管理。

（一）加强网络招聘服务准入管理。迅速全面摸清辖区内网络招聘服务开展情况，建立网络招聘服务机构管理名册，做好市场监管基础工作。对经营性人力资源服务机构从事网络招聘服务，应当依法实施人力资源服务许可，按照深化“放管服”改革要求，简化优化审批流程，提高审批效率。实行人力资源服务许可告知承诺制的地区，要完善相关监管制度，健全监管机制，切实加强事中事后监管。

（二）强化网络招聘服务各方主体责任。指导网络招聘服务机构建立完备的网络招聘信息管理制度，依法对用人单位所提供材料的真实性、合法性进行审查，履行网络安全保护义务，健全用户信息保护制度。指导以平台方式从事网络招聘服务的机构制定平台服务协议和服务规则，依法核验、登记进入平台的人力资源服务机构，记录、保存平台上发布的招聘信息、服务信息。落实用人单位的主体责任，用人单位提供的招聘信息应当合法真实，不得含有歧视性等内容。倡导劳动者诚实求职，向用人单位和人力资源服务机构如实提供个人相关信息。

（三）加强网络招聘服务日常监管。落实“双随机、一公开”监督检查制度，完善相关配套制度和工作机制，对有不良信用记录、风险高的要加大抽查力度，对信用较好、风险较低的可适当减少抽查。开展网上市场巡查，建立健全风险预判预警机制，加强网络招聘服务风险监测防范，主动发现和识别违法违规线索，及时发现和纠正违规失信问题。对网络招聘服务机构发生严重违法违规情形的，可约谈其相关负责人，进行警示谈话、指出问题、责令整改纠正。健全完善年度报告公示制度，促进事中事后监管措施规范化、制度化、常态化。

（四）加大网络招聘违法行为查处力度。定期开展清理整顿人力资源市场秩序专项执法行动，会同有关主管部门对网络招聘服务实施专项整治，依法查处网络招聘服务各类违法违规行为，严厉打击提供虚假招聘信息、违规收取费用、未经许可擅自从事网络招聘服务等违法活动。畅通劳动保障监察等举报投诉渠道，多途径获取违法违规行为线索，及时查处违法违规行为并向社会公开查处结果。

（五）推进网络招聘服务诚信建设。加强网络招聘服务诚信体系建设，深入开展人力资源服务机构诚信创建活动，把用人单位、个人和经营性人力资源服务机构的信用数据和失信情况等纳入诚信建设体系。加强与有关部门的信息归集共享，建立健全部门间监管信息共享机制。健全信用分级分类管理制度，完善守信激励和失信惩戒机制，实施信用分类监管。对性质恶劣、情节严重、社会危害较大的网络招聘服务违法失信行为，依规向社会公布，并按照国家有关规定实施联合惩戒。

三、促进网络招聘服务规范发展

网络招聘具有覆盖面广、针对性强、时效性强等特点，尤为适应疫情防控常态化条件下匹配求职者和用人单位需求，提高人力资源市场供需对接效率。各级人力资源社会保障部门要积极采取措施，推动网络招聘服务健康发展。鼓励人力资源服务机构运用大数据、区块链等技术措施，提升网络招聘服务效能，促进人力资源合理流动和优化配置。大力支持经营性人力资源服务机构开展公益性网络招聘服务，及时发布人力资源市场供求信息，为求职者和用人单位提供精确对接服务。进一步提升公共人力资源服务机构网络招聘服务水平，优化公共服务提供方式，扩大公共人力资源服务供给。

四、加强组织领导

各级人力资源社会保障部门要切实加强组织领导，充分发挥人力资源市场管理、劳动保障监察等监管和执法机构作用，建立常态化的行政许可备案、日常监管与劳动保障监察执法情况的信息交换和反馈机制。加强与网信、工信、市场监管、公安等部门的协同配合，健全协同监管工作机制，形成网络招聘服务监管合力。推进人力资源市场管理信息化，鼓励运用大数据、云计算等现代信息技术推行远程监管、移动监管、预警防控等非现场监管，提升网络招聘服务监管精准化、智能化水平。以全面贯彻实施《规定》为契机，推进网络招聘服务监管能力建设，加快人力资源市场管理队伍建设，全面提升网络招聘服务监管水平。指导人力资源服务行业协会制定网络招聘服务有关行业自律规范，加强对会员单位的指导、监督，加强对行业从业人员的管理和培训，提升综合素质和服务能力。认真总结《规定》贯彻实施工作中好的经验和做法，及时反映《规定》执行过程中的问题和建议，推动网络招聘服务健康发展。

2021 年 1 月 29 日

人力资源社会保障部办公厅关于开展《保障农民工工资支付条例》集中宣传活动的通知

人社厅函〔2021〕49号

各省、自治区、直辖市及新疆生产建设兵团人力资源社会保障厅（局）：

《保障农民工工资支付条例》（以下简称《条例》）自2020年5月1日实施以来，各地深入贯彻落实《条例》各项制度，加强欠薪源头治理，强化违法惩处惩戒，压实压紧监管责任，推动根治欠薪工作取得明显成效。为进一步推动《条例》落地见效，营造全社会关心关爱农民工的良好氛围，以优异成绩庆祝建党100周年，定于5月份在全国开展《条例》集中宣传活动。现就有关事项通知如下：

一、明确内容，突出宣传重点

重点围绕全面提升根治欠薪法治化水平，着力宣传五方面内容：一是深入宣传《条例》实施一周年以来根治欠薪工作成效；二是广泛报道各地根治欠薪工作特色做法、亮点工作；三是精准解读《条例》核心制度；四是充分宣传工作时间和休息休假法律法规政策；五是持续宣传奋斗在根治欠薪一线劳动保障监察员感人事迹。

二、创新方式，增强宣传效果

（一）专题学习培训。各地要结合本地区工作实际，围绕《条例》实施重点内容制定培训方案，注重线上培训与线下培训相结合，采取集中学习、授课辅导、研讨交流、案例解析等方式，面向劳动保障监察人员、企业负责人及劳资专管员，开展多形式、分层次、全覆盖的专题培训。

（二）送法上门宣讲。各地要深入在建工程项目、建筑施工企业，广泛开展“《条例》宣传进企业、进工地”活动，通过发放宣传画、宣传手册、现场政策宣讲、面对面答疑解惑等方式，促使企业合法用工，自觉履行工资支付主体法律责任，引导农民工依法维权。在工地维权公示栏张贴欠薪线索反映平台二维码，便于农民工举报投诉。活动期间，人力资源社会保障部将在北京举办“《条例》宣传启动仪式暨进企业进工地现场活动”。

（三）媒体广泛宣传。各地要围绕宣传重点任务，充分利用报纸杂志、广播电视、互联网等新闻媒体，通过开辟专栏、政策解读、以案说法、媒体访谈、在线咨询、制作短视频等形式，拓宽宣传渠道，丰富宣传载体，全方位、多维度开展宣传。特别是要把新媒体作为宣传报道的重要阵地，运用媒体融合发展成果，推出一批接地气、有新意、动人心的宣传品，在微信公众号、抖音、快手等各类平台广泛传播，形成全媒体宣传格局。

（四）执法普法联动。各地要结合日常巡视检查、专项执法检查活动，积极开展《条例》及配套政策宣传，做到边执法边普法。针对执法行动中发现的潜在问题，进行法律风险提示，加强企业用工指导。适时组织媒体紧跟执法活动进程，采取随队采访、案件跟踪调查、面对面访谈等形式进行宣传。加大对恶意欠薪、超时加班等违法行为公开曝光力度，强化社会舆论监督。

三、强化保障，确保工作落实

各地要加强组织领导，进一步提高政治站位，把《条例》宣传贯彻落实摆在重要位置，制定宣传方案，细化工作措施，精心组织实施。强化统筹协调，充分发挥根治拖欠农民工工资工作领导小组统筹作用，积极协调相关部门发挥职能优势，形成宣传合力。坚持正面宣传，充分发挥主流媒体的主阵地作用，积极引导舆论，回应社会关切，为《条例》实施营造良好氛围。

集中宣传期间，各地要及时报送开展活动的亮点、特色做法以及宣传成效等方面的信息。活动结束后，要认真进行总结，形成总结报告，于6月4日前报送部劳动保障监察局。

2021年4月8日

人力资源社会保障部办公厅关于随军配偶养老保险关系转移接续有关问题的复函

人社厅函〔2021〕87号

中央军委后勤保障部办公厅：

你厅《关于随军配偶养老保险关系转移接续事》（后办函〔2021〕419号）收悉。经研究，现答复如下：

随军未就业的军人配偶被录用为按照公务员法管理的单位、参照公务员法管理的机关（单位）、事业单位的编制内工作人员并参加机关事业单位养老保险的，其随军未就业期间的基本养老保险关系参照《人力资源社会保障部财政部总政治部总后勤部关于未就业随军配偶基本养老保险关系转移接续有关问题的通知》（后联〔2011〕3号）的规定，转移至就业单位参保地经办机关事业单位养老保险的社保机构。

2021年6月10日

人力资源社会保障部办公厅关于2021年企业年金基金管理机构资格延续有关问题的通知

人社厅函〔2021〕94号

各企业年金基金管理机构：

依据《国务院对确需保留行政审批项目设定行政许可的决定》（国务院令第412号）、《企业年金基金管理办法》（人力资源和社会保障部令第11号）、《企业年金基金管理机构资格认定暂行办法》（劳动和社会保障部令第24号）及《人力资源社会保障部关于延期开展2020年企业年金基金管理机构资格延续工作的通告》（人社部函〔2020〕25号）等相关规定，近期我部拟组织对35家机构的63个企业年金基金管理机构资格开展资格延续评审工作。现就有关问题通知如下：

一、各企业年金基金管理机构应在收到本通知后认真做好资格延续申请准备，如实完整填报申请材料（样式见附件），并在规定时间和地点提交。我部将视情况组织对部分机构进行现场检查。

二、我部将依规组建专家评审委员会开展此次企业年金基金管理机构资格延续评审工作。专家评审委员会将根据机构申请材料、现场检查结果、市场评价情况、日常监管情况、相关监管部门意见等，提出评审意见。评审意见按程序审定后，我部将分别对申请机构作出延续资格、限制业务范围或暂停开展新业务、取消管理资格等决定。

（一）机构符合规定条件、遵守准入时承诺、合规开展业务，且年金业务有稳定发展的，将允许资格延续。综合评价处于行业尾部水平的，将被监管提示或约谈；情况严重的，将被限制业务范围或暂停开展新业务等。

被限制业务范围或被暂停开展新业务的机构，应按照要求提交整改报告；限制期或暂停期结束时，根据整改验收情况再行确定是否延续资格或取消资格。

（二）机构有下列情形之一的，视情况严重程度，将被取消相关管理资格：

1. 未按时提交或主动不提交申请报告的；

2. 申请报告重要内容有虚报、瞒报或漏报情况的；

3. 违反资格准入时的相关承诺，年金管理服务难以适应市场要求，委托人（受益人）、业务合作机构及监管部门长期给予负面评价，且影响到年金管理业务发展或基金安全的；

4. 近三年有3次以上违法违规记录或者1次以上经责令改正而未改正，造成年金基金财产出现重大损失的。

被取消资格的机构在3年内不得再次申请企业年金基金管理机构资格。

三、按照中央关于厉行节约和切实减轻企业负担的精神要求，本次资格延续评审仅需提交一份纸质原件申请材料，同时通过光盘或U

盘提交 PDF 盖章扫描件和 WORD 版电子文档。每份申请报告应控制在 40 页 A4 纸以内，封面、封底及正文都使用普通白色复印纸。同一管理机构不同资格的申请材料应分别报送。

四、请符合资格延续评审申请条件的各企业年金基金管理机构高度重视此项工作，认真准备申请材料，除有特殊要求外，填报数据从 2018 年 1 月 1 日起至 2020 年 12 月 31 日止，包括企业年金和职业年金的情况。申请报告的真实性、准确性、完整性将直接影响资格延续评审结果。对于今年 5 月和 7 月企业年金基金管理机构资格证书陆续到期的部分机构，其相关企业年金基金管理资格将自动延续至本次资格延续评审结果公告之日。

五、为保证资格延续工作的顺利进行，各申请机构需指定 1 名经办人专门负责联系事宜。经办人在提交申请材料的同时，需出示所在单位授权委托书、本人身份证等文件原件，同时提供相应复印件。

六、受理时间地点（略）。

七、联系方式（略）。

八、企业年金基金管理机构资格延续评审工作全程接受社会监督，并承诺自受理符合条件的申请材料之日起 3 个月内办结，相关结果在我部官网 www. mohrss. gov. cn 上同步公告。如发现申请机构、评审专家和相关工作人员存在明显有失公允或瞒报虚报重大事实等行为，可向人力资源社会保障部机关纪委实名举报。监督投诉方式：北京市东城区和平里东街 3 号（邮编：100013）。

附件：企业年金基金管理机构资格延续申请（样式）

2021 年 7 月 1 日

附件

企业年金基金管理机构资格延续申请（样式）

申请人需作出如下承诺：

1. 申请材料真实、准确、完整。

2. 资格延续后，将继续严格遵守有关法律法规，遵守行业约定，诚信合法、勤勉尽责地从事年金基金管理业务。

一、治理情况

（一）基本情况

1. 基本信息

表 1　　公司基本信息表

注册地	办公地	法定代表人	股权结构		注册资本（万元）	净资产（万元）		
			2020 年底前五大股东名称及其股权比例（依次）	近三年前五大股东是否变动		2018 年底	2019 年底	2020 年底

注：所有数据除特殊说明外，均不保留小数位（四舍五入）；下同。

2. 股东单位

包括但不限于：近三年机构股权（尤其是大股东）的变动情况及其对年金业务发展的影响；股东单位对公司年金业务的管理考核思路；公司股东、实际控制人之间及其与公司可能引起的潜在利益冲突。

（二）治理结构

包括但不限于：公司治理结构的建设情况；独立董事和外部监事制度的建设情况及执行情况；公司的发展战略、公司对年金业务的资源投入（包括但不限于：年度经营目标，年度董事会、党委会或行长办公会专题研究，增加人员岗位、资金投入等）；年金事业发展规划、分配制度、奖惩制度的建设及执行情况。上述机构及负责人、公司的有关制度和重大决策产生的程序、决策机制等。

（三）相关高级管理人员情况

包括但不限于：近三年公司相关高级管理人员变动情况、原因及对年金业务发展的影响。（注：相关高级管理人员指公司法定代表人和其他对公司年金业务具有决策权或者重大影响的负责人，包括总公司的董事长、总经理及总公司分管年金业务的副总经理或年金业务第一负责人。）

表2　近三年公司相关高级管理人员变动情况

原高管人员职务	原高管人员姓名	变动原因	变动时间	接任高管人员姓名	接任高管人员简历（学历、职业经历、历任职务，重点填列金融、年金业务相关职业经历）

（四）其他业务开展情况（仅限养老保险公司和养老金公司填报）

包括但不限于：近三年公司开展企业年金和职业年金业务外的其他业务种类、规模、盈利情况。

二、年金业务履职能力

（一）分支机构（仅受托人、托管人、账管人填写）

详细说明总部与分支机构（业务中心）之间的业务管理关系、授权情况、总分之间内控制度设计情况。如分支机构托管服务能力（包括一级分行和二级分行）；账管业务是否直接由分支机构负责等。包括但不限于：经行业主管部门批准设立的分支机构或业务中心（不含工作组）及其服务的布局情况。

表3　分支机构及服务的布局情况

分支机构（或业务中心）数量	已开展年金业务的省份数量		一级分行实现托管覆盖率（仅托管人填写）	二级分行实现托管覆盖率（仅托管人填写）
	企业年金	职业年金		

（二）年金业务部门及人员配备情况

包括但不限于：年金业务部门及人员配备情况，与公司及业务发展规模适应情况，开展培训情况等。（注：年金业务部门指负责年金各相关资格业务营销及管理运营的部门，不包括风控、稽核及系统开发部门，数据应包括总部和分支机构情况。）

注：投管人需说明不相容部门和岗位设置相互分离、制约和监督情况。

表 4　　近三年年金业务部门及人员配备情况

（受托人、账管人、托管人分别填报）

年度	部门名称	部门层级	部门职责	人员配备情况			
				总人员数（人）	年金专职人员数（人）	年金专职人员平均年金业务从业年限（年，加权平均）	年金专职人员年度离职率（%）
2018							
	…						
2019							
	…						
2020							
	…						
年度均值	-		-				

注：1. 将本公司所有年金业务部门依次填报，“部门名称”填写期末时负责年金业务部门的具体名称，若为专职部门，请在名称后括弧注明“专职”；

2. 相关人员数为当年年末人员数；年金业务从业年限是指部门内专职人员从事企业年金业务的年限，包括但不限于在本公司年限；

3. 年金专职人员年度离职率=当年年金专职人员离职总人数/［（当年年初部门年金专职人员总人数+当年年末部门年金专职人员总人数）/2］；

4. “年度均值”为简单算术平均；下同。

表 5　　近三年投管人年金投资部门及其人员配备情况

（投管人填报）

年度	部门名称	人员配置情况				
		总人员数（人）	年金投资团队人员数（其中，固定收益投资团队人员数）	年金专职投研人员数（其中，专职研究人员数）	年金专职投研人员平均从业年限	年金专职投研人员离职率（%）
2018						
2019						
2020						
年度均值						

注：1. 若为养老金类（年金基金、基本养老基金、社保基金）投资专职部门，请在“部门名称”后括弧注明“专职”；

2. 相关人员数为当年年末人员数；

3. 年金专职投研人员包括专职投资经理和专职投资研究人员；

4. 年金业务从业年限是指部门内专职投研人员从事企业年金投资管理业务的年限，包括但不限于在本公司年限；

5. 年金专职投研人员离职率=当年年金专职投研人员离职总人数/［（当年年初年金专职投研人员总人数+当年年末年金专职投研人员总人数）/2］。

表 6　　投资决策委员会情况

（投管人填报）

姓名	职务	学历及职业经历	从业年限

注：1. 请简要填写当前投资决策委员会成员情况；

2. 从业年限是指从事企业年金投资管理业务的年限，包括但不限于在本公司年限。

表 7　　年金业务部门负责人情况
（受托人、账管人、托管人、投管人填报）

年度	部门	负责人姓名	职务	负责人学历、职业经历	从业年限
2018					
2019					
2020					

注：从业年限是指任职年金业务部门负责人的年限，包括但不限于在本公司年限。

（三）年金业务营业场所、信息系统情况

1. 满足业务需要情况。包括但不限于：年金业务营业场所、安全防范设施和与年金业务有关的其他设施情况介绍；系统硬件设备配备，系统运行环境，使用效率，系统功能开发、升级及运维情况。

2. 系统功能情况。包括但不限于：大额、异常交易预警机制情况等。

3. 系统连续性情况。包括但不限于：遇业务峰值、疫情等突发事件时处理情况；数据灾备的硬件、软件配备情况及相关制度、措施。

4. 数据标准化及数据直连情况。包括但不限于：系统对数据交换的支持情况，数据交换标准化的实现情况（分企业年金和职业年金）。

5. 信息安全保障机制情况。包括但不限于：数据安全、网络安全、信息系统安全等安全防范制度、措施。

注：①各管理人需说明按照《人力资源社会保障部办公厅关于更新整合年金基金管理机构代码及年金基金投资组合代码的通知》（人社厅发〔2019〕59 号）要求，对相关信息系统的投资组合代码联调测试、变更筹备工作进展情况，投资管理人还需说明对养老金产品直销系统及相关信息系统升级改造情况；

②账管人、托管人需说明根据《财政部　人力资源社会保障部　国家税务总局关于企业年金职业年金个人所得税有关问题的通知》（财税〔2013〕103 号）要求，对系统的改造升级情况；

③投资管理人需着重说明交易系统、风控系统升级改造情况。

表 8　　年金业务系统配备及升级情况

系统名称	系统功能简述	系统开发维护商	公司自身系统维护部门及人员配备情况（部门、人员数、专兼职情况、主要职责）	近三年系统升级情况（升级时间、主要升级功能、投入资金等）	硬件配置	运行环境

表 9　　系统支持数据交换情况（仅限企业年金业务）

是否按照数据交换规范要求建立标准化数据接口	实现数据直连的机构总数量	逐一列举已实现数据直连的机构名称

注：1. 受托人分别填写与年金托管人、账管人、投管人实现数据直连的情况；
2. 托管人填写与年金受托人实现数据直连的情况；
3. 账管人填写与年金受托人实现数据直连的情况；
4. 投管人填写与年金受托人实现数据直连的情况。

（四）年金业务内控及风控情况

1. 内控和风控部门年金业务相关人员配备情况

表 10　内控和风控部门年金业务相关人员配备情况

部门名称	部门职责	员工配备情况	
		年金业务相关专职人员数（人）	年金业务相关兼职人员数（人）

2. 年金业务相关内控和风控制度

包括但不限于：制度建设情况；风险管理报告情况，发现和预警异常情形及解决情况；日常风险评估、监测、预警、测量和监控等情况。

表 11　年金业务相关内控和风控制度

序号	制度名称	主要内容	发文时间	文号

3. 风险信息系统情况

包括但不限于：风险管理信息系统涵盖年金业务情况；风险计量、监测、预警和报告等日常工作系统化情况。

4. 内控体系建设及业务规范情况

包括但不限于：年金业务相关风险点及内控和风控的制度体系、控制措施、实现流程；开展年金相关制度体系梳理情况，开展年金资金运用内控评价情况；全流程标准化、操作手册情况，运营管理效率。

5. 近三年年金计划/组合发生信用违约事件情况（仅受托人、投管人填报）

包括但不限于：事中事后处理情况；是否造成重大影响或重大舆情风险；违约后回收率、回收时效；非标资产处置机制、流程和渠道。

表 12　信用违约情况（受托人、投管人填报）

序号	信用违约事件简述	处置措施	损失程度（金额、比例）	与有关方沟通情况	回收率与回收时效	是否造成重大影响

6. 职业年金风险控制情况（仅受托人、投管人填报）

包括但不限于：2020 年度职业年金收益波动情况，最大回撤、夏普比率控制情况。

7. 独立性陈述

年金基金财产是否与公司自有财产分开管理，不同企业年金基金财产分开管理的情况；有多项企业年金管理资格的，各资格业务的独立性情况；保障年金基金财产及业务独立性的相关制度建设及实际执行情况。需重点说明：受托人与托管人、托管人与投资管理人、投资管理人与其他投资管理人的总经理和企业年金从业人员是否存在相互兼任情况；法人受托机构兼任投资管理人时，业务部门、办公区域及运营管理流程的独立性情况，直接负责的高级管理人员、相关业务部门工作人员的独立性情况。

（五）年金管理机构履职情况

1. 受托管理职责履行情况（仅受托人填写）

（1）近三年受托人受托管理业务开展情况，其中需说明担任职业年金统一计划收益率审核人的情况；选择、评估其他管理人的情况，相关选择、评估办法建设情况。

（2）近三年受托人监督基金管理运营情况：投资监督管理团队人数，建立投资监督事项跟踪体系的情况，过去三年对组合投资发生预警情况要求投管人整改的情况。

表 13　　近三年受托人监督基金管理运营情况

时间	计划名称	问题主体（在相应主体后打√）			问题机构名称	重大差错及违规类型（在相应主体后打√）			原因及差错描述	造成损失	处理情况
		账管	托管	投管		报告及信息披露	合同履行	其他重大差错及违规			

（3）受托人资产配置能力：建立决策机制的情况，举例说明根据经济或形势变化及时调整大类资产配置战略的情况，并填报表 14、表 15。

表 14　　近三年受托人管理组合投资收益情况

时间	当年末管理组合数量（个）	当年末亏损组合数量（个）	当年末亏损组合占比（当年末亏损组合数/当年末管理组合数,%）
2018			
2019			
2020			
年度均值			

注：当年末亏损组合占比是指截止到年末当年投资收益率为负的组合占比情况，计算样本为当年末管理的全部组合，包括运作不满全年的组合。

表 15　　近三年受托人管理集合计划投资收益情况

时间	当年末管理的集合计划数量（个）	当年加权平均综合收益率（%）
2018		
2019		
2020		
年度均值		

注：当年加权平均综合收益率计算样本为当年末管理的全部集合计划，按计划规模加权计算。

（4）近三年受托人自身履职差错情况：受托人在报告及信息披露、合同履行及其他年金基金管理中出现的、可能造成基金财产净值损失或受益人权利损失或体现自身年金管理能力严重缺陷的重大差错及违规事项。

（5）近三年受托人年金业务资料保管及备份情况。

2. 账户管理职责履行情况（仅账管人填写）

（1）近三年账户管理业务开展情况；账管人账户查询服务情况（查询渠道及功能）。

（2）近三年账管人自身履职差错情况：账管人在账户记录及查询、报告及信息披露、合同履行及其他年金基金管理中出现的、可能造成基金财产净值损失或受益人权利损失或体现自身年金管理能力严重缺陷的重大差错及违规事项。

表16　　近三年账管记录差错情况

时间	账管记录差错率（%）
2018	
2019	
2020	
年度均值	

（3）近三年个人账户信息保管情况；是否发生个人账户信息泄露情况。

（4）服务万人以上企业年金计划情况：服务万人以上企业年金计划数量及企业账户、个人账户数量，提供个性化账户管理服务情况等。

表17　　服务万人以上企业年金计划情况（截至2020年末）

服务万人以上企业年金计划名称	企业账户数	个人账户数

（5）近三年账管人年金业务资料保管及备份情况。

3. 托管职责履行情况（仅托管人填写）

（1）近三年托管业务开展情况，其中需说明担任职业年金统一计划收益率计算人的情况；托管人投资监督的流程及办法，近三年监督投管人履职情况及三年内发出投资监督风险提示的次数；投管人在投资运营中出现的除被动超标以外的其他重大差错及违规事项的处理情况。

表18　　近三年托管人发现投管人发生的重大差错及违规情况

时间	计划名称	问题机构名称	原因及重大差错描述	处理情况	造成损失

（2）近三年托管人自身服务履职差错情况：托管人在估值核算、托管人监督、报告及信息披露、合同履行及其他年金基金管理中出现的、可能造成基金财产净值损失或受益人权利损失或体现自身年金管理能力严重缺陷的事项；近三年有无未及时将受托财产账户资金划入投资托管户的情况，有无发现其他三方管理人的违法违规行为未及时报告的情况。

表19　　近三年托管业务差错情况

时间	企业年金计划估值、核对及待遇发放的差错率（%）
2018	
2019	
2020	
年度均值	

表20　　近三年托管业务流失情况

时间	客户名称	流失原因	继任托管人名称

（3）应急处突情况：如中债、中登对托管银行承担强制清算、强制交收时，是否具备较好垫款能力等。

（4）年金业务资料保管及备份情况。

4. 投资管理职责履行情况（仅投管人填写）

（1）投管人投资业绩：过去三年投资管理业务开展情况；企业年金单一计划收益情况，2020年职业年金收益情况；运作管理的养老金产品情况，并填写表21。

表21　　近三年投管人投资收益情况（含企业年金和职业年金）

年度	当年末管理组合数（个）	当年末亏损组合数（个）	当年末亏损组合占比（%）
2018			
2019			
2020			
年度均值			

（2）近三年投管人自身服务履职差错情况：投管人在投资、报告及信息披露、合同履行及其他年金基金管理中出现的、可能造成基金财产净值损失或受益人权利损失或体现自身年金管理能力严重缺陷的事项，以及金融监管部门认定的违规投资行为。

（3）年金业务资料保管及备份情况。

三、合规情况自述

1. 近三年因违法违规行为导致年金基金财产重大损失或账户记录出现重大差错的情况。

2. 近三年银保监会、证监会对公司、年金相关高管、业务人员进行调查或作出处分的情况。

3. 近三年公司管理年金业务接受人力资源社会保障部门违规处罚、风险提示、监管谈话、责令整改等监管措施情况。

4. 近三年公司管理年金业务被委托人、其他管理人等举报投诉情况。

四、申请报告格式

（一）字体字号

正文字体为小三号仿宋，一级标题为小三号黑体，二级标题为小三号楷体，表格内容为小四号仿宋，1.5倍行距，页码置于每页下端居中。

（二）纸张、页面

A4纸，页边距：上下2.54 cm，左右3.17 cm。

（三）装订

左侧装订。

（四）封面

企业年金基金管理机构××资格延续申请报告（一号宋体加黑，居中）。

×××公司（二号宋体加黑，居中）。

2021年7月（三号宋体加黑，居中）。

人力资源社会保障部办公厅关于下放国务院所属部门人力资源服务机构审批管理权限的通知

人社厅函〔2021〕100号

北京市人力资源和社会保障局：

按照国务院部署要求，根据属地化管理原则，现将国务院所属部门人力资源服务机构审批管理权限下放你局，请做好有关承接工作。具体事项通知如下：

一、主要目标

深入贯彻落实国务院“放管服”改革精神，推进“我为群众办实事”实践活动，加快转变政府职能，持续加大简政放权力度，强化事中事后监管，优化营商环境，实现国务院所属部门人力资源服务机构的属地化管理。

二、下放权限

（一）下放国务院各部委、直属机构及其直属在京事业单位和在京中央直管企业、全国性社团申请行政许可审批备案权。一是从事职业中介活动的审批事项。二是从事人力资源供求信息的收集和发布、就业和创业指导、人力资源管理咨询、人力资源测评、人力资源培训、承接人力资源服务外包等人力资源服务业务的备案事项。三是人力资源服务许可证、备案凭证的变更、补正、延续、注销等事项。

（二）下放国务院所属部门人力资源服务机构日常管理权。包括开展“双随机一公开”监管执法、进行守信激励和失信惩戒、组织年度报告公示等。

下放部本级行政许可等审批管理事项，是深入开展“放管服”改革的基本要求，是开展“我为群众办实事”实践活动的实际举措，是进一步优化营商环境的重要内容。要高度重视下放工作，制定具体工作方案，确保各项工作平稳有序推进。

2021年7月22日

人力资源社会保障部办公厅 关于外籍参保人员参加养老保险 有关问题的复函

人社厅函〔2021〕139号

广东省人力资源和社会保障厅：

你厅《关于解决外籍参保人员养老保险继续缴费问题的请示》（粤人社报〔2021〕122号）收悉。经研究，现函复如下：

一、外籍参保人员达到待遇领取条件时，按下列规定确定待遇领取地：

（一）在达到法定退休年龄时基本养老保险关系所在地累计缴费年限（含按国家有关规定认定的视同缴费年限，下同）满10年的，该基本养老保险关系所在地为待遇领取地；

（二）在达到法定退休年龄时基本养老保险关系所在地累计缴费年限不满10年的，上一个累计缴费满10年的参保地为待遇领取地；

（三）在每个参保地的累计缴费年限均不满10年的，累计缴费年限最长的参保地为待遇领取地。

二、获得中国永久居留权的外籍参保人员，达到法定退休年龄时累计缴费不足国家规定的最低缴费年限的，可根据《实施〈中华人民共和国社会保险法〉若干规定》的规定，按照上述外籍参保人员待遇领取地的规定确定继续缴费地后，可延长缴费至国家规定的最低缴费年限。

三、国家有关职工基本养老保险关系转移接续政策调整时，按国家有关政策执行。

请你厅按照上述精神，妥善做好外籍参保人员参保缴费有关工作。

2021年10月18日

人力资源社会保障部办公厅关于公布机电一体化技术等5个专业国家技能人才培养标准及一体化课程规范（试行）的通知

人社厅函〔2021〕152号

各省、自治区、直辖市及新疆生产建设兵团人力资源社会保障厅（局）：

为贯彻落实《人力资源社会保障部　国家发展改革委　财政部关于深化技工院校改革大力发展技工教育的意见》（人社部发〔2021〕30号）要求，做好开发遴选技能人才培养标准和课程规范工作，持续推进工学一体化教学改革，我部组织研究制定了机电一体化技术、城市轨道交通运输与管理、新能源汽车检测与维修、电子商务、环境保护与检测5个专业的国家技能人才培养标准及一体化课程规范（试行），现予以公布。

各地人力资源社会保障部门要指导有关技工院校、职业培训机构等积极使用国家技能人才培养标准及一体化课程规范，创新技能人才培养模式，不断提高技能人才培养质量。

附件：机电一体化技术等5个专业国家技能人才培养标准及一体化课程规范（试行）目录

2021年11月16日

附件

机电一体化技术等5个专业国家技能人才培养标准及一体化课程规范（试行）目录

1. 机电一体化技术专业国家技能人才培养标准及一体化课程规范（试行）

2. 城市轨道交通运输与管理专业国家技能人才培养标准及一体化课程规范（试行）

3. 新能源汽车检测与维修专业国家技能人才培养标准及一体化课程规范（试行）

4. 电子商务专业国家技能人才培养标准及一体化课程规范（试行）

5. 环境保护与检测专业国家技能人才培养标准及一体化课程规范（试行）

注：以上国家技能人才培养标准及一体化课程规范将另行印制。

人力资源社会保障部办公厅关于公布国家级（康养）高技能人才培训基地名单的通知

人社厅函〔2021〕164号

各省、自治区、直辖市及新疆生产建设兵团人力资源社会保障厅（局）：

为贯彻落实《人力资源社会保障部 民政部 财政部 商务部 全国妇联关于实施康养职业技能培训计划的通知》（人社部发〔2020〕73号）文件精神，经各省、自治区、直辖市人力资源社会保障厅（局）推荐、专家评审和公示，确定江苏省常州技师学院等5家单位为国家级（康养）高技能人才培训基地（有效期为五年，以下简称“基地”），现予以公布。请各地人力资源社会保障部门加强工作指导，发挥基地在康养人才技能培训、技能评价、技能竞赛、师资研修等方面的作用，为做好康养技能人才培养工作发挥示范引领作用。

附件：国家级（康养）高技能人才培训基地名单（2021年12月—2026年12月）

2021年12月17日

附件

国家级（康养）高技能人才培训基地名单
（2021年12月—2026年12月）

江苏省常州技师学院

杭州第一技师学院

河南医药健康技师学院

云南技师学院

商洛市康养技能人才公共培训中心（商洛市技工学校）

人力资源社会保障部关于开展“迎新春 稳岗留工送培训”专项工作的通知

人社部明电〔2021〕2号

各省、自治区、直辖市及新疆生产建设兵团人力资源社会保障厅（局）：

当前疫情防控形势复杂多变。为贯彻落实中共中央办公厅、国务院办公厅印发《关于做好人民群众就地过年服务保障工作的通知》，确保广大人民群众的健康安全、企业生产有序、就业形势总体稳定，人力资源社会保障部决定于2021年2月1日至3月31日春节前后在全国范围内开展“迎新春 稳岗留工送培训”专项工作，面向广大留岗劳动者开展职业技能培训服务。现将有关事项通知如下：

一、组织企业结合稳岗留工开展培训。各地要结合稳岗留工实际，鼓励各类企业对调休不歇班和留岗职工提供精准化、针对性培训服务，开展灵活多样的岗位技能提升培训，努力实现“留岗一人、培训一人”。对就地过年、在企休假的职工，可根据职工意愿，灵活开展工匠精神、法律道德、质量意识、安全环保和健康卫生等培训。引导企业开展定制化职业技能等级认定。企业留岗人员培训可按规定享受培训补贴、生活费补贴和交通补贴等。

二、组织实施以工代训。各地要把以工代训作为稳岗留工送培训的重要举措，可以按规定延长以工代训的实施期限至今年12月，并结合实际适当提高补贴标准。要优化经办服务，做好以工代训各项服务管理工作，推行“打包办”和“快速办”，建立补贴资金网上申领渠道，提高审核发放效率，推广“不见面”服务，努力实现补贴受理审核发放全程网办。

三、组织开展线上培训。活动期间，人力资源社会保障部向社会遴选推荐的54家线上培训平台机构将提供“不断线”服务，确保注册和学习正常运行。人力资源社会保障部部属的“中国职业培训在线”“中国国家人事人才培训网”“技能大师在线培训”“新职业学习平台”“就业创业和职业培训在线”“人力资源社会保障部教育培训网”等线上培训平台在活动期间，免费提供线上培训资源以及视频课程、电子书、课件、动画等职业培训教学资源。春节假期，专人值守，保障线上培训运营服务畅通。

各地要依托各类线上技能培训平台，加大对留岗劳动者开放线上职业技能培训资源。各类线上平台设立留岗人员线上培训服务专区，为企业提供组班定制功能，便于留岗劳动者线上学习。要根据疫情防控工作需求，不断丰富数字培训资源，对中高风险地区不开展线下聚集性培训，倡导线上培训。对参加线上培训并取得相应课程培训合格证明的学员，按照规定给予培训补贴。

四、组织开展送技能优质服务。各地人社部门要充分利用各类培训资源，联动推出稳岗留工送培训专项活动。面向留岗人员，提供至少3次以上职业培训信息、推送至少1次培训政策咨询、推荐至少1个适合的培训项目。要加大培训补贴资金直补企业工作力度，对企业或培训机构开展的培训以及以工代训，可先行拨付一定比例的培训补贴资金。要公布针对稳岗留工人员的技能培训项目“菜单”和培训机构信息，提供“菜单”式培训+跟进式服务。

五、精心组织实施。各地要进一步提高政治站位，在当地党委政府领导下，根据就业培训工作实际，尊重劳动者和企业意愿，精心设计安排，明确任务分工，做好培训统计调度等事项，认真组织实施好“迎新春　稳岗留工送培训”专项工作。

2021年1月29日

人力资源社会保障部　公安部　交通运输部　国家卫生健康委　国家乡村振兴局　中国民航局　国家铁路集团关于做好农民工返岗复工“点对点”服务保障工作的通知

人社部明电〔2021〕4号

各省、自治区、直辖市及新疆生产建设兵团人力资源社会保障厅（局）、公安厅（局）、交通运输厅（局、委）、卫生健康委、扶贫办（乡村振兴部门），民航各地区管理局，各铁路集团公司：

去年年底以来，各地贯彻落实党中央、国务院决策部署，积极组织开展稳岗留工工作，合理有序引导群众就地过年，取得很好成效，但考虑到仍有大量农民工返乡，为做好春节后农民工返岗复工工作，对已有工作岗位和新确定工作岗位的拟外出务工农民工，根据需要组织开展对用工集中地区和重点企业“点对点”包车、专列、包机运输服务，支持成规模、成批次外出农民工安全有序返岗复工，重点保障脱贫劳动力、边缘易致贫人口外出和重点企业用工。现就有关事项通知如下：

一、加强信息对接。人力资源社会保障部门要广泛宣传农民工返岗“点对点”服务工作信息，通过线上线下结合的方式，掌握有意愿外出农民工信息，及时与交通运输部门对接。扶贫部门要摸排脱贫劳动力就业情况和务工出行需求，及时与人力资源社会保障部门对接。输入地人力资源社会保障部门要加大重点企业岗位需求摸排，做好人岗对接和用工服务。卫生健康等部门要提供返乡人员健康登记有关信息，配合开展出行人员信息比对。各地要持续开展“迎新春送温暖、稳岗留工”专项行动、春风行动等服务活动，加强脱贫人口、边缘易致贫人口就业帮扶。对返乡后未外出农民工较多的地区，人力资源社会保障部门要加大岗位归集投放力度，强化用工信息对接。

二、做好行前服务。输出地卫生健康等部门要主动对接输入地卫生健康等部门，了解输入地疫情防控要求，及时告知拟“点对点”出行农民工，并按照要求为农民工提供健康监测等服务，对确需提供核酸检测证明的农民工开辟“绿色通道”。卫生健康等部门要推动农民工健康信息省内、省际互认，实现“健康码”一码通用。交通运输部门根据农民工集中返岗需求，按照“一车一方案”的原则，制定农民工“点对点”运输方案，为目的地集中、具有一定规模需求的农民工提供“点对点”直达服务。

三、组织返岗运输。交通运输部门要统筹运输需求和运输能力，加强运力供给，对成规模、目的地集中的农民工出行，开展“点对点”直达运输。铁路部门要积极配合开通农民工返岗“点对点”包专列（车厢）出行，调配车体资源，提供便捷出行服务。民航部门要开辟绿色审批通道和机场快速通道，确保农民工返岗包机航班随时申请、及时起飞。交通运输、铁路、民航等部门要重点做好跨省出行的运力保障，督促运输企业严格落实《2021年综合运输春运疫情防控分类应对工作预案要点》《2021年春运期间客运场站和交通运输工具新冠肺炎疫情分区分级防控指南》。要加强城市和农村两端不同运输方式的衔接，做好道路客运班线和城市公交等与铁路班次、航班的运力接驳。各地公安部门要加大在火车站、汽车站等重点部位的巡逻防控力度，严管“点对点”包车通行秩序，严查超员载客、超速行驶、疲劳驾驶等严重违法行为。输出地、输入地交通运输、公安部门要加强协调对接，及时解决省际车辆通行受阻等情况。

四、做好抵达交接。接收地要严格落实疫情防控有关要求，在当地人民政府的统一领导下，做好专车（专列、包机）抵达后的交接工作。要指导督促企业严格落实疫情防控主体责任，开展环境卫生整治和重点场所消毒，开展员工健康状况监测，配发口罩等防护用品，确保达到防疫要求、体温测量正常后方可上岗。输入地人力资源社会保障部门要做好人员信息登记、流向跟踪和就业服务，维护好农民工劳动保障权益。

五、加强组织领导。各地要认真落实党中央、国务院决策部署，在疫情防控工作领导小组领导下，结合本地实际，开展农民工返岗复工“点对点”服务保障工作。要进一步完善农民工返岗复工“点对点”服务协作机制，将扶贫、民航等部门纳入机制，成立工作专班，明确工作责任，加强工作衔接，形成工作合力。对省内出行的，省级“点对点”协作机制要发挥统筹协调作用，压实市县责任。对跨省出行的，省级“点对点”协作机制要加强省际工作衔接和沟通协作。各地要建立工作专报制度，动态掌握农民工返岗情况和“点对点”组织出行情况，及时汇总趟次、运送人次等有关数据和工作信息。加大典型经验和做法的宣传推广力度，营造良好的社会氛围。

2021年2月24日

国务院根治拖欠农民工工资工作领导小组办公室关于开展根治欠薪冬季专项行动的通知

人社部明电〔2021〕12号

各省、自治区、直辖市及新疆生产建设兵团根治拖欠农民工工资工作领导小组：

今年以来，在党中央、国务院的坚强领导下，通过各地区、各成员单位的共同努力，根治欠薪工作取得了明显成效。当前，我国经济运行逐步恢复常态，但新冠肺炎疫情和外部环境仍存在诸多不确定性，部分行业企业欠薪问题有所抬头，房地产开发企业欠款导致的欠薪源头风险增多，校外培训机构规模裁员减员导致的欠薪问题不容忽视，临近元旦、春节欠薪问题仍有可能易发多发，根治欠薪仍需持续发力、抓紧抓实。为深入贯彻党中央、国务院决策部署，切实维护农民工合法权益和社会和谐稳定，经国务院根治拖欠农民工工资工作领导小组同意，决定从2021年11月1日至2022年春节前，在全国组织开展根治欠薪冬季专项行动。现就有关事项通知如下：

一、行动目标

深入学习贯彻习近平总书记关于根治欠薪工作重要指示批示精神，认真落实《保障农民工工资支付条例》（以下简称《条例》），依法维护农民工劳动报酬权益，对查实的欠薪问题要在2022年春节前全部办结，让被欠薪农民工及时拿到应得的工资返乡过年，确保不发生因欠薪引发的重大群体性事件或恶性极端事件，维护社会和谐稳定大局。

二、行动重点

以工程建设领域和其他欠薪易发多发行业企业为重点，对欠薪问题实施集中专项治理：

一是全面加快“全国根治欠薪线索反映平台”和地方其他渠道接收欠薪举报投诉的分类核实处置，做到案结事了。二是全面排查工程建设领域工资专用账户、实名制管理、总包代发工资、工资保证金、维权信息公示等制度落实情况，督促企业落实主体责任。三是全面清查在建工程项目审批管理、工程款（人工费）拨付、资金监管情况，源头化解欠薪风险。四是全面强化欠薪违法惩戒，用好用足行政、刑事、信用等惩戒手段，加强行政执法和刑事司法衔接，对欠薪特别是恶意欠薪从严惩处。

三、行动措施

（一）重点摸排，稳妥化解欠薪隐患

各地区要坚持早预防、早介入、早化解，结合本地区欠薪形势特点，聚焦重点地区、重点行业、重点企业、重点项目，及早开展隐患排查化解。加强欠薪预警监测和智慧监管，结合企业经营状况、企业信用等级评定情况和历史欠薪举报投诉情况，确定重点行业企业，进行精准摸排。对发现的风险隐患，分类精准施策，强化部门联动，定人定责、盯住不放，防止隐患“发酵”。对已排除风险隐患的企业和项目，进行“回头看”，持续关注、动态监管，防止问题复发。

（二）快立快处，提升案件处置效果

各地区、各相关成员单位要进一步畅通欠薪维权绿色通道，确保欠薪案件快立快处。对欠薪线索，严格落实首问负责制，做到件件有着落、事事有回音。对基层难以化解的复杂疑难欠薪案件，采取领导包案的方式，加强提级办理。对涉及人数较多、金额较大、造成一定社会影响的重大欠薪案件，领导小组办公室牵头成立专案组，挂牌办理，一查到底。对政府项目、国企项目欠薪的，严查制度落实、责任落实情况，适时进行通报，实现查处一案、警示一片的效果。各地区根治拖欠农民工工资工作领导小组要加强统筹协调，抽调执法人员，配强工作力量，确保欠薪案件能够及时接收、有效处置。

（三）强化惩戒，保持治欠高压态势

对查实的违法行为，要加大违法惩戒力度，形成有效震慑。加强对工程建设领域各项工资支付制度落实情况的检查，责令限期整改违法行为，督促企业履行法定义务，逾期不改的，依法严肃惩处。对可能涉及恶意欠薪的，依据《条例》等规定，依法查询相关单位金融账户和相关当事人房产、车辆情况，对查实涉嫌拒不支付劳动报酬罪的，及时移送司法机关，追究刑事责任。对欠薪违法行为符合“黑名单”条件的，应列尽列，予以曝光，并会同有关部门开展失信联合惩戒，使欠薪违法者“一处违法、处处受限”。对欠薪裁决判决“执行难”问题，各地区根治拖欠农民工工资工作领导小组要统筹协调同级司法机关实施集中执行活动，推动裁决判决执行到位。

四、工作要求

（一）强化组织领导。要坚持以习近平新时代中国特色社会主义思想为指导，进一步提高政治站位，充分认识做好春节前根治欠薪工作的重要性和紧迫性，将此次专项行动作为党史学习教育的成果检验，作为“我为群众办实事”的具体实践，强化组织领导，加强统筹协调，结合本地实际制定具体行动方案，凝聚各方力量、抽调专业骨干、成立工作专班，层层压实责任、精心组织实施、强化督促检查，确保专项行动取得实效。

（二）强化部门联动。要强化大局意识、系统观念，加强协调配合，形成工作合力，共同做好根治欠薪工作。人力资源社会保障部门要进一步畅通举报投诉渠道，加大监察执法力度，及时查处欠薪案件，为农民工提供高效的维权服务。发展改革、财政、国资等成员单位要积极履行监管责任，落实《条例》有关规定，强化政府投资项目、国企项目全方位、全流程监管，扎紧制度“笼子”，从源头上消除欠薪隐患。工程建设行业主管部门要切实履行行业监管职责，加强建筑用工实名制管理，督办相关领域欠薪违法案件。公安机关要做好涉嫌拒不支付劳动报酬罪案件的接受和及时审查，对符合立案条件的，应依法立案侦办，保持对欠薪相关违法犯罪的高压态势。其他成员单位要根据职责分工，积极配合做好根治欠薪工作。

（三）强化督促指导。要结合本地实际，指导市、县（区）采取超常规举措，定期集中接访，领导包片包案，确保重点地区欠薪问题得到有效遏制、重大案件得到妥善处置。要密切跟进专项行动进展情况，对整治不积极、效果不明显的地区，可采取随机抽查、暗访等方式督促指导，确保工作责任落实到位。对监管责任不落实、组织工作不到位引发群体性事件或极端事件，以及政府投资工程项目、国企项目拖欠工程款导致欠薪的，依法依规严肃问责。国务院根治拖欠农民工工资工作领导小组办公室将适时组织力量，对部分地区根治欠薪工作进行抽查，对问题突出的地区开展专项督导。

（四）强化风险防范。要牢固树立底线思

维、风险意识，坚持事前预防、系统治理、定向化解、精准治欠，对群众反映强烈、风险隐患较大的重点行业企业，要及时组织风险评估预判，落实欠薪应急处置机制。对重大欠薪舆情和欠薪引发的群体性事件或极端事件，要从速查清事实，稳妥处置化解，坚决防止事态蔓延扩大。对企业一时难以解决拖欠工资或企业主欠薪逃匿的，要通过及时动用工资保证金、应急周转金或其他渠道筹措资金，清偿欠薪或垫付部分工资（基本生活费），帮助被拖欠工资农民工解决临时生活困难，确保社会稳定。

请各地区于 2022 年 1 月 5 日前向国务院根治拖欠农民工工资工作领导小组办公室报告本地区截至 2021 年 12 月 31 日的行动进展情况；行动结束后 5 个工作日内，报送专项行动总体工作情况。

附件：根治欠薪冬季专项行动情况（略）

2021 年 10 月 28 日

五、联合发文

中共中央组织部　人力资源社会保障部关于印发《公务员录用违规违纪行为处理办法》的通知

中组发〔2021〕12号

各省、自治区、直辖市党委组织部、人力资源社会保障厅（局），中央和国家机关各部委、各人民团体组织人事部门，新疆生产建设兵团党委组织部、人力资源社会保障局：

为深入贯彻修订后的《中华人民共和国公务员法》等有关法律法规，中央组织部、人力资源社会保障部修订了《公务员录用违规违纪行为处理办法》，现印发给你们，请认真遵照执行。

2021年9月18日

公务员录用违规违纪行为处理办法

（2009年11月9日中共中央组织部、人力资源社会保障部制定
2016年9月6日中共中央组织部、人力资源社会保障部、国家公务员局修订
2021年8月25日中共中央组织部部务会会议修订
2021年9月18日中共中央组织部、人力资源社会保障部发布）

第一章　总　　则

第一条　为规范公务员录用违规违纪行为的认定与处理，维护公务员录用工作的公平公正，严把公务员队伍入口关，根据《中华人民共和国公务员法》和《公务员录用规定》等有关法律法规，制定本办法。

第二条　本办法适用于公务员录用中报考者和工作人员违规违纪行为的认定与处理。

第三条　公务员录用违规违纪行为的认定与处理，应当事实清楚、证据确凿、程序规范、适用规定准确。

第四条　公务员主管部门、招录机关和考试机构以及其他相关单位按照规定的职责权限，对违规违纪行为进行认定与处理。

第二章　报考者违规违纪行为处理

第五条　报考者提交的涉及报考资格的申请材料或者信息不实的，负责资格审查工作的招录机关或者公务员主管部门应当认定其报名无效，终止其录用程序；有恶意注册报名信息，扰乱报名秩序或者伪造、变造有关材料骗取报考资格等行为的，由设区的市级以上公务员主管部门给予其取消本次报考资格并五年内限制报考公务员的处理。

第六条　报考者在考试过程中有下列行为之一的，由具体组织实施考试的考试机构、招录机关或者公务员主管部门给予其所涉科目（场次）考试成绩为零分的处理：

（一）将规定以外的物品带入考场，经提醒仍未按要求放在指定位置的；

（二）参加考试时未按规定时间入场、离场的；

（三）未在指定座位参加考试，或者擅自离开座位、出入考场的；

（四）未按规定填写（填涂）、录入本人或者考试相关信息，以及在规定以外的位置标注本人信息或者其他特殊标记的；

（五）故意损坏本人试卷、答题卡（答题纸）等考场配发材料或者本人使用的考试机等设施设备的；

（六）在考试开始信号发出前答题的，或者在考试结束信号发出后继续答题的；

（七）其他情节较轻的违规违纪行为。

第七条　报考者在考试过程中有下列行为之一的，由设区的市级以上公务员主管部门给予其取消本次考试资格并五年内限制报考公务员的处理：

（一）抄袭他人答题信息或者协助他人抄袭答题信息的；

（二）查看、偷听违规带入考场与考试有关的文字、视听资料的；

（三）使用禁止携带的通信设备或者具有计算、存储功能电子设备的；

（四）携带具有避开或者突破考场防范作弊的安全管理措施，获取、记录、传递、接收、存储考试试题、答案等功能的程序、工具，以及专门用于作弊的程序、工具（以下简称作弊器材）的；

（五）抢夺、故意损坏他人试卷、答题卡（答题纸）、草稿纸等考场配发材料或者他人使用的考试机等设施设备的；

（六）违反规定将试卷、答题卡（答题纸）等考场配发材料带出考场的；

（七）其他情节严重、影响恶劣的违规违纪行为。

第八条　报考者在考试过程中有下列行为之一的，由省级以上公务员主管部门给予其取消本次考试资格并终身限制报考公务员的处理：

（一）使用伪造、变造或者盗用他人的居民身份证、准考证以及其他证明材料参加考试的；

（二）3 人以上串通作弊或者参与有组织作弊的；

（三）代替他人或者让他人代替自己参加考试的；

（四）使用本办法第七条第四项所列作弊器材的；

（五）非法侵入考试信息系统或者非法获取、删除、修改、增加系统数据的；

（六）其他情节特别严重、影响特别恶劣的违规违纪行为。

第九条　在阅卷过程中发现报考者之间同一科目作答内容雷同，并经阅卷专家组确认的，由具体组织实施考试的考试机构给予其该科目（场次）考试成绩为零分的处理，录用程序终止。作答内容雷同的认定方法和标准由省级以上考试机构确定。

报考者之间同一科目作答内容雷同，并有其他相关证据证明其作弊行为成立的，视具体情形按照本办法第七条、第八条的规定处理。

第十条　报考者有隐瞒影响录用的疾病或者病史以及其他妨碍体检工作正常进行的行为，情节较轻的，负责组织体检的招录机关或者公务员主管部门应当终止其录用程序；有交换、替换检验样本等情节严重、影响恶劣行为的，由设区的市级以上公务员主管部门给予其取消本次考试资格并五年内限制报考公务员的处理；有串通作弊、让他人顶替体检等情节特别严重、影响特别恶劣行为的，由省级以上公务员主管部门给予其取消本次考试资格并终身限制报考公务员的处理。

第十一条 报考者在考察、体能测评、心理素质测评等环节有弄虚作假、隐瞒事实真相以及其他妨碍相关工作正常进行的行为，情节较轻的，负责组织实施的招录机关或者公务员主管部门应当终止其录用程序；情节严重、影响恶劣的，由设区的市级以上公务员主管部门给予其取消本次考试资格并五年内限制报考公务员的处理；情节特别严重、影响特别恶劣的，由省级以上公务员主管部门给予其取消本次考试资格并终身限制报考公务员的处理。

第十二条 报考者应当自觉维护公务员录用工作秩序，有下列行为之一的，应当终止其录用程序；情节严重、影响恶劣的，由设区的市级以上公务员主管部门给予其取消本次考试资格并五年内限制报考公务员的处理；情节特别严重、影响特别恶劣的，由省级以上公务员主管部门给予其取消本次考试资格并终身限制报考公务员的处理：

（一）故意扰乱考点、考场等工作场所秩序的；

（二）拒绝、妨碍工作人员履行管理职责的；

（三）威胁、侮辱、诽谤、诬陷、殴打工作人员或者其他报考者的；

（四）通过搞利益输送或者利益交换，谋取考试资格、录用机会、经济利益以及其他不当利益的；

（五）购买本办法第七条第四项所列作弊器材的；

（六）其他扰乱公务员录用工作秩序的行为。

第十三条 报考者在公务员录用中有违规违纪行为，涉嫌违法犯罪的，移送有关国家机关依法处理。

报考者为国家公职人员的，应当将其违规违纪行为和处理结果通报所在单位。

第十四条 试用期间查明报考者有本办法所列违规违纪行为的，应当取消录用并按照本办法的有关规定给予其相应的处理。

任职定级后查明有本办法所列违规违纪行为的，按照有关规定给予其相应的处理。

第十五条 报考者有情节严重、影响恶劣或者情节特别严重、影响特别恶劣的违规违纪行为的，应当记入公务员录用诚信档案库，并按照有关规定进行信用信息共享等管理。

第三章　工作人员违规违纪行为处理

第十六条 有下列情形之一的，根据情节轻重，依规依纪依法追究负有责任的领导人员和直接责任人员责任；涉嫌违法犯罪的，移送有关国家机关依法处理：

（一）不按照规定的编制限额和职位要求进行录用的；

（二）不按照规定的任职资格条件和程序录用的；

（三）未经授权，擅自出台、变更录用政策，造成不良影响的；

（四）录用工作中徇私舞弊的；

（五）发生泄露试题、违反考场纪律以及其他影响公平、公正行为的。

第十七条 工作人员有下列情形之一的，根据情节轻重，依规依纪依法追究责任；涉嫌违法犯罪的，移送有关国家机关依法处理：

（一）泄露试题和其他录用秘密信息的；

（二）利用工作便利，伪造考试成绩或者其他录用工作有关资料的；

（三）利用工作便利，协助报考者作弊的；

（四）因工作失职，影响录用工作正常进行的；

（五）其他违反录用工作纪律的行为。

第四章　违规违纪行为处理程序

第十八条　报考者的违规违纪行为被当场发现的，工作人员应当予以制止，并收集、保存相应证据材料，如实记录违规违纪事实和现场处置情况，由2名以上工作人员签字，报送负责组织有关工作的公务员主管部门、招录机关或者考试机构。

第十九条　对报考者违规违纪行为作出处理决定前，应当告知报考者拟作出的处理决定以及相关事实、理由和依据，并告知报考者依法享有陈述和申辩的权利。作出处理决定的公务员主管部门、招录机关或者考试机构对报考者提出的事实、理由和证据，应当进行复核。

第二十条　对报考者违规违纪行为作出处理决定的，应当制作公务员录用违规违纪行为处理决定书，采取直接送达、委托送达、邮寄送达或者公告等方式送达。

对给予五年内限制报考公务员或者终身限制报考公务员处理的报考者，限制报考的日期自作出处理决定之日起计算。

第二十一条　报考者对违规违纪行为处理决定不服的，可以依法申请行政复议或者提起行政诉讼。

第二十二条　对工作人员违规违纪行为的处理，由相关单位按照职责权限和程序办理。

工作人员对违规违纪行为处理不服的，可以按照规定申请复核或者提出申诉等。

第五章　附　　则

第二十三条　报考者和工作人员以外的其他人员，有干扰公务员录用秩序等行为的，依据有关法律法规处理。

第二十四条　参照公务员法管理的机关（单位）中除工勤人员以外的工作人员录用中违规违纪行为的认定与处理，参照本办法执行。

第二十五条　本办法由中共中央组织部、人力资源社会保障部负责解释。

第二十六条　本办法自发布之日起施行。

附件：公务员录用违规违纪行为处理决定书（样式）

附件

公务员录用违规违纪行为处理决定书（样式）

编号：____________

________考生（身份证号____________）：

你在参加________中，在____________环节有____________________的违规违纪情形。根据《公务员录用违规违纪行为处理办法》第______条第______款第______项的规定，给予________________________处理。

如对处理决定不服，可自收到本处理决定书之日起60日内依法申请行政复议，或者自收到本处理决定书之日起6个月内依法提起行政诉讼。

（作出处理决定单位盖章）

年　　月　　日

国务院根治拖欠农民工工资工作领导小组办公室关于印发《2020年度保障农民工工资支付工作考核细则》的通知

国治欠办发〔2021〕2号

各省、自治区、直辖市人民政府及新疆生产建设兵团：

根据《国务院办公厅关于印发保障农民工工资支付工作考核办法的通知》（国办发〔2017〕96号）有关规定，现印发《2020年度保障农民工工资支付工作考核细则》，请认真贯彻执行。

2021年2月3日

2020年度保障农民工工资支付工作考核细则

类别	考核项目	评分项目	评分说明	分值
一、加强组织领导	（一）落实省级政府负总责、市县级政府具体负责的工作体制	1. 落实由政府负责人担任组长的根治欠薪工作议事协调机制，定期召开会议研究会商根治欠薪工作（0.5分） 2. 制定本地区根治欠薪年度工作计划并进行总结（0.5分） 3. 制定《保障农民工工资支付条例》实施方案（1分）	第2项年度工作计划具体形式不限 第3项实施方案可包含在年度工作计划中，也可单独制定。实施方案应细化职责分工、明确责任部门，制定落实《保障农民工工资支付条例》的时间表、路线图	2
	（二）省级政府对下级政府根治欠薪工作进行考核	4. 依据本地区出台的考核办法，制定年度考核方案和细则并组织实施，按规定通报考核结果并督促整改（1.5分） 5. 将保障农民工工资支付纳入2020年度对本级人民政府有关部门和下级人民政府考核评价指标体系（0.5分）	第4项中考核指标应明确属地和部门责任	2

续表

类别	考核项目	评分项目	评分说明	分值
一、加强组织领导	（三）省级政府对下级政府根治欠薪工作进行督促指导	6. 省级政府依规对下级政府根治欠薪工作进行督促指导（1分） 7. 省本级政府（含所属有关部门）督办或直接查处上级交办案件（2分） 8. 建立本地区欠薪工作台账，并动态更新（1分）	第6项中依规督促指导指符合中共中央办公厅《关于统筹规范督查检查考核工作的通知》及相关文件要求的各类督查、检查、调研、指导等 第7项重点考核按时提交书面情况报告、查清事实、依法妥善处理等情况。省本级应当建立督办工作台账和督办案卷，全面搜集保存督办案件证据材料，按时提交督办案件书面情况报告，事实认定清楚，依法妥善处理。无上级交办案件的，可直接得分 第8项欠薪工作台账应包括本地区欠薪案件办理情况、在建工程项目制度落实情况、欠薪舆情处置情况等，可通过信息化手段建立	4
	（四）省级政府建立并落实根治欠薪工作问责制度	9. 建立并落实根治欠薪工作问责制度（2分）	第9项自评需报送考核周期内提请问责及有关职能部门书面回复情况；自评后经核查，应提请问责未提请的，每发现1起扣0.5分，扣完为止	2
	（五）省级政府加强根治欠薪工作宣传	10. 组织开展《保障农民工工资支付条例》宣传活动，省级以上主要新闻媒体对根治欠薪重要会议、专项执法行动、大型活动开展宣传报道（1分） 11. 组织开展《保障农民工工资支付条例》学习培训（0.5分） 12. 按要求报送根治欠薪宣传稿件（0.5分） 13. 欠薪舆情监测处置及舆论引导（1分）	第10项宣传活动指利用报纸杂志、广播电视、互联网等新闻媒体，围绕贯彻实施《保障农民工工资支付条例》开展不同形式的宣传活动；省级以上主要媒体关于根治欠薪工作报道次数平均每季度不少于1次 第11项指按要求对人社系统执法人员、有关成员单位监管人员和企业管理人员进行培训（包括线上、线下培训） 第13项指对欠薪舆情及时发现、核实妥处、及时回应的情况	3
二、工程建设领域欠薪源头治理	（六）整顿规范建设市场秩序，改进建设领域工程款支付管理	14. 工程建设领域行业主管部门落实行业监管责任，规范工程建设领域市场秩序，依法查处违法发包、转包或违法分包等违法违规行为（1分） 15. 全面落实工程款支付担保制度（1分） 16. 全面推行施工过程结算（1分） 17. 建设单位未依法提供工程款支付担保或者政府投资项目拖欠工程款，导致拖欠农民工工资的，县级以上地方人民政府限制其新建项目，记入信用记录，纳入国家信用信息系统进行公示（1分）	第14项自评需报送查实处理违法发包、转包、违法分包的情况。自评后经核查有未经查处的违法发包、转包或违法分包情况的，每发现1起扣0.5分，扣完为止 第15项自评后经核查，未依据《保障农民工工资支付条例》办理工程款支付担保的，每发现1起扣0.5分，扣完为止 第16项在自评后经核查，项目未按合同约定计量周期或工程进度进行结算并支付工程款的，或违规以未完成审计为由延期工程结算、拖欠工程款的，每发现1处扣0.5分，扣完为止 第17项需相关主管部门提供记入信用记录台账，经核查发现应纳入而未纳入的，每发现1起扣0.5分，扣完为止	4

续表

类别	考核项目	评分项目	评分说明	分值
二、工程建设领域欠薪源头治理	（七）推进政府投资工程项目过程监管	18. 审批政府投资工程项目的主管部门严格审查资金筹措方案，没有明确资金来源和筹措方式的不得批准可研报告（1分） 19. 加强政府投资工程项目资金监管，按规定及时拨付财政资金，从源头上预防因拖欠工程款导致的欠薪（1分） 20. 政府投资工程项目严禁施工企业垫资建设（2分） 21. 政府投资工程项目拖欠农民工工资的约谈问责情况（2分） 22. 建立清理拖欠中小企业账款工作与根治拖欠农民工工资工作的联动机制（1分）	第18项、19项、20项在自评后经核查，项目未按规定落实的，每发现1处扣0.5分，扣完为止 第21项自评后经核查，符合《保障农民工工资支付条例》第五十九条、第六十条相关约谈问责条件而未进行约谈问责的，每发现1起扣0.5分，扣完为止	7
三、工程建设领域工资支付保障制度	（八）加强劳动用工管理，工程建设领域实行实名制管理	23. 在建工程项目施工总承包单位或分包单位与所招用的农民工订立劳动合同并进行用工实名登记（3分） 24. 本地区房建市政类建筑工人实名制平台实现和全国建筑工人管理服务信息平台对接，在建工程项目通过建筑工人管理服务信息平台进行用工实名登记管理（2分） 25. 本地区建筑工人实名制项目数据更新率情况（2分） 26. 总包单位在工程项目配备劳资专管员情况（1分） 27. 施工总承包单位、分包单位建立用工管理台账情况（1分）	第23项在自评后经核查，未通过计酬手册或信息化实名制等管理手段记录施工现场作业农民工的身份信息、劳动考勤、工资结算等信息的，或未与农民工签订劳动合同的，每发现1处扣0.5分，扣完为止 第24项自评后经核查，房建市政类在建工程项目或工人数据未上传至全国建筑工人管理服务信息平台的，每发现1个扣0.5分，扣完为止 第25项在自评后经核查，数据以全国建筑工人管理服务信息平台记录分析为准。项目更新率共分10档，0%得0分；0%（不含）~10%（不含）得0.2分；10%~20%（不含）得0.4分；20%~30%（不含）得0.6分；以此类推，80%~90%（不含）得1.8分；90%~100%得2分 第26项经核查，项目未配备劳资专管员的，每发现1处扣0.2分，扣完为止 第27项经核查，项目未建立用工管理台账的，每发现1处扣0.2分，扣完为止	9

续表

类别	考核项目	评分项目	评分说明	分值
三、工程建设领域工资支付保障制度	（九）落实农民工工资专用账户管理制度	28. 建设单位与施工总承包单位订立的工程施工合同中约定人工费用、拨付周期等情况（2分） 29. 施工总承包单位开设农民工工资专用账户情况（2分） 30. 建设单位及时足额向总包单位开设的农民工工资专用账户拨付人工费用情况（2分）	第28项在自评后经核查，施工合同未约定人工费用和拨付周期的，每发现1处扣0.5分，扣完为止 第29项在自评后经核查，项目施工总承包单位未开设专用账户的，每发现1处扣0.5分，扣完为止（同时扣除第30、32项相应分数） 第30项在自评后经核查，项目建设单位未及时足额拨付人工费用，以及人工费用的拨付周期超过1个月的，每发现1处扣0.5分，扣完为止	6
	（十）推行分包单位农民工工资委托总承包单位代发制度	31. 分包单位按月考核农民工工作量并编制工资支付表，经农民工本人签字确认后，交施工总承包单位（2分） 32. 总承包单位通过专用账户委托银行直接向农民工发放工资（3分） 33. 用人单位或其他人员不得以任何理由扣押或变相扣押农民工本人社会保障卡或银行卡（1分）	第31项在自评后经核查，分包单位未按月考核农民工工作量并编制工资支付表，每发现1处扣0.5分，扣完为止。工资支付表未经农民工本人签字确认的，每发现1处扣0.2分，扣完为止 第32项在自评后经核查，项目总包单位未通过专用账户委托银行直接发放工资的，每发现1处扣0.5分，扣完为止 第33项在自评后经核查，用人单位或其他人员扣押或变相扣押农民工本人社会保障卡或银行卡的，每发现1处扣0.5分，扣完为止	6
	（十一）落实工资保证金制度	34. 在建工程项目工资保证金制度实现全覆盖（2分）	第34项在自评后经核查，在建工程项目未按照规定足额存储工资保证金或未按照规定及时退还工资保证金的，每发现1处扣0.5分，扣完为止，因应对疫情等原因依规暂缓缴存工资保证金的除外 如发生涉及工资保证金的重大违纪违法行为，扣除本项全部分值	2
	（十二）落实施工现场维权告示牌制度	35. 在建工程项目按标准在施工现场设立维权信息告示牌（1分）	第35项在自评后经核查，未设立告示牌的，每发现1处扣0.5分，扣完为止；未按《保障农民工工资支付条例》标准设立或未设立在施工现场醒目位置的，每发现1处扣0.2分，扣完为止	1
	（十三）依法对制度落实情况开展监督检查	36. 人力资源社会保障行政部门、相关行业工程建设主管部门依法对在建工程项目实行农民工实名制管理、专用账户管理、总包代发工资、工资保证金、维权告示牌等情况进行监督检查（2分）	第36项在自评后经核查，未开展检查工作或发现违法行为后应查处未查处的，每发现1处扣0.5分，扣完为止	2

续表

类别	考核项目	评分项目	评分说明	分值
三、工程建设领域工资支付保障制度	（十四）建立健全农民工工资支付监控信息系统	37. 依托实名制系统或单独建立农民工工资支付监控信息系统，对建设工程项目制度落实和农民工工资支付全过程动态监管，并实现省级集中，与建筑工人实名制系统实现数据共享（4分）	第37项建立工程建设项目工资支付监控系统或已有信息平台实现制度落实和农民工工资支付全过程监管功能的，得2分；同时实现省级集中的，得3分；同时实现数据共享的，得4分	4
四、工资支付诚信体系	（十五）加强工资支付诚信体系建设，落实失信联合惩戒	38. 按规定组织开展重大劳动保障违法行为社会公布工作（1分） 39. 建立用人单位及相关责任人劳动保障守法诚信档案，对用人单位开展劳动保障守法诚信A、B、C三级评价工作（1分） 40. 按规定规范开展拖欠农民工工资失信联合惩戒工作（2分） 41. 工程建设领域行业主管部门将本行业发生的欠薪情况记入企业或个人信用档案，通过本行业信用信息共享平台向社会公布（2分）	第38项省级、地市级、县级每季度公布1次。省级人力资源社会保障部门按规定向部本级报送重大劳动保障违法行为社会公布案件。未按要求公布或报送的，每发现1处扣0.2分，扣完为止 第39项未建立守法诚信档案或未按规定开展守法诚信三级评价工作的，每发现1处扣0.2分，扣完为止 第40项人力资源社会保障部门严格规范开展“失信联合惩戒对象名单”管理工作；省级人力资源社会保障部门至少每季度向部本级报送1次拖欠农民工工资“失信联合惩戒对象名单”。未按《拖欠农民工工资“黑名单”管理暂行办法》（人社部规〔2017〕16号）规定的程序开展“黑名单”管理工作，列入“联合惩戒对象名单”决定在行政复议或者行政诉讼中被撤销的，每发现1起扣0.2分，扣完1分为止；未按规定报送名单的，每发现1起扣0.2分，扣完1分为止 第41项每发现1起未按规定记入或向社会公布的，扣0.5分，扣完为止	6
五、依法处置欠薪案件	（十六）推进农民工欠薪问题依法治理	42. 建立并完善欠薪预警系统，根据市场监管、税务、银行、水电供应等部门和单位提供的监管信息和企业经营相关指标变化，定期研判，及时预警并做好防范（1分） 43. 公开举报投诉电话、网站等渠道，对举报投诉的处理实行首问责任制（2分） 44. 开展农民工工资支付情况多部门联合专项执法检查（1分） 45. 公安机关及时受理、侦办涉嫌拒不支付劳动报酬刑事案件，依法处置因农民工工资拖欠引发的治安案事件，符合《保障农民工工资支付条例》第52条的，依法予以处理（1分） 46. 落实欠薪案件快裁快审机制（1分） 47. 公共法律服务相关机构积极参与相关诉讼、咨询、调解等活动，帮助解决拖欠农民工工资问题（1分） 48. 工程建设领域行业主管部门负责督办本领域因违法发包、转包、违法分包、挂靠、拖欠工程款等导致的欠薪案件（1分） 49. 地方各级人民法院做好解决拖欠农民工工资相关工作（0.5分） 50. 地方各级人民检察院做好解决拖欠农民工工资相关工作（0.5分）	第42项定期研判并发出预警信息得0.5分，否则不得分。本项采用信息化手段实现动态监控的，再得0.5分 第43项举报投诉渠道不畅、未及时接收举报投诉的，每发现1起扣0.5分，扣完1分为止；人力资源社会保障行政部门和其他有关部门对于属于本部门受理的举报投诉依法及时处理，不属于本部门受理的，及时转送相关部门，相关部门依法及时处理，并将处理结果告知举报、投诉人的得1分，未按规定执行的，每发现1处扣0.5分，扣完1分为止 第45项发现1起未依法受理、侦办或者未依法处置的，扣0.5分，扣完为止 第46项指劳动争议仲裁案件 第49项地方各级人民法院应依法做好涉及拖欠农民工工资案件及其他相关民事案件的立案、审判、执行等工作，加大对涉及拖欠农民工工资案件的强制执行力度，解决执行难的问题 第50项地方各级人民检察院应加大对拖欠农民工工资案件支持起诉和诉讼监督的力度	9

续表

类别	考核项目	评分项目	评分说明	分值
五、依法处置欠薪案件	（十七）治欠成效	51. 2020年发生的政府投资工程项目以及各类政府与社会资本合作项目拖欠农民工工资案件在2020年年底前全部清零（2分） 52. 2020年发生的国企项目拖欠农民工工资案件在2020年年底前全部清零（2分） 53. “全国根治欠薪线索反映平台”线索处置情况（3分） 54. 本地区其他欠薪问题发生和解决情况（3分）	第51项、52项评分将参考各地开展根治欠薪冬季专项行动相关情况 第53项按时限完成接收线索数占本地总线索数的比例未超过95%，扣0.5分；按时限完成核处线索数占本地总线索数的比例未超过95%，扣0.5分；未有效核实处置案件线索的，每发现1起扣0.1分，直至扣完2分为止 第54项根据劳动保障监察举报投诉、争议调解仲裁、司法审判、法律援助、信访、舆情、暗访调研以及保障中小企业账款等工作中反映的欠薪问题发生和解决情况进行综合评定后给分	10
	（十八）欠薪突发事件应急处置	55. 因欠薪引发群体性事件情况（5分） 56. 因欠薪引发极端事件情况（5分） 57. 重大欠薪舆情情况（5分）	第55项因欠薪引发50人以上群体性事件，每发生1起扣2.5分 第56项因欠薪引发极端事件并造成严重后果，发生1起扣5分 第57项因重大欠薪舆情造成不良社会影响，发生1起扣5分	15
六、加强执法能力建设	（十九）落实《人力资源社会保障部 中央编办 财政部关于加强劳动保障监察执法能力建设的意见》	58. 劳动保障监察机构承担人社部门综合执法职能（1分） 59. 加强基层劳动保障监察执法力量情况（1分） 60. 劳动保障监察执法经费保障情况（1分） 61. 各级劳动保障监察机构执法用车配备情况（0.5分） 62. 工作服装配置情况（0.5分） 63. 劳动保障监察作风建设情况（2分）	第59项中合理配备专职劳动保障监察员，加大劳动保障监察员培训力度，监察专业素质能力不断提高的得1分 第60项中本地区各级劳动保障监察经费没有足额保障的扣1分 第61项在自评后经核查，存在无执法用车且无保障措施的扣0.5分 第63项在自评后经核查，未按要求报送行风线索核实情况报告，或者未按要求核实并妥善处理的，每发现1起扣0.5分，扣完为止；因行风问题造成恶劣影响的，直接扣除2分	6

教育部等九部门关于印发《中西部欠发达地区优秀教师定向培养计划》的通知

教师〔2021〕4号

各省、自治区、直辖市教育厅（教委）、党委宣传部、党委编办、发展改革委、财政厅（局）、人力资源社会保障厅（局）、住房和城乡建设厅（委）、乡村振兴局，新疆生产建设兵团教育局、党委宣传部、党委编办、发展改革委、财政局、人力资源社会保障局、住房和城乡建设局、乡村振兴局，部属师范大学：

为贯彻落实习近平总书记关于教育的重要论述特别是关于教师队伍建设的重要讲话精神，落实《中华人民共和国国民经济和社会发展第十四个五年规划和2035年远景目标纲要》有关要求，加强中西部欠发达地区教师定向培养，造就一批有理想信念、有道德情操、有扎实学识、有仁爱之心的“四有”好老师，推动巩固拓展教育脱贫攻坚成果同乡村振兴有效衔接，现将《中西部欠发达地区优秀教师定向培养计划》印发给你们，请认真落实。

2021年7月26日

中西部欠发达地区优秀教师定向培养计划

为落实习近平总书记关于教育的重要论述特别是关于教师队伍建设的重要讲话精神，加强中西部欠发达地区教师定向培养，造就一批有理想信念、有道德情操、有扎实学识、有仁爱之心的“四有”好老师，建设高质量中小学教师队伍，制定中西部欠发达地区优秀教师定向培养计划（以下简称优师计划）。

一、工作目标

从2021年起，教育部直属师范大学与地方师范院校采取定向方式，每年为832个脱贫县（原集中连片特困地区县、国家扶贫开发工作重点县）和中西部陆地边境县（以下统称定向县）中小学校培养1万名左右师范生，从源头上改善中西部欠发达地区中小学教师队伍质量，培养造就大批优秀教师。

二、计划编制

优师计划由教育部和省级教育行政部门在全国年度招生计划中统筹安排，在高校年度招生总规模内单列下达。6所教育部直属师范大学承担国家优师专项培养任务，发挥示范引领作用，面向中西部省份招生。中西部省级教育行政部门确定的本科层次师范院校，承担相关省份地方优师专项培养任务。

中西部省级教育行政部门商本省（区、市）人力资源社会保障等有关部门，根据省域内定向县中小学教师培养补充需要，在核定的编制内统计并上报本省（区、市）优师计划年度培养需求。教育部指导直属师范大学和有关省（区、市）教育行政部门根据各地所需，倾斜支持紧缺领域教师补充需求，合理安排优师计划师范生招生计划。

三、招生录取

报考优师计划的考生均须参加当年全国统一高考，在本科提前批次录取。

国家优师专项师范生在录取后、获得录取通知书前，须与培养学校和生源所在省份省级教育行政部门、乡村振兴工作部门签订协议，承诺毕业后到生源所在省份定向县中小学履约任教不少于6年。对拒签协议的录取学生，有关高校应取消其优师专项录取资格。国家优师专项师范生录取后，户籍仍保留在原户籍所在地，毕业后可按有关规定迁入定向就业所在地区。

地方优师专项师范生由省级教育行政部门统筹，在入学前做好相关协议签订工作。

四、职前培养

优师计划实施高校应围绕“四有”好老师培养目标，针对优师计划师范生开设系列特色课程，坚持正确政治方向，加强理想信念和思想政治教育，引领师范生深入学习领会习近平总书记关于教育的重要论述，开展“四史”教育，大力弘扬社会主义核心价值观，引导师范生树立正确的历史观、民族观、国家观、文化观，涵养长期从教、终身从教的职业情怀。要构建地方政府、中小学校与高校三方协同育人机制，积极利用人工智能等信息技术提升教师培养质量，集中优质资源支持优师计划师范生培养，建立健全贯穿培养全程、与理论教学有机结合的实践教学体系，全面落实高校教师与中小学教师共同指导教育实践的“双导师制”，强化师范生教学基本功，提升教书育人本领。

优师计划师范生毕业时，参照免试认定中小学教师资格改革相关政策，免国家中小学教师资格考试，认定取得中小学教师资格。

五、就业管理

优师计划师范生毕业后须按协议约定，到定向县中小学履约任教。省级教育行政部门要会同有关部门加强统筹协调，严格管理，落实计划，做好师范生履约就业的各项入职条件保障，确保优师计划师范生覆盖本省（区、市）所有定向县。

国家优师专项师范生就业工作由省级教育行政部门统筹管理，相关地市及定向县教育行政部门会同人力资源社会保障部门按照事业单位新进人员实行公开招聘制度的要求，负责组织用人学校与优师计划师范生在需求岗位范围内进行专项招聘，通过双向选择等方式切实为优师计划毕业生落实任教学校和岗位，签订聘用合同，实行合同管理。国家优师专项师范生未按规定履约的，按照协议约定承担相应责任，违约记录归入人事档案，依法依规纳入社会信用体系。

地方优师专项师范生根据协议约定，进行就业管理。

六、职后发展

各地各校要重视并支持优师计划师范生职后专业发展工作。优先安排履约任教的优师计划师范生参加“国培计划”等各级教师培训项目，以及访学交流、教学技能竞赛等活动。

计划实施高校要建立跟踪指导机制，通过在线平台等提供优质教育教学资源，开放学校举办的培养培训活动，持续支持优师计划师范生提升教书育人本领，造就“四有”好老师。

七、实施保障

1. 组织管理。教育部门牵头负责优师计划招生、培养、就业指导、落实工作岗位、办理派遣、履约管理等工作；财政部门负责计划实施的经费保障；人力资源社会保障部门负责落实计划专项人事政策等工作；机构编制部门负责做好优师计划师范生到中小学任教涉及的相关机构编制工作。

2. 经费支持。优师计划师范生在校学习期间免除学费，免缴住宿费，并补助生活费。中央财政参照师范生公费教育补助标准，根据教育部直属师范大学每年实际录取优师计划师范生人数，按年度拨付相关经费并将优师专项培养情况作为中央高校有关专项资金分配参考因素。地方财政根据地方师范院校优师计划师范生人数，承担相关经费。中央财政根据各省（区、市）地方师范院校每年实际录取优师计划师范生人数，通过“支持地方高校改革发展资金”予以奖补，由省（区、市）负责组织实施。

3. 政策保障。各地要加强履约就业的优师计划师范生周转宿舍建设，将符合条件的优师计划师范生纳入当地住房保障范围。要切实关心优师计划师范生的工作、生活所需，为其履约就业和专业发展创造有利条件。

4. 督导评价。各级教育督导部门要将本计划纳入督导范围，加强督导检查并通报督导情况，形成专项督导报告。要将计划实施情况纳入巩固脱贫攻坚成果后等相关评估。省级教育行政部门、部属师范大学要认真总结本计划年度实施情况，建立实施高校动态准入、退出、激励机制，并积极发掘优师计划师范生从教典型，加强宣传。

教育部办公厅　人力资源社会保障部办公厅关于印发《校外培训机构从业人员管理办法（试行）》的通知

教监管厅函〔2021〕9号

各省、自治区、直辖市教育厅（教委）、人力资源社会保障厅（局），新疆生产建设兵团教育局、人力资源社会保障局：

为贯彻落实中共中央办公厅、国务院办公厅印发的《关于进一步减轻义务教育阶段学生作业负担和校外培训负担的意见》精神，加强校外培训机构从业人员管理，规范机构和从业人员培训行为，教育部、人力资源社会保障部共同制定了《校外培训机构从业人员管理办法（试行）》，现予印发，请遵照执行。

2021年9月9日

校外培训机构从业人员管理办法（试行）

第一章　总　　则

第一条　为加强校外培训机构从业人员管理，规范机构和从业人员培训行为，依据《中华人民共和国教育法》《中华人民共和国民办教育促进法》《中华人民共和国劳动合同法》等制定本办法。

第二条　校外培训机构从业人员是指按规定面向中小学生及3周岁以上学龄前儿童开展校外培训的机构中的工作人员，包括：教学人员、教研人员和其他人员。其中，教学人员是指承担培训授课的人员，教研人员是指培训研究的人员；助教、带班人员等辅助人员按照其他人员进行管理。

第三条　本办法适用于招用具有中国国籍的人员，招用外籍人员应符合国家有关规定。

第二章　招用及解聘

第四条　校外培训机构从业人员应当符合下列要求：

（一）坚持以习近平新时代中国特色社会主义思想为指导，拥护中国共产党的领导和中国特色社会主义制度，全面贯彻党的教育方针，落实立德树人根本任务；

（二）爱国守法，恪守宪法原则，遵守法律法规，依法履行各项职责；

（三）具备良好的思想品德和职业道德，举止文明，关心爱护学生；教学、教研人员还应为人师表，仁爱敬业；

（四）教学、教研人员应熟悉教育教学规律和学生身心发展特点，从事按照学科类管理培训的须具备相应教师资格证书，从事按照非学科类管理培训的须具备相应的职业（专业）能力证明；

（五）非中小学、幼儿园在职教师。

第五条 校外培训机构从业人员不得为以下人员：

（一）纳入“校外培训机构从业人员黑名单”管理的；

（二）受到剥夺政治权利或者故意犯罪受到有期徒刑以上刑事处罚的。

第六条 校外培训机构专职教学、教研人员原则上不低于机构从业人员总数的50%。面向中小学生的线下培训，每班次专职教学人员原则上不低于学生人数的2%；面向3周岁以上学龄前儿童的线下培训，每班次专职培训人员原则上不低于儿童人数的6%。

第七条 校外培训机构应按照《中华人民共和国劳动合同法》有关规定与招用人员订立、履行、变更、解除或者终止劳动合同。

第八条 校外培训机构应当规范从业人员管理：

（一）校外培训机构应对拟招用人员和劳务派遣单位拟派遣至机构场所工作的人员进行性侵等违法犯罪信息查询；

（二）校外培训机构应当依法与招用人员签订书面劳动合同，明确工作内容、工作地点、工作时间、岗位职责、劳动合同期限、劳动报酬、社会保险、考核办法等；

（三）对初次招用人员，应当开展岗位培训，内容应当包括法律法规、职业道德和有关政策文件要求等；

（四）教学、教研人员的基本信息（姓名、照片等）、教师资格、从教经历、任教课程等信息应在机构培训场所及平台、网站显著位置公示，并及时在全国统一监管平台备案。其他从业人员信息应在机构内部进行公示。

第九条 校外培训机构应向社会、培训对象公开作出书面承诺，从业人员招用符合本办法第四条、第五条、第六条、第七条规定。

第十条 校外培训机构应对从业人员定期开展思想政治素质、业务能力等培训，提高教育教研能力和服务保障水平。

第十一条 校外培训机构从业人员不得有下列情形：

（一）有损害党中央权威、违背党的路线方针政策的言行；

（二）损害国家利益，损害社会公共利益，或违背社会公序良俗；

（三）通过课堂、论坛、讲座、信息网络及其他渠道发表、转发错误观点，或编造散布虚假信息、不良信息；

（四）歧视、侮辱学生，存在虐待、伤害、体罚或变相体罚未成年人行为；

（五）在教学、培训等活动中遇突发事件、面临危险时，不顾学生安危，擅离职守，自行逃离；

（六）与学生发生不正当关系，存在猥亵、性骚扰等行为；

（七）向学生及家长索要、收受不正当财物或利益；

（八）被依法追究刑事责任；

（九）吸食毒品等违反治安管理法律法规行为；

（十）违法传教或者开展宗教活动；

（十一）宣扬或从事邪教。

从业人员有上述情形，符合《中华人民共和国劳动合同法》等法律法规关于解除劳动合同规定的，校外培训机构应当依法与其解除劳动合同，在全国统一监管平台同步更新人员信息，并报告主管教育行政部门。

第三章 检查监督

第十二条 教育行政部门或相应主管部门会同人力资源社会保障行政部门公开监督方式、畅通举报渠道，通过年度检查、专项检查、随机抽查等形式，依职责分工对机构从业人员情况进行检查。检查情况依法向社会公开，并作为机构信用管理的重要依据。

第十三条 从业人员违反本办法第十一条规定情节严重的，经查实、审核后，纳入全国统一监管平台的“校外培训机构从业人员黑名单”管理。

第十四条 校外培训机构违反本办法的，主管教育行政部门应责令其限期改正；对多次、多项违反规定等情节严重的，责令其停止招生，改正期间禁止开展相关培训活动；对逾期未完成改正或拒绝改正等情节特别严重的，依法取消其办学许可资质。

第四章　附　　则

第十五条 省级教育行政部门可结合本地实际，根据本办法制定实施细则。

第十六条 本办法自印发之日起施行，由国务院教育行政部门负责解释。

财政部　人力资源社会保障部自然资源部关于加强政务服务“跨省通办”涉及政府非税收入收缴管理事项的通知

财库〔2021〕12号

各省、自治区、直辖市、计划单列市财政厅（局）、人力资源社会保障厅（局）、自然资源主管部门，新疆生产建设兵团财政局、人力资源社会保障局、自然资源局：

为落实《国务院办公厅关于加快推进政务服务“跨省通办”的指导意见》（国办发〔2020〕35号）有关决策部署，方便缴款人跨省异地缴纳政府非税收入，现就“跨省通办”事项涉及的政府非税收入收缴工作要求通知如下：

一、总体要求

以习近平新时代中国特色社会主义思想为指导，深入贯彻党的十九大和十九届二中、三中、四中、五中全会精神，按照党中央、国务院决策部署，坚持以人民为中心的发展思想，坚持新发展理念，适应统筹推进疫情防控和经济社会发展形势要求，纵深推进“放管服”改革，优化营商环境，就“跨省通办”政务服务事项涉及的政府非税收入，打造线上缴款为主、线下缴款为辅的多样化缴款模式，方便缴款人自主选择缴款渠道，确保如期实施政务服务“跨省通办”。

二、规范收缴管理

（一）理顺业务办理和缴费流程。确保政府非税收入预算级次和收入归属不变。各级各地财政部门要充分利用一体化的政务服务平台和收缴电子化缴款渠道，与相关业务部门进一步理顺业务办理和缴费流程，为“跨省通办”缴款人提供更加便捷的缴款服务。

（二）依法依规收取政府非税收入。各级各地相关部门要严格按照财政部以及各省级财政部门公布的行政事业性收费和政府性基金目录清单，建立“跨省通办”政务事项非税收入收费清单，主动向社会公开收费项目、收费标准、收费依据、缴款渠道等。

（三）规范收缴行为。各级各地相关部门要按规定收缴非税收入，除邮寄费等代收费用外，不得附加收取任何收费。不得对政务服务“跨省通办”事项设置前置条件并收取费用，不得变公共服务为有偿服务，不得变自愿服务为强制服务，不得变行政审批为收费审批，不得违规收取中介服务费。对违反国家有关规定自行设立的收费项目，应当立即纠正。

三、完善缴款模式

（一）完善“一站式”网上缴款。各级各地财政部门要加快推进政府非税收入收缴系统与“跨省通办”有关业务系统、各级政务服务平台的全面对接和深度融合，优先在省部级层面统一对接，将缴费环节深度嵌入“跨省通办”业务办理链条，充分利用收缴电子化的缴款渠道，推动实现办事缴费网上“一站式”办理。

（二）推动线下跨省通缴渠道。各地财政部门要逐步建立健全线下跨省通缴渠道，严格按照政府非税收入收缴电子化全国统一的标准，统一政府非税收入执收项目识别码、统一政府非税收入缴款识别码，依托政府非税收入全国统一缴款渠道，打破线下缴款的省域限制，方便缴款人在全国任意地的代理银行营业网点和通办专窗等实地办理缴款，切实提高人民群众的幸福感和获得感。其中，不动产登记费通过线下属地或者网上缴款办理。

（三）畅通“跨省通办”专窗缴款功能。在“跨省通办”专窗有效解决老年人无法使用智能技术获取线上服务和线上缴款的困难，力争为居家老年人特别是高龄、空巢、失能、留守等重点群体提供代办政务服务，代缴政府非税收入等服务，满足基本需要。其中，社会保障卡补换工本费通过网上缴费办理，并鼓励有条件的地区提供线下、专窗缴款功能。

四、加强组织落实

（一）加强组织指导。跨省通办是落实国务院“放管服”改革要求、优化营商环境的重要举措。各级各地相关部门要高度重视，加强组织领导，牢固树立大局意识，按照职责分工，紧扣时间节点，加强协调沟通，加大宣传力度，主动公开跨省缴款的事项和方式。

（二）推进落地实施。各级各地相关部门要进一步细化任务，制定工作计划和进度安排，逐步实现部门间系统互通信息，集中力量推进跨省缴款，按照积极稳妥、规范有序的原则，确保“跨省通办”改革任务落地见效。

执行中如有问题，请及时向有关部门报告。

2021 年 2 月 19 日

住房和城乡建设部等部门关于加快发展数字家庭　提高居住品质的指导意见

建标〔2021〕28号

数字家庭是以住宅为载体，利用物联网、云计算、大数据、移动通信、人工智能等新一代信息技术，实现系统平台、家居产品的互联互通，满足用户信息获取和使用的数字化家庭生活服务系统。近年来，信息技术发展迅速，数字家庭的功能和服务内容不断扩充，但还存在发展不平衡、住宅和社区配套设施智能化水平不高、产品系统互联互通不够等问题。为落实党中央、国务院扩大内需和发展数字经济战略决策部署，加快发展数字家庭，提高居住品质，改善人居环境，提出以下意见：

一、总体要求

（一）指导思想。以习近平新时代中国特色社会主义思想为指导，全面贯彻落实党的十九大和十九届二中、三中、四中、五中全会精神，立足新发展阶段、贯彻新发展理念、构建新发展格局，坚持以人民为中心，坚持系统观念，统筹推进高质量发展，深化住房供给侧改革，深度融合数字家庭产品应用与工程设计，强化宜居住宅和新型城市基础设施建设，提升数字家庭产品消费服务供给能力，提高便民服务水平，适应消费升级趋势和疫情防控常态化要求，不断满足人民日益增长的美好生活需要。

（二）基本原则。

——坚持市场主导，政府引导。充分发挥市场在数字家庭发展中的主导作用，更好发挥政府在规划布局、安全保障、政策制定等方面作用，推动形成多元化参与协同机制。

——坚持因地制宜，系统推进。立足于城市基础条件和消费现状，做好统筹规划，突出重点，按需求分类发展，鼓励试点先行，推动数字家庭应用落地。

——坚持融合共享，创新发展。强化跨领域跨行业产品与平台互联互通，推动新一代信息技术、互联网协议第六版（IPv6）与智能家居的协同应用，带动相关产业融合发展，营造跨界应用的产业生态。

——坚持安全可靠，绿色发展。强化网络和信息、文化和宣传安全管理，切实保护居民隐私，保障数字家庭产品和系统网络安全，严格遵循绿色低碳循环的基本要求，提高能源资源利用效率。

（三）发展目标。到2022年底，数字家庭相关政策制度和标准基本健全，基础条件较好的省（区、市）至少有一个城市或市辖区开展数字家庭建设，基本形成可复制可推广的经验和生活服务模式。到2025年底，构建比较完备的数字家庭标准体系；新建全装修住宅和社区配套设施，全面具备通信连接能力，拥有必要的智能产品；既有住宅和社区配套设施，拥有一定的智能产品，数字化改造初见成效；初步形成房地产开发、产品研发生产、运营服务等有序发展的数字家庭产业生态；健康、教育、娱乐、医疗、健身、智慧广电及其他数字家庭生活服务系统较为完善。

二、明确数字家庭服务功能

（一）满足居民获得家居产品智能化服务的需求。包括居民更加便利地管理和控制智能家居产品，智能家居产品与家居环境的感知与互动，防范非法入侵、不明人员来访，居民用电、用火、用气、用水安全，以及节能控制、环境与健康监测等。

（二）满足居民线上获得社会化服务的需求。包括居民更加便利地获得建筑设施维修、家政、医疗护理等上门服务，以及自然灾害预警提醒、教育、餐饮外卖、养老助残、医疗咨询、预约诊疗、居家办公、快递收寄、电子商城、房屋租赁、交通出行、旅游住宿、影音娱乐、健身指导等服务。

（三）满足居民线上申办政务服务的需求。包括公共教育、劳动就业、社会保障、民政事业、医疗健康、住房保障、广播电视、文化体育等政务服务事项进家庭，充分利用智能家居产品，联动当地政务服务平台，实现线上“一屏办”“指尖办”“电视办”。

三、强化数字家庭工程设施建设

（一）加强智能信息综合布线。加大住宅和社区的信息基础设施规划建设投入力度，实现光纤宽带与第五代移动通信（5G）等高速无线网络覆盖，广播电视光纤与同轴电缆入户。鼓励开展光纤到房间、光纤到桌面建设，着力提升住宅户内网络质量。推动三网融合，推广住宅户内综合信息箱应用，提升满足数字家庭系统需求的电力及信息网络连接能力，预留充足的数字家庭接口和线路。

（二）强化智能产品在住宅中的设置。对新建全装修住宅，明确户内设置楼宇对讲、入侵报警、火灾自动报警等基本智能产品要求；鼓励设置健康、舒适、节能类智能家居产品；鼓励预留居家异常行为监控、紧急呼叫、健康管理等适老化智能产品的设置条件。鼓励既有住宅参照新建住宅设置智能产品，并对门窗、遮阳、照明等传统家居建材产品进行电动化、数字化、网络化改造。

（三）强化智能产品在社区配套设施中的设置。对新建社区配套设施建设，明确要求设置入侵报警、视频监控等基本智能产品要求，保障消防通道畅通，提升社区安防水平；养老设施应配置健康管理、紧急呼叫等智能产品，提升社区适老化水平；鼓励建设智能停车、智能快递柜、智能充电桩、智慧停车、智能健身、智能灯杆、智能垃圾箱等公共配套设施，提升智能化服务水平。鼓励既有社区参照新建社区设置基本智能产品，并对养老设施和公共配套设施进行数字化改造。

四、完善数字家庭系统

（一）加强数字家庭系统基础平台建设。强化平台建设工作指引，细化数字家庭功能设置，支持建设开放的数字家庭基础平台。以数据集成、应用集成等技术手段，提高平台接收、分析、处理数据的能力，推动服务精细化，提升居民生活智慧化、便利化。

（二）加强与相关平台对接。推进数字家庭系统基础平台与新型智慧城市“一网通办”“一网统管”、智慧物业管理、智慧社区信息系统以及社会化专业服务等平台的对接，开放信息接口，在遵循信息安全与隐私保护的前提下，推动信息资源共享，保障居民更加安全便利地获得政务、社会和产品智能化服务。

（三）推进智能家居产品跨企业互联互通和质量保障。规范智能家居系统平台架构、网络接口、组网要求、应用场景，推动智能家居设备产品、用户、数据跨企业跨终端互联互通，打破不同企业智能家居产品连接壁垒，提升智能家居系统平台、设备产品、应用等对IPv6的支持能力，提高设备兼容性。鼓励符合条件的检测认证机构开展产品检测和认证，保障产品质量。

（四）强化网络和数字安全保障。数字家

庭系统应同步规划、同步建设、同步使用网络安全技术。按照法律法规规定和国家强制性标准要求，采取技术等必要措施，保障数字家庭系统安全稳定运行，防止信息泄露、损毁、丢失，确保收集、产生数据和个人信息安全。遵守密码应用规定，形成安全可控完整的产业生态系统。

五、加强组织实施

（一）加强组织领导。各地要高度重视数字家庭工作，各有关部门要在同级党委和政府领导下，建立协同机制，形成工作合力，以城市或市辖区为单元，综合利用信息化资源，推动数字家庭系统基础平台建设，强化工程规划建设管理，引导相关市场主体立足居民消费新需求，推动数字家庭产业协同发展。

（二）加强科技支撑。充分发挥行业领先企业及科研机构作用，加大数字家庭系统关键技术研发，鼓励开展产学研用基础软件与应用平台研发。加快开展环境质量监测、人体位置及行为状态获取等新型传感技术研发，重点推进核心芯片、部件、安全等关键技术创新，构筑自主创新技术产业体系。

（三）完善标准体系。开展数字家庭标准体系研究，完善智能家居规划设计、安装施工、运营服务等标准，制定综合信息箱等设施配置标准。完善智能产品、数字家庭场景、智能家居，以及广播电视、通信与数据技术要求、系统功能要求等标准，优先制定安全与隐私保护、设备互联互通与数据共享等关键标准。充分发挥社会团体作用，鼓励制定快速适应技术发展与市场需求的团体标准，加大标准供给。

（四）加强人才培养。重视数字家庭产业人才队伍建设，把人才作为支撑数字家庭发展的第一资源。建立多层次人才培养体系，储备相关专业人才。支持与高校、科研院所共建共享产学研用协同创新平台，与职业院校开展产教融合，合作培养技术技能人才。

（五）做好宣传引导。坚持党建引领，充分发挥各级政府和社区组织作用，开展加快发展数字家庭政策宣传贯彻、技术指导、交流合作与成果推广活动。引导人民群众广泛参与，加强国际交流与合作，营造数字家庭健康发展的良好环境。

2021 年 4 月 6 日

交通运输部　教育部　财政部　人力资源社会保障部　退役军人事务部　中华全国总工会关于加强高素质船员队伍建设的指导意见

交海发〔2021〕41号

为深入贯彻落实《交通强国建设纲要》，优化船员职业发展环境，推动建设高素质船员队伍，提出以下指导意见。

一、拓宽船员培养渠道

（一）激励航海相关专业招生。将航海相关专业纳入人才紧缺专业范畴；优化航海相关专业体检条件，科学制定招录计划；支持中西部省份企事业单位从事船员培训业务；鼓励非航海相关高等院校毕业学生参加船员职业技能培训。

（二）支持退役军人加入船员队伍。校企联合培养退役军人从事船员职业，对接优质资源，保障退役军人顺利上岗；取消退役军人参加航海类教育培训的招生指标限制和跨省异地审批限制；助推安排退役军人培训就业的企业按规定享受财税优惠政策；鼓励企事业单位优先招聘持有大副、大管轮及以上适任证书的退役军人。

（三）多渠道吸纳培养船员。帮扶渔业船员、军事船舶复转人员通过等效认可及补差培训从事商船船员职业；调动好经济欠发达地区富余劳动力资源，实施短期船员培训，引导经济欠发达地区走船员致富路。

二、提升船员职业素养

（四）提升综合素质。推进爱国主义、社会公德、职业道德、法治观念、责任意识、安全意识、权益保障等内容进大纲、进教材、进课堂、进考题，大力实践社会主义核心价值观，着力提升船员综合素质。

（五）注重培训实效。加强船员考试设施、设备建设，联合推进船员教育培训“双师型”师资队伍建设，激励优秀管理级船员进入航海教师队伍；强化实践教学和实际操作训练要求，提高船员的关键操作能力、应急应变能力和航海英语运用能力。

（六）优化培养模式。深化产教融合，鼓励校企合作，推行船员订单式培养；探索建立资源共享型实习实训模式；深化船员培训考试发证管理改革，倡导航海相关专业开展错峰实习，推行“理论考试—船上见习—实操评估”分段式培养模式，优化船员职务晋升制度。

（七）铸造航海教育培训品牌。推动航海相关专业建设，协同制定航海相关专业教学标准，优化课程设计和人才培养方案，注重适应航运新业态需求和发展的学科专业建设。

三、强化企业主体责任

（八）推进公司船员自有化。航运公司要建立稳定的船员队伍，提高自有船员比例，建立运行船岸互转工作机制，畅通自有船员队伍航运公司内部发展渠道。依法合规使用劳务派遣，严格遵守劳务派遣岗位及用工比例的规定。

（九）保障船员权益。航运公司要建立健全符合船员职业特点的工资分配制度，完善工资正常增长机制，保障船员在船服务期间获得合理劳动报酬，待派期间支付不低于船员用人单位所在地最低工资标准，探索股权激励措施。优化船员在船期间生活工作条件，定期安排船员体检，保障船员身心健康。建立海嫂之家，制定关爱海嫂举措，帮扶存在实际困难的船员家庭。倡导尊崇船员职业、尊重船员劳动的企业文化。

（十）完善公司再培训制度。航运公司要落实船员培养主体责任，再培训覆盖船员见习、晋升、履职等环节，完善船员终身教育制度，健全船员职业档案制度；将船员培养纳入公司安全与防污染管理体系，确保取得实效。

四、优化船员服务

（十一）加强顶层设计。制定《中国船员发展规划（2021—2035 年）》，完善船员法规体系，以制度驱动高素质船员队伍建设。

（十二）便利船员办事。深化“互联网+船员”服务，实施船员证书电子化；推行船员政务跨省通办、不见面审批、一网通办、一件事一次办；办好船员民生实事，推动船员享受全海域廉价网络通信服务。

（十三）促进船员职业发展。汇聚政府、工会、行业协会、航运企业资源，搭建船员就业及职业发展公共服务平台；建立船员服务热线；实施船员身心健康关爱行动；建立船员市场信息发布机制；发布年度《中国船员发展报告》。

（十四）加强国际合作。提升我国船员事务国际话语权，深化与共建“一带一路”国家和海运发达国家的航运交流合作，推进我国船员证书国际认可和船员培训智力输出，加强大型邮轮、危化船等高级船员的培训培养，助力提高我国国际船员劳务市场供给能力水平。

五、完善船员权益保障制度

（十五）构建和谐劳动关系。督促航运公司、船员服务机构按照《劳动合同法》《船员条例》《2006 年海事劳工公约》等规定，落实劳动保障制度。及时掌握中资方便旗船舶情况，督促中资航运公司、船员服务机构按照海事劳工公约要求保障船员权益。健全海上劳动关系三方协调机制，推动开展行业集体协商，制定推广船员劳动合同范本和集体协议范本。规范船员服务机构职业中介和劳务派遣行为。

（十六）促进行业自律。充分发挥行业组织作用，制定航运公司、船员服务机构和船员职业行为规范，完善信用管理机制，优待诚信，联合惩戒失信，规范船员市场秩序，优化营商环境和船员从业环境。

（十七）落实职业优惠政策。深化船舶专业技术人员职称制度改革。落实船员相关税收优惠政策。完善事业单位船员工资制度。推动港口所在地地方政府在远离城镇、周边无相关社会服务设施的偏远港区，完善公共服务设施，为靠港期间船员提供基本生活服务。

六、培育航海文化

（十八）弘扬航海文化。全媒体宣传航海文化，加强舆论引导。组织开展航海文化培育活动，支持有关文学、影视、音乐、戏剧、美术等创作，鼓励各地建设航海文化教育基地；加强航海科普能力建设，加强青少年海洋教育和航海文化教育，组织航海院校夏令营、实习船出访等活动。

（十九）提升船员职业荣誉。在“中国航海日”“世界海员日”，组织开展向社会开放的船员主题活动，宣传船员职业和贡献；开展船员劳动竞赛和技能大赛，培育大国工匠，加强先进典型培树，开展推广宣传活动，不断提升船员的社会认可度和美誉度。

2021 年 4 月 29 日

交通运输部等十六个部门关于加强货车司机权益保障工作的意见

交运发〔2021〕94号

为深入贯彻习近平总书记关于维护货车司机等就业群体合法权益的重要指示精神，认真落实党中央、国务院决策部署，切实改善货车司机生产经营环境，保障货车司机合法权益，提出如下意见。

一、总体要求

以习近平新时代中国特色社会主义思想为指导，全面贯彻党的十九大和十九届二中、三中、四中、五中全会精神，牢固树立以人民为中心的发展思想，坚持远近结合、标本兼治、协同联动、综合治理，围绕广大货车司机的关心关切，着力规范行政执法、畅通投诉举报渠道、改善工作休息条件、优化市场营商环境、健全社会保障体系，切实增强广大货车司机的从业获得感和职业归属感，加快建设交通强国，促进经济社会持续健康发展。

二、主要任务

（一）严格规范公正文明执法。严格按照法定职责、法定权限、法定程序行使执法职权，发挥执法工作在规范市场秩序、维护安全发展、促进社会稳定等方面的重要作用。深入开展交通运输执法领域突出问题专项整治，列出整治清单，逐一对账销号，全面纠正乱罚款、乱收费、以罚代管等问题，对发现的执法问题典型案例，深刻剖析并公开曝光。坚决清理涉及广大货车司机的各类不合理处罚规定。加强交通运输法律法规在货车司机群体中的宣传普及，加快完善部门协同联动执法工作机制，坚持行政处罚与教育引导相结合，寓服务于执法之中，切实转变执法观念，优化执法方式，规范执法自由裁量权，严格遵守执法程序，严厉打击各类交通运输违法违规行为，严肃执法监督和执纪问责，使行政执法更有力度、更有温度。

（二）畅通货车司机投诉举报渠道。各地交通运输、公安部门应设立投诉举报电话，主动向社会公开，并加快建立电话受理、快速处置、及时反馈的联动机制，确保电话打得通、接得了，事项办得好。要将交通运输投诉举报电话（含12345政府服务便民热线电话、12328交通运输服务监督电话等）受理的货车司机对管理部门乱收费、乱罚款、违规执法等投诉举报事项，提高到省级交通运输主管部门指导和监督，坚持一事一办理、即报即查、即接即办。强化投诉举报电话大数据分析应用，针对道路货运领域存在的普遍性、规律性、苗头性问题，适时优化完善管理措施。

（三）简化货车司机办事办证手续。严格落实道路普通货运车辆“三检合一”改革，按照国家标准实施车辆检测和技术等级评定，推动货运车辆“一次上线、一次检测、一次收费、结果互认”。加大道路运输电子证照推广力度，持续推进道路运输从业人员政务高频事项“跨省通办”，便利货车司机办理从业资格证诚信考核等级签注和道路运输证年度审验。依法有序开展报废机动车回收拆解企业资质认定，支持符合条件的企业获得资质，健全报废机动车回收利用体系。

（四）优化调整货车禁限行政策。深入开展违规设置妨碍货车通行的道路限高限宽设施和检查卡点整治工作。严格按照《危险货物道路运输安全管理办法》要求，共享危险货物道路运输电子运单信息，合理设置危险货物运输车辆禁限行区域和时段。推进落实城市配送货车通行管理工作的部署要求，巩固全城24小时禁止货车通行政策清理成果，合理保障货车在城市道路的基本通行需求。

（五）改善货车司机停车休息条件。加大公路服务区用地保障，适度增加货车停车位数量，优化停车位设置，便利货车停放，将停车服务纳入高速公路服务质量考评。按照需求导向、系统规划、统筹布局、分步推进、创新模式、整合资源的原则，依托物流园区、加油站等现有设施，以及中国石油、中国石化等大型骨干企业网络资源，加快推进“司机之家”建设，为货车司机停车、休息、就餐、洗漱、淋浴、如厕等提供便利。指导道路货运经营者、货主企业及寄递物流企业，依法依规科学确定货车司机工作时间、工作量、劳动强度，合理确定货物送达时限，保障货车司机休息权益。

（六）依法打击车匪路霸。健全多部门协同联动机制，严厉打击车匪路霸，加强高速公路服务区、国省道沿线停车场等区域治理，持续打击黑恶势力收取“保护费”和偷盗车辆燃油、尾气排放后处理装置及货物等违法犯罪行为。规范高速公路货车救援服务行为，向社会公示服务收费及救援电话等信息，不得强制指定救援机构，不得阻止和妨碍当事人委托的救援机构进场服务。

（七）规范网络货运新业态经营行为。健全完善网络货运平台和货运信息交易撮合平台等互联网道路货运平台管理制度，建立网络货运道路运输经营许可相关线上服务能力联合评估工作机制，加强运行监测和动态管理，压实企业主体责任，规范经营行为。探索推进互联网道路货运信息交易撮合平台备案管理制度，建立社会监督机制，督促平台企业充分听取平台从业司机意见，合理确定和调整信息服务费、会员费、计价规则、竞价机制、派单规则等平台规则，并在平台上公示，不得诱导货主不合理压价和货运车辆超载超限运输，不得诱导货车司机恶性低价竞争、超时劳动。依法严肃查处互联网道路货运平台损害货车司机合法权益等行为。

（八）推进货车司机参加社会保险。研究完善货车司机社会保障政策，创新参保方式、优化经办服务，支持同城货运平台企业纳入职业伤害保障试点，切实维护货车司机相关权益。推动各地放开货车司机在经营所在地参加社会保险的户籍限制，完善社会保险经办服务，提高货车司机参保和享受待遇的公平性、便捷性。

（九）合理引导货运市场供给。加强道路货运市场运行监测分析，定期发布公路货运价格指数，引导货车车主和司机市场预期，促进运力投放与货运需求合理匹配。指导相关行业协会定期发布区域性道路货运价格指数，引导货主、物流企业、货车司机合理定价。规范汽车金融产品管理，引导金融机构强化贷前审查，在审慎评估借款人信用状况、还款能力等基础上，合理确定汽车贷款具体发放比例。

三、保障措施

（十）强化党建工作引领。按照属地管理、分类施策、党群结合的工作思路，积极推进道路货运行业党的建设。鼓励各地开展党建共建，指导推动道路货运企业、互联网道路货运平台建立流动党员党支部，运用信息化手段加强对党员司机的教育引导，为货车司机参加党组织活动创造条件。开展党员司机挂牌上岗、岗位示范及优秀党员司机评选等活动，在党员司机中培树一批政策宣传员、安全示范员、行风监督员，充分发挥基层党组织战斗堡垒作用和党员先锋模范作用。

（十一）建立协同联动机制。各地相关部门要推动建立道路货运行业高质量发展协同联动机制。立足各部门工作职责，加强政策衔接和协同配合，及时协调解决货车司机急难愁盼问题，推动形成货车司机权益保障工作合力。

（十二）压实各方工作责任。各地相关部门要高度重视道路货运业持续健康稳定发展工作，将保障货车司机合法权益纳入重要议事日程，因地制宜研究制定配套政策和举措，明确任务分工和时间节点，抓好工作落实。督促货主单位、道路货运企业、互联网道路货运平台、物流园区、高速公路经营管理单位等各类主体，转变经营理念，积极创造条件，优化服务方式，切实把货车司机权益保障各项举措落到实处。

（十三）营造良好舆论氛围。充分利用传统媒体、新媒体等全媒体方式，广泛宣传保障货车司机权益的政策举措，让广大货车司机充分了解政策导向、享受政策红利，积极鼓励和引导律师、基层法律服务工作者等开展和提供优质高效的公益法律服务。组织开展面向货车司机的送温暖活动，联合开展关爱货车司机行动和典型事迹宣传活动，讲好货车司机故事，弘扬行业正能量，营造关心关爱货车司机的良好氛围。

2021 年 10 月 11 日

交通运输部 中央宣传部 中央网信办 国家发展改革委 公安部 人力资源社会保障部 国家市场监督管理总局 中华全国总工会关于加强交通运输新业态从业人员权益保障工作的意见

交运发〔2021〕122号

为深入贯彻落实党中央、国务院决策部署，加强交通运输新业态从业人员权益保障工作，推动交通运输新业态规范健康持续高质量发展，更好服务广大人民群众，提出如下意见。

一、总体要求

以习近平新时代中国特色社会主义思想为指导，全面贯彻党的十九大和十九届二中、三中、四中、五中、六中全会精神，坚持稳中求进工作总基调，立足新发展阶段，完整、准确、全面贯彻新发展理念，服务构建新发展格局，坚持以人民为中心的发展思想，坚持系统观念，统筹发展和安全，紧紧围绕解决交通运输新业态从业人员最关心最直接最现实的权益保障问题，注重标本兼治，完善治理体系，着力规范交通运输新业态企业经营行为，维护公平竞争市场秩序，健全完善从业人员权益保障制度，营造良好从业就业环境，全力维护从业人员合法权益，促进交通运输新业态规范健康持续高质量发展。

二、主要任务

（一）完善平台和从业人员利益分配机制。各地相关部门要督促网络预约出租汽车（以下简称网约车）平台企业向驾驶员和乘客等相关方公告计价规则、收入分配规则，每次订单完成后，在驾驶员端应同时列明订单的乘客支付总金额、驾驶员劳动报酬，并显示乘客支付总金额减去驾驶员劳动报酬后与乘客支付总金额的比例（俗称“抽成”），保障驾驶员知情权和监督权。督促网约车平台企业加强与经营服务所在地工会组织、行业协会的沟通协商，合理设定抽成比例上限并在移动客户端和媒体上公开发布。督促网约车平台企业在确定和调整计价规则、收入分配规则等经营策略前，公开征求从业人员代表及工会组织、行业协会的意见，并提前一个月向社会公布。

（二）支持从业人员参加社会保险。完善社会保险经办服务，提高交通运输新业态从业人员参保和享受待遇的服务便捷性。强化网约车驾驶员职业伤害保障，鼓励网约车平台企业积极参加职业伤害保障试点，为网约车驾驶员在线服务期间劳动安全提供保障。督促网约车平台企业依法为符合劳动关系情形的网约车驾驶员参加社会保险，引导和支持不完全符合确立劳动关系情形的网约车驾驶员参加相应的社会保险。

（三）保障从业人员合理劳动报酬。相关行业主管部门、工会组织、行业协会等要持续关注行业运行情况及网约车驾驶员劳动报酬水平，并适时公开发布，引导驾驶员形成合理收入预期。各级工会组织要根据工作性质、劳动强度、工作任务、当地职工平均工资、市场经营状况等因素，与网约车平台企业、行业协会协商确定驾驶员劳动报酬计算规则和标准并向社会公布。督促网约车平台企业向提供正常劳动的网约车驾驶员支付不低于当地最低工资标准的劳动报酬。

（四）保障从业人员获得合理休息。各地相关部门要督促网约车平台企业科学确定驾驶员工作时长和劳动强度，保障其有足够休息时间。督促网约车平台企业持续优化派单机制，提高车辆在线服务期间的运营效率，不得以冲单奖励等方式引诱驾驶员超时劳动。

（五）改善从业环境和工作条件。各地相关部门要优化审批流程，为符合准入条件的网约车平台企业、车辆和驾驶员办理许可提供便利。积极推进出租汽车综合服务区建设，在医院、居民集中居住区、重要商业区、综合交通枢纽等场所设置出租汽车临时停靠点，允许巡游出租汽车和网约车临时停靠，破解出租汽车驾驶员“就餐难、停车难、如厕难”等问题。督促网约车平台企业加强对从业人员职业技能、劳动安全、运营服务的教育培训；加强对用工合作单位的管理，不得以高额风险抵押金、保证金转嫁经营风险，不得将驾驶员服务计分与服务时长、派单机制等挂钩，不得变相违法阻碍驾驶员自由选择服务平台。

（六）加强对从业人员的人文关怀。各地相关部门要密切关注交通运输新业态从业人员在工作、生活中遇到的困难和问题，广泛开展多种形式的送温暖等关心关爱驾驶员活动。鼓励交通运输新业态企业加强对从业人员的人文关怀，建立优秀从业人员奖励制度，提升从业人员行业归属感和职业荣誉感。

（七）促进网约车平台企业合规发展。各地交通运输主管部门要督促网约车平台企业严格遵守法规规定，不得接入未获得网约车许可的驾驶员和车辆。督促网约车平台企业在驾驶员和车辆新注册时，应要求提供网约车驾驶员和车辆许可证件，对无法提供的不予注册，并提醒依法依规办理相应许可。严厉打击非法营运行为，鼓励运用信息化手段加强精准执法。

（八）维护公平竞争市场秩序。加强对交通运输新业态企业的事前事中事后全链条监管，强化交通运输新业态运行监测，及时预警垄断风险，加大反垄断、反不正当竞争监管执法力度。防范资本在交通运输新业态领域无序扩张，依法严厉查处低价倾销、“大数据杀熟”、诱导欺诈等违法违规行为。落实交通运输新业态企业主体责任，引导企业自觉开展公平竞争，鼓励企业主动向社会作出公平竞争信用承诺。

（九）畅通投诉举报渠道。充分发挥12328交通运输服务监督电话、12315消费维权电话作用，及时处理从业人员和社会公众对管理部门乱收费、乱罚款、违规执法等投诉举报，并及时向社会公开处理情况，确保件件能解决、事事有回音。督促交通运输新业态企业建立首问负责制，及时受理并妥善处理从业人员和消费者投诉，不得敷衍推诿，切实保障从业人员和消费者合法权益。

（十）强化工会组织保障作用。各地工会组织要将网约车驾驶员作为推动建会入会的重点群体，进一步拓宽入会渠道，最大限度吸收交通运输新业态从业人员加入工会组织，搭建从业人员与新业态企业交流沟通平台，探索建立从业人员与新业态企业平等协商机制。

三、保障措施

（十一）完善协同联动机制。充分发挥交通运输新业态协同监管部际联席会议机制作用，进一步加强政策衔接和协同配合，及时协调解决交通运输新业态从业人员权益保障工作中遇到的各类问题。各地要参照交通运输新业态协同监管部际联席会议机制，于2021年底前在省级和地市级层面建立或完善多部门协同监管联席会议机制。

（十二）压实各方责任。各地要切实履行交通运输新业态从业人员权益保障属地管理责任，加强统筹协调，细化任务措施，抓好工作落实。压紧压实交通运输新业态企业在从业人员权益保障方面的主体责任，对交通运输新业态企业直接管理和由用工合作单位组织用工的各类从业人员，由交通运输新业态企业依法依规承担从业人员权益保障主体责任。督促交通运输新业态企业明确告知从业人员有关权利和义务及劳动保障相关法律政策，并为其落实提供便利，符合确立劳动关系情形的，应依法签订劳动合同。

（十三）加强宣传引导。加强政策宣传解读，加大对交通运输新业态企业积极履行社会责任、关心关爱从业人员及从业人员先进事迹等正面信息的宣传力度。组织开展“最美出租汽车司机”宣传活动，讲好典型故事，弘扬行业正能量。

2021年11月17日

文化和旅游部　中央宣传部　国家发展改革委　财政部　人力资源社会保障部　市场监管总局　国家文物局　国家知识产权局关于印发《关于进一步推动文化文物单位文化创意产品开发的若干措施》的通知

文旅资源发〔2021〕85号

各省、自治区、直辖市及计划单列市人民政府，新疆生产建设兵团，国务院有关部门：

《关于进一步推动文化文物单位文化创意产品开发的若干措施》已经国务院同意，现印发给你们，请认真贯彻执行。

2021年8月17日

关于进一步推动文化文物单位文化创意产品开发的若干措施

依托文化文物单位馆藏文化资源加强文化创意产品开发工作，有利于推动中华优秀传统文化创造性转化、创新性发展，有利于培育和弘扬社会主义核心价值观，有利于社会主义文化强国建设。《国务院办公厅转发文化部等部门关于推动文化文物单位文化创意产品开发若干意见的通知》（国办发〔2016〕36号）印发以来，文化文物单位按照要求推动文化创意产品开发，取得了一定成绩，但也面临试点政策落实没有完全到位、激励机制有待完善等问题。为深入贯彻落实习近平总书记关于繁荣发展文化事业和文化产业的重要指示精神，进一步推动文化文物单位文化创意产品开发，经国务院同意，提出以下工作措施。

一、把握正确导向

坚持以社会主义核心价值观为引领，保护传承弘扬中华优秀传统文化、革命文化和社会主义先进文化，深入挖掘文化文物资源的精神内涵，使文化创意产品成为广大人民群众感悟中华文化、增强文化自信的重要载体。坚持把社会效益放在首位、实现社会效益和经济效益相统一，鼓励开发兼具艺术性和实用性、适应现代生活需要、符合市场消费需求的文化创意产品。坚持文旅融合发展，以文塑旅、以旅彰文，促进文化创意产品消费。坚持保护为先，合理利用文化文物资源，避免过度商业化、娱乐化。革命历史类文化创意产品要以历史事实为基础，反对历史虚无主义。

二、推进先行先试

（一）落实试点政策。在坚持事企分开原则基础上，文化和旅游部、国家文物局确定或备案的试点单位可通过知识产权作价入股等方式投资设立从事文化创意产品开发的企业，并按要求将企业国有资本纳入党政机关、事业单位经营性国有资产集中统一监管体系。各地区、各有关部门要支持试点单位按照相关程序设立企业，鼓励多家试点单位联合与社会资本合作设立企业。各级文化和旅游、财政、人力资源社会保障、市场监管、文物等部门要加强跨部门协同，积极研究、推进解决试点单位投资设立企业过程中遇到的障碍和困难，推动构建科学有效的容错纠错机制，鼓励试点单位积极作为、先行先试。

（二）创新开发方式。鼓励试点单位结合自身情况，采取合作、授权等方式，引入竞争机制，吸引社会力量参与文化创意产品研发、生产、经营等。推动试点单位与文化创意设计机构、科研单位、高等院校等开展合作，支持试点单位与职业学校合作建立实训基地，提升文化创意产品开发经营水平。试点单位要加强对文化创意产品开发经营的管理，慎重选择合作单位，积极稳妥推进工作。

（三）优化试点管理。建立试点单位文化创意产品开发工作成效评估机制，定期公布评估结果，并根据评估结果对试点单位实行“有进有出”的动态管理。在评估基础上，适时、有序将试点范围扩大至馆藏资源较为丰富、管理制度较为完备的地市级以上博物馆、美术馆、图书馆、文化馆。

三、健全收入分配机制

（一）规范收入管理。按照事业单位相关财务规定，文化文物单位文化创意产品开发取得的事业收入、经营收入和其他收入等纳入本单位预算统一管理。鼓励各地区出台实施细则，确保文化文物单位文化创意产品开发收入用于加强公益文化服务、藏品征集、继续投入文化创意产品开发等，内部分配时向作出突出贡献的人员予以倾斜。

（二）合理确定绩效工资总量。贯彻执行事业单位工作人员收入分配有关制度，推动将文化文物单位绩效工资总量核定与文化创意产品开发业绩挂钩，合理确定绩效工资总量。文化和旅游、文物行政部门会同财政、人力资源社会保障等部门，组织对本级试点单位上一年度文化创意产品开发情况进行评估，评估结果要作为核定试点单位绩效工资总量的重要依据。

（三）落实奖励措施。落实事业单位工作人员奖励有关规定，按照奖励范围、条件、种类、比例（名额）、程序和纪律要求，对符合奖励条件的文化创意产品开发、经营管理人员进行奖励。充分发挥奖励制度的正向激励作用，合理运用一次性奖金等方式，着力调动文化文物单位文化创意产品开发经营人员的积极性和创造性。经批准发放的奖励不计入所在单位绩效工资总量。

四、用好税收优惠政策

积极引导符合条件的相关企业用足用好支持科技创新、改制重组和小微企业普惠性税收减免等优惠政策。对经认定为高新技术企业的文化创意和设计服务企业，按规定减按15%的税率征收企业所得税。落实研究开发费用税前加计扣除有关政策，企业为获得创新性、创意性、突破性产品进行创意设计活动而发生的相关费用，可按照规定进行税前加计扣除。落实事业单位转制为企业有关税收政策，经营性文化事业单位转制为企业，符合条件的自转制注册之日起五年内免征企业所得税。

五、增强文化创意产品开发主体活力

（一）加强市场主体培育扶持。建立完善全国文化和旅游创意产品开发信息名录，为创意设计机构、制造类企业、金融投资机构、渠道平台类企业等畅通信息渠道，培育一批文化创意产品开发示范单位。鼓励各级各类博物馆、美术馆、图书馆、文化馆、群众艺术馆、纪念馆、科技馆、非物质文化遗产保护中心、艺术院团及其他文化文物单位开展文化创意产品开发。

（二）搭建展示推广和交易平台。制定文化文物资源数据化采集行业标准，推动文化文物单位数据资源互联互通。支持文化创意产品开发行业组织发展，促进市场主体资源共享、渠道共用，联合打造具有社会影响力的文化创意产品品牌体系。充分利用各类行业展会、商品博览会等平台，展示推介优秀文化创意产品。鼓励搭建面向全社会的产品开发、营销推广、版权交易等平台，营造开放公平的市场环境。支持文化文物单位通过在电子商务平台开办旗舰店、进行网络直播等形式开展优秀文化创意产品营销。

（三）提升文化创意产品开发科技应用水平。坚持创新驱动，鼓励开发数字文化创意产品。培育一批创新型装备研发和生产服务企业，加强文化创意内容和技术装备协同创新。加强大数据、物联网、人工智能等技术在文化创意产品开发领域的应用，促进创新链和产业链紧密衔接。支持文化文物单位创新利用虚拟现实、增强现实、全息成像、裸眼三维图形显示（裸眼 3D）、交互娱乐引擎开发、文化资源数字化处理、互动影视等技术，增强文化创意产品的文化承载力、展现力和传播力。

（四）推动旅游商品提质升级。坚持问题导向，实施旅游商品创意提升行动，依托文化、提升品质、引导消费。推动将旅游商品质量保障、文化特色等要求纳入高等级旅游景区、旅游度假区评定标准内容和乡村旅游重点村镇等遴选条件。深入推进“创意进景区”“创意下乡”工作，以创意设计提升旅游商品价值。鼓励开展品牌化经营，培育一批品质过硬、设计精良、市场认可的旅游商品自主品牌，加强金融、人才、宣传等政策扶持。组织开展全国文化和旅游创意产品推进活动，集中展示、宣传推介优秀旅游商品和品牌，对接市场需求，促进旅游消费提质升级。

六、提升知识产权评估管理水平

文化文物单位对用于投资设立文化创意产品开发企业、对外授权合作开发文化创意产品的知识产权要进行专门评估、规范管理，原则上应由第三方专业资产评估机构进行评估，合理确定知识产权价值。文化文物单位要做好知识产权登记管理相关工作，根据实际情况制定知识产权授权费用标准，在文化创意产品开发合作项目中进行合理协商议价。鼓励文化文物单位采用公开招标方式确定合作方。

各地区、各有关部门要高度重视文化文物单位文化创意产品开发工作，加强组织领导，完善工作机制，明确责任分工，健全评估体系，结合实际进一步完善出台支持文化文物单位文化创意产品开发的配套政策举措，扎实推动各项工作落实。

职业病诊断与鉴定管理办法

（2021年1月4日国家卫生健康委员会令第6号公布
自公布之日起施行）

第一章 总 则

第一条 为了规范职业病诊断与鉴定工作，加强职业病诊断与鉴定管理，根据《中华人民共和国职业病防治法》（以下简称《职业病防治法》），制定本办法。

第二条 职业病诊断与鉴定工作应当按照《职业病防治法》、本办法的有关规定及《职业病分类和目录》、国家职业病诊断标准进行，遵循科学、公正、及时、便捷的原则。

第三条 国家卫生健康委负责全国范围内职业病诊断与鉴定的监督管理工作，县级以上地方卫生健康主管部门依据职责负责本行政区域内职业病诊断与鉴定的监督管理工作。

省、自治区、直辖市卫生健康主管部门（以下简称省级卫生健康主管部门）应当结合本行政区域职业病防治工作实际和医疗卫生服务体系规划，充分利用现有医疗卫生资源，实现职业病诊断机构区域覆盖。

第四条 各地要加强职业病诊断机构能力建设，提供必要的保障条件，配备相关的人员、设备和工作经费，以满足职业病诊断工作的需要。

第五条 各地要加强职业病诊断与鉴定信息化建设，建立健全劳动者接触职业病危害、开展职业健康检查、进行职业病诊断与鉴定等全过程的信息化系统，不断提高职业病诊断与鉴定信息报告的准确性、及时性和有效性。

第六条 用人单位应当依法履行职业病诊断、鉴定的相关义务：

（一）及时安排职业病病人、疑似职业病病人进行诊治；

（二）如实提供职业病诊断、鉴定所需的资料；

（三）承担职业病诊断、鉴定的费用和疑似职业病病人在诊断、医学观察期间的费用；

（四）报告职业病和疑似职业病；

（五）《职业病防治法》规定的其他相关义务。

第二章 诊断机构

第七条 医疗卫生机构开展职业病诊断工作，应当在开展之日起十五个工作日内向省级卫生健康主管部门备案。

省级卫生健康主管部门应当自收到完整备案材料之日起十五个工作日内向社会公布备案的医疗卫生机构名单、地址、诊断项目（即《职业病分类和目录》中的职业病类别和病种）等相关信息。

第八条 医疗卫生机构开展职业病诊断工作应当具备下列条件：

（一）持有《医疗机构执业许可证》；

（二）具有相应的诊疗科目及与备案开展的诊断项目相适应的职业病诊断医师及相关医疗卫生技术人员；

（三）具有与备案开展的诊断项目相适应

的场所和仪器、设备；

（四）具有健全的职业病诊断质量管理制度。

第九条 医疗卫生机构进行职业病诊断备案时，应当提交以下证明其符合本办法第八条规定条件的有关资料：

（一）《医疗机构执业许可证》原件、副本及复印件；

（二）职业病诊断医师资格等相关资料；

（三）相关的仪器设备清单；

（四）负责职业病信息报告人员名单；

（五）职业病诊断质量管理制度等相关资料。

第十条 职业病诊断机构对备案信息的真实性、准确性、合法性负责。

当备案信息发生变化时，应当自信息发生变化之日起十个工作日内向省级卫生健康主管部门提交变更信息。

第十一条 设区的市没有医疗卫生机构备案开展职业病诊断的，省级卫生健康主管部门应当根据职业病诊断工作的需要，指定符合本办法第八条规定条件的医疗卫生机构承担职业病诊断工作。

第十二条 职业病诊断机构的职责是：

（一）在备案的诊断项目范围内开展职业病诊断；

（二）及时向所在地卫生健康主管部门报告职业病；

（三）按照卫生健康主管部门要求报告职业病诊断工作情况；

（四）承担《职业病防治法》中规定的其他职责。

第十三条 职业病诊断机构依法独立行使诊断权，并对其作出的职业病诊断结论负责。

第十四条 职业病诊断机构应当建立和健全职业病诊断管理制度，加强职业病诊断医师等有关医疗卫生人员技术培训和政策、法律培训，并采取措施改善职业病诊断工作条件，提高职业病诊断服务质量和水平。

第十五条 职业病诊断机构应当公开职业病诊断程序和诊断项目范围，方便劳动者进行职业病诊断。

职业病诊断机构及其相关工作人员应当尊重、关心、爱护劳动者，保护劳动者的隐私。

第十六条 从事职业病诊断的医师应当具备下列条件，并取得省级卫生健康主管部门颁发的职业病诊断资格证书：

（一）具有医师执业证书；

（二）具有中级以上卫生专业技术职务任职资格；

（三）熟悉职业病防治法律法规和职业病诊断标准；

（四）从事职业病诊断、鉴定相关工作三年以上；

（五）按规定参加职业病诊断医师相应专业的培训，并考核合格。

省级卫生健康主管部门应当依据本办法的规定和国家卫生健康委制定的职业病诊断医师培训大纲，制定本行政区域职业病诊断医师培训考核办法并组织实施。

第十七条 职业病诊断医师应当依法在职业病诊断机构备案的诊断项目范围内从事职业病诊断工作，不得从事超出其职业病诊断资格范围的职业病诊断工作；职业病诊断医师应当按照有关规定参加职业卫生、放射卫生、职业医学等领域的继续医学教育。

第十八条 省级卫生健康主管部门应当加强本行政区域内职业病诊断机构的质量控制管理工作，组织开展职业病诊断机构质量控制评估。

职业病诊断质量控制规范和医疗卫生机构职业病报告规范另行制定。

第三章　诊　　断

第十九条 劳动者可以在用人单位所在地、本人户籍所在地或者经常居住地的职业病诊断机构进行职业病诊断。

第二十条 职业病诊断应当按照《职业病防治法》、本办法的有关规定及《职业病分类和目录》、国家职业病诊断标准，依据劳动者的职业史、职业病危害接触史和工作场所职业病危害因素情况、临床表现以及辅助检查结果等，进行综合分析。材料齐全的情况下，职业病诊断机构应当在收齐材料之日起三十日内作出诊断结论。

没有证据否定职业病危害因素与病人临床表现之间的必然联系的，应当诊断为职业病。

第二十一条 职业病诊断需要以下资料：

（一）劳动者职业史和职业病危害接触史（包括在岗时间、工种、岗位、接触的职业病危害因素名称等）；

（二）劳动者职业健康检查结果；

（三）工作场所职业病危害因素检测结果；

（四）职业性放射性疾病诊断还需要个人剂量监测档案等资料。

第二十二条 劳动者依法要求进行职业病诊断的，职业病诊断机构不得拒绝劳动者进行职业病诊断的要求，并告知劳动者职业病诊断的程序和所需材料。劳动者应当填写《职业病诊断就诊登记表》，并提供本人掌握的职业病诊断有关资料。

第二十三条 职业病诊断机构进行职业病诊断时，应当书面通知劳动者所在的用人单位提供本办法第二十一条规定的职业病诊断资料，用人单位应当在接到通知后的十日内如实提供。

第二十四条 用人单位未在规定时间内提供职业病诊断所需要资料的，职业病诊断机构可以依法提请卫生健康主管部门督促用人单位提供。

第二十五条 劳动者对用人单位提供的工作场所职业病危害因素检测结果等资料有异议，或者因劳动者的用人单位解散、破产，无用人单位提供上述资料的，职业病诊断机构应当依法提请用人单位所在地卫生健康主管部门进行调查。

卫生健康主管部门应当自接到申请之日起三十日内对存在异议的资料或者工作场所职业病危害因素情况作出判定。

职业病诊断机构在卫生健康主管部门作出调查结论或者判定前应当中止职业病诊断。

第二十六条 职业病诊断机构需要了解工作场所职业病危害因素情况时，可以对工作场所进行现场调查，也可以依法提请卫生健康主管部门组织现场调查。卫生健康主管部门应当在接到申请之日起三十日内完成现场调查。

第二十七条 在确认劳动者职业史、职业病危害接触史时，当事人对劳动关系、工种、工作岗位或者在岗时间有争议的，职业病诊断机构应当告知当事人依法向用人单位所在地的劳动人事争议仲裁委员会申请仲裁。

第二十八条 经卫生健康主管部门督促，用人单位仍不提供工作场所职业病危害因素检测结果、职业健康监护档案等资料或者提供资料不全的，职业病诊断机构应当结合劳动者的临床表现、辅助检查结果和劳动者的职业史、职业病危害接触史，并参考劳动者自述或工友旁证资料、卫生健康等有关部门提供的日常监督检查信息等，作出职业病诊断结论。对于作出无职业病诊断结论的病人，可依据病人的临床表现以及辅助检查结果，作出疾病的诊断，提出相关医学意见或者建议。

第二十九条 职业病诊断机构可以根据诊断需要，聘请其他单位职业病诊断医师参加诊断。必要时，可以邀请相关专业专家提供咨询意见。

第三十条 职业病诊断机构作出职业病诊断结论后，应当出具职业病诊断证明书。职业病诊断证明书应当由参与诊断的取得职业病诊断资格的执业医师签署。

职业病诊断机构应当对职业病诊断医师签署的职业病诊断证明书进行审核，确认诊断的依据与结论符合有关法律法规、标准的要求，并在职业病诊断证明书上盖章。

职业病诊断证明书的书写应当符合相关标准的要求。

职业病诊断证明书一式五份，劳动者一份，用人单位所在地县级卫生健康主管部门一份，用人单位两份，诊断机构存档一份。

职业病诊断证明书应当于出具之日起十五日内由职业病诊断机构送达劳动者、用人单位及用人单位所在地县级卫生健康主管部门。

第三十一条 职业病诊断机构应当建立职业病诊断档案并永久保存，档案应当包括：

（一）职业病诊断证明书；

（二）职业病诊断记录；

（三）用人单位、劳动者和相关部门、机构提交的有关资料；

（四）临床检查与实验室检验等资料。

职业病诊断机构拟不再开展职业病诊断工作的，应当在拟停止开展职业病诊断工作的十五个工作日之前告知省级卫生健康主管部门和所在地县级卫生健康主管部门，妥善处理职业病诊断档案。

第三十二条 职业病诊断机构发现职业病病人或者疑似职业病病人时，应当及时向所在地县级卫生健康主管部门报告。职业病诊断机构应当在作出职业病诊断之日起十五日内通过职业病及健康危害因素监测信息系统进行信息报告，并确保报告信息的完整、真实和准确。

确诊为职业病的，职业病诊断机构可以根据需要，向卫生健康主管部门、用人单位提出专业建议；告知职业病病人依法享有的职业健康权益。

第三十三条 未承担职业病诊断工作的医疗卫生机构，在诊疗活动中发现劳动者的健康损害可能与其所从事的职业有关时，应及时告知劳动者到职业病诊断机构进行职业病诊断。

第四章 鉴　　定

第三十四条 当事人对职业病诊断机构作出的职业病诊断有异议的，可以在接到职业病诊断证明书之日起三十日内，向作出诊断的职业病诊断机构所在地设区的市级卫生健康主管部门申请鉴定。

职业病诊断争议由设区的市级以上地方卫生健康主管部门根据当事人的申请组织职业病诊断鉴定委员会进行鉴定。

第三十五条 职业病鉴定实行两级鉴定制，设区的市级职业病诊断鉴定委员会负责职业病诊断争议的首次鉴定。

当事人对设区的市级职业病鉴定结论不服的，可以在接到诊断鉴定书之日起十五日内，向原鉴定组织所在地省级卫生健康主管部门申请再鉴定，省级鉴定为最终鉴定。

第三十六条 设区的市级以上地方卫生健康主管部门可以指定办事机构，具体承担职业病诊断鉴定的组织和日常性工作。职业病鉴定办事机构的职责是：

（一）接受当事人申请；

（二）组织当事人或者接受当事人委托抽取职业病诊断鉴定专家；

（三）组织职业病诊断鉴定会议，负责会议记录、职业病诊断鉴定相关文书的收发及其他事务性工作；

（四）建立并管理职业病诊断鉴定档案；

（五）报告职业病诊断鉴定相关信息；

（六）承担卫生健康主管部门委托的有关职业病诊断鉴定的工作。

职业病诊断机构不能作为职业病鉴定办事机构。

第三十七条 设区的市级以上地方卫生健康主管部门应当向社会公布本行政区域内依法承担职业病诊断鉴定工作的办事机构的名称、工作时间、地点、联系人、联系电话和鉴定工作程序。

第三十八条 省级卫生健康主管部门应当设立职业病诊断鉴定专家库（以下简称专家库），并根据实际工作需要及时调整其成员。专家库可以按照专业类别进行分组。

第三十九条 专家库应当以取得职业病诊断资格的不同专业类别的医师为主要成员，吸收临床相关学科、职业卫生、放射卫生、法律等相关专业的专家组成。专家应当具备下列条件：

（一）具有良好的业务素质和职业道德；

（二）具有相关专业的高级专业技术职务任职资格；

（三）熟悉职业病防治法律法规和职业病

诊断标准；

（四）身体健康，能够胜任职业病诊断鉴定工作。

第四十条 参加职业病诊断鉴定的专家，应当由当事人或者由其委托的职业病鉴定办事机构从专家库中按照专业类别以随机抽取的方式确定。抽取的专家组成职业病诊断鉴定委员会（以下简称鉴定委员会）。

经当事人同意，职业病鉴定办事机构可以根据鉴定需要聘请本省、自治区、直辖市以外的相关专业专家作为鉴定委员会成员，并有表决权。

第四十一条 鉴定委员会人数为五人以上单数，其中相关专业职业病诊断医师应当为本次鉴定专家人数的半数以上。疑难病例应当增加鉴定委员会人数，充分听取意见。鉴定委员会设主任委员一名，由鉴定委员会成员推举产生。

职业病诊断鉴定会议由鉴定委员会主任委员主持。

第四十二条 参加职业病诊断鉴定的专家有下列情形之一的，应当回避：

（一）是职业病诊断鉴定当事人或者当事人近亲属的；

（二）已参加当事人职业病诊断或者首次鉴定的；

（三）与职业病诊断鉴定当事人有利害关系的；

（四）与职业病诊断鉴定当事人有其他关系，可能影响鉴定公正的。

第四十三条 当事人申请职业病诊断鉴定时，应当提供以下资料：

（一）职业病诊断鉴定申请书；

（二）职业病诊断证明书；

（三）申请省级鉴定的还应当提交市级职业病诊断鉴定书。

第四十四条 职业病鉴定办事机构应当自收到申请资料之日起五个工作日内完成资料审核，对资料齐全的发给受理通知书；资料不全的，应当当场或者在五个工作日内一次性告知当事人补充。资料补充齐全的，应当受理申请并组织鉴定。

职业病鉴定办事机构收到当事人鉴定申请之后，根据需要可以向原职业病诊断机构或者组织首次鉴定的办事机构调阅有关的诊断、鉴定资料。原职业病诊断机构或者组织首次鉴定的办事机构应当在接到通知之日起十日内提交。

职业病鉴定办事机构应当在受理鉴定申请之日起四十日内组织鉴定、形成鉴定结论，并出具职业病诊断鉴定书。

第四十五条 根据职业病诊断鉴定工作需要，职业病鉴定办事机构可以向有关单位调取与职业病诊断、鉴定有关的资料，有关单位应当如实、及时提供。

鉴定委员会应当听取当事人的陈述和申辩，必要时可以组织进行医学检查，医学检查应当在三十日内完成。

需要了解被鉴定人的工作场所职业病危害因素情况时，职业病鉴定办事机构根据鉴定委员会的意见可以组织对工作场所进行现场调查，或者依法提请卫生健康主管部门组织现场调查。现场调查应当在三十日内完成。

医学检查和现场调查时间不计算在职业病鉴定规定的期限内。

职业病诊断鉴定应当遵循客观、公正的原则，鉴定委员会进行职业病诊断鉴定时，可以邀请有关单位人员旁听职业病诊断鉴定会议。所有参与职业病诊断鉴定的人员应当依法保护当事人的个人隐私、商业秘密。

第四十六条 鉴定委员会应当认真审阅鉴定资料，依照有关规定和职业病诊断标准，经充分合议后，根据专业知识独立进行鉴定。在事实清楚的基础上，进行综合分析，作出鉴定结论，并制作职业病诊断鉴定书。

鉴定结论应当经鉴定委员会半数以上成员通过。

第四十七条 职业病诊断鉴定书应当包括以下内容：

（一）劳动者、用人单位的基本信息及鉴

定事由；

（二）鉴定结论及其依据，鉴定为职业病的，应当注明职业病名称、程度（期别）；

（三）鉴定时间。

诊断鉴定书加盖职业病鉴定委员会印章。

首次鉴定的职业病诊断鉴定书一式五份，劳动者、用人单位、用人单位所在地市级卫生健康主管部门、原诊断机构各一份，职业病鉴定办事机构存档一份；省级鉴定的职业病诊断鉴定书一式六份，劳动者、用人单位、用人单位所在地省级卫生健康主管部门、原诊断机构、首次职业病鉴定办事机构各一份，省级职业病鉴定办事机构存档一份。

职业病诊断鉴定书的格式由国家卫生健康委员会统一规定。

第四十八条 职业病鉴定办事机构出具职业病诊断鉴定书后，应当于出具之日起十日内送达当事人，并在出具职业病诊断鉴定书后的十日内将职业病诊断鉴定书等有关信息告知原职业病诊断机构或者首次职业病鉴定办事机构，并通过职业病及健康危害因素监测信息系统报告职业病鉴定相关信息。

第四十九条 职业病鉴定结论与职业病诊断结论或者首次职业病鉴定结论不一致的，职业病鉴定办事机构应当在出具职业病诊断鉴定书后十日内向相关卫生健康主管部门报告。

第五十条 职业病鉴定办事机构应当如实记录职业病诊断鉴定过程，内容应当包括：

（一）鉴定委员会的专家组成；

（二）鉴定时间；

（三）鉴定所用资料；

（四）鉴定专家的发言及其鉴定意见；

（五）表决情况；

（六）经鉴定专家签字的鉴定结论。

有当事人陈述和申辩的，应当如实记录。

鉴定结束后，鉴定记录应当随同职业病诊断鉴定书一并由职业病鉴定办事机构存档，永久保存。

第五章 监督管理

第五十一条 县级以上地方卫生健康主管部门应当定期对职业病诊断机构进行监督检查，检查内容包括：

（一）法律法规、标准的执行情况；

（二）规章制度建立情况；

（三）备案的职业病诊断信息真实性情况；

（四）按照备案的诊断项目开展职业病诊断工作情况；

（五）开展职业病诊断质量控制、参加质量控制评估及整改情况；

（六）人员、岗位职责落实和培训情况；

（七）职业病报告情况。

第五十二条 设区的市级以上地方卫生健康主管部门应当加强对职业病鉴定办事机构的监督管理，对职业病鉴定工作程序、制度落实情况及职业病报告等相关工作情况进行监督检查。

第五十三条 县级以上地方卫生健康主管部门监督检查时，有权查阅或者复制有关资料，职业病诊断机构应当予以配合。

第六章 法律责任

第五十四条 医疗卫生机构未按照规定备案开展职业病诊断的，由县级以上地方卫生健康主管部门责令改正，给予警告，可以并处三万元以下罚款。

第五十五条 职业病诊断机构有下列行为之一的，其作出的职业病诊断无效，由县级以上地方卫生健康主管部门按照《职业病防治法》的第八十条的规定进行处理：

（一）超出诊疗项目登记范围从事职业病诊断的；

（二）不按照《职业病防治法》规定履行法定职责的；

（三）出具虚假证明文件的。

第五十六条 职业病诊断机构未按照规定报告职业病、疑似职业病的，由县级以上地方卫生健康主管部门按照《职业病防治法》第七十四条的规定进行处理。

第五十七条 职业病诊断机构违反本办法规定，有下列情形之一的，由县级以上地方卫生健康主管部门责令限期改正；逾期不改的，给予警告，并可以根据情节轻重处以三万元以下罚款：

（一）未建立职业病诊断管理制度的；

（二）未按照规定向劳动者公开职业病诊断程序的；

（三）泄露劳动者涉及个人隐私的有关信息、资料的；

（四）未按照规定参加质量控制评估，或者质量控制评估不合格且未按要求整改的；

（五）拒不配合卫生健康主管部门监督检查的。

第五十八条 职业病诊断鉴定委员会组成人员收受职业病诊断争议当事人的财物或者其他好处的，由省级卫生健康主管部门按照《职业病防治法》第八十一条的规定进行处理。

第五十九条 县级以上地方卫生健康主管部门及其工作人员未依法履行职责，按照《职业病防治法》第八十三条第二款规定进行处理。

第六十条 用人单位有下列行为之一的，由县级以上地方卫生健康主管部门按照《职业病防治法》第七十二条规定进行处理：

（一）未按照规定安排职业病病人、疑似职业病病人进行诊治的；

（二）拒不提供职业病诊断、鉴定所需资料的；

（三）未按照规定承担职业病诊断、鉴定费用。

第六十一条 用人单位未按照规定报告职业病、疑似职业病的，由县级以上地方卫生健康主管部门按照《职业病防治法》第七十四条规定进行处理。

第七章　附　　则

第六十二条 本办法所称“证据”，包括疾病的证据、接触职业病危害因素的证据，以及用于判定疾病与接触职业病危害因素之间因果关系的证据。

第六十三条 本办法自公布之日起施行。原卫生部 2013 年 2 月 19 日公布的《职业病诊断与鉴定管理办法》同时废止。

国家卫生健康委　人力资源社会保障部 财政部关于建立保护关心爱护医务人员长效机制的指导意见

国卫人发〔2021〕13号

各省、自治区、直辖市人民政府，国务院各部委、各直属机构：

医务人员是战胜疫情的中坚力量，是人民健康和生命安全的守护者。新冠肺炎疫情发生以来，全国广大医务人员践行“敬佑生命、救死扶伤、甘于奉献、大爱无疆”的崇高精神，义无反顾投身疫情防控第一线，为保护人民生命健康做出重大贡献。为贯彻落实党中央、国务院决策部署，建立保护关心爱护医务人员的长效机制，切实保障医务人员权益，使他们持续健康投入防控救治工作，推动全社会形成尊医重卫的良好氛围，经国务院同意，现提出如下意见：

一、保障工作条件

（一）切实为医务人员（含疾控人员，下同）提供良好的工作和休息条件。加强职业暴露防护设施建设和防护设备配置。完善办公室、值班室和休息室建设，营造有利于医务人员工作的良好环境。科学预判医用防护物资需求，加强医用防护物资储备。切实做好医疗卫生机构内部感染预防与控制工作，加强全员培训，全面落实标准预防措施。

（二）在突发公共卫生事件中，加强对防护物资的统筹调配，要重点向防控一线投放使用，切实保障医务人员防护物资需求。加强生活服务和后勤保障，为医务人员提供良好的休息场所、基础性疾病药物、卫生用品以及干净、营养、便捷的就餐服务。

二、维护身心健康

（三）医疗卫生机构要结合岗位特点和工作强度，合理设置工作岗位、配备医务人员，科学安排诊疗护理班次，保障医务人员合理休息休假时间，避免过度劳累。按照规定为医务人员安排带薪年休假，在休假期间享受正常工作期间相同的工资收入。

（四）加强医务人员心理干预和疏导，通过热线电话、网络平台和精神卫生、心理健康及社会工作服务资源等线上线下多种方式，开展医务人员心理健康评估，及时采取心理援助措施，疏解医务人员心理压力。加强心理健康科普材料制作使用，对医务人员在内的有关重点人群开展心理科普宣教。

（五）医疗卫生机构可根据医务人员参与突发公共卫生事件处置的时间长短、危重程度等因素，及时为其安排带薪休假。增加的带薪休假不含公休和法定节假日，不计入带薪年休假天数，可在两个年度内使用。工作任务结束后，根据需要组织相关健康体检和疗养、休养。

三、落实待遇职称政策

（六）严格落实“两个允许”要求，深化公立医疗卫生机构薪酬制度改革，合理确定并动态调整医疗卫生机构薪酬水平，注重体现医务人员技术劳务价值、稳定收入和有效激励。落实基层医疗卫生机构绩效工资政策，有条件的地方可根据家庭医生签约服务进展情况，在绩效工资内部分配时设立全科医生津贴项目，并在绩效工资中单列。鼓励和支持社会力量举办的医疗机构结合自身实际，积极采取措施保障医务人员薪酬等合理待遇。

（七）提高医务人员在突发公共卫生事件期间的薪酬待遇。按照《关于建立传染病疫情防治人员临时性工作补助的通知》（人社部规〔2016〕4号）规定，及时发放临时性工作补助。对公益目标任务完成好、考核优秀的医疗卫生机构，核增一次性绩效工资总量。

（八）将医务人员在突发公共卫生事件中的现实表现作为职称评审的重要内容。对突发公共卫生事件中表现突出的公立医疗卫生机构编制外医务人员，所在单位可按规定予以直接聘用或组织专项招聘；参加其他事业单位公开招聘的，可在同等条件下优先聘用；对暂时难以入编的医务人员，鼓励所在单位与其签订无固定期限劳动合同，对属于劳务派遣用工的，鼓励与其直接签订劳动合同。

（九）对符合《工伤保险条例》及《关于因履行工作职责感染新型冠状病毒肺炎的医护及相关工作人员有关保障问题的通知》（人社部函〔2020〕11号）规定的认定工伤情形的，开辟工伤认定绿色通道，保障医务人员及时依法享受工伤保险待遇。

四、加强人文关怀

（十）做好参与突发公共卫生事件处置医务人员的家属保障工作。深入了解医务人员家庭情况，建立台账，分类施策，切实解决其后顾之忧。尽量不安排双职工的医务人员同时到一线工作。不安排孕期或哺乳期医务人员到一线工作。对家有老人、孩子的要统筹安排，尽可能使其兼顾家庭，同时建立社区干部联系帮扶制度，帮助解决其老幼照护等实际困难。开通医务人员家属就医绿色通道。对于医务人员子女教育给予更多帮助关爱。

（十一）鼓励和支持各地在中国医师节、国际护士节等节日期间，为医务人员提供参观游览公园、博物馆、展览馆、名胜古迹等优待政策。鼓励和支持各保险机构在风险可控的前提下向医务人员赠送相关保险等。

五、创造安全的执业环境

（十二）健全完善医疗卫生机构安全保卫制度，加强安保力量建设，主动排查调处化解各类医患矛盾纠纷。加强安全防范能力建设，完善安防设施、安检设备等，及时消除各类安全隐患。加强对医务人员的安全培训教育，提升其安全防范意识。

（十三）依托建设“平安医院”活动工作小组，巩固多部门联动的分工协作机制。依法严厉打击各类涉医违法犯罪行为，对侵犯医务人员安全、扰乱医疗秩序行为，依法予以治安管理处罚，构成犯罪的依法移送司法机关追究刑事责任，为医务人员和广大患者创造平安诊疗环境。

六、弘扬职业精神

（十四）利用多种形式和渠道，大力加强对医务人员职业精神的宣传力度，注重发掘医务人员先进典型。根据国家有关规定及时开展医务人员奖励，对涌现出的先进典型及时予以表彰。

（十五）做好因参与突发公共卫生事件处置而牺牲殉职人员的烈士评定和褒扬工作，全面做好抚恤优待。

各地要认真贯彻落实党中央、国务院部署要求，高度重视医务人员保护关心爱护工作，健全工作体制机制，强化责任担当。各地卫生健康、人力资源社会保障、财政等部门要加强协调配合和工作指导，确保各项保护关心爱护政策措施落实到位。各地医疗卫生机构作为贯彻落实保护关心爱护医务人员政策措施的责任主体，要建立健全规章制度，细化完善工作措施，切实保障落实医务人员权益。

2021 年 4 月 13 日

国家卫生健康委办公厅　公安部办公厅 人力资源社会保障部办公厅 国家中医药局办公室关于贯彻落实住院医师规范化培训“两个同等对待”政策的通知

国卫办科教发〔2021〕18号

各省、自治区、直辖市卫生健康委、公安厅（局）、人力资源社会保障厅（局）、中医药局，新疆生产建设兵团卫生健康委、公安局、人力资源社会保障局：

为健全住院医师规范化培训（以下简称住培）制度，落实《国务院办公厅关于加快医学教育创新发展的指导意见》（国办发〔2020〕34号）提出的“面向社会招收的普通高校应届毕业生培训对象培训合格当年在医疗卫生机构就业的，在招聘、派遣、落户等方面，按当年应届毕业生同等对待。对经住培合格的本科学历临床医师，在人员招聘、职称晋升、岗位聘用、薪酬待遇等方面，与临床医学、中医专业学位硕士研究生同等对待”（以下简称“两个同等对待”），以及《国务院办公厅关于印发深化医药卫生体制改革2021年重点工作任务的通知》（国办发〔2021〕20号）要求，保障住院医师合理待遇，增强住院医师获得感，现就有关事项通知如下：

一、强化就业指导服务和权益保护

各地人力资源社会保障部门要根据经住培合格的本科学历临床医师就业需求，提供针对性就业指导，推荐合适的就业机会。各级卫生健康、公安、人力资源社会保障、中医药主管部门要指导各级医疗卫生机构向经住培合格的本科学历临床医师与临床医学、口腔医学、中医专业学位硕士研究生提供平等就业机会，在招聘简章中应当明确“面向社会招收的住院医师如为普通高校应届毕业生的，其住培合格当年在医疗卫生机构就业，按当年应届毕业生同等对待”“经住培合格的本科学历临床医师，按临床医学、口腔医学、中医专业学位硕士研究生同等对待”，并纳入岗位报考具体条件（其中住培合格证书中的培训专业原则上应当与招聘岗位的专业或类别要求相一致），并将同等对待落实到资格审查、考试考察、聘用、派遣、落户等各个环节。

二、保障职业发展权益

各级卫生健康、人力资源社会保障、中医药主管部门要指导各级医疗卫生机构在中级及以上专业技术职称申报与评审条件设置、岗位条件设置、岗位等级聘用时，突出人才评价品德、能力、业绩导向，将经住培合格的本科学历临床医师与临床医学、口腔医学、中医专业学位硕士研究生同等对待，并落实到资格审查、考试考核、岗位聘用等各个环节；在确定住院医师薪酬待遇时，对经住培合格的本科学历临床医师，按照临床医学、口腔医学、中医专业学位硕士研究生对应的标准同等对待。

三、加强政策宣传引导和责任落实

落实“两个同等对待”，是推动建立适应行业特点的人才培养和人事薪酬制度、破除“唯学历”的重要举措，是健全住培制度、逐步建立统一规范的毕业后医学教育制度的重要部署，是深化医改、建设健康中国的重要内容。各地卫生健康、公安、人力资源社会保障、中医药主管部门要充分认识做好这项工作的重要意义，积极宣传国家关于落实“两个同等对待”的政策，指导各级医疗卫生机构完善相关办法，抓好各项工作落实，为经住培合格的本科学历临床医师就业营造良好环境。国家卫生健康委、公安部、人力资源社会保障部、国家中医药局将加强指导评估，将本项工作纳入公立医院高质量发展等相关考核，并列入住培基地评估的核心指标。对工作落实不到位的，将加大通报力度，并按照有关规定追究相关人员责任。

2021 年 8 月 4 日

国家卫生健康委 中共中央宣传部 国家发展改革委 教育部 科技部 工业和信息化部 民政部 财政部 人力资源社会保障部 生态环境部 住房城乡建设部 应急管理部 国务院国资委 市场监管总局 国家医保局 国家矿山安监局 全国总工会关于印发国家职业病防治规划（2021—2025年）的通知

国卫职健发〔2021〕39号

各省、自治区、直辖市及新疆生产建设兵团卫生健康委、党委宣传部、发展改革委、教育厅（教委、教育局）、科技厅（局）、工业和信息化厅（局）、民政厅（局）、财政厅（局）、人力资源社会保障厅（局）、生态环境厅（局）、住房和城乡建设厅（局）、应急管理厅（局）、国资委、市场监管局、医疗保障局、总工会，国家矿山安全监察局各省级局：

《国家职业病防治规划（2021—2025年）》已经职业病防治工作部际联席会议审议通过，现印发给你们，请认真贯彻执行。

2021年12月7日

国家职业病防治规划（2021—2025年）

为贯彻落实党中央、国务院关于加强职业健康工作的决策部署，根据《中华人民共和国职业病防治法》《中华人民共和国基本医疗卫生与健康促进法》等法律法规以及《中华人民共和国国民经济和社会发展第十四个五年规划和2035年远景目标纲要》《“健康中国2030”规划纲要》和《健康中国行动(2019—2030年)》等文件要求，制定本规划。

一、职业健康现状和问题

职业健康是健康中国建设的重要基础和组成部分，事关广大劳动者健康福祉与经济发展和社会稳定大局。党中央、国务院高度重视职业健康工作。《国家职业病防治规划（2016—2020年)》实施以来，各地区、各有关部门和单位认真贯彻落实习近平总书记关于职业病防治工作的重要指示批示精神，贯彻落实党中央、国务院关于职业健康工作的一系列决策部署，深入实施健康中国行动，大力推进尘肺病防治攻坚行动，源头治理力度进一步加大，防治服务能力显著增强，职业病及危害因素监测范围逐步扩大，救治救助和工伤保险保障水平不断提高，职业病防治法规标准体系不断完善，劳动者的职业健康权益得到进一步保障。

随着健康中国战略的全面实施和平安中国建设不断深入，保障劳动者健康面临新的形势和要求：一是新旧职业病危害日益交织叠加，职业病和工作相关疾病防控难度加大，工作压力、肌肉骨骼疾患等问题凸显，新型冠状病毒肺炎等传染病对职业健康带来新的挑战；二是职业健康管理和服务人群、领域不断扩展，劳动者日益增长的职业健康需求与职业健康工作发展不平衡不充分的矛盾突出；三是职业病防治支撑服务和保障能力亟待加强，职业健康信息化建设滞后，职业健康专业人才缺乏，职业健康监管和服务保障能力不适应高质量发展的新要求；四是职业健康基础需要进一步夯实，部分地方政府监管责任和用人单位主体责任落实不到位，中小微型企业职业健康管理基础薄弱，一些用人单位工作场所粉尘、化学毒物、噪声等危害因素超标严重，劳动者职业健康权益保障存在薄弱环节。

二、总体要求

（一）指导思想。

以习近平新时代中国特色社会主义思想为指导，全面贯彻党的十九大和十九届二中、三中、四中、五中、六中全会精神，深入实施职业健康保护行动，落实“防、治、管、教、建”五字策略，强化政府、部门、用人单位和劳动者个人四方责任，进一步夯实职业健康工作基础，全面提升职业健康工作质量和水平。

（二）基本原则。

坚持预防为主，防治结合。强化职业病危害源头防控，督促和引导用人单位采取工程技术和管理等措施，不断改善工作场所劳动条件。建立健全职业病防治技术支撑体系，提升工程防护、监测评估、诊断救治能力。

坚持突出重点，精准防控。聚焦职业病危害严重的行业领域，深化尘肺病防治攻坚行动，持续推进粉尘、化学毒物、噪声和辐射等危害治理，强化职业病及危害因素监测评估，实现精准防控。

坚持改革创新，综合施策。深化法定职业病防控，开展工作相关疾病预防，推进职业人群健康促进，综合运用法律、行政、经济、信用等政策工具，健全工作机制，为职业健康工作提供有力保障。

坚持依法防治，落实责任。完善职业健康法律法规和标准规范，加强监管队伍建设，提升监管执法能力。落实地方政府领导责任、部门监管责任、用人单位主体责任和劳动者个人责任，合力推进职业健康工作。

（三）规划目标。

到2025年，职业健康治理体系更加完善，职业病危害状况明显好转，工作场所劳动条件显著改善，劳动用工和劳动工时管理进一步规范，尘肺病等重点职业病得到有效控制，职业健康服务能力和保障水平不断提升，全社会职业健康意识显著增强，劳动者健康水平进一步提高。

“十四五”职业病防治主要指标

指标名称		目标值
(1)	工伤保险参保人数	稳步提升
(2)	工业企业职业病危害项目申报率	≥90%
(3)	工作场所职业病危害因素监测合格率	≥85%
(4)	非医疗放射工作人员个人剂量监测率	≥90%
(5)	重点人群职业健康知识知晓率	≥85%
(6)	尘肺病患者集中乡镇康复服务覆盖率	≥90%
(7)	职业卫生违法案件查处率	100%
(8)	依托现有医疗资源，省级设立职业病防治院所	100%
(9)	省级至少确定一家机构承担粉尘、化学毒物、噪声、辐射等职业病危害工程防护技术指导工作	100%
(10)	设区的市至少确定1家公立医疗卫生机构承担职业病诊断工作	100%
(11)	县区至少确定1家公立医疗卫生机构承担职业健康检查工作	95%

三、主要任务

（一）深化源头预防，改善工作场所劳动条件。

落实新发展理念，在行业规划、标准规范、技术改造、产业转型升级、中小微企业帮扶等方面统筹考虑职业健康工作，促进企业提高职业健康工作水平。强化用人单位主体责任，严格落实职业病危害项目申报、建设项目职业病防护设施“三同时”、职业病危害因素检测评价、劳动者职业健康检查和健康培训等制度。以粉尘、化学毒物、噪声和辐射等职业病危害严重的行业领域为重点，持续开展职业病危害因素监测和专项治理。建立中小微型企业职业健康帮扶机制，完善职业病防护设施，改善工作场所劳动条件。加强职业活动中新兴危害的辨识评估和防控，开展工作压力、肌肉骨骼系统疾患等防治工作。

专栏1　　中小微型企业职业健康帮扶行动

行动目标：在矿山、建材、冶金、化工、建筑等重点行业领域开展职业健康帮扶行动，推动中小微型企业规范职业健康管理，提升职业健康管理水平。

行动内容：

1. 以防治粉尘、化学毒物、噪声和辐射危害等为重点，开展中小微型企业职业健康帮扶活动。

2. 探索中小微型企业帮扶模式，总结帮扶中小微型企业的有效做法，如：中小微型企业职业健康托管式服务，以“企业+托管服务单位+卫生监管部门”的联动方式开展职业健康管理和监督执法工作，通过“一企一策”方案帮扶企业；以政府购买服务方式，开展中小微型企业工作场所职业病危害因素检测和职业健康检查工作，或聘请专家团队、技术支撑机构对企业进行精准指导和定点帮扶等。

预期产出：开发中小微型企业职业健康管理辅助工具，总结推广中小微型企业帮扶经验和模式，提升中小微型企业职业病防治工作水平。

（二）严格监管执法，提高职业健康监管效率。

加强职业病危害项目申报、建设项目职业病防护设施“三同时”、职业病危害检测评价和职业健康检查等重点制度落实情况的监督执法。建立健全以“双随机、一公开”为基本手段的监管机制，推进分类分级监督执法，探索建立互联网+监督执法、现场执法与非现场执法相结合、部门联合双随机抽查的监管模式。规范用人单位劳动用工，加强劳动合同、工作时间、工伤保险等监督管理。继续在重点行业中推行集体协商和签订劳动安全卫生专项集体合同，督促用人单位和劳动者认真履行防治责任。落实平安中国建设要求，加强工矿商贸、建筑施工、核与辐射等行业领域安全监管，统筹推进职业病防治工作，督促指导中央企业率先依法落实职业病防治责任。依托国家企业信用信息公示系统，完善职业健康不良信用记录及失信惩戒机制。畅通投诉举报渠道，鼓励社会监督，提升监管和执法效能。按照监管任务与监管力量相匹配的原则，加强职业卫生执法队伍和执法协助人员队伍建设，配备必要的执法装备和交通工具，加大培训力度，提升业务水平。

（三）强化救治措施，提升职业病患者保障水平。

加强职业病及危害因素监测，完善监测政策和监测体系，扩大监测范围，开展风险评估，提高预警能力。按照“省市诊断、省市县救治、基层康复”的原则，依托现有的医疗卫生机构建立健全职业病诊断救治康复网络，建立健全职业健康检查和职业病诊断基础数据库，规范职业病诊断医师管理，建立职业病救治专家队伍，加大临床诊疗康复技术和药物研发力度。持续实施尘肺病等重点职业病工伤保险扩面专项行动，将尘肺病等职业病严重的重点行业职工依法纳入工伤保险保障范围。探索建立工作相关疾病多元化筹资保障体系，逐步将相关职业人群纳入保障范畴，做好各相关保障制度的有效衔接，按规定做好相应保障工作。实施尘肺病筛查与随访，加强尘肺病等患者的救治救助，推进医疗、医保、医药联动。落实属地责任，对无法明确责任主体的尘肺病患者，依法开展法律援助，按规定落实医疗救治、生活救助等政策，减轻患者医疗与生活负担。将符合条件的职业病患者家庭及时纳入最低生活保障范围，对遭遇突发性、紧迫性、临时性基本生活困难的，按规定及时给予临时救助。

（四）推动健康企业建设，提升职业人群健康水平。

把健康企业纳入健康城市健康村镇建设的总体部署，大力推进健康企业建设。鼓励用人单位建立完善与劳动者健康相关的各项规章制度，建设整洁卫生、绿色环保的健康环境，开展健康知识普及，完善职业健康监护、传染病和慢病防控、心理健康辅导等健康服务，营造积极向上、和谐包容的健康文化，建成一批健康企业。鼓励矿山、冶金、化工、建材、建筑施工、交通运输、环境卫生管理等行业和医疗卫生、学校等单位，率先开展“职业健康达人”评定活动，进行重点人群职业健康素养监测与干预，有效提升劳动者健康意识和健康素养。

（五）加强人才培养，强化技术支撑体系建设。

加大职业健康检测评价、工程防护、诊断救治等技术人才培养力度，建立健全人才培养和激励机制。建立职业健康专家库，完善专家工作机制，充分发挥专家作用。鼓励和支持高等院校、职业院校加强职业健康相关学科专业建设，将职业健康教育内容纳入相关课程，鼓励临床医学专业普及职业医学知识。健全以职业病监测评估、职业病危害工程防护、职业病诊断救治为主体的职业病防治技术支撑体系。以疾病预防控制机构、职业病防治院（所、中心）为主干，完善“国家、省、市、县”四级职业病及危害因素监测与风险评估技术支撑网络。充分利用卫生健康系统内外技术资源，构建“国家—行业（领域）—省”的职业病危害工程防护技术支撑网络。充分发挥职业病专科医院、综合医院的作用，构建“国家—省—市”并向重点县区、乡镇延伸的职业病诊断救治技术支撑网络。推进各级各类技术支撑机构基础设施、技术装备、人才队伍和信息化等达标建设，强化质量控制，提升技术支撑能力。

专栏2　　职业病防治技术支撑体系建设

建设目标：加快职业病防治技术支撑体系建设，健全完善国家、省、市、县四级并向乡镇延伸的职业病防治技术支撑体系。

建设内容：

1. 推进职业健康国家医学中心和区域医疗中心建设。

2. 依托国家医学中心和区域医疗中心，加强职业病诊疗技术研究和能力建设。

3. 加强国家、省、市、县职业病及危害因素监测机构监测与风险评估能力建设，市级公立职业病诊断机构和县级公立职业健康检查机构能力建设，职业性化学中毒与核辐射救治基地能力建设。

4. 实现省级职业病防治院全覆盖，持续提升防治能力。依托现有医疗卫生机构，提升地市级、县区级职业病防治机构的预防控制、诊断治疗和康复能力。

预期产出：职业病监测评估、职业病危害工程防护、职业病诊断救治三大技术支撑网络基本建成，技术支撑能力进一步提升，达到《国家卫生健康委关于加强职业病防治技术支撑体系建设的指导意见》（国卫职健发〔2020〕5号）要求。

（六）推动科技创新，引领职业健康高质量发展。

推动将职业健康关键技术、重大项目纳入国家和地方科技计划。围绕重点职业病和肌肉骨骼疾患、工作压力等突出职业健康损害的防治问题，开展前沿基础性研究和早期筛查、干预及诊疗康复关键技术研究；围绕职业病危害工程防护和治理，开展尘毒危害和生产性噪声监测与防护关键技术及装备研究，职业中毒监测预警、防控和应急救治关键技术和装备研究，辐射危害监测、防控技术与装备研究，大型核与辐射事故早期精准识别与救援关键技术装备研究，形成一批先进技术成果，并推进示范应用及推广。推进高等院校、科研院所、企业和职业病防治技术支撑机构合作共建，深化产学研融合，尽快突破急需急用技术的“瓶颈”。加强职业健康国际交流合作，学习借鉴先进经验和技术，提升我国职业健康监管和职业病防治工作水平。

专栏3　　职业健康科技创新重点任务

目标：在职业病和工作相关疾病理论研究、职业病危害治理技术与装备研发、职业病治疗康复和诊断鉴定技术等方面取得突破，提升职业病和工作相关疾病防控水平。

内容：

1. 以严重职业性呼吸系统疾病、职业性肿瘤、放射性疾病及职业性肌肉骨骼疾患和工作压力等为重点，开展职业健康损害发生机制研究。

2. 以尘毒危害和放射性危害为重点，研发职业病危害快速检测、在线监测等技术；开展重大职业病风险综合评估、预测预警和控制技术与装备研究。

3. 开展重点职业病诊疗、康复技术研究，研发职业病诊疗救治的新技术、新装备；研发现代信息化智能化诊疗技术装备，整合现有资源，形成集远程医疗指导、职业健康检查、职业病诊疗等功能于一体的职业健康监护与诊疗救治平台；开展职业病患者疾病评估、分级诊治、康复评估等标准化研究。

4. 开展职业病危害损失的经济学评价研究，开展工作相关疾病的疾病负担评估研究。

5. 以粉尘、化学毒物、噪声、辐射等危害严重的行业领域为重点，研发防降尘、噪声控制、防毒和毒物净化、辐射防护等技术装备。

预期产出：制定工作相关疾病防治技术指南，以及重点行业职业健康保护技术指南；推广应用职业病危害监测评估及防护技术装备、职业病诊疗康复技术装备和人工智能辅助诊断技术。

（七）推进信息化建设，提升职业健康管理效能。

将职业健康信息化工作纳入全民健康保障信息化工程，推进业务融合、数据融合，实现跨层级、跨地域、跨部门的协同管理和服务。完善全国一体化的职业健康信息管理平台，充分整合现有系统和数据资源，实现职业病危害项目申报、职业病及危害因素监测、职业卫生检测评价、职业健康检查、职业病诊断与报告、职业卫生监督执法、应急救援等信息的互联互通。加强与发展改革、工业和信息化、民政、人力资源社会保障、生态环境、住房城乡建设、应急、税务、市场监管、医保等部门间信息共享，推动实现职业健康相关信息的协调联动。按照便民利企、优化服务的要求，大力实施“互联网+职业健康服务”。规范职业健康信息管理，保障数据安全。强化数据统计与分析，充分发挥数据在职业健康监管决策中的作用。

专栏4　　全国职业健康管理信息平台建设

建设目标：基本建成覆盖国家、省、市、县的职业健康管理“一张网”，实现职业健康信息的上下联动、横向联通和动态管理，不断提高职业病危害风险监测预警、智能决策的支持能力。

建设原则：坚持统一规划、统一标准，坚持业务引导、功能完备，坚持汇聚信息、共建共享，坚持安全规范、兼容拓展。

建设内容：

1. 依托国家全民健康信息平台，完善全国职业健康管理信息平台，构建全国用人单位职业健康基础数据库，加强职业健康数据综合分析和预警与决策支持软硬件建设，建成职业健康预警与决策支持中心。

2. 建成用人单位职业健康信息管理、职业病危害风险预警与决策支持、职业健康监护与诊断管理、职业健康技术服务、职业健康科普宣教培训和职业卫生监督执法等关键业务系统，实现各系统之间的互联互通。

3. 研究形成职业健康信息平台总体框架标准、职业健康信息分类与编码规范、职业健康系统数据库设计规范等指导全国职业健康信息化建设的系列标准规范，开展信息化建设试点。

预期产出：建成全国职业健康管理综合信息平台及用人单位职业健康管理、职业健康决策支持等关键业务系统；构建用人单位职业健康基础数据库；形成职业健康信息化建设系列标准规范。

（八）加强宣教培训，增强全社会职业健康意识。

持续开展《职业病防治法》宣传周等活动，大力开展职业健康教育和健康促进活动，在全社会营造关心关注职业健康的文化氛围。推进将职业健康教育纳入国民教育体系，组织开展职业健康知识进企业、机构和学校等活动，普及职业健康知识，倡导健康工作方式。推动建立职业健康科普知识库。实施职业健康培训工程，加强用人单位主要负责人、职业健康管理人员培训工作，指导和督促用人单位做好接触职业病危害劳动者全员培训。推动有条件的地区或用人单位建设职业健康体验场馆，不断提升重点人群职业健康知识知晓率。

四、保障措施

（一）加强组织领导，压实工作责任。

各地区要把职业健康工作纳入本地区国民经济和社会发展总体规划和民生工程，制定和实施职业病防治规划。建立健全职业健康工作目标和责任考核制度，推动将职业健康有关指标纳入对地方各级政府考核指标体系。充分发挥职业病防治工作联席会议机制作用，落实卫生健康、发展改革、教育、科技、工业和信息化、民政、财政、人力资源社会保障、生态环境、住房城乡建设、应急、国资委、市场监管、医疗保障、矿山安全监察、总工会等部门和单位责任，加强联防联控，形成工作合力。

（二）健全法律法规，强化政策融合。

完善职业健康法律法规体系，推动修订《职业病防治法》和《职业病分类和目录》，推进工作相关疾病预防，进一步加强职业卫生和放射卫生标准建设。各地区要结合实际推动建立健全职业病防治地方性法规规章，把职业健康工作纳入深化医疗改革、全民健康保障工程等工作，统一规划、统一部署、协同推进和实施。综合运用金融、社保等政策措施，通过项目核准、政策支持、资金保障和费率浮动等，调动用人单位做好职业健康工作的积极性。

（三）做好经费保障，确保任务完成。

各地区要强化职业健康经费保障，建立多

元化的防治资金筹措机制，鼓励和引导社会资本投入职业病防治领域。要加强资金使用情况考核，提高资金使用效率，确保主要任务和重大工程按计划顺利完成。

（四）加强督查评估，确保规划落实。

各地区要结合本规划，研究制定本地区职业病防治规划，明确职业病防治工作目标、主要任务和保障措施。职业病防治工作部际联席会议办公室将适时组织有关成员单位开展规划实施情况专项督查，2023 年和 2025 年分别开展中期和末期考核评估，确保规划目标和任务按进度完成。

退役军人事务部等16部门关于促进退役军人投身乡村振兴的指导意见

退役军人部发〔2021〕48号

民族要复兴，乡村必振兴。习近平总书记和党中央高度重视乡村振兴，强调要“举全党全社会之力推动乡村振兴”，指出“乡村振兴，人才是关键”。退役军人是重要的人力人才资源，是社会主义现代化建设的重要力量。促进退役军人投身乡村振兴，既是响应国家号召、投身国家战略的具体体现，也是引导他们返乡干事创业、实现人生价值的重要途径，有助于推动农村基层社会治理现代化能力提升，有助于推动农业农村经济社会更快更好发展，有助于推动乡村国防动员能力进一步强化。现就促进退役军人投身乡村振兴提出以下指导意见：

一、拓宽就业渠道

（一）鼓励退役军人到乡村重点产业创业就业。引导有资金、有技术、懂市场、能创新的退役军人，在农业内外、生产两端和城乡两头创业，发展特色种植业、规模养殖业、加工流通业、乡村服务业、乡村旅游和休闲农业等特色产业。重点支持返乡退役军人创办农产品储藏保鲜、分等分级、清洗包装等农产品初加工主体，发展蔬菜、水果、食用菌、茶叶等产业，利用新技术改造提升传统食品加工。引导农业产业化龙头企业、民营企业积极招用退役军人。支持退役军人从事乡村保洁员、水管员、护路员、生态护林员等工作，进一步增加就业收入。

（二）支持退役军人领办新型农业经营主体。鼓励退役军人创办领办家庭农场、农民合作社、农业社会化服务组织等新型农业经营主体和服务主体，并积极吸纳农村退役军人就业。支持退役军人中的乡村工匠、文化能人、手工艺人发挥自身特长，创办家庭工场、手工作坊、乡村车间等，开发剪纸、蜡染、刺绣、石雕、砖雕等乡土产业，领办兴办智慧农业、视频农业、直播直销等数字农业经营主体，创新产品营销模式，扩大销售市场，带动农民增收。

（三）持续引导退役军人参与乡村建设和基层治理。注重从退役军人党员中培养选拔村党组织书记，推动村党组织带头人队伍整体优化提升。落实艰苦边远地区乡镇公务员考录政策，适当降低门槛、放宽开考比例，鼓励县乡两级拿出一定数量的职位面向具有本地户籍或在本地长期生活工作的退役军人招考。鼓励复学的退役大学生士兵参加“一村一名大学生”、“三支一扶”等计划，反哺农业农村。引导退役军人从事乡村教师、农业经理人、乡镇人民调解员等职业，在同等条件下优先聘用，充实乡村建设人才队伍。鼓励各地通过适当方式引导退役军人参与农村环境整治提升、乡村公共基础设施建设及基本公共服务活动。

二、强化培育赋能

（四）引导参加学历教育。鼓励退役军人报考农业类高职院校，按规定享受优待政策。支持返乡入乡退役军人依托弹性学制、农学交替、送教下乡等教学培养方式，就地就近接受职业高等教育。

（五）加强涉农类职业技能培训。支持返乡入乡退役军人参加农业类相关职业技能培训。鼓励职业院校围绕本地农产特色，瞄准本地新农村建设要求，推出一批实用性强、见效快的中短期培训项目，符合条件的按规定纳入职业培训补贴范围，不断提高返乡入乡退役军人农技致富能力。

（六）做好农业创业培训。依托高素质农民培育计划，支持符合条件的退役军人参与新型农业经营和服务主体能力提升、种养加能手技能培训、农村创业创新带头人培育、乡村治理及社会事业发展带头人培育等行动，提升退役军人创业就业能力。按规定将符合条件的退役军人纳入农村实用人才带头人示范培训、地方农业执法骨干培训、农村创业创新培训、农机合作社运营管理等培训范围，针对性提升退役军人参与乡村振兴能力。有序推动农村创业创新导师队伍建设，加快培训平台共建共享，探索“平台+导师+创客”服务模式。

三、加强政策支持

（七）落实财税优惠政策。对符合条件的返乡创业退役军人，按规定纳入创业扶持政策范围。对符合条件的返乡入乡创业企业提供创业担保贷款贴息支持。充分发挥农产品产地冷藏保鲜设施建设、农业产业融合发展等项目的示范引领作用，引导、鼓励退役军人参与。返乡入乡退役军人从事个体经营或在乡企业招用退役军人，可按规定享受税收优惠政策。退役军人在乡村创办中小微企业，吸纳就业困难人员并为其缴纳社会保险费的，按规定给予企业社会保险补贴。

（八）加大金融政策支持。鼓励和支持金融机构创新金融产品和服务方式，引导银行机构提供专属信贷产品，推广“互联网+返乡创业+信贷”等模式，满足退役军人返乡创业融资需求。发挥政府性融资担保机构作用，为符合条件的返乡入乡退役军人提供融资担保，鼓励保险机构为退役军人农业创业企业提供综合保险服务，支持退役军人创办的乡村企业。引导各类产业发展基金、创业投资基金投入返乡入乡退役军人创办的项目，鼓励社会资本设立退役军人返乡入乡创业基金，拓宽资金保障渠道。

（九）加大用地政策支持。严格落实相关法律法规，在农村土地承包经营权、宅基地使用权、房屋财产权、集体收益分配权保障过程中，对回到农村、符合条件的退役军人，加强信息对接，维护合法权益。鼓励各地制定细则，在新编县乡级国土空间规划、省级制定土地利用年度计划中做好各类用地安排，支持退役军人等返乡入乡创业就业人员发展农村产业融合发展项目用地需求。农村整治用地指标，优先用于符合条件的返乡入乡退役军人。允许在符合国土空间规划和用途管制要求、不占用永久基本农田和生态保护红线的前提下探索创新用地方式，支持退役军人创办乡村休闲旅游等新产业新业态。

（十）加大保障政策支持。符合住房保障条件的退役军人家庭纳入城镇住房保障范围。推动地方政府建立社保关系转移接续机制，将返乡创业退役军人的权益纳入法治保障。

四、优化服务保障

（十一）做好公共服务。鼓励公共人力资源服务机构免费为退役军人提供职业介绍、创业指导等服务。建立完善退役军人就业台账，动态跟踪退役军人返乡入乡就业创业情况。鼓励各地打通部门间信息查询互认通道，提高服务精准度。积极培育市场化中介服务机构，引导行业协会商会发挥作用，鼓励为退役军人提供专业服务。积极邀请、支持、组织退役军人涉农企业参加各类招聘活动，有条件的可以设置退役军人涉农专区或专场招聘。

（十二）发挥聚集功能。依托农村产业融合发展示范园、农产品加工园、高新技术园区等，按规定设立一批乡情浓厚、特色突出、设施齐全的退役军人就业创业园区。建设一批集“生产+加工+科技+营销+品牌+体验”于一体、“预孵化+孵化器+加速器+稳定器”全产业链的孵化实训基地、众创空间和星创天地等，帮助退役军人开展上下游配套创业。

（十三）强化宣传激励。通过优秀人才评选、创新创业比赛、职业技能大赛等途径，每年选树一批乡村人才中的退役军人先进典型，按照国家有关规定给予表彰，引导退役军人增强力争上游、务农光荣的思想观念。掀起退役军人“返乡创业光荣、自主创业光荣、服务创业光荣”的社会新风尚，用身边人身边事教育引导身边人，让退役军人学有榜样、干有方向。对招用退役军人较多的乡村企业典型予以宣传，在退役军人事务、农业农村、工商联等相关评选表彰活动中，同等条件下予以优先考虑。

各地各部门要高度重视、相互配合，形成齐抓共管的工作合力，结合实际情况，拿出管用措施，积极促进退役军人投身乡村振兴，让退役军人就业创业有成就感、有获得感、有归属感，为全面推进乡村振兴和加快农业农村现代化做出新的更大贡献。

2021 年 8 月 16 日

退役军人事务部等七部门关于全面做好退役士兵教育培训工作的指导意见

退役军人部发〔2021〕53号

退役士兵为国防和军队现代化建设作出过重要贡献，是国家宝贵的人力资源。加强退役士兵教育培训工作，有利于促进退役士兵提升能力素质，有利于提高就业质量，有利于经济社会高质量发展，为全面建设社会主义现代化国家贡献新的力量。为贯彻《中华人民共和国退役军人保障法》，进一步做好退役士兵教育培训工作，现提出如下意见。

一、总体要求

以习近平新时代中国特色社会主义思想为指导，全面贯彻党的十九大和十九届二中、三中、四中、五中全会精神，坚持政府主导、社会支持，面向退役军士和退役义务兵，建立包括适应性培训、职业技能培训、学历教育和终身学习的教育培训体系，促进退役士兵为经济社会建设更好服务。

二、普遍推行适应性培训

（一）加强职业技能储备培训和离队前教育。军队做好面向现役士兵的教育培训，支持其在服役期间学习储备多种职业技能，取得更多职业技能等级证书；进一步完善退役士兵离队前教育工作。县级以上地方人民政府退役军人事务部门积极主动配合驻地部队按需开展“送技能进军营”、定期开展“送政策进军营”等活动，宣讲政策形势，加强择业指导，实现区域内驻军单位基本覆盖。

（二）实施即退即训。面向自主就业退役士兵开展适应性培训，帮助其尽快转变角色融入社会。培训工作由省（区、市）退役军人事务部门结合实际统筹安排，在自主就业退役士兵返乡报到后及时组织实施，培训时长不少于80学时。

（三）确保培训实效。适应性培训要强化思想政治引领，面向自主就业退役士兵开展安全保密教育，树牢组织纪律意识；宣讲退役政策，普及相关法律法规；开展心理调适，促进角色转换；实施职业指导，分析就业创业形势，引导合理就业预期；组织人才测评，提供就业推荐、职业培训项目推介。采用“互联网+培训”等多种教学手段，灵活安排教学，定期开展培训评估，确保教学效果。

三、全员开展职业技能培训

（四）优化培训模式。退役军人事务部门依托职业技能等级证书目录、职业技能培训机构目录中的机构面向自主就业退役士兵开展职业技能培训，实施学历证书+若干职业技能等级证书制度（1+X证书制度）和学分银行制度，建立学习成果认定、积累和转换机制。地方各级退役军人事务部门在省域内联网设立自主就业退役士兵培训台账，加强对参训人员和教育培训经费的管理，制定培训资助标准，建立培训资金省级统筹机制，实现培训待遇省域内通兑；依托现有资源统筹建立退役军人就业创业园地，发挥示范作用。鼓励各省（区、市）教育培训机构对接共享优质培训资源，促进自主就业退役士兵职业技能培训均衡化发展。自主就业退役士兵可在达到法定退休年龄前接受一次免费职业技能培训，按规定由各地退役军人事务部门、教育部门选择实施1+X证书制度且对接职业教育国家学分银行的职业院校及应用型本科高校作为培训基地开展培训，培训成果记入职业教育国家学分银行。自主就业退役士兵在培训基地学校以外的培训机构参加培训，可在退役军人事务部门、人力资源社会保障部门统筹下，按照规定程序和标准享受资助待遇。

（五）提高管理服务能力。对签约合作的承训单位按有关规定实施合同管理，建立健全激励约束机制，定期开展检查考核，提高培训质量。深化退役士兵职业技能培训工作“放管服”改革，提高服务效能。严格执行保密规定，确保退役士兵信息安全。结合培训项目实际，科学设定学时要求。推动军地有关部门建立军事专业与职业对应目录和军地职业技能证书衔接机制，对军事专业资格证书，地方可视作对应职业的同级技能证书，发挥同等效力，不再重新鉴定评价。

四、全力支持提升学历

（六）支持从高校应征入伍士兵退役后复学深造。支持入伍前已被普通高等学校录取并保留入学资格或者保留学籍的退役士兵入学或复学，经学校同意并履行相关程序后可转入本校其他专业学习，免修公共体育、军事技能和军事理论等课程，直接获得相应课程学分，允许适当延长修业年限。高职（专科）升普通本科、成人本科按规定免试入学。符合条件的退役大学生士兵参加全国硕士研究生招生考试按有关规定享受加分照顾。服役期间获二等功以上奖励，符合全国硕士研究生招生考试报考条件的退役士兵可申请免初试攻读硕士研究生。适度扩大“退役大学生士兵”专项硕士研究生招生计划规模。

（七）鼓励高中、初中学历退役士兵提升学历。退役士兵参加中职教育实行注册免试入学；报考高职院校免文化素质考试。符合条件的退役士兵参加全国普通高考、成人高考，按规定享受加分照顾。高等学校可按规定通过单列计划、单独招生等方式招考退役士兵。将退役士兵服役期间的学历教育和非学历教育学习成果按规定记入国家学分银行，实现退役前后学习成果贯通连续。建立健全行业教育合作机制，对适合退役士兵就业的行业，加大行业系统内院校招生力度，以专业教育促进退役士兵入行就业，努力实现“入学即入职”。

（八）注重提升教学质量。退役军人事务部门可根据学费减免政策指导退役士兵按需报考。教育等部门按照国家有关规定，规范退役士兵培养过程，将教学成效作为重要因素纳入院校考核评优的指标体系。培养院校要设计符合退役士兵特点的人才培养方案，采用地方订单定向培养等方式，严把教学质量和教育纪律关口，在学业考核上对退役士兵和其他在校生“同大纲、同标准”。

五、开展终身教育培训

（九）实行职业生涯全过程培训。将退役士兵培训纳入国家终身职业技能培训制度体系。以职业素养提升、技术更新、技能等级晋升为培养目标，鼓励用人单位定期组织退役士兵参加岗位技能提升和知识更新培训，拓展职业上升空间。退役军人事务部门依托就业企业合作签约机制，支持合作企业为受聘退役士兵提供多渠道、多层级、多频次的教育培训。紧紧围绕服务乡村振兴、打造“双创”升级版等国家战略，开展退役士兵创业培训。

（十）建设全国退役士兵网络学习平台。依托现有资源，集成网络教学、信息推送、职业能力倾向测试、学习台账登记、统计分析等功能，为退役士兵在线参加适应性培训、职业技能培训、学历教育和终身教育培训提供平台支撑。建立政府引导、多方参与的资源共建共享机制，鼓励各类教育培训机构在网络学习平台面向退役士兵发布优质课程、开展线上培训、实施教学管理，提升培训效能。

六、加强组织领导

（十一）强化协同发力。各地区、各部门要进一步提高政治站位，高度重视退役士兵教育培训工作，多措并举，抓出实效。建立健全部门间协调机制，退役军人事务部门统筹协调，相关部门各司其职、协调配合，统筹规划退役士兵教育培训工作。推动实现区域间协调联动，依托乡村振兴和区域一体化发展，对接共享优质教育培训资源。各地区结合实际，由教育等部门研究制定落实退役士兵终身教育培训政策的具体措施，建立年度报告、检查和评估机制。

（十二）优化经费保障。自 2019 年秋季学期起，对通过全国统一高考或高职分类招考方式考入普通高等学校的全日制在校自主就业退役士兵学生均实行学费减免，减免最高限额按规定标准执行；全日制在校退役士兵学生全部享受本专科生国家助学金。退役士兵参加全日制中等职业教育的，按规定享受中等职业教育国家奖助学金和免学费政策。

自主就业退役士兵适应性培训、职业技能培训经费可通过退役安置补助经费列支。地方财政要加强退役士兵教育培训经费保障，制定经费管理办法，提高资金使用效率。中央财政合理确定补助标准。有条件的地区在经费方面可对参战、军龄长、有立功受奖表现、所学技能多等级高的退役士兵学员适当倾斜，退役士兵各项教育培训经费按现有渠道拨付。

（十三）明确部门职责。退役军人事务部门负责退役士兵教育培训工作的协调推动；教育、人力资源社会保障等有关部门做好退役士兵招生录取、教学管理、技能鉴定评价、数据共享等工作；财政部门负责按规定落实退役士兵教育培训相关经费保障；军队有关部门负责组织实施士兵服役期间继续教育、离队前教育和退役后教育培训档案材料移交等工作，协同地方有关部门促进退役士兵军地技能证书有效衔接转换。

（十四）注重宣传引导。要创新宣传方式，充分运用各类新闻媒体，采取灵活多样形式，做好退役士兵教育培训工作的宣讲普及，提升相关政策影响力和知晓度。鼓励自主就业退役士兵在返乡报到和就业前的窗口期尽早参加职业技能培训。广泛开展各类交流活动，展示退役士兵参加教育培训成果，提高教育培训工作的吸引力。强化典型引领，积极宣传各地区、各部门开展退役士兵教育培训、提高服务质量的经验与成效，营造支持和服务退役士兵教育培训的良好环境。

2021 年 9 月 7 日

退役军人事务部等7部门关于加强和改进退役军人人事档案管理利用工作的意见

退役军人部发〔2021〕65号

各省、自治区、直辖市退役军人事务厅(局)、教育厅(教委)、财政厅(局)、人力资源社会保障厅(局)、档案局，新疆生产建设兵团退役军人事务局、教育局、财政局、人力资源社会保障局、档案局，各战区、各军兵种、军委机关各部门、军事科学院、国防大学、国防科技大学、武警部队政治工作部(局、处)：

为有效解决退役军人人事档案管理利用面临的突出问题，进一步提升工作的科学化、制度化、规范化、信息化水平，根据《中华人民共和国退役军人保障法》、《中华人民共和国档案法》、《干部人事档案工作条例》、《军队档案条例》等法律法规规定，结合进入新发展阶段做好退役军人工作的新任务新要求，现就加强和改进退役军人人事档案管理利用工作提出如下意见：

一、总体要求

(一) 指导思想。

坚持以习近平新时代中国特色社会主义思想为指导，深入贯彻习近平强军思想和习近平总书记关于退役军人工作重要论述，聚焦退役军人人事档案管理利用工作面临的老难题和新挑战，创新思路举措，加强顶层设计，积极稳妥实施，推动形成权责清晰、管理规范、服务优质、运转高效、安全可靠的退役军人人事档案工作制度机制，更好地维护退役军人合法权益，服务国防和军队建设，服务经济社会发展。

(二) 基本原则。

——加强统筹设计。坚持服务全局、立足现状、着眼长远，围绕退役军人人事档案管理利用，加强科学设计，厘清部门职责，完善政策措施，健全工作机制，夯实基层基础，确保工作高质量发展。

——坚持问题导向。针对退役军人人事档案管理职责分工不明确，保管利用不规范，遗失缺件补办难，信息化程度不够高，作用发挥不明显等重难点问题，综合施策，源头治理，有序化解。

——注重改革创新。按照体现时代性、把握规律性、富于创造性的思路，适应军地相关改革，主动回应退役军人新关切和军地基层新需要，补齐政策“空白点”，连通工作“衔接点”，有效提升退役军人人事档案管理和服务水平。

——强化协同配合。退役军人事务部门牵头负责，密切军地、部门之间协作配合；明确退役军人事务系统各级职责，强化上下协同，加强基层能力建设，发挥安置地退役军人服务中心作用，提高工作效率和质量。

二、主要任务

(三) 明确职责分工。按照依法管理、统

筹协调、属地负责的原则，明确各级相关部门职责。退役军人事务部负责全国退役军人人事档案工作的统筹规划和监督指导，建立健全退役军人人事档案管理利用制度机制。地方各级退役军人事务部门负责本行政区域内安置的退役军人人事档案管理利用等工作。各级退役军人服务中心、军休服务管理机构等服务保障机构，根据要求承担具体任务，提供相关延伸性、辅助性服务。退役军人人事档案管理接受同级党委组织部门和档案主管部门的监督和指导。教育、财政、人力资源社会保障，以及军队相关部门在各自职责范围内做好退役军人人事档案管理利用工作。

（四）规范档案交接。退役军人人事档案由军地相关单位区分不同安置方式进行移交接收，其转递应当按规定通过机要渠道邮寄或派专人取送，严禁由退役军人本人自行携带。

1. 作转业、逐月领取退役金、复员安置的退役军官，以及作安排工作、逐月领取退役金安置的退役军士和作安排工作安置的退役义务兵的人事档案，由军队相关单位政治工作部门按规定向县级以上退役军人事务部门和相关部门移交。

2. 作自主就业、供养安置的退役军人的人事档案，由军队师、旅、团级单位政治工作部门按规定向安置地退役军人事务部门移交。

3. 作退休安置的退役军人的人事档案，由军队师级单位政治工作部门按规定向安置地退役军人事务部门移交。

（五）严格档案审核。军地各级相关部门应当在各自职责范围内，按照档案管理权限和相关规定，严格整理审核退役军人人事档案，严禁弄虚作假。

1. 军队相关单位整档审核。军人退役时，其所在团级以上单位应当按照《军队档案条例》等有关规定，整理、审核退役军人人事档案，确保要素齐全、清晰完整、真实准确，同时按照管理权限留存退役军人人事档案数字复制件。工作中，要加强对退役军人人事档案的保密审查和脱密处理，并在档案封皮、档案袋及档案材料《转递单》中明确保密要求。

2. 退役军人事务部门和相关部门审核。县级以上退役军人事务部门和相关部门接收退役军人人事档案后，应当按规定进行审核。对于退役士兵，属于入伍批准、义务兵注册、军士退役时本衔级注册相关证表缺失的，其人事档案材料中应当具备中央军委政治工作部统一制发的《士兵档案材料证明信》。

3. 加强军地协作合力解决难题。退役军人人事档案审核过程中，军地双方要加强沟通，在各自职责范围内为对方审档核查提供便利和协助。对档案材料蓄意作假伪造的，由军队按照有关规定认定和处理后进行移交；对属于退役军人弄虚作假骗取安置待遇的，由县级以上退役军人事务部门和相关部门取消相关安置待遇。

（六）实行分类管理。对于本意见实施后移交的退役军人人事档案，按照分类归集、属地管理的原则，根据不同安置方式确定相应管理机构。

1. 转业军官和安排工作退役士兵的人事档案，由县级以上退役军人事务部门和相关部门移交接收安置单位进行管理。

2. 逐月领取退役金退役军人、复员军官、自主就业退役士兵、分散供养退役军人，以及灵活就业退役士兵和视为放弃安排工作待遇退役士兵、视为放弃安置待遇退役士兵的人事档案，一般由安置地退役军人事务部门委托所属退役军人服务中心存放。其中，入伍时是普通高等学校在校学生的退役士兵，退出现役后复学的，其人事档案由安置地退役军人事务部门转交相关学校进行管理。

3. 退休和集中供养退役军人的人事档案，一般由安置地退役军人事务部门委托所属军休服务管理机构、优抚医院存放管理。

（七）有序转接档案。对于本意见实施前存放在其他部门以及因特殊情况由本人保存的退役军人人事档案，按照应转尽转、积极稳妥、循序渐进的原则，由安置地退役军人事务部门指导所属退役军人服务中心进行有序转接。人事档案转接工作各地可在有条件的地区先行试点，再逐步推开，原则上应于 2023 年底前完成。

1. 对于存放在地方乡（镇、街道）、人民武装部、公共就业和人才服务机构，以及授权管理流动人员人事档案机构等单位的退役军人人事档案，由安置地退役军人事务部门牵头，指导所属退役军人服务中心会同原档案管理单位进行全面摸底造册，建立工作台账，制定转接计划，分批分步进行交接。

2. 对于存放在档案馆的退役军人人事档案，由其继续管理；已设置自主择业专门管理服务机构的地区，自主择业军队转业干部人事档案仍由其继续管理。

3. 对于退役军人因特殊情况由本人自行保管的人事档案，实行一事一批，按照个人申请、县级审批的程序办理。由退役军人本人自主自愿向安置地退役军人事务部门提出书面申请，如实填写《退役军人人事档案移交申请表》（见附件），申请书中本人应对其人事档案材料的真实性作出承诺，申请书和申请表必须由本人签名。安置地退役军人事务部门应当与申请人共同启封其人事档案（已启封的须申请人书面说明原因），并按规定进行复印，供后续审核使用，人事档案复印件须申请人本人签字确认，之后，当面密封其人事档案并加盖公章暂存。安置地退役军人事务部门可委托所属退役军人服务中心，根据人事档案复印件信息商有关部门仅对申请人军人身份信息进行核实，属于退役军人的应当及时作出审批，按规定存放其人事档案；对于经核查不属于退役军人的，不予批准，并书面向申请人说明理由、通知取档。日后，退役军人根据审核交接后的人事档案提出相关待遇申请等事项的，安置地退役军人事务部门应当按照一事一审的原则，商军地有关部门对相应档案材料另行审核。

（八）完善基础设施。各级退役军人事务部门要按照《档案馆建筑设计规范》（JGJ25—2010）等相关规定，结合实际加快档案库房建设，分别设置办公、整理、阅览和档案库房等，配备必要的档案装具以及温湿度检测调控系统、消防系统、安防系统等设施设备，夯实硬件基础，不断提高现代化、规范化、标准化建设水平。目前自建档案库房确有困难的地区，可继续委托档案管理机构暂时保管退役军人人事档案，同时加快协调推动自建档案库房工作。

（九）建立数字档案。各级退役军人事务部门要按照《干部人事档案数字化技术规范》（GB/T33870-2017）等相关技术标准对退役军人人事档案进行数字化，严格规范档案目录建库、档案扫描、图像处理、数据存储、数据验收、数据交换、数据备份、安全管理等基本环节，不断加强与业务系统和数据库关联融合，确保数字人事档案真实、完整、可用、安全，且与纸质人事档案保持一致。退役军人数字人事档案的利用、转递和保密等按照纸质人事档案相关规定执行。

1. 对于本意见实施后县级以上退役军人事务部门新接收年度退役军人人事档案，由其指导所属退役军人服务中心及时进行数字化工作。其中，转业军官和安排工作退役士兵，以及复学普通高等学校在校学生退役士兵人事档案，应当在转交其接收安置单位或相关学校前完成档案数字化工作；作其他方式安置的退役军人人事档案，应当在接收档案后 6 个月内完成数字化工作。

2. 对于本意见实施后从各部门按规定接收的历年退役军人人事档案，以及由军休服务管理机构、优抚医院、自主择业军队转业干部管理服务机构等部门管理的退役军人人事档案，由相关退役军人事务部门指导所属退役军人服务中心于 2025 年底前全部完成人事档案数字化工作。

（十）改进日常服务。各级退役军人事务部门要根据人事档案管理法规规定，因地制宜，聚焦档案收、管、存、用、安全、保密等事项，建立健全符合国家档案标准、体现退役军人特点的人事档案管理利用制度规范和标准指南，确保工作有章可循、有据可依。地方各级退役军人服务中心要统筹利用现有资源，明确承担退役军人人事档案日常保管利用工作的机构和人员，逐步建立完善“统一存放，免费服务”的工作机制，优化办理流程，提高服务质效。对于暂时委托档案机构管理的退役军人人事档案，退役军人事务部门要结合工作实际，制定完善退役军人人事档案托管办法，加强日常监督指导，确保档案存放管理安全、使用规范便捷。对于部分退役军人人事档案丢失、损毁或个别材料缺失的情况，军地各级相关部门要分类施策、稳妥处理，积极探索建立退役军人人事档案查证渠道，研究处理办法，为落实相关待遇提供依据。对于退役军人死亡满5年的，其人事档案管理按有关规定执行。退役军人人事关系和劳动关系按有关法律法规执行。

三、工作保障

（十一）提高思想认识。退役军人人事档案是军人参军入伍、政治思想、服役表现等的历史记载，是全面了解军人服役经历、确定其退役后各项待遇的重要依据，是做好应急备战人才储备的基础支撑，军地各级有关部门特别是退役军人事务部门要进一步提高政治站位，强化大局意识，切实把加强退役军人人事档案管理利用工作摆上重要位置，采取有力措施，确保各项任务有序推进、落地见效。

（十二）建立工作机制。军地各级有关部门要增强政治责任感和工作主动性，建立健全在党委政府领导下，退役军人事务部门牵头，军地各相关部门各司其职、合力共为的工作机制，推动退役军人人事档案管理利用工作高质量发展。

（十三）加强队伍建设。各级退役军人事务部门要把“政治可靠、忠诚履职、担当奉献、坚持原则”作为选配退役军人人事档案工作人员的首要条件，档案工作人员原则上应当具备相应的专业知识和技能，其中档案专业人员可以按照国家有关规定评定专业技术职称。要加强业务学习培训，不断提升档案工作队伍的政策水平和综合素养。

（十四）强化督导问效。各级退役军人事务部门要会同相关部门建立退役军人人事档案管理利用工作考评机制，采取跟踪调度、现场指导、定期通报等方式及时跟进了解情况，解决重难点问题。对于在退役军人人事档案管理利用工作中出现的违纪违法行为，要严格依法依规予以处理，构成犯罪的，依法追究刑事责任。

本意见适用于符合《中华人民共和国退役军人保障法》规定且移交地方安置的退役军人，自2021年11月9日起施行。各地相关部门可根据本意见精神，结合实际制定具体实施办法，进一步规范细化工作流程，切实做好本地区退役军人人事档案管理利用工作。

附件：退役军人人事档案移交申请表（式样）（略）

2021年11月9日

市场监管总局等六部门关于进一步加大改革力度不断提升企业开办服务水平的通知

国市监注发〔2021〕24号

为深入贯彻习近平总书记关于“持续打造市场化、法治化、国际化营商环境”的重要指示精神，落实党中央、国务院决策部署，对标国际一流营商环境，有效破解企业开办工作中的重点难点问题，市场监管总局等六部门决定进一步加大改革力度，支持各地不断提高企业开办服务水平。现就有关事项通知如下：

一、大力提高企业开办“一网通办”平台使用效率

（一）提高企业开办服务整体性。将企业登记注册后首次办理公章刻制、申领发票和税控设备、员工参保登记、住房公积金企业缴存登记等企业开办业务纳入企业开办“一网通办”平台（以下简称“一网通办”平台）覆盖范围。公安、税务、社保、住房公积金管理部门要在“一网通办”平台实现企业开办有关业务办理。对登记注册后暂不办理其他相关业务的企业，要及时回应后继需求，加大服务力度。

（二）拓展“一网通办”平台应用。鼓励具备条件的地方开展“一网通办”延伸服务，对开办环节全程网上办的企业，在变更、备案、注销等各环节，探索实现高频事项的全程网上办理，增强企业获得感。

（三）逐步实现内外资一体化服务。探索将外商投资企业开办纳入“一网通办”平台，通过信息共享整合各部门申报内容，提升外商投资企业开办便利化水平。

二、大力推动企业开办要素电子化

（一）推广电子营业执照在各领域的应用。将电子营业执照作为企业开办相关业务的合法有效身份证明和电子签名手段。进一步拓展电子营业执照应用场景，扩大电子营业执照和电子印章同步发放和应用试点范围，为企业提供全流程网上办事支撑。以电子营业执照为基础，将涉及市场主体的各类行政许可、备案等信息归集于企业名下，推动部门间数据共享和业务协同，减轻企业办事负担。

（二）明确企业亮照经营方式。企业在经营场所中公开展示电子营业执照，等同于悬挂纸质营业执照，视为已履行亮照经营义务。

（三）继续推动电子发票和电子印章应用。在新办纳税人中实行增值税专用发票电子化。鼓励各地完善并推广电子印章标准规范及应用场景。

三、提高企业开办身份验证服务水平

（一）实现身份验证信息互认。加大信息共享力度，实现申请人通过“一网通办”平台一次身份验证后，在“一窗领取”营业执照、发票等材料时，不再重复进行身份验证。

（二）开发企业开办移动应用。各地相关

部门可以根据实际情况，开发具备实名验证功能的企业开办“一网通办”移动应用，将企业开办全程网上办从个人电脑端拓展至智能移动终端，为申请人提供更多办理方式选择。

（三）完善身份验证方式。支持有条件的地方加大探索力度，逐步实现将企业开办过程中的身份验证功能整合至“一网通办”平台，涉及企业开办的自然人统一登录“一网通办”平台完成验证。

四、优化社会保险费、住房公积金账户代扣代缴服务模式

（一）探索建立在线推送银行预约账号模式。支持有条件的地方在确保金融安全、风险可控的前提下，允许企业通过“一网通办”平台填写开户申请信息。经企业授权同意，“一网通办”平台将相关信息实时推送给企业选定的开户银行，开户银行生成企业账户预约账号，并通过平台推送给税务、社保、住房公积金管理部门。后续开户银行根据预约需求，按规定为企业开立账户后，及时将相关信息通过“一网通办”平台推送至相关部门。

（二）优化缴费办理流程。北京市、上海市相关部门要按照世界银行营商环境评价标准，梳理完善企业开办流程。在社会保险费、住房公积金缴存登记环节，允许企业自行选择是否关联银行账户代扣代缴，推行多渠道缴费方式。企业需要代扣代缴的，可通过“一网通办”平台签订三方协议，平台将相关信息推送给商业银行、税务、住房公积金管理等部门。

五、推进企业开办标准化规范化

为不断提升企业开办服务质量水平，推动解决企业开办一系列难点、堵点、痛点问题，市场监管总局等六部门将共同制定《企业开办全程网上办规范（试行）》，并在部分地方开展试点工作。在总结评估各地试点经验基础上，推动《企业开办全程网上办规范》国家标准制定实施，建立企业开办标准化规范化指标体系，持续打造国际一流营商环境。

六、加大宣传培训力度

各地相关部门要加大政策宣传解读力度，做好引导工作，确保平稳推进。及时组织开展人员培训，重点加强基层窗口等与企业开办有关岗位人员业务培训。做好企业开办各业务环节间的衔接和线上线下无缝衔接，提高企业开办工作的效率和水平。各地相关部门要在地方党委、政府领导下，将提升企业开办服务水平作为优化营商环境重点工作任务。依托优化企业开办服务长效工作机制，加强部门协同配合，强化信息互联共享。结合实际制定细化落实措施并及时向社会公布。各地市场监管部门要会同有关部门加强对企业登记注册信息监督核查，做好信息共享和数据分析工作。市场监管总局等部门将密切跟踪工作进展，加大支持力度，指导督促各地抓好工作落实。

2021年4月16日

市场监管总局 国家网信办 国家发展改革委 公安部 人力资源社会保障部 商务部 中华全国总工会关于落实网络餐饮平台责任切实维护外卖送餐员权益的指导意见

国市监网监发〔2021〕38号

各省、自治区、直辖市和新疆生产建设兵团市场监管局（厅、委）、网信办、发展改革委、公安厅（局）、人力资源社会保障厅、商务厅、总工会：

为促进网络餐饮健康发展，维护外卖送餐员正当权益，现提出十条意见。

一、科学设置报酬规则，保障合理劳动收入

网络餐饮平台要认真完善外卖送餐员劳动报酬规则，建立与工作任务、劳动强度相匹配的收入分配机制。制定科学合理的劳动定额标准和外卖送餐员接单最低报酬，确保外卖送餐员提供正常劳动的实际所得不低于当地最低工资标准。明确劳动报酬发放时间和方式，确保按时足额发放。外卖送餐员在法定节假日、恶劣天气、夜间等情形下工作的，适当给予补贴。

二、完善绩效考核制度，发挥正向激励作用

网络餐饮平台及第三方合作单位要合理设定对外卖送餐员的绩效考核制度。在制定调整考核、奖惩等涉及外卖送餐员切身利益的制度或重大事项时，应提前公示，充分听取外卖送餐员、工会等方面的意见。优化算法规则，不得将“最严算法”作为考核要求，要通过“算法取中”等方式，合理确定订单数量、在线率等考核要素，适当放宽配送时限。

三、优化平台派单机制，切实保障劳动安全

网络餐饮平台要发挥数据技术优势，进一步完善订单分派机制，优化外卖送餐员往返路线，降低劳动强度。科学确定订单饱和度，向外卖送餐员分派并发单量时，要充分考虑安全因素。合理管控在线工作时长，对于连续送单超过4小时的，系统发出疲劳提示，20分钟内不再派单。加强日常交通安全教育，定期开展安全培训，引导督促外卖送餐员严格遵守交通法规，骑行环节全程佩戴安全头盔，使用符合国家安全标准的配送车辆，保障劳动安全。

四、加强外卖服务规范，严守食品安全底线

网络餐饮平台要切实担负食品配送环节安

全责任，履行食品安全法律法规规定的义务。制定平台外卖送餐服务管理规范，加强食品安全知识培训，提升外卖送餐员食品安全风险防控、个人卫生等方面知识水平。保障配送容器安全卫生，加快推行外卖餐食封签等措施，确保食品配送过程不受污染，严格落实食品安全要求。

五、综合运用保险工具，着力强化保障力度

网络餐饮平台及第三方合作单位要依法为建立劳动关系的外卖送餐员参加社会保险，鼓励其他外卖送餐员参加社会保险。按照国家规定参加平台灵活就业人员职业伤害保障试点，防范和化解外卖送餐员职业伤害风险。鼓励针对平台就业特点，探索提供多样化商业保险保障方案，确保缴纳费用足额投保，提高多层次保障水平。

六、优化从业环境，改善工作生活条件

鼓励支持新业态发展，营造良好从业环境，积极发挥稳定和扩大就业作用。推动在商业楼宇、居民小区等设置外卖送餐员临时驻留点，公共区域设置电动车充换电设施，提供必要的饮水、休息、充电等条件，不断改善工作环境。加强与物业管理机构沟通，通过推广铺设智能取餐柜等形式，提升外卖送达的便利度。鼓励研发智能头盔等穿戴设备，促进骑行配送安全。对外卖送餐员住宿、子女教育方面给予关心支持。

七、加强组织建设，完善支持保障体系

推动建立适应新就业形态的工会组织，积极吸纳外卖送餐员群体入会，引导帮助外卖送餐员参与工会事务，提高权益保障体系化、机制化水平。支持工会开展工作，参与外卖送餐员报酬规则、绩效考核、派单时间、劳动安全、工作条件等重要事项协商协调，保障外卖送餐员对涉及自身利益事项的知情权，为外卖送餐员提供依法维权咨询、政策宣传解读、技能培训、心理疏导、思想关爱、困难帮扶和送温暖等服务，维护外卖送餐员合法权益。

八、给予更多关心关爱，增强职业社会认同

积极倡导网络餐饮平台加强团队建设，丰富外卖送餐员文化生活。加大宣传力度，营造良好氛围，引导社会对外卖送餐员形成身份尊重和职业认同。推动开展技能、素质、文化等多方位培训，提升外卖送餐员能力水平，提高公共环境融入度，营造外卖送餐员与餐饮商户、消费者之间的和谐关系。制定完善救助预案，对遇到特殊困难的外卖送餐员及时给予帮助，切实提高团体归属感。

九、强化风险防控措施，有效化解处置矛盾

网络餐饮平台及第三方合作单位要建立有效的风险防控和矛盾处置机制。要落实风险防控责任，开展常态化风险评估，充分依托大数据等技术优势，及早发现风险因素，及时预警处置并报告地方政府。要畅通外卖送餐员诉求渠道，明确诉求处置程序、时限，加强民主协商和平等沟通，满足正当诉求。坚持抓早抓小，对于客观因素造成送单超时等常规问题，一般在 24 小时内合理解决，防止矛盾升级，有效处置纠纷。

十、适应灵活就业发展趋势，不断提升权益保障水平

督促网络餐饮平台及第三方合作单位依法保障外卖送餐员合法权益。外卖送餐员的工作任务来源于平台，通过平台获得收入，平台应通过多种方式承担劳动者权益保障方面的责任。平台要加强对第三方合作单位保障外卖送餐员正当权益情况的监督。平台应严格落实国

家关于维护灵活就业和新就业形态劳动者权益的法律规定和政策举措，不断提升外卖送餐员权益保障水平。

充分发挥网络监管部际联席会议重要作用，发挥各部门职能优势，强化责任担当，进一步加强政策衔接和协同配合，及时协调解决指导意见实施中遇到的问题。各地要落实属地责任，建立健全外卖送餐员权益保障工作协调机制，加强组织实施，强化风险评估，有效化解矛盾，落实网络餐饮平台主体责任和社会责任，保障外卖送餐员合法权益，坚决维护社会稳定。

2021 年 7 月 16 日

中国残联　教育部　民政部 人力资源社会保障部　国家卫生健康委 国家医疗保障局关于印发“十四五” 残疾人康复服务实施方案的通知

残联发〔2021〕33号

各省、自治区、直辖市及新疆生产建设兵团残联、教育厅（局）、民政厅（局）、人力资源社会保障厅（局）、卫生健康委、医疗保障局：

为做好“十四五”残疾人康复工作，根据《“十四五”残疾人保障和发展规划》，中国残联、教育部、民政部、人力资源社会保障部、国家卫生健康委、国家医疗保障局制定了《“十四五”残疾人康复服务实施方案》，现印发给你们，请认真贯彻落实。

2021年8月16日

“十四五”残疾人康复服务实施方案

为贯彻落实习近平总书记关于残疾人事业的重要论述和党中央、国务院决策部署，进一步加强残疾人康复服务，提升康复服务质量，依据《中华人民共和国国民经济和社会发展第十四个五年规划和2035年远景目标纲要》及《“十四五”残疾人保障和发展规划》，制定本方案。

一、实施背景

党中央、国务院高度关心重视残疾人康复工作。习近平总书记强调要努力实现残疾人“人人享有康复服务”的目标，党的十九大报告提出“发展残疾人事业，加强残疾康复服务”。“十三五”期间，在党和政府有力领导，社会各界大力支持、共同努力下，我国残疾人康复事业取得显著发展成就。残疾人康复法规政策进一步完善，国务院颁布《残疾预防和残疾人康复条例》，残疾儿童康复救助制度在全国范围建立实施，29项医疗康复项目纳入基本医疗保障支付范围，工伤康复和康复辅助器具配置待遇水平稳步提高；残疾人康复服务体系进一步健全，残疾人康复机构持续增加，社区康复工作普遍开展、不断深化；残疾人康复服务状况进一步改善，残疾人康复服务纳入国家基本公共服务均等化规划，通过组织实施残疾人精准康复服务行动等，残疾人基本康复服务覆盖率超过 80%。

残疾人康复事业持续进步、残疾人基本康复服务初步普及的同时，我国残疾人康复保障制度不完善、专业化服务能力不强、服务质量不高等发展不平衡、不充分的问题仍较突出，与广大残疾人日益增长的康复需求和残疾人康复事业高质量发展的要求相比还有较大差距。

“十四五”时期，我国将开启全面建设社会主义现代化国家新征程，进一步加强残疾人康复服务，提升残疾康复服务质量，对于增强残疾人保障和发展能力，增进残疾人民生福祉，实现残疾人对美好生活的向往具有重要意义。

二、总体要求

（一）指导思想。

以习近平新时代中国特色社会主义思想为指导，全面贯彻党的十九大和十九届二中、三中、四中、五中全会精神，贯彻落实习近平总书记关于残疾人康复事业的重要指示批示和党中央、国务院决策部署，坚持保基本、补短板、强弱项，以推动残疾人康复事业高质量发展为主题，以完善残疾人康复保障制度和服务体系为主线，以改革创新为动力，着力满足残疾人基本康复需求，提升康复服务质量，不断满足残疾人美好生活的需要。

（二）任务目标。

着力构建与经济社会发展相协调、与残疾人康复需求相适应的残疾人康复保障制度和服务体系；着力增强专业化康复服务能力，提升残疾康复服务质量，进一步满足城乡残疾人基本康复服务需求。到 2025 年，有需求的持证残疾人和残疾儿童接受基本康复服务的比例达 85%以上，残疾人普遍享有安全、有效的基本康复服务。

三、主要措施

（一）完善残疾人康复保障政策。

1. 加强残疾人医疗康复保障。帮助残疾人按规定加入基本医疗保险，对符合条件的残疾人参加城乡居民基本医疗保险个人缴费部分给予补贴。进一步落实将 29 项医疗康复项目纳入基本医疗保险支付范围的政策，按规定做好城乡居民重性精神病药物维持治疗医保参保患者门诊保障工作。开展长期护理保险试点的地区，按规定将符合待遇享受条件的残疾人纳入保障范围。加强残疾人医疗救助，做好医疗救助与基本医疗保险、大病保险的互补衔接。

2. 完善残疾人康复专项保障政策。全面实施残疾儿童康复救助制度，做好儿童残疾筛查、诊断、康复救助衔接，鼓励有条件的地区提高救助标准、扩大救助范围。推动有条件的地区出台政策、建立制度，对残疾人基本辅助器具适配等康复服务给予补贴。

（二）加强残疾人康复服务体系建设。

1. 贯彻落实《关于加快推进康复医疗工作发展的意见》，加强康复医院、康复医疗中心和综合医院康复医学科建设。推动医疗资源丰富地区的部分一级、二级医院转型为康复医院。支持举办规模化、连锁化康复医疗中心，增加提供康复医疗服务的医疗机构数量。加强县级医院和基层医疗机构康复医疗能力建设，支持有条件的基层医疗机构开设康复医疗门诊，为残疾人提供便捷、专业的康复医疗服务。

加强儿童福利、精神卫生福利和工伤康复机构建设，增强面向残疾孤儿、精神残疾人、工伤致残人员的康复服务能力。支持特殊教育学校和普通学校资源教室配备满足残疾学生需求的教育教学和康复训练等仪器设备，优先为残疾学生提供康复辅助器具适配及服务。积极探索推进残疾人康复工作与工伤康复工作的协作机制。鼓励、支持社会力量兴办康复医疗、康复辅助器具适配等服务机构，增加残疾人康复服务供给。

2. 加强残疾人专业康复机构建设。支持国家级康复机构增强自主创新能力，开展人才培养、业务指导，充分发挥全国残疾人康复技术资源中心作用。着力提升省（区、市）残疾人康复中心、听力语言康复中心、残疾人辅助器具中心业务规范建设水平。积极健全市（地、州、盟）残疾人康复机构，全面开展残疾人康复中心、听力语言康复中心、残疾人辅助器具中心相应业务。推动县（市、区）普遍建立残疾人康复服务设施，因地制宜，开展残疾儿童康复训练以及康复辅助器具展示、租赁、咨询等服务。完善标准、规范，组织开展评估，推动残疾人专业康复机构贯彻全面康复理念，完善服务功能，提升规范建设和服务水平。

3. 深化残疾人社区康复。贯彻落实《残疾人社区康复工作标准》、《精神障碍社区康复服务工作规范》，立足社区资源、条件，完善康复设施、队伍，开展日间照料、工疗、娱疗、康复辅助器具租赁等适宜康复服务。深化残疾人家庭医生签约服务，依托家庭医生签约服务团队为残疾人就近就便提供康复医疗、训练、护理、指导等服务。发挥残疾人主体作用，推广开展脊髓损伤患者“希望之家”、精神障碍患者家属专家等残疾人自助、互助康复项目。

（三）提升残疾人康复服务专业化水平。

1. 加强康复人才教育培养。加强临床医学、特殊教育、社会工作等专业教育中的康复知识、能力培养，普及残疾人康复专业知识。持续推进康复医学科住院医师规范化培训，探索开展康复医学科医师转岗培训，增加从事康复医疗工作的医师数量。支持有条件的院校设置康复治疗、康复工程等专业，增加康复治疗专业人才培养供给。加快建设高起点、高水平、国际化的康复大学。

2. 强化康复工作人员岗位培训。推进康复医疗从业人员培训，有计划分层次对医疗机构正在从事和拟从事康复医疗工作的人员开展培训。加强全科医生、家庭医生签约团队培训，提升基层康复医疗服务能力。开展残疾人专业康复机构专业技术人员规范化培训，统一编写教学大纲，分级完善培训基地，实现所有在岗及新进专业技术人员规范化培训全面覆盖。

3. 推进残疾人康复相关职业建设。完善残疾人康复相关职业分类、职业标准，加强职业能力评价，畅通残疾人康复从业人员职业晋升通道。制定康复辅助技术咨询师等职业标准，开展助听器验配师、假肢师、矫形器师、假肢装配工、矫形器装配工等人员培训。持续做好康复医学、康复治疗技术专业技术资格考试、职称评审。推进康复医疗、康复工程、特殊教育等专业领域职称工作，支持各类康复专业技术人员参加社会化职称评审。

4. 加强残疾人康复科技创新。推动残疾人康复纳入各级政府科技计划、专项、基金等，加强康复评估、治疗技术和康复辅助器具产品等研发，促进生命健康、人工智能等领域先进科学技术在残疾人康复领域示范应用。加强残疾人康复信息化建设，大力推动开展“互联网+”康复（辅助器具）服务，充分运用云计算、大数据、物联网等技术，创新发展康复服务新模式、新业态、新技术，提高康复服务效率、质量。

（四）实施残疾人精准康复服务行动。

1. 主动调查、掌握残疾人康复需求。开展全国残疾人基本服务状况和需求调查，定期掌握残疾人康复需求与服务状况。规范界定残疾人基本康复服务内容，做好康复服务状况与需求调查培训，不断提高调查数据质量。

2. 组织提供残疾人基本康复服务。依据残疾人康复需求调查结果，分级制订年度康复服务计划，以县（市、区）为单位，组织相关专业机构、家庭医生签约服务团队等力量，通过上门服务、实施转介等方式，为残疾人提供或帮助残疾人获得康复医疗、训练、护理、辅助器具适配等基本康复服务。

3. 保障基本康复服务质量。修订残疾人基本康复服务目录，细化残疾人康复服务项目。针对不同残疾类别、不同康复服务项目，制定、完善康复服务标准、规范。健全残疾人康复服务质量监测体系，开展服务质量评价、满意度调查，有效保障基本康复服务质量。

四、保障条件

（一）加强组织领导。

各级政府加强对残疾人康复工作的组织领导，建立政府主导、部门协作、社会参与的工作机制。卫生健康、民政、教育、人力资源社会保障、医疗保障等有关部门主动采取措施，在各自职责范围内加强康复服务能力建设，做好行业管理、基本康复服务保障等。残联组织主动代表残疾人利益，调查、反映残疾人康复需求，协调推动相关部门、组织动员社会力量，并利用自身资源，开展残疾人康复工作。

（二）完善保障机制。

将残疾人康复服务纳入基本公共服务规划，列入政府民生工程，采取多种形式，做好残疾儿童康复救助、残疾人基本康复服务、康复人才培养、康复机构建设、宣传教育等经费保障。积极推进政府购买残疾人康复服务，鼓励、支持各类社会组织、志愿与慈善力量开展残疾人康复服务。

（三）做好宣传引导。

组织开展“爱耳日”、“助残日”、“爱眼日”、“残疾预防日”、“精神卫生日”等宣传教育活动，办好中国国际福祉博览会等，积极创新宣传形式，丰富宣传内容，运用各类传播方式、技术，做好残疾人康复知识和政策宣传，不断增强残疾人康复意识和能力，营造全社会关心、支持残疾人康复的良好氛围。

中共中央组织部　中央机构编制委员会办公室　人力资源社会保障部　国务院国有资产监督管理委员会　中国残疾人联合会关于印发《机关、事业单位、国有企业带头安排残疾人就业办法》的通知

残联发〔2021〕51号

各省、自治区、直辖市党委组织部、编办、人力资源社会保障厅、国资委、残联，新疆生产建设兵团党委组织部、编办、人力资源社会保障局、国资委、残联：

为保障残疾人就业权利，促进党政机关、事业单位、国有企业带头安排残疾人就业，根据国务院《“十四五”残疾人保障和发展规划》有关规定，有关部门制定了《机关、事业单位、国有企业带头安排残疾人就业办法》，现印发给你们，请认真贯彻执行。

2021年10月27日

机关、事业单位、国有企业带头安排残疾人就业办法

第一章　总　　则

第一条【依据】　为促进机关、事业单位、国有企业带头安排残疾人就业，根据《中华人民共和国公务员法》《中华人民共和国残疾人保障法》《事业单位人事管理条例》《残疾人就业条例》《无障碍环境建设条例》以及国家相关规定，制定本办法。

第二条【适用范围】　本办法适用于机关、事业单位、国有企业通过公开录用、遴选、选调、公开招聘等方法安排残疾人担任公务员、工作人员或职工。

第三条【对用人单位的要求】　机关、事业单位、国有企业应当积极采取措施，按比例安排残疾人就业，依法办理入职手续或签订劳动（聘用）合同；安排残疾人就业未达到规

定比例的，应当依法采取缴纳残疾人就业保障金等其他方式履行法定义务。

第四条【合理便利】 国家或招录（聘）机关（单位）举办的各类录用、遴选、选调、招聘、职业资格考试（包括笔试、面试等），有残疾人参加的，应当采取适当措施，为残疾人提供必要支持条件与合理便利。

机关、事业单位、国有企业应当对就业场所进行无障碍环境改造，为残疾人就业创造必要的劳动保障条件。

第五条【“十四五”规划目标】 到2025年，安排残疾人就业未达到规定比例的省级、地市级编制50人（含）以上的党政机关至少安排1名残疾人，编制67人（含）以上的事业单位（中小学、幼儿园除外）至少安排1名残疾人就业。县级及以上残联机关干部队伍中要有15%以上的残疾人。

安排残疾人就业未达到规定比例的国有企业应当根据行业特点，积极开发适合残疾人就业的岗位，安排残疾人就业。

第六条【原则性要求】 在坚持具有正常履行职责的身体条件的前提下，对残疾人能够胜任的职位、岗位，在同等条件下优先录（聘）用残疾人。

第二章　安排计划与招考（聘）公告

第七条【招录公告】 机关、事业单位、国有企业制定的招录（聘）计划，公务员主管部门、事业单位及其主管部门、事业单位人事综合管理部门制定、发布的招考招聘公告，除特殊职位、岗位外，不得设置限制残疾人报考的资格条件。

限制残疾人报考的特殊职位、岗位，公务员主管部门、事业单位人事综合管理部门、国有资产监督管理部门应会同同级残联予以充分论证后发布。

第八条【安排计划的拟定】 符合本办法第五条规定的机关、事业单位未安排残疾人就业的，应当拟定一定期限内达到招录（聘）残疾人规定的具体计划，采取专设职位、岗位面向残疾人招录（聘）等措施，多渠道、多形式安排残疾人，确保按时完成规定目标。

国有企业安排残疾人就业未达到规定比例的，在有适合岗位的情况下，应当在招聘计划中单列一定数量的岗位，根据规定的原则和程序定向招聘符合要求的残疾人。

第九条【定向招录】 机关、事业单位、国有企业专设残疾人职位、岗位招录（聘）时，公务员主管部门、事业单位人事综合管理部门、国有资产监督管理部门可以给予适当放宽开考比例、年龄、户籍等倾斜政策。

第十条【安排计划的落实】 机关、事业单位招录（聘）残疾人就业的计划按有关规定报送主管部门。未能按招录（聘）计划及时安排残疾人就业的，应当及时提出新的招录（聘）计划。

第三章　考　　试

第十一条【合理便利申请】 残疾人参加招录（聘）、职业资格考试（包括笔试、面试等），确需安排无障碍考场，提供特殊辅助工具，采用大字试卷、盲文试卷、电子试卷或由专门工作人员予以协助等合理便利的，经残疾人本人申请，由考试主管或组织单位会同同级残联审核确认，各级残联应当协助考试组织单位提供技术和人员支持。

第十二条【能力测评的特殊规定】 机关、事业单位、国有企业专设职位、岗位招录（聘）残疾人的，可以采取适合的考试方法进行测评。

第四章　体检与考察

第十三条【体检标准的制定】 省级及以下机关、事业单位面向残疾人招录（聘）的职位、岗位体检条件由省级公务员主管部门、事业单位人事综合管理部门会同同级有关部门确定。残疾人进入机关、事业单位、国有企业就业，需要职业资格证书的，不得额外增加与职位、岗位要求无关的身体条件要求。

第十四条【体检信息填报】 残疾人有权

保护个人隐私，机关、事业单位、国有企业在审核报考人信息时，不得以残疾本身作为是否健康的依据。除明确要求外，不得以残疾人未主动说明残疾状况作为拒绝录（聘）用的理由。

第十五条【考察】 招录（聘）机关（单位）按照有关规定对专项职位、岗位招录（聘）的残疾人报考资格进行复审时，分别由同级残联、退役军人事务部门协助核验残疾人证、残疾军人证信息是否真实、准确。

第五章　公示与监督

第十六条【招录公示与录用】 机关、事业单位、国有企业面向残疾人招录（聘）的，按有关规定进行公示后，除规定不得录（聘）用的情形和发现有其他影响录（聘）用问题外，不得拒绝录（聘）用。

第十七条【按比例就业公示】 公务员主管部门、事业单位人事综合管理部门、国有资产监督管理部门应当按照有关规定协助开展机关、事业单位、国有企业安排残疾人就业情况定期公示工作。

第十八条【按比例就业年审提供情况】 公务员主管部门、事业单位主管部门每年应当向同级政府残工委办公室提供当年录（聘）用残疾人情况，按照残疾人按比例就业年审工作相关要求，协助开展相关数据查询、比对、核实等工作。

第十九条【残联责任】 各级残联应当为机关、事业单位、国有企业招录（聘）残疾人在面试、体检、岗前培训、无障碍沟通等方面提供帮助和服务，向国有企业介绍和推荐适合人选，帮助其开发适合残疾人的岗位。

第二十条【用人单位责任】 机关、事业单位、国有企业未按比例安排残疾人就业，且未采取缴纳残疾人就业保障金等其他方式履行法定义务的，不能参评先进单位，其主要负责同志不能参评先进个人。

第二十一条【国有企业责任】 国有企业应当将安排残疾人就业情况纳入企业社会责任报告予以披露。

第二十二条【个人责任】 面向残疾人招录（聘）的职位、岗位，报考或申请人在报名时提供虚假残疾信息或证件（证明）的，一经查实，取消其报考及录（聘）用资格。

第二十三条【救济】 机关、事业单位、国有企业以不具备正常履职身体条件为由，拒绝招录（聘）进入体检环节的残疾人的，应当向主管部门、人事综合管理部门进行充分说明，并将有关情况通报同级残联。经核实残疾人合法权益受到侵犯的，依据有关规定和程序处理。

第六章　附　　则

第二十四条 本办法所称机关，是指各级党的机关、人大机关、行政机关、政协机关、监察机关、审判机关、检察机关和各民主党派机关、群团机关；事业单位，是指国家为了社会公益目的，由国家机关举办或者其他组织利用国有资产举办的，从事教育、科技、文化、卫生等活动的社会服务组织；国有企业，是指国有、国有控股和国有资本占主导地位的企业。

第二十五条 本办法由中国残疾人联合会商中共中央组织部、中央机构编制委员会办公室、人力资源和社会保障部、国务院国有资产监督管理委员会等负责解释。

第二十六条 本办法自发布之日起施行。

工作大事记

2021 年工作大事记

1 月 5 日　人力资源社会保障部同工业和信息化部、公安部联合颁布工业机器人系统操作员、网络与信息安全管理员 2 个国家职业技能标准。

1 月 8 日　人力资源社会保障部召开中华人民共和国第一届职业技能大赛总结工作会，全面总结大赛成果，对职业技能竞赛工作进行安排部署。第一届全国技能大赛组委会副主任，人力资源社会保障部党组成员、副部长汤涛出席会议并讲话。

1 月 18 日　全国人力资源社会保障工作会议以视频方式召开。会议总结 2020 年和“十三五”时期工作，分析形势，研究部署 2021 年重点任务。人力资源社会保障部党组书记、部长张纪南出席会议并讲话。部党组成员在主会场出席会议。

1 月 20 日　国务院联防联控机制新闻发布会召开。会上介绍，人力资源社会保障部联合民政部等六部门在春节前后部署开展“迎新春送温暖、稳岗留工”专项行动，鼓励引导农民工等务工人员留在就业地安心过年。

1 月 26 日　人力资源社会保障部办公厅印发《技能人才薪酬分配指引》，推动企业建立健全符合技能人才特点的工资分配制度。

1 月 26 日至 27 日　中国人力资源社会保障部与德国联邦劳动和社会事务部以视频连线方式联合举办中德职业培训研讨会。人力资源社会保障部副部长汤涛、德国劳动和社会事务部国务秘书比约恩·波宁出席并致辞，各自介绍了在开展职业技能培训、推进技能人才评价制度改革、加强职业技能竞赛体系建设等方面的举措和成效。

1 月 28 日　人力资源社会保障部党组成员、副部长李忠赴北京市昌平区开展就业援助月专题调研，走访慰问困难群众。

同日　人力资源社会保障部党组成员、副部长李忠前往北京市昌平区十三陵镇看望慰问“三支一扶”人员。

2 月 1 日　人力资源社会保障部启动“迎新春　稳岗留工送培训”专项工作，鼓励企业为就地过年职工提供培训，务工人员参加线上线下培训可享受多项补贴。

2 月 3 日　人力资源社会保障部启动 2021 年西部和东北地区人力资源市场建设援助计划，进一步推进西部和东北地区人力资源市场建设，加快解决我国人力资源市场发展不平衡不充分问题。

2 月 4 日　人力资源社会保障部召开电视电话会议，对推进“迎新春送温暖、稳岗留工”专项行动进行再动员、再部署。人力资源社会保障部党组成员、副部长李忠出席会议并讲话。

2 月 8 日　人力资源社会保障部召开 2020 年度工作总结大会，回顾工作，展示交流特色党建、特色业务，表彰先进。人力资源社会保障部党组书记、部长张纪南出席会议并讲话。部党组成员出席会议。

2 月 19 日　中央全面深化改革委员会第十八次会议审议通过了《关于县以下事业单位建立管理岗位职员等级晋升制度的意见》。会议强调，全面推行县以下事业单位建立管理岗位职员等级晋升制度，要坚持党管干部、党管人才，着眼于建设高素质专业化事业单位干部队伍，改造现有职员等级，将县以下事业单位职员等级与岗位等级适当分离，建立主要体现德才素质、个人资历、工作实绩的等级晋升制度，拓展县以下事业单位管理人员职业发展空间。

3月1日　人力资源社会保障部党组召开扩大会议，传达学习习近平总书记在全国脱贫攻坚总结表彰大会和中央政治局第二十八次集体学习时的重要讲话精神。会议由人力资源社会保障部党组书记、部长张纪南主持，部党组成员参加。

同日　《网络招聘服务管理规定》开始施行。该规定是我国网络招聘服务领域第一部部门规章，对网络招聘服务活动准入、服务规范、监督管理、法律责任等作出了规定。

3月10日　人力资源社会保障部印发《关于做好2021年全国高校毕业生就业创业工作的通知》，要求各地将高校毕业生就业作为就业工作重中之重，精准施策，多方发力，确保高校毕业生就业局势总体稳定。

3月12日　人力资源社会保障部召开党史学习教育动员大会，深入学习贯彻习近平总书记在党史学习教育动员大会上的重要讲话精神，动员部署党史学习教育工作。人力资源社会保障部党组书记、部长、部党史学习教育领导小组组长张纪南作动员讲话。部党组成员出席会议。

同日　人力资源社会保障部党组举行理论学习中心组集体学习，专题学习习近平总书记重要讲话和全国“两会”精神，研究贯彻落实措施。人力资源社会保障部党组书记、部长张纪南主持会议。部党组成员出席会议。

3月15日　人力资源社会保障部启动2021年大中城市联合招聘高校毕业生春季专场活动，搭建高校毕业生和用人单位求职招聘对接通道。

3月18日　人力资源社会保障部召开专题会议，深入学习贯彻习近平总书记在中央政治局第二十八次集体学习时关于完善覆盖全民的社会保障体系重要讲话精神，总结工作，分析形势，研究部署重点任务。人力资源社会保障部党组书记、部长张纪南出席会议并讲话。部党组成员、副部长游钧主持会议。

同日　按照党中央、国务院要求，国家统计局向人力资源社会保障部反馈了统计督察意见。第8统计督察组组长，国家统计局党组成员、副局长毛有丰参加反馈会通报督察意见，人力资源社会保障部党组成员、副部长汤涛主持会议并作表态发言。

3月30日　国家发展改革委会同人力资源社会保障部等20个部门印发了《国家基本公共服务标准（2021年版）》，在国家层面清晰划定了人社基本公共服务的内容和底线标准。

3月30日至31日　人力资源社会保障部在海南海口召开部分开放地区人社政策改革创新座谈会。人力资源社会保障部党组书记、部长张纪南出席会议并讲话。部党组成员、副部长汤涛主持会议。

4月1日　人力资源社会保障部、财政部联合印发《关于2021年调整退休人员基本养老金的通知》，明确从2021年1月1日起，为2020年底前已按规定办理退休手续并按月领取基本养老金的企业和机关事业单位退休人员提高基本养老金水平，总体调整水平为2020年退休人员月人均基本养老金的4.5%。

同日　人力资源社会保障部印发《关于组织开展2021年全国行业职业技能竞赛的通知》，对2021年全国行业职业技能赛事作出统一安排。

4月7日　劳动关系工作座谈会以视频方式召开。会议总结“十三五”时期和2020年劳动关系工作，交流经验，分析形势，部署工作。人力资源社会保障部党组成员、副部长王少峰出席会议并讲话。

4月8日　人力资源社会保障部召开巩固拓展人社脱贫攻坚成果推进乡村振兴动员部署会议，总结人社扶贫工作，交流经验做法，分析形势任务，部署下一步工作。人力资源社会保障部党组书记、部长张纪南出席会议并讲话。部党组成员、副部长王少峰主持会议。

4 月 13 日　人力资源社会保障部对外发布《提升全民数字技能工作方案》，聚焦加强全民数字技能教育和培训，普及提升公民数字素养，从 6 个方面提出了具体举措。

4 月 13 日至 14 日　人力资源社会保障部在福建龙岩召开职业培训券现场观摩会，总结前期职业培训券试点工作，部署在全国全面推广职业培训券工作。人力资源社会保障部党组成员、副部长汤涛出席会议并讲话。

4 月 14 日　2021 年民营企业招聘月活动启动仪式在苏州吴江经济开发区人力资源市场举行。人力资源社会保障部党组成员、副部长李忠出席并致辞。

4 月 16 日　人力资源社会保障部召开全面从严治党提升党建质量工作推进会，总结工作，交流经验，部署下一步任务。人力资源社会保障部党组书记、部长张纪南出席会议并讲话。部党组成员出席会议。

4 月 20 日　人力资源社会保障部部长张纪南与德国联邦劳动和社会事务部部长胡贝图斯·海尔举行视频会。双方围绕疫情防控常态化下促进就业和社会保障工作举措、保障平台就业人员权益、应对人口老龄化等议题开展交流。双方同意签署进一步加强合作的联合意向声明。

4 月 21 日　人力资源社会保障部召开人力资源和社会保障宣传工作视频会议。人力资源社会保障部党组书记、部长张纪南作出批示，部党组成员、副部长李忠出席会议并讲话。

同日　人力资源社会保障部印发《关于深入实施“人社服务快办行动”的通知》，聚焦企业群众的操心事、烦心事、揪心事，部署深入实施“人社服务快办行动”。

4 月 23 日　国家协调劳动关系三方会议第二十六次会议在北京召开。会议总结了 2020 年工作，审议了 2021 年工作要点及全国和谐劳动关系创建示范活动等有关工作方案。国家三方会议执行主席，人力资源社会保障部党组成员、副部长王少峰出席会议并讲话。

4 月 26 日　人力资源社会保障部举行党史学习教育专题辅导报告会，邀请党史学习教育中央宣讲团成员、中央党校原副校长李君如作专题辅导报告。人力资源社会保障部党组书记、部长张纪南主持报告会。部党组成员出席报告会。

4 月 27 日　国家职业分类大典修订工作启动会在北京召开，宣布正式启动对 2015 年版《中华人民共和国职业分类大典》的修订工作。

4 月 28 日　人力资源社会保障部部长张纪南与德国联邦劳动和社会事务部部长胡贝图斯·海尔签署《中华人民共和国人力资源和社会保障部与德意志联邦共和国联邦劳动和社会事务部关于进一步加强合作的联合意向声明》，进一步加强双方在劳动和社会保障领域的合作。

4 月 30 日　人力资源社会保障部办公厅印发《关于加强新职业培训工作的通知》，加快培养大批高素质劳动者和技术技能人才，改善新职业人才供给质量结构，推动数字经济与实体经济深度融合。

5 月 7 日　人力资源社会保障部对外发布《关于借助银行、基层平台等力量推进人社服务“就近办”的意见》，部署借助银行、基层平台等力量推进人社服务“就近办”，着力打造城区步行 15 分钟、乡村辐射 5 公里的人社服务圈。

5 月 8 日　世界技能大赛会旗接旗仪式在中国极地考察国内基地举行，庆祝“雪龙 2”号极地科考船携世界技能大赛会旗成功返沪。人力资源社会保障部党组成员、副部长汤涛出席。

同日　人力资源社会保障部启动 2021 年百日千万网络招聘专项行动，会同有关方面搭建全国统一、多方联动的网络招聘平台，为劳动者和用人单位提供精准服务。

5 月 12 日　国务院常务会议决定将部分

减负稳岗扩就业政策期限延长到2021年年底，确定进一步支持灵活就业的措施等。

5月13日　人力资源社会保障部、国家乡村振兴局召开脱贫人口稳岗就业工作电视电话会议，部署脱贫人口稳岗就业工作。人力资源社会保障部党组成员、副部长李忠出席会议并讲话。

5月14日　人力资源社会保障部召开人社系统党风廉政建设工作会议暨社保基金管理问题专项整治动员部署电视电话会议，部署2021年人社系统党风廉政建设和社保基金管理问题专项整治工作。人力资源社会保障部党组书记、部长张纪南主持会议并讲话。部党组成员、副部长王少峰、游钧，部党组成员、驻部纪检监察组组长张敏出席会议并讲话。

5月18日　职业能力建设工作电视电话会议召开，总结2020年职业能力建设工作，交流经验，部署做好下一阶段职业能力建设工作。

5月21日　人力资源社会保障部召开人社系统深入实施“人社服务快办行动”电视电话会，总结工作，交流经验，对深入实施“人社服务快办行动”进行再动员再部署。人力资源社会保障部党组成员、副部长李忠出席会议并讲话。

同日　人力资源社会保障部组织举行技能成才技能报国先进事迹视频报告会。人力资源社会保障部党组成员、副部长汤涛出席报告会并讲话。

5月25日至26日　国家协调劳动关系三方会议办公室召开2021年“和谐同行”千户企业培育共同行动电视电话会，总结2020年培育工作，交流工作经验，部署2021年工作任务，并就工时和休息休假制度、规范劳动用工、职工民主管理与集体协商等内容进行培训。

5月28日　全国人力资源服务标准化技术委员会换届大会暨第三届一次工作会议在北京举行。人力资源社会保障部党组成员、副部长李忠出席会议并讲话。

6月1日　人力资源社会保障部召开人力资源流动管理工作电视电话会。人力资源社会保障部党组书记、部长张纪南作出批示，部党组成员、副部长李忠出席会议并讲话。

6月3日　人力资源社会保障部副部长游钧会见新加坡驻华大使吕德耀，共同签署《中华人民共和国人力资源和社会保障部与新加坡共和国教育部关于实施青年实习交流计划的谅解备忘录》，推动中新青年赴对方国家实习，进一步促进两国人文交流。

同日　人力资源社会保障部发布《2020年度人力资源和社会保障事业发展统计公报》。截至2020年末，全国就业人员75 064万人，其中城镇就业人员46 271万人。全国就业人员中，第一产业、第二产业、第三产业就业人员分别占23.6%、28.7%、47.7%。

6月8日　人力资源社会保障部等五部门联合印发《关于全面推行中国特色企业新型学徒制　加强技能人才培养的指导意见》，全面推行中国特色企业新型学徒制，加强技能人才培养。

6月9日　党史学习教育中央第二十指导组进驻人力资源社会保障部见面会召开。党史学习教育中央第二十指导组组长潘盛洲传达党中央党史学习教育指导工作有关精神，介绍指导组总体工作安排。人力资源社会保障部党组书记、部长、部党史学习教育领导小组组长张纪南主持会议，汇报部党史学习教育开展情况并作表态讲话。部党组成员参加会议。

6月10日　人力资源社会保障部副部长游钧以视频形式出席第109届国际劳工大会并发言，介绍中国统筹推进疫情防控和经济社会发展，全力以赴稳就业保民生的主要举措，呼吁各国三方强化国际合作、加强政策协调、推动可持续发展，实现以人为本的复苏。

6月17日至18日　人力资源社会保障网络安全和信息化工作座谈会在江苏南京召开，研究明确“十四五”时期的工作思路，全面部署当前及今后一个时期重点任务。人力资源社会保障部党组成员、副部长游钧出席会议并讲话。

6月20日至22日　第四届“博新计划”前沿论坛在北京举办，围绕基础前沿与交叉学科、生物学与医药健康、大数据与人工智能、新能源与新材料四个主题开展深入研讨交流。人力资源社会保障部党组成员、副部长汤涛出席会议并致辞。

6月22日　第十五届高技能人才表彰大会在北京举行。人力资源社会保障部党组书记、部长张纪南出席会议并讲话。会上，表彰了30名中华技能大奖获得者和293名全国技术能手。

同日　人力资源社会保障部副部长游钧以视频形式出席二十国集团劳工和教育部长联合会并发言，介绍中国为促进青年更加充分、更高质量就业所采取的系列举措，呼吁各国加强政策协调，倡导终身培训以推动技能提升和职业发展，鼓励就业形式多元化，提高劳动力市场包容性。

6月23日　人力资源社会保障部副部长游钧以视频形式出席二十国集团劳工就业部长会并发言，介绍中国发挥社会保障功能有效应对疫情，顺应数字化发展创新社保举措的生动实践，呼吁二十国集团成员坚持多边主义、以人为本、创新包容，增强社会保障制度的灵活性、适应性、可及性，提高社会保障治理效能，促进社会保障实现高质量、可持续发展。

6月24日　人力资源社会保障部印发《人力资源社会保障部在全国范围内推行“证照分离”改革全覆盖实施方案》、《人力资源社会保障部在自由贸易试验区进一步加大“证照分离”改革力度试点实施方案》，深化“证照分离”改革，进一步激发市场主体发展活力。

同日　人力资源社会保障部举办庆祝中国共产党成立100周年主题汇演。人力资源社会保障部党组书记、部长张纪南，部党组成员出席。

同日　人力资源社会保障部举行“光荣在党50年”纪念章颁发仪式。人力资源社会保障部党组书记、部长张纪南为老党员代表颁发纪念章，向获得“光荣在党50年”纪念章的老党员表示热烈祝贺和崇高敬意。部党组成员出席活动。

6月28日　人力资源社会保障部召开党史学习教育交流推进会，深入学习贯彻习近平总书记党史学习教育动员大会重要讲话和重要指示批示精神，交流认识体会和经验做法，研究推进下一步工作。人力资源社会保障部党组书记、部长、部党史学习教育领导小组组长张纪南讲专题党课，并对党史学习教育特别是“我为群众办实事”实践活动提出要求。党史学习教育中央第二十指导组副组长贾鸿亮及指导组成员、人力资源社会保障部党组成员出席会议。

同日　人力资源社会保障部和国家乡村振兴局联合印发《国家乡村振兴重点帮扶地区职业技能提升工程实施方案》，提出健全人社领域常态化帮扶机制，加大东西部职业技能开发对口协作力度，增强国家乡村振兴重点帮扶地区职业技能培训资源供给。

6月29日　人力资源社会保障部印发《人力资源和社会保障事业发展“十四五”规划》，提出了“十四五”时期人力资源和社会保障事业发展指导思想和基本原则，明确了事业发展的主要目标和具体指标。

6月30日　人力资源社会保障部印发《“技能中国行动”实施方案》，决定在“十四五”期间组织实施技能中国行动，并将该行动作为人力资源和社会保障事业发展“十四五”规划的一项重点工作。

7月1日　人力资源社会保障部党组召开扩大会议，传达学习习近平总书记在庆祝中国共产党成立100周年大会上的重要讲话精神。人力资源社会保障部党组书记、部长张纪南主持会议，部党组成员参加。

7月7日　人力资源社会保障部等十部门联合印发《工程建设领域农民工工资专用账户管理暂行办法》，明确专用账户的开立及撤销、人工费用拨付、工资支付流程、监控平台建设等相关要求，推动解决根治工程建设领域拖欠农民工工资问题。

7月8日　人力资源社会保障部办公厅、国家发展改革委办公厅、国家乡村振兴局综合司联合印发《关于开展易地扶贫搬迁安置区就业协作帮扶专项活动的通知》，帮助特大型安置区提升公共就业服务能力，努力帮助搬迁群众实现就业创业。

7月15日　人力资源社会保障部副部长李忠以视频形式出席金砖国家劳工就业部长会并发言，介绍了中国政府坚持以人民为中心的发展思想，积极应对疫情对劳动力市场冲击、促进女性就业、推动平台就业等新形态就业健康发展的有力举措，呼吁金砖国家秉持人类命运共同体理念，进一步强化合作、提升劳动力市场包容性和韧性、加强对新就业形态劳动者的保护、提高女性就业质量、推动构建和谐劳动关系。

7月16日　人力资源社会保障部等八部门联合印发《关于维护新就业形态劳动者劳动保障权益的指导意见》，支持和规范发展新就业形态，切实维护新就业形态劳动者劳动保障权益，促进平台经济规范健康持续发展。

7月23日　中华人民共和国第二届职业技能大赛组委会第一次全体会议在天津召开，标志着第二届全国技能大赛筹办工作全面启动。组委会主任，人力资源社会保障部党组书记、部长张纪南出席会议并讲话。

同日　人力资源社会保障部召开劳动人事争议调解仲裁工作座谈会，总结“十三五”时期调解仲裁工作成效，交流经验，分析形势，明确“十四五”时期主要任务，部署当前及今后一个时期重点工作。人力资源社会保障部党组书记、部长张纪南作出批示，部党组成员、副部长王少峰出席会议并讲话。

7月26日至27日　人力资源社会保障部召开会议，围绕深入学习贯彻习近平总书记“七一”重要讲话精神开展专题交流讨论，推进重点工作。人力资源社会保障部党组书记、部长、部党史学习教育领导小组组长张纪南出席会议并讲话。党史学习教育中央第二十指导组组长潘盛洲出席会议。部党组成员出席会议并作发言交流。

7月30日　2021年全国博士后创新创业大赛视频推进会召开。会议通报了大赛筹备工作进展，交流了各地区、各单位组织发动情况，研究部署了进一步推进大赛有关工作。人力资源社会保障部党组成员、副部长汤涛出席会议并讲话。

8月16日　国务院常务会议审议通过“十四五”就业促进规划，全面强化就业优先政策，推动就业扩容提质。会议指出，“十四五”时期我国城镇就业压力依然较大，要继续把就业摆在经济社会发展和宏观政策优先位置，强化政府责任，坚持市场主导，推动实现更加充分更高质量就业。

8月17日　人力资源社会保障部等七部门联合印发《工程建设领域农民工工资保证金规定》，依法保护农民工工资权益，发挥工资保证金在解决拖欠农民工工资问题中的重要作用。

8月18日　国务院新闻办公室举行国务院政策例行吹风会，介绍维护新就业形态劳动者劳动保障权益指导意见有关情况，并答记者问。人力资源社会保障部党组成员、副部长游钧参加。

8月20日　人力资源社会保障部印发《关于开展2021年高校毕业生就业服务行动的通知》，决定于9月1日至12月31日，以“暖心助航　就创青春”为主题，对未就业高校毕业生开展集中服务。

8月26日　人力资源社会保障部召开高校毕业生就业工作电视电话会议，部署推进下一阶段高校毕业生就业工作，并对“十四五”就业促进规划实施等重点工作进行安排。人力资源社会保障部党组成员、副部长李忠出席会议并讲话。

8月30日　国务院新闻办公室举行国务院政策例行吹风会，介绍《“十四五”就业促进规划》有关情况，并答记者问。人力资源社会保障部党组成员、副部长李忠参加。

8月30日至31日　人社系统援藏工作座谈会在拉萨召开，总结工作，交流经验，研究部署下一阶段重点任务。人力资源社会保障部党组书记、部长张纪南出席会议并讲话。部党组成员、副部长汤涛主持会议。

9月2日　人力资源社会保障部部长张纪南以视频方式会见俄罗斯联邦劳动和社会保护部部长安东·科佳科夫，续签《中华人民共和国人力资源和社会保障部与俄罗斯联邦劳动和社会保护部关于在劳动和社会保障领域开展合作的谅解备忘录》，进一步加强在劳动保障领域的交流与合作。

同日　人力资源社会保障部开通全国职称评审信息查询平台，面向各地人社部门、用人单位及个人提供跨地区职称信息核验查询服务。

9月6日　2021年中国国际服务贸易交易会人力资源服务主题活动在首钢园区举行。人力资源社会保障部党组成员、副部长李忠出席并致辞。

9月8日　中国残联与人力资源社会保障部、教育部在河北石家庄共同启动2021年离校未就业残疾人毕业生专项帮扶活动。

9月12日　人力资源社会保障部、国家发展改革委、民政部、财政部联合印发《关于实施提升就业服务质量工程的通知》，部署实施提升就业服务质量工程，坚持扩容与提质并重、均等与精准并举，持续巩固提升覆盖全民、贯穿全程、辐射全域、便捷高效的全方位公共就业服务。

9月23日　人力资源社会保障部、财政部、国家税务总局、国务院港澳办联合印发《关于支持港澳青年在粤港澳大湾区就业创业的实施意见》，支持港澳青年在粤港澳大湾区就业创业。

9月24日　人力资源社会保障部在甘肃兰州召开深化职称制度改革工作总结会。会议指出，通过5年的努力，深化职称制度改革任务总体完成。人力资源社会保障部党组成员、副部长汤涛出席会议并讲话。

9月25日　人力资源社会保障系统援疆暨支持南疆四地州技工院校建设工作座谈会在新疆乌鲁木齐召开。会议总结交流人社系统援疆工作情况，研究部署下一阶段重点任务。人力资源社会保障部党组成员、副部长汤涛出席会议。

9月26日　乡村振兴职业技能大赛在新疆乌鲁木齐开幕。人力资源社会保障部党组成员、副部长汤涛讲话。

9月27日　第六批新疆少数民族科技骨干特殊培养工作座谈会在新疆乌鲁木齐召开。会议总结第五批新疆特培工作，分析形势，交流经验，研究部署第六批新疆特培任务。

9月28日　乡村振兴职业技能大赛闭幕式在新疆乌鲁木齐举行。人力资源社会保障部党组成员、副部长汤涛宣布大赛闭幕。

10月2日　人力资源社会保障部启动2021年大中城市联合招聘高校毕业生秋季专场活动，畅通高校毕业生和用人单位求职招聘对接渠道。

10月14日　第三届全国创业就业服务展示交流活动在吉林长春启动。全国政协副主席、全国工商联主席高云龙出席启动仪式并宣布活动启动。吉林省委书记景俊海和人力资源社会保障部党组成员、副部长李忠致辞。

同日　“创业引领城市经济高质量发展”主题交流活动在吉林长春举办。人力资源社会保障部党组成员、副部长李忠出席活动并致辞。

同日　第46届世界技能大赛执行局、上海航天技术研究院联合举行上海世界技能大赛冠名长征二号丁火箭发射活动。人力资源社会保障部党组成员、副部长汤涛出席活动。

10月15日　劳务品牌交流研讨活动在吉林长春举办。人力资源社会保障部党组成员、副部长李忠出席活动并讲话。

同日　实施以人为本的就业优先政策促进经济复苏和可持续发展研讨会在吉林长春召

开。人力资源社会保障部副部长李忠出席会议，介绍中国政府全面强化稳就业政策举措，呼吁国际社会树立就业优先导向，更多探索就业扩容提质的发展渠道，更加注重劳动者权益保障，更好促进各经济体交流合作。国际劳工组织总干事盖·莱德在线出席会议并致辞。

10月18日　第一届全国博士后创新创业大赛组委会会议在广东佛山召开，听取大赛执委会各工作组工作推进情况汇报，审议大赛有关工作方案，对各项筹备工作进行再安排再部署。全国博士后管理委员会主任，人力资源社会保障部党组成员、副部长汤涛出席会议。

10月22日　人力资源社会保障部、海南省人民政府共同举行“聚四方之才　共建自贸港——2021年海南自由贸易港招才引智活动”新闻发布会。人力资源社会保障部党组成员、副部长李忠出席发布会，介绍招才引智活动相关情况，并回答记者提问。

同日　人力资源社会保障部印发《关于职业院校毕业生参加事业单位公开招聘有关问题的通知》，要求事业单位合理制定公开招聘资格条件要求，不得将毕业院校、国（境）外学习经历、学习方式作为限制性条件，切实维护、保障职业院校毕业生参加事业单位公开招聘的合法权益和平等竞争机会。

10月23日　人力资源社会保障部与河南省人民政府签署《共同推进“技能河南”建设备忘录》。人力资源社会保障部党组书记、部长张纪南，河南省委书记楼阳生，河南省委副书记、省长王凯出席签署仪式。

10月24日　人力资源社会保障部、海南省人民政府在海口共同启动2021年海南自由贸易港招才引智活动。人力资源社会保障部党组书记、部长张纪南出席活动并致辞。

10月25日　2021年世界技能大会特别会以视频方式开幕。人力资源社会保障部部长张纪南出席会议并致辞。张纪南介绍了中国积极应对新冠肺炎疫情挑战及推进技能发展的情况，倡议各国走创新发展之路，加强交流合作，彰显技能价值，推动全球技能发展。人力资源社会保障部副部长汤涛出席。

10月28日　人力资源社会保障部召开电视电话会议，深入学习中央人才工作会议精神，部署安排贯彻落实工作。人力资源社会保障部党组书记、部长、部人才工作领导小组组长张纪南出席会议并讲话。部党组成员、副部长、部人才工作领导小组副组长汤涛主持会议。

同日　人力资源社会保障部办公厅印发《关于开展人力资源社会保障领域基本公共服务标准化试点工作的通知》，在吉林、浙江、湖北、海南、重庆、四川、云南7个省（市）先行开展人社领域基本公共服务标准化试点。

10月29日　2021年世界技能大会特别会在上海闭幕。人力资源社会保障部副部长汤涛出席会议并致辞。

11月3日　人力资源社会保障部与新疆维吾尔自治区人民政府、新疆生产建设兵团分别签署共建“技能新疆”“技能兵团”框架协议。人力资源社会保障部党组书记、部长张纪南与新疆维吾尔自治区党委副书记、自治区代主席艾尔肯·吐尼亚孜，新疆生产建设兵团党委副书记、司令员彭家瑞分别签署框架协议。

11月5日　国务院根治拖欠农民工工资工作领导小组召开根治欠薪冬季专项行动动员部署电视电话会议。会议深入贯彻落实习近平总书记关于根治欠薪重要指示批示精神，分析工作形势，部署岁末年初保障农民工工资支付工作。国务院根治拖欠农民工工资工作领导小组副组长，人力资源社会保障部党组书记、部长张纪南代表领导小组讲话。领导小组办公室主任，人力资源社会保障部党组成员、副部长王少峰主持会议。

同日　人力资源社会保障部对外发布《技工教育“十四五”规划》，明确了当前和今后一个时期技工教育事业的发展目标、前进方向、路径举措等。

11月12日　人力资源社会保障部党组召开扩大会议，传达学习党的十九届六中全会精神。人力资源社会保障部党组书记、部长张纪南主持会议并讲话。部党组成员出席。

11月15日　人力资源社会保障部副部长李忠与英国工作和养老金部副部长奥佩曼视频交流，就积极应对人口老龄化、完善养老保险制度等议题进行探讨。

11月16日　人力资源社会保障部与湖北省人民政府在武汉签署《共同推动湖北省人力资源和社会保障事业高质量发展合作协议》。人力资源社会保障部党组书记、部长张纪南，湖北省委副书记、省长王忠林出席签署仪式。在武汉期间，张纪南与湖北省委书记应勇举行工作会谈，出席部省共同举行的全国人力资源市场高校毕业生就业服务周活动暨首届长江经济带人力资源服务产业创新发展高峰对话会并致辞。

11月17日　全国政协副主席陈晓光率队走访人力资源社会保障部，了解全国政协十三届一次会议以来人力资源社会保障部的政协提案办理工作情况，听取对全国政协提案工作的意见建议，协商督办全国政协十二届四次会议"促进新职业青年成长发展"重点提案。全国政协提案委员会主任李智勇介绍走访来意。人力资源社会保障部党组成员、副部长汤涛主持会议并讲话，部党组成员、副部长李忠介绍提案办理工作总体情况。

同日　新职业和数字技术技能大赛组委会召开电视电话会议。组委会常务副主任，人力资源社会保障部党组成员、副部长汤涛出席会议并讲话。

11月20日至21日　2021重庆英才大会在重庆举行。大会由人力资源社会保障部和重庆市委、市政府共同主办，以"近者悦·远者来"为主题，其间举行"会、展、论、谈"等系列活动以及"中国重庆数字经济人才市场"揭牌仪式。人力资源社会保障部党组书记、部长张纪南在开幕式上致辞。

11月22日　人力资源社会保障部、全国博士后管委会对外发布《关于进一步加强企业博士后科研工作站建设的通知》，强调要贯彻落实中央人才工作会议精神，大力实施新时代人才强国战略，加快建设国家战略人才力量，进一步加强企业博士后科研工作站建设。

11月26日　人力资源社会保障部、国家乡村振兴局联合印发《关于加强国家乡村振兴重点帮扶县人力资源社会保障帮扶工作的意见》，提出5方面21条政策措施，倾斜支持重点帮扶县巩固拓展脱贫攻坚成果、全面推进乡村振兴。

11月29日　人力资源社会保障部党组召开扩大会议，深入学习贯彻党的十九届六中全会精神，研究问题、分析形势，谋划推动2022年重点工作。人力资源社会保障部党组书记、部长张纪南主持会议并讲话。部党组成员出席会议，结合分管领域工作谈学习体会和工作思路。

11月30日　人力资源社会保障部与国际劳工组织第十一次合作谅解备忘录联委会会议以视频方式召开，人力资源社会保障部部长张纪南、国际劳工组织总干事盖·莱德出席会议并致辞。会上，人力资源社会保障部副部长汤涛与盖·莱德签署了《促进南南合作为重点的发展合作伙伴协议》修订文本。

12月1日　国务院常务会议部署清理拖欠中小企业账款和保障农民工工资及时足额支付的措施；审议通过"十四五"职业技能培训规划，加快培养高素质劳动者和技术技能人才。

12月4日　"数字时代人力资源开发与治理效能提升"国际研讨会以线下和视频方式召开。会议旨在聚焦数字时代人力资源开发和公共治理创新实践，通过学术交流，促进亚太地区各国人力资源开发领域理论和实践水平提升。人力资源社会保障部副部长汤涛出席研讨会并致辞。

12月6日　人力资源社会保障部与贵州省人民政府在贵阳签署《共同推进贵州省人力资源和社会保障事业高质量发展合作协议》。人力资源社会保障部党组书记、部长张纪南，贵州省委书记谌贻琴，省委副书记、省长李炳军出席签署仪式。

12月9日　第二届全国技工院校学生创业创新大赛在福州闭幕。人力资源社会保障部党组成员、副部长汤涛出席相关活动。

12月15日　第四届全国智能制造应用技术技能大赛决赛在四川德阳开幕。人力资源社会保障部党组成员、副部长汤涛宣布开幕。

同日　人力资源社会保障部、教育部、国家发展改革委、财政部联合印发《“十四五”职业技能培训规划》，明确了“十四五”时期开展职业技能培训工作的基本原则，提出5项重点任务。

12月16日　人力资源社会保障部召开人社系统加强行风建设工作总结推进会。会议总结工作，交流经验，分析形势，研究部署下一步系统行风建设工作。人力资源社会保障部党组书记、部长张纪南出席会议并讲话。部党组成员、副部长李忠主持会议，部党组成员、副部长俞家栋出席会议。

12月17日　中央全面深化改革委员会第二十三次会议审议通过了《关于加快建设全国统一大市场的意见》、《关于进一步提高政府监管效能推动高质量发展的指导意见》、《关于深入推进世界一流大学和一流学科建设的若干意见》、《关于加强科技伦理治理的指导意见》、《关于推动个人养老金发展的意见》。会议强调，要牢牢抓住人才培养这个关键，坚持为党育人、为国育才，坚持服务国家战略需求，瞄准科技前沿和关键领域，优化学科专业和人才培养布局，打造高水平师资队伍，深化科教融合育人，为加快建设世界重要人才中心和创新高地提供有力支撑。会议强调，发展多层次、多支柱养老保险体系，是积极应对人口老龄化、实现养老保险制度可持续发展的重要举措。要完善制度设计，合理划分国家、单位和个人的养老责任，为个人积累养老金提供制度保障。要严格监督管理，完善配套政策，抓紧明确实施办法、财税政策、金融产品规则等，让老百姓看得明白、搞得懂、好操作，让参与各方有章可循、制度运行可监测可检验。

同日　第46届世界技能大赛工作领导小组第三次全体会议在北京召开。国务院副总理胡春华主持会议并讲话。胡春华强调，要扎实做好各项筹备工作，确保大赛取得圆满成功，努力实现“富有新意、影响广泛”的办赛目标。

12月18日　第一届全国博士后创新创业大赛在广东佛山开幕。全国博士后管委会主任，人力资源社会保障部党组成员、副部长汤涛宣布大赛开幕。

12月20日　第一届全国博士后创新创业大赛闭幕式在广东佛山举行。人力资源社会保障部党组书记、部长张纪南宣布大赛闭幕。全国博士后管委会主任，人力资源社会保障部党组成员、副部长汤涛出席闭幕式并为获奖选手代表颁奖。

同日　人力资源社会保障部、广东省人民政府在广东佛山召开战略合作联席会议，总结推进粤港澳大湾区建设人社工作战略合作协议和补充协议签署以来工作进展情况，协调有关重点事项，研究制定支持横琴、前海两个合作区建设政策措施清单，对下一步重点工作作出部署安排。人力资源社会保障部党组书记、部长张纪南出席会议并讲话，部党组成员、副部长汤涛主持会议。

12月24日　全国根治拖欠农民工工资工作暨农民工工作电视电话会议在北京召开。国务院总理李克强作出重要批示，强调要着力稳定和扩大农民工就业，依法保障农民工合法权益，决不允许拖欠农民工工资这笔辛苦钱。国务院副总理、国务院农民工工作领导小组和根治拖欠农民工工资工作领导小组组长胡春华出席会议并讲话。

12 月 29 日　人力资源社会保障部与福建省人民政府在福州签署《共同推进福建人力资源和社会保障事业高质量发展战略合作协议》。人力资源社会保障部党组书记、部长张纪南，福建省委书记尹力，省委副书记、代省长赵龙出席签署仪式。

12 月 30 日　人力资源社会保障部召开人社领域基本公共服务标准化试点启动电视电话会，全面启动人社领域基本公共服务标准化试点工作。